So nutzt man den Wirtschaftsteil einer Tageszeitung

HERAUSGEGEBEN VON JÜRGEN JESKE
UND HANS D. BARBIER

Begründet von Jürgen Eick

GESCHRIEBEN VON

Hans D. Barbier – Gerald Braunberger - Heinz Brestel – Klaus Broichhausen – Jürgen Dunsch – Erich Erlenbach – Heike Göbel – Rainer Hank – Ingrid Hielle – Carl Graf Hohenthal – Peter Hort – Martin Huff – Jürgen Jeske – Lothar Julitz – Carola Kaps – Walter Kannengießer – Klaus Peter Krause – Gerold Lingnau – Konrad Mrusek – Bettina Schulz – Kerstin Schwenn – Heinz Stüwe – Fernando Wassner – Bernd Weiler – Wolfram Weimer – Klaus Wiborg – Fred Zeyer

REDAKTEURE DER WIRTSCHAFTSREDAKTION DER
FRANKFURTER ALLGEMEINEN ZEITUNG

Societäts-Verlag

Alle Rechte vorbehalten · Societäts-Verlag
© 1993 Frankfurter Societäts-Druckerei GmbH
Schutzumschlag: Studio Lochmann, Frankfurt
Satz: Societäts-Druck, Frankfurt
Druck und Verarbeitung: Ebner Ulm
Printed in Germany 1993
ISBN 3-7973-0543-5

Zur Einführung 13

Erster Teil: Der Wirtschaftsteil einer Tageszeitung

1. Die Zeitungen und die Wirtschaft 16

Journalismus als Aufklärung – Die Pressefreiheit liegt in der Vielfalt – Das Presserecht setzt Grenzen

2. Der Wirtschaftsteil einer Tageszeitung 34

Die Frankfurter Allgemeine Zeitung als Beispiel – Die Ordnungsprinzipien – Auch Anzeigen gehören zum Wirtschaftsteil

3. Konjunkturbericht, Konjunkturindikator, Preisbericht 36

Das Mosaik der Konjunktur – Was Schlüsselzahlen besagen – Frühindikator für konjunkturelle Wendepunkte – Gradmesser der Kaufkraft – Markttransparenz ist wichtig – Die Indizes der Lebenshaltungspreise

4. Wie Nachrichten entstehen 41

Die Nachrichtenquellen – Die Pressekonferenz – Die Redaktion als Filter – Was ist eine Nachricht? – Die Blattmacher

5. Kommentare in der Zeitung 44

Freiheit bedarf der Unterstützung – Die Linie einer Zeitung – Kommentare sind oft Gemeinschaftswerk – Menschliches Verständnis

Zweiter Teil: Wirtschaft und Wirtschaftspolitik

1. Die Ordnung der Wirtschaft 47

Das liberale Credo – Was der Wettbewerb leistet – Das Entdeckungsverfahren – Der Markt ist kein Computer – Der Irrtum des Konkurrenz-Sozialismus – Wider die Ausbeutung – Die Kontrolle der Macht – Irrwege der Industriepolitik – Liebäugeln mit strategischen Allianzen – Geduldete Macht: das Tarifkartell – Eine Lanze für die Stabilität – Das Gift der Inflation – Geld ist kein Schleier – Ein eigenwilliger Akteur: der Staat – Der Ordo-Liberalismus – Soziale Marktwirtschaft – Der Freiburger Imperativ – Am Steuerpult: John Maynard Keynes – Paradigmenwechsel: Monetarismus und Angebotspolitik – Das Ziel-Mittel-Schema – Staatsversagen – Der Wert der Rechtsordnung – Unsichtbare Produktionsfaktoren – Standortqualitäten – Die zivilisatorische Evolution – Die offene Gesellschaft – Wettbewerb der Ideen – Die Stückwerks-Technik – Die Risiken des Großversuchs – Das System der natürlichen Freiheit

2. Die deutsche Volkswirtschaft   68
Das führende Industrieland – Umbau in Ostdeutschland – Die Währungsreform von 1948 – Konjunkturzyklen – Strukturwandel – Die Verteilungsrechnung – Sparen und Investieren – Dienstleistungsgesellschaft – Staatsverbrauch – Die Investitionsquote – Der Außenhandel – Exporterfolge – Gefahren für den Standort

3. Die Rolle der Verbände   78
Auf der Spur des Gesetzgebers – Tausend Büros in Bonn – Die Liste der Lobbyisten – Der Anspruch der Gruppen – Eine Facette der Freiheit – Information und Sachverstand – Vom Entwurf zum Gesetz – Lauter Chefsachen – Die Repräsentanz in Brüssel

4. Die Berater und ihr Rat   85
Wirtschaftspolitik im Dialog – Zeithorizonte – Die Berater – Doktrinen und Werte – Spuren des Keynesianismus – Die monetaristische Revolution – Eine praktische Synthese: Angebotspolitik

5. Die Wettbewerbspolitik   94
Offene Märkte – Das Leitbild des Kartellgesetzes – Das Instrumentarium – Verbote – Die Mißbrauchsaufsicht – Marktbeherrschung – Fusionskontrolle – Die Kartellbehörden – Die Ausnahmebereiche – Die Monopolkommission – Unlauterer Wettbewerb – Das Wettbewerbsrecht der EG – Fehlentwicklungen

6. Die Finanzpolitik   108
Der Staat unter Begründungszwang – Die Finanzverfassung – Der Haushaltsplan – Mittelfristige Finanzplanung – Vom Chefgespräch zur dritten Lesung – Haushaltsvollzug und Kontrolle – Die Struktur der öffentlichen Haushalte – Der wachsende Staatsbedarf – Die Finanzierung der deutschen Einheit

7. Die Steuerpolitik   119
Der Zugriff des Staates – Steuersystem und Wirtschaftsordnung – Grenzen der Belastbarkeit – Staatsanteil und Steuerquote – Heimliche Steuererhöhungen – Die Abgabenbelastung steigt – Steuersätze und Bemessungsgrundlagen – Die Ziele der Steuerpolitik – Im Steuerdickicht – Kein ideales Steuersystem – Der Bund gibt den Ton an – Der Finanzausgleich – Kompliziertes Steuerrecht – Die Einkommensteuer – Die Körperschaftsteuer – Die Mehrwertsteuer – Die Gewerbesteuer – Den Standort sichern

8. Die Sozialpolitik   131
Das Sicherungsnetz – Die Bismarckschen Reformen – Die Gesetzesmaschine rotiert – Der Streit um die Pflege – Die Debatte über die Grundsi-

cherung – Was wirtschaftlich vernünftig ist – Der Konsens der Volksparteien – Die Rentenversicherung – Die Krankenversicherung – Die Arbeitslosenversicherung

9. Die Verkehrspolitik 142

Entscheidungen für die Zukunft – Zwischen Politik und Markt – Wettbewerb der Verkehrsträger – Keine technischen Revolutionen – Der Individualverkehr – Die Eisenbahn – Der Straßengüterverkehr – Die Schiffahrt – Die Fernleitungen – Der Luftverkehr – Die Telekommunikation

10. Die Umweltpolitik 147

Die Kosten des Wohlstands – Im Dickicht der Gesetze – Kosten-Nutzen-Schätzungen – Das Ordnungsrecht – Abgaben – Kompensationen – Haftungsrecht – Zertifikate

11. Die Energiepolitik 154

Der unverzichtbare Faktor – Der Versorgungsmix – Immer neue Bedarfsrechnungen – Die Rolle des Öls – Erdgas aus dem Osten – Der Wettbewerb der Energieträger – Streitobjekt Kernkraft – Der Jahrhundertvertrag

12. Die Lohnpolitik 162

Akteure und Verträge – Die Tarifautonomie – Die Gewerkschaften – Die Bundesvereinigung der deutschen Arbeitgeberverbände – Der Vertrag und die Friedenspflicht – Das Ritual des Kompromisses – Der Arbeitskampf als letztes Mittel – Die Suche nach der Lohnzahl – Produktivität und Marktchancen – Konflikt und sozialer Friede – Der Hang zum Durchschnitt – Gesamtwirtschaftliche Zielkonflikte – Reallohn und Beschäftigung – Was die Stabilität berührt – Produktivität: eine Formel für die Lohnzahl – Die Kosten der Kollektivität – Verbindlichkeit und Öffnungsklauseln – Ein Lohnkorridor – Investivlohn und Gewinnbeteiligung

13. Die Geldpolitik 186

Die Bedeutung der Stabilität – Die Steuerung der Geldmenge – Was in der Bank geschieht – Die Unabhängigkeit der Bundesbank – Geldschöpfung durch Kreditvergabe – Die Rolle des Zinses – Diskont und Lombard – Pensionsgeschäfte – Nicht immer im Zielbereich

14. Umbau in Ostdeutschland: die Treuhand 197

Privatisierungsagentur – Die größte Holding der Welt – Spaltung der Kombinate – Vorrang für die Privatisierung – Investitionszusagen – Ungeklärte Eigentumsfragen – Sanierung – Industrielle Kerne – Der unverkäufliche Rest

15. In einer offenen Welt   205
Der freihändlerische Konsens

16. Die Europäische Gemeinschaft   208
Die Idee des Jean Monnet – Die Römischen Verträge – Die Kommission – Der Ministerrat – Das Europa-Parlament – Der Europäische Gerichtshof – Der Europäische Rat – Die Kompetenzen der Gemeinschaft – Die Finanzverfassung – Die größte Handelsmacht der Welt – Neue Aufgaben im Binnenmarkt – Der Vertrag von Maastricht – Die Wirtschafts- und Währungsunion – Öffnung nach Norden und Osten

17. Die Währungspolitik   224
Der Wechselkurs – Die Zahlungsbilanz – Währungen: Angebot und Nachfrage – Feste oder flexible Wechselkurse – Das Europäische Währungssystem – Anpassung der Kurse – Die Europäische Währungsunion – Der Drei-Stufen-Plan – Hoffnungen und Ängste

18. Der Internationale Währungsfonds und die Weltbank   235
Die ungeliebten Schwestern – Die Option für feste Wechselkurse – Kredite gegen Auflagen – Eigenkapital und Sonderziehungsrechte – Die Bank für die Entwicklungsländer – Die Regionalinstitute

19. Die Handelspolitik   241
Die Vorteile des Freihandels – Die Verlockung des Protektionismus – Zweitbeste Lösungen – Multilaterale Vereinbarungen – Das Allgemeine Zoll- und Handelsabkommen – Am Steuerpult des Welthandels – Die Meistbegünstigung – Subventionen und Dumping – Der neue Protektionismus – Die Uruguay-Runde – Die Dominanz der Industrieländer – Regionale Blöcke – Ein neues Thema: Umwelt

20. Die Weltwirtschaftgipfel   251
Vom Kamingespräch zum Riesenzirkus – Koordinationsübungen – Die legendäre Lokomotivtheorie – Tagesordnungen der Weltpolitik

Dritter Teil: Die Unternehmen

1. Die Unternehmensberichterstattung   258
Unternehmensnachrichten gehen viele an – Bilanzanalysen müssen werten – Aktionärsinteresse und Allgemeininteresse

2. Die Unternehmer 259
Der Kapitalist von Adam Smith – Die Helden des Joseph A. Schumpeter – Die Rolle der Manager – Das politische Klima ist wichtig – Wie sich Unternehmer selbst sehen

3. Die Unternehmen 263
Drei Viertel sind Einzelunternehmen – 99 Prozent sind Klein- und Mittelbetriebe – Die Konzentration – Deutschlands größte Unternehmen

4. Der Mittelstand – eine deutsche Besonderheit 274
Ein Hauch von Ständestaat – Marx und Engels hatten unrecht – Volkshochschule des Unternehmertums – Die Stärken und Schwächen

5. Personalien in der Wirtschaft 278
Wirtschaft ist kein seelenloses Räderwerk – Der Führungsnachwuchs kommt aus allen Schichten – Gibt es genügend Führungsnachwuchs?

6. Die Rechtsform der Unternehmen 281
Der Einzelkaufmann – Die Offene Handelsgesellschaft – Die Kommanditgesellschaft – Die stille Gesellschaft – Die Gesellschaft mit beschränkter Haftung – Die Aktiengesellschaft – Weitere Gesellschaftsformen – Übertragung und Umwandlung

7. Die Führung von Unternehmen 294
Die Führung in der GmbH – Vorstand und Aufsichtsrat in der AG – Der Aufsichtsrat – ein zahnloser Tiger? – Zwischen Pflichten und Eigeninteresse

8. Die Mitbestimmung 299
Geschichte und Begriff – Gewerkschaften und Mitbestimmung – Das Betriebsverfassungsgesetz und andere Regelungen – Die Montan-Mitbestimmung – Das Mitbestimmungsgesetz von 1976 – Mitbestimmung in Europa

9. Die Publizität der Unternehmen 307
Was Publizität bedeutet – Das Handelsregister – Die Publizitätsbestimmungen des Aktiengesetzes – Wer nicht informiert, erweckt Mißtrauen

10. Die Rechnungslegung der Unternehmen 313
Der jährliche „Rechenschaftsbericht" – Das Bilanzrichtliniengesetz – Bilanz, Erfolgsrechnung, Anhang – Aktiengesellschaft und Konzern – Der Gang

durch das Jahr – Die Gewinn- und Verlustrechnung – Die Bilanz: Passivseite – Die Bilanz: Aktivseite – Das Niederstwertprinzip – Investitionen, Abschreibungen, Cash-flow

11. Der Geschäftsbericht — 327

Der Lagebericht – Der Anhang – Der Konzern – Unternehmensverbindungen

12. Wie gut ist ein Unternehmen? — 336

Das Ergebnis je Aktie – Die goldene Bilanzregel – Ein Blick in die Zukunft

13. Die Hauptversammlung — 342

Jede Aktie eine Stimme – Mehrheiten und Minderheiten – Das Depotstimmrecht – Opposition und Obstruktion – Bemühungen um den Shareholder Value

14. Banken und Versicherungen — 348

Die Banken – Struktur der Kreditwirtschaft – Geschichte der Bankdienstleistungen – Bargeld und Buchgeld – Die Bankbilanzen – Die unsichtbaren Polster der Banken: Stille Reserven – Die Bedeutung des Eigenkapitals – Wie der Bankkunde geschützt wird – Der Sparverkehr – Bankkunden als Geschäftspartner – Universalbank kontra Trennbank – Die Spezialbanken – Was das Bankgeheimnis besagt – Die Versicherungen – Wie Versicherungen entstanden sind – Der deutsche Versicherungsmarkt – Die Versicherungsarten – Die Gefahrengemeinschaft der Versicherten – Der Versicherungsvertrag – Der gemeinsame europäische Versicherungsmarkt – Wie Versicherungen verkauft werden – Wie die Deutschen versichert sind – Versicherungen als Kapitalanleger – Konzentration im Versicherungsgewerbe – Die Versicherungsbilanz – Die Rückversicherung

15. Vom Sterben der Unternehmen — 371

Das Konkursverfahren – Der Zwangsvergleich – Der gerichtliche Vergleich – Freiwillige Vereinbarungen – Die Reform des Insolvenzrechts

16. Exkurs: Recht in der Zeitung — 379

Die Themen nehmen zu – Gerichtsentscheidungen in der Zeitung – Die einstweilige Verfügung

Vierter Teil: Börsen, Märkte, Geldanlage

1. Bedeutung und Funktion der Börsen — 384

Der Treffpunkt in Brügge – Ein vorbildlicher Markt

2. Was an den Börsen gehandelt wird 385

Die Vielfalt des Rentenmarktes − Die Papiere des Bundes − Andere öffentliche Wertpapiere − Pfandbriefe und Kommunalobligationen − D-Mark-Auslandsanleihen − Industrieanleihen − Von der Optionsanleihe bis zu Zerobonds − Aktien, Aktionäre, Börsenwerte − Nennwert- und Quotenaktien − Inhaber- und Namensaktien − Stamm- und Vorzugsaktien − Genußscheine − Das neue Finanzprodukt: Optionen − Optionsscheine − Terminkontrakte

3. Die Börsenmärkte 395

Die Kassamärkte − Der Amtliche Handel − Der Geregelte Markt − Freier Zugang zum Freiverkehr − Die Terminmärkte − Optionen auf Aktien − Der junge Markt Terminkontrakte (Futures) − Die Zulassung zum Börsenhandel (Börsenprospekt)

4. Wie der Börsenhandel abläuft 399

Die klassische Börsensitzung − Die Kursfeststellung − Der Einheitskurs − Variable Kurse − Computerbörse − Freiverkehr − Die Geschäftsabwicklung − Die Arbitrage − Terminbörse − Kursfeststellung ohne Parkett − Wie Termingeschäfte abgewickelt werden − Die Eierfahrt als Arbitrage-Beispiel − Arbitrage als Geschäft für Profis − Börsen- und Marktaufsicht − Das 2. Finanzmarktförderungsgesetz − Börsenrecht − Das Wertpapier-Verkaufsprospektgesetz − Die Börsenspesen

5. Die wichtigsten Börsenplätze 412

Die Deutsche Börse AG − Die deutschen Börsenplätze − Die Deutsche Terminbörse (DTB) − Die Auslandsbörsen von Amsterdam bis Zürich

6. Wie liest man den Börsenteil einer Zeitung? 424

Der Wertpapierkurszettel − Was die Aktienkurse besagen − Die Rentenkurse − Die Preise der Investmentanteile − Die Optionspreise − Die Notierungen an der Terminbörse − Sonstige Notierungen und Angaben − Der Börsenbericht − Kurse junger Aktien − Der Rentenmarktbericht

7. Börsenbarometer und Börsenstatistik 431

Der F.A.Z.-Aktienindex − Der Deutsche Aktienindex (Dax) − Dow Jones und andere − Der Nikkei zum Frühstück − Was Renditen besagen − Die F.A.Z.-Renten-Rendite − Die Umlaufrendite − Deutscher Rentenindex (Rex und RexP) − Die Börsenstatistik − Ergänzende Angaben

8. Der Geldmarkt 440

Die Technik des Geldhandels − Geldmarktpapiere − Der Euro-Geldmarkt

9. Devisenmarkt und Euro-Kapitalmarkt — 444

Der Devisenmarkt – Teilnehmer am Devisenmarkt – Wechselkurs und Devisenbörse – Der Devisen-Kassamarkt – Der Devisen-Terminmarkt – Der Sortenhandel – Der Devisenbericht in der Zeitung – Der Euro-Kapitalmarkt ist überall – Wie der Euro-Markt entstand – Volumen, Währungen, Ermittlungen – Der Handel in Euro-Anleihen

10. Der Goldmarkt — 456

Die Gold-Währungsbestände – Goldproduktion und Goldverbrauch – Der Goldhandel – Die Goldbörsen – Münzen und Medaillen – Der Goldmarktbericht

11. Börsenspekulation und private Geldanlage — 462

Wer spekuliert eigentlich? – Bei der Geldanlage ist guter Rat wichtig – Die Vermögensverwaltung

12. Der Investmentmarkt — 467

Was sind Investmentfonds? – Der Investment-Markt – ein Wachstumsmarkt – Deutsche und ausländische Investmentfonds – Deutsche Investmentfonds – Ausländische Fonds – Wie der Anteilwert berechnet wird – Erwerb und Rückgabe von Anteilen – Die Veröffentlichung der Fonds – Kosten des Investmentsparens – Fonds haben das Börsenglück nicht abonniert

13. Die Warenbörsen — 477

Was man aus den Rohstoffberichten erfährt – Preisbewegungen als Konjunkturhinweise – Preisbildung und Handelsgewohnheiten – Die großen Warenbörsen der Welt – Die wichtigsten Rohstoffe – Die Rohstoffindizes – Der Warenkurszettel

14. Ratschläge für den Umgang mit der Zeitung — 493

Das Gerücht von der deutschen Teilung – Die Ölpreiskrise kam nicht überraschend – Zyklisch denken – Die Börse als Barometer – Aus Nachrichten Schlüsse ziehen – Der Timing-Kalender – Schlüsselzahlen für Kapitalanleger – Kombinieren und reagieren

Kleines Wörterbuch der Wirtschaft — 503

Verzeichnis der Abbildungen, Grafiken und Tabellen — 545

Die Autoren und ihre Beiträge — 547

Sachregister — 551

Zur Einführung

Wirtschaft prägt unseren Alltag. Am Arbeitsplatz oder zu Hause, beim Geldverdienen oder Geldausgeben, beim Sparen oder Investieren, als Arbeitnehmer wie als Arbeitgeber, als Mieter wie als Vermieter, als Patient wie als Arzt, als Kind mit Taschengeld wie als Rentner – alles ist Wirtschaft. Leben heißt Wirtschaften, heißt Auswählen angesichts der Unbegrenztheit unserer Bedürfnisse und Wünsche und der Knappheit unserer Mittel. In einer modernen arbeitsteiligen Wirtschaft treffen wir Tag für Tag wirtschaftliche Entscheidungen, und wir müssen uns mit den wirtschaftlichen Entscheidungen anderer auseinandersetzen.

Wirtschaft geht daher jeden an, wie Jürgen Eick, langjähriger Mitherausgeber der Frankfurter Allgemeinen Zeitung und Begründer dieses Standardwerks 1971 im Vorwort der ersten Ausgabe schrieb. Jeder muß etwas von Wirtschaft verstehen, nicht nur um sein eigenes Leben zu bewältigen, sondern auch um als Staatsbürger in einer Demokratie an der politischen Willensbildung mitzuwirken. Beides bedarf möglichst umfassender Informationen über die Wirtschaft und der Erläuterung der oft komplizierten Zusammenhänge. Solche Informationen und Erläuterungen finden sich in gut gemachten Wirtschaftsteilen von Tageszeitungen. Und wie ein Wirtschaftsteil richtig genutzt werden kann – das soll dieses Buch vermitteln.

Wirtschaft findet aber nicht nur in den Wirtschaftsteilen der Zeitungen statt, sondern auch in den politischen Teilen. Wer die Arbeit der Regierung und des Parlaments verfolgt, kann unschwer feststellen: Innenpolitik ist zu gut drei Viertel Wirtschafts-, Finanz- oder Sozialpolitik. Themen wie Arbeitslosigkeit, Gewerkschaften, öffentliche Verschuldung, Steuerbelastung, Solidarpakt, Gesundheitsreform, Rentenversicherung, Umweltschutz, Forschungsförderung, Aus- und Weiterbildung und selbst die Förderung von Kultur und Sport sind ganz oder überwiegend ökonomische Fragestellungen, die in der Regel auch von Wirtschaftsjournalisten behandelt werden. Nach Umfragen des Instituts für Demoskopie Allensbach interessieren sich Tageszeitungsleser in erster Linie für Lokalnachrichten (84 Prozent der Nennungen), dann für deutsche Innenpolitik (58 Prozent) und erst mit Abstand für den Wirtschaftsteil (30 Prozent). Da Innenpolitik aber überwiegend Wirtschaftspolitik ist, ist das Interesse an Wirtschaftsfragen in diesem weiteren Sinn auch größer als das Interesse am Wirtschaftsteil im engeren Sinn. Das wachsende Interesse an wirtschaftlichen Berichten und Kommentaren zur Wirtschaft zeigt sich allein schon daran, daß in den letzten zwanzig Jahren die Wirtschaftsteile der Zeitungen als Antwort auf Leserwünsche ausgebaut und verbessert worden sind. Das kann nicht verwundern. Zum einen ist das Thema Wirtschaft längst nicht mehr trockenes Zahlenwerk wie in den „Handelsteilen" früherer Zeitungen, die sich fast ausschließlich an Fachleute wandten. In den heutigen Wirtschaftsteilen finden sich neben Erläuterungen der Wirtschaftspolitik nicht nur spröde Bilanzanalysen, sondern auch Unternehmensberichte, die ein lebendiges Bild vom Auf und Ab der Firmen, von Großinvestitionen, bekannten Produkten, von Managerschicksalen und von der konkreten Arbeitsplatzsituation geben. Zum anderen ist in Deutschland inzwischen eine Generation von Erben herangewachsen, die sich um ihre kleinen oder größeren Vermögen kümmern und daher die Nachrichten von den Börsen, Finanz- und Immobilienmärkten mit wachsender Aufmerksamkeit verfolgen. Aus allen diesen Gründen sind die Wirtschaftsseiten auch längst nicht mehr allein Männersache wie früher.

Obwohl die Wirtschaftsteile der meisten Zeitungen allgemeinverständlicher sind, als sie je waren, bleiben Berührungsängste, gilt das Thema Wirtschaft als eine spröde und schwierige Materie. Das hängt einmal damit zusammen, daß in den Schulen und an den Universitäten noch immer zuwenig ökonomische Grundkenntnisse vermittelt werden. Zum anderen stoßen sich viele an Fachausdrücken. Ein Minimum an Fachausdrücken ist aber leider unumgänglich, wenn bei gebotener Kürze Klarheit hergestellt werden soll. Dem Wirtschaftsjournalisten geht es da nebenbei bemerkt nicht anders als dem Sportjournalisten. Er kann nicht jedesmal erklären, was Begriffe wie Karenztage, Rücklagen oder Optionsschein bedeuten. Ebensowenig kann auch der Sportjournalist jedesmal Begriffe wie Doping, Abseits oder Tie-break erklären. Dennoch wird in den Zeitungen heute mehr erklärt als früher, schon um im Zeitalter der bildhaften Information durch das Fernsehen die Lesefreundlichkeit zu erhöhen. Selbst in den Wirtschaftsteilen großer überregionaler Tageszeitungen wird die amerikanische „Prime rate" zum Beispiel als Zinssatz für erste Adressen vorgestellt, ist von Leitzins statt von Diskont die Rede. Die Frage, in welchem Maße wirtschaftliche Zusammenhänge vereinfacht dargestellt werden sollen, stellt sich freilich für jede Zeitung anders. Regionalzeitungen, die ihre Wirtschaftsteile meist auf die Verbraucher und deren Lesebedürfnisse zuschneiden, werden andere Themenschwerpunkte setzen und andere Darstellungsformen wählen als überregionale Tages- und Wirtschaftszeitungen, die zugleich die Fachleute kompetent informieren wollen. In beiden Fällen gilt aber: Der Wirtschaftsteil einer Tageszeitung ist nicht so leicht und unterhaltsam zu konsumieren wie eine Illustrierte oder wie die verkürzte und nicht selten aufgebauschte Nachricht in einer Boulevardzeitung.

Auch die wachsende Fülle des Stoffs bei knappem Platz und begrenzter Lesewilligkeit zwingt zur Konzentration, zur Kürze. In den letzten Jahrzehnten ist die Flut von Gesetzen und Verordnungen so gestiegen, daß sie selbst für Fachleute nicht mehr überschaubar ist. Es ist heute schwer geworden, den immer stärker anschwellenden Fluß von Informationen zu sichten und die richtigen Informationen auszuwählen. Dabei wird auch den Medien nur ein kleiner Teil dessen bekannt, was auf der Welt passiert. Von diesen Nachrichten wiederum erreicht nur ein Teil die Bürger, weil der Rest in den Redaktionen als nicht wichtig genug oder als zu fragmentarisch beiseite gelegt wird. Immer mehr Entscheidungen, nicht zuletzt auf dem Feld der Wirtschaft, werden daher auf der Grundlage unzureichender Informationsbedingungen getroffen. Mit der Vollendung des Europäischen Binnenmarktes müssen seit Jahren andere Länder, weitere Unternehmen, neue Themen in den Wirtschaftsteilen berücksichtigt werden. Neben die nationale Gesetzgebung treten europäische Regelungen. Aber auch weiter entfernte Regionen und Unternehmen rücken in das Blickfeld, wollen berücksichtigt werden, seit große deutsche Konzerne zunehmend im Ausland tätig werden und selbst Mittelständler bis nach Fernost reisen, um Geschäfte zu machen. Der Zusammenbruch des Kommunismus hat für die Wirtschaftspolitik ein völlig neues Feld eröffnet: die Umwandlung der ehemaligen Kommandowirtschaften in Marktwirtschaften. Die Verknüpfung der internationalen Finanzmärkte mit Hilfe der Elektronik zu einem großen Weltmarkt, an dem rund um die Uhr und rund um den Erdball gehandelt wird, hat eine Fülle zuvor nie gekannter Finanzinstrumente und Anlageformen hervorgebracht, über die zu berichten ist.

Dennoch ist die Tageszeitung das Informationsforum geblieben, wo sich noch alles beieinander findet, was sonst auseinanderstrebt. In der Tageszeitung, die der deutsche Philosoph Arthur Schopenhauer einmal als „Sekundenzeiger der Weltgeschichte" bezeichnet hat, wird noch immer Tag für Tag versucht, auf engem Raum einen Überblick über alle Lebensbereiche zu geben: von der Wirtschaft bis zu Kultur und Sport, vom lokalen Geschehen bis zur großen Weltpolitik, von neuen Erkenntnissen der Wissenschaft bis zu praktischer Technik und vom philosophischen Gedanken bis zu Klatsch und Tratsch. Während überall die Spezialisierung Triumphe feiert, die zugleich Einengung bedeutet, will die Zeitung den großen allgemeinen Überblick geben und das Gesichtsfeld möglichst weit halten.

Der wahre Journalist wird seine Aufgabe darin sehen, auch die kompliziertesten Vorgänge einfach, klar und auf das Wesentliche reduziert darzustellen, so daß sie für Interessierte eingängig zu lesen, vor allem aber gut zu verstehen sind. Das mag im Wirtschaftsteil etwas schwieriger sein als anderswo, vornehmlich dann, wenn sowohl der Spezialist kompetent informiert als auch der Nichtfachmann verständlich unterrichtet werden soll. Das ist aber, wie Jürgen Eick schon in der ersten Ausgabe schrieb, kein intellektueller Hochmut, sondern eine Frage der intellektuellen Redlichkeit. Wem nützt es, wenn so vereinfacht wird, daß die Darstellung am Ende ungenau oder gar verfälscht wird? Das ist nicht nur schlecht für die Leserinnen und Leser, sondern kann auf diesem Feld, wo meist Geld auf dem Spiel steht, auch fatalere Folgen haben als etwa in der Politik. Im schlimmsten Fall kann der Zeitung Schadenersatz drohen.

Der Wirtschaftsteil der Frankfurter Allgemeinen Zeitung ist über die Jahre hinweg ständig ausgebaut und verbessert worden. Es ging gleichermaßen um mehr Kompetenz wie um mehr Allgemeinverständlichkeit. Es ging darum, die wesentlichen Vorgänge in der Wirtschaft überschaubar zu machen und das Verstehen von Ereignissen und Zusammenhängen zu erleichtern. Das entspricht zugleich der Rolle, die Zeitungen im Fernsehzeitalter zukommt. Hintergrund, Nachrichtenanalyse, Erläuterung und Kommentar gewinnen an Gewicht neben der reinen Nachricht. Gerade im Wirtschaftsteil kann die Zeitung verständlich machen, was im Fernsehen nur kurz gemeldet wird, können komplizierte Sachverhalte analysiert werden, die sich der bildhaften Darstellung entziehen. Dennoch bleibt gelegentlich der Wunsch nach weiterer Vertiefung des Gelesenen oder nach weiterer Erläuterung. Diesem Zweck soll das Buch dienen. Es soll den Nutzen der Lektüre des Wirtschaftsteils aller interessierten Zeitungsleser erhöhen. Das Buch ist gedacht als Begleiter, aber auch als unabhängig zu nutzendes Nachschlagewerk.

Das Buch ist ein Gemeinschaftswerk der Wirtschaftsredaktion der Frankfurter Allgemeinen Zeitung. Es kann als Buch über die Wirtschaft gelesen oder von Fall zu Fall zu Rate gezogen werden. In jedem Fall aber steht es unter dem Motto: So nutzt man den Wirtschaftsteil einer Tageszeitung.

Erster Teil:
Der Wirtschaftsteil einer Tageszeitung

1. Die Zeitungen und die Wirtschaft

Medien und Wirtschaft haben mehr gemeinsam, als man annimmt. Die frühesten Einrichtungen einer geregelten Nachrichtenübermittlung wurden unter anderem mit von Kaufleuten geschaffen. Als im Mittelalter die Städte und damit Gewerbe und Handel aufblühten und Ende des 15. Jahrhunderts von Mitteleuropa aus die Entdeckung und Eroberung der Welt begann, bildeten die geschriebenen Mitteilungen der Kaufleute eine der Hauptnachrichtenquellen. Große Handelshäuser wie die Fugger oder die Welser, die nicht nur über ihre Unternehmungen in den verschiedenen Ländern im Bild sein mußten, sondern deren Geschäfte auch sehr stark von der politischen Entwicklung in der Welt abhingen, ließen sich durch ihre Agenten oder Geschäftsfreunde fortlaufend über alles Neue unterrichten. Besonders Auslandsnachrichten wurden auf diesem Wege gesammelt. Die Kaufmannsbriefe bildeten damals eine der Hauptquellen für das Wissen von ausländischen Ereignissen. Berühmt geworden sind vor allem die Nachrichtensammlungen des Hauses Fugger, die „Fugger-Zeitungen".
Die großen Handelsplätze wie Augsburg, Nürnberg, Frankfurt, Genua, Venedig, Brüssel oder Lyon waren zugleich wichtige Nachrichtenzentren. Die Nachricht steht am Anfang der Zeitungsgeschichte. Auch das Wort Zeitung bedeutete ursprünglich nichts anderes als Nachricht oder Neuigkeit. Die ersten – allerdings in unregelmäßiger Folge gedruckten – Nachrichtenblätter waren die „Neuen Zeitungen", was soviel hieß wie „Neueste Nachrichten". Die frühesten periodisch erscheinenden Blätter waren die „Meßrelationen". Sie wurden in der Regel zwei- bis dreimal jährlich zu den jeweiligen Messen – daher der Name – veröffentlicht und enthielten eine Übersicht über das bis dahin Geschehene. Sie waren Medien im Dienst der Wirtschaft. Die Meßrelationen wurden im 17. Jahrhundert von meist wöchentlich erscheinenden Blättern abgelöst, die in fast allen größeren Städten herausgegeben wurden. Sie enthielten neben allgemeinen Nachrichten vom Weltgeschehen, insbesondere von den damaligen Kriegen, schon zahlreiche wirtschaftliche Informationen wie Berichte über Geldgeschäfte der einzelnen Staaten, der Fürsten und der Städte, Notierungen von Wechselkursen, Mitteilungen aus den großen Hafenstädten über ein- und auslaufende Schiffe, Ernteberichte und Konkursmeldungen.
Wichtig für die Entwicklung der Zeitungen waren auch die im 17. Jahrhundert entstandenen Intelligenzblätter. Der Begriff Intelligenzblatt kommt von intelligere – Einsicht nehmen. Sie gingen hervor aus den von einem Franzosen erfundenen, öffentlich einsehbaren Inseratenlisten. Hier kommt ein weiteres Interesse der Wirtschaft ins Spiel: die Zeitungen als Anzeigenplattform.
Von diesen Anfängen des Zeitungswesens bis zu den Zeitungen von heute, von den Geschäftsmitteilungen über die früheren „Handels-Nachrichten" bis zu allgemein verständlichen Wirtschaftsteilen, ist ein weiter Weg gewesen. Immer waren jedoch Entwicklung und Bedürfnis der Wirtschaft in starkem Maße mit der Entwicklung der Zeitung verknüpft. Das zeigte sich besonders in der Zeit der Industrialisierung im 19. Jahrhundert. Technische Fortschritte durch die Einführung des Telegrafen oder die Verbreitung des Telefons, durch die Konstruktion von Setzmaschinen und Rotationsmaschinen gaben dem Nachrichtenwesen und den Zeitungen neue Impulse. Damals entstand die Massenpresse, die nicht mehr nur im Abonnement, sondern auch im

Straßenverkauf abgesetzt wurde. Die Wirtschaftsberichterstattung erhielt entscheidende Impulse durch den Aufschwung der Börsen. Denn wo sonst als an der Börse zahlte sich die bessere und vor allem schnellere Information sofort in barer Münze aus? Aus dem Bestreben, Börseninformationen auf schnellstem Wege zu verbreiten, entstanden die ersten Nachrichtenagenturen. Durch die Freigabe der elektrischen Telegrafenleitungen Aachen–Berlin für die Übermittlung privater Nachrichten konnte zum Beispiel das Wolffsche Telegraphenbüro 1849 erstmals in der Berliner Nationalzeitung Kursberichte aus Amsterdam und Frankfurt vom Vortag veröffentlichen. In diesem Jahrhundert hat die elektronische Datenverarbeitung die Nachrichtenübermittlung weiter revolutioniert, nicht zuletzt an den Börsen. Die Zeitungsherstellung ist durch elektronisch gesteuerte Redaktionssysteme perfektioniert worden. Mit den neuen elektronischen Medien ist den gedruckten Medien Konkurrenz entstanden.

Journalismus als Aufklärung

Auch die Vorgängerin der Frankfurter Allgemeinen Zeitung, die vielzitierte Frankfurter Zeitung, ist aus einer Affinität zur Wirtschaft entstanden. Sie wurde gegründet von den Bankiers H. B. Rosenthal und Leopold Sonnemann. Rosenthal hatte schon 1856 für seine Kundschaft täglich einen „Geschäftsbericht" über die Lage an der Börse und in der Wirtschaft herausgegeben. Daraus wurde die „Frankfurter Handelszeitung" und 1866 die „Frankfurter Zeitung". Sonnemann ging es darum, „dem deutschen Publikum die großen Gefahren des Aktienwesens nahezulegen". Er hatte auch einen handfesten Anlaß für sein Vorhaben: Sein Vater hatte bei einer Aktienemission Geld verloren, und andere Zeitungen wollten darüber nicht berichten.
Bei Sonnemann ging es also nicht mehr allein um Nachrichtensammlung zugunsten eines eng umgrenzten privilegierten Leserkreises wie in den Anfängen. Die Interessen eines breiten Publikums wurden in den Vordergrund gerückt. Schon 1784 hatte der Gymnasialprofessor Karl Philipp Moritz in seiner Schrift „Ideal einer gedruckten vollkommenen Zeitung" gefordert, es solle ein Blatt für das Volk sein. Moritz sah die Zeitung als moralische Anstalt. Sie sollte die Stimme der Wahrheit sein. Sie sollte aufdecken, was lobens- oder tadelnswert erschien, und aus der Flut der Begebenheiten das herausheben, was die Menschen interessiert. Die von aufklärerischem Pathos getragene Forderung hat seither die Entwicklung der Zeitungen immer wieder mitbestimmt. Diese Entwicklung war keineswegs auf Deutschland beschränkt. In der zweiten Hälfte des vorigen Jahrhunderts entstand in Amerika das, was heute als investigativer Journalismus bekannt ist. Der amerikanische Verleger Pulitzer, dessen Namen den renommiertesten amerikanischen Journalistenpreis ziert, formulierte 1872 sein journalistisches Rezept wie folgt: „Politische und moralische Reform durch Sensation". Und später schrieb er: „Die Presse mag ausschweifend sein. Aber sie ist das moralische Werkzeug der Welt von heute. Durch die Furcht vor der Presse werden mehr Verbrechen, Korruption und Unmoral verhindert als durch das Gesetz." Die Frankfurter Zeitung schrieb 1901: „An die Presse wird das schwer zu erfüllende Verlangen gestellt, daß sie das Unsolide, das Unreelle, das Schwindelhafte schon in den Anfängen zutreffend erkenne... und das Publikum warne, so lange noch Zeit dazu ist. Soll dies wirksam geschehen, soll es gerade die große Menge schützen, die nicht sachkundig und selbstdenkend genug ist, so muß die Presse auch Fraktur schreiben dürfen." Auch der heute häufig anzutreffende parteiische anwaltschaftliche Journalismus hat seine Wurzeln im vorigen Jahrhundert. Das zeigt das Beispiel des Textilfabrikantensohns Friedrich Engels, der als Journalist tätig war und im Ton der Zuverlässigkeit Überzeugun-

gen formulierte statt Tatsachen, wie es in einer Marx-Biographie heißt. Oft hätten bei ihm Behauptungen anstelle von Informationen gestanden.

Die Pressefreiheit liegt in der Vielfalt

Aus diesen Anfängen und unterschiedlichen Ansätzen erklärt sich die Vielfalt der Zeitungen und ihrer Inhalte. In einer auf Privateigentum gegründeten freiheitlichen Gesellschaftsordnung wie in der Bundesrepublik sind Zeitungsverlage privatwirtschaftliche Unternehmen, deren Tätigkeit heute anders als in früheren Zeiten durch die im Grundgesetz verankerte Meinungs-, Informations- und Pressefreiheit gesichert ist. Danach hat jeder das Recht, seine Meinung in Wort, Schrift und Bild frei zu äußern und zu verbreiten. Der Verleger entscheidet im Prinzipiellen, was für eine Zeitung er machen will: ein Boulevardblatt wie die Bildzeitung oder eine reine Wirtschaftszeitung wie das Handelsblatt oder die Börsen-Zeitung, ein Regionalblatt wie die Stuttgarter Zeitung oder eine überregionale Tageszeitung wie die Frankfurter Allgemeine Zeitung, die Welt oder die Süddeutsche Zeitung, eine Wochenzeitung wie die Zeit oder ein Sonntagsblatt wie die Welt am Sonntag. Dabei sind Zeitungsunternehmen Unternehmen eigener Art: Der Verleger ist zwar Unternehmer und Arbeitgeber, aber Redakteure sind persönlich für den Inhalt der Zeitung verantwortlich. In jeder Zeitung weist das Impressum (lateinisch „das Gedruckte") als Pflichteindruck aus, wer die juristische Verantwortung für die redaktionellen Inhalte und für den Anzeigenteil trägt. Die Pressefreiheit besteht in der Vielfalt der Verleger, ihrer Zeitungen und in ihrer Konkurrenz untereinander. Jeder Verleger kann sich sein Publikum suchen, jeder Leser seine Zeitung und jeder Journalist das Verlagsunternehmen und die Zeitung, in der er und für die er arbeiten will.

Das Presserecht setzt Grenzen

Pressefreiheit ist nicht schrankenlos. Als Einrichtung freiwilliger Selbstkontrolle wacht der Deutsche Presserat über die Einhaltung eines Ehrenkodex – freilich mit begrenzten Einflußmöglichkeiten. In den Pressegesetzen der Bundesländer ist festgelegt, daß Nachrichten vor ihrer Verbreitung mit der nach den Umständen gebotenen Sorgfalt auf Inhalt, Wahrheit und Herkunft zu überprüfen sind (Sorgfaltspflicht). Das spielt für die Wirtschaftsteile eine besondere Rolle, weil hier fast immer auch finanzielle Folgen mitzubedenken sind. Das Presserecht sieht bei Tatsachenbehauptungen – ganz gleich ob sie falsch oder doch richtig sind – die Möglichkeit von Gegendarstellungen durch die Betroffenen vor. Eine Gegendarstellung dient nach Feststellungen des Bundesgerichtshofs „einem elementaren Schutzinteresse der durch Zeitungsveröffentlichung Betroffenen gegenüber den großen Einflußmöglichkeiten der modernen Presse". Der Schutz wird noch dadurch verstärkt, daß die Entgegnung des Betroffenen vom Nachweis der Wahrheit und Richtigkeit freigestellt wird. Gegendarstellungen haben also mit Wahrheitsfindung nichts zu tun. Bei wahrheitswidrigen Zeitungsmeldungen kann unter Umständen auch Widerruf verlangt werden. Die Zeitung muß dann den Hinweis veröffentlichen, sie hielte die Darstellung nicht aufrecht. Schließlich sind zivilrechtliche Schadenersatzansprüche möglich, wenn Veröffentlichungen schuldhaft zu nachweisbaren Schäden geführt haben. Das kann für eine Zeitung sehr teuer werden, wenn sie zum Beispiel ein Unternehmen mit einer Falschmeldung über finanzielle Schwierigkeiten ins Gerede bringt.

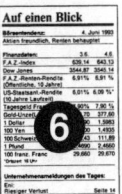

Die erste Seite des Wirtschaftsteils: Aufmacher (1), Kurzkommentare (Glossen) (2), Leitartikel (3), Wirtschaftskarikatur (4), „Eckenbrüller" (5), Auf einen Blick: Übersicht über die wichtigsten Börsen- und Finanzdaten und die wichtigsten Unternehmensmeldungen (6), Kurzmeldungen (7)

Auf der zweiten Seite montags erscheinen regelmäßig große Auslandsreportagen und Länderanalysen (1). Auf dem unteren Teil der Seite erscheint die Rubrik „Wirtschaftsbücher" (2)

Sonderstücke im Wirtschaftsteil: Aufsatzserien, hier die Reihe „Start in den Binnenmarkt" (1) und Hintergrundberichte (2)

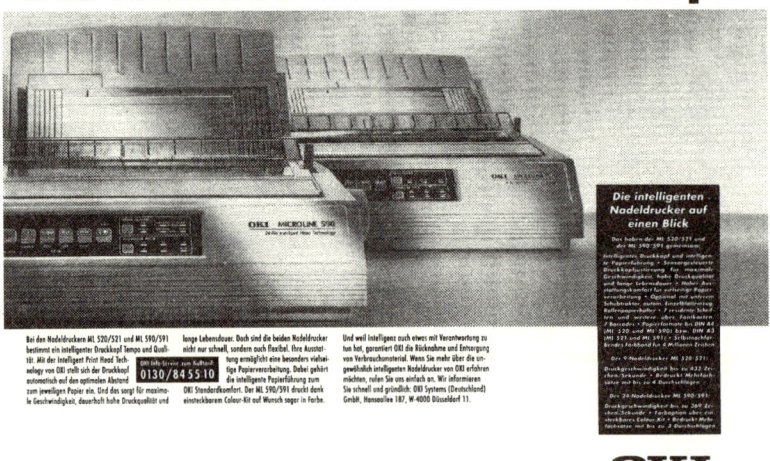

Sonderstücke im Wirtschaftsteil: Die Rubrik „Standpunkte" (1), hier kommen andere Meinungen zu Wort.

Der Unternehmensteil: An jedem Montag findet sich hier „Das Unternehmergespräch" (1). Regelmäßig erscheint an fast jedem Tag die Rubrik „Personalien" (2)

Der Unternehmensteil: Wirtschaftsfotos als Illustration (1). Regelmäßig erscheint der Block „Unternehmensnachrichten" (2), hier finden sich komprimiert viele Meldungen aus den Unternehmen, darunter auch die Rubrik „Konkurse und Vergleiche" (3)

Sonderstücke im Unternehmensteil: Die einmal wöchentlich erscheinende Rubrik „Europäischer Alltag" (1)

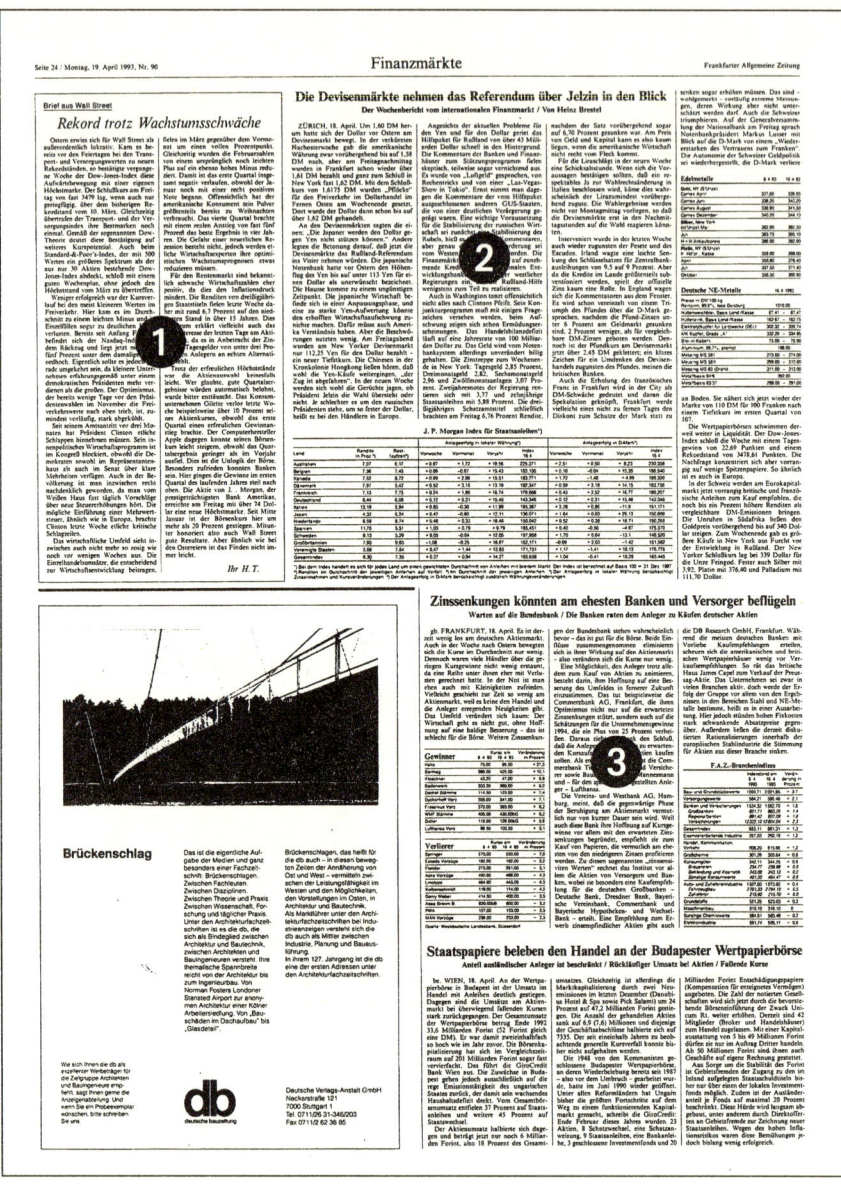

Die Seite Finanzmärkte am Montag: Hier findet sich die regelmäßig erscheinende Kolumne „Brief aus Wall Street" (1) sowie der Wochenbericht vom internationalen Kapitalmarkt (2), dazu weitere Börsenanalysen, unter anderem über Gewinner und Verlierer der Woche (3)

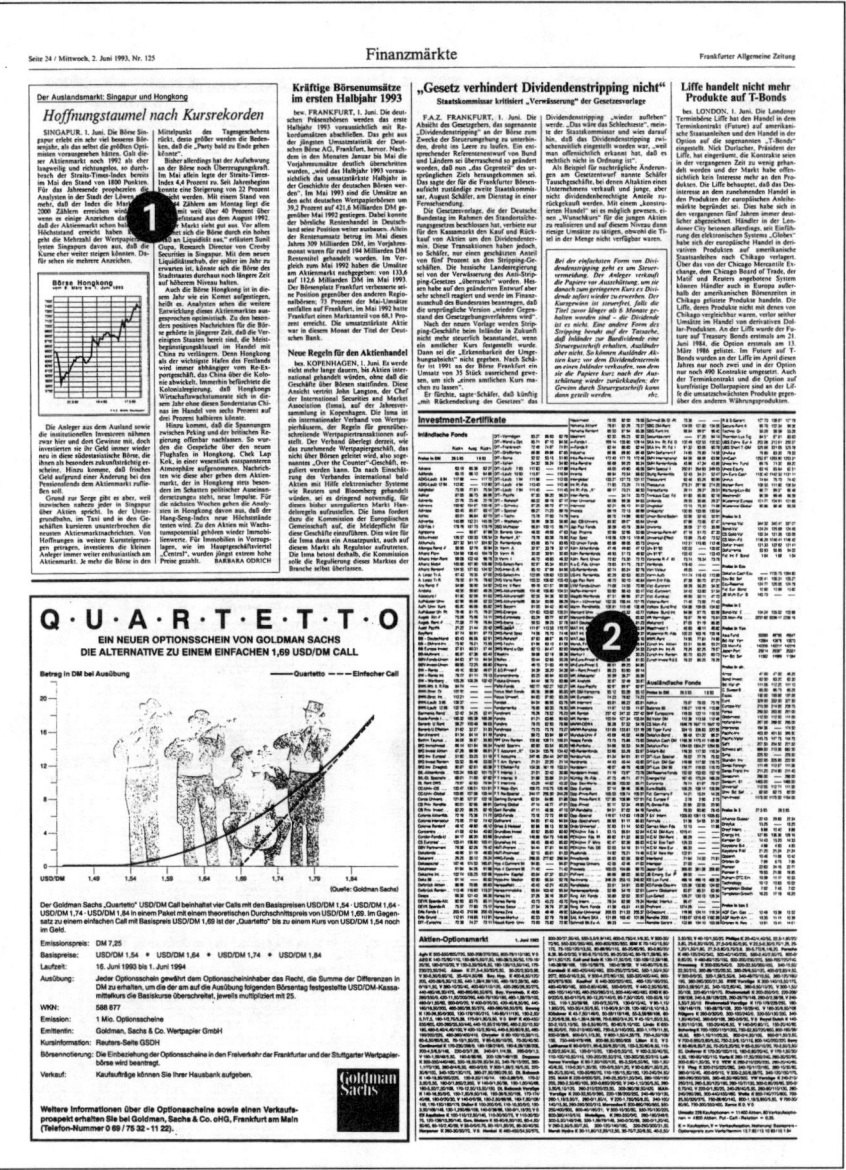

Die Finanzmärkte in der Woche: Regelmäßig erscheinen hier Kolumnen wie „Der Auslandsmarkt" (1), dazu die Tabelle der Investmentpreise (3)

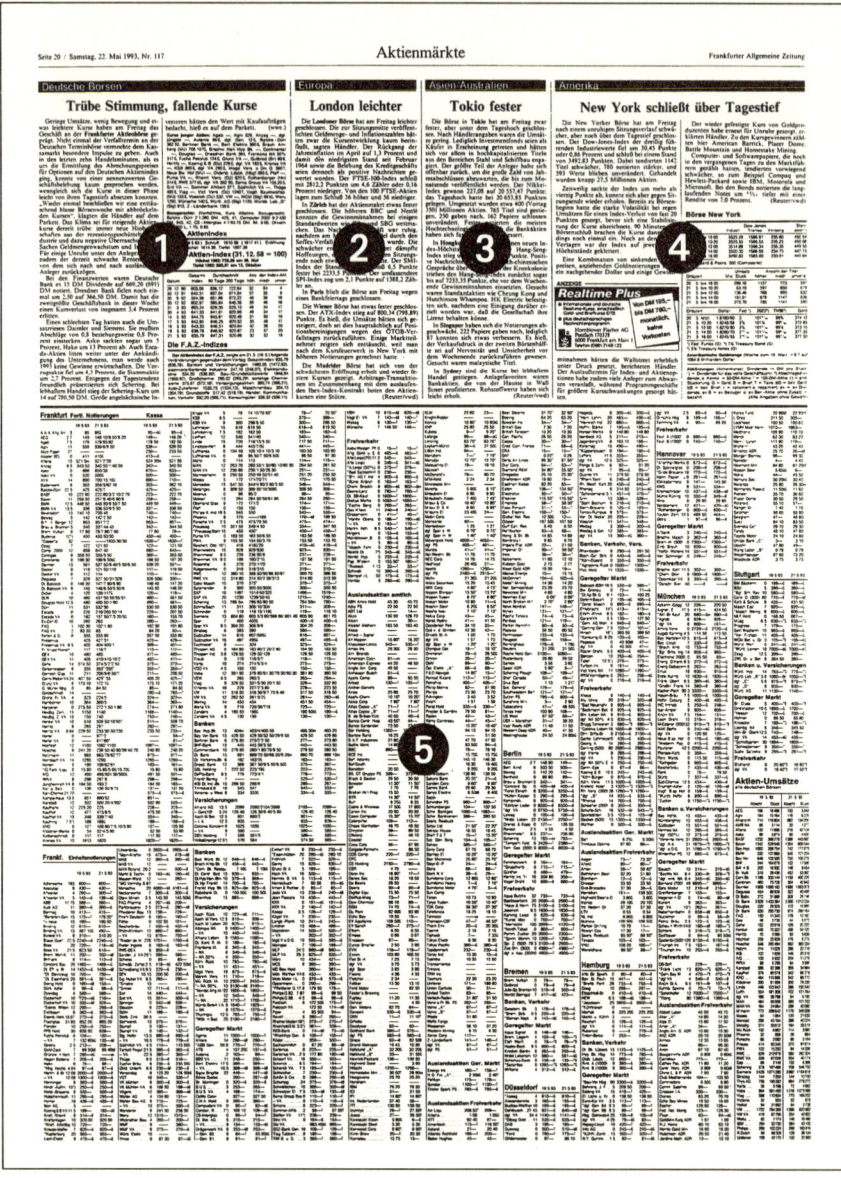

Das Kursblatt: Auf der ersten Seite Berichte von den deutschen Börsen (1), von den europäischen Börsen (2), aus Tokio und anderen asiatischen Märkten (3) sowie aus New York (4), dazu die Aktienkurse (5)

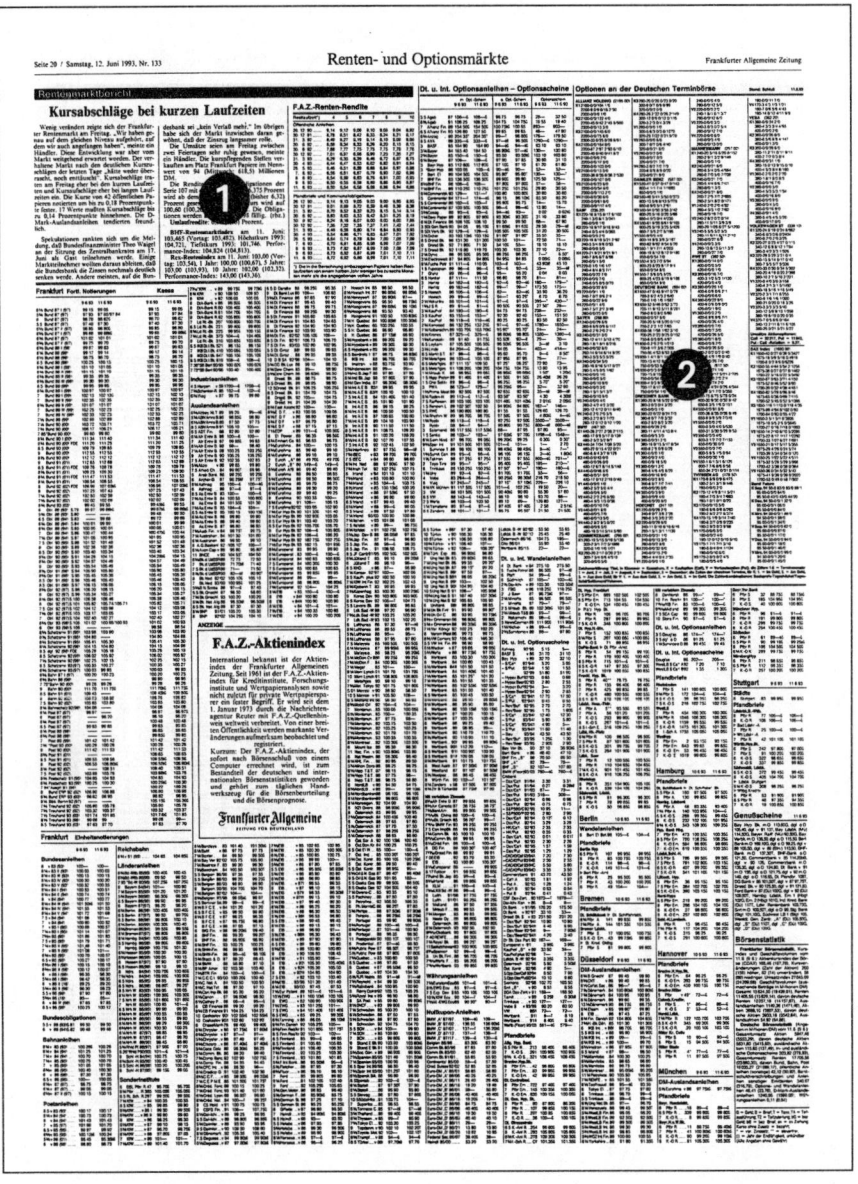

Der Kursteil: Renten- und Optionsmärkte mit dem Rentenmarktbericht (1) und den Optionsnotierungen (2)

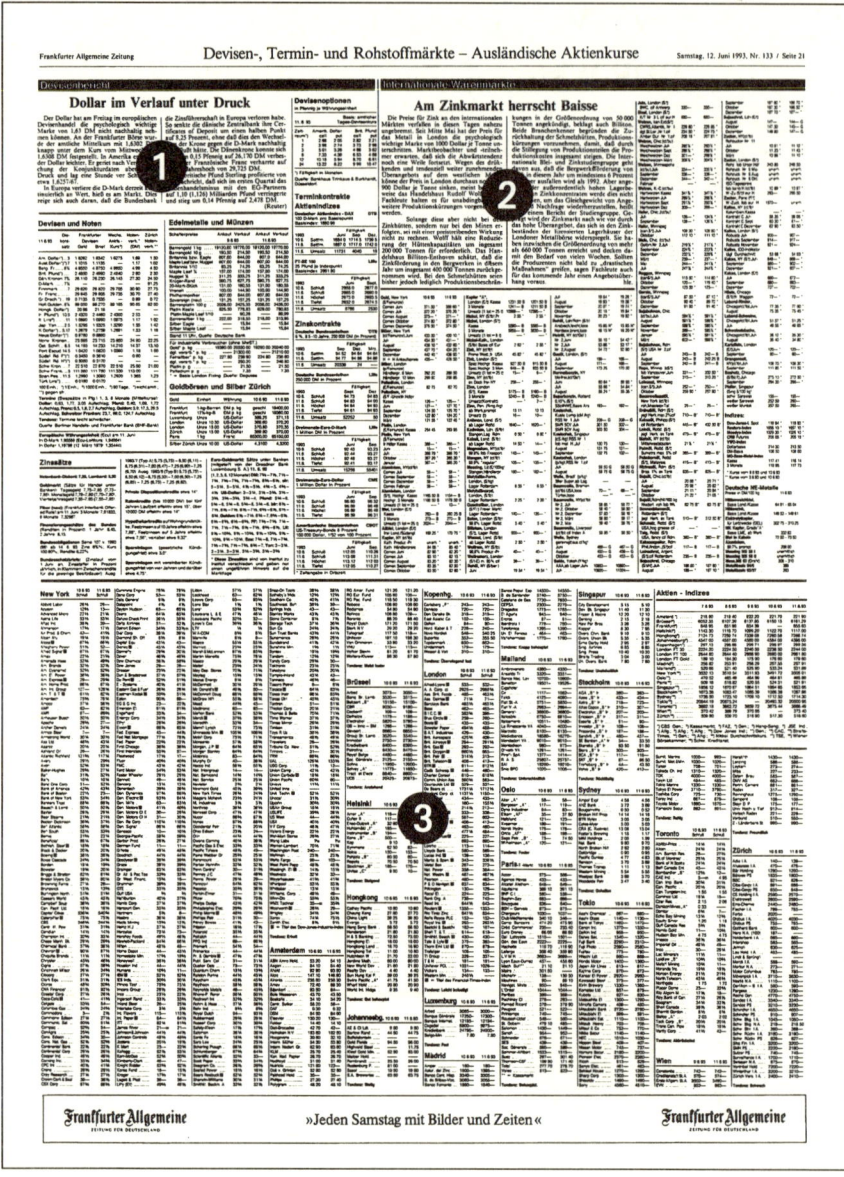

Der Kursteil: Devisen-, Termin- und Rohstoffmärkte sowie ausländische Aktienkurse: Auf dieser Seite findet sich der Devisenbericht (1), die internationalen Warenmärkte mit einem Kurzbericht (2) und den Notierungen sowie die ausländischen Aktienkurse (3)

DDR-Wirtschaftslenker vor Gericht

Mögliche und unmögliche Prozesse / Von Jacqueline Hénard

Sonderstücke am Samstag: Die Sonderseite „Menschen und Wirtschaft"

Der Wert des Unvorhersehbaren

Die Marktwirtschaft als Vorbild einer Ordnung der Freiheit für Menschen und Maschinen / Woran Planwirtschaften scheitern / Von Guy Kirsch und Jürg Kohlas

Sonderstücke am Samstag: Die Sonderseite „Die Ordnung der Wirtschaft"

Ein Beispiel für den Wirtschaftsteil einer Regionalzeitung: Die Wirtschaftsseite der Frankfurter Neuen Presse

2. Der Wirtschaftsteil einer Tageszeitung

Alle Tageszeitungen haben einen Wirtschaftsteil. Doch dieser Teil ist je nach Art und Größe der Zeitung sehr unterschiedlich aufgebaut und gestaltet. Wirtschaft in der Tageszeitung, das reicht von einer Viertelseite oder halben Seite in einem Lokalblatt, die ein oder zwei Redakteure gestalten, bis zu den eigenen, mit einem Griff herausnehmbaren „Produkten" der großen überregionalen Tageszeitungen, hinter denen fünfzig und mehr eigene Redakteure und Korrespondenten stehen können. In vielen größeren Lokal- und Regionalzeitungen sind ein bis zwei Wirtschaftsseiten die Regel. Sie müssen auf engstem Raum viele Bedürfnisse erfüllen, die regionalen Belange ebenso berücksichtigen wie das Interesse an den herausragenden überregionalen Ereignissen. Adressaten sind in erster Linie die Verbraucher und Arbeitnehmer. Der Stil ist populär.

Die Frankfurter Allgemeine Zeitung als Beispiel

Der Wirtschaftsteil der Frankfurter Allgemeinen Zeitung bildet ein Kernstück der Zeitung, die sich den Anspruch gestellt hat, die führende deutsche Tages- und Wirtschaftszeitung zu sein. Er hat zehn bis fünfzehn Seiten Umfang einschließlich Anzeigen. Er bildet das zweite Produkt nach der Politik und vor dem Feuilleton. Der Wirtschaftsteil ist nach bestimmten Ordnungsprinzipien aufgebaut, die dem Leser den Zugang erleichtern sollen. Elisabeth Noelle-Neumann hat geschrieben: „Der Leser muß sich in seiner Zeitung so zurechtfinden wie in einem dunklen Wohnzimmer, wo er hindurchgehen kann, ohne sich an irgendeinem Möbel zu stoßen. Er weiß, wo etwas steht."

Die Ordnungsprinzipien

Als erstes Ordnungsprinzip gilt der auch sonst in der Zeitung vertretene Grundsatz, Meinung und Nachricht zu trennen. Auf der ersten Seite finden sich daher in den beiden linken Spalten die Glossen, das sind Kurzkommentare, und der Leitartikel. In diesen beiden Spalten sagt die Redaktion ihre Meinung. Hier wird gelobt oder kritisiert, was an anderer Stelle ohne Wertung mitgeteilt wird. Da auch Meinungen außerhalb der Redaktion interessieren, findet sich im Wirtschaftsteil nach amerikanischem Vorbild auf der zweiten oder dritten Seite die Rubrik „Standpunkte", in der deutlich gekennzeichnet andere Meinungen kundgetan werden.
Das zweite Ordnungsprinzip lautet: vom Allgemeinen zum Speziellen. Das heißt, die wichtigsten Nachrichten, die vermutlich auf das breiteste Interesse stoßen, finden sich auf der ersten Seite. Die erste Seite ist das „Schaufenster" des Wirtschaftsteils. Ein Inhaltskasten „Auf einen Blick" enthält die wichtigsten Finanzmarktdaten und gibt Hinweise auf den Inhalt der folgenden Seiten. Auf der zweiten und dritten Seite des Wirtschaftsteils werden dann weitere allgemeine Nachrichten und Berichte zur Wirtschaftspolitik und zur Wirtschaftslage im In- und Ausland veröffentlicht. Dazu kommen Darstellungen unter dem Stichwort „Hintergrund". Sie werden immer wichtiger in einer Welt, die immer komplizierter wird. Ein „Hintergrund" soll Nachrichten vertiefen und erläutern, Zusammenhänge sichtbar machen; denn eine Nachricht, die nichts als Nachricht bleibt, ist häufig keine, weil sie ohne Erläuterung nicht zu verstehen und einzuordnen ist. Eine solche ergänzende Erläuterung ist nicht zu verwechseln mit Kommentierung. Ebenso werden auf diesen Seiten einzelne Wirtschaftszweige unter dem Stichwort „Branchenanalyse" durchleuchtet.

Montags hat die zweite Seite ein etwas anderes Bild. Die obere Hälfte ist der ausführlichen Auslandsberichterstattung gewidmet mit Hintergrundberichten und Reportagen aus aller Welt. Auf der unteren Hälfte erscheint an diesem Tag die Rubrik „Wirtschaftsbücher", in der die wichtigsten Neuerscheinungen vorwiegend wirtschaftswissenschaftlicher und wirtschaftspolitischer Art vorgestellt werden. Zu den Rezensenten dieser Rubrik gehören bekannte Ökonomen und Wirtschaftsfachleute. Am Samstag erscheinen auf der dritten Seite abwechselnd große Aufsätze zur Wirtschaftspolitik im weitesten Sinn unter dem Titel „Die Ordnung der Wirtschaft" und analysierende Reportagen unter dem Titel „Menschen und Wirtschaft". Bei Lesern und Autoren gilt diese „Sonderseite" einmal als herausragendes Forum der ordnungspolitischen Debatte und zum anderen als Platz, auf dem wirtschaftliche Zusammenhänge und wirtschaftliches Handeln anschaulich beschrieben werden.

Von der vierten Seite an beginnt die Unternehmensberichterstattung, der die Frankfurter Allgemeine Zeitung von Anfang an breiten Raum gewidmet hat. Hier geht es um die Unternehmen, um ihre Strategien, ihre Bilanzen, ihre Investitionen, ihre Produkte. Auf diesen Seiten erscheinen Berichte über Aufsichtsratssitzungen und Hauptversammlungen, über Fusionen und Kooperationen, über die Gründung und den Untergang von Unternehmen. Aber nicht nur die Lichtseiten unternehmerischen Tuns werden hier geschildert, auch die Schattenseiten, die sich in Wirtschaftsprozessen offenbaren. Die Breite der Berichterstattung soll zeigen, daß die deutsche Wirtschaft nicht nur aus wenigen börsennotierten Großkonzernen besteht, sondern von einer Vielzahl kleiner und mittelgroßer Unternehmen geprägt wird, deren Produkte oft weltbekannt sind.

Da Unternehmen keine anonymen Gebilde sind, sondern wirtschaftliche Veranstaltungen, hinter denen Menschen stehen, spielen auch Personalien auf diesen Seiten eine große Rolle. Jeden Montag erscheint im Unternehmensteil das „Unternehmergespräch", in dem Manager und Unternehmer ihre Ansichten zu aktuellen oder interessierenden Fragen im Gespräch äußern. Dazu kommen Nachrichten über Personalveränderungen, Würdigungen und Porträts führender Männer und Frauen der Wirtschaft, der Wirtschaftspolitik und der Wirtschaftswissenschaft.

Danach folgt die Berichterstattung über die Finanzmärkte, die in den letzten Jahren mit den wachsenden Vermögen in Deutschland an Gewicht gewonnen hat. Hier geht es nicht allein um die aktuelle Berichterstattung von Börsen und Märkten, sondern auch um zusammenfassende Darstellungen etwa von den Auslandsbörsen oder von einzelnen Märkten, von Hintergründen des Börsenwesens und an jedem Samstag um das Fazit der „Börsenwoche". Das „Parkettgespräch" gibt Ansichten interessanter Fachleute zur Geldanlage wieder. Auf diesen Seiten findet sich der F.A.Z.-Aktienindex, der nicht nur durch die Zeitung, sondern seit 1973 auch durch die Nachrichtenagentur Reuter in der ganzen Welt verbreitet wird, sowie die F.A.Z.-Renten-Rendite. Ein umfangreicher Kursteil einschließlich der Warenmärkte rundet den Wirtschaftsteil ab.

Auch Anzeigen gehören zum Wirtschaftsteil

Im Wirtschaftsteil jeder Zeitung werden viele Anzeigen veröffentlicht. Die Zuständigkeiten dafür sind strikt getrennt von den redaktionellen Zuständigkeiten. Dennoch stellt der Anzeigenteil ein Stück Wirtschaft dar, besser gesagt, ein Stück Markt, auf dem sich Unternehmen werbend darstellen, auf dem Finanztransaktionen angezeigt werden, wo börsennotierte Gesellschaften ihre Pflichtveröffentlichungen zur Unterrichtung der Aktionäre tätigen (die nach bestimmten Kriterien ausgewählten Zeitungen, in denen dies möglich ist, heißen daher auch Börsenpflichtblätter). Außerhalb des Wirtschaftsteils gibt es weitere große Anzeigenteile mit rubrizierten Anzeigen, den Stellenmarkt zum Beispiel oder den Immobilienmarkt. Auch zu diesen Teilen gibt es in der Frankfurter Allgemeinen Zeitung, wie in anderen Zeitungen auch, ein redaktionelles, von der Wirtschaftsredaktion gestaltetes Angebot. Das ist einmal freitags die Seite „Immobilienmärkte", auf der die wichtigsten Marktentwicklungen in Deutschland und Europa nachgezeichnet und neue interessante Projekte vorgestellt werden. Am Samstag erscheint dann zusammen mit dem Stellenmarkt die Seite „Beruf und Chance". Sie vermittelt Informationen und Anregungen für die Berufswahl und für die Weiterentwicklung innerhalb des Berufs, für Fortbildung und Umschulung, für Aufstiegsmöglichkeiten und Karriere.

3. Konjunkturbericht, Konjunkturindikator, Preisbericht

Zu den Aufgaben anspruchsvoller Wirtschaftsteile gehört auch die erläuternde Zusammenfassung, die sich in vielen Zeitungen findet. Solche wertenden Zusammenfassungen sind der monatliche Konjunkturbericht der Frankfurter Allgemeinen Zeitung, der monatliche Bericht der F.A.Z. über die Verbraucherpreise und der vierteljährlich erscheinende Bericht von den Rohstoffmärkten. Sie alle erscheinen auf dem Leitartikelplatz; denn sie geben die Meinung der Redaktion zur Konjunktur, zur Preisentwicklung und zur Lage an den Rohstoffmärkten wieder.

Das Mosaik der Konjunktur

Jeden Tag liest man Meldungen wie zum Beispiel: Industrieproduktion weiter gestiegen oder gefallen. Langer Samstag enttäuschte Einzelhandel. Höhere industrielle Erzeugerpreise. Schwächerer Auftragseingang beim Maschinenbau. Wieder hoher Exportüberschuß. Neue Lohnforderungen. Diese Nachrichten zeigen Bewegungen, Verschiebungen oder neue Tendenzen in wirtschaftlichen Teilbereichen an. Da aber die Summe aller Vorgänge in den Teilbereichen das ist, was wir gemeinhin als Konjunktur bezeichnen, sind fast alle Meldungen im Wirtschaftsteil konjunkturträchtig. Aber welcher Leser hat schon bei der täglichen Lektüre des Wirtschaftsteils die Zeit oder kann sich die Mühe machen, diese Einzelinformationen aus den verschiedensten Wirtschaftsbereichen sofort und mit dem richtigen Gewicht in das Gesamtbild der Konjunktur einzuordnen?
Die Wirtschaftsredaktion der Frankfurter Allgemeinen Zeitung zieht daher seit 1955 einmal in jedem Monat ein Resümee der in den vorangegangenen vier Wochen erschienenen Konjunkturnachrichten. Dieser Konjunkturbericht gliedert sich in einen Text- und in einen Tabellenteil. Im Text werden die wichtigsten Entwicklungslinien dargestellt. Besondere Aufmerksamkeit wird dabei allen tendenziellen Veränderungen gewidmet. Ferner werden in den Berichten, vor allem wenn aktueller Anlaß dazu besteht, einzelne konjunkturelle Bereiche stärker hervorgehoben und ausführlich behandelt. Das kann einmal die Lohnentwicklung sein, das nächste Mal sind es vielleicht die Investitionen und ihre Finanzierung, in einem anderen Konjunkturbericht ist es der Außenhandel, oder es sind die Tendenzen, die sich auf großen Messen abgezeichnet haben.

Was Schlüsselzahlen besagen

Die Schlüsselzahl in der Tabelle, die am meisten über die künftige Konjunkturentwicklung aussagt, ist der Index des Auftragseingangs der Industrie. Denn die Bestellungen, die heute eingehen, bestimmen (wegen der mehr oder weniger langen Durchlaufzeiten in den Unternehmen) die Produktion in den kommenden Wochen und Monaten. Zugleich ist an den Veränderungen des Auftragseingangs deutlich abzulesen, wie die Auftraggeber die weitere Konjunkturentwicklung einschätzen. Nimmt der Bestelleingang weiter zu, dann ist das ein Indiz für anhaltenden oder gar wachsenden Optimismus, schwächt er sich dagegen ab, dann zeugt das von schwindender Zuversicht. Da der Auftragseingang nicht nur insgesamt, sondern auch getrennt nach Inland und Ausland angegeben wird, läßt sich daraus ferner ersehen, wie es um die künftige Exportentwicklung bestellt sein wird. Außerdem läßt der Auftragseingang in Verbindung mit dem Umsatz (Auslieferungen) Rückschlüsse auf die Entwicklung der Auftragsbestände in der Industrie und damit auf die Lieferzeiten zu. Steigt der Auftragseingang stärker als der Umsatz, dann müssen zwangsläufig die Auftragsbestände und die Lieferfristen zunehmen. Ist es umgekehrt, ist der Zuwachs des Auftragseingangs kleiner als der des Umsatzes, dann werden Auftragspolster abgebaut und die Lieferfristen entsprechend kürzer. Der Auftragseingang ist eines der wichtigsten Konjunkturbarometer, weil es in die Zukunft weist. Das wird auch nicht geschmälert durch die Tatsache, daß diese statistischen Angaben erst mit mehr als einem Monat Zeitverzögerung vorliegen.

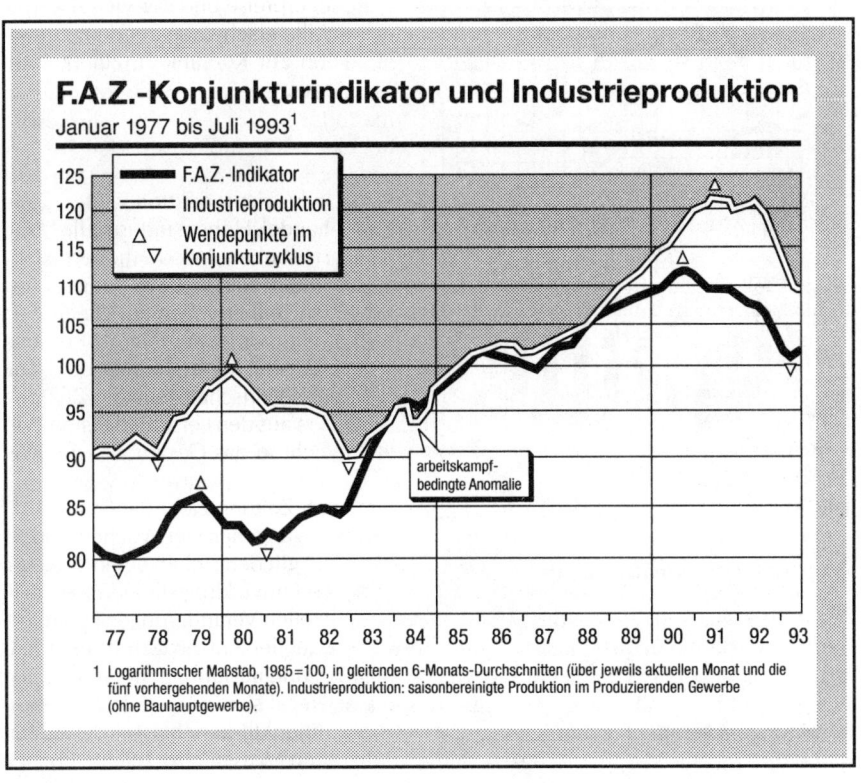

Frühindikator für konjunkturelle Wendepunkte

Seit Mitte Dezember 1989 erscheint im Wirtschaftsteil der Frankfurter Allgemeinen Zeitung regelmäßig ein Frühindikator zur Erkennung konjunktureller Wendepunkte: der F.A.Z.-Konjunkturindikator. Denn nichts bewegt mehr als die Frage, in welche Richtung sich die Wirtschaft entwickelt, wie die Konjunkturaussichten sind. Einen Frühindikator, wie ihn die Frankfurter Allgemeine Zeitung veröffentlicht, gab es bis dahin offiziell in der Bundesrepublik Deutschland noch nicht. In den Vereinigten Staaten steht ein solches Hilfsmittel seit mehr als vierzig Jahren zur Verfügung: der Index of Leading Indicators.

Die Verwendbarkeit eines solchen konjunkturellen Frühindikators beruht darauf, daß es einzelne statistische Reihen gibt, die üblicherweise einen Vorlauf vor der gesamtwirtschaftlichen Entwicklung aufweisen. So ist allgemein bekannt, daß etwa die Entwicklung von Aktienkursen, Auftragseingängen oder Zinsen der Konjunktur vorauseilen. Im F.A.Z.-Konjunkturindikator werden die verschiedenen Reihen zu einem Wert zusammengefügt, um so auch dann ein Gesamturteil zu ermöglichen, wenn sich relevante statistische Reihen gegenläufig entwickeln. Dem F.A.Z.-Konjunkturindikator, der im August 1993 mit Blick auf die Auswirkungen der Wiedervereinigung und die Entwicklung an den Finanzmärkten leicht modifiziert wurde, liegen folgende Einzelreihen zugrunde: die Auftragseingänge im verarbeitenden Gewerbe, der F.A.Z.-Aktienindex, die Zahl der Stellenangebote in der Frankfurter Allgemeinen Zeitung, der Ifo-Geschäftsklima-Index für das verarbeitende Gewerbe, der reale Außenwert der D-Mark sowie die Differenz zwischen lang- und kurzfristigen Zinsen. Alle genannten Variablen spielen zur Erklärung des Konjunkturverlaufs eine bedeutsame Rolle. Für die Berechnung wurde eine geeignete Berechnungsgrundlage gefunden, die bereits im Rückblick auf die Jahre bis 1975 einen klaren Zusammenhang mit der Industrieproduktion zeigt. Alle konjunkturellen Wendepunkte wurden mit einem deutlichen Vorlauf angezeigt, ausgeprägte Fehlinformationen wurden nicht geliefert.

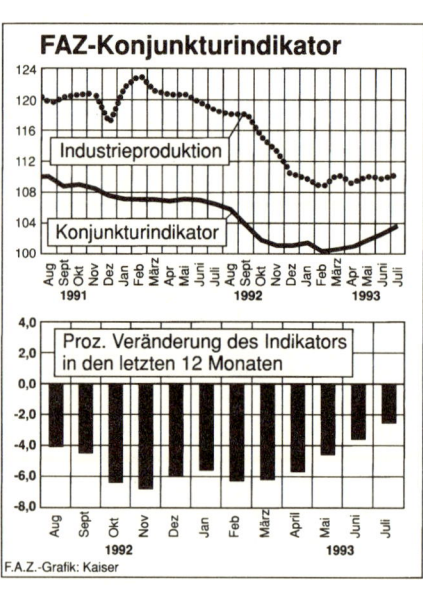

Gradmesser der Kaufkraft

Die Verbraucher müssen für alles bezahlen: Wenn schlechte Konjunkturpolitik gemacht wird, wenn übermäßige Lohnsteigerungen vereinbart werden, wenn im europäischen Agrarmarkt die Bauern durch ein System von Marktordnungen geschützt werden oder wenn der Wettbewerb bei der Herstellung von Gütern in der Industrie oder bei ihrer Verteilung im Handel nicht funktioniert. Alles das schlägt sich in Mark und Pfennig in den Preisen nieder. So sind die Preisschilder in den Einzelhandelsgeschäften letztlich

Symbole für Erfolg oder Mißerfolg der Wirtschafts- und Konjunkturpolitik. Sie sind die Gradmesser für die Kaufkraft des Geldes. Für jeden Konsumenten sind daher die Verbraucherpreise so wichtig wie die Aktienkursnotierungen für den Börsianer. Und jede Hausfrau müßte eigentlich die Preise in den Geschäften und in den Anzeigen des Handels so aufmerksam studieren wie der Börsianer seine Kurse.

Wie jeder Einzelhändler bestätigt, sind die Verbraucher heute preisbewußter geworden und registrieren auch, wenn das Tütchen Backpulver ein paar Pfennig teurer wird. Dennoch ist allgemein die genaue Kenntnis der Preise nicht so groß, wie es für eine optimale „Anlage" des Haushaltsgeldes notwendig wäre. Hinreichend bekannt sind vornehmlich die Preise für Waren, die regelmäßig und häufg eingekauft werden, wie Brötchen, Zucker, Bohnenkaffee, Markenbutter, eine Flasche Bier oder eine Dose Kondensmilch. Die Preise für Fleisch und Wurst können meist nur vage genannt werden. Ganz unklare Vorstellungen bestehen über die Preise von Saisonwaren wie Obst und Gemüse, die im Jahresverlauf und je nach Ernteausfall sehr stark schwanken.

Für die mangelhaften Preiskenntnisse gibt es gute Gründe. Einkaufen ist nur ein Teil der Beschäftigung innerhalb einer Familie, und viele Hausfrauen haben nicht immer die notwendige Zeit zu ausgedehnten Orientierungsgängen. Außerdem ist das Warenangebot in den letzten Jahren immer vielfältiger und für die Konsumenten unübersehbarer geworden. Immer häufiger kommen neue Produkte auf den Markt oder wechseln Verpackung und Aufmachung.

Markttransparenz ist wichtig

Die Herstellung dieser Markttransparenz ist eine der Aufgaben, der sich unter anderem auch die Tageszeitungen angenommen haben. In Einzelmeldungen werden die Leser darüber informiert, wenn das Benzin teurer wird, wenn die Weihnachtsgans mehr kostet als im Vorjahr, wenn ein Unternehmen neue preiswerte Kühlschrankmodelle herausbringt oder wenn es durch eine besonders gute Ernte billiges Obst gibt. Doch das allein reicht nicht aus. Vielmehr muß die Fülle der Preisnachrichten von Zeit zu Zeit gesichtet, sortiert und im Zusammenhang dargestellt werden. Regional begrenzt, geschieht dies in Marktberichten, wie sie in den meisten Lokalblättern einmal wöchentlich wiedergegeben werden. Die Frankfurter Allgemeine Zeitung veröffentlicht darüber hinaus seit 1962 regelmäßig den „Monatlichen Bericht der F.A.Z. über die Verbraucherpreise". Er gibt, nach Schwerpunkten geordnet, einen Überblick über die Preissituation im jeweiligen Monat und versucht gleichzeitig, die weitere Entwicklung zu skizzieren, wie sie sich aufgrund von angekündigten Preisveränderungen abzeichnet. Zur Illustration werden in einer Tabelle rund sechzig Preise für Güter, Dienstleistungen und Tarife aufgeführt. Es handelt sich dabei um Durchschnittspreise des Landes Hessen, das infolge seiner Struktur einem westdeutschen Durchschnitt am nächsten kommt.

Die Indizes der Lebenshaltungspreise

Aber ebenso wie das Wetter nicht allein an den Celsiusgraden des Thermometers zu messen ist, kann die Preisentwicklung nicht allein anhand einzelner Preisangaben verfolgt werden. Das Statistische Bundesamt hat daher eine Reihe spezieller Barometer entwickelt, deren Ausschläge die Veränderungen des Preisklimas anzeigen. Dazu stellt das Bundesamt monatlich in über 100 Gemeinden des Bundesgebietes 150 000 Einzelpreise für rund 780 verschiedene Waren und Dienstleistungen fest. Diese Einzelangaben werden zu Bundesdurchschnittspreisen zusammengefaßt und der Berechnung von fünf Indizes der Lebenshaltung und eines Index der Einzelhandelspreise zugrunde gelegt. Auch die Tabelle des F.A.Z.-Monatsberichts über die Verbraucherpreise führt die wichtigsten dieser Indizes auf. Alle diese Indizes registrieren freilich nur die bereits zurückliegenden Entwicklungen, die Sünden der Vergangenheit. Wer Anhaltspunkte für die zukünftige Richtung der Verbraucherpreise bekommen will, der wird solche Barometer wie die ebenfalls vom Statistischen Bundesamt berechneten Indizes der industriellen Erzeugerpreise oder der Großhandelspreise zu Rate ziehen. Am wichtigsten für den Verbraucher sind die Indizes für die Entwicklung der Lebenshaltungskosten, weil sie nicht nur die Preise umfassen, die der Verbraucher im Einzelhandel bezahlen muß (sie werden im Index der Einzelhandelspreise widergespiegelt), sondern seine gesamten Haushaltsaufwendungen betreffen, also auch die Miete, die Strom- und Heizungskosten, den Schuster und den Friseur, das Essen im Restaurant, die Theater- oder Kinokarte, die Kosten des eigenen Autos, die Urlaubsreise und ähnliches.

Versuche, die Preisentwicklung mit Hilfe von Meßzahlen darzustellen, hat es schon im Altertum gegeben. In Griechenland dienten die Preise für Wein und Öl als Gradmesser der Teuerung; später war es der Getreidepreis. Die Berechnung von Indizes für die gesamte Lebenshaltung beginnt dagegen erst in der zweiten Hälfte des 19. Jahrhunderts mit den Ermittlungen einzelner Städte und privater Gelehrter über die durchschnittliche Entwicklung der Lebensmittelpreise. Einen sehr starken Antrieb erhielten diese Berechnungen durch den Ersten Weltkrieg und die nachfolgende Inflationszeit. 1920 begann das Statistische Reichsamt mit der Errechnung von Teuerungszahlen, aus denen dann später die Reichsindexziffer für die Lebenshaltungskosten wurde. Erst seit 1969 gibt es als globales Barometer einen Index für die Lebenshaltung aller privaten Haushalte in der Bundesrepublik. Er wird heute auf der Grundlage der Verbrauchsgewohnheiten von 1985 berechnet.

Aus dem Preisindex für die Lebenshaltung aller privaten Haushalte läßt sich auch der Geldwertschwund berechnen. Die Rechenformel lautet:

$$\text{alter Indexstand} \cdot \frac{}{\text{neuer Indexstand}} \cdot \times 100 - 100 = \text{Kaufkraftverlust in Prozent}$$

Neben dem allgemeinen Lebenshaltungskostenindex errechnet das Statistische Bundesamt noch den Preisindex für die Lebenshaltung von 4-Personen-Arbeitnehmerhaushalten mit mittlerem Einkommen des alleinverdienenden Haushaltungsvorstandes sowie Indizes für 4-Personen-Haushalte von Angestellten und Beamten mit höherem Einkommen, für 2-Personen-Haushalte von Renten- und Sozialhilfeempfängern und für die einfache Lebenshaltung eines Kindes. Diese Indizes können Auskunft darüber geben, wie Haushalte verschiedener Zusammensetzung und verschiedener Einkommensverhältnisse durch die Veränderungen bestimmter Preise berührt werden. Bei den besser verdienenden Angestellten schlägt zum Beispiel die Verteuerung der Dienstleistungen und Reparaturen stärker zu Buche als bei den Arbeiterhaushalten. Der Kinderindex ist wichtig, wenn zum Beispiel ein Maßstab für Unterhaltungsforderungen gesucht wird. Der Index für den 4-Personen-Arbeitnehmerhaushalt dient zur Errechnung von Teuerungszahlen, wie sie zur Berechnung von Gehaltsgrenzen nach dem Handelsgesetzbuch und der Gewerbeordnung notwendig sind. Auch in Mietverträgen und anderen Vereinbarungen wird häufig auf die Indizes der Lebenshaltungskosten Bezug genommen.

4. Wie Nachrichten entstehen

Tag für Tag fließt ein unaufhaltsamer Strom von Nachrichten in die Redaktionen von Zeitungen, Rundfunk und Fernsehen. Dieser Nachrichtenstrom aus aller Welt wird in den Redaktionen kanalisiert und durch einen Filter gepreßt, um für die Leser, Hörer, Zuschauer verdaulich zu werden; denn mehr als ein bestimmtes Maß an Neuigkeiten können und wollen sie nicht aufnehmen. Der tägliche Materialzufluß in der Hamburger Zentrale der Deutschen Presse Agentur aus dem eigenen Korrespondenten- und Mitarbeiternetz liegt bei 280 000 Wörtern. Dazu kommt die schwer bezifferbare Flut von Nachrichten, die die Agentur in Form von Fax, Fernschreiben und anderen Mitteilungen erreicht.

Wenn man 10 Worte in eine Zeile und 40 Zeilen auf eine Buchseite druckt, dann ergäbe dieser tägliche Nachrichtenzustrom ein Buch von mindestens 700 Seiten. Davon gibt dpa in seinem 24stündigen Basisdienst 105 000 Wörter täglich weiter, also etwa die Hälfte der eingehenden Wörter. Große Tageszeitungen wie die Frankfurter Allgemeine Zeitung oder auch Rundfunk und Fernsehen wählen für ihre Nachrichtenblocks aus einem Angebot von gut 300 000 Wörtern aus. Davon ist nur ein kleiner Teil in einer Zeitungsausgabe unterzubringen. Bei kleineren Zeitungen mit weniger Platz kann von dem anfallenden Material noch weniger veröffentlicht werden.

Die Nachrichtenquellen

Die Massenmedien beziehen ihr Material im wesentlichen aus folgenden Quellen:
– durch eigene Redakteure und Korrespondenten, die wiederum weitergeben, was sie gesehen, gehört, gelesen oder erfragt haben. Es ist der Stolz jeder größeren Zeitung, ihren Lesern statt konfektionierter Nachrichtenware eine individuelle Berichterstattung zu bieten. Die Frankfurter Allgemeine Zeitung ist daher an allen wichtigen Zentren im In- und Ausland mit eigenen Wirtschaftsredakteuren oder langjährigen freien Mitarbeitern vertreten;
– über die Nachrichtenagenturen. Nachrichtenagenturen sind Unternehmen, die durch ihre Journalisten mit schnellsten Beförderungsmitteln Nachrichten zentral sammeln, sichten und festen Beziehern weiterliefern. In der Bundesrepublik sind im wesentlichen folgende Agenturen tätig: die Deutsche Presse-Agentur (Kürzel: dpa), die im Eigentum der Zeitungsverleger ist und mit den wichtigsten ausländischen Nachrichtenagenturen Austauschabkommen hat; die Vereinigten Wirtschaftsdienste (vwd), die als größte Wirtschaftsnachrichtenagentur des Kontinents gelten; die amerikanische Nachrichtenagentur Associated Press (AP), die französische Agentur Agence France Presse (AFP), die britische Agentur Reuters (Reuter, rtr) als die älteste und einst größte Agentur der Welt und der 1971 entstandene Deutsche Depeschendienst (ddp);
– von sogenannten Korrespondenzbüros und Informationsdiensten, von denen es in der Bundesrepublik etwa 1 000 gibt.

Die Masse der kleinen und mittleren Tageszeitungen ist in starkem Maße auf die Agenturen und Korrespondenzbüros angewiesen. Nur die großen Zeitungen und die Rundfunk- und Fernsehanstalten verfügen über Korrespondentennetze im In- und Ausland. Bei der F.A.Z. stammt etwa ein Viertel der veröffentlichten Nachrichten aus Agenturmeldungen, die noch bearbeitet werden, der Rest aus eigenen Quellen. Bei den meisten deutschen Tageszeitungen kommen aber etwa vier Fünftel der Inlands- und der Auslandsmeldungen von Agenturen, bei vielen Zeitungen sogar mehr als neunzig Prozent.

Das Sammeln und Verarbeiten von Nachrichten ist zu einem großen Teil Routine, geduldige Kleinarbeit, die weit entfernt ist von dem Klischee der Sensationsreporter. Unter den täglich eingehenden Informationen ist die „heiße Ware" selten, wie etwa Hinweise von Eingeweihten auf eine bevorstehende Fusion oder drohende finanzielle Schwierigkeiten eines Unternehmens, Hinweise von Eingeweihten auf Börsentransaktionen oder auf bevorstehende Maßnahmen von Regierungen oder Notenbanken. Der weitaus größere Teil des Materials, das Redaktionen oder Korrespondenten erreicht, ist weniger aufregender Art. Es sind Berge von Papier, die geduldig durchgesehen werden müssen – freilich mit journalistischem Spürsinn und einer Nase für Entdeckungen.

Die Pressekonferenz

Zur Alltagsroutine der Redakteure gehören die zahlreichen Pressekonferenzen, wie sie Ministerien, Behörden, Unternehmen, Verbände und andere Institutionen veranstalten. Bissige Journalisten haben Pressekonferenzen gelegentlich „Hilfsschulen für Reporter" genannt. Das trifft nur zum Teil zu; denn ignorieren kann solche Veranstaltungen auch der auf eigene Information bedachte Journalist nicht mehr ganz, sosehr die Entwicklung zur „Sammelinformation" zu bedauern ist. Doch vor diesem Forum interpretieren Regierungsstellen heute ihre Politik. Unternehmen erläutern vor einem weiten Kreis von Journalisten die geschäftliche Lage ihrer Gesellschaft, begründen Investitionspläne oder geplante Fusionen. Verbände berichten auf solchen Treffen über die Situation ihrer Branchen oder nehmen zu wirtschaftspolitischen Fragen Stellung. Die Veranstalter stellen die Fakten aus ihrer eigenen Sicht dar. Die Journalisten müssen daher auf solchen Treffen wach und mit der Materie wohlvertraut sein. Gelegentlich werden Pressekonferenzen zu spannenden Kreuzverhören, wenn Journalisten in dem Bemühen um objektive und umfassende Information die Finger auf wunde Punkte legen oder versuchen, die wahren Hintergründe zu erforschen. In der Erfassung aller Nuancen der geäußerten Darlegungen und Meinungen und ihrer pointierten Wiedergabe durch den einzelnen Journalisten bleibt daher noch ein Stück individueller Arbeit.

Die Redaktion als Filter

Nachrichten werden freilich nicht nur gesammelt. Ein wesentlicher Teil der journalistischen Arbeit besteht vielmehr darin, aus eigener Initiative neue und für den Leser interessante Fakten zu ermitteln. Vieles wird allein dadurch zur Nachricht, daß es in der Zeitung veröffentlicht wird. Das können überraschende Tatsachen sein, die sich aus einer Statistik ergeben, über die amtliche Stellen bisher geschwiegen hatten. Es können eigene Untersuchungen zu bestimmten Themen sein. Es können Interviews sein, in denen der Gesprächspartner durch gezielte Fragen überraschende Aussagen macht.
Aus dem Wust von Nachrichten, die über Fernschreiber, Telefon oder mit der Post die Redaktionen erreichen, diejenigen herauszufischen, die für die Leser am nächsten Tag mutmaßlich am interessantesten und wichtigsten sein werden, das gehört zum Geschäft der Nachrichtenredakteure, die täglich „das Blatt machen", wie es im journalistischen Jargon heißt. Das erfordert nicht nur Jägerinstinkt, Urteilskraft und ein Gefühl dafür, welches Gewicht und welche möglichen Folgen eine Nachricht hat, sondern vor allem auch ein breites Allgemeinwissen, ohne das heute im Wirtschaftsteil einer Tageszei-

tung nicht mehr auszukommen ist. Der Wirtschaftsredakteur muß das Gewicht eines Gerichtsurteils ebenso sicher einschätzen können wie die Bedeutung einer währungspolitischen Entscheidung; er muß statistische Daten ebenso beurteilen können wie verklausulierte Äußerungen eines Politikers.
Eine Redaktion spielt die Rolle eines großen Filters. Die Wirtschaftsberichterstattung drängt also nicht, wie oft angenommen, wie eine Sammellinse alle Ereignisse des Tages zusammen, sondern sie nimmt eine bewußte Auswahl vor. Es gilt weniger das Wort des amerikanischen Verlegers Pulitzer, der einmal gesagt hat: „Ich drucke alles, was der liebe Gott passieren läßt", sondern es gilt der Wahlspruch der New York Times: „All the news that fit to print".

Was ist eine Nachricht?

Nach Ansicht amerikanischer Publizistikwissenschaftler sollte eine Nachricht möglichst viele der folgenden Merkmale aufweisen, um beim Leser anzukommen:
– Das Ereignis muß unmittelbar geschehen.
– Der Schauplatz muß möglichst nahe zum Empfänger liegen, ein Gesichtspunkt, der durch die weltweite Verflechtung an Bedeutung eingebüßt hat. Er ist allerdings sehr wichtig für Regional- und Lokalblätter.
– Das Ereignis muß möglichst viele Bürger berühren.
– Bekannte Personen machen eine Nachricht attraktiver.
– Interesse oder Spannung; ein Zugunglück interessiert leider mehr als die Nachricht, wieviel Züge regelmäßig unfallfrei verkehren.
– Was spricht die Gefühle an?
Jede Nachricht soll in einer klaren, genauen und gemeinverständlichen Sprache darüber informieren, wer was wann wo wie und warum getan oder angekündigt hat. Dabei muß dem Leser schon in der Überschrift in möglichst packender, aber zugleich zutreffender Weise das Wichtigste mitgeteilt werden. Denn: Nicht alle Leser haben immer Zeit, eine kurze oder eine lange Meldung ganz zu lesen. Auch der Aufbau jeder Nachricht folgt bestimmten handwerklichen Regeln. Bei jeder Meldung muß in der Zeitung erkennbar sein, von wem sie stammt, von einem Redakteur oder Mitarbeiter der Zeitung (in diesem Fall ist ein Autorenzeichen angegeben) oder von einer Nachrichtenagentur (die mit ihrer Kurzbezeichnung genannt wird). In der Meldung selbst steht das Wichtigste ganz am Anfang, damit der Leser möglichst schnell über den eigentlichen Kern der Meldung informiert wird.

Die Blattmacher

Die Plazierung der Nachricht im Blatt oder innerhalb einer Nachrichtensendung verrät, welche Bedeutung ihr die Redaktion zumißt. Am Kopf der Wirtschaftsseite wird stets das wichtigste Ereignis des Tages zu finden sein: der „Aufmacher". Mit ihm wird die Seite „aufgemacht". Er muß mit seiner über mehrere Spalten gehenden Überschrift der Seite täglich Profil geben. Diese Nachricht aus der Flut von Meldungen aus aller Welt auszuwählen wird jeden Tag aufs neue zu einem viel journalistisches Fingerspitzengefühl erfordernden Entscheidungsprozeß. Nicht selten werfen überraschende Ereignisse in letzter Minute alle Planungen über den Haufen. Steht der Aufmacher fest, kann die Seite weiter aufgebaut werden: Wichtige, größere Nachrichtenkomplexe erhalten zweispaltig Raum, die übrigen Meldungen kommen einspaltig ins Blatt. Die Bearbeitung von Nachrichten erfordert neben solidem Wissen ein großes Maß an Ver-

antwortungsbewußtsein. Keine Nachricht wird veröffentlicht, ehe sie nicht von einem anderen als dem Verfasser gegengelesen und überprüft worden ist. Das gilt vor allem im Wirtschaftsteil; denn kaum anderswo können die Folgen einer Fehlinformation so schwerwiegend sein wie hier.
Der Journalist C. P. Scott vom „Manchester Guardian" hat den berühmten Satz geprägt: „Comments are free, but facts are sacred." (Der Kommentar ist frei, aber die Fakten sind heilig.) Auf die tägliche Redaktionsarbeit bezogen, heißt das, in mühsamer Kleinarbeit alles das aus den Informationen herauszustreichen, was die Objektivität der Nachricht beeinträchtigen würde. Das gilt insbesondere für eine kommentierende Wortwahl. Formulierungen wie „die wünschenswerte Zinssenkung" oder „diese verantwortungslose Lohnforderung" gehören nicht in eine Nachricht. Allerdings gehört zur vollständigen Information, dem Leser fremde Wertungen mitzuteilen, „die ihrerseits geistige Tatsachen sind" (Karl Jaspers). So ist es wichtig zu erfahren, welche Meinungen beispielsweise die Parteien und die Regierung in der Frage der Gesundheitsreform vertreten. Ebenso interessieren die Meinungen von Arbeitgebern und Gewerkschaften über eine Lohnerhöhung. Den Leser wird weiter interessieren, wie die Banken eine Diskonterhöhung oder Wirtschaftsforschungsinstitute die weitere Konjunkturentwicklung beurteilen. Selbst die Wiedergabe von Gerüchten, die an der Börse umlaufen, kann eine wichtige Nachricht sein. Der Leser findet daher im Wirtschaftsteil jeder Tageszeitung täglich Meldungen über „geistige Tatsachen". Aufgabe der Redaktion ist es nur, diese fremden Meinungen deutlich nach Herkunft und Quelle auszuweisen, damit nicht etwas als objektive Nachricht ins Blatt rutscht, was in Wirklichkeit eine Meinungsäußerung ist und den Leser unbewußt beeinflussen kann.
Der Leser ahnt von dem teilweise dramatischen Geschehen hinter den Kulissen einer Zeitung kaum etwas, von dem täglichen Kampf mit der Materialflut, von dem Wettlauf mit der Zeit. Es interessiert ihn auch mit Recht wenig. Er will nur Tag für Tag durch seine Zeitung schnell, umfassend und richtig informiert werden, um sich über die Wirtschaftslage ins Bild zu setzen, um sich eine Meinung bilden zu können, um Entscheidungen zu treffen.

5. KOMMENTARE IN DER ZEITUNG

Jede Zeitung veröffentlicht Nachrichten, aber nicht jede Zeitung äußert in Glossen oder Leitartikeln eine eigene Meinung. Die Frankfurter Allgemeine Zeitung hat sich von Anfang an zum Ziel gesetzt, nicht nur Nachrichten zu verbreiten, sondern zugleich meinungsbildend zu wirken. Daher nehmen auf der Titelseite wie auf der ersten Seite des Wirtschaftsteils die Kommentare einen breiten Raum ein. Die F.A.Z. tritt ein für eine freiheitliche Gesellschaftsordnung und für die Soziale Marktwirtschaft. Sie bekennt sich zur Ausgewogenheit und zur Mitte, mit kritischer Distanz nach allen Seiten. Die Zeitung ist in diesem Sinn ein „Meinungsblatt". Sie will die Leser in Leitartikeln auf den Weg leiten, auf dem sich die Zeitung bewegt. Jeder Kommentar ist ein Angebot zum Nachdenken und zur Auseinandersetzung mit den Argumenten der Zeitung. Der Leitartikel soll dem Leser keine Meinung aufzwingen, ihm aber doch sagen, was die Zeitung für richtig hält oder was sie lobt oder tadelt, was sie ablehnt oder fordert. Die Zeitung will mit den Kommentaren nicht belehren, sondern überzeugen, ermutigen oder warnen.

Freiheit bedarf der Unterstützung

Die Wirtschaftsredaktion der F.A.Z. hat sich von jeher zu den Grundsätzen einer freiheitlichen Wirtschaftsordnung, zu einer liberalen Wirtschaftspolitik, zur ökonomischen Vernunft, bekannt. Kurzgefaßt lautet dieses Motto: Soviel wirtschaftliche Freiheit wie möglich, soviel Staat wie unbedingt nötig. Der Gründungsherausgeber der Zeitung, Erich Welter, hat dazu geschrieben: „Die Wirtschaftsordnung steht nicht isoliert in der Welt. Sie hängt aufs engste mit der gesellschaftlichen und politischen Ordnung zusammen. Man kann nicht politisch Freiheit exerzieren und wirtschaftlich ‚Richt Euch!' kommandieren. Will man auf wirtschaftlichem Gebiet mit Zwang regieren, muß man politisch in der Lage sein, diesen Zwang anzuwenden. Wer umgekehrt die Freiheit auf dem einen Gebiet will, muß sich auch für eine freie Ordnung auf dem anderen Gebiet entscheiden. Die Freiheit ist unteilbar... Freilich, eine freie Ordnung stellt sich nicht von selbst her. Eine befriedigende marktwirtschaftliche Ordnung, die allein dem Wesen einer freien Gesellschaft entsprechen kann, fällt nicht vom Himmel. Treibenlassen genügt nicht. Die Freiheit bedarf des Schutzes, auch des Schutzes vor dem Mißbrauch falsch verstandener Freiheit." Aber nicht nur die Freiheit bedarf der Unterstützung, sondern alle diejenigen, die im Gerangel der mächtigen, etablierten Interessengruppen zuwenig Gehör finden. Das sind die Verbraucher, die sozial Schwachen, die Einzelkämpfer, die tüchtigen Kleinen.

Die Linie einer Zeitung

Diese konsequente Linie hat der Frankfurter Allgemeinen Zeitung häufig den Ruf dogmatischer Strenge eingetragen. Doch wer sonst als eine unabhängige einflußreiche Zeitung könnte den Politikern immer wieder vor Augen führen, was sie im kompromißbereiten politischen Alltagsgeschäft längst aus den Augen verloren haben: die Meßlatte des wirtschaftspolitischen Ideals. Was gute Tagespolitik ist, ist bekanntlich selten gute Ökonomie (Herbert Giersch). Die Politiker in der Demokratie, die wiedergewählt werden wollen, denken in der Regel kurzfristig und sind auf den nächsten Wahltermin fixiert. Eine meinungsbildende Zeitung kann dagegen auf die langfristigen Aspekte aufmerksam machen. Dabei darf der Einwand nicht schrecken, daß manches im politischen Alltag „nicht geht", politisch nicht durchsetzbar ist. Politisch durchsetzbar ist, wofür sich genügend Kräfte mobilisieren lassen, hat Jürgen Eick zu Recht geschrieben. Das war in den Anfängen der Marktwirtschaft in Deutschland so, und das wird mit der Fortentwicklung der Sozialen Marktwirtschaft im wiedervereinigten Deutschland so bleiben. Leitartikel sind – nicht nur in der F.A.Z. – mit vollem Namen gezeichnet, weil der Autor mit diesem Stück sein Wissen und auch seine Überzeugung in die Waagschale wirft. Die persönliche Überzeugung muß sich freilich einfügen in den Grundkonsens der Zeitung. Als kleinere Ausgaben des Leitartikels gibt es die Leitglosse zum wichtigsten Ereignis des Tages auf der Titelseite der Zeitung, die oft wirtschaftlichspolitische Fragen behandelt, und es gibt die kürzeren Glossen im politischen Teil und im Wirtschaftsteil. Bei den Kurzkommentaren gibt, ähnlich wie bei den Nachrichten, das Kürzel des Autors Auskunft darüber, wer hinter der Meinungsäußerung steckt.

Kommentare sind oft Gemeinschaftswerk

Die Frage, wer kommentiert, wird in fast allen Redaktionen von Fall zu Fall entschieden, in der Regel während der täglichen Redaktionskonferenzen. Hier wird auch das

Für und Wider erörtert und eine gemeinsame Linie erarbeitet. So steht zwar hinter jedem Kommentar ein einzelner oder eine einzelne, aber das Ganze bleibt auch ein Stück Gemeinschaftsarbeit. Wer Kommentare zum Tage schreibt, hat oft nicht viel Zeit, bei der Leitglosse nicht mehr als neunzig Minuten.

Der Kommentar, mehr noch als der Bericht, stellt hohe Anforderungen an die Allgemeinverständlichkeit, vor allem bei komplizierten Wirtschaftsfragen. Kommentare soll jeder Leser unabhängig von der zugrunde liegenden Nachricht verstehen können. Das setzt nicht nur solide Kenntnisse und gründliche Recherche voraus, sondern erfordert auch ein ausreichendes Sprachgefühl. Wenn Lesekultur und Sprachgefühl gepflegt und weitervermittelt werden sollen und können, dann hier in den Kommentarspalten der Tageszeitung.

Menschliches Verständnis

In den Kommentaren rückt auch mehr als anderswo das Menschliche in den Mittelpunkt. Jede Meinungsäußerung ist ein Streitgespräch zwischen Autor und Leser. Aber auch im Urteil jedes Leitartikels und jeder Glosse geht es um menschliches Handeln: um Erfolg oder Mißerfolg, um Versagen oder Unglück, um Recht oder Unrecht, um Schuld oder Unschuld, um Falsch oder Richtig. Von einem guten Kommentar muß daher nicht nur nüchternes, klares Urteil gefordert werden, sondern auch menschliches Verständnis. Ein guter Kommentar darf leidenschaftlich und scharf kritisieren, er sollte aber nicht mit Haß und Häme verletzen.

Zweiter Teil: Wirtschaft und Wirtschaftspolitik

1. DIE ORDNUNG DER WIRTSCHAFT

Das liberale Credo

Das sind die Fixpunkte des liberalen Credo: Freiheit, Eigentum, Wettbewerb und Stabilität. Für das soziale Zusammenleben der Menschen haben sie eine überragende und umfassende Bedeutung. Es sind Bausteine einer Lebensphilosophie, einer staatlichen Verfassungsidee und einer marktwirtschaftlichen Wirtschaftsordnung. Im Zentrum dieser Ordnung steht der Wettbewerb. Er leitet sich her aus dem elementaren Wunsch nach der Freiheit des Erkennens, des Versuchens und des Handelns. Dieser Wunsch nach Freiheit wiederum folgt aus der metaphysischen Überzeugung, die Welt, in der der Mensch lebt, sei kein Uhrwerk, das über alle Zeiten der starren Mechanik eines großen Planes gehorcht.

Wettbewerb als freiheitliche Konkurrenz um die bessere Lösung in einer prinzipiell offenen Welt der Märkte braucht das private Eigentum. In der Garantie des Eigentums und seiner wirtschaftlichen Früchte liegt der Anreiz zum Wettbewerb. Die Möglichkeit seines Verlustes im Marktprozeß folgt aus dem Grundsatz der Haftung. In einer freiheitlich organisierten Welt muß man einstehen für seine Handlungen – und: wo der Wettbewerb Gewinne in Aussicht stellt, da muß man immer auch mit der Möglichkeit des Verlustes rechnen.

Die Verfassung der Freiheit braucht das Eigentum und sichert den Wettbewerb. Hinzukommen muß die Stabilität des Geldwertes: sie steht für das Beständigkeitsversprechen des Staates. Wer sich im Geiste der Freiheit auf den Wettbewerb einläßt und dabei seine Existenz einsetzt, der muß mit einem beständigen Geldwert rechnen dürfen. Ein manipulierter Geldwert bringt Täuschungs- und Betrugselemente in das freie Spiel der Marktwirtschaft.

Freiheit, Wettbewerb und Eigentum stehen für die Motorik der Wirtschaft. Die Stabilität steht für ihre Rechenbarkeit. Beide bedingen einander: Wo die Wirtschaft nicht mehr rechenbar ist, da wird der Innovator entmutigt, und wo Wettbewerb nicht zugelassen ist, da wird aus der Rechenbarkeit des Wagnisses die Rechnung der Planer. In einer guten Wirtschaftsordnung wird beides zusammengeführt: die dynamischen Elemente der Freiheit, des Eigentums und des Wettbewerbs – und das Beständigkeitsversprechen der Stabilität des Geldwertes.

In den Axiomen einer liberalen Wirtschaftsordnung werden Ansprüche der Individuen an die wirtschaftliche und politische Organisation ihres Gemeinwesens erkennbar: der Anspruch auf eine diskriminierungsfreie Konkurrenz um Lebenschancen auf den Märkten; der Anspruch auf wertbeständiges Geld; der Anspruch auf einen Staat, der sich auf die Wahrnehmung unabdingbarer Aufgaben für die Gemeinschaft beschränkt und der die Freiheit der privaten Sphäre respektiert.

Das Prinzip des Wettbewerbs bestimmt die Marktordnung. Das Gebot der Stabilität bestimmt die Geldordnung. Die Priorität für die Freiheit prägt die Verfassung. Freiheit, Stabilität und Wettbewerb bestimmen insgesamt die Staats- und Wirtschaftsordnung einer Gesellschaft.

Die Vorteile von Wettbewerb und Stabilität gründen auf Erfahrung. Es wird dauerhaft nur in den Volkswirtschaften „Wohlstand für alle" (Ludwig Erhard) geschaffen, in denen

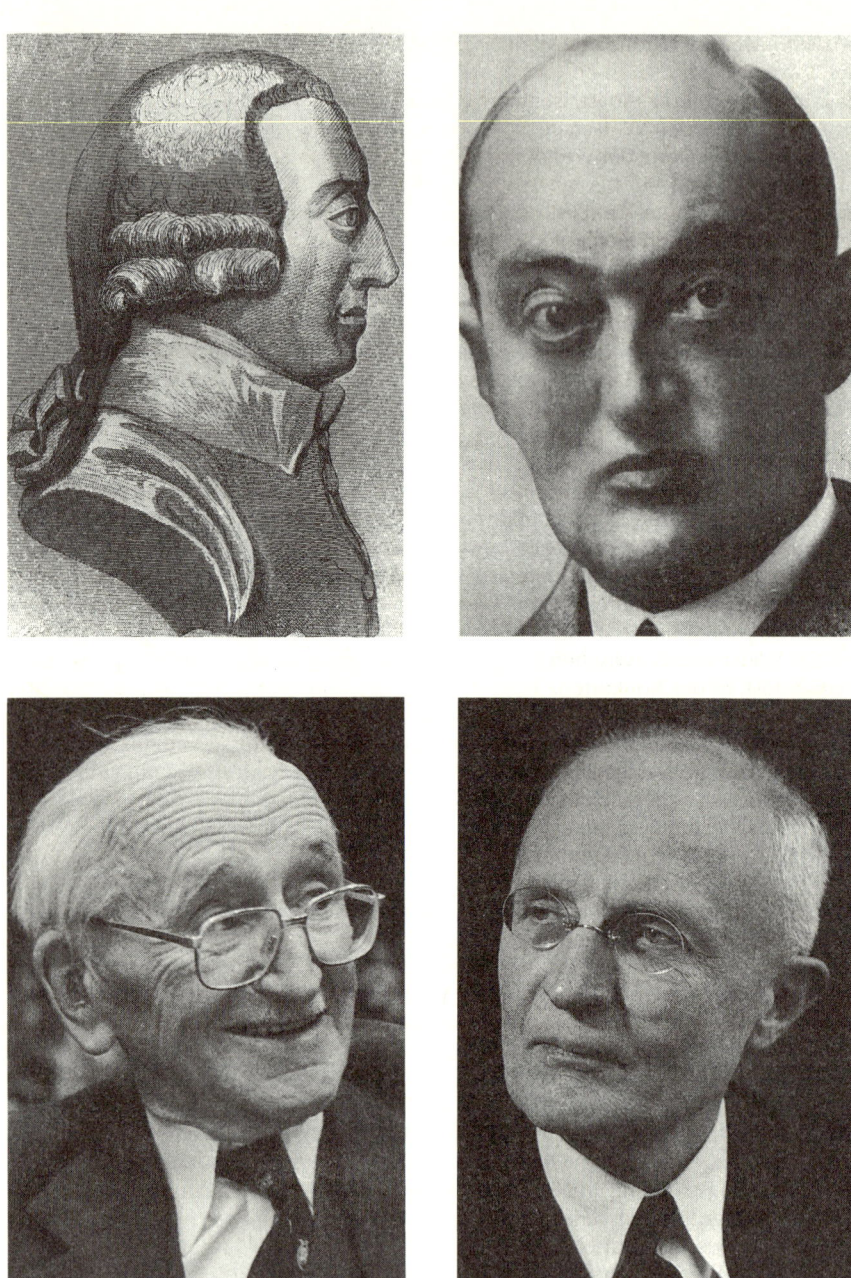

Sie prägten die Ökonomie: Adam Smith, Joseph Alois Schummpeter, Walter Eucken, Friedrich A. v. Hayek, (im Uhrzeigersinn von links oben)

der Wettbewerb die Kräfte des Marktes steuert und in denen das Geld einen verläßlichen Wert hat.

Die Erfahrung, daß dies so ist, ist nicht zeitgebunden: sie reicht von den ersten Anfängen marktorientierten Wirtschaftens im Europa des frühen Mittelalters über den beispiellosen Aufschwung der westdeutschen Wirtschaft nach der Währungs- und Wirtschaftsreform von 1948 bis hin zu den marktwirtschaftlich ausgerichteten Reformbemühungen der mittel- und osteuropäischen Länder nach dem Zusammenbruch der sozialistischen Wirtschaften unter dem Herrschaftsbereich des sowjetischen Kommunismus. Wettbewerb bei offenen Grenzen und der stabile Wert einer konvertiblen Währung – das erklärt im Kern die werteschaffenden Energien einer Marktwirtschaft. Sie stehen daher zu Recht im Zentrum der Wirtschaftsreformen, die das Ende dieses Jahrhunderts prägen und die man als Transformationsprozeß bezeichnet: die Überführung von Planwirtschaften in Marktwirtschaften.

Was der Wettbewerb leistet

Die ökonomischen Vorzüge einer wettbewerblich organisierten Wirtschaft offenbaren sich meist schon dem Augenschein. In der Marktwirtschaft steht der Unternehmer im Dienst der Kunden. In diese Lage bringen ihn nicht Demut, Caritas oder staatliche Anweisung, sondern die disziplinierenden Kräfte der Konkurrenz. In einer immer noch unübertroffenen Eindringlichkeit hat das einer der Väter der modernen Ökonomie, der schottische Moralphilosoph Adam Smith (1723 bis 1790) beschrieben. Er zeigt, wie sich der Widerspruch zwischen Eigennutz und Gemeininteresse durch den Wettbewerb auflöst: in der Konkurrenz um die Gunst der Kunden machen sich die Produzenten angenehm; das Streben nach Gewinn wird zum Motor der Dienstfertigkeit.

Das ist nur im Wettbewerb so. Im Monopol ist der Anbieter König. Er hält zum Nachteil der Kunden die Menge knapp, damit der Preis einen lukrativen Gewinnaufschlag zuläßt. Damit sichert sich der Monopolist nicht nur einen Einkommensanteil, der größer ist, als er unter Wettbewerbsbedingungen sein dürfte. Von den Gütern und Diensten, die unter dem Regime eines Monopols angeboten werden, wird in der Volkswirtschaft weniger produziert, als es den Wünschen der Kunden und dem realen Reichtum an Ressourcen entspricht. Darin vor allem – und nicht so sehr im Verteilungsvorteil – liegt das Ärgernis der Monopole.

Der Gewinn des Monopolisten ist Ausdruck seiner Machtstellung. Im Wettbewerb kann Gewinn nur derjenige erzielen, der die Kundschaft mit seiner Leistung überzeugt. Und solche Gewinne haben keinen Ewigkeitswert. Wie gewonnen, so zerronnen – im Wettbewerb des Marktes hat mancher sich schon von der Stichhaltigkeit dieser Volksweisheit überzeugen müssen.

Das Entdeckungsverfahren

Wer glaubt, auf Forschung und Entwicklung verzichten zu können, wer denkt, ein einmal eingeführtes Produkt verkaufe sich auf Dauer von selbst, wer meint, der Kunde habe keinen Anspruch auf Lieferpünktlichkeit, einwandfreie Ware und ein Mindestmaß an fairer Beratung, wer sich König wähnt, wo der Markt ihm die Dienerrolle zuweist – wer Unternehmertum in einer Marktwirtschaft so auffaßt, dem bleibt ein schmerzhafter Lernprozeß nicht erspart: der Umsatzeinbuße folgt der Gewinnrückgang, und wer dann noch nicht aufwacht, der fliegt aus dem Markt. Das ist Wettbewerb: Die Chance des Gewinns und das Risiko des Verlustes liegen dicht beieinander.

Beim Würfelspiel ist das auch so. Worin aber liegt der Unterschied zwischen dem flüchtigen Reiz des Spiels und der gesellschaftlichen Bedeutung des Wettbewerbs auf den Märkten? Der Würfel entscheidet über die im Grunde immer gleichen Chancen in einem Nullsummenspiel: Neu geschaffen wird nichts – was der eine gewinnt, das verliert der andere. Wettbewerb schafft Werte im Produktionsprozeß: durch den möglichst sparsamen Umgang mit Arbeit und Kapital, mit Rohstoffen und einem lebensfreundlichen Zustand der Natur; er schafft Werte durch die permanente Suche und das gelegentliche Finden neuer Produkte und neuer Verfahren.

Nicht jede Neuerung, die sich für kurze Frist als marktgängig erweist, ist ein Fortschritt. Doch wer den Wechsel der Moden bei Kleidung und Nahrung, bei Reisen und Gebrauchsgütern als Verschwendung beklagt, der sollte nicht übersehen, daß im demokratischen Abstimmungsverfahren einer Marktwirtschaft solcher Luxus nur deshalb verkäuflich ist, weil die dynamischen Kräfte einer Volkswirtschaft stark genug sind, neben dem Notwendigen auch das Verzichtbare für eine breite Masse verfügbar und erschwinglich zu machen. Und es gibt zahlreiche Neuerungen, denen der Charakter des Fortschritts kaum abgesprochen werden kann: aktive und passive Sicherheit des Automobils, Senkung der Transportkosten für Güter und Informationen, die Schonung der Umwelt ohne einschneidenden Verzicht auf Energieumwandlung und Nutzung der Ressourcen.

Der Wettbewerb ist, wie der Nobelpreisträger Friedrich August von Hayek (1899 bis 1992) es formuliert hat, ein Entdeckungsverfahren. Die Spannweite der Entdeckungen ist im voraus nie abzuschätzen. Das ist unvermeidlich in einer Welt, die nicht determiniert ist wie eine Maschine, die vielmehr offen ist für das Unvorhersehbare. Aber die Erfahrung zeigt eine beeindruckende Spanne der Leistungsfähigkeit des Entdeckungsverfahrens Wettbewerb: sie reicht von der geringfügig erscheinenden Kosteneinsparung im eingefahrenen Fertigungsprozeß einer Fabrik bis zum umwälzenden Ersatz der Energiebasis ganzer Volkswirtschaften. Entscheidend ist: Der Wettbewerb führt zu Problemlösungen, an die vorher niemand gedacht hat. Daher sind Planwirtschaften allenfalls einigermaßen erfolgreich bei der imitierenden Aufholjagd in der Konkurrenz mit Marktwirtschaften. Am Rande des Unbekannten aber sind sie blind und unbeholfen, weil sie Künftiges nur als Fortschreibung des Vergangenen wahrnehmen können. Da es aber kein Gesetz der Geschichte gibt, mit dessen Hilfe sich die Zukunft aus der Vergangenheit herleiten ließe, läßt sich die Zukunft immer nur im tastenden Versuch erkunden. Dies zu können ist die Stärke von Wettbewerbswirtschaften.

Der Markt ist kein Computer

Wer die Marktwirtschaft als einen reinen Rechenapparat zum Ausgleich von Angebot und Nachfrage auffaßt, der mag sich wohlgemut daranmachen, eine computergesteuerte Planwirtschaft zu konstruieren. In der Ökonomie der dreißiger Jahre war das einmal eine Modeerscheinung, die sich mit den Namen der in Amerika lebenden und lehrenden Ökonomen Oscar Lange und Abba P. Lerner verbindet. Der „Lange-Lerner-Sozialismus" hat bis in die sechziger Jahre hinein viele Köpfe in zahlreichen Seminaren erhitzt. Ein Zipfel davon fand sich im jugoslawischen Modell einer sozialistischen Konkurrenz-Wirtschaft verwirklicht.

Zumindest theoretisch ist es in der Tat möglich, die zahlreichen Entscheidungen über Sparen und Verbrauchen, Investieren und Verkaufen in ein mathematisches Gleichungssystem zu fassen und den Computer nach der Gleichgewichtslösung des Marktes suchen zu lassen, also das Gerüst der Mengen und Preise zu ermitteln, in denen alle individuellen Wirtschaftspläne ihre rechnerische Erfüllung finden. Praktisch ist das schon schwer vorstellbar in einer Welt, in der die Verbraucher nicht stets das gleiche wünschen und die Produzenten nicht unverändert das gleiche herstellen.

Der Irrtum des Konkurrenz-Sozialismus

Doch selbst wenn die Rechenaufgabe tatsächlich lösbar wäre, dann wäre das nur die blasse und teure Imitation der geringsten der erstaunlichen Leistungen, zu denen der Wettbewerbsmechanismus fähig ist. Die viel bedeutendere Leistung, die tastende, oft irrende, aber bisweilen eben auch erfolgreiche Suche nach dem unbekannten Neuen läßt sich wohl grundsätzlich nicht am Computer simulieren. Auch in Wirtschaftssystemen gibt es keine künstliche Intelligenz. An der Unmöglichkeit der Simulation des Wettbewerbs als Entdeckungsverfahren sind die Planwirtschaften in der Konkurrenz mit den Marktwirtschaften gescheitert.

Es gibt keine mechanischen Lösungen im Kampf ums wirtschaftliche Überleben. Und Wettbewerb bedeutet kein reines Anpassungsverhalten. Sich dem Wettbewerb stellen heißt nämlich nicht, sich eine quasi von der Natur geschaffene, bisher verborgene Marktnische zu suchen. Es heißt vielmehr, sich mit einer neuen Idee eine Marktnische zu schaffen – so wie sich die natürliche Evolution mit der „Idee" eines neuen oder veränderten Organismus eine neue Lebensnische schafft. In dieser Sicht des Wettbewerbs begegnen sich der Erkenntnistheoretiker Karl Popper, der Sozialphilosoph Friedrich August von Hayek und der Entwicklungs- und Innovationsökonom Josef A. Schumpeter: im Lichte ihrer Theorien ist die Marktwirtschaft ein Ergebnis der kulturellen Evolution, das seinerseits Kräfte freisetzt, die die kulturelle Evolution in Gang halten. Die voranschiebende Kraft dieses ungelenken, aber zielstrebig wirkenden Prozesses ist der Wettbewerb.

Wider die Ausbeutung

Wettbewerb ist das Gegenteil von Ausbeutung. Das gilt für die Behandlung der Kunden und für den schonenden Umgang mit der Natur. In den Zwängen einer wettbewerblichen Preis- und Kostenrechnung sind die Güter der Natur und der Anspruch kommender Generationen auf einen fairen Anteil an diesen Ressourcen besser aufgehoben als in der rein deklamatorischen Staatszielformulierung des „Friedens mit der Natur" in den Verfassungen von Industrienationen. Grundrechte können auch beim Preismechanismus gut aufgehoben sein. Gerade auch an solchen Beispielen wird deutlich, daß das Prinzip Wettbewerb für sich bereits Verfassungsrang genießt. Und es wird verständlich, warum das im deutschen Recht herausragende Regelwerk zur Sicherung des Wettbewerbs – das Gesetz gegen Wettbewerbsbeschränkungen – häufig als das Grundgesetz der Marktwirtschaft bezeichnet wird.

Die Kontrolle der Macht

Das Prinzip Wettbewerb hat Verfassungscharakter. Darin liegt, über das Ökonomische hinaus, seine politische Bedeutung. Die Marktwirtschaft ist das Pendant zur Demokratie. Wettbewerb ist ein Instrument zur Begrenzung auch von politischer Macht. Nicht jedes Großunternehmen stellt bereits einen Machtfaktor dar, der die Balance von Gewicht und Gegengewicht in einer pluralistischen Gesellschaft stört. Aber es ist sorgsam abzuwägen, wo die wirtschaftlichen Vorteile der großen Produktionseinheiten enden und wo die Risiken einer auch politisch bedeutsamen Machtposition beginnen. Diese Abwägung hat der Gesetzgeber zu leisten, wenn er die Kriterien der Marktbeherrschung zum Schutz des Wettbewerbs festzulegen hat.

Doch es geht nicht nur um die Macht auf vergleichsweise engen, nationalen Märkten. Die Frage nach der Macht stellt sich auch – und in besonderem Maße – beim Konzept der strategischen Handelspolitik, also beim Versuch, die spontanen Kräfte des internationalen Wettbewerbs zugunsten heimischer Industrien durch Beschränkungen des Marktzugangs für Ausländer zu korrigieren – zum Beispiel, wenn es um die Basis der sogenannten Zukunftstechnologie geht, etwa bei der Herstellung von Chips oder von Flugzeugen.

Die strategische Handelspolitik ist eine Gefahr für den Wettbewerb. Doch die Weltwirtschaft bringt aus sich Gegenkräfte hervor. Sinkende Transportkosten und politische Entscheidungen – etwa das europäische Projekt „Binnenmarkt" – lassen nationale Märkte zum globalen Markt zusammenwachsen. Vor diesem Hintergrund sind dann auch die Großunternehmen und die Vermutung ihrer Macht zu sehen. Die Globalität der Märkte erlaubt es, Unternehmensgröße und Machtvermutung mit nicht zu kleinlichem Maß zu messen. Wettbewerbspolitik muß nicht auf die Idylle der kleinen Einheiten zielen. Entscheidend für die Beurteilung ökonomischer und politischer Macht sind nicht die absoluten, sondern die relativen Größen: der Marktanteil auf der Absatzseite und beim Zugriff auf die Ressourcen, die Bedeutung eines Unternehmens als Arbeitgeber in einer Region.

Dennoch bleibt die Ballung von Macht eine latente und bisweilen auch akute Gefahr. Selbst ungewollt kann die überragende Stellung eines Arbeitgebers auf einem lokalen oder regionalen Arbeitsmarkt zum politischen Drohpotential gegenüber dem Staat werden: im Falle einer privatwirtschaftlich unabwendbaren Betriebsschließung ist der Staat möglicherweise nicht mehr frei, eine Kreditbürgschaft zu versagen oder eine Subvention zu verweigern. Was der Kleine nicht bekommt, das wird dem Großen ohne viel Widerstand gewährt oder gar nachgetragen: darin liegt die Wettbewerbsverzerrung, die häufig mit der relativen Größe, mit dem Marktanteil, mit der Bedeutung als Arbeitgeber oder kommunalem Steuerzahler verbunden ist. Hier entsteht aus der Unternehmensgröße ein Machtpotential bei der an sich völlig legitimen Nachfrage nach staatlichen Hilfen.

Auf eine Machtvermutung, der mit den Rechtsregeln der Wettbewerbsgesetzgebung vorgeblich nicht beizukommen ist, reagiert die Politik mit zwei Modellen: mit einer bis zur Mythologie getriebenen Mittelstandsförderung und mit der Industriepolitik. Eine wettbewerbspolitisch motivierte Mittelstandsförderung läuft auf Hilfe für die Kleinen zur marktinternen Domestizierung der Großen hinaus. Industriepolitik gibt sich als Hilfe für die Großen, will sie aber gleichzeitig – ebenfalls domestizierend – an die Kette des Staates und seiner Verwaltungseinheiten legen. Die Mittelstandspolitik als Antwort auf die Gefahren der Unternehmenskonzentration war – neben den damals verfügbaren Instrumenten des Wettbewerbsrechts – das vorherrschende Modell der fünfziger und frühen sechziger Jahre. Zutreffend war und ist sicherlich der Gedanke, daß der Wettbewerb der vielen der Kooperation der wenigen, also dem mehr oder weniger engen Oligopol, vorzuziehen ist. Diese These hat auch ihre politische Facette. Die Erfahrung, daß zum Ende der Weimarer Republik Teile der Großwirtschaft sich in den Dienst des Nationalsozialismus haben spannen lassen, ist in der Bundesrepublik zu einem starken Anti-Kartell-Argument und zur politischen Begründung der Sorge um einen „gesunden" Mittelstand geworden. Was aber die Mittelstandspolitik leicht zum Instrument einer konservativen Idylle macht, ist die Vorstellung, es sei Aufgabe einer gestaltenden Wettbewerbspolitik, eine möglichst kleinparzellierte Angebotsstruktur auch gegen die spontan sich entfaltenden Tendenzen des Marktes zu erhalten und durchzusetzen – sei es durch eine betriebsgrößenbezogene Förderung mit den Mitteln der Steuerpolitik, sei es durch eine das Größenwachstum hemmende Gesetzgebung, etwa in der Form eines eng ausgelegten Fusionsverbots. Diese Art von Mittelstandspolitik trägt ständestaatliche Züge und gerät ihrerseits in die Nähe von Ordnungsvorstellungen, die dem politischen Mißbrauch zugänglich sind. Eine forcierte Mittelstandspolitik kann den Wettbewerb auf offenen Märkten nicht ersetzen.

Irrwege der Industriepolitik

Das kann auch die Industriepolitik nicht. Auch sie stellt einen Irrweg dar, eine Schein-Alternative zum Wettbewerb, die voller Gefahren steckt. Die Versuchung, mit der Industriepolitik zu hantieren, ist groß – für die Politiker und für die Industrie selbst. Industriepolitik buhlt mit drei Versprechungen: die Macht der Konzerne unter das Kuratel des Staates zu stellen, das Ausscheiden alter Industrien nach Maßgabe des Sozialverträglichen zu verzögern und sich heute schon für die Märkte von morgen zu rüsten. Das Liebäugeln mit der Industriepolitik ist heute nicht mehr am Programm einer bestimmten Partei oder der Gewerkschaften festzumachen. Angebot und Nachfrage öffentlicher Fördermittel treffen sich mit zunehmender Nonchalance aller Beteiligten aus Politik und Wirtschaft im Konzept einer Industriepolitik, die in der Bundesrepublik über fast vier Jahrzehnte hin eher als Element sozialdemokratischer Programmatik galt. Diese Industriepolitik ist längst auch bei konservativen Politikern und in Kreisen der Wirtschaft hoffähig geworden.

Als Antwort auf die sogenannte japanische Herausforderung gilt es als Ausweis einer nach vorne blickenden Strategie, den nationalen Industriepark nach den Champions der Zukunft zu durchsuchen, diese bevorzugt mit Forschungsmitteln auszustatten und zu strategischen Allianzen mit Unternehmen auf anderen Teilen des Weltmarktes zu ermuntern. Solche Formen der internationalen Kooperation versprechen Vorteile einer betriebswirtschaftlich organisierten Arbeitsteilung über nationale Grenzen hinweg. Was sich als Arrangement eines Kostenvorteils durch Großserienfertigung ausgibt, ist jedoch in vielen Fällen der Versuch, sich die Märkte zu teilen. Es wird auch erkennbar, daß die Abwendung vom Prinzip Wettbewerb nicht nur ökonomische Nachteile hat, sondern darüber hinaus Risiken birgt, die bis in die Außenpolitik hineinragen. Denn die auf Unternehmensebene geschmiedeten strategischen Allianzen können sich rasch als trojanische Pferde des Bilateralismus im internationalen Handel erweisen: an die Stelle des Grundsatzes der Meistbegünstigung wie sie im Allgemeinen Zoll- und Handelsabkommen (Gatt) vorgeschrieben ist und im multilateralen Handel praktiziert wird, tritt das paarweise Feilschen um Quoten und Marktzugänge. Jeweils zwei einigen sich darauf, einen Dritten auszusperren oder doch mindestens zu benachteiligen. Wenn das zum Grundmuster des Welthandels würde, dann wäre das das Ende der freihändlerischen Errungenschaften der vergangenen fünfzig Jahre.

Liebäugeln mit strategischen Allianzen

Industriepolitik mit ihren logischen Fortsetzungen der strategischen Allianzen und des Bilateralismus droht hoffähig zu werden. Eine neue Qualität soll sie in der Europäischen Gemeinschaft gewinnen: der Vertrag von Maastricht sieht sie ausdrücklich als zusätzliche Kompetenz der Kommission vor. Noch längst sind nicht alle ordnungspolitischen Risiken der Verträge über die Europäische Union ausgeleuchtet. Doch es wird auch hier erkennbar, wie verletzlich die marktwirtschaftliche Ordnung ist – vor allem dann, wenn Wirtschaftsfragen zum Gegenstand von Verhandlungen und Vereinbarungen werden, in denen die Ziele der Außenpolitik dominieren.

Doch auch der innenpolitische Teil der Ordnungspolitik ist ein weites Feld für Sünden, Irrtümer oder Kompromisse von zweifelhaftem Wert. Ein Fremdkörper in einer strikt auf marktwirtschaftlichen Grundsätzen fußenden Ordnung der Wirtschaft ist die kollektive Lohnvereinbarung in der Tarifautonomie der Arbeitgeberverbände und Gewerkschaften. Die Tarifautonomie genießt einen rechtlichen Sonderstatus: obwohl der Tatbestand des Kartells eindeutig erfüllt ist, gilt hier das allgemeine Kartellverbot des Gesetzes gegen Wettbewerbsbeschränkungen ausdrücklich nicht.

Geduldete Macht: das Tarifkartell

Für die in der Bundesrepublik praktizierte Tarifautonomie werden respektabel klingende politische und soziale Gründe angeführt. Der Lohn soll kollektiv, aber staatsfrei ausgehandelt werden. Daß es besser ist, den Staat aus der Lohnfindung herauszuhalten, ist eine Erfahrung der krisenhaften Entwicklungen in der Zeit der Weimarer Republik. Doch das ließe sich auch durch individuelle Verträge bewerkstelligen. Die Autonomie des privaten Bereiches bliebe auch so gewahrt.

Für den Vorteil der Kollektivität wird ein anderes Argument ins Feld geführt: durch die Verhandlungen zwischen Gewerkschaften und Arbeitgeberverbänden wird der Verteilungskonflikt von den Betrieben ferngehalten und auf die Ebene der Verbände gehoben. Die kollektiv ausgehandelten Tarifverträge gelten sozusagen als der verbriefte Teil eines sozialen Friedens, dem die Qualität eines unsichtbaren Produktionsfaktors und eines Gütezeichens des Wirtschaftsstandorts Bundesrepublik Deutschland beigemessen wird.

Aber alle weitausholenden Begründungen können nicht darüber hinwegtäuschen, daß hier vom bewährten Prinzip der Konkurrenz abgewichen wird. Gewerkschaften und Arbeitgeberverbände sind nicht am Wettbewerb der Lohngebote interessiert, sondern an einem möglichst flächendeckend gleichen Verhandlungsergebnis.

Diese Gleichheit hat ihren Preis. Betriebe, die den ausgehandelten Tariflohn nicht bezahlen können, müssen ausscheiden, oder sie werden versuchen, durch Rationalisierung ihre Kosten zu senken. Von Entlassungen sind aber in erster Linie die Schwachen – die weniger gut Ausgebildeten, die weniger Produktiven – betroffen. Bei individuell freier Lohnverhandlung könnten diese Arbeitnehmer versuchen, ihren Nachteil beim Leistungsangebot durch eine geringere Lohnforderung auszugleichen. Sie würden je Stunde etwas weniger bekommen, hätten aber die Chance, überhaupt etwas durch eigene Leistung zu verdienen.

Es zeigt sich also: Das Abweichen von der marktwirtschaftlichen Ordnung ist mit hohen Kosten verbunden – mit Kosten der ökonomischen Ineffizienz in den Betrieben, mit Kosten der Ballung politisch bedeutsamer Macht in Unternehmen und Branchen und mit Kosten des Verlustes an Selbstbestimmung auf dem Arbeitsmarkt.

Eine Lanze für die Stabilität

Zu einer guten Wirtschaftsordnung gehört die Vorkehrung für die Stabilität des Geldwertes. Karl Schiller (Wirtschaftsminister von 1966 bis 1972) hat auch hier die treffende Formulierung gefunden, als er den Abgeordneten des Deutschen Bundestages in einer Haushaltsdebatte zurief: „Stabilität ist nicht alles, aber ohne Stabilität ist alles nichts."

Es ist ähnlich wie beim Wettbewerb: für den hohen Wert der Stabilität spricht schon der Augenschein. Zum Kreis der dauerhaft prosperierenden Volkswirtschaften gehört kein Land, das die Inflation ins Kraut schießen läßt. Und umgekehrt ist es so: Wo die Stabilität einen hohen Rang genießt, da wird investiert, da fallen respektable Wachstumsraten an, da bleibt die Arbeitslosigkeit eine sozial und politisch handhabbare Größe.

Der Ratschlag, man solle etwas mehr Inflation dulden, um etwas mehr an Beschäftigung zu gewinnen, ist verführerisch, aber er ist auch irreführend. Auf lange Sicht wird nur dort kräftig investiert und finden sich nur da gute Beschäftigungschancen auf dem Arbeitsmarkt, wo die Stabilität einen hohen Rang genießt. Zu recht ist Bundeskanzler Helmut Schmidt in den siebziger Jahren für seine Äußerung kritisiert worden: „Fünf Prozent Inflation sind mir lieber als fünf Prozent Arbeitslosigkeit." Er ist kritisiert worden, weil seine Äußerung verstanden werden konnte als ein Programm unter der Überschrift: Beschäftigung durch Inflation. Schmidt hat es nicht so gemeint. Aber die Öffentlichkeit hat schon auf den Hauch eines solchen Programmes sensibel und ablehnend reagiert.

Es gibt kaum ein Land, in dem der Stabilität ein so hoher Wert beigelegt wird wie in der Bundesrepublik. Zwei Erlebnisse radikaler Geldentwertung – die galoppierende offene Inflation der zwanziger Jahre und die zurückgestaute Inflation der Zwangswirtschaft des Zweiten Weltkriegs mit der offenen Entwertung der Reichsmark als Tauschmittel nach dem Ende des Krieges – haben die Deutschen empfindlich gegen Inflationsraten gemacht, die in anderen Ländern noch als moderat eingestuft werden. Seit dem Ende der siebziger Jahre ist allerdings ein Wandel zu beobachten: Die Stabilität gilt heute in fast allen Industrienationen als eines der wesentlichen Ziele der Wirtschaftspolitik.

Das Gift der Inflation

Um das zu verstehen, muß man sich die schleichende Wirkung einer zunächst harmlos erscheinenden Inflationsrate klar machen: bei einer jährlichen Inflationsrate von 3,5 Prozent halbiert sich die Kaufkraft einer Währungseinheit – einer D-Mark, eines Dollar, eines Yen – bereits nach zwanzig Jahren. Und wenn die Inflation an Tempo gewinnt, dann verliert das Geld nach und nach seine Funktionen. Als erstes hört es auf, ein Mittel der Wertaufbewahrung zu sein; es beginnt die Flucht in die Sachwerte. In der Hyperinflation taugt es nicht mal mehr als handhabbare Recheneinheit; wo eine Fahrkarte für die Straßenbahn eine halbe Billion Mark kostet, da ist es kaum mehr möglich zu rechnen. Schließlich verliert das Geld die Funktion des Tauschmittels; niemand nimmt es mehr, es bilden sich Ersatzwährungen (Zigaretten) oder es setzt sich eine ausländische Währung als legale oder illegale Parallelwährung durch.

Die Empfindlichkeit auch gegenüber einer harmlos beginnenden Geldentwertung hat ihre guten Gründe. Mit dieser Empfindlichkeit hat die Politik zu rechnen. Die sozialliberale Koalition (1969 bis 1982) geriet in Bedrängnis, als die Inflationsrate drei Prozent überstieg. An dieser Mentalität und Empfindlichkeit hat sich bis heute nicht viel geändert. Die „Vier vor dem Komma", die nun – in den frühen neunziger Jahren – die konservativ-liberale Koalition zu vertreten hat, gilt im Urteil der Öffentlichkeit als gravierende Fehlleistung. Und die Kritik an der geplanten Europäischen Währungsunion nach dem Modell des Vertrags von Maastricht speist sich in Deutschland nicht aus der Angst vor dem Verlust an nationaler Souveränität, sondern aus der Sorge, eine gemeinschaftliche Währung werde weniger stabil sein als die D-Mark es im Durchschnitt der vergangenen viereinhalb Jahrzehnte seit Erhards Währungsreform von 1948 gewesen ist.

Daß die Deutsche Bundesbank ihre Unabhängigkeit von der Politik unter allen bisher praktizierten politischen Konstellationen behauptet hat, erklärt sich nicht in erster Linie aus der formalen Stellung, die ihr das Bundesbankgesetz zuweist, sondern aus dem Schutz durch die öffentliche Meinung: Wer sich an der Bundesbank vergreift, der vergreift sich an der D-Mark – das ist die überwiegende Meinung in der Bevölkerung. In der Bundesrepublik gibt es keine andere Behörde mit einer vergleichbaren Dignität. Die Achtung vor der Institution entspricht der Angst vor der Inflation.

Das ist keine Marotte. Die Stabilität des Geldwertes ist so etwas wie ein volkswirtschaftlicher Produktionsfaktor. Sie erklärt – zu einem guten Teil jedenfalls – den Reichtum der Nationen, dem schon Adam Smith auf der Spur war, als er die staatlichen Organisationen beschrieb, die einer prosperierenden Wirtschaft förderlich sind.

Geld ist kein Schleier

Geld ist kein Schleier, der über den realen Größen des Wirtschaftens liegt – über der Ersparnis als Konsumverzicht, über der Investition als unternehmerischem Wagnis, über dem Sozialprodukt als verteilbarer Menge an Gütern und Diensten. Das Sozialprodukt, die Ersparnis, die Kapitalbildung und die Investitionen werden durch die Qualität des Geldes bestimmt. Geld entfaltet ein Eigenleben im Sparen und im Investieren. Gutes Geld fördert die Produktivität, schlechtes Geld führt zu hastigem Tausch. Die Qualität des Geldes ist für die Wirtschaftsordnung ein so bedeutender Faktor, weil sie die Länge der Investitionsketten bestimmt. Unternehmerisches Handeln ist Handeln im Ungewissen. Da muß wenigstens der Geldwert auf längere Sicht berechenbar bleiben.

Vor dem verteilbaren Ertrag stehen viele Stationen unternehmerischer Entscheidung: die Idee eines Produktes für einen noch unbekannten Markt, die Kreditaufnahme bei einer Bank, der Kauf von Vorprodukten und Maschinen, das Einstellen von Arbeitskräften, die Produktion – und dann erst kommt der Erfolgstest am Markt. Wer sich da in der Entwicklung der Inflationsrate auch nur um ein Zehntel irrt, verfehlt seine Kalkulation. Wo – wie beispielsweise in Rußland während des ersten Halbjahrs 1993 – jährliche Inflationsraten von 800 Prozent herrschen, da schlägt das Irrtumszehntel mit 80 Prozentpunkten zu Buch. Wer will da noch rechnen?

In einer solchen Atmosphäre wird nicht auf lange Fristen investiert. Da werden schwungvolle Räder im Handel gedreht. Da werden Güter gehortet, um sie gegen andere Güter zu tauschen. Da nimmt die Wirtschaft „mafiosen" Charakter an – jedenfalls im Urteil derer, die außer wertlosem Geld nichts haben und sich daher am Drehen des großen Rades nicht beteiligen können.

Stabilität gehört zu einer guten Wirtschaftsordnung, weil sie die Voraussetzung für produktive Investitionen ist. Aber Stabilität gehört auch zu einer als fair und gerecht empfundenen Gesellschaftsordnung. Die Idee, gegen die Inflation könnte man sich schützen, wenn man nur seine Forderungen – zum Beispiel die Lohnforderung gegenüber dem Arbeitgeber oder die Rentenanwartschaft gegenüber der Sozialversicherung – an die laufende Inflationsrate koppelte, ist das Kunstprodukt einer wirklichkeitsfremden Theorie des inflationären Gleichgewichts. In der Inflation gibt es kein verteilungsneutrales Gleichgewicht, weil nicht alle gewitzt oder einflußreich genug sind, sich gegen die Entwertung des Geldes zu sichern. Es bleiben diejenigen auf der Strecke, die die Rate der Geldentwertung unterschätzen oder die die Instrumente nicht kennen, die das Hantieren mit der Inflation erleichtern. Es ist die Aufgabe der Geldpolitik, den Bürgern das Risiko der falschen Inflationserwartung zu nehmen: durch das dauerhaft eingelöste Versprechen der Stabilität.

Ein eigenwilliger Akteur: der Staat

Welche Rolle soll der Staat in der Wirtschaft und für die Wirtschaft spielen? Sollte ihm eine Haupt- oder eine Nebenrolle zugewiesen werden? Oder ist er ganz entbehrlich? Diese Frage bewegt Philosophen, Ökonomen und Verfassungstheoretiker seit jeher. Eine bündige Antwort gibt es nicht. Es kommt auf die Sichtweise an.

Wenn Liberale die unabdingbare Größe der Rolle des Staates vermessen, dann orientieren sie sich zunächst am Axiom der individuellen Freiheit. In einer griffigen, wenngleich vereinfachenden Formel könnte man ihr Urteil etwa so formulieren: Die individuelle Freiheit soll möglichst groß, der Einfluß des Staates soll möglichst klein sein. Das ist kein Plädoyer für den Nachtwächterstaat. Liberale wollen den Staat nicht schwach sehen. Sie möchten seinen Aufgabenkreis auf das reduzieren, was nicht in privater Entscheidung über den Markt geregelt werden kann. Aber dort, wo der Staat tätig werden muß, da soll er es kraftvoll und effizient tun.

Ganz ohne den Staat geht es in der Tat wohl nicht. Tauschwirtschaft im völlig staatsfreien Raum ist allenfalls als erstes Stadium ihres spontanen Entstehens in der zivilisatorischen Entwicklungsgeschichte der Menschheit vorstellbar. Im frühen Morgenlicht der Geschichte der Menschheit hat es wohl keine Vorstellung vom Staat gegeben. Sollte – wie es uns die naturrechtliche Staatsauffassung nahelegen will – in der Morgendämmerung seines Erscheinens schon der frühe Mensch eine Staatsidee in sich getragen haben? Wir wissen es nicht. Aber wir dürfen es bezweifeln, ohne damit den Staat zu schmähen. Wie dem auch sei: Eine gute Wirtschaftsordnung braucht ein Minimum an Staat, der – beispielsweise – den Wettbewerb schützt und für wertverläßliches Geld sorgt.

Anarcho-liberale Theorien der Wirtschaftsordnung, die – fiktiv – völlig auf den Staat verzichten, leisten zwar einen wichtigen intellektuellen Beitrag zur Suche nach dem möglichst „kleinen" Staat. Aber ganz ohne Staat wird die Marktwirtschaft in der Praxis nicht auskommen, selbst dann nicht, wenn man in der Suche nach marktwirtschaftlich-individuellen Lösungen für die Vorsorge gegen die Risiken des Lebens sehr weit geht, den heute üblichen Bereich der Sozialpolitik des Staates also für viel zu groß hält.

Eine ausufernde Bürokratie lähmt die Kräfte der Marktwirtschaft. Doch ohne ein Minimum an Organisation – vom Recht auf Eigentum bis zum Schutz der Umwelt – werden Marktwirtschaften nicht funktionieren. Das lehren nicht zuletzt die Erfahrungen mit der „Transformation", der Überführung der Planwirtschaften zu Marktwirtschaften in den Reformländern des ehemaligen Herrschaftsbereichs des Kommunismus.

Der Ordo-Liberalismus

Irgendwo zwischen einem möglichst hohen Maß an Freiheit des einzelnen und der Aufrechterhaltung einer unverzichtbaren Ordnung ist der Staat anzusiedeln. Aber wo genau? Diesen Ort zu bestimmen, das ist die intellektuelle und politische Leistung des

Ordo-Liberalismus in der Bundesrepublik nach dem Zweiten Weltkrieg gewesen. Franz Böhm (1895 bis 1977), Walter Eucken (1891 bis 1950), Wilhelm Röpke (1899 bis 1966), Alfred Müller-Armack (1901 bis 1978) und Alexander Rüstow (1885 bis 1963) zählen zu seinen herausragenden Vertretern.

Das Denken dieser Ökonomen kreiste um die Frage nach dem ausgewogenen Verhältnis politischer Elemente, für die jeweils die Begriffe „Liberalismus" und „Ordnung" stehen. Es zeigt sich, daß es hier eine eingebaute Spannung gibt. Unter dem Eindruck des Machtmißbrauchs des totalitären Staates der Nationalsozialisten stand für die Ordo-Liberalen der überragende Wert individueller Freiheit außer Zweifel. Sie suchten aber gerade deshalb auch nach einer den Staat und die Gesellschaft gestaltenden Ordnungskraft, weil sie meinten, eine Laisser-faire-Gesellschaft sei instabil und sei deshalb immer in der Gefahr, in den Totalitarismus umzukippen. Gesucht war also eine Ordnung, die die Freiheit stützt. In diesem Ziel waren sich diese Denker einig. In ihren geistigen Wurzeln, aber auch in der Vorstellung einer konkreten Ordnung, zeigen sich Unterschiede.

Die Leistung Böhms und Euckens besteht vor allem darin, die Aufmerksamkeit der Politiker auf die Interdependenz der Ordnungen gelenkt zu haben. Der Jurist Böhm hatte dabei vor allem die Entsprechung der Privatrechtsordnung und der Marktwirtschaft im Blick, aber auch die Entsprechung der Marktwirtschaft und der Demokratie mit eindrucksvollen Bildern geschildert. Etwa wenn er sagte, die Marktwirtschaft sei ein Plebiszit rund um die Uhr, und in keiner praktizierten Demokratie sei der Minderheitenschutz so ausgeprägt wie in der Marktwirtschaft. Auch Eucken hat die strukturelle Ähnlichkeit der Demokratie mit der Marktwirtschaft auf der einen Seite sowie der Diktatur mit der Planwirtschaft auf der anderen Seite betont, wobei Diktatur und Planwirtschaft auf dem äußersten rechten und auf dem äußersten linken Ende der politischen Skala gleichermaßen anzutreffen sind. Eucken beschreibt die Wirtschaftsordnung, die er empfiehlt, durch eine Reihe von Prinzipien. Zu ihnen zählen: Die Preisbildung unter Bedingungen des Wettbewerbs, Privateigentum, Vertragsfreiheit, volle Haftung, wertbeständiges Geld.

Soziale Marktwirtschaft

Marktwirtschaft und Soziales war für die deutschen Ordo-Liberalen der dreißiger und vierziger Jahre – also für die Wegbereiter der wirtschaftlichen Nachkriegsordnung – kein Gegensatz. Im Gegenteil: alle sehen die soziale Leistung der Marktwirtschaft darin, dank ihrer überlegenen Effizienz einen wachsenden Wohlstand für die Masse der Menschen zu schaffen.

Bei Ludwig Erhard gerann diese Überzeugung zum unvergessenen Schlagwort und Buchtitel „Wohlstand für alle". Unterschiedliche Akzente allerdings setzen die deutschen Ordo-Liberalen in der Betonung des zusätzlich Notwendigen an sozialpolitischen Maßnahmen. Eucken erwähnt die Korrektur der Vermögensverteilung und – visionär für die damalige Zeit – den Schutz der Umwelt. Bei Müller-Armack, Röpke und Rüstow spielen Elemente der christlich-humanistischen Ethik eine wesentliche Rolle. So führt Röpke die Neigung vieler Menschen, den Verlockungen des Kollektivismus zu erliegen, auf ihre Entwurzelung aus dem Religiösen zurück. Und er stellt fordernd fest: Das Maß der Wirtschaft ist der Mensch, das Maß des Menschen ist sein Verhältnis zu Gott.

Die Gedanken der beiden wichtigsten Schulen des deutschen Ordo-Liberalismus – der „Freiburger Schule" (Hauptvertreter sind Böhm und Eucken) und der „Kölner Schule" (für sie steht vor allem der Name Müller-Armack) – flossen ein in das Konzept der „Sozialen Marktwirtschaft", das für den praktischen Gebrauch wesentlich von Müller-Armack formuliert und von Erhard in die politische Praxis getragen wurde. Aus Freiburg kommt die starke Betonung des Wettbewerbs, die Kölner Schule legt Wert auf die Idee des sozialen Ausgleichs.

Hayek wird nicht zu den Ordo-Liberalen gezählt: Seine rabiate Abneigung gegen alle konstruierten Ordnungen und gegen den Begriff des Sozialen würden es in der Tat kaum rechtfertigen, ihn dieser Schule zuzuordnen; er hat sich aber, vor allem in seinen späten Jahren, mit „Freiburg" – wo er bis zu seinem Tod gelehrt und gewohnt hat – teilweise identifiziert, er hat insbesondere die Thesen der Freiburger gegen die Idee einer ständestaatlichen Ordnung gewürdigt.

Insgesamt galt den Ordo-Liberalen der Nachkriegszeit die „Soziale Marktwirtschaft" als der oftmals gesuchte Weg zwischen dem Laisser-faire des klassischen Liberalismus und der vom Kollektivismus geprägten Philosophie des Sozialdemokratismus, wie er sich etwa im (inzwischen gescheiterten) schwedischen Modell darstellt.

Die Soziale Marktwirtschaft wurde – ausdrücklich unter dieser Bezeichnung – zunächst zum Programm der CDU, nachdem die Partei sich von den sozialistischen Thesen ihres Ahlener Programms getrennt hatte. In den fünfziger und sechziger Jahren wurde die Soziale Marktwirtschaft dann durch Erhard als Wirtschaftsminister zur beherrschenden Doktrin der Wirtschaftspolitik in der Bundesrepublik, und sie hat sich heute über die Parteigrenzen hinweg zum Markenzeichen deutscher Tüchtigkeit und Fähigkeit zum Konsens entwickelt. Die wirtschaftlichen Teile des Godesberger Programms der SPD von 1959 laufen in vielen Passagen auf das Konzept der Sozialen Marktwirtschaft hinaus.

Der Begriff „Soziale Marktwirtschaft" ist seit Jahrzehnten geläufig in international besetzten Foren und Diskussionsrunden zur Wirtschaftspolitik. Seit dem Umbruch von 1989 gilt sie in den mittel-ost-europäischen Reformländern als der politisch attraktive und ökonomisch vernünftige „dritte Weg", den man zu Blockzeiten mit allerlei Varianten des Sozialismus gesucht, aber dann doch nicht gefunden hatte.

Der Freiburger Imperativ

In der deutschen Geschichte der Wirtschaftspolitik der Nachkriegszeit lassen sich Wellen der wirtschaftspolitischen Überzeugungen und der jeweils vorherrschenden ökonomischen Doktrinen erkennen.

Die frühen Jahre nach der Währungsreform von 1948 standen ganz im Zeichen des „Freiburger Imperativs", der sich im wesentlichen auf den Begriff des Wettbewerbs reimte. Als Abgeordneter im Bundestag kämpfte Böhm leidenschaftlich für das Gesetz gegen Wettbewerbsbeschränkungen mit seinem Schwerpunkt des Kartellverbots. Die Macht der Kartelle gebrochen und die deutsche Volkswirtschaft sehr rasch nach außen geöffnet zu haben, gilt bis heute als das unbestrittene Verdienst der Politik der fünfziger Jahre.

Als in den sechziger Jahren der Machtwechsel zunächst zur großen Koalition und dann zur sozial-liberalen Koalition vollzogen wurde, änderte sich am Gedankengut der Sozialen Marktwirtschaft im Grunde nichts. Das Sozialsystem und die Mitbestimmung wurden ausgebaut, gleichzeitig wurde aber auch das Wettbewerbsrecht verschärft. Etwas Neues allerdings kam hinzu: der Glaube an die Steuerbarkeit der Konjunktur mit den Mitteln der Finanzpolitik, getragen durch die Vernunft der gesellschaftlichen Gruppen.

Am Steuerpult: John Maynard Keynes

Diese Welle des Spätkeynesianismus (die theoretische Lehre des englischen Ökonomen John Maynard Keynes war damals immerhin schon dreißig Jahre alt) war nicht auf die Bundesrepublik beschränkt. Sie fand aber hier ihren kodifizierten Ausdruck im Gesetz über die Stabilität und das Wachstum der Wirtschaft (Stabilitätsgesetz) und ihren Regisseur in Karl Schiller, der Politikvertreter, Verbände und Experten regelmäßig zur Konzertierten Aktion einlud. Wie vorher die Soziale Marktwirtschaft so geriet nun die Konzertierte Aktion zum deutschen Vorbild einer auf Konsens bauenden Wirtschaftspolitik.

In den siebziger Jahren folgte die Ernüchterung. Der Staat als Glätter der Konjunktur wurde entzaubert. Die Politiker lasteten die Mißerfolge der gegensteuernden Wirtschaftspolitik den beiden „Ölpreisexplosionen" an, die vorgeblich alle bewährten Mechanismen der Wirtschaftspolitik vorübergehend außer Kraft setzten.

Doch daran lag das Scheitern der keynesianisch begründeten Antizyklik nicht. Der Staat hatte sich mit einer Serie sogenannter Konjunkturprogramme in der Erwartungsbildung des Publikums verbraucht. Die Investoren hatten die „Fiskalillusion" verloren, wie liberale Ökonomen das nannten. Das heißt: Sie hatten die – oftmals – nur preis- und kostentreibende Politik staatlicher Nachfrageschübe zunehmend vorweg ins Kalkül gezogen und sich keine zusätzliche Rendite aus den Maßnahmen des Staates ausrechnen können. Die Konjunkturprogramme verpufften im Nominalen, ohne die Konjunktur real noch nennenswert beeinflussen zu können. Die Rezepte des Lord Keynes leben von der Überraschung und vom Erfolg derer, die an der Inflation gewinnen, weil andere daran verlieren. Ohne Senkung des Reallohns funktioniert die keynesianische Konjunkturmechanik nicht. Wo alle richtig rechnen, sind die keynesschen Instrumente stumpf. Diese theoretische Einsicht wurde in den siebziger Jahren zur praktischen Erfahrung der Unternehmer und der Tarifparteien. Damit hatte die Antizyklik ihre Schubkraft für die Produktion immer neuer, aber auch immer kleinerer Aufschwünge verloren.

Paradigmenwechsel: Monetarismus und Angebotspolitik

So gab es den Paradigmenwechsel zur Angebotspolitik. Zeitlich fiel er in etwa mit der „Wende" des Jahres 1982 zusammen, mit der Übernahme der Regierungsverantwortung in Bonn durch die konservativ-liberale Koalition. Die Rolle des Staates wurde neu vermessen und – zumindest konzeptionell – etwas kleiner angelegt: Stabilität, Privatisierung, Deregulierung, Abbau von Subventionen, Verringerung des Staatsanteils lautete, und lautet bis heute, die normative Botschaft der Angebotspolitiker.

Die Angebotspolitik gründet nicht auf einer abgrenzbaren Lehre. Es finden sich in dieser Politikempfehlung die Elemente einer ganzen Reihe ökonomischer Doktrinen: die vorangekündigte Geldmengenpolitik auf der Grundlage der monetaristischen Lehre Milton Friedmans, das Bild des dynamisch-innovativen Unternehmers aus der Entwicklungstheorie Joseph Schumpeters (1883 bis 1950), Lehren aus der Verkrustungshypothese Mancur Olsons und sogar Spuren des politisch begründeten Radikal-Liberalismus James Buchanans.

Der Paradigmenwechsel der achtziger Jahre war nicht auf die Bundesrepublik beschränkt: Neu bestimmt und kleiner zugeschnitten wurde die Rolle des Staates vor allem im Großbritannien der Ära Margaret Thatcher, aber auch in den Reaganomics der Vereinigten Staaten und in der Wirtschaftspolitik der französischen Sozialisten unter François Mitterrand. Die praktische Politik ist allerdings in allen Ländern hinter der konzeptionellen Besinnung zurückgeblieben. Der Staat hat sich nirgendwo ernsthaft auf den Rückmarsch aus dem Wirtschaftskreislauf begeben. Es ist – vor allem in Großbritannien – einiges an Industrien und Dienstleistungen privatisiert worden. Es hat – insbesondere in Amerika – eine Welle der Deregulierung gegeben. Aber der Einfluß des Staates auf die Verwendung des Sozialprodukts ist hoch geblieben. Seit dem Ende der achtziger Jahre nehmen die Staatsanteile sogar wieder zu. In der Bundesrepublik wird das mit den Sonderlasten und Sonderaufgaben der Vereinigung erklärt. Aber auch ohne solche Herausforderungen kann sich die Politik nur schwer von Aufgaben trennen, die sie einmal übernommen hat. Der finanzwirtschaftliche Reflex dieses Beharrungsvermögens ist die Unfähigkeit der politischen Gremien und Ebenen, in den Etats zu sparen – also Mittel für Aufgaben freizusetzen, die in der Tat zumindest vorübergehend nach Eingriffen des Staates rufen.

Das Ziel-Mittel-Schema

Um die Rolle des Staates in der Wirtschaftsordnung geht es auch bei den Zielen und Mitteln im Alltagsgeschäft der Wirtschaftspolitik. Drei Ziele gelten heute in allen demokratisch regierten Industrienationen als Vorgaben für die Politik: Stabiler Geldwert, ein hohes Maß an Beschäftigung und ein dauerhaftes Wachstum.

Diese Ziele werden nicht immer befriedigend erreicht, bisweilen werden sie nicht einmal kraftvoll verfolgt, aber sie werden auch nicht grundsätzlich in Frage gestellt. Andere Ziele – ein gewisses Gleichmaß der Einkommensverteilung, soziale Grundsicherung, Schutz der natürlichen Umwelt, ein langfristiges Gleichgewicht in den Außenwirtschaftsbeziehungen – haben eher den Charakter von Nebenbedingungen, für die allerdings teilweise schon der Rang eines Grundrechts oder Staatsziels in der Verfassung reklamiert wird.

Auf den niederländischen Ökonomen Jan Tinbergen geht die Empfehlung zurück, die gesamte Wirtschaftspolitik so zu organisieren, daß möglichst jedem Ziel ein Mittel zugeordnet wird. Dieses Tinbergen-Schema hat ökonomische und politische Bedeutung. Hält man sich daran, so hat man die Chance, daß Ziele und Mittel sich nicht verheddern, daß es nicht zu unüberschaubaren Nebenwirkungen und inneren Widersprüchen der Politik kommt. Im politischen Sinne stellt das Tinbergen-Schema die Transparenz der Verantwortlichkeiten sicher: man weiß, wer gefehlt hat, wenn ein Ziel deutlich verfehlt wurde.

In der Praxis wird das Tinbergen-Schema in keinem Land eingehalten. Und es zeigt sich überall, daß Fehlsteuerungen und Verwischung der Verantwortung die Folgen dieser Nichtbefolgung sind. Dabei wäre eine klare Zuordnung durchaus möglich. Angewandt auf den Zielkatalog des deutschen Stabilitätsgesetzes hat der Sachverständigenrat in seiner Frühzeit das Ziel-Mittel-Schema einmal so ausgefüllt: Für die Stabilität ist die Geldpolitik der Deutschen Bundesbank verantwortlich, die Verantwortung für die Beschäftigung liegt bei der Lohnpolitik der Tarifparteien, das angemessene Wachstum unterstützt der Staat durch die Bereitstellung einer leistungsfähigen Infrastruktur, finanziert aus Haushaltsmitteln, das außenwirtschaftliche Gleichgewicht regelt sich über freie Wechselkurse.

Aus verschiedenen Gründen ist diese klare Zuweisung auch in der politischen Praxis der Bundesrepublik nicht erfüllt – mit Ausnahme der Geldpolitik, die allerdings einen Teil der Verantwortung für den Wechselkurs zu tragen hat. Den Tarifparteien ist es gelungen, die Verantwortung für den Beschäftigungsgrad an die allgemeine Wirtschaftspolitik und die Unterhaltung der Arbeitslosen an die Sozialpolitik zu delegieren. Die Tarifparteien haben die Verantwortung abgeschoben, um die Fehlleistungen der Lohnpolitik zu kaschieren. Und die Politik hat sie an sich gezogen, weil sie glaubte, eine Beschäftigungsgarantie ins Schaufenster ihres sozial- und wirtschaftspolitischen Angebotes legen zu sollen. Haushalt und Steuern werden in den Dienst einer schier unübersehbaren Fülle von Zielen – der Familienförderung, des sozialen Ausgleichs, der Industrie- und Regionalpolitik – gestellt. Wachstumsvorsorge ist dabei kaum noch zu erkennen. Die D-Mark hat gegenüber den wichtigsten Partnern keinen freien Kurs, sie ist eingebunden in den Wechselkursverbund des Europäischen Währungssystems. Das belastet die Geldpolitik mit einer Aufgabe, die immer wieder in Konflikt mit der Stabilisierung des inneren Geldwertes gerät. Durch die Erweiterung der Bandbreite im August 1993 ist dieser Konflikt allerdings spürbar entschäft worden.

Staatsversagen

Im teilweise absichtsvoll herbeigeführten Wirrwarr der Ziele und Mittel sind die Fehlerquellen und die Korrekturmöglichkeiten der Politik oftmals kaum zu erkennen. Das Beschäftigungsziel wird zwischen den Tarifparteien und dem Staat hin- und hergeschoben. Für die Infrastruktur bleibt nicht genug an Mitteln, wenn die Sozialaufgaben schubweise wachsen und immer größere Teile der Etats in Anspruch nehmen. Wachstumsimpulse, die der Staat mit Ausgaben für die Verkehrsinfrastruktur geben will, werden in ihrer Wirkung aufgehoben, wenn er die Kräfte der Wirtschaft gleichzeitig mit Steuern und Abgaben lähmt. Insgesamt zeichnet sich für die meisten Industriestaaten ab, daß der Staat langfristig immer mehr Aufgaben und Verantwortlichkeiten an sich zieht: Aufgaben, die er einmal übernommen hat, gibt er nicht an die Privaten zurück, neue finden sich laufend. Olsons Theorie der Sklerose – der Verkrustung der Volkswirtschaften im Korsett der Regulierung und unter der Last der Abgaben – steckt zum Teil schon in der systematischen Verletzung des Tinbergen-Schemas.
Eine kritische Betrachtung der Rolle des Staates in den westlichen Wirtschaftsverfassungen kommt zu keinem günstigen Urteil: der Staat erscheint im Gewand des verschwenderischen Sozialbetreuers und des gescheiterten Konjunkturlenkers. Die Daseinsvorsorge gegen die Risiken des Lebens ließe sich billiger und wohl auch gerechter auf der Grundlage individuell ausgerichteter, marktwirtschaftlich kalkulierter Sicherungseinrichtungen (private Versicherungen) organisieren. Und glättender als das konjunkturelle Gegensteuern ist eine langfristig verläßliche, auf Kontinuität angelegte Geld- und Finanzpolitik. Vieles, was in der politischen Diskussion als Marktversagen diagnostiziert wird, von der Arbeitslosigkeit bis zur Verschmutzung der Umwelt, ist bei Licht besehen als Staatsversagen zu beurteilen.

Der Wert der Rechtsordnung

Besser könnte der Staat aussehen, wenn er sich auf die Sicherung der institutionellen Grundlagen und auf die Wachstumsvorsorge konzentrierte. Dominierend sollte allerdings auch hier sein Einfluß nicht sein. Aber er kann doch das bereitstellen, was sich immer schon in den Entwicklungsländern und nun auch in den sogenannten Transformations Volkswirtschaften Mittel- und Osteuropas als Engpaßfaktor erweist: eine gute Rechtsordnung, den Schutz der Rechte, die aus Eigentum und Vertrag folgen, den organisatorischen Rahmen für die Geldordnung und für den Kapitalmarkt. Da ließe

sich auch in den entwickelten Industrienationen noch vieles verbessern. Die Wirkung auf die Wachstumsraten wäre wahrscheinlich beträchtlich.
Denn das Wachstum hängt immer weniger von den Gaben der Natur ab. In der Bewertung der Ressourcen, die das Wachstumspotential einer Volkswirtschaft bestimmen, hat sich in den letzten zweihundert Jahren ein bemerkenswerter Wandel vollzogen. Zunächst waren es die natürlichen Rohstoffe und die nach schierer Zahl bewerteten Arbeitskräfte, die den Rahmen für das mögliche Sozialprodukt der zunächst fast nur von der Urproduktion lebenden Volkswirtschaften setzten. Dann kam das produzierte Kapital hinzu. Es führte zu jener „Produktivität des Produktionsumweges", die bis in die Zeit nach dem Zweiten Weltkrieg der wesentliche Erklärungsfaktor der Wachstumspotentiale in West und Ost war. Der Wohlstandswettlauf entschied sich an der Zahl der Maschinen.

Unsichtbare Produktionsfaktoren

In den Produktionsfunktionen der volkswirtschaftlichen Gesamtrechner – also in den formalen Beziehungen zwischen den Einsatzfaktoren und dem erstellten Sozialprodukt einer Volkswirtschft – tauchte in den sechziger Jahren erstmals ein zunächst schwer zu erklärender „Restfaktor" an Produktivität auf. Der von den Wirtschaftsforschern mühsam herauspräparierte Inhalt dieses Restfaktors sollte bald zur bestimmenden Größe für die Wachstumsraten der westlichen Industrienationen werden: Informationen, Wissen, Ausbildung, das im Menschen verkörperte Humankapital. Die Erklärungsgrößen der Produktionsfunktion verschoben sich sozusagen vom Handgreiflichen – dem Ackerland, den Erzlagerstätten, den Dampfmaschinen und Fließbändern – zum Unsichtbaren: dem Hantieren mit geisterhaften Informationseinheiten und der Umsetzung von Forschungsergebnissen und Ausbildungsinhalten in neue Produkte und neue Verfahren.
Bis an einen solchen Punkt der Entwicklung kommt die Marktwirtschaft – mindestens gedanklich – ganz gut ohne den Staat aus, jedenfalls im Prinzip. Realkapital bildet sich am besten unbeeinflußt von Steuern und Subventionen durch das marktgesteuerte Zusammenspiel von Sparen als Konsumverzicht und Investieren als Ausdruck unternehmerischer Wagnisbereitschaft. Forschung und Entwicklung sind ebenfalls im Privatbereich gut aufgehoben. Selbst die Ausbildung – einschließlich des mit Recht als Vorbild geltenden dualen Systems der gewerblichen Ausbildung in der Bundesrepublik – läßt sich gut und kostengünstig in einem weitgehend staatsfreien Raum organisieren. Jedenfalls wird dafür nicht so viel Staat gebraucht, wie manche Bildungspolitiker meinen.
Doch die stillen, aber einschneidenden Veränderungen in der Produktionsfunktion gehen weiter. Auch Praktiker und Politiker wissen heute, was die Anhänger der sogenannten Institutionen-Ökonomik meinen, wenn sie die wachsende Bedeutung ihrer (alten, aber bis vor einigen Jahren in den Hintergrund gedrängten) Disziplin herausstellen: die Theorie der Rechtsverhältnisse und Organisationen.
Daß Eigentum und Vertragsfreiheit, Rechtsschutz und klare Haftungsverhältnisse für eine gedeihliche Entwicklung der Wirtschaft wichtig sind, wissen die Ökonomen eigentlich seit den Arbeiten ihres Stammvaters Adam Smith. Aber wie wichtig Arbeits- und Unternehmensrecht, Bankwesen und Börsenorganisation, Versicherungs- und Konkursrecht wirklich sind, ist erst für jedermann erkennbar geworden, seit sich die Planwirtschaften auf den Weg zur Marktwirtschaft machen. Wo die Rechtsfiguren der freien Verkehrswirtschaft und die Verwaltungserfahrungen gegliederter Staatswesen feh-

len, da kommen die Reformen nicht voran oder sie nehmen – zum Schaden der Idee der Marktwirtschaft – mafiose Formen an. Treu und Glauben wollen geübt sein, am besten an den Kletterstangen eines kodifizierten Vertrags- und Haftungsrechts.

Standortqualitäten

Hier tun sich Aufgaben für den Staat auf. Es sind Aufgaben, für deren Erledigung nicht viel Geld gebraucht wird, sondern ein wacher Sinn für effizienzsteigernde Rechtsverhältnisse und Rahmenbedingungen des Wirtschaftens. Die heute auf fast allen Symposien zu hörende These, der Wettbewerb der Standorte werde auf einen Wettbewerb der Rechtsordnungen und Steuersysteme, der Verwaltungen und Sozialorganisationen hinauslaufen, ist nicht unplausibel. Sie ist im Kern auch nicht neu. Denn es sind immer die unbeweglichen Faktoren gewesen, die den Wert eines Standorts bestimmt haben. Als die Transportkosten überall auf der Welt hoch waren, mußten Arbeit und Kapital an die Orte der Erz- und Kohlelager wandern. Mit sinkenden Transportkosten wurde die Arbeit zum (relativ) immobilen Faktor, dessen Einsatz- und Entlohnungsbedingungen entscheidend dafür wurden, wohin sich das Kapital bewegte. Je arbeit- und kapitalsparender der technische Fortschritt wird, um so größer wird das relative Gewicht der ortsgebundenen Rahmenbedingungen: der Rechts- und Steuerordnung, der Regulierungen und Normen.

Der Wettbewerb der Politik um den besseren Standortwert der Volkswirtschaften wird sich nicht am staatlichen Förderaufwand für die Chip-Forschung und schon gar nicht am Schutz der jeweils heimischen Produzenten in abgeschotteten Handelsburgen entscheiden. Es wird vielmehr einen Wettbewerb um die attraktiveren Institutionen und Organisationen geben. Die Reform- und Entwicklungsländer können sich einstweilen aufs Importieren von Elementen einer Rechts- und Wirtschaftsordnung beschränken: sie können und werden sich aussuchen, wessen Rechtssystem sie übernehmen wollen. Länder, die bei diesem Exportwettbewerb die Nase vorn haben, können auf solche Weise mehr für die Lieferchancen ihrer Industrien auf den neuen Märkten tun, als das mit Bürgschaften oder subventionierten Lieferkrediten je möglich wäre.

Auch in ihrem Verhältnis untereinander werden die fortgeschrittenen Industrienationen in Konkurrenz um die bessere Rechts- und Wirtschaftsordnung treten. Deregulierung und Privatisierung werden dann abermals auf die Agenda der Politik gesetzt werden – nun nicht im innenpolitischen Wettbewerb der Parteien, sondern im außenwirtschaftlichen Wettbewerb ganzer Volkswirtschaften und Regionen.

Die zivilisatorische Evolution

Deregulierung heißt nicht Rückfall in die Rechtlosigkeit, sondern Suche nach dem weniger behindernden und doch schützenden Recht. Der Wettbewerb der Normen wird wichtiger werden als der Wettbewerb der Erzlager, Bodenqualitäten und Klimabedingungen. Künftige Beispiele für die Wirkung der komparativen Kosten als Motoren der Handelsströme zwischen Produktionsstätten und als Qualitätskriterien von Standorten werden nicht wie bei David Ricardo (1772 bis 1823) die Bedingungen der Erzeugung von Tuch und Wein sein, sondern der Vergleich von Rechtsordnungen.

Auch in der Weltwirtschaft wird die Evolution des Natürlichen durch die Evolution des Zivilisatorischen abgelöst werden. Vorne sein werden diejenigen, die über den größeren Freiheitsgrad verfügen – über das höhere Maß an Freiheit für die Menschen und für die spontane Entwicklung der Ordnungselemente des Staates und der Wirtschaft.

Die offene Gesellschaft

Die Marktwirtschaft ist die Wirtschaftsordnung der offenen Gesellschaft. Der Verteidigung der Idee und der Praxis der offenen Gesellschaft hat der Philosoph Karl Popper einen wesentlichen Teil seines Lebenswerks gewidmet. Die offene Gesellschaft ist die Gesellschaft der sokratischen Bescheidenheit des „Ich weiß, daß ich nichts (Gesichertes) weiß". Es ist die Gesellschaft des Versuchs und des Irrtums, die Gesellschaft des Wettbewerbs – des Wettbewerbs auch um die passendere Rechtsfigur im Unternehmensrecht, um das bessere Produkt auf den Märkten, um das kostengünstigere Verfahren im Betrieb und die ressourcenschonenderen Prozesse in der Volkswirtschaft. Das Wissen um die Irrtumsanfälligkeit allen Forschens und Versuchens liefert auch eine rationale Begründung für die Priorität der Freiheit in einem universalen Grundrechtskatalog der Menschheit: erst die Freiheit eröffnet die Chance, sich mit einer gängigen Meinung nicht zufrieden zu geben, einen neuen Versuch zu wagen, der die herrschende Lehre erschüttern könnte. Wenn die Natur nicht auf die Freiheit des individuellen Versuches angelegt wäre, dann gäbe es keine Möglichkeit, bessere Chancen des Überlebens zu entwickeln und zu erproben. Das gilt für Bakterien und für Menschen, für die Selektion der Genome und für die Bewährung von Theorien.

Wettbewerb der Ideen

Karl Popper ist der Hausphilosoph der liberalen Ökonomen: Was sie eint, ist ihr Kampf für den Wettbewerb – bei Popper ist es im weitesten Sinne der Wettbewerb der Theorien, bei den Ökonomen ist es der Wettbewerb um Marktanteile. Der Wettbewerb der Theorien steht im Gegensatz zur autoritär gestützten Doktrin oder zur tabuisierten Glaubenswahrheit. Der Wettbewerb auf den Märkten steht im Gegensatz zur Macht des Kartells, zur Garantie des Privilegs, zum staatlichen Schutz vor Außenseitern und Neuankömmlingen.
In der Marktwirtschaft ist auch die Wirtschaftspolitik ein Prozeß des Versuches und des Irrtums. Das heißt nicht, daß es Blindversuche seien. Die Wirtschaftspolitik wird geleitet durch Theorien und Vermutungen, die ihrerseits Versuche sind – Versuche, Abläufe zu erklären und Zusammenhänge zwischen vermeintlich weit auseinander liegenden Phänomenen herzustellen.
So ist der Monetarismus eine inzwischen recht gut bestätigte Vermutung über den Zusammenhang zwischen der umlaufenden Geldmenge, den Produktionsmöglichkeiten einer Volkswirtschaft und der Entwicklung des Preisniveaus. Die daraus hergeleitete Geldpolitik ist der Versuch, das Preisniveau stabil zu halten, indem der Zuwachs der Geldmenge dem wachsenden Produktionspotential angepaßt wird. Es ist die Politik der vorangekündigten Geldmengenexpansion, die die Bundesbank seit mehr als fünfzehn Jahren treibt: mit nicht perfektem Erfolg, aber doch so erfolgreich, daß die Ergebnisse der Politik für die Stichhaltigkeit der ihr zugrunde liegenden Theorie sprechen.
Das darf kein Grund sein, ein Stück der Politik oder eine Theorie zu tabuisieren, sie der Kritik durch Diskussionsverbote zu entziehen. Wenn ein wirtschaftspolitischer Ansatz dauerhaft ohne Erfolg bleibt, dann sind Zweifel angebracht – Zweifel am Erklärungsgehalt der Theorie oder an der Versuchsanordnung der Politik. In einer offenen Gesellschaft wird das diskutiert, auf der Ebene der Wirtschaftstheorie ebenso wie auf der Ebene der Politik. Die offene Gesellschaft lernt aus den Fehlern ihrer Theorien und ihrer politischen Versuche. Das ist ihre Stärke im Vergleich zu autoritär geführ-

ten Gesellschaften, in denen das Programm der Führung nicht mehr zur Debatte stehen darf.

Die Stückwerk-Technik

Da die offene Gesellschaft sich der Fehlerhaftigkeit aller Vermutungen und Versuche bewußt ist, vermeidet sie – wo irgend möglich – das ökonomische oder politische Großexperiment. Für die Steuerungstechnik der kleinen Experimente, – also der Experimente, die jedes für sich zu vertretbaren Kosten zu revidieren sind – hat Popper ebenfalls die heute gängige Bezeichnung gefunden: es ist das piece-meal engineering, die „Stückwerks-Technik" im besten Sinne. Vorbilder für diese Stückwerk-Technik sind die tastende Evolution der Natur und der Markt. Die evolutorische Sicht ist das heute weithin unangefochtene Paradigma der Biologie. Auch Ökonomen bedienen sich zumindest der Begriffe und Bilder mit einem gewissen Erfolg.

In zahllosen Versuchen setzt eine Volkswirtschaft – vertreten durch ihre Investoren – kleine Summen von Kapital ein: mal für die Markterprobung dieser Produktidee, mal für den Erfolgstest jener Verfahrensneuheit. Manches wird sich als Fehlversuch herausstellen, aus anderen Kleinexperimenten wird sich eine neue Marktnische ergeben. Der erfolgreiche Versuch wird rasch einen größeren Marktanteil erobern. Dann treten Nachahmer auf und machen dem Ersterfinder die Marktnische streitig. Das Produkt oder das Verfahren wird aufgenommen in die Liste der Erfolge – und behauptet dort einen guten Platz bis zur nächsten erfolgreichen Erfindung. Dieses Erklärungsgerüst läßt sich mit den unterschiedlichsten Dingen füllen, mit dem Biotop einer Meeresbucht ebenso wie mit dem Bild des schöpferisch zerstörenden Unternehmers in der dynamischen Wirtschaftstheorie von Joseph A. Schumpeter.

Die Risiken des Großversuchs

Wenn ein Großversuch sich als Irrtum herausstellt, dann sind die Folgen katastrophal. Das Scheitern der Planwirtschaften im kommunistisch regierten Teil der Welt ist ein Beleg für die ungeheuerlichen Kosten dieses Fehlversuchs der Ideologie, der alles beherrschenden Doktrin der Politik und der Wirtschaft. Was da an Kosten – von der Unterdrückung der Freiheit über die Ressourcenverschwendung bis zur Vergiftung der Umwelt – angelaufen ist, gehört zu den schmerzlichen Lehren dieses Jahrhunderts. Solche Erfahrungen vermitteln Einsichten, aber kein gesichertes Wissen – jedenfalls keines, das vor weiteren Irrtümern schützt. Offenheit ist auch eine Kategorie, die für die Zukunft gilt. Es gibt kein Ende der Geschichte. Gedanken zur Wirtschaftsordnung haben in der Geistesgeschichte einen langen Weg zurückgelegt. In langfristiger Deutung der zivilisatorischen Evolution wird die Marktwirtschaft als eine spontan entstehende Ordnung gesehen, die nicht auf einem explizit ausgehandelten Gesellschaftsvertrag beruht. Nach dieser Sichtweise hat die Marktwirtschaft im Prozeß des zunächst mühsamen und keineswegs immer friedlichen Zustandekommens der ersten Tauschvorgänge auch ihre eigene Moral entwickelt. Das waren zunächst unkodifizierte Sitten und Gebräuche, die dem Tausch förderlich sind: Ehrlichkeit, Vertrauenswürdigkeit, Wahrheitsliebe, Zuverlässigkeit, Pünktlichkeit, Fairneß. Weil die Tauschwirtschaft diese Kulturleistung erbracht hat, hat sie sich durchgesetzt. Denn nur eine Gesellschaft, die über diese Elemente einer Moral verfügt, kann die Transaktionskosten einer dezentralisierten, arbeitsteiligen, auf Wettbewerb beruhenden Wirtschaft niedrig halten.

Die Moral des Marktes wiederum fördert die Leistungsfähigkeit der Tauschwirtschaft, deswegen hat sie gute Chancen, von den Mitgliedern der Gesellschaft eingehalten zu werden.

Das System der natürlichen Freiheit

Der Beginn der modernen Theorie der Marktwirtschaft wird gemeinhin mit dem Werk von Adam Smith (sein „Wohlstand der Nationen" erschien 1776) datiert. Smith verknüpft in einer umfassenden Ordnungstheorie die Ethik, den Markt und den Staat zu einem, wie er selbst es nennt, „System der natürlichen Freiheit". Ausgangspunkt seiner Morallehre, seiner Marktlehre und seiner Staatslehre ist das natürliche Selbstinteresse des Menschen, das aber Mitgefühl gegenüber dem Schicksal des Nächsten nicht ausschließt. Das Leistungsethos wird bei Smith zum Motor der „unsichtbaren Hand", die das Selbstinteresse mit dem Gemeininteresse versöhnt oder gar zur Deckung bringt.

Die Utopie braucht den Menschen, den es nicht gibt. In der Marktwirtschaft dagegen ergeben sich aus mittelmäßigen Motiven hervorragende Taten, ganz so, „als sei der Mensch von Natur aus schon edel, hilfreich und gut" (Herbert Giersch).

Und welche Rolle spielt der Journalist in der Demokratie und der Marktwirtschaft? In einer Welt konkurrierender Theorien und rivalisierender Programme ist der Journalist das informationsvermittelnde Medium des Wettbewerbs. Er ist das nicht im Sinne einer vierten Gewalt. Woher käme denn deren Legitimation?

Der Journalist erläßt keine Normen, und er richtet nicht über „wahr" und „falsch". Er leiht der Kritik seine Stimme, indem er über neue Theorien und alternative Politikentwürfe samt deren Begründungen berichtet. Er macht die Diskussion möglich, die nichts anderes ist als Wettbewerb im Reich der Ideen und intellektuellen Entwürfe. Wo es nur ein Dogma gibt, da braucht man keinen Boten der geistigen Auseinandersetzung. Journalisten können nur dort ihre Arbeit tun, wo der Wettbewerb den Alltag prägt: die Entscheidungen der Haushalte und Unternehmen, die wirtschaftspolitisch bedeutsamen Entscheidungen des Parlaments, der Regierung, der Notenbank, der Tarifparteien.

Der Journalist wird nur in der offenen Gesellschaft geduldet. Daher sollte er aus Selbstinteresse zu den Verteidigern einer Wirtschaftsordnung gehören, in der Freiheit und Wettbewerb auf den ersten Plätzen der Liste rangieren, die die wichtigsten konzeptionellen und institutionellen Elemente einer Marktwirtschaft enthält. Das Wirtschaftsressort der Frankfurter Allgemeinen Zeitung würde – wenn zehn Elemente zu wählen wären – für diese Liste votieren: Vertrags- und Gewerbefreiheit – Eigentumsgarantie – Wettbewerb – Stabiles Geld – Konvertible Währung – Offene Grenzen – Unabhängigkeit der Notenbank – Zweistufiges Bankensystem – Verbot staatlicher Kreditfinanzierung durch die Notenbank – Soziale Hilfe in Notfällen.

In der Wirklichkeit sind viele Abweichungen von diesem Ideal zu beobachten. Von manchem gibt es zuwenig: Stabilität und Wettbewerb sind hier zu nennen. Von anderem gibt es zuviel:

Die Eingriffe des Staates sind zahlreicher und gravierender als es einer plausiblen Arbeitsteilung zwischen dem Markt und dem Staat entspricht. Wirtschaftspolitik steht im Spannungsverhältnis von Freiheit und Ordnung, sie ist die Kunst des Kompromisses. Schwierigkeiten und Ergebnisse der Suche nach dem Kompromiß kennzeichnen die Kernbereiche der Wirtschaftspolitik, die in den folgenden Kapiteln geschildert werden.

2. Die deutsche Volkswirtschaft

Ein führendes Industrieland

Obwohl mit der deutschen Vereinigung eine Vielzahl von Hypotheken auf die deutsche Wirtschaft zugekommen ist, ist die Bundesrepublik ein in der Welt führendes Industrieland geblieben. Sowohl in der Produktion von Gütern und Dienstleistungen (Bruttosozialprodukt) als auch beim internationalen Warenaustausch (Außenhandel) sind die Deutschen zusammen mit den Amerikanern und Japanern in der internationalen Spitzengruppe zu finden. Deutlich zurückgefallen sind sie indessen bei einem Vergleich der auf die Einwohnerzahl bezogenen Wohlstands-Indikatoren. Wird zum Beispiel beim Bruttosozialprodukt je Kopf das relativ niedrige Einkommensniveau in Ostdeutschland berücksichtigt, dann fällt ein solcher statistischer Durchschnittswert unter den Industrieländern auf einen Mittelplatz zurück. Demgegenüber hielte Westdeutschland für sich betrachtet 1992 mit einem Durchschnittseinkommen je Einwohner von rund 38 000 DM in etwa gleichauf mit den Amerikanern und vor den Japanern nach wie vor eine Spitzenposition.

Mit dem Beitritt der ehemaligen DDR zur Bundesrepublik ist die Fläche des Staatsgebietes um 108 218 auf 356 854 Quadratkilometer gestiegen. Nach der Einheit leben in Deutschland rund 80 Millionen Menschen, etwa 65 Millionen in den alten Bundesländern und etwa 15 Millionen in Ostdeutschland. Von den in Ostdeutschland früher rund zehn Millionen Erwerbstätigen sind Ende 1992 nur noch wenig mehr als sechs Millionen Menschen beschäftigt gewesen. In Westdeutschland hatte die Erwerbstätigkeit in den Jahren des wirtschaftlichen Aufschwungs von 1983 bis 1992 um gut drei auf rund 30 (1950: 21) Millionen Beschäftigte zugenommen. Nach dem Übergang zur Marktwirtschaft hat die Wirtschaft Ostdeutschlands eine tiefgreifende Anpassungskrise durchlaufen. Die gesamtwirtschaftliche Produktion von Gütern und Dienstleistungen war nach der Währungsunion Mitte 1990 zunächst stark geschrumpft, die Industrieproduktion auf etwa ein Drittel des Niveaus vor der Wende. Arbeitslosigkeit und Kurzarbeit sind stark gestiegen. Trotz umfangreicher öffentlicher Hilfsprogramme, zum Beispiel für Arbeitsbeschaffungsmaßnahmen, berufliche Weiterbildung und Vorruhestand, hat die Zahl der offiziell registrierten Arbeitslosen immer noch auf über eine Million zugenommen. Die Arbeitslosenquote (Arbeitslose in Prozent aller zivilen Erwerbspersonen) hat im März 1993 mit 15 Prozent gut doppelt so hoch gelegen wie in Westdeutschland.

Zum erstenmal ist 1992 bei einer insgesamt immer noch schwachen Industriekonjunktur das ostdeutsche Bruttosozialprodukt – von einem naturgemäß sehr niedrigen Niveau aus – wieder gestiegen. Nach den Berechnungen des Statisti-

Vater des Wirtschaftswunders: Ludwig Erhard

schen Bundesamtes hat die gesamtwirtschaftliche Leistung gegenüber 1991 real um fast sieben Prozent zugenommen. Dieser Anstieg ist im wesentlichen das Ergebnis umfangreicher öffentlicher Hilfsmaßnahmen sowie eine Folge zunehmender westdeutscher Unternehmensinvestitionen gewesen. Davon haben vor allem die Bauwirtschaft und das Dienstleistungsgewerbe (unter anderem Banken, Versicherungen, Beratungsunternehmen) profitiert. Demgegenüber ist es besonders in nicht wenigen ehemaligen Schlüsselbereichen der Industrie auch 1992 noch weiter abwärts gegangen. Alles in allem ist die ostdeutsche Wirtschaft zur Jahresmitte 1993 von einem selbsttragenden Aufschwung noch weit entfernt gewesen. Experten sind sich darin einig gewesen, daß noch auf Jahre hinaus hohe westdeutsche Transferzahlungen notwendig sein würden.

Umbau in Ostdeutschland

Wie schwach und anfällig die ostdeutsche Wirtschaft gut zwei Jahre nach der Wende noch war, offenbaren erste, mit westdeutschen Daten bereits vergleichbare Strukturzahlen für das Jahr 1992. Danach hat das Statistische Bundesamt ein Bruttoinlandsprodukt von 235 Milliarden DM errechnet, für Westdeutschland 2772 Milliarden DM. Das ergibt für die ostdeutsche Wirtschaftsleistung einen Anteil an der gesamtdeutschen Wertschöpfung von weniger als acht Prozent. Demgegenüber betrug der Anteil der ostdeutschen Bevölkerung an der Gesamteinwohnerzahl etwa 20 Prozent, der Anteil der Erwerbstätigen an der Gesamtzahl der Beschäftigten nach dem Inlandskonzept rund 17 Prozent. Die Produktivität – als gesamtwirtschaftliche Leistung je Beschäftigten – ist in Ostdeutschland entsprechend niedrig gewesen. Sie hat nach den Angaben des Statistischen Bundesamtes bei etwa zwei Fünfteln des westdeutschen Niveaus gelegen. Bei dieser Konstellation hat sich die von den Tarifvertragsparteien 1990 vereinbarte Stufenanpassung der Löhne und Gehälter an das westdeutsche Niveau bis 1995 – bei einer nach wie vor insgesamt ungünstigen Wirtschaftslage und Ausfall der wichtigen Absatzmärkte in Osteuropa – als in hohem Maße belastend erwiesen. Nachdem Löhne und Gehälter je Beschäftigten im Jahresdurchschnitt 1992 nochmals um fast 40 Prozent gestiegen waren, hatten sich die Lohnstückkosten in kurzer Zeit verdoppelt und übertrafen bald das westdeutsche Niveau – im Frühjahr 1993 bereits um 60 Prozent.

Die in der Nachkriegszeit in Westdeutschland überaus erfolgreiche Entwicklung ist vor allem das Ergebnis einer ordnungspolitischen Entscheidung. Gegen den (anfänglichen) Widerstand der Alliierten, gegen den Widerstand von Opposition und Gewerkschaften hat ein Kreis freiheitlich gesinnter Politiker und Wissenschaftler, an seiner Spitze der damalige Wirtschaftsminister Ludwig Erhard und sein Staatssekretär Alfred Müller-Armack, mit der Einführung der Sozialen Marktwirtschaft die Fesseln der Zwangswirtschaft abgestreift.

Das System der Sozialen Marktwirtschaft mit Privateigentum, Vertragsfreiheit und Leistungswettbewerb setzte in Westdeutschland jene schöpferischen und unternehmerischen Kräfte frei, die vorher von der Kriegs- und Zwangswirtschaft gefesselt waren. Nach dem Chaos des militärischen, politischen und wirtschaftlichen Zusammenbruchs ist die Versorgung der Bevölkerung mit Gütern und Dienstleistungen nach Einführung der Marktwirtschaft gleichsam von Tag zu Tag besser geworden. Obwohl rund acht Millionen Menschen als Vertriebene aus den ehemaligen Ostgebieten zusätzlich nach Westdeutschland gekommen waren, obwohl danach in den fünfziger Jahren bis zum

Bau der Mauer im Jahre 1962 nochmals rund drei Millionen Ostdeutsche und Aussiedler in den Westen gingen, fanden diese Menschen nicht nur eine neue Heimat, sondern auch Unterkunft und Wohnung, die meisten von ihnen einen Arbeitsplatz. Anfang der sechziger Jahre war die Vollbeschäftigung erreicht. Im Ausland machte das Wort vom „deutschen Wirtschaftswunder" die Runde.

Die Währungsreform von 1948

Im Vergleich zu der Zeit vor dem Zweiten Weltkrieg hat sich das Wachstum in der Bundesrepublik erheblich beschleunigt. Im Rückblick auf mehr als vier Jahrzehnte hat sich die reale Versorgung der Bevölkerung mit Gütern und Dienstleistungen von 1950 bis 1992 versechsfacht (siehe Tabelle). Gleichzeitig hat die Einwohnerzahl von 50 auf 64,5 Millionen, die Zahl der Erwerbstätigen von 21 auf rund 30 Millionen zugenom-

Reales Bruttosozialprodukt je Kopf der Bevölkerung

Jahr	BSP[1] Mrd. DM[2]	Bevölkerung Millionen	BSP je Kopf in DM	1950=100
1950	152,2	50,0	3045	100,00
1960	328,4	55,4	5924	194,5
1970	529,4	60,6	8729	286,7
1980	693,5	61,3	11313	371,5
1990	862,7	63,3	13629	447,6
1992	908,0	64,5	14077	462,3

[1] Bruttosozialprodukt Westdeutschland
[2] In Preisen von 1962.
Quelle: Statistisches Bundesamt; eigene Berechnungen.

men. Der Lebensstandard, gemessen am realen Bruttosozialprodukt oder am privaten Verbrauch je Kopf der Bevölkerung, hat sich fast verfünffacht. Das entspricht einem jahresdurchschnittlichen Zuwachs von fast vier Prozent. Diese Entwicklung hat den Deutschen in der Bundesrepublik einen bisher einmaligen Massenwohlstand gebracht. Allerdings ist das Wachstum von Jahrzehnt zu Jahrzehnt schwächer geworden. Während sich das reale Bruttosozialprodukt je Kopf der Bevölkerung von 1950 bis 1960 mit einem mittleren Anstieg von fast sieben Prozent annähernd verdoppelt hat, ist der durchschnittliche Zuwachs in den achtziger Jahren auf unter zwei Prozent gefallen. Als Löhne und Gehälter am Beginn der siebziger Jahre mit Anstiegsraten von jährlich über zehn Prozent die Kosten der Unternehmen auf neue Höhen brachten, fiel das alles in eine Zeit, als durch die erste Ölkrise (1973 bis 1975) Kosten und Preise explodierten.

Konjunkturzyklen

Als eine Folge geriet die westdeutsche Wirtschaft, nachdem es sich 1967 wohl mehr um eine relativ kurzfristige und vergleichsweise harmlose Wachstumsunterbrechung gehandelt hatte, in die erste schwere Nachkriegsrezession. Die gesamtwirtschaftliche Leistung schrumpfte deutlich, die Erwerbstätigkeit ging spürbar zurück. Die Arbeitslosigkeit stieg zum erstenmal seit den fünfziger Jahren wieder auf über eine Million. Trotz des nach der Rezession wieder einsetzenden Aufschwungs konnte die deutsche Wirtschaft nicht an die Boom-Zahlen anknüpfen. Zwar sind Nachfrage, Produktion und und die Zahl der Erwerbstätigen in den Jahren des Aufschwungs wieder gestiegen; jedoch ist die Arbeitslosigkeit immer weniger abgebaut worden. So ist es gekommen, daß die Volkswirtschaft von Konjunkturzyklus zu Konjunkturzyklus mit einem immer höheren Niveau an Arbeitslosigkeit („Sockel") aus dem jeweiligen Abschwung hervorgegangen ist. In der Rezession der ersten Hälfte der achtziger Jahre ist dieser Sockel erstmals auf über zwei Millionen Beschäftigungsuchende gestiegen. Im Konjunkturabschwung 1992/93 sind im Frühjahr 1993 wiederum über zwei Millionen Menschen ohne Arbeit gewesen. Gleichzeitig war mit vorübergehend fast fünf Prozent die höchste Teuerung seit Beginn der achtziger Jahre zu verzeichnen.

Auf ihrem Entwicklungspfad in der Nachkriegszeit hat die westdeutsche Wirtschaft einen tiefgreifenden Strukturwandel durchlaufen. Diese Veränderungen werden eindrucksvoll nachgewiesen in der volkswirtschaftlichen Gesamtrechnung – sowohl bei der Entstehung des Bruttoinlandsproduktes, bei der Verteilung des Volkseinkommens als auch bei der Verwendung des Bruttosozialproduktes. Das Bruttoinlandsprodukt ergibt sich aus der Summe der Wertschöpfungsbeiträge der inländischen Wirtschaftssubjekte: produzierendes Gewerbe, Landwirtschaft, Handel, Verkehr sowie Dienstleistungsbereich. Hinzu kommen die Leistungen des Staates und der privaten Haushalte ohne Erwerbscharakter (siehe Tabelle).

Reales Bruttoinlandsprodukt[1]
Anteile in Prozent

Bereiche	1950	1960	1970	1980	1992
Land- und Forstwirtschaft	9,1	3,6	2,6	2,1	1,7
Produzierendes Gewerbe	44,5	46,8	48,3	44,4	37,8
Handel und Verkehr	20,7	15,2	15,6	15,9	15,4
Dienstleistungen[2]	12,3	19,8	19,9	23,5	32,2
Staat, private Haushalte	13,6	14,6	13,6	14,1	12,9

[1] Westdeutschland
[2] Banken, Versicherungen, sonstige Dienstleistungen
Quelle: Statistisches Bundesamt.

Strukturwandel

Die Strukturveränderungen erklären die Wachstumsfortschritte der deutschen Volkswirtschaft. Naturgemäß hat in den ersten Nachkriegsjahren die Land- und Forstwirtschaft wegen der zu sichernden Existenz der Menschen („Freßwelle") bei der Entstehung des Bruttoinlandsproduktes mit einem Anteil von rund einem Zehntel eine relativ hohe Bedeutung gehabt. Mit wachsendem Wohlstand ist dieser Anteil auf schließlich weniger als zwei Prozent am Beginn der neunziger Jahre geschrumpft. Der Beitrag von Handel und Verkehr zum Bruttoinlandsprodukt hat seit den sechziger Jahren vergleichsweise unverändert bei 15 bis 16 Prozent gelegen. Demgegenüber hat sich der Anteil der Dienstleistungen (unter anderem: Banken und Versicherungen, Hotel- und Gaststättenleistungen) stetig, in den achtziger Jahren besonders stark, auf zuletzt fast ein Drittel erhöht. Diese Entwicklung ist ein typisches Zeichen für den wachsenden

Wohlstand in einer prosperierenden Volkswirtschaft. Der (zusammengefaßte) Anteil des Staates sowie der privaten Haushalte ohne Erwerbscharakter hat im Verlaufe der Zeit um 13 bis 14 Prozent geschwankt.

Das produzierende Gewerbe hat seine Bedeutung bis in die siebziger Jahre hinein ausgebaut; der Anteil ist danach relativ stetig auf unter vierzig Prozent zurückgegangen. Mit dem anhaltenden Strukturwandel ist im verarbeitenden Gewerbe insgesamt gleichzeitig die Zahl der Arbeitsplätze seit Beginn der sechziger Jahre um rund eine Million auf wenig mehr als sieben Millionen am Jahresende 1992 geschrumpft. Auf lange Sicht hat die Industrieproduktion zwar insgesamt zugenommen, jedoch längst nicht in allen Branchen.

Typisch für die Entwicklung ist gewesen, daß selbst dort, wo die Erzeugung weit überdurchschnittlich zugenommen hat, wie zum Beispiel bei der Herstellung von Büromaschinen und Datenverarbeitungsgeräten, demgegenüber die Beschäftigung im Verhältnis dazu unterproportional ausgeweitet worden ist. In anderen Industriezweigen mit Produktionszuwächsen, zum Beispiel im Maschinenbau, in der Elektrotechnik, bei Feinmechanik/Optik/Uhren, EBM-Waren, ist die Beschäftigung langfristig sogar verringert worden. In jenen Branchen, in denen die Erzeugung sogar gesunken ist, wie zum Beispiel in der Steine- und Erden-Industrie, in der eisenschaffenden Industrie, im Stahl- und Leichtmetallbau, in der Holzverarbeitung, im Textil- und Bekleidungsgewerbe, ist die Zahl der Beschäftigten im Verhältnis zum Produktionsrückgang überproportional abgebaut worden.

Verteilung des Volkseinkommens[1]
Anteile in Prozent

Einkommensarten	1960	1970	1980	1992
Bruttoeinkommen aus				
– unselbständiger Arbeit	60,1	68,0	73,5	71,7
– Unternehmertätigkeit und				
Vermögen	39,9	32,0	26,5	28,3
Volkseinkommen Milliarden DM	240	530	1149	2070

[1] Westdeutschland.
Quelle: Statistisches Bundesamt

Die Verteilungsrechnung

Das Volkseinkommen (Nettosozialprodukt zu Faktorkosten) ist die Summe aller individuellen, im Produktionsprozeß der Verkehrswirtschaft erworbenen Geldeinkommen. Das Volkseinkommen hat sich seit 1960 zu laufenden Preisen von 240 auf 2070 Milliarden DM 1992 erhöht (siehe Tabelle). Dazu werden Löhne, Gehälter, Zinsen, Mieten und Gewinne gerechnet. Das Statistische Bundesamt faßt zwei Einkommensarten zusammen: zum einen die Bruttoeinkommen aus unselbständiger Arbeit, zum anderen die Bruttoeinkommen aus Unternehmertätigkeit und Vermögen. Die Bruttoeinkommen aus unselbständiger Arbeit sind definiert mit der volkswirtschaftlichen Bruttolohn- und -gehaltssumme, erweitert um die Arbeitgeberbeiträge zur Sozialversicherung und zusätzliche Sozialaufwendungen der Arbeitgeber. Das Einkommen aus Unternehmertätigkeit und Vermögen wird zum größten Teil als Gewinn von den privaten Unternehmen erwirtschaftet. Für den Fall, daß die Einkommen auf Personen bezogen werden, müssen nicht unwesentliche Bestandteile des Gewinns und der Zinseinnahmen Arbeitnehmern, Rentnern und Pensionären zugerechnet werden. Wie die Tabelle zeigt, ist der Anteil der Arbeitnehmer am Volkseinkommen nahezu ständig gestiegen. Dieser Anstieg der Lohnquote ist jedoch nicht ausschließlich durch einen überproportionalen Zuwachs der Arbeitnehmereinkommen verursacht worden. Nach Kriegsende ist nämlich der Anteil der unselbständig Erwerbstätigen an der Gesamtzahl der Beschäftigten ständig gewachsen; demgegenüber ist der Anteil der Selbständigen zurückgegangen. Dahinter steht, daß die Zahl der abhängigen Erwerbstätigen seit 1950 von 14 auf gut 26 Millionen Menschen 1992 zugenommen hat, ihr Anteil an der Gesamtbeschäftigung von 66 auf 90 Prozent. Demgegenüber hat in dieser Zeit die Zahl der Selbständigen (einschließlich der mithelfenden Familienangehörigen) von gut sieben auf wenig mehr als drei Millionen abgenommen; ihr Anteil ist von 34 auf 10 Prozent geschrumpft. Das erklärt zu einem gewichtigen Teil, warum der den Arbeitnehmern zufließende Teil des Volkseinkommens zu Lasten des Anteils der Unternehmereinkommen (Gewinnquote) langfristig in der Tendenz stark zugenommen hat. Eine weitere Ursache sind die relativ kräftigen Lohn- und Gehaltssteigerungen gewesen.

Verwendung des Sozialprodukts[1]
Anteile in Prozent

Bereiche	1950	1960	1970	1980	1992
Privater Verbrauch	56,1	55,8	56,4	56,6	57,4
Staatsverbrauch	17,2	13,8	13,0	20,1	18,0
Bruttoanlageinvestitionen	21,1	24,6	26,5	22,6	21,9
– Ausrüstungen	8,4	10,6	13,3	8,6	10,4
– Bauten	12,7	14,0	13,2	14,0	11,5
nachrichtlich: Export[2]	10,8	19,5	27,7	28,4	39,4
Import[2]	8,0	16,4	26,2	28,6	36,7

[1] Westdeutschland; in konstanten Preisen.
[2] Waren und Dienstleistungen.
Quelle: Statistisches Bundesamt.

Sparen und Investieren

In der Struktur der einzelnen Verwendungskomponenten des Bruttosozialprodukts (siehe Tabelle) hat dessen größter Bereich, der private Verbrauch, im langfristigen Vergleich seinen Anteil relativ unverändert bei 55 bis 56 Prozent gehalten. Das heißt, daß der private Verbrauch über mehr als vierzig Jahre hinweg annähernd parallel zum Bruttosozialprodukt zugenommen und dessen Entwicklung maßgeblich mitbestimmt hat. Der private Verbrauch ist die entscheidende Meßlatte für die Versorgung der Bevölkerung mit Gütern und Dienstleistungen. Auf die Einwohnerzahl bezogen, dient er – ebenso wie das Sozialprodukt je Kopf – als Indikator für den Lebensstandard. Der private Verbrauch wird vor allem bestimmt von der Höhe des Einkommens, von den Güterpreisen auf den Märkten sowie von der Höhe der Ersparnis. Seit 1950 hat sich der private Verbrauch zu konstanten Preisen versechsfacht, je Kopf der Bevölkerung fast verfünffacht. Die Ausgaben der privaten Haushalte für Waren und Dienstleistungen sind vom Statistischen Bundesamt zu einem Warenkorb zusammengefaßt worden. Wichtigste Posten darin sind Nahrungs- und Genußmittel, Kleidung und Schuhe, Wohnungsmiete, Elektrizität, Gas, Brennstoffe. Hinzu kommen längerlebige Gebrauchsgüter wie Möbel, Heimtextilien, Haushaltsmaschinen, ferner die Ausgaben für Verkehr und Nachrichtenübermittlung, für Körper- und Gesundheitspflege, Bildung und Unterhaltung, für die persönliche Ausstattung (unter anderem Uhren, Schmuck, Fotoapparate), für Reisen und Freizeit.

Dienstleistungsgesellschaft

Mit steigenden Einkommen und wachsendem Wohlstand haben vor allem jene Erzeugnisse und Dienstleistungen an Bedeutung gewonnen, die der Befriedigung des sogenannten höherwertigen Bedarfs dienen. Dazu zählen zum Beispiel die Anschaffung von Personenkraftwagen, Freizeit, Urlaub, Luxusgüter. Demgegenüber ist die Bedeutung von lebensnotwendigen Gütern relativ zur Gesamtsumme gesunken, wie zum Beispiel besonders der Anteil der Lebensmittel. In der Bundesrepublik hat sich von Anfang der siebziger Jahre an die Nachfrage immer stärker zu Gütern des gehobenen Bedarfs, auf hochwertige Geräte des Haushalts, auf Schmuck, Versicherungs- und Bankleistungen verlagert. Vereinfacht ausgedrückt, aber dennoch aussagekräftig ist die Unterteilung in „Freßwelle, Kleiderwelle, Einrichtungswelle sowie Reise-, Urlaubs-, Luxus- und Gesundheitswelle".

Ausdruck für den Wohlstandsboom ist gewesen, daß die Reallöhne und -gehälter in Westdeutschland im internationalen Vergleich mit am stärksten gestiegen sind. So haben sich die Nettoreallöhne und -gehälter je Beschäftigten seit 1950 rund vervierfacht. Das Preisniveau bei der Lebenshaltung hat sich zwar seit 1950 mit einem jahresdurchschnittlichen Anstieg von drei Prozent mehr als verdreifacht. Jedoch ist das – im Vergleich zu den meisten anderen Industrieländern – ein gutes Ergebnis gewesen. Umgerechnet auf die Binnenkaufkraft (als Reziprok des Preisniveaus), ist danach der Wert der D-Mark für den Verbraucher zwar auf weniger als ein Drittel seines Ausgangsstandes geschrumpft. Jedoch haben die Verbraucher in den meisten anderen Industrieländern einen weitaus höheren Kaufkraftschwund hinnehmen müssen. Vergleichsweise günstig, wenn auch deutlich schlechter als die Bundesrepublik, haben noch die Schweiz, Belgien, die Vereinigten Staaten, die Niederlande und Japan abgeschnitten. In Großbritannien und Italien betrug der Wert der Binnenkaufkraft der heimischen Währung 1992 nur noch jeweils rund fünf Prozent, in Spanien, Portugal und Griechenland jeweils rund zwei Prozent des Ausgangsstandes von 1950. Freilich muß angemerkt werden, daß sich – im Unterschied zu der langfristigen Entwicklung – das internationale Stabilitätsgefälle seit Beginn der neunziger Jahre nahezu umgekehrt hat. Während sich insgesamt in den Industrieländern der Preisauftrieb deutlich abgeschwächt hatte, hielt sich in der ersten Jahreshälfte 1993 die Teuerungsrate in Westdeutschland hartnäckig über vier Prozent. Unter den Mitgliedsländern der Europäischen Gemeinschaft war die Inflation zu dieser Zeit nur noch in Griechenland, Portugal und Italien höher.

Staatsverbrauch

Nach dem privaten Verbrauch ist ein weiterer größerer Verwendungsbereich des Sozialprodukts der Staatsverbrauch. Erfaßt werden hier vor allem die Löhne und Gehälter der öffentlichen Bediensteten sowie die Materialaufwendungen. Mangels Marktpreisen für öffentliche Leistungen werden Löhne und Gehälter, die Summe der Aufwandsposten, als „Wertschöpfung" des Staates unterstellt. Nachdem der Anteil dieser Kosten bis zum Beginn der siebziger Jahre auf 13 Prozent gesunken war, macht sich von da an Adolph Wagners „Gesetz der wachsenden Ausdehnung der Staatsthätigkeiten" verstärkt bemerkbar. 1980 erreichte der Staatsanteil über 20 Prozent. Während der achtziger Jahre stabilisierte sich der Anteil etwa auf diesem Niveau. Nach der deutschen Einheit und mit den zunehmenden Transferleistungen an Ostdeutschland stiegen die Defizite in den Staatshaushalten und die öffentliche Verschuldung rasch an. Der Anteil des reinen Staatsverbrauchs nach der volkswirtschaftlichen Gesamtrechnung verblieb zwar 1992 noch unter 20 Prozent. Jedoch erreichte die Belastung des Sozialprodukts mit Steuern und Abgaben nach den Angaben der Bundesbank mit zusammen 43 Prozent einen neuen Höchststand in der Nachkriegszeit.

Die Investitionsquote

Es liegt auf der Hand, daß die Investitionen, die als Motor des gesamtwirtschaftlichen Wachstums gelten, von den jeweiligen staatlichen Aktivitäten (Förderung/Anregung beziehungsweise Belastung mit Steuern und Abgaben) maßgeblich beeinflußt worden sind. So hat sich die Investitionsquote, das ist der Anteil der Bruttoanlageinvestitionen (Ausrüstungen und Bauten) am Bruttosozialprodukt, bis 1970 stetig erhöht. Sie hat seinerzeit mit rund 27 Prozent ein auch im internationalen Vergleich ansehnliches Gewicht erreicht. In den siebziger Jahren haben dann drastische Lohnkostenerhöhungen, zwei Ölkrisen und die erste schwere Nachkriegsrezession die Investitionsneigung und damit den zukünftigen Wachstumsspielraum beeinträchtigt. Bis 1980 ist die Investitionsquote deutlich gesunken, eine Tendenz, die sich in den achtziger Jahren erst in der zweiten Hälfte des Jahrzehnts mit dem konjunkturellen Aufschwung gebessert hat. Im langfristigen Vergleich hat sowohl die relative Bedeutung der Ausrüstungsinvestitionen als auch die der Bauinvestitionen abgenommen.

Der Außenhandel

Im Unterschied dazu hat sich mit der wachsenden Verflechtung in die Weltwirtschaft die Bedeutung des Außenhandels ständig erhöht. Nachdem der Export von Waren und Dienstleistungen 1950 am Bruttsozialprodukt mit wenig mehr als einem Zehntel beteiligt gewesen ist, hat dieser Anteil im Laufe der Zeit kontinuierlich zugenommen und

Deutscher Außenhandel seit 1950[1]
in Milliarden DM

Jahr	Export	Import	Saldo
1950	8,4	11,4	- 3,0
1960	48,0	42,7	5,3
1970	125,3	109,6	15,7
1980	350,3	341,4	8,9
1990	642,8	550,6	92,2
1992	657,1	628,2	28,9

[1] Westdeutschland.
Quelle: Statistisches Bundesamt

am Beginn der neunziger Jahre bei fast zwei Fünfteln gelegen. Ähnlich hat sich die volkswirtschaftliche Importquote entwickelt (Tabelle 4).
Im reinen Warenhandel hat sich der Export von 8,4 Milliarden DM 1950 auf 657 Milliarden DM 1992 erhöht. Die Einfuhr ist in dieser Zeit von 11,4 auf 628 Milliarden DM gestiegen (siehe Tabelle). Mit dieser Entwicklung ist die Bundesrepublik schon in den siebziger Jahren nach den Vereinigten Staaten und vor Japan die bedeutendste Handelsnation der Welt geworden. Wird ausschließlich die Ausfuhr von Industriegütern in einen Vergleich einbezogen, dann sind die Deutschen Weltmeister. Insgesamt hat sich der Anteil am Weltexport von drei auf rund zwölf Prozent, der Anteil an der Welteinfuhr von vier auf zehn bis elf Prozent erhöht. Mit diesem Schwung sind traditionelle Welthandelsländer wie Großbritannen bald überrundet worden; Frankreich, die Niederlande und Italien sind hinter die deutsche Exportleistung zurückgefallen.
Es muß allerdings berücksichtigt werden, daß die Preise für Exportgüter schubweise kräftig gestiegen sind. Dennoch bleibt die dahinterstehende reale Leistung, verglichen mit den Mengensteigerungen in anderen Ländern, überdurchschnittlich. Nach Abzug der Preissteigerungen haben sich Export und Import kräftig erhöht, zum Beispiel in den zehn Jahren bis 1990 mit einem realen jahresdurchschnittlichen Zuwachs von fast fünf und rund vier Prozent. Auch in binnenwirtschaftlicher Betrachtung sind sowohl Ausfuhr als auch Einfuhr überdurchschnittlich gewachsen. Der Anteil des Warenexports am Bruttosozialprodukt hat sich seit 1950 von 8,5 auf 24 Prozent 1992 erhöht. Je Einwohner hat der Exportwert von 137 auf 10 188, der Wert der Einfuhr von 186 auf 9740 DM zugenommen.

Exporterfolge

Zum Erfolg des deutschen Exports hat entscheidend beigetragen, daß Preise und Kosten in der Bundesrepublik lange Zeit deutlich schwächer als in anderen Ländern gestiegen sind. Von Beginn an ist das Exportsortiment zielstrebig auf die Bedürfnisse der Nachfrage ausgerichtet worden. Die Absatzbemühungen haben sich besonders auf die in der Nachkriegszeit überdurchschnittlich expandierenden Märkte der Industrieländer konzentriert, die für die weitere Entwicklung ihrer Volkswirtschaften vor allem am Bezug von hochwertigen Investitionsgütern interessiert gewesen sind. Aber auch um die aufstrebenden Schwellenländer, Entwicklungsländer sowie um die Märkte der Ölländer haben sich die deutschen Exporteure mit Erfolg bemüht. In jüngerer Zeit ist allerdings das Engagement in den zukunftsträchtigen Märkten der asiatisch-pazifischen Region (bisher) nicht so überzeugend gelungen.
Es werden aus der Bundesrepublik zu fast drei Fünfteln des Ausfuhrwertes Investitionsgüter, vor allem Straßenfahrzeuge, Maschinen, elektrotechnische Erzeugnisse, exportiert. Im Grundstoff- und Produktionsgüterbereich (fast ein Viertel der Gesamtausfuhr) werden besonders chemische Erzeugnisse sowie Eisen und Stahl an das Ausland geliefert. Außer von der Länder- und Warenstruktur ist der Export von der im allgemeinen überdurchschnittlichen Qualität und von der im internationalen Vergleich besonders hohen Zuverlässigkeit der Lieferungen begünstigt worden: In der Bundesrepublik ist weit weniger als in anderen Ländern gestreikt worden. Entscheidend ist auch das Bemühen um ein effektives Vertriebsnetz im Ausland gewesen. Nicht zuletzt steht hinter dem Exporterfolg eine besondere Mentalität der meisten der am Export beteiligten Unternehmer: Auch bei lebhafter Binnennachfrage haben sie ihre Auslandskunden in der Regel nicht vernachlässigt.

Mehr als vier Fünftel der Ausfuhr sind am Beginn der neunziger Jahre in die westlichen Industrieländer geliefert worden, mehr als die Hälfte in die Partnerstaaten der Europäischen Gemeinschaft. Der Anteil der Vereinigten Staaten, die zunächst der wichtigste Kunde gewesen sind, ist auf knapp sieben Prozent (1992) geschrumpft. Größter Abnehmer ist seit Jahren Frankreich, das 1992 mit rund 87 Milliarden DM etwa 13 Prozent der deutschen Ausfuhrerzeugnisse gekauft hat. Auf den nächsten Rängen folgen vor allem die Handelspartner der Europäischen Gemeinschaft.

Gefahren für den Standort

Es sind immer wieder Befürchtungen geäußert worden, die in der Vergangenheit nahezu ständige (nominale) Aufwertung der D-Mark werde den Export schließlich so verteuern, daß mit schwindender internationaler Wettbewerbsfähigkeit Märkte im Ausland verlorengehen. So ist nach den Angaben der Deutschen Bundesbank die D-Mark zwar gegenüber dem Durchschnitt von achtzehn wichtigen Handelspartnern von Ende 1972 bis März 1993 um fast 100 Prozent aufgewertet worden. Jedoch hat sich das Angebot der Handelspartner durch Preis- und Kostensteigerungen in dieser Zeit erheblich stärker verteuert als der deutsche Export. Wird diese Differenz im Preisanstieg berücksichtigt, dann ergibt sich nach den Angaben der Bundesbank für den sogenannten realen Wechselkurs sogar eine leichte Abwertung der D-Mark. Das bedeutet: Die Verteuerungen durch die (nominalen) Aufwertungen sind von den im Ausland relativ stärkeren Kostensteigerungen mehr als ausgeglichen worden. Die reale Preis-Wettbewerbssituation der deutschen Anbieter hat sich daher gegenüber dem Durchschnitt der achtzehn wichtigsten Handelspartner auf lange Sicht eher leicht verbessert, wobei das Ergebnis im einzelnen und zeitweise durchaus davon abweichen kann. Damit sind die Marktanteile auf den Weltmärkten im großen und ganzen gehalten worden. Nach Ländern, Branchen und Produkten gibt es sicherlich Unterschiede. Schwierigkeiten hat die deutsche Wirtschaft in jüngster Zeit offenkundig vor allem auf jenen Märkten gehabt, die mit dem internationalen Technologiewettbewerb (Computer-/Datenverarbeitungsindustrie) zusammenhängen. Eine Analyse nach Ländern, Branchen und Produkten zeigt, daß die internationalen Warenströme außer von der Konjunktur sowie von Preis- und Kosteneinflüssen relativ stark vom Stand und von der Entwicklung der Technologie, von der Qualität der Produkte, von der Lieferfähigkeit, von der Lieferzuverlässigkeit, vom Service und der Beratung bestimmt werden.

Alles in allem hat sich der deutsche Außenhandel in der Nachkriegszeit außerordentlich erfolgreich entwickelt. Eine steigende Einfuhr – das in der Welt zweitgrößte Importvolumen – hat die Konjunktur und die Beschäftigung in den Partnerländern maßgeblich gestützt sowie zum Abbau der internationalen Außenhandelsungleichgewichte beigetragen. Die Ausfuhr hat einen entscheidenden Beitrag zum Aufstieg der deutschen Wirtschaft geleistet. Abgesehen von der internationalen Konjunkturschwäche, von den außenwirtschaftlichen Ungleichgewichten und den zunehmenden Tendenzen zu protektionistischen Praktiken, ist der gesamtdeutsche Außenhandel zur Mitte der ersten Hälfte der neunziger Jahre vor allem mit den Schwierigkeiten der ostdeutschen Wirtschaft konfrontiert. Nach vierzig Jahren Planwirtschaft sind dort die traditionellen Märkte in Osteuropa und Rußland nahezu weggebrochen. Mit einem wenig attraktiven Warenangebot und viel zu hohen Kosten ist der ostdeutsche Export nach der Wende stark geschrumpft. So hat 1992 die Ausfuhr am gesamten deutschen Export nur noch einen Anteil von zwei Prozent gehabt. Die Einfuhr der neuen Länder ist mit lediglich 1,5 Prozent am Gesamtimport beteiligt gewesen.

3. Die Rolle der Verbände

Auf der Spur des Gesetzgebers

Wirtschaftspolitik findet nicht als Abstraktum unter dem hohen Himmel der ökonomischen Theorien statt. Wirtschaftspolitik konkretisiert sich in Gesetzen. Wer also dort Einfluß auf die Wirtschaftspolitik nehmen will, wo sie praktisch gemacht wird, der muß Kontakt zum Gesetzgeber aufnehmen und halten. Das Wirken der Interessenten ist unübersehbar. Kein wichtiger Gesetzentwurf kommt aus dem Gesetzgebungsverfahren so heraus, wie er hereingekommen ist. Besonders viel wird an Gesetzesinitiativen zur Wirtschafts-, Steuer- und Sozialpolitik geändert.

Für Änderungen gibt es hauptsächlich drei Gründe. Die politische Konstellation zwingt zu Kompromissen, ohne die die erforderliche Mehrheit im Bundestag und Bundesrat nicht zu erreichen wäre. Es kann auch zu Verbesserungen dadurch kommen, daß der Entwurfstext verdeutlicht und so präzisiert wird, daß der Vollzug eines Gesetzes und seine Anwendung in der Wirtschaftspraxis reibungsloser möglich sind. Gesetzentwürfe werden aber auch verschärft oder abgeschwächt. Wenn ursprünglich vorgesehene Wirtschaftsvorschriften gemildert werden, ist schnell der Vorwurf erhoben, Regierung und Parlament hätten sich dem Druck von interessierter Seite gebeugt.

Der Versuch, Einfluß auf ein Gesetz oder eine Verordnung zu nehmen, findet Tag für Tag statt. Das beginnt bereits im Vorhof der Wirtschaftspolitik, längst vor den Beratungen von Regierung und Parlament. Bis in die letzten Phasen des Gesetzgebungsverfahrens – auch wenn es den Umweg über den Vermittlungsausschuß von Bundestag und Bundesrat nehmen muß – wird versucht, Einfluß auszuüben. Was durch diese Beeinflussung von außen bewirkt worden ist, läßt sich rückblickend auf alle Legislaturperioden so bilanzieren: In vielen Fällen wurden die Ziele, die anfangs einem Gesetzentwurf gesetzt waren, nicht erreicht. Es gab ganze Gesetzespakete, die zu Rumpfgesetzen verkümmerten. Gesetzgebungsverfahren verzögerten sich erheblich. In keinem Fall wurde jedoch ein wichtiges Wirtschaftsgesetz völlig und nur wegen des Interessendrucks verhindert. Kein Entwurf für ein Wirtschaftsgesetz scheiterte, wenn es die parlamentarische Mehrheit nicht zuließ. Zum Scheitern verurteilt sind Gesetzesinitiativen, die schon im Ursprung keine Aussicht auf eine Mehrheit haben. Das gilt – meist schon aus rein arithmetischen Gründen – für Gesetzesentwürfe, die von der Bundestagsopposition im Alleingang oder von Landesregierungen ohne mehrheitlichen Rückhalt im Bundesrat eingebracht werden.

Die Einflußnahme auf politische Entscheidungen ist an jedem Regierungssitz und auch bei supranationalen Organisationen wie der Europäischen Gemeinschaft gut organisiert, und sie wird mit System betrieben. Lobby heißt diese Tätigkeit. Dieser Name ist hergeleitet von der Wandelhalle in Westminster, die dann auch in anderen Parlamenten Lobby genannt wurde. Es kommt jedoch kaum noch vor, daß ein Abgeordneter von einem Interessenvertreter in der Lobby aufgesucht wird. Der Lobbyist hält auf andere Weise Kontakt: mit schriftlichen Informationen und im persönlichen Gespräch, ob im Abgeordnetenbüro, bei einem Essen oder bei Parlamentarischen Abenden, die von Verbänden und Unternehmen veranstaltet werden.

Tausend Büros in Bonn

Zur Kontaktpflege mit Parlament und Regierung gibt es in Bonn annähernd tausend Büros von Interessenorganisationen und Unternehmen. Die Zahl der Verbände und

Vereinigungen in Deutschland insgesamt, in denen sich Einzelinteressen zu Gruppeninteressen bündeln, wird auf mehr als 20 000 geschätzt. Am Regierungssitz ist Lobby ein eigener Dienstleistungszweig und Wirtschaftsfaktor. Eine Statistik der Stadt Bonn weist aus, daß in größeren und kleineren Verbänden, in Repräsentanzen von Unternehmen und Zweigniederlassungen von Verbänden, die ihren Hauptsitz nicht in Bonn haben, mehr als 9000 Mitarbeiter beschäftigt sind. Die Gesamtzahl der Beschäftigten einschließlich Sekretärinnen, Fahrern und Boten wird sogar mit fast 15 000 angenommen. In Brüssel sind mehr als 500 Organisationen als Interessenvertretungen registriert. Fast alle europäischen Wirtschaftsverbände, die sich branchenweise gebildet haben, sind in Brüssel angesiedelt. Zwei Dutzend deutscher Verbände haben dort eine ständige Repräsentanz. Deutsche Konzerne aus Elektroindustrie, Chemie, Autoindustrie, Versorgungswirtschaft und Luft- und Raumfahrt sind vor Ort. Auch Amerikaner halten es für wichtig, vor allem für den Fall von Handelsstreitigkeiten mit den Europäern, ständig in Brüssel zu sein. So ist die amerikanische Sojabohnen-Vereinigung präsent. Auch die Umweltschutz-Organisation Greenpeace unterhält ein Büro in Brüssel.

Die Liste der Lobbyisten

Daß Hunderte von Verbänden und anders organisierte Gruppen um Sicherung und Ausbau ihrer Besitzstände konkurrieren, weist die Lobby-Liste des Bundestages aus. Sie enthält mehr als 1500 Anschriften. Das ist eine Übersicht von Organisationen (nicht von Unternehmen), die beim Bundestag akkreditiert sind. Die Registrierung ist im Jahr 1972 in der Absicht eingeführt worden, es transparent zu machen, wer den Kontakt zum Parlament und dem einzelnen Abgeordneten sucht. Anlaß dazu war eine vorausgegangene Affäre um Beraterverträge, mit denen Unternehmen Abgeordneten ein zusätzliches Einkommen verschafft hatten. Wer politisch offiziell beim Bundestag Interessen vertreten will, muß eine Eintragung in die Liste beantragen. Diese amtliche Registrierung ist die Voraussetzung dafür, daß Verbandsvertreter zu Anhörungen geladen werden und einen Hausausweis für den Bundestag bekommen. Es besteht aber kein Anspruch auf Anhörung. Ein Hausausweis wird nur ausgestellt, wenn ein Interessenvertreter nachweisen kann, daß sein Aufenthalt im Bundestag öfter erforderlich ist.

Der Einfluß, den ein Verband auf die politische Willensbildung hat, wird indessen aus der Lobby-Liste nicht ersichtlich. Eine so einflußreiche Organisation wie der Deutsche Industrie- und Handelstag (DIHT) ist nicht erfaßt. Er zählt zu den Körperschaften, Stiftungen und Anstalten des öffentlichen Rechts und deren Dachorganisationen, die nach der Geschäftsordnung des Bundestages nicht als Verbände gelten. Darum steht auch der Deutsche Kammertag als Zusammenschluß der Handwerkskammern nicht auf der Lobby-Liste. Sie beginnt mit der Abwassertechnischen Vereinigung und endet mit dem Zweckverband organischer und organisch-mineralischer Düngemittel. Zu den Akkreditierten gehören die Kirchen und ihre Organisationen, reihenweise Wirtschaftsverbände und Umwelt- und Tierschutz-Organisationen und die Gewerkschaften, aber auch der Bundesverband Erotik-Handel, die Bundeswirtschaftsvereinigung Freizeitschiffahrt, der Deutsche Detektivverband, der Deutsche Gerichtsvollzieher-Bund, der Förderkreis für seniorengerechtes Wohnen oder der Verband der GmbH-Geschäftsführer.

Repräsentanzen großer Unternehmen werden am Regierungssitz aus drei Gründen unterhalten. Sie sollen am Beschaffungsmarkt, der sich aus dem Bedarf von Regierung und Parlament ergibt, Büromaterialien und Autos, Kommunikationstechnik und Datenprogramme verkaufen. Aber es gibt an Regierungssitzen mehr zu verkaufen: die ganze

Palette der Güter und Dienste für militärische Zwecke – von Waffen und Munition bis zu Kleidung und Verpflegung. Unternehmensvertreter haben ferner die Aufgabe, Geld zu ergattern, ob Zuschüsse für die Forschung oder Beträge der Entwicklungshilfe für die Exportfinanzierung. Unternehmen wollen am Regierungssitz aber auch zugegen sein, um bei der Vorbereitung von Gesetzen und Verordnungen mitzusprechen. Das wird mit einem unternehmenseigenen Interesse begründet, das durch einen Wirtschaftsverband nicht ausreichend abgedeckt werden könne. Der Unternehmensvertreter könne auch schnell spezifische Informationen bieten, über die ein Verband nicht ohne weiteres verfüge.

Der Kontakt mit Exekutive und Legislative wird vom Berufsstand der Lobbyisten mit dem häufig beschönigenden Wort „Politikberatung" umschrieben. Das ändert nichts daran, daß Interessenvertretern mit Mißtrauen und Distanz begegnet wird. Diese Distanz ist in der Bundesrepublik wohl größer als in anderen Demokratien. Lobby wird vor allem in den Vereinigten Staaten als eine selbstverständliche Begleiterscheinung der Politik empfunden. Über ungünstige Einflüsse auf die Politik und sogar über eine Bedrohung der Demokratie durch die Lobby wird schon seit den Anfängen der Bundesrepublik diskutiert, allerdings mit schwankender Intensität. Der Freiburger Jurist Franz Böhm, einer der Vordenker der Sozialen Marktwirtschaft, befürchtete eine „Interventionswirtschaft" von Interessenvertretern, die zu einer „Anarchie der Interessenhaufen" führen könne. Ludwig Erhard kennzeichnete Lobbyisten als „Geschmeiß" und klagte: „Die Interessenvertretungen sind mein großer Kummer." Ihren Einfluß halte die Demokratie auf Dauer nicht aus. Finanzminister Fritz Schäffer schimpfte über „Interessenhaufen", die sich seiner Steuerpolitik in den Weg stellten. Der Altliberale Thomas Dehler empfand Lobbyisten wie einen Heuschreckenschwarm. Der frühere Wirtschafts- und Finanzminister Karl Schiller sah sich auch an seinem Lebensabend noch in der Ansicht bestärkt, daß Lobbyisten die Soziale Marktwirtschaft gefährden. Wörtlich sagte er: „Organisierte Gruppen rotten sich zusammen und nehmen den Staat als Beute."

Der Anspruch der Gruppen

Der Politikwissenschaftler Theodor Eschenburg hat immer wieder vor einer Herrschaft der Verbände und vor der Ohnmacht des Staates durch die Macht der Verbände gewarnt. Die Kritik des Politologen Kurt Sontheimer zielt vor allem auf die parlamentsinterne Lobby. Zwischen Interessengruppen einerseits und Fraktionen und Parteien andererseits bestehen enge Verflechtungen. Die Fraktionen sind von Vertretern des Gruppeninteresses durchsetzt, ja, sie bestehen praktisch daraus. Es bedürfe doch eigentlich gar keiner Einflußnahme von außen, sagte Sontheimer, da die Interessen von Berufsständen, Branchen und Organisationen nachdrücklich von Abgeordneten selbst vertreten würden. Als Bauern, Beamte, Gewerkschaftler oder Mittelständler säßen die Lobbyisten doch mitten im Parlament.

Mehr als 60 Prozent der Abgeordneten sind gewerkschaftlich organisiert. Die Landwirtschaft war in allen Legislaturperioden im Bundestag immer stärker vertreten gewesen, als es ihrem Bevölkerungsanteil entsprach. Für die Abgeordneten aus der Landwirtschaft ist der Ernährungsausschuß gleichsam reserviert. Die Gewerkschaftsfunktionäre versammeln sich im Sozialausschuß, in dem alles zusammenläuft, was für sie von Interesse ist. Fast 40 Prozent der Abgeordneten – so ist es bisher in jeder Legislaturperiode gewesen – sind Beamte. In dem für ihre eigenen Angelegenheiten zuständigen Innenausschuß bilden sie die Mehrheit. Das ist eine Schlüsselstellung zur Wah-

rung von Beamtenrechten. Da so viele Pädagogen Parlamentarier sind, gilt für Bundestag und Landtage das geflügelte Wort: „Das Parlament ist mal voller und mal leerer, aber immer voller Lehrer."
Die Präsenz der Abgeordneten, die aus der Wirtschaft kommen, ist von Legislaturperiode zu Legislaturperiode geschrumpft und liegt inzwischen unter zehn Prozent, einschließlich Freiberuflern neben industriellen Unternehmern, Handwerkern und Handelskaufleuten. Unter den wenigen Abgeordneten aus der Wirtschaft hat es leuchtende Vorbilder für unabhängiges Verhalten gegeben. Andere Parlamentarier haben in einer zu engen Verbindung mit einzelnen Branchen und Unternehmen den Eindruck erweckt, als konzentrierten sie sich nur auf das branchen- und unternehmenseigene Interesse. Das wiederum nährte den Verdacht, als seien Abgeordnete Wünschen aus der Wirtschaft zu willfährig. Mit Affären lieferten Politiker dafür auch die Bestätigung, wenn Beratungsverträge, andere finanzielle Zuwendungen oder Gefälligkeiten bekannt wurden, die nicht hätten in Anspruch genommen werden dürfen. Daß mit großer Spendierfreudigkeit in den Beziehungen zwischen Politik und Wirtschaft auch Geld im Spiel gewesen ist, hat Bonn erschüttert, als die Lobbymethoden des Flick-Konzerns bekannt wurden. Für die steuerlichen Interessen eines Mannes, von Friedrich Flick, machte sein Majordomus Eberhard von Brauchitsch mit dem Scheck Stimmung. Von Brauchitsch nannte das „die Pflege der Bonner Landschaft", später vor Gericht auch „vertrauensbildende Maßnahmen". Ein Vertrauensverlust für die Lobby und Politik insgesamt war das Endergebnis. Auch Lobbyisten, die sich in vielen Jahren Vertrauen erworben hatten, bekamen nach dieser Affäre deutlich mehr Mißtrauen zu spüren.

Eine Facette der Freiheit

So umstritten die Lobby auch ist, sie gehört dazu. Bei aller Distanz zur Lobby hat Eschenburg gesagt: „Wo es Freiheit für Parteien gibt, kann man Verbandsfreiheit nicht untersagen." In einer pluralistischen Gesellschaft und in demokratischen Willensbildungsprozessen ist Interessenvertretung legitim. Es gibt dafür auch gesetzliche Grundlagen.
Im Grundgesetz ist die Rolle der Interessenvertretung zwar nicht festgelegt wie die Funktion der Parteien. Für Verbände ist auch keine institutionelle Garantie gewährt wie für die Parteien in Artikel 21. Die Freiheit, organisiert Interessen zu artikulieren und zu vertreten, ist jedoch durch den Artikel 9 des Grundgesetzes gewährleistet. Der gesetzlich zulässige Spielraum für Interessenvertretung ist nicht nur durch dieses Grundrecht auf Vereinigungs- und Koalitionsfreiheit umrissen, sondern auch durch die Grundrechte der Meinungs- und Informationsfreiheit und des Versammlungs- und Petitionsrechts. In einem Teil der Landesverfassungen wird die Mitwirkung gesellschaftlicher Gruppen deutlicher definiert. Durch Artikel 34 der Bayerischen Verfassung ist eine eigenständige Ständevertretung, Senat genannt, eingerichtet, in der wichtige soziale, wirtschaftliche, kulturelle und gemeindliche Körperschaften repräsentiert sind.
Praktiziert wird Interessenvertretung im wesentlichen nach Regeln, die sich im Laufe der Zeit eingespielt haben. Ihre Tätigkeit ist aber auch offiziell anerkannt. Sie werden nicht nur als Sachverständige zu Anhörungen im Bundestag geladen und als Mitglieder von Enquete-Kommissionen berufen. Für ihre Mitwirkung an Entscheidungsprozessen in Legislative und Exekutive sind in Geschäftsordnungen von Bundestag, Bundesrat und Bundesregierung Regeln festgelegt. In Paragraph 70 der Geschäftsordnung des Bundestages heißt es, daß „ein Ausschuß öffentliche Anhörungen von Sachver-

ständigen, Interessenvertretern und anderen Auskunftspersonen vornehmen" kann. In der Gemeinsamen Geschäftsordnung der Bundesministerien regelt der Paragraph 23, daß die Spitzenverbände an der Vorarbeit zu Gesetzen mitwirken. Durch den Paragraphen 62 ist die Vertretung der Verbände in den Beiräten und Kommissionen der Bundesregierung möglich. Spezialinteressen sollen unmittelbar mit den Fachministerien und ihren Ressortchefs besprochen werden. So sieht es Paragraph 10 der Geschäftsordnung der Bundesregierung vor. Seit Adenauer ist aber immer wieder der direkte Zugang zum Bundeskanzler gesucht worden.

Information und Sachverstand

Die Einbeziehung von Interessenvertretern in die politische Willensbildung auch nach einem Reglement wird damit begründet, daß der Sachverstand, der sich in Unternehmen, in Verbänden und Organisationen vereinige, genutzt werden müsse. Ihrerseits haben sie ein großes Interesse daran, zuverlässig und frühzeitig zu erfahren, was Exekutive und Legislative beabsichtigen. Umgekehrt werden aber auch von ihnen Informationen erwartet.

Die Repräsentanten aus der Wirtschaft haben in vielen Fällen vor den staatlichen Institutionen einen Vorsprung an Wissen und Kompetenz. Sie rechtfertigen ihre Beteiligung an den Beratungen im wesentlichen auch damit, daß sie Sachargumente einbringen wollen. Daß das ihren Interessen nicht zuwiderläuft, sogar dienen soll, wird nicht verschwiegen. Lobbyarbeit vollzieht sich auf einer Zweibahnstraße. Auf der einen Seite versorgen Verbände und Unternehmen die Exekutive und Legislative mit Informationen, auf die diese angewiesen sind. Auf der anderen Seite ergeben sich aus diesen Kontakten Möglichkeiten für die Interessenvertretung, auf die Willensbildung in Ministerien und Parlamenten einzuwirken.

Als Insider des politischen Systems kennen sich Lobbyisten in den Verästelungen von Ministerialbürokratie und Parlament und in den Verfahrensabläufen bestens aus. Die ungeschriebenen Grundregeln für diesen Part in der politischen Willensbildung lauten, daß die Informationen zutreffend und so früh wie möglich übermittelt werden müssen. Der Lobbyist, der ein falsches Spiel triebe, hätte schnell ausgespielt. Wenn er zu spät antritt, können für ein Gesetz oder eine Verordnung schon Vorentscheidungen gefallen sein, die sich im weiteren Verfahren als ziemlich beständig erweisen. Darum wird mit dem Versuch, Rat zu geben und in Verbindung damit Einfluß auf Regierung und Parlament auszuüben, so früh wie möglich angefangen. Im sogenannten vorparlamentarischen Raum wird nicht selten geklärt, was politisch laufen kann oder nicht und am Ende mehrheitsfähig ist.

Auch möglichst weit unten wird mit der Lobbyarbeit angefangen. Für Regierungsvorlagen als Normalfall der Gesetzesinitiativen wird bereits das Gespräch gesucht, wenn in einem Ministerium ein Diskussionsentwurf entsteht, der dann über den Referentenentwurf und die Kabinettsvorlage zu einem Kabinettsbeschluß reift. Ein Regierungsentwurf entwickelt sich so, daß nach politischen Vorgaben im federführenden Ministerium ein Gesetz oder eine Verordnung in einem Diskussionsentwurf skizziert wird. Nach einer ersten Abstimmung mit den anderen betroffenen Ministerien wird ein Referentenentwurf formuliert. So wird der erste hausintern veröffentliche Entwurf eines Ministeriums genannt, weil der zuständige Ministerialbeamte, der den Entwurf erarbeitet, früher Referent geheißen hat. Heute ist er in der Rangfolge der Ministeralbürokratie der Referatsleiter, der Leiter für ein bestimmtes Sachgebiet. Diese Fachleute der Ministerien arbeiten oft mit den Fachleuten von Verbänden zusammen.

Vom Entwurf zum Gesetz

Auch an der Behandlung des Referentenentwurfes zeigt es sich, wie die Mitarbeit der Interessenvertreter durch die Geschäftsordnung der Bundesregierung in den Prozeß der Willensbildung eingefügt und formal abgesichert ist. Der Referentenentwurf wird nicht nur den anderen Bundesressorts und den Bundesländern, sondern auch den Verbänden zugeschickt. Nach der Geschäftsordnung ist eine „Unterrichtung der beteiligten Fachkreise und Verbände" geboten. Die Entwürfe sind den interessierten Gruppen zur Stellungnahme zuzuleiten. Dazu dient auch eine Anhörung durch die Fachabteilung des federführenden Ministeriums. Das Kabinett befaßt sich mit einer Vorlage im allgemeinen erst dann, wenn die Koordinierung zwischen den Ministerien abgeschlossen werden konnte. Falls Streitfragen zwischen den Ressorts nicht beseitigt werden können, sind sie in der Vorlage für das Kabinett in eckige Klammern gesetzt. Inzwischen soll eine Runde von Staatssekretären doch noch einen Kompromiß finden. Wenn das auch ihnen nicht gelingt, muß das Kabinett das letzte Wort sprechen, oder aber es tritt wieder einmal der Fall ein, daß eine Entscheidung vertagt wird.
Beginnend beim Diskussions- und Referentenentwurf begleiten Interessenvertreter ein Gesetzesvorhaben zunächst quer durch die Ministerialbürokatie bis zum Kabinettsbeschluß und dann durch die parlamentarischen Institutionen bis zur endgültigen Abstimmung. Mit dem Beschluß des Kabinetts existiert ein Regierungsentwurf, mit dem das eigentliche Gesetzgebungsverfahren beginnt. Die erste Phase für den Regierungsentwurf ist seine Zustellung an den Bundesrat, der binnen sechs Wochen Stellung nehmen muß. Dann leitet die Regierung die Vorlage mit der Stellungnahme des Bundesrates und ihrer Gegenäußerung dem Präsidenten des Bundestages zu. Vorlagen, die die Bundesregierung als besonders eilbedürftig behandelt, werden bereits nach Ablauf einer Drei-Wochen-Frist auch an den Bundestag geleitet. Das Haushaltgesetz geht Bundesrat und Bundestag gleichzeitig zu. Nach der allgemeinen Aussprache in der ersten Lesung findet die fachliche Auseinandersetzung über den Entwurf in den zuständigen Ausschüssen statt. Nach dem Bundestagsbeschluß auf dieser Beratungsgrundlage können zustimmungsbedürftige Gesetze nur mit Mehrheit des Bundesrates wirksam werden. Das sind vor allem Gesetze, die die Einnahmen und Ausgaben der Länder oder ihre Verwaltungszuständigkeit berühren. Auch bei sogenannten einfachen Gesetzen, die nicht der Zustimmung des Bundesrats bedürfen, kann er auf jeden Fall Stellung nehmen und den Vermittlungsausschuß anrufen.
Bis dahin gibt es, das wird aus dem Ablauf des langen Gesetzgebungsverfahrens deutlich, für Lobbyisten viele Ansatzmöglichkeiten bei ihrem Versuch, Korrekturen anzubringen. Das gilt vor allem für die vorletzte Station im Bundestag: für die Beratungen in den Ausschüssen. Auf das, was sich in den Ausschüssen des Bundesrates anbahnt, wird von erfahrenen Interessenvertretern ebenfalls prompt reagiert. Durch Resolutionen im Bundesrat kann sich Politik entscheidend verändern. Die Vorgänge der Ausschüsse im Bundesrat zu verfolgen, ist schwieriger als im Bundestag, da dort kein Ausschuß federführend ist. Jeder Bundesrats-Ausschuß ist ein Gremium von Ministerien – für Finanzen, für Wirtschaft, für Umwelt – und gibt für sich ein Votum ab. Die Koordinierung der Stellungnahmen innerhalb einer Landesregierung und zwischen den Landesregierungen kann so schwierig werden, daß ein Kompromiß erst kurz vor der Plenarsitzung des Bundesrats erkennbar und gefunden wird.
Bei Gesetzesinitiativen, die nicht von der Bundesregierung kommen, sondern bei Entwürfen aus dem Bundesrat oder bei Vorlagen aus der Mitte des Bundestages gibt es Abweichungen im Verfahren. Der erfahrene Lobbyist waltet jedoch mit derselben

Gründlichkeit und Systematik. Die föderale Struktur der Bundesrepublik erfordert es, bei den zuständigen Länderinstitutionen vorzusprechen und auch in den Gemeinden Rückhalt zu finden. Vom Vorstadium einer wirtschaftspolitischen Entscheidung an muß der Interessenvertreter eine lange Reihe von Gesprächspartnern durchlaufen. Auf der hierarchischen Abstufung der Bürokratie setzt sich das Gespräch und der Schriftwechsel der Verbands- und Unternehmensvertreter, das mit dem Referatsleiter und seinen Mitarbeitern begonnen hat, mit dem Unterabteilungsleiter, dem Abteilungsleiter und dem Staatssekretär fort. Es ist mehr als ein Ritual, daß früher oder später Verbandspräsidenten und Vorstandsvorsitzende von Unternehmen den Wirtschafts- und Finanzminister persönlich anschreiben oder aufsuchen.

Lauter Chefsachen

Die Meinungsverschiedenheiten zwischen Politik und Wirtschaft sind oft groß genug, daß eine Verständigung auf höchster Ebene versucht wird. Unmittelbare Kontaktaufnahme mit dem Kanzler selbst, der Leitung und den Abteilungen des Kanzleramtes ist immer mehr Brauch geworden, je häufiger der Kanzler und sein Amt Wirtschaftsfragen zur Chefsache erklärt haben. Da sich wichtige Vorentscheidungen für die Gesetzgebung in Koalitionsrunden und sogenannte Elefantenrunden von Parteiführern und Parteisekretären verlagert haben, möchte die Lobby umgehend wissen, was sich dort abzeichnet.
Parallel dazu laufen die Aktivitäten im Bundestag, bei einzelnen Abgeordneten, bei Parlamentariergruppen und bei den Fraktionsführungen. Besonders enger Kontakt wird mit den als Fachleuten ausgewiesenen Abgeordneten in den Arbeitsgruppen und Arbeitskreisen sowie in den zuständigen Ausschüssen gehalten. Daß das Gespräch mit den Vorsitzenden dieser Gremien gepflegt wird, gilt als selbstverständlich. Es wird aber auch nicht die Kontaktpflege mit dem Assistenten des einzelnen Abgeordneten und mit den Fraktionsreferenten und Sekretären der Ausschüsse vergessen. Eine begleitende Lobby bei Landesregierungen zur Vorbereitung auf Beschlüsse im Bundesrat wird früh aufgenommen. Das ist vor allem wichtig, wenn die Mehrheiten im Bundestag und Bundesrat nicht übereinstimmen. Daß Gesetzesinitiativen auch auf die Lobby selbst zurückgehen, wird in Informationen der Bundestags-Pressestelle über das Gesetzgebungsverfahren ohne Scheu mit dem Hinweis bestätigt, Anregungen zu Gesetzen könnten auch von Verbänden und Interessengruppen kommen.
Ein Sonderfall des Zusammenwirkens von Staat und Interessengruppen ist die Sozialgesetzgebung. Um sie rankt sich ein besonders dichtes Geflecht von Interessen und Macht. Interesseneinfluß kann sich auf die Sozialpolitik stärker als irgendwo anders auswirken, da er wirksam über die Selbstverwaltung der Sozialversicherung ausgeübt werden kann.
Diese Selbstverwaltung wird von Gewerkschaften und Arbeitgeberverbänden beherrscht. Sie steht zwar ihrerseits im Schatten der Macht des Gesetzgebers, der schließlich für die Finanzierung sorgt. Die Selbstverwaltung dient aber doch als Katalysator des Lobbyismus und des kartellierten Lobbyismus. Außerhalb der Tarifpolitik haben die Tarifparteien erbitterte Auseinandersetzungen über die rechtlichen Normen für die Arbeitsverhältnisse, die Mitbestimmung, die Arbeitsförderung und Berufsausbildung und den Mutterschutz ausgetragen und ihre Interessen in den Gesetzgebungsverfahren entsprechend vertreten. Gemeinsam aber konnten sie ihren Einfluß über die Selbstverwaltung immer mehr ausweiten, und das in einem Zusammenspiel mit der Politik und Sozialbürokratie.

Die Sozialgesetzgebung ist ein Musterbeispiel für ein Wechselspiel zwischen Staat und Wirtschaft, indem die Verbände versuchen, die staatlichen Institutionen für ihre Interessen zu nutzen und sich umgekehrt die Verbände in politische Interessen einspannen lassen. Die Politik hat zunächst ihren Einfluß auf die Rentenversicherung und dann auf die Krankenversicherung verstärkt. Das hat mit der „Konzertierten Aktion im Gesundheitswesen" begonnen. Politik und Ministerialbürokratie haben sich dadurch zusätzliche Möglichkeiten verschafft, in die Krankenversicherung regelnd einzugreifen. Den Verbänden der Ärzte, Apotheker und anderer Leistungserbringer ist damit ein institutionalisiertes Forum zur Vertretung ihrer Interessen geschaffen worden. Auch die Parteien sind stark eingebunden. Die Verbände nutzen in ihrem Interesse Beziehungen mit den Parteizentralen. Die Parteien wiederum nehmen Einfluß auf die Exekutive und auf Interessengruppen. Das geschieht auch, indem sie Anhänger in Schlüsselstellungen der Selbstverwaltung und der Ministerialbürokratie unterbringen.

Die Repräsentanz in Brüssel

Die Bedeutung europäischer Institutionen auch als Anlaufstelle der Lobby hat Kommissionspräsident Jacques Delors daran deutlich gemacht, daß künftig 60 Prozent der nationalen Gesetzgebung durch Entscheidungen der Europäischen Gemeinschaft vorbestimmt sein würden. Wirtschaftsverbände und große Unternehmen sind schon seit einigen Jahren darauf angewiesen zu erfahren, woran in der Europäischen Kommission gearbeitet wird. Mit zunehmendem Einfluß des Europäischen Parlaments wird auch engerer Kontakt mit den Europa-Abgeordneten gesucht. Für die Interessenvertretung in Brüssel gilt nicht weniger als an einem Regierungssitz die Regel, daß man über die Pläne und Verabredungen der ersten Stunde Bescheid wissen und sich an der richtigen Stelle über eine Initiative informieren muß.

Stufenweise entwickeln sich aus Diskussionspapieren, das kann in Brüssel nicht anders als in Bonn sein, beschlußreife Vorlagen. Der Beschluß einer Richtlinie oder Verordnung durch den EG-Ministerrat steht aber erst am Ende mehrerer Ketten von Vorentscheidungen. Durch zunächst getrennte Willensbildungsprozesse entscheidet sich das Verfahren in der Europäischen Gemeinschaft wesentlich vom Werdegang national initiierter Gesetze und Verordnungen. Die Vorentscheidungen fallen in der Kommission, in den Mitgliedsstaaten und im Europäischen Parlament.

Für Interessenvertretenvertreter, die wirksam Einfluß ausüben wollen, heißt das, daß sie auf allen drei Wegen der Willensbildung früh dabei sind. Das halten sie allein aus der Erfahrung für notwendig, daß alle Beteiligten von einmal festgezurrten Positionen nur ungern abrücken. Die britischen Lobbyisten aus der ersten Stunde der Interessenvertretung, die erst in der Wandelhalle auf die Parlamentarier zugingen, würden heute als Dilettanten verlacht.

4. DIE BERATER UND IHR RAT

Wirtschaftspolitik im Dialog

Wirtschaftspraktiker, die meinen, sie handelten unbeeinflußt von irgendwelchen Theorien, sind häufig die intellektuellen Sklaven eines verblichenen Ökonomen. Wie immer man zu diesem Aperçu des britischen Ökonomen John Maynard Keynes stehen mag: die Qualität der Wirtschaftspolitik hängt auch davon ab, wie sie zur Theorie und zur

Beratung durch die Ökonomen steht. Ein stetiger und zum großen Teil öffentlich geführter Dialog zwischen Wissenschaft und Politik prägt die deutsche Wirtschaftspolitik der Nachkriegszeit. Die Wirtschaftspolitik der Bundesrepublik ist nicht allein das Ergebnis des Handelns von Politikern und damit ein Ausdruck der gerade vorhandenen Mehrheit einer Parteienkonstellation. Den meisten wirtschaftspolitischen Entscheidungen geht ein Meinungsbildungsprozeß voraus, an dem die Wissenschaft ausdrücklich beteiligt ist.

Jede Regierung, die in Bonn über die Belange der Wirtschaft zu beschließen hat und hatte, hat dazu bisher den Rat wissenschaftlicher Gremien eingeholt. Auf einem anderen Blatt steht, ob sie ihm gefolgt ist. Im Sinne eines abzählbaren Erfolges ist dies auch nicht entscheidend. Der Wert der wissenschaftlichen Politikberatung ist nicht daran zu messen, wie viele ihrer Ratschläge sich tatsächlich in Gesetze und Verordnungen für die Wirtschaft niederschlagen. Bei der Beratung geht es vielmehr darum, daß öffentlich sichtbar gemacht wird, welche Ideen, Annahmen und Risiken hinter bestimmten Vorhaben stehen und welche Handlungsalternativen es gibt.

Die Konsequenzen von Eingriffen in die Wirtschaft sind kaum noch zu übersehen. Ökonomen können dazu beitragen, daß sowohl die Politik als auch ein breites Publikum in der Lage ist, ein sachkundiges Urteil zu fällen. Darüber hinaus müssen sich wissenschaftliche Berater, die in der Regel ihr Auskommen als Hochschullehrer oder Forscher an einem Institut haben, nicht um Wahlperioden und politische Mehrheiten kümmern. Im Idealfall sind sie also von der Parteipolitik und Interessengruppen vollkommen unabhängig. Da sie außerdem mit ihrem Rat untereinander in Konkurrenz stehen, haben sie einen Anreiz, eine möglichst qualifizierte Beratungsarbeit und möglichst treffende Prognosen zu liefern. Schließlich hängt daran der eigene Ruf.

Zeithorizonte

Unabhängige Wissenschaftler können es sich erlauben, in langfristigen Zeiträumen zu denken: Ihr Rat wirkt damit auf die Wirtschaftspolitik verstetigend, er dient als Korrektiv zu dem auf kurzfristigen Erfolg ausgerichteten Handeln der Politiker. Dem wissenschaftlichen Berater obliegt es dabei immer nur, seine Konzepte anzubieten. Es bleibt die Aufgabe der Politiker als der gewählten Volksvertreter, sich für eine Handlungsmöglichkeit zu entscheiden. Sie allein sind verantwortlich für Erfolg oder Mißerfolg ihrer Politik.

Schon vor der Währungsreform wurde das erste Beratergremium gegründet: Der heutige Wissenschaftliche Beirat beim Bundesministerium für Wirtschaft traf sich erstmals im Januar 1948 in Königstein – auf Einladung (und unter dem Namen) der Verwaltung für Wirtschaft des Vereinigten Wirtschaftsgebietes, der damals obersten Wirtschaftsbehörde. Als unabhängige ehrenamtliche Professorengruppe aus siebzehn deutschen Wirtschaftswissenschaftlern und Juristen sollte der Beirat zu wirtschafts- und sozialpolitischen Grundsatzfragen Stellung nehmen. Seine Gutachten haben die Wirtschaftsordnung der Bundesrepublik ganz wesentlich mitgestaltet, ihr Einfluß zeigt sich an Gesetzen und Verordnungen dieser Zeit.

Seither ist die wissenschaftliche Politikberatung ausgedehnt und zum Teil gesetzlich verankert worden. Die Beratung steht damit nicht beliebig zur Disposition der jeweiligen Regierung. Es existieren verschiedene Gremien, die in ihrer Arbeit unterschiedliche Schwerpunkte setzen, zwischen denen sich also eine gewisse Arbeitsteilung herauskristallisiert hat. Bestimmte Gutachten, Stellungnahmen und Prognosen zur Lage der deutschen Wirtschaft werden dabei seit langem so regelmäßig erstellt, daß sie auch im Bewußtsein der Öffentlichkeit einen festen Platz haben – als Orientierungshilfe für die Bewertung der Wirtschaftsentwicklung.

Die Berater

Die Beiräte: Ein Jahr nach der Konstituierung des Beirats beim Wirtschaftsministerium entstand ein Pendant beim Finanzministerium. Die Beiräte widmen sich nach wie vor vor allem wirtschafts- und ordnungspolitischen Grundsatzfragen, die sie selbst auswählen. Sie sprechen konkrete Empfehlungen aus, die sich daran orientieren, was politisch machbar erscheint. Ihre Arbeit vollzieht sich heute etwas abseits der Öffentlichkeit, weniger spektakulär als in den Anfangsjahren. Die Beiräte werden gebildet aus je etwa vierzig Hochschullehrern, neue Mitglieder werden vom Beirat selbst vorgeschlagen.

Der Sachverständigenrat: Das prominenteste Beratungsgremium ist der unabhängige Sachverständigenrat zur Begutachtung der gesamtwirtschaftlichen Entwicklung. Der aus fünf Mitgliedern (in der Regel Professoren) bestehende Rat, oft besser als die „fünf Weisen" bekannt, hat jährlich Mitte November seinen wichtigsten Auftritt, wenn er sein Jahresgutachten zur Wirtschaft präsentiert (im November deswegen, damit die Gutachten rechtzeitig vor den abschließenden Haushaltsplanberatungen vorliegen). Die Arbeit des Rates erfolgt auf der Grundlage des „Gesetzes über die Bildung eines Sachverständigenrats zur Begutachtung der gesamtwirtschaftlichen Entwicklung" vom 14. August 1963. Darin heißt es: „Zur periodischen Begutachtung der gesamtwirtschaftlichen Entwicklung in der Bundesrepublik Deutschland und zur Erleichterung der Urteilsbildung in allen wirtschaftspolitisch verantwortlichen Instanzen sowie der Öffentlichkeit wird ein Rat von unabhängigen Sachverständigen gebildet. Der Sachverständigenrat besteht aus fünf Mitgliedern, die über besondere wirtschaftswissenschaftliche Kenntnisse und volkswirtschaftliche Erfahrungen verfügen müssen."

Um die Unabhängigkeit des Gremiums zu gewährleisten, dürfen die Weisen nicht der Regierung, einem Wirtschaftsverband oder dem öffentlichen Dienst (außer als Hochschullehrer) angehören oder eine Arbeitgeber- oder Arbeitnehmerorganisation repräsentieren. Seine Mitglieder wechseln im festen Turnus. Das Gesetz gibt dem Sachverständigenrat die Aufgabe, zu zeigen, wie die Ziele der deutschen Wirtschaftspolitik – stabiles Preisniveau, hoher Beschäftigungsstand, außenwirtschaftliches Gleichgewicht und stetiges und angemessenes Wachstum – verwirklicht werden können. Darüber hinaus soll er die Bildung und Verteilung von Vermögen und Einkommen untersuchen. Der Rat darf keine Empfehlungen geben, sondern nur Analysen liefern. In der Praxis enthalten die Gutachten des Sachverständigenrats dennoch mehr oder weniger offene Empfehlungen für bestimmte Politiken, wodurch es mehrfach zu Kontroversen mit der Regierung gekommen ist. Zu den Gutachten muß die Regierung spätestens nach acht Wochen Stellung nehmen.

Der Rat geht auf die Idee von Wirtschaftsminister Ludwig Erhard zurück, der sich von der Stimme unabhängiger Ökonomen vor allem mäßigenden Einfluß auf die Tarifparteien am Arbeitsmarkt erhoffte. Doch statt der erwarteten Auseinandersetzung mit der Lohnpolitik der Gewerkschaften, begann der Rat in seinem ersten Gutachten 1964/65 (Stabiles Geld – Stetiges Wachstum) seine berühmt gewordene lange Kontroverse mit der Regierung um das System fester Wechselkurse, das er als Quelle ständiger Bedrohung für das Ziel der Preisstabilität kritisierte (importierte Inflation). Die Kontroverse deutete damals schon an, wohin sich der Rat letztlich entwickelte (auch wenn die Auseinandersetzungen mit der Lohnpolitik später stattgefunden haben) und worin er seinen Nutzen sieht. Er gilt, wie es Olaf Sievert, lange Jahre Mitarbeiter, Mitglied sowie Vorsitzender des Rates, formuliert hat, als „ein unerbittlicher Rechnungshof der Wirtschaftspolitik". Weniger stark ist der Rat auf dem Gebiet der Prognose über die Wirtschaftsentwicklung, schon weil die Prognoseabstände – ein Jahr – ziemlich lang sind. Spektakuläre Prognosefehler in den siebziger Jahren haben mit dazu beigetragen – oder: offen bart –, daß die damalige Wirtschaftspolitik der Globalsteuerung – deren Erfolg entscheidend von der Planbarkeit von Wirtschaftsgrößen abhängt – zum Scheitern verurteilt war.

Die Wirtschaftsforschungsinstitute: Die wichtigsten Konjunkturprognosen liefern die sechs großen wirtschaftswissenschaftlichen Forschungsinstitute. Dazu gehören das Deutsche Institut für Wirtschaftsforschung (DIW) in Berlin, das Rheinisch-Westfälische Institut für Wirtschaftsforschung (RWI) in Essen, das Institut für Weltwirtschaft an der Universität Kiel (IfW), das HWWA-Institut für Wirtschaftsforschung in Hamburg, das ifo Institut für Wirtschaftsforschung in München und – als einziges Institut aus den neuen Bundesländern seit Frühjahr 1993 – auch das Institut für Wirtschaftsforschung Halle (IWH). Sie alle erhalten ihre Grundfinanzierung durch den Bund und die Länder (blaue Liste) und gehören der Arbeitsgemeinschaft deutscher wirtschaftswissenschaftlicher Forschungsinstitute an.

Die Institute analysieren zweimal jährlich, im Frühjahr und im Herbst, im Auftrag des Bundeswirtschaftsministers gemeinsam die Lage der Weltwirtschaft und der deutschen Wirtschaft. Die Prognose beruht zwar auf den unterschiedlichen Modellen und Methoden der einzelnen Institute, die jedoch werden in der Klausur einer gemeinsamen Arbeitssitzung zu einer Gemeinschaftsaussage verschmolzen. Das mindert nicht die Gefahr von Prognoseirrtümern, auch die Institute müssen ihre Voraussage häufig nachträglich korrigieren: Es gibt kein ökonometrisches Modell, mit dessen Hilfe aus den Daten der Welt von gestern die Welt von morgen exakt vorausgesagt werden kann. Daneben haben die Institute seit 1978 auch den Auftrag, regelmäßig langfristige Veränderungen in der Wirtschaft zu beobachten. So will man rechtzeitig Defizite und Fehlentwicklungen in der Wirtschaftsstruktur erkennen, die die Ziele der Wirtschaftspolitik gefährden können.

Interessengebundene Institute: Zu den wichtigen meinungsbildenden und kritischen Beobachtern der Wirtschaftspolitik gehören zwei weitere, von staatlichen Mitteln unabhängige Forschungsinstitute, die aber interessengebunden sind. Das Institut der Deutschen Wirtschaft (IW) in Köln steht den Arbeitgebern nahe und vertritt deren Positionen publizistisch. Das Institut ist eine gemeinsame Einrichtung von Wirtschafts- und Arbeitgeberverbänden sowie einzelner Unternehmen. Die Position der Gewerkschaften vertritt das Wirtschafts- und sozialwissenschaftliche Institut des Deutschen Gewerkschaftsbundes (WSI) in Düsseldorf, eine wissenschaftliche Einrichtung des DGB. Beide Forschungsinstitute melden sich regelmäßig mit eigenen Analysen zur Konjunktur und zum Arbeitsmarkt, aber auch zu vielen aktuellen Wirtschaftsfragen zu Wort. Sie betrachten Themen dabei vor allem aus dem Blickwinkel einer bestimmten volkswirtschaftlichen Funktion oder einer Position in der Einkommensverteilung – das IW also beispielsweise Lohn- und Gehaltsfragen vor allem als Kostenfaktor für die Wirtschaft. Für das WSI stehen beim Lohn dagegen Fragen der Einkommensverteilung, der sozialen Gerechtigkeit, der Kaufkraft im Vordergrund. Es erstellt unter anderem einen jährlichen Verteilungsbericht. Das IW versucht, in einer breiten Öffentlichkeit Verständnis für das System der sozialen Marktwirtschaft zu wecken. Das WSI hat den Auftrag, Forschung im Interesse von Arbeitnehmern zu betreiben und die Ergebnisse in

die öffentliche Diskussion zu bringen. Etwa die Hälfte seiner Arbeit besteht in der Beratung der Gewerkschaften. Das WSI ist der Meinung, daß sich nur eine Minderheit der etablierten Forscher mit den Interessen der Arbeitnehmer und Gewerkschaften identifiziert. Es hat deshalb auch den Auftrag, daraufhin zu wirken, daß diese Positionen an den Hochschulen stärker verankert werden.
Die Deutsche Bundesbank: Eine Aufzählung der wirtschaftspolitischen Mahner und Berater bleibt unvollständig ohne die Deutsche Bundesbank, deren monatliche Berichte beispielsweise immer auch eine eigene Konjunkturanalyse und eine Auseinandersetzung mit Fragen der Finanz- und Wirtschaftspolitik enthalten. Die Bundesbank ist allerdings selbst ein wichtiger Akteur der Wirtschaftspolitik, da sie die Geldpolitik bestimmt. Sie verfolgt daher ihre eigenen – aus dem Ziel der Geldwertstabilität sich herleitenden – Interessen und nimmt damit als wirtschaftspolitischer Berater eine Zwitterstellung ein. Von Weisungen der Regierung ist sie unabhängig. Sie muß die allgemeine Wirtschaftspolitik der Bundesregierung nur so weit unterstützen, als es ihre eigentliche Aufgabe, die Sicherheit des Geldwertes nicht behindert. Im Mittelpunkt ihrer Analysen zur Wirtschaft stehen vor allem Entwicklungen, die Einfluß auf die Sicherheit des Geldwertes haben können.

Doktrinen und Werte

In der wissenschaftlichen Beratung der deutschen Wirtschaftspolitik spiegeln sich die herrschenden Lehrmeinungen der Ökonomen und ihre Kontroversen wider. Für die Lösung der meisten auftretenden Wirtschaftsprobleme – etwa Konjunkturkrisen, Arbeitslosigkeit, Inflation, Umweltverschmutzung oder eine ungerecht erscheinende Einkommensverteilung – hat auch die Wissenschaft keine einheitliche Antwort, sondern unterschiedliche Vorschläge. Das erklärt sich auch daraus, daß die Wirtschaftswissenschaft zu den Sozialwissenschaften gehört. Ihre theoretischen Modelle beruhen, auch wenn sie mathematisch exakt formuliert sind, auf Annahmen über die Wünsche und damit über das Verhalten von Menschen. Das aber ist nicht mit letzter Sicherheit vorauszusagen. Wollen Menschen bei steigendem Verdienst mehr arbeiten, weil sich ihre Arbeit dann mehr lohnt? Oder wollen sie lieber weniger arbeiten, weil sie schneller genug verdient haben, um ihre Freizeit zu genießen? Gibt es überhaupt ein relativ sicher voraussagbares typisches Verhalten? Welches Verhalten in welcher Situation als wahrscheinlich angenommen wird, hängt auch von politischen Überzeugungen des einzelnen Wissenschaftlers ab. Menschliches Verhalten kann sich außerdem jederzeit ändern, womöglich gerade als Konsequenz wissenschaftlicher Voraussagen. Alle wirtschaftswissenschaftlichen Empfehlungen und Konzepte sind daher nur unter bestimmten Voraussetzungen und Annahmen über das Verhalten gültig.
Zwei Lehrmeinungen der Ökonomen haben die Wirtschaftspolitik der westlichen Industrieländer maßgeblich beeinflußt, der Keynesianismus und der Monetarismus. Ohne eine Kenntnis dieser beiden Doktrinen läßt sich auch die deutsche Wirtschaftspolitik nicht verstehen. Beide Konzepte weisen dem Staat eine Rolle für das reibungslose Funktionieren der Wirtschaft zu, die über das bloße „Laisser-faire", das Gewährenlassen der Wirtschaft, hinausgeht. Sie machen aber deutliche Unterschiede beim Grad des staatlichen Einwirkens: Keynesianer schreiben dem Staat eine ausgesprochen aktive Rolle zu. Er soll das konjunkturelle Auf und Ab mit seinen Mitteln kurzfristig ausbalancieren, um Wirtschaftszyklen zu glätten, also eine sogenannte Stabilisierungspolitik betreiben. Monetaristen haben große Zweifel an den Fähigkeiten des Staates

zur aktiven Moderation des Wirtschaftsablaufs. Sie wünschen sich den Staat eher passiv, sein Handeln an langfristig gültige, feste – und damit für die Wirtschaft berechenbare – Regeln gebunden. Seine Aufgabe soll sich auf die Ordnungspolitik beschränken. Er soll den Rahmen für die Wirtschaft so setzen, daß die Märkte und damit die Preisbildung gut funktioniert. Auch auf die Frage, mit welchen Mitteln der Staat eingreifen soll, geben Keynesianer und Monetaristen unterschiedliche Antworten.

Spuren des Keynesianismus

Für Keynesianer, die Anhänger der Ideen des britischen Nationalökonomen John Maynard Keynes (1883 bis 1946), ist die Nachfrage nach Waren und Dienstleistungen der entscheidende Hebel, um die Wirtschaft zu beeinflussen. Das Angebot entwickelt sich im wesentlichen als Reaktion auf Veränderungen der Nachfrage. Konjunkturelle Einbrüche und die dabei entstehende Arbeitslosigkeit führen Keynesianer auf einen Rückgang der gesamtwirtschaftlichen Nachfrage zurück. Ihre Schlußfolgerung lautet vereinfacht: Wenn Investoren weniger Investitionsgüter nachfragen, Konsumenten (private Haushalte) weniger kaufen oder das Ausland sich mit Bestellungen so weit zurückhält, daß das Wirtschaftswachstum zurückgeht und dadurch Arbeitslosigkeit entsteht, muß der Staat einspringen und seine Nachfrage zum Ausgleich des Nachfragerückgangs der Privaten steigern. Dann kann er, wie Keynes in seinem berühmten Buch „The General Theory of Employment, Interest and Money" (1936) dargelegt hat, die unfreiwillig entstandene Arbeitslosigkeit wieder beseitigen. Von alleine, so meinen Keynesianer, wird die Wirtschaft nur in sehr langer Frist wieder zur Vollbeschäftigung finden. Der Grund: Keynesianer nehmen an, daß die Nominallöhne (also der Preis für die Arbeit) nach unten grundsätzlich weniger flexibel sind als andere Preise. Das geht zurück auf Beobachtungen, daß bei Arbeitslosigkeit das nominale Lohnniveau nur sehr langsam sinkt. Damit verliert der Lohn teilweise die Funktion, einen Ausgleich zwischen Angebot und Nachfrage am Arbeitsmarkt herbeizuführen. Dieser Gedanke war in der ökonomischen Theorie neu. Die klassischen Ökonomen vor Keynes hatten Arbeitslosigkeit gar nicht als Problem zur Kenntnis genommen. Sie nahmen an, daß alle, die keine Arbeit hatten, freiwillig arbeitslos seien, da sie die Freizeit der Arbeit zum geltenden Lohnniveau vorzögen. Die Klassiker glaubten allenfalls an eine kurzfristige – friktionelle, beim Arbeitsplatzwechsel auftretende – Form der unfreiwilligen Arbeitslosigkeit.

Welche Mittel soll der Staat anwenden, um die Wirtschaft wieder zum angestrebten Gleichgewicht zu bringen? Keynesianer vertrauen vor allem auf die Fiskalpolitik. Sie befürchten, daß die Geldpolitik in bestimmten Wirtschaftssituationen – immer dann, wenn die Zinsen schon sehr niedrig sind – vollkommen wirkungslos ist. Eine Politik, die das Geldangebot ausdehnt, führt dann ihrer Meinung nach weder zu mehr Investitionen noch zu mehr Konsum, würde also Arbeitslosigkeit nicht beseitigen. Der Staat sollte also entweder Kredite aufnehmen und selber mehr nachfragen (deficit spending), beispielsweise den Bau von zusätzlichen Straßen oder anderen öffentlichen Gebäuden in Auftrag geben oder die Steuern senken. Dadurch behalten Unternehmen und Konsumenten einen größeren Teil ihres Einkommens, sie können also ihre Nachfrage erhöhen.

Droht die Wirtschaft durch einen Boom zu überhitzen, mit der Folge, daß das Preisniveau steigt (Inflation), gilt das entgegengesetzte Rezept: Der Staat muß seine Ausgaben einschränken oder die Steuern erhöhen, um die Nachfrage insgesamt zu verringern und so den Druck auf die Wirtschaft zu reduzieren. In der Praxis heißt dies, daß der Staat mit dem Mittel der Finanzpolitik für wirtschaftliche Stabilität sorgen kann, wenn er sich antizyklisch zur Konjunktur verhält. Zur Vollbeschäftigung soll diese Politik auch dadurch führen, daß sie die Preise erhöht und damit den Reallohn senkt – die Wirtschaft also wieder mehr Menschen beschäftigt, weil die Arbeitskraft real billiger geworden ist. Als Folge dieser Überlegung galt lange, daß der Staat nur die Wahl habe zwischen Arbeitslosigkeit und Inflation, daher ein stabiles Preisniveau bei Vollbeschäftigung kaum zu verwirklichen sei. Zweifel kamen auf, als sich in den siebziger Jahren in vielen Wirtschaften zugleich hohe Arbeitslosigkeit und hohe Inflationsraten (Stagflation) zeigten.

Die monetaristische Revolution

An der keynesianischen Theorie haben die Monetaristen seit dem Ende der fünfziger Jahre zunehmend Kritik geübt. Sie warfen den Keynesianern vor allem vor, die langfristigen Folgen ihrer Politikempfehlung des „Stop and Go" außer acht zu lassen und die Bedeutung der Geldmenge zu verkennen. Als prominentester Vertreter der Monetaristen, ja fast als ihr Synonym, gilt der konservative amerikanische Ökonom und Nobelpreisträger Milton Friedman (geboren 1912), der lange an der Universität Chicago gelehrt hat. Nach der Lehrmeinung der „Chicagoer Schule" bestimmt allein die Geldmenge langfristig das Preisniveau eines Landes, die Inflationsrate habe nichts mit dem Verhalten von Konsumenten und Unternehmen zu tun. Nur kurzfristig habe eine Veränderung der Geldmenge dagegen auch reale Effekte, beeinflusse sie also auch Produktion und Beschäftigung.

Zur Glättung von Konjunkturzyklen ist die Geldpolitik dennoch ganz ungeeignet, meinen Monetaristen. Eine Veränderung der Geldversorgung wirke erst mit einer schwer kalkulierbaren und damit gefährlichen Zeitverzögerung auf die Wirtschaft. Monetaristen plädieren daher dafür, die Wirtschaft mit einem gleichmäßig wachsenden Geldangebot zu versorgen, um ein stabiles Wachstum zu erreichen. Das Geldangebot soll sich orientieren am Wachstum des gesamtwirtschaftlichen Produktionspotentials, also den Produktionsmöglichkeiten der Wirtschaft. Wie die Keynesianer treffen auch die Monetaristen bestimmte Annahmen über das Verhalten der Wirtschaftssubjekte und damit der Märkte. Nur unter diesen Annahmen können ihre Empfehlungen wirken.

So setzen Monetaristen voraus, daß die Märkte generell gut funktionieren und wenig reglementiert sind. Preise und Löhne sind völlig flexibel. Monetaristen vertreten die Grundüberzeugung, daß die private Wirtschaft eigentlich gut funktioniert und stabil ist, wenn sich die Regierung nicht allzusehr einmischt. Die Bedeutung des Geldangebots für das Wirtschaftswachstum wird heute in der ökonomischen Theorie allgemein anerkannt. Kritik am Monetarismus richtet sich vor allem gegen die Unbedingtheit, mit der Monetaristen der Geldmenge die Hauptrolle zuschreiben.

Mit ihrer Empfehlung, die Geldmenge nach einer festen Regel wachsen zu lassen, gehören die Monetaristen zu den Vertretern einer angebotsorientierten Wirtschaftspolitik. Das Konzept der Angebotstheoretiker ist in den achtziger Jahren populär geworden, es greift auch zurück auf die Lehren der klassischen Ökonomen. Das Versagen keynesianischer Nachfragesteuerung zeigte sich Ende der siebziger Jahre in den Industrieländern in hoher Arbeitslosigkeit und Inflation. Das führte dazu, daß man sich wieder mehr um die Angebotsseite der Wirtschaft, die Bedingungen für die Produktion und die Beziehungen zwischen Unternehmern und Beschäftigten zu kümmern begann. Am stärksten verfochten wurde die Angebotspolitik in den Vereinigten Staaten unter Ronald Reagan (Reaganomics) und unter Margaret Thatcher (Thatcherismus) in Großbritannien. In der Bundesrepublik hat die CDU/FDP-Koalition nach der „Wende" von 1982 eine ebenfalls stärker angebotsorientierte Politik vertreten. Die Grundidee dahinter lautet: Wirtschaftswachstum hängt entscheidend davon ab, welche Anreize zum Wirtschaften bestehen, nicht so sehr von der Nachfrage. Gibt es zu geringe Erträge für Arbeit, Sparen und Investieren, lähmt dies die Initiative, ohne die eine Wettbewerbswirtschaft nicht funktionieren kann.

Eine praktische Synthese: Angebotspolitik

Zu den grundlegenden Empfehlungen der Angebotstheoretiker gehört, mit der kurzfristigen Steuerung der Konjunktur Schluß zu machen und sich auf mittel- und langfristig wirkende Maßnahmen zu konzentrieren. So sollen stabile Rahmenbedingungen für das Wirtschaften entstehen. Außerdem plädieren sie für einen Ausgleich des Staatshaushalts und eine Politik, die den Geldwert stabil hält. Im Zentrum der Empfehlungen stehen auch Steuersenkungen für Beschäftigte und Unternehmen. Sie sollen einerseits das Interesse wecken, mehr Leistung zu erbringen, andererseits die Aktivitäten des Staates beschränken helfen.

Die keynesianische Lehre hat in den sechziger und siebziger Jahren weltweit enormen Einfluß bekommen. Bezeichnend dafür ist der Satz des amerikanischen Präsidenten Richard Nixon (1971): „Wir sind alle Keynesianer." Auch in der Bundesrepublik waren – mit wachsender Skepsis seit Mitte der siebziger Jahre – bis zur politischen „Wende" 1982 die Rezepte der wirtschaftspolitischen Berater geprägt von den Ideen Keynes und deren Auslegung.

Der Glaube, Konjunktur sei machbar, hat in Deutschland Ausdruck in einem Gesetz gefunden, dem 1967 in Kraft getretenen Gesetz zur Förderung der Stabilität und des Wachstums der Wirtschaft (Stabilitätsgesetz). Hier legt der Staat die Ziele der Wirtschaftspolitik zum erstenmal explizit fest und schafft sich zugleich neue Instrumente, um diese Ziele zu erreichen.

Das Stabilitätsgesetz markiert den eigentlichen Startpunkt der Globalsteuerung in Deutschland: Der Glaube, daß der Staat die Konjunktur steuern kann, setzte sich in der Bundesrepublik im Zuge der ersten scharfen Rezession der Nachkriegszeit durch (1966/67). Sie galt als „hausgemacht", der Staat hätte falsch reagiert, seine Ausgaben nicht, wie keynesianisch gefordert, antizyklisch, sondern prozyklisch eingesetzt. Das schnelle Überwinden der Rezession mit den Mitteln der Globalsteuerung schaffte dann großes Vertrauen in die keynesianischen Empfehlungen.

Die Ziele, die das Stabilitätsgesetz enthält, sind noch heute allgemein anerkannt. Bund und Länder sollen bei ihren wirtschafts- und finanzpolitischen Maßnahmen das gesamtwirtschaftliche Gleichgewicht berücksichtigen. Im einzelnen sollen sie ihre Maßnahmen so treffen, daß sie im Rahmen der marktwirtschaftlichen Ordnung gleichzeitig zur Stabilität des Preisniveaus, zu einem hohen Beschäftigungsstand und außenwirtschaftlichem Gleichgewicht bei stetigem und angemessenem Wirtschaftswachstum beitragen. Nicht weiter konkretisiert ist, was genau unter diesen Zielen zu verstehen ist, bis zu welcher Arbeitslosenzahl beispielsweise der Beschäftigungsstand als „hoch" gelten kann. Ökonomen sehen zudem immer wieder Zielkonflikte, die das gleichzeitige Verwirklichen aller Größen behindern können.

Kaum angewendet worden und vielfach längst vergessen sind die Instrumente, die das Stabilitätsgesetz zur Abwendung von Störungen des gesamtwirtschaftlichen Gleichgewichts zur Verfügung stellt. Damit der Staat seine Ziele erreichen kann, bekommt er zur Koordinierung der Wirtschaft den Konjunkturrat und die Konzertierte Aktion, zur besseren Information und Planung den Subventionsbericht und die mehrjährige Finanzplanung, zur Konjunktursteuerung die Möglichkeit der Steuersenkungen bei der Einkommen- und Körperschaftsteuer, und die Konjunkturausgleichsrücklage. In der Praxis sind nur wenige dieser Vorschriften tatsächlich angewendet worden, besonders für die unpopulären fehlte der politische Wille. Bei guter Konjunktur beispielsweise Anfang der siebziger Jahre hätte der Staat Steuern erhöhen müssen, um darüber Kaufkraft abzuschöpfen und sich für ein neues „deficit spending" ein Polster in Form der Konjunkturausgleichsrücklage zuzulegen. Er hätte also, wie der Sachverständigenrat 1975 im Rückblick kritisiert, die Ansprüche der Privaten stärker zurückdrängen müssen, um seine eigenen stabilitätsgerecht durchsetzen zu können. Dazu habe er die Kraft nicht aufgebracht.

Von den genannten Instrumenten hat vor allem die Konzertierte Aktion vorübergehend praktische Bedeutung und darüber hinaus große Popularität erlangt. Nach Paragraph 3 Stabilitätsgesetz kann die Bundesregierung „Orientierungsdaten für ein gleichzeitiges aufeinander abgestimmtes Verhalten (konzertierte Aktion) der Gebietskörperschaften, Gewerkschaften und Unternehmensverbände" zur Verfügung stellen, wenn sie ihre Ziele gefährdet sieht. Die Konzertierte Aktion geht zurück auf eine Anregung des Sachverständigenrats, der 1965 vorgeschlagen hatte, alle gesellschaftlichen Kräfte systematisch auf das Ziel der Geldwertstabilität hinzulenken. Jede Gruppe könne nur dann ohne Nachteile an einem Stabilisierungsvorhaben mitwirken, wenn sich die anderen zur gleichen Zeit in gleichem Maße beteiligten, schrieb der Rat und schlug der Regierung vor, eine „konzertierte Verhaltensänderung" zu moderieren.

Zustande gekommen ist die Konzertierte Aktion erst unter der Großen Koalition auf Initiative des Wirtschaftsministers Karl Schiller, den Anstoß gab die Rezession 1967. Das erste Treffen fand am 14. Februar 1967 im Wirtschaftsministerium in Bonn statt. Gewerkschaftsführer, die Verbandsspitzen der Wirtschaft, die Bundesbank – alle hatte Schiller eingeladen, um sie auf eine gemeinsame Linie zur Beendigung der Rezession zu verpflichten. Schon beim zweiten Treffen am 1. März einigten sich die Teilnehmer auf ein entsprechendes Kommuniqué. Diese Sitzung gilt im nachhinein als eine der erfolgreichsten der Konzertierten Aktion, alle späteren brachten keine ähnlichen Ergebnisse mehr. Die Begeisterung für dieses Instrument legte sich. An der 40. Sitzung im Juli 1977 weigerten sich die Gewerkschaften teilzunehmen aus Ärger darüber, daß die Arbeitgeberverbände das Verfassungsgericht gegen ein Mitbestimmungsänderungsgesetz angerufen hatten. Eher klanglos verschwand die Konzertierte Aktion, deren Erfolg bis heute umstritten ist: Während anfangs das Wort Schillers vom „runden Tisch der kollektiven Vernunft" große Hoffnungen weckte, war später mehr vom „organisierten Palaver" oder einer „Quasselbude" die Rede, der im nachhinein allenfalls Anfangserfolge zugebilligt werden.

Immer wieder gab es in wirtschaftlich schwierigen Situationen Versuche, die Konzertierte Aktion zu beleben. Eine Neuauflage lehnten vor allem die Gewerkschaften lange Jahre ab. Erst im Angesicht des wachsenden Verteilungsstreits um die Finanzierung der deutschen Einheit und den Aufbau der ostdeutschen Wirtschaft hat die Bundesregierung die Gruppen zu einer Neuauflage – bei der der Name Konzertierte Aktion streng vermieden wurde – bewegen können. In „Solidarpaktgesprächen" hat sie 1992 den Versuch unternommen, Ansprüche aller Gruppen zu begrenzen, Verständnis für Verzicht zu wecken und so die Kosten in den Griff zu bekommen. Ob sie ihr Ziel, ein Fundament zur Lösung der anstehenden Aufgaben zu legen, erreicht hat, ist strittig. Zu Zugeständnissen war, wie das Ergebnis der Gespräche zeigt, letztlich keine der Gruppen bereit. Das Ergebnis des Solidarpakts gilt als wenig befriedigend. Es gab keine Verständigung auf das eigentlich notwendige Sparprogramm, sondern im wesentlichen auf neue Ausgabenerhöhungen, finanziert durch Steuererhöhungen und wachsende Staatsverschuldung.

Gegen gesamtgesellschaftliche Pakte nach dem Vorbild der Konzertierten Aktion werden verschiedene grundsätzliche Einwände vorgebracht. Zwar wird anerkannt, daß ein Mehr an sozialem Frieden, das solche Pakte beabsichtigen, für die Bewältigung schwieriger Situationen hilfreich sein kann. Dagegen aber steht die Befürchtung, daß solche Absprachen Marktmechanismen teilweise außer Kraft setzen und damit Wachstumsverluste nach sich ziehen. Kritik gibt es auch daran, daß die Trennung zwischen Staat und Gesellschaft und damit bewußt geschaffene klare Verantwortlichkeiten verwischt werden. Verbände und Gewerkschaften haben keine demokratische Legitimation und unterliegen keiner Kontrolle. Sie am Zustandekommen von haushaltswirksamen Entschlüssen, wie sie die Solidarpaktgespräche zur Folge haben, zu beteiligen, erscheint daher problematisch.

5. Die Wettbewerbspolitik

Offene Märkte

Die deutsche Wettbewerbspolitik arbeitet mit zwei Arten von Gesetzen. Die eine soll dafür sorgen, daß es Wettbewerber gibt, die andere, daß sie sich anständig benehmen. Oder weniger salopp formuliert: Die eine dient dazu, Wettbewerb zu ermöglichen und seine Existenz zu sichern, und die andere dazu, die Qualität des Wettbewerbs zu gestalten und zu schützen. Die erste Aufgabe obliegt dem Gesetz gegen Wettbewerbsbeschränkungen, die zweite Aufgabe haben im wesentlichen das Gesetz gegen den unlauteren Wettbewerb, die Zugabeverordnung, das Rabattgesetz, die Preisangabenverordnung, das Warenzeichengesetz, das Recht der Geschäftsbedingungen und das Patentgesetz.

Der Staat hat mit seiner Wettbewerbspolitik dafür zu sorgen, daß Freiheit zu Wettbewerb besteht. Wesentlicher Bestandteil dieser Freiheit ist, daß die Märkte für jedermann offen sind, der Zutritt zu ihnen nicht beschränkt ist. Sie enthält ferner die freie Unternehmertätigkeit (Gewerbefreiheit), die freie Konsumwahl, die freie Preisbildung. Aber wo Freiheiten bestehen, sind sie immer auch gefährdet. Wer die Freiheit anderer einschränkt, weil er sich zuviel Freiheiten herausnimmt, mißbraucht seine Freiheit. Das gilt auch für die Wettbewerbsfreiheit im Wirtschaftsleben. Daher bedarf es, damit sie erhalten bleibt, des Schutzes durch einen Ordnungsrahmen. In Deutschland wird dieser Rahmen durch das Gesetz gegen Wettbewerbsbeschränkungen (GWB) gezogen, im täglichen Sprachgebrauch kurz, wenn auch unvollständig „Kartellgesetz" genannt. In Kraft getreten ist es am 1. Januar 1958.

Das Leitbild des Kartellgesetzes

Welchen Vorstellungen von Wettbewerb folgt das deutsche Kartellgesetz? Was ist sein Leitbild? Anfangs nahm es sich zum Leitbild das Modell der vollkommenen Konkurrenz. In diesem Modell besteht der „vollkommene" Markt aus vielen Anbietern und Nachfragern.

Keiner von ihnen hat (nach den im Modell gesetzten Bedingungen) die Kraft, den Preis von sich aus zu beeinflussen; jeder nimmt ihn als gegeben hin, paßt sich mit Angebot und Nachfrage ihm an. Die wirtschaftliche Wirklichkeit ist aus dem Modell durch viele Annahmen sorgfälig entfernt.

Trotzdem haben die damaligen Gesetzgeber diesen Modellzustand als den idealen Wettbewerb mißverstanden. Sie glaubten, eine Marktstruktur mit vielen Anbietern und Nachfragern sei die Voraussetzung für ein Marktverhalten, das wie von selbst Wettbewerb ergäbe, und als Marktpreis käme dann gleichsam automatisch ein Wettbewerbspreis heraus. Folglich nahmen sie in das Visier ihrer Wettbewerbsvorstellung hauptsächlich die Marktstruktur: Viele Unternehmen würden Wettbewerb sichern, seien also gut, wenige würden ihn gefährden, seien also weniger gut. In Kurzfassung hieße das: Wettbewerb ist, wo viele Unternehmen sind. Aber abgeleitet ist diese Vorstellung aus dem Modell, in dem Wettbewerb gar nicht stattfindet. Als Leitbild für Wettbewerbspolitik taugt dies offenkundig nicht.

Bei dieser Vorstellung von Wettbewerb ist es daher auch nicht geblieben, andere kamen hinzu, so die vom funktionsfähigen Wettbewerb. Danach hat Wettbewerb zwar immer gewisse Unvollkommenheiten, gilt aber als funktionsfähig und damit als hinreichend dann, wenn er dem wirtschaftlichen Fortschritt dient sowie für ein ordentliches Angebot und für als passabel empfundene Preise sorgt. Man begnügt sich gewissermaßen mit ihm, solange er nur „funktioniert", solange er nur irgendwie „wirksam" ist. Die Kurzfassung dieser Vorstellung müßte lauten: Wettbewerb ist, was gute Ergebnisse bringt. Eine Wettbewerbspolitik, die sich daran orientiert, testet, ob die Marktergebnisse „stimmen". Und wenn sie „stimmen", konstatiert sie, es bestehe Wettbewerb. Oder umgekehrt.

Solche Marktergebnis-Tests haben freilich ihre Tücken. Man muß nämlich Vorstellungen davon entwickeln, was man als Wettbewerbsergebnis, also als „gutes" Ergebnis gelten lassen will und was nicht. Marktergebnisse aber sind willkürlich interpretierbar und daher für die Feststellung, ob funktionsfähiger Wettbewerb auf einem Markt herrscht, ungeeignet. So kann zum Beispiel ein Preis, obwohl tatsächlich im Wettbewerb zustande gekommen, beim Marktergebnistest trotzdem höchsten Unwillen erregen, weil die Tester nicht glauben mögen, daß es ein Wettbewerbspreis ist. Sie können ihn als zu hoch hinstellen, weil er die Käufer angeblich ausbeutet (Beispiel: Benzinpreise der deutschen Mineralölgesellschaften). Sie können ihn als zu niedrig hinstellen, weil er die Konkurrenten in den Ruin treibt (Beispiel: Großunternehmen des Einzelhandels unterbieten Preise kleiner Einzelhändler).

Eine weitere Vorstellung von Wettbewerb findet sich im „Konzept der optimalen Wettbewerbsintensität", eine Weiterentwicklung der Vorstellung vom funktionsfähigen Wettbewerb (mit dem betonten Marktergebnisdenken), stützt sich dabei aber auch auf die Entdeckung der angeblich richtigen Marktstruktur: Optimal würden die Marktergebnisse auf Märkten mit „weiten Oligopolen" ausfallen. Die Kurzformel hierfür: Wettbewerb ist, wo nicht zu viele und nicht zu wenige Unternehmen sind. Sind zu wenige da, sollen nach diesem Konzept Konzentrationen verhindert und Wettbewerbsbeschränkungen (begrenzt) zugelassen werden. Sind zu viele da, sollen Konzentrationen gefördert und Wettbewerbsbeschränkungen verhindert werden. Aber in diesem Konzept ist angelegt, daß ununterbrochen in die Märkte hineininterveniert wird.

Allen drei Vorstellungen entgegen steht jene Denkrichtung, die besagt: Wettbewerb liegt vor, wenn niemand, auch nicht der Staat, den Anbietern und Nachfragern die Möglichkeit, Wettbewerb zu betreiben, nimmt oder beschneidet, wenn niemand Wettbewerb künstlich be- oder verhindert. Anders ausgedrückt: wenn Freiheit zu Wettbewerb besteht. Kernpunkt dieser Vorstellung von Wettbewerb ist die Wettbewerbsfreiheit, definiert als „Abwesenheit von Zwang durch andere" (Erich Hoppmann). Als

Zwang gilt, wenn jemand in seiner Entscheidungs- und Handlungsfreiheit derart eingeengt wird, daß er nicht mehr seinen eigenen Absichten folgen kann, sondern tun oder unterlassen muß, was der Zwangausübende will. Findet so ein Zwang auf Märkten statt, heißt er Wettbewerbsbeschränkung. Sind solche Beschränkungen vorhanden, müssen sie untersagt werden. Fehlen sie, herrscht Wettbewerb. Entscheidend sind also nicht Marktstruktur und Marktergebnis, sondern wettbewerbsbeschränkendes Marktverhalten. Eine Wettbewerbspolitik nach diesem „Konzept der Wettbewerbsfreiheit" biegt sich nicht „richtige" Strukturen oder Ergebnisse zurecht, sondern verbietet, was den Wettbewerb beschränkt: wenn sinnvoll und möglich generell, sonst fallweise.

Alle vier Vorstellungen von Wettbewerb haben sich im deutschen Kartellgesetz und in seiner Anwendung niedergeschlagen – die ersten drei stärker, die vierte schwach. So kam es, daß das Bundeskartellamt häufig etwas aufgegriffen, verfolgt und untersagt hat, was in Wirklichkeit Wettbewerb war. Insofern genügt das Kartellgesetz den Ansprüchen, die an eine freiheitliche Wirtschaftsordnung zu stellen sind, nicht. Trotzdem war es nicht verkehrt, das Gesetz zu machen. Auch zur guten Wettbewerbspolitik muß hingefunden werden.

Tatsächlich ist das Kartellgesetz auch immer wieder geändert und ergänzt worden, seit seinem Inkrafttreten fünfmal. Die wenigsten Änderungen allerdings sind dem Konzept von der Wettbewerbsfreiheit gefolgt, sondern haben diese Freiheit eingeschränkt.

Das Instrumentarium

Das Instrumentarium des Gesetzes gegen Wettbewerbsbeschränkungen besteht aus einer Verhaltenskontrolle und einer Fusionskontrolle. Die Verhaltenskontrolle arbeitet teils nach dem Verbotsprinzip (= eine bestimmte Verhaltensweise ist grundsätzlich verboten), teils nach dem Mißbrauchsprinzip (= eine an sich erlaubte Verhaltensweise gilt unter bestimmten Umständen als mißbräuchlich und wird erst deshalb verboten). Daraus ergeben sich drei Kategorien von Eingriffen.

Die Verbote: Handlungen, bei denen es der Gesetzgeber für unstrittig hält, daß sie den Wettbewerb beschränken, sind im Gesetz grundsätzlich („per se") verboten. So verbietet gleich der erste Paragraph des Gesetzes, daß sich Unternehmen zu Kartellen zusammenfinden. Es verbietet ferner ein zwischen Unternehmen abgestimmtes Verhalten („Frühstückskartelle"), die Preisbindung der zweiten Hand, das Erzwingen gleichförmigen Verhaltens sowie die Aufforderung zu Lieferboykott und Bezugssperre.

Die Mißbrauchsaufsicht: Handlungen, bei denen nicht von vornherein, nicht „per se" feststeht, daß sie den Wettbewerb immer nur beschränken, sondern ihn durchaus auch fördern können oder Ausdruck von Wettbewerb sind, unterliegen einer Mißbrauchsaufsicht. Sie werden dann als „mißbräuchlich" nur unter bestimmten Umständen untersagt. Der wichtigste Umstand dabei ist, ob ein Unternehmen (oder eine Gruppe von Unternehmen) im Sinne des Gesetzes „marktbeherrschend" ist. Muß ein Unternehmen nach den Begriffen des Gesetzes als marktbeherrschend eingestuft werden, darf es gewisse Handlungen (wie Behinderungen und sogenannte Diskriminierungen) nicht mehr vornehmen, die nicht-marktbeherrschenden Unternehmen noch erlaubt sind; sie gelten als Mißbrauch der marktbeherrschenden Stellung, den die Kartellbehörde untersagen kann.

Die Fusionskontrolle: Damit es zu marktbeherrschenden Stellungen möglichst gar nicht erst kommt, jedenfalls nicht durch einen Zusammenschluß von Unternehmen, läßt das Gesetz nicht zu, daß sich bestimmte Unternehmen zusammenschließen. Grundsätzlich zwar sind Fusionen erlaubt, aber Fusionen, die zur Marktbeherrschung führen, nicht. Mit Fusionen läßt sich auch das Verbot von Kartellen und abgestimmten Verhaltensweisen umgehen. Fusionen wirken als Wettbewerbsbeschränkung stärker und dauerhafter, denn Kartelle brechen leichter auseinander, und abgestimmte Verhaltensweisen lösen sich leichter auf als Unternehmenszusammenschlüsse.

Verbote

Das Kartellverbot und die Ausnahmen: Gleich in seinem ersten Paragraphen enthält das Gesetz ein für Unternehmen grundsätzliches Verbot, Kartelle zu schließen, also Absprachen zu einem gemeinsamen Zweck zu treffen, zum Beispiel über Preise, Produktionsmengen oder Aufteilungen von Absatzgebieten. Das Gesetz benutzt dabei aber nicht die Begriffe Absprache oder Kartell, sondern nennt sie ganz allgemein „Verträge". Es heißt dort auch nicht, daß solche Verträge „verboten" sind, sondern das Gesetz erklärt sie einfach für „unwirksam", vorausgesetzt, daß sie „geeignet sind, die Erzeugung oder die Marktverhältnisse für den Verkehr mit Waren oder gewerblichen Leistungen durch Beschränkungen des Wettbewerbs zu beeinflussen".
Doch in den elf folgenden Paragraphen wird das grundsätzliche Kartellverbot sogleich durchlöchert: Das Verbot gilt nicht für Konditionenkartelle, Rabattkartelle, Normierungskartelle, Rationalisierungskartelle und Ausfuhrkartelle. Ausgenommen vom Verbot sind unter bestimmten Bedingungen auch Kartelle kleiner und mittlerer Unternehmen, wenn sie gemeinsam Waren einkaufen oder Dienstleistungen beziehen, und andere mittelständische Kooperationen. Auf Antrag erlauben kann die Kartellbehörde Einfuhrkartelle und Strukturkrisenkartelle. Eine Generalklausel räumt darüber hinaus dem Bundeswirtschaftsminister die Möglichkeit ein, ein Kartell auf Antrag dann zu erlauben, „wenn ausnahmsweise die Beschränkung des Wettbewerbs aus überwiegenden Gründen der Gesamtwirtschaft und des Gemeinwohls notwendig ist". Diese im Gesetzgebungsverfahren heftig diskutierten Durchbrechungen des Kartellverbots haben allerdings in der folgenden wirtschaftlichen Praxis bei weitem nicht jene Bedeutung bekommen, wie sie befürchtet worden war.
Abgestimmte Verhaltensweise: Paragraph 25, Absatz 1 GWB verbietet Unternehmen ein aufeinander abgestimmtes Verhalten. Systematischer wäre es freilich, der Gesetzgeber hätte dieses Verbot der „Frühstückskartelle", weil dem Kartellverbot sehr ähnlich, in Paragraph 1 untergebracht.
Ausüben von Zwang: Unternehmen dürfen anderen Unternehmen, um sie zu einem nach dem Kartellgesetz verbotenen Verhalten zu veranlassen, weder Nachteile androhen oder zufügen noch Vorteile versprechen oder gewähren. Sie dürfen sie auch nicht zwingen, einem erlaubten Kartell beizutreten, mit anderen Unternehmen zu fusionieren und sich in wettbewerbsbeschränkender Absicht am Markt gleichförmig zu verhalten (Paragraph 25, Absatz 2 und 3).
Preisbindung der zweiten Hand: Paragraph 15 GWB erklärt sie für nichtig, was praktisch auf ein Verbot hinausläuft. Das Verbot bedeutet, daß ein Lieferant („erste Hand", Beispiel: Autohersteller) seinen Abnehmern („zweite Hand", Beispiel: Autohändlern) nicht vorschreiben darf, sein Produkt zu dem von ihm bestimmten Preis weiterzuverkaufen; die Abnehmer sollen in der Gestaltung ihrer Weitergabepreise frei sein, also untereinander in Preiswettbewerb treten können. Verboten ist die Preisbindung, weil sie diesen Preiswettbewerb ausschließt. Seit 1973 gilt das Verbot auch für Markenartikel, die bis dahin von ihm ausgenommen waren. Erlaubt sind für sie aber unverbindliche Preisempfehlungen (Paragraph 38a GWB). Dagegen weiterhin von dem Ver-

bot ausgenommen ist die Preisbindung von Verlagserzeugnissen (Zeitungen, Zeitschriften, Bücher).
Liefer- und Bezugssperren: Unternehem dürfen andere Unternehmen nicht zu Liefer- oder Bezugssperren auffordern, in der Absicht, bestimmte Unternehmen unbillig zu beeinträchtigen (Verbot der mittelbaren Sperre, Paragraph 26, Absatz 1 GWB).
Diskriminierung: Für marktbeherrschende Unternehmen gilt ein allgemeines Diskriminierungsverbot. Sie dürfen ein anderes Unternehmen weder unmittelbar noch mittelbar unbillig behindern. Ferner dürfen sie ein anderes Unternehmen ohne sachlich gerechtfertigten Grund gegenüber gleichartigen Unternehmen nicht unterschiedlich behandeln. Sie dürfen ihre Marktstellung auch nicht dazu ausnutzen, daß andere Unternehmen ihnen Vorzugsbedingungen gewähren. Gegenüber kleinen und mittleren Wettbewerbern gilt das Behinderungsverbot für ein Unternehmen auch schon dann, wenn es „überlegene Marktmacht" hat (Paragraph 26 GWB).
Patentverträge: Unter ein Per-se-Verbot fallen auch Verträge über den Erwerb oder die Nutzung von Rechten an Patenten, Gebrauchsmustern und Sortenschutz, falls sie den Nutzer zugleich solchen Beschränkungen unterwerfen, die über den Inhalt des Schutzrechts hinausgehen (Paragraph 20 GWB).
„Per se" nicht verboten sind Vertriebsbindungen sowie Kopplungs- und Ausschließlichkeitsverträge. Aber für sie gibt es ein Kann-Verbot. Nach Paragraph 18 GWB kann die Kartellbehörde solche Bindungen und Verträge für unwirksam erklären, und zwar dann, wenn sie einen Vertragsbeteiligten darin beschränken, Waren und Leistungen frei zu verwenden, zu beziehen und zu liefern, oder wenn sie ihn verpflichten, auch andere Waren oder Leistungen abzunehmen, die zur eigentlichen Lieferung sachlich oder handelsüblich nicht dazugehören (Kopplungszwang). Hinzukommen muß freilich, daß solche Bindungen und Verträge eine erhebliche Zahl von Unternehmen auf einem Markt gleichartig binden und sie dabei in ihrer Wettbewerbsfreiheit unbillig beschränken oder daß sie für andere Unternehmen den Marktzutritt unbillig beschränken oder daß das Ausmaß solcher Beschränkungen den Wettbewerb auf dem betreffenden Markt wesentlich beeinträchtigt.

Die Mißbrauchsaufsicht

Der Mißbrauchsaufsicht der Kartellbehörde unterliegen erlaubte Kartelle, unverbindliche Preisempfehlungen, die Preisbindung von Verlagserzeugnissen sowie solche Unternehmen, die dem Gesetz nach als marktbeherrschend gelten. Im Mittelpunkt der Mißbrauchsaufsicht und der öffentlichen Aufmerksamkeit steht die über marktbeherrschende Unternehmen. Einen Mißbrauch sieht das Gesetz zum einen in der Behinderung von Wettbewerbern (Behinderungsmißbrauch), zum anderen in der Ausbeutung von Kunden und Lieferanten (Ausbeutungsmißbrauch), ohne daß das Gesetz diese beiden Begriffe erwähnt. Das Gesetz führt als Beispiele einige Mißbrauchstatbestände in allgemein gehaltener Form auf. Danach liegt Mißbrauch vor,
– wenn ein marktbeherrschendes Unternehmen die Wettbewerbsmöglichkeiten anderer Unternehmen ohne sachlich gerechtfertigten Grund in einer Weise beeinträchtigt, die für den Wettbewerb auf dem Markt erheblich ist;
– wenn ein marktbeherrschendes Unternehmen Preise verlangt (oder Geschäftsbedingungen durchsetzt), die von denen abweichen, die sich mit hoher Wahrscheinlichkeit bei wirksamem Wettbewerb ergeben würden;
– wenn ein marktbeherrschendes Unternehmen ungünstigere Preise verlangt (oder ungünstigere Geschäftsbedingungen durchsetzt), als es sie auf vergleichbaren Märk-

ten von gleichartigen Abnehmern verlangt, es sei denn, daß der Unterschied sachlich gerechtfertigt ist.
Man kann die drei Beispielfälle auch so ausdrücken: Ein marktbeherrschendes Unternehmen mißbraucht seine Stellung, wenn es andere behindert, wenn es andere „ausbeutet" oder wenn es andere diskriminiert. Die Kartellbehörde kann dann das mißbräuchliche Verhalten untersagen. Zuvor soll es das Unternehmen auffordern, den Mißbrauch abzustellen.

Marktbeherrschung

Als marktbeherrschend sieht das Gesetz (Paragraph 22 GWB) ein Unternehmen dann an, wenn es entweder gar keine Konkurrenten hat oder wenn es zumindest keinem wesentlichen Wettbewerb ausgesetzt ist. Als marktbeherrschend gilt aber auch derjenige, der gegenüber seinen Konkurrenten eine „überragende" Marktstellung innehat, zum Beispiel durch seine besondere Finanzkraft, durch seinen Zugang zu den Beschaffungs- und Absatzmärkten, durch seine Verflechtungen mit anderen Unternehmen, durch seine Fähigkeit, sein Angebot oder seine Nachfrage auf andere Güter umzustellen, sowie dadurch, daß Schranken für den Marktzutritt anderer Unternehmen bestehen. Berücksichtigt wird dabei außerdem, ob und wie es der Marktgegenseite möglich ist, auf andere Unternehmen auszuweichen.
Als markbeherrschend gelten auch zwei oder mehr Unternehmen zusammen, wenn sie auf den gleichen Märkten tätig sind, dort aber zwischen ihnen ein wesentlicher Wettbewerb nicht besteht, und wenn für sie die gleichen Voraussetzungen zutreffen, bei denen auch ein einzelnes Unternehmen als marktbeherrschend angesehen wird. Hiermit wird ein marktbeherrschendes Oligopol beschrieben.
Marktbeherrschung bei einem einzelnen Unternehmen vermutet das Gesetz immer dann, wenn das Unternehmen mindestens ein Drittel Marktanteil hat, es sei denn, sein Jahresumsatz liegt unter 250 Millionen DM. Bei einem Oligopol vermutet das Gesetz Marktbeherrschung dann, wenn mindestens drei Unternehmen zusammen mindestens 50 Prozent Marktanteil auf sich vereinigen oder wenn mindestens fünf Unternehmen über mindestens zwei Drittel Marktanteil verfügen – außer die Unternehmen haben einen Jahresumsatz von unter 100 Millionen DM.
Das Feststellen von Marktbeherrschung ist in der Praxis freilich schwierig. Weil es dabei nämlich auf die Höhe des Marktanteils ankommt, muß herausgefunden werden, welches denn der tatsächliche, der „relevante" Markt ist. Dabei läßt sich der Markt eng oder weit abgrenzen. Bei engerer Abgrenzung kommt tendenziell ein höherer Marktanteil heraus, bei weiterer Abgrenzung tendenziell ein niedrigerer. Die Kartellbehörde neigt eher zu enger, die Unternehmen neigen immer zu weiter Abgrenzung. Je mehr man in die Abgrenzung auch die Substitutionskonkurrenz einbezieht, um so größer fällt der relevante Markt aus. Nimmt man noch die potentielle Konkurrenz ins Blickfeld, weitet sich der Markt ins Ungewisse, und die Marktanteile der aktuellen Konkurrenten schrumpfen nahezu auf ein Maß von Bedeutungslosigkeit. Insofern haben Marktabgrenzungen je nach Branche und Produkt einen mehr oder minder starken Willkürcharakter.

Fusionskontrolle

Für die Fusionskontrolle lautet die Regel so: Wenn zu erwarten ist, daß durch die Fusion von Unternehmen eine marktbeherrschende Stellung entsteht oder verstärkt wird, untersagt die Kartellbehörde das Fusionsvorhaben – es sei denn, die Unternehmen wiesen nach, daß die Fusion die Wettbewerbsverhältnisse auch verbessert und daß diese Verbesserung die Nachteile der marktbeherrschenden Stellung überwiegt (sogenannte Abwägungsklausel). In drei Bagatellklauseln sind außerdem kleinere Fusionsfälle von der Untersagung freigestellt (Paragraph 24, Absatz 8 GWB).

Als Zusammenschluß (Fusion) gilt eine ganze Reihe von Tatbeständen. Paragraph 23, Absatz 2 GWB zählt sie im einzelnen auf. Dabei liegt eine Fusion nicht nur dann vor, wenn sich Unternehmen miteinander verschmelzen oder wenn ein Unternehmen ein anderes aufkauft, sondern auch dann, wenn nur Teile eines anderen Unternehmens erworben werden.

Bei der Fusionskontrolle gelten Marktmachtkriterien, die von denen bei der Mißbrauchsaufsicht etwas abweichen. Auch hier arbeitet das Gesetz mit Vermutungen. So vermutet es bei bestimmtem Umsatz und bei bestimmtem Marktanteil eine „überragende Marktstellung", die die Kartellbehörde als Aufgreiftatbestand benutzt (Paragraph 23a, Absatz 1 GWB). Ebenso stellt das Gesetz verschiedene Vermutungen darüber auf, wann eine Fusion eine „marktbeherrschende Stellung" entstehen läßt oder verstärkt (Paragraph 23a, Absatz 2 GWB). Die Unternehmen können die Vermutung widerlegen, wenn sie nachweisen, daß trotz Fusion wesentlicher Wettbewerb zwischen ihnen zu erwarten ist oder daß ihre Marktstellung gegenüber den Wettbewerbern trotz Fusion nicht überragend ist.

Ist eine Fusion untersagt, können sich die beteiligten Unternehmen um eine „Ministererlaubnis" bemühen. Der Bundesminister für Wirtschaft erteilt die Erlaubnis dann, wenn die durch die Fusion festgestellte Wettbewerbsbeschränkung von gesamtwirtschaftlichen Vorteilen aufgewogen wird oder die Fusion durch ein überragendes Interesse der Allgemeinheit gerechtfertigt ist. Dabei darf der Minister nur dann erlauben, wenn das Ausmaß der Wettbewerbsbeschränkung die marktwirtschaftliche Ordnung nicht gefährdet. Er kann die Erlaubnis auch mit Beschränkungen und Auflagen verbinden (Paragraph 24, Absatz 3 GWB).

Die Kartellbehörden

Immer wenn im Gesetzestext das Wort „Kartellbehörde" auftaucht, ist damit entweder das Bundeskartellamt in Berlin gemeint oder das Bundesministerium für Wirtschaft oder die Landeskartellämter bei der jeweils zuständigen obersten Landesbehörde. Wer von diesen drei Behörden welche Aufgaben und Befugnisse hat, legt Paragraph 44 GWB fest. Um Anordnungen durchzusetzen oder Verstöße zu ahnden, können Zwangs- und Bußgelder verhängt sowie Mehrerlöse abgeschöpft werden. Das Bundeskartellamt ist eine unabhängige Behörde. Seine Beschlußabteilungen arbeiten „justizförmlich" an das Gesetz gebunden. Das Bundeswirtschaftsministerium ist nicht weisungsberechtigt. Es darf vom Amt keine politischen Entscheidungen verlangen.

Die Ausnahmebereiche

Eine ganze Reihe von Wirtschaftsbereichen sind von allen oder einzelnen Vorschriften des Gesetzes gegen Wettbewerbsbeschränkungen ausgenommen. Dazu gehören – das Gesetz führt sie im einzelnen auf – die Verkehrswirtschaft mit Binnenschiffahrt, Bahn, Güter- und Personenbeförderung, die Land- und Forstwirtschaft, die Banken und Versicherungen, darunter auch die Deutsche Bundesbank und die Kreditanstalt für Wiederaufbau (KfW), die Montanunion mit Kohle und Stahl, die öffentliche Ver-

sorgungswirtschaft mit der Strom-, Gas- und Wasserversorgung und das Branntweinmonopol. Insofern beschränkt sich der Wettbewerb als Ordnungsprinzip auf die private gewerbliche Wirtschaft (Industrie, Handwerk und Handel).
Gerechtfertigt werden die Ausnahmen mit der Behauptung, wegen technischer oder wirtschaftlicher Besonderheiten in diesen Bereichen funktioniere der Wettbewerb nicht hinreichend und vermöge die von ihm erwarteten Aufgaben, darunter Versorgungssicherheit und Verbraucherschutz, nicht zu erfüllen. Aber die Behauptungen dieser Art sind mit schlagenden Argumenten längst widerlegt; ein Fülle von Literatur zeugt davon. Trotzdem ist es bisher nicht gelungen – von geringen Lockerungen abgesehen –, die Bereichsausnahmen fallenzulassen. Statt vom Wettbewerb werden diese Bereiche vom Staat gelenkt und beaufsichtigt: mit Regulierungen des Marktes und des Marktzutritts, mit Eingriffen in die Preisbildung und in die Angebotsmenge.
Einige Ausnahmebereiche lassen sich freilich auch ökonomisch begründen. So, wenn ein natürliches Monopol vorliegt oder wenn es sich um öffentliche Güter handelt. Von einem natürlichen Monopol spricht man, wenn ein einziger Anbieter ein bestimmtes Gut stets preisgünstiger herstellen und anbieten kann als mehrere oder viele Anbieter. Das trifft zum Beispiel für ein Stromnetz und ein Schienennetz zu. Doch bedeutet das keineswegs, daß dann auch die Erzeugung von Strom und die Transportleistung per Eisenbahn ein natürliches Monopol wären, wie gern behauptet, und damit dem Wettbewerb entzogen werden müßten. Auch ein Straßennetz wird im Wettbewerb genutzt. Straßen sind zugleich in der Regel ein öffentliches Gut: Niemand kann von ihrer Nutzung ausgeschlossen werden, und beliebig viele Menschen können sie in Anspruch nehmen. Gleichwohl sind die meisten Bereichsausnahmen nicht ökonomisch, sondern politisch begründet.

Die Monopolkommission

Seit Anfang 1974 gibt es in Deutschland eine Monopolkommission, eingeführt mit der zweiten Kartellnovelle. Die gesetzliche Grundlage für ihre Arbeit findet sich in dem Paragraphen 24b des Gesetzes gegen Wettbewerbsbeschränkungen. Sie soll, unter wirtschafts- und vor allem wettbewerbspolitischen Gesichtspunkten, den jeweiligen Stand der Unternehmenskonzentration in Deutschland darstellen und beurteilen, ebenso deren absehbare Entwicklung. Sie soll ferner würdigen und kritisch begleiten, wie die Vorschriften über marktbeherrschende Unternehmen und die Fusionskontrolle angewendet werden. Sie soll außerdem sagen, ob sie Gesetzesänderungen für notwendig hält, und dann entsprechende Vorschläge machen. Zu diesen Zwecken legt sie alle zwei Jahre ein Hauptgutachten vor. Die Bundesregierung muß zu diesen Gutachten Stellung nehmen. Daneben kann die Kommission nach eigenem Ermessen Sondergutachten anfertigen, und die Bundesregierung kann die Kommission mit Sondergutachten beauftragen. Haben Unternehmen, die fusionieren wollen, den Bundeswirtschaftsminister um eine Sondererlaubnis für ihre geplante, aber vom Bundeskartellamt untersagte Fusion gebeten („Ministererlaubnis" nach Paragraph 24, Absatz 3 GWB), muß der Minister vor seiner Entscheidung die Stellungnahme der Monopolkommission zu dem Vorhaben einholen.
Die Hauptgutachten der Kommission sind eine Fundgrube für die mit Wettbewerbspolitik Befaßten und die an Wettbewerbspolitik Interessierten. Neben der umfassenden Darstellung der Unternehmenskonzentration in Deutschland finden sich in ihnen viele Sonderuntersuchungen einzelner Wirtschaftsbereiche, eine Fülle von Darstellungen und Beurteilungen zu aktuellen wettbewerbspolitischen Fragen sowie Emp-

fehlungen und Mißbilligungen zur Anwendung und Änderung des geltenden Wettbewerbsrechts. Adressaten von Lob und Tadel sind das Bundeskartellamt, die Gerichte, die Bundesregierung, der Gesetzgeber.
Auf Kritik der Kommission stößt vor allem das Bundeskartellamt. Das hängt damit zusammen, daß das Kartellgesetz dieser Behörde gleichsam die aktivste Rolle in der Sicherung des Wettbewerbs zumißt. Die Gerichte dagegen – das Kammergericht in Berlin und der Bundesgerichtshof in Karlsruhe – haben als Berufungsinstanz das Kartellamt häufig gebremst, wenn es versuchte, die Grenzen des Kartellgesetzes auszuloten, und dabei seine Kompetenzen überschritt. Diese Urteile stießen bei der Monopolkommission in der Regel auf Zustimmung. Sie untermauerte mit ökonomischen und wettbewerbspolitischen Argumenten, was die Richter im wesentlichen nach dem geltenden Gesetz und dessen rechtlichen Maßstäben zu beurteilen hatten.

Unlauterer Wettbewerb

Neben dem Gesetz gegen Wettbewerbsbeschränkungen gibt es andere Wettbewerbsgesetze. Sie sollen sicherstellen, daß es im Wettbewerb lauter und gesittet zugeht, daß Preise und Qualität von Waren und Dienstleistungen den Wettbewerb bestimmen, daß Täuschungen unterbleiben, daß der Verbraucher eine bessere Marktein- und -übersicht („Markttransparenz") bekommt, daß die Leistungen leicht vergleichbar sind, daß Vertragsbedingungen ausgewogen statt einseitig ausfallen, daß besondere Anstrengungen im Wettbewerb (Aufbau von Produktmarken, Erfindungen) geschützt werden, so daß der Anreiz zu ihnen nicht erlischt.
Das Gesetz gegen den unlauteren Wettbewerb (UWG): Es soll für Lauterkeit im Wettbewerb sorgen. Handlungen, die gegen die guten Sitten verstoßen, sind verboten (Paragraph 1).
Als unlauter gilt zum Beispiel, wenn ein Unternehmen seine Abnehmer zum Kauf veranlaßt, indem es sie täuscht oder irreführt. Nachahmungen gehören ebenfalls dazu, ferner „Schneeballsysteme" bei der Kundenwerbung. Als unlauter gilt auch, wenn man Konkurrenten behindert. Als eine solche Behinderung sieht das Gesetz zum Beispiel eine Preisunterbietung an, wenn sie nicht gegenüber allen Konkurrenten vorgenommen wird, sondern sich gezielt gegen einen einzelnen richtet, um ihn aus dem Markt zu drängen. Erlaubt ist auch keine vergleichende Werbung, was freilich umstritten ist, weil auf diese Weise den Abnehmern ein Stück Information vorenthalten wird. Andere Vorschriften betreffen Sonderangebote, Räumungsverkäufe, Anschwärzen von Wettbewerbern, geschäftliche Verleumdungen und anderes mehr.
Die Zugabenverordnung: Sie erlaubt unentgeltliche Nebenleistungen (Zugaben) nur in bestimmten Fällen, und sie müssen zur Hauptleistung in einem angemessenen Verhältnis stehen. Das Ziel ist, daß Zugaben dem Kunden nicht eine besondere Preiswürdigkeit und Qualität der Hauptleistung vortäuschen, zumal deren Kosten in den Preis der Hauptleistung einkalkuliert zu werden pflegen.
Das Rabattgesetz: Es legt fest, daß Rabatte an die Endverbraucher 3 Prozent vom Preis im allgemeinen nicht überschreiten dürfen. Ob der Rabatt in Form eines Preis- oder eines Mengennachlasses gewährt wird, spielt dabei keine Rolle. Begründungen für diese Regelung lauten: Hohe Rabatte seien für Verbraucher eine besondere Verlockung, sie seien vorher auf den Preis aufgeschlagen und täuschten den Verbrauchern eine Preissenkung vor, die in Wirklichkeit nicht bestehe; Rabatte, die in ihrer Höhe stark voneinander abwichen, erschwerten den Verbrauchern den Preisvergleich, das aber sei ihm nicht zuzumuten.

Die Preisangabenverordnung: Sie ist ein Schutzgesetz für Letztverbraucher. Es schreibt Anbietern unter anderem vor, die Preise samt Umsatzsteuer und anderen Bestandteilen anzugeben, also als tatsächliche Endpreise, Ware in Schaufenstern mit Preisschildern zu versehen, in Gaststätten Preisverzeichnisse auf die Tische zu legen und in jedem Hotelzimmer den Gast mit dem Zimmer- und Frühstückspreis vertraut zu machen. Banken müssen die Preise ihrer Kredite als jährlichen Prozentsatz, als „effektiven Jahreszins" und einschließlich der übrigen Kreditkosten angeben.

Das Warenzeichengesetz: Es schützt Unternehmen, die für ihr Produkt ein Waren- oder Markenzeichen erworben haben, davor, daß Konkurrenten das Zeichen nachahmen oder mißbrauchen. Den Abnehmern erleichtert es in der Angebotsvielfalt die Unterscheidung und damit die Information, weil die Zeichen ihnen eine bestimmte und vertraute Beschaffenheit signalisieren. Das Gesetz dient auf diese Weise dem Qualitätswettbewerb.

Das Gesetz zur Regelung des Rechts der Allgemeinen Geschäftsbedingungen: Es soll verhindern, daß vorformulierte Vertragsbedingungen (= Allgemeine Geschäftsbedingungen, AGB) die Abnehmer unverhältnismäßig benachteiligen und die meisten oder alle Vertragsrisiken ihnen aufbürden, statt für eine gleichgewichtige Risikoverteilung zu sorgen. Die Abnehmer sollen mit dem „Kleingedruckten" nicht einseitig belastet werden. Tatsächlich ist das aber nicht gelungen; die Risiken werden auf die Verbraucher zu stark abgewälzt.

Das Patentgesetz: Es sichert Erfindern zu, daß sie ihre Erfindungen zwanzig Jahre lang allein verwerten dürfen, ohne befürchten zu müssen, daß andere die Erfindung gleichzeitig ebenfalls zu Geld machen. Das Patent ist also ein dem Erfinder verliehenes, aber zeitlich befristetes Monopol. Der Staat nimmt diese vorübergehende Wettbewerbsbeschränkung in Kauf, damit der Anreiz, Erfindungen zu machen, groß genug ist und bestehen bleibt. Bestünde der Patentschutz nicht, würden Erfinder vor Nachahmern nicht jenen Vorsprung haben, der es ihnen erlaubt, ihre Entwicklungskosten wieder hereinzubekommen und als Belohnung einen höheren Gewinn zu erzielen, als er im sofortigen Wettbewerb möglich wäre.

Das Ladenschlußgesetz: Es schreibt dem Einzelhandel vor, wann er seine Geschäfte öffnen darf und wann nicht. Ursprünglich wollte der Gesetzgeber damit den Arbeitsschutz der in den Läden Angestellten und das Einhalten der Arbeitszeitbestimmungen sichern. Aber der Sinn dieses Ziels ist überholt und widerlegt. Zum Wettbewerb gehört auch die Freiheit des Einzelhändlers, die für sein Geschäft günstigste Öffnungszeit aufzuspüren und wahrzunehmen. Das Gesetz beschränkt ihn in dieser Freiheit und behindert damit den Wettbewerb. Die Mehrheit der Monopolkommission hat in ihrem 8. Hauptgutachten an dem Gesetz kein gutes Haar gelassen. Der im Oktober 1989 eingeführte Dienstleistungsabend einmal in der Woche ist für sie keine durchgreifende Verbesserung. Sie trat dafür ein, das Gesetz ersatzlos zu streichen und die Öffnungszeiten völlig freizugeben.

Das Wettbewerbsrecht der EG

Eine Wettbewerbspolitik der Europäischen Gemeinschaft gibt es seit Beginn der Gemeinschaft, niedergelegt in den „Wettbewerbsregeln" der Artikel 85 und 86 des EWG-Vertrages. Verboten sind darin Absprachen und abgestimmte Verhaltensweisen, die den Wettbewerb im Gemeinsamen Markt verhindern, einschränken oder verfälschen. Dazu gehören vor allem Preiskartelle, Produktionsabsprachen, Marktaufteilungen, Diskriminierungen und das Erzwingen von Kopplungsgeschäften. Verboten ist es außerdem, eine marktbeherrschende Stellung mißbräuchlich auszunutzen, sofern dies den Handel zwischen den Mitgliedstaaten beeinträchtigt. Dies entspricht im großen und ganzen dem, was auch das deutsche Gesetz gegen Wettbewerbsbeschränkungen enthält.

Lange Zeit aber haben Regeln darüber gefehlt, unter welchen Umständen Unternehmen nicht fusionieren dürfen. Die Europäische Kommission in Brüssel hat zwar seit 1973 immer wieder auf eine EG-Fusionskontrolle gedrungen, doch die Mitgliedstaaten, vertreten durch den EG-Ministerrat, haben sich viele Jahre dagegen gesperrt. Die Kommission hat trotzdem versucht, gegen Fusionen, die sie meinte verhindern zu müssen, vorzugehen, und sich solange damit beholfen, die Kartell- und Mißbrauchsverbote so weit zu interpretieren, daß sie Spielraum auch für Fusionsverbote gewann. In mehreren Fällen hat sie sich vom Europäischen Gerichtshof die Rechtmäßigkeit dieses Vorgehens bestätigen lassen.

Erst im September 1990 ist eine regelrechte EG-Fusionskontrolle eingeführt worden – nach langem Ringen, denn die Vorstellungen über den Charakter einer solchen staatlichen Aufsicht waren (und sind nach wie vor) unterschiedlich. Acht der zwölf Mitgliedstaaten hatten bis dahin überhaupt keine Fusionskontrolle, und Länder wie Großbritannien, Frankreich und Deutschland, die Zusammenschlüsse national schon vorher überwachten, untersagen Fusionen nach Maßstäben, die erheblich voneinander abweichen. Unterschiedliche Auffassungen gab (und gibt es noch immer) gerade in dem springenden Punkt, welche Ziele die gemeinsame Fusionskontrolle verfolgen soll: den Wettbewerb zu sichern (so die deutsche Vorstellung) oder Fusionen zu ermöglichen, die ehrgeizige Wünsche der politischen Führung herbeigenehmigen und dann zu staatlicher Investitionslenkung mißraten (so die französische Vorstellung).

Die EG-Fusionskontrolle beschränkt sich im Grundsatz auf Zusammenschlüsse von „gemeinschaftsweiter Bedeutung" (Ausnahme: Artikel 22, Absatz 3). Die Mitgliedstaaten wenden ihr eigenes Wettbewerbsrecht auf diese Fusionen nicht an (Artikel 21 Absatz 2). Laut Gesetz sind das solche, bei denen die Fusionspartner zusammen einen Weltumsatz von mehr als 5 Milliarden Ecu auf die Waage bringen oder mindestens zwei Partner einen EG-Umsatz von jeweils mehr als 250 Millionen Ecu. Doch bleibt die Fusion der EG-Kontrolle dann entzogen, wenn das neue Unternehmen zwei Drittel seines EG-Umsatzes oder mehr in nur einem Mitgliedstaat erzielt. In diesem Fall ist die nationale Wettbewerbsbehörde zuständig. Auf deutsches Drängen hin kann die EG-Kompetenz unter bestimmten Umständen an die nationale Kompetenz abgetreten werden (Artikel 9).

Geprüft werden Fusionen daraufhin, ob sie mit dem Gemeinsamen Markt vereinbar sind (Artikel 2). Gilt die Fusion als mit dem Gemeinsamen Markt unvereinbar, wird sie untersagt. Gilt sie als vereinbar, darf sie stattfinden. Die Billigung einer Fusion kann mit Bedingungen und Auflagen verknüpft werden (Artikel 8, Absatz 2). Als unvereinbar mit dem Gemeinsamen Markt gelten Fusionen dann, wenn sie auf diesem Markt oder auf wesentlichen Teilmärkten zu einer marktbeherrschenden Stellung führen oder eine solche Stellung verstärken, und falls eine solche Stellung wirksamen Wettbewerb erheblich behindern würde.

Bei dieser Kontrolle muß die EG-Wettbewerbsbehörde Verschiedenes berücksichtigen, darunter: die Struktur aller betroffenen Märkte, den tatsächlichen oder potentiellen Wettbewerb von Unternehmen innerhalb und außerhalb der Gemeinschaft, die Marktstellung und Finanzkraft der beteiligten Unternehmen, die Wahlmöglichkeiten von Lieferanten und Abnehmern, den Zugang zu den Beschaffungs- und Absatzmärkten, die Marktzutrittsschranken, die Interessen der Zwischen- und Endverbrau-

cher, aber auch „die Entwicklung des technischen und wirtschaftlichen Fortschritts, sofern diese dem Verbraucher dient und den Wettbewerb nicht behindert".
Gerade in diesem letzten Abwägungskriterium steckt ein Pferdefuß. Technischer und wirtschaftlicher Fortschritt ist ein dehnbarer Begriff. Der Spielraum für seine Interpretation läßt eine Fusionsbewertung zu, die mit Wettbewerb nichts mehr zu tun hat.
Mißlich ist auch, daß sich die EG-Wettbewerbsbehörde bei ihrer Fusionskontrolle auch an den allgemeinen Zielen des EWG-Vertrages ausrichten muß, wie sie in dessen Artikel 2 niedergelegt sind.
Zu diesen allgemeinen Zielen gehört auch, daß sich das Wirtschaftsleben innerhalb der Gemeinschaft harmonisch entwickelt, daß sich die Wirtschaft beständig und ausgewogen ausweitet, daß sich die Stabilität vergrößert, daß die Lebenshaltung beschleunigt gehoben wird und die Beziehungen zwischen den Mitgliedstaaten enger werden. Ein weiteres allgemeines Ziel für die Fusionskontrolle ist, den wirtschaftlichen und sozialen Zusammenhalt der Gemeinschaft zu stärken, wie es Artikel 130a des EWG-Vertrages formuliert.
In allen diesen höchst schwammigen, inhaltsleeren, nahezu beliebig interpretierbaren Formulierungen steckt eine Fülle von Möglichkeiten, Fusionen trotz Marktbeherrschung zuzulassen und sie vom eigentlich vorgesehenen Verbot auszunehmen. Sie bieten sich geradezu an, ein staatliches Instrument für strukturpolitische Planung („Industriepolitik") und das Einfallstor für zusätzlichen wirtschaftspolitischen Dirigismus des Staates zu werden. Würden mit derartigen Zielvorstellungen und staatlichem Segen Unternehmen fusioniert, liefe das darauf hinaus, die Wettbewerbsbehörde umzufunktionieren in eine EG-Konzernschmiede. Die EG-Fusionskontrolle weicht also erheblich von der deutschen Fusionskontrolle ab.
Zu einem Europäischen Kartellamt, das zudem auch so unabhängig ist wie das Bundeskartellamt, haben sich die Mitgliedstaaten nicht durchgerungen. Wettbewerbsbehörde ist damit einzig und allein die Generaldirektion Wettbewerb der Europäischen Kommission mit einem Wettbewerbskommissar an der Spitze. Dieser Kommissar und seine Direktion entscheiden aber nicht allein; alle anderen sechzehn Kommissare stimmen bei Wettbewerbsentscheidungen mit. Der Wettbewerbskommissar muß also mindestens acht Kollegen auf seine Seite bringen, um mit seiner eigenen Entscheidung durchzukommen. Dieses Verfahren ermöglicht nationale Einflußnahmen, verschlechtert die Transparenz der Entscheidungsgründe und setzt sich damit Verdächtigungen auf Kungelei aus. So kann das Ergebnis einer Entscheidung aus „politischen" Gründen vorgegeben sein, doch diese wahren Gründe lassen sich hinter Begründungen verbergen, die zusammengesucht werden, damit sie gerichtsfest sind.

Fehlentwicklungen

Das Kartellgesetz soll Anbieter und Nachfrager davor schützen, daß ein Unternehmen auf einem Markt in seinem Verhaltensspielraum nicht mehr hinreichend durch Konkurrenten gezügelt („kontrolliert") werden kann und daß es dann seinen Verhaltensspielraum zu Lasten von Mitwettbewerbern und Kunden ausdehnt, indem es zu Verhaltensweisen übergeht, die den Wettbewerb beschränken. Zu mehr als zu diesem Schutz ist das Gesetz nicht da, zu mehr darf es auch nicht dasein. Doch kommt es immer wieder zu Mißverständnissen, Fehldeutungen und Versuchungen, die darauf hinauslaufen, mit Hilfe des Gesetzes vor Wettbewerb statt den Wettbewerb zu schützen.
Zu diesen Versuchungen gehört der nachträglich ins Kartellgesetz bugsierte „Preismißbrauch" marktbeherrschender Unternehmen, als Gegenstück zum „Behinde-

rungsmißbrauch" auch als „Ausbeutungsmißbrauch" diskreditiert. Danach soll ein Preis dann mißbräuchlich sein, wenn er von demjenigen Preis abweicht, den das Unternehmen ohne seine marktbeherrschende Stellung verlangen würde, oder der sich, wie es das Gesetz ausdrückt, „mit hoher Wahrscheinlichkeit bei wirksamem Wettbewerb ergeben würde". Um das zu prüfen, muß die Kartellbehörde also eine Situation simulieren, als ob Wettbewerb bestünde.

Wettbewerbspolitisch entscheidend ist, daß Preise nicht durch Behinderungspraktiken und damit durch Wettbewerbsbeschränkungen zustande kommen. Solange das nicht der Fall ist, sind sie ein Ausdruck und Ergebnis von Leistung im Wettbewerb, also Wettbewerbspreise. Darauf, ob ein Unternehmen im Sinne des Gesetzes marktbeherrschend ist, darf es dabei nicht ankommen. Der Staat hat in einer freiheitlichen Wirtschaftsordnung bei der Preisbildung wie bei anderen Marktergebnissen nichts zu suchen. Die Kartellbehörde soll nicht Preiskommissar spielen. Sonst laufen Vorschriften im Namen des Wettbewerbs Gefahr, ebendas zu behindern, was sie eigentlich schützen sollen: den Wettbewerb. Gefordert ist die Behörde dagegen, wenn Mißbrauch durch Behinderung vorliegt.

Auch der Versuchung, das Diskriminierungsverbot, gezielt vor allem auf die Großunternehmen im Lebensmittel-Einzelhandel, zu erweitern, ist der Gesetzgeber erlegen. Die Lobby der kleinen und mittleren Einzelhändler drängte darauf, Ungleichbehandlungen durch die Lieferanten bei Rabatten, Provisionen und sonstigen Konditionen zu verbieten, soweit sie „sachlich nicht gerechtfertigt" seien und den Wettbewerb zum Nachteil ihrer Klientel beeinträchtigten. Dahinter steckt der Ärger darüber, daß Großunternehmen mit vielen Filialen ihren Lieferanten Nebenleistungen abnötigen wie zum Beispiel Geld für die Aufnahme ins Sortiment („Listungsgebühr"), für die Übernahme der Preisauszeichnung oder für eine sogenannte Regalpflege. Kleineren Händlern gelingt das nicht.

Aber nicht jede Ungleichbehandlung ist schon eine Diskriminierung. Auch Nebenleistungen sind ein Ausdruck von Wettbewerb, sind Leistungswettbewerb und damit sachlich gerechtfertigt. Zwischen Geschäftspartnern zu differenzieren ist erlaubt und für den freien Wettbewerb auch notwendig. Den gescholtenen Nebenleistungen stehen Gegenleistungen gegenüber. Kaufleute verstehen, sie in Mark und Pfennig zu bewerten.

Wenn der Lieferant unter Wettbewerbsdruck mit Nebenleistungen zwischen Groß- und Kleinabnehmern differenziert, dann deswegen, weil er die Gegenleistung (Aufnahme seiner Ware in das Regal des Händlers) unter diesen Umständen für akzeptabel und notwendig hält.

Der große Abnehmer bedeutet ihm zwangsläufig mehr als der kleine; er bietet ihm Absatzleistungen, die der kleine in diesem Umfang nicht bietet. Aber andererseits ist dem Kleinen nicht verwehrt, ebenfalls groß zu werden, denn die Märkte sind offen; auch der Große hat einmal klein angefangen. Oder der Kleine muß sein Geschäft konsequenter auf das ausrichten, was ihn so wohltuend vom Riesen-Supermarkt unterscheidet: auf die besondere Dienstleistung. Wenn ihm das nicht gelingt, ist er kein Opfer von Diskriminierung, sondern ein Opfer mangelnder Fähigkeit, sich im Wettbewerb anzupassen und zu behaupten.

Andere Versuchungen bestehen darin, „systematische" Verkäufe unter Einstandspreis zu unterbinden, auch Lockvogelangebote genannt. Man brandmarkt sie als „wettbewerbswidrige Preisschleuderei" oder als „ruinösen Preiskampf". Aber wer sich so äußert, übersieht, daß kein Kaufmann gezwungen werden sollte, in Einstandspreisen für jede einzelne Ware zu denken. Er verkennt, daß die Leistung eines Handelsunternehmens als Gesamtleistung zu werten ist, daß Leistung und das Sichbehaupten im Wettbewerb gerade darin bestehen, das Unternehmen als Ganzes voran- und über die Runden zu bringen, nicht jede einzelne Ware für sich. Versuchungen, Wettbewerb im Namen des Wettbewerbs zu unterbinden, entstehen, wenn sich bestimmte Unternehmensformen im Wettbewerb nicht mehr durchsetzen (Beispiel: Tante-Emma-Läden) oder wenn ganze Wirtschaftszweige in Schwierigkeiten geraten, weil sie dem Wandel durch Wettbewerb und technischen Fortschritt, dem Wandel der Gewohnheiten und im Denken unterliegen oder zu erliegen drohen (Beispiele: Kohlebergbau, Massenstahlherstellung, Landwirtschaft, Binnenschiffahrt, Kursmakler).

Aber die Wirtschaft vor solchen Veränderungen zu schützen ist das Gesetz gegen Wettbewerbsbeschränkungen nicht gemacht. Es soll Wettbewerb sichern, aber nicht Marktergebnisse korrigieren und Strukturen konservieren. In der europäischen Wettbewerbspolitik liegen die Hauptgefahren darin, daß sie die Entscheidungsverfahren politisiert sowie die Wettbewerbsregeln durch Nichtanwendung aushöhlt und daß die Gemeinschaft durch ihre protektionistische Handelspolitik (Beispiele: Antidumping-Verfahren, Selbstbeschränkungsabkommen) die Wettbewerbsregeln der Artikel 85 und 86 des EWG-Vertrages untergräbt.

Das Kartellgesetz hat neben seinen sonstigen Unvollkommenheiten einen Hauptfehler: Es befaßt sich nur mit den Wettbewerbsbeschränkungen der privaten Wirtschaft. Den größten Sünder gegen den Wettbewerb läßt es ungeschoren: den Staat. Die Wettbewerbspolitik klammert die staatlichen Wettbewerbsbeschränkungen aus. Das wiegt deswegen besonders schwer, weil der entscheidende wettbewerbspolitische Handlungsbedarf nicht bei den privaten, sondern bei den staatlichen Wettbewerbsbeschränkungen besteht.

Immerhin wird nur rund die Hälfte (53 Prozent) der Wertschöpfung in Deutschland dort erwirtschaftet, wo der Staat den Wettbewerb nicht verfälscht (Monopolkommission im Gutachten von 1984/85). Dazu kommt, daß der Staat, weil mit hoheitlicher Gewalt ausgestattet, den Wettbewerb ziemlich dauerhaft und nachhaltig beschränken kann, auf diese Weise weitaus mehr Schaden anzurichten pflegt und deshalb besonders gefährlich ist. Dagegen finden private Beschränkungen des Wettbewerbs in der Regel ihre Grenzen im potentiellen Wettbewerb, also darin, daß sie mögliche Konkurrenten auf den Plan rufen, oder im Substitutionswettbewerb (Konkurrenz gleichsam aller Güter um den Geldbeutel der Verbraucher). Sie können auf diese Weise in der Wirkung begrenzt sein, an Wirkung verlieren und auch ganz verschwinden. Bei staatlichen ist das kaum der Fall, weil gesetzliche Kraft sie stützt.

Wirtschaftszweige, in denen der Staat den Wettbewerb schwerwiegend beschränkt, sind die für Strom, Gas, Fernwärme, Wasser, Kohle, Verkehr und Nachrichtenübermittlung sowie Landwirtschaft, Gesundheitswesen (Krankenhäuser, Ärzte, Apotheken, gesetzliche Krankenversicherung), gesetzliche Rentenversicherung und Wohnungswirtschaft. Staatliche Eingriffe in den Wirtschaftsablauf finden darüber hinaus durch vielfältige Subventionen mit Finanzhilfen, Steuervergünstigungen, Bürgschaften, Kapitalbeteiligungen statt. Staatliche Protektion schützt auch vor Importkonkurrenz.

Gemessen an der Fülle von staatlichen Eingriffen in den Wettbewerb, sind die privaten Wettbewerbsbeschränkungen gleichsam Kinkerlitzchen. Die Fülle zeigt, in welchem gewaltigen Umfang Deutschland, das als Hort des freien Wettbewerbs gilt, den Wettbewerb außer Kraft setzt und ein großes Stück wirtschaftliche Leistungskraft unnötig verschenkt.

6. Die Finanzpolitik

Der Staat unter Begründungszwang

„Soll das Land glücklich sein, will der Fürst geachtet werden, so muß er unbedingt Ordnung in seinen Finanzen haben. Noch nie hat eine arme Regierung sich Ansehen verschafft." Was Friedrich der Große 1752 in seinem politischen Testament seinen Nachfolgern als Mahnung hinterließ, hat nach fast zweieinhalb Jahrhunderten nichts an Aktualität eingebüßt: Sparsamkeit und Ordnung in den Ausgaben, die der preußische König von einem Herrscher verlangte, sind auch in der modernen parlamentarischen Demokratie nicht selbstverständlich.

Der Bau von neuen Kindergärten, Museen, Abwässerkläranlagen, Lärmschutzwänden an stark befahrenen Straßen, von zusätzlichen Sozialwohnungen, die Aufstockung des Personals an den Hochschulen, ein höheres Wohngeld – all dies läßt sich gut begründen. Die Verwirklichung aller Forderungen von Bürgern und Interessengruppen an den Staat birgt jedoch die Gefahr, daß die Ausgaben mit den Einnahmen nicht Schritt halten. Die Empfehlung Friedrichs, „daß alljährlich etwas Geld für außerordentliche Fälle beiseite gelegt werden sollte", mag heutigen Finanzministern wie ein frommer Wunsch erscheinen. Denn eine Jahr für Jahr wachsende Schuldenlast von Bund, Ländern und Gemeinden wird als Normalität empfunden.

In einer marktwirtschaftlichen Ordnung, die auf dem eigenständigen Handeln von Produzenten und Verbrauchern, auf Wettbewerb und freier Preisbildung beruht, unterliegen finanzwirtschaftliche Aktivitäten des Staates einem besonderen Begründungszwang. Die Bereitstellung von Gütern und Dienstleistungen ist grundsätzlich dem Markt überlassen. Dem Staat wird die Verantwortung für die Infrastruktur zugewiesen, das heißt beispielsweise für Verkehrswege, die Energieversorgung, das Telefonnetz, Abfall- und Abwasserbeseitigung, Schulen, Kindergärten, Krankenhäuser und Sportstätten. Der Staat unterstützt hilfsbedürftige Bürger, etwa in Form von Sozialhilfe, indem er die Verteilung von Einkommen und Vermögen, die sich am Markt ergibt, korrigiert. Und der Staat versucht, durch seine Einnahmen- und Ausgabenpolitik die konjunkturellen Schwankungen zu glätten und auf ein gesamtwirtschaftliches Gleichgewicht hinzuwirken.

Die Politik hat diese drei Ziele zu verschiedenen Zeiten sehr unterschiedlich gewichtet. In den ersten Jahren nach dem Zweiten Weltkrieg stand der Wiederaufbau des zerstörten Landes, die Aufbringung der Besatzungskosten und die Versorgung von Vertriebenen, Kriegsbeschädigten und Hinterbliebenen im Vordergrund. Bedarfsdeckung und Wirtschaftswachstum waren die Ziele der Haushaltspolitik. Der Staat baute die Infrastruktur wieder auf und war bemüht, durch steuerliche Anreize und Sparprämien die private Kapitalbildung für mehr Investitionen anzuregen.

Nach den ersten Jahren dynamischen Wachstums – etwa von 1955 an – gewann dann zunehmend die Verteilung an Bedeutung, im Sinne des Interventionismus: die Umverteilung. „Eigentumsbildung in allen sozialen Schichten" und „Wohlstand für alle" lauteten Leitlinien der damaligen Regierungspolitik, die nicht von Beginn an, aber bald in den Dienst einer bewußt umverteilenden Politik gestellt wurden. Mit Rentenreform, Wohngeld, Bundessozialhilfegesetz und Vermögensbildungsgesetz wurden sie umgesetzt. Zudem rückten Strukturprobleme von Regionen und Wirtschaftszweigen in den Blickpunkt. Der Kohlenbergbau wurde gestützt.

Etwa zur Mitte der sechziger Jahre, als sich die Anzeichen mehrten, daß die lange Wachstumsphase der Wiederaufbauzeit ihrem Ende zuging, verlagerte sich der Schwerpunkt der Finanzpolitik auf die Konjunktursteuerung. Das Stabilitäts- und Wachstumsgesetz wurde 1967 geschaffen. Es verpflichtet in Paragraph 1 Bund und Länder, mit ihrer Wirtschafts- und Finanzpolitik gleichzeitig vier Ziele anzusteuern: die Stabilität des Preisniveaus, einen hohen Beschäftigungsstand, außenwirtschaftliches Gleichgewicht bei stetigem und angemessenem Wirtschaftswachstum.

Nach dem Grundmuster der antizyklischen Politik werden die Staatsausgaben im konjunkturellen Abschwung erhöht, um private Nachfrage zu ersetzen und das Beschäftigungsniveau zu erhöhen. In Zeiten der Hochkonjunktur bremst die öffentliche Hand ihre Ausgaben und schöpft durch Steuerzuschläge Kaufkraft ab, um eine Überhitzung und damit Inflation zu verhindern. Die Politik der „Globalsteuerung" zeigte in ihrem Frühstadium Erfolge: Zusätzliche öffentliche Investitionen und befristete Sonderabschreibungen für Investoren halfen, die erste Nachkriegsrezession von 1966/67 schnell zu überwinden. Zur Finanzierung der Konjunkturspritzen nahm der Bund Kredite auf: Die Nettoneuverschuldung schnellte von 218 Millionen DM 1966 auf 6,6 und 5,7 Milliarden DM in den Jahren 1967 und 1968 in die Höhe. Dies war eine in den Nachkriegsjahren nie dagewesene Größenordnung. Schon 1969 wurden konjunkturelle Bremsmaßnahmen beschlossen. Eine befristete Ausgabensperre, erhöhte Vorauszahlungen zur Einkommen- und Körperschaftsteuer sowie eine Konjunkturausgleichsrücklage von Bund und Ländern in Form unverzinslicher Guthaben bei der Bundesbank drosselten die gesamtwirtschaftliche Nachfrage. Das Haushaltsdefizit wurde schnell zurückgeführt.

So modellhaft wie bei der Rezession 1966/67 funktionierte die antizyklische Fiskalpolitik später nicht mehr. In den Folgejahren überlagerten Strukturprobleme, etwa die Ölpreiskrise von 1973, die konjunkturellen Schwankungen. Währungspolitische Turbulenzen sorgten für einen Devisenzustrom nach Deutschland und trieben die Inflation an. Zu Konflikten mit dem Ziel Preisstabilität führte die deutliche Ausdehnung der Staatstätigkeit als Folge der „Politik der gesellschaftlichen Reformen" und der stärkeren Betonung verteilungspolitischer Ziele durch die sozial-liberale Koalition seit 1969. In der Rezession der Jahre 1974 und 1975 setzte die Finanzpolitik die herkömmlichen kreditfinanzierten Ankurbelungsmaßnahmen ein. Die erhoffte Wirkung auf dem Arbeitsmarkt aber blieb aus.

Weitere Konjunktur- und Investitionsprogramme konnten einen Anstieg der Arbeitslosenzahl nicht verhindern. Andererseits gelang es nicht, die Neuverschuldung wieder zu senken. Als die Zinsausgaben, die 1969 noch bei 2,7 Prozent der Bundesausgaben gelegen hatten, 1983 elf Prozent des Haushalts beanspruchten und den Handlungsspielraum der Politik mehr und mehr einengten, setzte ein Umdenken ein. Das Ziel, die öffentlichen Defizite abzubauen und private Investoren nicht vom Kapitalmarkt zu verdrängen, gewann an Dringlichkeit. Die im Herbst 1982 gebildete neue Regierung von CDU/CSU und FDP erhob die Sanierung der öffentlichen Haushalte zum wichtigsten Ziel ihrer Finanzpolitik. Konsequentes Sparen und der wirtschaftliche Aufschwung ermöglichten eine Senkung der Neuverschuldung von 37,2 Milliarden DM 1982 auf 22,4 Milliarden DM 1985. Der öffentliche Sparkurs tat der Wirtschaftsentwicklung keinen Abbruch. Er fiel zusammen mit dem Beginn einer langjährigen Wachstumsphase bei relativ stabilen Preisen, die erst 1992 zum Stillstand kam. Als 1993 bei ohnehin als Folge der deutschen Einheit angespannter Finanzlage eine Rezession Mehrausgaben vor allem für die Arbeitslosenversicherung und Steuermindereinnahmen verursachte, bestand breite Übereinstimmung darüber, daß das konjunkturbedingt um 30 Milliarden gegenüber dem Vorjahr höhere Defizit des Bundes hingenommen werden müßte. Der Ruf nach zusätzlichen kreditfinanzierten Ausgabeprogrammen zur Ankurbelung der Konjunktur blieb aber aus. Daß statt dessen mitten in der Rezession über öffentliche Sparmaßnahmen diskutiert wurde, zeigt das gewandelte Verständnis von konjunkturgerechter Finanzpolitik. Die Erfahrungen der achtziger Jahre stützen die Erkenntnis, daß wichtiger als kurzfristige Konjunkturspritzen eine mittelfristig angelegte Wachstumsstrategie ist. Sie zielt auf eine Senkung des Staatsdefizits durch Einsparungen, um über eine Entlastung des Kapitalmarkts und den Abbau leistungshemmender Steuern und Abgaben günstigere Bedingungen für private Investitionen zu schaffen.

Die Finanzverfassung

„Den Staat" gibt es ebensowenig wie „die Finanzpolitik". Ein föderativer Staat wie die Bundesrepublik Deutschland besitzt keine zentrale Instanz, die über Einnahmen und Ausgaben entscheidet. Der Gesamtstaat gliedert sich in Bund, Länder und Gemeinden. Diesen Gebietskörperschaften ist im Grundgesetz ein bestimmte Arbeitsteilung zugewiesen worden. Für ihre Aufgaben müssen sie auch grundsätzlich die Ausgaben tragen. Deshalb werden die Steuereinnahmen auf die Gebietskörperschaften aufgeteilt. Bund und Länder sind in ihrer Haushaltspolitik selbständig und voneinander unabhängig. Dies garantiert Artikel 109 Absatz 1 Grundgesetz. Die wünschenswerte Koordinierung der Finanzpolitik zwischen Bund und den 16 Ländern ist ein mühsames und schwieriges Unterfangen, das häufig nur ansatzweise gelingt.
Die unterste Ebene und zugleich kleinste Verwaltungseinheit ist die Gemeinde. Sie hat vor allem örtliche Versorgungs- und Dienstleistungsaufgaben wahrzunehmen. Dazu zählen beispielsweise die Versorgung mit Wasser und Strom, die Müllabfuhr, die Unterhaltung der örtlichen Straßen sowie - zusammen mit den Ländern – Schulen und kulturelle Einrichtungen. Die Länder sind grundsätzlich für alle staatlichen Aufgaben zuständig, es sei denn, das Grundgesetz trifft ausdrücklich eine andere Regelung oder läßt eine solche zu. Die Hauptaufgaben der Länder sind Schule, Hochschule, Kultur, Rechtspflege, Polizei und Gesundheitswesen.
Dem Bund sind alle gesamtstaatlichen Augaben zugewiesen. Dazu gehören die soziale Sicherung, die Verteidigung, die Außenpolitik, aber auch der Bau von Autobahnen und die Wirtschaftsförderung. Die strikte Trennung von Aufgaben und ihrer Finanzierung zwischen Bund und Ländern, wie sie das Grundgesetz zunächst vorgesehen hatte, überforderte einige Länder. Mit der Finanzreform von 1969 wurden deshalb als „Gemeinschaftsaufgaben" von Bund und Ländern neu in die Verfassung aufgenommen (Artikel 91a): der Ausbau und Neubau von Hochschulen, die Verbesserung der regionalen Wirtschaftsstruktur und die Verbesserung der Agrarstruktur und des Küstenschutzes. Trotz vielfältiger Kritik an schwerfälligen Entscheidungswegen sind die Gemeinschaftsaufgaben nicht nur erhalten geblieben. Ihr Finanzierungsvolumen wurde, vor allem nach der deutschen Einheit, sogar deutlich ausgeweitet.
Standen für die drei Gemeinschaftsaufgaben 1989 noch 2,8 Millionen DM zur Verfügung, waren es 1993 neun Milliarden DM. Als weitere, aber nicht verpflichtende Gemeinschaftsaufgabe nennt das Grundgesetz Bildungsplanung und Forschungsförderung. In diesem Rahmen finanzieren Bund und Länder gemeinsam Forschungseinrichtungen, Sonderprogramme für die Hochschulen und den wissenschaftlichen Nachwuchs.
Für konjunkturpolitisch, regionalpolitisch oder zur Förderung des wirtschaftlichen Wachstums besonders bedeutsame Investitionen der Länder und Gemeinden kann der Bund nach Artikel 104a Absatz 4 Grundgesetz Finanzhilfen gewähren. Ob dies erfor-

derlich ist, entscheidet der Bund allein. Die Art der förderungsfähigen Investition wird durch Bundesgesetz oder Verwaltungsvereinbarung zwischen Bund und Ländern festgelegt. Die Länder haben die Planungsfreiheit und wählen die Vorhaben aus. Diese Kompetenzverteilung wirft Probleme auf. So blockierten einige Länder ein neues Förderkonzept des Bundes für den sozialen Wohnungsbau, das den Subventionsbedarf pro Wohnung senken sollte. Finanzhilfen zahlt der Bund auch für die Städtebauförderung und Stadtsanierung, für Verkehrsinvestitionen der Gemeinden und den Bau von Studentenwohnheimen. Hilfen an steuerschwache Länder zahlt der Bund auch im Rahmen des Finanzausgleichs.

Der Haushaltsplan

Friedrich der Große war von seiner Finanzwirtschaft sehr überzeugt. „Unsere Zahlungen werden nicht aufgrund liederlicher Rechnungen oder mit Papier, sondern in guter Weise geleistet, und wir ändern im Laufe des Jahres nichts an der Ordnung des zu Beginn des Rechnungsjahres festgestellten Voranschlags." Das Papiergeld ist längst hoffähig geworden, der Voranschlag der zu erwartenden Ausgaben aber ist sinnvoll und notwendig geblieben. „Alle Einnahmen und Ausgaben des Bundes sind in den Haushaltsplan einzustellen. Der Haushaltsplan ist in Einnahmen und Ausgaben auszugleichen", bestimmt Artikel 110 Grundgesetz.
Haushaltspläne werden auch von den Ländern und den Gemeinden aufgestellt. Aus gesamtwirtschaftlicher Sicht ist es sinnvoll, daß die Gebietskörperschaften sich in ihrer Einnahmen- und Ausgabenplanung abstimmen. Dies setzt eine Vergleichbarkeit der Haushalte voraus. Deshalb wurde mit der Haushaltsreform von 1969 ein einheitliches Regelwerk geschaffen. Der Haushaltsplan ermächtigt die Verwaltung, eine genau festgelegte Geldsumme für genau bezeichnete Zwecke auszugeben und Verpflichtungen zu Lasten künftiger Haushaltsjahre einzugehen (Verpflichtungsermächtigungen). Verbindlich wird der von der Regierung aufzustellende Etat erst durch die Billigung des Parlaments in einem Haushaltsgesetz.
Der Haushaltsplan ist ein dickes Buch, das sich in Einzelpläne für jede oberste Bundesbehörde (siehe Tabelle) gliedert. Er umfaßt 1400 Einnahme- und 9500 Ausgabetitel. Für jedes Jahr ist ein Etatplan aufzustellen. Von der Möglichkeit, den Haushaltsplan für zwei Jahre, aber nach Jahren getrennt, aufzustellen, haben bislang nur einige Bundesländer, beispielsweise Bayern, Gebrauch gemacht. Verfassung und Gesetz geben Bund und Ländern Haushaltsgrundsätze verbindlich vor.
Dazu zählen das Gesamtdeckungsprinzip (alle Einnahmen dienen als Deckungsmittel für alle Ausgaben) und der Haushaltsausgleich (die Summe der Einnahmen und die der Ausgaben muß gleich hoch sein). Daß alle voraussichtlichen Einnahmen und Ausgaben zu erfassen sind, klingt selbstverständlich, sorgt in der Praxis aber zuweilen für Streit. So berichteten die Tageszeitungen im November 1992, daß die SPD-Fraktion beantragt hatte, die Verabschiedung des Bundesetats 1993 von der Tagesordnung des Bundestages abzusetzen, weil die Regierungsvorlage gegen das Gebot der Vollständigkeit verstoße. Die Regierung hatte zu diesem Zeitpunkt Aufbauhilfen für die neuen Länder angekündigt, die sie wegen der noch ungeklärten Finanzierung erst später in einem Nachtragshaushalt dem Parlament vorlegen wollte. Ausnahmen vom Vollständigkeitsprinzip sind zugelassen für öffentliche Betriebe und Sondervermögen wie die Eisenbahnen und die Bundespost, die eigene Wirtschaftspläne aufstellen. Im Bundeshaushalt tauchen nur Zuführungen oder Ablieferungen auf. Nebenhaushalte wie beispielsweise die Treuhandanstalt gefährden die Einheit des

Bundeshaushalt 1993

Einzelplanübersicht Ausgaben
(in Millionen DM)

Bundespräsidialamt	28,6
Deutscher Bundestag	935,2
Bundesrat	30,2
Bundeskanzleramt	610,8
Auswärtiges Amt	3 632,5
Bundesminister des Inneren	8 789,4
Bundesminister der Justiz	732,0
Bundesminister der Finanzen	5 814,4
Bundesminister für Wirtschaft	15 962,6
Bundesminister für Ernährung, Landwirtschaft und Forsten	13 935,8
Bundesminister für Arbeit und Sozialordnung	119 862,1
Bundesminister für Verkehr	43 871,5
Bundesminister für Post und Telekommunikation	558,6
Bundesminister für Verteidigung	49 846,9
Bundesminister für Gesundheit	1 064,3
Bundesminister für Umwelt, Naturschutz und Reaktorsicherheit	1 262,4
Bundesminister für Frauen und Jugend	2 911,0
Bundesminister für Familie und Senioren	29 906,4
Bundesverfassungsgericht	22,8
Bundesrechnungshof	69,6
Bundesminister für wirtschaftliche Zusammenarbeit	8 423,9
Bundesminister für Raumordnung, Bauwesen und Städtebau	7 988,9
Bundesminister für Forschung und Technologie	9 611,0
Bundesminister für Bildung und Wissenschaft	6 447,6
Bundesschuld	60 531,6
Versorgung	13 465,2
Verteidigungslasten im Zusammenhang mit dem Aufenthalt ausländischer Streitkräfte	1 202,8
Zivile Verteidigung	773,1
Allgemeine Finanzverwaltung	49 848,6
Summe	458 140,0

Quelle: Bundesministerium für Finanzen.

Haushaltsplans, die das Finanzgebaren der öffentlichen Hand durchschaubar machen soll.

Das Bruttoprinzip verlangt, daß alle Einnahmen und Ausgaben getrennt voneinander in voller Höhe zu veranschlagen sind. Für die Einnahmen aus neuen Krediten und die Ausgaben für Tilgung gilt eine wichtige Ausnahme: Im Haushalt wird nur der Saldo ausgewiesen, die Nettoneuverschuldung oder die Nettotilgung. Daß die Veränderung der Verschuldung direkt ablesbar ist, macht den Haushaltsplan lesbarer. Denn diese Größe hat besondere Bedeutung für die Beurteilung der gesamtwirtschaftlichen Wirkung des Haushalts.

Eine übermäßige Kreditfinanzierung des Haushalts ist bedenklich. Deshalb hat der Gesetzgeber Grenzen gezogen. Besondere Gefahren für die Stabilität der Währung drohen, wenn der Staat „Geld drucken", sich also bei der Notenbank verschulden kann. In der Bundesrepublik ist deshalb eine Finanzierung der öffentlichen Haushalte durch die Bundesbank gesetzlich verboten. Das Bundesbankgesetz erlaubt in Paragraph 20 lediglich die Gewährung kurzfristiger Kredite (Kassenkredite) innerhalb enger Höchstgrenzen.

Ein oberes Limit für die Kreditaufnahme hat das Grundgesetz in Artikel 115 gesetzt. Danach darf die Neuverschuldung die gesamten Investitionen eines Haushaltsplans nicht überschreiten.

Ausnahmen sind nur erlaubt, wenn es darum geht, eine nachhaltige Störung des gesamtwirtschaftlichen Gleichgewichts abzuwehren. Diese Begrenzung ist nicht willkürlich gewählt. Den neuen Krediten, die ja die nachfolgenden Haushalte mit dem Schuldendienst belasten, sollen mindestens in gleicher Höhe Ausgaben gegenüberstehen, die nicht kurzfristig konsumiert werden, sondern die in der Zukunft positive Wirkungen entfalten.

Mittelfristige Finanzplanung

Entscheidungen über Ausgaben und Einnahmen des Staates haben Auswirkungen, die über ein Haushaltsjahr hinausreichen. Gesetze über Geldleistungen sind zumeist zeitlich nicht begrenzt. Investitionsprojekte erstrecken sich über viele Jahre. Planung und Ausführung des Baus einer Autobahn oder einer Schnellbahnverbindung erfordern eine sorgfältige Vorausschau der Ausgaben.

Um die künftigen finanziellen Konsequenzen der Entscheidungen von heute deutlich zu machen und ein böses Erwachen in späteren Jahren zu verhindern, stellen Bund und Länder jeweils eine fünfjährige Finanzplanung auf, die einmal jährlich festgeschrieben wird. Das erste Jahr ist dabei das laufende Haushaltsjahr. Der Finanzplan stellt eine Absichtserklärung der Regierung dar. Er muß nicht vom Parlament gebilligt werden. Die Koordinierung der Finanzplanungen von Bund, Ländern und Gemeinden ist Aufgabe des Finanzplanungsrats, dem unter Vorsitz des Bundesfinanzministers der Bundeswirtschaftsminister, die Länderfinanzminister, vier Vertreter der Gemeinden und als Gast ein Vertreter der Bundesbank angehören. Dieses Gremium, das zweimal im Jahr tagt, kann Bund, Länder und Gemeinden keine bindenden Vorgaben machen, sondern nur Empfehlungen aussprechen. In den vergangenen Jahren einigte man sich auf Ziele zur Begrenzung des Ausgabenanstiegs und des öffentlichen Defizits.

Der Haushalt spiegele das Programm der Regierung, der parlamentarischen Mehrheit wider, sagte man früher. Dies trifft heute nur noch bedingt zu. Denn große Teile des Bundeshaushalts sind durch gesetzliche Verpflichtungen festgelegt und deshalb nicht so ohne weiteres zu ändern. Der Haushaltsplan setzt aber Daten, die für viele Bürger wichtig sind. Deshalb berichten die Zeitungen über alle Schritte seiner Entstehung, vom ersten Entwurf bis zur Verabschiedung in Bundestag und Bundesrat.

Vom Chefgespräch zur dritten Lesung

Schon in den Monaten Januar bis März beginnt die Haushaltsabteilung des Bundesfinanzministeriums mit den Vorarbeiten für den Etat des folgenden Jahres. Bis Anfang März müssen die einzelnen Ressorts ihren Bedarf durch „Voranschläge" beim Finanzminister anmelden. Die Empfehlung des Finanzministers, die alte Finanzplanung tunlichst nicht zu überschreiten, mißachten die meisten Minister. Sie wollen sich später nicht vorhalten lassen, nicht alles versucht zu haben, um möglichst viel Geld für ihr Ressort herauszuholen. Die Anmeldungen der einzelnen Ministerien werden – noch ohne Blick auf die zu erwartenden Einnahmen – eingehend zwischen Fachressort und Finanzministerium erörtert, zunächst auf unterer Beamtenebene. Dabei wird, wie Teilnehmer berichten, wie auf dem Viehmarkt verhandelt und gefeilscht. Inzwischen hat ein interministerieller Arbeitskreis unter Federführung des Wirtschaftsministeriums eine Prognose der gesamtwirtschaftlichen Entwicklung für die nächsten vier Jahre erarbeitet. Diese ist Grundlage für die Steuerschätzung in der ersten Maihälfte durch einen Arbeitskreis, dem Experten von Bund, Ländern, Gemeinden, Statistischem Bundesamt und Wirtschaftsforschungsinstituten angehören.

Wenn die zu erwartenden Einnahmen bekannt sind, erarbeitet das Finanzministerium ein Konzept für Haushalt und Finanzplan. Die Verhandlungen mit den einzelnen Ministerien gehen unterdessen weiter, inzwischen – im Mai – auf Abteilungsleiter-Ebene. Bei einigen Punkten, in der Regel den politisch umstrittensten, überlassen die Beamten den Ministern die Entscheidung.

Diese nächste Runde des Pokers nennt sich Chefgespräch und findet meistens im Juni statt. Dann sitzen sich auf der einen Seite der Fachminister, um dessen Einzeletat es geht, sein Staatssekretär und ein oder zwei weitere Mitarbeiter, auf der anderen Seite der Finanzminister und zwei bis drei hohe Beamte gegenüber. Bleiben auch bei den Chefgesprächen noch strittige Punkte, muß das Bundeskabinett entscheiden. Es beschließt zumeist in der ersten Juliwoche den Entwurf des Haushaltsplans und die mittelfristige Finanzplanung.

Der Entwurf wird – abweichend vom normalen Gesetzgebungsgang – gleichzeitig dem Bundesrat und dem Bundestag zugeleitet. Der Bundesrat nimmt innerhalb von sechs Wochen Stellung. Die Änderungswünsche der Länder werden – mit der Gegenäußerung der Bundesregierung – dem Bundestag zugeleitet. Dort findet in der Regel Anfang September die erste Lesung statt. Der Finanzminister stellt den Haushaltsplan vor. Die sich anschließende mehrtägige Debatte ist traditionell eine Generaldebatte der Regierungspolitik. Die zentrale Rolle bei der parlamentarischen Beratung des Etats spielt der Haushaltsausschuß des Bundestages. Jeweils drei Parlamentarier, die Berichterstatter, kümmern sich besonders intensiv und mit Sachkunde um einen Einzelplan. Sie verhandeln mit den einzelnen Ministerien (Berichterstatter-Gespräche) und schlagen nicht selten zahlreiche Änderungen am Haushaltsentwurf vor. Der eine oder andere Minister versucht, über die Berichterstatter Ausgabeforderungen durchzusetzen, mit denen er beim Finanzminister abgeblitzt war. Es gilt aber das ungeschriebene Gesetz, daß für von den Parlamentariern beschlossene Mehrausgaben an anderer Stelle gestrichen wird.

Zur Beratung seines Etats steht dann der jeweilige Fachminister den Mitgliedern des Haushaltsausschusses Rede und Antwort. Die Beratungen der „Haushälter" ziehen sich über Wochen hin. Nicht nur die Schlußberatung im Ausschuß, die Bereinigungssitzung, dauert häufig bis in die Nacht. Nach der Verabschiedung im Haushaltsausschuß folgt – meistens im November – die zweite und dritte Lesung im Bundestag. Dies ist erneut eine mehrtägige Aussprache. In Kraft treten können Haushaltsgesetz und Haushaltsplan erst, wenn der Bundesrat der Vorlage im zweiten Durchgang zugestimmt hat. Ansonsten wird ein Vermittlungsverfahren notwendig.

Haushaltsvollzug und Kontrolle

Der Vollzug des Haushalts ist Sache der Regierung. Das Kontrollrecht des Parlaments zeigt sich aber daran, daß es bestimmte Ausgabetitel mit einem Sperrvermerk versehen kann. Solche Ausgaben können nur nach Zustimmung des Finanzministers geleistet werden. Die Aufhebung der Sperre kann aber auch an die Zustimmung des Bundestags geknüpft werden.
Der beste Haushaltsplan kann nicht für alle Eventualitäten vorsorgen. Über- und außerplanmäßige Ausgaben bedürfen der Genehmigung des Finanzministers. Nur wenn es sich um unvorhergesehene und unabweisbare Ausgaben handelt, darf er sie geben. Der Totalschaden eines Ministerdienstwagens kann ebenso der Anlaß sein wie ein nicht eingeplantes Defizit der Bundesanstalt für Arbeit oder der Rentenkassen, das der Bund ausgleichen muß. Wenn Mehrausgaben politische Entscheidungen erfordern, muß ein Nachtragshaushalt aufgestellt werden. In den Jahren 1990 bis 1993 war dies jeweils mindestens einmal der Fall. Der Entwurf eines Nachtragsetats durchläuft die gleichen Verfahrensschritte wie der reguläre Haushaltsplan.
Zum Vollzug des Haushalts gehören die Kassenführung und das Schuldenmanagement. Fast 170 Milliarden DM an neuen Krediten (bei etwa 100 Milliarden DM Tilgung) hat allein der Bund im Jahr 1993 aufzunehmen. Wer soviel Geld benötigt, kann nicht monatelang auf günstige Zinsen warten, sondern muß sich annähernd gleichmäßig übers Jahr eindecken. Aber eine gewisse Flexibilität, um Marktsituationen zu nutzen, besteht. Denn der Kapitalmarkt soll nicht überfordert werden, um Zinserhöhungen zu vermeiden. Der Verschuldungsbedarf ergibt sich aus der Finanzplanung, die sehr grob für ein Jahr, für ein Quartal im voraus die monatlichen und einen Monat im voraus die täglichen Abweichungen von Einnahmen und Ausgaben angibt. Um den kurzfristigen Liquiditätsbedarf zu decken, reicht der „Kontokorrentkredit" bei der Bundesbank von sechs Milliarden DM längst nicht mehr aus. Die Regierung muß zeitweise bis zu 10 Milliarden DM zusätzlich bei Banken aufnehmen.
Die Papiere des Bundes, die wie Bundesobligationen und Bundesschatzbriefe den privaten Anlegern ständig angeboten werden, lassen sich in ihrem Aufkommen nur durch die Veränderung der Zinskonditionen steuern. Bei den jährlich acht- bis zehnmal aufgelegten Bundesanleihen stimmen sich die Verantwortlichen im Bonner Finanzministerium mit ihren Kollegen von Ländern, Bahn, Post und Treuhandanstalt ab. Ständiger Telefonkontakt sorgt dafür, daß jeder weiß, was der andere plant.
Nach Abschluß des Haushaltsjahres legt der Finanzminister Bundestag und Bundesrat die Jahresrechnung vor, in der dem Haushaltsplan, dem „Soll", die tatsächlichen Einnahmen und Ausgaben, das „Ist", gegenübergestellt wird. Das gesamte Zahlenwerk wird vom Bundesrechnungshof, einer unabhängigen Kontrollinstanz, sorgfältig geprüft. Das Ergebnis faßt der Rechnungshof in „Bemerkungen" zusammen, die es in sich haben: In jedem Jahr decken sie eklatante Beispiele öffentlicher Verschwendung auf. Aufgrund der Haushaltsrechnung und dem Bericht des Rechnungshofs befinden Bundestag und Bundesrat über die Entlastung der Bundesregierung. Damit Kritik des Rechnungshofs nicht ohne Konsequenzen bleibt, sitzen die Prüfer mit am Tisch, wenn ein neuer Etat aufgestellt und beraten wird.

Die Struktur der öffentlichen Haushalte

Der mit Abstand größte Ausgabenblock im Bundeshaushalt ist die soziale Sicherung. Ihr Anteil an den gesamten Ausgaben blieb (siehe Tabelle) über die Jahre relativ konstant bei etwa einem Drittel. Die größten Etatposten im Sozialbereich sind im Jahr 1993 die Zuschüsse an die gesetzliche Renten- und Arbeitslosenversicherung, die Arbeitslosenhilfe, das Kindergeld, die Kriegsopferversorgung und das Erziehungsgeld. Das Gewicht der Veteidigungsausgaben nimmt seit dem Ende der Ost-West-Konfrontation stetig ab. Die Ausgaben für die Bundeswehr liegen 1993 aber immer noch bei mehr als 50 Milliarden DM. Für Bildung und Forschung gibt der Bund seit den siebziger Jahren deutlich mehr aus als früher. Er zahlt vor allem für die Forschung außerhalb der Hochschulen und die Ausbildungsförderung von Studenten und Schülern. Obwohl der finanzielle Schwerpunkt der Agrarpolitik bei der Europäischen Gemeinschaft liegt, hat die Landwirtschaft im Bundesetat wieder an Bedeutung gewonnen. Das liegt vor allem an den Hilfen für die Umstrukturierung der ostdeutschen Landwirtschaft.

Die Bundesausgaben nach Aufgabenbereichen 1952 bis 1992

	1952	1962	1972	1982	1989	1992
Ausgaben insgesamt (in Milliarden DM)	20,4	49,86	111,09	244,65	289,8	427,2
Anteile an den Gesamtausgaben (in Prozent)						
Soziale Sicherung	34,3	31,6	28,1	35,5	33,7	34,7
Verteidigung	38,7[1]	31,9	22,4	18,8	18,8	12,8
Bildung, Wissenschaft und Forschung	0,3	1,9	5,7	5,5	4,7	4,8
Gesundheit und Sport	0,2	0,2	1,0	0,8	0,3	0,5
Wohnungsbau und Städtebau	2,4	3,5	1,4	1,1	0,9	1,1
Landwirtschaft	3,8	5,8	2,9	0,7	1,5	1,7
Wirtschaftsförderung	0,8	1,6	2,3	2,3	4,2	4,4
Verkehr	2,8	8,4	15,6	10,7	9,2	10,6
Finanzzuweisungen[2]	4,2	2,1	4,0	4,1	4,3	8,5
Versorgungsleistungen	4,3	4,6	5,2	4,2	3,6	3,1
Politische Führung, Auswärtige Angelegenheiten	5,4	5,7	7,7	6,4	6,2	6,5
Zinsen	1,1	2,1	2,9	9,3	11,4	10,4

[1] Besatzungskosten
[2] Zuschuß zum Berliner Haushalt; 1992 zusätzlich: Fonds „Deutsche Einheit", Kreditabwicklungsfonds
Quelle: Bundesministerium der Finanzen.

Investitionshilfen für die neuen Länder haben auch die Ausgaben für Wirtschaftsförderung ansteigen lassen. Höhere Belastungen mußte der Bund in den vergangenen Jahren aus Bürgschaften und Garantien für Ausfuhrgeschäfte deutscher Unternehmen nach Osteuropa übernehmen. Unter die Rubrik „Wirtschaftsförderung" fallen auch die Subventionen für die Werften und die Steinkohle. Zusammen mit den Geldern für die Landwirtschaft stehen sie seit längerem im Mittelpunkt der Diskussion über einen Subventionsabbau. Die theoretische Einsicht, daß auf Dauer gewährte Überlebenshilfen für ganze Wirtschaftszweige den notwendigen Strukturwandel hemmen und so den Wohlstand mindern, hat in der Praxis nur zu bescheidenen Konsequenzen geführt. Eine wichtige Größe zur Beurteilung eines Haushaltsplans sind die Investitionen. Ein Gemeinwesen, das viel in die Infrastruktur, in Verkehrswege, in Umweltschutz, in das Bildungswesen investiert, verbessert die Voraussetzungen für das künftige Wirtschaftswachstum. Diese Wirkung haben kosumtive Ausgaben, wie etwa Sozialleistungen, nicht. Sie beruhen zumeist auf gesetzlichen Verpflichtungen, die nur unter großen Widerständen zum Nachteil der Empfänger verändert werden können. Unter dem Druck leerer Kassen steht die Politik deshalb in der Versuchung, vor allem bei den Investitionen zu kürzen. Durch den großen Aufbaubedarf in Ostdeutschland haben sich die Investitionen des Bundes im Vergleich zu den Jahren vor der Einheit nahezu verdoppelt. Mit mehr als 68 Milliarden DM, 16 Prozent der Gesamtausgaben, erreichten sie im Jahr 1992 einen Höchststand. Schwerpunkt ist der Verkehrsbereich, in den etwa 40 Prozent der Gelder fließen.

In den Haushalten der Länder spiegeln sich ihre personalintensiven Aufgaben Polizei und Bildung wider: Mit einem Personalkostenanteil von 40 Prozent (Bund: zwölf Prozent) wird die Entwicklung ihrer Ausgaben zu einem guten Teil am Verhandlungstisch der Tarifparteien des öffentlichen Dienstes bestimmt. Dies gilt auch für die Gemeinden, die fast jede dritte Mark für Personalkosten ausgeben.

Die Ausgaben des Bundes sind von 1950 bis 1993 von 12,4 auf 458 Milliarden DM gestiegen. Die Ausgaben aller Gebietskörperschaften erreichten 1950 erst 29 Prozent des Bruttosozialprodukts, im Jahre 1993 waren es 36 Prozent. Nimmt man die Sozialversicherung hinzu, haben die Ausgaben des Staates die Hälfte des Bruttosozialprodukts überschritten. Vor 40 Jahren lag diese Staatsquote erst bei 31 Prozent.

Der wachsende Staatsbedarf

Schon Ende des vorigen Jahrhunderts glaubte der deutsche Wirtschaftswissenschaftler Adolph Wagner im Wachstum der Staatsausgaben eine Gesetzmäßigkeit zu erkennen. Sein „Gesetz der wachsenden Ausdehnung der öffentlichen und speciell der Staatsthätigkeiten" hat die Finanzwissenschaft immer wieder zur Ursachenforschung animiert. Krisen und Kriegszeiten bewirkten einen sprunghaften Anstieg der öffentlichen Ausgaben, lautet ein Erklärungsversuch. Wenn mit steigenden privaten Einkommen die Grundbedürfnisse gedeckt seien, nehme die Nachfrage nach öffentlichen Leistungen überdurchschnittlich zu, sagt ein anderer. Oder: Die moderne arbeitsteilige Industriegesellschaft mit hoch technisierter Produktion erfordere eine immer ausgefeiltere und damit teurere Infrastruktur. Zwingend ist keine dieser Erklärungen. Eine Rolle spielt sicher, daß der politische Entscheidungsmechanismus in der parlamentarischen Demokratie die Tendenz fördert, dem Staat neue Aufgaben aufzubürden. Andererseits bremst oder verhindert das Beharrungsvermögen der Verwaltung die Streichung unwichtig gewordener Ausgaben.

Die Staatsquote ist das Ergebnis politischer Entscheidungen. In den achtziger Jahren gelang es, durch strikte Ausgabenzurückhaltung der öffentlichen Hand den Staatsanteil von 50 auf 45 Prozent zu senken. Die deutsche Einheit brachte dann in kurzer Zeit wieder einen kräftigen Anstieg der Staatstätigkeit.

Im internationalen Vergleich liegt die Bundesrepublik im Mittelfeld (siehe Tabelle). Deutlich niedrigere Anteile der öffentlichen Hand am Wirtschaftsgeschehen weisen die Schweiz, Japan, die Vereinigten Staaten und Großbritannien auf. In Ländern, in denen der Wohlfahrtsstaat eine lange Tradition hat, wie in Schweden oder Dänemark, liegt die Staatsquote höher als 60 Prozent.

Staatsquote im internationalen Vergleich

Staatsausgaben in Prozent des Bruttosozialprodukts

Deutschland	52,0
Belgien	57,5
Dänemark	61,4
Finnland[1]	51,7
Frankreich	54,4
Großbritannien	43,9
Irland	43,6
Italien	55,9
Japan	32,0
Kanada[1]	49,7
Luxemburg	50,8
Niederlande	56,3
Norwegen[1]	57,5
Österreich[1]	50,2
Portugal	46,7
Schweden[1]	67,3
Schweiz[1]	28,7
Vereinigte Staaten	37,6

Werte für das Jahr 1993
[1] Letzte Angaben stammen aus dem Jahr 1992
Quelle: Finanzbericht 1994 des Bundesfinanzministeriums

In Phasen schneller Ausdehnung der Staatsausgaben wächst zumeist auch die öffentliche Verschuldung in hohem Tempo. Wenn auch der Umfang staatlicher Tätigkeit, je nach politischem Standort, unterschiedlich bewertet wird – eine ausufernde öffentliche Verschuldung provoziert einhellig Kritik. Sie ist berechtigt. Denn hohe staatliche Defizite beschwören Inflationsgefahren herauf. Sie beschneiden den Handlungs- und Finanzierungsspielraum für alte und neue Aufgaben.

Die Finanzierung der deutschen Einheit

Die Frage, in welcher Höhe eine Neuverschuldung hinzunehmen sei, bestimmt maßgeblich die kontroverse Diskussion über die finanzpolitische Bewältigung der deutschen Einheit. Ohne Zweifel wurde die Finanzpolitik durch die deutsche Vereinigung im Jahr 1990 vor eine gewaltige Aufgabe gestellt. Die Umstellung der maroden Planwirtschaft auf eine marktwirtschaftliche Ordnung führte zu einer Anpassungskrise in den neuen Ländern. Die flankierenden Hilfen für Unternehmen, die Sozialleistungen, Investitionszuschüsse, die Aufwendungen für den Aufbau der Infrastruktur und die Bedienung der Altschulden der DDR summieren sich zu staatlichen Finanztransfers von West nach Ost in der Größenordnung von 130 Milliarden DM jährlich.

Hat die Finanzpolitik auf diese Herausforderung richtig reagiert? Die Verantwortlichen müssen sich mit einer gewissen Berechtigung vorhalten lassen, die Dimension der Belastung (und damit den Zwang zum Sparen) durch zahlreiche Sondertöpfe und Nebenhaushalte verschleiert zu haben. Denn die Neuverschuldung von Bund, Ländern und Gemeinden ergibt ein geschöntes Bild. Eigene Kredite in Milliardenhöhe beanspruchen das ERP-Sondervermögen (das auf den Marshall-Plan zurückgeht und zinsgünstige Darlehen zur Wirtschaftsförderung finanziert), der Fonds „Deutsche Einheit", über den der Hauptteil der Hilfe für die neuen Länder abgewickelt wird, sowie der Kreditabwicklungsfonds, der die Staatsschulden der ehemaligen DDR bedient, sowie die Forderungen, die sich aus der Umstellung der Ostmark auf D-Mark ergeben. Hinzu kommt noch die Treuhandanstalt zur Privatisierung der ehemaligen DDR-Staatsbetriebe, die bis Ende 1994 etwa 275 Milliarden DM Schulden anhäuft. Dem verwirrten Zeitungsleser zum Trost: Selbst die Deutsche Bundesbank klagte, angesichts so vieler Nebenhaushalte falle es schwer, den Überblick zu behalten. Überschaubarer wird das finanzpolitische Dickicht, wenn 1995 die Schulden der Treuhand, des Kreditabwicklungsfonds (140 Milliarden DM) und 30 Milliarden DM Altschulden aus dem DDR-Wohnungsbau in einen neuen Erblastenfonds überführt werden.

Schwerer als die Kritik an den Nebenhaushalten wiegt ein anderer Vorwurf: Von dem für die neuen Länder aufgebrachten Geld fließt zu wenig in dringend benötigte Infrastrukturinvestitionen. Ein großer Teil dient dazu, über Zuschüsse an die Sozialversicherungskassen und Lohnzuschüsse für die Betriebe die schnelle Einkommensangleichung an westdeutsche Verhältnisese zu finanzieren.

Das Ziel, die Hilfen überwiegend durch Umschichtung von Ausgaben und durch Sparen aufzubringen, wurde verfehlt. Es wurde gespart, aber in bescheidenem Umfang. Zu harten Einschnitten brachte die Politik nicht die Kraft auf. Statt dessen sind die wichtigsten Finanzierungsquellen höhere Steuern und neue Schulden. Das Defizit des öffentlichen Gesamthaushalts stieg von zuletzt 1,2 Prozent des Sozialprodukts in der alten Bundesrepublik auf 5 Prozent im vereinigten Deutschland des Jahres 1993. Der bisherige Höchststand Anfang der achtziger Jahre wurde überschritten. Der Schuldenstand der Gebietskörperschaften hat sich nach der Einheit in nur drei Jahren um mehr als 400 auf 1345 Milliarden DM erhöht. Die Bundesrepublik schließt bis zur Mitte der neunziger Jahre mit einer Staatsschuldenquote von 60 Prozent des Sozialprodukts zu Japan und den Vereinigten Staaten auf, die bislang weit höhere Verbindlichkeiten mitschleppten. Für Belgien, Irland und Italien liegen diese Werte deutlich höher.

7. DIE STEUERPOLITIK

Der Zugriff des Staates

Steuern zahlt niemand gern. Aber jedes organisierte Gemeinwesen braucht Mittel, um seine Aufgaben erfüllen zu können. Das gilt selbst für die primitivsten Gemeinschaften. Je mehr Aufgaben von den einzelnen Bürgern auf die Gemeinschaft verlagert werden und je perfekter der Staat organisiert und verwaltet wird, um so höher ist sein Finanzbedarf. Der moderne, regelungswütige Staat erweist sich als Moloch, der alle bei den Bürgern abzuschöpfenden Mittel an sich zieht und verbraucht. Der Spielraum des einzelnen, über sein Einkommen zu entscheiden, wird um so geringer, je höher der Staat die an ihn und die sozialen Institutionen abzuführenden Abgaben bemißt. Der liberale und bürgerfreundliche Staat wird seine Einwohner und seine Unternehmen nur maßvoll belasten. Der Staat, der glaubt, seine Bürger in allen Lebenslagen dirigieren und betreuen zu müssen, ist in der Gefahr, seine Bürger im Übermaß zu belasten. An der Höhe der Steuerbelastung läßt sich also auch ablesen, wie es mit den

Freiheitsrechten in einem Land bestellt ist, denn dazu gehört auch die Freiheit, über sein Geld möglichst weitgehend allein verfügen zu können.

Steuersystem und Wirtschaftsordnung

Das Steuersystem sollte auf die Wirtschaftsordnung zugeschnitten sein. Die marktwirtschaftliche Ordnung kann ihre Stärken nur zur Geltung bringen, wenn Steuern oder vergleichbare Zwangsabgaben den Wettbewerb weder behindern noch verzerren. Mit Steuern kann die Bereitschaft, Leistungen zu erbringen und Risiken zu übernehmen, geschwächt werden. Daran aber hängt die Effizienz des marktwirtschaftlichen Systems. Dessen Motor ist der Gewinn. Schöpft der Staat über die Steuer zu viel davon ab, dann büßt der Motor an Kraft ein. Die Unternehmer verlieren den Anreiz zu investieren. Andere weichen in die Schwarzarbeit aus oder legen sich auf die „faule Haut". Die legalen und illegalen Strategien zur Steuervermeidung nehmen zu.

Grenzen der Belastbarkeit

Es gibt also Grenzen der Belastbarkeit. Diese sind freilich nicht exakt zu benennen. Von einer rasch wachsenden Volkswirtschaft mit wettbewerbsfähigen Unternehmen ist mehr zu verkraften als von einer Volkswirtschaft, die sich am Rande einer Stagnation bewegt und die in die Rezession zu geraten droht. Die Politik hat gelegentlich die Belastbarkeit der Volkswirtschaft zu testen versucht. Das ist immer schief gegangen, denn Bürger und Unternehmen reagieren sensibel auf eine Belastung, die sie als unangemessen hoch empfinden. Auch wenn der Durchschnittsverdiener, wie heute in Deutschland, annähernd 50 Prozent seines Arbeitsentgelts in der Form von Steuern und Sozialabgaben abzuführen hat, und wenn in der Spitze allein über die Einkommensteuer mehr als die Hälfte der Leistungseinkommen abgeschöpft wird, ist die Grenze der Belastbarkeit im marktwirtschaftlichen System erreicht. Der Staat, der dies nicht respektiert und weitergehende Abgabenbelastungen durchzusetzen versucht, schwächt die Wachstumskräfte, provoziert die Gefahr einer rezessiven Wirtschaftsentwicklung mit progressiv steigendem Ausfall bei den Einnahmen aus Steuern und Sozialabgaben.

Staatsanteil und Steuerquote

Die Steuerbelastung wird vom Finanzbedarf bestimmt, über den die Politik von Jahr zu Jahr im Rahmen der Haushaltspläne entscheidet. Der Finanzbedarf ist eine politisch bestimmte Größe; er ist damit, jedenfalls mittelfristig, auch politisch veränderbar, nach oben und unten. Mit steigendem Staatsanteil am Sozialprodukt steigt in der Regel sowohl die Kreditfinanzierungsquote als auch die gesamtwirtschaftliche Steuerquote. Das gilt freilich auch umgekehrt. So konnten in der zweiten Hälfte der achtziger Jahre die Steuern gesenkt werden, weil in einer Phase des stetigen Wirtschaftswachstums die Staatsquote durch eine sparsame Ausgabenpolitik von etwa 50 Prozent auf 45,3 Prozent gesenkt wurde. Inzwischen ist der Staatsanteil am Sozialprodukt wieder auf über 51 Prozent angestiegen; die Hälfte des Sozialprodukts wird also über die öffentlichen Kassen gelenkt.
Dies ist mit den Kosten der deutschen Vereinigung zu erklären, freilich auch mit der Tatsache, daß es die Politik nicht geschafft hat, neue Prioritäten zu setzen und den bisherigen Ausgabenkatalog wirksam zu durchforsten. Daher ist zunächst die Neuver-

schuldung rasant in die Höhe geschnellt. Danach mußte dann zwangsläufig an der Steuerschraube gedreht werden. So ist 1991/92 ein „Solidarzuschlag" zur Einkommen- und Körperschaftsteuer in Höhe von 3,75 Prozent erhoben worden. Gesetzestechnisch handelt es sich dabei um eine Ergänzungsabgabe, deren Einnahmen allein dem Bund zufließen. Erhöhungen hat es bei der Versicherungssteuer, der Mineralölsteuer und der Mehrwertsteuer gegeben. 1995 wird wiederum ein „Solidarzuschlag" eingeführt. Der Steuersatz wird jedoch auf 7,5 Prozent verdoppelt, eine Befristung ist nicht vorgesehen. Die Steuer auf die privaten Vermögen wird um 0,5 Prozentpunkte auf 1 Prozent angehoben; der Satz der Versicherungssteuer wird dem Niveau des Regelsatzes der Mehrwertsteuer (15 Prozent) angepaßt. Das alles ist schon Gesetz. Darüber hinaus ist jedoch mit einer weiteren massiven Erhöhung der Mineralölsteuer um annähernd 20 Pfennig je Liter Benzin zu rechnen; mit den Mehreinnahmen soll auch der Schuldendienst der Bahn finanziert werden, wenn deren Schulden, wie vorgesehen, auf den Bund übertragen werden.

Dies schlägt sich auch in der Steuerquote nieder. Diese hat 1970 bei knapp 23 Prozent gelegen. Sie ist dann bis 1980 kontinuierlich auf fast 25 Prozent gestiegen; sie ist danach bis 1990 aber wieder unter 23 Prozent gedrückt worden. Die Steuerquote wird nun bis 1995 auf eine neue Rekordhöhe steigen; sie wird für 1996 auf 25,26 Prozent geschätzt. Darin sind freilich noch nicht alle zu erwartenden Steuerbeschlüsse und Schätzrisiken erfaßt. Bei realistischer Einschätzung ist mit einer Quote von mindestens 25,5 Prozent zu rechnen. Dies bedeutet, daß die Belastungen aus den Steuerbeschlüssen in den Jahren seit 1991 weit höher sind als die Entlastungen aus der mehrstufigen Steuerreform von 1986 bis 1990.

Heimliche Steuererhöhungen

Wenn die Steuerquote wieder stark steigt, so liegt dies auch an den „heimlichen" Steuererhöhungen. Diese sind das Ergebnis der allgemeinen Einkommenssteigerung sowie der Preissteigerungen. Mit jeder Einkommenssteigerung erhöht sich die Steuerlast, zumal die Steuern nach dem Nominaleinkommen bemessen werden. Da Einkommen progressiv belastet werden, steigt die Steuer sogar schneller als das Einkommen. Die höhere Steuer wird selbst dann fällig, wenn die Einkommenserhöhungen nicht ausreichen, die realen Einkommensverluste durch Preissteigerungen auszugleichen. Auch steigende Preise verschaffen dem Staat höhere Einnahmen. Die Höhe der Umsätze hängt auch von der Preisentwicklung ab. Steigen die Umsätze preisbedingt, so erhöht sich das Aufkommen aus der Umsatzsteuer selbst dann, wenn der Realwert der Umsätze stagniert oder sinkt. Selbst in der Rezession sinken daher in der Regel die Steuereinnahmen des Staates nicht; sie wachsen nur langsamer als erwartet.

Die Abgabenbelastung steigt

Vielfach glaubt man, mit der Steuerquote die Steuerlast messen zu können. An ihr allein ist die Höhe der Belastung einer Volkswirtschaft und die tatsächliche Belastung des einzelnen Steuerzahlers aber nicht abzulesen. Unsinnig wäre es zum Beispiel, die deutsche Steuerquote mit der Schwedens von heute fast 36 Prozent vergleichen zu wollen, um daraus zu schließen, daß wir Deutschen im Steuerparadies lebten. Die Schweden finanzieren nämlich ihr Sozialsystem zum größten Teil über Steuern, während bei uns die Sozialversicherung mit Beiträgen finanziert wird und zum Beispiel die Lohnfortzahlung im Krankheitsfall von den Arbeitgebern zu zahlen ist. Die Belastung einer Volkswirtschaft, der Unternehmen und der Bürger ist daher schon eher an der Abgabenquote abzulesen, die Steuern und Sozialabgaben zum Sozialprodukt in Beziehung setzt. Diese ist von 38,5 Prozent 1990 auf 41,5 Prozent 1992 gestiegen (siehe Tabelle).

Steuer- und Gesamtabgabenbelastung im internationalen Vergleich 1992

Land	Abgabenquote[1] Insgesamt	darunter Steuerquote	Anteil am gesamten Steueraufkommen in Prozent direkte Steuern	indirekte Steuern
Schweden	50,6	35,7	56,1	43,9
Dänemark	48,8	46,3	63,2	36,8
Niederlande	46,9	28,6	56,4	43,6
Österreich	45,0	30,2	46,9	53,1
Frankreich	43,7	22,4	39,7	60,3
Bundesrepublik Deutschland	43,7	25,1	48,3	51,7
Belgien	42,9	27,9	57,5	42,5
Italien	40,8	25,9	56,6	43,4
Portugal	38,7	26,3	41,4	58,6
Kanada	37,5	31,9	54,3	45,7
Griechenland	36,0	25,1	24,3	75,7
Schweiz	35,9	20,8	66,9	33,1
Irland	35,7	30,3	45,8	54,2
Spanien	35,4	22,0	53,0	47,0
Großbritannien	33,4	26,9	46,6	53,4
Vereinigte Staaten	30,7	21,4	60,4	39,6
Australien	29,3	29,3	56,2	43,8
Japan	29,3	20,5	60,8	39,2

[1] Steuern und Sozialversicherungsbeiträge in Prozent des Bruttoinlandsprodukts. Die Angaben in dieser Tabelle basieren auf den Volkswirtschaftlichen Gesamtrechnungen, in denen die Steuererträge vor Abzug bestimmter Vergünstigungen (wie zum Beispiel Investitionszulagen) ausgewiesen sind und das Lohnsteueraufkommen um einen Monat zurückversetzt worden ist. Die hier genannten Quoten und Anteile für die Bundesrepublik unterscheiden sich deshalb etwas von denen nach der Finanzstatistik.

Quelle: OECD beziehungsweise nationale Angaben (für Deutschland); teilweise geschätzt, Deutsche Bundesbank, Monatsbericht März 1993

Diese vermittelt jedoch für Deutschland noch ein zu günstiges Bild. Der Rentenbeitrag muß 1994 um wenigstens 1,8 Prozentpunkte angehoben werden. Darüber hinaus ist mit der Einführung einer Pflegeversicherung zu rechnen, die 1994 mit einem Beitrag von einem Prozent und von 1996 an mit einem Beitrag von 1,7 Prozent finanziert werden soll. Die hohen Defizite in der Arbeitslosenversicherung könnten zu einer weiteren Abgabenerhöhung zwingen. Zusammen mit den Steuererhöhungen wird dies zu einem weiteren Anstieg der Abgabenquote führen. Deutschland reiht sich damit in die Gruppe der Länder mit der höchsten Abgabenbelastung ein. Von den sieben großen Industrieländern (G 7) hat allenfalls Frankreich eine vergleichbare Abgabenbelastung; in Frankreich ist jedoch die direkte Steuerbelastung nicht so drückend wie in Deutschland. Die Finanzierung der deutschen Vereinigung (auch über die Sozialversicherung), der Verzicht auf eine restriktive Ausgabenpolitik, die Rezession seit Mitte 1992 und die beginnende Verschlechterung der Altersstruktur der Bevölkerung haben ihren Preis. Die Ökonomen messen bei der Bewertung eines Steuersystems dem Verhältnis von direkten und indirekten Steuern Bedeutung zu. Steuern, die an die Einkommensverwendung anknüpfen, schonen die Investitionen. Steuern, die an der Entstehung von Einkommen und Gewinn ansetzen, schwächen die Wachstumskräfte. Als optimal wird heute überwiegend ein Verhältnis zwischen direkten und indirekten Steuern von 40 zu 60 Prozent angesehen. Zeitweise erhöhte sich die direkte Steuerbelastung in Deutschland auf mehr als 50 Prozent. Die Steuerentlastungsgesetze der achtziger Jahre haben dazu beigetragen, daß die Aufkommen der direkten Steuern wieder ein wenig (auf 48,3 Prozent) gesunken sind.

Steuersätze und Bemessungsgrundlagen

Die gesamtwirtschaftlichen Wirkungen der Steuerpolitik hängen freilich nicht nur von der Höhe der Steuersätze, der jeweiligen steuerlichen Bemessungsgrundlage und den Methoden der Einkommens- und Gewinnermittlung, sondern auch von der Verwendung der Steuermittel ab. Das Geld, das der Staat abschöpft, fließt in den Wirtschaftskreislauf zurück, was mehr oder weniger auch dem Steuerzahler wieder zugute kommen kann. Wird mit Steuermitteln nachhaltig die Infrastruktur des Landes verbessert, so gehen davon positive wirtschaftliche Impulse aus. Wird jedoch überwiegend der Sozialkonsum finanziert, so geht dies zu Lasten der Investitionen und des Wachstums. Und noch etwas gilt es zu bedenken: Eine höhere Steuerquote kann erträglich sein, wenn sie von einer breiten Schicht wohlhabender Bürger getragen wird. Selbst eine niedrige Steuerquote kann zur Plage werden, wenn die Steuerlast nur einer kleinen Schicht aufgebürdet wird.

Die Ziele der Steuerpolitik

Die wichtigste Aufgabe der Steuerpolitik bleibt es, dem Staat die notwendigen Mittel zu beschaffen. Allerdings werden mit Hilfe der Steuer auch immer wieder andere Ziele verfolgt. Dazu zählen vor allem die Umverteilung der Leistungseinkommen, Anreize zum Sparen und zum Investieren, die Förderung von Regionen und Branchen, der Umweltschutz, die Förderung des Wohnungsbaus und der Ausgleich der Familienlasten, die Beschäftigung von Haushaltshilfen und das Energiesparen. Dieser Katalog ließe sich beliebig verlängern. Wie versucht wird, über die Steuern die Verhaltensweisen von Bürgern und Unternehmen zu steuern, läßt sich im einzelnen am Subventionsbericht ablesen, den die Bundesregierung jeweils im Abstand von zwei Jahren vorzulegen hat. Dort werden die Steuervergünstigungen, bezogen auf 1992, mit fast 37 Milliarden Mark beziffert; rechnet man die Finanzhilfen hinzu, so ergibt sich ein Subventionsbetrag von rund 100 Milliarden Mark. Zu den gewichtigsten Steuersubventionen zählten in der Vergangenheit die Vergünstigungen nach dem Berlinhilfegesetz, die Sonderabschreibungen für Investitionen im Zonenrandgebiet und die steuerlichen Sonderregelungen für die Schaffung von Wohneigentum. Künftig werden vor allem die Investitionszulagen und Sonderabschreibungen in den neuen Bundesländern sowie der 1993 kräftig erhöhte Sparerfreibetrag zu Buche schlagen.

Im Steuerdickicht

Im Einzelfall mag man Steuervergünstigungen für sinnvoll halten. Jede steuerliche Vergünstigung stellt jedoch einen Verstoß gegen den Grundsatz dar, daß alle Bürger und Unternehmen steuerlich gleich zu behandeln sind. Steuervergünstigungen haben in der Regel eine lange Lebensdauer. Werden sie eingeführt, so sind sie kaum noch abzuschaffen. Jede steuerliche Sonderregelung ergibt eine Komplizierung des Steuerverfahrens. Die Fülle der Sonderregelungen hat dazu geführt, daß niemand das Geflecht des Abgabenrechts noch zu überblicken vermag. Die versierten Steuerzahler profitieren davon; die anderen müssen zahlen. Steuervereinfachung täte also not, auch aus Gründen der steuerlichen Gerechtigkeit. Aber mit fast jedem Gesetz wird das Steuerdickicht nur noch undurchdringlicher.

Die Struktur des Steuersystems wird maßgeblich durch den Entwicklungsstand einer Volkswirtschaft bestimmt. In den hochindustrialisierten Ländern der westlichen Welt kommt den direkten Steuern, also den Steuern, die unmittelbar an das Einkommen anknüpfen, eine hohe Bedeutung zu. Ein ausgebautes Einkommensteuersystem setzt freilich voraus, daß es eine breite Schicht gut verdienender Bürger gibt, bei denen das Einkommen auch mit einiger Sicherheit zutreffend zu ermitteln ist. Diese Voraussetzungen fehlen in den weniger entwickelten Ländern. Hier dominieren die indirekten Steuern, die an die Einkommensverwendung, also an den Umsatz oder Verbrauch bestimmter Waren, ansetzen. Das klassische Beispiel hierfür war früher die Salzsteuer, die kürzlich abgeschafft worden ist. Heute kann man auf die Mehrwertsteuer, die Mineralölsteuer oder Tabaksteuer verweisen. Wer rauchen will, wer sich ein Auto zulegen und damit fahren will, hat seinen Obulus an den Staat zu entrichten; dem kann er sich nicht entziehen.

In der wissenschaftlichen Literatur wird immer wieder die Forderung nach einem rationalen, optimalen oder idealen Steuersystem erhoben. Unter anderem haben sich die Finanzwissenschaftler Haller, Hedtkamp und Neumark mit solchen Fragen auseinandergesetzt. Die unterschiedlichen Anforderungen, die an ein Steuersystem zu stellen sind, lassen sich nicht durch eine einzige Steuer realisieren. Jedes Steuersystem ist ein Mischsystem, das sich aus mehreren oder vielen unterschiedlichen Steuern zusammensetzt. Das gilt selbst für das „ideale" Steuersystem, so wie es von Neumark beschrieben worden ist. Dieses sollte eine Einkommensteuer, eine Körperschaftsteuer, eine Vermögen- und Erbschaftsteuer sowie eine allgemeine Umsatzsteuer enthalten. Haller hält es für zweckmäßig, neben eine umfassende und sich am Prinzip der persönlichen Leistungsfähigkeit orientierende progressive Einkommensteuer eine allgemeine Umsatzsteuer zu stellen, die in ihrer Wirkung einer allgemeinen und proportionalen Einkommensteuer gleichkomme.

Kein ideales Steuersystem

Solchen Anforderungen entspricht das deutsche Steuersystem jedenfalls nicht. Das hängt auch damit zusammen, daß am laufenden Band neue Steuergesetze verabschiedet werden. Immer stärker beeinflussen verteilungspolitische Argumente die Steuergesetzgebung. Die Prinzipien einer rationalen Steuerpolitik bleiben dabei auf der Strecke. Das Steuerrecht ist immer komplizierter geworden, obwohl in den letzten Jahren eine Reihe kleinerer Steuern abgeschafft worden sind, so die Börsenumsatzsteuer, die Gesellschaftsteuer, die Wechselsteuer, die Leuchtmittelsteuer, die Salzsteuer, die Zuckersteuer, die Teesteuer sowie die Steuern auf Schmierstoffe, Zigarettenpapier, auf Kau- und Schnupftabak.

Der Bund gibt den Ton an

Steuern bedürfen einer gesetzlichen Grundlage. Wie die Gesetzgebungskompetenz verteilt ist, regelt das Grundgesetz in Artikel 105. Danach steht die Gesetzgebung über Zölle und das Branntweinmonopol allein dem Bund zu. Der konkurrierenden Gesetzgebung unterliegen Steuern, wenn ihr Aufkommen ganz oder teilweise dem Bund zusteht oder wenn ein Bedürfnis nach bundesgesetzlicher Regelung besteht. Die Länder sind zuständig, wenn die Voraussetzungen für die konkurrierende Gesetzgebung nicht gegeben sind und soweit der Bund von seiner Kompetenz keinen Gebrauch macht. Die Länder können Gesetze über die örtlichen Verbrauch- und Aufwandsteuern erlassen, solange und soweit sie nicht bundesgesetzlich geregelten Steuern gleichartig sind. Der Artikel 105 sorgt dafür, daß Steuergesetze in der Regel Bundesgesetze sind. Die Führungsrolle in der Steuerpolitik steht also dem Bund zu. Das gewährleistet die Einheitlichkeit der Besteuerung im föderalen System.
Bundesgesetze, deren Aufkommen den Ländern und Gemeinden ganz oder teilweise zufließt, bedürfen jedoch der Zustimmung des Bundesrates. Das wiederum gibt den Ländern in der Steuergesetzgebung eine starke Stellung, da das Aufkommen der ertragreichen Steuern auf die drei staatlichen Ebenen – Bund, Länder und Gemeinden – verteilt wird. Im Grundgesetz ist festgelegt, daß die Einnahmen aus der Einkommen- und der Körperschaftsteuer Bund und Ländern jeweils zur Hälfte zufließen; Bund und Länder haben aber jeweils 7,5 Prozent ihrer Einnahmen aus der Einkommensteuer an die Gemeinden abzuführen. Die Gemeinden beteiligen im Gegenzug Bund und Länder am Gewerbesteueraufkommen; die Gewerbesteuerumlage ist jedoch in den letzten Jahren im Zuge der dreistufigen Steuerreform fühlbar gesenkt worden, um Steuerausfälle bei der Einkommensteuer auszugleichen. Über die Verteilung der Umsatzsteuereinnahmen haben sich Bund und Länder in einem zustimmungsbedürftigen Gesetz zu einigen. Zwischen 1986 und 1990 erhielten die Länder vom Umsatzsteueraufkommen 35 Prozent, bis 1994 beträgt ihr Anteil 37 Prozent und von 1995 an, wenn die neuen Bundesländer in den Finanzausgleich einbezogen werden, 44 Prozent. Dies ist das Ergebnis eines zähen politischen Tauziehens im Rahmen des „Föderalen Konsolidierungsprogramms", bei dem der Bund in der politisch schwächeren Position war. Er wird damit von den Ländern gezwungen, jene Steuern zu erhöhen, bei denen er nicht auf die Zustimmung des Bundesrates angewiesen ist. Das sind die Verbrauchsteuern, von denen die Mineralölsteuer die ertragreichste ist. Der Bund kann aber auch eine Ergänzungsabgabe zur Einkommen- und Körperschaftsteuer erheben. Von dieser Kompetenz macht er beim „Solidarzuschlag" zur Finanzierung des Aufbaus Ost Gebrauch. Die Grundsätze für die Steuerverteilung sind in Artikel 106 GG enthalten.

Der Finanzausgleich

Die Finanzkraft der einzelnen Gebietskörperschaften hängt also wesentlich davon ab, wie die Steuereinnahmen auf sie verteilt werden (siehe Tabelle). Der Anteil der Länder an der Umsatzsteuer wird auf sie nach der Einwohnerzahl verteilt, der Anteil an der Einkommen- und Körperschaftsteuer nach dem örtlichen Aufkommen (Artikel 107

GG). Dennoch bleiben große Unterschiede in der Finanzkraft der einzelnen Regionen bestehen. Das ist mit strukturellen Vor- und Nachteilen der Regionen, aber auch mit dem Fleiß der Menschen und der Weitsicht der von ihnen gewählten Politiker zu erklären. Das Grundgesetz geht von der Vorstellung aus, daß die Finanzpolitik dazu beizutragen hat, die Lebensverhältnisse in den Regionen einander anzugleichen. Dies setzt voraus, daß die Regeln über die Steuerverteilung durch einen horizontalen und einen vertikalen Finanzausgleich ergänzt werden müssen. Dieser soll freilich die vorhandenen Unterschiede in der Finanzkraft nicht völlig beseitigen, oder die sich aus der Wirtschaftskraft der Regionen ergebende Rangfolge der Länder verändern oder sogar auf den Kopf stellen.

Die Elemente des bundesstaatlichen Finanzausgleichs sind hier nicht eingehender darzustellen. Es mag genügen darauf hinzuweisen, daß im Ergebnis die finanzstarken Länder Milliardenbeträge an die finanzschwachen Länder abzuführen haben. Dieser horizontale Finanzausgleich wird durch gezielte Hilfen des Bundes an die finanzschwachen Länder und die kleineren Länder für deren relativ hohen Kosten der politischen Führung ergänzt. Der Bund hat die Ansätze für diese Ergänzungszuweisungen von 1995 an nachhaltig zu erhöhen, weil vor allem auf diesem Weg die Finanzkraft der neuen Länder gezielt gestärkt werden soll. Mit der Finanzreform von 1969 sind bestimmte staatliche Aufgaben zu „Gemeinschaftsaufgaben" (Artikel 91 a Grundgesetz) erklärt worden. Das gilt für die Maßnahmen zur Verbesserung der regionalen Wirtschaftsstruktur und der Agrarstruktur sowie für den Küstenschutz. Auch der Hochschulbau wird gemeinsam finanziert. Nach Artikel 104a kann sich der Bund auch an bedeutsamen Investitionsprojekten in den Ländern finanziell beteiligen.

Wenn es ums Geld geht, hört bekanntlich die Freundschaft auf. Das gilt auch in der Politik. So gleichen die Verhandlungen über eingehende Elemente des Finanzausgleichs oder über den Finanzausgleich insgesamt einem Tarifpoker. Ökonomische Kriterien kommen dabei zu kurz. Das Ergebnis ist immer ein politischer Kompromiß auf dem kleinsten gemeinsamen Nenner, es sei denn, dem Bund gelingt es, durch geschickte finanzielle Angebote an einzelne Länder, an die Gruppe der finanzschwachen oder der finanzstarken Länder, eine Mehrheit im Bundesrat auf seine Seite zu ziehen.

Von den 16 Bundesländern zahlen vor allem Baden-Württemberg und Hessen, aber auch Bayern, Nordrhein-Westfalen und Hamburg in den Finanzausgleich ein; die anderen Länder sind oder werden Empfängerländer. Freilich kommt es auch vor, daß die Länderfront geschlossen steht. Dies war bei den Verhandlungen über das „Föderale Konsolidierungsprogramm" und die damit verbundene Neuregelung des Finanzausgleichs der Fall. Die Länder haben den Bund dabei in eine finanzpolitische Schieflage gebracht, aus der er sich nur durch Steuererhöhungen oder den konsequenten Abbau seiner Finanzierungsbeteiligungen an originären Länderaufgaben, wie dem Wohnungs- und Städtebau, dem Hochschulbau und den Verkehrskosten in den Regionen, befreien kann. Der gesamtstaatlichen Entwicklung kann das nicht förderlich sein. Der Verteilungskampf zwischen den drei staatlichen Ebenen könnte sich in den nächsten Jahren dramatisch verschärfen, da der bequeme Ausweg, zusätzliche Mittel über Kreditfinanzierung oder/und Steuererhöhungen zu beschaffen, wohl kaum noch genutzt werden kann.

Kompliziertes Steuerrecht

Das Steuerrecht gehört zu den kompliziertesten, durch Gesetze, Erlasse, Richtlinien und die Rechtsprechung geregelten Rechtsgebieten. Jährlich werden neue Steuerge-

Steuereinnahmen 1993 und 1995
(in Millionen DM)

	1993	1995
I. Gemeinschaftliche Steuern insg.	560.572	632.645
alte und neue Bundesländer		
Lohnsteuer	254.800	291.110
Veranlagte Einkommensteuer	29.200	29.161
Nichtveranl. Steuer vom Ertrag	11.100	11.600
Zinsabschlagsteuer	23.972	35.112
Körperschaftsteuer	25.800	28.357
Umsatzsteuer	175.300	188.805
Einfuhrumsatzsteuer	40.400	48.500
II. Bundessteuern insgesamt	92.842	126.707
alte und neue Bundesländer		
Zölle	7.500	8.100
Tabaksteuer	19.200	19.300
Kaffeesteuer	2.050	2.100
Branntweinabgaben	5.100	5.000
Mineralölsteuer	55.800	57.100
Versicherungssteuer	9.350	13.550
Schaumweinsteuer	1.000	1.100
III. Ländersteuern		
a) alte Bundesländer insgesamt	30.094	32.840
Vermögensteuer	6.200	7.555
Kraftfahrzeugsteuer	11.400	11.805
Biersteuer	1.500	1.400
Grunderwerbsteuer	4.800	5.300
Erbschaftsteuer	3.170	3.555
Rennwett- und Lotteriesteuer	2.540	2.710
Sonstige Ländersteuern	10.994	12.080
b) neue Bundesländer insgesamt	3.305	4.164
Vermögensteuer	0	350
Kraftfahrzeugsteuer	2.050	2.250
Biersteuer	200	300
Grunderwerbsteuer	860	1.030
Erbschaftsteuer	20	24
Rennwett- und Lotteriesteuer	155	180
Sonstige Ländersteuern	1.055	1.264
IV. Gemeindesteuern		
a) alte Bundesländer insgesamt	51.786	55.001
Gewerbesteuer	40.400	42.638
Grundsteuer A	490	500
Grundsteuer B	9.640	10.450
b) neue Bundesländer insgesamt	2.351	3.284
Gewerbesteuer	1.000	1.704
Grundsteuer A	120	140
Grundsteuer B	1.150	1.325
V. Steuereinnahmen insgesamt	748.450	862.741

Quelle: Arbeitskreis „Steuerschätzung" Mai 1993

setze verabschiedet. Nur selten gelingt es dabei, die Rechtsmaterie zu vereinfachen, meistens werden neue Regeln geschaffen, die der Steuerverwaltung und dem Steuerzahler das Leben schwer machen. Nur wenige Bürger vermögen ihre Steuererklärung noch ohne sachkundige Hilfe zu erstellen. Selbst der Steuerberater braucht den Rückgriff auf die computergestützte Information. Es gibt kein einheitliches Steuergesetzbuch. Den besonderen Steuergesetzen ist gewissermaßen als allgemeiner Teil die Abgabeordnung (AO) vorangestellt. Darin sind die Fragen geregelt, die für mehrere oder alle Steuern gelten. Das gilt zum Beispiel für Begriffsbestimmungen, das Steuerverfahren, die Frage der Verzinsung von Steuerschulden und Steuerrückforderungen sowie das Steuerstrafrecht. Dadurch werden die einzelnen Steuergesetze entlastet.

Ein anderes allgemeines Steuergesetz, das für mehrere Steuern gilt, ist das Bewertungsgesetz. Es regelt die sogenannte Einheitsbewertung, die vor allem für die Vermögensbesteuerung, die Grundsteuer und die Erbschaftsteuer von Bedeutung ist. Die Einheitswerte des Grundvermögens richten sich immer noch nach den Wertverhältnissen von 1964; der Besteuerung der Grundvermögen wird seit 1974 dieser Wert mit einem Zuschlag von 40 Prozent zugrunde gelegt. Das entspricht im Durchschnitt nicht einmal zwanzig Prozent des tatsächlichen Wertes, der als Verkehrswert bezeichnet wird. Durch diese Einheitsbewertung werden Grundvermögen steuerlich begünstigt, Geldvermögen dagegen benachteiligt. Allgemein wird damit gerechnet, daß das Verfassungsgericht die Einheitsbewertung für verfassungswidrig erklären wird. Da es kaum möglich ist, in einem Massenverfahren der Besteuerung aktuelle und realitätsbezogene Werte zugrunde zu legen, plädiert die Finanzwissenschaft ganz überwiegend für den Verzicht auf die Einheitsbewertung, damit zugleich aber auch für die Abschaffung der Vermögensteuer. Die Bundesregierung hatte sich dieses Konzept 1991 zunächst zu eigen gemacht; so sollte die Vermögensteuer von 1994 an entfallen. Im Vorgriff darauf wurde darauf verzichtet, die Vermögensteuer und die Gewerbekapitalsteuer in den neuen Bundesländern einzuführen. Doch nun wird die Vermögensteuer auf der Basis der überholten Einheitswerte beibehalten und der Satz für die privaten Vermögen von 1995 an sogar verdoppelt. Dies ist ein Beispiel dafür, wie wenig konsequent Steuerpolitik betrieben wird.

Die Einkommensteuer

Das deutsche Steuersystem wird vor allem von der Einkommensteuer geprägt. Durch sie wird das Einkommen der natürlichen Personen belastet. Zur Einkommensteuer gehören auch die Lohnsteuer, die Kapitalertragsteuer und seit 1993 auch die Zinsabschlagsteuer; diese Steuern werden im Quellenabzugsverfahren erhoben und später im Veranlagungsverfahren bei der Einkommensteuer berücksichtigt. Der unbeschränkten Steuerpflicht unterliegen alle, die ihren Wohnsitz oder gewöhnlichen Aufenthalt im Inland haben. Steuerpflichtig sind die Einkünfte aus Land- und Forstwirtschaft, aus Gewerbebetrieb, aus selbständiger Arbeit, aus nichtselbständiger Arbeit, aus Kapitalvermögen, aus Vermietung und Verpachtung sowie aus sonstigen Einkünften, zu denen zum Beispiel die Ertragsanteile von Renten gehören. Die Einkünfte, die der Steuer unterliegen, werden nach unterschiedlichen Methoden ermittelt, gewerbliche Einkünfte, also Gewinne, entweder durch Betriebsvermögensvergleich oder als Überschuß der Betriebseinnahmen über die Betriebsausgaben. Dies sind Aufwendungen, die im Rahmen der betrieblichen oder selbständigen Tätigkeit veranlaßt werden. Bei anderen Einkunftarten werden von den Einnahmen jene Aufwendungen von der Besteuerung abgezogen, die zum Erwerb oder zur Sicherung der Einnahmen

bestimmt sind; diese werden Werbungskosten genannt. Aufwendungen für die Lebensführung gelten nicht als Betriebsausgaben oder Werbungskosten.
Die Einkünfte aller Einkunftsarten werden addiert und mit den Verlusten verrechnet. Der Gesamtbetrag der Einkünfte wird um besondere Freibeträge, um die in der Regel der Höhe nach begrenzten Sonderausgaben, zum Beispiel für Vorsorgeaufwendungen, und um außergewöhnliche Belastungen gekürzt. Das so ermittelte zu versteuernde Einkommen stellt die Bemessungsgrundlage für die Besteuerung nach dem progressiv gestalteten Steuertarif dar. Von dem zu versteuernden Einkommen bleibt ein Grundbetrag steuerfrei; dieser muß nach einem Urteil des Bundesverfassungsgerichts künftig dem Existenzminimum entsprechen und damit fühlbar erhöht werden. Das über den Grundfreibetrag hinausgehende Einkommen wird mit mindestens 19 Prozent und höchstens 53 Prozent belastet. Der Höchststeuersatz wird bei Einkünften von 120 041/240 083 Mark (Alleinstehende/Verheiratete) erreicht. In der Progressionszone steigen die Grenzsteuersätze geradlinig an; früher war der Progressionseffekt im mittleren Einkommensbereich am stärksten. Gewerbliche Einkünfte werden von 1994 an nur noch mit höchstens 47 Prozent belastet.
Ehegatten können auf Grund eines Urteils des Verfassungsgerichts von 1957 zwischen getrennter und gemeinsamer Veranlagung wählen. Bei getrennter Veranlagung werden jedem Ehegatten die von ihm bezogenen Einkünfte zugerechnet. Bei der gemeinsamen Veranlagung werden die von beiden Ehepartnern erzielten Einkünfte zusammengerechnet. Danach wird die Hälfte des gemeinsamen Einkommens dem Steuertarif unterworfen und die so ermittelte Steuer verdoppelt. Das Splittingverfahren wird damit begründet, daß die grundgesetzlich geschützte Ehe als Erwerbs- und Verbrauchsgemeinschaft der Ehepartner zu betrachten sei. In diesem Sinne stellt das Ehegattensplitting auch keine Steuerbegünstigung dar. Steuerlich günstiger als die getrennte Veranlagung ist die Zusammenveranlagung immer dann, wenn es in der Familie entweder nur einen Verdiener gibt oder die Einkommen beider Ehepartner unterschiedlich hoch sind. Den besonderen Aufwendungen für Kinder wird durch Steuerfreibeträge Rechnung getragen. Nach der Rechtssprechung des Verfassungsgerichts haben sie dem Existenzminimum der Kinder Rechnung zu tragen. Dem entsprechen die heutigen Freibeträge nicht, auch wenn berücksichtigt wird, daß die Freibeträge durch Kindergeld und Kinderzuschläge ergänzt werden. Damit soll den Beziehern kleinerer Einkommen ein angemessener Ausgleich für die Aufwendungen zugunsten der Kinder gewährt werden.
Im Abzugsverfahren einbehaltene Lohn-, Kapitalertrag- und Zinsabschlagsteuer wird im Rahmen der Einkommensteuerveranlagung berücksichtigt. Es kann also zu Erstattungen oder zu Steuernachzahlungen kommen, wenn entsprechend dem tatsächlichen Gesamteinkommen zuvor entweder zu hohe oder zu niedrige Steuerbeträge einbehalten worden sind.
Der Zinsabschlag beträgt 30 Prozent der Zinsen, soweit diese den Freibetrag von 6000/12 000 Mark übersteigen, und 35 Prozent bei „Tafelgeschäften". Von Dividenden werden 25 Prozent Kapitalertragsteuer einbehalten.

Die Körperschaftsteuer

Die Körperschaftsteuer ist die Einkommensteuer für die juristischen Personen. Bei der Körperschaftsteuer wird der Gewinn belastet, der einbehaltene und der ausgeschüttete. Fließt der Gewinn den Eigentümern zu, so wird er auch bei diesen als Einkommen erfaßt und besteuert. Eine steuerliche Doppelbelastung wird durch die Anrechnung der vom Unternehmen gezahlten Steuer auf die vom Anteilseigner zu leistende

Einkommensteuer verhindert. Dieses Anrechnungsverfahren ist 1977 eingeführt worden, um die Aktie auch für die Bezieher kleinerer Einkommen populärer zu machen. Die Gewinne der Körperschaften werden prinzipiell nach den selben Vorschriften ermittelt wie die Einkünfte der natürlichen Personen. Die in den Körperschaften verbleibenden Gewinne werden von 1994 an mit 45 Prozent, die ausgeschütteten Gewinne jedoch mit 30 Prozent belastet. Für Körperschaften, die nicht in das Anrechnungsverfahren einbezogen sind, ermäßigt sich der Steuersatz auf 42 Prozent.

Die Mehrwertsteuer

Die Umsatzsteuer, seit 1968 als Mehrwertsteuer ausgestaltet, ist eine allgemeine Verbrauchsteuer, die den gesamten privaten und öffentlichen Verbrauch belastet. Während bei der Einkommensteuer die individuelle Leistungsfähigkeit des Steuerpflichtigen berücksichtigt wird, ist dies bei der Mehrwertsteuer nicht der Fall. Allerdings wird der sogenannte lebensnotwendige Bedarf mit einem ermäßigten Steuersatz belastet, was als soziale Komponente bezeichnet wird. Immer wieder hat es Diskussionen gegeben, auch einen erhöhten Steuersatz für sogenannte Luxusgüter einzuführen. Dazu ist es bislang nicht gekommen. Seit 1993 beträgt der Regelsatz der Mehrwertsteuer 15 Prozent und der ermäßigte Steuersatz 7 Prozent. Schuldner der Steuer ist immer der Unternehmer, der einen Umsatz ausführt. Ihm bleibt es überlassen, die Steuer, wie bei einer Verbrauchsteuer üblich, im Preis auf die Abnehmer der Waren oder Dienstleistungen zu überwälzen. Auf jeder Stufe wird nur der Mehrwert erfaßt. Dies wird dadurch erreicht, daß der Unternehmer die ihm von anderen Unternehmern in Rechnung gestellte Umsatzsteuer als Vorsteuer von seiner Umsatzsteuer abziehen kann. Dies gilt auch für die aus dem Ausland bezogenen und mit der Einfuhrumsatzsteuer belasteten Waren. Im Warenverkehr mit dem Ausland gilt prinzipiell das Bestimmungslandprinzip. Das bedeutet, daß die Umsatzsteuer jeweils in dem Land erhoben wird, in dem es den Letztverbraucher erreicht. Das gilt auch weiterhin in der EG.
Mit einem einfachen und schematischen Beispiel soll die Mehrwertsteuer erklärt werden: Der Betrieb A liefert dem Händler B eine Ware für 100 Mark zuzüglich Mehrwertsteuer von 15 Prozent. A hat damit 15 Mark Umsatzsteuer abzuführen. B kann diesen Betrag als Vorsteuer geltend machen. Verkauft B die Waren an den Händler C für 150 Mark zuzüglich 22,50 Mark Mehrwertsteuer weiter, so hat B 22,50 Mark an das Finanzamt abzuführen, während C diesen Betrag als Vorsteuer geltend machen kann. Veräußert C die Ware zu einem Preis von 200 Mark zuzüglich 15 Prozent Mehrwertsteuer (30 Mark) an den Endverbraucher, so hat C 30 Mark (15 Prozent von 200 Mark) als Umsatzsteuer an das Finanzamt zu zahlen. Die Ware im Wert von 200 Mark wird also wegen des Abzugs der Vorsteuer auf jeder Stufe am Ende mit 30 Mark belastet, die der Verbraucher zu tragen hat, wenn die Steuerüberwälzung gelingt.

Die Gewerbesteuer

Die Gewerbesteuer und die Grundsteuer gehören zu den Gemeindesteuern. Beide werden den Realsteuern zugerechnet. Die Gewerbesteuer bezieht sich auf den Betrieb, dessen objektive Ertragskraft und auf das in ihm arbeitende Kapital. Landwirte und Freiberufler werden nicht in diese Steuer einbezogen. Die Gewerbesteuer mindert als Betriebsausgabe den Gewinn und damit auch die Einkommen- und Körperschaftsteuer. Sie ist die wichtigste originäre Einkommensquelle der Kommunen, an der Bund und Länder freilich durch eine Umlage beteiligt werden. Bemessungsgrundlage sind der

Gewerbeertrag und das Gewerbekapital. Früher wurde auch die Lohnsumme erfaßt. Der Gewerbeertrag entspricht dem nach dem Einkommen- und Körperschaftssteuerrecht ermittelten Gewinn, dem bestimmte Beträge zugerechnet, andere jedoch abgerechnet werden, um dem Objektcharakter dieser Steuer Rechnung zu tragen. Dabei handelt es sich zum Beispiel um die Hinzurechnung von Dauerschuldzinsen. Bei der Steuerbemessung soll es keine Rolle spielen, ob der Ertrag mit Eigen- oder Fremdkapital erzielt wurde.

Das Gewerbekapital entspricht dem Einheitswert des Betriebes. Auch hier gibt es Zurechnungen, so zum Beispiel der Dauerschulden, und Abschläge, so für die bereits mit Grundsteuer belasteten Grundstücke. Die Belastung der Betriebe durch die Einbeziehung des Gewerbekapitals in die Steuerbemessung kann in Verlustjahren zu einer Substanzbesteuerung führen. Damit wird die Forderung nach Abschaffung der Gewerbekapitalsteuer begründet. Beim Gewerbeertrag und -kapital gibt es Freibeträge. Die Steuerbelastung der kleineren Betriebe wird auch durch einen Staffeltarif gemildert.

Die Ermittlung der Steuerschuld soll hier nicht im einzelnen dargelegt werden. Wichtig ist jedoch zu wissen, daß die Gemeinden über die Hebesätze die Höhe der Gewerbesteuer bestimmen können. Der durchschnittliche Gewerbesteuerhebesatz liegt bei 398 Prozent (1992). Die Spitzenbelastung wird in Ballungsgebieten mit Hebesätzen bis zu 480 Prozent erreicht. Das schreckt Investoren ab.

Den Standort sichern

Die Finanznot des Staates verleitet den Gesetzgeber, die Steuern schrittweise, aber nachhaltig zu erhöhen. Dieser Prozeß scheint noch nicht abgeschlossen, obwohl die Grenzen der Belastbarkeit sichtbar geworden sind. Auch durch die Steuerpolitik verliert Deutschland als Investitions-Standort zunehmend seine Attraktivität. Die Politik hat sich dieses Themas angenommen, wenn auch noch nicht mit dem notwendigen Ernst. Nur mit Investitionen sind Arbeitsplätze zu sichern. Die Bundesregierung will den Körperschaftssteuersatz von 50 auf 44 Prozent und den Höchstbetrag für die gewerblichen Einkünfte von 53 auf ebenfalls 44 Prozent senken, zum Ausgleich dafür aber die Möglichkeiten der degressiven Abschreibung einschränken. Konjunkturelle Impulse dürften davon kaum ausgehen. Die Steuerpräferenz für gewerbliche Einkünfte stößt auf steuersystematische und verfassungsrechtliche Bedenken. Aus dem Mittelstand und der SPD kommt die Forderung, nur die in den Betrieben verbleibenden Gewinne steuerlich zu begünstigen. Das behindert die Mobilität des Kapitals und führt zu einer Verkrustung der betrieblichen Strukturen. Weniger umstritten war der Steuerkurs in den achtziger Jahren, der darauf zielte, die Steuersätze schrittweise zu senken, gleichzeitig aber durch den Abbau von Steuervergünstigungen die steuerliche Bemessungsgrundlage zu verbreitern. Überfällig wäre der Abbau der Gewerbesteuer sowie die Abschaffung der Einheitsbewertung des Grundvermögens und der Vermögenssteuer. Damit wäre auch eine wesentliche Vereinfachung des Steuerrechts verbunden.

8. DIE SOZIALPOLITIK

Das Sicherungsnetz

Der Artist, der vom Hochseil stürzt, hat nur dann eine Überlebenschance, wenn ein Netz seinen Fall bremst. Der Mensch, der sich im Leistungswettbewerb der Marktwirtschaft nicht zu behaupten vermag, ginge einem erbärmlichen Schicksal entgegen, wenn die Gesellschaft nicht für die Absicherung der sozialen Risiken unserer Wirtschaftsordnung sorgte. Der Leistungswettbewerb kann gewiß nicht mit einem Drahtseilakt verglichen werden. Wenn aber schon der Artist das Risiko kalkulieren und mit Netz arbeiten sollte, um so mehr muß es doch die Aufgabe der staatlichen Politik sein, die sozial Schwachen vor dem Sturz in die Not zu bewahren. Die Marktwirtschaft ist, wie die Erfahrung lehrt, das leistungsfähigste ökonomische System, aber es muß durch ein Netz der sozialen Sicherung ergänzt und abgesichert werden.

Die Auffassungen über das, was die Sozialpolitik bewirken sollte, haben sich im Laufe der Zeit verändert. In der Geschichte der Sozialpolitik spiegelt sich deutlich der Wandel im Denken der Menschen, aber auch der Wandel unserer Gesellschafts- und Wirtschaftsstruktur wider. Der Übergang von der agrarischen und ständischen Ordnung zur arbeitsteiligen kapitalintensiven Wirtschaft mußte Konsequenzen für die Sozialpolitik haben. Solange der einzelne in der Großfamilie eingebettet war, spielte die staatliche Sozialpolitik noch keine Rolle. Aber während der ersten industriellen Revolution in der zweiten Hälfte des letzten Jahrhunderts hätten die vielfach entwurzelten und im Elend lebenden Industriearbeiter eines wirksameren sozialen Schutzes bedurft. Das ist heute unbestritten.

Die ersten Ansatzpunkte für die Sozialpolitik sind an der Schwelle vom 18. zum 19. Jahrhundert in England zu registrieren. Zunächst ging es lediglich darum, Kinder und Frauen vor unmenschlichen Arbeitsbedingungen zu bewahren. Das war einige Jahrzehnte später in Deutschland nicht anders. Preußen erließ um 1840 ein erstes Gesetz zum Schutz der Kinder. Die Bemühungen um bessere Arbeitsbedingungen standen fast das ganze 19. Jahrhundert im Mittelpunkt der Sozialpolitik. Die „Kaiserliche Botschaft" des Jahres 1881 setzte dann das Signal für die Neuorientierung der Sozialpolitik. In den folgenden zehn Jahren gründete Bismarck die soziale Krankenversicherung, die Unfallversicherung, die Alters- und Invalidenversicherung. Sein Ziel war es nicht nur, die Arbeiter vor Not zu schützen; er wollte sie mit dem Kaiserreich versöhnen.

Die Bismarckschen Reformen

Im Verlauf von mehr als hundert Jahren haben sich Struktur und Gliederung der Sozialversicherung verändert. Die Grundzüge des Systems gehen aber auf die von Bismarck angestoßenen Reformen zurück. Die Entwicklung des Systems weist keine großen Brüche auf; vielmehr wurde es im Verlauf der Jahrzehnte, weitgehend unabhängig von den politischen Systemen, ausgebaut und ergänzt. Dennoch gibt es wesentliche Unterschiede. Sozialpolitik war zunächst nur Politik für arme Leute. Das ist viele Jahrzehnte lang so geblieben. Heute erfaßt das System der sozialen Sicherung etwa 90 Prozent der Bevölkerung. Aus dem Schutzsystem für Bedürftige ist praktisch die Volksversicherung geworden.

Für die Ausweitung des Systems der sozialen Sicherung gibt es mehrere Gründe: Die Zahl der Arbeitnehmer und ihr Anteil an der Bevölkerung haben ständig zugenommen. Die Existenz der Menschen hängt heute vor allem von ihrer Arbeitskraft ab. Krankheit, Invalidität, Arbeitslosigkeit sind Schicksalsschläge, mit denen die meisten Menschen nicht allein fertig werden. Das Sicherungsbedürfnis der Menschen hat daher zugenommen. Jeder strebt danach, den einmal erreichten Lebensstandard zu behaupten und zu sichern. Die Politik hat durch die Ausweitung der Versicherungspflicht immer mehr Bürger in die Sozialversicherung einbezogen und das der Beitragspflicht

unterliegende Einkommen ausgeweitet, um zusätzliche Beitragszahler zu gewinnen und Mehreinnahmen zu erzielen.
In der Nachkriegszeit bis in die siebziger Jahre hinein haben die Bürger den Schutz der Sozialversicherung gesucht. Die Erfahrungen von zwei Inflationen haben dazu beigetragen, daß die große Mehrheit der Bürger die gesetzlichen Systeme für verläßlicher hielt als private Sicherungen. In den letzten zwanzig Jahren ist jedoch das Sozialsystem immer mehr ins Gerede gekommen. Die Beitragssätze sind gestiegen; Leistungen und Anwartschaften wurden gekürzt. Zwischen den verschiedenen Zweigen der Sozialversicherung und zwischen dem Bundeshaushalt und der Sozialversicherung werden jeweils nach Bedarf Milliardenbeträge hin und her geschoben. Muß in der Arbeitslosenversicherung der Beitragssatz angehoben werden, so wird der Rentenbeitrag gesenkt, wenn es die jeweils aktuelle Kassenlage zuläßt. Vielfach sind zunächst hohe Leistungszusagen gemacht worden, die dann später nicht zu halten waren. Mit Haushaltssicherungsgesetzen, Haushaltsstrukturgesetzen, einem Rentenreformgesetz, mit Kostendämpfungsgesetzen, mit einem Gesundheitsreform- und Gesundheitsstrukturgesetz und vielen Änderungsgesetzen, nicht zuletzt zum Arbeitsförderungsgesetz, ist in den siebziger, den achtziger und neunziger Jahren teilweise tief in das Leistungs- und Beitragsrecht eingeschnitten worden.
Fast immer ging es darum, die Finanzierung des Sozialsystems und des Staates durch Leistungskürzungen und/oder Mehreinnahmen zu sichern. Das hat dem Ansehen der Sozialversicherung geschadet; sie hat bei den Versicherten an Vertrauen eingebüßt. Heute steht deshalb bei vielen Bürgern die Vorsorge über die Privatversicherung wieder höher im Kurs.

Die Gesetzesmaschine rotiert

Der Sozialwissenschaftler Gerhard Mackenroth hat 1952 vor dem „Verein für Socialpolitik" davon gesprochen, daß in der Sozialpolitik ein „Wirrwarr" herrsche. Seit Mitte der fünfziger Jahre sind Jahr für Jahr immer neue Gesetze erlassen und bestehende Gesetze ergänzt oder geändert worden. Die Gesetzgebungsmaschinerie rotiert immer hektischer, was zu einem beträchtlichen Anteil auch mit der deutschen Vereinigung zu erklären ist. Die Sozialleistungen sind in den letzten 30 Jahren sprunghaft angestiegen, und zwar von knapp 30 Milliarden DM im Jahre 1955 auf heute fast 1000 Milliarden DM. Die Flut der Gesetzesänderungen und der neuen Leistungen hat das Sozialrecht immer unübersichtlicher gemacht. Nur noch wenige finden sich darin zurecht. Der „Wirrwarr" ist also noch größer geworden. Der Journalist, der von seinen Lesern verstanden werden will, kann ihnen nicht das „Sozialchinesisch" der Experten vorsetzen.
Die Sozialpolitik hat sich immer wieder neue Ziele gesteckt. Früher ging es vorwiegend um die Sicherung des Existenzminimums im Alter, bei Krankheit und Arbeitslosigkeit. In den letzten drei Jahrzehnten hat die Sozialpolitik durch die Ausgestaltung der Abgaben und der Leistungen auch zur gleichmäßigeren Einkommensverteilung beigetragen. Die Nivellierung der Leistungseinkommen durch die Umverteilungspolitik schreitet weiter voran. Die Finanz- und die Sozialpolitik tragen entscheidend dazu bei. So werden die sogenannten Besserverdienenden immer stärker belastet. Einkommensbezogene Beiträge, die auch als solidarische Beiträge bezeichnet werden, tragen immer dann zur Umverteilung bei, wenn die Leistungen für alle Versicherten gleich hoch sind. Das gilt zum Beispiel für die gesetzliche Krankenversicherung und auch für die zur Diskussion stehende gesetzliche Pflegeversicherung. Über den Staats-

haushalt und die Sozialversicherung wird der Familienlastenausgleich finanziert. Die Wohnungsversorgung soll über den staatlich mitfinanzierten sozialen Wohnungsbau, die Förderung des Wohneigentums und das vom Einkommen abhängige Wohngeld verbessert und gesichert werden. Die Ausbildung der Studierenden aus Familien mit geringeren Einkommen wird mit Geldleistungen nach dem Bundesausbildungsförderungsgesetz gewährleistet.

**Zahlen aus dem Sozialbudget für 1992
in Milliarden DM**

Leistungen nach Institutionen	1984	1989	1992
Sozialleistungen insgesamt	559,9	684,1	1001,4
Rentenversicherung	166,1	201,0	279,9
Knappschaftl. Rentenversicherung	14,6	16,5	22,8
Altershilfe für Landwirte	3,2	4,2	5,3
Pensionen	36,0	41,6	47,8
Zusatzversorgung öffentl. Dienst	7,8	10,1	12,5
Versorgung der Kriegsopfer	13,7	13,1	14,5
Krankenversicherung	108,9	130,3	210,4
Entgeltfortzahlung	25,8	33,8	48,3
Unfallversicherung	11,4	12,9	16,7
Arbeitsförderung	38,2	47,6	110,5
Kindergeld	14,9	13,9	21,9
Erziehungsgeld	–	4,0	8,0
Sozialhilfe	20,7	32,7	43,9
Ausbildungsförderung	0,7	0,5	2,5
Wohngeld	2,6	3,9	7,4
Vermögensbildung	11,7	11,1	11,7

Die Daten bis 1989 beziehen sich auf Westdeutschland, die für 1992 auf Gesamtdeutschland. Die direkten und indirekten Leistungen nach dem Sozialbudget entsprachen 1992 gut 33 Prozent des Bruttosozialprodukts.

Die staatliche Sozialpolitik hat es sich zur Aufgabe gemacht, die Vermögensbildung der Arbeitnehmer, die sparen oder die besondere Zahlungen der Arbeitgeber langfristig anlegen, mit Prämien zu unterstützen. Durch die Sozialsysteme wird die gesundheitliche Rehabilitation und berufliche Fortbildung und Umschulung gefördert. Den Bedürftigen, die sich nicht selbst helfen können oder auch wollen, wird über die Sozialhilfe das Existenzminimum gesichert. Der Bedarf bestimmt die Höhe der Leistung. Der Staat finanziert den Bau von Krankenhäusern und zum Teil auch deren Investitionen. Die Landwirte werden über die staatlich subventionierte Unfallversicherung, die Altershilfe und die landwirtschaftlichen Krankenkassen sozial gesichert. Der Bund gewährt einen finanziellen Ausgleich für die Erziehung von Kindern; Erziehungszeiten werden auf Renten angerechnet. Das alles gehört zur Sozialpolitik.

Der Streit um die Pflege

Zu den umstrittenen Projekten der Sozialpolitik zählt die Pflegeversicherung. Dabei geht es um die sehr prinzipielle Frage, ob das Pflegefallrisiko über eine Sozialversicherung, die sich aus Beitragsumlagen finanziert, oder über private Versicherungen, die Kapital ansammeln, oder durch staatliche Leistungen aus dem Steueraufkommen gedeckt werden soll. Die Zahl der Pflegebedürftigen wird heute auf annähernd 1,6 Millionen geschätzt, davon werden etwa 1,13 Millionen in den Familien betreut und etwa 450 000 in Heimen. Es ist damit zu rechnen, daß die Zahl der Pflegebedürftigen auch künftig weiter steigen wird. Die Gründe dafür liegen auf der Hand: Die Menschen werden älter; die Familien sind kleiner geworden; immer mehr Frauen, die meistens die Last der Pflege zu tragen haben, sind erwerbstätig und wollen nicht aus dem Beruf ausscheiden; die Wohnungen sind oft zu klein, um gebrechliche Angehörige in die Familien aufzunehmen und zu pflegen.

Nun ist es nicht so, daß die Pflegebedürftigen und deren Familien keine Hilfen erhalten. Die Krankenkassen haben bei häuslicher Betreuung von Schwerstpflegebedürftigen seit 1991 ein Pflegegeld von 400 DM zu zahlen oder Sachleistungen zu gewähren. Als Sachleistungen werden Dienstleistungen bezeichnet, die von den Krankenkassen bezahlt werden. Dazu zählen zum Beispiel auch die Leistungen von Pflegekräften. Die meisten Pflegebedürftigen können sich jedoch eine stationäre Pflege nicht leisten. Sie sind auf finanzielle Leistungen der Angehörigen oder auf die Sozialhilfe angewiesen. Die Sozialhilfe leistet subsidiär. Das bedeutet, daß der Pflegebedürftige zunächst sein eigenes Vermögen einzusetzen hat (ausgenommen ein kleineres Wohneigentum) und daß sich die Sozialhilfe ihre Aufwendungen ganz oder teilweise von den nahen Angehörigen erstatten lassen kann. Dieser Rückgriff auf die Familien ist politisch umstritten und auch deshalb umstritten, weil so mancher Hilflose auf notwendige Leistungen verzichtet, um seiner Familie nicht auch noch finanziell zur Last zu fallen. Die Sozialhilfe, die von den Kommunen finanziert wird, wendet etwa 9 Milliarden Mark für Pflegeleistungen auf. Bei der Einführung einer Pflegeversicherung würde sie um mindestens 6 Milliarden Mark entlastet, was erklärt, daß vor allem die Kommunen für die Pflegeversicherung werben.

In den Mittelpunkt der Sozialpolitik ist seit 1990, also seit der Wiedervereinigung, die Aufgabe gerückt, die sozialen Bedingungen in Ost und West einander anzugleichen. Der Prozeß der Vereinigung hat mit der Einführung der Wirtschafts-, Währungs- und Sozialunion am 1. Juli 1990 begonnen. Den Sozialsystemen ist dabei auch die Aufgabe zugewachsen, den radikalen ökonomischen Anpassungsprozeß sozial abzufedern. Finanziell sind dadurch vor allem die Arbeitslosenversicherung und die Rentenversicherung belastet worden. Die Beitragszahler dieser beiden Systeme, also Arbeitnehmer und Arbeitgeber, haben einen hohen Beitrag zur Angleichung des sehr unterschiedlichen sozialen Leistungsniveaus und damit auch zur Bewahrung des sozialen Friedens in den neuen Bundesländern geleistet. Auf zwei bis drei Beitragssatz-Punkte wird man diesen Anteil der Beitragszahler in den Jahren 1992 und 1993 schätzen dürfen.

Dies ist zu bedenken, wenn heute die steigende Beitragsbelastung beklagt wird; sie ist eben zum Teil auch das Ergebnis der deutschen Vereinigung. Die Belastung wäre allerdings auch nicht geringer, wenn sie über den Staatshaushalt finanziert würde. Dennoch ist es nicht nur sozial, sondern auch ökonomisch problematisch, solche Aufgaben, die die Gesamtgesellschaft zu übernehmen hätte, über die Beitragszahler zu finanzieren. Solche Belastungen gehen in Arbeitskosten ein. Sie schwächen die lohnintensiven Betriebe, gefährden Arbeitsplätze und schwächen die Wettbewerbsposition deutscher Unternehmen im internationalen Wettbewerb.

Die Politik hat sich entschlossen, das komplizierte westdeutsche Sozialsystem auf die ostdeutschen Länder zu übertragen. Daß dies mit Friktionen und Schwierigkeiten verbunden sein mußte, darüber konnte von Anfang an kein Zweifel sein. Es ist heute müßig darüber nachzudenken, ob es auch andere Lösungen gegeben hätte. Insgesamt wird man das riskante Unternehmen als geglückt ansehen können. Das gilt eigentlich für alle Sozialsysteme, für die Arbeitslosenversicherung, die Krankenversicherung und die Rentenversicherung, auch wenn die Umwertung der Renten in den neuen Ländern mehr Zeit braucht, als ursprünglich erwartet worden war.

Die Debatte über die Grundsicherung

Durch die deutsche Vereinigung hat die Forderung an politischer Brisanz gewonnen, zumindest für Arbeitslose und Rentner eine aus Steuermitteln zu finanzierende Grundsicherung einzuführen. Diese Forderung zielt nicht zuletzt auf die Frauen, die in der Regel keine geschlossene Erwerbsbiographie haben. Das aber ist die Voraussetzung für ausreichende Leistungen in allen Sozialsystemen, in denen die Höhe der individuellen Leistungen wesentlich von der Beitragsvorleistung bestimmt wird. Das gilt vor allem für die gesetzliche Rentenversicherung. Durch eine solche Grundsicherung würde die heute überforderte Sozialhilfe entlastet. Andererseits würde das leistungs- und beitragsbezogene System ausgehöhlt, wenn die Beitragszahler erkennen, daß sie trotz hoher Beitragsleistungen über Jahrzehnte hinweg im Versicherungsfall nur geringfügig bessere Leistungen erhalten wie Bürger, die nur wenig oder gar nicht vorgesorgt haben.
Auch für die Sozialpolitik hat zu gelten: Leistung muß sich lohnen. Heute gewährleistet die Sozialhilfe die Grundsicherung. Sie setzt Bedürftigkeit voraus; diese muß nachgewiesen werden. Die Sozialhilfe gewährt pauschalierte Leistungen zum Lebensunterhalt; hinzu kommen Sonderleistungen, wie Mietbeihilfen, Heizungszuschüsse und Geldleistungen für die Anschaffung von Bekleidung. Die von den Ländern festzusetzenden Regelsätze für die laufenden Leistungen sind an den Preisindex der Lebenshaltung gekoppelt. Dadurch ergibt sich ein Problem, das zunehmend die sozialpolitische Diskussion beschäftigt. Die Leistungen der Sozialhilfe sind nämlich so bemessen, daß die niedrigen Einkommen kaum noch darüber hinausgehen. Das gilt vor allem für mehrköpfige Familien. Immer lauter wird die Forderung erhoben, daß zwischen Arbeitseinkommen, den Leistungen der Sozialversicherung und den Leistungen der Sozialhilfe jeweils ein angemessener Abstand bestehen müsse. Der Anreiz zur Arbeit dürfe nicht zu gering werden. Diese Argumentation hat dazu beigetragen, daß jetzt erwogen wird, die Sozialhilfe zumindest über einige Jahre hinweg an die Entwicklung der Netto-Verdienste zu koppeln. Damit wird jedoch das Prinzip der Sozialhilfe berührt, nach dem der lebensnotwendige Bedarf gedeckt werden muß. Das Problem entsteht vor allem dann, wenn die Preise schneller steigen als die Löhne und Gehälter, die sich am Anstieg der Produktivität orientieren.

Was wirtschaftlich vernünftig ist

Die Sozialpolitik ist unlösbar mit der Wirtschaftspolitik verknüpft. Sozialpolitiker hören das zumeist nicht gerne. Dennoch ist nicht zu bestreiten, daß die Wirtschaftspolitik für die Sozialpolitik durchweg die Daten setzt. Sozialleistungen sind nicht beliebig vermehrbar. Verteilt werden kann nur, was zuvor erarbeitet und durch Steuern oder Beiträge von den Einkommen abgeschöpft worden ist. Steigende Leistungen setzen Wirtschaftswachstum voraus; Wachstumsschwäche erzwingt das Abbremsen der Ausgabendynamik. Die Sozialbeiträge gehen in die Lohnnebenkosten ein. Inzwischen entfallen auf eine DM Lohn Zusatzkosten von durchschnittlich 84 Pfennig. Wer da noch draufsattelt, läuft Gefahr, die Wachstumskräfte noch mehr zu strangulieren. Zwischen der Wirtschaftspolitik und der Sozialpolitik hat es in den letzten Jahrzehnten zahlreiche Konflikte gegeben. Das wird auch künftig so sein. Die Sozialpolitik kann keine Hektik vertragen, sie braucht Stetigkeit. So können Renten im Konjunkturablauf nicht heute erhöht und dann morgen wieder gesenkt werden. Die Wirtschafts- und Finanzpolitik hat dagegen elastisch auf Veränderungen der Konjunktur, der Standortbedingungen und der Wettbewerbsverhältnisse zu reagieren. Ihre Möglichkeiten werden zum Beispiel auch dadurch beschnitten, daß der große Block der Sozialausgaben aus politischen Gründen kaum zu verändern ist. Die Sozialpolitik ist von den gesellschaftlichen Gruppen in den Kampf um die Verteilung des Sozialprodukts einbezogen worden. Jede Gruppe versucht, von dem zu verteilenden Kuchen ein möglichst großes Stück zu bekommen.

Diese Auseinandersetzungen spielen sich heute nicht mehr in erster Linie im Parlament ab. Die Entscheidungen fallen durchweg im vorparlamentarischen Raum. Die Parteien präsentieren sich als Volksparteien. Sie suchen die verschiedenen Gruppen an sich zu binden. Keine Partei kann nur die Leistungsempfänger ansprechen; jede muß zugleich auf die Steuer- und Beitragszahler Rücksicht nehmen. Die Gruppen nehmen darauf Einfluß. Dabei geht es nicht zimperlich zu. Da wird direkt und indirekt massiver Druck ausgeübt. Erinnert sei nur an den politischen Streit über die Lohnfortzahlung, die Selbstbeteiligung im Krankheitsfall und über Sonderbelastungen für die sogenannten Besserverdienenden. Solche Konflikte sind im allgemeinen nur im politischen Kompromiß zu lösen. Die Qualität der sozialpolitischen Gesetzgebung leidet darunter. Die Erfahrung lehrt, daß Sozialgesetze nur schwer gegen den entschiedenen Widerstand einer der großen Interessengruppen, also der Gewerkschaften oder der Arbeitgeber, durchgesetzt werden können.

Aus solchen Einsichten hat die Politik Schlußfolgerungen gezogen. Bundesarbeitsminister Hans Katzer suchte Ende der sechziger Jahre den „Dialog mit den gesellschaftlichen Gruppen". Sein Nachfolger Walter Arendt hat dafür einen institutionellen Rahmen in der Form einer „sozialpolitischen Gesprächsrunde" geschaffen. Später versuchten dann die Arbeitsminister Herbert Ehrenberg und Norbert Blüm den Ausgabenanstieg im Gesundheitswesen mit Hilfe einer „Konzertierten Aktion" zu dämpfen. Das hat nicht viel gebracht. So hat Gesundheitsminister Horst Seehofer vor der Präsentation seiner „Eckwerte" für die Ende 1992 verabschiedete Gesundheitsstrukturreform erst gar nicht versucht, mit den Verbänden der Kassen und der Anbieter von Gesundheitsleistungen zu einer Einigung zu kommen. Sein Ziel war es vielmehr, einen großen politischen Konsens zwischen CDU/CSU, FDP und SPD zu erreichen. Er hatte sein Gesetzespaket so geschnürt, daß er am Ende nach einigen Ergänzungen und Korrekturen die SPD in den Konsens einbeziehen konnte. Er knüpfte damit an die Tradition der Rentengesetzgebung an.

Der Konsens der Volksparteien

Alle bedeutsamen Rentengesetze sind seit der Nachkriegszeit von den beiden großen Volksparteien Union und SPD und zumeist auch von der FDP gemeinsam beschlossen und verantwortet worden. Minister Blüm war es 1989 gelungen, für die Rentenreform 1992 eine breite politische Zustimmung zu finden. Jede Sozialgesetzgebung wird mit einem großen politischen Feldgeschrei begleitet. Damit wird verdeckt, daß die Meinungsunterschiede zwischen der jeweiligen Parlamentsmehrheit und der Opposition geringer sind, als die öffentlichen Diskussionen erkennen lassen. Die wirklich

ernsthaften Auseinandersetzungen kreisen um die Frage, was jeweils kurz- und langfristig finanzierbar ist und wer für die jeweils zu beschließenden Ausgaben einzustehen hat.
Die Sozialpolitik der nächsten Jahrzehnte wird entscheidend von der Bevölkerungsentwicklung bestimmt. Seit Ende der sechziger Jahre geht die Geburtenzahl zurück. Dies führt dazu, daß die Bevölkerung schrumpft, die Anteile der Jugendlichen und der Menschen im erwerbsfähigen Alter sinken und der Anteil der Menschen im Alter über 60 Jahren von heute etwa 21 Prozent auf etwa 35 Prozent im Jahr 2030 steigt.
Dazu trägt auch bei, daß die Menschen immer älter werden. Die durchschnittliche Lebenserwartung der Männer hat sich von 67,4 Jahren 1970 auf nahezu 73 Jahre zu Beginn des Jahrzehnts erhöht, die der Frauen sogar von 73,8 Jahren auf mehr als 79 Jahre. Ein 60jähriger Mann hat inzwischen eine durchschnittliche Lebenserwartung von fast 19 Jahren, eine 60jährige Frau von etwa 23,5 Jahren. Diese Entwicklung dürfte sich fortsetzen. Heute haben etwa zwei Beitragszahler für einen Rentner einzustehen, langfristig wird auf einen Rentner nur noch ein Beitragszahler entfallen. Auch eine gezielte Einwanderungspolitik könnte daran nur wenig ändern. Da die Sozialversicherung über Beitragsumlagen finanziert wird, müssen entweder die Leistungen drastisch gekürzt oder die Beitragssätze stark erhöht werden. Künftig wird die Sozialversicherung immer schlechtere Leistungen bieten und dafür von den Versicherten immer höhere Abgaben fordern müssen. Das ist ein zwangsläufiger Prozeß.
Je früher und konsequenter sich die Sozialpolitik darauf einstellt, um so größer sind die Chancen, die Grundzüge des heutigen Sozialsystems zu erhalten. Vor allem verbietet es sich, jetzt noch neue und höhere Leistungen zu beschließen und mit Beitragsumlagen zu finanzieren. Die demographische Entwicklung wird vor allem die Rentenversicherung und die Krankenversicherung belasten. Die gesetzliche Vorsorge über die Rentenversicherung sollte daher noch mehr als bisher durch die kapitalbildende private Vorsorge ergänzt werden. Die gesetzliche Krankenversicherung wird sich darauf beschränken müssen, nur noch die größeren Gesundheitsrisiken abzusichern. Dies wäre sowohl über eine fühlbare Selbstbeteiligung der Versicherten als auch über eine Begrenzung des Leistungskatalogs der Kassen zu erreichen.

Die Rentenversicherung

Im breit gefächerten und gegliederten Sozialsystem kommt der gesetzlichen Rentenversicherung die größte Bedeutung zu. Das 1957 eingeführte lohndynamische Rentensystem ist vielfach verändert worden; die wesentlichen Strukturelemente haben jedoch Bestand gehabt. Alle Arbeitnehmer unterliegen seit 1968 der Versicherungspflicht. Auch einige Gruppen von Selbständigen, wie zum Beispiel Lehrer und Krankengymnasten, unterliegen der Versicherungspflicht; Handwerker haben nach 18 Jahren die Möglichkeit, sich auf Antrag von der Versicherungspflicht befreien zu lassen. Selbständige können innerhalb von 5 Jahren nach Aufnahme der selbständigen Tätigkeit auf Antrag der Pflichtversicherung beitreten; sie können sich aber auch freiwillig versichern.
Freiberufler und die in den verkammerten Berufen nachwachsenden Angestellten, die über die berufsständischen Versorgungswerke gesichert werden, unterliegen nicht der Versicherungspflicht zur Rentenversicherung. Angestellte, die sich 1968 von der Versicherungspflicht haben befreien lassen, können mit freiwilligen Beiträgen Rentenanwartschaften erwerben. Dies ist auch Hausfrauen möglich. Die Rentenversicherung ist damit faktisch zur Volksversicherung geworden. Sie bietet Altersrenten, vorgezo-

gene Altersrenten, Hinterbliebenen- und Waisenrenten sowie Renten wegen Berufs- und Erwerbsunfähigkeit. Auch mit Zeiten der Kindererziehung können Rentenanwartschaften begründet werden. Für die nach 1991 geborenen Kinder werden drei Erziehungsjahre angerechnet. Die Rentenversicherung trägt zur Finanzierung der Krankenversicherung der Rentner bei (50 Prozent des auf die Rente entfallenden Beitrags) und sie gewährt Leistungen der gesundheitlichen und beruflichen Rehabilitation. Die Renten werden seit 1992 jeweils zum 1. Juli an die Entwicklung der Nettoverdienste des Jahres zuvor angepaßt. Ziel ist ein Rentenniveau von etwa 70 Prozent des durchschnittlichen Nettoarbeitsentgelts nach 45 Versicherungsjahren. Die seit 1992 geltende Rentenformel verbindet Rentenanpassung, Beitragssatz und Bundeszuschuß zu einem Regelmechanismus. Unterschreitet die Rücklage die Mindesthöhe von einer Monatsausgabe, so muß der Beitragssatz erhöht werden. Mit steigendem Beitragssatz wird auch der zudem an die Ausgaben gekoppelte Zuschuß des Bundes zur Rentenversicherung angehoben, der wesentlich zur Finanzierung der Rentenversicherung beiträgt (1992 = knapp 50 Milliarden DM einschließlich Knappschaft). Der Zuschuß soll jeweils knapp 20 Prozent der Rentenausgaben decken. Bei einer Erhöhung des Beitragssatzes wird der Anpassungssatz der Renten entsprechend gekürzt. Der Regelmechanismus sorgt also dafür, daß ein durch die demographische Entwicklung steigender Finanzbedarf nicht nur von Beitragszahlern, sondern auch von den Steuerzahlern und den Rentnern gedeckt wird. Der durch die Überalterung der Bevölkerung programmierte Anstieg der Beitragssätze wird dadurch gebremst.

Die Höhe der Rente richtet sich im Einzelfall nach der Zahl der anrechnungsfähigen Versicherungsjahre, nach den im Arbeitsleben geleisteten Beiträgen, für die bei den Pflichtversicherten das Arbeitsentgelt bestimmend ist, und nach der allgemeinen Einkommensentwicklung. Die Durchschnittsrente der männlichen Angestellten beträgt beim Rentenbeginn mit 63 Jahren etwa 2500 DM, die der Frauen bei Rentenbeginn mit 60 Jahren etwa 1300 DM. In der Arbeiter-Rentenversicherung werden an Männer im Durchschnitt Renten von knapp 2000 DM und an Frauen von gut 900 DM gezahlt. Renten von mehr als 3000 DM werden nur von verhältnismäßig wenigen Versicherten erreicht, die lange erwerbstätig waren und immer gut verdient haben. Hinterbliebenenrenten betragen jeweils 60 Prozent der Versichertenrente des Verstorbenen; seit einigen Jahren werden darauf jedoch eigene Erwerbseinkommen sowie Renten und Versorgungsbezüge angerechnet. Die Auswirkungen der Einkommensanrechnung werden jedoch durch einen Freibetrag gemildert.

Dynamische Ausgaben erfordern dynamische Einnahmen. Das Einkommen wird mit einem proportionalen Beitragssatz belastet; damit erhöht sich das Beitragsaufkommen mit steigenden Einkommen. An die Lohndynamik ist auch die Bemessungsgrenze für die Beiträge gekoppelt. Diese lag 1993 in den alten Bundesländern bei einem Monatseinkommen von 7200 DM, in den neuen Bundesländern bei 5300 DM. Daraus war bei einem Beitragssatz von 17,5 Prozent des Arbeitsentgelts ein Höchstbetrag von 1260 DM monatlich abzuleiten. Arbeitnehmer und Arbeitgeber werden jeweils mit dem halben Beitrag belastet. Der Beitragssatz wird in den nächsten Jahren kräftig angehoben, 1994 zunächst auf etwa 19,2 Prozent. Die Marke von 20 Prozent dürfte schon bald überschritten werden.

Wenn Versicherte vorzeitig die Rente beantragen, so belastet dies die Rentenversicherung, weil Beitragseinnahmen ausfallen und die Rentenausgaben früher fällig werden. Im Durchschnitt beantragen die Versicherten schon im Alter von 59,6 Jahren die Rente; dies ist vor allem damit zu erklären, daß Renten bei Minderung der Erwerbsfähigkeit beantragt werden können und daß viele Versicherte von der Möglichkeit

Gebrauch machen, vorzeitig ihre Renten zu beziehen. Das gilt für Frauen, für Arbeitslose und für Schwerbehinderte. Die Regelaltersgrenze von 65 Jahren steht faktisch auf dem Papier. Zur Entlastung der Rentenversicherung werden daher von 2001 bis 2012 die vorgezogenen Altersgrenzen für Männer und Frauen schrittweise auf das 65. Lebensjahr angehoben.
Die vorgezogene Altersrente der Frauen zum 60. Lebensjahr entfällt also ebenso wie die sogenannte flexible Altersrente zum 63. Lebensjahr, die 35 Versicherungsjahre voraussetzt und die deshalb vor allem von Männern genutzt werden kann. Für Arbeitslose und Schwerbehinderte bleibt es bei der Altersgrenze vom 60. Lebensjahr. Wer nach 2001 noch früher in Rente geht, erhält Abschläge von der Rente; wer über das 65. Lebensjahr hinaus arbeitet, bekommt schon heute Zuschläge zur Rente. Auch gibt es die Möglichkeit, Teilrenten zu beantragen. Der Übergang ins Rentenalter kann sich also gleitend vollziehen.

Die Krankenversicherung

Arbeiter und Angestellte, deren Brutto-Arbeitsentgelt unter der Pflichtgrenze liegt, sind in der gesetzlichen Krankenversicherung pflichtversichert. Beitragspflichtig sind Löhne und Gehälter bis zur Beitragsbemessungsgrenze, die der Pflichtgrenze entspricht. Beide Grenzen sind an die Einkommensentwicklung gekoppelt. Sie betragen jeweils 75 Prozent der Bemessungsgrenze in der Rentenversicherung; 1993 entspricht das im Westen einem Monatseinkommen von 5 400 DM, im Osten von 3 975 DM. Arbeitnehmer, deren Einkommen über die Pflichtgrenze hinauswachsen, können sich freiwillig in den gesetzlichen Kassen weiterversichern oder privat absichern. Gegenwärtig sind rund 90 Prozent der Bürger in gesetzlichen Kassen versichert. Als Beitrag wird ein Prozentsatz vom Brutto-Arbeitsentgelt erhoben; dieser liegt 1993 im Westen bei durchschnittlich 13,4 Prozent. Auf diesen Satz bezogen, beträgt also der Höchstbeitrag 724 DM monatlich. Davon haben Arbeitnehmer und Arbeitgeber jeweils die Hälfte zu tragen. Da die gesetzlichen Krankenkassen allen Versicherten prinzipiell gleiche Leistungen bieten, trägt der proportional mit dem Einkommen steigende Beitrag zur Umverteilung der Einkommen bei; die Sozialpolitiker sprechen daher von einem Solidarbeitrag. Dieser kommt den Beziehern kleinerer Einkommen und den Familien zugute, da die nicht erwerbstätigen Familienmitglieder beitragsfrei versichert werden. Jeder Versicherte kann sich vom Arzt seines Vertrauens behandeln lassen. Das kostet ihn nichts. Er hat nur einen Krankenschein vorzulegen; dieser wird bis 1995 durch eine Chip-Karte ersetzt. Der Arzt rechnet seine Behandlungskosten über die Kassenärztliche Vereinigung mit der Kasse ab. Diese übernimmt auch die Kosten der stationären Behandlung, wenn sich der Versicherte mit der allgemeinen Pflegeklasse zufriedengibt. Die Krankenkasse gewährt ihre Leistungen in der Regel als Sachleistung. Der Versicherte hat für bis zu 14 Krankenhaustage im Jahr eine Zuzahlung von elf DM je Tag zu leisten. Auch Medikamente werden über Kassenrezept abgerechnet; derzeit gibt es eine nach dem Preis gestaffelte Selbstbeteiligung der Versicherten bis zu einem Höchstbetrag von sieben Mark; diese wird 1994 durch eine nach der Packungsgröße gestaffelte Zuzahlung bis zu sieben DM abgelöst. Bei Zahnersatz erstattet die Kasse 50 bis 60 Prozent der Kosten. Besonders aufwendigen Zahnersatz finanziert die Kasse nicht mit. Die Belastung durch die Zuzahlungsregelungen werden durch eine Härtefallregelung und eine Überforderungsklausel für die Bezieher kleinerer Einkommen gemildert. In der Krankenversicherung sind die Ausgaben in den letzten fünfzehn Jahren schneller gestiegen als die Einnahmen. Dies ist teilweise durch Beitragssatzerhöhungen ausgeglichen worden. Seit 1977 sind in regelmäßigen Abständen „Kostendämpfungsgesetze" verabschiedet worden. 1989 folgte dann ein „Gesundheitsreformgesetz", mit dem versucht wurde, das Leistungsangebot einzuschränken; die Ausgaben sollten nicht schneller als die beitragspflichtigen Arbeitsentgelte steigen. Dieses Gesetz hat nur kurzfristig den Ausgabenanstieg gebremst; schon nach zwei Jahren nahmen die Ausgaben der Kassen in fast allen Leistungsbereichen wieder rasant zu, was auch mit dem allgemeinen Preisanstieg und mit der kräftigen Erhöhung der Personalkosten zu erklären war. Mit einer „Notbremsung" durch das „Gesundheitsstrukturgesetz" hat dann der Gesetzgeber für die wichtigsten Leistungsbereiche – Krankenhaus, ambulante Behandlung, Arznei- und Heilmittel – Budgets vorgegeben, um den Ausgabenanstieg zu begrenzen. Ärzte sollen nur noch nach einem staatlich fixierten Bedarf zur Kassenpraxis zugelassen werden.

Das System wird also seit 1993 durch gesetzliche Vorgaben reguliert. Marktwirtschaftliche Steuerungselemente gibt es in diesem System kaum. Vor allem fehlt es an Anreizen für die Versicherten, die Leistungen sparsam in Anspruch zu nehmen. Auf weitere Sicht wird daran gedacht, Leistungen aus dem Angebotskatalog der Kassen zu streichen, die als nicht notwendig angesehen werden. Dies soll zu einer Art Grundsicherung führen. Gleichzeitig wird aber auch darüber nachgedacht, die Einnahmen der Kassen zu erhöhen, und zwar durch die Einbeziehung der Gesamteinkommen in die Beitragsbemessung. Damit hat man bei den freiwillig Versicherten im Rentenalter schon begonnen. Der Sozialbeitrag erhält damit den Charakter einer proportionalen Einkommensteuer, was den Weg zu einem staatlichen Gesundheitswesen öffnen könnte.

Die Arbeitslosenversicherung

Im marktwirtschaftlichen System kann es keine Garantie für Vollbeschäftigung und einen bestimmten Arbeitsplatz geben. Zum sozialen Netz gehört damit als dritte Säule die Arbeitslosenversicherung. Ihr ist im Arbeitsförderungsgesetz von 1969 aber nur noch ein hinterer Rang zugewiesen worden. In den Vordergrund ist immer stärker die Arbeitsmarktpolitik gerückt. Darunter versteht man die Arbeitsförderungs-Maßnahmen (ABM), in deren Rahmen Arbeitslose zu Lasten der Bundesanstalt für Arbeit beschäftigt werden. Auch werden die Umschulung und Fortbildung von Arbeitslosen mit hohen Aufwendungen gefördert. Die Bundesanstalt gewährt vor allem für ältere Arbeitslose Einarbeitungszuschüsse. Vor allem in den neuen Bundesländern wird mit den Instrumenten der Arbeitsmarktpolitik im großen Stil der ökonomische Anpassungsprozeß sozial abgesichert. Der Effekt dieser Politik ist freilich umstritten.

Alle Arbeitnehmer sind pflichtversichert. Der Beitrag ist inzwischen auf 6,5 Prozent des Arbeitsentgelts bis zur Beitragsbemessungsgrenze der Rentenversicherung angestiegen (1993 in den alten Ländern 7 200 DM und in den neuen Ländern 5 300 DM). Dennoch kommt die Nürnberger Anstalt mit den Einnahmen bei steigender Arbeitslosigkeit nicht aus. Der Bund hat der Anstalt 1992 mit Zuschüssen von fast 14 Milliarden DM helfen müssen, 1993 werden es voraussichtlich mehr als 20 Milliarden DM sein.

Das wird Korrekturen am Leistungsrecht erzwingen. Zur Disposition stehen dabei auch die Leistungssätze. Das Arbeitslosengeld beträgt bei Arbeitnehmern mit Familie 68 Prozent des vorherigen regelmäßigen Netto-Arbeitsentgelts und bei Alleinstehenden oder Verheirateten ohne Kinder 63 Prozent. Die Leistungssätze sollen von 1994 an degressiv gestaffelt und je Quartal um jeweils einen Prozentpunkt bis auf 64 oder 59

Prozent gesenkt werden. Die Dauer der Leistungen hängt von der Dauer der Beitragsleistung, aber auch vom Lebensalter ab. Ein Versicherter unter 42 Jahren kann bis zu 12 Monate Arbeitslosengeld beziehen, ein Versicherter über 54 Jahre bis zu 32 Monate. Danach besteht Anspruch auf zeitlich unbefristete Arbeitslosenhilfe in Höhe von 58 oder 56 Prozent des früheren Arbeitsverdienstes. Von 1994 an sollen Sätze von 55 oder 53 Prozent gelten; die Arbeitslosenhilfe wird auf zwei Jahre begrenzt. Diese Leistung setzt Bedürftigkeit voraus. Arbeitslosengeld und -hilfe werden jährlich der allgemeinen Einkommensentwicklung angepaßt. Die Maßnahmen der Arbeitsförderung und das Arbeitslosengeld werden aus dem Beitragsaufkommen finanziert; für die Arbeitslosenhilfe hat der Bund einzustehen.

Rentenversicherung, Krankenversicherung und Arbeitslosenversicherung sind die drei wichtigsten Zweige der Sozialversicherung. Die Palette der Sozialleistungen ist bunter. Nicht immer kann aus der Höhe der Ausgaben auf deren sozialpolitische Bedeutung geschlossen werden. Zur Beurteilung sozialpolitischer Nachrichten ist es jedoch wichtig, die Größenordnungen (Tabelle) zu kennen.

9. DIE VERKEHRSPOLITIK

Entscheidungen für die Zukunft

Verkehrspolitik geht alle an – und jeder Politiker glaubt, von Verkehrspolitik etwas zu verstehen. Dieses Tatsachen-Paar verheißt nichts Gutes. In der Tat gibt es allenfalls in der Sozialpolitik noch weniger sachbezogene Entscheidungen, und als Tummelfeld der Subventionen wird die Verkehrspolitik allein von der Landwirtschaft übertroffen. Zwar ist der Verkehr in Deutschland nur mit je knapp vier Prozent am Bruttoinlandsprodukt und an der Gesamtzahl der Beschäftigten beteiligt. Da sich aber verkehrspolitische Maßnahmen bis in die letzten Verästelungen der Volkswirtschaft auswirken, Kosten und Standortbedingungen unweigerlich beeinflussen und ins Alltagsleben jedes einzelnen Bürgers eingreifen, können sie auf breiter Front ebenso Schaden wie Nutzen stiften.

Die Verkehrshaushalte von Bund, Ländern und Gemeinden finanzieren große Investitionsblöcke der öffentlichen Hand: Beim Bund entfallen auf den Verkehr fast 30 Prozent der gesamten Investitionen. Hier werden Sachwerte geschaffen, die oft Generationen überdauern, und Planungen verwirklicht, die auch vor der Nachwelt Bestand haben müssen. Ein Feld für Fachleute also und für realitätsnahe Entscheidungen, sollte man meinen. Der Blick in die Zeitung lehrt anderes. Gerade die Verkehrspolitik ist immer wieder Spielball von parteipolitischen Interessen und Objekt ideologisch unterfütterter Kampagnen. Sachverstand hat es schwer, sich durchzusetzen – auch auf der europäischen Ebene, auf die sich die Verkehrspolitik mit dem Wirksamwerden des Gemeinsamen Markts mehr und mehr verlagert.

Schon immer ist die Verkehrspolitik auch Dienerin anderer staatlicher Ziele gewesen. Unmittelbar ist sie Strukturpolitik: Der Bau von Verkehrswegen und Umschlagplätzen – ein Volumen von jeweils zwischen 25 und 30 Milliarden DM in den letzten Jahren – entscheidet mit über die Wirtschaftskraft ganzer Landstriche, er macht Grundstücke über Nacht wertvoll und entwertet zugleich andere. In einem weithin erschlossenen Land wie der Bundesrepublik wird es immer schwieriger, eine für alle gleichermaßen vorteilhafte Infrastrukturpolitik zu betreiben. Ist eine neue Autobahn, ein neuer Flughafen für eine Region ein Fluch oder ein Segen? Die Antwort wird je nach der Interessenlage ausfallen. Hier jeweils zu einem vertretbaren Ausgleich zu kommen, ist heute die wichtigste Aufgabe verkehrspolitischer Regierungskunst. In starkem Maß steht die Verkehrspolitik auch im Dienst der Fiskalpolitik. Die Abgaben im Bereich des Individualverkehrs – weit über 50 Milliarden DM im Jahr – sind längst keine Gebühren oder zweckgebundenen Steuern mehr. Die Mineralölsteuer zum Beispiel fließt bis auf einen kleinen Rest in die allgemeinen Haushaltsmittel des Bundes. Der Staat hat seit langem erkannt, wie gut und reibungslos sich mit der Besteuerung an Mobilitäts-Tatbestände anknüpfen läßt, etwa an den Kraftstoffverbrauch im Straßenverkehr. Der Konsument zahlt, weil er nicht ausweichen kann oder will. Groß ist daher die finanzpolitische Versuchung, auf bewährte, stetig fließende Abgaben weiter draufzusatteln – natürlich für alle anderen Zwecke als für die Verbesserung der Infrastruktur oder wenigstens den finanziellen Ausgleich zwischen den Verkehrsträgern.

Zwischen Politik und Markt

Verkehrspolitik ist aber auch Ordnungspolitik und damit Wirtschaftspolitik im engeren Sinn. Lange Jahre wurde wie ein Dogma gelehrt, daß Marktwirtschaft im Verkehr nicht möglich sei. Verkehrsleistungen, so hieß es, können nicht auf Vorrat produziert werden, und ihre Anbieter seien daher den Schwankungen der Konjunktur ebenso schutzlos ausgeliefert wie der Macht der Nachfrager: Überkapazitäten und ein ruinöser Wettbewerb wären die Folge, wenn der Staat nicht regelnd eingriffe. Das hat er auch jahrzehntelang getan. Er hat mit einem engen Tarifkorsett die Eisenbahn vor der Konkurrenz des Straßengüterverkehrs bewahrt (und diesen dadurch erst richtig stark gemacht), er hat den Luftverkehr zwischenstaatlich reglementiert, er hat die Telekommunikation monopolisiert und damit lange in ihrer technischen Entfaltung behindert. Erst in jüngster Zeit hat sich die Erkenntnis durchgesetzt, daß der Verkehr kein Sonderfall der Dienstleistungs-Wirtschaft ist und daß für ihn gelten müsse, was dort gang und gäbe ist: Wettbewerb zur optimalen Nutzung der Produktionsfaktoren – freilich unter fairen, möglichst niemanden benachteiligenden Voraussetzungen. Beispiele in anderen Ländern, etwa die Deregulierung des Luftverkehrs in den Vereinigten Staaten oder der Eisenbahnen in Japan, haben da zu denken gegeben, auch wenn sie von Anpassungsschwierigkeiten und unerwünschten Konzentrationsvorgängen begleitet waren. Als Eigentümer praktisch der gesamten Verkehrs-Infrastruktur behält der Staat aber schon durch seine Investitionsentscheidungen eine Schlüsselposition, die ihm große Verantwortung für die Zukunft auferlegt.
Die vergleichsweise rigide deutsche Verkehrspolitik der Vergangenheit muß den Liberalisierungstendenzen in der Europäischen Gemeinschaft weichen. Das gilt vor allem für den Luft- und den Straßengüterverkehr. Noch ist das Ziel allerdings nicht erreicht. Zur Angleichung der Wettbewerbsbedingungen fehlt vor allem die steuerliche Gleichbehandlung der Verkehrsunternehmen in allen Mitgliedsländern und, im Straßenverkehr, der Grundkonsens darüber, ob die Abgaben am Standort des Fahrzeugs erhoben werden sollen oder dort, wo es gerade fährt (und nach Maßgabe seiner Fahrleistung). Wenn schon nicht gleich die Privatisierung staatlicher Verkehrsunternehmen, so gehört doch zur Liberalisierung zumindest die Lockerung ihrer Abhängigkeit von politischen Entscheidungen und zweckfremden Aufgaben. Das ist das Ziel zum Beispiel bei der Schaffung der Deutsche Bahn AG als Nachfolgerin von Bundesbahn und Reichsbahn. Längst überfällig ist die Erkenntnis, daß „Daseinsvorsorge" in Gestalt preisgünstiger Beförderung um des Gemeinwohls willen eine unmittelbare Aufgabe des Staates ist und nicht zu Lasten der Ergebnisrechnung eines Verkehrsträgers gehen darf.

Wettbewerb der Verkehrsträger

Marktwirtschaft im Verkehrswesen bietet auch die Voraussetzungen dafür, daß sich die einzelnen Verkehrsträger konsequenter als bisher auf ihre jeweiligen Stärken, technischen Eigenheiten und Kostenvorteile besinnen und sie nutzen, statt auf Gebieten zu konkurrieren, für die sie nicht geeignet sind. So ist es zum Beispiel widersinnig, daß die mittlere Transportweite im Güterfernverkehr auf der Straße fast 300, auf der Schiene jedoch nur reichlich 200 Kilometer beträgt.

Ein Umdenken erfordert hier zugleich, optimale Schnittstellen zwischen den Verkehrsträgern zu schaffen, damit deren spezifische Vorteile nicht der Mühsal und dem Aufwand des Wechsels vom einen zum anderen zum Opfer fallen. Besondere Bedeutung haben solche Überlegungen auch wegen der ökologischen Komponente der Verkehrspolitik erlangt. Mobilität ist per se umweltbelastend, und trotz ihres hohen Ranges unter den Bedürfnissen muß sie sich berechtigten Erwägungen des Umweltschutzes und der Ressourcenschonung unterordnen. Hier ist der Staat gefordert, doch damit wächst wieder das Risiko unsachgemäßer, von politischer Opportunität geprägter Entscheidungen: wenn zum Beispiel der Individualverkehr gegenüber dem öffentlichen Verkehr stärker zurückgedrängt wird, als es mit Argumenten des Umweltschutzes angemessen wäre.

Hier prallen die Meinungen vor allem im kommunalen Bereich hart aufeinander, denn immerhin drei von je zehn Auto-Kilometern werden innerorts gefahren. Der chronisch defizitäre öffentliche Personennahverkehr profitiert unmittelbar von allen Bemühungen, die motorisierten Pendlerströme in den Ballungsgebieten zu drosseln: Entsprechend handelt die Kommunalpolitik, verliert dabei aber meist aus den Augen, daß Busse und Bahnen allein den Berufsverkehr nicht bewältigen können, obwohl sie jährlich schon mehr als neun Milliarden Menschen befördern. Ebenso wird übersehen, daß mit den oft ideologisch gefärbten Entscheidungen gegen den Individualverkehr die Struktur der Städte und ihre Attraktivität als Einkaufs- und Kulturzentren auf lange Sicht beschädigt werden.

Verkehrspolitik ist auch auf dieser Ebene die Kunst des Möglichen und damit des Ausgleichs der Interessen. Daß verkehrspolitischen Eingriffen im Namen des Umweltschutzes der Vergleich korrekter Öko-Bilanzen vorausgehen muß und den sozialen Kosten der gesamtwirtschaftliche Nutzen gegenübergestellt werden sollte, ist noch nicht Allgemeingut der Beteiligten geworden. Auf der Seite der Verkehrsnutzer fehlt es freilich ebenso an der Einsicht, daß die Mobilität angesichts ihrer Umweltbelastung und der begrenzten Energievorräte teurer sein müßte, mit dem Effekt, daß weniger wichtige Transportvorgänge unterbleiben. Eine Verkehrspolitik, die auch in dieser Richtung Zeichen setzen will, kann aber wohl in Europa nicht mehr einzelstaatlich betrieben werden.

Keine technischen Revolutionen

Technische Revolutionen sind bei den herkömmlichen Verkehrsträgern nicht in Sicht: Magnetschwebebahn und Überschall-Luftverkehr etwa liegen noch in weiter Ferne. Der Fortschritt spielt sich gegenwärtig bei den nichtkörperlichen Transporten ab, also bei der Telekommunikation. Dieser energiesparende Verkehrszweig hat von der Neugliederung der Deutschen Bundespost und der Schaffung der Telekom profitiert – zum Beispiel mit dem freien Wettbewerb bei den Endgeräten –, ist aber immer noch durch das staatliche Leitungsmonopol und durch im internationalen Vergleich hohe

Gebühren behindert. Auch hier wird die Verkehrspolitik im Interesse des Industriestandorts Deutschland noch weiteres öffentliches Terrain aufgeben und der privaten Initiative überlassen müssen.

Der Individualverkehr

Beim Individualverkehr greift die Verkehrspolitik am deutlichsten ins Leben jedes Bürgers ein. Mehr als 80 Prozent des gesamten Personenverkehrs in Deutschland werden vom Auto bewältigt: Das bedeutet, daß kein anderer Verkehrsträger in der Lage wäre, einen nennenswerten Teil dieser Leistung zu übernehmen. Und es zwingt zugleich dazu, die negativen Folgen des hohen Motorisierungsgrads – fast 500 Personenwagen und mehr als 40 Nutzfahrzeuge je 1000 Einwohner, von den ausländischen Autos ganz zu schweigen – so gering wie möglich zu halten. Das gilt besonders für die Umweltbelastung durch Abgas- und Lärmemissionen. Hexenjagdähnliche Kampagnen gegen das Auto zeigen aber auch, daß seine Bedeutung für die Gesamtwirtschaft vielfach verkannt wird. Hier wird die Verkehrspolitik, nicht zuletzt der Kommunen, zu einem neuen Verständnis der Kooperation von Individual- und öffentlichem Verkehr finden müssen. Der Überlastung vieler Straßen – die freilich oft nur zu bestimmten Tages- oder Jahreszeiten eintritt – kann indes kaum mehr durch Kapazitätserweiterungen, also den Neubau, begegnet werden. Es kommt vielmehr darauf an, die vorhandene Infrastruktur durch zuverlässige Information der Verkehrsteilnehmer und durch Einsatz moderner Elektronik bei der Erfassung und Leitung der Autoströme besser zu nutzen.

Die Eisenbahn

Bei der Eisenbahn vollzieht sich mit der Schaffung der Deutsche Bahn AG der grundlegendste Wandel seit dem Krieg. Mit ihrer gesetzlich begründeten Abhängigkeit vom Staat war die Bundesbahn wirtschaftlich völlig ins Abseits gefahren und hatte ihre Konkurrenzfähigkeit weitgehend eingebüßt: Zwischen 1960 und 1993 schrumpfte ihr Marktanteil im Personenverkehr von 16 auf 6 Prozent, im Güterverkehr von 44 auf 25 Prozent. Im gleichen Zeitraum hatte sich zwar die Beschäftigtenzahl halbiert, ihr Schuldenberg war jedoch auf fast das Doppelte eines Jahresumsatzes gewachsen. Die Stützpfeiler der Bahnreform – Entschuldung und technische Modernisierung durch den Bund, Entlastung von den Defiziten des Personennahverkehrs, Rechtsform der Aktiengesellschaft zur Lockerung der staatlichen Bevormundung, Öffnung des Schienennetzes zur Benutzung durch Dritte – sollen auch ohne echte Privatisierung die Chancen zu unternehmerischem Handeln absichern und die Bahn AG in die Lage versetzen, ihren Part im Gesamtverkehrs-Konzept zumindest kostendeckend zu spielen: als schneller Personenverkehrs-Anbieter auf vom Luftverkehr noch nicht sinnvoll zu bedienenden Strecken – Stichwort ICE –, als nicht zu ersetzender Massenbeförderer in den Ballungsgebieten und als straßenentlastender Gütertransporteur.

Der Straßengüterverkehr

Mit der Flexibilität des Straßengüterverkehrs wird die Schiene freilich nicht so bald konkurrieren können. Jeder Rangiervorgang kostet unweigerlich Zeit, strapaziert die Ladung und vermindert so die Qualität der Bahnbeförderung. Von diesen Handikaps seines wichtigsten Wettbewerbers hat der Lastwagen seit langem profitiert und sich unentbehrlich gemacht: 57 Prozent des Güterverkehrs gehen – einschließlich Werkverkehr und ausländischer Fahrzeuge – auf sein Konto, allein mehr als 40 Prozent sind dem Straßengüterfernverkehr zuzurechnen. Mit der europäischen Deregulierung in diesem Bereich, die auch den Wettbewerb aus dem Ausland verschärft und damit das Preisniveau drückt, kommen auf die immer noch überwiegend mittelständischen Kraftwagenspediteure völlig neue Herausforderungen zu, ebenso mit der Sanierung von Bundes- und Reichsbahn. Vom Transport allein können höchstens noch kleine Unternehmen leben; alle anderen werden – wenn sie es noch nicht getan haben – ihre Tätigkeit auf zusätzliche logistische Dienstleistungen erweitern und sich zugleich spezialisieren müssen. Ein besseres Transportmanagement gilt als unerläßlich zur Verringerung des viel zu hohen Anteils der Leerfahrten (über 30 Prozent).

Der Idee von der Bereitstellung „just in time" und direkt am Fließband, mit der sich die Industrie zu Lasten ihrer Zulieferer und des Transportgewerbes von großen Teilen ihrer Lagerhaltung an Vorprodukten zu befreien sucht, sind jedoch Grenzen gesetzt. Weiteren Ausbau verdient dagegen der kombinierte Verkehr von Straße und Schiene (von der Containerbeförderung bis zum Huckepack-Transport kompletter Lastzüge), der erst 15 Prozent des gesamten Eisenbahn-Güterverkehrs ausmacht. Sein Erfolg hängt in erster Linie von einer ausreichenden Zahl effizienter Umschlagstellen ab: Neue zu bauen stößt jedoch auf die gleichen Schwierigkeiten wie andere Pläne zur Erweiterung der Verkehrs-Infrastruktur.

Die Schiffahrt

Die Binnenschiffahrt, lange Jahre verkehrspolitisch vernachlässigt, gilt inzwischen – vor allem im größeren vereinigten Deutschland – als eine Art Geheimwaffe gegen die Kapazitätsnöte von Schiene und Straße. Sie hat zwar nur einen Anteil von weniger als 7 Prozent der Güterverkehrsleistung, bewältigt ihn aber besonders energiesparend und umweltschonend, allerdings auch langsam. Ein Binnenschiff kann mit seinem Transportvolumen und seiner Tragfähigkeit rund 50 Lastzüge ersetzen, und es ist keineswegs nur für die Massengutbeförderung geeignet – was viele Verlader nicht erkennen. Und mit 6700 Kilometern erreicht die Länge der deutschen Binnenwasserstraßen immerhin rund 60 Prozent des Autobahnnetzes. Voraussetzung für eine Vergrößerung des Marktanteils ist die konsequente Modernisierung der Binnenschiffsflotte. Auch die Küstenschiffahrt könnte im vereinigten Deutschland künftig eine größere Rolle spielen als bisher.

Die Seereedereien haben dieselben Schwierigkeiten wie in anderen Industriestaaten: Konkurrenz der Billigflaggen (mit dem Anreiz zum „Ausflaggen" heimischer Schiffe), steigende Preise für Neubauten und Versicherungen, reduzierte Subventionen. Immerhin ist die deutsche Handelsflotte im Schnitt sehr jung. Mit acht Millionen Bruttoregistertonnen ist ihr Anteil an der Welttonnage jedoch geringer als zwei Prozent. Die deutschen Seehäfen haben nach der Vereinigung wieder an Hinterland und an Gewicht gegenüber den Wettbewerbern an der Rheinmündung gewonnen.

Die Fernleitungen

In Rohrfernleitungen für Erdöl und Mineralölprodukte ist in den alten Bundesländern schon seit langen Jahren nicht mehr investiert worden, ihr Anteil an der gesamten Güterverkehrsleistung ist daher kontinuierlich zurückgegangen. Trotzdem sind sie ein wichtiger Teil der Infrastruktur: Einschließlich der Anlagen in den neuen Bundesländern sind sie 3300 Kilometer lang und bewältigen fast drei Prozent des Güterverkehrs, die auf diese Weise der Straße oder Schiene nicht noch zusätzlich aufgebürdet werden.

Der Luftverkehr

Die Luftverkehrsunternehmen sind, wie der Straßengüterverkehr, von der Deregulierung in der Europäischen Gemeinschaft vor ganz neue Verhältnisse gestellt worden. Daraus ergibt sich, wie das amerikanische Vorbild gezeigt hat, ein Zwang zur Kooperation und Konzentration unter den europäischen Fluggesellschaften, von denen die meisten im Weltvergleich klein sind. Das bedeutet in vielen Fällen den Abschied vom „nationalen Carrier" und dem Prestige, das er einmal verkörpern sollte. Die seit 1993 geltende Preisfreiheit innerhalb der EG hat den Wettbewerb auch auf diesem Feld verschärft. Die erforderlichen Kostenreduzierungen finden ihre Grenze freilich an der Sicherheit des Flugbetriebs und an der kundenerhaltenden Qualität des Service. Zusätzliche Probleme gibt es, angesichts von 1,4 Millionen Flugbewegungen und fast 80 Millionen Fluggästen jährlich, am Boden: Die Kapazitäten vieler Verkehrsflughäfen sind – nicht zuletzt wegen Nachtflugverboten – erschöpft, Neubauten oder Erweiterungen kaum mehr durchsetzbar. Großflugzeuge reduzieren zwar die Zahl der Starts und Landungen, sind aber nur auf den „Rennstrecken" des Luftverkehrs einsetzbar.

Die Telekommunikation

Nach der – halbherzigen – Entstaatlichung der Telekommunikation in Deutschland hat die Bundespost Telekom immer noch Monopole beim Netz, beim Telefondienst und bei Funkanlagen. Sie hält damit wichtige Schlüsselstellungen auf diesem Gebiet, der Umsatzanteil des Monopolbereichs wird in absehbarer Zeit kaum unter zwei Drittel sinken. Mehr als 40 Milliarden Telefonverbindungen werden jährlich hergestellt, 40 Millionen Anschlüsse wird das gesamtdeutsche Netz nach Abschluß der Nachholarbeiten im Osten umfassen. Diese erfordern hohe Investitionen, ebenso wie der Übergang auf Digital- und Glasfasertechnik, der Ausbau des Mobilfunks – wo die Telekom im Wettbewerb mit privaten Anbietern steht – und der Satellitendienste. Für die Wettbewerbsfähigkeit des Industriestaats Deutschland ist eine gut funktionierende und preisgünstige Telekommunikation freilich eine der wichtigsten Voraussetzungen. Darüber ist sich die Wirtschaft mit der Telekom, also dem Staat, in der Praxis nicht immer einig.

10. Die Umweltpolitik

Die Kosten des Wohlstands

Die Notwendigkeit einer Politik zum Schutz der Umwelt ist heute unumstritten. Ozonloch, Aufheizung der Erdatmosphäre, Luftverschmutzung, Waldsterben, Abholzung der Wälder, Seensterben und Müllberge – das sind Schlagworte, sie stehen aber auch für reale Gefahren, die es zu steuern gilt. Mit Anti-Wirtschafts-Mentalität hat das nichts zu tun. In der Erkenntnis, daß die Bedrohung der Umwelt nur gemeinsam bekämpft werden kann, hat im Juni 1992 in Rio de Janeiro die Konferenz der Vereinten Nationen für Umwelt und Entwicklung (Unced) stattgefunden. Diese größte Konferenz aller

Zeiten markiert den Ausgangspunkt für eine neue Zusammenarbeit in der Umwelt- und Entwicklungspolitik. Mehr als 150 Staaten haben die Konventionen zum Klimaschutz und zur biologischen Vielfalt gezeichnet. Auf dieser Grundlage soll jetzt in der ganzen Welt mehr für die Umwelt getan werden.

In der Bundesrepublik wird Umweltpolitik seit gut zwanzig Jahren betrieben. Als Geburtsstunde gilt das Umweltprogramm der Bundesregierung von 1971. Drei Grundprinzipien wurden darin zur Basis der Umweltpolitik, die bis heute ihre Gültigkeit haben: Nach dem Verursacherprinzip sollte derjenige die Kosten der Belastung der Umwelt tragen, der für das Entstehen der Belastung verantwortlich ist. Das Vorsorgeprinzip ist darauf ausgerichtet, neben der Beseitigung entstandener Schäden auch auf die Minderung zukünftiger Risiken und eine vorausschauende Gestaltung menschlichen Handelns zu achten. Das Kooperationsprinzip dringt auf ein gemeinsames politisches Handeln der verschiedenen gesellschaftlichen Gruppen bei der Verfolgung umweltpolitischer Ziele.

Im Dickicht der Gesetze

In diesem Sinne wurde Deutschland mit einem verhältnismäßig dichten Regelwerk für die Errichtung und den Betrieb von Produktions-Anlagen überzogen. Für die Emission von Schadstoffen wurde eine Vielzahl von Grenzwerten gesetzt. In den ersten beiden Jahrzehnten mußte die Politik zunächst vor allem auf die angehäuften Schäden reagieren. Das hatte zur Folge, daß überwiegend Instrumente des Ordnungsrechts, Gebote und Verbote, eingesetzt wurden. Seit Anfang der neunziger Jahre haben die Bemühungen zugenommen, Umweltpolitik effizienter zu gestalten – wirkungsvoller im ökonomischen und im ökologischen Sinne. Schäden sollen nicht nur beseitigt, sondern möglichst von vornherein vermieden werden. Durch die Erweiterung der Gefährdungshaftung in der neuen Fassung des Bundes-Immissionsschutzgesetzes und im Umwelthaftungsgesetz sowie durch die Einführung einer Umweltverträglichkeitsprüfung sollen das Verursacher- und das Vorsorgeprinzip weiter gestärkt werden. Wurde bisher die Umwelt mehr ausschnittweise betrachtet – das Wasser, die Luft, der Boden –, so sucht man jetzt, die verschiedenen Sektoren durch eine Politik miteinander zu vernetzen, die sich an Stoffkreisläufen orientiert. Dies soll sich in dem geplanten „Umweltgesetzbuch" niederschlagen, das die bestehenden Umweltgesetze in einen systematischen Zusammenhang stellen will.

Kosten-Nutzen-Schätzungen

Alle diese Bemühungen haben aber auch zur Folge, daß die Debatte darüber nicht zur Ruhe kommt, wieviel Umweltschutz eigentlich nötig ist und wieviel sich ein Land wie Deutschland davon leisten kann. Das mag auch damit zu tun haben, daß sich eine allgemein anerkannte Definition des Umweltbegriffs noch nicht durchgesetzt hat. Ist die Natur um ihrer selbst willen schützenswert, oder muß sie geschützt werden, weil sie für den Menschen lebensnotwendig ist? Umfragen haben ergeben, daß etwa 70 Prozent der Bürger die bestehenden Gesetze für noch nicht ausreichend halten. Andererseits wehren sich dieselben Bürger dagegen, wenn sie zugunsten der Umwelt stärker zur Kasse gebeten werden sollen. Eine Vielzahl von Unternehmen ist außerdem der Ansicht, daß inzwischen genug getan worden sei. Im Umweltschutz müsse jetzt eine Pause eingelegt werden, da sonst die Bundesrepublik wegen überhöhter Produktionskosten als Investitions-Standort ernsthaft in Gefahr gerate. In der Tat gibt es kaum einen Staat, in dem so viele umweltpolitische Auflagen zu beachten sind wie die Bundesrepublik. Das verursacht Kosten, die sich für die produzierenden Unternehmen nachteilig auswirken können, zumal dann, wenn sie mit Betrieben aus Ländern in Wettbewerb stehen, in denen umweltpolitische Vorgaben einen kleineren oder gar keinen Stellenwert haben.

Das Rheinisch-Westfälische Institut für Wirtschaftsforschung in Essen und das Deutsche Institut für Wirtschaftsforschung in Berlin halten die Befürchtungen der Unternehmen jedoch für übertrieben. In einer Studie „Umweltschutz und Industriestandort" kommen sie zu dem Ergebnis, daß die Attraktivität Deutschlands als Wirtschaftsstandort durch den Umweltschutz eher gestärkt worden sei. Umweltschutzpolitik sei vielmehr die Voraussetzung für eine langfristig tragfähige und gesunde wirtschaftliche Entwicklung. Die Alternative zur Umweltpolitik wären auch keineswegs verringerte gesamtwirtschaftliche Umweltkosten. Statt dessen würde die Allgemeinheit mit den Folgen der Umweltverschmutzung belastet. Der gesamtwirtschaftliche Nutzen der Umweltpolitik übersteige deren Kosten allemal. So betrage etwa der gesamtwirtschaftliche Nutzen der Investitionen in die Luftreinhaltung, die durch die Großfeuerungsanlagen-Verordnung ausgelöst wurden, etwa das Zweifache der Investitionen von rund 25 Milliarden DM. Umweltschutz führe darüber hinaus zu betrieblichen Kostensenkungen. Durch die umwelttechnischen Weiter-Entwicklungen würden für viele Branchen bedeutsame Märkte geschaffen. Die Institute schätzen das Marktvolumen für Umweltschutz-Güter in Deutschland auf derzeit rund 40 Milliarden DM pro Jahr. Dabei seien jährliche Wachstumsraten von sechs bis acht Prozent zu erwarten. Immerhin liege Deutschland beim Export dieser Güter an der Spitze. Trotz ihrer absoluten Höhe machten die Aufwendungen des Produzierenden Gewerbes für Umweltschutz 1989, gemessen am Produktionswert, nur 0,7 Prozent aus. Selbst in einer umweltintensiven Branche wie der chemischen Industrie betrugen die Umweltkosten nur 1,9 Prozent, während die Arbeitskosten einen Anteil von bis zu 39 Prozent hatten. Der Anteil der Umweltschutz-Ausgaben am Bruttosozialprodukt belief sich auf 1,6 Prozent, was im internationalen Vergleich zwar sehr viel ist, aber doch nicht so viel, daß daraus ernste Gefahren für die Unternehmen erwachsen. Dennoch ist die unternehmerische Kritik an der Umweltpolitik nicht unberechtigt. Das bisher als Mittel der Politik eingesetzte Ordnungsrecht sollte durchaus kritisch überprüft werden.

Umweltpolitische Instrumente

Lösungsart	Mittel
Lösungen im Marktvorfeld	Information, Beratung Umweltbewußtsein
Marktlösungen	Privatisierung von Umweltgütern, Gefährdungshaftung
Lösungen durch Schaffung künstlicher Märkte oder ökonomischer Anreize	Zertifikate Abgaben Verschuldungshaftung Subventionen
Flexibilisierung des Ordnungsrechtes	Restverschmutzungsabgabe Kompensation Freiwillige Vereinbarung
Außermarktliche Lösungen	Ordnungsrecht (Ge- und Verbote) Staatliche Eigenvornahme

Quelle: nach Karl-Heinrich Hansmeyer

Das Ordnungsrecht

Die hauptsächliche Verwendung von Ge- und Verboten in der Umweltpolitik ist aus einer Situation der Hilflosigkeit entstanden. Umwelt ist ein öffentliches Gut. Für viele Umweltgüter gibt es keine marktwirtschaftlich sinnvoll definierten Preise. Knappheiten sind erst mit der Zeit spürbar geworden. Luft oder Wasser schienen unbegrenzt vorhanden zu sein. Ohne Preise konnte aber ökonomische Knappheit nicht ausgedrückt werden, und eine grenzenlose Verschwendung von Umwelt war die Folge. Es lag für die Politik daher nahe, zunächst auf das Ordnungsrecht zu setzen, um der Verschwendung Einhalt zu gebieten. Mit dem Ordnungsrecht können die Verursacher von Schäden gezwungen werden, Maßnahmen zu treffen, um die Belastungen der Umwelt zu vermeiden oder wenigstens zu vermindern. Nachteilig ist allerdings, daß dieses Instrument nicht zur Flexibilität anregt. Der Verursacher kommt den Auflagen nach, ohne darüber nachzudenken, ob er nicht noch mehr tun könnte, um Schäden zu vermeiden, als die Vorschriften verlangen. Deshalb leistet das Ordnungsrecht nur wenig, um dem Vorsorgeprinzip zu mehr Geltung zu verhelfen. Die Politik versucht auf diesen Nachteil zu reagieren, indem sie das Ordnungsrecht entsprechend dem Stand der Technik fortschreibt. Dadurch wird es jedoch immer komplizierter und auch immer teurer. Je höher die ordnungsrechtlichen Anforderungen werden, desto stärker werden die Belastungen. Und die Lasten steigen nicht diskriminierungsfrei: die „späten" Investoren werden häufig stärker belastet als diejenigen, die zu Zeiten eines großzügigeren Ordnungsrechts an einem Standort investiert haben.

Je komplexer das Recht ist, desto größer werden die damit verbundenen Verwaltungs- und Kontrollkosten. Diese Nachteile führen bei Ökonomen in neuerer Zeit zu der Überlegung, ob es nicht sinnvoll sein könnte, das Ordnungsrecht auf seinem erreichten hohen Niveau einzufrieren. Um umweltpolitisch mehr zu erreichen, könnten dann marktwirtschaftliche Instrumente dort einsetzen, wo die Setzung staatlicher Normen aufhört und die rechtlich erlaubte Belastung der Umwelt beginnt. Ganz wird man freilich nie auf das Ordnungsrecht verzichten können, weil mit ihm die Normen vorgegeben werden, auf die die Gesellschaft und der Staat nicht glauben verzichten zu können. Ein rein marktwirtschaftliches System ist zur Erreichung umweltpolitischer Ziele nicht vorstellbar.

Abgaben

Zur Ergänzung des Ordnungsrechts sind Abgaben – gleichgültig, ob als Steuern, Gebühren, Beiträge oder Sonderabgaben – ein häufig eingesetztes Instrument der Umweltpolitik. Sie haben eine lenkende Wirkung und erbringen gleichzeitig Finanzierungsbeiträge. Abgaben haben aus der Sicht der Politik auch den Vorteil, daß sie am leichtesten mit dem Ordnungsrecht gekoppelt werden können. Dabei kann durch eine Abgabe auch ein finanzieller Anreiz zur Vorsorge geschaffen werden. In der Bundesrepublik gibt es bis jetzt als einzige Abgabe die Abwasserabgabe. In der Diskussion sind eine Energiesteuer auf den Verbrauch von Energien, die auch eine Kohlendioxid-Komponente beinhalten soll, und eine abgasbezogene Kraftfahrzeugsteuer. Bei diesen Abgaben muß der Verbraucher oder Verursacher dafür bezahlen, daß er bestimmte Schadstoffe emittiert. Damit die Abgabe tatsächlich einen Anreiz bietet, Emissionen zu vermindern, darf sie nicht zu niedrig sein. Es ist jedoch nicht bekannt, ab welcher Abgabenhöhe tatsächlich ein Anreiz zum umweltfreundlichen Verhalten ausgelöst wird.

Viele Kritiker sind deshalb der Meinung, daß die diskutierten Abgaben gar keine lenkende Wirkung haben könnten, weil sie von Anfang an zu niedrig geplant würden. Würde man aber eine Höhe festsetzen, die Wirkungen zeitigen könnte, so könnte das ruinöse Folgen für die Wirtschaft haben und die Verlagerung von Produktion und Arbeitsplätzen in das Ausland nach sich ziehen. Deshalb sollten solche Abgaben nur von allen wichtigen Industrieländern gleichzeitig eingeführt werden.

Als weiteres Argument gegen die Abgaben wird angeführt, daß ihr umweltpolitischer Erfolg in hohem Maße von den Strategien der Unternehmen bei der Überwälzung der Kosten der Abgaben auf ihre Kunden abhängt. Die Elastizitäten, also die Empfindlichkeit, mit der die Verbraucher auf Veränderungen der Preise auf einem Markt durch ihr Kaufverhalten reagieren, können durch eine Abgabe möglicherweise nicht hinreichend gesteuert werden. Durch eine „schräge" Überwälzung der Abgaben durch die Unternehmen könnte es dazu kommen, daß umweltfreundlichere Produkte aus der Gesamtpalette eines Betriebes nur deshalb mit den von schädlichen Produktionen verursachten Kosten belastet werden, weil die Verbraucher auf diese besseren Güter nicht so empfindlich bei Veränderungen der Preise reagieren.

Umweltabgaben vorher oder Verbote danach?

Ökonomen sehen ein zusätzliches umweltpolitisches Steuerungspotential von Emissions-Abgaben darin, daß man die Erhebung der Abgaben und die Verwendung ihres Aufkommens miteinander verknüpft. Das Aufkommen könnte etwa dazu verwendet werden, diejenigen zu fördern, die einen besonderen Beitrag zur Vorsorge dadurch leisten, daß sie moderne Techniken verwenden, durch die sich massive Schäden vermeiden lassen. Solche Abgaben zur Vorsorge müßten nach Meinung der Wirtschaftswissenschaftler Karl-Heinrich Hansmeyer und Hans Karl Schneider ein dreistufiges

Tarifsystem aufweisen. Mit dem normalen Abgabesatz würde derjenige veranlagt, der unter Einhaltung der ordnungsrechtlichen Mindestnormen die Umwelt belastet. Wer die Mindestnorm nicht erfüllt, müßte eine höhere Abgabe bezahlen. Wer hingegen nach Einhaltung der Mindestnormen durch zusätzliche Maßnahmen noch mehr tue, um eine Belastung der Umwelt zu vermeiden, werde während der Planungs- und Investitionsphase dem Beitrag der geplanten Maßnahmen entsprechend von der Abgabe befreit. Außerdem erhielte er einen Anspruch auf Förderung dieser Maßnahme, wobei als Bemessungsgrundlage für die Förderung die Anzahl der zusätzlich verbliebenen Schadens-Einheiten herangezogen werden mußte. Während solche Überlegungen vor wenigen Jahren noch als reine Utopie galten, gibt es – etwa bei der weiteren Ausgestaltung der Abwasserabgabe – inzwischen parlamentarische Versuche, derartige Modelle in die Wirklichkeit zu übertragen. Die Politik muß sich allerdings darüber im klaren sein, daß Abgaben und „Ökosteuern" nicht dazu geeignet sind, die Staatskassen zu füllen. Eine funktionierende Abgabe hat zur Folge, daß die Umweltbelastung sinkt und damit auch das Aufkommen aus dieser Abgabe.

Kompensationen

In jüngster Zeit viel diskutierte umweltpolitische Instrumente sind auch freiwillige Vereinbarungen und Kompensationen. Beide Instrumente sind mit dem Ordnungsrecht gut zu vereinbaren. Bei den freiwilligen Vereinbarungen verpflichtet sich der Verursacher von Umweltschäden, bestimmte Standards zu erfüllen, etwa in Anlehnung an die technische Weiterentwicklung. Dadurch versuchen Branchen oder auch einzelne Unternehmen, den Zwängen des Ordnungsrechts zuvorzukommen. Sie glauben, dadurch mehr Handlungsspielraum zu gewinnen.

Mit Kompensationen wird versucht, auf die Tatsache ansteigender Grenzkosten Rücksicht zu nehmen. Dabei werden einzelne Verursacher von Umweltschäden von der Erfüllung neuer Anforderungen zum Nutzen der Umwelt freigestellt, wenn sie nachweisen, daß die von ihnen selbst nicht erbrachten Leistungen zur Verbesserung der Umwelt von anderen Verursachern übernommen werden. Diese sind ihrerseits dazu gezwungen, die umweltpolitischen Vorgaben wenigstens in der gleichen Höhe zu übertreffen, wie sie von dem ersten Verschmutzer nicht erfüllt würden. Kompensationen können sowohl innerhalb eines Unternehmens mit mehreren Werken erfolgen als auch zwischen unterschiedlichen Betrieben vereinbart werden. Ein Konzern könnte dadurch etwa ein älteres, viel Schmutz produzierendes Werk weiterbetreiben, wenn er beim Bau einer neuen Fabrik die Umweltauflagen übertrifft. Kompensations-Modelle erscheinen vor allem im Immissionsschutz geeignet. Die großen, global operierenden Industrien haben großes Interesse an solchen Modellen. Im Zusammenhang mit der Diskussion neuer verschärfter Auflagen zum Schutz der Luft und Atmosphäre haben die großen Industrieverbände angeregt, daß man Unternehmen von einer sehr teuren weiteren Modernisierung ihrer Fabriken in Deutschland freistellen solle, wenn sie statt dessen veraltete Betriebe etwa in Entwicklungsländern auf den neuesten Stand brächten. Mit gegebenen Investitionsmitteln ließe sich dadurch zum Beispiel der Ausstoß von Luftschadstoffen sehr viel stärker verringern.

Ein Problem der Kompensations-Regelungen ist ihre zeitliche Gültigkeit. Ist die Kompensations-Lösung zeitlich eng befristet, wird nur der Zeitpunkt verschoben, an dem der Verursacher von Schäden seine Anlagen auf den neuesten Stand bringen muß. Das mag sinnvoll sein, wenn ein Unternehmen etwa eine technische Weiterentwicklung abwarten möchte. Unbefristete Kompensationen führen zu der Schwierigkeit, daß die daran beteiligten Unternehmen bei einer weiteren Verschärfung der Grenzwerte ihre Kompensations-Verträge den geänderten Bedingungen anpassen müßten. Ein weiterer Nachteil der Kompensationslösung liegt darin, daß die Verhandlungskosten sehr schnell ansteigen, sobald mehrere Akteure an der Kompensation beteiligt sind. Die Kosten-Vorteile der Kompensation sind dann rasch aufgezehrt. Auch besteht die Gefahr, daß bei Kompensationen das technische Niveau eines Landes wie der Bundesrepublik nur noch exportiert, aber nicht mehr weiterentwickelt würde. Wenn der umweltpolitische Innovationsdruck von den Unternehmen genommen wäre, weil sie sich «freikaufen» könnten, käme es schnell zur Zementierung des bestehenden Entwicklungsgrades. Es ist aber – im Unterschied zu den Entwicklungsländern – gerade Aufgabe der Industrieländer, neue Umwelt-Technologien zu entwickeln und einzusetzen.

Haftungsrecht

Seit einigen Jahren wird auch das Haftungsrecht als umweltpolitisches Instrument ausgebaut. Dabei werden Umweltrisiken zu privaten Risiken gemacht. Die Übernahme dieser Risiken wird sowohl mit der Aussicht auf Gewinne belohnt als auch mit Risikokosten belastet. Grundvoraussetzung für eine Entschädigung nach zivilem Haftungsrecht ist allerdings, daß die Schäden einem Verursacher zugerechnet werden können. Bei vielen Umweltschäden ist das nicht der Fall. Vielmehr haben beim Eintritt eines Schadens sowohl die Verursacher selbst als auch Dritte darunter zu leiden. Andererseits kommt es meistens nicht nur den Unternehmen, sondern auch Dritten oder der Allgemeinheit zugute, wenn die Unternehmen Risiken eingehen, die Kosten sparen. Es muß dann entschieden werden, in welchem Ausmaß Schädiger dem Geschädigten gegenüber Kompensationen leisten müssen und welche Schäden von den Geschädigten ohne Kompensation hinzunehmen sind. Um sich vor Umweltschäden zu schützen, sind deshalb zwei unterschiedliche Versicherungsmärkte denkbar. Im einen Fall versichern sich die Schädiger dagegen, daß sie bei Eintritt des Schadens Kompensationen in ungewisser Höhe zu entrichten haben. Im anderen Falle versichert sich der Geschädigte gegen das Risiko, bei Schadenseintritt ohne Kompensation zu bleiben. Auf diese Weise können ökologische Risiken zu einem erheblichen Teil kalkulierbar gemacht werden. Grenzen des Versicherungsprinzips werden nach Meinung der meisten Fachleute bei Summations- und Distanzschäden erreicht. Dabei handelt es sich um Schäden, für die viele Verursacher gemeinsam verantwortlich sind, so daß ein einzelner Schuldiger nicht mehr feststellbar ist. Das gilt etwa für die durch Luftschadstoffe verursachten Waldschäden.

Zertifikate

Das Zertifikat-Modell kommt marktwirtschaftlichen Vorstellungen am meisten entgegen. In der praktischen Umweltpolitik wird es aber bisher nur zögernd und in Einzelfällen eingesetzt. Nach diesem Modell werden Lizenzen oder Zertifikate vom Staat denjenigen erteilt oder verkauft, die die Umwelt mit Schadstoffen belasten wollen. Durch die Lizenzen läßt sich die Menge der – nach Einhaltung der Normen und Grenzwerte – insgesamt zulässigen „Verschmutzungs-Einheiten" festlegen. Dadurch, daß sie gekauft und auch veräußert werden können, entstehen eindeutige Marktpreise. Die Einführung solcher Lizenzen stößt in der Praxis allerdings auf vielerlei Bedenken und politischen Widerstand. Zum einen müßte eine Art Umweltbörse geschaffen werden, wo die Lizenzen gehandelt werden könnten. Das erscheint schwierig – nicht zuletzt aus Kostengründen. Darüber hinaus würden die Vorteile der Lizenzen in dem Maße schwinden, in dem der Staat aus Gründen der Gefahrenabwehr und des Immissionsschutzes gezwungen wäre, den Markt einzuengen. Im selben Maße stiegen die Verwaltungs- und Kontrollkosten an. Die Nachteile oder Kosten des Zertifikat-Modells werden in der politischen Diskussion allerdings regelmäßig überzeichnet.

Zu den institutionellen Versuchen der Umweltpolitik gehört die Gründung der Duales System Deutschland GmbH. Unter dem Druck einer Verpackungsverordnung, die den Käufern das Recht gegeben hätte, Verpackungen an der Ladenkasse abzugeben, hat sich die Wirtschaft zur Einrichtung eines Entsorgungs- und Wiederverwertungssystems verpflichtet, das neben die normale, meist kommunal betriebene Müllabfuhr getreten ist. Umweltpolitisches Ziel des Dualen Systems ist die Müllvermeidung, vorrangiges Instrument ist die Wiederverwertung. Finanziert wird das Duale System über den Grünen Punkt, ein Zeichen, das nichts über die Qualitäten von Materialien aussagt, sondern dem Kunden einen Hinweis gibt, bestimmte Abfälle in eine gesonderte Müllabfuhr – gelbe Tonne, gelber Sack – zu geben. Es zeigte sich aber bald, daß der Wiederverwertung aus technischen und wirtschaftlichen Gründen vergleichsweise enge Grenzen gesetzt sind. Das Problem der Entsorgung – durch Verbrennung oder Deponierung – bleibt auch im Dualen System.

In der Praxis neigen die Politiker immer noch ziemlich einseitig zum Ordnungsrecht. Die theoretische Diskussion zeigt aber zumindest, daß die Vielfalt möglicher Umweltpolitik noch lange nicht ausgeschöpft ist. Sie zeigt weiter, wie dringend nötig Umweltpolitik ist. Verständnis muß man freilich auch für die immer wieder laut werdenden Rufe haben, in der Umweltpolitik kürzerzutreten, weil das politische und das Wirtschaftssystem mit einem Zuviel überfordert würden. Ein Handicap der Umweltpolitik liegt darin, daß ihre positiven Auswirkungen in vielen Fällen erst sehr langfristig spürbar werden. Die kurzen Legislaturperioden des demokratische Systems zwingen den Politiker aber zum schnellen Erfolg. Er muß etwas vorweisen, wenn er wiedergewählt werden will. Das macht Umweltpolitik zum schwierigen Geschäft. Friedrich der Große konnte noch Chaussee-Bäume pflanzen und darauf vertrauen, daß sie nach fünfzig Jahren ihren guten Zweck erfüllen werden. In demokratischen Systemen denken Politiker in kürzeren Fristen.

11. Die Energiepolitik

Der unverzichtbare Faktor

Ohne Energie stünden alle Räder still und blieben alle Häuser kalt. Die zuverlässige Verfügbarkeit von Energie ist für ein Land und seine Wirtschaft daher von allergrößter Wichtigkeit. Der Bedarf an Energie hat mit der Weiterentwicklung der menschlichen Zivilisation ständig zugenommen. Von der Steinzeit bis in das neunzehnte Jahrhundert hinein waren Brennholz, Wasser und Wind die wichtigsten Energieträger. Mit der Erfindung der Dampfmaschine gewann die Kohle schnell an Bedeutung. In der zweiten Hälfte des 19. Jahrhunderts kamen das Erdöl und das Erdgas hinzu und seit dem Zweiten Weltkrieg schließlich die Kern- und die Sonnenenergie.

Die Förderung von Kohle, Öl und Gas sowie die Produktion von Elektrizität sind keine staatlichen Aufgaben. Sie werden besser von privaten Unternehmen übernommen. In Deutschland ist das auch weitgehend der Fall. Allerdings greift der Staat über zahlreiche Regelungen in die Energieversorgung ein. So ist die Elektrizitäts- und die Gas-

versorgung, an der private, gemischtwirtschaftliche und öffentliche Unternehmen beteiligt sind, durch das Energiewirtschaftsgesetz von 1935 geregelt. Die Gestaltung der Preise gegenüber Kleinverbrauchern ist ebenso geregelt wie die Führung der Leitungen. Investitionsvorhaben sind genehmigungspflichtig. Die Mineralölwirtschaft muß eine Sicherheitsreserve vorhalten.
Die Energiepolitik ist im Bundeswirtschaftsministerium angesiedelt. Die selbstgestellte Aufgabe der Energiepolitik beschränkt sich nicht darauf, für die Versorgung mit Energie in bestimmter Menge und zu bestimmten Preisen zu sorgen. Schon das wäre kompliziert genug, und würde sicherlich zu allerlei Eingriffen in den Marktmechanismus führen. Die Energiepolitik sieht sich im Dienste eines Zielgeflechtes, in dem wirtschaftliche, ökologische und soziale Komponenten miteinander konkurrieren. In diesem Zielbündel spielt das „ausgewogene" Verhältnis der einzelnen Energieträger eine besondere Rolle. Aus dem Zielgeflecht der Energiepolitik erklärt sich beispielsweise die Förderung des deutschen Steinkohle-Bergbaus, der ohne Subventionen auf dem Weltmarkt nicht konkurrenzfähig wäre. Außerdem kümmert sich die Energiepolitik um die Zukunft der Atomenergie. Dazu gehört die Suche nach einem politischen Konsens für diese Energieform sowie die Überwachung der Sicherheitsanforderungen. Zum dritten ist es eine Aufgabe der Energiepolitik, für mehr Wettbewerb auf den Energiemärkten zu sorgen. Das gilt vor allem für den Gas- und den Elektrizitätsmarkt. Hier ist es – noch unerreichtes – Ziel der Politik, durch eine Änderung des Energiewirtschaftsgesetzes insbesondere sicherzustellen, daß die Rohrleitungsnetze der Gasversorger und die Fernleitungen der Elektrizitätserzeuger auch von dritten Anbietern genutzt werden können.

Primärenergieverbrauch in der Bundesrepublik Deutschland 1992
481 Millionen Tonnen Steinkohleeinheiten (Anteile in Prozent)

	Deutschland	Alte Bundesländer	Neue Bundesländer
Mineralöl	39,7	41,5	29,2
Erdgas	17,1	18,0	11,8
Steinkohle	15,5	17,6	3,7
Braunkohle	15,3	8,2	55,3
Kernenergie	10,5	12,4	0,0
Übrige	1,9	2,3	0,0
Summe	100,0	100,0	100,0

Quelle: Bundesministerium für Wirtschaft

Der Versorgungsmix

Die Versorgung der Bundesrepublik mit Primärenergie beruht im wesentlichen auf dem Einsatz von Erdöl und Erdgas, von Stein- und Braunkohle sowie von Atomenergie. In begrenztem Umfang wird auch Wasser zur Erzeugung von Strom eingesetzt. Der Anteil von erneuerbaren Energien, zu denen neben Wind und Wasser auch die Sonnenenergie oder Bioenergien zählen, wird auf absehbare Zeit gering bleiben.
Die Internationale Energieagentur (IEA) der Organisation für wirtschaftliche Zusammenarbeit und Entwicklung (OECD) und der Welt-Energierat (WEC) versuchen, regel-

mäßig Einschätzungen des Energiebedarfs und der vorhandenen Ressourcen zu geben. Diese Prognosen sind allerdings äußerst schwierig und mit vielen Fragezeichen behaftet. Zwar läßt sich das Wachstum der Weltbevölkerung einigermaßen einschätzen, doch für die wirtschaftliche und die politische Entwicklung der Welt gilt das schon nicht mehr. Welche Änderungen ergeben sich etwa allein durch die Umbrüche in Mittel- und Osteuropa? Auch die Entwicklung der Preise ist realistisch kaum vorhersagbar. Der Welt-Energierat erwartet, daß der Energiebedarf aller Länder angesichts fortschreitenden Wirtschaftswachstums, einer Zunahme der Weltbevölkerung und der allmählichen Entwicklung einer Reihe von Schwellenländern bis zum Jahr 2010 um etwa 25 bis 35 Prozent ansteigen wird. Auch in den Jahren danach, soll die Nachfrage nach Energie weiter zunehmen, wenn auch in einem etwas bescheideneren Tempo. Eine solche Entwicklung hätte ernste Auswirkungen auf die Erwärmung der Erdatmosphäre. In den hochindustrialisierten Ländern bemüht man sich nicht zuletzt deshalb seit Jahren darum, durch neue Technologien mehr Energie einzusparen. Die Entwicklung des Energiebedarfs hängt allerdings von so vielen unterschiedlichen Faktoren ab, daß echte Voraussagen schwierig sind. Allgemein wird angenommen, daß der rapide wachsende Energiebedarf in den weniger entwickelten Ländern den Sparbemühungen in den Industriestaaten viel von ihrer beabsichtigten Wirkung nehmen wird. Die meisten Beobachter erwarten, daß die internationalen Energiepreise in den kommenden zwanzig Jahren nur wenig ansteigen werden. Deshalb sind theoretische Berechnungen des Welt-Energierats nur wenig realistisch, die stark ansteigende Preise für Primärenergie und hohe Energiesteuern zur Grundlage haben, und so zu dem Ergebnis kommen, daß der Energiebedarf im Jahre 2010 sogar rund 30 Prozent niedriger als 1990 sein könnte.

Immer neue Bedarfsrechnungen

In einer auf die Mitgliedstaaten der OECD eingeschränkten Betrachtung vertritt die Internationale Energieagentur die Auffassung, daß diese Länder im Jahre 2010 rund 30 Prozent mehr Energie und fast 20 Prozent mehr Öl verbrauchen dürften als 1990. Unter der Annahme, daß der Preis für Rohöl bis zum Jahr 2005 auf etwa 30 Dollar je Faß ansteigen und danach auf etwa diesem Niveau verharren dürfte, könnte der OECD-Verbrauch an Erdöl auf über 45 Millionen Faß pro Tag ansteigen. 1990 lag der Verbrauch knapp unter 38 Millionen Faß.
Ein derartig großer Bedarf an Energie führt zu der besorgten Frage, ob es überhaupt genug Erdöl, Erdgas und Kohle gibt, um diese Nachfrage zu befriedigen? Oder werden in absehbarer Zeit alternative Energien zur Verfügung stehen, die unbegrenzt vorhanden sind? Bisher spricht alles dafür, daß die Menschheit sich auf absehbare Zeit weiterhin mit den herkömmlichen Energieträgern begnügen muß. Das sind vor allem die fossilen Energieträger Erdöl, Erdgas, Steinkohle und Braunkohle. Ihr Anteil an der Energieversorgung beläuft sich heute in der ganzen Welt auf etwa 85 Prozent. Die Bedeutung des Erdgases dürfte – nicht zuletzt wegen seiner relativen Umweltfreundlichkeit – in den kommenden Jahren noch weiter zunehmen. Die Atomenergie, deren Anteil an der internationalen Energieversorgung rund sechs Prozent beträgt, bleibt ebenfalls wichtig, wenn sie auch mit großen Risiken behaftet ist. Erneuerbare Energien werden dagegen auf absehbare Zeit von geringerer Bedeutung bleiben. Viele Wissenschaftler glauben, daß die Nutzung der Sonnenenergie frühestens in 30 Jahren soweit ausgereift ist, daß sie zu einer echten Konkurrenz der fossilen Energien werden könnte. Die Voraussagen darüber, wann die Energie-Ressourcen der Welt erschöpft sind, haben sich bisher alle als falsch erwiesen. Zum einen werden immer noch neue Vorkommen

an Kohle, Öl oder Gas entdeckt; zum anderen macht es die Weiterentwicklung der Technik möglich, Vorkommen zu erschließen, die gestern noch als unerreichbar galten. Und schließlich dürfen auch die Bemühungen nicht unterschätzt werden, weitere Energien einzusparen. Ein Beispiel dafür ist die Entwicklung von Automotoren, die nur noch fünf Liter Benzin auf einer Strecke von hundert Kilometern benötigen.

Die Rolle des Öls

Erdöl bleibt auch in absehbarer Zukunft der wichtigste Energieträger in Deutschland. Auch wenn es bei der Erzeugung von Elektrizität nur eine untergeordnete Rolle spielt, hat es auf dem deutschen Energiemarkt doch einen Anteil von fast 40 Prozent. Das liegt an der Bedeutung des Erdöls als Brennstoff für Heizungen und als Ausgangsprodukt für alle Treibstoffe, die im Verkehr benötigt werden. Außerdem bildet Erdöl eine wichtige Rohstoffgrundlage der chemischen Industrie. Die Mineralölwirtschaft erwartet, daß Erdöl im Wärme- und Strommarkt weitere Anteile verlieren wird. Gleichwohl soll der Ölanteil an der deutschen Energieversorgung im Jahr 2010 immer noch rund 36 Prozent betragen. Das entspricht auch den Erwartungen für den internationalen Energiemarkt.

Die Versorgung Deutschlands mit Öl erfolgt im wesentlichen durch die großen Mineralölkonzerne, die miteinander im Wettbewerb stehen. Auch die Förderländer konkurrieren miteinander. Die Preise für Rohöl und für die daraus erzeugten Produkte werden also am Markt gebildet. Die Mineralölwirtschaft glaubt, daß die Sicherheit der Ölversorgung gewährleistet ist. Der Anteil der Organisation erdölexportierender Länder (OPEC) an den Ölimporten ist von zeitweise mehr als 90 Prozent auf unter 50 Prozent gesunken. Das Öl aus der Nordsee trägt wesentlich zur Differenzierung der Ölversorgung bei. Allerdings dürfte die Bedeutung der Ölimporte aus den OPEC-Ländern, insbesondere aus den arabischen Staaten, in Zukunft wieder zunehmen, da das Nordsee-Öl knapper wird. Die westlichen Industriestaaten haben schon seit langem sicherheitshalber ein Vorratskonzept entwickelt, das kurzfristige Störungen bei der Ölversorgung beheben kann. So wird ständig ein Vorrat für mindestens 90 Tage auf Lager gehalten. Dieser Krisen-Mechanismus ist von der Internationalen Energieagentur entwickelt worden und hat sich zum Beispiel während der Golfkrise 1990/91 bewährt.

Erdgas aus dem Osten

Erdgas hat in den vergangenen Jahrzehnten zunehmend an Bedeutung gewonnen. Das ist einmal damit zu erklären, daß große Erdgasvorräte entdeckt worden sind, zum anderen aber auch mit der relativen Umweltfreundlichkeit dieses Energieträgers. Erdgas emittiert beim Verbrennen sehr viel weniger Kohlendioxid als alle anderen Energieträger. Die Internationale Energieagentur erwartet, daß der Gasverbrauch in den OECD-Ländern bis zum Jahr 2000 um rund 2,4 Prozent jährlich zunehmen dürfte. Danach könnte er sogar noch etwas stärker ansteigen. Das in den alten Bundesländern verbrauchte Erdgas kam 1992 zu 22 Prozent aus Deutschland selbst. In Ostdeutschland stammten 38 Prozent des verbrauchten Erdgases aus heimischen Quellen. Große Mengen werden außerdem aus Norwegen (15 Prozent), den Niederlanden (36 Prozent) und aus der Gemeinschaft Unabhängiger Staaten (26 Prozent) importiert. Die Bezugsmengen aus heimischen Quellen sollen in den nächsten zehn Jahren allerdings etwas sinken, während aus Norwegen sehr viel mehr importiert werden soll. In den alten Bundesländern wurden 1992 rund 68 Milliarden Kubikmeter Erdgas verbraucht, was einem Anteil am Gesamtenergieverbrauch von 18 Prozent entsprach. Nach Einschätzungen der Gaswirtschaft könnte dieser Anteil bis zum Jahre 2005 um rund 35 Prozent steigen. In den neuen Ländern wurden 1992 rund acht Milliarden Kubikmeter verbraucht, was 12 Prozent des ostdeutschen Primärenergieverbrauchs entsprach. In 15 Jahren könnte der Erdgasanteil in den neuen Ländern allerdings vielleicht sogar höher sein als in Westdeutschland.

Der Wettbewerb der Energieträger

Die Energiepolitik bemüht sich seit einiger Zeit – nicht zuletzt unter Druck aus Brüssel –, auf dem Gasmarkt für Wettbewerb zu sorgen. Die großen Gasgesellschaften schließen mit den Produzenten langfristige Lieferverträge ab. Das Gas wird in Rohrleitungen nach Deutschland gepumpt und dort in die regionalen Pipeline-Netze eingespeist. Die örtliche Gasversorgung übernehmen kleinere Gesellschaften, die das Gas von den großen Importeuren beziehen. Weil Erdgas auf das Vorhandensein von Pipelines angewiesen ist und diese bisher nur von deren Besitzern genutzt werden, gibt es kaum Wettbewerb zwischen den Gasgesellschaften. Der Staat und die Kommission der Europäischen Gemeinschaft wollen die Gasgesellschaften dazu zwingen, ihre Rohrleitungssysteme auch Dritten zur Verfügung zu stellen. Die Gasversorger wehren sich dagegen. Sie argumentieren, daß sie dann sich des Absatzes ihres Gases nicht mehr so gewiß sein könnten. Damit könnten sie aber auch mit den Produzenten nicht mehr ihre langfristigen Lieferverträge abschließen. Aus ihrer Sicht müßte die Versorgungssicherheit unter einer solchen Entwicklung leiden. Kurzfristige Verträge wären kein Ersatz für eine sichere und flächendeckende Belieferung der Verbraucher. Außerdem erwarten die Gasgesellschaften, daß die Erdgaspreise ansteigen werden, wenn Dritte ihre Rohrleitungen mitbenutzen dürften. Die Produzenten würden bei kurzfristigen Verträgen über kleinere Mengen mehr Geld verlangen, was vor allem die kleineren Verbraucher spüren würden, die nicht von den Mengenrabatten der Großindustrie mitprofitieren könnten. Die großen Unternehmen würden im übrigen ihr Gas bei den Produzenten direkt kaufen. Schließlich befürchten die Gasunternehmen, daß ihr Wirtschaftszweig auf allen Stufen umfassend reguliert und bürokratisiert würde, weil die Durchleitung Dritter organisiert werden müßte.

Stromerzeugung (brutto) in der Bundesrepublik Deutschland 1992
537,3 Terawatt (Anteile in Prozent)

	Deutschland	Alte Bundesländer	Neue Bundesländer
Mineralöl	2,3	2,4	1,9
Erdgas	6,0	6,6	2,5
Steinkohle	26,3	30,4	0,8
Braunkohle	29,2	19,0	92,3
Kernenergie	29,5	34,3	0,0
Wasser	3,9	4,2	2,1
Übrige	2,8	3,1	0,4
Summe	100,0	100,0	100,0

Quelle: Bundesministerium für Wirtschaft

Der Gaspreis wird für den Kleinverbraucher vor allem in Abhängigkeit von den Heizölpreisen festgesetzt. Dazu wird die Entwicklung der Ölpreise über mehrere Monate verglichen und dann ein Mittelwert festgesetzt. Aus diesem wird der Gaspreis abgeleitet.
Zur Erzeugung von Elektrizität müssen zunächst Primärenergien – Kohle, Atomenergie oder Erdöl – eingesetzt werden. Strom hat auf dem Energiemarkt einen Anteil von ungefähr 40 Prozent. Es wird allgemein erwartet, daß dieser Anteil bis zum Jahre 2000 auf 50 Prozent ansteigen dürfte. Dabei wird zur Stromerzeugung in wachsendem Maße auch Gas eingesetzt. Ähnlich wie auf dem Gasmarkt herrscht auch auf dem Elektrizitätsmarkt bisher kein richtiger Wettbewerb. Die großen Elektrizitätsunternehmen haben Deutschland durch Demarkations- und Konzessionsverträge unter sich aufgeteilt. Die Verbraucher müssen die von ihnen benötigte Elektrizität bei dem für ihre Region zuständigen Elektrizitätsunternehmen beziehen. Es gibt energiepolitische Bestrebungen, auch auf diesem Markt die Durchleitung des Stroms von Dritten durch die den einzelnen Gesellschaften gehörenden Leitungsnetze durchzusetzen. Bekanntgeworden ist vor einigen Jahren das Interesse einiger großer Unternehmen daran, billigen französischen Atomstrom nach Deutschland zu importieren. Insbesondere in den neuen Bundesländern sind die Kommunen daran interessiert, ihre Stromversorgung selbst in die Hand zu nehmen. Sie versprechen sich davon ein lukratives Geschäft, das zunächst allerdings auch hohe Investitionen erfordert.

Streitobjekt Kernkraft

In den siebziger Jahren wurde noch allgemein erwartet, daß die fossilen Energien durch die Kernenergie abgelöst werden würden. Schon damals gab es allerdings auch die Besorgnis, daß es schreckliche Atomunglücke geben könnte, daß die Entsorgung der abgenutzten Brennelemente schwierig und sehr teuer werden könnte, und daß möglicherweise politisch instabile Länder mit kernwaffenfähigem Material beliefert würden. Die Diskussionen um diese Befürchtungen dauern bis heute an. Die Zukunft der Kernenergie ist nach wie vor unsicher, weil keine der Fragen abschließend geklärt worden ist. Die Explosion des sowjetischen Reaktors in Tschernobyl 1986 bedeutete einen weiteren Rückschlag. Die Kernenergie hat an der Versorgung mit Primärenergie einen Anteil von rund 10,5 Prozent. Dieser Anteil dürfte bis zum Jahre 2010 allerdings etwas sinken.
In Deutschland gibt es 20 Atomkraftwerke. Derzeit ist völlig offen, ob noch neue Atomkraftwerke gebaut werden, ob man die alten Kraftwerke geregelt auslaufen läßt oder ob sie sogar vorzeitig abgeschaltet werden. Auch über die Wiederaufbereitung von Brennstäben oder die direkte Endlagerung abgebrannten Kernmaterials in Deutschland gibt es keine Klarheit. Diese Fragen müssen energiepolitisch entschieden werden. Die deutsche Industrie entwickelt gemeinsam mit Frankreich einen neuen Reaktortyp, bei dem alle denkbaren Pannen und Unfälle auf das Innere des Reaktors beschränkt bleiben sollen. Mit diesem Reaktortyp, dessen Entwicklung 1998 abgeschlossen sein soll, hofft die Industrie, neue Sympathien für die Kernenergie gewinnen zu können. Unabhängig von der Diskussion in Deutschland wollen allerdings andere Länder mit hohem Kernenergieanteil wie etwa Frankreich oder Rußland, auch in Zukunft auf diese Energieform setzen.
Obwohl Braun- und Steinkohle wegen ihrer hohen Kohlendioxidemissionen mehr als alle anderen Energieträger zur Erwärmung der Erdatmosphäre beitragen, dürften sie als Brennmaterial in der Zukunft noch an Bedeutung gewinnen. In Deutschland wird

159

mit einem geringfügigen Anstieg des Verbrauchs an Steinkohle gerechnet, während der Bedarf an Braunkohle bis zum Jahr 2010 um nahezu die Hälfte sinken soll. Kohle wird im wesentlichen zur Stromerzeugung und in großen Heizkraftwerken benötigt. Auch für die Stahlherstellung ist die Kohle von Bedeutung.

Wichtige Annahmen und Ergebnisse der „Energieprognose 2010"
Primärenergieverbrauch (Millionen Tonnen Steinkohleeinheiten)

	Deutschland			Alte Bundesländer		Neue Bundesländer	
	1990	2000	2010	1990	2010	1990	2010
Insgesamt	504	509	506	392	412	112	94
Steinkohle	78	86	83	74	71	4	12
Braunkohle	109	64	58	32	30	77	28
Mineralöl	179	195	184	161	153	18	31
Gase	79	102	113	70	92	9	21
Kernenergie	50	46	44	48	44	2	0
Sonstige	9	16	24	7	22	2	2

Quelle: Bundesministerium für Wirtschaft

Braunkohle wird im Tagebau abgebaut. Sie findet sich in großen Mengen im Gebiet zwischen Köln und Aachen. In den neuen Bundesländern gibt es große Tagebaue südlich von Leipzig und in der Lausitz. Allerdings sind die Ressourcen der Braunkohle sehr viel begrenzter als bei der Steinkohle, die in Deutschland noch für mindestens 300 Jahre reichen soll. In der DDR sind der Landschaft durch den hemmungslosen Abbau von Braunkohle schwere Schäden zugefügt worden. Außerdem hat die Braunkohle dort als nahezu einziger Primärenergieträger maßgeblich zur Luftverschmutzung beigetragen. Deshalb ist die Förderung von ursprünglich 300 Millionen Tonnen pro Jahr seit der Wiedervereinigung stark verringert worden. Die Förderung betrug 1992 noch 130 Millionen Tonnen und soll auf einem Niveau von 70 bis 90 Millionen Tonnen pro Jahr stabilisiert werden. Die Braunkohle soll überwiegend zur Stromerzeugung genutzt werden. Die Kraftwerke werden dazu mit modernsten Luftfiltern ausgestattet. In Westdeutschland werden rund 110 Millionen Tonnen Braunkohle abgebaut, die ebenfalls bei der Stromerzeugung Verwendung finden.
Während die ostdeutschen Bergarbeiter sich kaum gegen den Abbau Tausender Arbeitsplätze gewehrt haben, stehen in den Steinkohlerevieren an Ruhr und Saar die Zeichen stets auf Sturm, sobald es um die Schließung von Zechen und eine Verringerung der Förderung geht.
Die deutsche Steinkohle ist das größte Sorgenkind der Energiepolitik, da sie auf dem Weltmarkt nicht wettbewerbsfähig ist. Eine Tonne deutscher Steinkohle kostet rund 200 DM mehr als die gleiche Menge Importkohle. Deshalb sind die Stromerzeuger und Stahlhersteller nur dann bereit, deutsche Steinkohle abzunehmen, wenn ihnen die Mehrkosten erspart bleiben. Der Staat subventioniert deshalb die Steinkohle auf das Preisniveau des Weltmarktes hinunter. Die Absatzhilfen für Strom und Stahl beliefen sich 1992 auf rund 9,5 Milliarden DM. Hinzu kamen 2,4 Milliarden DM, die über den Strompreis an die Verbraucher weitergegeben werden und als sogenannter „Selbstbehalt" der Elektrizitätsversorger bei diesen verbleiben. Der Stromverbraucher finanziert die Steinkohlesubventionen durch den „Kohlepfennig", der auf seine Stromrechnung aufgeschlagen wird.

Insbesondere die Verbraucher und die revierfernen Länder wehren sich gegen diese Subventionen und dringen auf einen Abbau der Steinkohleförderung. Die Bergbauunternehmen und die Gewerkschaften begründen die Bedeutung des deutschen Bergbaus mit dem Argument, daß aus Gründen der sicheren Energieversorgung eine nationale Energiereserve aufrechterhalten werden müsse. Außerdem sei nicht sicher, ob die Preise für Importkohle nicht plötzlich anstiegen, wenn der deutsche Bergbau seine Zechen schlösse. Beide Argumente werden seit Jahrzehnten vorgebracht und gelten als unzutreffend. Der Welthandel mit Steinkohle umfaßt mit rund 400 Millionen Tonnen etwa zehn Prozent der Weltproduktion. 70 Prozent davon kommen aus den Lieferländern Australien, den Vereinigten Staaten und Kanada, mit denen Deutschland über die Internationale Energieagentur der OECD verbunden ist, sowie aus Südafrika. Bei den deutschen Importen von 15 Millionen Tonnen dominieren Südafrika, Polen und Amerika.

Der Welthandel mit Steinkohle dürfte in naher Zukunft noch erheblich zunehmen, weil viele Länder ihre Förderung derzeit ausweiten. Es ist also genug Steinkohle auf dem Markt. Was die Androhung von Preiserhöhungen anbelangt, so sind diese nie auszuschließen. Allerdings steigen auch in Deutschland die Preise. Es ist nicht zu erwarten, daß sich die Preislücke zwischen Importkohle und deutscher Kohle von 200 DM je Tonne jemals schließen wird.

Der Jahrhundertvertrag

Gleichwohl will die Bundesrepublik an der deutschen Steinkohle festhalten. Im November 1991 haben sich der Bund, die Länder, der Bergbau und die Gewerkschaften in einer „Kohlerunde" darauf verständigt, den subventionierten Absatz deutscher Steinkohle von rund 63 Millionen Tonnen 1991 schrittweise bis zum Jahr 2000 auf 50 Millionen Tonnen zu senken und bis zum Jahre 2005 auf diesem Niveau zu halten. Davon sollen 35 Millionen Tonnen zur Stromerzeugung und etwa 15 Millionen Tonnen bei der Stahl-Herstellung eingesetzt werden. Die Stahlkrisen bringen allerdings neue Probleme mit sich, weil sich dadurch die Kohlehalden erhöhen. 1993 haben die Halden mit 21 Millionen Tonnen den höchsten Stand seit 1982 erreicht. Deswegen kann es keineswegs als sicher gelten, ob die Förderziele der Kohlerunde tatsächlich aufrechterhalten werden.

Die Finanzierung der Steinkohleverstromung durch den Kohlepfennig ist noch bis Ende 1995 gesichert. Dann muß ein neues Finanzierungssystem gefunden werden. Um die in der Kohlerunde festgelegte Verstromungsmenge von 35 Millionen Tonnen zu subventionieren, werden rund sieben Milliarden DM pro Jahr benötigt – vorausgesetzt der Preisabstand zur Importkohle ändert sich nicht. Die Parteien streben eine Kohlefinanzierungssteuer an, über die von 1996 an alle Verbraucher von Energie die Steinkohlesubventionen finanzieren sollen. Den Elektrizitätsversorgern gefällt es, daß die Subventionslast nicht länger allein von den Stromverbrauchern getragen werden soll. Die Industrie, die Mineralölwirtschaft und die Gaswirtschaft wehren sich dagegen gegen die neue Steuer. Sie sehen das Übel in der staatlichen Einmischung. Der Bundesverband der Deutschen Industrie (BDI) hat eine klare Position für die Energiepolitik formuliert: „Die Energieversorgung sollte vorrangig über den Markt gesteuert werden. Staatliche Regulierung darf nur ganz restriktiv gehandhabt werden und muß sorgfältig begründete Ausnahme bleiben. Nicht Regulierung sondern Deregulierung ist das Gebot der Stunde. Strom- und Gasversorgung sollten im europäischen Gleichklang dem Wettbewerb geöffnet werden."

12. Die Lohnpolitik

Akteure und Verträge

Die Tarifautonomie genießt in Deutschland hohes Ansehen und den Schutz der Verfassung. Die Höhe der Löhne und die Dauer der Arbeitszeit sollen von den Betroffenen selbst geregelt und verantwortet werden. Betroffene sind Arbeitnehmer und Arbeitgeber und die ihre Interessen vertretenden Verbände. Tarifverträge regeln Mindestbedingungen, die zu unterschreiten den Arbeitgebern verboten ist. Darüber wachen die Arbeitsgerichte. Der Staat aber, wie auch alle weiteren wirtschaftsfremden Interessengruppen und Parteien, müssen sich aus dem Tarifgeschehen heraushalten. Dies bedeutet politische Abstinenz und Entlastung gleichermaßen. Schmerzliche historische Erfahrungen, aber auch die Hoffnung auf die Vernunft autonomer Regelungskompetenz führten die Väter des Grundgesetzes zur Proklamation dieser Prinzipien. Die Tarifautonomie gilt als ein entscheidender Erfolgsgrund der Sozialen Marktwirtschaft sowie der ökonomischen Kraft der Bundesrepublik Deutschland in der Nachkriegszeit. Unterdessen scheint freilich zuweilen die Wiederholung der zum Mythos gewordenen Floskel „Tarifautonomie" nur zu kaschieren, daß auch sozialpolitische Erfolgsrezepte verkrusten können. Eine Reform der Tarifautonomie wird im Zuge von Überlegungen zur Deregulierung am Arbeitsmarkt von Wirtschaftswissenschaftlern, Juristen und Politikern seit den späten achtziger Jahren vielerorts diskutiert.

Die Tarifautonomie

Rechtliche Grundlage der Tarifautonomie ist das Grundgesetz Artikel 9 Absatz 3. Dort heißt es, für jedermann und für alle Berufe werde „das Recht, zur Wahrung und Förderung der Arbeits- und Wirschaftsbedingungen Vereinigungen zu bilden", gewährleistet. Die Juristen begrenzen dieses sogenannte Koalitionsrecht in der Regel auf Zusammenschlüsse von Arbeitnehmern und Arbeitgebern, also auf Gewerkschaften und Arbeitgeberverbände.
Daß dieses Grundrecht implizit auch das Recht zum Arbeitskampf, also zu Streik und Aussperrung, begründet, wird meist angenommen. Ein staatliches Verbot von Arbeitskämpfen selbst unter Bedingungen des Notstands wird vom Grundgesetz ausdrücklich untersagt. Vor allem die Gewerkschaften berufen sich gerne auf das „Sozialstaatsprinzip", welches auch den Gesetzgeber darauf verpflichte, die Arbeitsrechtsordnung so zu gestalten, daß sie den sozialen Anforderungen der Zeit entspricht. Die Tarifautonomie ist damit auch eine Konsequenz des Prinzips der Subsidiarität in der Sozialen Marktwirtschaft: Die Betroffenen sollen ihre Angelegenheiten selber regeln; sie müssen aber auch die Verantwortung für ihre Entscheidungen und Verträge übernehmen.
Dem Tarifgeschehen ferner stehende Akteure (Politiker, Sachverständige, Bundesbank) haben sich herauszuhalten. Das Grundgesetz geht auch davon aus, daß die „egoistische" Verfolgung der jeweiligen Gruppeninteressen im geordneten Verfahren von Verhandlungen, Schlichtung und möglicherweise aber auch Arbeitskampf am ehesten die Aussicht auf einen Kompromiß und Ausgleich dieser Interessen zu erbringen verspricht. Konzertierte Aktionen, runde Tische und Solidarpakte, die die Versöhnung für sich gepachtet zu haben vorgeben, sind nicht gewollt. Historisch haben sich solche zur Vermittlung entschlossenen Veranstaltungen denn auch häufig als Gremien der Arroganz und des „anmaßenden Wissens" herausgestellt.

Der erste Tarifvertrag in Deutschland wurde 1873 für die Buchdrucker abgeschlossen. Unterdessen ist daraus eine komplexe, zuweilen auch unübersichtliche Vertragslandschaft geworden. Im Tarifregister des Bundesarbeitsministeriums wurden 1992 rund 37 000 gültige Tarifverträge gezählt. Im Zentrum der öffentlichen Aufmerksamkeit und der Berichterstattung einer Tageszeitung stehen meist nur die Lohnrunden großer Branchen: der öffentliche Dienst, die Metallindustrie, die chemische Industrie und das Baugewerbe. Doch Tarifverträge enthalten in ihrem „Rahmen" und „Mantel" auch Bestimmungen über die Wochenarbeitszeit, über Urlaub, vermögenswirksame Leistungen, Weihnachtsgeld, Kündigungsschutz, Verschnaufpausen während der Arbeit und vieles mehr.
Allein die von den DGB-Gewerkschaften abgeschlossenen Tarifverträge in Tarifbereichen von 1000 Beschäftigten an erfassen knapp 5,6 Millionen Beschäftigte. Das reicht von der IG Metall, die für 5,6 Millionen Menschen Verträge abschließt, bis zur Gewerkschaft Leder, die für rund 53 000 Arbeitnehmer Tarife vereinbart. Lediglich ein geringer Teil der gültigen Tarifverträge ist auf Antrag einer Tarifvertragspartei vom Arbeitsminister für allgemeinverbindlich erklärt worden: Die meisten der rund 500 allgemeinverbindlichen Tarifabkommen gelten für das Baugewerbe. Für diesen Fall gilt, daß auch Unternehmen, die nicht Mitglied eines Arbeitgeberverbandes sind, an die zwischen Gewerkschaft und Verband unterzeichneten Tarifverträge gebunden sind.

Die Gewerkschaften

Gewerkschaften als Koalitionen zur Vertretung von Arbeitnehmerinteressen sind Partner beim Abschluß von Tarifverträgen. Sie sind vertreten in den jeweiligen Organen der Selbstverwaltung der Sozialversicherungen, wobei insbesondere Präsidium und Aufsichtsgremien der Nürnberger Bundesanstalt für Arbeit für die Ausrichtung der Arbeitsmarktpolitik eine wichtige Rolle spielen. Gewerkschaften wirken in der Betriebsverfassung nach dem Betriebsverfassungsgesetz von 1972 und in der Unternehmensverfassung nach dem Mitbestimmungsgesetz von 1976 mit. Sie sind beteiligt an der Arbeitsgerichtsbarkeit und in den Medienräten der öffentlich-rechtlichen Rundfunkanstalten. Ihrer Geschichte und ihrem Selbstverständnis nach lehnen sie es aber ab, sich auf diese Funktion zu beschränken. Immer haben sich die Gewerkschaften auch als kollektive Interessenorganisationen verstanden, die sich für die Verbesserung der Arbeits- und Lebensverhältnisse aller „abhängig Beschäftigten" einsetzen wollen.
Darüber hinaus nehmen sie – zumindest in Teilen – für sich in Anspruch, gesellschaftliche „Gegenmacht" zu sein und eine utopische Alternative zur wirtschaftlichen, politischen und kulturellen Veränderung der Gegenwart zu formulieren. In diesem Selbstverständnis treten sie auch als selbstbewußte Akteure gegenüber Parteien, Kirchen, Medien und einzelnen Unternehmen auf. Zwar ist umstritten, ob dieser umfassend politische Anspruch der Gewerkschaften noch vom Grundgesetz gedeckt ist (Gewerkschaften agieren wie Parteien). Doch faktisch hat sich die Bundesrepublik zur korporatistischen Gesellschaft entwickelt; die „Herrschaft der Verbände" (Theodor Eschenburg) ist eine unbestrittene Tatsache.
Ihre Entstehung verdanken die Gewerkschaften der Industrialisierung im 19. Jahrhundert. „Gewerkvereine", wie sie damals genannt wurden, sind aus den Arbeiterbildungsvereinen zwischen Vormärz und Reichsgründung hervorgegangen. Die Arbeiterbewegung, angetreten zur Ausweitung ihrer Anrechte am Arbeitsmarkt und in der Gesellschaft, hat sich erst nach 1890 und nach der Aufhebung der Sozialistengesetze funktional differenziert: in die Partei der Sozialdemokratie und in die Branchenge-

werkschaften des Allgemeinen Deutschen Gewerkschaftsbundes (ADGB). Sie handelten sich damit einen bis in die siebziger Jahre dieses Jahrhunderts währenden Streit

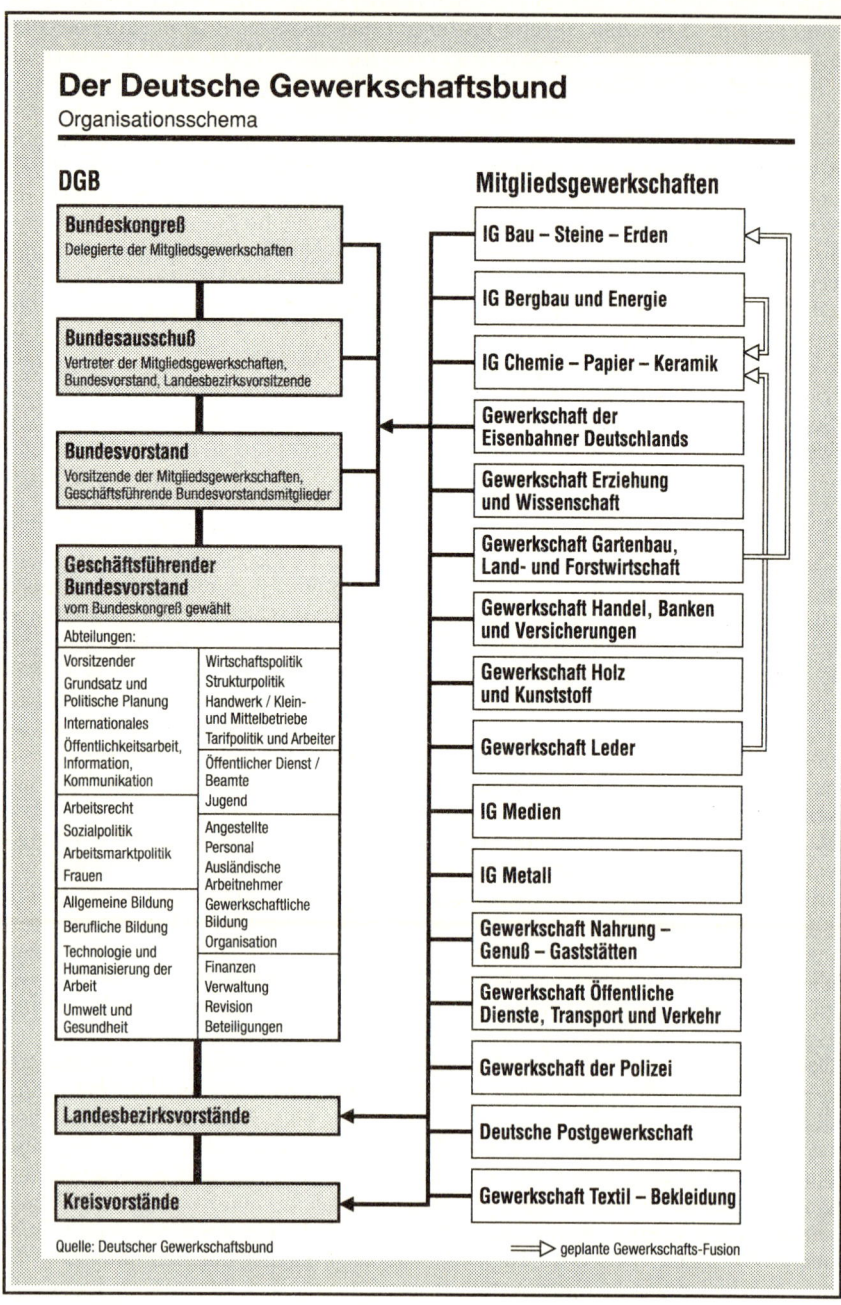

über gegenseitige Abhängigkeiten zwischen Gewerkschaften und Partei ein. Vor allem marxistisch orientierte sozialistische Organisationen trachteten danach, den Gewerkschaften die Rolle des „Transmissionsriemens der Partei" zuzuweisen, die die Direktiven der Führung an den einzelnen Arbeiter bringen sollten. Bis zum Ende der Weimarer Zeit konkurrierten mit dem ADGB und mit ansehnlicher Mitgliederstärke die liberalen Hirsch-Dunckerschen Gewerkschaften und die christlichen Arbeitnehmervereinigungen.

Erst im November 1918 konnten die Gewerkschaften ihre Anerkennung von Staat und Arbeitgebern erreichen. Sie schickten sich an, ihren Part bei der politischen Stabilisierung und sozialen Fundierung der Demokratie zu übernehmen. Gleichwohl endete die Periode für die Gewerkschaften desaströs: Staatliche Zwangsschlichtung und im Zuge der Notverordnungen immer größer werdende Eingriffe in die autonomen Verträge der Tarifpartner höhlten die Tarifautonomie aus, was die Historiker als Initial für das Scheitern der Demokratie in der Weimarer Zeit anführen. Die Zersplitterung in Richtungsgewerkschaften wird als Grund genannt, warum die Nationalsozialisten leichtes Spiel hatten, die Arbeiterbewegung aufzulösen oder gleichzuschalten: Die Nazis entmündigten die Arbeiter, beseitigten die Tarifautonomie und verboten die Gewerkschaften. Das nationalsozialistische „Recht" hat den Arbeitskampf verboten. Die Erfahrungen am Ende der Weimarer Zeit führten dazu, daß das Grundgesetz der Tarifautonomie eine so starke Stellung zuspricht. Die Neugründung der Gewerkschaften nach 1945 war aus derselben Motivation getragen vom Ziel der Einheit. Eine „Einheitsgewerkschaft" sollte der Deutsche Gewerkschaftsbund (DGB) nach dem Willen seiner Gründer 1949 sein: Ideologische Unterschiede zwischen Kommunisten, Christen, Sozialdemokraten und Liberalen sollten dahinter zurückstehen. Dieses Einheitspathos konnte freilich in der Nachkriegsgeschichte faktisch nicht durchgehalten werden. Christen und Kommunisten wurden im DGB an den Rand gedrängt. Die Christen gründeten abermals eigene Gewerkschaften, die freilich in Lohnkonflikten angesichts fehlender „Tarifmächtigkeit" kaum eine nennenswerte Rolle spielen. Als Standesorganisation, weniger links orientiert als der DGB, formierte sich die Deutsche Angestellten-Gewerkschaft (DAG), die zumindest bis in die achtziger Jahre als ernst zu nehmender eigenständiger Tarifpartner in einzelnen Dienstleistungsbranchen (Banken, Handel, öffentlicher Dienst) auftrat, dagegen kaum in der Industrie.

Der Weg Deutschlands zur Dienstleistungsgesellschaft war indessen nicht mit einer organisationspolitischen Ausweitung der Macht der DAG verbunden. Dies liegt daran, daß im selben Maße vielen Beschäftigten der Unterschied zwischen Arbeitern und Angestellten nicht mehr zeitgemäß erschien; die Differenz zwischen Blaumännern und Weißkitteln schwand. Seit den späten achtziger Jahren hat die DAG massiv Mitglieder verloren; bei Tarifverhandlungen bleibt ihr meist nicht mehr übrig, als die zuvor zwischen DGB-Gewerkschaften und Arbeitgebern ausgehandelten Verträge zu ratifizieren.

Der DGB konnte dagegen seine Mitgliederzahlen bis zum Anfang der neunziger Jahre relativ stabil halten, auch wenn es für Lehrlinge längst nicht mehr selbstverständlich ist, zeitgleich mit dem Beginn ihrer Ausbildung einer Gewerkschaft beizutreten. Ende 1991 zählte der DGB rund zwölf Millionen Mitglieder. Andere Großorganisationen, Kirchen und Parteien leiden dagegen stärker unter dem Schwund an Attraktivität. Großen Zuwachs an Mitgliedern verzeichneten die Gewerkschaften auch nach der deutschen Wiedervereinigung: Der Freie Deutsche Gewerkschaftsbund (FDGB) der DDR war den Menschen zwar verhaßt. Doch die sozialpolitischen Angebote, für die der FDGB zuständig war, erwartete man auch vom DGB. Erfahrungen der Arbeits-

losigkeit, Enttäuschungen über das Ausbleiben der versprochenen „blühenden Landschaften" und die Vermutung, die Macht der Gewerkschaften auf die Lohn- und Arbeitsmarktpolitik in einer Marktwirtschaft überschätzt zu haben, führten dann aber rasch zu Gewerkschaftsaustritten in den neuen Bundesländern. Ende 1992 meldete der DGB insgesamt einen Rückgang der Mitgliederzahlen um 800 000 – Verluste, die freilich nicht ausschließlich auf Austritte in Ostdeutschland zurückgeführt werden dürfen.
Der DGB ist die Dachorganisation aller Einzelgewerkschaften. Tarifverhandlungen führt der DGB selbst nicht. Dies und die damit zusammenhängende Tatsache, daß sich seit den achtziger Jahren keine wirklich profilierten Gewerkschaftsfunktionäre zu einer Kandidatur um den DGB-Vorsitz bereit fanden, hat die Dachorganisation zunehmend geschwächt, den Einzelgewerkschaften aber eigenständiges Profil verliehen. Der DGB ist auch finanziell von den Einzelgewerkschaften abhängig, die sich verpflichtet haben, acht Prozent ihrer Mitgliedereinnahmen an den DGB abzuführen. Die Dachorganisation hat die Aufgabe der Koordination der Gewerkschaftspolitik und deren lobbyistische Umsetzung gegenüber anderen politischen und staatlichen Gruppen. Abhängig von der jeweiligen personellen Profilierung besetzt der DGB auch eigenständig die Themen Sozialpolitik, Recht und Europapolitik. In den siebziger und achtziger Jahren verstand sich die Dachorganisation als Motor der Friedensbewegung, geriet freilich zunehmend in die reaktive Situation, Themen aufzunehmen, die zuvor schon von anderen, etwa den sogenannten „neuen sozialen Bewegungen" besetzt worden waren. Gleichzeitig mangelte es dem DGB an genuinen Themen: Ein der Mitbestimmungsdiskussion oder dem Kampf gegen die Novellierung von Paragraph 116 des Arbeitsförderungsgesetzes vergleichbares, die Gewerkschaften einendes Projekt wurde nicht mehr gefunden.
Das Thema Reform des DGB als Dachorganisation scheint dringlich. Eine Flut von Revisionspapieren kursiert. Für das Jahr 1996 hat der DGB einen eigenen Reformkongreß ausgeschrieben, der auch ein neues, modernisiertes Grundsatzprogramm verabschieden soll. Daß die letzte Fassung des DGB-Programms, das – noch gar nicht so alt – aus den frühen achtziger Jahren stammt, nach dem Zusammenbruch des Sozialismus nicht mehr brauchbar ist, wird nicht bestritten: Dort wird das Heil noch in einer Überwindung des Kapitalismus durch eine Wirtschaftsdemokratie gesucht. Doch zu sagen, wie die neue Alternative aussehen soll, ist viel schwerer: Der DGB steht vor einer vergleichbaren Schwierigkeit wie die großen Parteien. Die Interessen neuer Arbeitnehmerschichten und alter Arbeitermilieus gemeinsam programmatisch koordinieren zu müssen, wird vermutlich dazu führen, daß das Grundsatzprogramm wenig präzise ausfällt und in Folge davon auch noch weniger gelesen werden wird.
Schärfer als die künftige Programmatik zeichnen sich die Konturen einer neuen Organisationsform des DGB ab. Bei den Einzelgewerkschaften wächst der Unmut über eine überflüssige Verdoppelung der Aufgaben: „Personengruppenarbeit", also eigene Veranstaltungen für Frauen, Beamte, Jugendliche oder Angestellte, müßte nicht vom DGB übernommen werden, heißt es, zumal die Akzeptanz solcher Veranstaltungen zurückgeht. Ob der DGB neben seiner Zentrale in Düsseldorf auch in einem Netz der Kleinstverteilung in allen Ländern und Gemeinden vertreten sein muß, wird bezweifelt. Schließlich wird bei den Einzelgewerkschaften auch darüber nachgedacht, ob der im vierjährigen Turnus stattfindende DGB-Kongreß, der sich in der Sprache der Wirtschaftsdemokratie immer noch „Parlament der Arbeit" nennt, noch zeitgemäß ist. Denn dieser Kongreß ist ein „abgeleitetes" Gremium, das sich aus Delegierten der Einzelgewerkschaften zusammensetzt, die jeweils auch ihre eigenen Parlamente haben. All diese Veränderungswünsche, bis zu deren satzungsmäßigen Umsetzung mit Sicher-

heit die Jahrtausendwende überschritten sein wird, laufen darauf hinaus, daß der DGB sich als ein koordinierendes Spitzengremium der Gewerkschaftsbewegung darstellen wird, dessen Apparat und auf die Fläche verteilter Unterbau nicht zuletzt auch aus Kostengründen reduziert sein wird. Offen ist, ob der Vorstand sich in der Form einer „Holding" präsentieren wird, deren Vorsitz im Wechsel jeweils die Chefs der Einzelgewerkschaften übernehmen, oder aber ob am Prinzip eines (gewählten) hauptamtlichen DGB-Vorsitzenden nebst mehrerer Stellvertreter festgehalten wird. Für das erstgenannte Modell plädieren die Vorsitzenden kleinerer Gewerkschaften, das andere Modell wird von den Chefs der nach Mitgliedern starken Gewerkschaften präferiert. Bis zur Jahrtausendwende wird die Landschaft der DGB-Gewerkschaften sich gründlich verändert haben; die Einzelgewerkschaften werden durch Fusionierung ihre Zahl verringert haben: So werden die Gewerkschaft Bergbau und Energie und die Gewerkschaft Leder in der IG Chemie aufgehen, die Gewerkschaft Gartenbau, Land- und Forstwirtschaft schließt sich der IG Bau-Steine-Erden an. Die Gewerkschaft Handel, Banken und Versicherungen würde am liebsten mit der Deutschen Angestellten-Gewerkschaft fusionieren. Doch sind die Milieus dieser beiden Gewerkschaften offenkundig so verschieden, daß eine Verschmelzung wohl noch dauern wird, nachdem die Mitglieder beider Gewerkschaften sich anders als die jeweilige Gewerkschaftsspitze mittelfristig für Distanz ausgesprochen haben. Verändern wird sich künftig auch das Erscheinungsbild der Eisenbahner- und Postgewerkschaft, wenn die entsprechenden Unternehmen aus dem öffentlichen Dienstrecht entlassen und privatisiert sein werden. Beobachter rechnen damit, daß sich auf mittlere Sicht die DGB-Gewerkschaften von derzeit 16 auf etwa 10 Einzelgewerkschaften reduziert haben werden.
Mit etwa 3,5 Millionen Mitgliedern nennt sich die IG Metall stolz die „größte Einzelgewerkschaft der Welt". Sie ist sicherlich auch eine der reichsten. Ihre Macht und ihr öffentliches Ansehen hängen zusammen mit der symbolischen Bedeutung der Metall- und Stahlindustrie innerhalb des verarbeitenden Gewerbes, gegen deren sinnliche Repräsentanz sich die Beschäftigten der Dienstleistungsunternehmen trotz objektiven Gewichts bislang nicht durchsetzen konnten. Verbunden wird das Ansehen auch mit einer Reihe prominenter, mit Charisma begabter Gewerkschaftsführer an der Spitze oder in den Bezirken – Otto Brenner, Willi Bleicher, Eugen Loderer, Hans Mayr und – auch – Franz Steinkühler. Wichtige Stichworte der Tarif- und Sozialpolitik der Nachkriegszeit – Humanisierung der Arbeit, 35-Stunden-Woche, Weiterbezahlung im Krankheitsfall – kamen von der IG Metall. Intern pflegt die IG Metall bis heute eine zentralistische Personalpolitik. Hoher Wert wird auf die innergewerkschaftliche Bildung und die Schulung der Funktionäre gelegt. Getreu dem Anspruch, „Gegenmacht" zu repräsentieren, verfügt die IG Metall am Sitz ihrer Zentrale in Frankfurt über einen qualifizierten und personell gut ausgestatteten Apparat, namentlich in der Wirtschafts- und Tarifabteilung. Bis heute erscheint vielen brillanten linken, sozialwissenschaftlich oder ökonomisch geschulten Intellektuellen eine Karriere in der IG Metall attraktiver als die Mitarbeit im Erich-Ollenhauer-Haus, der Parteizentrale der Sozialdemokraten.
Die Gewerkschaft Öffentliche Dienste, Transport und Verkehr (ÖTV) steht mit zwei Millionen Mitgliedern an zweiter Stelle unter den DGB-Gewerkschaften. Auch die ÖTV gilt im Spektrum der DGB-Gewerkschaften als eher linke Organisation, zumal in den Jahren der Ausweitung des staatlichen Sektors viele in der ÖTV einen prominenten Bündnispartner suchten für eine „Demokratisierung" der Gesellschaft. Lange Jahre galt Heinz Kluncker als Inbegriff des deutschen Gewerkschaftsfunktionärs. Kluncker verkörperte den autoritären, freilich nicht dogmatischen Gewerkschaftsfüh-

rer, in dessen Ära viele personalpolitische Erstarrungen des öffentlichen Dienstes und des Bundesangestelltentarifs fallen. Seit der Vorsitz an Monika Wulf-Mathies übergegangen ist, befindet sich die ÖTV auf dem mühsamen Weg der Modernisierung: Ein internes Reformprogramm zur „Zukunft durch öffentliche Dienste" will auch von seiten der Gewerkschaft die Orientierung des öffentlichen Dienstes an den Bedürfnissen der Bürger stärker gewichten gegenüber dem nur selbstbezogenen Interesse an den Mitgliedern. Tarifpolitisch agiert die ÖTV gemeinsam mit der Post- und Eisenbahnergewerkschaft; sie führt Tarifverhandlungen auch für die Polizeigewerkschaft und die Gewerkschaft Erziehung und Wissenschaft. Vorsorglich haben die Gewerkschaften des öffentlichen Dienstes immer beteuert, daß eine Veränderung der Rechts- und Eigentumsformen bestimmter Bereiche des öffentlichen Dienstes nichts an ihrer angestammten gewerkschaftlichen Zuständigkeit ändern werde. Dahinter steckt die Angst, daß nach der Privatisierung andere DGB-Organisationen Begehrlichkeiten auf die ÖTV-Klientel anmelden könnten.

Dem Profil der Gegenmacht von ÖTV und IG Metall wird traditionell widersprochen von der IG Chemie und der IG Bau-Steine-Erden. Diese beiden Organisationen haben sich zur Idee der „Sozialpartnerschaft" verpflichtet. Die Namen Georg Leber bei der IG Bau oder Hermann Rappe bei der IG Chemie stehen für dieses Programm. Während die linken Gewerkschaften bis heute an der These festhalten, daß zwischen Kapital und Arbeit ein unüberbrückbarer Gegensatz bestehe und der Streit um Einfluß und Verfügungsgewalt über die Produktionsverhältnisse immer neu ausgefochten werden müsse, stehen IG Bau und IG Chemie auf dem Standpunkt, daß Arbeitgeber und Gewerkschaft sich gemeinsam ihrer Verantwortung für die sozialpolitischen Regelungen in der Branche bewußt sein müssen. Dementsprechend haben beide Gewerkschaften auch früh schon der Einrichtung paritätisch verwalteter Institutionen (Sozialkassen des Baugewerbes, Bildungs- und Rentenfonds in der chemischen Industrie) zugestimmt.

Zwar ist auch für die sozialpartnerschaftlichen Gewerkschaften der Streik das letzte Mittel (ultima ratio) der Tarifauseinandersetzung. Faktisch greifen sie aber nicht mehr zu dieser Form der Auseinandersetzung, sondern einigen sich regelmäßig spätestens in der Schlichtung. Für die IG Chemie kommt diese Strategie nicht ganz freiwillig: Ein verlorener Arbeitskampf im Jahr 1971 lies sie Abstand nehmen vom Mittel des Streiks. Ihre Befriedungspolitik hat freilich zur Folge, daß sich das linke Spektrum der Chemie-Arbeiter abspaltete und – nicht auf gewerkschaftlicher Ebene, sondern bei Betriebsratswahlen – selbst organisiert. Das Konfliktpotential, das etwa die IG Metall innergewerkschaftlich kanalisiert, erscheint in der chemischen Industrie verschoben in den großen Chemie-Konzernen.

Eine Sonderrolle am linken Spektrum der DGB-Gewerkschaften spielt die IG Medien, die 1990 aus der Fusion der IG Druck und Papier mit einer Reihe von Künstlergewerkschaften hervorging. Damit sollte dem „Konzentrationsprozeß" der Medienlandschaft ein gewerkschaftliches Gegengewicht gesetzt werden. Gleichzeitig hoffte man, die Gruppe der Schriftsteller und Intellektuellen gewerkschaftlich zu organisieren. Das Projekt muß mittlerweile als gescheitert angesehen werden. Wie schon unter dem prominenten IG-Druck-Chef „Loni" Mahlein verfolgt auch der heutige Vorsitzende der IG Medien, Detlef Hensche, das Ziel, mit den Mitteln der Tarifpolitik die Gesellschaft zu verändern. Hensche kämpft, ohne Unterstützung der übrigen DGB-Gewerkschaften, für die Reduzierung der wöchentlichen Arbeitszeit auf 30 Stunden.

Unter den Organisationen mittlerer Größe müssen vor allem die Gewerkschaft Handel, Banken und Versicherungen (HBV), die Gewerkschaft Nahrung, Genuß, Gaststätten (NGG) und die Gewerkschaft Textil und Bekleidung mit Umbrüchen in ihren Branchen fertig werden. Die HBV sucht ihr Erscheinungsbild dem modernen Dienstleister in Banken und Versicherungen anzupassen, was die Mitglieder im Handel wenig honorieren. Die NGG, durch häufigen Führungswechsel angeschlagen, leidet an der Zersplitterung der Tarife. Die Gewerkschaft Textil muß relativ machtlos dem Niedergang des deutschen Textilstandortes zusehen.

Die Bundesvereinigung der Deutschen Arbeitgeberverbände

Nach dem Recht kann jedes einzelne Unternehmen mit seinen Mitarbeitern oder mit einer Gewerkschaft Tarifverträge abschließen. Sogenannte Firmen- oder Haustarifverträge blieben aber in der Geschichte der Bundesrepublik immer eine Ausnahme, was sich freilich in der unmittelbaren Gegenwart zu ändern scheint. Als Antwort auf die Selbstorganisation der Arbeitnehmer haben sich auch die Unternehmer seit dem ausgehenden 19. Jahrhundert in Verbänden organisiert: Den Anfang machte 1869 der Deutsche Buchdruckerverein (1866 wurde die Druckergewerkschaft gegründet). Zweck der Arbeitgeberverbände ist es, den Unternehmen einer Branche als ebenbürtige „Gegenmacht" Schutz vor den Gewerkschaften zu bieten. Der Konflikt um Löhne und Gehälter wird aus den Betrieben herausgehalten – Tarifverhandlungen führen Verbände und Gewerkschaften. Der Schutz reicht auch bis zum Fall des Arbeitskampfes, bei dem die Verbände ihre Mitglieder finanziell unterstützen und als Verband über die Gegenwehr der Aussperrung beschließen können.
Ein wichtiger Effekt der Lohnverhandlungen durch Verbände für Flächentarife ist auch, daß Unternehmen einer Branche, die sich üblicherweise untereinander in Konkurrenz befinden, bezüglich der Mindestbedingungen der Löhne ihre Konkurrenz suspendieren. Von Kritikern werden deshalb die Arbeitgeberverbände als Partner eines Kartells beschrieben. Jedenfalls ist es in Deutschland so, daß bezüglich der Lohnkosten einzelne Unternehmen, soweit sie Mitglied eines Verbandes sind, nicht über Wettbewerbsvorteile verfügen (wollen). Selbst dort, wo durch übertarifliche Zulagen die Konkurrenz um Arbeitskräfte wieder möglich wäre, werden häufig gleiche Angebote gemacht: So sind auch die Effektivlöhne der deutschen Automobilindustrie – deutlich höher als die Tariflöhne – untereinander nahezu identisch.
Als Verband der Verbände – und als Pendant zum DGB – fungiert die Bundesvereinigung der Deutschen Arbeitgeberverbände (BDA). Die BDA rangiert als sozialpolitische Dachorganisation auf gleicher Ebene mit den Spitzenverbänden von Industrie und Handel: dem Bundesverband der Deutschen Industrie (BDI), dem Deutschen Industrie- und Handelstag (DIHT) und den Handwerkskammern. Aufgabe der BDA ist die Koordination der Arbeitgeberpolitik, der Lobbyismus in der Sozialpolitik gegenüber Regierung und Parlament und die tarifpolitische Beratung der Mitgliedsverbände. Die tarifpolitische Abstimmung der BDA trägt häufig mit dazu bei, daß sich jährlich so etwas wie eine Lohnleitzahl durchsetzt, die die unterschiedliche Konjunktur der Einzelbranchen nivelliert. Die BDA spricht dann mit Blick auf den gewerkschaftlichen Gegner davon, sie wolle „Branchenegoismus" verhindern. In der Tat benutzen auch die Gewerkschaften im taktischen Kalkül für sie besonders günstige Tarifabschlüsse, über die zuvor andere Branchen übereingekommen sind, als Maßstab oder gar als Mindestbedingung für den zu erkämpfenden eigenen Abschluß. In den vergangenen Jahren kam eine solche Schrittmacherrolle häufig dem öffentlichen Dienst zu, der völlig außerhalb eines zu errechnenden Maßes von Produktivität und zu verteilenden Erfolges rangiert.

Die BDA wurde 1950 gegründet; sie ist Nachfolgeorganisation der Arbeitgeberverbände der Schwerindustrie und der Vereinigung der Verbände der verarbeitenden Industrie, die 1913 zur „Vereinigung der deutschen Arbeitgeber-Verbände" fusioniert hatten. Mitglieder der BDA sind wiederum ausschließlich Verbände, keine Einzelunternehmen: insgesamt 43 Organisationen vom Bundesverband der Zigarettenindustrie bis zur Vereinigung der Sägewerksverbände. An der Spitze der BDA steht ein Präsident, der diese Funktion ehrenamtlich innehat. Für die Kontinuität im Amt sorgt der Hauptgeschäftsführer. Dieses duale Prinzip an der Spitze ist typisch für alle Industrie- und Arbeitgeberverbände. Es wird damit begründet, daß interne und externe Autorität nur einem Präsidenten entgegengebracht wird, der selbst als Unternehmer oder Spitzenmanager eines Konzerns Reputation genießt. Daß dies stimmt, beweist noch die destruktiv-grausame Gegenthese: Hanns Martin Schleyer, Präsident von BDA und BDI, wurde von der sogenannten Rote-Armee-Fraktion als Repräsentant und „Charaktermaske" des deutschen Kapitals ermordet. Der Hauptgeschäftsführer, von der Ausbildung her in der Regel Ökonom oder Jurist, ist dagegen Angestellter des Verbandes. Die größte Sachkompetenz hat er; er verkörpert auch die Kontinuität in der Verbandspolitik, während die Präsidenten häufig wechseln. Nicht nur der Hauptgeschäftsführer der BDA, Fritz-Heinz Himmelreich, sondern auch dessen Kollegen bei den einflußreichen Verbänden Gesamtmetall und Chemie prägen diskret das Erscheinungsbild ihrer Organisationen seit den

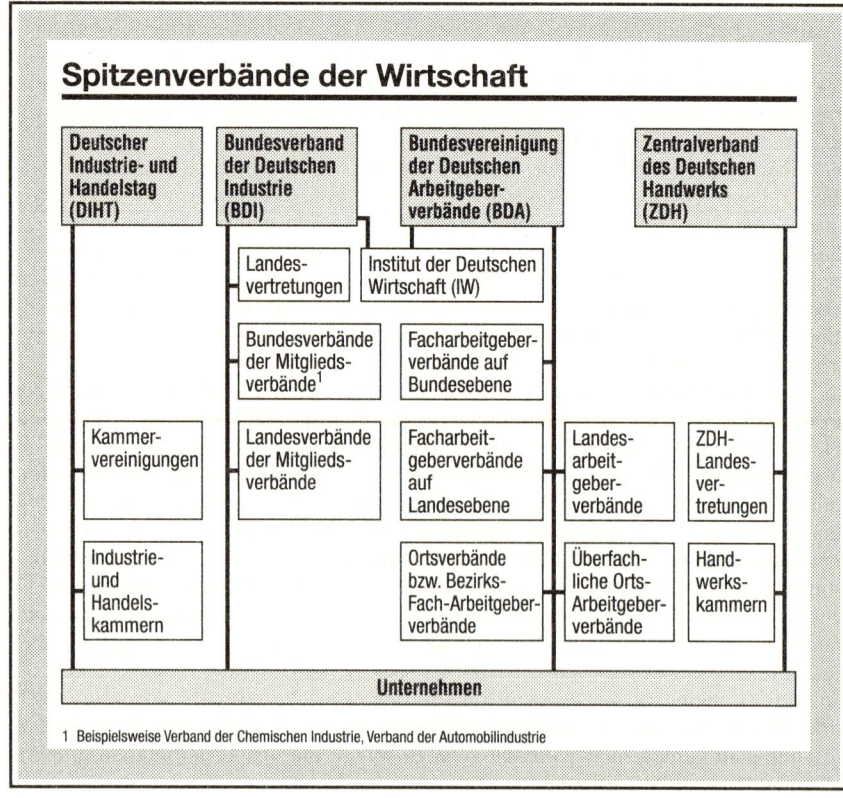

sechziger Jahren. Spannungen zwischen Hauptgeschäftsführung und Präsidium gehören gleichsam zur Struktur der Arbeitgeberverbände, was immer wieder als Nachteil beschrieben wird. Jene Kritiker, die für einen hauptamtlichen Präsidenten optieren, verweisen auch gerne darauf, daß nur so das Gleichgewicht gegenüber den professionellen hauptamtlichen Gewerkschaftsvorsitzenden hergestellt werden könne. Doch diese internen Kritiker repräsentieren nur eine Minderheit in den Verbänden.
30 Millionen DM betrug im Jahr 1992 der Etat der BDA. Rund die Hälfte davon wurde vom Arbeitgeberverband Gesamtmetall finanziert, der damit mit weitem Abstand der mächtigste deutsche Arbeitgeberverband ist. Spötter behaupten, in Wirklichkeit dominiere Gesamtmetall die BDA und nicht umgekehrt. Der dann folgende Chemie-Verband bringt gerade vier Millionen DM auf. Das Gewicht von Gesamtmetall ergibt sich indessen nicht nur durch die interne finanzielle Potenz, sondern auch – spiegelverkehrt zu den Gewerkschaften – daraus, daß seine regionalen Mitgliedsverbände selbst Tarifverhandlungen führen, die BDA aber nicht. Schließlich aber trifft Gesamtmetall auf den konfliktfreudigen Gegner IG Metall und deshalb automatisch immer auf weit größeres öffentliches Interesse als alle anderen Arbeitgeberverbände. Stärkste Binnenbranchen bei Gesamtmetall sind die Automobilindustrie, der Maschinen- und Anlagenbau und die elektrotechnische Industrie. Gesamtmetall ist damit mit über vier Millionen Beschäftigten der größte industrielle Arbeitgeber in Deutschland. Zu seinen Mitgliedern zählt neben den großen Automobilkonzernen aber auch der klassische Mittelstand etwa bei den Zulieferern: 65 Prozent aller 8000 Betriebe von Gesamtmetall beschäftigen weniger als 100 Mitarbeiter. Die Mitglieder zahlen an den Verband ein Promille der Nettolohnsumme. Dafür erhalten sie Frieden in den Betrieben. Sie erhielten aber im großen Arbeitskampf 1984, der den Gewerkschaften den Durchbruch bei der 35-Stunden-Woche brachte, 640 Millionen DM an Unterstützung für die durch den Streik bedingten Einbußen.
Die inhomogene Binnenstruktur – einige große Konzerne und viele Mittelständler – ist Grund eines permanenten Binnenkonflikts bei Gesamtmetall. Zumindest in Zeiten guter Konjunktur sind die Konzerne an raschen Tarifabschlüssen ohne lange Verhandlungen oder gar Streik interessiert, um ihren Verpflichtungen nachkommen zu können. Sie neigen deshalb dazu, einen Abschluß zu favorisieren, den sie selbst zwar verkraften, der dann aber vom zahlenmäßigen Gros der Branche deutlich mehr als Mindestbedingungen abverlangt. Dies bedingt einen permanenten strukturbedingten Groll des Mittelstandes.
Gerade am Arbeitgeberverband Gesamtmetall zeigen sich deshalb in den neunziger Jahren auch Erosionen, für die das Stichwort „Verbandsflucht" steht: Immer mehr einzelne Unternehmen machen ihren Verband dafür verantwortlich, daß die Abschlüsse zu hoch ausgefallen seien. Beklagt wird auch, daß über die Fläche gleiche Bedingungen für Arbeitszeiten und deren Verteilung auf die Wochentage, für Pausen und zunehmend auch für die betriebliche Mitbestimmung der Gewerkschaft oktroyiert werden. Spektakulärste „Flucht" war 1992 der Austritt des Computer-Herstellers IBM, der monierte, daß die Metalltarife und die hier geltende Arbeitszeitverkürzung auf 35 Wochenstunden das Unternehmen zur Konkurrenz unfähig mache mit anderen Software-Häusern, die nie einem Verband beigetreten sind. Hier wird auch deutlich, daß die Aufteilung der Tarifbereiche nach Stoffen – Metall, Chemie, Papier, Dienstleistungen – in einer modernen Industriegesellschaft mehr und mehr anachronistisch wirkt. Wer nicht austritt, der droht deshalb vielfach mit dem Rückzug für den Fall, daß Gesamtmetall künftig nicht Verträge zuwege bringt, die den Unternehmen größere individuelle Flexibilität erlauben.

Alle Arbeitgeberverbände sehen sich zunehmend wachsender Kritik aus dem eigenen Lager ausgesetzt. Das Stichwort dieser Kritik lautet „Deregulierung". Gemeint damit ist, daß die Vorgaben der Tarifverträge allzu starr geworden seien und der Spielraum individueller Flexibilität zur Gestaltung der Unternehmen zu klein sei. Während das Thema „Deregulierung" in den neunziger Jahren auf eine Gruppe von juristischen und wirtschaftswissenschaftlichen Experten im Auftrag der Deregulierungskommission der Regierung begrenzt blieb, haben es sich seit den neunziger Jahren auch starke Verbandsvertreter, allen voran der Präsident des BDI, Tyll Necker, zu eigen gemacht. Zu nennen sind aber auch die Arbeitsgemeinschaft selbständiger Unternehmer (ASU) und der wirtschaftsliberale Kronberger Kreis.

Tarifverhandlungen verlaufen nach festen Regeln. Manche sprechen auch vom „Ritual". Dabei darf freilich nicht übersehen werden, daß dieses Ritual mehr als eine Schauveranstaltung für die Öffentlichkeit ist: Die Partner müssen sich am Verhandlungstisch einigen, sie müssen aber die Einigungsformel auch intern gegen regelmäßig laut werdene Kritiker durchsetzen. Für die Gewerkschaften heißt dies, sie wollen die Organisationsmacht behalten über Menschen, die längst nicht alle die Kompromißformel für vernünftig halten, sondern meist höhere Erwartungen hegten. Spiegelbildliches gilt für die Arbeitgeberverbände, deren Mitglieder niedrigere Abschlüsse wünschen. Deshalb ist es ein notwendiger Bestandteil des „Spiels", daß die Forderungen immer zu hoch ausfallen, die Angebote der Arbeitgeber immer zu dürftig. Mitglieder der Gewerkschaften kennen freilich nicht immer den Unterschied zwischen Forderung und Abschluß; dies führt zu Enttäuschungen.

Der Vertrag und die Friedenspflicht

Tarifverträge enthalten Kündigungsfristen und Termine, zu denen erstmals gekündigt werden darf. Lohn- und Gehaltsverträge werden häufig mit einjähriger Laufzeit abgeschlossen, Manteltarife laufen länger. Mit längerfristigen Lohnverträgen haben beide Tarifpartner in der Vergangenheit eher schlechte Erfahrungen gemacht. Die Tarifpartner verständigen sich auch auf eine sogenannte „Friedenspflicht", daß heißt jenen Zeitraum, innerhalb dessen man auf eine Verhandlungslösung setzt und deshalb nicht zu Mitteln des Arbeitskampfes greift. Diese Frist reicht häufig über den Zeitpunkt des Auslaufens von Verträgen (etwa ein Quartal) hinaus. Mit der Kündigung legt die Gewerkschaft ihre neuen Forderungen vor, zur deren Begründung auf Produktivität, Teuerung und Umverteilungsanspruch verwiesen wird.

Schon die Veröffentlichung der Forderungen geht einher mit einer internen Mobilisierung der Mitglieder, denen in Gewerkschaftspublikationen kundgetan wird, warum diese Ansprüche auch „berechtigt" sind, sie also notfalls dafür auch zu kämpfen bereit sein sollen.

Verhandelt wird entweder zentral für die gesamte Branche oder aber regional nach Tarifbezirken. Berühmt für regionale Verhandlungen ist die Metallindustrie, wobei ein sogenannter Pilotabschluß (häufig in Baden-Württemberg) nahezu unverändert in den anderen Bezirken übernommen wird. Zentral verhandeln dagegen der öffentliche Dienst, die chemische Industrie, die Druck- und Bauindustrie. Zahlenmäßig gleich starke Kommissionen aus Arbeitgebern und Gewerkschaft treten sich gegenüber, an ihrer Spitze die „Verhandlungsführer". Meist legen die Arbeitgeber nicht schon in der ersten Runde ihr Angebot vor. Wird in sogenannten „freien Verhandlungen" ein Kompromiß gefunden, so bedarf dieser immer der Zustimmung weiterer Gremien bei Arbeitgebern und Gewerkschaft: Die Arbeitgeberverbände haben „sozialpolitische Ausschüsse" eingerichtet, die Gewerkschaften „Große Tarifkommissionen". Die Vertragsparteien achten darauf, daß diese Gremien repräsentativ zusammengesetzt sind.

Das Ritual des Kompromisses

Finden die Tarifpartner in freien Gesprächen keinen Kompromiß, so erklärt eine Partei die Verhandlungen für gescheitert. In einer Reihe von Branchen haben sich Arbeitgeber und Gewerkschaft für diesen Fall einer Schlichtungsordnung unterworfen, die sie auch dazu zwingt, um die Vermittlung durch einen neutralen Dritten nachzusuchen. Ein Schlichter kann nach gescheiterten Verhandlungen angerufen werden, er kann aber auch während eines Arbeitskampfes zur Befriedung herbeigezogen werden, wenn die Parteien es sich nicht mehr zutrauen, den Streik durch freie Verhandlungen zu beenden oder den Weg der Schlichtung aus Opportunitätsgründen vorziehen. Schlichtung setzt auf die übergreifende Vernunft eines neutralen Dritten, dem beide Parteien zutrauen, ihre jeweiligen Interessen zur Geltung zu bringen und in einer gemeinsamen Formel den Konflikt zum Konsens zu wenden. Dabei hat die Schlichtung auch den Effekt, unliebsame Konsequenzen des Abschlusses an den Vermittler zu delegieren, um den Kompromiß im jeweiligen Lager „verkaufen" zu können, ohne selbst vollständig die Verantwortung übernehmen zu müssen.

Im strikten Sinn gibt es die Tarifschlichtung erst seit dem späten 19. Jahrhundert; Anleihen wurden beim Rechtsinstitut des Friedensrichters getroffen. Der Gründer der Frankfurter Akademie der Arbeit, Hugo Sinzheimer, prägte die Formel: „Schlichten ist kein Richten." Verboten ist deshalb dem Schlichter, sich auf die Seite einer Partei zu schlagen. Daß sich gegen Ende der Weimarer Zeit der Staat anmaßte, durch Dekret und Zwang den Tarifpartnern den Schiedsspruch zu diktieren, führte zum Verfall der Schlichtungsidee – und trug mit zum Ende der Weimarer Republik bei. Die Bundesrepublik hat die Idee staatlicher Zwangsschlichtung nicht aufgegeben; doch faktisch wurde sie aus guten Gründen nirgends mehr angewandt. Statt dessen unterwerfen sich die Parteien freiwillig und subsidiär einer Schlichtungsordnung.

Der Große Senat des Bundesarbeitsgerichts gebot in einer Entscheidung aus dem Jahr 1971 gar, ein rechtmäßiger Arbeitskampf dürfe erst eröffnet werden, wenn ein Schlichtungsverfahren erfolglos geblieben sei. Doch spätere Entscheidungen relativierten diesen Grundsatz wieder, so daß häufig die Schlichtung parallel zum Arbeitskampf mit dem Ziel seiner Beendigung angerufen wird. Kritiker wie der katholische Sozialphilosoph Arthur Fridolin Utz haben immer wieder gefordert, Streik und Aussperrung gesetzlich zu verbieten und statt dessen den Tarifparteien aufzugeben, sich einer Schlichtungsordnung mit Einigungszwang zu unterwerfen. In einigen Branchen haben die Parteien zumindest festgelegt, daß die Friedenspflicht so lange weitergilt, bis auch eine Schlichtung gescheitert ist. Dies hindert aber Gewerkschaften nicht, zur „Unterstützung" ihrer Forderungen auch bei laufender Schlichtung zu Warnstreiks aufzurufen.

Häufig wird als Schlichter ein „elder statesman" gewählt. Dies können erfahrene Politiker sein oder aber versierte Juristen. Nicht wenige Tarifpartner legen sich im vorhinein auf einige Jahre auf bestimmte Personen als Schlichter fest. Häufig benennen beide Parteien einen Schlichter, denen jeweils im Wechsel Stimmrecht zusteht. Damit ein Spruch zustande kommt, sollten die Stimmen der Schlichtungskommission ungerade zählen. Kein Schlichter ist aber gezwungen, einen Spruch vorzulegen, sofern diesem die Aussicht auf Annahme beider Parteien fehlt. Berühmte politische Schlichter vor oder in Arbeitskämpfen der Bundesrepublik sind der ehemalige Bundesinnenminister Hermann Höcherl (CSU), der Wirtschaftsminister Karl Schiller (SPD), der ehemalige Gewerkschaftler und Minister Georg Leber (SPD) und der heutige sächsische Ministerpräsident Kurt Biedenkopf (CDU) in der Druckindustrie bis 1985. Im Tarifkonflikt der ostdeutschen Metallindustrie 1993, wo die Arbeitgeber nach Revisionsgesprächen und Schlichtung die Verträge erstmals außerordentlich gekündigt haben, trat Biedenkopf dagegen ausdrücklich nicht als Schlichter, sondern als „Moderator" auf. Berühmte juristische Schlichter sind der Konstanzer Arbeitsrechtler Bernd Rüthers (im Konflikt um die Verkürzung der 40-Stunden-Woche 1984) und der Präsident des Bundessozialgerichts in Kassel, Heinrich Reiter, der regelmäßig seit 1985 von den Parteien der Druckindustrie zu Rate gezogen wird.

Der Arbeitskampf als letztes Mittel

Der Arbeitskampf ist „ultima ratio", legales Kampfmittel der Tarifparteien, wenn sie keine Möglichkeiten der Vermittlung am Verhandlungstisch sehen. Die Gewerkschaft kann dann zum Streik, die Arbeitgeber können zur Aussperrung greifen. Bedingung ist, daß zuvor alle anderen Mittel ohne Ergebnis erprobt wurden. So etwas wie ein „Recht auf Streik" – ein Terminus, den die Gewerkschaften gerne in der Verfassung verankert sähen – gibt es nicht. Der Streik soll die Arbeitgeber zwingen, unter dem Druck des Produktionsausfalles den Gewerkschaftsforderungen nachzugeben. Streikende Gewerkschaftsmitglieder erhalten im Arbeitskampf, während dessen sie keinen Lohn erhalten, Unterstützung durch die Streikkasse der Gewerkschaft, die für diesen Fall Rücklagen bildet. Ein Streik ist auch ein „Kampf um die Kassen" (Bernd Rüthers): Es geht darum, wem schneller der finanzielle Atem auszugehen droht.
Deutschland gilt als streikarmes Land. Während in Italien je tausend Arbeitnehmer zwischen 1970 und 1990 insgesamt 1042 Arbeitstage verlorengingen, waren es in Deutschland im selben Zeitraum nur 40 Arbeitstage. Der „soziale Friede" gilt beiden Tarifpartnern als wichtig. Ein Arbeitskampf schädigt nicht nur die betroffenen Unternehmen, die ihren Lieferverpflichtungen nicht mehr nachkommen können, er schädigt auch das Ansehen des Standortes bei Handelspartnern und potentiellen Investoren im Ausland.
Gleichwohl gab es auch im Nachkriegsdeutschland einige „große Streiks": Zu nennen sind der Konflikt um die Lohnfortzahlung im Krankheitsfall für Arbeiter in der Metallindustrie Schleswig-Holsteins 1957, der Kampf für die 35-Stunden-Woche in der Druck- und Metallindustrie 1984 (sechs Wochen), die Arbeitskämpfe im öffentlichen Dienst 1974 (Kluncker-Runde) und 1992 und der „außerordentliche" Streik in der ostdeutschen Metallindustrie 1993, den die IG Metall zum Kampf für die Tarifautonomie politisierte.
Für den Arbeitskampf, den das Grundgesetz deckt, gibt es keine eigene gesetzliche Grundlage; es ist reines Richterrecht der Arbeitsgerichte. Immer wieder wurde ein Arbeitskampfgesetz gefordert. Doch sah noch keine Regierung bisher eine Chance, dafür entsprechende Mehrheiten (und gesellschaftliches Lob) zu erhalten. Die Gewerkschaften neigen eher dazu, ein geschriebenes Arbeitskampfrecht für nicht erforderlich zu halten: Sie sind mit den richterlichen Entscheidungen ganz gut gefahren. Von einem Gesetz befürchten sie eine „Re-Regulierung" zu ihren Ungunsten.
Vor dem Arbeitskampf holen sich die Gewerkschaften in Urabstimmungen die Zustimmung ihrer Mitglieder. Dabei wird das Wort Urabstimmung höchst unterschiedlich gebraucht. Manche Gewerkschaften lassen nur in einzelnen Unternehmen abstimmen, die sie dann auch bestreiken wollen. Die Urabstimmung soll dem Streik eine

Stahlarbeiterprotest im Bonner Hofgarten 1993

demokratische Legitimation geben; sie ist strategisch nützlich für die Gewerkschaft, die wissen will, ob die Mitglieder auch tatsächlich bereit sind, für die definierten Ziele zu kämpfen. Politischer oder wirtschaftlicher Druck führen dann dazu, daß sich während des Streiks die Tarifpartner wieder an den Verhandlungstisch setzen und – möglicherweise wieder mit einem Schlichter – einen neuen Vertrag vereinbaren. Viele Gewerkschaften lassen ein solches Ergebnis während eines Streiks noch einmal von den Mitgliedern durch eine Urabstimmung bestätigen. Die Mitglieder der ÖTV haben 1992 einem solchen Verhandlungsergebnis die Zustimmung verweigert; die ÖTV hat gleichwohl (auch angesichts leerer Kassen) auf eine Neuauflage des Arbeitskampfes verzichtet.

Die Streiktaktik der Gewerkschaften hat sich in den achtziger Jahren gewandelt. Unter der Überschrift „Neue Beweglichkeit" verfolgen sie das Ziel, durch gezielte Schwerpunktstreiks entscheidende Unternehmen der Branche oder ihrer Zulieferer zu treffen. Diese Taktik ist freilich schwieriger geworden, seit durch die Novellierung des Arbeitsförderungsgesetzes (AFG) Paragraph 116 im Jahr 1986 eine Kompensation für mittelbar betroffene Arbeitnehmer durch Kurzarbeitergeld auf dem Rücken des Beitragszahlers ausgeschlossen wird. Diese Neufassung von Paragraph 116 AFG wurde von den Gewerkschaften heftig bekämpft, da sie dadurch verpflichtet wurden, auch in nicht umkämpften Tarifgebieten, in denen aber vergleichbare Forderungen erhoben wurden, für betroffene Arbeitnehmer Streikunterstützung zu zahlen. Nach wie vor sprechen die Gewerkschaften hier von „kalter Aussperrung" zu Lasten ihrer Streikkassen.

Regelmäßig gestritten wird am Rande von Arbeitskämpfen auch über den Unterschied zwischen Streik, Warnstreik und Erzwingungsstreik. Die Rechtsprechung macht hier keinen Unterschied mehr. Sie erlaubt auch Warnstreiks nach Ablauf der Friedenspflicht dann, wenn die Gewerkschaft noch nicht förmlich das Scheitern der Verhandlungen erklärt hat. Die Gewerkschaften definieren Warnstreiks als spontanen, zeitlich befristeten Ausstand, mit dem „milder Druck" auch während laufender Verhandlungen auf die Arbeitgeber ausgeübt werden soll zum Beweis, daß man es mit den Forderungen ernst meine.

Als zulässiges Verteidigungsmittel können die Arbeitgeber auf den Streik mit Aussperrung reagieren. Die planmäßige Vorenthaltung von Arbeit und Lohn ohne Kündigung stellt die Parität der Waffen im Arbeitskampf her. Die Gewerkschaften fordern seit langem erfolglos ein gesetzliches Verbot der Aussperrung gemäß der Parole: „Wer aussperrt, gehört eingesperrt." Die Aussperrung erhöht durch die Ausweitung des Arbeitskampfes den Kostendruck auf die Gewerkschaft, da ausgesperrte Gewerkschaftsmitglieder auch das Recht auf Streikgeld haben. Der von den Gerichten erlaubte Umfang der Aussperrung richtet sich nach dem Grundsatz der Verhältnismäßigkeit:

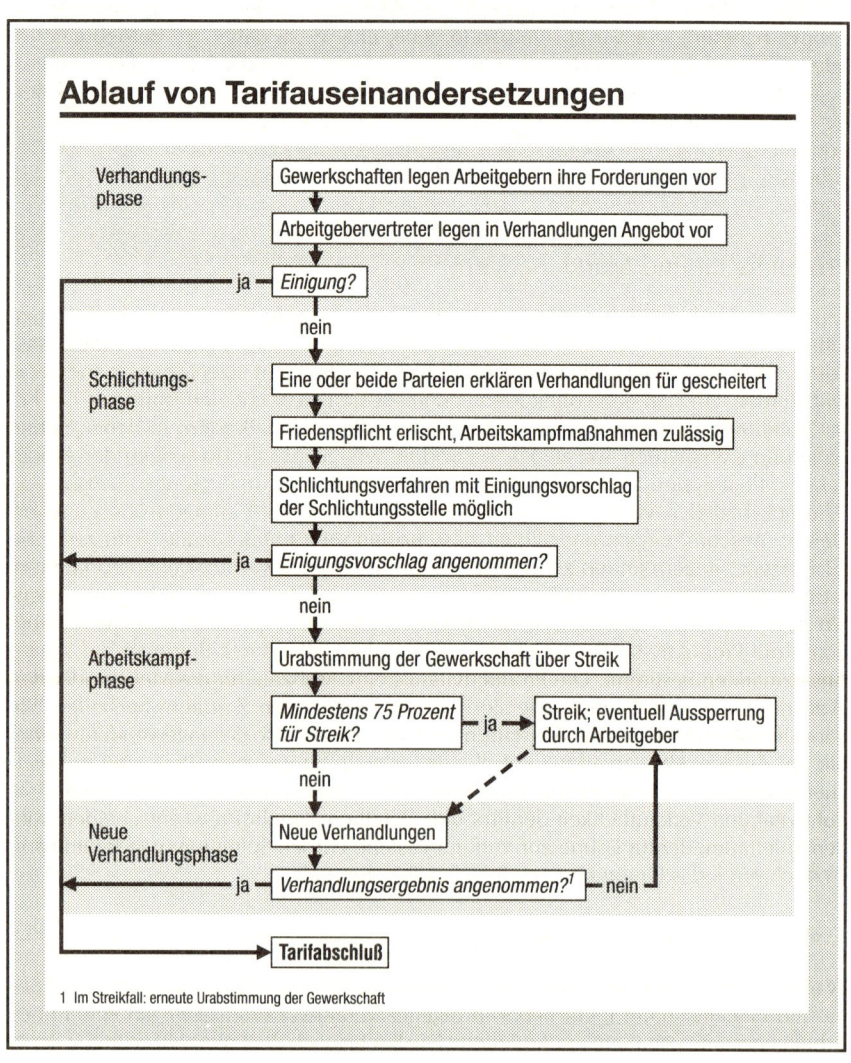

Ist der Streik auf weniger als 25 Prozent der Arbeitnehmer in einem Tarifgebiet begrenzt, können weitere 25 Prozent der Beschäftigten ausgesperrt werden. Eine Aussperrung, die sich gezielt auf Mitglieder einer streikenden Gewerkschaft richtet, ist rechtswidrig. Während die Arbeitgeber in der Nachkriegszeit immer wieder zum Instrument der Abwehraussperrung gegriffen haben, spielt die Angriffsaussperrung, rechtlich umstritten, praktisch seit 1945 keine Rolle mehr.

Die Suche nach der Lohnzahl

Die in der Bundesrepublik praktizierte Form der Tarifautonomie stellt nur eines der möglichen Modelle der Lohnpolitik dar. Einige Länder beziehen den Staat in den Prozeß der Lohnfindung mit ein (Österreich, Frankreich). In anderen Ländern werden die Lohnverhandlungen zwar auf Verbandsebene, aber doch näher am Betrieb geführt, oder es verhandeln die Unternehmen selbst mit den Gewerkschaften (Japan, Vereinigte Staaten, Großbritannien). Das deutsche System ist zwischen völlig zentralisierten und vollkommen dezentralen Systemen anzusiedeln. Gegenüber beiden weist es Vorteile, aber auch sichtbare Schwächen auf. Wer das Risiko einer lohnbedingten Arbeitslosigkeit hoch bewertet, der wird die Nachteile als besonders gravierend empfinden.

Produktivität und Marktchancen

Aus ökonomischer Sicht spricht vieles dafür, Tarifverhandlungen im Unternehmen zu führen. Der Lohn ist der Preis für die geleistete Arbeit. Löhne sind also Produktionskosten. Was ein Betrieb tragen kann und was nicht, das kann eigentlich nur dort beurteilt werden. Und bei den Lohnkosten handelt es sich nicht um eine marginale Größe. Ihr Anteil fällt ins Gewicht: Im Mittel machen die Personalkosten, in denen neben Lohn und Gehalt auch Sozialabgaben und freiwillige soziale Leistungen der Arbeitgeber enthalten sind, in der westdeutschen Wirtschaft rund 50 Prozent vom Rohertrag (Umsatz abzüglich Materialaufwand, Wareneinsatz und Vorleistungen) aus. Zum Vergleich: Abschreibungen und Zinsen, also Kosten für Kapitalnutzung, betragen rund 13 Prozent, Steuern knapp zehn Prozent. Um im Wettbewerb bestehen zu können, müssen Unternehmen versuchen, die Lohnkosten im Vergleich zu ihren Konkurrenten im In- und Ausland niedrig zu halten. Der Spielraum für Lohnzahlungen wird dabei durch die Produktivität der Beschäftigten und die Stellung des Betriebes auf seinen Absatzmärkten bestimmt. Die Produktivität ist eine Maßzahl für die Menge oder den Wert der Güter und Dienste, die sie in einem bestimmten Zeitraum herstellen. Sie hängt in hohem Maß von der Ausstattung mit Maschinen, also der angewendeten Technik ab. An den Absatzmärkten entscheidet es sich, zu welchem Preis und mit welchem Gewinn ein Unternehmen die hergestellen Erzeugnisse verkaufen kann. Produktivität und Verkäuflichkeit der Produkte (letztlich also ihr Preis) entscheiden über den Spielraum, der für Löhne zur Verfügung steht. Diesen Spielraum wiederum kann letztlich nur jedes Unternehmen für sich selbst ermitteln.

Konflikt und sozialer Friede

Warum übernehmen die meisten deutschen Unternehmen das Aushandeln der Löhne und Gehälter dann nicht lieber in eigener Verantwortung? Dagegen spricht aus Arbeitgeberseite vor allem ein Argument: Die Suche nach der Lohnzahl ist in der Regel mit einem Konflikt verbunden, den – sozusagen Auge in Auge mit der Belegschaft – auszutragen sich die meisten Arbeitgeber scheuen. Der Konflikt ist unvermeidlich. Denn Löhne sind nicht nur Kosten, sie sind auch die Einkommen der Mitarbeiter. Die Beschäftigten haben ein natürliches und verständliches Interesse daran, für ihre Arbeit einen möglichst großen Teil des erwirtschafteten Produkts zu bekommen. Zwischen den Einkommenswünschen der Beschäftigten und der betriebswirtschaftlichen Erträglichkeit der Kostenlast der Unternehmen (einer Last, die zum Beschäftigungsrisiko für Betrieb und Beschäftigte werden kann) muß ein Kompromiß gefunden werden. Wird der Konflikt – womöglich mit den Mitteln des Arbeitskampfes – im Betrieb ausgetragen, dann verschlechtert sich auf jeden Fall vorübergehend dessen Wettbewerbsposition am Markt. Die Zeit des Arbeitskampfes kann die Konkurrenz ausnutzen, um ihre Marktchancen zu verbessern. Doch auch langfristig droht Schaden: Ist die Arbeitnehmervertretung im Unternehmen stark und setzt Löhne über dem Niveau der Konkurrenz durch, dann verschlechtert sich die Wettbewerbsposition des Unternehmens auf Dauer. Hinterläßt der Konflikt zudem noch Störungen im Betriebsfrieden, sinken Motivation und damit Produktivität der Beschäftigten. Ein branchenweit ausgehandelter Tarifvertrag hat diese Nachteile nicht – jedenfalls nicht betriebsindividuell. Ein Arbeitskampf trifft die einem Verband angeschlossenen Unternehmen mehr oder weniger gleichermaßen, zudem können die Betroffenen mit finanzieller Unterstützung ihres Verbandes rechnen. Das Ergebnis der Verhandlungen setzt den Lohnstandard für alle Mitglieder. Der neue Vertrag schafft Mindestbedingungen und schaltet damit einige Wettbewerbsnachteile auf dem Tarifgebiet aus. Aus der Sicht eines jeden einzelnen Betriebes wirkt das beruhigend.

Auch für die Beschäftigten hat der kollektiv vereinbarte Lohn Vorteile. Das Kollektiv sorgt für die Machtbalance. Auf einem Arbeitsmarkt hat der einzelne Arbeitnehmer, sofern er nicht über ganz spezielle Fähigkeiten verfügt oder die Vollbeschäftigung für eine ausgeprägte Knappheit sorgt, wenig Macht zum Aushandeln seines Entgelts. Die Gewerkschaft sorgt für einen einheitlichen Mindestlohn in der Branche. Das erspart dem einzelnen Suchkosten oder die Last des Arbeitsplatzwechsels. Gewerkschaftsmitglieder sind außerdem gegen Verdienstausfälle bei Streik abgesichert.

Die Attraktivität der kollektiven Lohnverhandlung erklärt sich auch aus einem psychologischen Moment: Da der Konflikt auf Verbandsebene – also zwischen Arbeitgeberverband und Gewerkschaft – ausgetragen wird, belastet er nach dem Ende des Lohnkampfes die Stimmung im Betrieb nicht so negativ, als wenn man sich sozusagen auf dem Werkshof gestritten hätte. Hier liegt auch eine Begründung für die These, die kollektive Lohnverhandlung sei so etwas wie ein unsichtbarer Produktionsfaktor, der als „sozialer Frieden" bezeichnet wird. Gemeint ist damit, daß nach einer heftigen Lohnauseinandersetzung auf Verbandsebene keine Feindseligkeiten die Arbeit im Betrieb stören. Dieses Argument hat einen plausiblen Kern. Weniger überzeugend ist dagegen die These, die wohltuende Wirkung der in der Bundesrepublik praktizierten Tarifautonomie zeige sich schon an der vergleichsweise geringen Zahl der Streiktage: Diese Erscheinungsform des „sozialen Friedens" kann auch durch hohe Lohnzugeständnisse erkauft und damit recht teuer sein. Auf die Arbeitslosen jedenfalls scheint die Sonne dieser Variante des Friedens nicht.

Der Hang zum Durchschnitt

Die Konfliktansiedlung auf der Verbandsebene führt zur Kollektivität der Lohnverhandlung, und das bedeutet die Ausschaltung des Marktmechanismus. Es ist dann nicht mehr sichergestellt, daß der Lohn ein Knappheitspreis und ein Knappheitsindikator ist. Angebot und Nachfrage nach Arbeit können nicht über den Lohn zum Ausgleich gebracht werden, weil der Lohn nach unten kaum beweglich ist und damit seine Funktion als Indikator für Knappheiten teilweise verloren hat. Das nimmt allen Beteiligten ein Stück von der Ungemütlichkeit, die Märkte nun einmal charakterisiert. Arbeitsfriede und die Bequemlichkeit gleicher Wettbewerbsbedingungen haben jedoch ihren Preis. Denn auch – oder gerade – mit kollektiv geführten Verhandlungen sind für das einzelne Unternehmen hohe Risiken verbunden. Das Kollektiv kann beim Aushandeln der Tarifverträge keine Rücksicht auf die Lage einzelner Betriebe nehmen. Der Tarifkompromiß ist eine Zahl, die sich am – meist etwas vage bestimmten – Durchschnitt der Leistungsfähigkeit einer Branche orientiert. Regionale Differenzierungen, die in den frühen Nachkriegsjahren noch selbstverständlich und zunächst auch gewollt waren, sind mittlerweile durch die Tradition der „Pilotabschlüsse" mehr oder weniger eingeebnet worden. Der durchschnittliche Facharbeiterlohnsatz in der Investitionsgüterindustrie lag 1968 zwischen 3,46 DM (Bayern) und 4,04 DM (Unterweser), unterschied sich damit um rund 15 Prozent. 1985 lag der Unterschied nur noch bei 0,5 Prozent – zwischen 11,50 in Niedersachsen und 11,56 DM in den meisten anderen Bundesländern –, wie die Arbeitsgemeinschaft Selbständiger Unternehmer (ASU) berechnet hat.

In der Praxis orientiert sich die ausgehandelte Lohnsteigerung nicht einmal an den Besonderheiten der einzelnen Branche, sondern an der „Marke", die die stärkste Gewerkschaft, entweder ÖTV oder IG Metall, für ihre Mitglieder gesetzt hat. So wirkt der „Pilotabschluß" mittlerweile sogar branchenübergreifend.

Die so festgelegten Tariflöhne werden dann zur verbindlichen Mindestnorm: Unternehmen dürfen mehr bezahlen, auf keinen Fall aber weniger. Für Unternehmen, deren Leistungsfähigkeit unter dem Durchschnitt liegt, kann dies die Hürde werden, an der sie scheitern. Gelingt es nicht, die Lohnsteigerungen durch höhere Produktivität auszugleichen, steigen die Lohnstückkosten. Können die höheren Kosten nicht in den Preisen für die produzierten Güter und Dienste weitergegeben werden, wird die Produktion langfristig unrentabel. Es bleibt dann nichts als die Schließung von Betriebsteilen oder von ganzen Betrieben. Es ist schwer, einen solchen Effekt nach einer bestimmten Lohnrunde festzustellen. Aber viele Entlassungen sind die kumulierten Fernwirkungen vorangegangener Lohnrunden.

Ein Beispiel dafür, wie wenig Differenzierung zwischen den großen Branchen in den Tarifverhandlungen möglich ist, bietet die Tarifrunde 1992. Sie wurde noch im Zeichen des Wiedervereinigungsbooms geführt, obwohl erste wirtschaftliche Schwächen schon zu sehen waren. Nach dem Tarifvertragsbericht des Bundesarbeitsministeriums gab es unter den 6900 neu abgeschlossenen Tarifverträgen im Westen zwar Abschlüsse zwischen knapp 4 und 7,6 Prozent – eine Spanne, die auf den ersten Blick recht weit erscheint. Tatsächlich haben alle großen Branchen – vom öffentlichen Dienst über Metall- und Chemieindustrie bis zu Handel und Banken – Verträge zwischen fünf und sechs Prozent im Volumen (also unter Berücksichtigung aller Vertragskomponenten) abgeschlossen. Vereinbarungen, die vom Geleitzug abweichen, beschränken sich in der Regel auf kleine Branchen (Beispiel Steinkohlebergbau) oder einzelne Unternehmen. Mit 7,6 Prozent lagen einige Handwerkszweige (Metallhandwerk) an der Spitze, die Lufthansabeschäftigten mußten eine Nullrunde hinnehmen, um die Sanierung des Unternehmens zu ermöglichen. Es gibt allerdings auch Beispiele dafür, daß Firmenverträge höhere Steigerungsraten aufweisen als die Branchenverträge. Bisweilen – aber nicht immer – hat das auch etwas mit der Eigentumsstruktur und der Mitbestimmung zu tun.

Die Tendenz zur Nivellierung von Unterschieden oder der Einschränkung von Gestaltungsspielräumen zeigt sich nicht nur bei den Lohn- und Gehaltsabschlüssen. Das Kollektiv regelt auch wichtige Arbeitsbedingungen, die sich in den Lohnnebenkosten niederschlagen – etwa die Arbeitszeit, Urlaubsansprüche, Lohnfortzahlung im Krankheitsfall, das 13. Monatseinkommen, um nur die wichtigsten zu nennen. Auch hier will jede Gewerkschaft verhindern, daß ihre Mitglieder den Anschluß an den Durchschnitt verlieren. Häufig werden Tarifforderungen daher schlicht mit dem Hinweis auf den „Nachholbedarf" gegenüber anderen Branchen begründet. So will die Gewerkschaft Handel, Banken und Versicherungen eine Arbeitszeitverkürzung im Bankgewerbe durchsetzen mit dem Argument, nur in der Landwirtschaft werde noch länger gearbeitet.

In der Metallindustrie gab es 1978 beispielsweise noch nach Alter gestaffelte Urlaubsansprüche zwischen 21 und 27 Tagen, 1982 wurde ein einheitlicher Anspruch durchgesetzt. Die zulässige Höchstarbeitszeit, nach dem Gesetz 48 Stunden, wird durch Tarifverträge immer weiter eingeschränkt, allerdings mit unterschiedlichem Tempo, so daß die Unterschiede in der Arbeitszeit größer geworden sind. Vorläufiges Ziel der Gewerkschaften ist die 35-Stunden-Woche. 1981 hatten Arbeiter eine Arbeitszeit zwischen 40 und 42 Stunden in der Woche, 1991 lag die tarifliche Wochenarbeitszeit für die Mehrzahl schon deutlich niedriger: 78 von 100 Arbeitern hatten eine Wochenarbeitszeit zwischen 36 und 39 Stunden.

Gesamtwirtschaftliche Zielkonflikte

Ob die ausgehandelte Lohnzahl „paßt" oder nicht, ist nicht nur eine Frage, die über die Rentabilität und die Existenz einzelner Betriebe entscheidet. Die Lohnzahl hat auch den Charakter eines gesamtwirtschaftlichen Eckwertes. An ihm entscheidet es sich, ob das Ziel der Vollbeschäftigung – oder eines hohen Beschäftigungsgrades – erreicht wird oder nicht. Aber auch das Ziel des angemessenen Wachstums wird von der Lohnpolitik berührt. Denn es ist nicht sicher, ob der Produktivitätseffekt der „Rationalisierungspeitsche" hoher Lohnabschlüsse dem Wachstums- und Produktionspotential mehr gibt, als die lohnbedingte Arbeitslosigkeit ihm nimmt. Und selbst die Geldwertstabilität wird von der Lohnpolitik betroffen, wenn es zu einem Konflikt zwischen der Geld- und Lohnpolitik kommt.

Die größte Gefahr, die in zu hohen Tarifabschlüssen liegt, ist steigende Arbeitslosigkeit. Unternehmen, deren Leistungsfähigkeit zu gering ist, um die Tarifentgelte zu erwirtschaften, müssen produktiver werden oder aufgeben. In beiden Fällen werden Arbeitskräfte freigesetzt: durch Rationalisierung oder durch die Schließung eines ganzen Betriebes. Sind die Arbeitskosten – wie es in Deutschland der Fall ist – auch im internationalen Vergleich schon sehr hoch, dann droht nach großzügigen Lohnabschlüssen der Verlust von Arbeitsplätzen an preiswertere Standorte im Ausland.

Die Tariflöhne sind allerdings nur ein Teil der Arbeitskosten. Auf wichtige Personalzusatzkosten, vor allem auf die Beiträge zur Sozialversicherung, haben die Tarifparteien nur einen indirekten Einfluß. Personalzusatzkosten erhöhen die gezahlten Stundenlöhne in der deutschen Industrie im Schnitt noch einmal um mehr als 80 Prozent. Wie immer sich die Kosten zusammensetzen: Die Folge zu hoher Arbeitskosten kann steigende Arbeitslosigkeit sein. Ein Teil der Beschäftigten kommt damit nicht mehr in den Genuß des Verhandlungsergebnisses. Oder allenfalls auf eine Weise, die eher zynisch als sozial anmutet: Wer arbeitslos wird, der bekommt seine Leistungen auf der Grundlage eines höheren Arbeitsentgeltes.

Die Folgen von Personalkosten, die am Markt nicht zu erwirtschaften sind und daher zur Arbeitslosigkeit führen, tragen nicht allein die Tarifparteien und die von ihnen vertretenen Mitglieder; Arbeitslosigkeit finanziert zum Teil der Staat und damit alle Steuerzahler. Die Tarifparteien müssen den Anstieg der Arbeitslosenzahl daher auch nicht in letzter Konsequenz in ihr Kalkül einbeziehen. Das fördert den „moral hazard" – die Versuchung, den Eintritt eines Schadensfalles gelassen hinzunehmen. Wirtschaftswissenschaftler sehen darüber hinaus die wachsende Gefahr, daß das starre Tarifsystem den Arbeitsmarkt dauerhaft in Arbeitsplatzbesitzer (Insider) und Arbeitslose (Outsider) spaltet. Auch Arbeitslose dürfen nur zu den geltenden Tariflöhnen eingestellt werden – obwohl sie mit wachsender Dauer der Arbeitslosigkeit ihren „Marktwert" verlieren und ihre Produktivität sinkt, während ihre Einarbeitung gleichzeitig zusätzliche Kosten verursacht. Einen Arbeitslosen einzustellen verursacht also zunächst höhere Kosten – ein Nachteil aus Sicht des Unternehmens, den der Arbeitslose nicht dadurch verringern darf, das er befristet unter Tarif arbeitet. Auch deswegen ist Wirtschaftswachstum heute nicht mehr automatisch mit dem Zuwachs der Beschäftigung und einem Rückgang der Arbeitslosenzahlen verbunden.

Reallohn und Beschäftigung

Für den engen Zusammenhang zwischen der Entwicklung der Reallöhne und der Arbeitslosigkeit spricht eine Reihe empirischer Untersuchungen. Nach Meinung des Mannheimer Ökonomen Roland Vaubel sind die Ergebnisse so eindeutig, daß die Reallohnhypothese von ernst zu nehmenden Wirtschaftswissenschaftlern nicht mehr bestritten werden könne. So wird vermutet, daß ein wesentlicher Faktor bei der Eingliederung von zehn Millionen Vertriebenen in den westdeutschen Arbeitsmarkt der Nachkriegszeit die zurückhaltende Lohnpolitik der Gewerkschaften war. Auch in den achtziger Jahren läßt sich zeigen, daß erst nach einigen Jahren sinkender oder stagnierender Reallöhne – mit Zeitverzögerung – wieder ein starker Beschäftigungsaufbau folgte: Mehr als zwei Millionen neue Arbeitsplätze entstanden von 1989 bis 1992. Besonders deutlich wird der Zusammenhang zwischen Lohnentwicklung und Arbeitslosigkeit in den neuen Ländern. Das Institut für Wirtschaftsforschung Halle etwa schätzt, daß eine Million Arbeitsplätze (bis 1993) in den neuen Ländern durch die Tarifpolitik, die auf zu rasche Anpassung der Osttarife an das Westniveau ausgerichtet war, vernichtet wurde.

Was die Stabilität berührt

Zu hohe Lohnabschlüsse gefährden möglicherweise aber auch die Stabilität des Geldwertes. Theoretisch muß das nicht so sein: Wenn sich die Notenbank bei der Zumessung der Geldmenge immer nur am volkswirtschaftlichen Produktionspotential ausrichtet, dann ergeben sich durch eine falsche Lohnpolitik keine zusätzlichen Preiserhöhungsspielräume. Je strikter aber die Geldpolitik bleibt, um so mehr schlagen unangemessene Lohnzuwächse auf die Beschäftigung durch.
Hier lauert – im politischen Sinne – die Gefahr: wenn die Notenbank durch den Druck der öffentlichen Meinung gezwungen wird, die gesamtwirtschaftlich falsche Lohnerhöhung durch zusätzliches Geld zu finanzieren, dann kommt es zur kostenbedingten Inflation. In der Bundesrepublik ist diese Gefahr nicht so groß, weil die Deutsche Bundesbank mit Unterstützung rechnen kann, wenn ein solches Ansinnen an sie gestellt wird. Daß die Bundesbank sich in ihren Monatsberichten auch mit den Lohnkosten

befaßt, deutet aber darauf hin, daß sie hier zumindest einen dauernden Aufklärungsbedarf sieht.

Produktivität: eine Formel für die Lohnzahl

Wie finden die Tarifparteien den Lohn, der mit dem Beschäftigungsziel vereinbar ist? Bei Lohnverhandlungen auf Betriebsebene ist diese Frage – im Grundsatz jedenfalls – relativ leicht zu beantworten: Man muß nur prüfen, ob die höheren Löhne ohne Personalentlassungen, das heißt ohne nachträglich erzwungene Rationalisierung, am Markt durchsetzbar sind. Beschäftigungsunschädlich sind höhere Löhne für einen Betrieb in zwei Fällen: entweder weil die höheren Löhne dank zuvor eingeführter produktiverer Methoden nicht zu höheren Kosten führen oder weil es dem Betrieb gelingt, die höheren Kosten am Markt zu überwälzen. Diese betriebswirtschaftliche Überlegung ist jedoch nicht ohne weiteres auf die ganze Volkswirtschaft oder eine Branche zu übertragen. Die (gesamtwirtschaftliche) Überwälzung jedenfalls steht nicht zur Verfügung, wenn es die Geldpolitik mit dem Stabilitätsziel ernst nimmt.

Die Produktivität aber ist auch – und gerade – in volkswirtschaftlicher Betrachtung der wichtigste Anhaltspunkt für eine Lohnerhöhung, die mit dem Ziel eines hohen Beschäftigungsstandes vereinbar ist. Das ist der Kerngedanke der produktivitätsorientierten Lohnpolitik: Zusätzlich verteilt werden soll nur das zusätzlich zu Erwirtschaftende. Wenn sich die Lohnpolitik daran hält, dann führen Lohnerhöhungen nicht zur Arbeitslosigkeit.

Aus dieser produktivitätsorientierten Lohnformel hat der Sachverständigenrat schon in seinem ersten Gutachten – im Jahr 1964 – die Formel der kostenniveauneutralen Lohnerhöhung abgeleitet. Es heißt dazu: „Damit das Kostenniveau nicht steigt, dürfen die Nominallöhne . . . dem Grundsatz nach im Durchschnitt nicht stärker erhöht werden als um den Prozentsatz, um den sich in der Gesamtwirtschaft das Produktionsergebnis je Stunde . . . erhöht." (Jahresgutachten 1964/Ziff. 248.) So weit ist dies die bekannte Ausrichtung an der Produktivität. Doch mit einer Reihe von Zusatzklauseln – über die Veränderung der Lohnnebenkosten, der Kapitalkosten, der Terms of Trade – wird diese Formel so erweitert, daß nicht nur die Produktivität, sondern die gesamte Kostenentwicklung zur Meßlatte der Lohnpolitik wird. Außerdem wird die Formel dann noch um Zuschläge beziehungsweise Abschläge erweitert, die sich aus branchenspezifischen Knappheiten am Arbeitsmarkt ergeben.

Die Formel des Rates hat viel zu einer sachbezogenen Diskussion über den gesamtwirtschaftlich sinnvollen Rahmen von Lohnerhöhungen beigetragen. Bis heute liefert das Konzept des Sachverständigenrats einen guten Referenzpunkt zur Beurteilung der möglichen wirtschaftlichen Folgen von Tarifabschlüssen. In der Praxis der Verhandlungen ist seine Bedeutung eher gering, da das Konzept des Rates die Verteilungsziele, die die Gewerkschaften mit ihrer Tarifpolitik verfolgen, ausklammert. Das ist gerade der Sinn der Formel: das Verteilbare zu beschreiben, ohne sich in den Streit um die Umverteilung einzumischen. Der Versuch der Umverteilung gehört aber zum Selbstverständnis der Gewerkschaften. Ihre Forderung setzt sich daher in der Regel aus drei Teilen zusammen: der Produktivitätsentwicklung, der erwarteten Inflationsrate und einer sogenannten Umverteilungskomponente, mit der der Anteil der Löhne und Gehälter am Volkseinkommen (Lohnquote) zu Lasten der Kapitaleinkommen erhöht werden soll. Die Diskrepanz zwischen Produktivitätsentwicklung (gemessen am Bruttoinlandsprodukt je Erwerbstätigen) und Tarifentwicklung ist in der Praxis beträchtlich: 1992 etwa betrug der Produktivitätsfortschritt nach Angaben des Sachverständigenrats 0,9

Prozent, die Tariferhöhung im Schnitt 5,6 Prozent. Eine Differenz, die der Sachverständigenrat kritisiert, da sie deutlich über dem vertretbaren Maß liege. Die Konsequenz war ein rasanter Anstieg der Lohnstückkosten. Zwischen 1985 und 1991 ist die Nettolohn- und Gehaltssumme je beschäftigtem Arbeitnehmer um rund 24 Prozent gestiegen, die Produktivität um knapp zehn Prozent, mit der Folge, daß die Lohnstückkosten um rund 14 Prozent gewachsen sind. Der Anstieg der Lohnstückkosten führt dann zu einer Verschlechterung der internationalen Wettbewerbsfähigkeit, wenn es bei der internationalen Konkurrenz nicht zu vergleichbaren Entwicklungen kommt. In rezessiven Phasen, vor allem wenn die Arbeitslosigkeit schon erkennbar steigt, nehmen die Gewerkschaften Abstand von Umverteilungszielen, die hohe Erwartungen wecken, aber nicht mehr durchsetzbar sind. Eine mögliche Strategie lautet dann, den Reallohn zu sichern, um den Status quo zu halten. Ein Beispiel ist die Tarifrunde von 1993, in der rasant wachsende Kosten der deutschen Einheit mit einem deutlich sichtbaren Anstieg der Arbeitslosigkeit und dem Rückgang des Bruttosozialprodukts zusammengefallen sind. Obwohl fast alle Gewerkschaften angekündigt hatten, unter diesen Umständen „nur" den Reallohn sichern zu wollen, gab es ganz unterschiedliche Forderungen – je nachdem ob der Brutto- oder der Nettolohn stabil gehalten werden sollte. Je nach Temperament der Gewerkschaft wurde die Forderung nach Preisausgleich um den Ausgleich höherer Steuern und Sozialversicherungsbeiträge erweitert. Der erwartete Produktivitätsfortschritt blieb in den Forderungen unberücksichtigt, da er deutlich unter dem erwarteten Preisanstieg lag. Die Reallohnsicherung kann dazu führen, daß der Lohnabschluß immer noch deutlich über dem gesamtwirtschaftlichen Produktivitätsfortschritt liegt. Zudem wird die gegebene Inflationsrate quasi als Untergrenze akzeptiert und damit festgeschrieben. Ist sie höher als die Inflationsrate, die die Bundesbank anstrebt, führt dies zu Konflikten der Geld- mit der Lohnpolitik.

Die Kosten der Kollektivität

In Zeiten schlechter Konjunktur treten die Nachteile der starren deutschen Arbeitsmarktverfassung besonders deutlich hervor, weil dann statt einzelner Unternehmen ganze Branchen von belastenden Entscheidungen der Lohnpolitik betroffen sind, die Zahl der Arbeitslosen also sichtbar steigt. In solchen Zeiten regt sich verstärkt Unmut über die Verhandlungskunst der Verbandsführungen. Doch zu richtigen Austrittswellen kommt es selten. Unternehmen können zwar versuchen, durch Austritt aus dem Arbeitgeberverband das Tarifkorsett abzuschütteln. Doch das tun schon deswegen nur wenige, weil die Erfolgsaussichten gering sind, sich dadurch dem Druck der Tarifnorm zu entziehen. Meist folgt ein Machtkampf mit der Gewerkschaft, ausgetragen im Betrieb, mit der Folge, daß ein Firmentarifvertrag abgeschlossen wird, der selten günstiger als der Branchentarif ist.

Es gibt nur wenige Beispiele, die zeigen, daß auch im deutschen Lohnfindungssystem unkonventionelle Vereinbarungen möglich sind, um den besonderen Schwierigkeiten einer Branche oder eines Unternehmens Rechnung zu tragen: Ungewöhnlich beispielsweise ist die einjährige Nullrunde, zu der sich die Gewerkschaften 1992 bei der Lufthansa bereit erklärt haben, um die Sanierung der Fluggesellschaft zu ermöglichen und Arbeitsplätze zu sichern. Einen neuen Weg, um Arbeitsplätze zu retten, ging auch die IG Bergbau und Energie, als sie Anfang 1993 zustimmte, daß im Ruhrbergbau statt einer Erhöhung der Barlöhne sechs freie Tage gewährt wurden. Da zudem der Verzicht auf Feiertagszuschläge ausgehandelt wurde, bedeutete dies für Beschäftigten, daß sie nach der Tarifrunde weniger Lohn erhielten als zuvor.

Verbindlichkeit und Öffnungsklauseln

Alle Reformvorschläge für das deutsche Tarifvertragssystem zielen darauf ab, ihm seine Starrheit zu nehmen und den Betrieben in der Tarifpolitik wieder mehr Mitsprache einzuräumen. Kritiker fordern, einen Spielraum zu schaffen, der es erlaubt, besondere wirtschaftliche Umstände zu berücksichtigen. Die meisten Reformvorschläge laufen daher darauf hinaus, die Verbindlichkeit von Tarifverträgen einzuschränken. Tarifverträge könnten zu diesem Zweck Öffnungsklauseln enthalten. Eine solche Klausel soll es Unternehmen, die die tarifliche Mindestnorm wirtschaftlich nicht verkraften können, erlauben, unter dem geltenden Tarif zu bezahlen – und zwar nicht durch eine selbstherrliche Entscheidung, sondern auf der Grundlage einer Betriebsvereinbarung, die möglich wird, weil der Tarifvertrag sie vorsieht. Jedenfalls ist dies eine Variante der Öffnungsklausel, für die viele werben, die die Öffnung aus ökonomischen Gründen befürworten, aber vor der Einführung einer gesetzlichen Öffnungsklausel um des sozialen Friedens willen warnen.

Beide Seiten, Gewerkschaften und Arbeitgeberverbände, haben – auch die tarifvertraglich vereinbarten – Öffnungsklauseln immer wieder abgelehnt, trotz staatlicher Mahnungen und Drohungen, diese per Gesetz einzuführen. Beide Organisationsseiten fürchten den Machtverlust. Beide können aber auch auf die Abneigung der Mitglieder gegenüber solchen Klauseln verweisen. Arbeitgeber sehen die Solidarität im Verband gefährdet, Gewerkschaften den Einfluß des Betriebsrats wachsen. Gegen die Einführung von Öffnungsklauseln wird auch eingewandt, sie könnte die Tarifautonomie beschädigen.

Allerdings hat der schwierige wirtschaftliche Aufholprozeß in Ostdeutschland hier erstmals eine Änderung der Haltung erzwungen. Dort haben die um ihre Existenz kämpfenden Unternehmen Fakten geschaffen, denen die Tarifparteien, um ihre Glaubwürdigkeit nicht zu verlieren, letztlich irgendwie Rechnung tragen mußten: Besonders in der ostdeutschen Metallindustrie häuften sich die Fälle, in denen die Belegschaften von ihrer Unternehmensleitung vor die Wahl gestellt wurden, stillschweigend eine Entlohnung unter Tarif zu akzeptieren oder den Arbeitsplatz zu verlieren. Die Unternehmen konnten den 1991 abgeschlossenen mehrjährigen Stufentarifvertrag in vielen Fällen nicht tragen. Während in der Metallindustrie erst ein harter Arbeitskampf dazu geführt hat, daß sich beide Seiten auf eine Öffnungsklausel verständigt haben, hatten andere Branchen vorsorglich ähnliche Klauseln schon eingebaut. Inzwischen werden in Ostdeutschland verschiedene Öffnungsformen praktiziert, die zeigen, wieviel Flexibilisierung schon bei gutem Willen und einigem Druck möglich sind. Für den Einzelhandel gilt eine sogenannte Mittelstandsklausel. Aus Sorge, daß in den neuen Bundesländern langfristig nur große Einkaufscenter auf der grünen Wiese eine Überlebenschance haben könnten, dürfen kleine und mittlere Unternehmen (das Maß ist die Beschäftigtenzahl) deutlich unter Tarif bezahlen. In der Druckindustrie erlaubt es eine Öffnungsklausel, daß Unternehmen die vorgesehenen Tarifsprünge eines mehrjährigen Vertrags vorübergehend aussetzen. Sie müssen sich mit ihrem Betriebsrat über die Notwendigkeit einigen, notfalls Bücher offenlegen und brauchen dann die Zustimmung beider Tarifparteien. Ein Schiedsgericht entscheidet in Zweifelsfällen. In der Metallindustrie gilt eine Härteklausel. Können Unternehmen belegen, daß sie die Lohnsteigerung nicht verkraften, wird ein geringerer Tarif vereinbart. Die Tarifparteien haben hier, im Gegensatz zum Modell der Druckindustrie, Vetomöglichkeiten. Bisher sind derartige Modelle auf Ostdeutschland beschränkt und auch hier befristet, bis der Anpassungsprozeß bewältigt ist.

Ein Lohnkorridor

Andere Formen der Flexibilisierung, die ohne Öffnungsklausel auskommen, sind vorstellbar. Denkbar wäre es, die unterschiedliche Wirtschaftskraft von Unternehmen zu berücksichtigen, indem statt einer Lohnzahl für alle eine Bandbreite vereinbart würde, innerhalb deren sich der Lohnanstieg bewegen darf. Innerhalb der Bandbreite könnten Unternehmen mit ihrem Betriebsrat das „passende Lohnniveau" bestimmen und auch über seine Erfüllung entscheiden. Die Tariferhöhung müßte nicht ausschließlich als Barlohn gewährt werden, sondern als Paket auch Arbeitszeit- und Urlaubsregelungen, Investivlohn oder bestimmte Sozialleistungen enthalten. Damit verlagert sich allerdings ein Teil der Tarifauseinandersetzung wieder in den Betrieb. Langfristig würden Bandbreiten zur Folge haben, daß die Tarifunterschiede zwischen Unternehmen einer Branche sehr groß werden – Arbeitgeber mit einem größeren Maß unterschiedlicher Wettbewerbsbedingungen fertig werden müßten.

Investivlohn und Gewinnbeteiligung

Einen anderen Ansatz, den Unternehmen einen größeren Spielraum zur eigenständigen Tarifgestaltung zu geben, sind Investivlohn-Modelle. Beim Investivlohn erhalten die Beschäftigten einen Teil der Tariferhöhung nicht sofort ausgezahlt, sondern stellen ihn dem Unternehmen – oder über einen Fonds der Branche – als zinsgünstiges Kapital für Investitionen zur Verfügung. Aus der Sicht der Arbeitgeber spricht viel für den Investivlohn: Zum einen könnten ihre Kapitalkosten sinken, zum anderen das Interesse der Beschäftigten an der Entwicklung ihres Unternehmens deutlich steigen. Auch Beschäftigte hätten Vorteile zu erwarten: Die Tariferhöhung dürfte als Ausgleich für Risiken höher ausfallen, wenn sie teilweise als Investivlohn gewährt wird. In der ostdeutschen Wirtschaft könnte der Investivlohn schnellere Lohnangleichung ermöglichen, ohne die schwache Wirtschaft zu überfordern. Der Investivlohn soll zur Überbrückung der Zeit dienen, bis gewährte Lohnanpassungen tatsächlich erwirtschaftet werden. Die Gewerkschaften sehen für ihre Mitglieder dagegen vor allem ein doppeltes Risiko. Im Konkursfall verliere der Mitarbeiter nicht nur den Arbeitsplatz, sondern auch seine investierten Ersparnisse.

Die Gewerkschaften haben sich lange auch aus grundsätzlichen Erwägungen gegen diese Form der Mitarbeiterbeteiligung am Unternehmen gewehrt. Umverteilung zwischen Arbeit und Kapital sollte über Barlöhne erfolgen, nicht durch Beteiligung am Kapital. Zwar gab es 1965 eine erste Investivlohnvereinbarung auf tarifvertraglicher Basis in der Bauwirtschaft, nach der Arbeitgeber neun Pfennige, die Beschäftigten zwei Pfennige je Stunde auf ein Sparkonto fest anlegten. Diese Regelung wurde durch spätere tarifvertraglich vereinbarte vermögenswirksame Leistungen überholt, die der Staat mit Zulagen (Arbeitnehmersparzulage) fördert. Sie haben das Ziel, die Bildung von Vermögen von Arbeitnehmern zu fördern, richten sich jedoch nicht in erster Linie auf die Beteiligung an Produktivvermögen. Das Ergebnis ist, daß heute nur etwa jeder zehnte Arbeitnehmerhaushalt an einem Unternehmen beteiligt ist. Inzwischen haben einige Gewerkschaften jedoch die Berührungsängste abgelegt und entwickeln neue vermögenspolitische Konzepte, die Arbeitnehmer stärker an Unternehmen beteiligen sollen. Zentraler Bestandteil solcher Konzepte könnte der Investivlohn werden, jedenfalls haben die IG Chemie gemeinsam mit der IG Bergbau sowie die IG Bau-Steine-Erden zwei Investivlohn-Modelle vorgestellt, die in die Tarifgestaltung einbezogen werden könnten. Der Diskussionsprozeß ist allerdings noch nicht abgeschlossen. Bislang scheitert die Einführung derartiger Modelle an der praktischen Ausgestaltung, vor allem an der Absicherung gegen Konkursrisiken. Die Gewerkschaftsmodelle favorisieren Fondslösungen. Das Geld wird nicht dem eigenen Unternehmen, sondern einem Fonds zur Verfügung gestellt, der es gestreut an Unternehmen der Branche und zur Absicherung auch an Unternehmen fremder Branchen ausleiht. Um eine angemessene Verzinsung zu bekommen, müßten solche Darlehen aber auch zu Marktkonditionen verliehen werden. Dadurch entfielen wiederum die wichtigsten Vorteile für die Arbeitgeber, nämlich Motivation der Beschäftigten und Kostenersparnis. Die Gewerkschaften möchten über den Investivanteil zudem nicht in der regulären Lohnrunde, sondern in einer eigenen Runde verhandeln, was wohl dazu führen würde, daß der investierte Teil als Extra verstanden wird, eine Zusatzforderung zur normalen Entgeltsteigerung. Außerhalb von Tarifverträgen, auf betrieblicher Ebene als freiwillige Vereinbarung zwischen Arbeitgeber und Betriebsrat oder einzelnen Arbeitnehmern, gibt es allerdings funktionierende Investivlohn-Vereinbarungen und andere Formen der Beteiligung am Unternehmensgewinn.

Solche und ähnliche Reformvorschläge wären wohl geeignet, das Beschäftigungsrisiko zu verringern, das im „Hang zum Durchschnitt", also in der Tendenz zur einheitlichen Lohnzahl liegt. Doch die Widerstände sind einstweilen groß. Beide Seiten – die Arbeitgeber und die Arbeitnehmer – haben sich daran gewöhnt, den Lohnkonflikt auf der Verbandsebene abgeliefert zu haben. Zwar ist die Unzufriedenheit mit den Verhandlungsergebnissen – gerade auch unter den mittelständischen Mitgliedern der Arbeitgeberverbände – groß, und sie nimmt in Flautezeiten regelmäßig zu. Aber die Bereitschaft ist nicht groß, einen Teil des Verteilungskonfliktes in die Betriebe zu holen. Ohne diese Bereitschaft aber ist es nicht möglich, zu betriebsnahen und maßgeschneiderten Abschlüssen zu kommen. Am Ende sind dann doch immer wieder (fast) alle bereit, die in der Bundesrepublik praktizierte Form der Lohnpolitik für die beste aller verfügbaren Welten zu halten.

13. DIE GELDPOLITIK

Die Bedeutung der Stabilität

Die Stabilität des Geldwertes und der Geldordnung sind Grundpfeiler einer freiheitlichen Wirtschafts- und Gesellschaftsordnung. Eine nachhaltige Zerrüttung des Geldwesens ist in der Vergangenheit oft mit einer Bedrohung der politischen Stabilität und der Vernichtung gewachsener Wirtschafts- und Sozialstrukturen einhergegangen. Der hohe Rang, den die Stabilität des Geldes in Deutschland genießt, wird daher gerne mit den schlimmen Erfahrungen aus den großen Inflationen von 1923 und der Jahre nach dem Zweiten Weltkrieg erklärt.

Die Stabilität eines Geldwesens gründet im wesentlichen auf zwei Voraussetzungen. Zum einen müssen die Bürger Vertrauen in die Solidität der Institutionen besitzen, denen sie ihr Geld anvertrauen. Dies sind in erster Linie die Banken und Sparkassen. Eine sachgemäße Geldpolitik leistet einen Beitrag zur Stabilität des Geldwesens, indem sie Mechanismen entwickelt, mit denen in Zahlungsnöte geratenen Banken oder Sparkassen kurzfristig geholfen werden kann. Dagegen ist die Überwachung und Prüfung der Banken und Sparkassen in Deutschland keine originäre Aufgabe der Geldpolitik. Sie obliegt dem Bundesamt für das Kreditwesen, das allerdings von der Deutschen Bundesbank durch die Bereitstellung von Daten unterstützt wird.

Die zweite wichtige Aufgabe der Geldpolitik ist die Sicherung des Geldwertes. Es gibt zwei sich ergänzende Konzepte des Geldwertes. Als Binnenwert des Geldes wird seine Kaufkraft in heimischen Gütern bezeichnet. Dazu veröffentlicht in Deutschland das Statistische Bundesamt jeden Monat Zahlen für einen Warenkorb, der die von einer vierköpfigen Familie typischerweise verbrauchten Güter und Dienstleistungen enthält. Dazu zählen die Ausgaben für die Miete, ein Auto, Lebens- und Genußmittel, Bekleidung, Bankgebühren und vieles andere. Aus den Preisveränderungen der im Korb enthaltenen Güter und Dienstleistungen errechnet das Bundesamt eine durchschnittliche Rate der Veränderung des Preisniveaus gegenüber dem Vorjahr, auch Inflationsrate genannt. Inflation ist gleichbedeutend mit Geldentwertung, also steigenden Güterpreisen; umgekehrt bezeichnet das Wort Deflation einen Zustand, in dem die Preise im Durchschnitt sinken. Die Inflationsrate lag in Deutschland in den vergangenen Jahrzehnten meist zwischen null und fünf Prozent, das heißt, im Durchschnitt sind die Preise für Güter und Dienstleistungen in jedem Jahr leicht gestiegen.

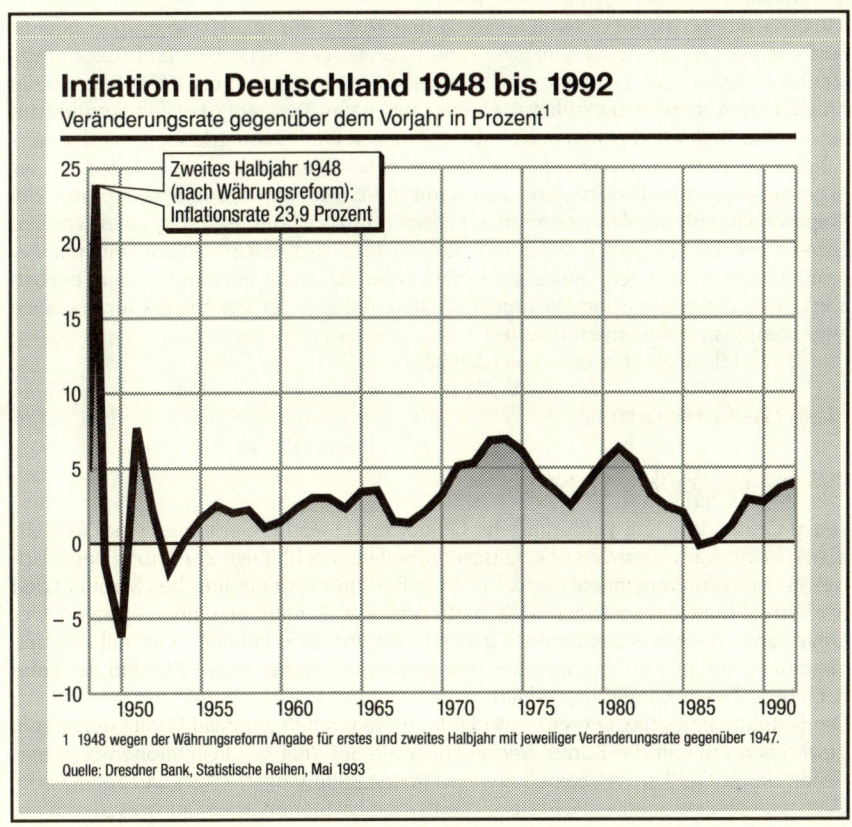

Inflation in Deutschland 1948 bis 1992
Veränderungsrate gegenüber dem Vorjahr in Prozent[1]

Zweites Halbjahr 1948 (nach Währungsreform): Inflationsrate 23,9 Prozent

1 1948 wegen der Währungsreform Angabe für erstes und zweites Halbjahr mit jeweiliger Veränderungsrate gegenüber 1947.
Quelle: Dresdner Bank, Statistische Reihen, Mai 1993

Allerdings muß zwischen der Veränderung einzelner Preise und der Veränderung des Preisniveaus unterschieden werden. Preissteigerungen bei einzelnen Gütern müssen kein Anzeichen für Geldentwertung sein, wenn gleichzeitig die Preise anderer Güter fallen. Von Geldentwertung ist immer dann die Rede, wenn das durchschnittliche

Niveau der Güterpreise, das Preisniveau, steigt. Die Aufgabe der Geldpolitik besteht darin, die Inflationsrate möglichst gering zu halten.
Eine zweite Definition des Geldwertes zielt auf den Außenwert ab. Der Außenwert gilt dann als stabil, wenn der Wert des heimischen Geldes gegenüber anderen Währungen, ablesbar an den Wechselkursen, unverändert bleibt. Die Sicherung des Binnen- und des Außenwertes sind keine konkurrierenden Zielsetzungen. Eine Währung mit einem hohen Binnenwert wird, zumindest längerfristig, auch einen stabilen oder gar steigenden Außenwert aufweisen.

Die Steuerung der Geldmenge

Das Problem der Geldpolitik besteht darin, daß sie zwar Steigerungen des Preisniveaus verhindern, beziehungsweise, sofern vorhanden, bekämpfen soll, aber keine direkte Eingriffsmöglichkeit in den Preisbildungsprozeß hat. In einer Marktwirtschaft bilden sich Preise als Ergebnis von Angebot und Nachfrage an freien Märkten. Niemand hat das Recht, mit Hinweis auf Inflationsgefahren Preise vorzuschreiben. Nichtsdestoweniger ist der Ansatzpunkt für eine stabilitätsorientierte Geldpolitik recht einfach: Da man zur Bezahlung von Gütern und Dienstleistungen Geld braucht, muß es möglich sein, der Inflation durch eine sachgemäße Steuerung der Geldversorgung einer Wirtschaft entgegenzuwirken. Es ist historische Erfahrung ebenso wie wissenschaftliche Erkenntnis, daß Inflation das Ergebnis einer überreichlichen Ausstattung der Wirtschaft mit Geld ist. Der amerikanische Ökonom Milton Friedman, der einflußreiche Begründer der modernen, als „Monetarismus" bezeichneten Geldlehre, hat es mit einem Satz auf den Punkt gebracht: „Inflation ist immer und überall ein monetäres Phänomen." Eine zentrale Aufgabe der Geldpolitik besteht folglich darin zu bestimmen, wieviel Geld in einer Wirtschaft umlaufen soll, ohne daß die Preise zu steigen beginnen. Als Geld werden dabei alle finanziellen Mittel bezeichnet, mit denen Güter und Dienstleistungen erworben werden können.
In Deutschland versucht die Deutsche Bundesbank, eine als M 3 bezeichnete Geldmenge zu steuern (siehe Tabelle). Sie umfaßt neben dem Bargeld die von inländischen privaten Haushalten und Unternehmen bei inländischen Banken und Sparkassen gehaltenen Sichteinlagen, Termineinlagen bis vier Jahre Laufzeit und Spareinlagen mit dreimonatiger Kündigungsfrist. Andere Notenbanken verwenden anders zusammengesetzte Geldmengen als geldpolitische Indikatoren. Welche Geldmenge als Zielgröße dient, ist eine Frage der Zweckmäßigkeit. Einerseits muß es einen engen, statistisch belegbaren Zusammenhang zwischen Entwicklungen der Geldmenge und der Inflationsrate geben. Zum anderen muß die Geldmenge auch steuerbar sein.
Doch wer steuert die Geldmenge, und wie soll dies geschehen? Geld entsteht, wie viele Bankkunden aus eigener Erfahrung wissen, vor allem durch die Aufnahme von Krediten. Dieser Prozeß wird auch als Geldschöpfung bezeichnet. Ein Kunde, der einen Kredit aufnimmt, um ein Auto zu erwerben, erhält gleichzeitig mit der Kreditgewährung ein Guthaben, mit dem er den Verkäufer des Autos entweder durch eine Abhebung in bar oder durch Überweisung des Rechnungsbetrages bezahlen kann. Geld verschwindet entweder durch die Rückzahlung von Krediten oder durch die Umwandlung von Bankeinlagen in Sparformen, die nicht zur Geldmenge zählen (Geldkapitalbildung). Angenommen, ein Bankkunde kauft für ein Spargutlhaben mit dreimonatiger Kündigungsfrist, das in der Geldmenge M 3 erfaßt wird, bei seiner Bank Sparbriefe. Sparbriefe zählen nicht zur Geldmenge, da man mit ihnen keine Güter und Dienstleistungen erwerben kann. Als Folge des Kaufes der Sparbriefe sinkt die Geld-

menge. Ziel einer stabilitätsorientierten Geldpolitik muß es also sein, eine zu rasche Ausweitung der Kredite mit der damit verbundenen Geldschöpfung zu verhindern und/oder die Sparer zu veranlassen, Bankeinlagen in längerfristige Sparformen wie Sparbriefe umzuwandeln.

Die Geldmengenziele der Deutschen Bundesbank

Jahr	Geldmengenziel[1] Wachstum in Prozent	Tatsächliche Wachstumsrate[2]	Ziel erreicht
1975	etwa 8	10	nein
1976	8	9	nein
1977	8	9	nein
1978	8	11	nein
1979	6 bis 9	6	ja
1980	5 bis 8	5	ja
1981	4 bis 7	4	ja
1982	4 bis 7	6	ja
1983	4 bis 7	7	ja
1984	4 bis 6	5	ja
1985	3 bis 5	5	ja
1986	3,5 bis 5,5	8	nein
1987	3 bis 6	8	nein
1988	3 bis 6	7	nein
1989	etwa 5	5	ja
1990	4 bis 6	6	ja
1991	3 bis 5	5	ja
1992	3,5 bis 5,5	9	nein

1 Zielgröße bis 1987: Zentralbankgeldmenge (Bargeldumlauf plus das aus den Reservesätzen von Januar 1974 errechnete Mindestreservesoll der inländischen Kreditinstitute auf von inländischen Nichtbanken gehaltene Sicht-, Termin- und Spareinlagen)
Zielgröße ab 1988: Geldmenge M:3 (Bargeldumlauf plus die von inländischen Nichtbanken bei inländischen Kreditinstituten gehaltenen Sichteinlagen, Termineinlagen bis vier Jahre Laufzeit und Spareinlagen mit gesetzlicher Kündigungsfrist)
2 Wachstumsrate in Prozent, gerundet
Quelle: Deutsche Bundesbank

Was in der Bank geschieht

In einer freiheitlichen Gesellschaft kann dies jedoch wiederum nicht auf Anordnung staatlicher Stellen geschehen. Kreditaufnahmen und Sparentscheidungen werden als freie Willensäußerungen von Privatpersonen und Unternehmen getroffen. Daher versucht die Geldpolitik in den meisten Ländern, die Kredit- und Sparentscheidungen indirekt, und zwar durch Zinspolitik zu beeinflussen. Generell gilt, daß die Nachfrage nach Krediten bei steigenden Zinsen abnimmt, die Umschichtung von Bankeinlagen in längerfristige Sparformen aber zunimmt. Damit wirken steigende Zinsen tendenziell hemmend auf das Wachstum der Geldmenge. Sinkende Zinsen dagegen begünstigen die Ausweitung der Geldmenge.
Die Geschäftsbanken, zu denen im folgenden auch die Sparkassen gezählt werden, dürften allerdings aus eigenem Interesse kaum Bereitschaft zeigen, ihre Kredit- und

Sparzinsen freiwillig an geldpolitischen Notwendigkeiten auszurichten. Würde eine Geschäftsbank aus geldpolitischen Gründen ihre Zinsen erhöhen, um die Nachfrage nach Krediten einzudämmen, müßte sie damit rechnen, daß ihre Kunden bei einer anderen Bank oder Sparkasse, die ihre Zinsen nicht erhöht hat, Kredite aufnehmen. Die Verantwortung für die Geldpolitik kann daher nur einer Institution anvertraut werden, die nicht in Konkurrenz um Kunden steht und die gleichzeitig die Macht besitzt, die Kreditvergabe der Geschäftsbanken zu beeinflussen. Eine solche Institution heißt Notenbank oder Zentralbank. Der Begriff Notenbank erinnert daran, daß diese Banken Banknoten ausgeben; das Wort Zentralbank verweist auf ihre Stellung als „Bank der Banken". Hierzulande übt seit 1957 die Deutsche Bundesbank diese Funktionen aus.

In Deutschland hat der Gesetzgeber der in Frankfurt am Main ansässigen Deutschen Bundesbank in Paragraph 3 des Bundesbankgesetzes die Kompetenz für Definition und Durchführung der Geldpolitik zugewiesen. Die Bundesbank gehört dem Bund – in der Sprache des Gesetzes ist sie eine bundesunmittelbare juristische Person des öffentlichen Rechts. Damit ist sie verpflichtet, ihre teilweise erheblichen Gewinne, von geringen Zuführungen an die eigenen Reserven abgesehen, an den Bund auszuschütten.

Im einzelnen hat die Bundesbank nach dem Gesetz die Aufgabe, den Geldumlauf und die Kreditversorgung der Wirtschaft zu regeln mit dem Ziel, die Währung zu sichern, und für die bankmäßige Abwicklung des Zahlungsverkehrs mit dem In- und Ausland zu sorgen. Neben traditionellen Aufgaben einer Notenbank wie der Abwicklung des Zahlungsverkehrs für die Geschäftsbanken und der Übernahme der Funktion einer Hausbank des Staates, verpflichtet das Gesetz die Bundesbank damit ausdrücklich zur Sicherung des Geldwertes. Nach traditionellem Verständnis bezieht sich dieses Gebot sowohl auf den Binnen- wie auf den Außenwert der D-Mark.

Die Unabhängigkeit der Bundesbank

Für ihre Politik besitzt die Bundesbank gegenüber der Bundesregierung nach dem Gesetz ein hohes Maß an Unabhängigkeit. Paragraph 12 legt zwar fest, daß die Bundesbank verpflichtet ist, die allgemeine Wirtschaftspolitik der Bundesregierung zu unterstützen, doch darf dies nur unter Wahrung der Aufgaben der Bundesbank geschehen. Die Bundesbank soll also keine Wirtschafts- und Finanzpolitik unterstützen, die den Wert der D-Mark bedroht. In der Ausübung ihrer Geldpolitik ist die Bundesbank ansonsten von Weisungen der Bundesregierung unabhängig.

In dieser gesetzlich fixierten Unabhängigkeit unterscheidet sich die Bundesbank von vielen anderen Notenbanken, die gezwungen sind, geldpolitische Weisungen ihrer Regierungen auszuführen. In den vergangenen Jahren haben allerdings eine Reihe von Ländern ihre Notenbanken in eine der Bundesbank vergleichbare Unabhängigkeit entlassen. Untersuchungen zeigen, daß Länder mit unabhängigen Notenbanken im Durchschnitt etwas niedrigere Preissteigerungsraten aufweisen als Länder, die ihre Geldpolitik der Regierung unterstellt haben.

Die Unabhängigkeit der Bundesbank von der Bundesregierung verpflichtet beide Seiten gleichwohl zur Zusammenarbeit. So hat die Bundesbank die Regierung in wichtigen geld- und währungspolitischen Angelegenheiten zu beraten und auf Verlangen Auskunft zu geben. Die Regierung soll nach dem Gesetz den Präsidenten der Bundesbank zu Beratungen über wichtige geld- und währungspolitische Fragen hinzuziehen. Umgekehrt haben die Mitglieder der Bundesregierung das Recht, an Sitzun-

gen des höchsten Führungsgremiums der Bundesbank, dem Zentralbankrat, teilzunehmen, wenn auch ohne Stimmrecht. Beschlüsse des Zentralbankrates können auf Verlangen der Bundesregierung bis zu zwei Wochen ausgesetzt werden.
An der Spitze der Deutschen Bundesbank steht der in der Regel alle zwei Wochen tagende Zentralbankrat. Er bestimmt die Ausrichtung der Geld- und Währungspolitik, beispielsweise die Höhe der Leitzinsen. Außerdem erstellt der Rat Richtlinien für die Geschäftsführung und Verwaltung der Bundesbank. Der Zentralbankrat besteht aus dem Präsidenten und dem Vizepräsidenten der Bundesbank, den (höchstens sechs) weiteren Mitgliedern des Direktoriums und den Präsidenten der neun Landeszentralbanken. Die Höchstzahl beträgt damit siebzehn Köpfe.

Der neue Bundesbankpräsident Hans Tietmeyer (rechts) und sein Vorgänger Helmut Schlesinger (zweiter von links) zusammen mit Bundeskanzler Helmut Kohl und Bundesfinanzminister Theo Waigel

Aus organisatorischer Sicht ist die Bundesbank dreistufig aufgebaut. Das in Frankfurt ansässige Direktorium läßt sich als eine Art Zentrale der Bundesbank bezeichnen, das mit seinen mehrere tausend Mitarbeiter umfassenden Fachabteilungen für die Durchführung der vom Zentralbankrat beschlossenen Geldpolitik zuständig zeichnet. Dazu gehört die Abwicklung von Geschäften mit überregionalen Banken sowie dem Bund, für den die Bundesbank unter anderem den Zahlungsverkehr erledigt. Die Kreditaufnahme der öffentlichen Hand bei der Notenbank ist allerdings sehr eng begrenzt. Damit wird verhindert, daß der Staat seine Ausgaben über eine stabilitätsgefährdende Kreditaufnahme bei der Bundesbank finanziert. Daneben fallen auch die Geschäfte der Bundesbank mit Fremdwährungen sowie die Verwaltung der Gold- und Devisenreserven in den Zuständigkeitsbereich des Direktoriums. Diese Zentrale wird geleitet vom Präsidenten der Bundesbank, seinem Vizepräsidenten sowie höchstens sechs weiteren Mitgliedern des Direktoriums. Sie werden vom Bundespräsidenten auf Vorschlag der Bundesregierung für eine Periode von höchstens acht Jahren bestellt. Nach Auslaufen einer Periode sind Wiederbestellungen möglich.

Die zweite Ebene der Bundesbank bilden die neun Landeszentralbanken, die Funktionen einer Hauptniederlassung ausüben. Sie führen die in ihren Bezirken anfallenden Geschäfte aus, zum Beispiel mit den Bundesländern oder regionalen Banken und Sparkassen. Die Bezirke von vier Landeszentralen umfassen jeweils ein Bundesland: Baden-Württemberg (Sitz der Landeszentralbank: Stuttgart), Bayern (München), Hessen (Frankfurt) und Nordrhein-Westfalen (Düsseldorf). Die übrigen fünf Landeszentralbanken betreuen jeweils mehr als ein Bundesland. So ist jeweils eine Landeszentralbank zuständig für: Hamburg, Schleswig-Holstein und Mecklenburg-Vorpommern (Sitz: Hamburg), Berlin und Brandenburg (Berlin), Sachsen und Thüringen (Leipzig), Rheinland-Pfalz und Saarland (Mainz), Bremen, Niedersachsen und Sachsen-Anhalt (Hannover).

Die Vorstände der Landeszentralbanken bestehen aus dem Präsidenten und einem oder zwei Vizepräsidenten. Als Mitglieder des Zentralbankrates werden die Präsidenten vom Bundespräsidenten auf Vorschlag des Bundesrates für höchstens acht Jahre bestellt. Wiederbestellungen nach Ende der Amtszeit sind möglich. Die übrigen Vorstandsmitglieder werden vom Präsidenten der Bundesbank auf Vorschlag des Zentralbankrates ernannt.

Die unterste Ebene der Bundesbankorganisation bilden die in den meisten größeren Städten ansässigen Haupt- und Zweigstellen, die für das Geschäft der Bundesbank mit Banken und Sparkassen „vor Ort" verantwortlich zeichnen.

Da alle Mitglieder des Zentralbankrates von politischen Körperschaften oder Gremien ernannt werden, stellt sich die Frage, wie unabhängig die Führung der Bundesbank von der Politik in der Praxis wirklich ist. Zweifel könnte auch die Beobachtung nähren, daß die Mehrheit der Mitglieder des Zentralbankrates seit der Gründung der Bundesbank im Jahre 1957 politischen Parteien angehörten. Ebenso fällt auf, daß eine Vielzahl von Ratsmitgliedern vor ihrem Eintritt in die Bundesbank Positionen in Ministerien oder anderen staatlichen Verwaltungen besaßen. Dagegen stammten nur wenige Führungsmitglieder aus der Bundesbank selbst oder aus Geschäftsbanken.

Die Unabhängigkeit der Bundesbank von der Bundesregierung ist sicherlich nicht absolut. So besitzt das eine relative Unabhängigkeit verbriefende Bundesbankgesetz keinen Verfassungsrang, sondern es kann mit einer einfachen Mehrheit des Deutschen Bundestages geändert werden. Auch hat sich die Bundesregierung Kompetenzen in der Währungspolitik vorbehalten, etwa die Entscheidung über den Eintritt in ein System fester Wechselkurse oder in eine Währungsunion. Die Geschichte zeigt, daß sich eine konsequente stabilitätspolitische Ausrichtung der Geldpolitik ohnehin nicht allein auf ein Gesetz stützen darf. Die Bundesbank kann ihre Stabilitätspolitik nur gegen eventuelle Widerstände von Parteien und Regierungen durchsetzen, wenn sie sich auf die Unterstützung einer Bevölkerung verlassen kann, für die stabiles Geld eine der Grundkonstanten ihres Gemeinwesens ist. Dieses in Deutschland sehr präsente Stabilitätsbewußtsein stärkt die Autorität der Bundesbank ebenso wie es einer dauerhaft stabilitätsfeindlichen Wirtschafts- und Finanzpolitik einen Riegel vorschiebt, weil Politiker in diesem Falle mit ihrer Abwahl rechnen müssen. Daher hat es seit der Gründung der

Bundesbank im Jahre 1957 trotz gelegentlicher Verstimmungen zwischen Regierung und Bundesbank keinen ernsthaften Versuch von Regierung oder Parlament gegeben, die Kompetenzen der Bundesbank durch eine Änderung des Gesetzes zu beschneiden. Das im internationalen Vergleich außergewöhnlich hohe Ansehen, das Geldpolitiker in Deutschland genießen, erklärt auch, warum fast alle parteigebundenen Mitglieder des Zentralbankrates bisher die Interessen der Bundesbank höher gestellt haben als die ihrer Parteien.

Geldschöpfung durch Kreditvergabe

Die Geldschöpfung der Geschäftsbanken durch Kreditvergabe wird vor allem aus zweierlei Gründen von der Notenbank, in Deutschland also von der Bundesbank, beeinflußt. Eine Geschäftsbank kann zwar durch Kreditvergabe Guthaben ihrer Kunden schaffen, die auch Buchgeld genannt werden. Der Kunde kann aber auch auf die Idee kommen, sein Guthaben mit Bargeld abzuheben. Bargeld aber können Geschäftsbanken im Unterschied zu Buchgeld nicht selbst produzieren. Sie müssen es sich bei der Bundesbank besorgen, indem sie bei der Bundesbank unverzinsliche Guthaben unterhalten, zu deren Lasten sie Bargeld abheben können (siehe Tabelle). Die Banken werden versucht sein, diese Guthaben aus Rentabilitätsgründen möglichst niedrig zu halten. Allerdings kann die Bundesbank einen Mindestbetrag bestimmen, in dem sie die Höhe der von den Geschäftsbanken bei ihr unterhaltenen Guthaben von der Summe der von den Kunden bei den Geschäftsbanken unterhaltenen Einlagen abhängig macht (Mindestreservepolitik). Das Bargeld sowie die Guthaben der Banken bei der Bundesbank werden auch als Zentralbankgeld bezeichnet.

Die Bilanz der Deutschen Bundesbank 1992[1]
(in Millionen DM)

Aktiva		Passiva	
Währungsreserven	141351	Banknotenumlauf	213355
Kredite an das Ausland[2]	2608	Einlagen von Kreditinstituten	88872
Kredite an inländische Banken	188929	Einlagen von öffentlichen Haushalten	429
Kassenkredite an öffentliche Haushalte	4542	Verbindlichkeiten aus dem Auslandsgeschäft[4]	24653
Sonstiges[3]	30909	Grundkapital	3
		Rücklagen	9355
		Bilanzgewinn	14725
		Sonstiges[5]	16947
	368339		368339

[1] in vereinfachter Form
[2] vor allem Kredite an die Weltbank
[3] darunter unter anderem Kredite an Bundesbahn und Bundespost, Wertpapiere sowie Grundstücke und Gebäude
[4] vor allem Guthaben ausländischer Einleger
[5] darunter unter anderem Rückstellungen

Quelle: Deutsche Bundesbank

Allerdings erhalten die Geschäftsbanken diese zinslosen Einlagen nicht unentgeltlich, sondern in der Regel durch Kreditaufnahme bei der Bundesbank. Die Höhe dieser Zinskosten bestimmt wesentlich die Höhe der Kreditzinsen, die Geschäftsbanken (und Sparkassen) von ihren Kunden verlangen. Aus der Sicht der Bundesbank bilden die Zinseinahmen aus diesen Krediten die wichtigste Gewinnquelle.

Die Rolle des Zinses

Der Mechanismus, mit dem die Bundesbank die Geldmenge zu steuern versucht, verläuft wesentlich über den Zins. Erhöhen die Geschäftsbanken ihre Kredite an Kunden und tragen sie somit zu einer unerwünschten Ausweitung der Geldmenge bei, brauchen sie zusätzliches Zentralbankgeld: Zum einen werden ihre Kunden mehr Bargeld verlangen, da die Nachfrage nach Bargeld nach aller Erfahrung mit der Zunahme des Kredit- und Geldvolumens zunimmt. Außerdem benötigen die Geschäftsbanken auch höhere Guthaben bei der Bundesbank, da sie eine größere Mindestreserve unterhalten müssen. Die Bundesbank wird dieses Zentralbankgeld zwar zur Verfügung stellen, da sie die Geschäftsbanken ausreichend mit Bargeld versorgen und ihnen die Möglichkeit geben muß, die erforderlichen Mindestreserven bei ihr zu unterhalten. Gegen die unerwünschte Ausweitung der Geldmenge kann sie jedoch vorgehen, indem sie ihre Zinsen erhöht, die Beschaffung von Zentralbankgeld aus der Sicht der Geschäftsbanken also verteuert.
Die Geschäftsbanken werden, um Gewinneinbußen zu vermeiden, daraufhin auch die Zinsen für ihre Kundenkredite heraufsetzen. Da nun auch die Kredite für die Kunden teurer geworden sind, werden sie tendenziell weniger Kredite aufnehmen, wodurch der Geldschöpfungsprozeß verlangsamt wird. Zudem werden bei Zinserhöhungen langfristige Sparformen für den Anleger interessanter. Damit wirken durch die höheren Zinsen gleich zwei hemmende Kräfte auf das Geldmengenwachstum ein: die gedämpfte Kreditnachfrage läßt weniger Geld entstehen, gleichzeitig wird ein größerer Teil des bei den Kunden vorhandenen Geldes in höherverzinsliche Sparformen umgewandelt. Wächst die Geldmenge dagegen aus Sicht der Bundesbank zu langsam, wird sie mit einer Senkung der Leitzinsen die Kreditvergabe der Geschäftsbanken an Unternehmen und Private anzuregen versuchen.
Die Geschäftsbanken können prinzipiell auf zweierlei Weise neue Guthaben bei der Bundesbank erhalten: durch den Verkauf von Devisen an die Bundesbank oder durch Kreditaufnahme (Refinanzierungspolitik). Der Ankauf von Devisen durch die Bundesbank, eine Art Schnittstelle zwischen binnenwirtschaftlicher Geldpolitik und außenwirtschaftlicher Währungspolitik, spielt allerdings seit einigen Jahren – von Ausnahmen wie der Krise des Europäischen Währungssystems im Herbst 1992 und im Sommer 1993 einmal abgesehen – nur noch eine untergeordnete Rolle. Angesichts der im internationalen Vergleich sehr hohen Gold- und Währungsreserven gibt es für die Bundesbank auch keinen Anlaß, ihre Bestände weiter aufzubauen. Daneben gibt es noch eine Reihe weniger wichtiger Instrumente.

Diskont und Lombard

Die Refinanzierungspolitik, also die Kreditaufnahme bei der Bundesbank, ist die aus der Sicht der Geschäftsbanken die klassische Form der Mittelbeschaffung. In Deutschland können solche Kredite in der Form des Ankaufs von Wechseln (Diskontkredit) oder gegen Verpfändung von Wertpapieren (Lombardkredit) gewährt werden. Seit einigen Jahren haben außerdem die Offenmarktgeschäfte mit Rückkaufvereinbarung (Pensionsgeschäfte) an Bedeutung gewonnen.

Beim Diskontkredit geben die Geschäftsbanken Handelswechsel ihrer Kunden an die Bundesbank ab, die diese mit einem Abschlag auf den Wechselbetrag, den sogenannten Diskontsatz, ankauft und der Geschäftsbank für den Gegenwert ein Guthaben einräumt. Die Wechsel müssen bestimmte Eigenschaften besitzen. Zum Beispiel darf ihre Laufzeit 90 Tage nicht überschreiten. Die Bundesbank erwirbt Wechsel nur im Rahmen festgelegter Kontingente, die gegenwärtig bei gut 50 Milliarden DM liegen. Da der Diskontkredit traditionell die billigste Form der Geldbeschaffung bei der Bundesbank darstellt, nutzen die Banken diese Kontingente weitgehend aus.

Gibt der Diskontsatz die untere Bandbreite der von der Bundesbank verlangten Zinssätze an, so bildet der Lombardsatz gewöhnlich die Obergrenze. Beide Sätze werden auch als Leitzinsen bezeichnet. Die Bedeutung des höchstens dreimonatigen Lombardkredites ist jedoch gering, da er nur im Falle von Liquiditätsengpässen gewährt werden soll. Die durchschnittliche Aufnahme von Lombardkrediten bei der Bundesbank beträgt wenige hundert Millionen DM pro Tag. Als Pfand akzeptiert die Bundesbank hauptsächlich festverzinsliche Wertpapiere.

Die wichtigste Form der Refinanzierungspolitik bilden seit einigen Jahren die Offenmarktgeschäft der Bundesbank mit Rückkaufvereinbarung, deren Volumen mittlerweile 150 Milliarden DM übersteigt. Diese Geschäfte werden auch als Wertpapierpensionsgeschäfte bezeichnet. Dabei kauft die Bundesbank von den Geschäftsbanken gegen die Bereitstellung von Guthaben für einen von vornherein festgelegten Zeitraum Wertpapiere an, die nach Ende der Laufzeit von den Geschäftsbanken zurückgenommen werden. Für die Bereitstellung der Gelder verlangt die Bundesbank einen Zins, der gewöhnlich als Pensionszins bezeichnet wird und sich innerhalb der von Diskontsatz und Lombardsatz beschriebenen Bandbreite bewegt. Angesichts der erheblichen Rolle der Offenmarktpolitik kommt diesem Zins mittlerweile eine höhere Bedeutung zu als den beiden überkommenen Leitzinsen. Wertpapierpensionsgeschäfte können auf dem Wege der Ausschreibung als Mengen- oder als Zinstender begeben werden. Beim Mengentender gibt die Bundesbank den Zinssatz vor; die Banken nennen dann die Beträge, die sie zu diesem Satz ausleihen wollen. Beim Zinstender müssen die Banken neben der Menge auch den Zinssatz nennen, zu dem sie sich Geld ausleihen wollen. In beiden Fällen entscheidet die Bundesbank auf der Basis der ihr vorliegenden Gebote, wieviel Geld sie den Banken zuteilen möchte. Der Reiz dieser Offenmarktgeschäfte, deren Laufzeiten in Deutschland zwischen wenigen Tagen und vier Wochen betragen, liegt in ihrer Flexibilität. Läuft ein Geschäft aus, bietet die Bundesbank den Banken in der Regel ein Anschlußgeschäft an, dessen Konditionen sie kurzfristig an veränderte Gegebenheiten anpassen kann.

Pensionsgeschäfte

Neben der Refinanzierungspolitik besitzt die Bundesbank noch eine Reihe weiterer Instrumente mit unterschiedlicher Bedeutung für die Geldpolitik. Während die Refinanzierungspolitik die Konditionen der Beschaffung von Zentralbankgeld festlegt, versucht die Mindestreservepolitik die Höhe der von den Banken zu unterhaltenden Guthaben bei der Bundesbank festzulegen. Die Mindesthöhe dieser Guthaben, Mindestreserve genannt, bestimmt sich in Relation zu den Einlagen der Kunden bei den Geschäftsbanken. Je höher also die Geldmenge ist, desto höhere Mindestreserven müssen die Banken bei der Bundesbank unterhalten. Von allen geldpolitischen Instru-

menten ist die Mindestreserve, die man auch als eine Art Zwangsabgabe auf Bankeinlagen bezeichnen könnte, wohl das umstrittenste. In Deutschland spielt die Mindestreservepolitik mittlerweile nur noch eine geringe Rolle.
Ein Instrument, das in Deutschland noch einige Bedeutung besitzt, ist die Kunst der Überredung, gelegentlich auch mit dem Anglizismus „moral suasion" bezeichnet. Die Beschreibung der Wirkungswege der Geldpolitik hat die wichtige Rolle der Geschäftsbanken verdeutlicht. So hängt die Wirkung von Änderungen der Leitzinsen auch davon ab, ob und wie schnell die Banken ihre Zinssätze für Kundenkredite und -einlagen ändern. Hinweise der Bundesbank, sich an eine veränderte Geldpolitik anzupassen, verfehlen selten ihre Wirkung bei den Banken. Andere Adressaten dieser Form der Geldpolitik sind Politiker, Tarifparteien und die öffentliche Meinung, die von der Bundesbank zu einem stabilitätsverträglichen Verhalten, zum Beispiel durch maßvolle Lohnabschlüsse, aufgefordert werden.
Außerdem verfügt die Bundesbank noch über eine Reihe von Instrumenten, die sie benutzt, um kurzfristige Spannungen in der Versorgung der Geschäftsbanken mit Zentralbankgeld auszugleichen. Verfügen die Banken nach Auffassung der Bundesbank für eine vorhersehbare kurze Frist über zu hohe Bestände an Zentralbankgeld, kann die Bundesbank kurzfristige Wertpapiere anbieten, die von den Geschäftsbanken mit überschüssigem Zentralbankgeld bezahlt werden. Zu diesen Wertpapieren gehören Schatzwechsel und unverzinsliche Schatzanweisungen, die, anders als es der Name erkennen läßt, ihrem Erwerber einen Zinsertrag bringen. Eine weiteres kurzfristiges Instrument sind die sogenannten Devisenpensionsgeschäfte. Verfügen die Geschäftsbanken auf kurze Sicht über zu wenig Zentralbankgeld, bietet ihnen die Bundesbank gelegentlich den Ankauf von Fremdwährung (Devisen) bei gleichzeitiger Rückkaufverpflichtung der Geschäftsbanken an. Gegen die Lieferung von Devisen erhalten die Banken zusätzliches Zentralbankgeld. Die Laufzeiten dieser Geschäfte betragen meist nur wenige Tage; als Fremdwährung hat die Bundesbank bislang ausschließlich Dollar angekauft.
Die Anwendung geldpolitischer Maßnahmen stößt in der Praxis allerdings auf eine Reihe von Schwierigkeiten. Die Wirkung geldpolitischer Impulse läßt sich nicht immer voraussehen. So kann es durchaus geschehen, daß viele Bankkunden ihre Kreditaufnahme gar nicht an veränderte Zinsen anpassen, beispielsweise wenn der Staat die Aufnahme bestimmter Kredite durch Subventionen erheblich verbilligt. In diesem Fall droht die Geldpolitik an Wirkung zu verlieren. Je nach Situation kann es unterschiedlich lange dauern, bis geldpolitische Impulse in der Kreditgewährung an Haushalte und Unternehmen wirksam werden. Die Bestimmung der am besten als geldpolitischer Indikator geeigneten Geldmenge kann sich als schwierig erweisen, wenn als Folge der Einführung neuer Finanzprodukte, etwa Geldmarktfonds, die Bankkunden ihre Anlagegewohnheiten ändern. In einer Reihe von Ländern haben die Notenbanken im Verlauf der vergangenen Jahre daher nacheinander mehrere Geldmengenabgrenzungen erprobt. Auch die Bundesbank verwendet M 3 erst seit wenigen Jahren. In Einzelfällen haben Notenbanken sogar gänzlich auf eine an der Geldmenge ausgerichteten Politik verzichtet.
Die Geldpolitik kann in Zielkonflikte mit anderen Politikbereichen kommen. Eine Politik hoher Zinsen, die das Geldmengenwachstum bremsen soll, kann auch ungünstige Auswirkungen auf die Konjunktur und damit auf die Beschäftigung ausüben. In diesem Fall droht eine Notenbank unter Druck von Politik, Gewerkschaften, Unternehmen und der öffentlichen Meinung zu geraten, um einer Besserung schwachen Konjunktur willen weniger auf das Wachstum der Geldmenge zu achten und ihre Zinsen

zu senken. Es hängt vom Grad der Unabhängigkeit der Notenbank und ihrem Ansehen in der Öffentlichkeit ab, ob sie sich solchen Aufforderungen widersetzen kann.

Nicht immer im Zielbereich

Alles in allem ist die Fähigkeit einer Notenbank, die Geldmenge genau zu steuern, begrenzt. In den vergangenen zwanzig Jahren – das ist der Zeitraum, seitdem sie Geldmengenpolitik betreibt – hat die Bundesbank die von ihr für jedes Jahr angestrebten Wachstumsraten der Geldmenge in mehr als der Hälfte aller Fälle nicht erreicht (Tabelle 2). Zumeist ist die Geldmenge schneller gewachsen als beabsichtigt. Dennoch sind die meisten Fachleute der Auffassung, daß die Geldpolitik zweckmäßigerweise an der Verfolgung einer festen Regel, wie es ein angestrebtes Wachstum der Geldmenge ist, festhalten sollte. Auf diese Weise kann eine Notenbank am ehesten Vertrauen für die Konstanz ihrer Stabilitätspolitik gewinnen. Die entgegengesetzte geldpolitische Strategie, ein kurzfristiges Einsetzen der geldpolitischen Instrumente nach dem jeweiligen Ermessen der Notenbank, erscheint nach den gemachten Erfahrungen als nachteiliger. Unter anderem schafft kurzfristiger Aktionismus Unsicherheit in der Öffentlichkeit über die Ausrichtung der Geldpolitik.

Die Politik der Deutschen Bundesbank entspricht allerdings nicht eindeutig dem theoretischen Ideal. Zwar betreibt sie seit rund zwei Jahrzehnten offiziell eine an der Steuerung der Geldmenge ausgerichtete Geldpolitik. Doch hat sie ihr Handeln in dieser Zeit auch an anderen ökonomischen Größen ausgerichtet, etwa an der Entwicklung des Dollarkurses oder an der Politik der Tarifpartner. Diese Politik erklärt sich aus der Überzeugung, daß es Situationen geben kann, in denen die Aussagekraft der Geldmengenentwicklung begrenzt ist. Der frühere Bundesbankpräsident Helmut Schlesinger hat diese scheinbare Unbestimmtheit der deutschen Geldpolitik einmal als „pragmatischen Monetarismus" bezeichnet.

14. UMBAU IN OSTDEUTSCHLAND: DIE TREUHAND

Privatisierungsagentur

Ein Begriff steht für die wirtschaftlichen Umwälzungen in Mittel-Ost-Europa während des letzten Jahrzehnts dieses Jahrhunderts: Transformation – Überführung der Planwirtschaften des Herrschaftsbereichs der ehemaligen Sowjetunion in Marktwirtschaften. Die Wiedervereinigung Deutschlands ist ein Sonderfall. Aber die Transformationsaufgabe stellte sich auch hier. Und auch bei dieser Aufgabe der Wirtschaftspolitik wurden die Deutschen aus der Sicht mancher Nachbarn zum Vorbild: Die Treuhandanstalt – geschaffen noch vom Ministerrat der sich auflösenden DDR – gilt vielen als Musterbeispiel einer „Privatisierungsagentur" als institutionelles und wirtschaftliches Kernelement des Transformationsprozesses.

Die Treuhandanstalt hat in der Tat eine Mammutleistung vollbracht: Bis zum Sommer 1993 konnte sie mehr als 12 000 ostdeutsche Unternehmen und Unternehmensteile sowie fast 16 000 Liegenschaften verkaufen. Die neuen Eigentümer garantieren fast 180 Milliarden DM Investitionen und den Erhalt von gut 1,4 Millionen Arbeitsplätzen. Dennoch ist die schwierige Arbeit der Treuhand nicht nur von Lob, sondern von Beginn an auch von scharfer Kritik begleitet gewesen. Niemand vermag zu sagen, ob die Transformation der DDR-Wirtschaft ohne die „Super-Holding Treuhand" hätte bes-

ser gelingen können. Doch für viele Menschen im Osten ist die Anstalt vor allem ein „Arbeitsplatzkiller". Im Westen sorgt man sich dagegen besonders um die Bezahlung der hohen Schulden, die die Treuhand angehäuft hat.
Als der DDR-Ministerrat am 1. März 1990 den Beschluß faßte, eine „Anstalt zur treuhänderischen Verwaltung des Volkseigentums" (Treuhandanstalt) zu schaffen, ahnte kaum jemand, daß dieser Organisation einmal die Schlüsselposition bei der Umgestaltung der DDR-Wirtschaft zuwachsen würde. Die der SED/PDS angehörenden Gründer hatten kurz nach der Wende im Osten noch verhaltene Pläne mit der Treuhand: Sie sollte nicht Eigentümerin der volkseigenen Betriebe, Kombinate und Einrichtungen werden, sondern nur deren Vermögen verwalten. Mitte Juli 1990 trat der erste westdeutsche Manager an die Spitze der Treuhand: Reiner Maria Gohlke, bis dahin Chef der Deutschen Bundesbahn. Gohlke hatte die neue Funktion allerdings nur wenige Wochen inne. Nach vielen Querelen gab er auf, und Detlev Karsten Rohwedder wechselte Ende August in das Präsidentenamt. Der Vorstandsvorsitzende der Dortmunder Hoesch AG hatte bis dahin zwei Monate lang den Verwaltungsrat der Anstalt geleitet.
Aufgaben und Funktion der Treuhandanstalt hatten sich zu diesem Zeitpunkt schon stark gewandelt: Die DDR-Volkskammer, seit den ersten freien Wahlen am 18. März 1990 mit einer Mehrheit der Großen Koalition aus CDU/DA, DSU, SPD und Liberalen ausgestattet, hatte am 17. Juni das Gesetz zur Privatisierung und Reorganisation des volkseigenen Vermögens (Treuhandgesetz) verabschiedet. Nach den Worten der Präambel besteht die Absicht, die unternehmerische Tätigkeit des Staates durch Privatisierung so rasch und weit wie möglich zurückzuführen, die Wettbewerbsfähigkeit möglichst vieler Unternehmen herzustellen, somit Arbeitsplätze zu sichern und neue zu schaffen. Außerdem soll schnell Grund und Boden für wirtschaftliche Zwecke zur Verfügung stehen. Die Treuhand könne „auf die Entwicklung sanierungsfähiger Betriebe zu wettbewerbsfähigen Unternehmen und deren Privatisierung Einfluß nehmen", heißt es im Gesetz. Die Verkaufserlöse der Treuhand sollen vorrangig für die Strukturanpassung der Betriebe verwendet werden. Im Vorgriff auf ihre Einnahmen darf die Anstalt Milliardenkredite aufnehmen.
Die Treuhand wird von einem Vorstand geführt, dessen Geschäftstätigkeit ein Verwaltungsrat überwacht. Dem Vorstand gehörten lange Zeit neun Mitglieder an. Nachdem Günter Rexrodt (FDP), der sich im Treuhandvorstand um Bauindustrie, Landwirtschaft und Sondervermögen gekümmert hatte, Anfang 1993 Bundeswirtschaftsminister wurde, schrumpfte die Zahl auf acht. Auch der Umfang des Verwaltungsrats wurde zur Jahreswende 1992/93 reduziert, mehrere Manager aus der Industrie schieden aus. In dem Gremium sitzen neben Industrievertretern die Ministerpräsidenten oder Minister der neuen Länder, Gewerkschafter und zwei Bonner Staatssekretäre für Wirtschaft und Finanzen. Den Vorsitz hatte bis April 1993 Jens Odewald, Vorstandsvorsitzender der Kaufhof AG. Er gab diese Position an Manfred Lennings ab, Präsident des Kölner Instituts der Deutschen Wirtschaft (IW) und früher Vorstand des Maschinenbau- und Investitionsgüterkonzerns Gutehoffnungshütte Aktienverein.
Die Aufsicht über die Treuhand, eine rechtsfähige Anstalt des öffentlichen Rechts, übertrug der Gesetzgeber nach der Vereinigung am 3. Oktober 1990 dem Bundesfinanzministerium – eine Entscheidung, die wegen der Konzentration des Ressorts auf fiskalische Belange häufig kritisiert worden ist. Eine Zuordnung zum Bundeswirtschaftsministerium wurde trotz der Forderungen des damaligen Wirtschaftsministers Jürgen Möllemann (FDP) nicht ernsthaft erwogen. Die Entscheidungen der Anstalt werden überdies durch den Treuhandausschuß des Bundestages und den Bundesrechnungshof sowie das Bundeskartellamt und die EG-Kommission kontrolliert.

Die größte Privatisierungsagentur der Welt: Die Treuhandanstalt in Berlin

Die größte Holding der Welt

Die Treuhandanstalt wurde 1990 zur größten Holding der Welt: Sie übernahm alle Geschäftsanteile der rund 8000 volkseigenen Betriebe und Kombinate, die spätestens zum Stichtag der Wirtschafts- und Währungsunion (1. Juli 1990) durch Gesetz in Kapitalgesellschaften umgewandelt worden waren. Durch die Entflechtung der sozialistischen Kombinate, die über mehr als 40 000 Betriebsstätten verfügten, zu kleinen, privatisierungsfähigen Einheiten stieg die Zahl der Betriebe bis 1993 auf mehr als 13 000. Der Anstalt wurde außerdem die Aufgabe zugewiesen, 1,5 Millionen Hektar landwirtschaftliche und 0,7 Millionen Hektar forstwirtschaftliche Nutzflächen sowie 0,5 Millionen Hektar Gelände volkseigener Güter zu privatisieren. Darüber hinaus sollte sie Vermögenswerte, die kommunalen Aufgaben dienen, den ostdeutschen Städten und Gemeinden übertragen. Später erhielt sie zusätzlich die Verantwortung für die Privatisierung des Militär-, Stasi- und Parteivermögens.

Die Treuhandaufgaben wurden 1990 dezentralisiert: In den 15 ehemaligen DDR-Bezirkshauptstädten wurden die Außenstellen der Anstalt, die zunächst unter starkem Einfluß der alten politischen Kräfte arbeiteten, zu Niederlassungen ausgebaut. Deren Leitung wurde im Oktober 1990 mit West-Managern besetzt. Im Vorstand betreute die frühere niedersächsische Wirtschafts- und Finanzministerin Birgit Breuel (CDU) die Außenstellen. Mit ihrem Niederlassungskonzept wich die Treuhand von der eindeutigen Vorgabe des Treuhandgesetzes ab. Dort war vorgesehen, operative Treuhand-Aktiengesellschaften einzuführen, die nach Ländern oder Branchen mit regionalen Schwerpunkten ausgerichtet sein sollten. Die Treuhand befürchtete jedoch einen zu großen politischen Einfluß der ostdeutschen Landesregierungen und entschied sich gegen Länder-Treuhandanstalten.

Schon im ersten Dreivierteljahr gelangen der Treuhand spektakuläre Verkäufe an bekannte Investoren: Die Autohersteller Opel, Volkswagen und Daimler-Benz versprachen ihr Engagement, ebenso die Unternehmen Siemens, AEG und Asea Brown Boveri. Im August 1990 wurde der Stromvertrag abgeschlossen, der den drei West-Konzernen RWE, PreussenElektra und Bayernwerk die Übernahme der ostdeutschen Energiewirtschaft ermöglichte. Wegen der Klagen der benachteiligten Ost-Kommunen vor dem Bundesverfassungsgericht liegen allerdings noch Jahre später mindestens 30 Milliarden DM Investitionen auf Eis. Insgesamt wurden in dieser Anfangsphase etwa 1000 gewerbliche Unternehmen verkauft. Einen Sonderfall der Privatisierung bildete der Handel. Bis Juni 1991 veräußerte die Treuhand-Tochtergesellschaft zur Privatisierung des Handels (GPH) bereits mehr als 13 000 Einzelhandelsläden, Gaststätten und Hotels der ehemaligen DDR-Handelsorganisation HO an neue Eigentümer. Außerdem wurden in dieser Zeit gut 1400 Apotheken, 475 Buchhandlungen und 318 Kinos privatisiert.

Eine Zäsur in der Geschichte der Treuhand ist der Ostermontag 1991: Rohwedder wird in seinem Düsseldorfer Haus von RAF-Terroristen erschossen. Sein Osterbrief, den er wenige Tage zuvor an seine Mitarbeiter richtete, wird als Vermächtnis verstanden: „Schnell privatisieren, entschlossen sanieren, behutsam stillegen" hieß Rohwedders Rezept für die Umgestaltung der DDR-Wirtschaft. In einem Interview mit der F.A.Z., vier Tage vor seinem Tod, sagte er: „Eine reinrassige Marktwirtschaft ist im Osten nicht denkbar." Die Sanierung und die Aufrechterhaltung von Arbeitsplätzen in nur mit Mühe existierenden Betrieben sei nicht zu umgehen. Zwei Drittel der Ost-Betriebe sah die Treuhand 1991 als sanierungsfähig an. Mehr als 2600 Betriebe mit rund 300 000 Arbeitnehmern wurden bis Mitte 1993 stillgelegt.

Spaltung der Kombinate

Über den besten Weg zu einer wettbewerbsfähigen Wirtschaft in Ostdeutschland – vor allem über die Notwendigkeit einer staatlichen Industriepolitik – wird immer wieder gestritten. Ein Zielkonflikt ist dauerhaft: Soll die Treuhand schnell privatisieren, um möglichst wenig Geld für den Unterhalt der Betriebe zu verlieren? Oder soll sie ihre Unternehmen zunächst sanieren und wettbewerbsfähig machen, um höhere Privatisierungserlöse zu erzielen? Die Treuhandmanager sehen in der raschen Privatisierung den Königsweg: „Privatisierung ist die beste Form der Sanierung", heißt ein Schlagwort. Auf dem Weg zur Privatisierung belasten die Unternehmen ihre Gesellschafterin erheblich: Liquiditätskredite, Bürgschaften und Darlehen kosten die Treuhand Milliarden. Gesetzlich ist sie außerdem verpflichtet, bis zur Erstellung der D-Mark-Eröffnungsbilanzen der Treuhandbetriebe die Zinsen auf deren Altkredite zu bedienen, die zusammen mehr als 100 Milliarden DM betragen. Die Treuhand verbucht diese Posten als „finanzielle Sanierung".

Eine Notwendigkeit zeigte sich immer klarer: Die zu sozialistischen Zeiten gebildeten Riesenbetriebe mußten in kleine, marktfähige Einheiten aufgespalten werden. Die Entflechtung erwies sich als schwieriges Unterfangen. Daß betriebsfremde Einheiten ausgegliedert werden mußten, um die Effektivität des Kerngeschäfts herzustellen, lag auf der Hand. Viele Investitionsgüterbetriebe waren zu DDR-Zeiten verpflichtet, auch Konsumgüter herzustellen: So kam es vor, daß eine Schiffswerft „nebenbei" Gartenmöbel oder Bestecke produzierte. Nach der Wende wurden diese Sparten als erste stillgelegt. Abteilungen wie Fuhrparks oder Reparaturwerkstätten wurden ausgegliedert, oft auch Kantinen und Kindergärten. Doch in vielen Fällen war nicht leicht zu erkennen, welche Produktionszweige aufrechterhalten werden sollten und welche nicht. Auf der einen Seite sollte die Treuhand privatisierungsfähige Einheiten schaffen. Auf der anderen Seite lauerte die Gefahr, daß die „Rosinen" oder „Filetstücke" zum Verkauf abgespalten wurden (etwa auf einem wertvollen Grundstück), während die weniger rentablen Teile übrigblieben. Kritiker warfen der Treuhand vor, sie habe die Kombinate so zerstückelt, daß die entstandenen Betriebe den West-Branchenkollegen keine Konkurrenz mehr böten.

Vorrang für die Privatisierung

Birgit Breuel, die die Geschäfte zwei Wochen nach dem Mord an Rohwedder übernahm, setzte die Führung der Treuhand im Sinne ihres Vorgängers fort: Privatisierung hat Vorrang. Erst die neuen Eigentümer sollen sanieren, der Staat soll sich möglichst nicht als Unternehmer betätigen und politisch Einfluß nehmen. Dennoch mußte sich die einstige Ministerin sehr bald mit den politischen Folgen der Treuhandarbeit befassen: im Streit um die Beschäftigungsgesellschaften. In diesen Gesellschaften, zum Teil von Treuhandunternehmen mitgegründet, sollten entlassene Arbeitnehmer aufgefangen werden und mit Hilfe staatlicher Mittel der Arbeitsförderung weiterarbeiten. Die Gewerkschaften drangen auf eine finanzielle und gesellschaftsrechtliche Beteiligung der Treuhand. Sie pochten auf eine sozialpolitische Verantwortlichkeit der Anstalt für die Millionen Beschäftigten, von denen sehr viele nicht in ihren Betrieben bleiben konnten.
Die Treuhand zählte Mitte 1990 4,1 Millionen Beschäftigte in ihren Unternehmen. Ende 1991 waren es nur noch 1,6 Millionen, Mitte 1993 220000. Ein großer Teil der „verschwundenen" Belegschaft ist in die privatisierten Unternehmen übernommen worden: Bis Mitte 1993 hatte sich die Treuhand von den Investoren mittelfristig den Erhalt von rund 1,4 Millionen Arbeitsplätzen zusichern lassen. Einige hunderttausend Arbeitnehmer erhielten neue Beschäftigung in ausgegliederten oder neugegründeten Unternehmen. Viele Hunderttausend pendeln in die westlichen Bundesländer oder in den Westteil Berlins. Eine ähnlich hohe Zahl von älteren Arbeitnehmern konnte in Vorruhestand gehen. Doch Hunderttausende sind auch in die Arbeitslosigkeit entlassen worden. Mitte 1993 lag die Zahl der Arbeitslosen im Osten bei etwa 1,1 Millionen (circa 15 Prozent). Vorübergehende Absicherung fand mancher durch Aufnahme in eine Arbeitsbeschaffungsmaßnahme (ABM) oder Umschulung. Diese ABM-Kräfte und Umschüler sind oft in den Beschäftigungsgesellschaften ihrer alten Betriebe angestellt. Die Treuhand konnte 1991 zwar eine direkte Beteiligung an diesen Gesellschaften für die Zukunft vermeiden, blieb aber an rund 150 Gesellschaften von Treuhandbetrieben beteiligt, die zu dieser Zeit schon existierten. Außerdem stellte sie weiterhin Räume bereit und gewährte finanzielle und personelle Hilfen.
Im zweiten Jahr ihres Bestehens verfeinerte die Treuhand ihre Privatisierungsstrategie. Die offensichtlich lukrativen Objekte hatten bereits Käufer oder zumindest Bewerber angezogen. Die Anstalt richtete ihre Anstrengungen nun darauf, auch für weniger renommierte Betriebe und „Mauerblümchen" Interessenten zu finden. In einer „aktiven Verkaufspolitik mit ausgeklügeltem Marketing" erstellte die Treuhand einen Unternehmenskatalog mit allen verfügbaren betriebswirtschaftlichen Kennziffern. Die ersten Unternehmen wurden national und international ausgeschrieben, auf Messen im In- und Ausland stellten Treuhandunternehmen ihre Produkte vor. „Dienstleister, nicht Behörde" wolle die Treuhand für die Investoren sein, betonte die Präsidentin.
Die Mehrzahl der Treuhandkunden kommt nicht aus der Großindustrie: 70 Prozent der Betriebe wurden an mittelständische Bewerber verkauft. Viele große westdeutsche

Konzerne mußten sich – von Ausnahmen abgesehen – ein zu geringes Ost-Engagement vorwerfen lassen. Eine Ursache dafür sind oft die (trotz Entflechtung) zu großen Einheiten im Osten, die wegen der ausreichenden Kapazitäten in den alten Ländern nicht benötigt werden. Strukturunterschiede zeigen sich besonders im Maschinenbau, der im Westen eine mittelständische Tradition hat. In dieser Branche zeichnete sich überdies schon bald nach der Wende in der ganzen Welt eine konjunkturelle Schwäche ab. Nach und nach wurden auch andere Wirtschaftszweige davon erfaßt, so daß einige Investoren (wie die Autohersteller Mercedes-Benz und Volkswagen) ihre Vorhaben zeitlich hinausschieben.

Investitionszusagen

Kaufangebote bewertet die Treuhand nach mehreren Kriterien: Neben dem Kaufpreis ist entscheidend, wie viele Investitionen der neue Eigentümer garantiert und wie viele Arbeitsplätze er erhalten will. In einer Reihe von Kaufverträgen wurden Vertragsstrafen für den Fall vereinbart, daß die versprochenen Arbeitsplätze doch nicht gesichert werden. Die Käufer stammten zunächst fast ausschließlich aus dem Westen Deutschlands. Nach ersten Bedenken förderte die Treuhand jedoch von 1992 an verstärkt Management-Buy-Outs (MBO) und andere Modelle der Mitarbeiterkapitalbeteiligung: In mehr als 2000 Fällen erwarben ostdeutsche Führungskräfte oder Belegschaftsmitglieder „ihr" Unternehmen. Die Gründe für die anfängliche Zurückhaltung ausländischer Investoren sind vielfältig. Kritiker führen an, die Treuhand habe zunächst aus der Umgestaltung der DDR-Wirtschaft ein deutsch-deutsches Geschäft machen wollen und sei erst umgeschwenkt, als der Strom der einheimischen Bewerber dünner wurde. Mit Hilfe von Aktivitäten der Treuhandbüros im Ausland sowie durch internationale Ausschreibungen hat sich die Präsenz der Ausländer verstärkt, allen voran Briten, Schweizer, Franzosen und Amerikaner. Rund fünf Prozent aller Treuhandunternehmen konnten an ausländische Kapitalgeber privatisiert werden. Eines der bekanntesten Projekte ist die Investition des französischen Konzerns Elf Aquitaine, der in Leuna für mehrere Milliarden DM eine neue Raffinerie errichten will. Auch in der Bauwirtschaftschaft engagieren sich die ausländischen Investoren stark.

Ungeklärte Eigentumsfragen

Ein Hemmnis für alle Investoren bildeten die ungeklärten Eigentumsfragen im Osten, nicht nur bei Grundstücken. Viele Alteigentümer, die ihre Unternehmen in der ehemaligen DDR durch Enteignung verloren hatten, wollten nach der Wende ihre alten Betriebe wieder bewirtschaften. Sie traten damit in Konkurrenz mit jenen Investoren, die diese Unternehmen von der Treuhand erwerben wollten. Um die dringenden Investitionen nicht für Jahre zu blockieren, verabschiedete der Gesetzgeber die „Vorfahrtregelung" im Vermögensgesetz: Bei einem Wettlauf zwischen Alteigentümer und Investor sollte derjenige das Unternehmen erhalten, der das bessere Investitionskonzept vorlegt. Viele Alteigentümer mußten sich in diesem Konflikt mit dem Verkaufserlös als Entschädigung zufriedengeben. Jene, die eine Reprivatisierung durchsetzen konnten, mußten schlechtere Übernahmebedingungen als fremde Investoren hinnehmen. Etwa die Hälfte der gut 7300 zurückgegebenen Betriebe war mit Altschulden belastet. Eine Entschuldung durch die Treuhand blieb ihnen aber lange versagt. Vielmehr mußten die Alteigentümer selbst die staatlichen Kredite bedienen. Erst im Sommer 1992 strebte der Bund eine Gleichbehandlung an: Reprivatisierte Betriebe können ihre Altschulden mit Ausgleichszahlungen verrechnen lassen. Eine völlige Entschuldung wird dadurch nur selten bewirkt; außerdem können abgeschlossene Fälle nur in Ausnahmen wieder aufgenommen werden.

Die Altschulden der Betriebe und die Bedienung der Zinsen sind ein Grund für die prekäre Finanzlage der Treuhand: Sie übernimmt voraussichtlich 70 Prozent der gut 100 Milliarden DM Altschulden der Ost-Unternehmen. Der Wert der DDR-Betriebe ist nach der Wende völlig falsch eingeschätzt worden. Modrow bezifferte den Wert der DDR-Wirtschaft (ohne Grundstücke) Anfang 1990 noch auf 900 Milliarden DM. Auch Treuhandchef Rohwedder ging im Herbst desselben Jahres noch von 500 Milliarden aus. Dem Bundesfinanzminister versprach er „am Ende ein ansehnliches Nettovermögen". Ein Jahr später mußte Birgit Breuel zugeben, daß der Wert des Vermögens „weit überschätzt" worden sei. Inzwischen wird eine Schuldenlast von mindestens 250 Milliarden DM angenommen. Die in der Präambel des Treuhandgesetzes niedergelegte Absicht, den DDR-Sparern an einem eventuellen Überschuß nach Verwertung des DDR-Vermögens ein verbrieftes Anteilsrecht als Ausgleich für die Abwertung ihrer Einlagen bei der Währungsumstellung 1990 zukommen zu lassen, ist längst aufgegeben.

Die Ausgaben für die Privatisierung sind hoch. Die Einnahmen aus den Verkäufen von gut 44 Milliarden DM decken die Kosten nicht. Die kumulierten Erlöse lagen Ende 1992 um einige Milliarden DM niedriger als die Zinslast für die Altkredite. Oft erklärte sich die Treuhand bereit, Unternehmen zu entschulden oder einen erheblichen Beitrag zur Beseitigung der Umweltaltlasten zu leisten (die Treuhand übernahm hier bis zu 90 Prozent der Kosten). Zum Teil wurden den Unternehmen und ihren neuen Eigentümern überdies eine Anschubfinanzierung, Bürgschaften oder eine Verlustübernahme für die nächsten Jahre gewährt. Ferner ist die Treuhand durch die schwierige wirtschaftliche Lage ihrer Unternehmen belastet: Sie setzten 1992 50 Milliarden DM um, mußten aber zugleich Verluste von rund 15 Milliarden DM hinnehmen. In einigen Branchen wie dem Maschinenbau lag das Verhältnis von Umsatz und Verlust sogar noch weit schlechter. Hier wirkte sich der Zusammenbruch der osteuropäischen Märkte, besonders in der ehemaligen Sowjetunion, negativ aus. Viele Betriebe lieferten zu DDR-Zeiten 70 bis 90 Prozent ihrer Produkte in den alten Ostblock. Auf den West-Märkten Fuß zu fassen, ist schwierig und nur wenigen Unternehmen gelungen.

Sanierung

Enorme Beträge muß die Treuhand für die Sanierung von Betrieben kalkulieren. Je überschaubarer die Zahl der verbliebenen Betriebe wurde (im Juli 1993 waren noch rund 650 im Angebot), desto mehr Gewicht legte die Treuhand auf die Sanierung. Zunächst hieß Sanierung vielfach nur Straffung der Produktpalette und Entlassung von Beschäftigten. Die Treuhand investiere zu wenig in ihre Betriebe, gebe ihnen keine Chance für Innovationen und sorge damit für einen weiteren Verlust an Wettbewerbsfähigkeit, wurde kritisiert. In diesem Streit stellte sich die Treuhand immer wieder auf den Standpunkt, nicht Entwicklungen fördern zu wollen, die nicht in das Unternehmenskonzept des späteren Erwerbers paßten. Die Anstalt beschränkte sich meist auf „investorneutrale Investitionen" wie Entschuldung, Übernahme von Ausgleichsforderungen, Verlustausgleich sowie Liquiditätskredite, Bürgschaften und Darlehen. In vielen Fällen, gerade bei einst großen Kombinaten mit Tausenden Mitarbeitern, war das Interesse von Bewerbern trotzdem so schwach, daß nach zwei Jahren Suche mit einer baldigen Privatisierung nicht zu rechnen war. Die gefährdeten Standorte wurden zu politischen Brennpunkten. Nicht zuletzt deshalb intensivierte die Treuhand 1992 die Zusammenarbeit mit den Ländern. Im Herbst 1992 schloß sie mit dem Land Sachsen die erste Vereinbarung zur Sanierung von Unternehmen ab (Atlas-Programm). Danach meldet das Land ausgesuchte, regional bedeutsame Unternehmen bei der Treuhand zur Sanierung an. Die Anstalt entscheidet endgültig über die Sanierungsfähigkeit und stellt Mittel bereit, mit denen das Unternehmen seine Wettbewerbsfähigkeit schaffen soll. Das Land hilft mit Mitteln aus der „Gemeinschaftsaufgabe zur Verbesserung der regionalen Wirtschaftsstruktur" und anderen Fördermöglichkeiten. Ähnliche Vereinbarungen wurden danach auch mit den übrigen ostdeutschen Ländern geschlossen.

Industrielle Kerne

Mit der verstärkten Sanierung wuchs der politische Druck auf die Anstalt. Kritiker forderten wiederholt, das Treuhandgesetz zu ändern und die Anstalt in eine Industrieholding umzuwandeln oder die größten Ost-Unternehmen direkt in Bundeseigentum zu überführen. Das Holding-Modell der Industriegewerkschaft Metall fand 1991 jedoch bei der Treuhand ebensowenig Anklang wie das einer Bundesholding des sächsischen Wirtschaftsministeriums Anfang 1993. Man befürchtete, eine staatliche Holding könne Dauersubventionen verteilen und einer schnellen Privatisierung der eingebrachten Unternehmen entgegenwirken. Ferner sorgte sich die Treuhand, bei einer solchen Konstruktion wie ein Konzern für alle Verbindlichkeiten ihrer Unternehmen haften zu müssen.

Im Dezember 1992 sprach Bundeskanzler Helmut Kohl erstmals von der Sanierung der „industriellen Kerne" Ostdeutschlands – ein Begriff, den Birgit Breuel schon ein halbes Jahr zuvor im Hinblick auf den Erhalt der ostdeutschen Mikroelektronik gebraucht hatte. Sanierungsfähige, aber in absehbarer Zeit nicht privatisierungsfähige Betriebe und Standorte sollten mit Unterstützung der Treuhand erhalten werden. In den Solidarpaktverhandlungen im Frühjahr 1993 wurde der Kreditrahmen der Treuhand zur Sicherung der industriellen Kerne erweitert. Die zu sanierenden Unternehmen stehen entweder in direkter Beteiligungsführung der Anstalt oder sind in „Management-Kommanditgesellschaften" zusammengefaßt. Die ersten beiden Management-KGs gründete die Treuhand im Sommer 1992. Ein erfahrener Manager übernimmt nach diesem Modell mehrere Unternehmen, die in der KG zusammengefaßt sind. Für die Sanierung ist erst einmal drei Jahre Zeit; eine schnelle Privatisierung bleibt aber das erste Ziel. Zunächst waren die neuen Gesellschaften geprägt von einem „Branchenmix", um nicht alte Kombinatsstrukturen wieder auferstehen zu lassen. Später rückte die Treuhand von diesem Muster ab, um Synergieeffekte zu verstärken, die bei der Verbindung zu unterschiedlicher Betriebe (etwa Textil, Bau, Maschinenbau) nur begrenzt vorhanden sind.

Der unverkäufliche Rest

Wenn die Treuhand – wie vorgesehen – ihre Privatisierungsarbeit Ende 1993 oder im Laufe des Jahres 1994 beenden kann, wird eine Reihe von Unternehmen nicht verkauft sein. Sie sollen in weiteren Management-KGs oder in direkter Beteiligung des Bundes weitergeführt werden. Gedacht ist in Einzelfällen auch an Fonds- oder Stiftungsmodelle. Bisher zeigten Fondsmodelle wie der „Sachsenfonds", an denen sich Unternehmen und Banken beteiligen sollten, im Osten wegen des hohen Risikos aber

nur geringen Erfolg. In Zukunft könnte das Modell einer längerfristigen Beteiligung der Treuhand Schule machen, wie im Falle der Privatisierung des ostdeutschen Kalibergbaus. Hier hält die Treuhand – nach der Übertragung der unternehmerischen Verantwortung auf die Kasseler Kali und Salz AG – weiter 49 Prozent der Anteile.
Die 15 Niederlassungen haben 1993 ihre Privatisierungsarbeit weitgehend abgeschlossen. Schon im Oktober 1992 hatten die Außenstellen in Schwerin und Cottbus als erste ihre Verkaufstätigkeit beendet. Nach dem Ende des operativen Geschäfts wurden die Niederlassungen in Geschäftsstellen umgewandelt. Sie befassen sich vor allem mit der Überwachung der Privatisierungsverträge. Wie in der Zentrale werden außerdem auch auf regionaler Ebene Immobilien verkauft (durch die Treuhand-Liegenschaftsgesellschaft). Außerdem verbleiben der Treuhand noch für längere Zeit die Kommunalisierung des einstigen Volksvermögens sowie die langwierige Privatisierung der land- und forstwirtschaftlichen Flächen, die die Bodenverwertungs- und -verwaltungsgesellschaft, ebenfalls Tochtergesellschaft der Treuhand, übernommen hat.
Noch auf Jahre hinaus wird die Treuhand damit beschäftigt sein, die Garantien der Investoren zu kontrollieren. Etwa 40 000 Einzelverträge sind geschlossen worden. Der Erfolg des Controllings, von der Treuhand auch Vertragsmanagement genannt, ist allerdings ungewiß. Häufig sind Verträge nicht „wasserdicht", die Zusagen nicht einklagbar. In anderen Fällen ist die Treuhand bereit, die Erfüllung der Verpflichtungen der Investoren zeitlich zu strecken, um nicht auch das Mutterunternehmen in Konkursgefahr zu bringen. Nachverhandlungen mit Rücksicht auf eine sich verschlechternde Konjunktur sind daher üblich und oft erfolgreich. In Ausnahmefällen – bei kriminellen Vorgängen – ist die Anstalt sogar bereit, privatisierte Unternehmen wieder in ihre Obhut zu nehmen.
Kriminelle Vorgänge im Zusammenhang mit den Treuhandgeschäften, auch unter Beteiligung von Mitarbeitern der Anstalt, sind immer wieder angeprangert worden. In spektakulären Fällen wie bei der Rostocker Bagger-, Bugsier- und Bergungsreederei oder dem Baukonzern Elbo hat die Treuhand Millionenschäden durch unseriöse Investoren oder Berater erlitten. Der Nachweis, daß es sich bei Unregelmäßigkeiten um Straftaten handelt, war oft nicht leicht zu führen. Das Treuhanddirektorat Recht hat bis Sommer 1993 an die 1200 Fälle geprüft, unter anderem wegen Untreue durch Aushöhlung von Unternehmen, Betrug, Manipulation bei Subventionen oder Immobiliengeschäften oder auch wegen Bestechlichkeit. In ein Viertel der untersuchten Vorgänge waren Treuhandmitarbeiter involviert, in rund fünfzig Fällen hat sich der Verdacht gegen sie bestätigt. 200 Ermittlungen haben zu einer Strafanzeige geführt, die Verfahren sind zum Teil noch nicht beendet. Bisher ist es in zwei Dutzend Fällen zu einer Verurteilung gekommen. Durch die Treuhand-Kriminalität ist bis Ende 1992 ein Schaden von rund drei Milliarden DM entstanden.

15. IN EINER OFFENEN WELT

Der freihändlerische Konsens

Der Bundeskanzler setzt sich in Washington für den Fortgang der Gatt-Verhandlungen ein – Der Bundeswirtschaftsminister plädiert in Brüssel für die weitere Liberalisierung der Dienstleistungen in Europa – Der Bundesfinanzminister betont die wichtige Rolle des Internationalen Währungsfonds für die Zahlungsbilanzhilfen an die

Republiken der GUS – Die Opposition im Bundestag sagt die Zustimmung der Sozialdemokraten zur Ratifikation des Vertrages von Maastricht zu.
Solche Überschriften finden sich – dem Sinne nach – in deutschen Zeitungen fast täglich. Namen und Parteikürzel, die solche Nachrichten ergänzen, sind fast beliebig austauschbar. Die Bundesrepublik Deutschland ist ein weltoffenes Land. Wenn es um den freien Handel geht, um die Mitgliedschaft in internationalen Organisationen oder um die Integration Deutschlands in die Europäische Gemeinschaft, dann zeigt sich in Parteien und Gruppen eine Bereitschaft zum Konsens, der in vielen Punkten der innenpolitischen Tagesordnung mit dieser Selbstverständlichkeit nicht zu erzielen ist.
Aus der Bereitschaft zur Offenheit der Gesellschaft, zur Integration der Bundesrepublik in die Europäische Gemeinschaft und zum Souveränitätsverzicht nationaler politischer Handlungsmöglichkeiten erklärt sich auch die weit verbreitete Besorgnis über die Welle des sogenannten neuen Nationalismus nach der Zeitenwende von 1989/90. Die überwiegende Mehrheit der politisch denkenden Deutschen hat die europäische Integration nicht als postnationale Schwärmerei geträumt. Es war und ist klar, daß die Weltgesellschaft der Bürgerrechte ein fernes Ziel ist. Und es ist auch klar, daß die europäische Integration über die Institutionen verläuft – daß also ein europäischer Nationalstaat zu entstehen hat, wenn die alten Nationalstaaten überwunden werden sollen. Dazu ist die überwältigende Mehrheit in Deutschland bereit. Wenn gestritten wird – etwa über die währungs- und industriepolitischen Teile des Vertrags von Maastricht –, dann bezieht sich dieser Streit auf Gestaltungsfragen der Institutionen und den Prozeß der Wirtschaftspolitik, nicht auf das Ziel der Integration und des Souveränitätstransfers.
Die Weltoffenheit der Bundesrepublik ist wie eine Münze mit zwei Seiten. Die Bereitschaft zur Offenheit hat die deutsche Volkswirtschaft fest in das Geflecht der Weltwirtschaft verwoben. Dieses Einweben hat aber die deutsche Industrie so außenhandelsabhängig gemacht, daß das Bestehen auf der Offenheit zur Bedingung für eine bruchlose Entwicklung der Wirtschaft in der Zukunft geworden ist. Die Deutschen wollen und müssen Freihändler sein. Das ist ihnen nicht schlecht bekommen. In einer Dreiergruppe mit den Vereinigten Staaten und Japan gehört Deutschland – am Welt-Ausfuhrwert gemessen – zu den Handelsriesen der Welt. Ebenfalls mit den Vereinigten Staaten und Japan zählt die Bundesrepublik zu den drei größten Auslandsinvestoren der Industrienationen. In der europäischen Korbwährung Ecu hat die D-Mark mit Abstand das größte Gewicht. Nach dem Dollar rangiert die D-Mark an zweiter Stelle der Währungsliga, die das internationale Bankengeschäft bestimmt. Die überschlägige Schätzung, jeder dritte Arbeitsplatz in der Bundesrepublik hänge direkt oder indirekt vom Außenhandel ab, faßt solche Kennziffern in eine grobe, aber wohl zutreffende Faustformel.
Die Wirtschaftsgeschichte der Bundesrepublik ist eine Geschichte des Sichöffnens und des Sichintegrierens. Nach dem Krieg hat man, geschoben von Ludwig Erhard und durchaus nicht ohne Murren in Teilen der Industrie, der Versuchung widerstanden, die zerstörte Wirtschaft im Schutz einer Handelsburg aufbauen zu wollen. Es hat im Waren- und im Kapitalverkehr zunächst Beschränkungen gegeben. Sie wurden dann aber zügig abgebaut, wenngleich Reste der Protektion bis heute geblieben sind: die Agrarwirtschaft wird in der Europäischen Gemeinschaft geschützt; die Einfuhr ausländischer Kohle wird durch den Jahrhundertvertrag behindert; das Welt-Textil-Abkommen zur Begrenzung der Importzuwächse ist ein Stück Protektion, wenn auch die Textilwirtschaft nie dem Druck der internationalen Konkurrenz entzogen war.

Insgesamt fand die Wirtschaft rasch den Kontakt zu den Weltmärkten. In den fünfziger Jahren stieg die Ausfuhr mit Jahresraten von zwanzig Prozent, die Einfuhr wuchs von Beginn an etwas langsamer – aber immerhin mit fünfzehn Prozent im Jahr. Und über alle Konjunkturzyklen hat die Formel gegolten: Am wachsenden Welthandel haben die Deutschen einen überproportional großen Anteil. Bis heute ist der Außenhandel eine entscheidende Größe für das Wachstum des Sozialprodukts geblieben, mit allen Chancen und Abhängigkeiten.

Die deutsche Wirtschaft hat gleich beim Wiederbeginn nach dem Krieg die Weltmärkte gesucht. Sie fand Abnehmer, sie stieß aber auch auf leistungsfähige Konkurrenten. Dieser Wettbewerbsdruck erklärt einen Teil des hohen Modernisierungstempos der deutschen Wirtschaft nach den Zerstörungen des Krieges. Daß diese produktivitätssteigernde Modernisierung – bei einer zurückhaltenden Politik der Gewerkschaften – mit hohen Zuwachsraten der Beschäftigung zu vereinbaren ist, zeigt sich ebenfalls in den Erfahrungen der fünfziger Jahre: Millionen von Flüchtlingen fanden ohne größere Schwierigkeiten einen Arbeitsplatz.

Wenn deutsche Berater den osteuropäischen Ländern und den Republiken der GUS empfehlen, im Prozeß der Transformation der Wirtschafts- und Gesellschaftsordnung auf freien Handel und eine konvertible Währung zu setzen, dann tun sie das auch vor dem Hintergrund der guten Erfahrungen der deutschen Wirtschaft. Die Offenheit der Grenzen, der dauernde Konkurrenzdruck von außen hat bis heute jener Tendenz zur Verkrustung der Wirtschaft entgegengewirkt, die in allen sozialstaatlich ausgerichteten Demokratien zu beobachten ist. Daß die deutsche Wirtschaft in vielen Bereichen Weltniveau hat und hält, das verdankt sie der dauernden Herausforderung durch Konkurrenten aus aller Welt.

Die Integration in Europa und die Beitritte zu wichtigen Organisationen und Vertragswerken waren für die Deutschen auch ein politisches Erfolgserlebnis. Die Römischen Verträge der Europäischen Gemeinschaften, das Allgemeine Zoll- und Handelsabkommen (Gatt), der Internationale Währungsfonds, die Weltbank und die Einrichtungen der Vereinten Nationen gaben der Bundesrepublik die Chance, aus der politischen Isolation herauszutreten.

Die Kraft der sich im internationalen Handel bewährenden Wirtschaft machten die Bundesrepublik in diesen Einrichtungen zu einem leistungsfähigen und zahlungswilligen Partner, der sich seine Zahlungen über Jahre hin nicht in eine politische Mitsprache gleichen Gewichtes ummünzen ließ. Gerade auch die Form der Mitarbeit in den internationalen Einrichtungen hat die Metapher vom wirtschaftlichen Riesen und politischen Zwerg entstehen lassen.

Die zögerliche Art, in der sich Deutschland nach der Zeitenwende 1989/90 an ein höheres Maß an gleichberechtigter Verantwortung in Sicherheitsvereinbarungen und in den Vereinten Nationen zu gewöhnen beginnt, deutet darauf hin, wie angemessen der Gesellschaft der Bundesrepublik das Bild vom politischen Zwerg war.

In der internationalen Wirtschafts- und Währungspolitik ist die Bereitschaft, gestaltend oder gar bestimmend mitzuwirken, in den vergangenen Jahrzehnten ungleich größer gewesen. Freihandel, Wettbewerb und Stabilität waren und sind die Ziele aller Bemühungen in internationalen Gremien und Verhandlungen. Die Gefahr, es könnten sich – um den Yen oder den Dollar, in der Europäischen Gemeinschaft oder in der Nordamerikanischen Freihandelszone (Nafta) – Blöcke bilden, die den allgemeinen Freihandel stören und den multilateralen Warenhandel verzerren, wird in allen Gruppen und Verbänden ernst genommen. Während der Vorbereitungen des schrankenlosen Binnenmarktes in der Europäischen Gemeinschaft hat die Bundesregierung,

unterstützt auch von Sozialdemokraten, viel Energie darauf verwandt, die Gemeinschaft nicht zu einer „Festung Europa" werden zu lassen.
Der freihändlerische Konsens, die Bereitschaft, die Finanzkraft der Bundesrepublik auch in den Dienst der internationalen Finanz- und Währungsorganisationen zu stellen, und der Wunsch, nun gerade auch die größere Bundesrepublik in die Europäische Gemeinschaft zu integrieren, sind politisch stabile Größen.

16. Die Europäische Gemeinschaft

Die Idee des Jean Monnet

Man schrieb das Frühjahr 1940. Die deutschen Truppen hatten in wenigen Wochen Frankreich überrollt. Die französische Regierung war nach Bordeaux ausgewichen. Premierminister Paul Reynaud sah nur noch wenig Hoffnung, und auch bei den verbündeten Briten wußte man nicht mehr weiter. Da faßte sich ein französischer Patriot in London ein Herz: Jean Monnet schlug Winston Churchill, der ein paar Tage zuvor zum englischen Kriegspremier ernannt worden war, den völligen Zusammenschluß Frankreichs und Großbritanniens vor. Außer einer Zollunion und einer gemeinsamen Währung sollte es hüben wie drüben nur noch ein Parlament, ein Kabinett und eine Armee geben. Jeder Franzose, jeder Engländer sollte in jedem der beiden Länder sämtliche Bürgerrechte genießen.

Jean Monnet, der Jahre später entscheidende Anstöße für die Vereinigung Europas geben sollte, leitete in jenen Kriegstagen in London ein französisch-britisches Komitee. Es hatte sich zur Aufgabe gestellt, die Produktionspotentiale Frankreichs und Großbritanniens unter Kriegsgesichtspunkten zu organisieren. In seinen Lebenserinnerungen schreibt Monnet, daß Churchill zusammenzuckte, als er seinen radikalen Vorschlag hörte. Doch dann habe der „Romantiker" in dem Engländer gesiegt: die britische Regierung übernahm Monnets Plan und versuchte, die französische Regierung für die Fusion zu gewinnen. Doch dazu war es schon zu spät. In Bordeaux hatte mit Marschall Pétain die „Kapitulationspartei" die Regierung übernommen. Jahrzehnte später schrieb Monnet, daß die dramatischen Ereignisse im Juni 1940 sein Denken und sein Handeln tief beeinflußt hätten.

Das Vorhaben Monnets war nur ein, wenn auch ungewöhnlich dramatischer Versuch einer europäischen Einigung. In der Geschichte hat es immer wieder Bemühungen gegeben, den zersplitterten Kontinent an einen Tisch zu bringen. Die europäischen Denker waren besonders während und nach Kriegen vom europäischen Einigungsgedanken durchdrungen. So schrieb Walter Rathenau, der spätere Außenminister der Weimarer Republik und Gründer der AEG, im Jahre 1913: „Die Wirtschaft Europas muß früher oder später zu einer Gemeinschaft verschmelzen; dies wird zur Milderung der Konflikte, zur Kräfteersparnis und zu solidarischer Zivilisation führen." Ein paar Jahre später hat Richard Graf Coudenhove-Calergi mit der Gründung der „Paneuropa-Union" weithin aufhorchen lassen. 1929 schlug der französische Außenminister Aristide Briand eine europäische Union im Rahmen des Völkerbundes vor; für seine Verständigungspolitik mit Deutschland hatte Briand zusammen mit Gustav Stresemann schon 1926 den Friedensnobelpreis erhalten.

Die europäische Einigung nahm freilich erst nach dem Zweiten Weltkrieg konkrete Formen an. Im September 1946 gab Churchill in einer Rede in Zürich gewissermaßen das Startsignal: Er rief die Völker des vom Krieg verwüsteten Kontinents dazu auf, die

"Vereinigten Staaten von Europa" zu gründen – ohne Großbritannien. Schon damals zeigte es sich, daß sich die Briten der europäischen Einigungsbewegung nur zögernd anschließen wollten. Selbst wenn man berücksichtigt, daß Großbritannien inzwischen sein Weltreich weitgehend verloren hat, hat sich an der „Euroskepsis" bis heute wenig geändert.

Der Werdegang der Europäischen Gemeinschaft

1957	25. März	**Römische Verträge** über die Schaffung der Europäischen Wirtschaftsgemeinschaft (EWG) und Europäischen Atomgemeinschaft (Euratom) von Belgien, der Bundesrepublik Deutschland, Frankreich, Italien, Luxemburg und den Niederlanden unterzeichnet
1958	1. Januar	**Römische Verträge** treten in Kraft
1967	1. Juli	**Europäische Gemeinschaft** entsteht durch Zusammenfassung von Europäischer Wirtschaftsgemeinschaft, Montanunion und Euratom
1968	1. Juli	**Europäische Zollunion:** Abschaffung der Binnenzölle, einheitliche Außenzölle
1973	1. Januar	**Beitritt von Dänemark, Großbritannien, Irland.** Norwegische Bevölkerung verweigerte in Referendum 1972 Zustimmung zum Beitritt
1979	1. Januar	**Europäisches Währungssystem (EWS)** tritt in Kraft
1979	7.–10. Juni	**Europäisches Parlament:** erste Direktwahl
1981	1. Januar	**Beitritt Griechenlands** zur EG
1986	1. Januar	**Beitritt von Spanien und Portugal** zur EG
1986		**Einheitliche Europäische Akte** (Schaffung Binnenmarkt zum 31. Dezember 1992) von allen zwölf Mitgliedsländern ratifiziert
1992	7. Februar	**Verträge von Maastricht** (europäischer Binnenmarkt, europäische Währungsunion) von Außen- und Finanzministern unterzeichnet
1992		**Volksabstimmungen über Maastrichter Verträge:** Irland und Frankreich dafür, Dänemark zunächst dagegen (am 18. Mai 1993 aber schließlich Votum für Annahme)
1993	1. Januar	**Europäischer Binnenmarkt**
1993	1. November	**Verträge von Maastricht** treten in Kraft

Zu Beginn der fünfziger Jahre kam der entscheidende Anstoß zur Gründung der Europäischen Wirtschaftsgemeinschaft wiederum aus Frankreich: Monnet hatte die Vision, die Kohle- und Stahlwirtschaft Frankreichs und Deutschlands so miteinander zu verzahnen, daß ein Krieg zwischen den beiden „Erbfeinden" künftig nicht mehr möglich sein werde. In Robert Schuman, dem damaligen französischen Außenminister, und dem deutschen Kanzler Konrad Adenauer fand Monnet zwei entscheidende Mitstreiter, die die Vision in die Tat umsetzten. 1951 wurde mit dem Vertrag der Europäischen Gemeinschaft für Kohle und Stahl (EGKS) – häufig „Montanunion" genannt – der Grundstein für die spätere Europäische Gemeinschaft gelegt. Neben Deutschland, Frankreich und Italien gehörten ihr Belgien, die Niederlande und Luxemburg an. Und von Anfang an ging es den „Gründervätern" nicht nur um die wirtschaftliche, sondern letztlich auch um die politische Einigung.

Die Römischen Verträge

Was mit der Montanunion begonnen hatte, ist sechs Jahre später auf eine breitere Basis gestellt worden. Die Unterzeichner der Römischen Verträge von 1957, mit denen die Europäische Wirtschaftsgemeinschaft ins Leben gerufen wurde, taten dies in dem Bewußtsein, auf festerem Grund nun einen entscheidenden Schritt voranzukommen. Ihr wichtigstes Ziel bestand darin, nach und nach einen Binnenmarkt ohne Schranken und Zölle zwischen den zunächst sechs Mitgliedern (Frankreich, Deutschland, Italien und die Benelux-Länder) zu schaffen. Heute wird häufig übersehen, daß die vier „Grundfreiheiten" als Ziel des Gemeinsamen Marktes schon in den Römischen Verträgen als Wille und Vorstellung festgeschrieben wurden: der freie Verkehr von Personen, Waren, Dienstleistungen und Kapital. Aber es sollte noch 35 Jahre dauern, bis die meisten Hindernisse zwischen den Nationalstaaten aus dem Wege geräumt werden konnten. Zwar wurden anfangs die Zölle rasch beseitigt, aber die nichttarifären Schranken – vor allem unterschiedliche Normen und Gesetze – ließen sich nur nach und nach abtragen. Erst Mitte der achtziger Jahre ist der bisher letzte und insgesamt erfolgreiche Anlauf unternommen worden, mit dem festen Zieldatum Ende 1992 den Binnenmarkt zu vollenden.

Zur Geschichte der Gemeinschaft gehören auch drei Erweiterungsrunden. Die in den sechziger Jahren am Widerstand General Charles de Gaulles gescheiterten Bemühungen um den Beitritt Großbritanniens konnten erst zu Beginn der siebziger Jahre wiederaufgenommen werden. Irland und Dänemark traten mit hinzu, so daß es im Laufe des Jahres 1972 einen „Dreisprung" gab: am 1. Januar 1973 ist die alte Sechsergemeinschaft um die drei im Norden liegenden Länder erweitert worden. Dies hat das Zusammenleben in der EG ebenso nachhaltig beeinflußt wie der spätere Beitritt Griechenlands (1. Januar 1981) sowie die „Süderweiterung" um Spanien und Portugal (1. Januar 1986). Mit jedem Neuankömmling ist die EG ein Stückchen größer und bunter, aber auch komplizierter und träger geworden: Wenn zwölf Regierungen am Tisch sitzen, dauert es länger, bis Kompromisse gefunden und Entscheidungen getroffen werden können. Außerdem ist in der Zwölfergemeinschaft in vielen Fragen ein „Nord-Süd-Konflikt" entstanden, den es in den Gründerjahren nicht gab. Er macht sich insbesondere in der Haushalts- und Regionalpolitik bemerkbar und hat den reicheren EG-Ländern im Norden schon manch schlaflose Nacht bereitet.

Die Gemeinschaft hat, aufs Ganze gesehen, sicherlich viel erreicht. Nach dem Wort eines altgedienten EG-Botschafters werden die Kriege von einst heute am Verhandlungstisch ausgetragen. Kriege sind zwar weitgehend unmöglich geworden, dafür gibt es Konflikte und Schwierigkeiten anderer Art. So gleicht die EG einem Haus, das nie fertig wird. Auch das Binnenmarktprogramm hat nicht alle Unterschiede und Schranken zwischen den Mitgliedsländern restlos beseitigen können. Als Beispiele seien Teile der Steuern, die Währungen, die sozialen Sicherungssysteme sowie das weite Feld der Lohnpolitik genannt. Und viele fragen sich zu Recht, ob eine Staatengemeinschaft nicht besser beraten ist, wenn sie auf die totale Harmonisierung aller Lebens- und Arbeitsbereiche verzichtet und bewußt bestimmte Unterschiede in Kauf nimmt. Die Vereinigten Staaten von Amerika sind ein Beispiel dafür, daß 51 Bundesstaaten ganz gut mit einigen, zum Teil beträchtlichen Unterschieden in der Gesetzgebung leben. Die EG ist inzwischen ebenfalls vom Ideal der „Totalharmonisierung" abgerückt und stützt sich mehr und mehr auf den Grundsatz der gegenseitigen Anerkennung unterschiedlicher Normen. Ärgerliches Detail fehlender Harmonisierung: Den praktischen „Euro-Stecker" gibt es bis heute nicht, so daß der mitgeführte Reiseför oder Rasierapparat zwischen Jütland und Sizilien nur mit zahlreichen Adaptern benutzt werden kann.

Für viele Bürger sind die Entscheidungen der Organe der Europäischen Gemeinschaft ein Buch mit sieben Siegeln. Was die EG-Kommission vorschlägt und der Ministerrat oft nach langwierigen und komplizierten Prozeduren beschließt, ist in den Augen der Bürger häufig abstrakt und wird kaum verstanden. Hinzu kommt, daß vieles hinter verschlossenen Türen geschieht und nur spärlich an das Licht der Öffentlichkeit gelangt. Daran haben auch die 1992 begonnenen Versuche, mehr Transparenz und Klarheit in den Entscheidungsprozeduren zu schaffen, wenig geändert. Auch wenn der Ministerrat jetzt öfter öffentlich tagt, werden die Beschlüsse der EG kaum verstanden. Dies ist ein wichtiger Grund für die in vielen EG-Ländern anzutreffende Euro-Verdrossenheit. Die wichtigsten Organe sind die EG-Kommission, der Ministerrat, das Europäische Parlament, der Europäische Gerichtshof sowie der Europäische Rat der Staats- und Regierungschefs, der in den vergangenen Jahren als oberstes Entscheidungsorgan zunehmend an Bedeutung gewonnen hat.

Die Kommission

Die Kommission der Europäischen Gemeinschaft mit Sitz in Brüssel hat das alleinige Vorschlagsrecht für Verordnungen, Richtlinien und Empfehlungen. Ihr gehören zur Zeit 17 Kommissare an. Die großen EG-Länder (Frankreich, Deutschland, Großbritannien, Italien und Spanien) entsenden jeweils zwei Kommissare nach Brüssel, die kleinen EG-Länder (Belgien, Luxemburg, Niederlande, Irland, Dänemark, Griechenland und Portugal) je einen Kommissar. Nach den Römischen Verträgen sind die Kommissare an nationale Weisungen nicht gebunden. Dennoch wird gelegentlich gegen diesen Grundsatz verstoßen, wobei sich häufig die Kommissare der südlichen Mitgliedsländer als Interessenvertreter ihrer Nation gebärden. Die Behörde setzt sich aus den 17 Kabinetten der Kommissare und insgesamt 23 Generaldirektionen zusammen. Sie ist Arbeitgeber von etwa 18 200 Menschen (Stand: Frühjahr 1993), darunter knapp 5000 im höheren Dienst. In den Generaldirektionen, die nach Aufgabenbereichen gegliedert sind, werden die Vorschläge der Kommissare vorbereitet. Aufgrund ihres Vorschlagsmonopols hat die Brüsseler EG-Behörde im Entscheidungsgeflecht der Gemeinschaft eine vergleichsweise starke, wenn auch häufig überschätzte Position. Denn in vielen Fällen kommen die Anstöße zu Verordnungen oder Richtlinien von den Mitgliedsregierungen und nicht aus den Reihen der Kommission.

Obwohl sich die EG-Behörde seit 1992 verstärkt darum bemüht, dem Grundsatz der Subsidiarität Rechnung zu tragen und nicht mehr alles aufzugreifen, was auch die Mitgliedsländer erledigen können, ist der „Regelungsdruck" noch immer groß. Es gibt kaum einen Lebensbereich, mit dem sich die Beamten der Kommission nicht beschäftigen. Über einheitliche Normen beim Katastrophenschutz wird ebenso lange und gründlich nachgedacht wie über die möglichst sichere Innenausstattungen für Autos oder die Gaspedalstellung von Gabelstaplern. 1991 ist irgend jemandem in der Behörde auch eine Empfehlung für die Kinderbetreuung eingefallen, die freilich für die Mitgliedstaaten nicht verbindlich ist. Auch daran hat sich eine Diskussion über unnötige Regelungen entfacht. Nach dem Gipfeltreffen der Staats- und Regierungschefs in Edinburgh (Dezember 1992) hat die Behörde damit begonnen, das gesamte Gemeinschaftsrecht auf überflüssige Gesetzgebungen abzuklopfen. Bei neuen Vorschlägen muß die Kommission jetzt begründen, weshalb eine Verordnung oder Richtlinie nötig ist. Besonders Briten und Deutsche wollen, daß die Brüsseler Behörde mehr denn je nach dem Grundsatz verfährt: „Weniger ist mehr".

Der Palast der Republiken: Das Berlaymont-Gebäude der EG-Kommission

Der Ministerrat

Mächtiger als die Kommission ist der Ministerrat der EG, denn er entscheidet letztlich, ob ein Vorschlag der Behörde angenommen wird oder nicht. Im Ministerrat arbeiten die Mitgliedsregierungen mit Vertretern der EG-Kommission zusammen; er ist das wichtigste Gesetzgebungsorgan der Gemeinschaft. Seit Inkrafttreten der Einheitlichen Europäischen Akte im Jahre 1986 ist der Zwang zu einstimmigen Beschlüssen im wesentlichen auf Haushalts- und Finanzfragen beschränkt worden; auf diese Weise sind die früher üblichen Vetos einzelner Mitglieder weitgehend wirkungslos geworden. In den meisten Fällen entscheidet der Ministerrat mit Mehrheit. Großen Ländern wie Deutschland oder Frankreich fällt es noch immer schwer, in wichtigen Fragen (Beispiel: Umwelt- und Gesundheitsschutz) überstimmt zu werden. In der Frühzeit der Gemeinschaft wurden fast alle Fragen vom Rat der Außenminister entschieden; mit der wachsenden Spezialisierung und „Auffächerung" der Politik haben sich im Lauf der Jahre auch die Fachministerien ihre eigenen Ministerräte geschaffen. Mehr als in der Kommission wird in den Sitzungen des Ministerrates häufig nach den jeweiligen nationalen Interessen diskutiert und nach Mehrheiten gesucht. An der Härte der Auseinandersetzungen kann man vielfach studieren, wie wenig das Gemeinschaftsinteresse auch nach mehr als vierzig Jahren Zusammenlebens im Vordergrund steht: Noch immer triumphiert der nationale Eigennutz, häufig im europäischen Mäntelchen. Alle wichtigen Entscheidungen werden im „Ausschuß der Ständigen Vertreter" der Mitgliedsländer bei der Gemeinschaft vorbereitet. Dieses Schlüsselorgan, in dem die EG-Botschafter Kompromißmöglichkeiten auszuloten pflegen, ist in den vergangenen Jahren immer wichtiger geworden; häufig wird im Ausschuß die eigentliche Arbeit geleistet. Manchmal weiß man nicht, ob man die Diplomaten bewundern oder bedauern soll: Tage- und nächtelang müssen sie über schwierigsten Fragen brüten, die in Portugal völlig anders gesehen werden als in Dänemark. Schon in den Sitzungen des Ausschusses ergeben sich gelegentlich Koalitionen, die dann den Durchbruch im Ministerrat vorbereiten. Besonders wenn es um finanzielle Fragen geht, stehen sich Nettozahler und Nettoempfänger gegenüber und feilschen um jeden Ecu. Von ausschlaggebender Bedeutung ist dann und wann die Stimme des Vorsitzes, der alle sechs Monate im Turnus auf ein anderes EG-Land übergeht. Besonders kleinere Mitgliedsländer, die sich im Vergleich zu den „Großen" nur auf einen bescheidenen Beamtenstab stützen können, haben gelegentlich Schwierigkeiten mit der Rolle des Moderators. Sie müssen sich um so mehr die EG-Kommission als Verbündeten suchen.

Der Ministerrat erläßt Verordnungen, die verbindlich sind und unmittelbar in jedem Mitgliedsland gelten. Demgegenüber müssen Richtlinien von den Mitgliedstaaten in nationales Recht umgesetzt werden, wobei der Ministerrat es den einzelnen Ländern überläßt, welche gesetzgeberischen Mittel dabei gewählt werden. Lediglich die Ziele der Richtlinie sind für alle Mitgliedstaaten verbindlich. Empfehlungen und Stellungnahmen sind nicht verbindlich.

Das Europa-Parlament

Gegenüber Kommission und Ministerrat hat das Europa-Parlament eine vergleichsweise schwache Position. Die 518 direkt gewählten Abgeordneten (Stand: Frühjahr 1993) haben lediglich in der Haushaltspolitik der Gemeinschaft das letzte Wort; in allen anderen Bereichen haben sie nur ein Mitspracherecht, in vielen Fällen sogar nur ein Anhörungsrecht. Es hat immer wieder Versuche gegeben, die Kompetenzen des Parlaments zu erweitern, doch ist dies stets am Widerstand der nationalen Regierungen und ihrer Parlamente gescheitert. Selbst der Vertrag von Maastricht beseitigt nicht das Demokratiedefizit der Gemeinschaft, auch wenn das Mitentscheidungsverfahren („Kodezision") ausgedehnt wird. Einmal im Monat kommen die Parlamentarier im Straßburger „Palais de l'Europe" zu einer Plenarsitzung zusammen. Nach einem Beschluß der Staats- und Regierungschefs kann das Parlament auch in Brüssel zu außerordentlichen Sitzungen zusammentreten, was für die Abgeordneten schon deswegen Vorteile hat, weil sie in Brüssel ihre ständigen Büros haben. Das Parlamentssekretariat mitsamt den Dolmetschern hat demgegenüber seinen Sitz in Luxemburg. Die Dreiteilung des Sitzes, die von den Regierungschefs als endgültig bestätigt worden ist, führt zu einem teils belächelten, teils beklagten „Wanderzirkus", der ebenso umständlich wie kostspielig ist und Abgeordnete wie Hilfskräfte zwischen Brüssel, Luxemburg und Straßburg ständig auf Trab hält.

Seit 1979 werden die Parlamentarier alle fünf Jahre direkt von den Bürgern der Mitgliedsländer gewählt. Die Wahlbeteiligung liegt in aller Regel niedriger als bei Wahlen zu den nationalen Parlamenten, was von vielen als Zeichen der „Europaferne" der Wähler gewertet wird. Wie in den nationalen Parlamenten schließen sich die Abgeordneten zu Fraktionen zusammen. Nach dem Ergebnis der Direktwahl von 1989 waren die Sozialisten und die in der Europäischen Volkspartei (EVP) zusammengeschlossenen Christlichen Demokraten die beiden größten Fraktionen. In wichtigen Fragen versuchen Sozialisten und EVP-Abgeordnete häufig, „Große Koalitionen" zu bilden. Anders als in den nationalen Parlamenten sind die Fraktionsgrenzen in Straßburg durchlässiger und weniger durch ideologische Barrieren abgegrenzt: Man orientiert sich häufig am „europäischen Interesse", was zwangsläufig zu vielen Gemeinsamkeiten zwischen den Fraktionen führt. Das Parlament versteht sich seit langem als Motor und Speerspitze der europäischen Integration, auch wenn ihm das Initiativrecht noch immer vorenthalten wird. Die Abgeordneten sind stolz darauf, zum einzigen direkt gewählten Vielvölkerparlament der Welt zu gehören. Nach der deutschen Wiedervereinigung im Oktober 1991 und der daher nötig gewordenen Aufstockung der Zahl der deutschen Vertreter von 81 auf 99 ist eine Diskussion über die Repräsentanz der unterschiedlich großen Mitgliedsländer im Parlament in Gang gekommen. Außerdem wird versucht, das Wahlrecht zu reformieren.

Der Europäische Gerichtshof

Der Europäische Gerichtshof in Luxemburg teilt in gewisser Weise das Schicksal des Europa-Parlaments in Straßburg: Er ist bei den Bürgern kaum bekannt und wirkt fast im verborgenen. Die dreizehn Richter und sechs Generalanwälte wachen über die Wahrung, Auslegung und Anwendung der europäischen Verträge in den Mitgliedsländern, wobei sie sich häufig – auch dies ist eine Parallele zum Europa-Parlament – als Motor der europäischen Einigung verstehen. Zunächst soll das Gericht Streitigkeiten unter den Mitgliedstaaten über das Gemeinschaftsrecht klären. In vielen Fällen geht es aber auch um die Klärung von Konflikten zwischen der EG-Kommission und den Mitgliedstaaten; sie haben in den letzten Jahren zugenommen. Häufig geht es um die Frage, ob die EG-Richtlinien richtig und fristgerecht in den Mitgliedsländern verwirklicht worden sind. 1989 ist zur Entlastung der Richter ein Europäisches Gericht erster Instanz geschaffen worden, das bisher überwiegend mit kartell- und beamtenrechtlichen Fragen beschäftigt ist. Momentan dauert ein Verfahren vor dem Gerichtshof 19 bis 20 Monate, was vielfach als zu lange empfunden wird. Dies gilt besonders für jene Verfahren, bei denen das Urteil nur als Klärung in nationalen Streitigkeiten gefragt ist.
In bisher rund 3600 Entscheidungen hat der Gerichtshof dem europäischen Recht in den Mitgliedsländern Respekt zu verschaffen gesucht, wobei viele Entscheidungen kritisiert worden sind. Auch heute noch fällt es den Mitgliedsländern schwer, die Luxemburger Urteile anzuerkennen und den Vorrang europäischen Rechts vor der nationalen Gesetzgebung und Rechtsprechung zu akzeptieren. In Deutschland wird vor allem der vom Gericht entwickelte Grundsatz der grenzüberschreitenden Zahlung von Kindergeld und anderen Sozialleistungen („Sozialexport") scharf kritisiert. Nach diesem Grundsatz muß zum Beispiel die deutsche Kindergeldkasse auch dann Leistungen erbringen, wenn ein italienischer Arbeitnehmer in Deutschland beschäftigt ist, seine Kinder aber bei der berufstätigen Mutter in Italien leben. Auf Unverständnis stieß auch das Urteil der Luxemburger Richter im Streit um das deutsche Reinheitsgebot beim Bier: Danach dürfen nach anderen Rezepten gebraute Biersorten aus den übrigen Mitgliedsländern vom deutschen Markt nicht ferngehalten werden. In einem ähnlichen Fall ist Italien dazu verurteilt worden, auch jene Nudeln ins Land zu lassen, die im Widerspruch zu einem italienischen Gesetz nicht ausschließlich aus Hartweizengrieß bestehen. Seit dem inzwischen berühmten „Cassis-de-Dijon"-Urteil dürfen Nahrungsmittelgesetze kein Handelshemmnis sein.

Die weitaus meisten Verfahren dienen der Überprüfung und Auslegung des jeweiligen nationalen Rechts im Vergleich zum übergeordneten Gemeinschaftsrecht. Entschieden wird im Vorlageverfahren, das heißt, ein nationales Gericht stellt den europäischen Richtern eine Rechtsfrage. Nur über diese Frage wird entschieden, nicht über den Einzelfall, der in den Händen des nationalen Gerichts bleibt. Daneben können sich auch einzelne Personen nach Luxemburg wenden, wenn sie sich in ihren europäischen Rechten verletzt fühlen. Sie müssen dazu vorher ein nationales Gericht nicht anrufen. Damit wird deutlich, daß der einzelne EG-Bürger durchaus unter dem direkten Schutz der dreizehn Luxemburger Richter steht – ein Grundsatz, der den Bürgern Europa näherbringen kann.

Der Europäische Rat

Man hat sie eine „Weltmacht für Stunden", aber auch den größten „Ideenfriedhof der Welt" genannt: die Gipfelkonferenzen der Staats- und Regierungschefs der Gemeinschaft. Zwar gab es schon in der Frühzeit der EWG regelmäßig wiederkehrende Gipfelkonferenzen, aber den Europäischen Rat als oberstes Entscheidungsgremium gibt es erst seit 1974. Seither tagt der Europäische Rat mindestens zweimal im Jahr, fast immer im Juni und Dezember in dem Land der jeweiligen EG-Präsidentschaft. Die Gipfeltreffen dauern meistens eineinhalb oder zwei Tage; das genügt, um die wichtigsten politischen Fragen zu erörtern und Schlußfolgerungen zu ziehen. Häufig erteilen die „Chefs" Aufträge an EG-Kommission und/oder Ministerrat, damit der eine oder andere Beschluß in die Tat umgesetzt wird.

Die Zwölf am runden Tisch – eigentlich sind es Dreizehn, denn der Kommissionspräsident ist immer dabei – repräsentieren eine Völkergemeinschaft von inzwischen etwa 340 Millionen Menschen. Das ist ein Markt- und Machtpotential, das größer ist als das der Vereinigten Staaten, Rußlands oder Japans. Freilich sind die zwölf Regierungschefs häufig so uneins, daß sie auf den Gipfeln lediglich als „Partikularmächte" in Erscheinung treten und oft nur mühsam und in der letzten Nacht zu Beschlüssen gelangen. Nach fast fünfzig Sitzungen des Europäischen Rats hat sich inzwischen ein Ritual entwickelt, das jede Gipfelkonferenz in ein enges Korsett zwängt und für Überraschungen kaum noch Raum läßt. Das beginnt bereits mit der Anfahrt der Teilnehmer in gepanzerten Limousinen zum hermetisch abgeriegelten Konferenzort, setzt sich fort über die stundenlangen Erörterungen und zwingt die „Chefs" auch während des Essens noch zu konzentriertem Zuhören – eine Tugend, die keiner der Teilnehmer gut beherrscht. Lediglich bei den „Kamingesprächen" am Abend des ersten Tages, wenn die Zwölf in kleinem Kreis über die internationale Lage plaudern, geht es ein wenig entspannter zu.

Von der ursprünglichen Idee eines zwanglosen Treffens im kleinen Kreis haben sich die Sitzungen des Europäischen Rats weit entfernt. Sie sind heute das wichtigste Medienereignis am Ende einer jeden EG-Präsidentschaft und werden von mehr als tausend Journalisten aus aller Welt beobachtet und kommentiert. Häufig genug steht der Aufwand, der dafür getrieben wird, in keinem Verhältnis zu den Ergebnissen. Die Schlußfolgerungen sind in aller Regel eine wortreiche Sammlung bester Absichten, die häufig schon nach wenigen Tagen von den Gipfelteilnehmern Lügen gestraft werden. Man denke nur an die Beteuerungen, die Uruguay-Runde des Allgemeinen Zoll- und Handelsabkommens (Gatt) möglichst rasch abzuschließen, die Märkte offenzuhalten und die Haushaltsdefizite energischer als bisher zu reduzieren.

Eine besondere Rolle auf den Gipfeltreffen spielen die Dolmetscher: Ohne ihre guten Dienste können sich weder Helmut Kohl mit François Mitterrand noch John Major mit

Felipe González unterhalten. Da die EG im Jahre 1993 neun Amtssprachen hatte und jeder Konferenzteilnehmer in seiner Muttersprache spricht, ergeben sich daraus nicht weniger als 72 verschiedene Sprachkombinationen. Der Dolmetscherdienst der EG löst das Problem damit, daß in jeder der neun Kabinen drei besonders versierte Dolmetscher und Dolmetscherinnen sitzen; sie beherrschen neben ihrer Muttersprache zwei, manchmal auch drei weitere Sprachen. Der Dolmetscherdienst der EG ist mit Abstand der größte der Welt, weitaus größer als derjenige der Vereinten Nationen. Er verfügte im Frühjahr 1993 über etwa 400 hochqualifizierte, fest angestellte Kräfte; hinzu kamen noch rund 1600 freiberufliche Dolmetscher, die auf Abruf zur Verfügung stehen. Der Dolmetscherdienst, der auch für die normalen Kommissions- und Ministerratssitzungen arbeitet, muß jeden Tag etwa 700 Kräfte zu den verschiedensten Sitzungen zur Verfügung stellen. Er kostet die Gemeinschaft jährlich rund 100 Millionen DM.

Die Kompetenzen der Gemeinschaft

Nach den Anfängen in der Kohle- und Stahlpolitik hat sich die Europäische Gemeinschaft im Lauf der Jahre immer mehr Kompetenzen erstritten. So ist die EG heute nicht nur für die gesamte Landwirtschaftspolitik, die Handelspolitik (mit Ausnahme der Rüstungsgüter), Teile der Wettbewerbspolitik sowie die Regionalpolitik zuständig. Auch in der Förderung von Forschung und Entwicklung, der Energiepolitik, in der Verkehrswirtschaft sowie der Telekommunikation pflegen die Ministerräte den einzelnen Mitgliedsregierungen wichtige Daten zu setzen.

Wie weit der nationale Souveränitätsverlust inzwischen reicht, wird den Mitgliedsregierungen immer dann bewußt, wenn sie von der Mehrheit überstimmt werden. Lediglich die Wirtschafts- und Konjunkturpolitik bleibt vorerst weitgehend die Domäne der Einzelstaaten, auch wenn die EG-Kommission in jeder Konjunkturflaute den Versuch unternimmt, gemeinsame Ankurbelungsprogramme vom Ministerrat beschließen zu lassen. Nach Artikel 103 der Römischen Verträge müssen die Mitgliedstaaten die Konjunkturpolitik lediglich als eine „Angelegenheit von gemeinsamem Interesse" betrachten. Daran hapert es bis heute. Es lassen sich einige wichtige Politikbereiche unterscheiden.

Die Finanzverfassung

Seit den siebziger Jahren besitzt die EG eine eigene Finanzverfassung und stellt, ähnlich wie ein Nationalstaat, jährlich einen Haushalt auf. Die Finanzverfassung billigt der EG vier verschiedene Einnahmequellen zu: Zölle, Abgaben („Abschöpfungen"), einen Anteil an den Mehrwertsteuereinnahmen der Mitgliedsländer sowie einen Anteil am Bruttosozialprodukt der Zwölf. Die beiden letztgenannten Einnahmequellen sind die mit Abstand wichtigsten. Da die Gemeinschaft in den vergangenen Jahren zunehmend neue Aufgaben übernehmen mußte, sind ihre Ausgaben rascher als erwartet gestiegen. So muß alle paar Jahre über die Anhebung der oberen Einnahmegrenzen verhandelt werden. Mit den Einnahmen finanziert die Gemeinschaft ihre Ausgaben für die gemeinsame Landwirtschaftspolitik, die Regionalpolitik sowie die in letzter Zeit überproportional zunehmenden Hilfsprogramme für Mittel- und Osteuropa. Auch die steigenden Personalausgaben und sonstigen Verwaltungskosten der Behörde müssen daraus bestritten werden. Länder, die mehr in die gemeinsame Kasse einzahlen, als sie von dort an Rückflüssen (etwa in Form von Regionalprogrammen) erhalten, nennt man „Nettozahler". Die ärmeren Länder, die weniger Geld nach Brüssel überweisen, als sie von dort zurückerhalten, sind die „Nettoempfänger". Lange Zeit war Deutschland der einzige „Nettozahler". Das hat sich mit der Finanzreform von 1988 grundlegend geändert: Im Frühjahr 1993 waren neben Deutschland auch Großbritannien, Frankreich, Luxemburg und Belgien Geldgeber.

Die Gemeinschaft hat inzwischen für fast alle Agrarerzeugnisse Marktordnungen beschlossen. Die Marktordnungen sollen eine Art „Sicherheitsnetz" für Marktungleichgewichte sein, das heißt, sie sollen die Bauern vor Preisverfall und rückläufigen Einkommen schützen. Mit den Marktordnungen treten staatliche Stellen in Aktion, die im Auftrag der Gemeinschaft überschüssige Erzeugnisse aufkaufen. Sie nehmen die Produkte aus dem Markt und versuchen sie ihrerseits zu verkaufen. Die Hochpreispolitik der EG hat nicht verhindern können, daß die Einkommen der Landwirte im Vergleich zu den Durchschnittseinkommen anderer Wirtschaftszweige weniger stark gestiegen sind. Andererseits hat die Preisstützung zu immer höheren Überschüssen geführt, die mit weiteren Subventionen aus der EG-Kasse auf den Exportmärkten zu den niedrigeren Weltmarktpreisen angeboten werden. Alle Versuche, dieses teure und letztlich wirkungslose interventionistische System zu ändern, sind weitgehend fehlgeschlagen. Seit Mitte der achtziger Jahre versucht man, mit Quoten für die Milcherzeugung, Abschlachtprämien für Rinder und Flächenstillegungen der Überproduktion Herr zu werden. Mit der 1992 beschlossenen jüngsten Reform ist eine Kehrtwendung der bisherigen Politik versucht worden: massive Preissenkungen werden durch direkte Einkommenszahlungen an die Erzeuger kompensiert. Gleichzeitig sind die direkten Einkommensübertragungen an zahlreiche Auflagen gebunden worden, wie zum Beispiel Flächenstillegungen und Verringerung des Viehbestandes.

Nachdem der Abbau der Handelsschranken anfänglich mit der Beseitigung der Zölle und Mengenbeschränkungen rasch vorangekommen war, blieb die Errichtung des Binnenmarktes bis in die achtziger Jahre hinein weitgehend stecken. Wegen des Zwangs zur Einstimmigkeit ließen sich Entscheidungen im Ministerrat über die weitere Beseitigung der Handelsschranken nur schwer treffen. Mitten in dieser Phase der „Eurosklerose" kam es 1985 zu einem entscheidenden Impuls: Mit dem „Weißbuch" und dem Programm „EG 92" kam die Vollendung des Binnenmarktes ein gutes Stück voran. Außerdem hatten die zwölf Staats- und Regierungschefs in der 1986 unterzeichneten „Einheitlichen Europäischen Akte" das Ziel des schrankenlosen Binnenmarktes mit der Frist des 31. Dezember 1992 vertraglich fest verbunden. Etwa 280 gesetzgeberische Maßnahmen sind in den sieben Jahren zwischen 1985 und Ende 1992 beschlossen worden. Die Spannweite reicht von der Angleichung der Normen über die Vereinheitlichung tierhygienischer Vorschriften bis zur Beseitigung der Mehrwertsteuerhürden. Auch wenn nicht alles gelungen ist, hat das Programm „EG 92" schon lange vor dem Zieldatum der Gemeinschaft neue Dynamik verliehen. Unternehmer und Verbraucher haben sich erfolgreich auf den Binnenmarkt mit seinen wachsenden Möglichkeiten eingestellt und profitieren von ihm. Allerdings bleibt er in mancher Hinsicht ein Torso:

So hat man sich in vielen Fällen auf Übergangsregelungen beschränkt oder andere Schritte auf später verschoben. Ärgerlich ist, daß es – zumindest bis 1996 – bei einem Übergangssystem der Mehrwertsteuer bleibt, wonach die Steuern wie bisher im Bestimmungsland der Ware erhoben werden. Nur mit der Besteuerung der Waren nach den Sätzen im Ursprungsland wären „Exporte" und „Importe" entfallen, wäre der Binnenmarkt für die Unternehmen hergestellt.

217

Die größte Handelsmacht der Welt

Die Europäische Gemeinschaft war im Frühjahr 1993 die größte Handelsmacht der Welt; sie trug insgesamt 21 Prozent zum gesamten Welthandel bei. (Zum Vergleich: Die Vereinigten Staaten bestritten als zweitgrößte Handelsnation etwa 15 Prozent und Japan elf Prozent des gesamten Welthandels.) Besonders Deutschland, Frankreich und Großbritannien sind die „klassischen" Handelsländer in der EG, die über die Jahre hinweg mehr als andere EG-Länder sowohl vom innergemeinschaftlichen wie auch vom Handel mit Drittländern profitiert haben. Ihr Interesse am Freihandel ist jedoch unterschiedlich entwickelt: Während Großbritannien und Deutschland einen liberalen Ansatz verfolgen und ihre Märkte weitgehend offenhalten wollen, herrscht in Frankreich eine eher protektionistische Grundhaltung vor. Dies erschwert immer wieder den Konsens, besonders in der 1986 begonnenen „Uruguay-Runde" des Allgemeinen Zoll- und Handelsabkommens (Gatt) über die Offenhaltung der Märkte. Die Gatt-Verhandlungen haben gezeigt, daß es im „Handelsdreieck" zwischen der EG, den Vereinigten Staaten und Japan zunehmend knirscht: die drei größten Handelsmächte der Welt geraten immer wieder aneinander und werfen sich wechselseitig Protektionismus vor. Besonders in Zeiten wirtschaftlicher Rezession sind die Abschottungstendenzen unverkennbar, was die regelmäßig wiederkehrenden „Handelskriege" zeigen. Dabei hat die EG zunehmend Mühe, unter Beweis zu stellen, daß der Binnenmarkt nicht zur „Festung Europa" wird. Aber auch die Vereinigten Staaten und Japan sind keine Musterknaben. Das Bekenntnis zum freien Wettbewerb und die Bekämpfung der Kartelle und Marktabsprachen sind Bestandteil der Römischen Verträge und gehören bis heute zu den Schwerpunkten der Wirtschaftspolitik. Der innergemeinschaftliche Wettbewerb ist von Anfang an nicht sich selbst überlassen worden; vielmehr sind die Gemeinschaftsorgane, allen voran Kommission und Ministerrat, dazu verpflichtet worden, das Ordnungsprinzip des unverfälschten Wettbewerbs zu gewährleisten. Besonders deutlich wird dies im Kartellverbot (Artikel 85), bei der Mißbrauchsaufsicht über marktbeherrschende Unternehmen (Artikel 86) und in der Fusions- und Beihilfenkontrolle. Häufig gegen den Widerstand nationaler Regierungen versucht die zuständige Generaldirektion der Brüsseler Kommission, den Wind des Wettbewerbs kräftig wehen zu lassen. Erst seit September 1990 gibt es eine europäische Fusionskontrolle, über die seither kontrovers diskutiert wird. Genauso wichtig ist die Beihilfenkontrolle (Artikel 92 bis 94), die die Kommission zur strengen Prüfung aller staatlichen Subventionen unter dem Gesichtspunkt der Wettbewerbsverzerrung zwingt. Es kommt immer wieder vor, daß Unternehmen offen oder versteckt gewährte staatliche Beihilfen zurückzahlen müssen. In Deutschland haben Kohlepfennig und „Jahrhundertvertrag" zugunsten der deutschen Steinkohle die Brüsseler Wettbewerbshüter immer wieder auf den Plan gerufen: auch diese Beihilfen müssen von der EG-Kommission genehmigt werden. Das wird in Deutschland oft übersehen.

Die Förderung des technischen Fortschritts gehört seit jeher zu den Zielen der Europäischen Gemeinschaft. Allerdings verbergen sich hinter dem Wort der „Industriepolitik" unterschiedliche Formen der Förderung. Zum einen geht es um die Unterstützung der sogenannten Zukunftstechnologien, zum anderen wollen Kommission und Ministerrat aber auch die alten Industriezweige (Kohle und Stahl) schützen. Vielfach soll der Prozeß des technischen Wandels „politisch beherrscht" werden. Dabei kommt die Industriepolitik nach den Vorstellungen der EG-Organe häufig in Konflikt mit dem marktwirtschaftlichen Prinzip. Dennoch vertreten Kommission und Mehrheit der Mitgliedsländer die Auffassung, daß Industriepolitik und Marktwirtschaft keinen Gegen-

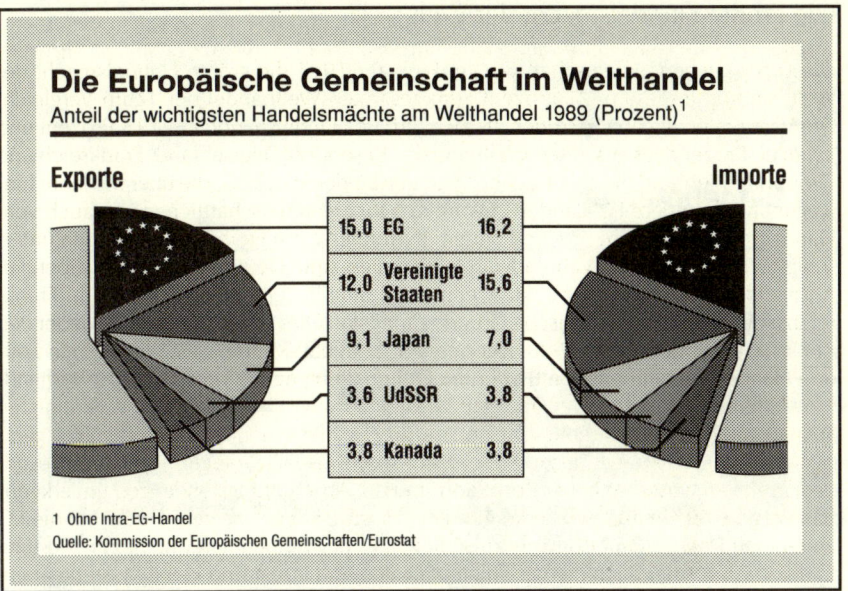

satz bilden. Vielmehr verlange die Stärkung der internationalen Wettbewerbsfähigkeit besonders gegenüber den Vereinigten Staaten und Japan eine „von oben" vorgegebene industriepolitische Flankierung, die den Strukturwandel beschleunigen und die Kräfte der europäischen Industrie bündeln soll. Die EG-Kommission hat dazu ein Konzept der horizontalen Industriepolitik entwickelt, die im wesentlichen auf folgende Elemente setzt: Verbesserung der Rahmenbedingungen, Vereinheitlichung der Normen, Förderung der grenzüberschreitenden Kooperation, Unterstützung von Forschung und Entwicklung sowie das Gespräch („Dialog") zwischen Wirtschaft und Politik. Vor allem für die Telekommunikation, die Automobilhersteller, den Flugzeugbau und die moderne Elektronik soll dieses Konzept schrittweise verwirklicht werden. Mit der Verankerung der Industriepolitik im Maastrichter Vertrag (Artikel 130) soll es weiterentwickelt werden. Danach kann die EG Maßnahmen zur „Erleichterung der Anpassung der Industrie an die strukturellen Veränderungen" durch einstimmigen Ratsbeschluß treffen. Unter Wissenschaftlern und Praktikern wird darüber kontrovers diskutiert.
Seit Anfang der siebziger Jahre ist die Umweltpolitik Bestandteil der gemeinschaftlichen Aufgaben. Aber erst mit der am 1. Juli 1987 in Kraft getretenen Einheitlichen Europäischen Akte ist der Umweltschutz formell in die Europäischen Verträge aufgenommen worden (Artikel 130 r bis 130 t). Darin wird festgelegt, daß die Umweltpolitik der EG nicht nur die Umwelt erhalten und schützen, sondern auch der menschlichen Gesundheit dienen soll. Die Gemeinschaft ist verpflichtet, Beeinträchtigungen der Umwelt vorzubeugen, sie nach Möglichkeit an ihrem Ursprung zu bekämpfen sowie Verursacher für eingetretene Schäden haftbar zu machen. Seither werden regelmäßig „Aktionsprogramme" verabschiedet, in denen den Mitgliedsländern bestimmte Leitlinien vorgegeben werden. Umweltschützer beklagen jedoch, daß die Aktionsprogramme dem Anspruch eines hohen Umweltschutz-Niveaus kaum gerecht werden. Auch ist der Gedanke des Umweltschutzes in den Mitgliedsländern unterschiedlich ausgeprägt: Während Dänemark, die Niederlande und Deutschland ein möglichst

hohes Niveau anstreben, gehören Italien, Spanien, Portugal und Belgien eher zu den „Bremsern". Aber auch dort wächst langsam die Einsicht, daß die EG zu einer „Umweltgemeinschaft" mit vorbildlich hohen Standards werden müsse.

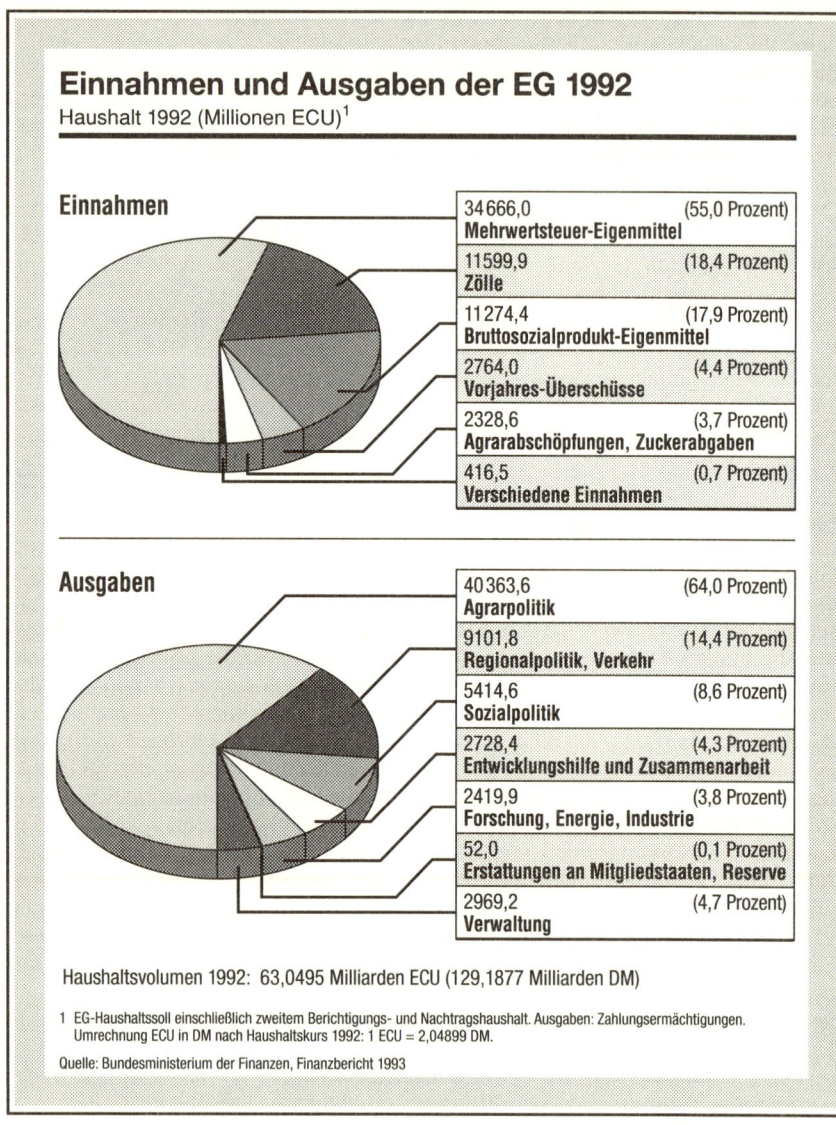

Einnahmen und Ausgaben der EG 1992
Haushalt 1992 (Millionen ECU)[1]

Einnahmen

34666,0 Mehrwertsteuer-Eigenmittel	(55,0 Prozent)
11599,9 Zölle	(18,4 Prozent)
11274,4 Bruttosozialprodukt-Eigenmittel	(17,9 Prozent)
2764,0 Vorjahres-Überschüsse	(4,4 Prozent)
2328,6 Agrarabschöpfungen, Zuckerabgaben	(3,7 Prozent)
416,5 Verschiedene Einnahmen	(0,7 Prozent)

Ausgaben

40363,6 Agrarpolitik	(64,0 Prozent)
9101,8 Regionalpolitik, Verkehr	(14,4 Prozent)
5414,6 Sozialpolitik	(8,6 Prozent)
2728,4 Entwicklungshilfe und Zusammenarbeit	(4,3 Prozent)
2419,9 Forschung, Energie, Industrie	(3,8 Prozent)
52,0 Erstattungen an Mitgliedstaaten, Reserve	(0,1 Prozent)
2969,2 Verwaltung	(4,7 Prozent)

Haushaltsvolumen 1992: 63,0495 Milliarden ECU (129,1877 Milliarden DM)

[1] EG-Haushaltssoll einschließlich zweitem Berichtigungs- und Nachtragshaushalt. Ausgaben: Zahlungsermächtigungen. Umrechnung ECU in DM nach Haushaltskurs 1992: 1 ECU = 2,04899 DM.

Quelle: Bundesministerium der Finanzen, Finanzbericht 1993

Neue Aufgaben im Binnenmarkt

Der Ausgleich zwischen den unterschiedlich entwickelten Regionen der Gemeinschaft gehörte von Anfang an zu den herausragenden Zielen der Gemeinschaftspolitik. Letztlich handelt es sich dabei um das politische Ziel der Solidarität zwischen den reicheren und den ärmeren Regionen, das bei jeder Vertragsänderung zum Gegenstand oft langwieriger und zermürbender Verhandlungen wird. So wäre zum Beispiel der Maastrichter Vertrag vom Dezember 1991 am Widerstand Spaniens gescheitert, wenn die Strukturfonds nicht spürbar aufgestockt worden wären. Die Grundidee der EG-Regionalpolitik besteht darin, alle Regionen möglichst gleichmäßig an den Vorteilen des Binnenmarktes teilnehmen zu lassen und ihnen ein „ausgewogenes Wachstum" zu ermöglichen. Für die vier ärmsten EG-Länder (Griechenland, Irland, Portugal und Spanien) ist im Vertrag von Maastricht zusätzlich ein „Kohäsionsfonds" geschaffen worden, der diesen Prozeß beschleunigen soll. Im Laufe der Jahre haben sich die Strukturmittel überproportional erhöht; 1993 erreichten sie den Betrag von 42 Milliarden DM. Sie sollen bis 1999 auf mehr als 60 Milliarden DM steigen, was für die vier ärmsten Mitgliedsländer eine Verdoppelung der Mittel bedeuten würde. Die Fördermittel, die überwiegend in den Straßenbau, den Umweltschutz und in andere Verbesserungen der Infrastruktur fließen, sollen 1999 rund 35 Prozent des Gemeinschaftshaushalts erreichen. Dabei handelt es sich um nicht rückzahlbare Zuschüsse, die in der Regel zu 50 Prozent für Investitionsvorhaben vergeben werden. Die andere Hälfte muß von den Empfängerländern bereitgestellt werden. Nach der deutschen Vereinigung profitieren auch die neuen Bundesländer spürbar von den Hilfen aus Brüssel: bis 1999 sollen sie von Jahr zu Jahr mit jeweils vier bis fünf Milliarden DM unterstützt werden.

Der Vertrag von Maastricht

Für die einen ist er ein Monstrum, für die anderen ein Meilenstein auf dem Weg zu den Vereinigten Staaten von Europa. Selten zuvor ist über ein Thema in der Europäischen Gemeinschaft so leidenschaftlich gestritten worden wie über den Vertrag von Maastricht. Der Name der niederländischen Stadt steht für die bisher umfassendste Reform der Europäischen Verträge; am 9. und 10. Dezember 1991 haben die Staats- und Regierungschefs in Maastricht ein umfangreiches Vertragspaket verabschiedet, das im Frühjahr 1993 noch nicht von allen zwölf EG-Ländern ratifiziert worden war. In Dänemark und Großbritannien ist auch eineinhalb Jahre nach der Unterzeichnung noch heftig um das Für und das Wider gestritten worden, obwohl beide Regierungen sich eine Reihe von Ausnahmen aus dem Vertrag erstritten hatten: die Briten aus der Endstufe der Währungsunion und der Sozialpolitik, die Dänen zusätzlich aus der Außen- und Sicherheitspolitik und aus der Zusammenarbeit in der Justiz- und Innenpolitik. Zudem schienen auch die Bürger in Deutschland und in einigen anderen EG-Ländern zunehmend Zweifel an der Richtigkeit des eingeschlagenen Weges zu haben. Ein erheblicher Teil von ihnen äußerte Vorbehalte gegen die „Vergemeinschaftung" der Währungen und den damit einhergehenden Verlust an Souveränität und nationaler Identität. Grob skizziert, läßt sich der Maastrichter Vertrag über die Europäische Union wie folgt darstellen:
Mit dem Vertrag soll die Europäische Union verwirklicht werden. Durch das Prinzip der Subsidiarität – was die Mitgliedsländer und Regionen selbst regeln können, sollen die zentralen Organe in Brüssel nicht in die Hand nehmen – wollen die Zwölf dafür sorgen, daß die Entscheidungen in der Union möglichst bürgernah getroffen werden. Die Union hat außerdem die nationale Identität ihrer Mitgliedstaaten, deren Regierungssysteme und Eigenheiten zu beachten. Zu diesem Zweck wird ein „Ausschuß der Regionen" ins Leben gerufen, der (wie der bereits bestehende Wirtschafts- und

Sozialausschuß) die Aufgabe hat, Ministerrat und Kommission zu beraten. Dem Ausschuß gehören 189 Mitglieder und ebenso viele Stellvertreter an. Deutschland stellt davon je 24. Ziele der Union sind unter anderem, zu einem ausgewogenen und dauerhaften wirtschaftlichen und sozialen Fortschritt beizutragen sowie Schritt für Schritt eine gemeinsame Außen- und Sicherheitspolitik, auf längere Sicht auch eine gemeinsame Verteidigungspolitik festzulegen. Der Vertrag sieht schließlich die Einführung einer Unionsbürgerschaft und in der Justiz- und Innenpolitik die engere zwischenstaatliche Zusammenarbeit der Zwölf vor.

Die Wirtschafts- und Währungsunion

Sie ist ohne Zweifel der Kern des Vertrages und für Deutschland und die D-Mark von herausragender Tragweite. Spätestens 1999 soll aus dem Binnenmarkt ein zusammenhängender Wirtschaftsraum mit der Einheitswährung Ecu werden. Zunächst müssen Wirtschafts- und Finanzpolitik der Mitgliedsländer zunehmend aneinander angeglichen werden („Konvergenz"). Von den Fortschritten bei der Konvergenz wird der endgültige Übergang in die letzte Stufe der Wirtschafts- und Währungsunion abhängig gemacht. Richtgrößen sind dabei stabile Verbraucherpreise, gesunde öffentliche Finanzen, ein solides Zinsniveau, ausgeglichene Währungsverhältnisse gegenüber Drittländern sowie dauerhaft finanzierbare Zahlungsbilanzsalden innerhalb der Gemeinschaft. Unter dem Eindruck wachsender Haushaltsdefizite und der Gefahr neuer Währungsturbulenzen äußern Ökonomen zunehmend Zweifel an den Chancen der Verwirklichung der Einheitswährung. Nach dem Vertrag sollen im Herbst 1996 jedenfalls die Voraussetzungen für die Ausrufung der Einheitswährung geprüft werden. Wenn weniger als sieben Mitgliedstaaten die Konvergenzkriterien erfüllen, wird das Vorhaben um zwei Jahre verschoben. Am 1. Januar 1999 soll jedoch endgültig mit der Währungsunion begonnen werden, selbst wenn nur zwei Länder die Kriterien erfüllen.

Die seit Beginn der siebziger Jahre bestehende Europäische Politische Zusammenarbeit (EPZ) soll zu einer gemeinsamen Außen- und Sicherheitspolitik erweitert und aufgewertet werden. Die Union verfolgt dabei das Ziel, die Sicherheit ihrer Mitgliedstaaten zu stärken und zur Erhaltung des internationalen Friedens beizutragen. Die Außenminister können in ausgewählten Bereichen „gemeinsame Aktionen" beschließen, in der Regel mit qualifizierter Mehrheit. In der Sicherheitspolitik kann sich die Union auf die Westeuropäische Union (WEU) stützen; die Nato soll davon unberührt bleiben. Allerdings ist das Ziel umstritten, die WEU auf lange Sicht zum „Verteidigungsarm" der EG auszubauen. Besonders beim Nato-Partner Amerika, aber auch in Dänemark und in den Niederlanden gibt es dagegen große Vorbehalte.

Der Vertrag begründet eine begrenzte Erweiterung der Kompetenzen für das Straßburger Europa-Parlament. Es soll in allen normalen Gesetzgebungsvorhaben dem Ministerrat gleichgestellt werden. Allerdings wird ihm das Initiativrecht – das ist die Möglichkeit, eigene Vorschläge in das Gesetzgebungsverfahren einzubringen – ebenso vorbehalten wie die Gleichstellung in der Außen- und Sicherheitspolitik. Neu ist die Bestimmung, daß das Parlament einen Untersuchungsausschuß einsetzen und bei strittigen Gesetzesvorhaben ein Vermittlungsverfahren in Gang bringen kann. Kommt es im Vermittlungsausschuß von Ministerrat und Parlament nicht zu einer Einigung, so liegt die letzte Entscheidung nicht mehr allein beim Ministerrat. Das Parlament kann den Vorschlag des Rates mit absoluter Mehrheit ablehnen und hat damit zum ersten Mal ein Vetorecht in der Hand. Macht es davon Gebrauch, so ist ein Gesetzesvor-

schlag endgültig abgelehnt. Von Bedeutung ist schließlich, daß das Straßburger Haus den Präsidenten der EG-Kommission und ihre Mitglieder auf Vorschlag der Mitgliedstaaten ernennt.
Zu den Strukturfonds tritt für die vier ärmsten EG-Länder Griechenland, Portugal, Spanien und Irland ein „Kohäsionsfonds". Er soll ihnen nicht nur helfen, das „Wohlstandsgefälle" zum Rest der Gemeinschaft zu vermindern; er soll ihnen auch die Teilnahme an den „transeuropäischen Netzen" insbesondere im Verkehr und der Telekommunikation ermöglichen. In der Umweltpolitik wird festgehalten, daß die Mitgliedstaaten nicht daran gehindert sind, in Einzelfällen strengere Schutzmaßnahmen zu ergreifen. Umstritten ist eine Bestimmung über die Industriepolitik (Artikel 130), wonach der Ministerrat auf Vorschlag der Kommission einstimmig „spezifische Maßnahmen" zur Förderung und Weiterentwicklung der Unternehmen beschließen kann. Viele befürchten damit eine Ausweitung der Industriepolitik zu einem interventionistischen System. Gegen die Stimme Großbritanniens haben elf EG-Partner schließlich verabredet, die Zuständigkeiten sowie Mehrheitsentscheidungen der Union auf wichtige Teile der Sozialpolitik auszudehnen.
Entgegen den Bestrebungen der Bundesregierung ist die Innen-, Justiz- und Asylpolitik im Maastrichter Vertrag nicht „vergemeinschaftet" worden. Vielmehr bleibt es bei der zwischenstaatlichen Zusammenarbeit der Regierungen. Man hat sich jedoch dazu verpflichtet, die bisher wenig erfolgreiche, eher lockere Kooperation zu vertiefen. Dies gilt nicht nur für die Asyl- und Einwanderungspolitik, sondern insbesondere für die Bekämpfung des Drogenhandels, des organisierten Verbrechens und des internationalen Terrorismus. Zu diesem Zweck ist mit vorläufigem Sitz in Straßburg die Polizeieinheit „Europol" gegründet worden, die vor allem Informationen über die grenzüberschreitende Kriminalität sammeln und mit den nationalen Polizeibehörden eng zusammenarbeiten soll.

Öffnung nach Norden und Osten

Im Frühjahr 1993 ist ein weiteres Kapitel in der Geschichte der EG aufgeschlagen worden: Nach der „Süderweiterung" um Spanien und Portugal 1986 hat man in Brüssel mit der „Norderweiterung" um Schweden, Finnland und Norwegen sowie Österreich begonnen – mit noch kaum absehbaren Folgen für das innere Gefüge, das politische Selbstverständnis und den organisatorischen Rahmen der künftigen Gemeinschaft von 16 und später noch mehr Staaten.
Bedenkt man, daß dies nur der erste Schritt hin zu einer noch größeren Gemeinschaft sein wird, so standen die Zwölf 1993 vor einer Wegstrecke, die die Tragweite des Vertrages von Maastricht vermutlich noch übertreffen wird. Neben den drei skandinavischen Ländern und Österreich haben auch Malta und Zypern den Beitrittsantrag gestellt; die Schweiz galt als weiterer Kandidat. Außerdem ließen Ungarn, Polen, Tschechen, Slowaken, Bulgaren und Rumänen keinen Zweifel daran, daß sie spätestens nach der Jahrtausendwende EG-Vollmitglieder werden wollten. Kein Wunder, daß sich viele Alt-Europäer ängstlich fragten, wie die Zwölfergemeinschaft den Zuwachs verkraften könne.
Die geringsten Probleme gab es mit den vier Kandidaten der Freihandelszone Efta. Österreich und die skandinavischen Länder sind der EG politisch wie auch wirtschaftlich seit langem eng verbunden. Mit dem Ende des Ost-West-Gegensatzes hatten sie ihre Neutralität neu definiert, so daß der politischen Annäherung an eine Gemeinschaft, die auf lange Sicht auch eine Verteidigungsidentität entwickeln möch-

te, nichts mehr im Wege stand. Der wirtschaftliche Annäherungsprozeß war mit Assoziierungsabkommen und Freihandelsverträgen so weit gediehen, daß Länder wie Österreich oder Schweden stärker in die EG integriert schienen als zum Beispiel Griechenland oder Portugal. Außerdem hatten EG und Efta seit Ende der achtziger Jahre über einen Europäischen Wirtschaftsraum (EWR) verhandelt, der weitere Stufen der Konvergenz vorwegnahm. Schwierigkeiten schienen allenfalls die Fischereipolitik mit den Skandinaviern und der Alpentransit mit den Österreichern zu bereiten. Größere Komplikationen befürchtete man in Brüssel mit Malta und Zypern: bei Malta ging es um das Gewicht eines kleinen Inselstaates in den Institutionen der EG (soll er zum Beispiel, wie die Niederlande, mit einem Kommissar in Brüssel vertreten sein?), und mit dem geteilten Zypern schien sich die EG den Konflikt mit Griechenland und der Türkei ins Haus zu holen.

In welchem Zeitraum die osteuropäischen Länder politisch und wirtschaftlich so weit dem mittleren EG-Niveau näherkommen könnten, daß sie fest auf den EG-Beitritt hoffen dürfen, war 1993 völlig offen. Als erster Schritt der Annäherung hatten die Zwölf mit diesen Ländern nach den üblichen Handels- und Kooperationsabkommen Assoziierungsverträge („Europa-Abkommen") abgeschlossen, die bis zur Perspektive des vollen EG-Beitritts reichen. Diese Verträge sollen ihnen nicht nur den Binnenmarkt Schritt für Schritt öffnen, sondern auch Hilfestellung bei dem schwierigen Prozeß der marktwirtschaftlichen Reformen leisten. Allerdings gab es Anzeichen dafür, daß der lange Weg der Annäherung zwischen West- und Osteuropäern immer wieder von Hindernissen und Stolpersteinen gesäumt wird. Besonders in Zeiten rückläufiger Konjunktur sind die Westeuropäer nur bedingt bereit, den jungen Demokratien im Osten ihre Märkte ohne Vorbehalte zu öffnen.

17. DIE WÄHRUNGSPOLITIK

Der Wechselkurs

Die Währungspolitik ist einer der wichtigsten Bereiche der Außenwirtschaftspolitik. Jedes Land, das Beziehungen zum Ausland unterhält, muß sich fragen, welche Währungsbeziehungen mit der Außenwelt anzustreben sind. So ist zu klären, ob die eigene Währung unbegrenzt gegen andere Währungen eintauschbar sein soll („Konvertibilität") oder ob Beschränkungen der Ein- und/oder Ausfuhr von Fremdwährungen notwendig sind. In den vergangenen Jahren haben zahlreiche Länder bisherige Einschränkungen der Konvertibilität ihrer Währungen aufgehoben. Die D-Mark ist schon seit 1957 frei austauschbar.

Eine weitere Kernfrage der Währungspolitik betrifft die Einbindung der heimischen Währung in bestehende Währungssysteme. Deutschland ist gegenwärtig Mitglied des Europäischen Währungssystems; mit anderen Ländern bestehen keine vertraglich fixierten währungspolitischen Verbindungen. Entscheidungen über den Ein- oder Austritt aus Währungssystemen obliegen in Deutschland der Bundesregierung. Die täglichen Geschäfte am Devisenmarkt erledigt die Deutsche Bundesbank in eigener Verantwortung, sofern sie nicht durch Verträge gebunden ist.

Für die meisten Staaten ist Währungspolitik nahezu gleichbedeutend mit Wechselkurspolitik. Dies erklärt sich aus der Bedeutung des Wechselkurses für die gesamte Volkswirtschaft. Veränderungen von Wechselkursen können gerade in einem so eng mit der Weltwirtschaft verflochtenen Land wie Deutschland erhebliche Auswirkungen auf alle Bereiche der Wirtschaft haben: auf das heimische Preisniveau, die Zinssätze, die Konjunktur und damit auch auf die Beschäftigung. Sie betreffen zudem unmittelbar die Zahlungsströme zwischen dem In- und dem Ausland. Die deutsche Währungspolitik war seit Gründung der Bundesrepublik auf die Sicherung des Außenwertes der D-Mark gerichtet. Tatsächlich hat die D-Mark ihren Wert gegenüber fast allen anderen Währungen seit dieser Zeit aber nicht nur behauptet, sondern zum Teil kräftig gesteigert. Dies läßt sich beispielhaft am Kurs des Dollar erkennen, der 1948 noch 4,40 DM wert war.

Die Zahlungsbilanz

Alle aus den vielfältigen Beziehungen zwischen Aus- und Inländern entstehenden grenzüberschreitenden Zahlungsströme werden, sofern sie statistisch erfaßbar sind, in der Zahlungsbilanz abgebildet (siehe Tabelle). Jedes Land erstellt seine Zahlungsbilanz in der Heimatwährung. Um einen besseren Einblick in die Struktur der Wirtschaftsbeziehungen zwischen In- und Ausland zu erhalten, wird die Zahlungsbilanz gewöhnlich in Teilbilanzen gegliedert:
Die Handelsbilanz: Sie erfaßt alle Warenaus- und Wareneinfuhren. Übersteigt der Wert der Ausfuhren den der Einfuhren, das heißt, fließt aus dem Warenhandel mehr Geld vom Ausland ins Inland als vom Inland ins Ausland, spricht man von einem Handelsbilanzüberschuß oder einer aktiven Handelsbilanz. Deutschland erwirtschaftet seit Jahrzehnten solche Überschüsse.
Die Dienstleistungsbilanz: In ihr werden Zahlungen unter anderem aus dem Reiseverkehr, Versicherungs- und Transportleistungen, Lizenzen und Patenten sowie Erträgen aus Kapitalanlagen zusammengefaßt. Wegen der Reisefreude der Bevölkerung verzeichnet die deutsche Dienstleistungsbilanz gewöhnlich einen Fehlbetrag; daß heißt, die ins Ausland abfließenden Gelder übertreffen die aus Dienstleistungen stammenden Zuflüsse.
Die Bilanz der Übertragungen: Auch sie schließt in Deutschland traditionell mit einem Fehlbetrag ab, der vor allem eine Folge der Zahlungen an die Europäische Gemeinschaft ist sowie von Renten- und Unterstützungszahlungen an das Ausland. Überweisungen ausländischer Arbeitnehmer, die Entwicklungshilfe sowie Wiedergutmachungen werden ebenfalls in der Übertragungsbilanz zusammengefaßt.
Die Leistungsbilanz: Sie errechnet sich aus der Handelsbilanz, der Dienstleistungsbilanz sowie der Übertragungsbilanz. Sie wies wegen des Handelsüberschusses in Deutschland in der Vergangenheit fast immer einen erheblichen Überschuß auf. Als Folge der Belastungen durch die deutsche Vereinigung ist die Leistungsbilanz zu Anfang der neunziger Jahre allerdings durch Fehlbeträge gekennzeichnet.
Die Kapitalbilanz: Sie erfaßt den Geld- und Kapitalverkehr des Inlandes mit dem Ausland. Sie wird weiter unterteilt in eine Bilanz des langfristigen Kapitalverkehrs, die Anlagen von mehr als 12 Monaten beinhaltet, sowie in eine Bilanz des kurzfristigen Kapitalverkehrs für Anlagen mit Laufzeiten von weniger als einem Jahr. Die deutsche Kapitalbilanz schloß in den vergangenen Jahrzehnten meist mit einem Fehlbetrag ab, also einem Abfluß von Kapital. Seit Anfang der neunziger Jahre überwiegen allerdings die Zuflüsse.
Die Devisenbilanz: In ihr finden sich Veränderungen der Forderungen und Verbindlichkeiten der Notenbank gegenüber dem Ausland. Sie können als Einzelpositionen beispielsweise Änderungen des Gold- und Devisenbestandes oder der Forderungen an den Internationalen Währungsfonds anzeigen.

Das Grundschema der Zahlungsbilanz

		Devisen-**Angebot**	Devisen-**Nachfrage**
Leistungs-bilanz	Handels-bilanz	Warenexporte	Warenimporte
	Dienstleistungs-bilanz	Exporte von Dienstleistungen	Importe von Dienstleistungen
	Übertragungs-/ Transferbilanz	Empfangene Übertragungen aus dem Ausland	Geleistete Übertragungen aus dem Ausland
Kapital-verkehrs-bilanz	Bilanz des kurzfristigen Kapitalverkehrs	Veränderung der kurzfristigen Verbindlichkeiten gegenüber dem Ausland (Kapitalimporte)	Veränderung der kurzfristigen Forderungen gegenüber dem Ausland (Kapitalexporte)
	Bilanz des langfristigen Kapitalverkehrs	Veränderung der langfristigen Verbindlichkeiten gegenüber dem Ausland (Kapitalimporte)	Veränderung der langfristigen Forderungen gegenüber dem Ausland (Kapitalexporte)
Devisen-bilanz		Veränderung der Verbindlichkeiten der Zentralbank gegenüber dem Ausland	Veränderung der Forderungen der Zentralbank gegenüber dem Ausland
Ungeklärte Restposten		*gegebenenfalls Positivsaldo*	*gegebenenfalls Negativsaldo*

Die Zahlungsbilanz: Sie ist immer ausgeglichen, weil jede Zahlung doppelt verbucht wird. So schlägt sich der Verkauf von Waren in das Ausland zum einen als Güterexport in der Handelsbilanz nieder. Daneben berührt er aber auch die Kapitalbilanz, da die kurzfristigen Finanzforderungen des Inlandes an das Ausland zugenommen haben. Unter der Voraussetzung, daß die Devisenbilanz unverändert bleibt, resultieren Veränderungen der Leistungsbilanz überwiegend in entgegengesetzten Veränderungen der Kapitalbilanz. Mit einem Überschuß (Fehlbetrag) in der Leistungsbilanz geht ein Fehlbetrag (Überschuß) in der Kapitalbilanz einher. Allerdings gibt es bei der Aufstellung der Zahlungsbilanz ein Problem, da nicht alle Zahlungen erfaßt beziehungsweise bestimmten Verwendungen zugeordnet werden können. Der statistische Ausgleich der Zahlungsbilanz erfordert daher die Einführung einer weiteren Unterbilanz, genannt „Saldo der nicht aufgliederbaren Posten", in dem alle Zahlungen zusammengefaßt werden, die sich nicht eindeutig erfassen oder zuordnen lassen.

Währungen: Angebot und Nachfrage

Wechselkurse verändern sich an freien Devisenmärkten durch Veränderung von Angebot und Nachfrage nach Währungen. Wer Höhe und Veränderungen von Wechselkursen erklären will, muß daher wissen, wovon Angebot und Nachfrage nach Währungen abhängen. Die Ökonomen haben in den vergangenen Jahrzehnten eine große Findigkeit bei der Suche nach diesen Einflüssen bewiesen. Dabei zeigte sich, daß Veränderungen von Wechselkursen zumeist nicht mit Bezug auf nur eine ökonomi-

sche Größe erklärt werden können. Immerhin lassen sich drei dominierende Einflüsse ausmachen, die sich in vereinfachter Form wie folgt beschreiben lassen.
Der internationale Güterverkehr: Einer der ältesten Ansätze zur Erklärung von Wechselkursen setzt bei den Preisen der international gehandelten Güter an. Wenn ein im Außenhandel verwendetes Gut, beispielsweise ein von Unternehmen nachgefragtes Chemieprodukt, zum aktuellen Wechselkurs in Deutschland billiger ist als in der Schweiz, dann werden schweizerische Verwender dieses Gut aus Deutschland einführen und zu diesem Zweck am Devisenmarkt D-Mark nachfragen. Als Folge dieser Nachfrage wird der Wechselkurs der D-Mark gegenüber dem Franken steigen. Damit wird das in Deutschland hergestellte Gut für die Verwender in der Schweiz teurer. Sie werden das Chemieprodukt so lange in Deutschland nachfragen, bis der Wechselkurs der D-Mark jene Höhe erreicht, die den Preis des deutschen Gutes an den des schweizerischen Produkts angleicht. Da bei diesem Wechselkurs die Kaufkraft beider Währungen – wenigstens in bezug auf international gehandelte Güter – gleich ist, nennt man diesen Erklärungsansatz die Kaufkraftparitätentheorie. Die Praxis zeigt allerdings, daß sich die meisten Wechselkurse nur sehr selten kurz- oder mittelfristig entsprechend der Kaufkraftparitätentheorie verändern. Dies erklärt sich unter anderem aus der Tatsache, daß heute nur noch rund 5 Prozent aller Umsätze an den Währungsmärkten auf Gütergeschäfte zurückzuführen sind. Der größte Teil der Umsätze mit Währungen speist sich folglich aus anderen Quellen. Bei einer langfristigen Betrachtung zeigt sich allerdings, daß sich viele Wechselkurse, zumindest annähernd, entsprechend der Kaufkraftparität verhalten. Der für viele Beobachter unerwartete kräftige Abwertung der Lira gegenüber der D-Mark im Herbst 1992 läßt sich beispielsweise recht gut durch diese Theorie erklären.
Der internationale Kapitalverkehr: In den vergangenen Jahren haben die internationalen Kapitalbewegungen, begünstigt durch die Öffnung nationaler Kapitalmärkte für ausländische Anleger und moderne Handelstechniken, ein früher ungekanntes Ausmaß angenommen. Folglich gibt es Ansätze, Veränderungen von Wechselkursen als Ergebnis grenzüberschreitender Kapitalbewegungen zu erklären. Dabei geht man davon aus, daß international ausgerichtete Anleger, beispielsweise Versicherungen und Investmentfonds, dort Geld anlegen, wo sie sich den höchsten Ertrag versprechen. Erwarten die britischen Anleger beispielsweise für deutsche Anleihen höhere Renditen als für vergleichbare britische Papiere, werden sie ihr Geld in Deutschland anlegen. Dadurch steigt der Wechselkurs der D-Mark gegenüber dem Pfund, gleichzeitig sinkt wegen des höheren Kapitalangebotes das deutsche Zinsniveau. Die Aufwertung der D-Mark wird sich so lange fortsetzen, bis sich die erwarteten Renditen deutscher und britischer Papiere aus der Sicht der Anleger angeglichen haben. Auch für diesen Ansatz gilt allerdings, daß er zumindest kurzfristige Veränderungen von Wechselkursen nicht zuverlässig erklären kann, obgleich ein großer Teil der täglichen Umsätze an den Devisenmärkten eine Folge internationaler Kapitalbewegungen ist.
Devisenspekulationen: Kurzfristige Veränderungen der Wechselkurse ergeben sich oft als Ergebnis von Spekulationen der Marktteilnehmer auf Kursänderungen. Jeden Vormittag wird in großen Banken die Strategie für den Handelstag festgelegt, also beispielsweise, ob in Erwartung eines steigenden Dollarkurses große Beträge an Dollar gekauft werden sollen. Ihre Einschätzung der jeweiligen kurzfristigen Kurstendenz leiten die Händler unter anderem aus den vorliegenden Informationen und ihrem Gefühl für den Markt ab. Sie studieren die jeweilige politische und ökonomische Situation und sprechen mit anderen Marktteilnehmern, um ein Gefühl für die Stimmung am Markt zu erhalten. In den vergangenen Jahren haben zudem die Verfahren der soge-

nannten „technischen Analyse" an Bedeutung gewonnen. Ihre Verfechter meinen, aus dem Studium der Daten des Marktes, etwa einer grafischen Abbildung des Kursverlaufes in der jüngeren Vergangenheit („Chart"), wichtige Anhaltspunkte für die künftige Kursentwicklung zu erlangen. Die Brauchbarkeit dieser Verfahren gilt jedoch als umstritten. Gewöhnlich beeinflussen diese Spekulationen den Wechselkurs nur kurzfristig, während mittel- und langfristig die Kurstendenz eher von ökonomischen Grunddaten wie dem Preisniveau oder dem Zinssatz abhängt. Es sind jedoch auch Fälle denkbar, in denen ein Wechselkurs durch Spekulationen langfristige Veränderungen erfährt, die durch ökonomische Daten nicht mehr erklärt werden können. Solche langfristigen Spekulationen werden auch als Seifenblasen („Bubbles") bezeichnet.

Feste oder flexible Wechselkurse

Eine wichtige währungspolitische Aufgabe jedes Landes besteht in der Entscheidung, ob es seine Währung in ein System fester Wechselkurse einbinden will oder ob der Wechselkurs frei schwanken soll (System flexibler Wechselkurse). Obgleich eine strikt marktwirtschaftliche Betrachtung eigentlich für eine freie Kursbildung der Währung am Devisenmarkt spricht, haben, wie die Tabelle zeigt, die meisten Länder ihre Währungen in Systemen mit eher festen Wechselkursen eingebunden. Dies entspricht auch den Erfahrungen aus der Vergangenheit. Mit dem internationalen Goldstandard (um 1870 bis 1914) und dem Währungssystem von Bretton Woods (1945 bis 1973) hat es

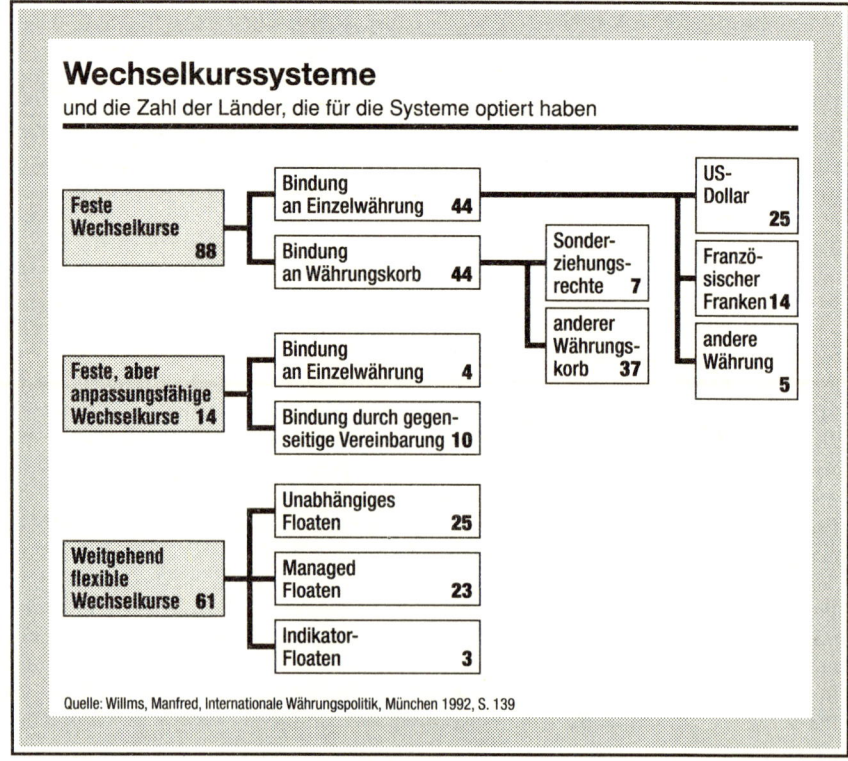

zwei weltumspannende Währungssysteme gegeben, die auf festen Wechselkursen beruhten. Seit dem Zusammenbruch von Bretton Woods gibt es ein Nebeneinander sehr verschiedener Währungssysteme. In der Praxis kommen die Systeme mit festen und flexiblen Wechselkursen in mehreren Formen vor:
Feste Wechselkurse werden vor allem von kleinen Ländern aus der Dritten Welt gewählt, die sich an der Währung eines großen Handelspartners ausrichten. In solchen Währungssystemen werden offizielle Kurse zwischen den beteiligten Währungen festgelegt („Leitkurse"), um die der Marktkurs innerhalb einer bestimmten Bandbreite schwanken darf. Droht der Marktkurs die Bandbreite zu verlassen, wird der Kurs der zur Schwäche neigenden Währung, meistens durch Käufe der Notenbanken, gestützt. Prinzipiell feste, bei Bedarf aber anpassungsfähige Wechselkurse kennzeichnen unter anderem das Europäische Währungssystem. Auch hier gibt es Leitkurse mit Bandbreiten für den Marktkurs. Kommen die Regierungen aber zu dem Schluß, daß der Leitkurs nicht länger den ökonomischen Gegebenheiten entspricht, können sie ihn ändern.
Gesteuerte flexible Wechselkurse („Managed Floating") bilden sich frei am Markt. Allerdings sind diese Länder um eine freiwillige Stabilisierung der Wechselkurse bemüht. Ein Beispiel hierfür ist Österreich, das den Kurs des Schilling gegenüber der D-Mark seit Jahren stabil zu halten versteht, indem es seine Geldpolitik freiwillig an der Politik der Deutschen Bundesbank ausrichtet. Im Unterschied zum System fester Wechselkurse bestehen allerdings keine vertraglichen Verpflichtungen zwischen den beteiligten Ländern. Daher gibt es weder offizielle Leitkurse noch Bandbreiten.
Weitgehend flexible Wechselkurse haben unter anderem die Vereinigten Staaten von Amerika und Japan. Sie überlassen ihre Wechselkurse zumeist dem freien Spiel der Märkte. Allerdings greifen auch diese Länder gelegentlich zu kursbeeinflussenden Maßnahmen („Dirty Floating"). Hierzu zählen vor allem Stützungskäufe der Notenbanken oder öffentliche Erklärungen einflußreicher Politiker zur Wechselkurspolitik.
Für welches Währungssystem soll sich ein Land entscheiden? Eine allgemeingültige Antwort hierauf ist kaum möglich. Allerdings lassen sich einige Anforderungen an ein funktionsfähiges Währungssystem definieren.
Systeme fester Wechselkurse: Mitglieder von Systemen fester Wechselkurse begründen ihre Teilnahme unter anderem mit einer Erleichterung des internationalen Handels, da nach ihrer Ansicht feste Wechselkurse Handelspartnern wie Kapitalanlegern eine feste Kalkulationsgrundlage schaffen. So verhinderten feste Wechselkurse die Entstehung von mächtigen Spekulationswellen, die Wechselkurse zum Schaden des internationalen Handels weit von ökonomisch begründbaren Niveaus entfernen. Schließlich wird auf die Disziplinierungsfunktion fester Wechselkurse hingewiesen. Die Mitglieder des EWS hätten sich beispielsweise an der stabilitätsorientierten Geldpolitik der Deutschen Bundesbank ausrichten müssen, um die Kurse einigermaßen stabil zu halten. Dadurch seien die Inflationsraten innerhalb des gesamten Währungssystems deutlich zurückgegangen. Zu bedenken ist allerdings, daß Systeme fester Wechselkurse den binnenpolitischen Handlungsspielraum für die einzelnen Länder beschränken, weil sie bei der Festlegung ihrer Wirtschafts-, Geld- und Finanzpolitik stets auf Verträglichkeit mit den festen Wechselkursen achten müssen. Daraus folgt, daß Systeme fester Wechselkurse vor allem für Länder mit vergleichbaren Wirtschaftsstrukturen und politischen Auffassungen geeignet sind. In diesem Falle werden sich die für die Bestimmung der Wechselkurse wichtigen ökonomischen Einflußgrößen wie Zins und Preisniveau annähern. Gründen dagegen Länder mit sehr heterogenen Wirtschaftsstrukturen ein System fester Wechselkurse, wird es einen erheblichen Anpassungsbe-

darf der Binnenpolitik an die außenwirtschaftlichen Notwendigkeiten geben, wenn die Wechselkurse stabil gehalten werden sollen. Eine solche außenorientierte Politik kann jedoch auf heftigen Widerstand bei der Bevölkerung stoßen, wenn sie mit hohen binnenwirtschaftlichen Kosten, etwa einer steigenden Arbeitslosigkeit, verbunden ist. Ein weiteres Kennzeichen von Systemen fester Wechselkurse ist die Herausbildung einer Leitwährung, auch Anker genannt. In aller Regel wird dies eine Währung aus einem vergleichsweise großen Land mit hochentwickelten Finanzmärkten sein, die wegen ihrer Stabilität hohes Ansehen genießt und daher von den Teilnehmern an den Finanzmärkten gegenüber den anderen Währungen des Systems bevorzugt benutzt wird. Um die festen Wechselkurse aufrechtzuerhalten, müssen sich die übrigen Teilnehmer der Geldpolitik des Leitwährungslandes anpassen. Dies kann zu außenpolitischen Verstimmungen zwischen der Regierung des Leitwährungslandes und anderen Regierungen führen. Ein spezielles Problem von Ländern mit stabilen Währungen tritt auf, wenn sie zu Stützungskäufen schwacher Währungen gezwungen werden können. Da sie durch den Ankauf fremder Währungen eigenes Geld schaffen, erhöhen sie die Geldmenge der heimischen Währung, was Inflationsgefahren heraufbeschwören kann.

Systeme flexibler Wechselkurse: Die Befürworter flexibler Wechselkurse bestreiten, daß bei freier Kursbildung durch Spekulationen verzerrte Wechselkurse entstehen. Statt dessen sehen sie gerade bei Systemen fester Wechselkurse die Gefahr, daß ökonomisch nicht vertretbare Kurse aus Gründen politischen Prestiges beibehalten werden sollen – zum Beispiel durch Beschränkungen des Geld- und Kapitalverkehrs, die bei flexiblen Wechselkursen unnötig werden. Mittel- und längerfristig gilt eine Anpassung der Wechselkurse an die Kaufkraftparitäten als wahrscheinlich; das heißt, Währungen aus Ländern mit hohen Inflationsraten werden gegenüber Währungen aus Län-

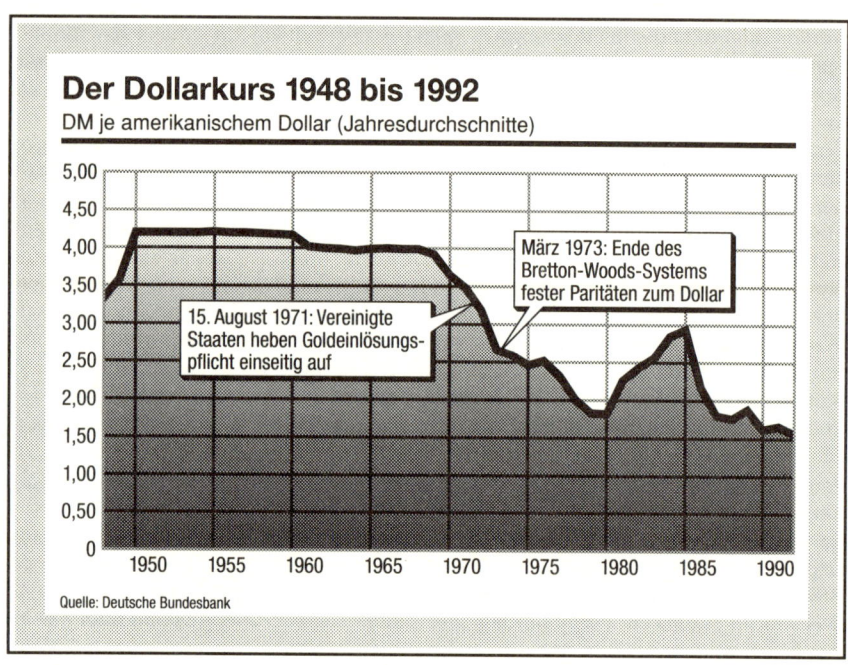

dern mit niedriger Inflationsrate abwerten. Die Erfahrung mit flexiblen Wechselkursen seit 1973 zeigt allerdings, daß die Kursausschläge häufig deutlich größer gewesen sind als zu Zeiten der festen Wechselkurse. Diese Schwankungen waren häufig nicht durch Veränderungen der Kaufkraft zu erklären. Als positive Eigenschaft eines Systems flexibler Wechselkurse wird dagegen die im Vergleich zu festen Wechselkursen größere Unabhängigkeit der nationalen Politik erachtet, da sie weniger Rücksicht auf Wechselkurse nehmen muß.

Das Europäische Währungssystem

Nach dem Zweiten Weltkrieg wurde die Währungspolitik zunächst durch das Währungssystem von Bretton Woods bestimmt, an dem sich unter Führung der Vereinigten Staaten fast alle Länder des Westens beteiligten. Es war durch feste Wechselkurse geprägt. Im Anschluß an den Zusammenbruch des Systems von Bretton Woods bemühte sich eine Reihe europäischer Länder zunächst mit wenig Erfolg um den Aufbau eines Verbundes mit festen Wechselkursen, genannt „Währungsschlange". Eine wirkliche Neuordnung brachte erst das 1979 gegründete Europäische Währungssystem (EWS). Die wichtigsten Anlässe für seine Gründung waren der Wunsch, die politische und wirtschaftliche Integration der Europäischen Gemeinschaft voranzutreiben sowie die Errichtung einer Zone stabiler Güterpreise und Wechselkurse zu schaffen, mit deren Hilfe ein Beitrag zur Überwindung der Wachstumsschwäche der Wirtschaft und der damit verbundenen hohen Arbeitslosigkeit geleistet werden konnte.

Die wesentlichen Konstruktionsmerkmale des EWS bilden die Regeln über die festen Wechselkurse, der Kreditmechanismus sowie der Ecu. Für die Währungen der Mitglieder, die am Mechanismus der festen Wechselkurse teilnehmen, werden offizielle Leitkurse gebildet, die nur durch einstimmigen Beschluß aller Regierungen geändert werden dürfen. Diese Neuordnungen der offiziellen Leitkurse werden auch mit dem Anglizismus „Realignment" bezeichnet. Die Marktkurse der Währungen dürfen gewöhnlich höchstens um 2,25 Prozent von ihrem Leitkurs abweichen. In Sonderfällen können größere Abweichungen vereinbart werden. Die Aufgabe der Notenbanken besteht darin, gegebenenfalls durch Stützungskäufe schwacher Währungen („Interventionen") dafür zu sorgen, daß die Marktkurse innerhalb der vereinbarten Bandbreiten verbleiben. Dabei lassen sich zwei Formen von Interventionen unterscheiden:

Obligatorische Intervention: Die Notenbanken sind zu Interventionen verpflichtet, wenn der Kurs einer Währung die untere Grenze ihrer offiziellen Bandbreite gegenüber einer anderen Währung erreicht. Diese untere Grenze heißt „unterer Interventionspunkt". In diesem Fall erwerben die Notenbanken die zur Schwäche neigende Währung und verkaufen dafür die starke Währung. Nach den Regeln des EWS müssen diese Interventionen prinzipiell in unbegrenzter Höhe erfolgen, um den Kurs der schwachen Währung zu stabilisieren. Allerdings hat sich die Deutsche Bundesbank in einer Vereinbarung mit der Bundesregierung das Recht ausbedungen, Stützungskäufe zugunsten anderer Währungen einzustellen, wenn mit dem Ankauf – gegen die Ausgabe zusätzlicher D-Mark – der schwachen Währung ernsthafte Stabilitätsgefahren für die D-Mark verbunden sind.

Freiwillige Stützung: In der Praxis intervenieren die Notenbanken häufig schon vor Erreichen des unteren Interventionspunktes zugunsten einer zur Schwäche neigenden Währung. Diese freiwilligen Stützungskäufe finden ihre Begründung in der Erfahrung, daß Wechselkurse, die ihren unteren Interventionspunkt erreicht haben, häufig auch durch umfangreiche Stützungsmaßnahmen nicht mehr zu stabilisieren sind. Das Volumen dieser sogenannten intramarginalen Interventionen übertrifft das der obligatorischen Stützungen daher deutlich.

Ein wesentlicher Unterschied zwischen dem EWS und dem System von Bretton Woods besteht darin, daß im EWS offizielle Änderungen der Leitkurse einfacher möglich sein sollen. Zeigt sich, daß die Wechselkurse trotz aller Stützungskäufe der Notenbanken nicht zu stabilisieren sind, sollen die Regierungen zusammentreten, um neue Leitkurse festzulegen.

Das zweite Konstruktionsmerkmal des EWS ist der Kreditmechanismus. Um am Devisenmarkt intervenieren zu können, benötigen die Notenbanken große Bestände an stabiler Währung. Zur Finanzierung von obligatorischen Interventionen haben sich die Notenbanken daher gegenseitig Kreditlinien eingeräumt. Von den verschiedenen Kreditmechanismen ist die sehr kurzfristige Bereitstellung von Mitteln am wichtigsten: Sie erlaubt den am Wechselkursmechanismus teilnehmenden Ländern die Aufnahme betragsmäßig unbegrenzter Kredite bei anderen Notenbanken. Die Schulden müssen zweieinhalb Monate nach dem Ende des Monats, in dem die Intervention durch effektive Zahlungen abgewickelt wurde, zurückgezahlt werden. Alle Zahlungen werden über den Europäischen Fonds für Währungspolitische Zusammenarbeit abgewickelt, in den die Notenbanken einen Teil ihrer Devisenreserven eingebracht haben.

In der Ausgestaltung der Kredit- und Interventionsmechanismen besteht ein wichtiger Grund für den relativen Erfolg des EWS. Sie begründen eine Asymmetrie, indem sie den Ländern mit stabilen Währungen, zum Beispiel Deutschland, eine stärkere Position verleihen als den Ländern mit einer eher schwachen Währung. Hätten die Schwachwährungsländer unbegrenzten Zugriff auf Kredite bei der Deutschen Bundesbank (Vergleichbares gilt für Notenbanken anderer starker Währungen), würde die damit verbundene unregulierte Schaffung von D-Mark die Geldpolitik der Bundesbank unterminieren und damit die D-Mark schwächen. Viele anläßlich der Gründung des EWS geäußerten Besorgnisse in Deutschland zielten in diese Richtung. Es wurde befürchtet, daß sich die Bundesbank einer solchen Schwächung der D-Mark nicht würde widersetzen können, wonach sich das EWS zu einer Inflationsgemeinschaft hätte entwickeln können.

Die Regeln des EWS verhindern allerdings eine solche Inanspruchnahme der Bundesbank durch andere Länder. Die prinzipielle Verpflichtung zur Finanzierung obligatorischer Interventionen gilt für die Bundesbank nur eingeschränkt. Zur Teilnahme an den heute sehr viel wichtigeren intramarginalen Interventionen kann sie überhaupt nicht gezwungen werden. Hinzu kommt, daß die Bundesbank von ihren Partnern nicht verpflichtet werden kann, ihre am Binnenwert der D-Mark ausgerichtete Geldpolitik an außenwirtschaftliche Gegebenheiten anzupassen. Der dritte wichtige Baustein des EWS ist die Europäische Währungseinheit (Ecu), die von Institutionen der Europäischen Gemeinschaft als Recheneinheit verwendet wird.

Der Wert dieser Währungseinheit bestimmt sich auf der Grundlage eines Korbes, in dem alle am EWS teilnehmenden Währungen enthalten sind. Dabei richten sich die Gewichte der nationalen Währungen im Währungskorb nach der Wirtschaftskraft der teilnehmenden Länder. Die Gewichte werden alle fünf Jahre überprüft und gegebenenfalls an die zwischenzeitliche Entwicklung angepaßt. Der Ecu bildet die Grundlage zur Berechnung eines sogenannten Abweichungsindikators, mit dessen Hilfe Spannungen innerhalb des EWS frühzeitig festgestellt werden sollen. Der Abweichungsindikator hat die ihm zugedachte Funktion in der Praxis allerdings nicht erhalten.

Anpassung der Kurse

Die Geschichte des EWS läßt sich grob in drei Phasen untergliedern. In der ersten Phase, die von 1979 bis 1983 dauerte, mußten die offiziellen Leitkurse häufig geändert werden, da unterschiedliche binnenwirtschaftliche Politikkonzepte der Stabilität der Wechselkurse entgegenwirkten. Die Wende trat 1983 ein, als die französische Regierung eine Abkehr von ihrer expansiven Finanzpolitik beschloß, um den Abwertungsdruck vom Franc zu nehmen. In dieser Zeit bildete sich als Folge ihrer Stabilität und des damit verbundenen Ansehens an den Kapitalmärkten die Rolle der D-Mark als Leitwährung des Systems heraus. Die übrigen Teilnehmer mußten sich in den darauffolgenden Jahren immer stärker an der Geldpolitik der Deutschen Bundesbank ausrichten, um die Wechselkurse stabil zu halten.

Die zweite Phase des EWS dauerte von 1983 bis 1992 und war durch eine hohe Konstanz der Wechselkurse bei deutlich fallenden Inflationsraten, bis Ende der achtziger Jahre, einer guten Konjunktur gekennzeichnet. In dieser Zeit gab es nur wenige Änderungen der Leitkurse.

Gegen Ende der achtziger und Anfang der neunziger Jahre wurde die Wechselkurspolitik im EWS allerdings zunehmend von politischen Faktoren, vor allem der geplanten Europäischen Währungsunion, ungünstig beeinflußt. Eine Reihe von Ländern mit traditionell schwachen Währungen hielt ihre Wechselkurse gegenüber der D-Mark mittels sehr hoher Zinssätze konstant, was sich auf das Wirtschaftswachstum dieser Länder negativ auswirkte.

Als die Bundesbank im Anschluß an die deutsche Einheit ihre Zinsen selbst erhöhen mußte, geriet das Wechselkursgefüge unter Druck, da sich viele Partnerwährungen, nun in einer Rezession befindlich, nicht mehr in der Lage sahen, ihre Zinsen noch weiter zu erhöhen. Die Teilnehmer an den Finanzmärkten erkannten dieses Dilemma und begannen ihre hochverzinslichen Anlagen aus den abwertungsverdächtigen Ländern abzuziehen.

Damit begann die dritte Phase des EWS. Im September 1992 entluden sich die jahrelang aufgebauten Spannungen in Form heftiger Erschütterungen, die zeitweise die Existenz des gesamten Währungssystems bedrohten. Das Pfund und die Lira wurden ganz aus dem Mechanismus der festen Wechselkurse herausgenommen, andere Währungen wurden trotz umfangreicher Stützungskäufe der Notenbanken offiziell abgewertet. Zwei weitere schwere Krisen führten Anfang August 1993 zur Vergrößerung der Bandbreiten auf plus/minus 15 Prozent Abweichung vom Leitkurs. Lediglich zwischen dem Gulden und der D-Mark wurde die alte Bandbreite von plus/minus 2,25 Prozent beibehalten.

Die Europäische Währungsunion

Die Idee einer Europäischen Währungsunion wurde erstmals Ende der sechziger Jahre ernsthaft diskutiert. Der Zusammenbruch des Währungssystems von Bretton Woods sowie die nachfolgende Periode der währungspolitischen Unsicherheit in Europa verhinderten jedoch alle Versuche, dieses Thema politisch anzugehen. Die Wiederbelebung des Gedankens an eine Währungsunion fand in der zweiten Hälfte der achtziger Jahre im Zusammenhang mit der für Ende 1992 geplanten Vollendung des Gemeinsamen Binnenmarktes statt. Nach langen Vorbereitungen beschlossen die Staats- und Regierungschefs der EG-Staaten Ende 1991 in der niederländischen Stadt Maastricht die Einführung einer Wirtschafts- und Währungsunion noch in diesem Jahrhundert.

Obgleich mittlerweile alle Staaten die Verträge von Maastricht ratifiziert haben, steht die Verwirklichung der Wirtschafts- und Währungsunion – jedenfalls zum geplanten Zeitpunkt – in den Sternen.

Der Drei-Stufen-Plan

Die Europäische Währungsunion soll am Ende eines drei Stufen dauernden Prozesses stehen. Die erste Stufe hat für die Mitglieder der Europäischen Gemeinschaft bereits Anfang 1990 begonnen. In ihr sollen unter anderem die noch verbliebenen Kontrollen des Kapitalverkehrs wegfallen, alle Mitglieder am Mechanismus der festen Wechselkurse teilnehmen, die Zentralbanken jener Länder, die direkt der Regierung unterstehen, ein größeres Maß an Unabhängigkeit erhalten und die Mitglieder ihre Staatshaushalte konsolidieren.
Die zweite Stufe soll am 1. Januar 1994 beginnen. Ihr herausragendes Kennzeichen ist die Gründung des Europäischen Währungsinstitutes (EWI), das man als Vorläufer der Europäischen Zentralbank bezeichnen kann. Seine wichtigsten Aufgaben sind die Intensivierung der Zusammenarbeit der nationalen Zentralbanken, Konsultationen über den Kurs der Geldpolitik sowie die Vorbereitung der organisatorischen Voraussetzungen für den Einstieg in die dritte Phase. In der zweiten Phase bleibt die Geldpolitik jedoch immer noch in der Hand der nationalen Zentralbanken beziehungsweise Regierungen. Das EWI besitzt keine Eingriffsmöglichkeiten in die nationale Geld- oder Währungspolitik.
Die dritte Stufe sieht die Vollendung der Währungsunion mit einem Ersatz der nationalen Währungen durch eine Gemeinschaftswährung vor. An die Stelle der nationalen Zentralbanken tritt nach den Vorstellungen eine Europäische Zentralbank, deren Aufbau dem der Deutschen Bundesbank ähnelt. Ebenso wie die Bundesbank soll die Bundesbank ein hohes Maß an Unabhängigkeit von den Politikern erhalten und auf die Sicherung der Stabilität des Preisniveaus festgelegt werden. Als Termin für die dritte Stufe gilt zunächst das Jahr 1997.
Bis Ende 1996 wird der Europäische Rat mehrheitlich darüber entscheiden, ob eine Mehrheit der Mitgliedsstaaten die Voraussetzung für eine Teilnahme an der Union besitzt und ob die Vollendung zu diesem Zeitpunkt überhaupt sinnvoll erscheint. Als Voraussetzungen gelten:
Die Inflationsrate darf in einem Land nicht um mehr als 1,5 Prozent über dem Durchschnitt der drei Mitglieder mit der niedrigsten Inflationsrate liegen.
Das öffentliche Defizit eines Mitgliedes (einschließlich Sozialversicherung und Sonderhaushalten) darf in einem Jahr nicht drei Prozent des Bruttoinlandsprodukts überschreiten.
Der Schuldenstand des Staates soll nicht mehr als 60 Prozent des Bruttoinlandsproduktes überschreiten.
Der Wechselkurs einer Landeswährung muß sich seit wenigstens zwei Jahren ohne starke Spannungen innerhalb seiner Bandbreiten im EWS bewegt haben. Eine Währung darf nicht innerhalb dieser Zeit auf Antrag der eigenen Regierung offiziell abgewertet worden sein.
Die Zinssätze langfristiger Staatspapiere eines Mitgliedes dürfen im Verlauf eines Jahres vor der Überprüfung um höchstens zwei Prozentpunkte über den Zinssätzen in den drei Ländern mit den niedrigsten Inflationsraten liegen.
Sollte sich Ende 1996 keine Mehrheit der Mitglieder für die Währungsunion qualifizieren, kann die Union 1999 gegebenenfalls auch mit wenigen Mitgliedern beginnen.

Hoffnungen und Ängste

Jede sachliche Einschätzung der Vorzüge und Nachteile der geplanten Europäischen Währungsunion leidet unter einem Mangel an Voraussehbarkeit: Weder läßt sich abschätzen, wann – wenn überhaupt – eine Währungsunion Wirklichkeit werden wird. Auch läßt sich die Zahl der Teilnehmer derzeit nicht abschätzen. Erschwerend kommt hinzu, daß die Währungsunion nur ein Bestandteil einer weit gefaßten Wirtschafts- und Politischen Union bilden soll, deren Konturen teilweise noch sehr unscharf sind. Insofern sind alle Voraussagen mit großer Unsicherheit behaftet. Immerhin lassen sich aus deutscher Sicht einige Problemfelder beschreiben.

Die traditionelle ökonomische Begründung der Währungsunion stellt auf die Einsparung von Kosten durch die Abschaffung der nationalen Währungen ab. Gibt es nur noch eine Währung in der Gemeinschaft, entfallen alle Kosten des Umtauschs nationaler Währungen ebenso wie die Kosten der Absicherung gegenüber Änderungen der Wechselkurse. Diese Ersparnis tritt allerdings nur ein, wenn gleichzeitig die gemeinsame Währung mindestens so stabil ist wie die D-Mark. Andernfalls müßten die aus der Abschaffung der nationalen Währungen resultierenden Erträge mit den Kosten einer höheren Inflationsrate verrechnet werden. Bei einer hohen Inflationsrate würden die Kosten vermutlich die Erträge aus der Gemeinschaftswährung übertreffen. Unklar bleibt, ob eine Europäische Zentralbank trotz ihrer der Deutschen Bundesbank vergleichbaren Unabhängigkeit ebenfalls eine konsequente Stabilitätspolitik betreiben wird. Die Erfahrung zeigt, daß Stabilitätspolitik nur erfolgreich sein kann, wenn sie von der Bevölkerung unterstützt wird. Skeptiker argumentieren, daß in anderen europäischen Staaten die Stabilität des Geldwertes in einem niedrigeren Ansehen als in Deutschland steht. Das Argument, das in den vergangenen Jahren in den meisten EG-Staaten die Inflationsraten unter das deutsche Niveau gefallen sind, erklären sie entweder als zeitweiliges Phänomen oder mit dem durch die deutsche Geldpolitik im EWS ausgeübten Zwang zur Stabilität. Werde die Deutsche Bundesbank entmachtet, würde die alte Inflationsmentalität wieder auferstehen. Dem läßt sich allerdings entgegenhalten, daß zumindest in den Ländern des sogenannten harten Kerns im EWS die Stabilitätspolitik doch einen hohen Stellenwert zu genießen scheint.

Stabilitätspolitik beruht auch auf dem Zusammenspiel der Geldpolitik mit einer möglichst soliden Finanz- und Lohnpolitik. Bislang ist – nicht zuletzt wegen des Fehlens eines Konzeptes für die Politische Union – völlig offen, wie eine solche Zusammenarbeit in der Währungsunion aussehen soll.

Schließlich besteht die Furcht, daß die Eintrittskriterien nicht ernst genommen werden und damit Länder zur Währungsunion zugelassen werden, die sich ökonomisch eigentlich nicht qualifiziert haben. Daraus könnte für die reichen Länder ein Zwang zur dauerhaften Subventionierung dieser ökonomisch schwächeren Mitglieder in Form eines Finanzausgleiches entstehen.

18. DER INTERNATIONALE WÄHRUNGSFONDS UND DIE WELTBANK

Die ungeliebten Schwestern

Nahezu ein halbes Jahrhundert nach ihrer Gründung umgibt die Weltbank (International Bank for Reconstruction and Development – IBRD) und den Internationalen Währungsfonds (International Monetary Fund – IMF) noch immer ein Hauch des Mysteriösen. Vor allem der Währungsfonds ist für viele ein Buch mit sieben Siegeln geblieben – ein Buch, das man auch ohne Kenntnis seines Inhalts von vornherein negativ belegt. Es ist Mode geworden, den Fonds und seine angeblich herzlose Austeritätspolitik nicht nur für blutige Unruhen in der Dritten Welt verantwortlich zu machen; auch die Mär vom wirtschaftspolitischen Diktat des Währungsfonds hält sich hartnäckig. Die Weltbank gilt den einen als Handlangerin des Kapitalismus, anderen als Agentin des Sozialismus. Nur wenigen ist bewußt, daß der Währungsfonds und die Weltbank kooperative Einrichtungen sind, die dem politischen Willen ihrer Eigentümer gehorchen.

Die Geschäftspolitik beider Institutionen wird von jeweils 24 Exekutivdirektoren überwacht. Die fünf wichtigsten Industrieländer – die Vereinigten Staaten, Japan, Deutschland, Frankreich und Großbritannien – haben Anrecht auf einen ständigen Vertreter im Direktorium. Die restlichen Mitglieder bilden Wahlgruppen. An der Spitze dieser Aufsichtsgremien steht bei der Weltbank ein Präsident, beim Währungsfonds ein geschäftsführender Direktor. Traditionsgemäß stellen die Vereinigten Staaten den Weltbankpräsidenten, die Europäer den Chef des Währungsfonds. Oberstes Entscheidungsorgan sind in den beiden Schwesterorganisationen die Gouverneursräte (Board of Governors), in denen alle Mitgliedsländer entweder durch ihre Notenbankpräsidenten, den Finanz- oder den Entwicklungsminister vertreten sind. Sie kommen einmal im Jahr anläßlich der Jahrestagung von Weltbank und Währungsfonds zusammen. Ansonsten stimmen sie über wichtige Fragen im brieflichen Verfahren ab. Seit 1973 stehen die Interims- und Entwicklungsausschüsse den Gouverneuren beratend zur Seite. Sie sind spiegelbildlich zu den Direktorien mit jeweils 24 Gouverneuren besetzt. In allen Gremien wird nach dem jeweiligen Kapitalanteil abgestimmt.

Die Bundesrepublik Deutschland gehört seit 1952 den beiden Bretton-Woods-Organisationen an. Dank ihres wirtschaftlichen Gewichts ist sie sehr rasch zu einem der wichtigsten Mitgliedsländer aufgestiegen. Beim Fonds haben Deutschland und Japan nach den Vereinigten Staaten mit 5,71 Prozent die zweithöchste Quote. An einer Kreditlinie (23,5 Milliarden Dollar) der Zehnergruppe für den Währungsfonds ist Deutschland mit 3,3 Milliarden Dollar beteiligt. Bei der Weltbank hat Deutschland nach den Vereinigten Staaten und Japan mit 8,7 Milliarden Dollar den drittgrößten Kapitalanteil. Zum Kapital der IDA (International Development Association, einer Weltbankeinrichtung für die ärmsten Länder) trägt Deutschland jeweils 11 Prozent bei. Der deutsche Kapitalmarkt ist für die Refinanzierung der Weltbank eine der ergiebigsten Geldquellen. 1992 betrugen die ausstehenden D-Mark-Verpflichtungen der Bank knapp 13 Milliarden Dollar.

Mit Ausnahme von Kuba, Nordkorea und Brunei gehören den beiden Organisationen heute alle Staaten der Erde an. Gegründet wurden sie 1944 in Bretton Woods, im amerikanischen Bundesstaat New Hampshire, von nur 44 Ländern mit dem Ziel, eine Wiederholung der tiefen Weltwirtschaftskrise zu vermeiden. Nie wieder sollten ruinöse Abwertungswettläufe und protektionistische Schutzstrategien die Welt in wirtschaftliches und politisches Chaos stürzen.

Die Option für feste Wechselkurse

Der Internationale Währungsfonds erhielt die Aufgabe, als Hüter über das System fester Wechselkurse die währungspolitische Zusammenarbeit zwischen den Mitgliedsländern zu fördern, die Ausweitung und das ausgewogene Wachstum des Welthandels zu erleichtern, für die Stabilität der Währungen und für ein reibungslos funktionierendes multilaterales Zahlungssystem zu sorgen und Ungleichgewichte in den Zahlungsbilanzen der Mitgliedsländer möglichst rasch beseitigen zu helfen. Zu diesem Zweck vergibt der Währungsfonds Kredite an Mitgliedsländer mit vorübergehenden Zahlungsbilanzschwierigkeiten. Mittels rasch verfügbarer kurzfristiger Überbrückungskredite wollten die Väter des Bretton-Woods-Systems, der amerikanische Treasury-Beamte Harry Dexter White und der englische Nationalökonom John Maynard Keynes, verhindern, daß Mitgliedsländer in Zahlungsbilanznot zu Maßnahmen Zuflucht nehmen lassen, die dem nationalen und internationalen Wohlstand schaden.

Die beispiellose Wohlstandsvermehrung, die die Welt nach dem Zweiten Weltkrieg erlebt hat, bestätigt die Weitsichtigkeit der Gründungsväter. Auch ihre Vision von den „weltumspannenden Organisationen" hat sich mit dem Ende des kalten Krieges und mit dem Beitritt der ehemals kommunistischen Staaten Mittel- und Osteuropas zu den beiden Bretton-Woods-Institutionen erfüllt. Die Rollen des Fonds und der Weltbank haben sich allerdings über die Jahre ganz anders gestaltet als von Keynes und White vorgesehen.

Der Internationale Währungsfonds, der sich vorrangig um die monetären Beziehungen zwischen den Industrieländern kümmern sollte, hatte es von Anfang an schwer, sich bei ihnen Gehör zu verschaffen. Mit dem Zusammenbruch des Fixkurssystems von Bretton Woods im Jahre 1973, dem Übergang zu frei schwankenden Wechselkursen und der immer größer werdenden Mobilität der internationalen Kapitalströme nahm der Einfluß des Fonds auf die Politik der führenden Industrieländer weiter ab. Großbritannien war 1976 das letzte Industrieland, das vom Fonds Kredithilfe in Anspruch nehmen mußte. Der Fonds erhielt 1978 zwar ein Überwachungsmandat (surveillance), um Wechselkursprobleme und Zahlungsbilanzungleichgewichte frühzeitig zu erkennen und entsprechende Empfehlungen für ihre Beseitigung auszusprechen. Aber erst neuerdings, unter dem Eindruck der Turbulenzen im Europäischen Währungssystem, scheinen auch die Industrieländer wieder bereit zu sein, auf den Fonds zu hören. Für ihre eigenen wirtschafts- und währungspolitischen Gespräche ziehen sie aber solch exklusive Zirkel wie die Zehner- oder die Siebenergruppe der immer größer werdenden Mitgliederrunde des Währungsfonds vor. Den Fonds nutzen sie vor allem als wirkungsvolles Instrument für ihren wirtschaftspolitischen Dialog mit den Entwicklungsländern und neuerdings auch mit den reformwilligen Staaten Mittel- und Osteuropas.

Kredite gegen Auflagen

In der Öffentlichkeit ist der Internationale Währungsfonds vorwiegend als Kreditgeber und Hüter der internationalen Liquidität bekannt. Die Sorge um die ausreichende Liquiditätsversorgung veranlaßte die Gouverneure 1969 dazu, Währungsreserven aus der Retorte zu schaffen. Damals entstanden die „Sonderziehungsrechte", auch Papiergold genannt. Sie sind nichts anderes als Kreditlinien, die sich die Mitglieder des Fonds gegenseitig gewähren. Bewertet wird das Sonderziehungsrecht mit Hilfe eine Währungskorbes aus Dollar, Franc, Yen, Pfund und D-Mark. Sonderziehungsrechte können grundsätzlich nur zwischen Notenbanken gehandelt werden, und ihre Nutzung unterliegt bestimmten Auflagen. 1969 wurden 9,5 Milliarden Sonderziehungsrechte in drei Tranchen auf der Basis der Quoten an die Mitglieder überwiesen. 1979 gab es noch einmal eine Zuteilung von insgesamt 12 Milliarden Sonderziehungsrechten. Freilich spielen die Sonderziehungsrechte mit einem Anteil von nur drei Prozent an den Weltwährungsreserven eine geringe Rolle.

Während der Schuldenkrise in den achtziger Jahren pumpte der Währungsfonds innerhalb von nur zwei Jahren 28 Milliarden Dollar in das internationale Währungssystem, um Mitgliedern in Zahlungsnot aus der Klemme zu helfen. Ähnlich aktiv war der Fonds auch während der ersten Erdölkrise in den frühen siebziger Jahren. Neuerdings macht der Fonds Schlagzeilen als eine der wichtigsten Geldquellen für die marktwirtschaftliche Umwandlung Rußlands, der anderen ehemaligen Sowjetrepubliken sowie der jungen Demokratien Ost-Mitteleuropas. Speziell für diesen Zweck hat der Fonds 1993 im Auftrag der Siebenergruppe eine „System-Übergangs-Fazilität" geschaffen und mit 3 Milliarden Dollar ausgestattet.

Eigenkapital und Sonderziehungsrechte

Der Internationale Währungsfonds finanziert seine Kredittätigkeit aus den Kapitaleinlagen der Mitgliedsländer, die mittlerweile rund 205 Milliarden Dollar ausmachen und alle fünf Jahre überprüft und angepaßt werden. Die Höhe dieser sogenannten Mitglieds-Quoten richtet sich nach der relativen Wirtschaftskraft der Mitgliedsländer. Je reicher ein Land, desto höher seine Quote und seine Stimmrechte. Mit 18 Prozent der Gesamtquote sind die Vereinigten Staaten das bei weitem wichtigste Mitgliedsland des Fonds; das Schlußlicht sind die Marshallinseln. Die Höhe der Quote bestimmt auch den Zugang zu den Krediten des Fonds. Jedes Land, das in Zahlungsbilanzschwierigkeiten gerät, kann für einen bestimmten Zeitraum maximal das Dreifache seiner eingezahlten Quote ziehen; Voraussetzung ist die Einleitung wirtschaftlicher Reformen, mit deren Hilfe die Ursachen des makroökonomischen Ungleichgewichts möglichst rasch beseitigt werden sollen. Die Auflagen (Konditionalität) variieren je nach Ausmaß der wirtschaftlichen Krise und der Beanspruchung der Mittel des Fonds. Wegen seiner Auflagen steht der Fonds häufig im Kreuzfeuer der Kritik; zumeist allerdings zu Unrecht, wird er doch in der Regel erst dann zu Hilfe gerufen, wenn das wirtschaftspolitische Haus in Flammen steht und nur noch drakonische Maßnahmen greifen.

Auf die wechselnden Bedürfnisse seiner Mitgliedsländer hat sich der Fonds mit bemerkenswerter Flexibilität und einer Vielzahl neuer Kreditmechanismen eingestellt. Wegen seiner Phantasie bei der Schaffung neuer Töpfe – Fazilitäten genannt – wird er allerdings auch häufig kritisiert. Neben dem normalen kurzfristigen Beistandskredit verfügt er heute über eine Reihe von mittel- und langfristigen Ziehungsinstrumenten, mit denen er die Wachstumsgrundlagen seiner ärmeren Klientel zu stärken sucht. Mit der Hinwendung zu längerfristigen Entwicklungsaufgaben hat sich der Internationale Währungsfonds der Domäne der Weltbank genähert, während die Weltbank ihrerseits seit einigen Jahren damit begonnen hat, ihre Entwicklungskredite an makroökonomische Erfüllungskriterien zu binden. An eine Verschmelzung der beiden Institutionen denkt die Mitgliedschaft freilich nicht; vielmehr soll die alte Aufgabenteilung – makroökonomische Stabilisierung für den Währungsfonds und mikroökonomisch orientierte Struktur- und Investitionspolitik für die Weltbank – beibehalten bleiben.

Die Bank für die Entwicklungsländer

Ähnlich anpassungsfähig wie der Internationale Währungsfonds hat sich auch die Weltbank gezeigt. Ihre ursprüngliche Gründungsaufgabe, die im Wiederaufbau des kriegszerstörten Europas und Asiens bestand, hat sie schon in den frühen fünfziger Jahre zugunsten des Engagements in den Entwicklungsländern geändert. In den in die

Unabhängigkeit entlassenen Kolonien war ihre Hilfe notwendiger als in Europa, das mit Hilfe des Marshallplans wieder rasch auf die Füße kam. Schon 1960 wurde mit der Gründung der Internationalen Entwicklungsgesellschaft (IDA) ein Hilfsinstrument für die ärmsten Entwicklungsländer in Schwarzafrika und Asien geschaffen. An diese bedürftige Klientel vergibt die IDA langfristige, zinslose Kredite. Diese werden aus Budgetmitteln einer aus 34 Mitgliedern bestehenden Gebergruppe finanziert. Für die zehnte Auffüllung des Kapitals der IDA, die am 1. Juli 1993 für eine dreijährige Laufzeit in Kraft getreten ist, stehen 18 Milliarden Dollar zur Verfügung.

Bank für die Entwicklungsländer: Die Weltbank

Zur Weltbankgruppe gehören heute neben der Weltbank und der IDA auch die Internationale Finanzgesellschaft (International Finance Corporation – IFC) und die Internationale Versicherungsagentur (Multilateral Investment Guarantee Agency – MIGA). Der IFC obliegt seit 1956 die Förderung produktiver privater Unternehmen in den Entwicklungsländern. Tritt gefaßt hat die IFC aber erst Mitte der achtziger Jahre, nachdem die Entwicklungsländer ernsthaft mit marktwirtschaftlichen Reformen begannen. Die IFC sieht ihre Aufgabe vornehmlich als Katalysator für in- und ausländisches Kapital, zeichnet aber auch Eigenkapital und vergibt Kredite an Privatunternehmen. Wichtig ist ihre Rolle auch im Aufbau von Kapitalmärkten und Finanzsystemen. In Mittel- und Osteuropa widmet sie sich heute in erster Linie der Privatisierung.

Das jüngste Kind in der Weltbankgruppe, die MIGA, besteht seit 1988 und hat derzeit 101 Mitglieder. Ihre Aufgabe ist es, ausländische Direktinvestitionen in den Entwicklungsländern gegen kommerzielle Risiken abzusichern. Die MIGA steht Entwicklungsländern auch bei der Verbesserung der Rahmenbedingungen für Investitionen zur Seite.

Ihre stärkste Expansion erfuhr die Weltbankgruppe unter Robert McNamara, der zwischen den Jahren 1968 und 1980 den Personalbestand von 1500 auf 6000 brachte und das jährliche Kreditvolumen auf 10 Milliarden Dollar verzehnfachte. Unter seiner Führung vergab die Weltbank neben den Projektkrediten erstmals auch rasch abfließende Zahlungsbilanzkredite. Derartige Struktur- oder Sektordarlehen machen heute 25 Prozent des Ausleihevolumens aus. Insgesamt bewältigt die Weltbank zusammen mit ihren Töchtern IDA und IFC derzeit ein Kreditvolumen von rund 25 Milliarden Dollar im Jahr. Mit Ausnahme der IDA-Gelder werden alle Mittel zu kommerziellen Bedingungen im internationalen Kapitalmarkt aufgenommen und auch zu kommerziellen Bedingungen vergeben. Mit einer jährlichen Netto-Kreditaufnahme von 10 bis 12 Milliarden Dollar ist die Weltbank außerdem der größte Emittent in den internationalen Finanzmärkten.

Die Regionalinstitute

Als Ergänzung zur Weltbank sind während der letzten 35 Jahre regionale Entwicklungsbanken für Lateinamerika, Afrika und Asien gegründet worden. Das bedeutendste Institut, die Lateinamerikanische Entwicklungsbank (Inter-American Development Bank – IDB), besteht schon seit 1959 mit Sitz in Washington. Die Afrikanische Entwicklungsbank (African Development Bank – AFDB) wurde 1965 in Abidjan, Elfenbeinküste, ins Leben gerufen. In Manila wurde ein Jahr später die Asiatische Entwicklungsbank (Asian Development Bank – ADB) gegründet. In allen drei Entwicklungsbanken ist Deutschland einer der wichtigsten Kapitalgeber. Das jüngste Mitglied im Kreise der Regionalbanken ist die Osteuropabank (European Bank for Reconstruction and Development – EBRD). Sie wurde 1991 mit dem Ziel geschaffen, die schwierige marktwirtschaftliche Umwandlung Mittel- und Osteuropas mit Rat und Krediten zu begleiten. Im Gegensatz zu den anderen internationalen Finanzinstituten, die bei der Kreditvergabe vorwiegend auf staatliche Garantien bestehen, hat die EBRD den ausdrücklichen Auftrag, 60 Prozent ihrer Mittel für die Förderung der Privatwirtschaft einzusetzen und nur 40 Prozent mit staatlichen Stellen abzuwickeln. Sitz der EBRD ist London.

Die Regionalbanken verstehen sich zwar immer wieder als Konkurrenten der großen Weltbank, können freilich, was das Kreditvolumen und den Facettenreichtum der Weltbankaktivitäten anbetrifft, nicht mithalten. Die Tätigkeit der Weltbank ist gekennzeichnet durch ihre Vielfalt; von der Infrastruktur bis zur Familienplanung, von der Industrie- bis zur Umweltpolitik, vom sozialen Netz bis zur zur technischen Hilfe umfaßt sie alle

Aspekte der Entwicklungspolitik. Die Weltbank führt außerdem den Vorsitz in zahlreichen Beratungsgruppen, in denen die Hilfs- und Finanzierungsstrategien für eine Reihe wichtiger Mitgliedsländer, neuerdings auch die der ehemaligen Sowjetrepubliken, koordiniert werden. Ihre volkswirtschaftliche Stabsabteilung trägt mit jährlichen Publikationen wie dem Weltentwicklungsbericht zur intellektuellen Auseinandersetzung über Entwicklungspolitik bei. Ihre Hauptaufgabe sieht die Weltbank nach wie vor im Kampf gegen die Armut. Neuerdings haben die Entwicklungspolitiker auch die enge Verbindung zwischen Armut und Umweltzerstörung entdeckt. Unter dem Stichwort der nachhaltigen Entwicklung hat die Weltbank daher umweltpolitische Belange, aber in ihre Entwicklungsprojekte integriert. Auch die Rolle der Frau im Entwicklungsprozeß und die Bekämpfung von AIDS gehören zu den Neuentdeckungen der Entwicklungspolitik.

In Mittel- und Osteuropa sieht sich die Weltbank ähnlich wie auch der Internationale Währungsfonds ihrer derzeit wohl größten Herausforderung gegenüber. Für diese Aufgabe gibt es weder Lehrbücher noch Vorbilder. Reform- und Lernprozeß gehen Hand in Hand. Die technischen Dienstleistungen beider Organisationen bei der Unternehmensreform und Privatisierung, bei der Schaffung eines Rechtssystems, bei der Restrukturierung des Finanzsystems und dem Aufbau von Kapitalmärkten sind fast noch wichtiger als ihre Stabilisierungs- oder Projektkredite.

19. DIE HANDELSPOLITIK

Die Vorteile des Freihandels

Zum ökonomischen Einmaleins gehört die Erkenntnis, daß Arbeitsteilung den Wohlstand aller mehrt. Das gilt nicht nur innerhalb einer Volkswirtschaft, sondern auch für den internationalen Warenaustausch, der relative Kostenvorteile und unterschiedliche Fähigkeiten nutzt. Um die Vorzüge des Freihandels aufzuzeigen, benutzte der Urahn der modernen Ökonomie, Adam Smith, einen anschaulichen Vergleich: Jedes Land sollte wie ein guter Familienvater niemals etwas selbst herzustellen versuchen, was es anderswo billiger kaufen könne.

Doch damit Rohstoffe, Fertigwaren oder auch Dienstleistungen gehandelt werden können, müssen sie Grenzen überwinden. Das ist, wie jeder Tourist weiß, nicht so einfach. Da gibt es sichtbare Handelshürden (Zolltarife, Mengenbegrenzungen) sowie etliche nichttarifäre Hemmnisse wie Normen, technische Vorschriften und gesundheitspolizeiliche Bestimmungen. Manches davon läßt sich schlicht und einfach mit nationalem Egoismus erklären, etwa mit dem Wunsch nach Selbstversorgung oder mit der Protektion heimischer Anbieter. Andere Handelsbarrieren werden etwas intelligenter begründet: So sollen jungen Industrien im Sinne einer „strategischen" Handelspolitik Zusatzgewinne gesichert werden, bis sie wettbewerbsfähig sind (Erziehungszoll-Argument). Bei der Protektion ihrer Bauern verweisen europäische Staaten auf die traditionell kleinen Familienbetriebe oder auf klimatische Nachteile. Und wem es sonst an plausiblen Argumenten mangelt, der fordert Außenhandelsschutz wegen irgendwelcher politischer, steuerlicher oder kultureller Eigenheiten.

Die Verlockung des Protektionismus

Protektionismus ist eine große Verlockung für Parlamente und Regierungen, zumal in Zeiten schnellen technischen und ökonomischen Wandels. Die Verlierer einer Marktöffnung machen sich meist lauter bemerkbar. Denn es sind oft nur wenige, konzentriert in einer Region und in einer Branche. Die Gewinner (Konsumenten) aber sind zahlreich und können sich daher nicht so leicht als Lobby organisieren. Überdies sind die Vorteile von Zollbarrieren sofort sichtbar, wenn Unternehmen geschützt und Arbeitsplätze gesichert werden, die Kosten des Protektionismus aber sind erst auf lange Sicht zu erkennen. Auch können Konsumenten nur selten den Zusammenhang von Importabgaben und höheren Preisen erkennen, weil sie Zölle wie versteckte Verbrauchssteuern empfinden.

Zweitbeste Lösungen

Da es den grenzenlosen Markt meist nur in der Theorie gibt, sind in der Handelspolitik zweitbeste Lösungen gefragt. Man muß versuchen, mit Verträgen die nationalen Egoismen und die um Argumente nie verlegenen Protektionisten zu bändigen, sich auf gemeinsame Spielregeln zu einigen. Denn im Handel geht es zu wie im Straßenverkehr: Ohne allseits akzeptierte Vorschriften gibt es leicht Chaos und die Herrschaft des Stärkeren oder Rücksichtslosen. Regeln beschränken zwar individuelle Freiheiten, doch sie machen den Verkehr sicherer und flüssiger.

Ebenso wie Verkehrsteilnehmer, wenn sie nur wenige und gutwillig sind, ohne Straßenverkehrsgesetz auskommen und nur nach Sichtkontakt fahren könnten, so vermögen auch wenige, freihändlerisch geprägte Volkswirtschaften ohne kompliziertes Regelwerk untereinander Märkte zu öffnen. Freihandel braucht eigentlich keine Institutionen. Doch im internationalen Maßstab würde ein derartiges, bilaterales Vorgehen versagen: Jeder Handelspartner hätte womöglich einen speziellen Zolltarif, der Wust an nationalen Präferenzen und Sonderkonditionen wäre ein administrativer Dschungel, der den Warenverkehr erschwerte.

Multilaterale Vereinbarungen

Multilaterale Abkommen, die man analog zur einzelstaatlichen Wirtschaftsordnung ebenfalls als Regelsystem bezeichnen kann, sind ökonomisch sinnvoller, weil sie ein „Freifahrer-Verhalten" einzelner Länder unterbinden, die zwar offene Märkte anderer ausnutzen, sich selbst aber abschotten. Solche internationalen Verträge sind aber politisch mühsamer, weil der kleinste gemeinsame Nenner gefunden werden muß. Einigkeit gibt es nur, wenn im Gefeilsche eine Balance der gegenseitigen Handelskonzessionen gefunden wird. Für kleinere Staaten hat die Methode allerdings Vorteile: Sie sind, wenn sie gemeinsam auftreten, den Handelsriesen nicht so unterlegen wie in bilateralen Verhandlungen. Internationale Verträge werden überdies nicht so leichtfertig verletzt, weil dies mit einem größeren politischen und ökonomischen Schaden verbunden ist. Das wiederum mindert das ökonomische Risiko der Unternehmen. Denn sie investieren nur dann in neue Absatzmärkte, wenn sie darauf vertrauen können, daß Handelsschranken nicht plötzlich und einseitig hochgezogen werden können.

Das Allgemeine Zoll- und Handelsabkommen

Das wichtigste Regelwerk des Welthandels ist das Allgemeine Zoll- und Handelsabkommen (Gatt). Das nach dem Zweiten Weltkrieg gegründete Gatt (Abkürzung für „General Agreement on Tariffs and Trade") war höchst erfolgreich. Es öffnete Märkte und schuf mehr Fairness im Handel. Das half vielen Nationen, Wachstum und Wohlstand zu mehren. Zölle wurden schrittweise gesenkt, die Zahl der Gatt-Vertragsparteien erhöhte sich auf über 110 Staaten. Doch seit Beginn der achtziger Jahre und spätestens seit der mühsamen achten Gatt-Handelsrunde (die Uruguay-Runde begann 1986) ist es offensichtlich, daß diese Welthandelsordnung in eine Krise geraten ist. Es gibt viele Symptome für den Niedergang: Gatt-Regeln werden entweder mißachtet oder umgangen durch „freiwillige Selbstbeschränkungen", die nichts anderes sind als regulierter Handel. Eine bessere Disziplin bei Subventionen (etwa im Agrarhandel) scheitert nicht zuletzt an der Unnachgiebigkeit der EG. Das Vertrauen in die Streitschlichtung des Gatt nimmt ab, und die Vereinigten Staaten versuchen daher immer häufiger, Handelspartner einseitig durch Drohungen und Sanktionen zu disziplinieren. Wenn das Gatt versagt, will jeder selbst Richter und Polizist spielen.

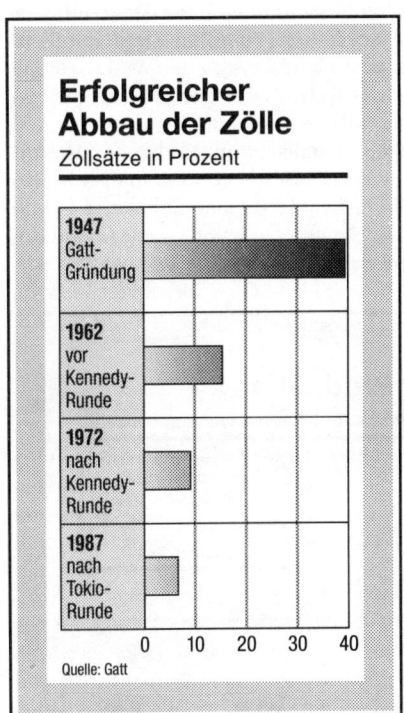

Erfolgreicher Abbau der Zölle
Zollsätze in Prozent

1947 Gatt-Gründung
1962 vor Kennedy-Runde
1972 nach Kennedy-Runde
1987 nach Tokio-Runde

0 10 20 30 40
Quelle: Gatt

Dennoch ist es voreilig, das Gatt für tot zu erklären, wie es etwa der amerikanische Professor Lester Thurow tut. Solch ein System stirbt nicht über Nacht, auch wenn die Schlagzeilen der Zeitungen mitunter allzu leichtfertig jeden Handelsstreit gleich zu einem Krieg aufbauschen. Die vom Gatt angestrebte Liberalisierung fällt besonders westlichen Industriestaaten schwer, weil sie, ähnlich wie Tarifpartner in Verteilungskämpfen, um ihren Besitzstand fürchten. Denn schnellere und billigere Transportmittel sowie die Fortschritte in der Kommunikation haben ökonomische Entfernungen verringert und damit auch den Distanzschutz, den früher viele Industrien genossen. Der Wettbewerb ist global, der Druck auf Gewinnmarge und Lohnniveau größer. Das empfinden Unternehmer wie Arbeiter in Industrieländern als Bedrohung; man sucht daher nicht zusätzliche Marktöffnung, sondern mehr Schutz. Und dies möglichst mit Mitteln, die einen euphemistischen Namen haben („strategische Industriepolitik") oder als Handelshürde gut getarnt sind (Sicherheitsvorschriften). Es scheint, als ob viele Staaten im Handel nun ein Nullsummenspiel sehen, was er, wie die Geschichte erweist, nicht ist.

Die politische Wende im Osten, die neue Konkurrenten bringt, wirkt überdies als handelspolitischer Spaltpilz im Westen. Der Zusammenhalt hat sich gelockert, weil der gemeinsame Feind, die Sowjetunion, auseinanderbrach. Unterschiedliche ökonomische Interessen werden nun nicht immer der atlantischen Bündnistreue untergeordnet. Hinzu kommt, daß Amerika nicht mehr die einzige wirtschaftliche Großmacht ist, die nach dem Ende des Zweiten Weltkriegs maßgeblich die Gatt-Regeln bestimmte und die Handelsordnung lange danach noch prägte. Die Europäische Gemeinschaft fühlt sich nun stärker mit ihrem Binnenmarkt. Der politische Kampf wird mehr und mehr zu einem ökonomischem Wettbewerb, es entstehen Handelsblöcke in einer tripolaren Welt: die Nordamerikanische Freihandelszone unter dem vielleicht baldigen Einschluß von Mexiko (Nafta), Europa mit einer größer werdenden EG sowie Japan und die südostasiatischen Länder. Das schafft Spannungen im Handelssystem. Früher bildeten Freihandelszonen und Zollunionen eine Ergänzung zum multilateralen Gatt-Regime, nun werden sie mehr und mehr zu einer Konkurrenz. Denn diese wirtschaftlichen Integrationsräume können auf Dauer das Grundprinzip des Gatt unterhöhlen, die Nichtdiskriminierung zwischen Handelspartnern.

Am Steuerpult des Welthandels

Wer in Genf die Gatt-Zentrale sucht und dabei am Seeufer nach einer großen Behörde Ausschau hält, der erlebt eine Überraschung. Das Gatt-Sekretariat ist, verglichen mit anderen, weniger bekannten internationalen Organisationen der Stadt, ein eher kleines Gebäude mit etwa 400 Mitarbeitern. Bürokratische Alpträume muß der Besucher in den Fluren nicht fürchten; das Sekretariat gleicht eher einer Mischung aus Staatskanzlei und wissenschaftlichem Institut. Denn das Gatt ist nicht eine Behörde, die den Welthandel steuert und kontrolliert. Im Grunde ist es lediglich ein Kodex von Regeln und ein Forum zum Aushandeln weiterer Liberalisierungsschritte. Bei Streitigkeiten fungiert es als Schlichter. Wie heikel die Mittlerrolle dieses Gremiums ist, bei dem es um Milliarden-Interessen geht, zeigt die Auswahl der Generaldirektoren: Man wählt gerne Vertreter kleiner, politisch neutraler Staaten. So ist es kein Wunder, daß seit Ende der sechziger Jahre Gatt-Generaldirektoren oft Schweizer waren.

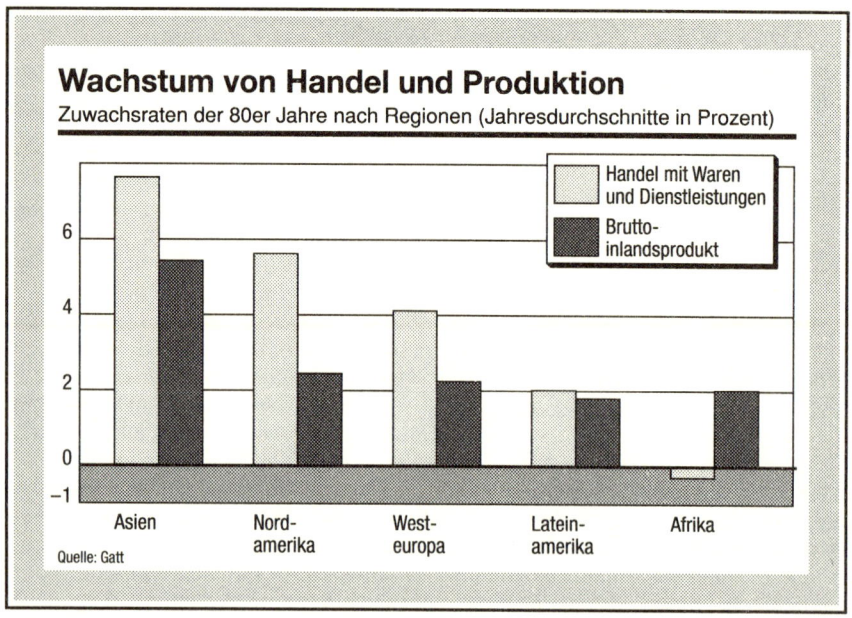

Die Vertreter von 23 Staaten, die das Gatt-Abkommen am 1. Januar 1948 in Kraft setzten, waren zwar nach den Erfahrungen der Depression in den dreißiger Jahren Freihändler, doch sie waren zugleich Pragmatiker. Das Abkommen proklamiert keine Utopie, es ist nicht eine Freihandelscharta. Das Gatt ist auch nicht Wächter oder gar Polizist, der Liberalisierung verordnen kann; die muß in Gatt-Runden mühsam ausgehandelt werden. Überdies ist das Gatt ein Provisorium, allerdings ein sehr zählebiges. Ursprünglich sollte nach dem Zweiten Weltkrieg zusammen mit den anderen Bretton-Woods-Institutionen wie Währungsfonds und Weltbank auch eine Internationale Handelsorganisation (International Trade Organization – ITO) im Rahmen der UNO geschaffen werden, die auch für Beschäftigung, Rohstoffabkommen und internationale Investitionen zuständig gewesen wäre. Diese „Havanna-Charta" scheiterte jedoch am amerikanischen Kongreß.

Die institutionellen Mängel des Gatt, die Schwerfälligkeit seiner Entscheidungsmechanismen (Einstimmigkeit), die fehlenden Sanktionsmöglichkeiten sind bis heute zu spüren. Es gibt kein Exekutivgremium. Die Streitschlichtung dauert lange, meist über ein Jahr. Weil das Gatt keine Behörde im üblichen Sinne ist, heißen die Staaten auch nicht Mitglieder, sondern „Vertragsparteien". Forderungen nach einer institutionellen Reform tauchen immer wieder auf. Entsprechende Änderungen sind im Rahmen der Uruguay-Runde vorgesehen.

Das Gatt reüssierte trotz (oder vielleicht wegen) seiner Beschränkung auf ein reines Handelsabkommen. Von einst 35 Prozent sanken die durchschnittlichen Zollsätze der Industrieländer auf etwa 5 Prozent. Die Liberalisierung führte dazu, daß der Welthandel zwischen 1950 und 1970 im Durchschnitt fast doppelt so schnell zunahm (8,1 Prozent) wie die Güterproduktion. In den siebziger und den achtziger Jahren, hervorgerufen durch die Ölkrisen, war die Zuwachsrate dann allerdings deutlich geringer (4,2 Prozent), und wie immer in Rezessionsphasen nahm der Protektionismus wieder zu. Eine durch Handelsrestriktionen verschärfte Depression, die in den vier Jahren nach 1929 den Welthandel um 25 Prozent schrumpfen ließ, hat das Abkommen aber bisher verhindern können. Das Gatt ist nicht ein Club, der nur eine Mitgliedsgebühr verlangt. Beitrittsabkommen gehen langwierige Verhandlungen voraus. Wer an den Zollvorteilen partizipieren will, muß Konzessionen machen und notfalls Wirtschaftsreformen vornehmen. Für die früheren Staatshandelsländer wurden Sonderbestimmungen ausgehandelt. Bei den Reformstaaten Osteuropas wurde dann das Beitrittsprotokoll revidiert.

Die Meistbegünstigung

Das Gatt-Abkommen ist zwar ein umfangreiches Vertragswerk mit 38 Artikeln und etlichen, später hinzugefügten Kodizes, doch trotz aller völkerrechtlichen Komplexität sind die Grundprinzipien relativ einfach. Man kann sie in wenigen Sätzen zusammenfassen: 1. Eine Diskriminierung unter Handelspartnern ist untersagt; das ist die berühmte Meistbegünstigungsklausel („most-favoured-nation-clause"). Sie besagt, daß der günstigste Zolltarif, der einem Land eingeräumt wird, auch allen anderen Gatt-Parteien zusteht. 2. Protektion geschieht nur durch Zölle, nicht durch Mengenbeschränkungen, weil Importabgaben die am wenigsten schädliche und transparenteste Form des Außenschutzes sind. 3. Die Zölle werden in Listen „gebunden"; diese Listen können nicht willkürlich, sondern nur nach bestimmten Verfahren und in dreijährigen Abständen verändert werden. Juristisch gesehen gleicht dies dem Vertrauensschutz, der jeden fairen Vertrag kennzeichnet. 4. Es gilt das Inlandsprinzip, das heißt, importierte Waren dürfen durch Vorschriften nicht schlechter behandelt werden als einheimische Produkte.

Wie in jedem multilateralen Abkommen, so gibt es auch im Gatt eine Reihe von Ausnahmen und Sonderbestimmungen. Entwicklungsländer haben, neben anderen Vorteilen, das Recht zu Präferenzzöllen für ihre Exporte in Industrieländer. Das soll ihre Entwicklung fördern. Das grundsätzliche Verbot von Mengenbeschränkungen bei der Ein- und Ausfuhr, in den dreißiger Jahren eines der größten Handelshemmnisse, kennt ebenfalls etliche Ausnahmen. Die wichtigste gilt bei Zahlungsbilanzschwierigkeiten; in diesem Fall kann ein Land die Importe begrenzen. Ferner sind in der Landwirtschaft und Fischerei Einfuhrkontingente zulässig, ebenso gibt es Mengenbeschränkungen im Textilhandel (Welttextilabkommen) und beim Handel mit Stahl.

Subventionen und Dumping

Um einen fairen Handel zu gewährleisten, enthält das Abkommen Vorschriften für Subventionen und Dumpingpraktiken. Die entsprechenden Regeln und Kodizes sind aber alles andere als eindeutig. Exportsubventionen für Fertigwaren sind verboten, für Agrargüter aber zulässig, wenn damit nicht der Marktanteil übermäßig erhöht wird. Das Abkommen offenbart gerade bei den Subventions- und Dumpingbestimmungen seinen pragmatischen Charakter: Es beschäftigt sich mehr mit den Gegenmaßnahmen der Handelspartner gegen unfaire Praktiken als mit der möglichst rigorosen Untersagung solcher Usancen. Ein ähnlich pragmatischer Geist prägt auch die sogenannte Schutzklausel. Sie erlaubt einem Land die Rücknahme gewisser Verpflichtungen. Das „klassische" Beispiel dafür ist eine starke Zunahme der Importe, die eine heimische Branche in Bedrängnis bringt. Die Schutzklausel ist eine der umstrittensten und zugleich am häufigsten umgangenen Gatt-Regeln. Denn diese Notmaßnahme muß bestimmten Verfahren folgen. Sie ist befristet, die von Importkürzungen betroffenen Länder können Kompensationen (im Extremfall sogar Neuverhandlungen) verlangen, und die Abwehrmaßnahmen sollen nach Möglichkeit nicht ein Exportland diskriminieren (das ist die Umkehrung der Meistbegünstigungsklausel).

Da die Schutzklausel mit derart hohen politischen Kosten verbunden ist, wird sie kaum angewendet. In den achtziger Jahren sind daher mehr und mehr Schutzmaßnahmen ergriffen worden, die durch die Maschen des Gatt fallen, etwa „freiwillige" Selbstbeschränkungen von Exporteuren. Meist können nur große Handelspartner, wie die EG und die Vereinigten Staaten von Amerika, solches Wohlverhalten erzwingen. Im Herbst 1986 wurden 55 bilaterale Selbstbeschränkungsabkommen gezählt, zwei Jahre später schon 138. Solche Abkommen erhöhen die Preise und verschaffen den einheimischen Anbietern eine „Rente", machen sie auf Dauer aber kaum wettbewerbskräftiger. Der oft versteckte Preis des Protektionismus summiert sich: Eine am Kölner Institut für Wirtschaftspolitik erstellte Untersuchung bezifferte die gesamtwirtschaftlichen Protektionskosten in der Bundesrepublik für 1984 auf bis zu 55,4 Milliarden DM; das wären 900 DM je Einwohner.

Der neue Protektionismus

Der „neue" Protektionismus abseits der Gatt-Regeln, der mit Ölpreis-Schocks und dem Übergang zu flexiblen Wechselkursen einherging, hat die Politiker alarmiert. Das Handelssystem verlor an Glaubwürdigkeit. Nach Schätzungen des Gatt waren Mitte der achtziger Jahre 40 Prozent des gesamten Welthandels von Hindernissen der verschiedensten Art betroffen. Eine andere Studie ergab, daß fast ein Viertel aller Importe durch nichttarifäre Handelshürden behindert wurde – vor allem bei Stahl, Bekleidung sowie Agrargütern. Im September 1986 wurde daher die Urugay-Runde vereinbart. Zu dem Namen kam sie, weil die Verhandlungen bei einem Ministertreffen in Uruguay (im Badeort Punta del Este) lanciert wurden. Gleichwohl fanden die Gespräche am Genfer Gatt-Sitz statt.

Die Runde ist weitaus ehrgeiziger und schwieriger als die bisherigen sieben Handelsrunden, weil sie zum einen jene Ausnahmebereiche (Landwirtschaft, Textilien) integrieren will, die seit langem das Vertrauen in das Handelssystem untergraben. Außerdem sollen die Regeln zur Vermeidung protektionistischer Umgehungsmanöver griffiger formuliert und die Streitschlichtung gestrafft werden. Ferner will man auch Dienstleistungen und intellektuelle Eigentumsrechte in das Gatt einbeziehen – nicht zu reden von der traditionellen Aufgabe, dem Zollabbau.

Die Uruguay-Runde

Die Uruguay-Runde wurde zu dem wohl größten Trauerspiel in der internationalen Politik. Mehrfach entpuppten sich feierliche Gelöbnisse der sieben großen Industrieländer (G-7) als hohle Versprechungen. Viele Versuche, einen Durchbruch zu erzwingen, scheiterten entweder an illusorischen Forderungen Amerikas oder an der Unnachgiebigkeit der EG in der Agrarpolitik. Der größte Eklat war das Ministertreffen im Dezember 1990 in Brüssel. Ende 1991 versuchte Gatt-Generaldirektor Arthur Dunkel sein Glück mit einem Kompromiß-Entwurf, der 500 Seiten umfaßte, doch er überschätzte seinen Einfluß. Danach kamen sich die beiden Kontrahenten zwar langsam näher, eine Agrar-Einigung schien Ende 1992 in greifbare Nähe zu rücken. Doch wiederum wurde wegen etlicher Differenzen um Zölle ein wichtiges Datum, das Auslaufen des amerikanischen Verhandlungsmandats im März 1993, verfehlt.

Im Sommer 1993 war abzusehen, daß die Uruguay-Runde mindestens sieben Jahre brauchen würde. Das ist ein trauriger Rekord in der Gatt-Geschichte. Die siebte Handelsrunde, die Tokio-Runde, dauerte sechs Jahre. Das Versagen der EG, Amerikas und auch Japans ist um so gravierender, weil es die Entwicklungsländer düpiert, die viel freihändlerischer sind als früher. Sie müssen den Eindruck gewinnen, daß die einstigen Lehrmeister in liberaler Handelspolitik immer dann einen regulierten Handel wünschen, wenn es um Güter geht wie Agrarerzeugnisse oder Bekleidung, bei denen die Dritte Welt Standortvorteile hat.

Die Industrieländer haben wenig gelernt aus der Gatt-Geschichte. Denn es waren sie, die am meisten profitierten von diesem System. Entgegen einer weitverbreiteten Vorstellung ist der größte Teil des Handels nicht etwa der Austausch von Rohstoffen gegen Fertigwaren, sondern gerade zwischen Industriestaaten ist der Warenverkehr am größten. 1990 entfielen auf die Industriestaaten 71 Prozent aller Exporte; nur 12 Prozent der Ausfuhren waren landwirtschaftliche Güter und 14 Prozent Rohstoffe wie Erze, Kohle oder Öl. Arbeitsteilige Spezialisierung, bessere Transportmittel und die Telekommunikation haben ein schier unglaubliches Wachstum des Welthandels ermöglicht. Der Wert der Exporte stieg zwischen 1958 und 1992 von 108 auf 3700 Milliarden Dollar; das ist eine Zunahme um das 34fache. Da die Steigerung in Japan, Europa und Amerika am größten war, stiegen dort auch die Einkommen am schnellsten.

Die Dominanz der Industrieländer

Die Dominanz der Industrieländer erklärt ihre Warenstruktur (siehe Tabelle). Sie liefern jene Erzeugnisse, die bei steigender Kaufkraft die größte Nachfrage und die besten

Preise erzielen: Maschinen, Autos, Chemikalien und Konsumgüter. Eine gute Kennziffer für die Bedeutung des Außenhandels einer Volkswirtschaft ist die Exportquote, das heißt das Verhältnis zwischen Ausfuhren und Sozialprodukt. Hier dominieren die kleinen Länder. Belgien erreichte 1988 eine Exportquote von 69 Prozent, Niederlande fast 55 Prozent. Die Schweiz lag mit 34 Prozent leicht vor Deutschland (32 Prozent). Bei Staaten mit großem Binnenmarkt ist die Quote niedriger: Amerika 8,8 Prozent und Japan 13 Prozent. Seit mehreren Jahren wächst der Handel mit kommerziellen Dienstleistungen (Transport, Fremdenverkehr, Telekommunikation, Versicherungen, Banken) schneller als der Austausch von Waren. 1992 betrug die Zunahme acht Prozent und lag damit gut zwei Prozentpunkte über dem Güterhandel. Der Wert des Dienstleistungshandels wird inzwischen auf knapp 1000 Milliarden Dollar geschätzt, also auf gut ein Viertel des Güterhandels. Die größere Bedeutung der Dienstleistungen erklärt, warum die Uruguay-Runde auch dafür Gatt-Regeln schaffen will.

Die größten Exportnationen

	Wert in Mrd. Dollar	Anteil (in Prozent)	Jährliche Änderung 1991	1992
1. Vereinigte Staaten	447	12,1	7,2	6,0
2. Deutschland	429	11,6	-4,3	6,6
3. Japan	340	9,2	9,6	7,9
4. Frankreich	236	6,4	0,2	8,6
5. Großbritannien	191	5,2	-0,1	3,5
6. Italien	175	4,7	-0,5	3,2
7. Niederlande	140	3,8	1,1	5,0
8. Kanada	135	3,6	-0,4	5,8
9. Belgien/Luxemburg	123	3,3	0,4	4,0
10. Hongkong	118	3,2	20,0	20,0
11. China	85	2,3	15,9	18,2
12. Taiwan	81	2,2	13,3	7,0
13. Südkorea	77	2,1	10,5	6,8
14. Schweiz	66	1,8	-3,6	6,8

Quelle: Gatt 1993

Das Gezerre in der Uruguay-Runde trug dazu bei, eine Entwicklung zu verstärken, die sich schon länger abzeichnete: die Herausbildung von Handelsblöcken. In der EG wiegt man sich oft in dem Glauben, der Binnenmarkt sei groß genug, man könne auch allein eine effiziente Autarkie betreiben. Die Angst vor einer „Festung Europa" wiederum führt dazu, daß andere Länder ebenfalls regionale Zusammenschlüsse suchen. Schon mehr als 30 Jahre alt ist die Europäische Freihandelsassoziation (Efta), die indes durch EG-Gesuche von vier der sieben Länder von Auszehrung bedroht ist. Neueren Datums ist die Nordamerikanische Freihandelszone (Nafta), bei der eine Erweiterung auf Mexiko noch vom Kongreß gebilligt werden muß. Darüber hinaus wurden in letzter Zeit viele andere Zusammenschlüsse mit teils komplizierten Abkürzungen gebildet, so in Lateinamerika (Mercosur und Lafta), in der Karibik (Carifta) sowie die Gemeinschaft südostasiatischer Nationen (Asean).

Regionale Blöcke

Unter Ökonomen ist seit jeher umstritten, ob regionale Zusammenschlüsse den Welthandel fördern oder ihn, durch Präferenzzölle, zum Nachteil der internationalen Arbeitsteilung eher umlenken. Die Gatt-Vertragsparteien ließen sich, pragmatisch wie sie waren, ursprünglich von der Idee leiten, daß jeglicher Abbau von Handelshürden, auch wenn er nur eine Gruppe von Ländern betrifft, vorteilhaft sei. Für derartige Ausnahmen hatte sich vor allem Großbritannien eingesetzt, das mit den Commonwealth-Staaten besondere Vereinbarungen besaß. So gilt die Meistbegünstigungsklausel nach Artikel 24, sofern innerhalb eines Integrationsraums „annähernd der gesamte Handel erfaßt wird", nicht für Freihandelszonen und Zollunionen. In einer Freihandelszone, wie etwa der Efta, werden zwar Zölle beseitigt, doch die Länder bleiben souverän in ihrer Handelspolitik und so auch in der Festlegung der Außenzölle. Anders ist es in der EG, die eine Zollunion ist. Sie hat nur einen gemeinsamen Zollsatz gegenüber Drittstaaten. Die gemeinsame Handelspolitik geht sogar so weit, daß im Gatt nicht die EG-Mitgliedsstaaten die Verhandlungen führen, sondern die Brüsseler Kommission. Deutsche Handelsdiplomaten sitzen in Genf nur als Beobachter am Tisch und überwachen lediglich, ob sich die EG an das Mandat hält.

Die Zuversicht der Gründerväter des Gatt, Zollgemeinschaften seien eine gute Ergänzung zum multilateralen System, wirkt heute allzu blauäugig. Denn die regionalen Gruppierungen vereinheitlichen, wie die EG, mehr und mehr auch ihre Wirtschafts- und Währungspolitik und werden damit zu Blöcken mit größerer Marktmacht. Diese Blockbildung wird zu einer Existenzfrage des Gatt. Die internen Präferenzen und die Erstarkung nach außen vertragen sich immer weniger mit dem Grundsatz der Meistbegünstigung. Dabei geht es nicht mehr so sehr um Zölle, die inzwischen allgemein gering sind, sondern um nichttarifäre Handelshürden wie gemeinsame Normen, Standards oder auch Richtlinien bei öffentlichen Aufträgen. Preis-Präferenzen für EG-Anbieter bei öffentlichen Ausschreibungen haben zum Beispiel Anfang 1993 einen Konflikt zwischen Amerika und der EG ausgelöst. Wegen der Blockbildung werden die Gatt-Verhandlungen derart einseitig von der EG und Amerika dominiert. Hinzu kommt, daß in der EG oft politische Erwägungen das Vorgehen im Gatt prägen: Nur so kann ein vergleichsweise protektionistisches Land wie Frankreich liberalere deutsche Vorstellungen blockieren.

Wie groß die weltwirtschaftliche Bedeutung der Integrationsräume inzwischen ist, läßt sich an wenigen Handelszahlen belegen. Mit Beginn des Binnenmarktes 1993 ist der interne EG-Handel faktisch nicht mehr Teil der Welthandels-Statistik. Das verändert in gravierender Weise die Export-Tabelle. Legt man die Gatt-Zahlen 1992 zugrunde, so entfallen 20 Prozent aller Exporte auf die EG, auf die Freihandelszone Amerika/Kanada 20,8 und auf Japan 12,1 Prozent. Mit anderen Worten: Diese drei Blöcke kontrollieren gut die Hälfte des Welthandels. Berücksichtigt man auch die übrigen Freihandelszonen, so ergibt das eine Quote von etwa 70 Prozent – wiederum bezogen auf den Welthandel abzüglich des internen Warenverkehrs. Bei einer derartigen Oligopol-Struktur überrascht es nicht, daß Amerika und die EG gesetzliche Möglichkeiten haben, Zusagen von Partnern für einen regulierten („managed") Handel zu erzwingen, denen kleine Gatt-Parteien meist hilflos ausgeliefert sind. Die Zukunft des Gatt dürfte also davon abhängen, wie der Widerstreit zwischen multilateraler Nichtdiskriminierung und Regionalisierung gelöst wird.

Ein neues Thema: Umwelt

In jüngster Zeit haben Handelshürden immer häufiger auch eine grüne Farbe. Einige beruhen auf internationalen Konventionen, wie etwa Exportverbote gefährdeter Tierarten oder Beschränkungen von Giftmüll-Transporten, andere jedoch sind einseitige Maßnahmen. Wenn zum Beispiel der Import von Tropenhölzern untersagt wird oder aus ökologischen Gründen Verpackungsvorschriften erlassen werden, dann hat das Folgen für die Handelsströme. Unterschiedliche Standards im Umweltschutz könnten schon bald den Warenaustausch erschweren und zu Handelskonflikten führen. Einige Länder drängen daher darauf, die Regeln in dieser Hinsicht klarer zu fassen oder zu ergänzen.

Im Gatt-Abkommen gibt es dazu bisher nur eine Bestimmung, den Artikel 20: Er erlaubt es, Gesundheit und Leben von Menschen, Tieren und Pflanzen zu schützen und damit gewisse Einfuhren zu unterbinden. Es gibt Vorschläge, diese Gatt-Bestimmung um spezielle Umweltschutz-Ausnahmen zu erweitern. Doch jener Gatt-Artikel ist seit jeher umstritten, weil er nicht präzise formuliert ist. Er läßt Mißbräuche zu, die eher dem Schutz gewisser Industrien als dem der Konsumenten dienen. Bei Ausnahmen aus Gründen des Umweltschutzes müßten den Ländern juristische Fesseln angelegt werden, damit der Handel nicht ungebührlich beeinträchtigt und das Diskriminierungsverbot verletzt wird.

Das Gatt hat leider die jüngste Umweltdiskussion regelrecht verschlafen. Eines ist sicher: Wäre die Uruguay-Runde später begonnen worden, so wäre das Umweltthema ein wichtiger Teil der Verhandlungen gewesen. Denn es ist offensichtlich, daß es zwischen Freihandel und Naturschutz Widersprüche geben kann, wenn externe Umweltkosten nicht oder nur in unterschiedlichem Maß in die Kalkulation der Produzenten eingehen. Es kann sogar zu einem Öko-Dumping kommen, wenn die Herstellung gewisser Güter, die schädliche Emissionen haben, billig aus Ländern mit niedrigen Umweltstandards exportiert werden und damit andere Anbieter, die solche Kosten internalisieren müssen, aus dem Markt treiben. So wurde das Gatt von Umweltschützern in Amerika als Pestizid-Monster angefeindet. Und es ist auch kein Wunder, daß bei der geplanten Freihandelszone mit Mexiko Umweltaspekte eine derart wichtige Rolle spielen.

Zum Auslöser der Umwelt-Debatte im Gatt wurde das sogenannte Thunfisch-Urteil vom Sommer 1991. Gatt-Experten erklärten es für illegal, daß Amerika Importe von mexikanischem Thunfisch untersagte, weil in den Schleppnetzen auch (in Amerika geschützte) Delphine verendeten. Amerika könne bei Importen zwar nichtdiskriminierende Produkt-Standards durchsetzen, so argumentierten die Experten, nicht aber Mexikanern Fangmethoden vorschreiben. Das umstrittene Urteil bewirkte, daß 1991 eine schon früher gebildete, aber in Vergessenheit geratene Gatt-Arbeitsgruppe „Umweltschutz und internationaler Handel" reaktiviert wurde.

Umwelt-Ziele mit protektionistischen Mitteln erreichen zu wollen ist ökonomisch höchst ineffizient. Ein solches einseitiges Vorgehen kann auch das Handelssystem gefährden, weil jedes Land unterschiedliche Vorstellungen über den angemessenen Umwelt-Standard hat. Reiche Staaten sind da viel sensibler als arme. Die jetzigen Regeln hindern kein Land, die Natur wirkungsvoll zu schonen, wenn man nicht zwischen heimischer und ausländischer Ware diskriminiert. Sie blockieren auch nicht eine regionale oder globale Umweltpolitik.

Daher scheint eine große Revision der Gatt-Regeln unter ökologischen Gesichtspunkten eigentlich unnötig.

Handelsliberalisierung und Ökologie müssen auch nicht in Konflikt geraten, wenn durch internationale Abkommen dafür gesorgt wird, daß die Umwelt ihren angemessenen Preis hat und damit ein Kostenfaktor ist. Ein Beispiel ist die geplante Agrar-Subventionskürzung im Rahmen der Uruguay-Runde: Wenn der Protektionismus in den Industrieländern vermindert wird, dann werden die Nahrungsmittel mit weniger Chemikalien produziert. Denn in Argentinien, Australien oder Thailand verwenden die Bauern weniger als ein Zehntel der in Europa üblichen Kunstdünger und Pflanzenschutzmittel. Freier Handel hat sogar positive ökologische Effekte: Weil er den Wohlstand mehrt, erhöht er die Anreize und auch die finanziellen Mittel zum Schutz der Umwelt. Bei den Gatt-Vorschriften muß lediglich sichergestellt werden, daß sie nicht internationale Vereinbarungen zur Umweltpolitik behindern.

20. Die Weltwirtschaftsgipfel

Vom Kamingespräch zum Riesenzirkus

Sieben Regierungschefs, zweitausend Beamte, viertausend Journalisten. Das ist der jährlich stattfindende Weltwirtschaftsgipfel der Großen Sieben, in zeitgerechter Abkürzung auch das G-7-Treffen genannt. Teilnehmer sind die Staats- und Regierungschefs der Vereinigten Staaten, Japans, Frankreichs, Großbritanniens, Italiens, Kanadas und der Bundesrepublik Deutschland. Der Präsident der Kommission der Europäischen Gemeinschaft nimmt regelmäßig als Gast teil. Seit 1991 wird der Präsident der ehemaligen Sowjetunion, jetzt der Präsident Rußlands etwas außerhalb des Protokolls hinzugebeten.

Es ist ein Riesenzirkus, der Jahr um Jahr in einem der G-7-Länder für drei Tage gastiert und eine Woche lang die Schlagzeilen rund um die Welt bestimmt. Monatelang bereiten die Gipfelbeauftragten der Staats- und Regierungschefs – nach den Helfern der Bergbezwinger werden sie Sherpas genannt – die Tagesordnung und das Kommuniqué vor. G-7 ist zum Kürzel für den Weltgipfel der Politik geworden. Dabei hatte es im Jahr 1975 so intim begonnen: als Kamingespräch im Schloß von Rambouillet. Heute wird vor laufenden Kameras darüber verhandelt, welchen finanziellen und diplomatischen Beitrag der Westen leisten kann, um einen Rückfall des ehemaligen Sowjetimperiums in die Diktatur oder einen Bürgerkrieg zu verhindern. Der Weltwirtschaftsgipfel heißt nur noch so, weil ihn seine Gründerväter – der französische Staatspräsident Valéry Giscard d'Estaing und Bundeskanzler Helmut Schmidt – so genannt haben. In Wahrheit ist das G-7-Treffen mittlerweile als politische Veranstaltung wichtiger geworden als manche Verhandlung des Weltsicherheitsrates der Vereinten Nationen. In der Welt der Politik und der Finanzen geht fast nichts mehr ohne ein Treffen der G-7. Der Gipfel der Regierungschefs findet zwar nur einmal im Jahr statt. Die Finanz- und Außenminister der Großen Sieben treffen sich aber je nach aktuellem Anlaß ohne festgelegten Konferenzrhythmus.

Das alles hatte man sich in Rambouillet so nicht vorgestellt. Am Anfang stand der Wunsch, in einem kleinen Kreis der Staats- und Regierungschefs die drängenden Fragen der Weltwirtschaft zu besprechen. Dabei war aber nicht in erster Linie an Handel, Umwelt, Energieversorgung oder Entwicklungshilfe gedacht – an Theman also, die der internationalen Koordination wirklich bedürfen. Man wollte über „Makro-Ökonomik" sprechen – über Wachstum, Inflation und Arbeitslosigkeit, über Zinsen, Staatsausgaben und Defizite, über Wechselkurse und Zahlungsbilanzen. Die Tagesordnung von Rambouillet entstammte dem Geist des berühmten britischen Ökonomen John Maynard Keynes. Der hatte schon in den dreißiger Jahren die Ansicht vertreten, Marktwirtschaften neigten in ihren großen Aggregaten – beim Sparen und Investieren, bei der Produktion und der Beschäftigung – grundsätzlich zur Instabilität. Daraus entwickelte er die wirtschaftspolitische Empfehlung des staatlichen Gegenlenkens. Die Rezepte von Keynes und seinen politischen Schülern hatten sich Ende der sechziger, Anfang der siebziger Jahre allerdings als untauglich erwiesen. Es hatte sich gezeigt, daß der Staat nicht für dauernde Vollbeschäftigung sorgen kann. Und es war auch das große Währungssystem der Nachkriegszeit – die Währungsordnung von Bretton Woods mit festen Wechselkursen und dem amerikanischen Dollar als Anker – nach einer Reihe von Krisen gescheitert.

Koordinationsübungen

Aus beidem – dem Scheitern der keynesianischen Politik auf nationaler Basis und dem Scheitern des Währungssystems von Bretton Woods – zogen die Väter des Weltwirtschaftsgipfels eine Folgerung: Man müsse die nationale Wirtschaftspolitik koordinieren, dann könnten sich die Volkswirtschaften ungestörter entwickeln, es werde mehr Wachstum und Beschäftigung bei weniger Inflation, stabilen Wechselkursen und ausgeglicheneren Leistungsbilanzen geben. Im Grunde lief das auf den Versuch hinaus, die keynesianische Steuerung auf die internationale Ebene zu heben. Stabilisierung durch Koordination hieß die Devise – koordiniert werden sollten vor allem die Zinspolitik und die Haushaltspolitik. Die Sorge, nach dem Zerfall des Währungssystems von Bretton Woods werde das Chaos über die Weltwirtschaft kommen, wurde noch verstärkt durch die Angst vor den Folgen der Ölpreisexplosion. Man fürchtete tiefe Wachstumseinbrüche, dramatisch steigende Arbeitslosigkeit und das Durcheinanderwirbeln aller Zahlungsbilanzgrößen.

Als politische Veranstaltung gehört das G-7-Treffen der Staats- und Regierungschefs mittlerweile zum festen Bestand der Weltpolitik. Was es für die Stabilisierung der Volkswirtschaft geleistet hat und leisten kann, ist unter Experten umstritten. Auch ein Blick auf die Wachstumsrate, die Inflationsrate und die Arbeitslosenquote der Gipfelländer seit 1975 (siehe Tabelle) beantwortet die Frage nach dem Nutzen nicht endgültig.

	Wachstum Preise Arbeitslosigkeit						
	1975	1978	1981	1984	1987	1990	1993
Wachstum							
Gipfelländer	0	4,4	1,8	4,5	3,2	3,2	2,4
OECD-Länder	0	4,0	1,6	4,4	3,2	3,3	2,3
Preise							
Gipfelländer	10,6	6,9	8,9	4,4	2,9	4,2	4,0
OECD-Länder	10,9	7,5	9,4	5,1	3,3	4,7	4,2
Arbeitslosigkeit							
Gipfelländer	5,3	5,0	6,3	7,4	6,8	5,6	6,7
OECD-Länder	5,1	5,1	6,7	8,1	7,4	6,2	7,1

Quelle: OECD; Wachstum: reale Zuwachsrate des Bruttoinlandsprodukts; Preise: Steigerung des Indexes der Verbrauchsgüterpreise in Prozent; Arbeitslosigkeit: nach der jeweils nationalen Definition; alle Größen als gewogene Mittel

Es wird in der Statistik zweierlei erkennbar. Erstens: Die Werte der Gipfelländer weichen nicht bedeutsam von den Werten aller Mitgliedsländer der Organisation für wirtschaftliche Zusammenarbeit und Entwicklung (OECD) ab. Das kann man so deuten, daß die wirtschaftliche Koordination keinen Erfolg gehabt hat, weil sich vergleichbare Ergebnisse auch ohne Gipfelkoordination einstellen.

Man kann aber auch die Auffassung vertreten, die Gipfelländer seien für das wirtschaftliche Bild aller OECD-Mitglieder so prägend, daß die OECD-Werte zwingend denen der Gipfelländer ähnlich sind. Meinungsverschiedenheiten über den wirtschaftspolitischen Wert der Koordination lassen sich also mit den Zahlen allein nicht ausräumen.

Zweitens: Während es offenbar in den Jahren der Gipfeltradition nicht gelungen ist, Wachstumsraten und Beschäftigung zu stabilisieren, sind die Inflationsraten der Gipfelländer deutlich kleiner geworden. Ein Blick auf die Werte der einzelnen Länder zeigt, daß die Erfolge bei der Inflationsbekämpfung teilweise sogar überraschend groß gewesen sind.

An den Zahlen zur Entwicklung der Inflationsrate (siehe Tabelle) läßt sich ablesen, warum man die achtziger Jahre das Jahrzehnt der Stabilisierung genannt hat. Während es nicht gelungen ist, die Staatsdefizite zu reduzieren, das Wachstum stetiger zu gestalten und die Beschäftigungsmöglichkeiten in den westlichen Industrienationen durchgreifend zu verbessern, sind die Erfolge bei der Anti-Inflationspolitik nicht zu leugnen. Allerdings ist es wiederum unter den Experten umstritten, welches Verdienst dafür den Gipfelgesprächen zukommt. Manche Ökonomen vertreten die Ansicht, die Verringerung der Inflationsraten sei einfach das Ergebnis des Abrückens von staatlichen Konjunkturspritzen in den großen Industrienationen, also eine Folge des Abschieds vom Keynesianismus. Andere meinen, ohne die Stabilitätsbemühungen der Gipfel sei dieses Ergebnis nicht erzielt worden.

Inflationswerte der Gipfelzeit

	1975	1986	1993
Vereinigte Staaten	8,2	3,1	2,5
Japan	11,2	0,4	1,5
Deutschland	6,0	- 0,5	3,5
Frankreich	11,8	2,7	2,4
Italien	16,6	6,3	6,0
Großbritannien	23,7	4,3	5,2
Kanada	10,6	3,8	2,3
OECD	10,9	2,9	3,2

Quelle: OECD; Deutschland: Deutschland West

In der Tat spricht manches dafür, daß die Gipfeltreffen für eine gewisse Stabilitätsdisziplin gesorgt haben. In diesem Zusammenhang wird immer wieder das Kommuniqué des Londoner Gipfels von 1977 zitiert. Da heißt es: „Die Teilnehmer unterstreichen die Erkenntnis, daß Inflation die Arbeitslosigkeit nicht verringert, sondern im Gegenteil eine ihrer Ursachen ist." Der deutschen Delegation – an der Spitze Bundeskanzler Helmut Schmidt, ihn unterstützend sein Gipfel-Sherpa, der spätere Bundesbankpräsident Karl Otto Pöhl – wird für die Aufnahme dieses Satzes ins Kommuniqué ein besonderes Verdienst eingeräumt.

Die legendäre Lokomotiv-Theorie

Manche Ökonomen ziehen den Wert der Gipfeltreffen für die Qualität der Wirtschaftspolitik nicht nur in Zweifel. Sie gehen weiter: Sie meinen, die Gipfel seien schädlich für die Wirtschaftspolitik. Sie sprechen von den Kosten der internationalen Koordination und unterscheiden dabei drei Kostenarten.

Die Kosten des Irrtums: Sie entstehen dann, wenn sich die Staats- und Regierungschefs beispielsweise falsche Vorstellungen über die Wirkung einer defizitären Haushaltspolitik auf Preise, Beschäftigung, Wachstum, Zinsen und Wechselkurse machen. Der Gipfel wirkt dann unter Umständen wie ein schiefgelaufenes Großexperiment: Wenn sich die Gipfelteilnehmer wirklich auf eine gemeinsame Strategie festlegen und diese auf einer falschen Einschätzung der Lage und der Wirkung der Instrumente beruht, dann wird die falsche Strategie rund um die Erde angewendet. Es gibt dann nicht mehr den Ausgleich durch unterschiedliche, nationale Strategien der Wirtschaftspolitik. Aus dem Wettbewerb der nationalen Wirtschaftspolitiken macht der Gipfel ein Kartell – mit allen schlechten Folgen, die Kartelle haben.

Die Kosten der Straffreiheit: Darunter ist ein eher politisches Argument zu verstehen. Es besagt, daß Regierungen von ihren jeweiligen nationalen Wählerschaften für eine falsche Wirtschaftspolitik nicht mehr hart zur Rechenschaft gezogen werden, wenn die Regierung auf einen verbindlichen Gipfelbeschluß verweisen kann. Man schiebt sozusagen die Verantwortung auf den Gipfel. Für diese These gibt es keinen strikten Beweis, aber es gibt Belege, die sie nicht von vornherein als völlig falsch erscheinen lassen. So hat die sozial-liberale Bundesregierung des Jahres 1978 gegen den Rat der Fachleute zusätzliche Staatsausgaben von mehr als 12 Milliarden DM finanziert, um einer entsprechenden Vereinbarung des Gipfels von Bonn nachzukommen. Im Sinne der damals in Umlauf gesetzten Lokomotiv-Theorie („Ein großes Land zieht die anderen mit") hatte sich die Bundesregierung bereit erklärt, zusätzliche Staatsausgaben zu beschließen. Ohne diesen Gipfelbeschluß hätte die damalige, von der Union gestellte Mehrheit des Bundesrates dem Konjunkturpaket wohl nicht zugestimmt. Gegen das Argument der Straffreiheit wird allerdings eingewandt, daß Gipfelbeschlüsse es manchen Regierungen erleichtern, harte Maßnahmen zu ergreifen. Dafür gibt es allerdings keinen überzeugenden Beleg. Mehrere italienische Regierungen haben versucht, gestützt auf eine Gipfelvereinbarung den Haushalt zu sanieren. Das ist bis heute nicht gelungen.

Die Kosten der Einäugigkeit: Es wird gesagt, die Gipfel verführten dazu, das Augenmerk der Wirtschaftspolitik auf die Geld- und Finanzpolitik zu konzentrieren, also auf die Makro-Politik. Dadurch werde die Mikro-Politik, etwa Verbesserungen der Steuerstruktur oder die Beseitigung von Monopolen, vernachlässigt. Dieses Argument ist in der Praxis schwer zu bewerten. In einer Reihe von Gipfel-Kommuniqués werden die Deregulierung, die Privatisierung und die Stärkung des Wettbewerbs ausdrücklich als Mittel der Wachstumspolitik erwähnt. Maßnahmen in den Mitgliedsländern, die sich ausdrücklich auf die Gipfelvereinbarung beziehen, sind jedoch kaum auszumachen.

Unabhängig von der Einschätzung des Wertes der Gipfel als Entscheidungshilfe für die Wirtschaftspolitik sind drei Lehren nach fast zwanzig Jahren Gipfelerfahrung heute nicht umstritten: 1. Die Inflation ist kein geeignetes Mittel der Wirtschaftspolitik, sie schwächt die Wachstumskräfte, anstatt sie anzuregen. 2. Die Grenzen der Koordination der Wirtschaftspolitik liegen nicht nur im Bereich der ökonomischen Beratung über Ziele und Mittel, sondern auch in der mangelnden Bereitschaft der Industrienationen, einen Teil ihrer wirtschaftspolitischen Souveränität aufzugeben. 3. Ein Land allein, auch wenn es wirtschaftlich ein großes ist, kann in der Weltwirtschaft nicht die Rolle einer Konjunktur- und Wachstumslokomotive spielen.

Tagesordnungen der Weltpolitik

Mit der Zeit ist aus dem Weltwirtschaftsgipfel eine hochpolitische Veranstaltung geworden. Neben der makroökonomischen Koordination haben sich die Staats- und Regierungschefs zunächst mit den jeweils drängenden Fragen der Wirtschaftspolitik im weiteren Sinne befaßt – mit der Energieversorgung, mit dem Welthandel, mit der Entwicklungshilfe, mit dem Umweltschutz. Zunehmend traten Fragen der Sicherheit dazu – Terrorismus, regionale Konfliktherde, der Ost-West-Konflikt, Abrüstung, die Bewältigung des Niedergangs des Kommunismus im Imperium der Sowjetunion. Kennzeichnend für die Verschiebung der Themen ist auch die Aufmerksamkeit, die den Personen der Handlung gewidmet wird. Beim Ökonomiegeplauder am Kamin von Schloß Rambouillet standen die Weltökonomen Schmidt und Giscard d'Estaing im Mittelpunkt. Die Vorbereitungen des Gipfels von 1993 in Tokio wurden beherrscht von der Frage: Wird Boris Jelzin kommen?

Eine in Stichworten geraffte Geschichte des Wirtschaftsgipfels wird in den Jahren fortschreitend zur Geschichte der Weltpolitik – von Rambouillet bis . . .

1975 Rambouillet: Das zentrale Gesprächsthema ist die Abstimmung der Währungspolitik, vor allem zwischen den Vereinigten Staaten, Frankreich und der Bundesrepublik

1976 Puerto Rico: Erstmals nimmt Kanada teil, dadurch wird der Gipfel zum Treffen der Großen Sieben; das Inflationsthema gewinnt an Gewicht; Zahlungsbilanzungleichgewichte beschäftigen die Runde; es wird ein konzertierter Währungsbeistand für Italien vereinbart.

1977 London: Dieser Gipfel wird berühmt wegen der Feststellung, Inflation nütze nicht der Beschäftigungspolitik, sondern schade ihr; erstmals nimmt der Präsident der Kommission der Europäischen Gemeinschaften teil.

1978 Bonn: Mit diesem ersten Bonner Gipfel verbindet sich die berüchtigte „Lokomotiv-Theorie": In der Phase einer weitverbreiteten Wachstumsschwäche tauchte der Vorschlag auf, die starke Bundesrepublik könne mit einem Konjunkturprogramm die Weltwirtschaft wieder in raschere Fahrt bringen; die Bundesregierung beschloß daraufhin ein Ausgabenprogramm in Höhe von einem Prozent des Sozialprodukts; das Lokomotiv-Programm wirkt bis heute nach: Teil des Programms wurde die Einführung des Erziehungsurlaubs mit der Zahlung des Erziehungsgeldes; nach dem Bonner Gipfel ist die Lokomotiv-Theorie offiziell nicht mehr bemüht worden.

1979 Tokio: Unter dem Eindruck der beiden Ölpreisschübe der siebziger Jahre wird eine Politik des „Weg vom Öl" diskutiert; man einigt sich auf – später dann nie eingehaltene – Höchstmengen der Öleinfuhr bis zur Mitte der achtziger Jahre.

1980 Venedig: Es geht, neben den mittlerweile zum Standardrepertoire gehörenden volkswirtschaftlichen Betrachtungen, immer noch um das Öl. Die Industrieländer kommen überein, langfristig den Anteil des Öls an ihrer Energieversorgung auf vierzig Prozent zu begrenzen. Einen Termin dafür gibt es aber nicht.

1981 Ottawa: Wichtigstes Thema ist der weltweit zu beobachtende Zinsauftrieb. Man vereinbart laufende Konsultationen in allen Fragen der west-östlichen Wirtschaftsbeziehungen. Damals ging es nicht um eine konzertierte Hilfe für den Ostblock, sondern um den Versuch, die Lieferung strategisch bedeutsamer Produkte zu kontrollieren.

1982 Versailles: Die hohen Zinsen stehen abermals im Mittelpunkt. Die Amerikaner drängen darauf, die Konsultationen im West-Ost-Verkehr zu konkretisieren. Einige europäische Länder sehen darin den Versuch der Amerikaner, den Europäern das Ostgeschäft zu erschweren.
1983 Williamsburg: Es wird Ronald Reagans Gipfel. Dennoch werden die Amerikaner massiv wegen ihres Haushaltsdefizits kritisiert. Das Thema Abrüstung kommt auf. Seit diesem Gipfel wird es fast zur Routine, dem wirtschaftspolitischen Kommuniqué einen an den Osten adressierten sicherheitspolitischen Appell der Staats- und Regierungschefs voranzuschicken.
1984 London: Es geht vorwiegend um monetäre Störungen: Inflation, Zinsen, übermäßige Vergrößerung der Geldmenge; die Schuldenkrise der Entwicklungsländer belastet die Gespräche; es wird eine Erklärung gegen den Terrorismus verabschiedet.
1985 Bonn: Die Lokomotiv-Theorie steckt den deutschen Gastgebern noch in den Knochen. Daher eine breitangelegte, stark außenpolitisch betonte Tagesordnung: Bekenntnis zu einem konstruktiven Dialog mit den Entwicklungsländern.
1986 Tokio: Von Beobachtern als „Angstgipfel" charakterisiert. Es hatte zuvor den Reaktorunfall von Tschernobyl gegeben. Daher gab es nun eine neue Energiediskussion, jetzt aber unter dem Gesichtspunkt der technischen Sicherheit und der Risiken der Verbreitung atomarer Techniken auch für den friedlichen Gebrauch. Weitere Erklärung gegen den Terrorismus.
1987 Venedig: Erstmals ein Gipfel, der über alle Gespräche hin eindeutig im Zeichen der Außenpolitik steht. Der Irak und Iran werden aufgefordert, den Krieg zu beenden. Eine Entschließung zur Reduzierung der Kernwaffen wird verabschiedet. Die Konjunkturbeobachtung findet nur am Rande statt.
1988 Toronto: Der Börsenkrach vom Herbst 1987 wirft seinen Schatten. Die Ökonomie gerät wieder in den Mittelpunkt: Es wird eine engere Zusammenarbeit auf dem Gebiet der internationalen Finanzwirtschaft beschlossen. Die Landwirtschaft wird zum Thema, weil die Subventionen und Marktzugangsbeschränkungen den Frieden im Allgemeinen Zoll- und Handelsabkommen (Gatt) bedrohen.
1989 Paris: Das Ende des Ost-West-Konfliktes in der Ordnung der Nachkriegszeit bahnt sich an. In einem Brief an den Gipfel-Gastgeber François Mitterrand regt der Präsident der UdSSR, Michail Gorbatschow, Gespräche mit der Siebener-Gruppe an. Im Gipfel-Kommuniqué wird die Europäische Gemeinschaft zur Hilfe für Polen und Ungarn aufgefordert. In Paris wird erstmals ausführlich über Umweltfragen gesprochen.
1990 Houston: Es wird technische Hilfe für die Sowjetunion in Aussicht gestellt. Aber Zurückhaltung bei der Zusage von finanziellen Mitteln. Das Gespräch über den Umweltschutz wird konkreter. Der deutsche Vorschlag, die Verringerung des Ausstoßes an Kohlendioxid verbindlich festzulegen, findet aber keine Mehrheit.
1991 London: Michail Gorbatschow wird – nach dem formellen Ende des Gipfels –als Gast hinzugebeten. Die einstmals sozialistischen Länder sollen in die Weltwirtschaft eingebunden werden. Die ins Stocken geratene Gatt-Runde wird Gipfelthema, deswegen ein neuer Anlauf, die Agrarsubventionen zu kürzen.
1992 München: Der russische Präsident Jelzin nimmt nach den offiziellen Gipfeltagen als Gast teil. Es geht um finanzielle Hilfen für die Nachfolgeorganisation der Sowjetunion, die Gemeinschaft Unabhängiger Staaten (GUS). Während der eigentlichen Gipfeltage noch einmal der Versuch, die Gatt-Verhandlungen in Fahrt zu bringen.
1993 Tokio: Der Besuch aus Moskau ist zur guten Regel geworden. Es gibt Vorschläge, Rußland in den Kreis der Gipfelländer aufzunehmen, die Runde also zum G-8-

Treffen zu erweitern. Die Japaner lehnen das ab. Wegen der politischen Brisanz des Konfliktes zwischen Präsident Jelzin und dem Parlament lädt Japan die Außen- und Finanzminister vor dem offiziellen Gipfel zu einem Sondertreffen ein. Auch der Gipfel von Tokio wird durch die politisch drängenden Themen beherrscht. Wirtschaftliche Hauptsorge aller Industrienationen ist die Arbeitslosigkeit. Ihr soll sich ein Sondergipfel der Wirtschafts- und Arbeitsminister widmen. Zu Beginn des Tokio-Gipfels einigt sich die „Quadriga-Gruppe" (Vereinigte Staaten, Japan, Kanada und die Europäische Gemeinschaft) demonstrativ auf einige Zollsenkungen. Für Rußland wird die Einrichtung eines Privatisierungsfonds im Wert von drei Milliarden Dollar beschlossen. Im Kommuniqué verständigt man sich darauf, künftig die langfristig bedeutsamen Faktoren des Wachstums intensiver zu diskutieren: die Privatisierung, die Deregulierung, die Ausgestaltung eines investitionsfördernden Steuersystems.

Wird das G-7-Treffen durch solche Rückbesinnungen auf das Ökonomische wieder zum Weltwirtschaftsgipfel werden? Stoff gäbe es genug: das Allgemeine Zoll- und Handelsabkommen, das Einpassen der Freihandelszonen und Blöcke in den multilateral freien Welthandel, der grenzüberschreitende Umweltschutz, eine sichere Energieversorgung, der Zustrom von Menschen in die Wohlstandsländer. Das sind Themen, die eines Gipfels wert sind. Sie sind nicht nur wichtig, sie bedürfen – anders als Zinsen und Wechselkurse – der Koordination. Beim Umweltschutz und beim Handel ist das leicht zu sehen: die Inanspruchnahme der Umwelt als Medium der Entsorgung macht nicht an nationalen Grenzen halt; ein Handelskrieg geht grundsätzlich alle an, weil alle davon betroffen sind. Allerdings darf man auch bei solchen Themen keine allzu hohen Erwartungen aufbauen. In der Geschichte des Gipfels hat sich bestätigt, was sich schon im Schloß Rambouillet gezeigt hat: Am Kaminfeuer der Gipfelgespräche flackert die wirtschaftspolitische Vernunft nicht leuchtender als in den nationalen Kabinetten und Parlamenten.

Dritter Teil: Die Unternehmen

1. DIE UNTERNEHMENSBERICHTERSTATTUNG

Bei der Berichterstattung über Wirtschaftspolitik, wie sie im ersten Teil dieses Buches beschrieben wird, geht es um die Voraussetzungen, um die Rahmenbedingungen des wirtschaftlichen Handelns von Unternehmern und Arbeitnehmern. Es geht um die Grundfrage, wie die Menschen mit Gütern und Dienstleistungen versorgt werden sollen, ob über den Markt und private Unternehmen als Anbieter auf diesem Markt oder durch staatliche Leistungen. Es geht darum, welche Freiheitsspielräume der Staat den Unternehmen eröffnet und welche Grenzen er ihnen setzt: auf den Märkten, in ihren Beziehungen untereinander, im Verhältnis zu den Endverbrauchern und bei der Gestaltung der Arbeitsbedingungen. Es geht darum, wo der Staat nur einen Datenkranz für die Unternehmen flicht und wo und wie er in unternehmerische Entscheidungen und betriebliche Abläufe selbst regulierend eingreift. Die Antworten auf diese Fragen fallen in einzelnen Ländern je nach der politischen Verfassung sehr unterschiedlich aus. In Kommandowirtschaften kommunistischer Prägung wie in der früheren Sowjetunion spielten private Unternehmen kaum eine Rolle. Das Gegenstück dazu bilden bis heute die Vereinigten Staaten mit ihrer nur wenig eingeschränkten freien Marktwirtschaft, die den Unternehmen größtmögliche Spielräume läßt. In der Bundesrepublik Deutschland mit ihrer Ordnung der sozialen Marktwirtschaft bestimmt und beschränkt der Staat heute in vielerlei Weise die Tätigkeit von Unternehmen: durch die Steuerpolitik, durch Subventionen, durch die Wettbewerbspolitik, die Sozialpolitik, die Arbeitsbedingungen, durch Bestimmungen über Sicherheit, Bauvorschriften, Außenhandelsregelungen und vieles andere mehr. Zugleich spielt der Staat selbst eine gewichtige Rolle in der Wirtschaft, wie die sogenannte Staatsquote (Gesamtausgaben des Staates in Prozent des Bruttosozialprodukts) zeigt: Sie ist von einem Drittel im Jahr 1960 auf mehr als die Hälfte Anfang der neunziger Jahre gestiegen, während sie in den Vereinigten Staaten und Japan noch heute bei etwa einem Drittel liegt.

Unternehmensnachrichten gehen viele an

Die Unternehmensberichterstattung beschreibt das Tun der Unternehmen selbst am konkreten Fall. Auf diesen Seiten des Wirtschaftsteils von Tageszeitungen wird die lebendige Vielfalt der Unternehmen und Unternehmer nachgezeichnet, wird beschrieben, wie Unternehmen unter den vorgegebenen Rahmenbedingungen handeln, hier werden Erfolge und Mißerfolge von Unternehmen dargestellt und werden ihre Jahresabschlüsse analysiert. Da jedes Unternehmen auf vielfältige Weise in der Gesellschaft verankert ist – als Arbeitgeber und Umweltfaktor an seinem Standort, als Kapitalgesellschaft mit seinen Anteilseignern, als Kunde und Lieferant mit anderen Unternehmen, als Kreditnehmer mit dem Kreditgewerbe, als Steuerzahler mit dem Staat –, haben Unternehmensberichte weittragende Bedeutung und sind nicht allein für Fachleute bestimmt. Das wird am ehesten deutlich bei negativen Nachrichten, etwa wenn große Unternehmen wie vor Jahren die ehemals gewerkschaftseigene Co op-Handelsgruppe zusammenbrechen oder wenn die Umwelt beeinträchtigt wird wie im Fall der Unglücksserie bei dem Chemiekonzern Hoechst. Schon eine der klassischen Wirtschaftsnachrichten aus dem 16. Jahrhundert ist eine Insolvenzmeldung, die ein Agent des Handelshauses Fugger an die Zentrale in Augsburg geschrieben hat: „Aus Antwerpen vom 9. Dezember 1570. Hier haben die Genuesen auf der Börse ein Wettlaufen angestellt, und sind diese Woche zwei Häuser der Genuesen bankrott gegangen, und zwar: Giovanni Grimaldi und dann Pedro Francesco et Pedro Christophoro Spinola, hinter welchen Spinola hier alle Deutschen stecken. Man hat es für ein wohlfundiertes Haus gehalten, das hier lange Zeit gehandelt hat. Die Creditoren geben sich selbst guten Trost. Es ist aber zu besorgen, daß es mit diesen wie mit anderen Bankrotten gehen wird. Zuerst ist allemal genug vorhanden, zuletzt kann niemand etwas kriegen."

Bilanzanalysen müssen werten

Da die regelmäßige Unternehmensberichterstattung in Zeitungen anfangs durch die Aktienemissionen der Gründerjahre und später durch die Bilanzanalyse geprägt wurde, fließen auch wertende Elemente ein, sind Nachricht und Meinung nicht so streng getrennt wie in der übrigen Berichterstattung. Nicht nur die Fachleute möchten wissen, wie sie die Darstellung und die Daten von Unternehmen einzuordnen und zu bewerten haben. Schon die alte Frankfurter Zeitung hatte sich, wie in ihrer Geschichte nachzulesen ist, ein „selbständiges Urteil" und eine „in jeder Hinsicht freimütige Stellungnahme" zu eigen gemacht. Der Deutsche liebe die Kritik, heißt es weiter, er wünsche gründliche Prüfung, ihm genüge nicht die nackte Angabe einiger Daten. Das stellt an Souveränität und Kompetenz der Journalisten hohe Anforderungen. Sie sollen das Wichtige vom Unwichtigen scheiden, die Stärken und Schwächen der Unternehmen erkennen, sie sollen die positiven Wendepunkte ebenso frühzeitig herausfinden wie die Krisenzeichen, sie sollen das Unsolide brandmarken, im ganzen aber doch darauf achten, daß die notwendige kritische Begleitung der Unternehmen nicht zum reinen Negieren unternehmerischer Tätigkeit wird. In angelsächsischen Tageszeitungen vermeidet man eigene Stellungnahmen häufig dadurch, daß man Bilanzanalysten mit ihrer Meinung zu Wort kommen läßt.

Aktionärsinteresse und Allgemeininteresse

Art und Umfang der Unternehmensberichterstattung hängen unter anderem mit der sich wandelnden Stellung der Unternehmen in der Gesellschaft zusammen. In den Gründerjahren spielten Unternehmen in den damaligen „Handelsteilen" als Börsenwerte eine Rolle und wurden vorwiegend aus der Sicht des Anlegers und Aktionärs beurteilt. Inzwischen richtet sich das Interesse auch auf die Produktion und den Absatz von Unternehmen, auf ihre Investitionen und auf ihre Rolle als Arbeitgeber. In jüngster Zeit werden Unternehmen dazu noch in ihrer Wechselwirkung mit der Gesellschaft (zum Beispiel im Umweltschutz) gesehen und kritisch gewürdigt. Der Umfang eines Unternehmensteils hängt nicht nur von den Themen, sondern auch von der Art der Zeitung ab. Eine Lokalzeitung wird in erster Linie über ortsansässige Unternehmen berichten oder über ganz herausragende Unternehmensnachrichten. Große Tages- und Wirtschaftszeitungen pflegen dagegen eine kontinuierliche Berichterstattung über die ganze Breite der Unternehmenslandschaft.

2. Die Unternehmer

Der Kapitalist von Adam Smith

Der Unternehmer als handelnde Person taucht erst spät in den Wirtschaftswissenschaften auf. Der Klassiker Adam Smith beschreibt in seinem Buch „Der Wohlstand der Nationen" den Kapitalisten. Er stellt sehr lebendig den Fabrikanten oder den Kaufmann vor, der sein eigenes oder geliehenes Kapital zur Gewinnerzielung, also zum Eigennutz, in eine Unternehmung investiert. Bei Smith ist auch erstmals vom Unternehmergewinn als Entgelt für Mühe und Risiko die Rede, der zu unterscheiden ist vom Unternehmerlohn als Entgelt für Aufsicht und Leitung eines Unternehmens (wie es heute angestellten Managern zukommt) und der notwendigen Verzinsung für das eigene oder fremde Kapital, das im Unternehmen arbeitet. Und für Smith bleiben der Wettbewerb am Markt, die Entwicklung einer Volkswirtschaft auch offen. Wettbewerb und neue Techniken zwingen die Unternehmer zu Anpassungen, weil sich die Gewinnspanne verringert. Smith schildert auch anschaulich, wie die Handwerker durch die Zünfte und die Kaufleute durch Absprachen solche Gewinnrückgänge zu verhindern suchen. Dennoch bleibt der Smithsche Unternehmer blaß, wenn er schreibt, der Unternehmer werde ungeachtet seiner egoistischen Motive von der unsichtbaren Hand des Marktes geleitet und trage dadurch, ohne es zu wollen und ohne es zu wissen, zum gesellschaftlichen Fortschritt bei. Aus Eigennutz wird durch das Marktsystem Gemeinnutz.

Karl Marx billigte dem kapitalistischen Unternehmer eine deutlichere Rolle zu. Er schrieb im Kommunistischen Manifest, daß die Bourgeoisie in ihrer Klassenherrschaft „massenhaftere und kolossalere Produktionskräfte" geschaffen habe als alle vergangenen Generationen zusammen. Er machte vor allem den Begriff „Profit" als Ausdruck für Gewinn oder Ertrag von Unternehmen populär. Dennoch war auch bei Marx der Unternehmer keine treibende Kraft, sondern ein Getriebener des kapitalistischen Systems und seiner Gesetzmäßigkeiten, wie sie Marx sah.

Die Helden des Joseph A. Schumpeter

Zum eigenständig Handelnden wurde der Unternehmer erst Anfang dieses Jahrhunderts bei dem Ökonomen Joseph A. Schumpeter, der ihn als Pionierunternehmer, als schöpferischen Zerstörer, kurz als Heldenfigur des wirtschaftlichen Wandels beschrieben hat. Schumpeters Unternehmer ist weder Kapitalist, noch bloßer Unternehmensgründer oder Erfinder, er ist vielmehr ein „Macher", der neue Kombinationen durchsetzt, der zum Beispiel neue Güter oder Produktqualitäten oder neue Produktionsmethoden einführt, der neue Absatzwege oder neue Bezugsquellen erschließt oder der Unternehmen effizienter organisiert etwa in Gestalt von Konzernen. Dieser schöpferische Unternehmer bricht aus dem wirtschaftlichen Alltag aus und sieht Chancen da, wo sie andere nur undeutlich oder gar nicht wahrnehmen. Er zerstört Altes, um Neues zu schaffen. Ihm geht es nicht allein um Gewinn, sondern auch um Sieg im Konkurrenzkampf. Schumpeters Unternehmer ist nicht mehr das Instrument des Marktes, er bewegt die Märkte und führt Umbrüche in ganzen Branchen und letztlich in der Volkswirtschaft herbei. Die schöpferische Zerstörung trifft freilich auch den Pionier, wenn die „Nachahmer" dem Schumpeterschen Helden folgen. Damit ist auch vorgezeichnet, wie Entwicklung und Wachstum einer Volkswirtschaft vorangetrieben werden: durch die Unternehmer.

Die Rolle der Manager

Während in den Anfängen der Industrialisierung die Funktion des Unternehmers und Eigentümers oder Kapitalisten noch in einer Person vereint ist, tritt mit der Entstehung von Kapitalgesellschaften und den dahinterstehenden Finanziers der angestellte Unternehmer auf, der heutige Manager. Auch er handelt unternehmerisch, wenn er neue Kombinationen durchsetzt, wenn er innoviert und verändert. Peter F. Drucker, der aus Österreich stammende amerikanische Management-Theoretiker, hat geschrieben, daß das Unternehmerische weder eine Wissenschaft noch eine Kunst sei, sondern praktisches Handeln. Auch für ihn ist die Unternehmereigenschaft nicht unbedingt mit dem Eigentum verknüpft, sondern mit der Fähigkeit zur Innovation. Vor diesem Hintergrund haben sich die Begriffe verwischt: Der angestellte Vorstandsvorsitzende eines Konzerns wird ebenso als Unternehmer bezeichnet wie der Eigentümer-Unternehmer. In der breiten Öffentlichkeit verbindet sich mit dem Begriff aber nach wie vor die Vorstellung vom selbständigen Unternehmer.

Das Vordringen der angestellten Manager hat zur These von der „Managerherrschaft" geführt, der weitgehend autonomen Kontrolle der Unternehmen durch die Manager, die von den Kleinaktionären als Eigentümer nicht mehr kontrolliert und in Schranken gehalten werden können. Die Manager steuern zwar das Unternehmen, tragen aber anders als der Alleineigentümer nicht mehr die vollen finanziellen Folgen. Die Mehrheit der deutschen Großunternehmen ist heute in diesem Sinn „managerkontrolliert". Ob sich diese Managerherrschaft – wie befürchtet – negativ auswirken muß, hängt letztlich von der Gestaltung der Unternehmensverfassung ab. Der Sturz bekannter Spitzenmanager großer amerikanischer Konzerne durch die Eigentümer und zahlreiche Übernahmeschlachten mit dem Ziel, den Shareholders value, den Unternehmenswert für den Aktionär, zu erhöhen, deuten darauf hin, daß auch hier Verkrustungen aufgebrochen werden.

Vor allem für selbständige Unternehmer gilt, daß sie ein unternehmensfreundliches gesellschaftliches Umfeld brauchen. In Kommandowirtschaften ist für sie kein Platz, wie das Beispiel der DDR gezeigt hat. Während es 1988 – vor dem Fall der Mauer – in Westdeutschland rund 2,4 Millionen Selbständige gab, einschließlich der freien Berufe (das entsprach einem Anteil an den Erwerbstätigen von rund neun Prozent), waren in der DDR nur noch rund 150 000 Selbständige übriggeblieben (das entsprach einem Anteil von weniger als zwei Prozent). Inzwischen gibt es in Ostdeutschland wieder 348 000 Selbständige, die einem Anteil von viereinhalb Prozent entsprechen.

Das politische Klima ist wichtig

Aber auch in Westdeutschland hat sich die Einstellung der Gesellschaft zu den Unternehmern verändert. Während sie in den Zeiten des Wiederaufbaus und des Wirtschaftswunders überwiegend positiv gesehen wurden, standen die späten sechziger und die siebziger Jahre unter den sozialdemokratischen Kanzlern Willy Brandt und Helmut Schmidt im Zeichen von Gesellschaftsreformen, von Umverteilung, mehr Mitbestimmung, Wirtschaftsdemokratie-Überlegungen und der Überzeugung, daß der Staat mehr vermag als die Privatwirtschaft. In diesem Klima verschlechterte sich auch das Unternehmerbild in der Öffentlichkeit deutlich, wie Befragungen zeigen. Es geriet teilweise zum Feindbild. Erst als das Wachstum der Wirtschaft im Gefolge der Ölkrisen nachließ und die zur Beseitigung der Arbeitslosigkeit notwendigen Investitionen ausblieben, wurde der Unternehmer offiziell wieder aufgewertet. Nach der politischen Wende von 1982 besserte sich das gesellschaftspolitische Klima gegenüber den Unternehmern. Während die Unternehmensgründungen Anfang der siebziger Jahre abnahmen und der Unternehmensbestand sank, nehmen seit 1976 und vor allem in den frühen achtziger Jahren Gründungen und Unternehmensbestand wieder zu. Die vielfach befürchtete „Unternehmerlücke" ist bisher nicht aufgetreten, der Wille zur Selbständigkeit nicht geschwunden. Der Anteil der Selbständigen an den Erwerbstätigen in Deutschland hält sich in einem für eine hochentwickelte Volkswirtschaft üblichen Rahmen. Ob sich freilich in Deutschland ein „Unternehmersinn in der breiten Masse" entwickeln wird, wie ihn schon vor Jahrzehnten der Betriebswirtschaftler Eugen Schmalenbach für das Gedeihen einer freien Wirtschaft gefordert hatte, steht dahin. Während in den Vereinigten Staaten Reichtum nach wie vor akzeptiert und unternehmerischer Erfolg bewundert wird und auch der kleine Mann eher „unternehmerisch" denkt und handelt, bleibt Reichtum in Deutschland verdächtig, wird der unternehmerische Aufstieg oft von Neid verfolgt, bleibt das Denken und Handeln eher sicherheitsorientiert und wenig fortschrittsfreundlich.

Wie sich Unternehmer selbst sehen

Wie sehen sich Unternehmer in Deutschland selbst? Eine Repräsentativbefragung durch das Institut für Demoskopie Allensbach im Auftrag der Frankfurter Allgemeinen Zeitung ergab 1988, daß für drei Viertel der Befragten das Unternehmerdasein mehr eine Freude als eine Last war, und neunzig Prozent glaubten, in keinem anderen Beruf glücklicher werden zu können. Ebenso empfanden mehr als neunzig Prozent die Herausforderungen des Marktes und die damit verbundenen Risiken für das Unternehmen als positiv. Von den Befragten waren drei Viertel angestellte und ein Viertel selbständige Unternehmer. Knapp die Hälfte empfand sich als „Aufsteiger". Mehr als achtzig Prozent hatten ein Studium absolviert. Für mehr als achtzig Prozent war das Wichtigste am Unternehmerdasein, unabhängig zu sein und etwas bewirken und gestalten zu können.
Die meisten Unternehmer sahen nach der Befragung ihre Verantwortung in erster Linie für ihre Mitarbeiter und die Arbeitsplätze. Danach wurden mit Abstand genannt die Verantwortung für die Zukunftssicherung des Unternehmens, eine gesellschaftlichsoziale Verantwortung und erst dann eine Verantwortung gegenüber den Kapitaleignern. Mehr als neunzig Prozent der Unternehmer glaubten, daß sie bestimmte Werte verkörpern. Genannt werden dabei in der Reihenfolge Werte wie Korrektheit, Geradlinigkeit, Solidität, Verantwortungsbereitschaft, erfolgsorientierte Eigenschaften wie Durchsetzungsvermögen oder Einsatzbereitschaft, die Verantwortung für die Mitarbeiter und Arbeitstugenden wie Zuverlässigkeit, Pflichtgefühl und Fleiß. Dagegen wurden nur zu einem verschwindend kleinen Teil (weniger als drei Prozent) Schumpetersche Eigenschaften wie Wagnisbereitschaft, Kreativität und Innovationsdrang aufgeführt. Zwei Drittel der befragten Unternehmer meinten, daß ihre Wertvorstellungen Gemeinsamkeiten mit denen der Mitarbeiter aufweisen, ein Viertel der Befragten glaubte dagegen, daß sich eher zwei Welten auftun. Diese Antwort entspricht den Ergebnissen anderer Befragungen, wonach „die Unternehmer" als Klischee eher negativ empfunden werden, während der eigene Arbeitgeber, also der persönlich bekannte Unternehmer, als Nahbild positiv geschildert wird.
Die Mehrzahl der Befragten war auch bereit, öffentliche Verantwortung außerhalb des Unternehmens zu übernehmen. Die Verantwortung für die Umwelt wurde klar bejaht. Knapp die Hälfte der Unternehmer war noch sechs Jahre nach der politischen Wende 1982 der Meinung gewesen, daß man das Negativbild vom Unternehmer viel antreffe. Auf der anderen Seite ist Beliebtheit für die Unternehmer nicht so wichtig. Als besonders wichtige Eigenschaften empfinden Unternehmer vielmehr Selbstvertrauen, Gerechtigkeit und Selbstbeherrschung. Für fast zwei Drittel der Befragten ist jemand aus der Familie, Vater oder Großvater, Vorbild. Christliche Wertvorstellungen sind für

fast sechzig Prozent wichtig oder sehr wichtig. Die befragten Unternehmer haben im Durchschnitt sechzig Stunden wöchentlich gearbeitet, über vierzig Prozent auch samstags. Siebzig Prozent hatten ihren Urlaub im letzten Jahr ganz oder größtenteils genommen. Mehr als die Hälfte sah durch ihren Beruf allerdings das Familienleben beeinträchtigt.

3. DIE UNTERNEHMEN

Ebenso vielschichtig wie der Begriff des Unternehmers ist der Begriff des Unternehmens. Oft ist auch im gleichen Sinn von einer Firma, einer Gesellschaft, einem Betrieb die Rede. Das geschieht in einem längeren Text häufig auch aus stilistischen Gründen. Während das Unternehmen, die Unternehmung in der Betriebswirtschaftslehre für das rechtlich-technisch organisierte Unternehmen steht und den finanziellen und rechtlichen Außenaspekt betont, bezeichnet der Begriff Betrieb das Technisch-Organisatorische, die Produktionsstätte, die Fabrik. So kann ein Unternehmen aus zahlreichen Betrieben bestehen. Aber häufig wird auch von einem Betrieb gesprochen, wenn das ganze Unternehmen gemeint ist. Der Begriff Firma wird ebenfalls häufig gebraucht, wenn eigentlich das Unternehmen gemeint ist. Firma ist jedoch nur der Name im rechtlichen Sinn, unter dem ein Kaufmann seine Geschäfte betreibt. Von Gesellschaft spricht man im Sinn von Kapital- oder Konzerngesellschaft.
Unternehmen werden unterschieden nach den Eigentumsträgern in private und öffentliche Unternehmen sowie in gemischtwirtschaftliche Unternehmen, bei denen sowohl private wie auch staatliche oder öffentlich-rechtliche Eigner beteiligt sind. (Siehe auch das Kapitel über die Rechtsform der Unternehmen.)

Drei Viertel sind Einzelunternehmen

In Westdeutschland gibt es nach unterschiedlichen Statistiken rund 2,1 Millionen Unternehmen verschiedenster Art, angefangen von den landwirtschaftlichen Gewerbebetrieben über die Industrieunternehmen, die Handwerksunternehmen, die Handelsunternehmen, die Verkehrsbetriebe, die Unternehmen des Kredit- und Versicherungsgewerbes bis hin zu den Dienstleistungsbetrieben und den freien Berufen, die sich selbst nicht als Gewerbe verstehen. Dazu kommen nach groben Schätzungen noch einmal rund 500 000 Unternehmen in Ostdeutschland, so daß man insgesamt von 2,5 Millionen Unternehmen im wiedervereinigten Deutschland ausgehen kann. Nach der Umsatzsteuerstatistik sind knapp drei Viertel der Steuerpflichtigen Einzelunternehmen, nur ein Viertel entfällt auf Kapitalgesellschaften und andere Rechtsformen. Aufgeteilt nach Wirtschaftsbereichen, zeigen sich deutlich das Vordringen der Dienstleistungsunternehmen und die abnehmende Bedeutung des produzierenden Gewerbes. So entfielen im Jahr 1990 von den 2,1 Millionen Unternehmen nur noch knapp 24 Prozent auf Unternehmen des produzierenden Gewerbes, also Industrie und Baugewerbe. 28 Prozent waren Unternehmen des Groß- und Einzelhandels und 41 Prozent Dienstleistungsbetriebe.
Die Umsatzsteuer-Statistik zeigt auch ein Weiteres: Das populäre Bild ist falsch, daß große Aktiengesellschaften und mächtige Industriekonzerne die wirtschaftliche Szenerie des Landes prägen, während die kleinen und mittelgroßen Unternehmen ein stilles Dasein im Schatten der Großen führen. In Wirklichkeit stellen die Klein- und Mittelbetriebe den breiten Unterbau einer Pyramide dar, deren Spitze eine kleine Grup-

Klein-, Mittel- und Großbetriebe nach Größenklassen

Größenbereich (Umsatz in DM)	Zahl der Unternehmen				Veränd. 1980/1990 in Proz.
	absolut		in Prozent		
	1980	1990	1980	1990	
klein (20 000/25 000 – 1 Mill. DM)............	1 432 229	1 725 908	84,8	82,0	+ 20,5
mittelgroß (1 – 100 Mill. DM)............	253 747	373 220	15,1	17,8	+ 47,1
klein und mittelgroß............	1 685 976	2 099 128	99,9	99,8	+ 24,5
groß (100 Mill. DM und mehr)............	2 713	4 846	0,2	0,2	+ 78,6
Insgesamt............	1 688 689	2 103 974	100	100	+ 24,6

Quelle: Wirtschaft und Statistik, Kleinbetriebe 1980 ab 20 000 DM Umsatz, 1990 ab 25 000 DM.

pe von Großunternehmen bildet. Das Bundeswirtschaftsministerium rechnet zu den Kleinunternehmen Betriebe mit bis zu 49 Beschäftigten oder 1 Million DM Jahresumsatz. Als mittelgroß gelten Unternehmen mit 50 bis 499 Beschäftigten oder Jahresumsätzen von 1 bis 100 Millionen DM. Groß sind Unternehmen mit mehr als 500 Beschäftigten oder Jahresumsätzen von mehr als 100 Millionen DM. Das Bild ist ähnlich wie in den Vereinigten Staaten, wo ebenfalls mehr als neunzig Prozent der knapp fünf Millionen Wirtschaftsunternehmen Kleinbetriebe sind.

99 Prozent sind Klein- und Mittelbetriebe

Von den 2,1 Millionen umsatzsteuerpflichtigen Unternehmen in Westdeutschland (1990) sind – grob nach diesen Umsatzgrößenklassen geordnet – 99,8 Prozent kleine und mittlere Unternehmen. Sie beschäftigen fast zwei Drittel der Erwerbstätigen in der Privatwirtschaft, bilden vier Fünftel aller Auszubildenden aus, vereinigen knapp die Hälfte des Gesamtumsatzes der Wirtschaft auf sich und sind für 40 Prozent der jährlichen Bruttoinvestitionen in der Wirtschaft verantwortlich. Anders gesagt: Weniger als ein halbes Prozent der Unternehmen sind Großunternehmen, die freilich gut die Hälfte aller Umsätze bestreiten.

Bei dieser Einteilung, die auch unseren Tabellen zugrunde liegt, ist freilich ein sehr grober Raster aufgelegt worden, der alle Wirtschaftsbereiche in dasselbe Schema preßt. Dabei wird vor allem nicht berücksichtigt, daß ein großer Handwerksbetrieb oder ein großes Einzelhandelsunternehmen, verglichen mit großen Industriegesellschaften, nur noch mittelgroß erscheinen. In früheren Untersuchungen des Instituts für Mittelstandsforschung (1975) hatte man einmal eine Einteilung getroffen, wonach ein Unternehmen in der Industrie als groß gilt, wenn es mehr als 25 Millionen DM umsetzt, im Handwerk ab 2 Millionen DM Umsatz, im Einzelhandel ab 10 Millionen DM und im

Dienstleistungsbereich ab 2 Millionen DM. Bei dieser etwas feineren Einteilung läge der Anteil der Großunternehmen an der Gesamtzahl der Unternehmen bei mehr als 2 Prozent statt 0,2 Prozent, der Marktanteil wäre noch größer und läge bei fast 70 Prozent.

Klein-, Mittel- und Großbetriebe nach Marktanteilen

Größenbereich (Umsatz in DM)	Umsätze Mill. DM (ohne Steuer) 1980	1990	Marktanteil in Prozent 1980	1990	Veränd. 1980/1990 in Proz.
klein (20 000/25 000 – 1 Mill. DM)..................	341 565	424 778	10,9	8,4	+ 24,4
mittelgroß (1 – 100 Mill. DM)................	1 342 810	2 061 517	42,4	41,0	+ 53,5
klein und mittelgroß........................	1 684 375	2 486 295	53,3	49,4	+ 47,6
groß (100 Mill. DM und mehr)..........................	1 475 817	2 551 478	46,7	50,6	+ 72,9
Insgesamt...........................	3 160 192	5 037 773	100	100	+ 59,4

Quelle: Wirtschaft und Statistik, Kleinbetriebe 1980 ab 20 000 DM Umsatz, 1990 ab 25 000 DM.

Allgemein läßt sich trotz aller Einschränkungen feststellen, daß in den letzten zwanzig Jahren die Zahl der Großunternehmen gestiegen ist, bedeutend schneller als die Zahl der mittelgroßen Gesellschaften. Die Großen haben trotz ihrer geringen Zahl besonders ihren Marktanteil kräftig ausweiten können. Der Umsatzteil hat inzwischen die Grenze von 50 Prozent überstiegen. Die Umsatzkonzentration wird noch deutlicher, wenn man einmal alle Unternehmen mit mehr als 25 Millionen DM Jahresumsatz betrachtet. Ihr Anteil an der Zahl der Unternehmen ist bis 1990 auf 0,8 Prozent gestiegen, ihr Marktanteil am Gesamtumsatz aber von knapp 60 auf 65 Prozent. Dagegen ist vor allem der Marktanteil der kleinen und mittelgroßen Unternehmen geschrumpft. Diese Entwicklung hängt auch damit zusammen, daß zahlreiche Unternehmen gewachsen sind, was in einer Statistik mit starren Umsatzgrößenklassen nicht sichtbar wird.

Daraus ist der Schluß zu ziehen, daß eine weitere Verschiebung der Marktanteile zugunsten der Großbetriebe, besonders bei einer Verlangsamung des wirtschaftlichen Wachstums, die Betätigungsmöglichkeiten dieser mittelständischen Gruppe einschränken muß und die Markteintrittsschranken für gründungswillige Unternehmer heraufsetzt. Allerdings kann niemand die Frage beantworten, wie groß die für einen funktionsfähigen Wettbewerb ausreichende Zahl von Klein-, Mittel- und Großbetrieben überhaupt sein muß und ob in der Bundesrepublik nicht in einigen Bereichen zu viele Klein- und Mittelbetriebe existiert haben. Diese Frage ist im Einzelhandel immer wieder diskutiert worden. Auf der anderen Seite zeigt sich, daß selbst in Bereichen, die bislang als Domäne der mittelständischen Wirtschaft galten, wie dem Dienstleistungsgewerbe, die Konzentration ebenfalls zunimmt und die Bedeutung der Großunternehmen wächst, die hier als Filialbetriebe auftreten.

Die Konzentration

Der Stand der Unternehmenskonzentration in Deutschland wird seit 1976 von der Monopolkommission in Gutachten analysiert und bewertet. Nach dem Gutachten für 1990/91 ist im produzierenden Gewerbe, also in der Industrie und im Baugewerbe, in acht von 41 Wirtschaftszweigen die Umsatzkonzentration hoch. Die jeweils drei größten Unternehmen vereinigen mehr als die Hälfte des Gesamtumsatzes auf sich. Das ist zum Beispiel der Fall im Luft- und Raumfahrzeugbau, bei der Herstellung von Büromaschinen und Datenverarbeitungsgeräten, in der Tabakverarbeitung, im Bergbau, in der Mineralölverarbeitung und im Straßenfahrzeugbau. Es gibt aber auch sieben Wirtschaftszweige, die wenig konzentriert sind, in denen die jeweils drei Größten nicht mehr als fünf Prozent des Umsatzes auf sich vereinigen. Dazu gehören die Holzverarbeitung, der Maschinenbau, das Textilgewerbe, das Ausbaugewerbe, Ziehereien und Kaltwalzwerke, die Ernährungsbranche und die Kunststoffherstellung. Die Entwicklung ist durchaus nicht einheitlich. So stehen Wirtschaftszweigen, in denen die Konzentration zunimmt, andere Branchen gegenüber, in denen sie abnimmt. Als Paradebeispiel für Strukturwandel und Konzentration gilt seit vielen Jahren der Lebensmittelhandel.
Dort hat die Konzentration auch in den letzten Jahren weiter zugenommen. So ist der Anteil der zehn größten Unternehmen im Lebensmittelhandel am Gesamtumsatz der Branche, der 1985 noch bei knapp 47 Prozent lag, 1990 auf knapp 62 Prozent gestiegen.
Die Monopolkommission hat auch die Entwicklung der Konzentration von Großunternehmen untersucht, weil sie aufgrund ihrer Finanzkraft marktübergreifende wirtschaftliche Macht ausüben können. Dabei hat sich ergeben, daß der Anteil der jeweils hundert größten Industrieunternehmen am Gesamtumsatz im produzierenden Gewerbe von 1978 bis 1990 von knapp 37 auf gut 38 Prozent gestiegen ist. Der Anteil der zwanzig größten Handelsunternehmen hat sich infolge des lebhaften Wachstums der Branche von 1978 bis 1990 mit etwa 11 Prozent kaum verändert. Der Anteil der jeweils zehn größten Banken an der Bilanzsumme aller Kreditinstitute ist in dieser Zeit von gut 37 auf gut 39 Prozent gestiegen. Die zehn größten Versicherungsunternehmen vereinigten 1990 (frühere Angaben sind nicht verfügbar) rund 41 Prozent des Beitragsvolumens auf sich.

Deutschlands größte Unternehmen

Die Frage der Größe und Macht von Unternehmen weckt aber auch jenseits aller wettbewerbspolitischen Erwägungen Interesse. Wie im Spitzensport finden Ranglisten der größten oder erfolgreichsten Unternehmen breite Aufmerksamkeit. Als Maßstab für Größe gilt nach wie vor der jeweilige Umsatz. Die Frankfurter Allgemeine Zeitung veröffentlicht seit dem Jahr 1959 regelmäßig eine Übersicht über „Die hundert größten Unternehmen". Heute finden sich solche Übersichten in verschiedenen Zeitungen und Zeitschriften. Als die erste Zusammenstellung erschien, zehn Jahre nach Erhards Schritt in die freie Marktwirtschaft, hatten die führenden deutschen Industrieunternehmen Umsätze von zwei bis drei Milliarden DM erreicht. Sie waren über ihre Vorkriegsgröße hinausgewachsen, hatten ihre Produktivkräfte aber vorwiegend auf Deutschland konzentriert. In mehr als drei Jahrzehnten sind daraus Weltunternehmen geworden, multinationale Konzerne, deren Geschäft im Ausland meist größer ist als das in Deutschland. Der Daimler-Benz-Konzern als größte deutsche Industriegruppe reicht heute fast an 100 Milliarden DM Weltumsatz heran. Mit Umsatzvolumina von drei Milliarden DM und weniger wäre ein Industrieunternehmen heute in Deutschland im letzten Fünftel der hundert Größten zu finden. In der ersten Liste von 1959 war Krupp der größte deutsche Konzern, ein Unternehmen, das noch den früheren Glanz der deutschen Schwerindustrie an Rhein und Ruhr widerspiegelte. Die Tatsache, daß nun der Auto- und Flugzeugbauer aus Süddeutschland an der Spitze steht, zeigt die Verlagerung der Schwerpunkte strukturell wie geographisch. Dennoch sind sowohl Daimler wie auch Siemens und das Volkswagenwerk damals wie heute unter den ersten fünf vertreten.

Im Jahr 1958 war unter den fünfzig größten Industrieunternehmen der westlichen Welt noch kein deutsches zu finden. Die damals größten Gesellschaften, Krupp und Siemens, mit jeweils drei Milliarden DM Umsatz wären erst auf Platz 52 dieser von der amerikanischen Zeitschrift „Fortune" zusammengestellten Weltrangliste aufgetaucht. Inzwischen hat sich das Bild deutlich gewandelt.

Unter den fünfzig größten Industrieunternehmen der Welt sind nach der Fortune-Aufstellung heute sieben deutsche: Daimler-Benz, Volkswagen, Siemens, Hoechst, BASF, Bayer und Thyssen. Eigentlich müßten es sogar acht sein, doch die Veba, in Deutschland unter den ersten fünf, gilt den Amerikanern als Versorgungsunternehmen und nicht als Industriekonzern. Dieser Aufstieg deutscher und anderer europäischer Unternehmen hat zugleich die These des französischen Publizisten Jean Jacques Servan-Schreiber aus den sechziger Jahren widerlegt, wonach die Welt schon längst von amerikanischen Konzernen allein beherrscht sein müßte. Das Gegenteil ist eingetreten. Von den fünfzig größten Unternehmen „im Weltformat" ist nicht einmal mehr ein Drittel amerikanisch.

Inzwischen sind im Zuge der weltwirtschaftlichen Veränderungen neue Konkurrenten für Europas und Amerikas Großunternehmen aufgetaucht: die Unternehmen aus Fernost, vor allem aus Japan. Die Japaner sind unter den fünfzig größten Industrieunternehmen der Welt mit zehn Konzernen vertreten. Daneben tauchen zwei der südkoreanischen Konglomerate auf. Während das größte deutsche Unternehmen, Daimler-Benz, erst auf Platz 10 auftaucht, rangiert der größte japanische Autohersteller auf Platz 5. Noch deutlicher wird das Vordringen der Japaner, wenn man die 500 größten Industrieunternehmen der Welt ins Auge faßt. Im Jahr 1991 waren davon 157 amerikanische Unternehmen, 119 japanische Gesellschaften und 33 deutsche Konzerne.

Während Mitte der siebziger Jahre der Durchschnittsumsatz der größten Unternehmen der Europäischen Gemeinschaft den der japanischen noch um einiges übertraf, hat sich die Situation seit Anfang der achtziger Jahre umgekehrt. Das Genfer IRM-Institut für Forschung und Information über multinationale Unternehmen wies schon 1985 darauf hin, daß japanische Konzerne dank moderner Anlagen, fortschrittlicher Technik und neuartiger Organisation mit weitaus weniger Beschäftigten die gleichen oder höheren Umsätze erzielen als die europäischen Konkurrenten. Das ist die neue, inzwischen weltweite Herausforderung, der sich Anfang der neunziger Jahre auch die deutschen Unternehmen in Gestalt von „schlanken" Produktions- und Managementstrukturen gegenübersehen und auf die sie reagieren.

Die größten deutschen Unternehmen

Lfd. Nr.	Firma	Umsatz 1992 Mill. DM	Jahres- überschuß 1992 Mill. DM	Beschäftigte 1992 in 1000	Anm.[1]
	Industrieunternehmen				
1	Daimler-Benz AG	98549	1451,0	376,5	K
2	Volkswagen	85403	147,0	273,0	K
3	Siemens	78509	1955,0	413,0	K
4	Veba AG	65419	1043,1	129,8	K
5	Hoechst	45870	1182,0	177,7	K
6	BASF	44522	613,1	123,5	So
7	RWE AG	43904	1046,6	105,6	K
8	Bayer	41195	1563,0	156,9	K
9	Thyssen AG	35755	350,0	148,3	K
10	Bosch	34432	510,0	165,0	K
11	Bayerische Motoren Werke	31241	726,0	73,6	K
12	Adam Opel AG	29222	2018,4	53,1	E
13	Mannesmann AG	28018	63,2	136,7	K
14	Metallgesellschaft	25558	63,6	62,5	K
15	Ruhrkohle	24550	66,1	118,3	K
16	Preussag AG	24474	440,2	73,7	K
17	Viag AG	24311	371,0	84,5	K
18	Fried. Krupp AG Hoesch-Krupp	23157		90,6	K
19	Ford-Werke AG	22002	-469,3	47,7	E
20	MAN AG	19171	417,8	64,3	K
21	Henkel	14101	402,0	42,2	K
22	IBM Deutschland GmbH	13787	-443,1	29,6	K
23	Degussa	12815	121,3	33,4	K
24	Philipp Holzmann	12472	90,7	43,6	K
25	Deutsche Shell AG	12238	416,0	3,3	K
26	Esso	11555	437,3	2,4	K
27	Continental	9690	133,0	50,5	K
28	Deutsche Unilever GmbH	9495	395,0	25,7	K
29	Philips GmbH	9476	-132,1	28,6	K
30	Agiv AG für Industr. u. Verkehrsw.	9421		39,6	So
31	Asea Brown Boveri	9274	171,0	39,8	K
32	Philip Morris GmbH	9096	272,3	3,8	E
33	Deutsche BP Holding AG	8155	-6,0	3,6	So
34	Reemtsma Cigarettenfabriken GmbH	8130	173,1	7,0	K
35	Deutsche Babcock AG	7644	76,0	38,0	K
36	Hochtief AG vorm. Gebr. Helfmann	7539	116,3	29,3	K
37	Linde	7534	254,5	30,4	K
38	Klöckner-Werke	7102	-560,3	33,2	W
39	Bosch-Siemens Hausgeräte	7008	74,1	23,6	K
40	Nestlé Gruppe	6867	135,0	17,5	So
41	Coca-Cola GmbH	6800			E
42	VEW Verein. Elektrizitätsw. Westf.	6751	160,0	8,0	K
43	Bayernwerk	6434	347,2	9,7	K
44	VEAG Vereinigte Energiewerke AG	6417	7,0	16,8	E

Lfd. Nr.	Firma	Umsatz 1992 Mill. DM	Jahres- überschuß 1992 Mill. DM	Beschäftigte 1992 in 1000	Anm. 1)
45	Alcatel SEL	6304	160,1	22,7	So
46	Schering	6267	263,0	24,4	K
47	Bilfinger + Berger Bau AG	6010	86,4	50,2	K
48	DHS-Dillinger Hütte Saarstahl AG	6000		19,4	K
49	ZF Friedrichshafen	5847		31,4	So
50	Röchling Gruppe	5441		24,6	K
51	Procter & Gamble GmbH	5382	-31,0	8,8	So
52	Hewlett-Packard GmbH	5375	65,5	6,4	E
53	Boehringer Ingelheim	5330	66,0	24,7	K
54	Südzucker	5251		11,0	K
55	Mobil Oil AG	5234	150,0	2,0	K
56	Heraeus Holding GmbH	5192	51,8	9,5	K
57	Batig Ges. für Beteiligungen mbH	5125	266,6	2,7	K
58	E. Merck	4963	133,0	25,7	So
59	Oetker-Gruppe	4840		12,2	K
60	Carl Zeiss Stiftung	4802	44,2	36,2	K
61	Strabag Bau-AG	4697	65,9	20,0	K
62	ITT Ges. für Beteiligungen mbH	4634	40,0	21,4	K
63	Freudenberg Gruppe	4603	39,3	25,9	K
64	Saarberg Saarbergwerke	4600		21,7	K
65	Beiersdorf	4552	158,5	17,8	K
66	Joh. A. Benckiser GmbH	4317	84,4	9,6	K
67	Berliner Kraft- und Licht (Bewag)	4299	50,2	12,3	K
68	Grundig	4243	-19,0	20,5	K
69	PWA Papierw. Waldhof-Aschaffenburg	4241	3,1	12,9	K
70	Dyckerhoff & Widmann AG	4217	47,2	19,6	K
71	Readymix AG für Beteiligungen	4155	131,0	10,4	K
72	Bremer Vulkan Verbund AG	4108	75,4	20,5	K
73	Compagnie de Saint Gobain	3936		14,7	K
74	FPB Holding AG	3914	498,0	8,5	
75	Solvay Deutschland GmbH	3829		11,8	So
76	Klöckner-Humboldt-Deutz AG	3665	0,0	12,7	K
77	Liebherr-Holding GmbH	3650			K
78	EniChem Deutschland AG	3582	-43,6	0,2	E
79	FAG Kugelfischer G. Schäfer KGaA	3563	-439,3	30,8	K
80	EVS Energie-Versorgung Schwaben	3510	184,0	5,1	K
81	Walter Bau-AG	3456		12,6	K
82	Akzo Fibers Division	3374		19,3	K
83	Miele & Cie. GmbH & Co	3370		15,2	So
84	Jacobs Suchard Deutschland	3310		3,5	So
85	Diehl Gruppe	3038		15,5	So
86	R.J. Reynolds Tobacco GmbH	3019	332,0	3,1	K
87	Lausitzer Braunkohle AG	3007		29,2	
88	Dow Deutschland Inc.	3003	-216,0	3,0	E
89	Heidelberger Zement AG	3003	122,6	9,7	K
90	SGE Deutsche Holding AG	2900			So
91	Badenwerk AG	2808	73,7	3,8	E
92	Iveco Magirus AG	2782	-55,6	6,2	E

Lfd. Nr.	Firma	Umsatz 1992 Mill. DM	Jahresüberschuß 1992 Mill. DM	Beschäftigte 1992 in 1000	Anm.[1]
93	Adidas AG	2750	-149,4	6,4	K
94	Wella AG	2746	90,7	14,7	K
95	Hella KG Hueck & Co.	2737		21,1	So
96	Du Pont de Nemours (Dtschl.) GmbH	2718	-19,0	4,2	E
97	Verbundnetz Gas AG	2706	-71,0	1,5	E
98	HEW Hamburg. Electric.-Werke AG	2696	59,9	5,8	E
99	Dr. Ing. h. c. F. Porsche AG	2684	-65,8	8,4	K
100	Benteler AG	2655	37,6	11,6	E

Lfd. Nr.	Firma	Umsatz 1992 Mill. DM	Beschäftigte 1992 in 1000	Anm.[1]

Handelsunternehmen

1	Metro	61567		W
2	Tengelmann (Welt)	49007	194,0	So
3	Rewe Gruppe	42810	150,0	So
4	Aldi Einkauf GmbH & Co. OHG	32658		So
5	Edeka Gruppe	28500		So
6	Spar Gruppe	21500		So
7	Otto Versand	21100	43,0	So
8	Stinnes	20005	34,7	K
9	Karstadt	18498	77,6	K
10	Franz Haniel & Cie. GmbH	18482	33,0	K
11	Schickedanz Unternehmensgruppe	17617	44,8	So
12	Ruhrgas	14424	11,3	K
13	Thyssen Handelsunion	14411	28,7	K
14	Gedelfi GmbH + Co. KG	14047		K
15	Klöckner & Co.	10628	10,7	K
16	Lidl & Schwarz Stiftung & Co. KG	10600		So
17	Alfred C. Toepfer International GmbH	9800		So
18	Raab Karcher	9423	23,2	K
19	C. & A. Mode & Co.	8914		So
20	Allkauf SB-Warenhaus GmbH & Co. KG	6293	12,3	So
21	BayWa AG	6259	12,0	E
22	AVA Allg. Handelsges. d. Verbraucher	6159	22,3	K
23	Hertie Waren- und Kaufhaus	6090		K
24	Aral AG	5765	1,1	E
25	Deutsche Renault AG	4377	0,8	E
26	Helm	4369	1,2	K
27	Anton Schlecker	4250	18,5	K
28	Ferrostaal	4039	0,7	K
29	Mannesmann Handel AG	3904	2,8	So
30	Andreae-Noris Zahn	3899	4,0	K
31	Nordwest Handel AG	3836	0,4	E
32	Preussag Handel	3814	2,6	So
33	Nürnberger Bund Großeinkauf eG	3759	1,3	K

Lfd. Nr.	Firma	Umsatz 1992 Mill. DM	Beschäftigte 1992 in 1000	Anm.[1]
34	A. Moksel AG	3700		K
35	NFZ Norddeutsche Fleischzentrale GmbH	3700	3,3	K
36	Einkaufsbüro Dt. Eisenhändler GmbH	3550	0,6	E
37	Südfleisch GmbH	3494	4,5	E
38	Mann GmbH	3450		So
39	Sanacorp eG	3401	4,2	E
40	Nissan Motor Deutschland GmbH	3348	0,4	E
41	Marquard & Bahls AG	3264	0,6	K
42	Raiffeisen Haupt-Gen. Hannover eG	3251	3,0	K
43	Fiat Automobil AG	3243	1,1	K
44	Wilh. Werhahn	3200		K
45	Konsumgenos. Dortmund-Kassel eG	3188	11,9	K
46	Ferd. Schulze GmbH & Co.	3182	2,2	E
47	Nanz-Gruppe	3140	12,3	So
48	Würth-Gruppe Welt	3067	12,7	K
49	Horten	2976	14,5	K
50	Toyota Deutschland GmbH	2971	0,8	K
51	F.W. Woolworth Co. GmbH	2919	16,0	E
52	Ruhrkohle Handel GmbH	2912	1,6	
53	Douglas Holding AG	2879	14,1	K
54	Kaufring AG	2789	1,6	K
55	Globus-Handelshof-Gruppe	2767	9,5	So
56	Promohypermarkt	2540		
57	Eduscho	2530	6,0	So
58	Atlanta/Scipio Gruppe	2524	2,6	K
59	Peugeot Talbot Deutschland GmbH	2496	1,1	E
60	Tchibo Frisch-Röst-Kaffee-GmbH	2493	3,5	So
61	W. & O. Bergmann	2455	0,3	E
62	co op Schleswig-Holstein eG	2427	11,6	K
63	Sony Deutschland GmbH	2398	1,5	E
64	L. Possehl & Co	2343	4,3	So
65	Marimpex Mineralöl-Handelsges. mbH	2295	0,1	K

Sonstige

1	Deutsche Bundespost Telekom	52500	232,0	So
2	Unternehmensgruppe Bertelsmann AG	15955	48,8	K
3	Daimler-Benz InterServices	7341	8,3	K
4	Axel Springer Verlag AG	3566	12,7	K
5	Heinrich Bauer Verlag KG	2839	9,0	K
6	Verlagsgruppe Georg von Holtzbrinck	1977	7,3	K
7	Burda Holding GmbH & Co. KG	1354	5,0	K

Versicherungsunternehmen nach Beitragseinnahmen

1	Allianz AG	54719	74,5	W
2	Münchener Rückversicherungs-Ges.	15898	3,6	K
3	AMB Aachener u. Münchener Btlg. Ges.	15300	19,1	K
4	Colonia Konzern	12166	12,0	K

Lfd. Firma Nr.	Einnahmen 1992 Mill. DM	Beschäftigte 1992 in 1000	Anm.[1]
5 Gerling Konzern	11000	9,1	K
6 Victoria Versicherungen	7438	12,0	K
7 R +V Versicherungen	6943	11,6	So
8 SR Beteiligungen AG	6330	8,2	K
9 HDI Gruppe	5200		K
10 Hamburg-Mannheimer Versicherungs-AG	4829	14,5	E
11 Debeka	4638	9,0	So
12 Iduna/Nova	4561		So
13 Gothaer Versicherungen	4520	6,5	K
14 HUK-Coburg	4067	5,4	K
15 Alte Leipziger	3700	4,0	So
16 Deutsche Krankenversicherung AG	3687	6,5	So
17 Nürnberger Versicherungsgruppe	3555	20,2	K
18 Württembergische AG Versicherungs.	3456	5,4	K
19 DBV Versicherungen	3010	3,8	K
20 Die Continentale	2396	3,7	So

Kreditinstitute nach Geschäftsvolumen

1 Deutsche Bank AG	502600	74,3	K
2 Dresdner Bank AG	333432	45,8	K
3 WestLB Westdeutsche Landesbank	288603	9,1	K
4 Bayerische Vereinsbank AG	253226	21,5	K
5 Commerzbank	235428	30,2	K
6 Bayer. Hypotheken- und Wechsel-Bank	220504	16,7	K
7 DG Bank Deutsche Genossenschaftsbank	215300	10,4	K
8 Bayerische Landesbank	209500	5,0	E
9 KfW Kreditanstalt für Wiederaufbau	189161	1,1	E
10 Norddeutsche Landesbank	160958	6,2	K

Transport-, Touristik- und Verkehrsunternehmen nach Umsatz

1 Deutsche Bundespost Postdienst	25600	378,0	So
2 Deutsche Lufthansa	17239	63,6	K
3 Deutsche Bundesbahn	15690	236,0	E
4 Schenker-Rhenus AG	8200	18,6	K
5 Touristik Union International	6175		K
6 V.A.G. Leasing GmbH	4675	0,3	K
7 Hapag-Lloyd	3793	8,9	K
8 LTU	2868	3,2	K
9 Deutsche Reichsbahn	2654	185,0	E
10 NUR Touristik GmbH	2539	1,1	E
11 Danzas GmbH	2422	2,3	K
12 Kühne & Nagel Gruppe	2369	3,7	So
13 Flughafen Frankfurt AG	1918	12,0	E
14 Hamburg-Südamerik. Dampfschiff	1159		K

Anmerkung: Die in der Spalte Umsatz erfaßten Zahlen beziehen sich bei Bauunternehmen auf Bauleistungen; bei Mineralölunternehmen ist keine Mineralölsteuer enthalten; bei den Handelsunternehmen, die in der Mehrzahl nicht zur Publizität verpflichtet sind, konnten nicht in jedem Fall Nettoumsätze ermittelt werden; die Angaben zu den Beschäftigten beziehen sich meist auf den Stichtag.

[1]) W = Weltumsatz; K = Konzernumsatz laut G + V oder nach Angaben des Unternehmens; E = Umsatz laut Jahresabschluß („Einzel-Abschluß"); So = Sonstiger Umsatz; Angaben zum Teil geschätzt. Siehe F.A.Z. vom 3. Juli 1993

Statistik: F.A.Z.-Archiv

Die 50 größten Unternehmen der Welt

1992	Gesellschaft	Land	Umsatz (Mrd. Dollar)	Beschäftigte
1	General Motors	USA	132,8	750.000
2	Exxon	USA	103,6	95.000
3	Ford Motor	USA	100,8	325.333
4	Royal Dutch/Shell	GB/NL	98,9	127.000
5	Toyota Motor	J	79,1	108.167
6	IRI	I	67,6	400.000
7	IBM	USA	65,1	308.010
8	Daimler-Benz	D	63,3	376.467
9	General Electric	USA	62,2	268.000
10	Hitachi	J	61,5	331.505
11	British Petroleum	GB	59,2	97.650
12	Matsushita Electric	J	57,5	252.075
13	Mobil	USA	57,4	63.700
14	Volkswagen	D	56,7	274.103
15	Siemens	D	51,4	413.000
16	Nissan Motor	J	50,2	143.754
17	Philip Morris	USA	50,2	161.000
18	Samsung	ROK	49,6	188.558
19	Fiat	I	47,9	285.482
20	Unilever	GB/NL	44,0	283.000
21	ENI	I	40,4	124.032
22	Elf Aquitaine	F	39,7	87.900
23	Nestlé	CH	39,1	218.005
24	Chevron	USA	38,5	49.245
25	Toshiba	J	37,5	173.000
26	E.I. Du Pont	USA	37,4	125.000
27	Texaco	USA	37,1	37.582
28	Chrysler	USA	36,9	128.000
29	Renault	F	33,9	146.604
30	Honda Motor	J	33,4	90.900
31	Philips	NL	33,3	252.200
32	Sony	J	31,5	126.000
33	ABB	CH	30,5	213.407
34	Alcatel Alsthom	F	30,5	203.000
35	Boeing	USA	30,4	143.000
36	Procter & Gamble	USA	29,9	106.200

273

1992	Gesellschaft	Land	Umsatz (Mrd. Dollar)	Beschäftigte
37	Hoechst	D	29,6	177.668
38	Peugeot	F	29,4	150.800
39	BASF	D	28,5	123.254
40	NEC	J	28,4	140.969
41	Daewoo	ROK	28,3	78.727
42	Fujitsu	J	27,9	161.974
43	Bayer	D	26,6	156.400
44	Mitsubishi Electric	J	26,5	107.859
45	Total	F	26,1	51.139
46	Amoco	USA	25,5	46.994
47	Mitsubishi Motors	J	25,5	45.000
48	Nippon Steel	J	24,0	51.900
49	Mitsubishi Heavy	J	23,0	66.000
50	Thyssen	D	22,7	147.279

Quelle: Fortune

4. DER MITTELSTAND – EINE DEUTSCHE BESONDERHEIT

Wenn von Unternehmen in Deutschland die Rede ist, dann tauchen auch immer wieder die Begriffe „Mittelstand" und „mittelständisch" auf. Der Mittelstand gilt im Ausland als typisch deutsches Phänomen, auch als eine deutsche Erfolgsgeschichte. Die Begriffe sind schwer zu übersetzen, weil in ihnen viel von deutscher Mentalität mitschwingt. Die Amerikaner sprechen von „small business", wollen damit aber nur eine Größenordnung charakterisieren.

Dagegen schwingt in dem deutschen Begriff „Mittelstand" ähnlich wie in dem französischen „classe moyenne" sehr viel Qualitatives mit: Tradition, bürgerliche Wertvorstellungen, Sicherheitsdenken, der Wunsch nach etwas staatlichem Schutz und zum Teil auch antikapitalistische Effekte.

Ein Hauch von Ständestaat

Der Begriff „Mittelstand" hat seine Wurzeln in der Übergangszeit von der feudalen Ordnung des Mittelalters zum modernen Verfassungsstaat. In vielen europäischen Ländern gab es als Übergangsform den Ständestaat, in dem das Bürgertum die Mitte zwischen den Ständen des Adels und der Bauern bezeichnete. Den Ständestaat gibt es nicht mehr, er ist auch in Deutschland Mitte des 19. Jahrhunderts mit Aufklärung und bürgerlicher Revolution verschwunden. Der Begriff „Mittelstand" und manche Elemente ständischen Denkens und ständischer Ordnung sind jedoch geblieben.

Ursprünglich umfaßte der Mittelstand in Deutschland nur die selbständigen Handwerker und Gewerbetreibenden, die kleinen und mittleren Händler und Unternehmer sowie die Bauern. Nach dem Ersten Weltkrieg kam zu diesem alten Mittelstand ein neuer Mittelstand hinzu: die höheren Beamten und Angestellten. Es gibt daher keine klare Abgrenzung. Nach Umfragen sieht sich mehr als ein Drittel der westdeutschen Bevölkerung als Mittelstand – ein Hinweis auf den in der Bundesrepublik erreichten Wohlstand und das bürgerliche Bewußtsein weiter Kreise der Bevölkerung.

Marx und Engels hatten unrecht

Der selbständige Mittelstand, also die Klein- und Mittelbetriebe, haben sich in Deutschland über Jahrhunderte hinweg allen wirtschaftlichen und technischen Veränderungen zum Trotz gut behaupten können. Sie sind der lebendige Beweis für die Irrtümer von Marx und Engels, die 1848 in ihrem Kommunistischen Manifest verkündeten: „Die bisherigen Mittelstände, die kleinen Kaufleute, Industriellen und Rentiers, die Handwerker und Bauern, alle diese Klassen fallen ins Proletariat hinab, teils dadurch, daß ihr kleines Kapital für den Betrieb der großen Industrie nicht mehr genügt, teils dadurch, daß ihre Geschicklichkeit von neuen Produktionsmethoden entwertet wird." Das Gegenteil ist der Fall gewesen. Zwar sind viele kleine und mittlere Unternehmen verschwunden, weil sie sich nicht rechtzeitig an den Strukturwandel angepaßt haben. Doch nach wie vor sind in Westdeutschland neun von zehn Unternehmen kleine und mittelgroße Unternehmen. Nur in Ostdeutschland gibt es noch nicht wieder genügend Klein- und Mittelbetriebe, weil die Kommunisten in vierzig Jahren nahezu die gesamte Wirtschaft verstaatlicht hatten. Die Unternehmer, die Handwerker, die Einzelhändler und die freien Berufe wurden vertrieben und das bürgerliche Selbstbewußtsein weitgehend ausgelöscht. Es ist daher auch gesellschaftspolitisch wichtig, daß in Ostdeutschland bald wieder viele selbständige Existenzen entstehen.

Zum gewerblichen Mittelstand gehören außer den industriellen Klein- und Mittelbetrieben vor allem die Handwerksunternehmen (rund 750 000 in ganz Deutschland mit 5,1 Millionen Beschäftigten), der kleine und mittelgroße Handel einschließlich der Handelsvermittler, die Makler, die Gastwirte und andere Dienstleistungsunternehmen. Dazu kommen die freien Berufe, die sich als Dienstleistungsanbieter besonderer Art sehen. Sie erbringen vornehmlich geistige, im allgemeinen auf qualifizierter Ausbildung beruhende persönliche Leistungen. Sie verstehen sich daher nicht als Gewerbe und sind von der Gewerbesteuer befreit. Allerdings gibt es seit einiger Zeit auch hier Strukturveränderungen hin zu größeren Einheiten, etwa den großen Anwaltssozietäten, die eine Vielzahl von Partnern umfassen. Der einzelne Anwalt arbeitet dabei nach wie vor selbständig, doch es gibt wie in einem größeren Unternehmen eine gemeinsame Infrastruktur. In ganz Deutschland gibt es inzwischen mehr als 530 000 Freiberufler, darunter gut 65 000 in Ostdeutschland. Rund 205 000 davon sind Heilberufe und etwa 144 000 rechts-, wirtschafts- und steuerberatende Berufe.

Volkshochschule des Unternehmertums

Die ausgewogene Wirtschaftsstruktur mit ihrem breiten Mittelfeld hat nicht nur die konjunkturelle Anfälligkeit der Wirtschaft vermindert, sie hat vor allem verhindert, daß Deutschland wie andere Länder mit starken Klassenunterschieden ein soziales Spannungsfeld wurde. Daß sich die Klein- und Mittelbetriebe in Deutschland so gut entwickeln konnten und können, hängt nicht zuletzt auch mit der föderalistischen Struktur der Bundesrepublik zusammen. Die Bundesrepublik hat im Westen zwar einige große industrielle Ballungsgebiete wie das Rhein-Main-Gebiet oder das Ruhrgebiet, aber zugleich eine überaus vielfältige und wirtschaftlich aktive Provinz; denn Deutschland ist erst seit 1871 ein Zentralstaat. Auch außerhalb der großen Städte sitzen viele kleine und mittelgroße Firmen, die in alle Welt exportieren.

Diese Unternehmen sind wichtig für den Wettbewerb und das Funktionieren der sozialen Marktwirtschaft. Sie sind auch von großer Bedeutung für den deutschen Arbeitsmarkt. Das besonders im Ausland bewunderte System der deutschen Berufsausbildung, das praktische Ausbildung mit einer Berufsschule verknüpft, hat in diesen Unternehmen seine stärkste Stütze. Zwei Drittel aller Beschäftigten (rund 15 Millionen) arbeiten in Klein- und Mittelbetrieben. Rund 85 Prozent der Ausbildungsplätze werden von mittelständischen Betrieben bereitgestellt. Sie tragen damit die Hauptlast der Heranbildung von Fachkräften. Nicht minder wichtig sind die Klein- und Mittelbetriebe aber auch als „Volkshochschule des Unternehmertums". Für viele, die später einmal in großen Unternehmen Führungspositionen einnehmen, ist die Erziehung zur Verantwortung und zum selbständigen unternehmerischen Handeln in einem kleineren Betrieb eine unentbehrliche Vorschule.

Die Stärken und Schwächen

Gewerbliche Klein- und Mittelbetriebe haben auch in Deutschland ihre spezifischen Stärken und Schwächen. Ihre Stärken liegen vor allem in einer größeren Beweglichkeit. Ihre Schwächen hängen im wesentlichen damit zusammen, daß ihr Schicksal aufs engste mit der Person des Inhabers verknüpft ist. Mehr als in Großbetrieben spielt der menschliche Faktor eine Rolle. Viele Geschäftsbeziehungen sind daran schon gescheitert, weil man die Mentalität der Inhaber solcher Unternehmen nicht verstanden hat. Das sind die Hauptprobleme:
Die Finanzierung: Zwei verlorene Weltkriege und ihre Folgen, eine Inflation und eine Währungsreform haben dazu geführt, daß in allen Unternehmen ausreichend breite Kapitalbasis nur in beschränktem Umfang gebildet werden konnte. Seither zwingt bei wachsendem Kostendruck und vergleichsweise hohen Steuern die wirtschaftliche Anpassung zu ständig neuen Investitionen. Sie übersteigen in der Regel die Selbstfinanzierungsmöglichkeiten. Der Kapitalmarkt ist aus verschiedenen Gründen bisher nur wenig genutzt worden. Erst in den achtziger Jahren hat sich die Börse auch für Familiengesellschaften geöffnet, seitdem die Bundesregierung einen neuen geregelten Aktienmarkt geschaffen hat mit geringeren Anforderungen als im sogenannten amtlichen Handel. Gleichzeitig sind neue Wege zur Beschaffung von Eigenkapital eingeschlagen worden (Wagniskapitalgesellschaften). Dennoch besteht bei vielen Klein- und Mittelbetrieben häufig eine Abneigung, Teilhaber oder Aktionäre in das Unternehmen aufzunehmen. Anders als in Amerika verkörpert das mittelständische Unternehmen in Deutschland oft ein Stück Tradition und wird nicht nur als Vehikel zum Geldverdienen angesehen. Im allgemeinen werden die Finanzierungsschwierigkeiten von Klein- und Mittelbetrieben heute weniger auf das Kapitalangebot als auf die Qualität der Unternehmensführung zurückgeführt.
Die Familie: Die meisten Klein- und Mittelbetriebe sind Familienunternehmen. Nicht selten sehen Familien, besonders in weitverzweigten Nachfolgegenerationen, in ihrem Unternehmen nur eine Pfründe. Ebenso kann sich die Familie bei notwendigen großen Investitionsvorhaben als Hindernis erweisen. Das gilt besonders dann, wenn die Beteiligung der Familie an der Geschäftsführung und an Grundsatzentscheidungen nicht auf ein Mindestmaß beschränkt wurde. Ein Problem bildet auch immer wieder die Nachfolge. Bei neunzig Prozent der Familienunternehmen ist hier keine ausreichende Vorsorge getroffen, weder personeller noch organisatorischer Art. Der Wirtschaftswissenschaftler Horst Albach hat daher zu Recht darauf verwiesen, daß Kontinuität im Familienunternehmen nicht Familienkontinuität, sondern Unternehmenskontinuität bedeuten muß.
Die Unternehmensführung: Erfolg oder Mißerfolg von Klein- und Mittelbetrieben hängt entscheidend von dem „Können" des Unternehmers ab, der an der Spitze steht. Oft

werden Betriebe von genialen Technikern geführt, die aber keine guten Kaufleute sind. Eine Gefahrenquelle liegt auch darin, daß der mittelständische Unternehmer nicht wie der Vorstand einer Aktiengesellschaft jederzeit abberufen werden kann. Der Mittelstandsspezialist Professor Eberhard Hamer zählt in seinem Buch „Das mittelständische Unternehmen" als Nachteile auf: Überlastung des Alleinunternehmers, Familienrücksichten, persönliche Schwächen, Gefahr der Aufgabenhäufung, unzureichende Delegation von Entscheidungen, mangelnde unternehmerische Kenntnisse und strategische Orientierung, unzureichende Information. Dagegen stehen seiner Ansicht nach als Vorteile: einheitliche Willensbildung, zentralisierte Entscheidungsbefugnis, schnelle, flexible und unbürokratische Entscheidungsmöglichkeit, keine Machtkämpfe wie in einem Vorstand.

Produktion, Organisation, Marketing: Auch auf diesen Gebieten liegen die Vorteile im wesentlichen in der Möglichkeit schnellen, flexiblen Handelns und in der Nähe zu den Mitarbeitern und den Kunden. Die Nachteile sind in mangelnden Informationsmöglichkeiten, unzureichender Marktforschung, der fehlenden Größe für eigene Forschung und Entwicklung, Kostennachteilen durch hohe Personalzusatzkosten, Mängeln im Rechnungswesen, unzureichender Kontrolle zu sehen.

Der Arbeitsmarkt: Die Großbetriebe und ihre Produkte sind in der Öffentlichkeit meist bekannter und daher für viele Arbeitnehmer anziehender als kleine und mittlere Unternehmen, von deren Tätigkeitsfeld sie zuvor noch nichts gehört haben. Ebenso genießen Großunternehmen häufig mehr Sozialprestige als Klein- und Mittelbetriebe. Klein- und Mittelbetriebe können mit den Großunternehmen auch meistens nicht konkurrieren in der Bezahlung, bei den Sozialleistungen, den Weiterbildungsmöglichkeiten und den Aufstiegschancen. Dafür gibt es in Klein- und Mittelbetrieben oft eine höhere Motivation durch die direkten menschlichen Beziehungen und eine bessere Einbindung in die Gesamtleistung des Unternehmens. Auch hat sich in Rezessionen gezeigt, daß Arbeitsplätze in Klein- und Mittelbetrieben oft länger gehalten werden als in Großunternehmen.

Staatliche Wirtschaftspolitik: In fast allen westeuropäischen Ländern wie auch in den Vereinigten Staaten (durch die Small Business Administration) erhalten kleine und mittelgroße Unternehmen Hilfestellung von seiten des Staates. Allerdings hat es in der Bundesrepublik nie ein ausgesprochenes „Mittelstandsgesetz" gegeben. Schon Ludwig Erhard, der im Mittelstand immer auch etwas Qualitatives sah, hat eine ideologisierende Mittelstandspolitik oder gar eine Schutzpolitik abgelehnt und in einer guten allgemeinen Wirtschaftspolitik mit vernünftigen Rahmenbedingungen die beste Mittelstandspolitik gesehen. Allerdings wurden in zahlreichen Gesetzen wie dem Gesetz gegen Wettbewerbsbeschränkungen (Mittelstandsempfehlung in Paragraph 38) die Interessen kleiner und mittlerer Unternehmen berücksichtigt. Auch mit der Handwerksordnung und in dem Ladenschlußgesetz wurden – unter Erhard – politische Kompromisse geschlossen, die die Gewerbefreiheit zugunsten mittelständischer Interessen begrenzten. Im Jahre 1970 wurde von der Bundesregierung (SPD/FDP-Koalition) die vorherige Mittelstandsabteilung im Bundeswirtschaftsministerium in eine Abteilung „Strukturpolitik für kleine und mittlere Unternehmen" umbenannt und damit auch nach außen deutlich gemacht, daß man Abschied von den ideologisch befrachteten Begriffen „Mittelstand" und „Mittelstandspolitik" nehmen wollte. Gleichzeitig wurden Grundsätze einer solchen Strukturpolitik für kleine und mittlere Unternehmen veröffentlicht. Aufgabe einer solchen Strukturpolitik ist bis heute, die Anpassung an den wirtschaftlichen und technischen Wandel zu erleichtern, Wettbewerbshemmnisse abzubauen, soziale Härten zu mildern und die Eigeninitiative zu fördern. Die CDU/FDP-

Koalition hat in den letzten Jahren dazu noch Wert auf die Wiederbelebung der marktwirtschaftlichen Kräfte, auf Privatisierung, Entbürokratisierung und die Ermutigung unternehmerischer Initiativen gelegt. Allerdings fordert sie zugleich Deregulierung, die zum Teil in Handwerk und Handel auf Widerstand stößt.

Gefördert werden Klein- und Mittelbetriebe durch eine Reihe von Finanzierungshilfen und Zuschüssen für Investitionen und Existenzgründungen, aber auch bei Forschungsvorhaben und für Beratung. Federführend für diese Programme sind die staatliche Kreditanstalt für Wiederaufbau in Frankfurt und die Deutsche Ausgleichsbank in Bonn. Der Grundstock für diese Förderung wurde übrigens unmittelbar nach dem Krieg durch die Marshallplan-Gelder gelegt (ERP-Mittel, wobei ERP für European Recovery Program steht).

Außer den staatlichen Hilfen hat in Deutschland auch der Gedanke der Selbsthilfe eine große Tradition. Es geht bei diesem Gedanken darum, die Kleinen durch Zusammenschluß oder Zusammenarbeit leistungsfähiger im Wettbewerb mit den Großen zu machen. Im Vordergrund steht das Genossenschaftswesen, das heißt die gewerblichen und ländlichen Kreditgenossenschaften (Volksbanken und Raiffeisenkassen) und die Einkaufsgenossenschaften im Handel und im Handwerk. Zu den wichtigen Selbsthilfeeinrichtungen gehören ferner die von Handel und Handwerk gegründeten Kreditgarantiegemeinschaften. Sie sichern durch Ausfallbürgschaften die Kredite von Unternehmen ab, die selbst nicht über ausreichende Kreditsicherheiten verfügen. Die 1949 von Verbänden der Industrie errichtete Industriebank AG in Düsseldorf, die die Nachfolge der 1924 gegründeten Deutschen Industriekreditbank antrat, hat speziell die Versorgung der kleinen und mittleren Industriebetriebe mit Investitionskrediten zur Aufgabe (eine Reihe von Großbanken hat diesem Institut außerdem seit 1964 einen „Mittelstandsfonds" als Ergänzung zur Verfügung gestellt). Weiter sind eine Reihe von Kapitalbeteiligungsgesellschaften gegründet worden, die Beteiligungskapital für Klein- und Mittelbetriebe bereitstellen. Zu den Selbsthilfeeinrichtungen zählen ferner die zahlreichen Institutionen, die sich die Beratung von Klein- und Mittelbetrieben zum Ziel gesetzt haben, wie das Deutsche Handwerksinstitut in München, das Rationalisierungskuratorium der Deutschen Wirtschaft (RKW), die Betriebswirtschaftliche Beratungsstelle für den Einzelhandel (BBE), zahlreiche Forschungsinstitutionen sowie die im „Wuppertaler Kreis" zusammengeschlossenen Institutionen zur Förderung des Führungsnachwuchses.

5. Personalien in der Wirtschaft

Namen in Nachrichten haben im Wirtschaftsteil von Tageszeitungen immer eine Rolle gespielt. Bereits in der Gründerepoche des vorigen Jahrhunderts, als es noch viele Privatbankiers, waghalsige Finanziers und wagemutige Unternehmensgründer gab, wurde in Zeitungen auf die Personen verwiesen, die hinter einer Unternehmung standen. Das geschah vornehmlich dann, wenn es riskante oder gar fragwürdige Geschäfte waren.

Mit dem Wachstum der Unternehmen, vornehmlich mit dem Vordringen der Aktiengesellschaft, die im Französischen bezeichnenderweise Société Anonyme heißt, traten die handelnden Menschen oft hinter das Unternehmen zurück. Als schließlich die Bilanzanalyse in den Mittelpunkt der Unternehmensberichterstattung rückte, verschwanden die Menschen manchmal ganz hinter den Zahlenwerken. Viele Wirtschaftsteile wurden damit zur Lektüre für Zahlenspezialisten.

Wirtschaft ist kein seelenloses Räderwerk

Für die Frankfurter Allgemeine Zeitung wie für andere Zeitungen auch ist es immer wichtig gewesen, das menschliche Handeln hinter den wirtschaftlichen Vorgängen deutlich zu machen. Jürgen Eick, der den Wirtschaftsteil der Zeitung aufgebaut hat, hat aus dem Handelsteil früherer Prägung einen verständlichen Wirtschaftsteil gemacht, wie er dem „Jahrhundert des kleinen Mannes" gemäß erscheint. Die Wirtschaft soll nicht als seelenloses Räderwerk erscheinen, das Unternehmen nicht als anonymer Apparat. Für ein Unternehmen und damit auch für alle an dem Unternehmen Interessierten ist eine Personalentscheidung oft bedeutsamer als eine Finanzmaßnahme. Das zeigt der zunehmend schnellere Wechsel in den Vorstandsetagen. Er ist Ausdruck für die Schwierigkeiten, Unternehmen in Zeiten raschen Wandels richtig und mit Erfolg zu führen. Der amerikanische Wirtschaftsnobelpreisträger Gary S. Becker nennt die zweite Hälfte des zwanzigsten Jahrhunderts das Zeitalter des Humankapitals und vertritt die Ansicht, daß der Wohlstand eines Landes mehr noch als früher davon abhängt, wie das Können und Wissen einer Bevölkerung wirtschaftlich nutzbar gemacht werden kann. So ist das Modell des „schlanken" Unternehmens entscheidend von der Zusammenarbeit und Lernfähigkeit der Menschen in dem Betrieb abhängig.

Hinzu kommt, daß in den letzten Jahren mit der Popularisierung von Wirtschaftsthemen auch das Interesse an den Personen weiter zugenommen hat. Auch in der Wirtschaft selbst wird über nichts lieber und eifriger geredet als über Personalien. Aus diesen Gründen wird in der F.A.Z. in der Spalte „Personalien" über Unternehmen und Unternehmer berichtet, werden Auf- und Abstieg in den Managerkarrieren gemeldet, interessante Persönlichkeiten, nicht nur aus den Chefetagen, beschrieben. Dazu kommen die Würdigungen zu „runden" Geburtstagen, die zugleich auch unternehmerische Wege, wissenschaftliche Lebenswerke oder politische Karrieren nachzeichnen, sowie die Nachrufe. Das „Unternehmergespräch" vermittelt persönliche Gedankengänge zu aktuellen Themen des jeweiligen Unternehmens. Auf der Samstagsseite „Menschen und Wirtschaft" wird menschliches Handeln in der Wirtschaft in Reportagen dargestellt. Im Blickfeld sind bei den Personalien vor allem die Führungskräfte der Unternehmen einschließlich der Betriebsratsvorsitzenden, so wie in den Sportteilen auch die Spitzensportler im Vordergrund stehen. In vielen Zeitungen werden dem Leser aber auch Menschen in der Wirtschaft außerhalb der Vorstandsetagen durch Reportagen aus dem Arbeitsleben nahegebracht.

Der Führungsnachwuchs kommt aus allen Schichten

Die Frankfurter Allgemeine Zeitung hat bereits Mitte der sechziger Jahre zum erstenmal eingehend untersucht, woher das Führungspersonal der deutschen Wirtschaft kommt. Es kommt, wie schon der Ökonom Joseph A. Schumpeter feststellte, aus allen Klassen. Eine weitere Befragung von knapp 1700 selbständigen Unternehmern, Vorständen und Aufsichtsräten Anfang der siebziger Jahre (Max Kruk, „Die großen Unternehmer", Societäts-Verlag Frankfurt) ergab folgendes Bild: Vorstandssessel sind anders als in der Frühzeit des Kapitalismus keine „Erbhöfe" mehr. Vor allem aber: Spitzenstellungen in der Wirtschaft sind für jeden erreichbar. Nur 14 Prozent der Manager kamen nach der Untersuchung aus der obersten Schicht, dem sozialen Bereich, dem sie selbst angehören. Dagegen waren 86 Prozent aufgestiegen. Nach Berufsgruppen gesehen, stammten rund 34 Prozent der Unternehmer und Manager aus einem Beamtenhaushalt. 26 Prozent kamen aus dem gehobenen Bürgertum, aus Familien von

Fabrikanten, Ärzten, Rechtsanwälten oder größeren Landwirten. Rund 18 Prozent der leitenden Männer hatten ihre Wurzeln in den Haushalten von Einzelhändlern, Handwerkern oder Bauern. 16 Prozent stammten aus Angestelltenhaushalten und knapp 6 Prozent aus Arbeiterkreisen oder sozial bedrückten Verhältnissen. Nach sozialen Schichten geordnet, bildete das Kleinbürgertum (mittlere Beamte, Pfarrer, Einzelhändler, Handwerker, kleine Angestellte) mit knapp 40 Prozent das größte Reservoir für den Führungsnachwuchs. Rund 39 Prozent der leitenden Männer kamen aus dem wohlhabenden Besitz- und Bildungsbürgertum. 14 Prozent gehörten der gesellschaftlichen Elite an, und 7 Prozent stammten aus der Schicht der Arbeiter und sozial Benachteiligten. Max Kruk widersprach schon damals der bis heute vertretenen Auffassung, die deutsche Gesellschaft sei, was die Aufstiegsmöglichkeiten anlangte, weniger durchlässig als die amerikanische. Zum einen seien die Zahlen und Zuordnungen, was die unterste Schicht anlangt, nicht richtig vergleichbar. Zum anderen sei die Selbstrekrutierung der Wirtschaftseliten in Amerika weitaus größer als in Deutschland, wo eindeutig der Aufstieg aus dem Kleinbürgertum erkennbar sei.

Nach einer neueren, aber wesentlich kleineren Untersuchung mit 111 Antworten (Wilhelm Eberwein/Jochen Tholen, „Managermentalität", F.A.Z.-Wirtschaftsbuch 1990) stammten knapp 21 Prozent aus Beamtenhaushalten. Gut 32 Prozent kamen aus dem gehobenen Bürgertum (Selbständige, Manager, Unternehmer), 25 Prozent aus Angestelltenfamilien und 12 Prozent aus Arbeiterhaushalten.

Von den Führungskräften hatten nach der Kruk-Untersuchung rund 80 Prozent studiert, 20 Prozent waren ohne Studium aufgestiegen. Von den Nichtstudierten hatte die Hälfte das Abitur, und fast alle der Nichtstudierten hatten, ob mit oder ohne Abitur, eine Lehre absolviert. Auch von den Führungskräften mit Studium hatten 40 Prozent dazu noch praktische Erfahrung durch eine Lehre gesammelt. Daran hat sich offenkundig wenig geändert. Auch die neuere Untersuchung von 111 Führungskräften zeigt: 72 Prozent haben studiert, 18 Prozent nicht. Vom Schulabschluß her hatten 21 Prozent die Hauptschule absolviert oder mittlere Reife, die übrigen 79 Prozent Abitur oder Hochschulreife. Mehr als die Hälfte der Befragten hatte eine abgeschlossene Lehre.

Gibt es genügend Führungsnachwuchs?

Tut sich in einer immer komplexer werdenden Welt mit allenthalben wachsenden Anforderungen an die Qualifikation am Ende eine Managerlücke auf? Werden durch den beschleunigten Strukturwandel nicht mehr Manager verschlissen, als neue nachwachsen? Führt der Wertewandel in einer Wohlstandsgesellschaft dazu, daß die für eine Unternehmensführung notwendigen Eigenschaften wie Risikobereitschaft, Mobilität und Flexibilität verkümmern? Richtig ist, daß seit Jahrzehnten immer wieder darüber geklagt wird, die großen Führungspersönlichkeiten würden seltener. Richtig ist auch, daß die Suche nach dem geeigneten Nachfolger an der Spitze von Unternehmen schwieriger geworden ist. Ebenso richtig ist aber, daß in Deutschland noch immer alle Führungspositionen gut besetzt worden sind und die vermeintlich blasseren Nachfolger die Unternehmen oft überraschend gut weiter vorangebracht haben. Außer Frage steht, daß an Führungskräfte heute höhere Anforderungen gestellt werden, ebenso wie in vielen Berufen mehr Qualifikation als früher erforderlich ist. In einer hochentwickelten Industriegesellschaft müssen Führungskräfte nicht nur komplexere Techniken verstehen, international denken können und lebenslang lernbereit sein. Sie müssen vor allem mit Menschen umgehen können, die nicht Untergebene im herkömmlichen Sinn sind, sondern qualifizierte Mit-Arbeiter im wörtlichen Sinn. Der Management-Theoretiker Peter F. Drucker hat das in seinem Buch „Neue Realitäten" treffend so beschrieben: „Da es sich bei den Mitspielern in einer informationsgestützten Organisation um Spezialisten handelt, kann man ihnen nicht vorschreiben, wie sie ihre Arbeit tun sollen. Es wird wohl kaum einen Orchesterdirigenten geben, der einem Horn auch nur einen Ton entlocken könnte, geschweige denn dem Hornisten zeigen könnte, wie er zu spielen hat. Der Dirigent weiß jedoch wohl, die Fähigkeit und das Wissen des Hornisten in die Gesamtleistung des Orchesters einzubinden. Diese Einbindung und Bündelung ist das Modell für die Führungskraft. ... Allerdings haben heute weder Wirtschaft noch Verwaltung eine Partitur, nach der sie sich richten können. Die Partitur wird erst während des Spielens geschrieben."

Es ist daher nicht einfach geworden, den richtigen Führungsnachwuchs zu rekrutieren, vor allem für die Spitzenpositionen. Als Trugschluß hat sich erwiesen, Manager, oder genauer gesagt, unternehmerisch denkende Führungskräfte könnten auf Management-Schulen am Fließband produziert werden. Vieles ist erlernbar, aber eben nicht alles, was man zur Führung von Unternehmen braucht. Und auch heute noch gilt, daß Menschen mit und ohne Studium, Wirtschaftler wie Nichtwirtschaftler an die Spitze von Unternehmen gelangen können – sofern sie die notwendigen unternehmerischen Fähigkeiten und Eigenschaften besitzen. In dem erwähnten Buch „Managermentalität" wird von 60 Prozent der befragten Führungskräfte festgestellt, daß sie weder einen Mangel an Führungsqualität noch einen Mangel an Führungsnachwuchs sähen. Dabei wird unter anderem auf das bisher noch kaum erschlossene Potential an weiblichem Nachwuchs verwiesen, der allmählich in den Hierarchien der Unternehmen vorrückt. Für das Heranziehen von Führungsnachwuchs sind daher heute nicht nur Bildung und Ausbildung, sondern ebensosehr systematische Auswahl und Förderung in den Unternehmen selbst erforderlich. Daran fehlt es oft. Daß das Potential an Führungsnachwuchs größer ist als oft angenommen, hat sich bei der Wiedervereinigung Deutschlands gezeigt. Der sprunghaft entstandene Bedarf an Mittelmanagement und Führungskräften ist zum Beispiel bei den Banken dadurch gedeckt worden, daß man auch jungen Leuten Chancen gegeben hat, die sie in den etablierten Strukturen Westdeutschlands nicht gehabt hätten. Dabei hat sich gezeigt, daß mehr Nachwuchs als erwartet bereit war, diese Chancen zu nutzen.

6. DIE RECHTSFORM DER UNTERNEHMEN

Ein Unternehmen besteht aus Grundstücken, Häusern, Maschinen, Fahrzeugen, aus Vorräten, Waren, Bankguthaben, aus Wissen („Know-how") und anderen Sachen oder Rechten, nicht zu vergessen aus Menschen, die jemand – der Unternehmer – zu einer organisatorischen Einheit zusammengefügt hat. Damit eine aus den verschiedensten Sachen und Rechten zusammengefügte Organisations-Einheit im Geschäftsleben so auftreten kann, als sei sie eine Person, müssen einige Bedingungen erfüllt sein. Die wichtigste: Diese Organisation muß in einer ganz bestimmten Rechtsform auftreten; diese wird rechtstechnisch als „Rechtspersönlichkeit" Träger von Rechten und Pflichten und damit auch „Rechtsträger" des von ihr betriebenen Unternehmens.
Das Gesetz stellt hier die verschiedensten Möglichkeiten zur Verfügung, unter denen jeder Unternehmer frei wählen kann. Jede Rechtsform hat ihre Eigenheiten, jede ihre Vor- und Nachteile. Letztere liegen heutzutage vor allem auf steuerlichem Gebiet, weshalb in letzter Zeit die Rechtsform eines Unternehmens nicht allein – und nicht

einmal in erster Linie – nach gesellschaftsrechtlichen oder betriebswirtschaftlichen Gesichtspunkten gewählt wird, sondern auch nach steuerlichen Erwägungen. Aber das ist ein spezielles Kapitel, dessen Erörterung in die Tiefen (und Untiefen) des modernen Steuerrechts hineinführen müßte, was hier nicht möglich ist.

Der Einzelkaufmann

Der „natürliche" Inhaber eines Unternehmens ist der Mensch. Den Inhaber des Unternehmens nennt das Handelsgesetzbuch „Kaufmann". Heute würde man Unternehmer sagen. Dieses Gesetz (Paragraphen 1 bis 7) ist schwer zu verstehen. Das hat sachliche Gründe. Es ist nicht möglich, das Unternehmen mit wenigen Worten allgemeingültig, unmißverständlich und ein für allemal zu definieren. Die einleitende Aufzählung seiner Bestandteile hat das gezeigt. Dabei setzen sich alle Unternehmen anders zusammen, je nach Bedürfnis. Im Recht geht es jedoch ohne genaue Definition nicht. An die Unternehmereigenschaft knüpfen sich nämlich besondere Rechte und Pflichten. Für den Kaufmann (Unternehmer) und im kaufmännischen Geschäftsverkehr gelten strengere Regeln als sonst.
Am Beispiel „Auto": Wenn der Mensch nur Bürger ist und nichts als das, dann darf er verhältnismäßig sorglos sein. Er darf vor sich hin träumen und geschäftliche Angebote in den Papierkorb werfen. Am Steuer eines Autos hingegen obliegen ihm besondere Pflichten. Deswegen muß ein Fahrer hellwach, nüchtern und reaktionsbereit sein. Genauso ist es mit dem Unternehmen: Privat darf der Unternehmer Mensch sein. Tritt der Unternehmer im Geschäftsverkehr auf (Paragraph 344 Handelsgesetzbuch zieht die Grenze), dann muß er hellwach, gewitzt und auf Geschäfte erpicht sein. Deswegen wachsen die rechtlichen Anforderungen an ihn. So kann ein Kaufmann auch mündlich bürgen. Er muß seine Schulden ohne besondere Vereinbarung verzinsen, sein Schweigen gilt als Zustimmung zu einem von einem Geschäftspartner gemachten Angebot. Es muß deshalb möglichst genau bestimmt sein, wer Kaufmann ist, für wen bestimmte für den kaufmännischen Geschäftsbetrieb aufgestellte Regeln gelten.
Der Gesetzgeber von 1897 wollte auch sozial sein. Er wollte niemandem Pflichten auferlegen, die dieser nicht erfüllen konnte. Deshalb müssen nicht alle Kaufleute alle für sie besonderen Regeln einhalten. So erklärt sich die eigenartige Gemengelage zwischen „Mußkaufleuten" (das sind diejenigen, die kraft ihres Gewerbes den kaufmännischen Regeln nicht ausweichen können), „Sollkaufleuten" (sie sind verpflichtet, sich kaufmännischen Regeln zu beugen, die aber nicht automatisch angewendet werden), „Minderkaufleuten" (die gewisse für Mußkaufleute zwingende Regeln nicht beachten müssen) und „Kannkaufleuten" (die umgekehrt den Kaufmanns-Status nicht haben müssen, aber tatsächlich haben). Mit diesen Bezeichnungen wird also ausgedrückt, welche Pflichten der Betroffene jeweils hat. Aber alle Einzelkaufleute (Unternehmer) haften für alle ihre Schulden mit allem, was sie haben, auch mit ihrem Privatvermögen.
In Paragraph 1 des Handelsgesetzbuchs werden Berufe aufgezählt, die nach aller Lebenserfahrung nicht ohne unternehmerische Organisation zu betreiben sind. Dazu gehören der An- und der Verkauf von Waren, das Bank- und Versicherungsgeschäft und so fort. Aber diese gesetzliche Vermutung ist nicht unwiderleglich. Wer etwa einmal oder gelegentlich Geld verleiht, ist noch nicht Bankier. Das erklärt die Ausnahme: Sofern eine der vermutlich unternehmerischen Tätigkeiten tatsächlich eine Unternehmerorganisation nicht erfordert, gelten die strengen Regeln des Handelsrechts nicht oder nur teilweise – „Minderkaufmann". Neben den genannten Vermutungen gibt es

eine Generalklausel. Unternehmer ist nach ihr jeder, dessen Geschäftsbetrieb „nach Art und Umfang einen in kaufmännischer Weise eingerichteten" Betrieb erfordert. Eine „erforderliche kaufmännische Einrichtung" ist, kurz gesagt, Buchführung, gewöhnlich in Gestalt der „doppelten" kaufmännischen Buchführung.
Das menschliche Gedächtnis kann nämlich irgendwann die Zahl und die Eigenart aller Geschäfte nicht mehr aufnehmen. Von einem gewissen Geschäftsvolumen an müssen Briefe systematisch aufbewahrt werden. Forderungen und Schulden müssen addiert und saldiert werden. Fälligkeiten müssen notiert werden. Ein Schuhmacher an der Ecke kann sich in seinem Geschäft noch mit Schätzungen behelfen. Ein internationaler Geldverleiher kann das nicht. Deshalb kennzeichnet die praktische Notwendigkeit, systematisch zu buchen, den „professionellen" Geschäftsbetrieb. Wer infolgedessen Buch führt – oder bei vernünftiger Betrachtung Buch führen müßte –, der ist Kaufmann im Lichte dieser Bestimmungen. Ihn nennt das Gesetz „Sollkaufmann". Von Rechts wegen ist der Sollkaufmann erst dann Unternehmer, wenn er eine Pflicht („Soll") auch tatsächlich erfüllt hat. Diese Pflicht geht dahin, sich beim Handelsregister (das von den Amtsgerichten geführt wird) als Kaufmann anzumelden. Von der Eintragung als Kaufmann (Unternehmer) an spielt auch die Unterscheidung zwischen dem Unternehmen und seinem Inhaber eine erste Rolle. Der persönliche Name des Inhabers wird zum Namen – juristisch zur „Firma" – des Unternehmens. Das mag belanglos erscheinen. Die Unterscheidung wird aber wesentlich, wenn der Unternehmer sein Unternehmen verkauft. Das Recht gestattet es dem Erwerber, sich mit dem Veräußerer über die Weiterbenutzung seines Namens zu einigen. Dann kann der bisherige Name für geschäftliche Zwecke weiterbenutzt werden. Das Unternehmen heißt in solchen Fällen also beispielsweise weiterhin „Carl Müller Spielwaren", obwohl der neue Inhaber den Namen Theodor Schulze hat.

Die Offene Handelsgesellschaft

Wenn zwei oder mehr Menschen sich zu einem (geschäftlichen) Zweck verbünden, dann schließen sie einen Gesellschaftsvertrag. Betrifft der Zweck nicht den Betrieb eines geschäftlichen Unternehmens, dann handelt es sich um eine Gesellschaft bürgerlichen Rechts. Soll dagegen eine Wirtschaftseinheit, ein Unternehmen, in Gang gesetzt und vorangetrieben werden, dann handelt es sich um eine vom Gesetz so genannte Offene Handelsgesellschaft (OHG). Voraussetzung ist wie beim Sollkaufmann die Eintragung im Handelsregister. Sie dient hier der Rechtsklarheit. Die Offene Handelsgesellschaft ist der erste Schritt auf dem Weg vom anschaulichen Einzelkaufmann (Unternehmer) zur höchst abstrakten juristischen Person (AG, GmbH). Denn das Unternehmen der Gesellschaft gehört den Gesellschaftern nicht zu bestimmten Anteilen. Das Unternehmen gehört vielmehr „der Gesellschaft". Die Gesellschaft kann Rechte erwerben. Sie kann (wahlweise neben oder anstatt der Gesellschafter) klagen und beklagt werden (Paragraph 124 HGB). Sie wird wie ein Kaufmann tätig.
Insoweit wird die Gesellschaft teilweise wie eine rechtsfähige natürliche Person behandelt. Aber im Kern stehen die Gesellschafter einer OHG da wie einzelne Kaufleute. Sie haften für die Gesellschaftsschulden. Sie müssen diese Schulden in beliebiger Höhe und auch mit Privatvermögen bezahlen. Verluste des von der Gesellschaft betriebenen Unternehmens können bei jedem Gesellschafter in voller Höhe eingetrieben werden – bis hin zur Abgabe der eidesstattlichen Versicherung, die früher Offenbarungseid hieß. Mit ihr wird „beschworen", daß man nichts (mehr) hat.
Rechtlich bedeutet diese unbeschränkte und grundsätzlich unbeschränkbare Haftung

eines OHG-Gesellschafters nicht unbedingt, daß er die von einem Gläubiger der Gesellschaft bei ihm persönlich eingetriebenen Schulden auch endgültig bezahlen muß. Wer letztendlich bezahlen muß, hängt davon ab, wie die Gesellschafter (im „Innenverhältnis") die Lasten verteilt haben. Ist nichts über die Lastenverteilung bestimmt, dann kann ein Gesellschafter, der beispielsweise 10 000 DM Gesellschaftsschulden gezahlt hat, im Innenverhältnis von seinen Mitgesellschaftern kopfanteilig Ersatz verlangen. Es können aber im Innenverhältnis auch ganz andere Quoten vereinbart sein. Zunächst einmal muß jedoch derjenige zahlen, den ein Gläubiger in Anspruch nimmt – er muß „voll vorlegen". Deswegen spricht man auch von einer „personalistischen", auf gegenseitiges Vertrauen angelegten Gesellschaft. Hier gilt wirklich: „Einer für alle, alle für einen". Dieser Verbundenheit trägt das Gesetz Rechnung, indem es nur manche Zweifelsfälle und sie nur „dispositiv" regelt: Die gesetzliche Regelung gilt nur, wenn nichts Besonderes vereinbart ist.
Folgende Punkte spricht das Gesetz beispielsweise an: Wer kann für die Gesellschaft sprechen und handeln? Wie werden Gewinn und Verlust ermittelt? Wie werden sie auf die Gesellschafter verteilt? Was geschieht, wenn einer der Gesellschafter stirbt oder „nicht mehr will"? Bei der Beantwortung dieser Fragen sieht das Gesetz rechnerische Kapitalkonten vor. Sie gibt es im Grunde nur in der Buchführung. Es werden die Entnahmerechte geregelt. Diese Entnahmen betreffen die Möglichkeit, zu privaten Zwecken in die Kassen des Unternehmens zu greifen. Schließlich kann dem Gesetz zufolge beim Ausscheiden eines Gesellschafters das Unternehmen der Gesellschaft intakt bleiben. Dann wird nicht das Unternehmen zu Teilungszwecken zerschlagen. Der Fortsetzungswillige muß vielmehr seinen ausscheidenden Partner mit Geld in Höhe des „Auseinandersetzungsguthabens" abfinden. Das Auseinandersetzungsguthaben ist der in Geld berechnete Wert des Anteils am Unternehmen.

Die Kommanditgesellschaft

Auch die Kommanditgesellschaft (KG) ist noch eine personalistische Handelsgesellschaft, mit Einschränkungen allerdings. Bei einer Kommanditgesellschaft haften nicht mehr alle Gesellschafter unbeschränkt. Eine Kommanditgesellschaft ist vielmehr eine Zwei-Klassen-Einrichtung. Auf der einen Seite gibt es einen oder mehrere Gesellschafter („Komplementäre"), die wie Einzelkaufleute unbeschränkt und unbeschränkbar haften. Die Komplementäre sind im Regelfall die geschäftsführenden, die „entscheidenden" Gesellschafter. Denn geschäftsführende Gesellschafter sind für Gewinn und Verlust verantwortlich. Auf der anderen Seite stehen die beschränkt haftenden Gesellschafter, die Kommanditisten. Für sie gilt: „Der Kommanditist haftet den Gläubigern der Gesellschaft bis zur Höhe seiner Einlage unmittelbar, die Haftung ist ausgeschlossen, soweit die Einlage geleistet ist." Sind die Verhältnisse pünktlich und richtig im Handelsregister eingetragen, so bedeutet diese Regelung: Kommanditist ist jemand, der einer Gesellschaft mit dem Versprechen beigetreten ist, einen bestimmten Betrag beizusteuern. Macht das Unternehmen Verlust, dann müssen früher oder später die Gläubiger der Gesellschaft befriedigt werden. Der Kommanditist kann sich dann auf seine Haftungsbeschränkung berufen, ein persönlich haftender Gesellschafter (phG) nicht.
Ist es bei dem gesellschaftsvertraglichen Versprechen des Kommanditisten geblieben, einen bestimmten Betrag „zu leisten", ist der Betrag der Gesellschaft aber nie bar gezahlt worden (wofür es ausgezeichnete Gründe geben kann), dann haftet der Kommanditist dem Gläubiger bis zu dem bestimmten Betrag. In dieser Situation ist der Aus-

druck „beschränkte Haftung" irreführend, denn auch der Kommanditist haftet hier mit seinem gesamten Vermögen. Hat beispielsweise ein Kommanditist eine Einlage von 100 000 DM versprochen, aber der Gesellschaft nicht bar bezahlt, dann haftet dieser Kommanditist einem Gläubiger der Gesellschaft bis zu 100 000 DM mit seinem gesamten Vermögen, also insoweit unbeschränkt. Die Haftung endet erst, wenn dieser Gläubiger „die Höhe der Einlage" des Kommanditisten, also 100 000 DM, erhalten hat. Die Haftung für nicht einbezahlte Einlagen ist also nur eine summenmäßig, aber nicht eine sachlich beschränkte. Hat der Kommanditist dagegen seine Einlage der Gesellschaft tatsächlich zur Verfügung gestellt, dann haftet er nicht mehr.

Die stille Gesellschaft

Die stille Gesellschaft ist im Grunde gar keine Handelsgesellschaft, eben weil sie „still" ist, dem Publikum verborgen bleibt. Sie muß nämlich nicht ins Handelsregister eingetragen werden. Sie ist in manchem auch keine wirkliche Gesellschaft, weil ihre Gesellschafter sich nicht zusammentun, um gemeinsam Geschäfte zu machen. Ein „stiller" Gesellschafter beteiligt sich nämlich nur mit Kapital, also mit Geld- oder mit Sachwerten, am Unternehmen eines anderen. Der „Hauptunternehmer" kann ein Einzelkaufmann, aber auch eine OHG, eine KG oder eine GmbH oder AG sein. Dafür erhält der „Stille" nicht – wie beim Darlehen – feste Zinsen, sondern er nimmt am Gewinn und (je nach Vereinbarung) auch am Verlust des Unternehmens seines Vertragspartners teil. Die stille Gesellschaft ähnelt also dem „partiarischen Darlehen", dem Darlehen mit Gewinnbeteiligung statt Zins. Bei solchen Darlehen jedoch wird, anders als bei der stillen Gesellschaft, gewöhnlich an der Grundpflicht zur Rückzahlung jedenfalls des Darlehensbetrages nicht gerüttelt.
Die stille Gesellschaft ist von größerer praktischer Bedeutung, als ihre „Verschwiegenheit" glauben läßt. In der großen Zeit des Abschreibungswesens wurde sie häufig vereinbart, um Geldgebern unauffällig den steuerlich begehrten Status eines Mitunternehmers zu verschaffen. Zudem gilt die stille Gesellschaft bei manchen als geeignetes Mittel, die Zusammenschlußkontrolle des Gesetzes gegen Wettbewerbsbeschränkungen („Kartellgesetz") zu umgehen, wenn Unternehmen sich aneinander beteiligen wollen. Die gewünschten Regelungen werden wie bei der Abschreibungsgesellschaft durch ungewöhnliche („atypische") Vertragsgestaltungen erreicht. Ebendeswegen ist ihre kartellrechtliche Harmlosigkeit zweifelhaft.

Die Gesellschaft mit beschränkter Haftung

Die Gesellschaft mit beschränkter Haftung (GmbH) ist, verglichen mit der OHG und mit der KG, in mehrfacher Hinsicht ein Schritt in eine neue rechtliche Dimension. Während sich alle anderen Gesellschaftstypen einschließlich der Aktiengesellschaft aus römisch-rechtlichen Rechtsvorstellungen und Rechtsinstituten allmählich entwickelt haben, ist die GmbH ein Gebilde, das vor gut einhundert Jahren praktisch ohne Vorbild am juristischen Reißbrett entworfen wurde. Die GmbH bricht außerdem mit der scheinbar ehernen Regel, daß eine Gesellschaft denknotwendig aus mindestens zwei Personen bestehen muß. Und die GmbH ist zum dritten das, was OHG und KG nur ansatzweise sind, eine „Person", nämlich eine juristische. Als Person kann sie alles, was der Mensch auch kann, soweit eine Person dazu nicht notwendig natürlicher Mensch sein muß. Eine juristische Person kann Eigentümer sein, muß Steuern zahlen, kann sich strafbar machen und kann erben. Es mag erstaunen, daß die Rechts-

ordnung der „GmbH" so ohne weiteres die Rechtsfähigkeit zubilligen kann. Aber ebenso wie die unbeschränkte Rechtsfähigkeit des Menschen nicht selbstverständlich, sondern das Ergebnis einer Entscheidung der Rechtsordnung ist, kann die Rechtsordnung Rechtsfähigkeit auch Nicht-Menschen verleihen. Zudem sollte man diese Rechtsfähigkeit nicht überbewerten. Schon bei den noch halbwegs „natürlichen" Gesellschaften waren gewisse Elemente von den menschlichen Gesellschaftern losgelöst, die Fähigkeit etwa, zu klagen und verklagt zu werden.
So gesehen, ist es nur ein juristisch-technischer Kunstgriff, den letzten Schritt zu tun und die GmbH im Rechtsverkehr wie eine natürliche Person zu behandeln. Wir haben es bei der GmbH mit einem dreistufigen Sachverhalt zu tun: Äußerlich sichtbar ist das Unternehmen. Das Unternehmen wiederum „gehört" der GmbH. Menschen natürlich können niemandem gehören. Was sie aber schulden, etwa Arbeit oder Verschwiegenheit, das schulden sie der GmbH. Die GmbH wiederum, genauer: die Anteile an ihr, gehört dem Inhaber oder den Inhabern.
„Gesellschaft", das sind sprachlich mindestens zwei. Eine Gesellschaft mit nur einem Gesellschafter (Inhaber) ist nicht selbstverständlich. Der Fall war deshalb lange Zeit umstritten. Zunächst ging es nur darum, was geschehen sollte, wenn alle Anteile einer GmbH sich durch Kauf oder Erbschaft in einer Hand vereinigten. Soll die Gesellschaft dann erlöschen, ihr Unternehmen also als Einzelunternehmen des Alleingesellschafters – ohne Haftungsbeschränkung – fortbestehen?
Solche oder ähnliche Lösungen haben beispielsweise das französische und das italienische Recht gewählt. Die deutsche Rechtsprechung entschied anders. Sie erkannte die GmbH mit nur einem Gesellschafter an. Ein Mensch allein konnte zwar noch keine Gesellschaft mit beschränkter Haftung gründen. Aber das war nur eine technische Hürde. Wer eine Ein-Mann-GmbH wünschte, nahm Freunde mit zur notariellen Protokollierung der Gründung. Die Freunde erklärten, eine Gesellschaft gründen zu wollen – und traten dann die soeben konstituierten Gesellschaftsanteile dem wahren Interessenten ab. Seit dem 1. Januar 1981 ist dieser formale Umweg überflüssig: Ein Mensch allein kann eine GmbH errichten.
Dieses Paradox einer „Gesellschaft" mit nur einem Gesellschafter hat einen berechtigten Grund: Unternehmer haben nämlich häufig das Bedürfnis, für geschäftliche Schulden nur mit dem geschäftlichen Teil ihres Vermögens zu haften, nicht aber mit ihrer privaten Habe. Wenn drei Menschen ihr Unternehmen „mit beschränkter Haftung" betreiben können, warum sollte einer einzelnen Person dieses Privileg – oder diese selbstverständliche Schutzmöglichkeit – versagt sein? Die Entscheidung ist gefallen. Auch Einzelunternehmer dürfen ihre Haftung begrenzen. Dem Publikum entsteht kein Nachteil, denn an dem obligatorischen Zusatz „GmbH" in der Firma eines beschränkt haftenden Unternehmers dieser Art kann es unschwer erkennen, mit wem es sich einläßt.
OHG und KG können formlos, sogar mündlich gegründet werden (wenn das auch selten geschieht). Sie sind schon vor der Anmeldung zum Handelsregister rechtlich vorhanden. Eine GmbH dagegen entsteht nur durch notariellen Vertrag. Sie entsteht außerdem erst dann, wenn sie im Handelsregister eingetragen ist. Erst von der Eintragung im Handelsregister an ist die juristische Person „GmbH" in der Welt, erst von diesem Augenblick an greift die begehrte Haftungsbeschränkung. Für alles, was vorher geschieht, haben die Gründer unbeschränkt persönlich einzustehen. Diese „Gründerhaftung" erlischt erst mit der Eintragung.
Das sollten sich Geschäftsleute vor Augen führen, die nicht warten wollen, bis die Gesellschaft eingetragen ist, sondern alles gleichzeitig betreiben: die juristische

Gründung, die Anmietung von Räumen, das Engagement von Mitarbeitern und so weiter.
Seit 1981 muß eine GmbH mit einem Kapital von mindestens 50 000 DM gegründet werden. Damit ist eine gewisse Schwelle gegen Gründungen durch jedermann errichtet. Die Gründer müssen dieses Stammkapital bar in einen Topf tun. Heute wird es natürlich auf ein Bankkonto gezahlt. Der Gesellschaft muß dieses Kapital „zur Verfügung" stehen. Was später daraus wird, mehr oder weniger, das geht rechtlich die Gründer nichts mehr an, sondern nur die Gesellschaft. Das Stammkapital ist das Anfangsvermögen bei der Geburt einer juristischen Person. Das Stammkapital muß nicht in Bargeld bestehen. Es kann auch Sachvermögen eingebracht werden, Grundstücke, Maschinen, Patente, sogar papierne Forderungen („Sacheinlage"). Das gesamte Stammkapital muß nicht auf einmal aufgebracht werden. Geld- und Sacheinlagen zusammen müssen bei der Gründung in Höhe der Hälfte des gesetzlichen Mindestkapitals, also im Betrag von 25 000 DM, zur Verfügung der Gesellschaft stehen. Allerdings hat jeder Gründer seinen Anteil zu mindestens einem Viertel einzuzahlen oder zu hinterlegen. Jeder Gründer zahlt also mindestens ein Viertel seiner Einlage, was zusammen mindestens 25 000 DM ergeben muß. Besondere Sicherungen gelten bei der Ein-Mann-Gründung. Soweit Stammkapital nicht tatsächlich eingezahlt, sondern buchführungstechnisch durch das Versprechen, zahlen zu wollen, ersetzt worden ist, gleicht die Haftung für nicht bezahlte Beträge derjenigen nicht bezahlter Kommanditeinlagen.
Man pflegt die GmbH als Mittelding zwischen der „personalistischen" OHG oder KG und der „kapitalistischen" Aktiengesellschaft einzuordnen. Die OHG (KG) ist auf Kooperation und Vertrauen der Gesellschafter angelegt. Bei der Aktiengesellschaft steht dagegen nur noch die Rentabilität einer aktienverbrieften Anlage im Vordergrund. Der Unterschied zwischen personalistischen und kapitalistischen Gesellschaften erweist sich am deutlichsten anhand des „Scheidungsrechts" von Gesellschaften. Das Gesetzrecht der OHG, auch das der KG, kennt eine Veräußerung des Gesellschaftsanteils nicht. Von der Regel des Gesetzes kann allerdings abgewichen werden. Aber gewöhnlich ist nur der Austritt eines Gesellschafters oder der Eintritt eines neuen möglich. Beides ist schwierig, meist nicht ohne Mitwirkung der übrigen Gesellschafter möglich.
Anders bereits bei der GmbH: „Die Geschäftsanteile sind veräußerlich und vererblich", sagt das Gesetz. Persönliche Beziehungen sind nie veräußerlich und vererblich, Geld, Vermögen dagegen sehr wohl. Die Bestimmung zeigt mithin, daß die GmbH einen beträchtlichen „kapitalistischen" Einschlag hat. Es handelt sich freilich nur um eine Schattierung. Denn die Abtretung eines Geschäftsanteils der GmbH hat in notarieller Form (und mit den entsprechenden Kosten) zu erfolgen. Auch kann sie in der Satzung – ein Synonym für Gesellschaftsvertrag – von allerlei Zustimmungserfordernissen abhängig gemacht werden. So leicht zu kaufen und zu verkaufen („fungibel") wie Aktien, gar die einer börsennotierten Gesellschaft, sind GmbH-Anteile also nicht. Aber Verkauf und Kauf sind leichter als bei der OHG oder KG. Daran erweist sich die Zwitterstellung der GmbH.
Die GmbH ist eine „juristische" Person. Sie ist, wenn man so will, eine von Juristen gedachte Figur. Sie muß und will aber im täglichen Leben ganz handfest auftreten. Das kann sie nur, wenn sie Menschen als „Organe" hat. Diese Organe sind der oder die Geschäftsführer und die Versammlung der Gesellschafter, die (unter anderem) die Geschäftsführer beruft (wählt) und abberuft. Auch die Berufung und Abberufung von Geschäftsführern muß im Handelsregister eingetragen werden. Die Stellung als Geschäftsführer ist übrigens klar zu unterscheiden von dem Dienstverhältnis der Gesell-

287

schaft mit dem Geschäftsführer. Dieses Dienstverhältnis regelt, was in allen Beschäftigungsverhältnissen zu regeln ist: Arbeitszeit, Vergütung, Urlaub, Kündigungsfälle und -fristen und so weiter. Die Funktion als Geschäftsführer ist davon prinzipiell unabhängig. Theoretisch ist der Fall denkbar, daß jemand Geschäftsführer ist, aber keinen Dienstvertrag mit der Gesellschaft geschlossen hat. Immer wieder praktisch kommt dafür der umgekehrte Fall vor, die Abberufung eines Geschäftsführers aus dieser Position, obwohl der Dienstvertrag nicht gekündigt, vielleicht einstweilen nicht einmal kündbar ist. Es hängt dann vom Einzelfall ab, ob die Gesellschaft sich dem Geschäftsführer gegenüber durch die Abberufung schadenersatzpflichtig gemacht hat. Festzuhalten ist: Geschäftsführer-Stellung und Geschäftsführer-(Dienst-)Vertrag können vertraglich verklammert werden, notwendig oder auch nur die Regel ist das nicht.

Über die Funktion des Geschäftsführers einer GmbH sagt das Gesetz: „Die Gesellschaft wird durch die Geschäftsführer gerichtlich und außergerichtlich vertreten." Das ist eine Untertreibung. „Vertretung" bezieht sich nur auf rechtlich erhebliche Handlungen; dazu gehört der Abschluß von Verträgen aller Art, die Kündigung von Mietverhältnissen oder die Entlassung von Mitarbeitern. Der Alltag des Unternehmens der GmbH besteht aus weit mehr: dem Verkaufsgespräch, dem Texten einer Werbeanzeige, dem Lob oder Verweis eines Mitarbeiters. Dies sind Geschäftsführungsakte, die mit „Vertretung" im juristischen Sinn nichts zu tun haben. Im Recht der Offenen Handelsgesellschaft ist das deutlich gemacht worden: Zur Geschäftsführung sind alle Gesellschafter ermächtigt, heißt es an einer Stelle. Erst unter der Überschrift „Verhältnis der Gesellschaft zu Dritten" ist weiter hinten von der Vertretungsbefugnis jedes Gesellschafters die Rede. Sämtliche gesellschaftsrechtlichen Bestimmungen, von der Gesellschaft bürgerlichen Rechts bis zur Genossenschaft, sind aber im Lichte der jeweils anderen zu verstehen.

Die Unterscheidung zwischen Geschäftsführung und Vertretung mag bei der GmbH einigermaßen fruchtlos erscheinen. Sie ist es aber nicht. Die Vertretungsbefugnis von GmbH-Geschäftsführern ist „Dritten gegenüber", also im Verhältnis zu Nicht-Gesellschaftern, unbeschränkbar. Wer deshalb mit einem im Handelsregister eingetragenen GmbH-Geschäftsführer vertraglich einig wird, kann darauf vertrauen, daß die GmbH den Vertrag erfüllt. Erfüllt sie ihn nicht, so kann Schadenersatz verlangt werden. Dabei ist es gleichgültig, was dem Geschäftsführer (arbeitsvertraglich) verboten oder erlaubt war.

Die Gesellschaftsform mit „beschränkter Haftung" zwingt zugleich zum Nachdenken über die Grenzen des Grundsatzes der beschränkten Haftung. Die Durchbrechung der beschränkten Haftung ist nämlich im GmbH-Gesetz (zum Teil) gesetzlich geregelt. Eine Durchbrechung der beschränkten Haftung bedeutet, daß Gesellschafter einer juristischen Person über das bei der Gründung Versprochene hinaus zahlen müssen. Wann diese „Durchgriffshaftung" stattfindet, ist außerordentlich umstritten.

Die Frage ist nur nach Treu und Glauben zu beantworten. Deswegen gibt es eine allgemeingültige Antwort nicht. Das GmbH-Gesetz behandelt aber einen bestimmten häufigen Fall: Der oder die Gesellschafter haben ihre Gesellschaft mit einem Kapital ausgestattet, das zum Betrieb des beabsichtigten Unternehmens nicht (mehr) ausreicht. Statt die Kapitaldecke nun durch Bereitstellung neuen Stammkapitals zu vergrößern („Kapitalerhöhung"), geben sie ihrer Gesellschaft Darlehen im notwendigen Umfang. Dadurch werden sie Gläubiger ihrer eigenen Gesellschaft. Die Kredite sollen zurückgezahlt werden, aber erst dann, wenn die Lage des Unternehmens es erlaubt. Wird nun aber die GmbH insolvent, ist also das Stammkapital verloren, dann können die Gesellschafter ihre Darlehensansprüche in aller Regel nicht wie „echte" Kreditgläu-

biger durchsetzen. Denn seit 1981 findet sich eine Sonderregelung im Gesetz. Diese Regelung haben zuvor die Gerichte erarbeitet. „Hat ein Gesellschafter der Gesellschaft in einem Zeitpunkt, in dem ihr die Gesellschafter als ordentliche Kaufleute Eigenkapital zugeführt hätten, statt dessen ein Darlehen gewährt, so kann er den Anspruch auf Rückgewähr des Darlehens im Konkurs über das Vermögen der Gesellschaft . . . nicht geltend machen."
Ähnliches ist für gerade noch rechtzeitig zurückgezahlte Gesellschafterdarlehen angeordnet und für ähnliche Fälle, die diesem Sachverhalt ähneln. Die Rechtsprechung ist umfangreich und unübersichtlich. Gleichwohl ist dies der einzige gesetzlich geregelte Fall, in dem die Eigenständigkeit einer juristischen Person mißachtet wird. Die Regelung wird über das GmbH-Gesetz hinaus Leitlinie für gleichliegende Fälle bei anderen Gesellschaftstypen sein. Auch Aktiengesellschaften, vielleicht auch Kommanditgesellschaften, werden in vergleichbaren Fällen ähnlich behandelt werden. Hier zeigt sich wieder, daß die juristische Person kein Dogma, sondern nur eine praktische Denkfigur ist.
Einzelheiten zur GmbH:
– Geschäftsführer kann nur sein, wer nicht wegen eines Wirtschaftsdelikts (Steuerhinterziehung, Betrug) oder eines Gewerbedelikts (Hinterziehung von Sozialabgaben, Umweltsünden) vorbestraft ist.
– Von einem GmbH-„Mantel" wird gesprochen, wenn kein Unternehmen und kein sonstiges Vermögen mehr vorhanden, die Gesellschaft aber gleichwohl nicht aufgelöst worden ist. Solche „Mäntel" haben noch einen gewissen Wert, weil ihr Erwerb (der Erwerb der Anteile) zu neuen Zwecken billiger sein kann als eine Neugründung. Manchmal ist es auch erwünscht, Inhaber einer „alten" GmbH zu werden oder auf diese Weise an einen alten Firmennamen zu gelangen.
– GmbHs werden häufig als persönlich haftende Gesellschafter („Komplementäre") von Kommanditgesellschaften eingesetzt (GmbH & Co. KG). Dadurch haftet dann in der KG im Ergebnis kein menschlicher Gesellschafter mehr unbeschränkt, die Kommanditisten sind aber, ein steuerlich erwünschtes Ergebnis, Mitunternehmer. Dies ist und war die Regelkonstruktion bei Abschreibungsgesellschaften.
– Das Leben einer GmbH, jeder juristischen Person, endet, wenn sie insolvent wird oder wenn die Gesellschafter das Ende beschließen. Das bedeutet nicht notwendig das Ende ihres Unternehmens, das häufig im Ganzen an eine andere Gesellschaft veräußert wird. Wird eigens dazu eine neue Gesellschaft gegründet, dann spricht man von einer „Auffang-Gesellschaft". Bis das letzte Vermögensstück zuerst an die Gläubiger, zuletzt an die Gesellschafter verteilt ist, wird die Gesellschaft als in Liquidation („i. L.") fortbestehend gedacht.

Die Aktiengesellschaft

Auch die Aktiengesellschaft (AG) ist eine juristische Person. Sie weist jedoch von ihrer Grundkonzeption her keinerlei personalistische Züge auf. Das spiegelt sich in umfangreichen Anleger- und Gläubiger-Schutzbestimmungen. Sie setzen keinerlei persönliches Vertrauen der Gesellschaft ineinander voraus. Die „kapitalistische" Grundkonzeption spiegelt sich aber auch in der großen Umlauffähigkeit der Gesellschaftsanteile, der Aktien. Diese gesetzliche Leitlinie, der zufolge die Aktionäre nur durch ihre Investition in die gemeinsame Gesellschaft verbunden sind, kann allerdings in großem Maße vertraglich abgeändert werden. Das ist etwa bei Familien-AGs der Fall, die kraft Satzung eher GmbHs ähneln. Die Leitidee des Gesetzgebers ist das nicht. Ein-Mann-

AGs sind möglich, können aber nicht von vornherein als solche gegründet werden. Wer eine Ein-Mann-AG gründen möchte, muß immer noch vier Freunde („Treuhänder", „Strohmänner") mit zum Notar nehmen, die nach der Gründung ihre Aktien abtreten.
Die Gründungsformalitäten für eine AG sind, da aus Anlegerschutzgründen Schwindel-AGs verhindert werden sollen, wesentlich strenger als bei der GmbH. Nicht nur müssen die Gründer wie bei der GmbH einen Gründungsbericht erstatten, den der Handelsregisterrichter auf Glaubwürdigkeit zu prüfen hat. Wenn das Grundkapital von mindestens 100 000 DM zum Teil als Sacheinlage erbracht werden soll oder wenn einer der Gründer bei der Gründung zum Vorstands- oder Aufsichtsratsmitglied ernannt wird, müssen das Vorhandensein und die zutreffende Bewertung der Einlagen von einem Wirtschaftsprüfer untersucht und bescheinigt werden (Gründungsprüfung). Ohne eine solche Prüfung wird die AG nicht eingetragen, erlangt also nicht die rechtsfähige Existenz.
Bei der Aktiengesellschaft werden die Gesellschaftsanteile als Aktien bezeichnet. Gesellschaftsanteile können in Aktienurkunden verkörpert werden, müssen es aber nicht (Wertrecht). Das Gesetz unterscheidet zwischen Inhaberaktien und Namensaktien. Inhaberaktien sind formlos handelbar. „Namensaktien" lauten nicht auf den (jeweiligen tatsächlichen) beliebigen Inhaber, sondern auf eine mit Namen, Wohnort und Beruf gekennzeichnete Person. Auch Namensaktien können übertragen werden, allerdings nur durch „Indossament". Das ist ein schriftlicher Vermerk der Übertragung. Das Indossament kann „blanko" vorgenommen werden. Dann wird eine bestimmte Person als Erwerber nicht bezeichnet. Dadurch wird die Aktie handelbar. Bei Namensaktien wird ein Aktienbuch geführt, in das sich Aktionäre eintragen müssen, wollen sie ihre Rechte ausüben. Die Satzung kann die Umlauffähigkeit von Aktien weiter dahin einschränken, daß Namensaktien nur mit Zustimmung der Gesellschaft übertragen werden können („vinkulierte Namensaktien"). Aktien müssen auf mindestens 50 DM lauten und im übrigen stets auf volle 100 DM. Sie können also nie auf „256,80 DM" lauten.
Dieser „Nennwert" hat freilich nur symbolische Bedeutung: Im Prinzip müßte zwar bei der Gesellschaftsgründung das Anfangsvermögen, die Summe der Einlagen, mit der Summe der ausgegebenen Aktien (betragsmäßig) gleich sein. Aber das Aktiengesetz läßt es zu, daß alle Aktien zusammen vom aufgedruckten Betrag her weniger wert sind als das tatsächlich vorhandene Anfangsvermögen der Gesellschaft. Die Differenz bezahlen die Gründer dann als „Aufgeld" (Agio). Dafür können steuerliche, verrechnungstechnische (Gründungskosten – Notar) oder einfache „optische" Gründe maßgeblich sein. Das Gegenteil, „Disagio", ist unzulässig.
Das Aktiengesetz geht auch auf eine Überlegung ein, die seit dem Unternehmer und Politiker Walter Rathenau (1867 bis 1922) „Das Unternehmen an sich" genannt wird. Eine Aktiengesellschaft ist eine (juristische) Person. Nichts hindert sie, sämtliche ihrer eigenen Aktien zu kaufen. Wem gehört dann eine Gesellschaft, die ihr eigener Aktionär ist? Die Antwort der Logik lautet: den geschäftsführenden Organen, denn wer mit einem Vermögen, kontrolliert nur durch sich selbst, also ohne Kontrolle von Aktionären, schalten und walten kann, der ist Eigentümer dieses Vermögens. Das Aktiengesetz läßt den Kauf eigener Aktien nur in engem Rahmen zu. Diese Regelung dient dem Anlegerschutz. Unerfahrene Geldgeber sollen nicht von raffinierten Aktienvorständen um ihre Vermögenssubstanz gebracht werden können, denn diese könnten unter Ausnutzung unrealistischer Kursverhältnisse im Namen und aus Mitteln der Gesellschaft sämtliche „eigenen" Aktien aufkaufen.

Was bei der GmbH die Geschäftsführer sind, ist bei der Aktiengesellschaft der Vorstand. Er wird indessen nicht von den Gesellschaftern, den Aktionären, bestellt. Die Bestellung nimmt vielmehr der in Deutschland bei Aktiengesellschaften zwingend vorgeschriebene Aufsichtsrat vor. In Amerika gibt es einen Aufsichtsrat für „Stock Corporations" nicht zwingend, seine Funktion können aber andere Gremien erfüllen, weil das amerikanische Recht viel Freiheit bei der Konstruktion von Gesellschaften läßt. In Frankreich haben Aktiengesellschaften (Société Anonyme – S. A.) wie deutsche GmbHs die Wahl, ob sie neben dem Vorstand einen Aufsichtsrat einrichten wollen. Den Aufsichtsrat wählt die jährlich mindestens einmal notwendige Hauptversammlung der Aktionäre. Teilweise anderes gilt in mitbestimmten – siehe dort – Unternehmen. Die Hauptversammlung wählt auch die Wirtschaftsprüfer, die den Büchern und den Abschlüssen der Gesellschaft die Richtigkeit oder doch die Glaubhaftigkeit bescheinigen müssen („Testat").

Die Hauptversammlung muß jährlich mindestens einmal, kann aber häufiger zusammentreten, namentlich „wenn das Wohl der Gesellschaft es erfordert" (außerordentliche Hauptversammlung). Schon bei der Zuständigkeit zur Einberufung wird wieder Anlegerschutz deutlich: Normalerweise lädt der Vorstand ein, aber auch Aktionärsminderheiten können eine Einberufung erzwingen, wenn es dafür Gründe gibt. Neben der schon erwähnten Wahl des Aufsichtsrats und der Abschlußprüfer hat die Hauptversammlung zwingend über folgende Punkte durch Abstimmung zu entscheiden: Verwendung des Bilanzgewinns, Satzungsänderungen, insbesondere Kapitalerhöhungen und Kapitalherabsetzungen, Bestellung von Sonderprüfern, Auflösung der Gesellschaft und – nicht zuletzt – Entlastung von Vorstand und Aufsichtsrat. Diese Entlastung ist etwas ähnliches wie ein parlamentarisches Vertrauensvotum. Unmittelbare rechtliche Bedeutung hat sie nicht, sie billigt lediglich die Geschäftsführung. Wird die Entlastung verweigert, so kann „die Verwaltung", wie Vorstand und Aufsichtsrat zusammenfassend genannt werden, gleichwohl im Amt bleiben, wenn das auch selten geschieht. Wird Entlastung erteilt, dann bedeutet das umgekehrt nicht, daß jede einzelne Maßnahme der Geschäftsführung gebilligt wird. Einen Verzicht auf Schadensersatzansprüche gegen Mitglieder der Verwaltung, die durch fehlerhafte Geschäftsführung der Gesellschaft Schaden zugefügt haben, bedeutet die Entlastung nicht. Durch eine ausdrückliche Vorschrift in diesem Sinn ist bei der Aktienrechts-Reform von 1965 ein alter Streit beendet worden.

Auch die „Aktiendemokratie" ist nicht schrankenlos, sondern durch zwingende Schutzvorschriften zugunsten überstimmter Minderheiten begrenzt. Wenn die Minderheit bestimmte Formalien gewahrt hat, können auch Entscheidungen der Hauptversammlung gerichtlich überprüft werden.

Es gibt noch einen weiteren Minderheitenschutz eigener Art, die Stimmrechtsbegrenzung. Grundsätzlich hat in der Hauptversammlung jeder Aktionär sein Stimmrecht entsprechend seinem Aktienbesitz. Die Satzung kann aber vorsehen, daß ein einzelner Aktionär sein Stimmrecht nur zu einem Höchstbetrag ausüben darf. (Näheres zur Hauptversammlung im Kapitel: Was geschieht auf einer Hauptversammlung?)

Aktienrecht ist Anleger- und Gläubiger-Schutzrecht. Das zeigt sich auch in den ausführlichen Bestimmungen des Aktiengesetzes zur Rechnungslegung der AG. Einem Einzelkaufmann steht es frei, sich – für betriebswirtschaftliche, nicht für steuerliche Zwecke – „arm zu rechnen". In der AG haben dagegen verhältnismäßig „unwissende" Aktionäre Geld in der Hoffnung auf Ertrag – sprich: Dividende – gegeben. Deshalb darf der Gewinn, über dessen Verwendung – Auszahlung, Reinvestition – die

Aktionäre zur Hälfte zu entscheiden haben, nicht kunstvoll niedrig gehalten werden. Auch so könnte ein „Unternehmen an sich" entstehen.

Anlegerschutzdenken zeigt sich aber auch in den Bestimmungen des sogenannten Konzernrechts, im Recht der verbundenen Unternehmen. Hier ist mit Bedacht das Wort „Unternehmen" als Oberbegriff für alle denkbaren Konstellationen verwendet worden. Die Kleinaktionäre einer Aktiengesellschaft müssen vor dem Großaktionär dieser Gesellschaft geschützt werden, ganz gleich, ob dieser Großaktionär ein Einzelkaufmann oder eine andere Gesellschaft ist. Nur der reine Privatmann – die Grenzen sind streitig – gilt hier nicht als Unternehmen. Denn ein Großaktionär verfolgt mit seiner Beteiligung häufig gänzlich andere Ziele als ein nur auf Dividende bedachter kleinerer Aktien-Anleger.

Ein weiterer Gesichtspunkt ergibt sich für das Konzernrecht aus Organisations-Gesichtspunkten. Eine einzige Gesellschaft kann sich mit allen Geschäften befassen, für die die Überschrift „Chemie" im weitesten Sinne zutrifft. Sie wird dann beispielsweise die Faserherstellung einerseits, die Kohlevergasung andererseits innerorganisatorisch in Sparten, Bereiche, Divisionen – wie immer sie es nennt – gliedern. Diese Gliederungen haben nach außen soviel und sowenig Bedeutung wie die Aufteilung einer Stadtverwaltung in Abteilungen „Pässe" hier, „Polizei" dort. Derselbe Konzern kann sich aber auch aus einer Myriade von rechtlich selbständigen, auf Faserherstellung, Kohlevergasung und so weiter spezialisierten Einzelgesellschaften zusammensetzen, die miteinander durch die Besitzverhältnisse verbunden sind. Einer Gesellschaft gehören die Anteile der jeweils anderen bis hinauf zur „Dachgesellschaft". Sie alle können weiterhin durch „Beherrschungsverträge" (gleichsam die Arbeitsverträge unter juristischen Personen) sowie durch Personalunionen verbunden sein. Bei Personalunion ist beispielsweise eine Person bei mehreren Konzerngesellschaften gleichzeitig im Vorstand. „Außenstehende" Anleger, Aktionäre, die Geld an „ihrer" Gesellschaft verdienen wollen, müssen bei solchen Sachverhalten vor Gewinnverlagerungen geschützt werden. Dem eigentlichen Beherrscher können solche Verlagerungen gleichgültig sein, weil er seine Dividende von der letztlich begünstigten Gesellschaft erhält. Der einfache Aktionär dagegen erhält Gewinn nur von seiner Gesellschaft. Diesen Schutz bewerkstelligt das Konzernrecht durch Melde-, Ausgleichs- und Abfindungsregelungen. Dieses Konzernrecht gilt als das anlegerfreundlichste in Europa, hat dadurch aber auch der Verbreitung der AG geschadet.

Die Aktiengesellschaft ist Gegenstand diverser europäischer Aktivitäten. Versucht man aus den schon verabschiedeten Richtlinien und weiteren Entwürfen in Brüssel ein Resümee zu ziehen, dann sieht es etwa folgendermaßen aus: Während die GmbH nur von allgemeinen, alle Unternehmen betreffenden Normierungen betroffen ist (Rechnungslegung, Publizität), soll das gesamte Aktienrecht „europäisch" werden. Es wird zwar kein Paragraph um Paragraph wortgleiches Aktienrecht in den Ländern der Gemeinschaft geben, aber doch ein sehr ähnliches. In seinen Grundzügen wird dieses Aktienrecht weithin dem geltenden deutschen entsprechen. Allerdings wird den Mitgliedsländern das Recht eingeräumt werden, ihrerseits ihren Aktiengesellschaften freizustellen, ob sie neben dem Vorstand noch einen Aufsichtsrat haben wollen oder nicht (französisches Modell).

Eine gewisse Mitbestimmung der Arbeitnehmer ist bei Gesellschaften mit mehr als 1000 Beschäftigten vorgesehen, wobei den Arbeitnehmern freigestellt wird, auf dieses Mitbestimmungsrecht – und natürlich auf die damit verbundene Verantwortung – zu verzichten, was dem Denken der wichtigsten Gewerkschaften in einer Reihe von Mitgliedstaaten entspricht.

Weitere Gesellschaftsformen

Die Kommanditgesellschaft auf Aktien (KGaA) ist eine Mischform. Anstelle von Kommanditisten sind Aktionäre beteiligt, daneben aber auch persönlich unbeschränkt haftende Gesellschafter („Geschäftsinhaber").
Die Genossenschaft („e. G.") spielt namentlich im Einzelhandel sowie in der Landwirtschaft und im Kreditgewerbe (Volksbanken und Raiffeisenkassen) sowie in vorgelagerten Stufen im Warenstrom von der erzeugenden Industrie zum Endverbraucher eine erhebliche Rolle. Genossenschaften dienen gewöhnlich der Zusammenlegung bestimmter Geschäftstätigkeiten der angeschlossenen Genossen, also dem gemeinsamen Einkauf bestimmter Waren oder ganzer Sortimente, der Produktion gemeinsam benötigter Gegenstände und so weiter. Sie sind ein Mittelding zwischen Verein und Aktiengesellschaft. Wie Aktiengesellschaften müssen sie einen Vorstand und einen Aufsichtsrat haben. Die Versammlung der Genossen heißt nicht Haupt-, sondern Generalversammlung. Dazu kommt bei Genossenschaften mit sehr vielen Mitgliedern eine Versammlung der gewählten Vertreter der Genossen. An die Stelle des Wirtschaftsprüfers einer AG tritt bei Genossenschaften einer der speziellen Prüfungsverbände für Genossenschaften. Das vereinsrechtliche Element der Genossenschaft zeigt sich beim Ein- und Austritt von Genossen. Hier gibt es keine handelbaren Anteile, sondern nur persönliche Mitgliedschaft, die nicht von heute auf morgen erworben oder abgestreift werden kann.
Joint-ventures oder Arbeitsgemeinschaften (Arge) sind keine unternehmerischen Zusammenschlüsse, sondern nur Gesellschaften bürgerlichen Rechts. Das folgt aus ihrem Zweck. Sie wollen nicht ein Unternehmen organisieren, um mit dessen dauernder Geschäftstätigkeit Geld zu verdienen. Joint-ventures und Arbeitsgemeinschaften sind vielmehr nach verbreitetem deutschen Verständnis sachlich und zeitlich beschränkte Kooperationen. Allerdings gibt es Schwierigkeiten bei der Wortwahl: Das angelsächsische „joint venture" kann auch eine 50:50-Beteiligung zweier Unternehmen an einem dritten meinen, was dann zu deutsch ein „Gemeinschaftsunternehmen" ist und was unter Umständen kartellrechtliche Schwierigkeiten andeutet. Typischer Zweck nach deutschem Verständnis ist beim Joint-venture oder bei der Arge etwa die gemeinsame Lösung eines Forschungs- und Entwicklungsproblems oder der gemeinsame Bau eines bestimmten Straßenabschnitts. Jeder der Beteiligten verspricht Geld, Gedankenaustausch und eigene Anstrengung, bis der gemeinsame Zweck erreicht oder verfehlt ist. Eine dauerhafte und auf unbestimmte Zeit verselbständigte Organisation wird nicht geschaffen. Infolgedessen bleibt es bei einer Gesellschaft bürgerlichen Rechts. Aussagen über ihre juristische Struktur sind kaum möglich, weil von Fall zu Fall unterschiedlich.
Gesellschaften von Gesellschaften sind immer möglich. Der Aktien-Konzern ist das typische Beispiel, weil hier eine Gesellschaft Gesellschafterin der anderen ist und so fort. Aber es kann auch eine Aktiengesellschaft stille Gesellschafterin einer Kommanditgesellschaft sein, ebenso wie umgekehrt. In Familien-Aktiengesellschaften (Henkel-Chemie, Henkell-Sekt) sind sogenannte Pool-Bildungen häufig, wenn die beteiligten Familien sich durch Generations- und Erbfolgen immer mehr aufsplitten. Gewöhnlich werden dazu Regelungen dahin getroffen, daß die jeweiligen Erben der drei Gründer A, B und C sich zunächst untereinander eine Meinung bilden müssen, bevor sie diese (einheitliche) Meinung dann gegenüber den anderen Familienstämmen geltend machen dürfen. Solche Regelungen sollen Zersplitterungen, „Zünglein an der Waage"-Konstellationen und das Eindringen Familienfremder in den Kreis der Anteilseig-

ner verhindern. Der Sache nach ist ein Familien-„Pool" eine Gesellschaft bürgerlichen Rechts.

Übertragung und Umwandlung

Unternehmen können ihre Rechtsform wechseln, umgekehrt können Unternehmen von ihren Inhabern veräußert werden. Eine Rechtsformänderung (Umwandlung) eines Unternehmens wird häufig dann vorgenommen, wenn beispielsweise das Unternehmen einer GmbH infolge guter Geschäfte derart groß geworden ist, daß die Gesellschafter der GmbH deren Umwandlung in eine Aktiengesellschaft für richtig halten. Dafür kann maßgeblich sein, daß das Unternehmen der GmbH in eine Größenordnung gewachsen ist, die den Zugang zum Kapitalmarkt durch Ausgabe von Aktien erstrebenswert macht. Umgekehrt kann das Unternehmen einer Aktiengesellschaft derart geschrumpft sein, daß diese Rechtsform inzwischen „nicht mehr paßt". In diesen Fällen kann der Charakter des Rechtsträgers geändert werden, wobei das Aktienrecht dafür sorgt, daß Gesellschafter und Gläubiger bei dieser Transaktion nicht zu kurz kommen.

Von der Änderung der Rechtsform zu unterscheiden ist die Übertragung des Unternehmens von einem Inhaber auf einen anderen. In der Praxis ist eine solche Übertragung ein Bündel von Rechtsgeschäften: Grundstücke des Unternehmens werden verkauft, seine Forderungen werden abgetreten, seine Schulden werden übernommen, Know-how wird „mitgeteilt" und so fort. Wesentlich ist für solche Konstellationen, daß die Rechtsordnung das Bündel von Vorgängen, die insgesamt den Übergang des Unternehmens bewirken, als einheitlichen Vorgang anerkennt und Rechtsfolgen daran knüpft. Im wesentlichen sind es drei – zivilrechtliche, nicht steuerliche – Folgen: Ist nichts Gegenteiliges vereinbart und in gebührender Form veröffentlicht, dann haftet der neue Rechtsträger (der Erwerber des Unternehmens) für die Schulden, die der alte aus dem Betrieb des Unternehmens angesammelt hat. Der neue Inhaber wird auch Arbeitgeber, Vertragspartner der Mitarbeiter, sofern diese den Übergang des Arbeitsverhältnisses nicht ablehnen. Der Erwerber des Unternehmens darf schließlich den alten Namen weiterbenutzen (siehe oben). Im Bundesjustizministerium sind Vorarbeiten zu einem Referenten-Entwurf gediehen, der sämtliche Umwandlungsformen in einem Gesetz zusammenfassen will.

7. DIE FÜHRUNG VON UNTERNEHMEN

Unternehmen brauchen Luft zum Atmen. Die Marktwirtschaft sichert ihnen die notwendigen Spielräume. Hierzu gehört vor allem das Privateigentum. Sind Unternehmen deshalb Privatsache? Als Teil größerer Gemeinwesen, der Kommunen, der Länder, des Gesamtstaates, unterliegen auch sie gesetzlichen Beschränkungen: Die Sicherheit der Produktionsanlagen muß gewährleistet sein, die Umweltvorschriften sind zu beachten, die Geschäftsbücher müssen ordentlich geführt werden. Zugleich gibt es Regeln für die Geschäftsführung, beginnend schon bei kleinen Personengesellschaften und Ein-Mann-GmbHs und sich verschärfend bis zu den großen Aktiengesellschaften. Als GmbH und AG spielen Kapitalgesellschaften heute im Wirtschaftsleben eine führende Rolle. Ihre Führungsstruktur ähnelt sich in vielem. Aber es gibt auch Unterschiede. Von ihnen soll nachfolgend zunächst die Rede sein.

Die Führung in der GmbH

Den Rahmen für die Aktiengesellschaften setzt das Aktiengesetz von 1965, für GmbHs tut dasselbe das „Gesetz betreffend die Gesellschaften mit beschränkter Haftung", das schon aus dem Jahr 1892 stammt. Diese Unternehmen haben zwei Führungsgremien, den oder die Gesellschafter und einen oder mehrere Geschäftsführer. Die Gesellschafter können dabei wählen, die unternehmerische Leitung kann bei den Geschäftsführern oder bei ihnen selbst, den Gesellschaftern, liegen. In jedem Fall sind die Geschäftsführer, anders als der Vorstand einer AG gegenüber dem Aufsichtsrat, von den Weisungen der Gesellschafter abhängig.

Man kann es auch umgekehrt sagen: Die Gesamtheit der Gesellschafter, die in Gesellschafterversammlungen zusammenkommen, ist der Souverän der GmbH. Zudem kann jeder einzelne Gesellschafter direkt tätig werden, da er das Recht hat, von den Geschäftsführern Auskunft über die Angelegenheiten der Gesellschaft und Einsicht in die Bücher zu erhalten. Die Zuständigkeit der Gesellschafterversammlungen erstreckt sich, soweit Gesetz oder Satzung nicht etwas Gegenteiliges bestimmen, grundsätzlich auf alle Angelegenheiten. Vorrangig sind dies die Feststellung des Jahresabschlusses und der Beschluß über die Ergebnisverwendung, die Bestellung und Abberufung von Geschäftsführern sowie die Überwachung der Geschäftsführung.

Einen Aufsichtsrat muß die GmbH erst dann bilden, wenn sie mehr als 500 Arbeitnehmer beschäftigt. Wie bei der AG stellen dort die Arbeitnehmer gemäß Betriebsverfassungsgesetz ein Drittel der Mitglieder. Der Anteil erhöht sich auf die Hälfte, wenn die Mitarbeiterzahl größer ist als 2000, da dann das Mitbestimmungsgesetz von 1976 die Zusammensetzung bestimmt (siehe vertiefend die Ausführungen zur Mitbestimmung).

Vorstand und Aufsichtsrat in der AG

In Aktiengesellschaften sind die Beziehungen komplizierter. Dies rührt zum einen daher, daß die Macht auf drei Organe verteilt ist: Vorstand, Aufsichtsrat und Hauptversammlung, das heißt die Zusammenkunft der Kapitalinhaber. Außerdem sind die Rechte und Pflichten stärker in ein Regelwerk eingebunden und voneinander abgegrenzt. Dies wird besonders deutlich bei Vorstand und Aufsichtsrat, die zusammen die „Verwaltung" der Gesellschaft bilden und deren Beziehungen die Tabelle verdeutlicht. Im Vergleich zur GmbH fällt besonders auf, daß der Vorstand eine größere Eigenständigkeit besitzt. Als alleiniges Geschäftsführungs- und Vertretungsorgan leitet er das Unternehmen „unter eigener Verantwortung", wie es im Aktiengesetz heißt. Der Aufsichtsrat darf also dem Gesetz nach nicht in das tägliche Geschäft „hineinfunken". Dieser Versuchung erliegen allerdings mächtige Aufsichtsratsvorsitzende nur zu leicht. Dies geschieht vor allem dann, wenn sie – was häufig vorkommt – zuvor Vorstandsvorsitzende waren und sich von dieser Aufgabe innerlich nicht lösen.

Wichtiger noch ist eine andere Art direkter Einflußnahme jenseits der vom Gesetz zugewiesenen, allgemeinen Aufsicht. Die Satzung der Gesellschaft oder auch der Aufsichtsrat selbst kann bestimmte Geschäfte (meist größere Investitionen) der Zustimmung des Kontrollorgans unterwerfen. Lehnt der Aufsichtsrat ab, hat der Vorstand theoretisch das Recht, die Hauptversammlung anzurufen, die mit einer Mehrheit von mindestens drei Viertel der abgegebenen Stimmen das Vorhaben doch noch verabschieden kann. Der Gesetzgeber hat sich hier von dem guten Vorsatz leiten lassen, auf das Letztentscheidungsrecht der Aktionäre als den Kapitalbesitzern zu verweisen. Es bleibt aber in den meisten Fällen theoretisch, da ein solches Vorgehen die Atmosphäre zwischen Vorstand und Aufsichtsrat so vergiftet, daß die notwendige „kritische Partnerschaft" kaum mehr gewährleistet sein dürfte.

„Die Verwaltung" in Aktiengesellschaften

	Vorstand	Aufsichtsrat
Aufgaben	Leitung der Gesellschaft „unter eigener Verantwortung". Einberufung der Hauptversammlung.	Ernennung des Vorstands. Überwachung der Geschäftsführung. Einberufung der Hauptversammlung, „wenn das Wohl der Gesellschaft es fordert". Billigung zustimmungspflichtiger Geschäfte.
Zusammensetzung	Mindestens eine Person. Bei mehreren Mitgliedern in der Regel gemeinschaftliche Geschäftsführung und Vertretung der Gesellschaft.	Mindestens drei Personen. Vertreter der Aktionäre und der Arbeitnehmer. Höchstzahl 21 Mitglieder.
Bestellung	Durch den Aufsichtsrat auf höchstens fünf Jahre. Verlängerung möglich.	Durch die Hauptversammlung auf höchstens vier Jahre. Wiederwahl möglich. Bestellung der Arbeitnehmervertreter in gesonderten Verfahren der Mitbestimmung.
Abberufung	Durch den Aufsichtsrat „aus wichtigem Grund". Hierzu zählen grobe Pflichtverletzung, Unfähigkeit zur ordnungsgemäßen Geschäftsführung und Vertrauensentzug durch die Hauptversammlung, soweit nicht willkürlich erfolgt.	Durch die Hauptversammlung mit mindestens drei Vierteln der abgebenen Stimmen. Gesondertes Verfahren für Arbeitnehmervertreter. Abberufung jedes Aufsichtsratsmitglieds durch Gerichtsbeschluß auf Antrag des Aufsichtsrats, „wenn in dessen Person ein wichtiger Grund vorliegt".

Der Vorstand handelt als Kollektivorgan. Dies bedingt zum Beispiel Mehrheitsentscheidungen, sofern nicht sowieso das Prinzip der Einstimmigkeit oder der Suche nach einem Konsens verfolgt wird. Zum Vorstand gehören auch die stellvertretenden Mitglieder. Bestellt und abberufen werden die Vorstandsmitglieder vom Aufsichtsrat allerdings einzeln. Der Vorstand kann aus seiner Mitte zwar einen Sprecher als „Primus inter pares", aber nicht den Vorsitzenden bestellen, wie dies das Kontrollorgan tut. Dieses Recht liegt ebenfalls beim Aufsichtsrat, gegenüber dem die Geschäftsführung im übrigen eine umfangreiche Berichtspflicht hat.

Das Aktiengesetz nennt im einzelnen den laufenden Gang der Geschäfte, die geplante Geschäftspolitik, die Rentabilität der Gesellschaft (insbesondere diejenige des Eigenkapitals) sowie Geschäfte, die für die Rentabilität oder Liquidität des Unternehmens von erheblicher Bedeutung sein können. Damit nicht genug. Im Gesetz steht außerdem die Generalklausel, daß dem Aufsichtsratsvorsitzenden „aus sonstigen wichtigen Anlässen" zu berichten ist. Abgesehen davon, kann der Aufsichtsrat vom Vorstand jederzeit Berichte anfordern. Wenn dies ein einzelnes Mitglied verlangt, muß er dieses Verlangen allerdings an den Aufsichtsrat richten. Direkt tätig zu werden, bleibt ihm versagt.

Der Aufsichtsrat – ein zahnloser Tiger?

Vor einigen Jahren erschien in einer Fachzeitschrift ein ironisch gemeinter Artikel über die Rolle von Aufsichtsräten (Sebastian Hakelmacher: Der Aufsichtsrat – ein sensibles Organ, in: Die Wirtschaftsprüfung, Heft 4/1991, S.104–109.) Der Autor fällt darin ein vernichtendes Urteil: „Abgebrühte Aufsichtsräte wissen, daß sie bis auf den Vorstand nichts zu bestellen haben." Und später heißt es im Text, ein verantwortungsbewußter Vorstand werde „Informationen an den Aufsichtsrat nur in homöopathischen Dosen geben. Außerdem wird er vermeiden, daß Aussagekraft oder Aktualität der mitgeteilten Daten beim Aufsichtsrat Streßsituationen auslösen." In dieselbe Kategorie fallen Einschätzungen wie die, das Kontrollgremium sei im Normalfall ein „zahnloser Tiger" oder ein „Muster ohne Wert".
Das Verhältnis zwischen Vorstand und Aufsichtsrat sorgt immer wieder für Diskussionen. Man lasse sich nicht täuschen: Im Aufsichtsrat sitzen zwar die Vertreter von „Kapital und Arbeit", die durch Hauptversammlung und Arbeitnehmergremien bestellt werden. Zudem verleiht ihm das Aktiengesetz eine Reihe von Rechten, die deutlich machen, daß die Anteilseigner und die Arbeitnehmer letztlich das Sagen haben. Andererseits regt sich immer wieder der Verdacht, daß die Aufsichtsräte dieses Amt als intellektuelle Freizeitbeschäftigung ansehen und ihrer Kontrollpflicht nicht genügen. Die Fälle, in denen bei einem insolventen Unternehmen gefragt wird, wie das Abgleiten in die Pleite dem Aufsichtsrat entgehen konnte, sind Legion.
Die Kritik einer zu laschen Kontrolle der Vorstände ist immer wieder zu hören. Meist verbindet sie sich mit der Forderung, die Zahl von zehn Aufsichtsratsmandaten, die eine Person im Höchstfall annehmen kann, sei zu vermindern. Dies ist aber ein Kurieren an Symptomen; worauf es ankommt, ist eine „Kultur der Aufsichtsratstätigkeit": Es ist die Überzeugung, daß die „Verwaltung" eines Unternehmens beider Organe bedarf und diese ihre Aufgaben voll erfüllen müssen. Hauptamtliches Management und Aufsichtsrat als Honoratiorenverein sind kein tragfähiges Fundament. Dies gilt verschärfend dann, wenn sich der Vorstand seine Kontrolleure selbst sucht.
Andererseits bilden die Aufsichtsräte durchaus ein Machtzentrum. Offensichtlich ist dies bei einem Großaktionär, der eine „angemessene Vertretung" in diesem Gremium verlangt. Auch Kreditinstitute nutzen diese Form der Einflußnahme. Sie weisen allerdings gerne darauf hin, daß sie in den meisten Fällen von Vorständen, anderen Aufsichtsratsmitgliedern oder großen Aktionären in die Aufsichtsräte gebeten würden. In manchen Fällen werden diese Ämter sogar als rein „persönliche Mandate" angesehen. Dennoch bleibt festzuhalten: Die durchaus mögliche Verbindung aus Beteiligung am Unternehmen, Sitz im Aufsichtsrat und gewichtigen Kreditengagements läßt ein Kraftfeld entstehen, dem sich Vorstände nur schwer entziehen können.

Zwischen Pflichten und Eigeninteresse

Die Vorstände in Aktiengesellschaften sind keine Ausführungsorgane des Aufsichtsrats und der Hauptversammlung. Sie begründen ihren eigenen Freiraum mit der Pflicht in Paragraph 76 des Aktiengesetzes, die Gesellschaft „unter eigener Verantwortung" zu leiten. Der Anspruch kommt vor allem dann zum Tragen, wenn in Familien-Aktiengesellschaften der Großaktionär eigene, den Unternehmensinteressen zuwiderlaufende Vorstellungen durchsetzen will. Doch wie weit reicht die Verantwortung? Begründet sie gar eine Vorrangstellung in einzelnen Fragen, weil dies „im Interesse des Unternehmens" ist? Aktuell wird dieser Punkt bei sogenannten „unfreundlichen Übernahmen". Gemeint ist damit der Unternehmenskauf auf Schleichwegen: Ein Interessent erwirbt heimlich Aktien, bis er die Mehrheit hat, oder er verbindet seinen Versuch nach einer gewissen Zeit mit einem öffentlichen Übernahmeangebot an die Mitaktionäre. „Unfreundlich" wird das Bemühen dann, wenn es gegen den Willen des Managements gerichtet ist, wie dies bei dem Kampf zwischen den Reifenherstellern Continental (als Ziel des Übernahmeversuchs) und Pirelli 1991 der Fall war.

Bei einer erfolgreichen Übernahme mögen die Vorstände Amt und Privilegien verlieren, da der Mehrheitsaktionär die Führung mit Leuten seines Vertrauens besetzen mochte. Sie können für das von ihnen vertretene angebliche „Interesse des Unternehmens" darüber hinaus durchaus gewichtige Gründe ins Feld führen:

– Übernahmen müssen industrielle Vorteile für die beteiligten Unternehmen bringen. Diese können in erster Linie Vorstände erkennen und aushandeln.

– Die Übernahme schafft eine Abhängigkeit, die zur Einschränkung der Kapazitäten und zum Verlust von Arbeitsplätzen führen kann. Im Extremfall, etwa als Konkurrent, soll das Übernahmeopfer liquidiert werden.

– Der Übernahmeinteressent plant unter Umständen die Zerschlagung einer «gewachsenen Einheit" mit Risikoausgleich zwischen starken und schwachen Sparten, wie sie das bestehende Unternehmen darstellt. Ziel: Liquidation der unrentablen und Weiterverkauf der lukrativen Teile, deren Erlös den Preis für die Übernahme übertrifft.

Anläßlich des Falles Conti/Pirelli hat Professor Ulrich Immenga, der ehemalige Vorsitzende der Monopolkommission, an den Vorrang der Aktionäre gegenüber dem Vorstand, ihrem Handlungsbeauftragten, erinnert. Nur sie hätten darüber zu befinden, ob der angebotene Preis für ihre Anteile interessant ist oder nicht. Zur Frage eines „Eigeninteresses" des Unternehmens, das der Vorstand zu vertreten habe, schreibt er: „Die Existenz der Gesellschaft beruht auf der Bereitschaft der Anleger, der Verwaltung treuhänderisch Mittel zur unternehmerischen Verwendung zu überlassen. Etwas anderes kann nur gelten, wenn Aktionäre versuchen, außerhalb der Regeln des Gesellschaftsrechtes die Substanz des Unternehmens anzugreifen, um diese sich selbst zuzuwenden. Dem Herrschaftswechsel in der Gesellschaft kann jedoch kein verselbständigtes Unternehmensinteresse entgegenstehen." (F.A.Z. vom 9. 3. 1991)

Auch an einer Zerschlagung kann Immenga nichts grundsätzlich Anstößiges finden. Das „Ausschlachten" könne ganz im Gegenteil gesamtwirtschaftlich sinnvoll sein, wenn die Einzelteile für andere Marktteilnehmer einen höheren Wert besitzen als das Gesamtunternehmen für den gegenwärtigen Inhaber. Die in einem Unternehmen gebundenen Ressourcen wanderten „zum besten Wirt".

Den Ausführungen Immengas ist im Grundsatz zuzustimmen. Allerdings werden drohende Arbeitsplatzverluste im Falle von Übernahmen regelmäßig Gegenkräfte wecken. Dies gilt vor allem bei „unfreundlichen" Akquisitionen. Gefragt wird dann, ob der schnelle Kauf nicht unternehmenseigene Konzepte mit schonenderem Arbeitsplatzabbau durchkreuzt und eingestellte Produktionen mit etwas mehr Geduld nicht doch einen Käufer gefunden hätten. Unbestritten ist, unfreundliche Übernahmen können eine Verwaltung „auf Trab" bringen, das Unternehmen effizienter und wertvoller zu machen. Unbestritten ist auch, daß eine Hauptversammlung Hürden errichten darf, etwa in Gestalt von Höchststimmrechten. Die tatsächliche Entwicklung verläuft allerdings in Bahnen, die die marktwirtschaftliche Sicht Immengas durchkreuzen. Um sich in Produktionsgesellschaften mit weitem Aktionärskreis gegen überraschende Übernahmeversuche zu wappnen, bemühen sich Vorstände immer mehr um „stabile Aktionärskerne", die zusammen auf der Hauptversammlung eine Mehrheit zusammenbringen. Das ähnelt den Verflechtungen in der japanischen Wirtschaft, die Außenseitern das Eindringen nahezu unmöglich macht. An vorderster Stelle der festen Aktionärsgruppen stehen Banken und andere Finanzinstitute, obwohl deren industrielles Engagement zwiespältig beurteilt wird.

8. Die Mitbestimmung

Geschichte und Begriff

Die Bemühungen, die Verständigung zwischen Arbeitnehmern und Arbeitgebern in den Unternehmen zu fördern und den Arbeitnehmern Möglichkeiten zur Mitsprache und Mitgestaltung einzuräumen, sind so alt wie die moderne Industriegesellschaft. Bereits 1891 finden sich erste gesetzliche Regelungen in einer Gewerbeordnungsnovelle. 1918 wurde von den Gewerkschaften und Arbeitgebern die „Zentralarbeitsgemeinschaft der industriellen und gewerblichen Arbeitgeber und Arbeitnehmer Deutschlands" gegründet, die die obligatorische Einrichtung von Arbeiter- und Angestelltenausschüssen vorsah und die Gewerkschaften als Interessenvertretungen ausdrücklich anerkannte. Diese Anfänge einer „Sozialpartnerschaft" wurden 1924 von den Gewerkschaften wieder gekündigt, deren Mehrheiten sich damals zum Gedanken des Klassenkampfes und gegen die Kooperation mit dem „Kapital" bekannten.

Die heutigen Formen der Mitbestimmung sind nach dem Zweiten Weltkrieg entstanden. Sie wurden im Laufe der Jahre – auch unter bürgerlichen Regierungen – so ausgebaut, daß Deutschland heute das Land mit den meisten Mitbestimmungsgesetzen ist. In keinem Land sind die Mitwirkungs- und Mitbestimmungsrechte der Arbeitnehmer und Gewerkschaften so umfassend geregelt wie in der Bundesrepublik. Die wichtigsten Gesetze sind das Gesetz über die paritätische Mitbestimmung in der Montanindustrie von 1951, das Betriebsverfassungsgesetz von 1952, das für den öffentlichen Dienst geltende Personalvertretungsgesetz von 1955, das Mitbestimmungsergänzungsgesetz von 1956, das nach langen Diskussionen und Auseinandersetzungen 1976 eingeführte Gesetz über die Mitbestimmung der Arbeitnehmer, das die Mitbestimmung in der Breite der Wirtschaft verankerte. Im Jahr 1981 wurde dann noch mit Blick auf den Strukturwandel das Gesetz zur Sicherung der Montanmitbestimmung beschlossen, das auch bei Fortfall der „Montan"-Voraussetzungen (Produktion von Eisen, Stahl und Kohle) eine Weitergeltung der Mitbestimmung in den betreffenden Unternehmen für sechs Jahren vorsieht. Ebenfalls 1988 wurde das Gesetz zur Bildung von Jugend- und Auszubildenden-Vertretungen in Betrieben und Verwaltungen beschlossen und im selben Jahr das Gesetz zur Änderung des Betriebsverfassungsgesetzes, über Sprecherausschüsse für leitende Angestellte und zur Sicherung der Montanmitbestimmung.

Der Begriff Mitbestimmung ist mehrdeutig: Der Sachverständigenrat definierte in einer Auswertung der bisherigen Erfahrungen Mitbestimmung als die „institutionalisierte Teilnahme der Arbeitnehmer oder ihrer Vertreter an der Gestaltung und inhaltlichen Festlegung der Willensbildungs- und Entscheidungsprozesse im Unternehmen". Unterschieden werden Rechte der Mitwirkung, bei welchen die betroffenen Beschäftigten informiert, unterrichtet oder angehört werden müssen, von einer Mitbestimmung im engeren Sinne, bei der der Arbeitgeber Maßnahmen nur dann treffen darf, wenn die Arbeitnehmer ihre Zustimmung erteilt haben (bei Einstellungen, Versetzungen, Umgruppierungen und Kündigungen).

Gewerkschaften und Mitbestimmung

Die Arbeiterbewegung hat immer schon die Priorität ihrer Forderungen nach Beteiligung auf die Mitbestimmung bei wirtschaftlichen, sozialen und personalpolitischen Entscheidungen gelegt, während das Thema Vermögensbildung in Arbeitnehmerhand allenfalls nachgeordnet behandelt wurde: Nicht Anteile am Kapital, sondern die Entscheidungsmacht über jenes wolle man sich aneignen, so lautet gewerkschaftliche Überzeugung bis heute. Die gesetzliche Mitbestimmung in Deutschland regelt ausschließlich die einzelwirtschaftliche Ebene. Die Forderungen der Gewerkschaften gingen traditionell darüber hinaus: Sie plädieren für gesamtwirtschaftliche Mitbestimmung durch Wirtschafts- und Sozialräte. Noch nach dem letzten Grundsatzprogramm des Deutschen Gewerkschaftsbundes von 1981 sollen diese Räte beteiligt werden an Entscheidungen zur Investitionslenkung und -kontrolle; sie sollen sektoral und regional gegliederte Rahmenpläne über die künftige Struktur der Wirtschaft vorlegen und beschließen. Mitbestimmung fungiert in diesem Konzept als Vehikel zur Gesellschaftsveränderung in Richtung einer geplanten Wirtschafts- und Industriepolitik. Wiewohl gültiges DGB-Programm, so ist es doch spätestens seit dem Zusammenbruch des Sozialismus im Osten um solche Pläne still geworden. Aller Voraussicht nach wird das neue Grundsatzprogramm des DGB, das 1996 verabschiedet werden soll, die Forderung nach einer Wirtschaftsdemokratie in dieser Form nicht mehr enthalten.

Die Forderung nach Mitbestimmung am Arbeitsplatz, für die es in Deutschland ebenfalls keine gesetzliche Grundlage gibt, fand auch unter Gewerkschaftern noch nie viele Freunde. Basisdemokratische Ziele sind den am Repräsentativen orientierten Funktionären suspekt, da sie Einbußen ihres Einflusses befürchten. Aus ähnlichem Grund haben die Gewerkschaften ursprünglich auch immer den Betriebsräten mißtraut. Sie sähen es lieber, ihre Vertrauensleute hätten direkten Einfluß im Betrieb erhalten. Seit freilich in vielen Unternehmen – verordnet von den Unternehmensleitungen – die Organisation der Fertigung in Richtung auf eine größere Entscheidungsbefugnis der Beschäftigten vor Ort („Gruppenarbeit") verlagert wird, richten auch die Gewerkschaften positives Augenmerk auf das Thema Mitbestimmung am Arbeitsplatz, nicht zuletzt deshalb, weil sie andernfalls befürchten müßten, ihr Thema „Humanisierung der Arbeitswelt" werde ihnen von den Personalentwicklern weggenommen.

Brisanz erhält die neue Rolle der betrieblichen Ebene überdies durch zu erwartende Veränderungen im überkommenen zweigleisigen System zwischen Tarifverfassung und Betriebsverfassung:

Sowohl Betriebsverfassungs- wie Tarifvertragsgesetz sehen vor, daß über die Frage von Lohn und Arbeitszeit nicht im Betrieb, sondern von Verbänden entschieden werden soll. Konflikte werden auf die kollektive Ebene verlagert; im Betrieb herrscht Friede. Neuerdings mehren sich die Stimmen jener, die eine betriebsnahe, flexible Tarifgestaltung fordern. Die unmittelbar Betroffenen – Arbeitgeber und Belegschaften – sollen nicht nur über die Verteilung der Arbeitszeit, sondern auch über die Höhe der Löhne entsprechend der jeweiligen Ertragskraft entscheiden. Sollten sich diese Ideen durchsetzen, erhielten dadurch auch die Betriebsräte größere Macht gegenüber den Gewerkschaftsfunktionären in den Tarifkommissionen.

Das Betriebsverfassungsgesetz und andere Regelungen

Ziel des Betriebsverfassungsgesetzes (BVG) ist die Idee der Partnerschaft durch die Mitbestimmung und Mitwirkung der Vertretungen aller Arbeitnehmer im Unternehmen. Den obersten Grundsatz formuliert Paragraph 2: „Arbeitgeber und Betriebsrat arbeiten unter Beachtung der geltenden Tarifverträge vertrauensvoll und im Zusammenwirken mit den im Betrieb vertretenen Gewerkschaften und Arbeitgebervereinigungen zum Wohl der Arbeitnehmer und des Betriebs zusammen." Das Gesetz regelt die individuellen Rechte des Arbeitnehmers, die ihn an seinem Arbeitsplatz im Betrieb unmittelbar betreffen, es regelt die Mitbestimmungsrechte auf der betrieblichen Ebene durch die Betriebsratswahl und die Wahlen der Jugend- und Ausbildungsvertretungen. Schließlich enthält das BVG Bestimmungen über die Mitbestimmungsrechte auf der Unternehmensebene durch die Arbeitnehmervertreter im Aufsichtsrat. Aufsichtsräte einer Aktiengesellschaft bis 2000 Beschäftigten oder einer GmbH bis 500 Beschäftigten müssen nach dem BVG zu einem Drittel aus Vertretern der Arbeitnehmer bestehen. Die Unternehmensmitbestimmung in größeren Betrieben ist im Mitbestimmungsgesetz geregelt (siehe unten).

Das zentrale Vertretungsorgan der Arbeitnehmer ist der Betriebsrat. Der Betriebsrat informiert die Belegschaft auf der Betriebsversammlung, die mindestens einmal in jedem Kalendervierteljahr während der Arbeitszeit stattfindet. Voraussetzung für die Bildung eines Betriebsrates sind mindestens fünf regelmäßig beschäftigte Arbeitnehmer. Seine Amtszeit betrug bis 1990 drei Jahre, danach wurde die Legislaturperiode auf vier Jahre verlängert. Die Mitglieder des Betriebsrates genießen einen besonderen Kündigungsschutz. Unternehmen, die aus mehreren Betrieben bestehen, richten einen Gesamtbetriebsrat ein, denen in Konzernen der Konzernbetriebsrat übergeordnet ist. Die Wahlen zum Betriebsrat, die zwischen dem 1. März und dem 31. Mai stattfinden müssen, sind geheim und unmittelbar, sie erfolgen nach den Grundsätzen der Gruppenwahl und unter Beachtung des Minderheitenschutzes. Listen für Wahlvorschläge können Arbeiter, Angestellte und die im Betrieb vertretenen Gewerkschaften vorlegen. Die Größe des Betriebsrates richtet sich nach der Größe des Betriebs. Bis zu fünf Beschäftigten wird ein Betriebsrat gewählt, Betriebe mit 10 000 Beschäftigten wählen 33 Räte. Abhängig von der Größe ist auch, wie viele Räte völlig von ihrer Tätigkeit freigestellt werden. Grundsätzlich muß ein Unternehmen jedem Betriebsrat ausreichenden Raum während der Arbeitszeit zur Wahrnehmung seiner Tätigkeit als Interessenvertreter einräumen. Dazu zählen Beratungen und Sitzungen vielfältiger Art.

In der Praxis übt der Betriebsrat sein Mitwirkungs- und Mitbestimmungsrecht vor allem auf drei Feldern aus: In sozialen, personellen und wirtschaftlichen Angelegenheiten. Soziale Angelegenheiten reichen von Fragen der Arbeitszeit über technische und soziale Einrichtungen im Betrieb (Kindergarten, Kantine und so weiter) bis hin zur Gestaltung von Arbeitsplatz, Arbeitsablauf und Arbeitsumgebung. Hinzugezogen werden muß der Betriebsrat auch in allen Fragen des Unfallschutzes und der Unfallverhütung. Personelle Mitwirkung erstreckt sich auf Auswahl, Beurteilung, Umgruppierung und Kündigung. In wirtschaftlichen Angelegenheiten hat der Betriebsrat ausschließlich ein Unterrichtungs- und Beratungsrecht: Er muß über geplante Betriebsänderungen „rechtzeitig und umfassend" unterrichtet werden. Insbesondere bei Produktionsverlagerungen und Betriebsschließungen gibt es über die Auslegung der Passage „rechtzeitig und umfassend" regelmäßig Streit. Als Schlichtungsinstanz fungiert eine Einigungsstelle, die paritätisch unter Vorsitz eines neutralen Schlichters zusammengesetzt ist. Vermieden werden soll durch diese Konstruktion die übertriebene Delegation betriebli-

cher Konflikte an die Arbeitsgerichte. (Vgl. hierzu Horst-Udo Niedenhoff, Mitbestimmung in der Bundesrepublik Deutschland, 9. Auflage Köln 1992, S. 24 bis 46)
Das klassische Instrument zur Regelung betrieblicher Angelegenheiten zwischen Unternehmensleitung und Betriebsrat ist die Betriebsvereinbarung. Sie wirkt unmittelbar und zwingend für die einzelnen Arbeitsverhältnisse und entfaltet normative Wirkung ähnlich einem Tarifvertrag, dem sie andererseits aber nachgeordnet ist. Bekannte Betriebsvereinbarungen der vergangenen Jahre sind Abkommen zur Vereinbarkeit von Beruf und Familie: In vielen Unternehmen gibt es demnach für Frauen und Männer ein Recht auf einen vergleichbaren Arbeitsplatz nach einer sogenannten Familienpause, die über die gesetzlichen Möglichkeiten hinaus bis zu sieben Jahren dauern kann. Eine sehr spezielle Form der Betriebsvereinbarung ist der Sozialplan, der zum Ausgleich oder zur Minderung wirtschaftlicher Nachteile für die Arbeitnehmer bei einer Betriebsänderung sowie bei Konkurs und Vergleich vereinbart wird. Darin wird die Höhe der Abfindungen geregelt; der Betriebsrat achtet üblicherweise auch darauf, daß nicht nur ältere oder leistungsschwächere Arbeitnehmer entlassen werden. Einem Sozialplan geht deshalb in der Regel ein sogenannter Interessenausgleich voraus, in dem die unterschiedlichen Interessen von Belegschaft und Unternehmensleitung gegeneinander abgewogen werden sollen. Das BVG findet keine Anwendung auf Unternehmen, die unmittelbar überwiegend politischen, religiösen oder unwirtschaftlichen Zwecken dienen. Diese sogenannte Tendenzschutzklausel gilt auch für Zeitungen und Medien, bei denen das Grundrecht auf freie Meinungsäußerung der Mitbestimmung übergeordnet ist.
Das BVG gilt nicht in Verwaltungen und Betrieben des Bundes, der Länder, der Gemeinden und sonstiger öffentlicher Institutionen. Sein Gegenstück in den öffentlichen Verwaltungen ist das Personalvertretungsgesetz des Bundes und der Länder. Pendant des Betriebsrates ist hier der Personalrat und die übergeordneten Bezirks- und Hauptpersonalräte, die – anteilsmäßig zusammengesetzt aus Beamten, Angestellten und Arbeitern – freilich nicht ganz in Analogie zum BVG gewählt werden. Gegenstück zur Betriebsversammlung ist die Personalversammlung. Die Mitwirkung der Personalräte ist aufgrund der Besonderheiten der hoheitlichen Aufgaben im öffentlichen Dienst gegenüber der Mitbestimmung in der privaten Wirtschaft die schwächere Beteiligungsform. Die Gewerkschaften kritisieren dies seit der Verabschiedung des Gesetzes im Jahr 1955, sie fordern insbesondere stärkere Einwirkungsmöglichkeiten auf die Einführung neuer Kommunikationstechnologien und Personalinformationssysteme.
Als eine weitere Variante der betrieblichen Mitbestimmung hat der Gesetzgeber im Jahr 1988 das Gesetz über Sprecherausschüsse der leitenden Angestellten erlassen. In eigenen, vom Betriebsrat unabhängigen Sprecherausschüssen sollen auch die leitenden Angestellten die Möglichkeit zur Mitwirkung in personellen und wirtschaftlichen Angelegenheiten erhalten. Von den Gewerkschaften wurden solche Vorhaben immer als „Spaltung" der Arbeitnehmerschaft gebrandmarkt. Umstritten war auch lange, wer „Leitender" sei. Das Gesetz faßt darunter solche Angestellten, die ihre Entscheidungen überwiegend selbständig treffen, insbesondere bei Einstellungen und Entlassungen, und über Generalvollmacht oder Prokura verfügen.
Die betriebliche Mitbestimmung wird regelmäßig als Erfolgsfaktor der deutschen Wirtschaft in der Nachkriegsgeschichte gelobt. Durch sie wurde tatsächlich ein Vertrauensverhältnis am Arbeitsort geschaffen, das auch zur hohen Arbeitsmotivation der Arbeitnehmer in Deutschland beiträgt. Mehr als nebenbei bemerkt, hat die Betriebsverfassung auch bewirkt, daß Konflikte zwischen deutschen und ausländischen Beschäftigten im Betrieb in der Regel immer mit Vernunft gelöst werden konnten; Gewalt gegen Ausländer in Deutschland ist kein Phänomen der Arbeitswelt. Gegen das BVG

eingewandt wurde indessen regelmäßig und mit einem gewissen Recht, daß es die Arbeitswelt über Gebühr bürokratisiere. Das BVG hat eine Fülle von Zirkeln und Kränzchen geschaffen, die die Effektivität des Unternehmens und die Entscheidungsfreiheit und Souveränität der Arbeitnehmer vor Ort behindern können. Das Gesetz zieht die Parallelität vieler Arbeitsgruppen bei Personalführung und Räten nach sich, mit einem hohen Anteil an Transaktionskosten – unabhängig und zuweilen zum Nachteil der zu entscheidenden Sache.

Die Montan-Mitbestimmung

Die Montan-Mitbestimmung in Unternehmen des Kohlebergbaus, der eisen- und stahlerzeugenden Industrie ist als paritätische Mitbestimmung die weitestgehende Form einer Arbeitnehmermitwirkung in Deutschland. Sie gibt den Gewerkschaften die meisten Rechte und wurde deshalb von ihnen immer als das Vorbild für alle anderen Branchen propagiert. Die Arbeitnehmer im Aufsichtsrat dieser Unternehmen werden zum Teil durch die Betriebsräte, zum Teil durch gewerkschaftliche Spitzenorganisationen vorgeschlagen und dann von der Hauptversammlung gewählt, die an diese Vorschläge gebunden ist. Die Gewerkschaften schlagen in Absprache mit dem Betriebsrat, aber ohne dessen Veto-Recht, eigene Funktionäre für den Aufsichtsrat vor, die nicht Mitglied des Betriebes sind. Außerdem kennt der montanmitbestimmte Aufsichtsrat ein sogenanntes „weiteres Mitglied", welches weder Repräsentant einer Gewerkschaft noch im Unternehmen beschäftigt ist. Um die Beschlußfähigkeit des Kontrollgremiums zu gewährleisten, wählt der paritätisch besetzte Aufsichtsrat außerdem ein „neutrales Mitglied", den sogenannten 11., 15. oder 21. Mann, je nach Höhe des Nennkapitals des Unternehmens. Die Arbeitnehmer haben in Gestalt des Arbeitsdirektors ein unmittelbares Einwirkungsrecht auf die Geschäftsführung eines Unternehmens. Der Arbeitsdirektor ist gleichberechtigtes Mitglied im Vorstand, in der Regel für Personalfragen verantwortlich. Er kann nicht gegen die Mehrheit der Arbeitnehmervertreter im Aufsichtsrat be- oder abberufen werden.

Im Mitbestimmungsänderungsgesetz von 1988 ist festgelegt, daß die Bedingungen der Montan-Mitbestimmung auch dann weitergelten, wenn das Unternehmen nicht mehr in „Reinform" als kohle-, stahl- oder eisenerzeugend bezeichnet werden kann. Als Untergrenze definiert die Novelle, daß alle Konzernunternehmen zusammen zumindest ein Fünftel ihres Umsatzes auf den Gebieten Kohle, Stahl oder Eisen erwirtschaften und mindestens 2000 Mitarbeiter beschäftigen müssen.

Trotz dieses Gesetzes und einer Reihe weiterer Folgegesetze kann kein Zweifel sein, daß das Montanmitbestimmungsgesetz schon allein angesichts des Strukturwandels der Branche ein „Auslaufmodell" ist. Hinzu kommen Argumente, die eine Sachverständigenkommission unter Leitung des damaligen Bochumer Juristen Kurt Biedenkopf formuliert hat: Neben ordnungspolitischen Bedenken gegen die paritätische Mitbestimmung wurde festgestellt, daß die Institution des „Neutralen" sich wenig bewährt habe. Gefährdet werde durch die Sonderrolle des Arbeitsdirektors auch die Homogenität und Funktionsfähigkeit des Leitungsgremiums in montanmitbestimmten Unternehmen.

Das Mitbestimmungsgesetz von 1976

Die gängige Form der Mitbestimmung in allen Unternehmensformen mit Ausnahme der Montan-Betriebe und der Betriebe mit mehr als 2000 Beschäftigten regelt das Mitbestimmungsgesetz von 1976. Unter das Gesetz fallen in Deutschland etwa 500 Industrie- und Bauunternehmen, 45 Banken und Versicherungen, 20 Handelsunternehmen sowie 39 öffentliche Verkehrs- und Versorgungsbetriebe. Das Gesetz kann als Reaktion auf die Kritik an der Montan-Mitbestimmung gelesen werden. Es gibt durch eine abgeänderte Zusammensetzung des Aufsichtsrats den Anteilseignern größeres Gewicht und ein letztes Wort. Es stärkt durch einen veränderten Wahlmodus die Arbeitnehmerkandidaten des Aufsichtsrats, aber auch das Gewicht der Belegschaft gegen den Einfluß unternehmensferner Gewerkschaften. Der Aufsichtsrat soll – je nach Größe des Unternehmens – 12, 16 oder 20 Mitglieder haben. Er ist paritätisch zusammengesetzt. Der Wahlmodus des Aufsichtsratsvorsitzenden garantiert jedoch, daß der Vorsitzende von den Anteilseignern und nur sein Stellvertreter von den Arbeitnehmern bestimmt werden kann. Dies ist erheblich: Denn das Gesetz gibt dem Vorsitzenden des Aufsichtsrats bei Patt-Situationen eine zweite Stimme, die exklusiv an ihn als Person gebunden ist. Somit wahrt nach der Zahl der Köpfe gerechnet auch das Gesetz von 1976 die paritätische Mitbestimmung, nach der Zahl der Stimmen kommt aber den Anteilseignern eine Mehrheit zu. Das Gesetz traf deshalb auf den erbitterten Widerstand der Gewerkschaften. Auch das Mitbestimmungsgesetz sieht einen Arbeitsdirektor im Vorstand vor. Doch anders als bei der Montan-Mitbestimmung wird er wie alle

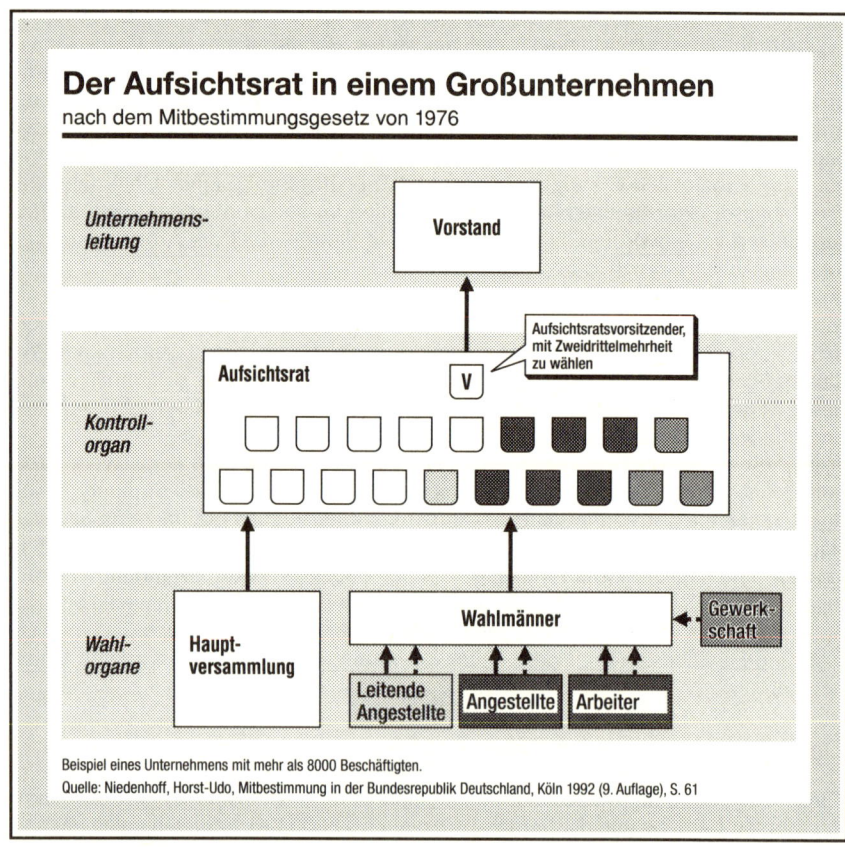

übrigen Vorstandsmitglieder gewählt; die Bank der Arbeitnehmer verfügt über keine Sperrminorität. Deshalb ist es eher mißverständlich, auch hier von einem „Arbeitsdi-

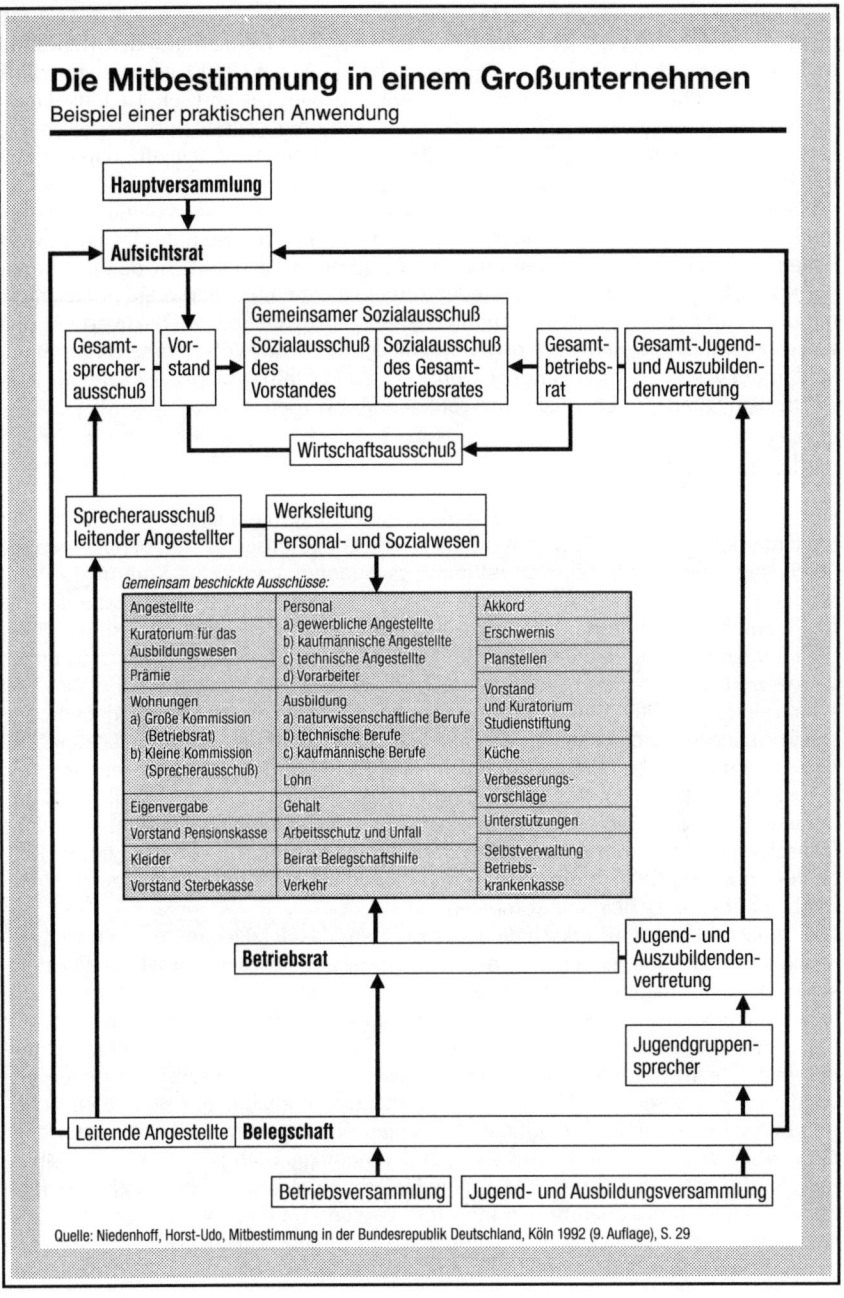

rektor" zu sprechen. Viele Vorstände in dieser Funktion vermeiden den Begriff und nennen sich lieber „für Personal zuständiges Vorstandsmitglied". Gegen das Gesetz wurde 1977 von den Arbeitgebern und der Schutzvereinigung für Wertpapierbesitz Verfassungsbeschwerde eingelegt, unter anderem mit dem Argument, die im Grundgesetz garantierte Eigentumsgarantie werde durch das Mitbestimmungsgesetz verletzt. Das Verfassungsgericht hat die Klage 1979 zurückgewiesen, da das Übergewicht der Anteilseigner in den Aufsichtsräten gewahrt sei. Auch die Erfahrungen der vergangenen 15 Jahre mit dem Mitbestimmungsgesetz und die Beobachtung der Unternehmenspolitik konnten die Befürchtung nicht belegen, daß der Einfluß der Anteilseigner durch die Mitbestimmung zurückgedrängt werde. Die Gewerkschaften, die nach dem Karlsruher Urteil zunächst ankündigten, sie wollten den Kampf um die „völlige" paritätische Mitbestimmung weiterführen, sind unterdessen zurückhaltend geworden. Eine Minderheit hoher Funktionäre plädierte gar dafür, sich aus der Kontrolle von Unternehmen wieder zurückzuziehen, da sich diese Ämter nicht mit der Vertretung von Arbeitnehmerinteressen vertrügen. Solche Diskussionen sind zuletzt abermals aufgelebt nach dem Rücktritt des IG-Metall-Vorsitzenden Franz Steinkühler, der zur Demission genötigt wurde, nachdem ihm Insider-Geschäfte als Aufsichtsratsmitglied von Daimler-Benz vorgeworfen worden waren.

Mitbestimmung in Europa

Seit den siebziger Jahren wurde die Mitbestimmung international zu einer Leitidee für die Unternehmensverfassung in modernen Industriegesellschaften. Doch kennen die EG-Staaten eine Vielzahl von Mitbestimmungsvarianten. Von der EG-Kommission wird seit langem an einer Richtlinie für eine europäische Aktiengesellschaft gearbeitet, die freilich nicht zuletzt deshalb bislang wenig entscheidungsreif gediehen ist, weil über die künftige Form der Unternehmensmitbestimmung in Europa kein Konsens erzielt wurde und insbesondere Großbritannien zu großen Arbeitnehmer- und Gewerkschaftseinfluß fürchtet. Jüngste Entwürfe der EG-Kommission zur Struktur der europäischen Aktiengesellschaft stellen drei Modelle zur Wahl: Eine „deutsche Lösung" mit einer Arbeitnehmerbeteiligung am Aufsichtsrat zwischen 33 und 50 Prozent und dem Zweitstimmrecht des Vorsitzenden bei Parität. Ein „niederländisches Modell" der Kooptation von Arbeitnehmervertretern durch die Hauptversammlung. Dies hat in Holland faktisch einen Anteil der Arbeitnehmervertreter im Aufsichtsrat von etwa einem Drittel zur Folge. Schließlich ein „französisches Modell" einer selbständigen Arbeitnehmerbank ohne Entscheidungskompetenz.
Die französischen Gewerkschaften favorisieren das letztgenannte, „schwächste" Modell, weil sie es ablehnen, sich mit dem Kapital auf eine Bank zu setzen. Die deutschen Gewerkschaften wollen das deutsche Vorbild am liebsten auf ganz Europa ausweiten, in jedem Fall aber vereiteln, daß europäische Aktiengesellschaften mit Sitz in Deutschland auch zum „französischen Modell" greifen dürfen. Aus Sicht der Unternehmen scheint das Interesse an einer europäischen Aktiengesellschaft neuerdings wieder nachzulassen. Die Unternehmensverfassungen nach nationalem Recht scheinen europäische oder internationale Strategien nicht zu behindern. Die deutschen Gewerkschaften haben ihre Aktivitäten in den neunziger Jahren weg von der Unternehmensmitbestimmung verstärkt auf die Einrichtung europäischer Konzernbetriebsräte verlagert. In der chemischen Industrie wurden von den Tarifpartnern dazu entsprechende Abkommen zur Information und Konsultation auf der Ebene des Konzerns abgeschlossen, die in den großen Chemieunternehmen – offenbar mit zufriedenstel-

lendem Erfolg – auch umgesetzt werden. Von guten Erfahrungen mit europäischen Betriebsräten berichtet auch das Volkswagenwerk, während die deutschen Arbeitgeberverbände sich ingesamt eher zurückhalten und vor unnötigem, teurem „Reisetourismus" europäischer Betriebsräte warnen. Mit Skepsis betrachten muß man auch die Hoffnung der Gewerkschaften, europäische Betriebsräte könnten den natürlichen Standortegoismus der jeweiligen nationalen Belegschaften überwinden.

9. Die Publizität der Unternehmen

Publizität ist die Brücke vom individuellen Feld wirtschaftlichen Handelns zur Umgebung, von der jedes Unternehmen getragen wird. Mitgetragen wird diese Brücke von der Wirtschaftsberichterstattung. Der Sinngehalt des Wortes „Publizität" ist indes doppeldeutig geblieben wie das klassische „publicare", das wörtlich „öffentlich-machen" heißt. Es bedeutet einerseits veröffentlichen, andererseits (öffentlich) preisgeben. Das eine meint freiwillig, das andere unfreiwillig.
Bis heute ist die Unternehmens-Publizität eine Medaille mit zwei verschiedenen Seiten geblieben. Auf der einen Seite steht in großen Lettern die Maxime „Pflicht" und darunter „Anspruch der Öffentlichkeit auf Bekanntgabe wichtiger unternehmerischer Daten"; auf der anderen Seite ebenso deutlich „unternehmerisches Eigeninteresse" mit dem zusätzlichen Motto „Offenheit macht sich bezahlt". Eine Seite muß die andere nicht ausschließen: Großzügige Publizität eines Unternehmens, die nicht nur allen gesetzlich vorgeschriebenen Mindestforderungen, sondern auch noch weitergehenden Ansprüchen der Öffentlichkeit entspricht, fällt fast immer positiv auf das Ansehen des publizierenden Hauses (und damit seiner Produkte oder Dienstleistungen) zurück. Das ist eine Erkenntnis, aus der der Begriff „Public Relations" geboren wurde, meist „PR" genannt. Es handelt sich dabei um Meinungspflege durch informative Öffentlichkeitsarbeit.

Was Publizität bedeutet

Beispiele dafür begegnen dem Leser des Wirtschaftsteils täglich: Die Vorstände vieler größerer Unternehmen stellen sich vor der Veröffentlichung des Jahresabschlusses einem Kreis von Wirtschaftsjournalisten zu eingehenden Erläuterungen; mancher Geschäftsbericht enthält mehr Informationen, als sie gesetzlich mit dem Lagebericht gefordert werden; manche Verwaltung nutzt die Hauptversammlung zu zusätzlichen Ausführungen. Ausführliche Zwischenberichte informieren über die Situation. Besondere Anlässe wie Richtfeste, Betriebsversammlungen, Firmenjubiläen, Messeeröffnungen bieten willkommene Gelegenheit für eine weitergehende öffentliche Darstellung.
Aber immer noch sehen viele Unternehmen, die – freiwillig oder unfreiwillig – den Schritt aus dem Halbdunkel der Anonymität ins Rampenlicht publizistischer Beleuchtung tun, nur eine Seite der Medaille und drehen sie nicht um. So gibt es eine Reihe von Gesellschaften, die in den gesetzlichen Auflagen zur Veröffentlichung ihrer Jahresabschlüsse einen nachteiligen Eingriff in ihre Unabhängigkeit erblicken. Offenbar gegen die eigene Überzeugung befolgen sie nur die Mindestvorschriften, die für sie das Publizitäts-Maximum bedeuten. Viele GmbHs oder andere Kapitalgesellschaften, die mit der Umsetzung der EG-Richtlinien durch das Bilanzrichtliniengesetz publizitätspflichtig geworden sind, halten nicht einmal die Mindestauflagen – Publizität

durch Einreichen ihres Abschlusses mit Lagebericht beim Handelsregister – ein. Doch auf dem Boden der zumeist unnötigen Vorbehalte gegen die Publizität gedeihen besonders gut das weit verbreitete Mißtrauen gegenüber Unternehmen und die öffentliche Fehleinschätzung ihrer tatsächlichen Rolle und Aufgabe in unserer Gesellschaft. Durch eine zu geringe Publizitätsbereitschaft wird versäumt, sich der Öffentlichkeit als „aktives Mitglied" einer von selbständigen, verantwortungsbewußten Unternehmen geprägten Wirtschaftsordnung zu präsentieren. Gleichzeitig wird oft die Chance verpaßt, dem Unternehmen Ansehen am Markt zu verschaffen, wobei der „Markt" neben dem Absatzfeld zum Beispiel auch den Arbeits-, Kapital- und Beschaffungsmarkt umfaßt.
Demgegenüber stehen wiederum jene Unternehmen, die nur die andere Seite der Medaille Publizität – das Eigeninteresse – sehen. Sie verwechseln den Begriff Publizität und Öffentlichkeitsarbeit mit einer nur in freundlichen Farben gehaltenen werbenden Meinungspflege für das eigene Haus, seine Produkte und seine Vorhaben am Absatzmarkt. Sie erkennen andererseits einen öffentlichen Anspruch auf klares Informiertwerden über die wirtschaftliche Situation und die Betriebsstruktur gar nicht oder wenn, dann nur widerwillig an. Dem liegt ein häufig anzutreffendes Mißverständnis der PR-Arbeit zugrunde. Es sollte dabei nämlich nicht um Werbung und Reklame gehen, sondern um Information und Aufklärung der Öffentlichkeit, die zu mehr Transparenz des Wirtschaftslebens und Verständnis führt und damit letztlich auch dem Einzelunternehmen zugute kommt.
Was hier bisher über Publizität gesagt worden ist, betrifft vor allem die Großen oder doch Gewichtigeren am Markt. Daneben steht jedoch die ungleich größere Zahl kleinerer und mittlerer Gesellschaften und Einzelfirmen, die zu keiner oder nur recht eingeschränkter Publizität verpflichtet sind. Deren Publizität fällt zu einem Teil – zusammengefaßt – Kammern, Verbänden oder wirtschaftspolitischen Gremien zu. Deren Stellungnahmen sowie Jahres- und Situationsberichte schlagen sich ebenfalls in der Wirtschaftsberichterstattung nieder.
Es ist generell eine der Aufgaben der Wirtschaftspublizität, Aussagen der unternehmerischen Wirtschaft bündelnd zu erfassen und durch ein kritisches Prisma zur Öffentlichkeit zu lenken und sie andererseits reflektierend in die Wirtschaftsunternehmen zurückzugeben. Für diese kritisch mittelnde Aufgabe, die Auswahl und Kommentierung einschließt, findet sie eine Reihe handfester Anhaltspunkte; denn das, was auf der Medaillenseite „Pflicht" steht, hat gesetzliche Grundlagen. Zur Publizität verpflichten
– das Handelsgesetzbuch mit seinen Bestimmungen über das Handelsregister
– das Aktienrecht
– das Publizitätsgesetz für Großunternehmen von 1969 und seine Ergänzung und Erweiterung durch das Bilanzrichtliniengesetz von 1985.

Das Handelsregister

Das Handelsgesetzbuch (Paragraph 8 ff.) fordert sowohl von jedem Einzelkaufmann (sofern er „Vollkaufmann" und nicht Kleingewerbetreibender ist) als auch von Personal- und Kapitalgesellschaften, daß die Firma in ein vom zuständigen Amtsgericht geführtes und von jedermann einzusehendes Handelsregister eingetragen wird. Diese Eintragung muß neben den Namen des oder der Inhaber, der Gesellschafter (abgesehen von der anonymen AG) und derjenigen, die das Unternehmen nach außen vertreten dürfen, auch den Unternehmenszweck und (bei Kapitalgesellschaften) die Höhe des haftenden Kapitals enthalten. Neueintragungen, Änderungen und Löschungen im

Handelsregister müssen im Bundesanzeiger und mindestens einer anderen Zeitung veröffentlicht werden. Entsprechende Verpflichtungen bestehen für Genossenschaften, die im Genossenschaftsregister eingetragen sind. Leitgedanke der Eintragungspflicht ist der Gläubigerschutz. Die Geschäftspartner einer Firma können sich im Handelsregister informieren, wer hinter der Firma steht, wer sie zu vertreten berechtigt ist und inwieweit die Gesellschafter für Forderungen haften.

Das „öffentliche" Handelsregister ist eine wichtige, oft unterschätzte Quelle der Unternehmensberichterstattung. Für jede auf frühzeitige und möglichst umfassende Berichterstattung bedachte Wirtschaftsredaktion ist das Studium der „Zentralhandelsregister-Beilage" zum Bundesanzeiger unentbehrlich; denn die scheinbar aus reiner Aufzählung bestehenden Eintragungen bieten nicht selten Hinweise auf unternehmenspolitische Vorgänge, die die unmittelbare Wiedergabe im Wirtschaftsteil oder ein „Nachspüren" erfordern. Manche Pflichtveröffentlichung einer Gesellschaft wird so zu einem Schritt zur Publizität.

Einer Handelsregister-Neueintragung kann zum Beispiel entnommen werden, daß an diesem oder jenem Ort eine neue Gesellschaft gegründet worden ist, die einen Produktionsbetrieb aufbauen will; was sie herstellen will, kann oft dem „Unternehmenszweck" entnommen werden. In anderen Fällen wird die Gründung einer Tochtergesellschaft zum Aufbau eines Zweigwerkes angezeigt. Nicht selten steht auch erstmals im Handelsregister zu lesen, daß Unternehmen den Eigentümer gewechselt haben. Kapitalerhöhungen werden angezeigt, Wechsel in der Geschäftsführung, der Eintritt neuer Kommanditisten, Sitzverlegungen einer Firma, Umwandlungen in eine andere Rechtsform, schließlich auch eine Liquidation.

Der geübte Handelsregisterleser liest häufig mehr zwischen den Zeilen dieses nüchternen Registers, als die Unternehmen scheinbar an Publizität preisgegeben haben. Ein Ansatzpunkt für das „Aufmerken" könnte zum Beispiel der Name eines neuen Geschäftsführers unter einer bisher anonymen Firma sein – der Name eines Mannes, von dem man weiß, daß er einem bekannten Konzern angehört, oder bei dem gar nur aus seinem Wohnort (der zugleich Sitz des Konzerns ist) eine fremde Einflußnahme auf die gesamte Firma vermutet werden könnte. Manche Sitzverlegung einer Firma führt den Beobachter zu ähnlichen Schlüssen und veranlaßt einen aufmerksamen Redakteur zum Recherchieren. Eine Kapitalherabsetzung wiederum erweckt zumindest fragendes Interesse, ob das betreffende Unternehmen den Geschäftsbetrieb eingeschränkt oder etwa wegen größerer Verluste zum „Kapitalschnitt" gezwungen gewesen ist. Das führt sofort zur Anschlußfrage: Was ist der Grund eventueller Schwierigkeiten?

Die Publizitätsbestimmungen des Aktiengesetzes

Die Berichterstattung über Unternehmen ist gewachsen mit dem Aufkommen der Aktiengesellschaft und dem Börsenhandel von Aktien. Der Anleger von Kapital in einem Unternehmen, der Aktionär, der zu dieser Gesellschaft keine unmittelbare persönliche Bindung mehr hatte, wollte wissen, wie sie florierte, welche Rendite sie seinem Kapital bot, ob sie fest fundiert oder ob ein „Aussteigen" geraten war. Er bekam zwar einmal im Jahr den Geschäftsbericht mit dem Jahresabschluß zugestellt; darüber hinaus trat die Verwaltung oft nur dann an die Öffentlichkeit heran, wenn sie Geld haben wollte, beim Verkaufsangebot oder bei der Börsenzulassung neuer Aktien. Was Jahresabschluß und Geschäftsbericht angeht, so gelten für die Publizität heute gesetzliche Mindestvorschriften. (Siehe dazu auch den folgenden Abschnitt „Geschäftsbericht".) Auch jene Aktiengesellschaften, deren Anteile in festen Händen – etwa bei Familienmitgliedern oder Großaktionären – liegen, müssen „publizieren". Das Aktiengesetz in seiner 1965 geänderten Form enthält darüber klare Bestimmungen. (Gewisse Erleichterungen der Publizitätspflicht hat das Bilanzrichtliniengesetz – das nur noch nach Größenklassen von Kapitalgesellschaften, nicht aber ihrer Rechtsform unterscheidet – für kleine Aktiengesellschaften gebracht; in keinem Fall allerdings für börsennotierte Werte.)

Das Aktiengesetz schreibt unter anderem vor, daß der von der Hauptversammlung festgestellte Jahresabschluß der AG – Bilanz sowie die Gewinn- und Verlustrechnung mit Lagebericht und Anhang – nicht nur dem Amtsgericht (für die Registerakten) und damit zu jedermanns Einsicht eingereicht werden, sondern auch in den „Gesellschaftsblättern" publiziert werden muß. Gesellschaftsblatt ist, bindend für alle Gesellschaften, der Bundesanzeiger. Außerdem kann die Unternehmenssatzung weitere Zeitungen als sogenannte Pflichtblätter für diese Veröffentlichungen vorsehen; bei großen Unternehmen, deren Aktien an der Börse gehandelt werden, ist dies die Regel. Die Bilanz und Gewinn- und Verlustrechnung bieten wichtige Daten für die Beurteilung der Gesellschaft, so vor allem den Umsatz und den vom Unternehmen einbehaltenen Teil des Jahresüberschusses. Ergänzende Erklärungen des Vorstands im Lagebericht und darüber hinausgehenden Geschäftsbericht oder in „Bilanzbesprechungen" mit Wirtschaftsjournalisten tragen oft noch zu weitergehender Durchsichtigkeit bei.

Als besonders wichtige (und seinerzeit heftig umstrittene) Bestimmung ist 1965 in das Aktiengesetz die Vorschrift aufgenommen worden, daß der Erwerb eines Viertels oder der Mehrheit des Aktienkapitals einer anderen Kapitalgesellschaft oder bergrechtlichen Gewerkschaft mit Sitz im Inland dieser Gesellschaft unverzüglich mitgeteilt werden muß. Die Mitteilung ist von dieser Gesellschaft dann unverzüglich in den Gesellschaftsblättern, mindestens also im Bundesanzeiger, zu veröffentlichen. Ebenso muß das Nicht-mehr-Bestehen einer Schachtel- oder Mehrheitsbeteiligung bekanntgemacht werden. Diese Mitteilungspflicht – gegen die grundsätzlich eingewandt worden war, sie sei unvereinbar mit der Anonymität der Aktie und widerspreche den Grundsätzen dieser Wirtschaftsordnung – soll verhindern, daß die mit einer größeren Beteiligung verbundene Macht in der Gesellschaft unerkannt ausgeübt werden kann. Der Träger einer solchen Machtstellung soll hervortreten, damit Mißbräuchen begegnet werden kann. Das Interesse der Öffentlichkeit an der Publizitätspflicht ist hier eindeutig über das eines Großaktionärs gestellt worden. Meldungen über Paketwechsel bei Aktiengesellschaften und über das Auftauchen eines neuen Schachtel-Aktionärs haben ihre Quelle nicht selten in dieser Mitteilungspflicht.

In der vorgeschriebenen Einladung zur Hauptversammlung im Bundesanzeiger werden, mit der Tagesordnung, auch der Gewinnverwendungsvorschlag und damit vor allem die von der Verwaltung vorgeschlagene Dividende, gegebenenfalls auch der Vorschlag einer Kapitalerhöhung oder einer Kapitalberichtigung aus Gesellschaftsmitteln veröffentlicht. Solche Fakten werden im Wirtschaftsteil der Zeitung auch Interessierten zugänglich gemacht, die nicht zu den regelmäßigen Lesern des Bundesanzeigers gehören.

Die Wertpapierbörsen geben sich mit der Pflichtpublizität für die bei ihnen notierten Aktien nicht zufrieden. Die Arbeitsgemeinschaft der Deutschen Wertpapierbörsen hat „Regeln für die Beurteilung von Zwischenberichten börsennotierter Gesellschaften" erarbeitet und allen Banken und Aktiengesellschaften zugeleitet. Sie fordern, daß alle im Kurszettel notierten Gesellschaften zwei oder drei Zwischenberichte über den

Ablauf des Geschäftsjahres veröffentlichen. Die Zwischenberichte sollen „möglichst weitgehend mit absoluten Zahlen" versehen sein und mit dem Vorjahr vergleichbare Angaben enthalten über Umsatz, Exportquote, Auftragseingang und -bestand, Kapazitätsauslastung, Kosten- und Preissituation, Ertragslage, Belegschaftsstand, Investitionen und besondere Ereignisse wie Beteiligungserwerb. Der Aktionär soll also laufend wissen, woran er ist. Wesentliche Angaben aus diesen Zwischenberichten kann er in der Regel auch dem Wirtschaftsteil der Zeitung entnehmen.

Wer nicht informiert, erweckt Mißtrauen

Unter der Devise „Wer nicht informiert, erweckt Mißtrauen" hat sich mehr und mehr auch unter den nicht publizitätspflichtigen Gesellschaften die Erkenntnis durchgesetzt, daß Publizitätsbereitschaft Früchte trägt und daß es bei freiwilliger Publizität keineswegs nur um die Befriedigung der Neugierde der Öffentlichkeit geht, „die es nichts angeht, was in einem Unternehmen geschieht". Wenn nicht publiziert wird, entsteht der Verdacht, daß etwas verheimlicht werden soll. Andererseits entscheidet der Ruf, den eine Firma genießt und sich mit Offenheit aufbaut, zum Beispiel auch darüber, ob sie den lebenswichtigen Zugang zu Kapital und zu qualifizierten Fach- und Führungskräften erhält.

Allerdings ist die negative Einstellung zu freiwilliger Publizität, insbesondere bei Familiengesellschaften, noch immer nicht selten. Häufig ist der Grund für die Zurückhaltung die Ansicht, daß man die Konkurrenz „nicht schlauer machen" wolle (obwohl diese meist ohnehin gut Bescheid weiß) oder daß andere Unternehmen nicht erst mit der Nase darauf gestoßen werden sollten, in welcher Nische Markterfolge möglich sind; schließlich auch die Meinung, daß man dem „schlimmsten Laster", dem Neid anderer Leute, keine Nahrung geben wolle. Dabei wird nicht bedacht, daß Anti-Unternehmer-Stimmung oft gerade die umgekehrte Wurzel hat: das Schweigen.

Es ist verbreiteter Irrtum bei mittelständischen Unternehmen, dabei wiederum häufig bei Familienunternehmen, Journalisten könnten nur dann etwas Seriöses über eine Firma erfahren und über wichtige Unternehmensvorgänge schreiben, wenn das Management von sich aus bereit ist, etwas der Öffentlichkeit mitzuteilen. Nicht nur der Boulevard- und Enthüllungsjournalismus, auch der sachliche Wirtschaftsjournalismus bezieht seine Informationen nicht allein aus freiwilligen Veröffentlichungen, aus Pressekonferenzen, offiziellen Mitteilungen, Hintergrundgesprächen oder Diskussionsrunden. Es ist eine Illusion, wenn Eigentümer-Unternehmer und Manager glauben, sie könnten das betriebliche Geschehen in einen dichten Mantel des Schweigens hüllen. Dieser Mantel bekommt um so mehr Löcher, je größer die innerbetrieblichen Schwierigkeiten werden, die man gern verschweigen möchte. Einstellungsstopp, Kurzarbeit, Entlassungen, Betriebsverlagerungen und -schließungen, Meinungsverschiedenheiten in der Verwaltung und personelle Veränderungen auf der Führungsebene oder gar Umweltpannen – das alles sind Anlässe, die sich in einer pluralistischen demokratischen Gesellschaft gleichsam öffentlich abspielen. Jedes Unternehmen ist daher gut beraten, wenn es „offensiv" informiert, bevor betriebliche Vorgänge in der öffentlichen Diskussion Eigendynamik entwickeln.

Auf öffentliches Unverständnis stößt insbesondere die Publizitätsscheu mancher großer Unternehmen und Konzerne, die – zum Teil Eigentum nur einer Familiengruppe oder einer Person – keine „reine Privatsache" mehr sein können. Wieviel vom Schicksal großer, von Einzelunternehmern geführter Unternehmen abhängt, haben insbesondere die großen Zusammenbrüche der Nachkriegszeit gezeigt. Erinnert sei an Namen wie Borgward oder Schlieker. Betroffen wurden Tausende von Belegschaftsangehörigen mit ihren Familien sowie die Existenz einer Vielzahl von Lieferanten und Abnehmern, Kreditgebern und Schuldnern. Erinnert sei auch an den Fall Fried. Krupp, die, als Einzelfirma im Besitz von Alfried Krupp von Bohlen und Halbach, in Schwierigkeiten zu geraten drohte. Der Staat mußte durch Leistung einer Bürgschaft – die nicht in Anspruch genommen wurde, also letztlich ohne Belastung der Steuerzahler – einspringen, um dem Unternehmen über die Krise hinwegzuhelfen. Wenn jedoch die öffentliche Hand – hier wie in einer Reihe anderer Fälle – dafür haften soll, daß ein Großunternehmen nicht illiquide wird, dann ist auch der Anspruch der Allgemeinheit berechtigt, zu erfahren, wie es um das Unternehmen steht, bevor es in Schwierigkeiten gerät.

Wahrscheinlich wäre es in vielen Fällen gar nicht erst zu den großen Zusammenbrüchen gekommen oder hätten sie nicht ein solches Ausmaß erreicht, wenn rechtzeitig Bilanzzahlen veröffentlicht worden wären. Publizität hat insofern eine gewisse Kontrollfunktion als Unternehmen, wenn andere „zuschauen", in den meisten Fällen zurückhaltender in der Aufnahme von Schulden, solider in ihrer Finanzgebarung wären, als das hier und da der Fall gewesen ist. Auch mancher Gläubiger wird dann wahrscheinlich schon rechtzeitig vorsichtiger operieren. Der angebliche „Eingriff in die Persönlichkeitsrechte", der oft als Gegenargument gegen eine Publizitätspflicht von Großunternehmen ins Feld geführt worden ist, muß in diesen Fällen hinter berechtigten Ansprüchen der Öffentlichkeit zurückstehen.

Nicht zuletzt unter dem Eindruck des Falles Krupp hat der Bundestag 1969 die Publizitätspflicht für Großunternehmen beschlossen. Unter dieses Gesetz fallen große GmbHs, Personengesellschaften und Einzelkaufleute, sofern für drei aufeinanderfolgende Abschlußstichtage zwei der folgenden drei Merkmale zutreffen: eine Bilanzsumme von mehr als 125 Millionen DM, ein Jahresumsatz von über 250 Millionen DM und eine im Jahresdurchschnitt 5000 Beschäftigte übersteigende Belegschaft. Die davon betroffenen GmbHs müssen eine Jahresbilanz, eine Gewinn- und Verlustrechnung und einen Geschäftsbericht aufstellen, die einen sicheren Einblick in die Vermögens- und Ertragslage geben. Diese Unterlagen muß das Unternehmen dem Handelsregister einreichen und damit öffentlich machen. Einzelkaufleute und Personenhandelsgesellschaften brauchen zwar keine Gewinn- und Verlustrechnung zu publizieren, müssen aber neben der Bilanz, in der das Eigenkapital zu einem Posten zusammengefaßt sein darf, noch folgende Angaben veröffentlichen: Umsatzerlöse, Erträge aus Beteiligungen, Personalaufwendungen und Zahl der Beschäftigten. Da das Eigenkapital nicht aufzugliedern ist, wird das Privatvermögen damit auch künftig nicht publik: Es geht nur um die Unternehmens-, nicht um Unternehmer-Publizität.

Es hat sich bald herausgestellt, daß diese Offenheit den neu publizierenden Unternehmen ebensowenig schadet, wie die Publizitätsfortschritte im Aktiengesetz den Aktiengesellschaften geschadet haben. Im Gegenteil, Offenheit macht sich bezahlt. Der Leser des Wirtschaftsteils hat damit den Überblick über die unternehmerische Struktur erhalten, der für ein Mindestmaß marktwirtschaftlicher Transparenz unerläßlich ist. Durch das Bilanzrichtliniengesetz, mit dem die Rechnungslegung deutscher Unternehmen an Richtlinien der Europäischen Gemeinschaft angepaßt worden ist, wurde Publizitätspflicht für die Jahresabschlüsse – nebst Lagebericht – auf Kapitalgesellschaften auch mittlerer Größe ausgedehnt. Sie haben ihre Jahresabschlüsse beim Handelsregister zu hinterlegen. Entsprechende Hinweise auf „Hinterlegungen" füllen seitdem Seiten des offiziellen Bundesanzeigers. Nach wie vor entziehen sich allerdings viele Unternehmen dieser Pflicht. Ausgenommen von der Pflicht ist ohnehin bislang die Gesellschaftsform der GmbH & Co., die besonders in Deutschland viele mittelständische Unternehmen gewählt haben.

10. Die Rechnungslegung der Unternehmen

Der jährliche „Rechenschaftsbericht"

„Die Klage ist das Lied des Kaufmanns", lautet ein geflügeltes Wort. Gemeint ist damit die Erscheinung, daß Unternehmer gerne die Lage schwieriger darstellen, als sie eigentlich ist. Ob der Kaufmann Grund zur Klage oder nicht doch eher zur Freude hat, erweist sich am Ende des Geschäftsjahres. Dann nämlich stellt er den „Jahresabschluß" fertig. Er weiß endgültig, ob er Gewinn gemacht hat, den er für sich vereinnahmen oder in die weitere Entwicklung des Unternehmens stecken kann, oder Verlust, der die Kapitalbasis schmälert und das künftige Geschäft erschwert. Jahresabschlüsse, Geschäftsberichte, Bilanzen von Unternehmen sind nicht nur Lesestoff für Fachleute. Wer etwa als Nichtfachmann im Aufsichtsrat eines Unternehmens sitzt, muß Bilanzen lesen und verstehen können. Wer als Aktionär etwas über die Gesellschaft erfahren will, an der er beteiligt ist, wer als Arbeitnehmer wissen möchte, wie es seinem Unternehmen geht, wer sich als Lokalpolitiker über einen großen Arbeitgeber am Ort informieren will, wird zum Geschäftsbericht greifen oder den Wirtschaftsteil seiner Zeitung konsultieren. Unternehmensberichterstattung ist schon lange keine trockene Zahlenkletterei mehr, sondern für den, der sie zu lesen versteht, eine unter vielen Gesichtspunkten aufschlußreiche Momentaufnahme des jeweiligen Unternehmens.
„Bilanz gezogen" wird mindestens einmal im Jahr, meist zum Jahresende, bei großen Unternehmen aber auch viertel- und halbjährlich. Es geht darum, zum Stichtag die Vermögens- und Ertragslage des Unternehmens darzustellen. Die Unternehmensleitung will, wie seit Jahrhunderten jeder Kaufmann, wissen, ob sich der überschießende Betrag, das „Reinvermögen" oder „Eigenkapital" im letzten Jahr vermehrt oder vermindert hat. Zudem muß rechtsverbindlich der Jahresgewinn oder Jahresverlust ermittelt werden; denn nur der im Jahresabschluß ausgewiesene Gewinn darf an die Gesellschafter oder Aktionäre verteilt werden. Für einen solchen „Rechenschaftsbericht" sind zahlreiche Vorarbeiten nötig. Kein Unternehmer wird heute darauf verzichten, sich schon während des Jahres ständig einen Überblick über den Stand der Verkäufe und andererseits die Aufwendungen für Material, Personal und Unterhalt des Geschäftsbetriebes, wie etwa Mieten, zu verschaffen. Er prüft außerdem die Entwicklung seiner Forderungen und Schulden.
Dennoch haben die Abschlüsse zum Ende des jeweiligen Geschäftsjahres, das nicht das Kalenderjahr sein muß, besonderes Gewicht. Das zeigen allein schon die gesetzlichen Vorschriften. Die Jahresschlußbilanz ist die einzige, die auf einer „Inventur" beruht, der körperlichen oder buchmäßigen Erfassung der einzelnen Vermögensgegenstände. Im Handelsgesetzbuch (HGB), das nach wie vor die wichtigsten Vorschriften zur Buchführung und Rechnungslegung enthält, ist vorgeschrieben, daß der Kaufmann das Verzeichnis seiner Vermögensgegenstände und Schulden („Inventar") unterzeichnen muß. Dabei werden auch oft noch Schuldner und Gläubiger befragt, ob die Forderungen und Schulden in den Büchern mit deren Angaben übereinstimmen („Saldenabstimmung"). Grundlage der Bilanz am Ende des Geschäftsjahres sind also nicht allein die Bücher, die „abgeschlossen" werden (daher „Jahresabschluß"), sondern die tatsächlichen Verhältnisse.

Das Bilanzrichtliniengesetz

Die heute gültigen Voraussetzungen für die Jahresabschlüsse der Kapitalgesellschaften, die das Wirtschaftsleben bestimmen, schuf das Bilanzrichtliniengesetz, (BiRiLiG), das im Januar 1986 in Kraft gesetzt wurde. Man wird das BiRiLiG in den Gesetzessammlungen allerdings vergeblich suchen. Es ist ein sogenanntes Artikelgesetz, das ausschließlich bestehende Gesetze geändert und sich damit erledigt hat. Die Änderungen haben sich an vielen Stellen niedergeschlagen, so im Handelsgesetzbuch (HGB), dem Aktiengesetz und dem Gesetz über Gesellschaften mit beschränkter Haftung. Das Bilanzrichtliniengesetz hat die Tätigkeit der Unternehmen auf eine völlig neue Grundlage gestellt: Es paßte die deutschen Vorschriften der europäischen Rechnungslegung an, wie sie in Richtlinien des EG-Rates von 1978, 1983 und 1984 (4., 7. und 8. Richtlinie) niedergelegt sind, und es hat erstmals eine einheitliche Grundlage für alle Arten von Kapitalgesellschaften geschaffen. Das Bilanzrichtliniengesetz erstreckt sich außerdem nicht nur auf die Abschlüsse der einzelnen Unternehmen, sondern auch auf diejenigen verschachtelter Konzerne. Aktiengesellschaften (AG), Kommanditgesellschaften auf Aktien (KGaA), Gesellschaften mit beschränkter Haftung (GmbH) und darüber hinaus auch Genossenschaften müssen sich nach dem immer noch als Sammelbegriff gebräuchlichen BiRiLiG richten; nur die GmbH & Co. genießt noch einen, allerdings zunehmend umstrittenen Sonderstatus. Daß schätzungsweise 80 bis 90 Prozent der 400 000 GmbHs der Berichtspflicht nicht nachkommen und sich die Juristen über die zulässigen Sanktionen streiten, steht auf einem anderen Blatt.

Bilanz, Erfolgsrechnung, Anhang

Den Kern der Rechnungslegung stellt heute das Dritte Buch des HGB dar. Der Abschnitt I nennt die wesentlichen, für alle Vollkaufleute und Unternehmen wichtigen Vorschriften. Sie bilden die „Grundsätze ordnungsgemäßer Buchführung und Bilanzierung". Der Abschnitt II behandelt die weitergehenden Vorschriften für Kapitalgesellschaften. Die Pflichten wachsen dabei mit der Größe der Unternehmen, vor allem in der Rechnungslegung und in der Publizität. Es gibt drei Größenklassen mit den Merkmalen Bilanzsumme, Umsatz und Beschäftigte (siehe Tabelle). Im Abschnitt III stehen die ergänzenden Vorschriften für eingetragene Genossenschaften.

Größenkategorien für Unternehmen nach § 267 HGB

Größenkategorien	Bilanzsumme	Umsatz	Beschäftigte
Klein	≤3,9 Mio DM	≤8,0 Mio DM	≤50
Mittel	≤15,5 Mio DM	≤32,0 Mio DM	≤250
Groß	>15,5 Mio DM	>32,0 Mio DM	>250

Der Jahresabschluß besteht aus der Gewinn- und Verlustrechnung, der Bilanz und (bei Kapitalgesellschaften) aus dem erläuternden Anhang. Der Lagebericht, den Kapitalgesellschaften darüber hinaus erstellen müssen und der in den Geschäftsberichten meist eine prominente Stelle einnimmt, gehört dagegen nicht zum Jahresabschluß. Es wird aber von den unabhängigen Wirtschaftsprüfern auf seine Übereinstimmung mit dem Abschluß geprüft und im Bestätigungsvermerk (Testat) entsprechend erwähnt. Das Handelsgesetzbuch sagt in seinem Paragraphen 264, daß gemäß dem angelsächsischen „true and fair view" der Jahresabschluß ein den tatsächlichen Verhältnissen entsprechendes Bild der Vermögens-, Finanz- und Ertragslage vermitteln soll. Hierzu gehören: eine klare und übersichtliche Darstellung, die Behandlung einer dem ordnungsgemäßen Geschäftsgang entsprechenden Zeitspanne sowie die Verwendung der deutschen Sprache und der D-Mark als Währung. Jahresabschlüsse in Dollar oder Ecu, wie sie zum Beispiel Gesellschaften in der Schweiz oder in den Niederlanden zuweilen vorlegen, sind danach nicht erlaubt.

Am Schluß der Jahresrechnung steht die Unterschrift des Kaufmanns unter Angabe des Datums. In Aktiengesellschaften legt der Vorstand dem Aufsichtsrat den testierten Jahresabschluß vor. Dieser prüft und billigt ihn; damit ist der Abschluß „festgestellt". In manchen Unternehmen geschieht dies auch durch die Hauptversammlung; in den anderen Fällen wird der Abschluß nur „vorgelegt". Der Konzernabschluß wird nicht „festgestellt", sondern vom Aufsichtsrat nur zur Kenntnis genommen. Dies ist leicht einzusehen, da die Kontrollinstanz formal nur für die AG zuständig ist. Aber die Aufsichtsräte würden gewiß ihre Aufgabe vernachlässigen, wenn sie bei ihrer Tätigkeit nicht den Gesamtkonzern im Blick behielten. Jahresabschluß, Lagebericht, Testat, Bericht des Aufsichtsrats sowie Vorlage und Beschluß zur Ergebnisverwendung müssen im Bundesanzeiger veröffentlicht und danach beim zuständigen Amtsgericht (auch Registergericht genannt) eingereicht werden. Hierbei werden aber mittelgroßen und vor allem kleinen Kapitalgesellschaften Erleichterungen zugestanden.

Aktiengesellschaft und Konzern

Große Unternehmen bestehen heutzutage aus vielen Einzelgesellschaften. Sie bilden, wenn sie unter einheitlicher Leitung stehen, einen umfassenden Konzern, tätig in mehreren Geschäftszweigen und rund um den Erdball. In den vergangenen Jahrzehnten ist die Konzernbildung stark vorangeschritten. Hatten die Unternehmen zunächst versucht, ihre Tätigkeit zur Risikoabsicherung auf eine breitere Grundlage zu stellen, so suchten sie in jüngerer Zeit vornehmlich neue Märkte und kostengünstigere Standorte für ihre einfacheren Produktionen. Zahlreiche Konzerne sind allerdings auch aus reinem Expansionsdrang, aus Drang zur Größe entstanden. Unternehmen wie Daimler-Benz, Siemens, die Veba oder die Metallgesellschaft umfassen heute mehrere hundert Gesellschaften. Damit werden die Konzernbilanzen immer wichtiger, welche die Mutter- und Tochtergesellschaften zusammenfassend so darstellen, als sei der Konzern ein einheitliches Unternehmen. Dabei werden die konzerninternen Vorgänge im Rechenwerk beseitigt. Diesen Vorgang nennt man „Konsolidierung".

Die Konzernbilanzen werfen spezielle Fragen auf, auf die unten näher eingegangen wird. Festzuhalten bleibt an dieser Stelle, daß die Berichterstattung der Unternehmen immer stärker den Gesamtkonzern umfaßt. Die inländische Muttergesellschaft wird zur Obergesellschaft, die neben ihrer eigenen Tätigkeit einen weiten Kranz von Beteiligungen steuert, wie etwa die Volkswagen AG mit Audi, Seat und Skoda. Viele Konzerne verzichten in ihren Geschäftsberichten schon auf eine Rechnungslegung der Muttergesellschaften oder veröffentlichen nur eine Kurzfassung des AG-Abschlusses, wie etwa Schering, einst der deutsche Vorreiter in der neuen Rechnungslegung nach dem Bilanzrichtliniengesetz, von 1991 an. Immer häufiger sind auch die Fälle, in denen die Obergesellschaft zur geschäftsführenden Holding verkleinert wird, die nur noch Aufgaben der strategischen Planung, der Forschung und Entwicklung und der

Konzernfinanzierung wahrnimmt. Statt Eigenumsätzen weisen solche Holdinggesellschaften Beteiligungsergebnisse aus den Tochterunternehmen und Erträge aus den Finanzgeschäften aus.

Welche Rolle verbleibt damit den Muttergesellschaften aus der Sicht der Aktionäre und der interessierten Öffentlichkeit? Sie sind zunächst die wichtigste Zahlstelle der Steuern im Inland. Zugleich bilden sie den Quell der Dividendenzahlung und eine wichtige Schleuse für die Rücklagenzuführung zur Stärkung der gesamten Konzernsubstanz. Daher lohnt sich manchmal immer noch ein Blick in den Abschluß der konzernleitenden Aktiengesellschaft. Er kann – vor allem im Mehrjahresvergleich – Anhaltspunkte liefern über das Verhältnis Ertrag zu Ausschüttung und Rücklagenstärkung, zur Steuerzahlung im Inland und zum Wirtschaften mit den Finanzreserven in der Konzernzentrale. Wichtiger noch für die Ergebnisse in den Beteiligungsgesellschaften des Konzerns sind inzwischen allerdings die Übersichten über die bedeutendsten Tochterunternehmen, die immer mehr Unternehmen freiwillig in ihre Geschäftsberichte aufnehmen.

Der Gang durch das Jahr

Dies ist der Sinn des Wirtschaftens im Betrieb: Unternehmer und Manager versuchen, über das Herstellen von Gütern oder mit der Bereitstellung von Dienstleistungen einen Gewinn zu erziehlen. Dabei kann es sich um Vitaminbonbons oder Autos handeln, um das Geschäft mit Videorecordern aus Fernost oder um Kredite am Bankschalter. Zu diesem Zweck kaufen die Unternehmer Waren, bauen Fabriken und mieten Büros, stellen Personal ein und organisieren einen Produktionsprozeß oder ein Dienstleistungsangebot. Am Ende soll aus der erreichten Wertschöpfung oder Handelsspanne und nach Abzug von Steuern und Sozialabgaben ein Ertrag fließen, der die Verzinsung auf das eingesetzte Kapital darstellt.

Der Nettogewinn nach allen Abzügen steht dem Unternehmen und seinen Eigentümern, die das Kapital für den Betrieb bereitgestellt haben, zur Verfügung. Die Grundlage des verfügbaren Gewinns ist der Jahresüberschuß, woraus die zur Ausschüttung vorgesehene Dividende oder, bilanztechnisch gesprochen, der Bilanzgewinn errechnet wird. Aus dem Bilanzgewinn können allerdings die Eigentümer ihrem Unternehmen auch weitere Rücklagen zuweisen.

Die Gewinn- und Verlustrechnung

Auf die Gewinn- und Verlustrechnung, kurz und optimistischer auch Erfolgsrechnung genannt, fällt als erstes der Blick, wenn die Rechnungslegung eines Unternehmens betrachtet wird. Dies kommt daher, weil die entscheidende Größe, das Jahresergebnis, den Schwerpunkt dieser Aufstellung bildet. Auch die Medien tragen diesem Sachverhalt Rechnung: Sie sprechen nicht als erstes vom Umsatz, der nur anzeigt, wieviel Geschäftsvolumen bewegt wurde, sondern stellen das Ergebnis, Gewinn oder Verlust, zumindest sofort daneben, um zu zeigen, wieviel bei den Geschäften im Jahr „unter dem Strich" herausgekommen ist.

Der Sachverhalt scheint einfach: Zur Feststellung des Jahresergebnisses werden die Umsätze aus dem laufenden Geschäft sowie die Erträge der Tochter- und Beteiligungsgesellschaften und des Finanzbereichs (Vermietung und Verpachtung, Wertpapiere und ähnliches) addiert und die Aufwendungen abgezogen. Umsatz sind die Erlöse aus dem eigentlichen Geschäft, bei einem Möbelproduzenten die Möbel, bei einer Handelskette die von ihr „vermittelten" Waren, bei einer Bank die erbrachten Dienstleistungen. Es gilt normalerweise das Bruttoprinzip, also ohne Abzüge und Verrechnungen. Eine Ausnahme bildet die Mehrwertsteuer, die meist nur von Handelsunternehmen ausgewiesen wird.

Gewinn-und-Verlust-Rechnung der BASF-Gruppe

	1992	1991
Umsatzerlöse	44 522,4	46 626
Herstellungskosten der zur Erzielung der Umsatzerlöse erbrachten Leistungen	30 826,4	31 839
Brutto-Ergebnis vom Umsatz	13 696,0	14 787
Vertriebskosten	7 868,6	7 902
Allgemeine Verwaltungskosten	1 076,7	1 177
Forschungskosten	2 048,4	2 062
Sonstige betriebliche Erträge	1 548,6	2 172
Sonstige betriebliche Aufwendungen	2 939,5	3 637
Ergebnis der Betriebstätigkeit	1 311,4	2 180
Beteiligungsergebnis	– 151,6	– 149
Abschreibungen auf Finanzanlagen und auf Wertpapiere des Umlaufvermögens	20,2	21
Zinsergebnis	129,7	100
Ergebnis der gewöhnlichen Geschäftstätigkeit	1269,3	2 110
Außerordentliches Ergebnis	– 29,2	
Ergebnis vor Ertragsteuern	1239,4	2 110
Steuern vom Einkommen und vom Ertrag	626,3	1 054
Jahresüberschuß	613,1	1 055
Gewinn- oder Verlustanteile anderer Gesellschafter	– 1,5	16
Jahresüberschuß nach Anteilen anderer Gesellschafter	614,6	1039

Doch wenn man die Gewinn- und Verlustrechnung von oben nach unten durchgeht, beginnen schon bei der ersten Position, dem Umsatz, die Schwierigkeiten. Die Frage lautet: Gesamtkosten- oder Umsatzkostenverfahren? Das Bilanzrichtliniengesetz läßt beide Verfahren zu. Bei dem zuvor in Deutschland gepflegten Gesamtkostenverfahren werden den Erlösen alle im Jahr angefallenen Aufwendungen gegenübergestellt, beim international gebräuchlicheren Umsatzkostenverfahren diejenigen für die verkauften Produkte (ohne Periodenabgrenzung). Äußerlich zeigen sich die Unterschiede darin, daß im Gesamtkostenverfahren die Veränderungen im Bestand der fertigen und unfertigen Erzeugnisse (also die Produktion „auf Halde" oder die Verkäufe aus

dem Lager) sowie aktivierte Eigenleistungen (hauptsächlich selbsterstellte Anlagen und selbsterzeugte Roh-, Hilfs- und Betriebsstoffe) berücksichtigt werden und somit eine „Gesamtleistung" angegeben werden kann. Im Umsatzkostenverfahren wird auf die Herstellungskosten und die weiteren Aufwendungen und Erträge im laufenden Geschäft abgehoben und davon das Beteiligungs- und das Zinsergebnis deutlich abgesetzt. Unter den großen deutschen Unternehmen verfolgt zum Beispiel Daimler-Benz das Gesamtkosten-, die BASF (wie auch Bayer und Hoechst) das Umsatzkostenverfahren. Hier erscheint auch ein „Ergebnis der Betriebstätigkeit", das aber nicht mit dem meist für interne Zwecke errechneten „Betriebsergebnis" oder „operativen Ergebnis" in den Unternehmen verwechselt werden darf.
Damit kommen wir zu der sensibelsten Größe, dem Gewinn oder Verlust in einem Jahr. Auch hier gilt: Bei näherer Betrachtung wird die Sache kompliziert. Gewinn kann sehr Verschiedenes bedeuten. Hierzu ein Blick in den Konzernabschluß von Daimler-Benz, der im folgenden mehrfach als Beispiel herangezogen werden wird. Er weist für 1991 das „Ergebnis der gewöhnlichen Geschäftstätigkeit", ein „außerordentliches Ergebnis", den „Jahresüberschuß" und die Ausschüttung/den Bilanzgewinn der Muttergesellschaft aus.
Das „Ergebnis der gewöhnlichen Geschäftstätigkeit" stellt ein Zwischenresultat vor außerordentlichen Posten und vor Steuern dar, wobei die Ertragsteuern in erster Linie die Körperschaftsteuer und die Gewerbeertragsteuer, die sonstigen Steuern hingegen die Vermögensteuer und die Gewerbekapitalsteuer umfassen. Außerordentliche Einflüsse können in mehreren Positionen der Gewinn- und Verlustrechnung stecken; vor allem die vagen „sonstigen betrieblichen Erträge" beziehungsweise „sonstigen betrieblichen Aufwendungen" bieten dafür ein reiches Feld. Das außerordentliche Ergebnis soll Sondertatbestände erheblicher Tragweite abdecken. Bei Daimler-Benz waren dies 1991 die Veräußerung der Tochtergesellschaft AEG Kabel und die Aufgabe des Geschäftsfeldes Bürokommunikation in Gestalt der AEG Olympia.
Der „Jahresüberschuß" ist der „Gewinn nach Steuern". Als Betrag „unter dem Strich" der Gesamtrechnung gilt er als wichtige Kenngröße. Aussagekräftiger für den Unternehmenserfolg ist allerdings meist das „Ergebnis der gewöhnlichen Geschäftstätigkeit", da der „Jahresüberschuß" Sonderposten enthalten kann und die Steuerposition oft wenig mit dem aktuellen Geschäftsverlauf zu tun hat. Im übrigen wird der Jahresüberschuß gerne auf die ins Auge gefaßte Dividende zugeschnitten. So auch bei Daimler-Benz: Nach der Rücklagendotierung und der Verrechnung mit konzernfremden Gesellschaften taucht aus den Tiefen der Jahresrechnung wie durch ein Wunder die Dividendensumme der Muttergesellschaft auf.
Damit ist die Gewinnbetrachtung aber noch nicht beendet. Daimler-Benz ermittelt wie andere Unternehmen ein nur intern bekanntes Betriebsergebnis, das zum Zweck der Planung und Steuerung den Erfolg der eigentlichen Produktion errechnet. Die Definition bei Daimler gilt als besonders konservativ, da sie zum Beispiel die geplante Ausschüttung mit in Rechnung stellt. Darüber hinaus ermittelt der Konzern das „Ergebnis nach DVFA/SG", das gemäß einer von Bilanzanalysten entwickelten Formel alle außerordentlichen Einflüsse ausschalten will, und ein „Ergebnis der betrieblichen Tätigkeit" (DVFA = Deutsche Vereinigung für Finanzanalyse und Anlageberatung. SG = Schmalenbach Gesellschaft).
Bei diesem wurden die sonstigen Steuern abgezogen, das Zinsergebnis wurde ausgegliedert und die gängige Fremdfinanzierung der Finanzdienstleistungen wie etwa Leasing und Kredite für Autokäufer als Materialaufwand behandelt. Wie die Tabelle zeigt, können die Nominalbeträge sehr unterschiedlich ausfallen. In einem Jahr stark stei-

Gewinn-und-Verlust-Rechnung des Daimler-Benz-Konzerns

	1992 in Millionen DM	1991 in Millionen DM
Umsatzerlöse	98 549	95 010
Bestandserhöhungen und andere aktivierte Eigenleistungen	2 330	3 556
Gesamtleistung	100 879	98 566
Sonstige betriebliche Erträge	4 506	3 545
Materialaufwand	(49 084)	(49 465)
Personalaufwand davon für Altersversorgung (i.V. 1511) Mill. DM	(32 003)	(29 372)
Abschreibungen auf immaterielle Vermögensgegenstände des Anlagevermögens, Sachanlagen und vermietete Gegenstände	(7 085)	(5 977)
Sonstige betriebliche Aufwendungen	(15 254)	(13 824)
Beteiligungsergebnis	118	56
Zinsergebnis	577	623
Abschreibungen auf Finanzanlagen und auf Wertpapiere des Umlaufvermögens	(121)	(134)
Ergebnis der gewöhnlichen Geschäftstätigkeit	2 533	4 027
Außerordentliches Ergebnis	–	(544)
Steuern vom Einkommen und vom Ertrag	(586)	(1 039)
Sonstige Steuern	(496)	(502)
Jahresüberschuß	1 451	1 942
Gewinnvortrag	2	8
Einstellungen in Gewinnrücklagen	(816)	(1 275)
Konzernfremden Gesellschaften zustehender Gewinn	(184)	(99)
Auf konzernfremde Gesellschafter entfallender Verlust	151	29
Ausschüttung (i. V. Bilanzgewinn) der Daimler-Benz AG	604	605

gender oder sichtbar nachlassender Ertragskraft weisen allerdings alle Indikatoren in dieselbe Richtung. Zugleich belegt die Übersicht, daß der Verlauf des Jahresüberschusses aus Gründen der Dividendenstabiliät sichtbar geringere Schwankungen aufweist als die übrigen Größen.

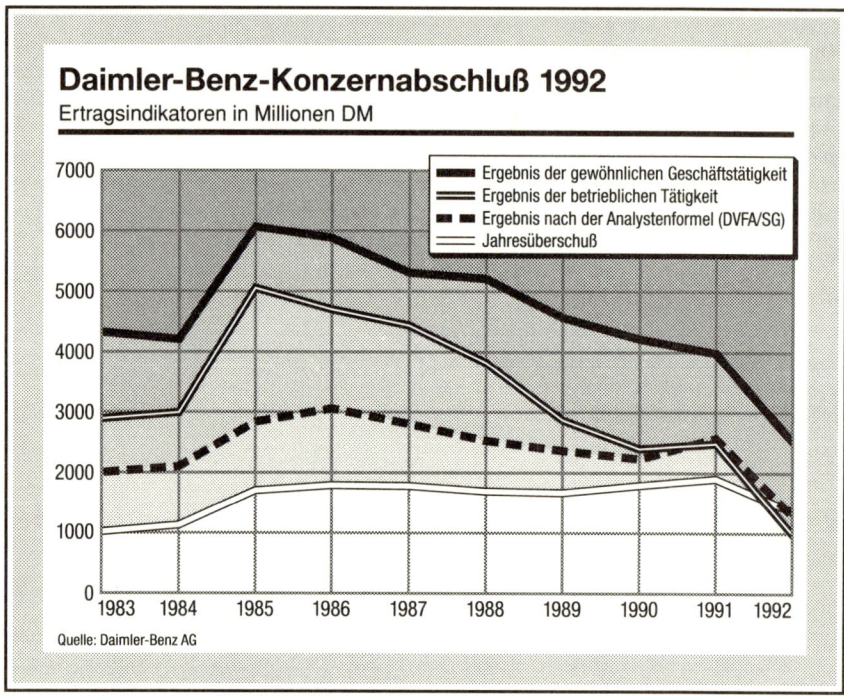

Für kleinere bis mittelgroße Kapitalgesellschaften hat das Bilanzrichtliniengesetz beim Umsatz eine große Erleichterung geschaffen. Sie können nämlich mehrere Positionen zu einem „Rohergebnis" zusammenfassen. Beim Gesamtkostenverfahren kommen so zum Umsatz die Veränderung des Bestands an fertigen und unfertigen Erzeugnissen, andere aktivierte Eigenleistungen und sonstige betriebliche Erträge hinzu. Davon abgezogen wird der Materialaufwand. Beim Umsatzkostenverfahren werden vom Umsatz zunächst die Herstellungskosten abgezogen. Das auf diese Weise ermittelte „Bruttoergebnis vom Umsatz" wird dann mit den sonstigen betrieblichen Erträgen zusammengefaßt. Die dahinterstehende Absicht ist klar: Den Unternehmen wird die Offenlegung ihrer Verkäufe und Lagerveränderungen erspart. Die Vorschriften zielen vielmehr in Richtung „Wertschöpfung" im Unternehmen, deren Wert aber durch die Einbeziehung der „sonstigen betrieblichen Erträge" mehr denn je nur annäherungsweise erreicht wird.

Die Bilanz: Passivseite

Der im Unternehmen verbleibende Gewinn stärkt die Passivseite der Bilanz. Dies verwundert nicht, denn die rechte Seite der Bilanz vermittelt einen Überblick über das

Kapital, mit dem die Betriebe arbeiten. Die gesamten Passiva sind dabei entweder Eigenkapital, das den Aktionären gehört, oder Fremdkapital, das außenstehende Gläubiger bereitgestellt haben. Das Eigenkapital steht dem Unternehmen grundsätzlich zur Verfügung, solange es besteht. Dazu gehören in Aktiengesellschaften das gezeichnete Kapital (Grundkapital) der Aktionäre, das mit einer jährlichen Dividende zu bedienen ist, und die Rücklagen. Sie stammen entweder aus dem Jahresgewinn, dann sind sie Gewinnrücklagen, oder aus dem Aufgeld (Agio) von Kapitalerhöhungen; in diesem Fall stehen sie in der Kapitalrücklage. Wenn Unternehmen Rücklagen in Aktien umwandeln und diese an die Aktionäre ausgeben, sprechen Vorstände gern von „Gratisaktien". Da die Rücklagen als Eigenkapital aber ebenfalls den Anteilseignern gehören, ist der Begriff irreführend. Den Aktionären wird nichts geschenkt, da das neue Aktienkapital aus ihrem Besitz stammt. Der Unterschied besteht nur darin, daß Rücklagen zu ausschüttungsberechtigtem Kapital werden. Statt von „Gratisaktien" zu sprechen, ist es daher besser, die – zugegeben – weniger farbigen Begriffe „Zusatzaktien" oder „Berichtigungsaktien" zu verwenden. Den Vorgang selbst nennt man „Kapitalerhöhung aus Gesellschaftsmitteln".

Bilanz des Daimler-Benz Konzerns

AKTIVA	31. Dezember 1992 in Millionen DM	31. Dezember 1991 in Millionen DM
Anlagevermögen Immaterielle Vermögensgegenstände	611	774
Sachanlagen	19.254	16.574
Finanzanlagen	3.991	3.758
Vermietete Gegenstände	9.777	8.092
	33.633	29.198
Umlaufvermögen Vorräte	23.138	20.732
Erhaltene Anzahlungen	(5.549)	(5.827)
	17.589	14.905
Forderungen aus der Absatzfinanzierung	6.166	4.255
Übrige Forderungen	14.771	12.370
Sonstige Vermögensgegenstände	3.503	5.528
Wertpapiere	6.089	5.725
Zahlungsmittel	2.968	2.010
	51.086	44.793

AKTIVA	31. Dezember 1992 in Millionen DM	31. Dezember 1991 in Millionen DM
Rechnungsabgrenzungsposten und Steuerabgrenzung	1.465	1.723
	86.184	75.714

PASSIVA		
Eigenkapital	2.330	2.330
Gezeichnetes Kapital	2.117	2.117
Gewinnrücklagen	13.440	13.182
Anteile in Fremdbesitz	1.228	1.214
Ausschüttungen (i.V. Bilanzgewinn) der Daimler-Benz AG	604	605
	19.719	19.448
Rückstellungen		
Rückstellungen für Pensionen und ähnliche Verpflichtungen	12.217	10.790
Übrige Rückstellungen	22.478	17.239
	34.695	28.029
Verbindlichkeiten		
Verbindlichkeiten aus der Leasing- und Absatzfinanzierung	10.971	8.113
Verbindlichkeiten aus Lieferungen und Leistungen	6.517	7.015
Übrige Verbindlichkeiten	13.725	12.600
	31.213	27.728
Rechnungsabgrenzungsposten	557	509
	86.184	75.714

Das Fremdkapital besteht aus Verbindlichkeiten etwa gegenüber Lieferanten, aus Bankschulden sowie begebenen Anleihen und aus den Rückstellungen. Warum diese Trennung zwischen Eigenkapital und Fremdkapital, steckt es doch auf der Aktivseite der Bilanz in denselben Positionen? Die Trennung rührt aus der Herkunft des Kapitals, je nachdem, ob es von den Eigentümern oder den Gläubigern der Gesellschaft stammt. Über das gezeichnete Kapital kann das Unternehmen ohne zeitliche Begrenzung verfügen, während für Bankkredite und Anleihen Rückzahlungstermine bestehen. Ein zweiter wichtiger Unterschied: Die Dividende können die Unternehmen nach der Ertragslage ausrichten und in einem schlechten Jahr ganz ausfallen lassen. Die Bank- und Anleihenschulden „drücken" die Betriebe dagegen unabhängig vom Geschäftsgang. Eine Mischung aus Eigen- und Fremdkapital stellt der Sonderposten mit Rücklageanteil dar. Dieser Posten ist durch die Steuergesetzgebung in die Bilanzen gekommen. Er umfaßt „Rücklagen", die erst bei ihrer Auflösung zu versteuern sind. Das Wort „Rücklagen" steht dabei bewußt in Anführungszeichen, denn die Stunde der Wahrheit kommt bei der Auflösung von Sonderposten: Soweit sie als Steuer an das Finanzamt abgeführt werden, waren sie eben keine Rücklagen, sondern Rückstellungen. Kritische Leser von Bilanzen teilen daher normalerweise den Sonderposten in Eigen- und Fremdkapital auf, zum Beispiel im Verhältnis eins zu eins.

Die Bilanz: Aktivseite

Wofür hat die Gesellschaft das ihr zur Verfügung stehende Geld verwendet - das Kapital der Aktionäre, die Rücklagen, die Kredite und die Rückstellungen? Ist es sinnvoll angelegt, um die Ziele des Unternehmens zu fördern? Oder liegen, um zwei Beispiele zu nennen, zu hohe Vorräte auf Lager und wurden bei den Abnehmern zu viele Forderungen nicht eingetrieben? Hierüber gibt die Aktivseite der Bilanz Auskunft. Dort erscheint das „aktiv" arbeitende (oder auch schlummernde) Vermögen. Hier sind alle Grundstücke, Gebäude, Maschinen und Warenvorräte, alle Forderungen und sonstigen Rechte, alle Barmittel verzeichnet, über die das Unternehmen verfügt. Je nach ihrer Zweckbestimmung im Betrieb zählen sie entweder zum Anlage- oder zum Umlaufvermögen. Ein Grundstück, auf dem ein Fabrikgebäude steht, eine Maschine, die der Produktion dient, ein Auto, das als Lieferwagen benutzt wird, die Aktien einer Tochtergesellschaft – sie alle gehören zum Anlagevermögen. Denn sie sind dazu bestimmt, dauernd dem Geschäftsbetrieb zu dienen.

Dagegen würde dasselbe Grundstück, wenn es ein Grundstücksmakler gekauft hätte, bei diesem zum Umlaufvermögen gehören, ebenso die Maschine im Verkaufsraum einer Maschinenfabrik, das Auto im Schaufenster einer Vertriebsfirma oder Aktien, die zur kurzfristigen Geldanlage an der Börse erworben wurden. Alle diese Gegenstände dienen dem Betrieb nur vorübergehend, ihr Zweck ist die baldige Veräußerung. Nicht immer läßt sich klar zwischen Anlage- und Umlaufvermögen entscheiden, zum Beispiel bei Wertpapieren. Den Unternehmen eröffnen sich auf diese Weise Spielräume, mit denen sie das Verhältnis beider Vermögensarten zueinander steuern und zum Beispiel ein zu hohes Umlaufvermögen drücken können.

Ein Sonderfall ist der Rechnungsabgrenzungsposten; er dient der sauberen Abgrenzung von Aufwendungen, die mehrere Geschäftsjahre betreffen. Hat das Unternehmen zum Beispiel zum 1. Oktober die Miete für seine Geschäftsräume auf ein ganzes Jahr im voraus gezahlt, so kann das laufende Geschäftsjahr, wenn es am 31. Dezember endet, nur mit einem Viertel der Summe als Aufwand belastet werden; drei Viertel sind gleichsam eine Forderung an den Vermieter (auf Bereitstellen der gemieteten

Räume). Sie werden als Rechnungsabgrenzung bilanziert, können jedoch für Zwecke der Bilanzanalyse den Forderungen zugerechnet werden.

Das Niederstwertprinzip

Alle Bilanzposten erscheinen in Mark und Pfennig. Das ist klar für den Kassenbestand und die Bankguthaben, das gilt aber auch für Gegenstände oder Urkunden, die bestimmte Rechte verbriefen (Wertpapiere). Welchen Wert ein solcher Gegenstand am Bilanzstichtag hat, ist allerdings nicht ohne weiteres feststellbar. Das Handelsrecht hat hierfür Grundsätze entwickelt, die dem traditionellen Brauch eines „königlichen Kaufmanns" folgend, auf dem Prinzip der Vorsicht beruhen: eher zu niedrig als zu hoch bewerten, schon damit nicht etwa ein Gewinn ausgewiesen – und womöglich ausgeschüttet – wird, der nicht echt erwirtschaftet ist, sondern aus der Substanz stammt. Dieser Grundsatz findet seinen Ausdruck im Niederstwertprinzip. Es besagt, daß von den zwei Werten, die für ein bestimmtes Gut in aller Regel objektiv feststellbar sind, nämlich dem Betrag, den die Firma bei der Anschaffung oder Herstellung dafür aufgewandt hat (Anschaffungs- oder Herstellungskosten), und dem Preis, der für dieses Gut bei der Beschaffung am Bilanztag zu zahlen wäre (Börsen- oder Marktpreis), stets der niedrigere anzusetzen ist. Die Vorsichtsmaßnahme kann in einem Unternehmen zu stillen Reserven führen; man denke nur an Aktien, deren Kurs beim Erwerb niedrig war und der dann stark in die Höhe geht.

Das Niederstwertprinzip gilt für alle Gegenstände des Umlaufvermögens, vor allem also für die Vorräte, aber auch für Wertpapiere und für Forderungen, zum Beispiel für Forderungen in ausländischer Währung: Hat sich durch eine Veränderung der Devisenkurse oder durch die Auf- oder Abwertung einer Währung das Umtauschverhältnis geändert, dann hatte die Forderung im Zeitpunkt ihres Entstehens, gerechnet in D-Mark, einen anderen „Wert" als am Bilanzstichtag.

Wenn aber nicht festgestellt werden kann, wann der am Bilanzstichtag vorhandene Bestand einer bestimmten Ware angeschafft worden ist, muß zu bestimmten Annahmen gegriffen werden. Der Fall ist nicht so selten. Er tritt immer dann ein, wenn gleichartige Güter bei der Lagerhaltung vermischt werden, also Flüssigkeiten gleicher Art zusammengeschüttet, Kohle oder andere Schüttgüter auf einen Haufen geworfen werden. Hier erlaubt das Aktiengesetz zu unterstellen, „daß die zuerst oder daß die zuletzt angeschafften ... Gegenstände zuerst ... verbraucht oder veräußert worden sind". Die eine Methode heißt „first in, first out" oder – nach den Anfangsbuchstaben – die „Fifo-Methode", die andere „last in, first out" oder die „Lifo"-Methode. Da bei der Fifo-Methode die zuletzt angeschafften Gegenstände als noch vorhanden (nicht „out") unterstellt werden, bedeutet ihre Anwendung in Zeiten steigender Preise eine Bewertung zu relativ hohen Preisen, die Lifo-Methode umgekehrt einen relativ niedrigen Wertansatz. Nach welcher Methode das Vorratsvermögen bewertet wird, müssen Aktiengesellschaften im Geschäftsbericht darlegen, ebenso jede wesentliche Änderung.

Investitionen, Abschreibungen, Cash-flow

Die Gewinn- und Verlustrechnung als Spiegel der Geschäftstätigkeit in einem Jahr und die Bilanz als Offenlegung der Vermögenslage am Jahresende sind in vielfacher Weise miteinander verknüpft. So fließt etwa der Gewinn in die Rücklagen auf der Passivseite der Bilanz. Bei den Zinserträgen mag sich ein Unternehmensvorstand entschließen, diese zum Kauf weiterer Wertpapiere zu verwenden, die dann auf der Aktivseite erscheinen. Besonders deutlich wird der Zusammenhang bei den Investitionen und deren Finanzierung, die im Idealfall aus dem Gewinn, aus Abschreibungen auf frühere Anschaffungen und auch aus der Zuführung zu bestimmten Rückstellungen, also dem „Cash-flow", dagestellt werden können. Die Investitionen, vermindert durch die Abschreibungen, erhöhen das Anlagevermögen und in gleichem Maße die Bilanzsumme. Dieser Erhöhung entspricht eine ebenso hohe Anreicherung der Finanzierungsquellen auf der Passivseite, die Bilanzsummen bei Aktiva und Passiva bleiben damit gleich. Die Abschreibungen mindern optisch den Gewinn und tauchen daher in der Erfolgsrechnung auf.

Die Entwicklung von Investitionen und Abschreibungen kann im „Anlagespiegel" genauer verfolgt werden, in dieser Form eine der wichtigsten Neuerungen des Bilanzrichtliniengesetzes. Der Leser erhält dadurch einen Einblick in den künftigen Investitionsbedarf des Unternehmens. Er kann zum Beispiel abschätzen, wie alt die Anlagen und Maschinen sind. Das Handelsgesetzbuch setzt hier ausführliche Regeln. Danach müssen in der Bilanz oder im Anhang die Entwicklung des Anlagevermögens und des Postens „Aufwendungen für die Ingangsetzung und Erweiterung des Geschäftsbetriebs" einzeln dargestellt werden. Am Anfang stehen dabei die Anschaffungs- und Herstellungskosten, gefolgt von den Zugängen, Abgängen, Umbuchungen und Zuschreibungen des Geschäftsjahres. Einen weiteren Posten bilden die insgesamt getätigten Abschreibungen. Die außerdem verlangten Abschreibungen des Geschäftsjahres sind entweder in der Bilanz oder im Anhang zu vermerken. Blickt man heute in die Geschäftsberichte großer Gesellschaften, so zeigt sich, daß der Anlagespiegel neben der eigentlichen Bilanz und der Gewinn- und Verlustrechnung die dritte große Übersicht darstellt.

Auf Bilanzpressekonferenzen ist oft zu hören, hohe Investitionen hätten die Ertragslage erheblich belastet. Dies verwundert auf den ersten Blick. Wenn genügend flüssige Mittel vorhanden und die Abschreibungen nicht zu klein sind, sollten die Käufe von Grundstücken, Anlagen oder Maschinen, also die Sachanlageinvestitionen, oder der Erwerb von Unternehmensbeteiligungen, dies sind neue Finanzanlagen, keine Schwierigkeiten bereiten. Schaut man genau hin, erkennt man, daß in vielen Fällen hohe Investitionen mit einer deutlich steigenden Verschuldung einhergehen. In besonders krasser Form geschah dies bei den großen Firmenübernahmen der achtziger Jahre. Der Niederschlag solcher Kraftanstrengungen zeigt sich sowohl auf der Aktiv- als auch auf der Passivseite der Bilanz. Die Spuren sind aber ebenso in der Gewinn- und Verlustrechnung zu finden. Die gestiegene Verschuldung führt zwangsläufig zu höheren Zinsaufwendungen im Geschäftsjahr. Sofern die Kredite erst gegen Jahresende aufgenommen wurden, kommt die Wahrheit im darauffolgenden Jahr ans Tageslicht.

Abschreibungen mindern den Gewinn und schaffen damit Raum für Neuinvestitionen. Dies wird verständlich, wenn man sich klarmacht, wie Abschreibungen wirken. Gegenstände des Anlagevermögens sind „zum dauernden Gebrauch" im Unternehmen bestimmt, nicht zur Veräußerung. Deshalb kann der Wert dieser Gegenstände in der Bilanz, anders als beim Umlaufvermögen, unabhängig von der Entwicklung der Marktpreise bemessen werden. Ausgangspunkt sind auch hier die Anschaffungs- oder Herstellungskosten. Auch im Anlagevermögen kommt es zu Wertminderungen – nicht durch die Entwicklung der Marktpreise, sondern in erster Linie durch die „Abnutzung" des Gegenstandes. Die jährliche Abnutzung, nach der die Höhe der jährlichen „Abschreibung" (im Steuerrecht heißt sie „Absetzung für Abnutzung", abgekürzt AfA) hauptsächlich angesetzt werden soll, richtet sich vornehmlich nach der voraussichtlichen Gesamtdauer der Nutzung. Ist die Nutzungsdauer eines Vermögensteils zeitlich unbegrenzt, kann er sich nicht „abnutzen" und braucht daher im Normalfall auch nicht abgeschrieben zu werden; das gilt für Grundstücke und für Beteiligungen oder andere Finanzanlagen. Beträgt die voraussichtliche Nutzungsdauer eines Gegenstandes, etwa einer Maschine, zum Beispiel zehn Jahre, so müssen die zehn Jahresabschreibungen so dotiert sein, daß der Buchwert am Ende der Nutzungszeit gleich Null und die Maschine abgeschrieben ist. Natürlich kann der Wert eines Anlagegegenstandes auch durch andere Faktoren als die Abnutzung beeinträchtigt werden, beispielsweise durch Erfindungen, gegenüber denen die laufende Maschine veraltet erscheint. Solchen Faktoren kann – und muß – durch außerordentliche oder Sonderabschreibungen Rechnung getragen werden.

In der Frage, wie hoch eine Jahresabschreibung zu bemessen ist, hatten die Aktiengesellschaften bis zum Aktiengesetz von 1965 weitgehend freie Hand. Die Abschreibungen mußten nur den Grundsätzen ordnungsgemäßer Buchführung entsprechen, vor allem nicht unangemessen niedrig sein. Für Aktiengesellschaften hat sich die Lage 1967, als die neuen Rechnungslegungsvorschriften in Kraft traten, grundlegend geändert. Da den Aktionären im Aktiengesetz von 1965 das Recht zuerkannt wurde, in der Hauptversammlung über die Hälfte des Jahresgewinnes zu beschließen, wollte der Gesetzgeber Vorkehrungen gegen ein „Zurechtstutzen" des Gewinns durch Vorstand und Aufsichtsrat auf die ins Auge gefaßte Dividende treffen. Neben den „Schutz der Gläubiger" trat als Bilanzierungsprinzip der „Schutz der Aktionäre". Der Zauberschlüssel, mit dem dies erreicht werden soll, heißt „planmäßig". Daß die Manipulationsmöglichkeiten der Verwaltung beim Gewinnausweis damit nicht beseitigt werden konnten, steht auf einem anderen Blatt.

Die Abschreibungen müssen sich heutzutage nach einem Plan richten. Dessen Grundsätze sind im Geschäftsbericht darzulegen. Der Plan kann so beschaffen sein, daß die Abschreibungen zu stillen Reserven führen; stille Reserven sind also nicht verboten. Vorstand und Aufsichtsrat können den Plan auch wechseln, sie können davon abweichen und „außerplanmäßige" oder Sonderabschreibungen vornehmen. Aber dann sind sie verpflichtet, dies im Geschäftsbericht offenzulegen und – unter bestimmten Voraussetzungen – zu erklären, um welchen Betrag der Jahresgewinn dadurch höher oder niedriger ist, als er es sonst wäre. Willkürlich und ohne Kenntnis der Aktionäre lassen sich die Abschreibungen demnach nicht mehr vornehmen. An die Stelle der „Bewertungswillkür" ist der „Grundsatz der Bewertungsstetigkeit" getreten.

Geringwertige Wirtschaftsgüter schreiben die Unternehmen meist schon im Jahr der Anschaffung vollständig ab. Unter den weiteren Abschreibungsmethoden spielen zwei eine besondere Rolle, die lineare und die degressive Methode. Bei der linearen Methode wird die Höhe der jährlichen Abschreibung in einem festen Prozentsatz der Anschaffungs- oder Herstellungskosten bemessen, bei der degressiven zumeist – nicht immer – in einem festen Satz des jeweiligen Restbuchwertes. Ein Beispiel: Wurde eine Maschine, die voraussichtlich zehn Jahre lang genutzt werden kann, mit einem Aufwand von 1000 angeschafft, dann beträgt die Abschreibung bei der linearen Methode jährlich 100, nämlich je 10 Prozent von 1000. Bei der degressiven Methode kann der Abschreibungssatz 20 Prozent betragen. Dann macht die Abschreibung im ersten Jahr 200 aus (20 Prozent von 1000), der Restbuchwert zu Beginn des zweiten Jahres beläuft sich auf 800; im zweiten Jahr werden 160 abgeschrieben (20 Prozent von 800), Restbuchwert 640; im dritten Jahr ergibt sich eine Abschreibung von 128 (20 Prozent von 640), Restbuchwert 512; und so fort. Am Ende des zehnten Jahres steht die Maschine noch mit reichlich 100 in der Bilanz; dieser Betrag wird dann in der Regel ausgebucht. Das Beispiel macht den Unterschied deutlich: Degressive Abschreibungen sind in den ersten Jahren der Nutzungsdauer höher als lineare, später entsprechend niedriger. Die raschere Abschreibung zu Beginn entspricht in den meisten Fällen der tatsächlichen Wertminderung durch Ingebrauchnahme, Verschleiß, oft auch durch technisches Veralten. Die degressive Abschreibung hat sich daher bei Firmen mit guter Ertragslage stark eingebürgert. Sie reduziert zwar rechnerisch den Gewinn besonders deutlich. Doch der entsprechende Betrag verbleibt im Unternehmen und steht, zusammen mit der Steuerersparnis aus dem geringeren Gewinn, für Neuanschaffungen zur Verfügung.

Die verdienten Abschreibungen und der Gewinn, soweit er nicht ausgeschüttet wird, schaffen das finanzielle Fundament für die künftigen Investitionen, mit denen die Unternehmen ihre Produktion modernisieren und erweitern. Im Daimler-Benz-Konzern standen 1992 für Investitionen von 8,4 Milliarden DM Abschreibungen von 5,5 Milliarden DM und neue Gewinnrücklagen von 816 Millionen DM zur Verfügung. Dies gibt einen Hinweis darauf, daß die selbst erwirtschafteten Mittel – wie es tatsächlich der Fall war – nicht ausreichten, um alle Investitionen zu finanzieren. Allerdings hat die in Deutschland bislang gepflegte, betont vorsichtige Bilanzpolitik dazu geführt, daß gerade hierzulande in weiteren Positionen der Bilanz oft hohe Beträge stecken, die den Unternehmen auf lange Zeit zur Verfügung stehen. Als Beispiel seien die Pensionsrückstellungen genannt. Bilanzanalytiker rechnen solche Beträge daher den Abschreibungen und dem Gewinn (zumeist vor Steuern) hinzu, um daraus den „Cashflow" als Maßzahl für die Kraft des Unternehmens zur Selbstfinanzierung zu ermitteln. Entwickelt wurde diese Kennziffer einst von Banken in Amerika zum Zweck der Kreditwürdigkeitsprüfung. Sie ist aber inzwischen international verbreitet. Nicht immer jedoch demonstriert ein hoher Cash-flow auch Stärke. Ein deutlich gesunkener Gewinnausweis und andererseits unumgängliche Sonderabschreibungen legen eher die gegenteilige Vermutung nahe. Dies unterstreicht, daß eine seriöse Bilanzanalyse umfassend sein muß und sich nicht nur an einzelne Kennzahlen klammern kann. Gerade beim Cash-flow ist es wichtig, daß man sich dessen Struktur genau anschaut.

11. Der Geschäftsbericht

Der breiten Öffentlichkeit, an vorderster Stelle den Aktionären, werden Lagebericht und Jahresabschluß in dem Geschäftsbericht vorgestellt, den ein Unternehmen herausgibt. Die aus dem Gesetz resultierende Pflicht ist vielfach zur Kür geworden: Bei vielen, vor allem börsennotierten Gesellschaften stellt der Geschäftsbericht heute sehr viel mehr dar als ein Zahlenwerk mit Erläuterungen. Er ist „Visitenkarte", die oft auch in einer Kurzfassung und in Fremdsprachen erscheint. Unabdingbar sind Fremdsprachenversionen dann, wenn die Aktien der Gesellschaft an ausländischen Börsen notiert sind. Professionelle Texter, Layouter und Fotografen feilen an diesem Werk, Sonderteile über spezielle Arbeitsgebiete oder gesellschaftliche Aktivitäten sollen eine umfassende Sicht auf das Unternehmen ermöglichen. Wettbewerbe um den besten Geschäftsbericht des Jahres haben sich eingebürgert. Dies alles muß vor dem Hintergrund der Tatsache gewürdigt werden, daß viele Informationen in den Geschäftsberichten heute freiwillig gegeben werden. Sogar manche GmbHs legen, obwohl dazu nicht verpflichtet, einen solchen Bericht vor.

Im Geschäftsbericht großer Kapitalgesellschaften stehen zunächst die Angaben, die auch bei Gericht eingereicht werden müssen, also Lagebericht, Gewinn- und Verlustrechnung sowie Bilanz nebst Anhang, Bericht des Aufsichtsrats, Testat der Wirtschaftsprüfer und Vorschlag zur Gewinnverwendung. Dabei ist der Konzern – wenn es sich um einen solchen handelt – immer mehr in den Mittelpunkt der Berichterstattung gerückt. Geschäftsberichte bieten aber noch weitere Informationen. Hierzu gehören die Namen der Mitglieder von Vorstand und Aufsichtsrat der AG, einschließlich der im Geschäftsjahr ausgetretenen und hinzugekommen. Auch stellvertretende Vorstandsmitglieder stehen auf dieser Liste, da sie gegenüber der Öffentlichkeit alle Rechte und Pflichten eines Vorstandes haben. Vorsitzende und Stellvertreter werden kenntlich gemacht, im Aufsichtsrat die Vertreter der Kapital- und der Arbeitnehmerseite deutlich unterschieden. Wünschenswert ist, daß alle Gesellschaften bei den Mitgliedern des Aufsichtsrats deren „hauptamtliche" Tätigkeit und bei den Vorstandsmitgliedern die Ressortzuständigkeiten benennen; Defizite, die immer noch häufig sind. Auch sonst ist nicht alles Gold, was auf den Titelblättern glänzt. Die Wirtschaftsprüferkammer in Düsseldorf hat 1992 bei der Untersuchung von mehr als 11 000 Jahresabschlüssen insgesamt 579 Rechtsverstöße festgestellt.

Der Lagebericht

Alle Kapitalgesellschaften müssen einen Lagebericht erstellen. Der Leser soll hieraus ein wahrheitsgetreues Bild über den Geschäftsverlauf und die Lage der Gesellschaft gewinnen. Darüber hinaus hat der Lagebericht auch die Aufgabe, die Forschung und Entwicklung im Unternehmen, Vorgänge besonderer Bedeutung nach Schluß des Geschäftsjahres und die voraussichtliche Zukunftsentwicklung zu schildern.

Wertschöpfung des Bayer-Konzerns im Jahr 1992

Herkunft (in Mio DM)		Verwendung (in Mio DM)	
Umsatzerlöse	41.195	Unternehmen	793
sonstige Erträge	2.012	andere Gesellschafter	47
Unternehmensleistung	**43.207**	Aktionäre	723
Materialaufwand	– 12.358	Darlehensgeber	602
Abschreibungen	– 2.580	öffentliche Hand	1.387
sonstige Aufwendungen	– 10.283	Mitarbeiter	14.434
Summe Vorleistungen	**– 25.221**		
Wertschöpfung	**17.986**	**Wertschöpfung**	**17.986**

Quelle: Bayer-Geschäftsbericht 1992

Die Wirtschaftsprüfer „prüfen" zwar nur den Abschluß, doch steht im Bestätigungsvermerk, ob der Lagebericht „im Einklang" mit dem Abschluß steht. Die Prüfer können sich also auch hier nicht jeder Verantwortung entziehen. Im Konkursfall stehen die Angaben einer Überprüfung offen. Aber die Aussagen sind grundsätzlich sicher mit größerer Vorsicht zu werten als im Jahresabschluß, zumal die mit Unsicherheiten behaftete Einschätzung künftiger Entwicklungen einfließt. Das Testat ist ein „Gütesiegel". Es fällt aber nur ein Urteil über die vorliegenden und als ausreichend angesehenen Unterlagen. Es ist weder ein Beweis für eine herausragende Unternehmensführung noch forschen die Abschlußprüfer gesondert danach, ob es womöglich „Leichen im Keller" gibt. Dennoch können auch sie Kritik auf sich ziehen, wenn in einem Unternehmen etwas „schiefgegangen" ist.

Manche Gesellschaften nehmen den Lagebericht als kurze Zusammenfassung und bieten daran anschließend ausführlichere Kapitel zu Einzelthemen wie Ertragslage, Mitarbeiter, Soziales und Umwelt oder auch über die verschiedenen Sparten und Regionen. Zu den weiteren Informationen gehören heutzutage oft ein – meist grundsätzlich-unternehmensstrategisches – Vorwort des Vorstandsvorsitzenden, ein Abschnitt über die Finanzen und (bei börsennotierten Gesellschaften) ein Kapitel über die Aktie. Im Mittelpunkt des Kapitels Finanzen steht meist die Bilanzstruktur, die Darstellung des Cash-flow, das internationale Finanzmanagement und die sogenannte „Wertschöpfung". Sie gibt die Eigenleistung des Unternehmens an, die in seinen Produkten steckt, und die Verteilung an die mit der Gesellschaft verbundenen Personen und Institutionen. Als Beispiel für eine Wertschöpfungsrechnung kann die von Bayer gelten (siehe Tabelle). Sie zeigt, daß das meiste Geld an die Mitarbeiter geht. Die Zahl entspricht dabei dem Personalaufwand. Die Angabe ist in diesem Fall von besonderem Wert, da Bayer seine Erfolgsrechnung nach dem Umsatzkostenverfahren erstellt, bei dem im Gegensatz zum Gesamtkostenverfahren die Personalausgaben nicht gesondert angegeben werden.

Kennzahlen zur MAN-Aktie

	1990/91	1991/92
	(in DM)	
Ergebnis je Aktie	31,60	33,00
Cash Flow je Aktie	96,10	81,40
Kurs zum 30. 6.:		
– Stammaktien	386,00	383,20
– Vorzugsaktien:	302,00	299,00
Kurs-Gewinn-Verhältnis:		
– Stammaktien	12,2	11,6
– Vorzugsaktien	9,6	9,1
Eigenkapital je Aktie	212,60	222,70
Anzahl Aktien am 30. 6. (in Mio Stück)	15,42	15,42

Quelle: MAN-Geschäftsbericht 1991/92

Das Kapitel über die Aktie beleuchtet meistens den Kursverlauf über einen längeren Zeitraum, verglichen mit repräsentativen Indizes wie dem F.A.Z.-Index oder dem Deutschen Aktien-Index (DAX). Darüber hinaus wird in vielen Fällen die Dividendentwicklung dargestellt, eine Kennzahlentabelle geboten und ein sogenanntes „Musterdepot" erstellt. Beispiel für eine Kennzahlentabelle ist diejenige von MAN (siehe Tabelle), zu der ergänzend die an anderer Stelle genannten 12 DM Dividende gehören. Unter anderem zeigt sich anhand des niedrigeren Kurs-Gewinn-Verhältnisses, daß beide Aktienkategorien, Stamm- und Vorzugsaktien, binnen Jahresfrist etwas billiger geworden sind. Im Fall von MAN ist dies die Folge eines höheren Gewinns je Aktie, verbunden mit schwächeren Aktienkursen an der Börse. Ein Musterdepot veröffentlicht zum Beispiel Hoechst (siehe Grafik). In der Grafik sieht der Leser, daß die Wertentwicklung besser als die des DAX-Index war, in dessen Berechnung die Aktienkurse des Chemiekonzerns einfließen. Im Textteil erfährt er zusätzlich, daß der durchschnittliche Wertzuwachs in zehn Jahren ohne Steuergutschrift 13 Prozent und mit Steuergutschrift 15,6 Prozent im Jahr war. Die „Wiederanlage aller Erträge" bezieht sich auf Dividenden und Bezugsrechte bei Kapitalerhöhungen. Offen bleibt allerdings, ob die Anlage bei Hoechst besser war als diejenige in festverzinsliche Papiere zum Beispiel des Bundes.

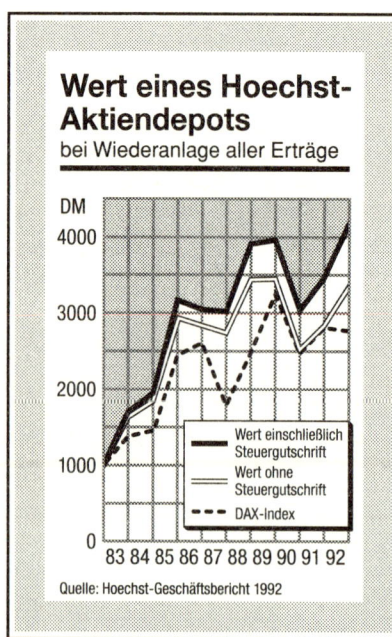

Der Anhang

Im Gegensatz zu der Zeit vor dem Bilanzrichtliniengesetz enthalten Erfolgsrechnung und Bilanz heute weniger Positionen. Der „Anhang" zu diesen beiden Teilen des Jahresabschlusses hat andererseits erheblich an Gewicht gewonnen. Er unterliegt zwar keinen besonderen Formvorschriften, doch soll er zum wahrheitsgetreuen Bild der Gesellschaft beitragen, das der Gesetzgeber fordert. Tatsächlich kann man vor allem am Anhang erkennen, wie gut ein Unternehmen die Öffentlichkeit informiert. Das Handelsgesetzbuch verlangt insbesondere folgende Angaben: die angewandten Bilanzierungs- und Bewertungsmethoden und deren Abweichungen sowie die Grundlagen der Währungsumrechnung. Die Abweichungen der Bilanzierungs- und Bewertungsmethoden sind zu begründen und ihr Einfluß auf die Vermögens-, Finanz- und Ertragslage ist gesondert darzustellen. Damit soll dem Grundsatz der Bewertungsstetigkeit Rechnung getragen werden. Alle Kapitalgesellschaften müssen darüber hinaus folgende Angaben machen: Gesamtbetrag der Verbindlichkeiten mit einer Restlaufzeit von mehr als fünf Jahren und der durch Pfandrechte oder ähnliche Rechte gesicherten Verbindlichkeiten; Aufteilung der Ertragsteuern auf das Ergebnis der gewöhnlichen Geschäftstätigkeit und das außerordentliche Ergebnis; die den Mitgliedern der Geschäftsführung und des Aufsichtsrats gewährten Kredite unter Angabe der wesentlichen Bedingungen; Name und Sitz von Unternehmen, an denen eine Beteiligung von mindestens 20 Prozent gehalten wird einschließlich des Anteils am Kapital, das Eigenkapital und das Jahresergebnis; Name und Sitz bestimmter Mutterunternehmen. Mittelgroße und große Kapitalgesellschaften sind außerdem zu folgenden Informationen verpflichtet: Sie müssen den Gesamtbetrag der sonstigen finanziellen Verpflichtungen, die Beeinflussung des Jahresergebnisses aufgrund der Anwendung von Vorschriften des Steuerrechts, die Gesamtbezüge der Mitglieder des Geschäftsführungs- und des Aufsichtsorgans sowie der früheren Mitglieder dieser Organe nennen und die nicht gesondert ausgewiesenen Rückstellungen, wenn sie einen erheblichen Umfang haben, erläutern. Bei den großen Kapitalgesellschaften kommt noch die Aufgliederung der Umsatzerlöse nach Tätigkeitsbereichen sowie nach geographisch bestimmten Märkten hinzu.

Die Aufgliederung der Umsätze und die Angaben über Unternehmen, an denen Anteile von mindestens 20 Prozent gehalten werden, können entfallen, wenn nach vernünftiger kaufmännischer Beurteilung einem dieser Unternehmen erhebliche Nachteile entstehen könnten. Außerdem darf die Angabe des Eigenkapitals und des Jahresergebnisses unterbleiben, wenn das Unternehmen nicht offenlegungspflichtig ist und keine Mehrheitsbeteiligung besteht.

Der Konzern

Kleine und mittlere Unternehmen bestehen bis heute in vielen Fällen aus einer einzigen rechtlichen Einheit, die zum Ende des Geschäftsjahres einen „Einzelabschluß" erstellt. Doch die Großunternehmen sind fast ausnahmslos als Konzerne organisiert, mit immer bedeutenderen Teilen im Ausland. Seit den Geschäftsjahren, die 1990 begannen, müssen Konzerne einen „Weltabschluß" vorlegen. Was aber ist ein „Konzern"? Die zugrundeliegende 7. EG-Richtlinie kennt das Wort nicht, doch herrscht Übereinstimmung, daß Konzernunternehmen all diejenigen sind, die einer einheitlichen und dauerhaften Leitung unterliegen. „Kontrolle" heißt das Stichwort. Daß diese besteht, wenn ein „Mutterunternehmen" Mehrheitsaktionär bei einem „Tochterunternehmen" ist, darf unterstellt werden. Doch reicht auch schon die Mehrheit der Stimmen (etwa über Aktien mit Mehrfachstimmrecht, wie sie die Kommunen beim RWE halten), um die Kontrolle zu sichern. Es gibt weitere Merkmale. Die Leitungsbefugnis einer Gesellschaft über eine andere kann angenommen werden, wenn die Muttergesellschaft die Mehrheit der Mitglieder im Verwaltungs-, Leitungs- und Aufsichtsorgan bestellt oder abberuft. Noch ausgeprägter ist dies bei Vorliegen eines Beherrschungsvertrags oder einer entsprechenden Satzungsbestimmung in dem abhängigen Unternehmen. Wichtig für die Pflicht der Zusammenfassung in einem Konzernabschluß, die „Konsolidierung", sind dabei allein die rechtlichen Möglichkeiten zur Beherrschung und nicht die tatsächliche Einflußnahme.

Wie die Rechnungslegung allgemein, so stellen auch die Bestimmungen zum Konzernabschluß einen Kompromiß zwischen der von Vorsicht geprägten, zuerst den Gläubigern verpflichteten kontinentaleuropäischen und der publizitätsfreudigeren und am Anleger orientierten angelsächsischen Sicht dar. Allerdings sind die Regeln für den Konzern mehr von der in England und Amerika gepflegten Auffassung geprägt, der Kompromiß schlägt sich nur in zahlreichen nationalen Wahlrechten nieder. Erschweren schon diese den internationalen Vergleich, so gibt es weitere Bestimmungen, die wegen ihres vagen Inhalts den Einblick in die Konzerne überhaupt behindern. Hierzu zählen die Wahlrechte bei der Währungsumrechnung, die Konsolidierungswahlrechte und die Tatsache, daß die Bewertungsmethoden im Konzern von denen in der Muttergesellschaft abweichen können. Sie müssen nur nach dem Recht im Land des Mutterunternehmens zulässig sein und im Konzernanhang dargelegt werden. Die größeren Unschärfen in der Konzernrechnung sind der Preis für die grundsätzlich begrüßenswerte Zusammenfassung großer Konglomerate - von der Muttergesellschaft in Deutschland bis zu bedeutenden Außenposten in allen Teilen der Welt. Der verstärkten Verbreitung der Konzernbetrachtung kann dieser Nachteil nichts anhaben. Der Zeitungsleser wird sich normalerweise nicht für die Einzelheiten der Konsolidierung interessieren. Er sollte aber wissen, welche Befreiungen es in der Konsolidierung gibt, warum bestimmte Unternehmen trotz der Konzernzugehörigkeit nicht konsolidiert werden und welche Alternativen zur Vollkonsolidierung bestehen. Mit diesem Einblick versteht er besser einerseits das Bemühen des Gesetzgebers um den „true and fair view" in der Rechnungslegung und andererseits die Politik der Unternehmen. Die Konzernrechnung (Abschluß, Lagebericht, Bestätigungsvermerk) muß wie die Unterlagen der Einzelabschlüsse mittelgroßer und großer Kapitalgesellschaften in den ersten neun Monaten des darauffolgenden Geschäftsjahres veröffentlicht werden.

Einen Überblick über die Ausnahmen bei der Erstellung eines Weltabschlusses gibt die Grafik. Kleinere Kapitalgesellschaften sind von der Aufstellung eines Konzerabschlusses befreit, wenn ihnen keine börsennotierte Gesellschaft angehört und wenn bestimmte Schwellenwerte nicht überschritten werden. Die Schwellenwerte beziehen sich auf die Bilanzsumme, den Umsatz und die Mitarbeiterzahl. Nimmt das Unternehmen die konsolidierten Zahlen (Nettomethode), sind die Grenzen 39 Millionen DM für die Bilanzsumme, 80 Millionen DM für den Umsatz und 500 für die Beschäftigtenzahl. Rechnet es einfach die Einzelabschlüsse (Bruttomethode) zusammen, darf die Summe nicht höher sein als 46,8 Millionen DM, 96,0 Millionen DM und ebenfalls 500 Arbeitnehmer. Für die Befreiung reicht es, wenn zwei der drei Schwellenwerte nicht überschritten werden.

Eine weitere Befreiung betrifft Teilkonzerne. Dem Grunde nach wären sie ebenfalls zur eigenständigen Rechnungslegung verpflichtet, falls die oben bezeichneten Grenzen überschritten werden. Davon darf unter bestimmten Bedingungen abgewichen werden, da die Obergesellschaft ja einen Konzernbericht erstellt. Diese kann auch in einem anderen Land der Europäischen Gemeinschaft ihren Sitz haben. Voraussetzung ist nur, daß der Gesamtkonzern seinen Bericht in Deutschland sowie in deutscher Sprache vorlegt und das befreite Unternehmen einen entsprechenden Hinweis mit Name und Sitz der berichtenden Muttergesellschaft veröffentlicht.

Daß es ein Verbot gibt, gewisse Tochtergesellschaften zu konsolidieren, verwundert auf den ersten Blick. Es soll aber verhindern, daß durch die Einbeziehung einer sehr unterschiedlichen Tätigkeit das Bild des Konzerns nachhaltig verfälscht wird. Gemeint sind damit nicht neue Sparten im Rahmen einer Geschäftsausweitung, wohl aber zum Beispiel Wohnungsbauunternehmen und Unterstützungskassen in Industriebetrieben. Wahlrechte entspringen verschiedenen Quellen. Eingeschränkte Rechte kann eine Gesellschaft geltend machen, wenn sie in einer KGaA trotz Stimmenmehrheit nicht Komplementär ist. Unvertretbar hohe Verzögerungen können in Entwicklungsländern entstehen. Eine Weiterveräußerungsabsicht nehmen besonders gerne Banken in Anspruch. Sie behaupten dann, daß zum Beispiel ein Industrieengagement nicht zu ihrem Dauerbesitz werden soll. Die Beteiligungsübersicht müssen die Konzerne auch veröffentlichen. Allerdings ist dieser Bestimmung mit der Einreichung beim Handelsregister Genüge getan.

Was geschieht, wenn eine Firma nicht unabhängig, aber doch auch kein vollständig kontrollierter Konzernteil ist, dessen etwaige Minderheitsaktionäre in der voll einbezogenen Jahresrechnung nur noch bei den „Anteilen anderer Gesellschafter" erscheinen? Ein immer wichtigeres Beispiel für solche, nur zum Teil konsolidierte Gesellschaften sind Gemeinschaftsunternehmen (Joint-ventures), in denen sich mehrere „Mütter" die Herrschaft teilen. Gemeinschaftsunternehmen stehen also außerhalb der „verbundenen Unternehmen", mit denen das Handelsgesetzbuch neben den direkten auch die indirekten Tochtergesellschaften erfaßt.

Bei einer Nichteinbeziehung von Konzerngesellschaften als voll konsolidierte „Töchter" oder als Gemeinschaftsunternehmen prüfen die Konzerne, ob sie nach der Equity-Methode verfahren müssen. In diesem Fall spricht man von einem „assoziierten Unternehmen" und unterstellt zwar keinen beherrschenden, aber doch einen maßgeblichen Einfluß. Dieser wird als vorhanden angenommen, wenn die Beteiligung zwischen 20 Prozent und 50 Prozent beträgt. Auch hier kommt es nicht auf die Kapitalanteile, sondern auf die Stimmrechte an. Der Wert 20 Prozent erscheint etwas willkürlich, doch ist daran zu erinnern, daß bei 25 Prozent bereits eine meldepflichtige Sperrminorität in der Hauptversammlung vorliegt.

Zum Verständnis der „Equity-Methode" ist ein Wort zur Technik der Konsolidierung unerläßlich. Die Aufgabe besteht darin, das Tochterunternehmen, das zunächst „nur" eine Beteiligung in der Muttergesellschaft ist, mit allen Aktiva und Passiva in den Konzernkreis zu integrieren. Zu diesem Zwecke greifen die Bilanzexperten zu drei Maßnahmen. In der „Kapitalkonsolidierung" verrechnen sie die Beteiligungswerte des Mutterunternehmens mit dem anteiligen Eigenkapital der „Tochter". In der „Schuldenkonsolidierung" verrechnen sie konzerninterne Forderungen, Schulden und Rechnungsabgrenzungsposten. In der „Erfolgskonsolidierung" eliminieren sie konzerninterne Gewinne und Aufwendungen.

Die „Equity-Methode" ist bescheidener. Man nennt sie auch Eigenkapitalmethode - dies deswegen, weil das anteilige Eigenkapital des Beteiligungsunternehmens im Konzernabschluß nicht verrechnet wird und damit optisch untergeht, sondern mit dem Buchwert der Beteiligung auf der Aktivseite der Bilanz verglichen wird. Ein sich ergebender höherer Betrag auf der Aktivseite ist, wie bei der Kapitalkonsolidierung, ein Geschäftswert (Goodwill). Dieser Hoffnungswert auf künftige Geschäfte darf mit Eigenkapital des Konzerns verrechnet oder über mehrere Jahre abgeschrieben werden. Im ersten Fall bleibt der Vorgang in der Bilanz, im zweiten kommt die Gewinn- und Verlustrechnung ins Spiel. Entsteht auf der Passivseite ein höherer Betrag, nennt man dies auch „Bad Will". Dahinter steht die Annahme, daß für das assoziierte Unternehmen weniger gezahlt wurde als das anteilige bilanzielle Eigenkapital. Der auf der Passivseite erscheinende Ausgleichsbetrag ist eine Art „Zitterprämie" für eine als eher schwach eingestufte Beteiligung. Sie darf vom Unternehmen vereinnahmt werden, wenn sich die Befürchtungen als gegenstandslos erwiesen haben und sie tatsächlich zu Gewinn wird. Ebenso verschwindet der Ausgleichsbetrag, wenn Aufwendungen oder Verluste eintreten, die der Beteiligung zugerechnet werden können.

Der Konzernanhang enthält eine Reihe weiterer Pflichtangaben und Erläuterungen. Zu den Pflichtangaben gehört die Mitarbeiterzahl im Jahresdurchschnitt, zu den Erläuterungen die gewählte Währungsumrechnung. Hier herrscht große Freiheit, zur Wahl stehen allerdings grundsätzlich drei Kurse: die Stichtagskurse (meist für die Bilanz und den Jahresgewinn), die Jahresdurchschnittskurse (meist für die Gewinn- und Verlustrechnung) und die (historischen) Anschaffungskurse, zum Beispiel für das Anlagevermögen und die Abschreibungen.

Wahrscheinlich übertreiben die Kritiker, die behaupten, gerade im Konzernabschluß könne man die Zahlen „tanzen lassen", ohne die Gesetze zu verletzen. Die ungesicherte Währungsumrechnung würde allerdings in ein solches Bild passen, bedenkt man die breiten Auslandsengagements deutscher Unternehmen und die hohen Währungsschwankungen.

Unternehmensverbindungen

Mehr denn je sehen Unternehmen die Notwendigkeit, geschäftliche Verbindungen einzugehen, die über Lieferanten- und Kundenbeziehungen hinausreichen. Gemeinschaftsunternehmen sind ein gutes Beispiel für einen engeren Verbund. Unter dem Motto „Gemeinsam sind wir stärker" wird versucht, technisches Wissen zu bündeln und Risiken zu teilen, um neue, schwierige oder schwer erschließbare Märkte zu sichern. Als schon lange bekanntes Beispiel sei die Bosch-Siemens Hausgeräte GmbH genannt: gemeinsame Produktion, aber getrennter Vertrieb. Bosch und Siemens sind dabei in der gemeinsamen Gesellschaft gleichberechtigt. Nimmt man die Intensität der Unternehmensverbindung als Maßstab, stehen Gemeinschaftsunternehmen in der Mitte zwischen der losen Kooperation und der Zusammenführung zweier Gesellschaften in einer „Fusion" oder „Verschmelzung".

Am Beginn einer engeren Zusammenarbeit von zwei Unternehmen steht in vielen Fällen die Kooperation. Sie bleibt auf ein enges Feld begrenzt und schränkt die Bewegungsfreiheit der Beteiligten nur geringfügig ein: Die großen Fachgeschäfte einer Stadt gründen eine Werbegemeinschaft, Unternehmen wenden sich in einem kleineren Land gemeinsam an einen Importeur, zwei Hersteller entwickeln zusammen ein neues Produkt. Allerdings gibt es auch festere Formen, etwa die Einkaufsgemeinschaften im Einzelhandel, die einen wesentlichen Teil des Geschäfts umfassen. Wenn Kooperationen enger werden, kann schnell die Gefahr wettbewerbswidriger Absprachen entstehen und die Hemmschwelle des Kartellgesetzes erreicht werden.

Formen engerer Zusammenarbeit gehen häufig mit dem Erwerb von Kapitalbeteiligungen einher. Die Rede ist nicht von den Zehn-Prozent-Beteiligungen, bei denen die steuerlichen Vorteile der „Schachtelbeteiligung" winken. Sie stellen eine typische Finanzbeteiligung dar. Vielmehr geht es hier um industrielle Verbindungen, die durch einen Kapitalerwerb untermauert werden. Wird eine wechselseitige Beteiligung vereinbart, spricht man von einer „Kreuzbeteiligung" oder auch „Überkreuzbeteiligung". Dies geschieht gerne bei „strategischen Allianzen". Sie werden gegründet in der Absicht, dauerhafte gegenseitige Vorteile zu schaffen statt einer einseitigen Einflußnahme, wie diese ein Erwerber gewichtiger Beteiligungspakete ausüben kann. „Strategische Allianzen" dienen aber immer wieder dazu, Firmenübernahmen „auf leisen Sohlen" zu kaschieren. Es empfiehlt sich daher, die Inhalte solcher Allianzen unter dem Gesichtspunkt des Gleichgewichts genau zu prüfen.

Ein bedeutsamer Einschnitt in der Unternehmensentwicklung ist die Konzernbildung, da die Gleichberechtigung aufgegeben wird, und statt dessen gesellschaftsrechtliche Abhängigkeitsverhältnisse entstehen. Auch das Aktiengesetz hebt darauf ab. Entsprechend wird unterstellt, daß bei einem Unternehmen im Mehrheitsbesitz eines anderen eine „Abhängigkeit" und eine Konzernbildung erfolgt. In diesem Fall spricht man von einem „faktischen Konzern". Zum Schutz der freien Aktionäre ist dabei jedes Jahr ein von den Wirtschaftsprüfern und vom Aufsichtsrat geprüfter „Abhängigkeitsbericht" zu erstellen und sind wirtschaftliche Nachteile durch diesen Schritt auszugleichen.

Das zweite Kriterium für die Konzernbildung ist, wie schon erwähnt, die „einheitliche Leitung". Sie wird dann besonders sichtbar, wenn der „faktische Konzern" sich in einen „Vertragskonzern" verfestigt. Als Mittel hierzu dient der „Beherrschungsvertrag", oftmals (aber nicht notwendigerweise) verbunden mit einem „Ergebnisabführungsvertrag". Der Oberbegriff für Vereinbarungen dieser Art ist der „Organschafts- oder Unternehmensvertrag". Ergebnisabführungsvertrag heißt, daß die Obergesellschaft Gewinn oder Verlust übernimmt. Die außenstehenden Aktionäre werden bei Beherrschungs- und Ergebnisabführungsverträgen dadurch besonders geschützt, daß ihnen ein wirtschaftlich sinnvolles Abfindungsangebot für ihre Aktien unterbreitet oder eine Garantiedividende gezahlt werden muß. Ergebnisabführungsverträge haben auch eine bedeutsame steuerliche Seite. Sie erlauben das steuersparende Verrechnen von Verlusten der einen mit den Gewinnen der anderen Gesellschaft: beide gelten als steuerliche Einheit.

Mehrheitliche Firmenunternehmen werden gerne als „Fusion" bezeichnet. Eine solche Benennung führt allerdings in die Irre, muß doch „Fusion" mit „Verschmelzung" übersetzt werden. Die Fehldeutung rührt nicht zuletzt aus der „Fusionskontrolle" des Bundeskartellamtes; diese greift schon ab einem Beteiligungserwerb von 25 Prozent plus eine Aktie, umfaßt also einen weiteren Rahmen von Unternehmenszusammenschlüssen. Die Fusion vollzieht sich entweder als „Verschmelzung durch Neubildung", bei der die Vermögen auf eine neue Gesellschaft übertragen werden, oder – der häufigere Fall – als „Verschmelzung durch Aufnahme". Hier überträgt ein Unternehmen sein Vermögen auf ein anderes. Im Gegenzug für die Abgabe der Aktien erhalten die Aktionäre neue Anteile der übernehmenden Gesellschaft. Große Fusionen sorgen mehr noch als Mehrheitsunternehmen für Schlagzeilen, da die fusionierte Gesellschaft nicht nur ihre Unabhängigkeit, sondern mehr noch ihre gesellschaftsrechtliche Eigenständigkeit verliert. Einer der bedeutendsten Fälle der vergangenen Jahre war die Zusammenführung der Fried. Krupp GmbH und der Hoesch AG in der Fried. Krupp AG

Hoesch-Krupp. Aufnehmender Teil war Krupp, wobei zusätzlich Name und Rechtsform wechselten. Fusionen sind kompliziert und bieten Minderheitsaktionären zahlreiche Hebel zur Obstruktion. Leichter geht es mit der „Eingliederung", obwohl auch dieser die Hauptversammlungen der beteiligten Gesellschaften zustimmen müssen. Voraussetzung ist eine Mehrheit von 95 Prozent der Hauptgesellschaft am einzugliedernden Unternehmen. In diesem Falle muß dem noch verbleibenden Streubesitz ein Abfindungsangebot mit Garantiedividende unterbreitet werden. Der Unterschied zur „Verschmelzung" liegt darin, daß die Firma nicht untergeht, sondern sozusagen eine Betriebsabteilung der Hauptgesellschaft wird.

12. Wie gut ist ein Unternehmen?

Die Meldungen und Berichte im Wirtschaftsteil einer Tageszeitung sind keine Untersuchungen von Bilanzanalysten der Banken oder von Rating-Agenturen. Sie befassen sich mit den Unternehmen im Blick der breiten Öffentlichkeit. Dazu gehören nicht nur private und institutionelle Kapitalanleger, sondern auch Kunden, Lieferanten und die Mitarbeiter, die sich für Lieferfristen, Strategien zur Fertigungstiefe, Personalplanung, Umweltschutzmaßnahmen und anderes interessieren. Doch ist auch für den Zeitungsleser mit die wichtigste Frage, wie gut das Unternehmen dasteht, ob sich die Ertragslage vielleicht verbessert oder verschlechtert hat, ob Gewinnmargen und Marktanteile größer oder kleiner geworden sind. Der Journalist ist daher ebenfalls zu einer Bilanzbetrachtung aufgerufen. Er wird sich in seiner Einschätzung nicht auf wenige Kennzahlen wie Umsatz und Jahresüberschuß verlassen, aber zum Beispiel stärker die Erfolgsrechnung als die Bilanz betrachten. Dabei beläßt er es nicht nur bei den nackten Zahlen und dem Aufspüren von Sondereinflüssen, sondern sucht den Vorjahres- oder manchmal gar den Mehrjahresvergleich und stellt geeignete Beziehungsmuster her. Das wichtigste Hilfsmittel bildet der Vergleich mit dem Vorjahr. Zu beachten ist allerdings, ob die Bewertungsmaßstäbe geändert wurden. Manchmal ist auch ein Mehrjahresvergleich sinnvoll, etwa zur Verdeutlichung einer Gewinnerosion oder eines regional unterschiedlichen Umsatzwachstums. Viel schwieriger stellt sich der Vergleich verschiedener Unternehmen dar. Auto ist nicht gleich Auto, und die Werkzeugmaschinen des einen Herstellers sind mit denen eines anderen in der Einsatzmöglichkeit oft nicht vergleichbar. Zudem offenbart der nähere Augenschein, welch unterschiedliches Innenleben vordergründig gleichartige Unternehmen haben. Dies beginnt bei der Lage der Fabriken, setzt sich fort im Anteil des Auslandsgeschäftes und endet bei der Ausschüttungspolitik. Am bekanntesten sind die Vergleiche der drei großen deutschen Chemieunternehmen BASF, Bayer und Hoechst. Hier wirkt sich als Vorteil aus, daß sie ungefähr gleich groß und gleich alt sind sowie darüber hinaus regional ähnlich verankert. Alle drei Konzerne sind darüber hinaus ohne bestimmenden Großaktionär, also echte „Publikumsgesellschaften".

Das Ergebnis je Aktie

Eine der wichtigsten Kennzahlen der Unternehmen ist das „Ergebnis je Aktie" nach DVFA/SG. Die beiden Kürzel stehen für die Deutsche Vereinigung für Finanzanalyse und Anlageberatung und die Schmalenbach-Gesellschaft Deutsche Gesellschaft für Betriebswirtschaft, in denen die meisten Bilanzexperten organisiert sind. Sie haben sich 1990 auf ein gemeinsames Schema geeinigt, das für deutsche Unternehmen zu einer Richtschnur geworden ist. Das DVFA/SG-Ergebnis soll das von Sondereinflüssen bereinigte Jahresergebnis offenlegen. Sondereinflüsse, die das Ergebnis optisch verbessern, können größere Firmenverkäufe, eine unerwartete Steuererstattung oder auch ein Währungsgewinn sein. Zu den ergebnismindernden Faktoren zählen zeitlich begrenzte Sonderabschreibungen und der unerwartete Ausfall eines Schuldners bei einem Großauftrag. Zugleich macht das Ergebnis je Aktie deutlich, ob in der Dividende der Aktiengesellschaft noch viel „Luft" ist oder ob sie den Gewinn aus dem normalen Geschäft fast aufzehrt.

Nehmen wir unser Standardbeispiel Daimler. Dort ist die Dividende für 1992 bei 13 DM je Aktie verblieben, der Gewinn je Aktie fiel hingegen von 55 auf knapp 30 DM. Es gibt also ein augenfälliges Anzeichen dafür, daß die nachhaltige Ertragskraft des Konzerns deutlich gesunken ist. Kritisch muß man fragen, ob sich Daimler-Benz diese Dividende geleistet hätte, wäre sie nicht im Jahr zuvor erst von 12 auf 13 DM angehoben worden. Und noch eines macht die Kennzahl nach DVFA/SG deutlich. Während der ausgewiesene Konzernjahresüberschuß um 25 Prozent sank, brach der Ertrag aus dem normalen Geschäft um 45 Prozent ein. Allerdings ist das DVFA/SG-Ergebnis ebenfalls ein Näherungswert. Wenn es daher auf den Pfennig genau ausgewiesen erscheint, wird eine Genauigkeit vorgetäuscht, die allein aus der Berechnung des Computers rührt. Ähnlich wie ein „Ergebnis je Aktie" läßt sich auch ein „Cash-flow je Aktie" ermitteln, der auf die Finanzkraft des Unternehmens abhebt. Das DVFA/SG-Ergebnis ist die für die Unternehmensanalyse von erheblichem Wert, doch hat es zwei entscheidende Nachteile: Es ist international kaum verbreitet, und es läßt sich nicht direkt aus dem Jahresabschluß ermitteln. Vielmehr sind meist weitere Nachfragen bei den Unternehmen notwendig, die die Mitglieder der DVFA bei regelmäßigen Betriebsbesuchen vornehmen.

Oft bietet sich zur weiteren Ausleuchtung der Gewinn- und Verlustrechnung der Vergleich des Gewinns mit dem Umsatz an. Man ermittelt dann eine „Umsatzrendite" als Gewinn in Prozent vom Umsatz. Ist die Ausgangsgröße das Ergebnis der gewöhnlichen Geschäftstätigkeit (also der Gewinn vor Ertragsteuern), dann erhält man die Bruttoumsatzrendite. Geht man vom Jahresüberschuß, also dem Gewinn nach Steuern, aus, ermittelt man die Nettoumsatzrendite. Wegen der hohen Steuersätze in Deutschland ist es für eine aussagekräftige Angabe immer notwendig zu verdeutlichen, ob man von der Umsatzrendite brutto oder netto spricht. Gute Nettoumsatzrenditen beginnen etwa bei zwei Prozent. Daimler-Benz erreichte 1992 etwa 1,5 Prozent, die Großchemie in ihrem Glanzjahr 1989 rund vier Prozent. Es gibt noch weitere Kennzahlen, die weite Verbreitung gefunden haben, so die Gesamtkapital- und die Eigenkapitalrendite, die Dividendenrendite (meist einschließlich Steuergutschrift und bezogen auf den Jahresendkurs der Aktie) und der Anteil des Personal- und Materialaufwands am Umsatz oder an der Gesamtleistung. Häufiger und echte Verkäufe widerspiegelnd ist der Umsatz, der die Gewinnanteile enthält. Im Gegensatz dazu gilt dies bei der Gesamtleistung nur zum Teil, da in sie auch die reinen Bestandsveränderungen in den Vorräten eingehen. Oftmals wird der Umsatz je Mitarbeiter errechnet. Diese Berechnung ist in solchen Fällen besonders sinnvoll, in denen ein Unternehmen zum Beispiel gesagt hat, bei einem gewissen Umsatz je Mitarbeiter gelange es in die Gewinnzone („Break even"), und damit einen Personalabbau rechtfertigt. Andererseits macht die Angabe keinen Sinn, wenn Unternehmen mit unterschiedlicher Fertigungstiefe verglichen werden.

Die „Staffelform" der Erfolgsrechnung mit den Umsatzerlösen, den zusätzlichen Erträgen, den Aufwendungen und dem Gewinn als optischer „Restgröße" führt zur vertikal ausgerichteten Analyse: Zahlen der Staffel werden zueinander in Beziehung gesetzt. Dasselbe Verfahren kann man innerhalb der Aktiv- und Passivseite der Bilanz vornehmen. Genannt sei für den ersten Fall das Anlagevermögen und die Vorräte bezogen auf die Bilanzsumme. Auf der Passivseite ist besonders die Eigenkapitalquote wichtig, gibt sie doch einen Hinweis auf den von festen Verbindlichkeiten freien Manövrierraum des Unternehmens. Daimler-Benz zeigte in der Konzernbilanz des Jahres 1992 einen Eigenkapitalanteil von 22 Prozent der Bilanzsumme. Diese Eigenkapitalquote, bei der realistischerweise die Ausschüttung der Muttergesellschaft nach der Hauptversammlung herausgerechnet wurde, ist nicht gerade überragend. Doch kein Urteil ohne genaue Betrachtung: Die Aussage wird dadurch relativiert, daß Daimler in großem Stil das Fahrzeug-Leasing betreibt. Zu dessen Eigenarten gehört, daß es fremdfinanziert wird. Die Folge: In der Bilanz sinkt der Eigenkapitalanteil.

Die goldene Bilanzregel

Die „Kontoform" der Bilanz legt allerdings besonders eine horizontale Analyse nahe. Dabei geht es im wesentlichen darum, inwieweit bestimmte Positionen auf der Aktivseite durch solche auf der Passivseite und umgekehrt abgedeckt sind. Dies ist leicht einzusehen, spiegelt die Bilanz doch das Vermögen und dessen Finanzierung wider. Ein wichtiges Merkmal ist das Verhältnis zwischen Eigenkapital und Anlagevermögen. Eine Faustregel für Industrieunternehmen besagt, daß das Anlagevermögen möglichst in vollem Umfang durch – nicht rückforderbares – Eigenkapital finanziert sein sollte (goldene Bilanzregel). Ein klassischer Fall für das Erfüllen dieser Anforderung ist bis heute Siemens. Viele andere Gesellschaften können sich – zum Beispiel als Folge einer starken Investitionstätigkeit bei relativ schwacher Kapitaldecke – bei weitem nicht eines derart hervorragenden Status erfreuen. In einer „weicheren" Version finanzieren Eigenkapital und langfristige Schulden das Anlagevermögen; langfristig deshalb, weil damit eine sichere Kalkulationsbasis besteht. Die Amerikaner pflegen in ihren Bilanzanalysen auch das „Working Capital" anzugeben; das ist der Betrag, um den das Eigenkapital und die langfristigen Verbindlichkeiten höher sind als das Anlagevermögen: „working" deshalb, weil dieser Betrag gleichsam im Umlaufvermögen arbeitet.
Die horizontale Betrachtung der Bilanz führt auch zu den Kennzahlen im Umkreis der Liquidität. Man spricht von der „Primärliquidität" oder „Liquidität ersten Grades" und meint den Prozentsatz, zu dem das kurzfristig fällige Fremdkapital aus den vorhandenen flüssigen Mitteln bedient werden kann. Ausgehend von der Tatsache, daß ein Teil der in den ersten Monaten eines neuen Jahres fälligen Verbindlichkeiten natürlich aus Zahlungen der Schuldner beglichen werden kann, werden oft die Forderungen in die Liquiditätsberechnung einbezogen. Man erhält auf diese Weise die „Sekundärliquidität" oder „Liquidität zweiten Grades".
Nicht immer lassen die aus der Bilanz abgeleiteten Liquiditäts-Kennzahlen ein Urteil über die wirkliche Zahlungsbereitschaft eines Unternehmens zu. Dazu müßte man die Fälligkeitstermine der Forderungen und der Verbindlichkeiten kennen. Unter Umständen können auch kurze Zeit nach dem Bilanzstichtag beträchtliche Verpflichtungen fällig werden, die im Jahresabschluß keinen Niederschlag gefunden haben, weil sie an diesem Tage noch nicht bestanden haben; dazu können Steuerzahlungen, Zinsen auf selbst begebene Schuldverschreibungen und ähnliches gehören. Ein „Plan der Zahlungsbereitschaft" – kurz „Liquiditätsplan" genannt – ist aus den Bilanzzahlen allein nicht abzuleiten.

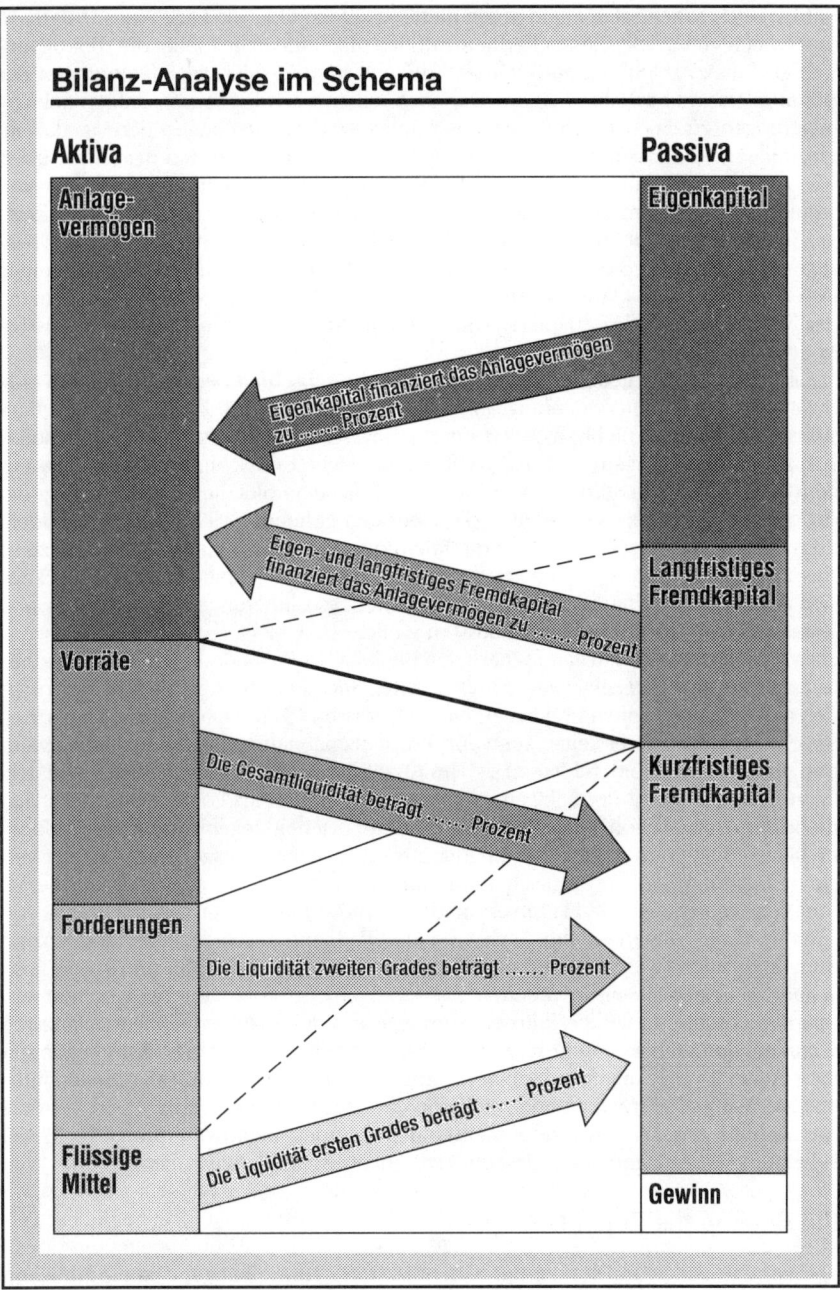

Das Verhältnis von langfristigem Kapital zum Anlagevermögen und von kurzfristig fälligen Verbindlichkeiten zum Umlaufvermögen sind wichtige Bestandteile einer Bilanzanalyse.

Zahlen und Prozentsätze allein sagen nicht genügend über die Lage eines Unternehmens. Fachleute wie Professor Karlheinz Küting plädieren daher dafür, die „Politik hinter den Bilanzzahlen" zu entschlüsseln, indem zum Beispiel die Erläuterungen des Anhangs stärker beachtet werden. Dennoch lassen auch die reinen Zahlen Schlußfolgerungen zu. So hat sich in wissenschaftlichen Untersuchungen gezeigt, daß im Idealfall gute Unternehmen, die meist noch besser sind, als sie sich darstellen, überwiegend degressiv abschreiben, bei den Pensionsrückstellungen einen Zinssatz von weniger als sechs Prozent wählen, nicht klar nachvollziehbare Sonderabschreibungen in einer Höhe von mehr als 30 Prozent der Jahresabschreibungen nutzen, die sonstigen Rückstellungen ohne Nennung von Gründen um mehr als 20 Prozent steigen lassen, den Betrag für Aufwandsrückstellungen erhöhen und mehr als zehn Prozent der Bilanzsumme in Wertpapieren (des Umlaufvermögens) anlegen oder als flüssige Mittel zur Verfügung haben.

Vorsicht ist dagegen geboten, wenn in einem Jahresabschluß der Betrag für aktivierte Ingangsetzungs- und Erweiterungsaufwendungen erhöht wird, Fehlbeträge von Pensionsrückstellungen nicht passiviert oder geringwertige Wirtschaftsgüter nicht sofort voll abgeschrieben werden. Diese Maßnahmen legen den Schluß auf eine schwierige wirtschaftliche Situation nahe. Dasselbe gilt für eine plötzliche Verlängerung der Abschreibungsfristen, wie sie etwa die Deutsche Lufthansa 1992 vornahm. Zudem zeigt sich immer wieder, daß Unternehmen in wirtschaftlich guter Lage zu präzisen Aussagen im Jahresabschluß bereit sind, während Unternehmen in schlechter Lage sich eher vage äußern und sich bestenfalls zu Tendenzäußerungen herbeilassen, wie jener, daß man die Ertragslage verbessern wolle.

Ein Vergleich mit dem Ausland schärft den Blick für die Besonderheiten der deutschen Bilanzauffassung und zeigt deren Möglichkeiten und Grenzen. Als Gegenbeispiel werden meist die englischen und bis zu einem gewissen Grad auch die amerikanischen Regeln angeführt. Zwar gelten auch dort Vorsichtsmaßnahmen wie das Niederstwertprinzip, doch insgesamt fühlt man sich im Angelsächsischen in geringerem Maße dem Gläubigerschutz und der Substanzerhaltung verpflichtet. Im Vordergrund steht vielmehr der Anleger. Von Vorsicht geprägt sollen Entscheidungen und Strategien sein, nicht aber die Information, lautet die Argumentation. Davon ausgehend hat in der Vergangenheit mit Blick auf Deutschland schon die Frist zwischen Geschäftsjahresende und Bilanzvorlage sowie Hauptversammlung (meist Juni/Juli für Geschäftsjahre entsprechend dem Kalenderjahr) Anstoß erregt. Die lange Zeit bis zur Dividendenzahlung führte auch zu einem Zinsnachteil zu Lasten der Aktionäre. Hier sind in den deutschen Unternehmen entsprechende Veränderungen begrüßenswerterweise schon weit vorangeschritten. Inhaltlich kritisieren Anleger aus der angelsächsischen Bilanzwelt vor allem drei Punkte: Die Abschreibungsregeln seien zu großzügig, das Anlegen stiller Reserven werde allgemein zu weit getrieben (Firmenwerte insbesondere könnten mit Eigenkapital verrechnet und müßten nicht abgeschrieben werden) und Verrechnungspreise zwischen Konzerngesellschaften würden kaum überprüft. Auch hier scheint in Deutschland zumindest ein Umdenken eingesetzt zu haben.

Ein Blick in die Zukunft

Die Entscheidung von Daimler-Benz im März 1993 zum Alleingang an die New Yorker Börse ist von grundlegender Bedeutung: Deutschlands größtes Industrieunternehmen hat sich damit der angelsächsischen Art der Rechnungslegung geöffnet. Künftig legt der Konzern einen zweiten Abschluß entsprechend der in Amerika geltenden

Regeln vor. Bis zu diesem Beschluß hatten Daimler und andere deutsche Großunternehmen eine Linie verfolgt, deren Ziel die Akzeptanz des noch jungen europäischen Regelwerks durch die amerikanische Börsenaufsicht Securities and Exchange Commission (SEC) war. Nunmehr könnte eine Entwicklung eintreten, an deren Ende sich nur noch solche Unternehmen auf die Rechnungslegung der EG beschränken, die im „Heimatmarkt" Europa tätig sind. Die wirklich internationalen Konzerne würden dagegen ihre Berichterstattung immer mehr nach dem amerikanischen Muster ausrichten. Sie fühlen sich in dieser Haltung auch dadurch bestätigt, daß sie für sich in Anspruch nehmen, dem Anleger mehr Transparenz für seine Anlageentscheidungen zu bieten. Ungeachtet der Tatsache, daß Daimlers „Paukenschlag" in New York auch ein Propagandaerfolg nach einem enttäuschenden Geschäftsjahr 1992 war, lohnt sich ein Blick auf die Änderungen, die das Unternehmen, beginnend schon 1989 im Konzern, in die Wege geleitet hat. Sie könnten anderen Konzernen, deren Welt international geworden ist, einen Anhaltspunkt bieten. Es sei allerdings als erstes daran erinnert, was sich zunächst nicht geändert hat. Die Vereinbarung mit der SEC sah keine Ausweitung der Berichterstattung über Daimlers einzelne Geschäftsfelder vor („segment reporting"), die – daran ist zu erinnern – selbst den Umfang größerer Unternehmen haben. Bei diesem Großunternehmen mit (1992) knapp 100 Milliarden DM Umsatz kann man leicht zehn bis fünfzehn unterschiedliche Teile aussondern, von Personenwagen und Nutzfahrzeugen bis zur Raumfahrt. Die Vereinbarung folgte demgegenüber dem gewohnten Schema: die Muttergesellschaft als die geschäftsführende Holding und darunter die Tochtergesellschaften Mercedes-Benz (Automobile), Deutsche Aerospace (Luft- und Raumfahrt), AEG (Elektrotechnik und Elektronik) sowie Daimler-Benz Interservices (Dienstleistungen). Allerdings eröffnet, wie in anderen Unternehmen, die Liste der Beteiligungen zusätzliche Einblicke in die Lage des Konzerns.
Eine erste wichtige Änderung betrifft die stillen Reserven. Daimler hat sich nicht nur zu einer Vereinheitlichung in AG und Konzern, sondern vor allem zu einer weitgehenden Offenlegung entschlossen. Das bisher gepflegte „Arm rechnen" hält das Unternehmen nicht mehr für zeitgemäß. Sichtbar ist dieser Wandel bei den Pensionsrückstellungen, deren Zinsfuß insgesamt von 3,5 Prozent auf die steuerlich veranlaßten sechs Prozent angehoben wurde, und bei den Vorräten, die nun auch Gemeinkostenanteile enthalten. In einem weiteren Schritt wird der Konzern im Amerika-Abschluß von 1993 an die erworbenen Firmenwerte (Goodwill) nicht mehr direkt mit Eigenkapital verrechnen, sondern offen ausweisen und dann über mehrere Jahre hinweg abschreiben. Die Folge all dieser Maßnahmem ist eine nachhaltige Verstärkung des ausgewiesenen Eigenkapitals, das den Anlegern die wahre Stärke des Unternehmens im internationalen Vergleich besser zeigen soll.
Aus der ersten Veränderung folgt eine zweite. Zur Darstellung des normalen Geschäftsgangs zieht Daimler in Amerika nicht mehr das DVFA/SG-Ergebnis heran, sondern das amerikanische „earnings per share", das die Kennzeichen dieser Rechnungslegung (etwa bei den Steuern und den Rückstellungen) berücksichtigt. Darüber hinaus plant Daimler-Benz freiwillig einen weiteren Schritt zu mehr Publizität. Obwohl die SEC für ausländische Unternehmen innerhalb der Geschäftsjahre nur Halbjahresabschlüsse verlangt, will dieser Konzern wie die amerikanischen künftig Quartalsabschlüsse vorlegen.
Eine letzte wichtige Änderung vollzieht sich beim Cash-flow. In Deutschland wurde er bisher als ein Kennzeichen der Ertragskraft betrachtet. Auch hier hat sich Daimler der angelsächsischen Sicht angeschlossen: Die Bilanz gibt die Vermögensübersicht, die Gewinn- und Verlustrechnung zeigt die Ertragslage und der Cash-flow legt die

Bewegung der Finanzmittel offen. Entsprechend hat Daimler-Benz im Abschluß 1992 seine Kapitalflußrechnung erweitert und als Teil der Investitionstätigkeit mit den „Quellen" Geschäftstätigkeit und Finanztätigkeit sowie der Veränderung bei den flüssigen Mitteln behandelt.

Den Gang der Unternehmen an die internationalen Kapitalmärkte, nach Amerika und nach Fernost, und daraus folgend die Erweiterung der Rechnungslegung diktieren nüchterne Überlegungen. Der europäische Kapitalmarkt wird zu klein für den immer stärkeren Wettbewerb um die verfügbaren Mittel. Die Privatisierung von Staatsbetrieben gewinnt nach dem Untergang sozialistischer Wirtschaftsmodelle an Schubkraft, verschärft aber zwangsläufig das Werben um die privaten Investoren. In verschiedenen Teilen der Welt, vor allem in Ostasien, werden andererseits die Menschen reicher und suchen nach Anlagemöglichkeiten für ihr Geld. Zugleich wächst der Kapitalhunger der Unternehmen: Technische Neuentwicklungen verschlingen immer größere Summen, die zunehmend globale Standortkonkurrenz zwingt zu Umstrukturierungen und zu Investitionen in neuen Märkten. Immer kürzere Lebenszyklen und oftmals schnell nachgebende Preise zwingen dazu, neue Produkte in möglichst vielen Ländern gleichzeitig anzubieten. Es ist aber nicht zu sehen, wie Unternehmen wirklich international tätig sein wollen, wenn ihre Berichterstattung nicht ebenfalls ein internationaler Standard auszeichnet. Ob dies der europäische oder aber der amerikanische sein wird, muß vorerst noch offen bleiben.

13. Die Hauptversammlung

Einmal im Jahr werden die Aktionäre eines Unternehmens zur Hauptversammlung geladen. Der „Souverän" ist aufgerufen, über die wesentlichen Angelegenheiten Beschluß zu fassen, von der Dividende bis zu Satzungsänderungen. Vielfach wird die Hauptversammlung als Inbegriff der „Aktionärsdemokratie" verklärt. Doch sie entspricht weder vollständig diesem Idealbild, noch ist sie so schlecht, wie sie oft gemacht wird. Man kennt dies aus vielen großen Aktionärstreffen: Sofort nach der Rede des Vorstandsvorsitzenden strömen viele Teilnehmer zu den Kaffee- und Imbißtheken. Sie packen die „Gastgeschenke" ein, während im Saal nach den Beiträgen der Aktionärsvereinigungen einige Aktionäre mit verqueren Beiträgen ihren Rededrang stillen. Wenn der organisatorische Rahmen stimmt, haben Vorstand und Aufsichtsrat, also die Verwaltung, im Normalfall einen großen Teil möglicher Kritik im Ansatz erstickt. Dabei gehört das Auskunftsrecht zu den wichtigsten Rechten, die dem Aktionär zustehen. Es überrascht immer wieder, wie selten es wahrgenommen wird. Im Vordergrund stehen für ihn verständlicherweise andere Rechte, insbesondere das Recht auf Dividende bei entsprechendem Gewinn sowie das Stimmrecht. Daneben hat der Aktionär ein Anfechtungsrecht gegenüber Hauptversammlungsbeschlüssen, ein Bezugsrecht auf neue Aktien aus einer Kapitalerhöhung und ein Recht auf den Liquidationserlös, sollte die Gesellschaft aufgelöst werden. Bezugsrechtsausschlüsse bei Kapitalerhöhungen sorgen daher immer wieder für Zündstoff.

Das „demokratische Element" in deutschen Aktiengesellschaften tritt in der Ausgangslage besonders zutage. Schon mit einer Aktie kann ein Aktionär auf der Hauptversammlung auftreten und vom Vorstand Auskünfte verlangen, freilich nur über Angelegenheiten, die „zur sachgemäßen Beurteilung des Gegenstandes der Tagesordnung erforderlich sind". Der Vorstand ist in der Hauptversammlung – nicht auch außerhalb, also etwa schriftlich im Verlauf des Jahres – zur Auskunft verpflichtet. Die Hauptversammlung ist im Leben der Aktiengesellschaft der einzige Ort, an dem sich Aktionäre, Aufsichtsrat und Vorstand zur Aussprache über Angelegenheiten der Gesellschaft treffen.

Das Forum der Eigentümer: Die Hauptversammlung

Jede Aktie eine Stimme

„Jede Aktie eine Stimme" lautet die Regel für die Abstimmungen. Aber es gibt Ausnahmen, die auch immer wieder Kritik hervorrufen. An vorderster Stelle stehen Stimmrechtsbeschränkungen: Eine Gesellschaft kann in der Satzung eine Grenze für den Aktienbesitz in einer Hand festlegen. Wird diese Grenze – zum Beispiel fünf Prozent des gezeichneten Kapitals – überschritten, sind alle weiteren Aktien ohne Stimmrecht. Die dahinterstehende Absicht ist klar: Die Kontrolle des Unternehmens durch einzelne Großaktionäre soll verhindert werden.
Abweichungen von der Regel sind auch „Mehrfachstimmrechte" auf gewisse Aktien und die „stimmrechtslosen Vorzugsaktien". Diese „kastrierten Aktien" sind allerdings meist mit einem höherem Dividendenanspruch ausgestattet. Und bleibt der Vorzugsbetrag zwei Jahre hintereinander unter dem zugesicherten Wert, erhalten die Vorzugsaktionäre im dritten Jahr ein Stimmrecht, bis der Rückstand aufgeholt ist.
Die Feststellung des Jahresabschlusses, mit dem gleichzeitig die Höhe des Jahresüberschusses und des Bilanzgewinns festgestellt wird, ist in der Aktiengesellschaft eine Angelegenheit, die Vorstand und Aufsichtsrat zufällt. Nur wenn diese beiden Gremien beschließen, die Feststellung der Hauptversammlung zu überlassen, kommen die Aktionäre ins Spiel. Bei der Kommanditgesellschaft auf Aktien ist dies anders: Hier verlangt das Aktiengesetz, daß der Jahresabschluß stets durch die Hauptversammlung festgestellt wird; die persönlich haftenden Gesellschafter müssen dem Beschluß allerdings zustimmen. Entscheiden Vorstand und Aufsichtsrat über den Jahresabschluß,

haben sie zugleich das Recht, einen Teil des Jahresüberschusses, im Normalfall bis zur Hälfte, vorab in die Gewinnrücklagen einzustellen.

Neben dem Recht, über die Verteilung des Bilanzgewinnes der AG (nicht des Konzerns!) zu beschließen, hat die Hauptversammlung andere wichtige Kompetenzen. Sie bestellt die Mitglieder des Aufsichtsrates, soweit diese von der Hauptversammlung zu wählen sind (also nicht etwa die Arbeitnehmervertreter) und soweit sie nicht von bestimmten Aktionären – zum Beispiel Bund, Länder, Gemeinden – entsandt werden (Entsendungsmandate). Die Hauptversammlung beschließt ferner über die Entlastung von Vorstand und Aufsichtsrat und wählt den Abschlußprüfer. Die Verweigerung einer Entlastung ist ein Mißtrauensvotum der Versammlung, das aber keine zwingenden rechtlichen Folgen nach sich zieht. Diese Beschlüsse sind in jedem Jahr zu fassen.

Hauptversammlungen müssen in den ersten acht Monaten nach Abschluß eines Geschäftsjahres stattfinden, und zwar am Sitz der Gesellschaft oder am Platz einer deutschen Börse, an der die Aktien dieser Gesellschaft zum Handel zugelassen sind. Zu jedem Tagesordnungspunkt müssen Vorstand und Aufsichtsrat vorab Vorschläge zur Beschlußfassung machen. Damit soll jedem Aktionär die Möglichkeit zu Gegenvorschlägen gegeben werden, die die Gesellschaft ebenfalls noch vor der Hauptversammlung veröffentlichen muß.

Mehrheiten und Minderheiten

Für die Beschlußfassung ist im Normalfall die einfache Mehrheit der Stimmen ausreichend. „Mehrheit" bezieht sich dabei nicht auf mehr als 50 Prozent des gezeichneten, sondern des in der Hauptversammlung anwesenden oder vertretenen Kapitals. Daneben gibt es Beschlüsse, für die eine geringere Quote (fünf oder zehn Prozent) genügt, und andere, die eine Mehrheit von 75 Prozent verlangen. Zu den Gegenständen, bei denen schon eine Minderheit von zehn Prozent genügt, gehört der gerichtliche Antrag auf Bestellung eines Sonderprüfers. Sie kann dann verlangt werden, wenn beispielsweise der Verdacht vorliegt, daß in der Führung der Geschäfte Gesetz oder Satzung grob verletzt worden sind. Ein Beispiel für diesen Minderheitenschutz ist die denkwürdige BMW-Hauptversammlung vom Dezember 1959: Damals hat ein solcher Minderheitenbeschluß von Kleinaktionären verhindert, daß die Daimler-Benz AG ihre Absicht verwirklichen konnte, den Konkurrenten zu übernehmen. Die gerichtliche Sonderprüfung spielt in der Praxis aber nur eine untergeordnete Rolle. Entweder unterläuft die Verwaltung einen solchen Vorstoß, indem sie ihrerseits freiwillig eine Sonderprüfung in Gang setzt. Landet das Anliegen tatsächlich bei Gericht, verheddern sich die Parteien leicht in langwierigen juristischen Auseinandersetzungen.

Eine Mehrheit von 75 Prozent des in der Hauptversammlung vertretenen Grundkapitals erfordern nach dem Aktiengesetz alle Beschlüsse, mit denen die Satzung, das „Grundgesetz" einer Aktiengesellschaft, verändert wird. Eine solche „qualifizierte Mehrheit" ist ferner dem Grunde nach erforderlich für Kapitalerhöhungen oder – wenn die Notwendigkeit einer Sanierung besteht – für Kapitalherabsetzungen (Kapitalschnitte), weiter für die Eingliederung oder die Verschmelzung mit einer anderen Gesellschaft, den Abschluß von Beherrschungs- und Gewinnabführungsverträgen, natürlich auch für den Beschluß über eine Auflösung der Gesellschaft. Das Erfordernis einer Dreiviertelmehrheit bedeutet umgekehrt, daß ein Aktionär, der über mehr als 25 Prozent der Stimmrechte verfügt, eine „Sperrminorität", sozusagen den Fuß in der Tür hat.

Aber auch an dieser Stelle klaffen Theorie und heutige Praxis auseinander. Fast alle deutschen Publikumsgesellschaften haben in ihrer Satzung einen Passus stehen, nach dem alle Beschlüsse mit einfacher Mehrheit gefaßt werden – es sei denn, das Gesetz sehe „zwingend" eine andere Mehrheit vor. Das Wort zwingend schränkt aber das Erfordernis der 75-Prozent-Mehrheit de facto ein: Sie ist zwar „zwingend" für die Verabschiedung eines genehmigten Kapitals, das ist der Rahmen für künftige Kapitalerhöhungen, nicht jedoch für die Kapitalerhöhung an sich.

Vor jeder Hauptversammlung wird die Legitimation der Teilnehmer überprüft, wozu bei großen Veranstaltungen mit oft mehr als 1000 Teilnehmern eine umfangreiche Organisation nötig ist. Helfer sitzen im Vorraum hinter Karteikästen, langen Listen oder Terminals, kontrollieren die von den Besuchern vorgelegten Bescheinigungen über deren Stimmrechte oder den Depotbesitz, registrieren Namen, Wohnort, Stimmenzahl und übergeben den Teilnehmern ihre Stimmkarten. Anhand dieser Unterlagen entsteht auch das Teilnehmerverzeichnis mit den insgesamt vertretenen Stimmen. An jeder Hauptversammlung nimmt neben den Mitgliedern von Vorstand und Aufsichtsrat sowie den Hilfskräften der Gesellschaft eine Person teil, die nicht Aktionär ist und kein Stimmrecht hat: der Notar. Er fertigt das Versammlungsprotokoll an, in dem die Beschlüsse beurkundet und die Abstimmungsergebnisse angegeben werden; eine öffentlich beglaubigte Abschrift dieser Urkunde hat der Vorstand dem Handelsregister einzureichen.

Nach der offiziellen Eröffnung der Hauptversammlung durch den Vorsitzenden des Aufsichtsrats, der normalerweise die Versammlung leitet, erhält in aller Regel der Vorstandsvorsitzende das Wort zum Lagebericht. Er erläutert die Entwicklung des Unternehmens im abgelaufenen Geschäftsjahr, schildert wichtige Vorgänge und sagt, wie er den Stand der Geschäfte und die Aussichten des Unternehmens beurteilt. Dann folgt die Diskussion über die einzelnen Tagesordnungspunkte. Erregte Debatten können aufflammen, wenn der Vorstand eine wichtige Frage nicht beantwortet. Das Gesetz gibt ihm unter bestimmten Voraussetzungen das Recht hierzu. So darf er eine Auskunft verweigern, wenn ihre Erteilung „nach vernünftiger kaufmännischer Beurteilung geeignet ist, der Gesellschaft oder einem verbundenen Unternehmen einen nicht unerheblichen Nachteil zuzufügen". Das ist ein Gummiparagraph, der sehr verschieden interpretiert werden kann. Oft regt sich bei Aktionären der Verdacht, der Vorstandsvorsitzende berufe sich auf diesen Paragraphen nur deshalb, weil ihm eine öffentliche Erörterung aus persönlichen Gründen oder mit Rücksicht auf ein anderes Mitglied des Vorstandes oder Aufsichtsrats peinlich ist. Der betreffende Aktionär kann dann Widerspruch zu Protokoll geben, womit er sich die Möglichkeit offenhält, die Gründe für die Auskunftsverweigerung gerichtlich nachprüfen zu lassen.

Das Depotstimmrecht

Ein besonderes Ärgernis ist in den Augen engagierter Kleinaktionäre immer wieder das Depotstimmrecht der Banken. Wer seine Aktien bei einer Bank ins Depot gibt, kann dieses Kreditinstitut mit der Wahrnehmung seiner Stimmrechte auf der Hauptversammlung beauftragen. Für die meisten Kleinaktionäre ist dies die einzige Möglichkeit, ihren Willen bei den Abstimmungen zur Geltung zu bringen. Die Banken sind verpflichtet, den Depotkunden vor jeder Hauptversammlung Vorschläge zu machen, wie sie nach ihrer Meinung bei den einzelnen Tagesordnungspunkten stimmen sollten.

Erteilt der Aktionär keine besondere Weisung, so darf die Bank im Falle einer zeitlich befristeten Generalvollmacht des Depotkunden so stimmen, wie sie es ihm vorgeschlagen hat.

Die Regelung stellt sicher, daß die Stimmen nicht anwesender Aktionäre vertreten sein können, so daß auf der Hauptversammlung nicht eine – womöglich kleine – Minderheit durch eine Stimmenmehrheit über Grundfragen der Aktiengesellschaft entscheiden kann. Obwohl bisher niemand eine wirklich bessere Regelung vorschlagen konnte, bleibt ein Rest von Unbehagen. Er rührt daher, daß die Mehrzahl der Aktionäre aus Zeitgründen nicht zur Hauptversammlung kommen kann und die Aufforderung des Kreditinstituts, ihm Weisungen zu erteilen, unbeachtet läßt, sei es aus Interesselosigkeit oder auch nur aus Abneigung gegen den Papierkrieg. Schweigen bedeutet jedoch Stimmenthaltung oder Zustimmung zu den Vorschlägen der Bank. Und diese folgt fast immer Vorstand und Aufsichtsrat, zumal die Verwaltung sich vor der Hauptversammlung gerne mit den Kreditinstituten bespricht. Wegen des Vollmachtstimmrechts kommen nur in Ausnahmefällen Mehrheiten gegen die Vorschläge der Verwaltung zustande, auch wenn Opponenten noch so beredt für ihre Auffassung streiten und noch so überzeugende Argumente vortragen. Sie können gegen den Block der Depotbanken nichts ausrichten, die bei Stimmrechtsbeschränkungen einen zusätzlichen Vorteil haben. Die Stimmrechtsgrenze gilt nicht für die Depotstimmen, die zugegebenermaßen aus vielen verschiedenen Quellen stammen. Wer die Machtverteilung in einer Hauptversammlung betrachtet, kommt an den Depotbanken und deren Stimmenmacht nicht vorbei. Eine neuere Form des Bankeneinflusses stellen die „Vorschaltgesellschaften" dar, die die Aktienpakete größerer Anleger zu steuerlich begünstigten Zehn-Prozent-Schachteln bündeln und die in vielen Fällen von einem Kreditinstitut „verwaltet" werden.

Daneben gibt es im Aktiengesetz Bestimmungen, die übertrieben auftretende Aktionäre zügeln sollen. Die Hauptversammlung beschließt in den im Gesetz und in der Unternehmenssatzung ausdrücklich bestimmten Fällen, zum Beispiel über die Dividende. Sie ist nicht berechtigt, den Vorstand auf eine bestimmte Art der Geschäftsführung festzulegen. Dies hindert Versammlungsleiter in vielen Fällen allerdings nicht, der Verwaltung genehme Redner zu allen möglichen Punkten zu Wort kommen zu lassen, während unangenehme Kritiker unter Verweis auf die gesetzlichen Bestimmungen zu einem schnellen Ende gedrängt werden. Der Versammlungsleiter kann auch eine Redezeitbeschränkung anordnen.

Über Fragen der Geschäftsführung darf die Hauptversammlung nur entscheiden, wenn der Vorstand es verlangt. Dann allerdings muß er dem Beschluß folgen. Bei schwerwiegenden Eingriffen in die Rechte und Interessen der Aktionäre ist der Vorstand nicht nur berechtigt, sondern sogar verpflichtet, eine Entscheidung der Aktionäre herbeizuführen.

Ein Beispiel für eine solche „Strukturentscheidung" ist die Ausgliederung eines wichtigen Betriebs. Zum Tragen kommt die Bestimmung darüber hinaus in Sonderfällen wie der Eintragung von vinkulierten Namensaktien eines Großaktionärs in das Aktienbuch einer Gesellschaft; so geschehen bei der Versicherungsgruppe Aachen-Münchener nach dem Einstieg des französischen Konkurrenten AGF im Jahr 1992. Der Vorstand beruft die Hauptversammlung ein in den durch Gesetz oder Satzung bestimmten Fällen oder „wenn das Wohl der Gesellschaft es fordert". Im letzten Fall steht auch der Aufsichtsrat in der Pflicht einer eventuellen Einberufung. Zugleich gibt es einen Minderheitenschutz dergestalt, daß Aktionäre mit mindestens fünf Prozent des gezeichneten Kapitals eine Hauptversammlung erzwingen können. Dies geschah 1991 beim Reifenkonzern Continental, als dieser vom italienischen Wettbewerber Pirelli übernommen werden sollte. Insgesamt sind die Minderheitenrechte in deutschen Aktiengesellschaften relativ groß, verglichen mit den Regeln im Ausland.

Opposition und Obstruktion

Während die etablierten Aktionärsvereinigungen, dies sind die Deutsche Schutzvereinigung für Wertpapierbesitz und die Schutzgemeinschaft der Kleinaktionäre, mit kleinen Stimmenpaketen und vergleichsweise bescheidenem Erfolg in Hauptversammlungen die Rolle einer „loyalen Opposition" spielen, greifen andere Teilnehmer zu härteren Mitteln. Mit langatmigen Ausführungen, einer Kanonade von Fragen und heftigen Anschuldigungen versuchen sie, Vorstand und Aufsichtsrat in die Enge zu treiben. Dabei können Anliegen des Umweltschutzes, der Betriebssicherheit und neuerdings der Geschäftsführung („lahmer Vorstand, nachlässiger Aufsichtsrat, machthungrige Banken") im Vordergrund stehen. Polemik bis an die Grenze der Beleidigung bricht immer wieder durch. Einzelne Aktionäre prüfen auch ihre Möglichkeiten als „Lästigkeitswert". Dies betrifft den Fall eines Versenders von Werbeartikeln, der in Hauptversammlungen als Dauerredner auftrat, wenn die Gesellschaft nicht zuvor einen größeren Posten seiner Artikel geordert hatte. Bekannt wurden jedoch vor allem jene Aktionäre, die, ausgestattet mit wenigen Aktien, gegen geplante Fusionen vor Gericht zogen. Sie fochten die Verschmelzung grundsätzlich an, so daß diese – anders als bei einer bloßen Überprüfung des Umtauschverhältnisses der Aktien – nicht in das Handelsregister eingetragen werden konnte und somit nicht wirksam wurde. Daran ist zunächst nichts Ehrenrühriges. Suspekt wurden die Aktionen, als sich zeigte, daß solche Opponenten ihre Anträge schnell zurückzogen, sofern sie nur eine genügend hohe finanzielle Zuwendung seitens „ihrer" Gesellschaft erhielten.

Bemühungen um den Shareholder Value

Zu trennen von solchen Machenschaften zur Erlangung von Sondervorteilen sind die aus dem Angelsächsischen kommenden Bemühungen zur Steigerung des Aktienwertes oder „shareholder value". Dahinter steht der Wunsch, den Wert des Unternehmens etwa durch ein besseres Management zu steigern oder ihn zumindest stärker offenzulegen und alle Aktionäre mehr am Erfolg teilhaben zu lassen. Dies kann über eine größere Ausschüttungsfreude der Verwaltung geschehen, über die Umwandlung von Eigenkapital in dividendenfähiges Grundkapital und über Maßnahmen zur Kursbelebung der Aktie. Gerade deutsche Unternehmen mit ihrem hohen Sicherheitsdenken ziehen an dieser Stelle immer wieder Kritik auf sich. Sie kommt von großen institutionellen Anlegern wie Pensionskassen und Versicherungen. Theoretisch bedeutet ein solches Modell, daß auch die Aktionäre Rückschläge eines Unternehmens unmittelbar spüren, doch natürlich gehen die Anleger bei ihrer Kritik am mangelnden „shareholder value" davon aus, daß die Entwicklung positiv verläuft. Im anderen Fall bietet die Aktiengesellschaft ja den großen Vorteil, daß das Abstoßen von Anteilen schnell und geräuschlos erfolgen kann.

Abzuwarten bleibt, wie stark sich das Konzept des „shareholder value" hierzulande durchsetzen wird. Seine Verbreitung könnte auch Hauptversammlungen aufwerten. Doch vor großen Hoffnungen sei gewarnt. Gerade institutionelle Anleger bedienen sich bei der Information über „ihre" Gesellschaft nicht nur der Aktionärstreffen, sondern pflegen in immer stärkerem Maße direkte Kontakte mit den Vorständen. Dasselbe gilt für Börsenanalysten und für Rating-Agenturen. Ihre Arbeitsweise droht Hauptversammlungen zu entwerten. Im Fall der institutionellen Anleger stellt sich außerdem schnell die Frage nach der Gleichbehandlung der Aktionäre und damit nach möglichen Verstößen gegen die künftigen Insidergesetze. Daß Hauptversammlungen in ihrer Bedeutung eher verblassen, hat auch einen anderen Grund. Unternehmen suchen zunehmend den ständigen Dialog mit wichtigen Aktionären, Analysten, anderen Geldgebern und Finanzinstitutionen. Sie richten Abteilungen für „Investor Relations" ein und etablieren damit sozusagen eine „permanente Hauptversammlung".

14. BANKEN UND VERSICHERUNGEN

Die Banken

Mittlerweile nimmt fast jeder, der in Deutschland wohnt, die Dienste eines Kreditinstitutes in Anspruch. Ein laufendes Konto für den Zahlungsverkehr und ein Sparbuch mit einer Rücklage für Notfälle hat fast jeder. Kreditinstitute stehen darüber hinaus als Geschäftspartner für viele Transaktionen zur Verfügung. Sie bieten sich vor allem an, von der Kundschaft Ersparnisse entgegenzunehmen, die sie auf Konten verwalten oder in Wertpapieren verbriefen. Sie nutzen diese und andere Mittel für das Kreditgeschäft mit dem Staat, mit der Wirtschaft und mit den Privatkunden. Jeder dritte Haushalt in Deutschland hat einen Kredit für Konsumzwecke aufgenommen, und die meisten Eigenheime und Eigentumswohnungen sind mit Hilfe von Kreditinstituten finanziert worden.

Damit nicht genug. Die sonstigen Dienstleistungen der Banken reichen von der Beschaffung der für die Urlaubsreise ins Ausland benötigten Zahlungsmittel bis hin zur Vermittlung von Börsengeschäften und zur Vermögensverwaltung. Mit einem Wort: Der Umgang mit Kreditinstituten ist heute eine Selbstverständlichkeit. Heute werden sogar staatliche Hilfen wie das Arbeitslosengeld, die Arbeitslosenunterstützung und die Sozialhilfe bargeldlos auf Konten ausgezahlt. Man kann sich heute die moderne Volkswirtschaft ohne die umfassende Mitwirkung von Kreditinstituten überhaupt nicht mehr vorstellen.

Struktur der Kreditwirtschaft

Die Deutsche Bundesbank nennt in ihrer einschlägigen Statistik die Zahl der in Deutschland bestehenden Kreditinstitute zum Stichtag Ende 1991 mit 4453 Instituten. Die meisten von ihnen – 3147 – waren Kreditgenossenschaften. Zu dieser Gruppe des Kreditgewerbes gehören außerdem 4 genossenschaftliche Zentralbanken. Es folgen 734 Sparkassen und dazu 12 Girozentralen. Zu den 342 Kreditbanken gehören die drei Großbanken Deutsche Bank, Dresdner Bank und Commerzbank, 199 Regionalbanken und sonstige Kreditbanken, 59 Zweigstellen ausländischer Banken sowie 80 Privatbankiers. Es gibt ferner 16 Kreditinstitute mit Sonderaufgaben. Das Bild der Branche vervollständigen eine Reihe von Spezialinstituten: Realkreditinstitute, Teilzahlungskreditinstitute und Bausparkassen sowie die Postgiro- und die Postsparkassenämter. In der monatlichen Bilanzstatistik der Bundesbank nicht erfaßt werden die Kapitalanlagegesellschaften, die Wertpapiersammelbanken, die Bürgschaftsbanken und sonstigen Kreditinstitute sowie die Wohnungsunternehmen mit Spareinrichtung.

Die Kreditinstitute unterhalten in Deutschland ein im einzelnen sehr unterschiedlich ausgebautes, im ganzen aber dichtes Netz von Zweigstellen, insgesamt 44 862. Kreditinstitute und Zweigstellen werden unter dem Begriff „Bankstellen" zusammengefaßt. Insgesamt gibt es 49 315 Bankstellen. Die meisten Bankstellen (21 197) entfallen auf die Kreditgenossenschaften. Die Sparkassen folgen mit 20 220 Bankstellen dicht auf.

Die Kreditbanken unterhalten 7017 Bankstellen, davon entfallen 3427 auf die Großbanken. Die Bundesbank erhält von derzeit rund 4000 Kreditinstituten regelmäßig monatliche Meldungen über die Geschäftsentwicklung. Daraus ergibt sich, daß das Geschäftsvolumen der Kreditwirtschaft in Deutschland Ende März 1993 erstmals die Marke von 6000 Milliarden DM überschritten hat. Das Geschäftsvolumen umfaßt die Bilanzsumme der Banken zuzüglich der aus dem Geschäft mit Wechseln sich ergebenden Verpflichtungen. Gegenüber Ende 1988 hat sich das Geschäftsvolumen um 50 Prozent erhöht. Etwa 500 Milliarden DM des Zuwachses (rund ein Viertel) entfallen auf die Erweiterung des Staatsgebietes durch die Vereinigung der beiden deutschen Staaten Mitte 1990.

Die größten deutschen Kreditinstitute

Institut	Bilanzsumme Milliarden DM		
	1991	1990	
Deutsche Bank AG, Frankfurt	449,1	400,2	KA
Dresdner Bank AG, Frankfurt	294,8	283,3	KA
Westdeutsche Landesbank Girozentrale, Düsseldorf	230,5	207,0	KA
Commerzbank AG, Frankfurt	226,7	216,0	KA
Bayerische Vereinsbank AG, München	226,6	205,9	KA
DG Bank Deutsche Genossenschaftsbank, Frankfurt	205,7	205,4	KA
Bayerische Hypotheken- und Wechsel-Bank AG, München	193,1	174,6	KA
Bayerische Landesbank Girozentrale, München	185,2	170,1	KA
Staatsbank Berlin, Berlin	161,4	154,8	EA
Kreditanstalt für Wiederaufbau, Frankfurt	160,5	134,7	EA
Norddeutsche Landesbank Girozentrale, Hannover	131,6	124,8	KA
Südwestdeutsche Landesbank Girozentrale, Stuttgart/Mannheim	104,6	88,2	KA
Deutsche Girozentrale – Deutsche Kommunalbank, Frankfurt	100,5	94,9	VA
Hessische Landesbank Girozentrale, Frankfurt	92,9	86,9	KA
Postbank, Bonn	78,0	76,4	EA
Deutsche Pfandbrief- und Hypothekenbank AG, Wiesbaden	76,3	70,6	KA
Landeskreditbank Baden-Württemberg Karlsruhe	66,1	60,8	EA
BfG Bank AG, Frankfurt	63,1	60,3	KA
Berliner Bank AG, Berlin	58,6	38,0	KA
Landesbank Rheinland-Pfalz Girozentrale, Mainz	55,2	53,2	KA

KA = Konzernabschluß; EA = Einzelabschluß.
Quelle: „Die Bank" 1/93

Die Hauptposten in der Bilanzstatistik sind auf der Aktivseite die Kredite an Nichtbanken (3535 Milliarden DM) und die Kredite an Kreditinstitute (1488 Milliarden DM). Auf der Passivseite sind es die Einlagen und aufgenommenen Kredite von Nichtbanken (2697 Milliarden DM), die Einlagen und aufgenommenen Kredite von Kreditinstituten (1584 Milliarden DM) und die Inhaberschuldverschreibungen im Umlauf (1205 Milliarden DM). Die Institute wickeln ihre Geschäfte mit einem Kapital (einschließlich offener Rücklagen) von 254 Milliarden DM ab. Auf der Aktivseite reichen ihnen 23 Milliarden DM Kassenbestand und 68 Milliarden DM Guthaben bei der Bundesbank.

Gemessen am Geschäftsvolumen ist die Gruppe Sparkassen und Girozentralen am größten. Sie erreichen einen Anteil von zusammen 37,2 Prozent, darunter die Sparkassen allein von 20,2 Prozent. Die Kreditbanken vereinigen 24,4 Prozent auf sich. Eine wichtige Untergruppe sind die Großbanken. Ihr Marktanteil beträgt 9,4 Prozent. Die genossenschaftliche Bankengruppe hat einen Anteil von 14,7 Prozent. Auf die Kreditgenossenschaften entfallen 11,5 Prozent und auf die genossenschaftlichen Zentralinstitute 3,2 Prozent. Die Kreditinstitute mit Sonderaufgaben vereinigen 12,6 Prozent auf sich und die Realkreditinstitute 11,1 Prozent. Die Privatbankiers bringen es nur auf 1,1 Prozent Anteil am Geschäftsvolumen, und die Auslandsbanken auf 4,5 Prozent.

Geschichte der Bankdienstleistungen

Bankdienstleistungen haben eine lange Tradition. Anfänglich ging es um die Verwahrung besonders wertvoller religiöser Heiligtümer. Es ist bemerkenswert, daß auch heute noch die Verwahrung von Gütern ein Geschäftszweig der Kreditinstitute ist. Die Vermietung von Bankschließfächern und die Entgegennahme sogenannter Verwahrstücke weisen zurück auf die Wurzel aller Bankgeschäfte. Historiker haben herausgefunden, daß es bereits in Babylonien Bankgeschäfte gegeben hat. In Lydien wurde im siebten Jahrhundert vor Christus die Münze erfunden, woraus sich der Beruf des Münzwechslers und später jener des Bankiers ergab. Die Bezeichnung „Bankier" geht darauf zurück, daß es im frühen Mittelalter in Genua auf Märkten typische Aufbauten gab, von denen aus Seefinanzierungen abgewickelt wurden. Die dafür benutzten Tische hießen italienisch „bancheri".

Die Entwicklung des Handels, vor allem über die Alpen, führte zur Ausprägung des Messe-Zahlungsverkehrs in Form von Wechselbriefen. Einen weiteren bedeutenden Anstoß stellten dann die rasch wachsenden Finanzbedürfnisse von Fürsten und Herrschern dar. Im 15. Jahrhundert entwickelten sich daraus in Italien die Vorläufer der heutigen Kreditinstitute. Im 18. Jahrhundert entstanden die ersten Sparkassen als Partner von Handwerk und Mittelstand. Im 19. Jahrhundert entstanden die Kreditgenossenschaften, und im Zusammenhang mit der rasch um sich greifenden Industrialisierung und der Ausbreitung des Welthandels wurden dann auch die ersten großen Aktienbanken gegründet. Im 20. Jahrhundert schließlich entstehen daraus die ganz großen Institute, in der ganzen Welt tätige „global players", die Bankgeschäfte rund um die Uhr rund um die Welt betreiben.

Bargeld und Buchgeld

Ungeachtet der engen Berührung vieler Menschen mit Kreditinstituten ist das, was Kreditinstitute tun, auch heute noch von einem Schleier des Geheimnisses umgeben. Vor allem die Tatsache, daß „Geld" heutzutage meist nicht mehr in der Form der faßbaren Münze oder Banknote benutzt wird, sondern als „Buchgeld" von einem Konto zum anderen wandert, trägt dazu bei. Bargeld wird nur noch in besonderen Fällen benötigt; die Kreditwirtschaft in Deutschland kommt mit einem Kassenbestand von lediglich 23 Milliarden DM aus. Das ist weniger als ein halbes Prozent des gesamten Geschäftsvolumens.

Die Kreditinstitute können im Tagesgeschäft darauf vertrauen, daß den baren Auszahlungen, die sie zu leisten haben, auch bare Einzahlungen gegenüberstehen. Die meisten Verpflichtungen müssen die Institute aber nicht in bar erfüllen, sondern durch Übertragung von Mitteln von einem Konto auf ein anderes. Sofern die Konten bei der gleichen Bank geführt werden, reduziert sich dies auf einen reinen Buchungsvorgang. Wenn Guthaben an andere Institute übertragen werden müssen, stehen dem auch wieder Eingänge von anderen Instituten gegenüber. Diese Abrechnungen werden auf Konten der Landeszentralbanken vorgenommen; Landeszentralbanken sind Teil der Deutschen Bundesbank. Wenn sich nach einer Abrechnung Liquiditätsbedarf ergibt, bleibt einem Institut noch genug Zeit, sich diese Mittel notfalls durch Rückgriff auf die Bundesbank zu besorgen. Dafür gibt es besondere Regeln und Vereinbarungen.

Die Zahlungsbereitschaft der Kreditinstitute ist also durch vielfältige Vorkehrungen gesichert. Gleichwohl gilt wegen der Verpflichtungen, die ein Kreditinstitut eingeht, nach wie vor die Feststellung des liberalen Ökonomen Wilhelm Röpke: „Die Bank ist daher eine Institution, die regelmäßig weniger zu halten braucht, als sie verspricht, und daher davon lebt, daß sie regelmäßig mehr verspricht, als sie im Ernstfalle halten kann. Es gehört geradezu zum Wesen einer Bank, daß sie einer gleichzeitigen Präsentation aller gegen sie laufenden Forderungen (‚run') aus eigener Kraft nicht gewachsen sein kann."

Die besondere Rolle, die die Kreditinstitute bei der Kreditschöpfung spielen, und die Erkenntnis, daß „das moderne Geld- und Kreditsystem eine Einheit" bildet, haben Röpke zu der Feststellung veranlaßt: „Eine Bank ist eben nicht länger ein Geschäftsunternehmen wie jedes andere; es ist keine bloße Geldgarderobe oder eine Art von Maskenverleihanstalt, sondern ein Unternehmen, dessen Geschäfte einen weitreichenden Einfluß auf die Geldzirkulation und damit auf den gesamten Wirtschaftsprozeß ausüben, ein Unternehmen daher auch, das unkontrolliert sich selbst zu überlassen sogar dem hartgesottensten Liberalen kaum jemals in den Sinn gekommen ist."

Die Kreditinstitute werden in Deutschland von einer besonderen Behörde, dem Bundesaufsichtsamt für das Kreditwesen mit Sitz in Berlin, überwacht. Die Liste der Vorschriften, die die Tätigkeit der Kreditinstitute in Deutschland regeln, ist lang und umfangreich. Zunehmend richten sich die Anforderungen an den Vorstellungen aus, die die Länder der Europäischen Gemeinschaft mit Blick auf ihren gemeinsamen Binnenmarkt entwickelt haben. Ziel aller Regelungen ist es, Finanzgeschäfte auf eine sichere Grundlage zu stellen. Deshalb wird schon die Gründung und dann laufend die Führung von Kreditinstituten überwacht.

Kreditinstitute müssen zum Geschäftsbetrieb zugelassen werden. Bisher war es nur möglich, die Eignung der Geschäftsleiter zu prüfen. Jetzt wird auch geprüft, ob ein Anteilseigner, der eine sogenannte bedeutende Beteiligung hält (mindestens 10 Prozent des Kapitals oder der Stimmrechte), den Ansprüchen an die Solidität und die Funktionsfähigkeit eines Institutes genügt. Diese Vorschrift soll verhindern, daß durch die Gründung von Kreditinstituten zum Beispiel kriminelle „Geldwäsche" betrieben werden kann. Auch wenn eine bestehende Beteiligung über die Schwellen von 20 Prozent, 33 Prozent oder 50 Prozent hinaus ausgedehnt werden soll, findet eine solche Anteilseigner-Prüfung statt.

Die Institute müssen beim Ausleihen von Geld bestimmte Regeln einhalten. Maßstab dafür sind die vorhandenen Eigenmittel. Schließlich muß die Öffentlichkeit durch die Veröffentlichung jährlicher Jahresabschlüsse unterrichtet werden.

Die Bankbilanzen

Von jenem Geschäftsjahr an, das nach dem 31. Dezember 1992 beginnt, gelten für deutsche Kreditinstitute erstmals neue Vorschriften für die Rechnungslegung. In der Regel werden also die Bilanz sowie die Gewinn-und/Verlust-Rechnung für das Kalenderjahr 1993 nach den neuen Regeln zu erstellen sein.
Die Änderungen gehen zurück auf die Verwirklichung des gemeinsamen Binnenmarktes in der Europäischen Gemeinschaft. Es steht schon heute fest, daß sich die deutsche Finanzwirtschaft in den kommenden Jahren auf weitere Neuerungen einstellen muß. Deshalb werden die von 1993 an geltenden Regeln nicht so lange Bestand haben wie die vorangegangenen Bestimmungen, die immerhin ein Vierteljahrhundert lang gegolten haben.
Die bislang weitverstreuten Bilanzierungsvorschriften für deutsche Kreditinstitute sind nunmehr zusammengefaßt. Es gilt das dritte Buch des Handelsgesetzbuches sowie die Rechnungslegungsverordnung, und zwar einheitlich für alle Kreditinstitute jeder Rechtsform und jeder Größe. Bisher fanden sich die Vorschriften im Kreditwesengesetz, in einer sogenannten Formblattverordnung, in Bilanzierungsrichtlinien des Bundesaufsichtsamtes für das Kreditwesen in Berlin und in einer Reihe von Bundes- und Landesgesetzen, die Sonderregelungen und besondere Anweisungen enthielten.
Die Bilanz ist jetzt wie folgt zu gliedern:
Aktiva:
1. Barreserve
2. Schuldtitel öffentlicher Stellen und Wechsel, die zur Refinanzierung bei Zentralnotenbanken zugelassen sind
3. Forderungen an Kreditinstitute
4. Forderungen an Kunden
5. Schuldverschreibungen und andere festverzinsliche Wertpapiere
6. Aktien und andere nicht festverzinsliche Wertpapiere
7. Beteiligungen
8. Anteile an verbundenen Unternehmen
9. Treuhandvermögen
10. Ausgleichsforderungen gegen die öffentliche Hand einschließlich Schuldverschreibungen aus deren Umtausch
11. Immaterielle Anlagewerte
12. Sachanlagen
13. Ausstehende Einlagen auf das gezeichnete Kapital
14. Eigene Aktien oder Anteile
15. Sonstige Vermögensgegenstände
16. Rechnungsabgrenzungsposten
17. Nicht durch Eigenkapital gedeckter Fehlbetrag

Passiva:
1. Verbindlichkeiten gegenüber Kreditinstituten
2. Verbindlichkeiten gegenüber Kunden
3. Verbriefte Verbindlichkeiten
4. Treuhandverbindlichkeiten
5. Sonstige Verbindlichkeiten
6. Rechnungsabgrenzungsposten

7. Rückstellungen
8. Sonderposten mit Rücklageanteil
9. Nachrangige Verbindlichkeiten
10. Genußrechtskapital
11. Fonds für allgemeine Bankrisiken
12. Eigenkapital

„Unter dem Strich" müssen Eventualverbindlichkeiten (zum Beispiel aus weitergegebenen Wechseln) und „Andere Verpflichtungen" (zum Beispiel Plazierungs- und Übernahmeverpflichtungen) genannt werden.
Die Gewinn-und/Verlust-Rechnung kann in Kontoform (Gegenüberstellung von Aufwendungen und Erträgen) oder in Staffelform (schrittweise Errechnung des Bilanzgewinnes beziehungsweise des Bilanzverlusts) aufgemacht werden. Die Vereinheitlichung der Rechtsvorschriften bringt es mit sich, daß auch Privatbankiers eine Gewinn- und/Verlust-Rechnung veröffentlichen müssen. Bisher brauchten sie das nicht. Sie müssen künftig auch den für andere Kreditinstitute ebenfalls vorgeschriebenen „Anhang" zur Bilanz erstellen. Sie müssen ferner wie alle anderen einen „Lagebericht" geben.
Zu den Neuerungen des Bilanzrechts gehört eine schärfere Abgrenzung zwischen Wertpapieren und Buchforderungen und Buchverbindlichkeiten. Verbriefte Verbindlichkeiten sind jene, die in nicht auf den Namen lautenden übertragbaren Urkunden verbrieft sind. Als Schuldverschreibungen im Bestand gelten nur börsenfähige Titel. Als börsenfähig werden Schuldverschreibungen angesehen, wenn alle Stücke einer Emission in bezug auf die Verzinsung, den Beginn der Laufzeit und die Fälligkeit einheitlich sind. Das bedeutet für die Bilanzierung, daß Namenspapiere und nicht börsenfähige Inhaberpapiere unter Buchforderungen auszuweisen sind und nicht unter verbrieften Verbindlichkeiten.
Sofern Kreditinstitute auf eigenen Namen, aber für fremde Rechnung Vermögen verwalten, mußten sie bisher nur sogenannte durchlaufende Kredite bilanzieren. Künftig müssen auch Grundstücke, Beteiligungen und Wertpapiere des Treuhandvermögens bilanziert werden.
Auf der Passivseite der Bilanz gehört der „Fonds für allgemeine Bankrisiken" zu den neuen Positionen. Darunter sind offengelegte versteuerte Pauschalwertberichtigungen (Vorsorgereserven) zu verstehen. Derzeit ist nicht damit zu rechnen, daß viele deutsche Institute bisher stille Reserven auf diese Weise offenlegen. Schließlich wurden für Kreditinstitute spezielle Vorschriften darüber erlassen, wie auf fremde Währungen lautende Forderungen und Verbindlichkeiten zu bilanzieren und umzurechnen sind. Dabei ist das in Deutschland geltende Imparitätsprinzip ein wenig aufgeweicht worden. Das Imparitätsprinzip besagt, daß noch nicht realisierte Verluste berücksichtigt werden müssen, während nicht realisierte Gewinne noch nicht berücksichtigt werden dürfen. Nun dürfen nicht realisierte Gewinne in bestimmten Fällen, wenn die gleiche Währung betroffen ist, nicht realisierte Verluste ausgleichen, wenn sogenannte Bewertungsblöcke gebildet werden. Nicht realisierte Erträge, denen keine Gegenpositionen zugeordnet werden können, dürfen dagegen auch jetzt noch nicht berücksichtigt werden.
Wie bei anderen Aktiengesellschaften auch, wird künftig bei Kreditinstituten die Lektüre des Anhangs besonders aufschlußreich sein, denn dort müssen bestimmte Angaben zur Bewertung und zur Änderung von Bewertungsmethoden gemacht sowie Aufgliederungen von Erträgen vorgenommen werden.
Zweigstellen ausländischer Kreditinstitute, deren Muttergesellschaft ihren Sitz in einem anderen Staat der Europäischen Gemeinschaft hat, müssen jetzt nicht mehr einen für

Deutschland geltenden Jahresabschluß der Zweigstelle vorlegen. Das entfällt, wenn die Jahresrechnung der Muttergesellschaft offengelegt wird. In gleicher Weise werden Zweigstellen ausländischer Kreditinstitute aus anderen Ländern außerhalb der Gemeinschaft behandelt, wenn sie nach Vorschriften bilanzieren, die den in der Gemeinschaft geltenden Regeln entsprechen.

Die unsichtbaren Polster der Banken: Stille Reserven

Die Öffentlichkeit erhält jetzt zwar einen besseren Einblick in die geschäftliche Entwicklung von Kreditinstituten. Aber bis Ende 1997 wird es in Deutschland wegen der Weitergeltung besonderer Bilanzierungsregeln dabei bleiben, daß sich die Institute der Öffentlichkeit nicht mit vollständig „gläsernen Taschen" präsentieren müssen. Bis auf weiteres können die deutschen Kreditinstitute – wenn auch gegenüber früher in etwas abgeschwächter Form – sogenannte stille Reserven bilden und auflösen.

Stille Reserven sind keine Besonderheit des deutschen Bilanzierungsrechtes. Vor vielen Jahren (1977) hat eine Schweizer Großbank einen Schaden von rund 1,4 Milliarden Schweizer Franken erlitten. In der Jahresrechnung dieses Institutes ist dieser Vorgang überhaupt nicht in Erscheinung getreten. Die Bank konnte den Schaden durch Mobilisierung stiller Reserven unsichtbar ausgleichen.

Solche Möglichkeiten gesteht das deutsche Recht ausdrücklich auch den deutschen Kreditinstituten zu. Stille Reserven entstehen dadurch, daß Vermögensgegenstände in der Bilanz mit einem niedrigeren Wert angesetzt sein dürfen, als ihnen tatsächlich zukommt. Außerdem können Verpflichtungen gegebenenfalls höher als tatsächlich bestehend ausgewiesen werden.

Ein Beispiel: Grundstücke müssen zu ihrem Anschaffungswert bilanziert werden. Wenn ihr Wert im Lauf der Zeit steigt (und sei es lediglich wegen der inflationären Entwicklung), kommt das in der Bilanz nicht zum Ausdruck. Der Anschaffungswert bleibt, wie er ist (Buchwert). Wird das Grundstück jedoch verkauft, ist der Erlös höher als der Wert, der in der Bilanz steht. Die Differenz zwischen dem tatsächlichen Erlös und dem Buchwert ist eine stille Reserve, die durch den Verkauf realisiert worden ist. Das heißt: Aus der Bilanz muß ein geringerer Wert ausgebucht werden, als erlöst wird. Die Differenz steht zur Verrechnung mit Verlusten zur Verfügung. Ein Kreditinstitut kann diese Verrechnung („Kompensation") vornehmen, ohne daß dies nach außen hin sichtbar wird.

Stille Reserven entstehen nicht nur durch inflationäre Preissteigerungen, sondern auch dadurch, daß bei bestimmten Vermögensgegenständen eine bewußte Unterbewertung erlaubt ist. Es dürfen zum Beispiel Abschreibungen auf Kreditforderungen oder auf Wertpapiere vorgenommen werden, ohne daß tatsächlich eine Wertminderung eingetreten wäre. In guten Gewinnjahren verwendet man einen Teil der Erträge für solche Maßnahmen.

Weil die stillen Reserven still sind, weiß die Öffentlichkeit auch nicht, wie hoch sie tatsächlich sind. Die Bundesbank hat einmal geschrieben, ihr Volumen werde meist überschätzt. Es gibt nur einen groben Anhaltspunkt dafür, wie hoch sie bei einer erstklassigen Bank sein könnten. Da ein Kreditinstitut einen Einzelkredit bis zur Höhe von 50 Prozent seines haftenden Eigenkapitals vereinbaren darf, müßten, wenn ein Ausfall dieses Kredits erst gar nicht bekanntwerden soll, die stillen Reserven diese Höhe erreichen. Da aber kein Kreditinstitut gezwungen ist, im Kreditgeschäft die Großkreditgrenze voll auszuschöpfen, und es auch keine Pflicht zur Bildung stiller Reserven gibt, bleiben alle Überlegungen reine Spekulation.

Nach Meinung der Deutschen Bundesbank hat sich bei Kreditinstituten die Möglichkeit, stille Reserven zu bilden und sie bei Bedarf auch auflzulösen, in langen Jahren bewährt. Die besondere Vertrauensempfindlichkeit des Kreditgewerbes erfordere es, den offenen Ausweis von Verlusten oder den offenen Ausweis von Ertragseinbußen vermeiden zu können. Allerdings könnte die deutsche Regelung, die das Festhalten an stillen Reserven erlaubt, bei der vorgesehenen Überprüfung der europäischen Rechnungslegungsvorschriften 1998 doch noch verboten werden. Schon jetzt ist die Bildung von stillen Reserven gegenüber früher eingeschränkt.

Seit 1993 ist die Legung stiller Reserven nicht mehr bei allen Wertpapieren möglich, sondern nur noch bei solchen, die zur sogenannten Liquiditätsreserve gehören. Denn das europäische Recht sieht vor, daß der früher einheitliche Posten Wertpapiere künftig in drei einzelne Bestandteile aufgegliedert wird, in Wertpapiere des Anlagevermögens, in Wertpapiere des Handelsbestandes und in Wertpapiere der Liquiditätsreserve. Entsprechend differenziert sind die aus den Wertpapierbeständen fließenden Erträge und Bewertungsveränderungen zu erfassen.

Freilich bleibt den Kreditinstituten nach wie vor ein gewisser Spielraum, denn es gibt lediglich für Wertpapiere des Anlagevermögens eine klare Definition. Dazu gehören alle Titel, für die die dafür verantwortliche Stelle des Unternehmens einen aktenkundigen entsprechenden Beschluß gefaßt hat. Ob aber ein Wertpapier dem Handelsbestand oder ob es der Liquiditätsreserve zugeordnet wird, kann in gewissen Grenzen von der Geschäftsleitung eines Kreditinstitutes bestimmt werden. Lediglich das handelsrechtliche Verbot willkürlicher Umwidmungen setzt einem allzu gezielten Ermessen eine Grenze.

Zu den sich abzeichnenden kommenden Änderungen des Bilanzierungsrechtes gehört, daß spätestens im Jahr 1998 in den Bilanzen der Kreditinstitute Forderungen und Verbindlichkeiten nach Restlaufzeiten aufgegliedert bilanziert werden müssen. Die Kenntnis der Restlaufzeit ist vor allem zur Beurteilung der Liquiditätsstruktur eines Kreditinstitutes wichtig. An diese Aufgliederung können sich auch aufsichtsrechtliche Regeln über Liquiditätsvorschriften anschließen.

Auch die Deutsche Bundesbank räumt ein, daß „eine wirksame Steuerung der Liquidität einer einzelnen Bank auf der Basis von Ursprungslaufzeiten" wohl schwerlich möglich sei. Gleichwohl will die Bundesbank auch dann, wenn künftig einmal nach Restlaufzeiten bilanziert werden muß, für statistische Zwecke an der jetzt üblichen Einteilung nach vereinbarten Ursprungslaufzeiten festhalten.

Die Bundesbank begründet dies damit, daß die Ursprungslaufzeiten die Grundlage bilden für wichtige Orientierungs- und Steuerungsgrößen der Geld- und Kreditpolitik. Es wäre bei der Abkehr von den Ursprungslaufzeiten nicht nur der in Deutschland verwendete Geldmengenbegriff neu zu definieren. Man könne auch nicht mehr erkennen, in welchem Maße ein Kreditinstitut kurzfristiges oder langfristiges Geschäft betreibe. In der Zahlungsbilanzstatistik könne nicht mehr zwischen kurzfristigem und langfristigem Kapitalverkehr der Banken unterschieden werden. Zeitreihen, in denen Aktiv- und Passivpositionen nach Fristen aufgegliedert sind, seien schwierig zu interpretieren. Denn die tatsächlichen Vorgänge würden durch das Abschmelzen der Restlaufzeiten überdeckt.

Da die vereinbarte Laufzeit, die Ursprungslaufzeit, zur Charakterisierung bestimmter Phänomene der Finanzwirtschaft wichtig erscheint, will die Bundesbank auch dann, wenn nach Restlaufzeiten bilanziert werden müßte, die Ursprungslaufzeiten statistisch zusätzlich erheben. Diese Zweigleisigkeit müßte eigentlich technisch möglich sein, meint die Notenbank.

Die Bedeutung des Eigenkapitals

Kreditinstitute müssen absolut und relativ über eine Mindesthöhe von Eigenkapital verfügen. Abgesehen von bestimmten Ausnahmefällen, muß das Kapital mindestens fünf Millionen Ecu betragen, umgerechnet rund 10 Millionen DM. Die Geschäftsmöglichkeiten, die mit diesem Kapital verwirklicht werden können, ergeben sich aus der Anwendung der sogenannten Grundsätze und der Eigenmittelrichtlinie.
Die Geschäfte der Kreditinstitute werden in bestimmte Risikoklassen eingeteilt. Auf diese Art und Weise werden „gewichtete Risikoaktiva" ermittelt. Die Gewichte betragen grundsätzlich 0 Prozent, 20 Prozent, 50 Prozent oder 100 Prozent. Zum Beispiel werden Forderungen an den Bund mit 0 Prozent gewichtet, Forderungen an inländische Kreditinstitute mit 20 Prozent und bestimmte Realkredite mit 50 Prozent. Alle Risikoaktiva, für die in den „Grundsätzen" ein niedrigerer Anrechnungssatz nicht ausdrücklich vorgesehen ist, sind mit 100 Prozent anzurechnen. Erfaßt werden im Prinzip alle Aktivpositionen der Bilanz sowie der größte Teil der schwebenden Geschäfte (Bürgschaften, Akkreditive, Kreditzusagen, Finanz-Swaps, Finanz-Termingeschäfte und Optionsrechte).
Das Mindesteigenkapital muß 8 Prozent der gewichteten Risikoaktiva betragen. Die Eigenmittel bestehen aus Kernkapital und Ergänzungskapital. Das Kernkapital muß mindestens 4 Prozent der risikogewichteten Aktiva ausmachen. Das Ergänzungskapital darf das Kernkapital nicht überschreiten.
Zum Kernkapital zählen im wesentlichen das voll eingezahlte Kapital, die offenen Rücklagen, die Vermögenseinlagen stiller Gesellschafter und beschlossene Rücklagendotierungen. Zum Ergänzungskapital zählen der Haftsummenzuschlag bei Genossenschaften und nachrangige Verbindlichkeiten, die zusammen aber nicht mehr als die Hälfte des Kernkapitals erreichen dürfen, darüber hinaus das Genußrechtskapital und Vorsorgereserven, vor allem aber auch nicht realisierte Reserven (stille Reserven).
Da in Deutschland aus guten Gründen Vorbehalte gegenüber der Einrechnung von Ergänzungskapital gemacht werden, gilt eine Sonderregelung. Erst wenn ein Kreditinstitut ein Kernkapital von 4,4 Prozent aufweist, dürfen bis zu 1,4 Prozentpunkte der risikogewichteten Aktiva durch nicht realisierte Reserven gedeckt sein. Allerdings dürfen wegen der möglichen Wertschwankungen bei Wertpapieren nur 35 Prozent und bei Grundstücken höchstens 45 Prozent der Bewertungsreserven als Ergänzungskapital angesetzt werden.
Deutsche Kreditinstitute können nach Erfüllung bestimmter Mitteilungspflichten, aber ohne besondere Genehmigung in anderen Ländern der Europäischen Gemeinschaft ihre Leistungen anbieten oder Zweigstellen gründen. Dabei werden die Zweigstellen von der deutschen Bankenaufsicht kontrolliert; für sie gelten auch die nationalen deutschen Vorschriften über Eigenkapital und Großkredite und nicht mehr jene des Tätigkeitslandes. Allerdings müssen Zweigstellen die jeweiligen nationalen Vorschriften, die die Liquidität und die Währungspolitik sowie die statistischen Meldungen betreffen, beachten.
Deutsche Kreditinstitute haben Auslandstätigkeiten der Bundesbank und dem Bundesaufsichtsamt für das Kreditwesen mitzuteilen. Wenn das Institut die Voraussetzungen erfüllt, bekommen die Behörden des Gastlandes eine entsprechende Mitteilung des Bundesaufsichtsamtes. Wenn ausländische Kreditinstitute in Deutschland tätig werden wollen, gelten vergleichbare Regelungen, nur in anderer Richtung.

Wie der Bankkunde geschützt wird

Der normale private Bankkunde braucht sich in der Bundesrepublik Deutschland keine Gedanken darüber zu machen, wie sicher sein bei einem Kreditinstitut angelegtes Geld ist. Er kann davon ausgehen, daß er bei wirtschaftlichen Schwierigkeiten des Institutes grundsätzlich geschützt ist. Das Schutzinstrument heißt „Einlagensicherung" beziehungsweise „Institutssicherung"; der Schutz besteht bei den einzelnen Gruppen des Kreditgewerbes in unterschiedlicher Form. Außerdem sind einige wenige Kreditinstitute keiner Einlagensicherung angeschlossen. Diese Kreditinstitute müssen jedoch, wenn jemand ein Konto bei ihnen eröffnen will, in einer ausdrücklich zur Kenntnis zu nehmenden Erklärung den Kunden auf diese Tatsache hinweisen. Wenn ein Kreditinstitut aus einer Sicherungseinrichtung ausscheidet, müssen die Nichtbank-Kunden über das Ausscheiden unverzüglich schriftlich unterrichtet werden.

Die ältesten Sicherungseinrichtungen unterhalten die Kreditgenossenschaften, die mit Hilfs- und Garantiefonds bereits in den dreißiger Jahren des 20. Jahrhunderts auf die damalige Bankenkrise reagiert haben. Das private Bankgewerbe hat erst zwei Jahrzehnte nach Ende des Zweiten Weltkrieges einen „Feuerwehrfonds" eingerichtet und diese Hilfseinrichtung unter dem Eindruck der Schließung des Bankhauses I. D. Herstatt KGaA (1974) neu geordnet. Danach sind bei den privaten Banken alle Sicht-, Termin- und Spareinlagen von Nichtbanken insoweit garantiert, als sie 30 Prozent des haftenden Eigenkapitals der betreffenden Bank nicht überschreiten. Von der Garantie erfaßt werden auch auf den Namen lautende Sparbriefe. Nicht in die Einlagensicherung eingeschlossen sind jedoch Verbindlichkeiten, über die das Kreditinstitut ein Inhaberpapier ausgestellt hat.

In diesem Punkt unterscheidet sich die Einlagensicherung des privaten Bankgewerbes von jener, die bei den Kreditgenossenschaften beziehungsweise bei den Sparkassen üblich ist. Die Sicherungseinrichtungen dieser beiden Gruppen des Kreditgewerbes sind auf eine Erhaltung des Instituts ausgerichtet und sichern auf diese Weise indirekt die Einlagen der Privatkunden.

Die für die jeweiligen Sicherungseinrichtungen erforderlichen Mittel werden bei den angeschlossenen Kreditinstituten durch Umlagen erhoben. Diese Umlagen betragen in der Regel 0,3 Promille der von den Kreditinstituten bilanzierten Verbindlichkeiten aus dem Bankgeschäft gegenüber anderen Gläubigern. Bei Bedarf, und das ist bereits vorgekommen, können diese Umlagen jedoch erhöht werden.

Die Deutsche Bundesbank hat, angestoßen durch die Schließung des Bankhauses Herstatt, zusammen mit der gesamten deutschen Kreditwirtschaft eine Bank gegründet, die „die bankwirtschaftliche Abwicklung des Zahlungsverkehrs im Inland und mit dem Ausland zu gewährleisten" hat. Dieses Institut, die Liquiditäts-Konsortialbank GmbH, Frankfurt, hilft Kreditinstituten, die an sich gesund, aber vorübergehend in Liquiditätsschwierigkeiten geraten sind. Allein durch die Existenz dieses Institutes wird wohl verhindert, daß im Falle von Schwierigkeiten im Kreditgewerbe ein allgemeiner Run auf die Institute einsetzt, der zu einem Zusammenbruch des Finanzwesens führen müßte.

In gewisser Weise sorgt auch die Bankenaufsicht dafür, daß Einlagen sicher sind. Aber die Bankenaufsicht kann nur qualitative und quantitative Rahmenbedingungen vorgeben und deren Einhaltung überwachen. Sie kann nicht für einen umfassenden Gläubigerschutz sorgen. Deshalb ist eine Ergänzung durch die Einlagensicherung erforderlich.

Die Bundesbank steht eigener Aussage zufolge als Refinanzierungsquelle bei Bankzusammenbrüchen nicht zur Verfügung. Sie hat ausdrücklich hervorgehoben, daß sie sich nicht als „lender of last resort" versteht. Die Bundesbank könne gegebenenfalls nur über den Ankauf oder die Beleihung von Vermögenswerten Liquidität bereitstellen. Deshalb wurde die Liquiditäts-Konsortialbank gegründet, die Kredite bei der Bundesbank aufnehmen und an ein Institut weiterleiten kann.

Die deutsche Einlagensicherung erfaßt auch die Zweigstellen deutscher Kreditinstitute im Ausland. Es kommt ferner nicht darauf an, in welcher Währung die Einlagen bei dem Kreditinstitut gehalten werden. Außerdem wird, sofern es sich um Nichtbanken handelt, beim Schutz kein Unterschied zwischen Inländern und Ausländern gemacht.

Damit die Hilfe für Kreditinstitute flexibel gehandhabt werden kann, gibt es keine Vorschriften, in welcher Art und Weise eine Hilfsaktion abgewickelt werden muß.

Es ist aber auch festgelegt, daß es keinen Rechtsanspruch auf das Eingreifen einer Sicherungseinrichtung gibt. Das ist freilich eher ein formaler Gesichtspunkt, der die Handlungsfähigkeit der Bundesbank und des Gesetzgebers in allen Fällen sichern soll. Auch in einer allgemeinen Krise des Kreditwesens werden die Sicherungseinrichtungen nicht tätig. Wenn das gesamte Bankensystem durch außergewöhnliche Vorgänge in Gefahr gerät, werden staatliche Maßnahmen durch den Gesetzgeber erforderlich. Es ist dann Sache der Regierung und des Gesetzgebers, über die zu treffenden Maßnahmen zu entscheiden.

Im Ausland ist die Einlagensicherung zum Teil weniger umfassend ausgeprägt als die Regelung in Deutschland. In Großbritannien werden zum Beispiel nur Einlagen in nationaler Währung, und die auch nur bis zu höchstens 75 Prozent, begrenzt auf 20 000 britische Pfund Sterling, geschützt. In Amerika gibt es eine Einlagensicherung, die auf 100 000 Dollar begrenzt ist, dabei aber auch Bankeinlagen sichert.

Ein Vorschlag für eine Richtlinie in der Europäischen Gemeinschaft sieht vor, daß alle Kreditinstitute einem Einlagensicherungssystem angeschlossen sein müssen. Bislang haben jedoch Griechenland und Portugal überhaupt noch keine Einlagensicherung vorgesehen. In Deutschland stellt sich die Frage, wie mit Blick auf diese europäischen Pläne jene (wenigen) Außenseiter zu behandeln sind, die keinem Sicherungssystem angehören. Lücken gibt es auch bei der Einlagensicherung von Bausparkassen, weil diese, ausgenommen die öffentlich-rechtlichen Institute und eine private Bausparkasse, noch keiner Einlagensicherung angeschlossen sind. Auch für die Postbank muß wohl eine entsprechende Einrichtung geschaffen werden.

In den vergangenen zwanzig Jahren haben sich die freiwilligen Sicherungseinrichtungen in Deutschland bewährt. Es ist zwar zu einer Reihe von Bankschließungen gekommen. Aber diese Vorgänge haben in der Bevölkerung keine Unruhe hervorgerufen. Eine Rolle hat dabei sicherlich auch gespielt, daß nur Institute lokaler Bedeutung in Schwierigkeiten geraten sind. Jedenfalls sind bei den Bankzusammenbrüchen in Deutschland bisher Verluste der Gläubiger weitgehend vermieden worden.

Der Sparverkehr

Die bisher im Kreditwesengesetz verankerten Vorschriften über den Sparverkehr sind mit Wirkung zum 1. Juli 1993 gestrichen worden. Maßgebend sind jetzt Sparbedingungen, die in die Verordnung über die Rechnungslegung der Kreditinstitute eingefügt worden sind. Dabei ist die bisherige „gesetzliche" Kündigungsfrist von drei Monaten übernommen worden. Die neuen Sparvorschriften tragen den Marktveränderungen Rechnung; denn für die Kundschaft spielen die Spareinlagen längst nicht mehr die Rolle wie zu Beginn des wirtschaftlichen Aufschwungs nach dem Krieg. Von Spar-

konten mit dreimonatiger Kündigungsfrist können innerhalb eines Kalendermonats jedoch bis zu 3000 DM ohne vorherige Kündigung abgehoben werden.
Sparkassen und Kreditgenossenschaften wollen auch den sogenannten freizügigen Sparverkehr abschaffen. Bislang konnte ein Sparbuchbesitzer bei Vorlage des Sparbuches bei jedem Kreditinstitut innerhalb von 30 Zinstagen einen Betrag von 2000 DM abheben. Diese Möglichkeit der Bargeldbeschaffung sei wegen der Veränderung der Zahlungssitten und vor allem des Ausbaus des Netzes von Geldautomaten nicht mehr erforderlich, heißt es von Sparkassen und von Kreditgenossenschaften. Die Postbank will jedoch weiterhin diesen Service bieten. Vor allem bei Auslandsreisen ist es offenbar für viele Postsparer noch bequem, Abhebungen über das Postsparbuch vorzunehmen.

Bankkunden als Geschäftspartner

Die Geschäftsbeziehung zwischen dem Privatkunden, aber auch dem Unternehmer und den Kreditinstituten ist heute zunehmend von partnerschaftlichen Überlegungen gekennzeichnet. Raum dazu hat vor allem auch der Staat geschaffen, der inzwischen viele Reglementierungen aufgegeben hat. Schon lange wird nicht mehr von staatlicher Seite geprüft, ob ein Kreditinstitut irgendwo eine Zweigstelle eröffnen darf oder nicht. Schon 1967 hat der Staat die strengen Vorschriften über die Zinsbindung gestrichen. Die Werbung der Kreditinstitute wird nicht mehr gegängelt. Vom Staat wird nur noch der große Rahmen abgesteckt.
Der europäische Binnenmarkt wird zusätzliche Akzente setzen und die Möglichkeiten für den Kunden zur Auswahl anderer Institute vergrößern. All das führt dazu, daß die Kunden heute hartnäckig über die Höhe von Preisen für Finanzdienstleistungen einschließlich der Zinsen für Kredite und Einlagen verhandeln, und es kommt trotz aller Umstände auch zum Wechsel einer Bankverbindung. Eine Umfrage unter 2500 Handwerksbetrieben im Bezirk der Handwerkskammer Koblenz hat Anfang der neunziger Jahre ergeben, daß immerhin 23 Prozent der befragten Handwerksbetriebe schon einmal ihre Hauptbankverbindung gewechselt haben.

Universalbank kontra Trennbank

In Deutschland kann sich ein Kreditinstitut mehr oder weniger ausgeprägt in allen Sparten von Bankgeschäften engagieren. Man spricht vom Universalbanksystem. Aus der Sicht des Instituts besteht der Vorteil in der Möglichkeit des Ertragsausgleichs. Wenn ein Geschäftsbereich nicht zufriedenstellend arbeitet, wird vielleicht in einem anderen besser verdient. Das stabilisiert die Ertragslage einer Universalbank, die deshalb weniger anfällig ist. Diese Ausgleichsfunktion, die das deutsche Universalbankensystem auszeichnet, gewinnt in der Welt offenbar immer mehr Anhänger. Es gibt im internationalen Bankgeschäft eine Tendenz zu einer Zusammenfassung der Banktätigkeiten unter einem Dach. Aus der Sicht des Kunden ist das Angebot von Bankdienstleistungen aus einer Hand sicher auch reizvoll. Das Konzept geht sogar weiter und macht vor einer Verbindung zwischen Bank- und Versicherungsunternehmen nicht halt.
Es darf nicht übersehen werden, daß es auch Angriffspunkte gegen das Universalbankprinzip gibt. Interne organisatorische Vorkehrungen der Bank sollten verhindern, daß Informationen, die einer Stelle des Kreditinstituts vorliegen, unberechtigt an anderer Stelle verwendet werden – also eine Art Schutz vor der Verwendung von Insider-Informationen spezieller Art. Im Kreditgewerbe wird gern von den chinesischen Mauern

gesprochen, die die Ausnutzung solcher Insider-Informationen verhindern soll. Ein klassischer Fall für eine mögliche Interessenkollision: Ein Institut hat an ein Unternehmen Kredit gewährt. Das Unternehmen will – oder soll – die Verschuldung verringern. Es muß deshalb seine Eigenkapitalbasis vergrößern. Dem Publikum werden Aktien angeboten – auch von dem kreditgewährenden Bankinstitut. Mögliche Konflikte lassen sich in solchen Fällen vermeiden, wenn die Öffentlichkeit über alle Umstände eines Aktienangebots genau informiert wird, zum Beispiel darüber, daß aus dem Emissionserlös Kredite der Bank zurückgezahlt werden sollen.

In angelsächsischen Ländern ist die Kreditwirtschaft anders strukturiert. Dort gibt es (noch) Finanzinstitute, die nur auf Teilmärkten wie dem Kreditgeschäft oder dem Emissionsgeschäft tätig sind. Ohne Insider-Vorschriften kommt aber auch das Trennbankensystem nicht aus.

Die Spezialbanken

Zu den Instituten mit Spezialaufgaben gehören vor allem die Realkreditinstitute, die in private Hypothekenbanken und öffentlich-rechtliche Grundkreditanstalten eingeteilt werden. Es gehört zu den Besonderheiten des deutschen Finanzmarktes, daß er schon früh Gelder auf längere Frist zu festgelegten Konditionen zur Verfügung gestellt hat. Der Pfandbrief, mit dem solche Mittel ursprünglich allein mobilisiert worden sind, ist bereits älter als 200 Jahre. Heute werden auch andere Wertpapiere zur Beschaffung längerfristiger Mittel eingesetzt.

Die grundsätzlichen Aufgaben der am 15. Dezember 1871 in Mannheim in das Handelsregister eingetragenen Rheinischen Hypothekenbank wurden im ersten Geschäftsbericht wie folgt umrissen: „Die Rheinische Hypothekenbank ist ins Leben getreten mit der Absicht, zunächst in Baden und dann über Baden hinaus den berechtigten Anforderungen des Realcredits zu entsprechen, und insbesondere, soweit dies nationalökonomisch notwendig erscheint, den unkündbaren Realcredit an die Stelle des kündbaren zu setzen. Sie verfolgt aber gleichzeitig den weiteren Zweck, dem Capital, welches vielfach aus Mangel an bequemer hypothekarischer Anlage der Speculation sich zuwendet, eine solidere Richtung zu geben. Das in Individual-Hypotheken angelegte Capital soll nicht in Speculationswerthe übergehen, sondern der Bank-Hpothek, d.h. den Pfandbriefen sich zuwenden. In der Bank soll der zur hypothekarischen Anlage geneigte Capitalist und der des Realcredits bedürftige Darlehenssuchende sich zusammenfinden, um durch die Vermittlung der Bank sich wieder miteinander zu befreunden." Die meisten privaten Hypothekenbanken gehören heute Geschäftsbank-Konzernen an. Auch deshalb gewinnen die gewerblichen Beleihungen gegenüber der früher vorherrschenden Wohnungsbaufinanzierung immer stärker an Bedeutung.

Dabei kann die Finanzierung unternehmerischer Investitionen entweder zu festen Zinssätzen erfolgen oder zu Zinssätzen, die von Zeit zu Zeit den Marktverhältnissen angepaßt werden (variable Verzinsung).

Spezialbanken, die sich von den Märkten abgekoppelt haben, sind die Bausparkassen. Sie sammeln zwar auch wie andere Kreditinstitute Einlagen und leihen diese – mit einem Zuschlag – wieder aus. Die Bausparkassen verzinsen aber die Einlagen mit festen und zumeist vergleichsweise niedrigen Zinssätzen. Deshalb können sie auch unabhängig von Schwankungen der Zinsen am Kapitalmarkt Darlehen zu festen Zinssätzen vergeben. Anspruch auf solche Darlehen hat aber nur der Kunde, der zuvor bei der Bausparkasse gespart hat (oder einem anderen Sparer dessen Anspruch abgekauft hat).

Außerdem müssen Bauspardarlehen recht schnell zurückgezahlt werden. Das erhöht die monatliche Zahllast. Beide Umstände bremsen das Geschäft der Bausparkassen, die ohnehin nicht mehr ausleihen können, als ihnen zur Verfügung gestellt wird.
Kreditinstitute mit Sonderaufgaben sind solche, die sich in der Statistik der Bundesbank keiner Bankengruppe zuordnen lassen. Zu dieser Gruppe gehören Banken, die in staatlichem Auftrag oder in staatlichem Besitz besondere zentrale Aufgaben wahrnehmen wie die Kreditanstalt für Wiederaufbau oder Institute, die von Banken für Sonderaufgaben gegründet worden sind, wie die Liquiditätskonsortialbank. Die Postgiro- und die Postsparkassenämter bilden eine eigene Gruppe.
Als Kreditinstitute gelten schließlich auch die Kapitalanlagegesellschaften (Verwalter von Investmentfonds), die Wertpapiersammelbanken, die Bürgschaftsbanken und bestimmte Wohnungsunternehmen, die wegen ihrer speziellen Tätigkeit – sie bieten Sparmöglichkeiten – als Kreditinstitute gelten.

Was das Bankgeheimnis besagt

Im Verhältnis der Kreditinstitute zu ihren Kunden müssen Diskretion und Verschwiegenheit herrschen. Finanzielle Angelegenheiten von Privatleuten gehören nicht in die Öffentlichkeit, und was Unternehmen mitzuteilen haben, ist genau festgelegt. Deshalb gibt es ein Bankgeheimnis. Es schützt die Kunden vor unberechtigter Neugier Außenstehender. Zugleich unterstreicht es die Verantwortung jener, die im Finanzwesen beschäftigt sind. Der Umgang mit der meist unsichtbaren Ware Geld und die in der Branche herrschenden Geschäftsregeln üben wie auch die Art der Geschäfte eine besondere Anziehungskraft aus. Wohl nicht zufällig steht der Bankkaufmann als Ausbildungsberuf in hohem Ansehen.
Das Bankgeheimnis ist in Deutschland seit der Steuerreform 1990 in der Abgabenordnung gesetzlich verankert. Seinerzeit wurde in dieses Gesetz ein neuer Paragraph 30 a mit der Überschrift „Schutz von Bankkunden" eingefügt. Zuvor gab es nur den sogenannten „Bankenerlaß". Er wurde 1990 in die Abgabenordnung eingearbeitet.
Die Finanzbehörden haben bei der Ermittlung der für die Besteuerung wichtigen Sachverhalte auf das Vertrauensverhältnis zwischen den Kreditinstituten und deren Kunden besonders Rücksicht zu nehmen. In Absatz 2 des Paragraphen 30 a heißt es dann, daß die Finanzbehörden von den Kreditinstituten zum Zwecke der allgemeinen Überwachung eine einmalige oder periodische Mitteilung von Konten bestimmter Art oder bestimmter Höhe nicht verlangen können.
Es sollen auch sogenannte Kontrollmitteilungen unterbleiben; dabei geht es darum, daß Sachverhalte über Kunden, die bei der Prüfung eines Kreditinstitutes zwangsläufig zur Kenntnis der Finanzbehörden kommen, nicht automatisch in Steuerangelegenheiten des entsprechenden Kunden ausgewertet werden dürfen. Innerhalb eines Steuerstrafverfahrens sind die Kreditinstitute jedoch zu Auskünften verpflichtet.
Das Bankgeheimnis darf auch nicht dazu herhalten, kriminelle Machenschaften zu decken. Die Bekämpfung des Drogenhandels soll nicht am Bankgeheimnis scheitern. Deshalb sind Vorschriften geplant, die die „Geldwäsche" erschweren oder verhindern. Vorgesehen ist, daß Kreditinstitute bei Bartransaktionen, die über einen gewissen Betrag hinausgehen – die Rede ist von 25 000 DM – verpflichtet sein sollen, die Identität ihres Partners festzuhalten. Auf diese Weise soll es schwerer werden, Gelder aus dem kriminellen Umfeld durch Einschaltung von Kreditinstituten in eine unverdächtige Form zu bringen. Deshalb werden auch in vielen anderen Staaten Transaktionen mit Bargeld, die einen gewissen Betrag überschreiten, besonders registriert.

Auch bei der Bekämpfung von Mißständen im Wertpapierhandel kann es kein Bankgeheimnis geben. Das geplante Bundesaufsichtsamt für das Wertpapierwesen kann allfällige Verstöße gegen die neu zu fassenden Insider-Vorschriften nur dann verfolgen und aufklären, wenn die von inkriminierten Transaktionen betroffenen Konten offengelegt und dadurch die Transaktionen nachprüfbar werden.
Auf längere Sicht könnte das Bankgeheimnis auch bei der Ermittlung von im Ausland erzielten Einkünften aus Kapitalvermögen angekratzt werden. Wenn deutsche Anleger weiterhin in dem Umfange, wie sie dies 1992 und 1993 getan haben, Anlagemittel in Luxemburger Investmentfonds verlagern und die mit diesen Fonds erzielten Kapitaleinkünfte in der Steuererklärung verschweigen, könnte dies politisch durchaus so anstößig werden, daß der Gesetzgeber sich zu einer partiellen Neufassung der Vorschriften über das Bankgeheimnis entschließt.

Die Versicherungen

Auf der ganzen Welt ist seit Jahren eine steigende Nachfrage nach Versicherungsschutz zu verzeichnen. Das ist unter anderem das Spiegelbild steigender Einkommen, eines wachsenden Welthandels mit zunehmenden Transportrisiken und neu entstandener Industriezweige wie Kernkraft und Raumfahrt mit eigenen Risiken. Der größte Versicherungsmarkt der Welt sind die Vereinigten Staaten von Amerika. 35 Prozent des gesamten Versicherungsgeschäftes werden dort abgewickelt. Dann folgt Europa mit einem Anteil von 30 Prozent vor Japan (20 Prozent). In Europa wiederum vereinigen die Staaten der Europäischen Gemeinschaft 90 Prozent des gesamten europäischen Geschäfts auf sich. Insgesamt ist in der Gemeinschaft im Jahr 1991 ein Prämienaufkommen von 630 Milliarden DM verzeichnet worden. 44 Prozent davon entfielen auf Lebensversicherungen und 56 Prozent auf alle anderen Versicherungszweige.
Gerade in Europa war das Wachstum des Versicherungsmarktes besonders stark. In den siebziger Jahren sind die Beiträge real jährlich um etwa 5 Prozent und in den achtziger Jahren sogar um etwa 7 Prozent gestiegen, das heißt etwa zwei- bis dreimal so kräftig wie das Bruttosozialprodukt. Deshalb hat sich auch der Anteil der Versicherungsprämien am Sozialprodukt, der 1970 noch bei durchschnittlich 3 Prozent gelegen hatte, bis 1990 auf 5 Prozent erhöht. Die „Versicherungsdurchdringung" (Prämienvolumen gemessen am Sozialprodukt) ist gestiegen.
Die drei größten Versicherungsländer der Europäischen Gemeinschaft sind Großbritannien, Deutschland und Frankreich. Sie vereinigen 75 Prozent des Beitragsaufkommens der Gemeinschaft auf sich. An der Spitze steht Großbritannien mit einem Anteil von 28 Prozent vor Deutschland (26 Prozent) und Frankreich (21 Prozent). Auf Italien entfällt ein Anteil von 8 Prozent, auf die Niederlande entfallen 4 Prozent, auf Spanien 5 Prozent, auf Belgien 3 Prozent, auf Dänemark 2 Prozent, auf Irland 1 Prozent, auf Portugal knapp 1 Prozent und auf Griechenland und Luxemburg weniger als jeweils 0,5 Prozent.
In Europa zieht die Sparte Lebensversicherung einen Anteil von 48 Prozent der Prämien auf sich. In den einzelnen Ländern gibt es jedoch große Abweichungen von dieser Durchschnittszahl. Der höchste Anteil des Lebensversicherungsgeschäftes am Versicherungsmarkt ist in Großbritannien zu verzeichnen (64 Prozent). In Irland sind es 60 Prozent, in den Niederlanden 52 Prozent, in Frankreich 51 Prozent, in Deutschland, Dänemark und Griechenland jeweils 41 Prozent, in Luxemburg 33 Prozent, in Spanien 28 Prozent, in Italien 25 Prozent und in Portugal schließlich 24 Prozent.

Deutschland hat sich der Anteil der Lebensversicherung am Gesamtmarkt in jüngster Zeit eher etwas ermäßigt.

Wie Versicherungen entstanden sind

Am Anfang stand sicherlich die Aufgabe, mit Ereignissen fertig zu werden, die plötzlich in das Leben der Menschen eingreifen können: Ein früher Tod des Ernährers der Familie oder Heimsuchungen durch Unglücksfälle wie Feuer oder Überschwemmung. Deshalb bestand die Urform der Versicherung in der Formulierung der Regeln für praktische Hilfe in solchen Fällen. Im Alten Testament finden sich zum Beispiel Heiratsregeln, die das Überleben einer Witwe sichern sollten. Im Gesetzbuch des babylonischen Königs Hammurabi war festgehalten, was nach Raubüberfällen auf Karawanen zu geschehen habe. Aus Ägypten und Griechenland sind kulturbezogene Vereine bekannt, die Hilfe bei Krankheit leisteten und für das Begräbnis sorgten. Der Bogen läßt sich weiter spannen über die im 10. und 11. Jahrhundert entstandenen Gilden, die bei Krankheit, Brand und Schiffbruch einsprangen, und über die „Brandbriefe", die in der Zeit des Dreißigjährigen Krieges aufgekommen sind.

Vorläufer eines organisierten Versicherungswesens sind die Seeversicherungen, die Ende des 14. Jahrhunderts aufkamen, und „Feuerkontrakte", wie sie etwa 1591 in Hamburg unterschrieben wurden. Daraus entstanden regelrechte Feuerversicherungen. Die 1676 in Hamburg gegründete Feuerkasse gilt als die älteste noch bestehende Versicherungseinrichtung der Welt. Die Grundlagen für die heute weitverbreitete Kapitallebensversicherung wurden mit der Entwicklung sogenannter „Sterbetafeln" sowie der Statistik und Wahrscheinlichkeitsrechnung im 17. und 18. Jahrhundert geschaffen. Mit der Entwicklung des Versicherungswesens sind vor allem die Namen Pascal, Huygens, Leibniz, Neumann, Halley und Gauß verknüpft. Einen besonderen Aufschwung für das Versicherungswesens brachte die Industrialisierung im 19. Jahrhundert.

Der deutsche Versicherungsmarkt

1992 sind in Deutschland nach Angaben des Gesamtverbandes der Deutschen Versicherungswirtschaft im selbst abgeschlossenen Geschäft der Erstversicherer Brutto-Beitragseinnahmen von 185 Milliarden DM verzeichnet worden. Gegenüber dem Vorjahr nahmen die Beiträge um 10 Prozent zu. Insgesamt sind in Deutschland etwa 2700 Versicherungsunternehmen tätig. Der weitaus größte Teil davon sind jedoch regionale Klein- und Spezialversicherer. In der Statistik werden mehr als 100 Sterbekassen und fast 700 Unternehmen für die Tierversicherung aufgeführt. Dem Gesamtverband der Deutschen Versicherungswirtschaft gehören jene Versicherungsunternehmen an, denen am Markt eine gewisse Bedeutung zukommt. Dabei handelt es sich um rund 450 Gesellschaften, die etwa 93 bis 94 Prozent des gesamten Prämienaufkommens in Deutschland auf sich vereinigen.

Der Rechtsform nach dominieren die Aktiengesellschaften (240 Mitglieder) vor den Versicherungsvereinen auf Gegenseitigkeit (85 Mitglieder) und den öffentlich-rechtlichen Versicherern (42 Mitglieder). Dem Gesamtverband gehören auch 59 Mitglieder an, bei denen es sich um Niederlassungen ausländischer Versicherer handelt. Der Anteil des Auslandes am deutschen Versicherungsmarkt ist jedoch höher, als in diesen Mitgliedszahlen zum Ausdruck kommt, weil es auch Versicherungsunternehmen deutschen Rechts gibt, die vollständig oder maßgeblich in Auslandsbesitz sind.

Die Versicherungsarten

Die Individualversicherung, auch Privatversicherung, Vertragsversicherung oder Assekuranz genannt, ist ein wichtiger Wirtschaftszweig in Deutschland. In manchen Fällen tritt die Individualversicherung in Konkurrenz zur Sozialversicherung, die in Deutschland 1881 als Zwangsversicherung eingeführt wurde. Die Sozialversicherung umfaßt die Bereiche Krankheit, Unfall, Arbeitslosigkeit und Altersversorgung. In anderen Fällen kann man Schutz nur bei einer privaten Versicherung finden, etwa gegen Unfälle außerhalb des Arbeitslebens. Die gesetzliche Unfallversicherung deckt nur Arbeitsunfälle ab. In einem einzigen Fall ist der Staat der alleinige Anbieter eines Schutzes: Er allein versichert die Folgen von Arbeitslosigkeit. Dieses Risiko läßt sich versicherungstechnisch nicht erfassen und deshalb auch nicht privat kalkulieren.

In der Versicherungswirtschaft werden zwei große Bereiche unterschieden, die Personenversicherung und die Schadenversicherung. Die Personenversicherung umfaßt die Lebensversicherung, die private Krankenversicherung und die private Unfallversicherung. Unter dem Begriff der Schadenversicherung werden vor allen Dingen die Kraftfahrtversicherung mit ihren verschiedenen Sparten sowie die allgemeine Haftpflichtversicherung, die Feuerversicherung, die Hausratversicherung und die Rechtsschutzversicherung zusammengefaßt. Ein neuer Versicherungsbereich ist die Versicherung des Pflegerisikos als Folge von Krankheit und Unfall.

Die Schadenversicherung hat vor allem auch Bedeutung für die Unternehmen, die Risiken abdecken wollen, die mit der unternehmerischen Tätigkeit zusammenhängen. Die wichtigsten Sparten sind hier die Feuerversicherung, die Betriebsunterbrechungsversicherung, die Einbruch-Diebstahlversicherung, die Maschinenversicherung, die Betriebshaftpflichtversicherung, die Produkthaftpflichtversicherung, die Kreditversicherung und die Transportversicherung.

Kennzeichnend für die private Haftpflichtversicherung ist, daß sie auch für Schäden eintritt, die durch grobe Fahrlässigkeit verursacht worden sind. Dagegen wird in anderen Zweigen der Schadenversicherung grundsätzlich nur geleistet, wenn der Schaden durch einfache Fahrlässigkeit entstanden ist; grobe Fahrlässigkeit ist ausgeschlossen.

Die Gefahrengemeinschaft der Versicherten

Wer eine Versicherung abschließt, kann damit zwar nicht das Ereignis als solches abwenden, wohl aber dessen finanzielle Folgen. Eine Versicherung verwandelt die nach Zeitpunkt und Höhe ungewissen möglichen finanziellen Folgen eines ungünstigen Ereignisses um in eine der Höhe nach feststehende Periodenzahlung. Dadurch wird ein Risiko für den einzelnen überschaubar und tragbar. Die Umwandlung ungewisser Ereignisse in rechenbare Größen findet aber auch bei dem Partner des Kunden, bei dem Versicherungsunternehmen statt. Man spricht von der Bildung einer „Gefahrengemeinschaft".

Der Wert des Hausrats einer vierköpfigen Familie kann schnell 100 000 DM erreichen. Wer jedoch kann, wenn der Hausrat verloren geht, diesen ohne weiteres ersetzen? Die meisten Familien wären bei einem Verlust ihres Hausrates ruiniert. Folglich liegt es nahe, sich gegen dieses Risiko zu versichern. Das ist gegen Zahlung einer erschwinglichen Jahresprämie möglich. Wenn das Versicherungsunternehmen mit vielen möglichen Betroffenen einen Versicherungsvertrag abgeschlossen hat, läßt diese Vielzahl der Verträge erwarten, daß in einer Rechnungsperiode (meist das Kalenderjahr) immer nur ein Teil der Kunden einen Schaden erleidet. Es ist eben unwahrscheinlich, daß

alle Versicherungskunden gleichzeitig von einem Schaden betroffen werden, wenn nur genügend viele Verträge vorhanden sind und sie kein „Klumpenrisiko" bilden, also den gleichen Einflußfaktoren unterliegen (gleiche Straße, gleicher Stadtteil, gleiche Stadt).
Das „Gesetz der großen Zahl" und die Unabhängigkeit der versicherten Risiken sind die Grundlage des Versicherungsvertrages. Es gibt Erfahrungswerte, wie häufig Hausrat durch Brand oder andere Ereignisse verloren geht. Auf dieser Grundlage kann der Beitrag berechnet werden, der vom Kunden an das Versicherungsunternehmen abzuführen ist. Freilich besteht der Beitrag an die Versicherung nicht nur aus dem Teil, der die (erwarteten) Schäden abdeckt. Der Versicherung entstehen auch Kosten, und sie möchte einen Gewinn machen. Auch diese Positionen werden in den Beitrag eingerechnet.
Ähnlich werden die Beiträge für Kapitallebensversicherungen errechnet. In der Regel besteht der Beitrag (auch Prämie genannt) aus drei Teilen, dem Risikobeitrag, dem Sparbeitrag und dem Kostenbeitrag. Der Risikobeitrag ist das Entgelt für die ständige Leistungsbereitschaft der Versicherung im Todesfall sowie – falls versichert – auch bei Berufsunfähigkeit; der Sparbeitrag ist jener Teil der Prämie, der verzinslich angesammelt wird für eine Leistung im Erlebensfall, und aus dem Kostenbeitrag schließlich deckt das Versicherungsunternehmen seine Aufwendungen und seinen Gewinn.
Der Beitrag für eine Kapitallebensversicherung wird mit steigendem Alter bei Versicherungsbeginn immer höher. Denn das Risiko, vorzeitig zu sterben, ist für einen älteren Menschen im Durchschnitt höher als für einen jüngeren, und außerdem bleibt weniger Zeit, die versprochene Summe anzusparen, die bei Ablauf der Versicherung ausgezahlt werden soll.

Der Versicherungsvertrag

Die Beziehungen zwischen Kunde und Versicherungsunternehmen gründen sich auf einen Vertrag. Der Inhalt dieses Vertrages muß nicht immer wieder neu ausgehandelt werden. Vielmehr gibt es meist einen allgemeinen Rahmen (Allgemeine Versicherungsbedingungen), der im Einzelfall dann mit den besonderen Merkmalen – etwa Höhe der Versicherungssumme – vervollständigt wird. Das „Kleingedruckte", auch wenn viele Kunden sich damit kaum beschäftigen, ist Vertragsbestandteil.
Bislang hat das Bundesaufsichtsamt für das Versicherungswesen in Berlin solche Bedingungen amtlich genehmigt und damit stellvertretend für die Kunden ein waches Auge auf ihren Inhalt gehabt. Spätestens ab Mitte 1994 werden aber die Vorschriften einer Richtlinie der Europäischen Gemeinschaft in deutsches Recht umgesetzt sein. Damit verändert sich auch die Rolle des Bundesaufsichtsamtes. Grundsätzlich entfällt die vorherige Genehmigung von Versicherungsbedingungen. Ob es statt dessen freiwillig zur Ausarbeitung von Musterbedingungen kommt, die mit dem Amt zuvor abgestimmt werden, ist offen.

Der gemeinsame europäische Versicherungsmarkt

Die Vorschriften, die zu einem gemeinsamen europäischen Versicherungsmarkt auch für Lebens- und andere Versicherungen führen sollen, müssen spätestens Mitte 1994 in Kraft treten. Neben der bereits erwähnten Abschaffung der vorbeugenden Kontrolle von Versicherungsbedingungen und Versicherungstarifen wird es neue Regelungen geben für die Geschäftssparten, in denen Versicherer tätig sein dürfen; die strikte Trennung von Lebens- und Schadenversicherung wird aufgeweicht. Es wird neue Vorschriften über die Anlage des Vermögens geben, die „so ziemlich alles zulassen, was überhaupt denkbar ist" (Helmut Müller, der Vizepräsident des Bundesaufsichtsamtes für das Versicherungswesen).

Ferner gilt ab Mitte 1994 in der Europäischen Gemeinschaft auch für Versicherungsunternehmen das Sitzlandprinzip. Ein Versicherer, einmal in seinem Sitzland zugelassen, darf dann in allen Ländern der Gemeinschaft tätig werden; er wird allein im Sitzland beaufsichtigt. Geschäfte darf er dann – wie schwierig dies organisatorisch oder vertriebstechnisch auch sein mag – in jedem Land der Gemeinschaft tätigen. Folglich wird sich das Versicherungsangebot in Deutschland vergrößern.

Wahrscheinlich wird es aber für den Kunden schwerer, Vergleiche anzustellen und sich die „richtige" Versicherung herauszusuchen. Immerhin wird die Regel gelten, daß für Verträge mit privaten Versicherungskunden das Recht des Wohnsitzes des Versicherungsnehmers anzuwenden ist.

Im europäischen Ausland sind zum Teil andere Versicherungsverträge üblich als bisher in Deutschland, zum Beispiel „All-Risk-Policen". Bei diesen Policen muß bestimmt werden, was nicht versichert ist, erläutern deutsche Versicherungsfachleute und fügen hinzu, dies entspreche nicht der Mentalität der Deutschen. Diese wollten umgekehrt wissen, was versichert ist. Deshalb glauben diese Experten, daß sich All-Risk-Policen in Deutschland nicht so schnell durchsetzen werden.

Vielleicht kommt aber eine andere Entwicklung in Gang, die Zusammenfassung verschiedener, jetzt noch getrennt abgeschlossener Versicherungsverträge in einer Police. Das könnte wegen des bei den einzelnen Verträgen wegfallenden Kostenteils in den Beiträgen zu einer Ersparnis bis zu 300 DM für einen Privathaushalt im Jahr führen, heißt es in spekulativen Berechnungen zu solchen Überlegungen. Der Beitrag könnte ferner durch die Einführung von Selbstbeteiligungen gesenkt werden. Ob für Versicherungsverträge dieser Art in Deutschland größere Nachfrage bestehen wird, wird auch bezweifelt. Trotz der Einführung relativ hoher Selbstbehalte könnten die Prämien nicht so stark zurückgeführt werden, daß davon ein Anreiz für die Kunden ausgehen könnte, meinen Experten. Eine Zusammenfassung von Versicherungen werde zudem schwierig bis unmöglich, wenn Verträge bei verschiedenen Versicherungsunternehmen und mit im Zweifel unterschiedlichen Laufzeiten bestehen.

Im Lauf der Zeit mag sich aber ein Umdenken bei den Kunden ergeben. Denn ihre Treue zu den Versicherungsunternehmen wankt. Versicherungsverträge werden nicht unbedingt beim bestehenden Versicherer verlängert. Es gibt immer mehr Kunden, die zuvor mehrere Versicherungsangebote vergleichen. Der Prozentsatz ist einer Umfrage des Instituts für Demoskopie Allensbach zufolge von 37 Prozent 1987 auf 44 Prozent 1992 gestiegen. Aus der gleichen Umfrage geht hervor, daß der Preis (Beitrag) für die Versicherung nicht der wichtigste Umstand für die Auswahl eines Versicherungspartners ist.

Den Kunden kommt es in der Zusammenarbeit mit ihrem Versicherer vor allem auf eine rasche Regulierung von Schäden an. Wahrscheinlich hängt das damit zusammen, daß die Kunden wegen der Kraftfahrtversicherung und der in diesem Zweig hohen Schadenhäufigkeit besondere Erfahrungen sammeln können. Den Mitteilungen von Allensbach zufolge hatten 30 Prozent der gesamten Bevölkerung innerhalb der letzten zwei bis drei Jahre einen Schadensfall erlebt und weitere 12 Prozent sogar mehrere. Die Schnelligkeit der Schadenregulierung ist jedenfalls in den Augen der Kunden noch wichtiger für das Ansehen einer Gesellschaft als die Höhe der erstatteten Summe. Die Vertragslaufzeiten spielen für die Kunden dagegen eine untergeordnete Rolle.

Die Umfrage von Allensbach zeigt auf, auf welche Umstände die Kunden beim Abschluß einer Versicherung besonders achten. Diese Punkte betreffen die Höhe der Beiträge, die Abgrenzung der versicherten Risiken, die Versicherungssumme, die vom Versicherungsschutz ausgenommenen Risiken, die Klauseln über eine allfällige Selbstbeteiligung sowie die Kündigungsbedingungen.

Gelegentlich werden Verträge abgeschlossen, die mit versicherungsmathematischen Überlegungen wenig zu tun haben und die die Versicherung eher in die Nähe eines Glücksspiels oder einer Wette rücken. Das ist zum Beispiel der Fall, wenn die Beine eines Fußballers, die Figur einer Schauspielerin oder die Hände eines Chirurgen besonders versichert werden. Im Allgemeinen Preußischen Landrecht von 1794 und im Österreichischen Allgemeinen Bürgerlichen Gesetzbuch von 1811 wurden denn auch die heute versicherungsmathematisch untermauerten Versicherungsverträge noch als Vorgänge angesehen, die im Abschnitt „Glücksverträge" oder „gewagte Geschäfte" abgehandelt worden sind.

Wie Versicherungen verkauft werden

Die meisten Menschen, die in der Versicherungswirtschaft tätig sind, beschäftigen sich mit dem Verkauf von Versicherungen. Es gibt etwa 60 000 hauptberuflich tätige Versicherungsvertreter und etwa 300 000 Menschen, die die Versicherungsvermittlung als Nebenberuf betreiben. Ferner gibt es etwa 3500 Versicherungsmakler, das sind Unternehmen, die keine bestimmte Versicherungsgesellschaft vertreten, sondern ihre Kunden an verschiedene Gesellschaften vermitteln. Bei den Versicherungsunternehmen selbst arbeiten mehr als 250 000 Angestellte. 17 000 Lehrlinge werden ausgebildet.
Nach wie vor werden Versicherungsverträge an mögliche Interessenten eher herangetragen und verkauft. Nur wenige Interessenten wenden sich von sich aus an eine Versicherungsgesellschaft. Bei gewissem standardisierten Versicherungsbedarf, wie er zum Beispiel für die Kraftfahrtversicherung typisch ist, zeichnet sich allerdings zunehmend ein Wandel ab, der auch für andere Bereiche bedeutsam wird. Es treten immer mehr sogenannte Direktversicherer in Erscheinung. Direktversicherer unterhalten keinen Außendienst und beschäftigen auch keine Vermittler. Sie stellen den Kontakt zu Kunden meist über Anzeigen her. Die Geschäfte werden per Post abgewickelt. Derzeit werden aber noch immer 75 bis 80 Prozent des Versicherungsgeschäftes über persönliche Kontakte abgeschlossen. Der Marktanteil der Direktversicherer wird auf etwa 5 Prozent geschätzt. Der Marktanteil der Versicherungsmakler wird auf etwa 10 Prozent veranschlagt.
Eine wachsende Bedeutung erlangt der Vertrieb von Versicherungsverträgen über Kreditinstitute. Der Anteil soll schon etwa 5 Prozent erreichen. Etwa die gleiche Marktbedeutung haben sogenannte Strukturvertriebe. Das sind Unternehmen, die meist ohne feste Bindung an ein bestimmtes Versicherungsunternehmen eine Außendienstorganisation aufgebaut haben und sie zum Vertrieb von Finanzprodukten einsetzen. Strukturvertriebe sind vor allem auch in den neuen Bundesländern tätig geworden, aber offenbar nicht überall zu jedermanns Zufriedenheit. Jedenfalls gibt es in der Versicherungswirtschaft auch deutliche Vorbehalte gegenüber diesem Vertriebsweg. Diese Zurückhaltung wird damit begründet, daß das Versicherungsunternehmen allenfalls einen geringen Einfluß auf den Vertrieb hat. Außerdem heißt es, daß dieser Vertriebsweg relativ teuer sei. Ferner ist die sogenannte Stornoquote bei Verträgen, die über Strukturvertriebe abgeschlossen werden, oft vergleichsweise hoch. Als Storno bezeichnet man die vorzeitige, nicht dem Versicherungsvertrag entsprechende Auf-

hebung des Vertrages. Das geschieht meist in den ersten fünf Jahren nach Vertragsschluß. Ausgedrückt wird das Storno im Stornosatz; das ist der Stornobetrag gemessen am mittleren Versicherungsbestand.

Wie die Deutschen versichert sind

In Deutschland bestehen etwa 450 Millionen Versicherungsverträge einschließlich gewerblicher Versicherungsverträge. Abgesehen von der Haftpflichtversicherung für das Kraftfahrzeug ist in Deutschland die Hausratversicherung am weitesten verbreitet. 80 Prozent der Haushalte haben ihren Hausrat versichert. Mit deutlichem Abstand folgt die private Haftpflichtversicherung, die in 59 Prozent der Haushalte vorhanden ist. Dabei gilt gerade die private Haftpflichtversicherung als eine, auf die man am wenigsten verzichten sollte. Es folgt die Lebensversicherung in verschiedenen Ausprägungen in 55 Prozent der Haushalte. 48 Prozent der Haushalte sind rechtsschutzversichert, 40 Prozent haben eine private Unfallversicherung abgeschlossen, 17 Prozent besitzen zur gesetzlichen Krankenversicherung eine private Zusatzkrankenversicherung und 13,5 Prozent der Gesamtbevölkerung sind schließlich bei der Krankenversicherung Privatversicherte. Ein Durchschnittshaushalt gibt etwa sechs Prozent seines Haushaltsnettoeinkommens für den privaten Versicherungsschutz aus.

Versicherungen als Kapitalanleger

Die in Deutschland tätigen Versicherungsunternehmen hatten zur Erfüllung ihrer Verpflichtungen Ende September 1992 Vermögensanlagen im Bilanzwert von 829 Milliarden DM gebildet. Der weitaus größte Teil dieser Mittel ist in festverzinslichen Wertpapieren angelegt. Versicherungsgesellschaften bevorzugen dabei die Namensschuldverschreibung, weil diese als nicht börsennotierte Titel im Falle von allgemeinen Zinssteigerungen nicht abgeschrieben werden müssen. 43 Prozent des Vermögens waren in Namensschuldverschreibungen sowie in weiteren Schuldscheinforderungen und Darlehen angelegt. Auf andere Wertpapiere, vor allem börsennotierte Anleihen, aber auch auf Aktien entfielen weitere 30,7 Prozent des Vermögens. Die Hypotheken-, Grund- und Rentenschuldforderungen erreichen 11,7 Prozent. In Grundstücken und ihnen gleichgestellte Rechte waren 6,2 Prozent angelegt. Der Rest der Vermögensanlagen verteilt sich auf Beteiligungen, auf Darlehen und Vorauszahlungen auf Versicherungsscheine sowie auf Ausgleichsforderungen.

Vor dreißig Jahren waren die Schuldscheinforderungen ebenfalls die wichtigste Anlagegruppe, doch entfielen auf sie nur 30 Prozent des Vermögens. Wertpapiere stellten damals 24 Prozent, Hypotheken 16 Prozent und Grundstücke 10 Prozent. Ausgleichs- und sonstige Schuldbuchforderungen wurden mit 17,4 Prozent in der Statistik geführt. Der Löwenanteil der Vermögensanlagen entfällt, wie nicht anders zu erwarten, auf die Lebensversicherungsunternehmen, deren Geschäftsschwerpunkt die Kapitallebensversicherung ist. Aus den von ihnen angesammelten Vermögensteilen soll später die Versicherungsleistung erbracht werden. 63 Prozent des Vermögens der Versicherungsgesellschaften entfielen auf die 118 Lebensversicherungsunternehmen. Rechnet man die 199 Pensions- und Sterbekassen hinzu, die weitere 11,4 Prozent der Vermögensanlagen verwalten, dann entfallen auf diese beiden Sparten 75 Prozent des gesamten Vermögens der Branche. Die Schaden- und Unfallversicherungsunternehmen haben einen Anteil von 12,4 Prozent, die Krankenversicherungsunternehmen von 5,5 Pro-

zent und die Rückversicherungsunternehmen schließlich von 7,3 Prozent der Vermögensanlagen.
Die Erträge der Versicherungsunternehmen aus ihren Kapitalanlagen sind 1991 gegenüber dem Vorjahr um 0,1 Prozentpunkte auf 7,7 Prozent gestiegen. Für das Jahr 1992 liegt noch keine zusammenfassende Angabe vor. Bekannt ist jedoch, daß die Kapitalanlagen der Lebensversicherungsunternehmen im Jahr 1992 um 9,2 Prozent und die Bruttoerträge daraus um 9,5 Prozent gestiegen sind.

Konzentration im Versicherungsgewerbe

Die Bedeutung der führenden Versicherungsunternehmen des deutschen Marktes geht in der jüngeren Vergangenheit eher zurück. Das zeigt sich daran, daß der Marktanteil der drei größten Unternehmen in der Sparte Lebensversicherung von 1980 auf 1990 auf 25,0 (30,3) Prozent zurückgegangen ist. In der Krankenversicherung vereinigen die drei größten Unternehmen jedoch nach wie vor praktisch den gleichen Marktanteil auf sich: 42,2 (42,3) Prozent. In der Schadenversicherung ist der Anteil der drei Marktführer jedoch ebenfalls, wenn auch leicht auf 18,2 (19,3) Prozent zurückgegangen, so daß insgesamt der Konzentrationsgrad geringfügig auf 23,1 (23,4) Prozent zurückgegangen ist.
Diese Tendenz ist auch vorherrschend, wenn man die jeweils fünf größten beziehungsweise die zehn größten Versicherungsunternehmen betrachtet. Auf die fünf größten Versicherungsunternehmen entfallen 29,3 (29,6) Prozent und auf die zehn größten Unternehmen 41,4 (42,6) Prozent Marktanteil.

Die größten Lebensversicherungsunternehmen

Gesellschaft	Bestand Versicherungssumme Ende 1992 Millionen DM	Veränderung gegenüber dem Vorjahr in Prozent
Allianz Leben	222 731	+ 8,1
Hamburg-Mannheimer	120 844	+ 4,5
Volksfürsorge Leben	102 643	+ 4,6
R+V Leben	96 702	+ 8,2
Aachener + Münchener	93 344	+ 13,8
Victoria Leben	73 563	+ 11,3
Iduna Leben	72 710	+ 3,3
Nürnberger Leben	56 576	+ 10,7
Gerling Konzern Leben	54 655	+ 8,9
Karlsruher Leben	51 571	+ 9,4

Quelle: Zeitschrift für Versicherungswesen, Hamburg

Die Bedeutung der ausländischen Versicherungsunternehmen auf dem deutschen Markt ist in der letzten Zeit nicht besonders stark gestiegen. Ihr Marktanteil hat sich von knapp 12 Prozent im Jahr 1975 auf knapp 14 Prozent im Jahr 1991 erhöht. Eine große Bedeutung haben jedoch die in der Schweiz beheimateten Versicherungsunternehmen, deren Geschäftsanteil in der Bundesrepublik Deutschland immerhin 7 Pro

Die größten Sachversicherungsunternehmen
(ohne Rechtsschutzversicherung)

Gesellschaft	Gebuchte Brutto-Beiträge 1991 Millionen DM	Veränderung gegenüber dem Vorjahr in Prozent
Allianz Versicherungs-AG	8005	+ 10,2
R+V Allgemeine Versicherung	2814	+ 26,0
Gerling-Konzern Allgemeine Versicherungs-AG	2788	+ 14,5
Colonia Versicherung AG	2701	+ 6,4
Gothaer Versicherungsbank VVaG	2371	+ 26,1
HDI Haftpflichtverband der deutschen Industrie VVaG	2108	+ 12,7
Haftpf.-Unterst.-Kasse kraftf. Bea. Dt. aG (HUK Coburg)	2087	+ 1,1
Deutsche Versicherungs AG	1881	+ 166,1
Victoria Versicherung AG	1863	+ 24,2
Frankfurter Versicherungs-AG	1818	+ 10,5

Quelle: Hoppenstedt Versicherungs-Jahrbuch 1993

zent Marktanteil erreicht. Das bedeutet, daß die Hälfte des Auslandsgeschäftes in Deutschland von Schweizer Versicherungsunternehmen bestritten wird.
Umgekehrt erzielen die deutschen Versicherungsunternehmen einen stark wachsenden Anteil ihrer Beitragseinnahmen aus Aktivitäten im Ausland. Mißt man die im Ausland erzielten Beiträge am inländischen Beitragsaufkommen, dann ergab sich 1985 eine Relation von 3,6 Prozent und 1991 ein Anteil von bereits 16,6 Prozent. Etwa zwei Drittel dieser Prämien werden in der Europäischen Gemeinschaft eingenommen. Zu beachten ist, daß es sich dabei um Durchschnittszahlen handelt, da nicht alle deutschen Versicherungsunternehmen im Ausland tätig sind. Deshalb ist der Anteil des Auslandsgeschäfts bei den aktiv im Ausland engagierten deutschen Versicherungsunternehmen entsprechend höher.

Die Versicherungsbilanz

Der Jahresabschluß eines Versicherungsunternehmens spiegelt die Besonderheiten des Versicherungsgeschäftes wider. Das Unternehmen hat versprochen, bestimmte Leistungen zu erbringen, und dieses Versprechen schlägt sich in den einzelnen Bilanzpositionen nieder. Je nach der Sparte, in der ein Versicherungsunternehmen tätig ist, sieht eine Bilanz etwas anders aus, aber im Prinzip sind die wichtigsten Positionen folgende: Auf der Aktivseite nehmen die Kapitalanlagen den allergrößten Teil ein. Bei einem Lebensversicherungsunternehmen – als Beispiel soll der Jahresabschluß zum 31. Dezember 1992 der Allianz Lebensversicherungs AG, Stuttgart, dienen – erreicht diese Position 95 Prozent der Bilanzsumme, im Beispiel 84 Milliarden DM bei einer Gesamtbilanzsumme von 88 Milliarden DM. Demgegenüber verblassen alle anderen Vermögensgegenstände auf der Aktivseite der Bilanz.
Auf der Passivseite sind es die sogenannten versicherungstechnischen Rückstellungen, die den Löwenanteil auf sich vereinigen, bei der Allianz 81 Milliarden DM. Die beiden wichtigsten Posten innerhalb der versicherungstechnischen Rückstellungen sind die sogenannte Deckungsrückstellung und die Rückstellung für Beitragsrückerstattung.

Unter einer Deckungsrückstellung wird die Summe der Sparbeiträge einschließlich Rechnungszins verstanden (Lebensversicherung) beziehungsweise der nach versicherungsmathematischen Grundsätzen ermittelte Kapitalwert der bestehenden Verpflichtungen zur Zahlung von Renten und Rückgewährbeträgen in der Haftpflicht- und Unfallversicherung. Die Deckungsrückstellung wird durch den Deckungsstock gesichert, das ist ein von dem Versicherungsunternehmen zu bildendes Sondervermögen.
Die Rückstellung für Beitragsrückerstattung entsteht in der Lebensversicherung daraus, daß die Versicherungsgesellschaften sehr vorsichtig rechnen. In der Kraftfahrtversicherung versteht man darunter die aus technischen Überschüssen nachträglich an die Kunden ausgeschütteten Beitragsanteile. In der Lebensversicherung kalkulieren die Versicherer in ihr Angebot einen geringeren Zinsertrag ihrer Vermögensanlagen ein, als sie tatsächlich erzielen. Der erzielte Überschuß wird zu einem sehr hohen Prozentsatz, manchmal sogar vollständig, an die Versicherten verteilt. Das geschieht entweder sogleich (direkt) oder über den Umweg der Rückstellung. Die Rückstellung dient als Puffer zum Ausgleich von Schwankungen im Überschuß. Ziel ist es, eine möglichst gleichmäßige Überschußbeteiligung zu erreichen, weil die Überschüsse meist zu einer laufenden Erhöhung der Versicherungssumme verwendet werden. Es gibt verschiedene Möglichkeiten, die Versicherten an solchen Überschüssen zu beteiligen. Die Ausgestaltung der Beitragsrückerstattung wird künftig im Wettbewerb vor allem mit ausländischen Versicherungsunternehmen eine große Rolle spielen.
Die Höhe künftiger Beitragsrückerstattungen kann trotz der gebildeten Rückstellung für Beitragsrückerstattung von den Versicherungsunternehmen nicht garantiert werden, weil sich die Verhältnisse auf dem Kapitalmarkt und den anderen Anlagemärkten langfristig ändern. Der Rückgang der Zinsen am deutschen Kapitalmarkt seit Mitte 1992 wird, wenn auch mit einer zeitlichen Verzögerung, zu einem Rückgang der durchschnittlichen Kapitalerträge führen und damit auch niedrigere Überschußbeteiligungen für die Versicherungskunden nach sich ziehen.

Die Rückversicherung

Entstanden ist die Rückversicherung nach dem großen Brand in Hamburg 1842. In Köln wurde das erste Rückversicherungsunternehmen 1846 gegründet und nahm seine Geschäfte 1852 auf. Rückversicherung heißt, daß sich Versicherungsunternehmen ihrerseits wieder bei anderen speziellen Versicherungsunternehmen versichern. Sie geben einen Teil der von ihnen eingenommenen Beiträge an den Rückversicherer weiter, der dafür Leistungszusagen erteilt. Auf diese Art und Weise werden versicherte Risiken noch weiter gestreut und über die gesamte Welt verteilt. Bestimmte große Risiken oder Einzelrisiken wie die Versicherung eines Kernkraftwerkes oder einer Bohrinsel beruhen darauf, daß möglichst viele Versicherer aus der ganzen Welt mit entsprechend winzigen Anteilen beteiligt sind. Denn ein Risikoausgleich durch das Gesetz der großen Zahl ist bei solchen Risiken nicht möglich. Deshalb heißt es auch, daß hier ein Zufallsrisiko zu decken ist.

15. Vom Sterben der Unternehmen

Unternehmer beziehen ihren Antrieb in der Regel nicht aus philantropischen Erwägungen, sondern aus dem Streben nach Gewinn. Hieraus entsteht der Konkurrenzkampf in der Wirtschaft. Er führt in letzter Konsequenz zu einem wünschenswerten

Ausleseprozeß: Unternehmen können an der Konkurrenz zugrunde gehen, doch im Idealfall ist es der Bessere, der überlebt. Tausend Gefahren lauern am Weg jedes Unternehmens. Es sind nur in Ausnahmefällen bloße Charakterschwächen der Führung, etwa nach dem Sprichwort: „Der Geizige sammelt den Mist wie Geld, der Verschwender breitet das Geld aus wie Mist." Oft werden schon am Beginn tödliche Keime gelegt: Der begnadete Erfinder ist im Kaufmännischen überfordert, das Eigenkapital wird zu knapp bemessen, die Fertigung verschlingt höhere Kosten als erwartet, die Verwaltungsausgaben ufern aus. Auch später sind Unternehmen nicht gegen Krankheiten gefeit. Wird zum Beispiel die strenge Kontrolle der Kosten vernachlässigt, nützen gut gefüllte Auftragsbücher und hohe Umsätze wenig. Es droht der Tod durch ungenügende Rentabilität. Vor allem bei Personengesellschaften beobachtet man darüber hinaus immer wieder, daß ihre Inhaber sie als «Melkkühe» für eine übertrieben aufwendige Lebensführung betrachten. Oft müssen zusätzlich Erben oder Teilhaber ausbezahlt werden. Dem Unternehmen werden dann zu viele Mittel entzogen; es droht nicht an mangelnder Rentabilität, sondern schon an mangelnder Liquidität zugrunde zu gehen. Aber selbst wenn ein Betrieb an sich gesund ist, kann er gegenüber der Konkurrenz zurückfallen oder von Schicksalsschlägen heimgesucht werden: Die Branche oder gar die gesamte Volkswirtschaft gerät in ein Konjunkturtief, wichtige Kunden zahlen nicht, fest einkalkulierte Aufträge werden storniert. Gute Unternehmen versuchen, zum Schutz gegen die Wechselfälle des Lebens ausreichende Rückstellungen zu bilden. Wer jedoch nicht über genügend starke Risikopolster verfügt, ist schnell in der Gefahr, schmerzhafte Verletzungen zu erleiden.
Die Leidensgeschichten und der Tod von Unternehmen schlagen sich im Wirtschaftsteil der Zeitungen nieder, entweder als eigene Berichte oder in der Spalte „Konkurse und Vergleiche". Statt das Unternehmerdasein mit einem Verkauf oder der geordneten Auflösung der Gesellschaft zu beenden, müssen Betriebsinhaber und Vorstände den Gang zum Amtsgericht antreten: Das Unternehmen ist insolvent. Auch die Gläubiger zittern, ihnen drohen Vermögensverluste als Folge des schlechten oder unglücklichen Wirtschaftens ihres Geschäftspartners.
Nur weit unter ein Prozent der Insolvenzen führt heute noch in die mildere Form des Vergleichs zur Lösung der Blockade. Den Normalfall bildet die krassere Version des Konkurses. Und selbst von den überhaupt eröffneten Konkursen müssen später schätzungsweise 20 Prozent „mangels Masse" eingestellt werden – ein wichtiger Anstoß für die unten diskutierten Reformbestrebungen. Die geltende Konkursordnung geht in ihren Grundzügen bis auf das Jahr 1877 zurück. Die starke Betonung der Zerschlagung eines Unternehmens zur Befriedigung der Gläubigeransprüche wird allgemein als nicht mehr richtig in einer Zeit empfunden, in der eine solche Zerschlagung große Vermögenswerte vernichten und zahlreiche Lieferanten und Kreditgeber mit in den Abgrund reißen kann, in der zudem Arbeitnehmer größere Mitspracherechte haben. „Auffanggesellschaften" sollen heute mehr denn je die Zerschlagung von Konkursunternehmen vermeiden. Dessenungeachtet richtet sich der Blick bei großen Insolvenzfällen, so bei der AEG 1982 und bei Klöckner Stahl Ende 1992, vor allem auf die Möglichkeit des Vergleichs.
Konkursgrund ist im allgemeinen Zahlungsunfähigkeit. Sie wird dann unterstellt, wenn eine Gesellschaft ihre Zahlungen einstellt. Bei juristischen Personen wie GmbHs und Aktiengesellschaften kann theoretisch auch eine Überschuldung Grund für den Konkurs sein. In diesem Fall übersteigen die Verbindlichkeiten das Vermögen (beim Nachlaßkonkurs gibt es nur die Überschuldung). Bei Aktiengesellschaften gibt es eine Art Vorwarnung in Gestalt des „Kapitalschnitts", das heißt der Kapitalherabsetzung. Sie

verbindet sich mit der Pflicht des Vorstandes, bei einem Verlust des halben Grundkapitals „unverzüglich" eine Hauptversammlung einzuberufen und ihr dies anzuzeigen. Entsprechendes gilt für die GmbH.

Das Konkursverfahren

Ehe der Konkursfall eintritt, gibt es meist ein heftiges Tauziehen zwischen dem Unternehmen und den Kreditgebern über die Frage, ob „nur" ein Liquiditätsengpaß besteht oder die Firma in Existenznot ist. Verständlicherweise neigen Geschäftsführungen zum dem Vorwurf an die Adresse der Banken, sie „drehten den Hahn zu" ohne Rücksicht auf die doch so guten Überlebenschancen. Die Kreditinstitute stehen andererseits vor der Frage, ob sie dem „schlechten Geld" noch „gutes Geld" hinterherschicken sollen – ein in vielen Fällen unlösbarer Konflikt. Das Unternehmen als Gemeinschuldner sitzt dann meist am kürzeren Hebel, sofern kein außergerichtlicher Vergleich gelingt. Das Konkursverfahren kommt auf Antrag des Schuldners oder eines Gläubigers (in Personengesellschaften auch auf Antrag der persönlich haftenden Gesellschafter) in Gang. Nur bei Ablehnung eines gerichtlichen Vergleichsverfahrens erfolgt die Eröffnung des „Anschlußkonkurses" von Amts wegen. In Aktiengesellschaften, GmbHs und KGaA müssen die Verantwortlichen den Antrag spätestens drei Wochen nach Eintritt der Zahlungsunfähigkeit oder Überschuldung stellen. Der Konkurs zielt darauf ab, das dem Verfahren unterliegende Vermögen (die Konkursmasse) eines zahlungsunfähigen Schuldners (juristisch „Gemeinschuldner" genannt) an die Konkursgläubiger gleichmäßig zu verteilen. Im Konkurs verliert der Gemeinschuldner das Verwaltungs- und Verfügungsrecht über sein Vermögen. Er bleibt jedoch formal Eigentümer, auch wenn er am Ende meist mit leeren Händen dasteht.

Das Konkursgericht, bei dem der Antrag eingereicht werden muß, ist das Amtsgericht, in dessen Bezirk der Schuldner seinen Wohn- beziehungsweise seinen Firmensitz hat. Journalisten, die ein Unternehmen in Konkurs vermuten, fragen daher häufig als erstes beim zuständigen Amtsgericht nach. Ist nicht genügend Vermögen oder „Masse" vorhanden oder leistet der Antragsteller keinen Vorschuß, um die voraussichtlichen Verfahrenskosten zu decken, wird der Konkurs „mangels Masse" abgelehnt. Im anderen Fall geht das Verwaltungs- und Verfügungsrecht auf den Konkursverwalter über. Als „Herr des Verfahrens" steht er unter Aufsicht des Konkursgerichts. Die Interessen der Gläubiger kommen in einem Gläubigerausschuß und in der Gläubigerversammlung zum Tragen. Während der Verwalter damit eine Art Vorstand der Firma i. K. (in Konkurs) darstellt, ähneln Ausschuß und Gläubigerversammlung insoweit Aufsichtsrat und Hauptversammlung einer Aktiengesellschaft – allerdings als Organe der Gläubiger, nicht der Eigentümer.

Das Gericht eröffnet den Konkurs, ernennt den Konkursverwalter, bestimmt den Termin der ersten Gläubigerversammlung und setzt eine Frist für die Anmeldung der Forderungen der Konkursgläubiger. Diese werden, sofern vom Schuldner, dem Verwalter oder Gläubigern nicht bestritten, vom Gericht nach einem Prüfungstermin in die „Konkurstabelle" eingetragen. Ein entsprechender Vermerk steht danach in der Tabelle, der Gläubiger hat sein erstes Ziel, die gerichtliche Anerkennung seiner Forderungen, erreicht. Gemeinschuldner ist die Gesellschaft. In Personengesellschaften haften die Gesellschafter daneben mit ihrem Privatvermögen. Die Kapitalgesellschaft bietet demgegenüber in diesem wichtigen Punkt für die Eigentümer den Vorteil, daß deren Haftung sich auf die Kapitaleinlagen beschränkt, in Aktiengesellschaften zum Beispiel auf den Aktienwert.

Sofern genügend Barmittel vorhanden sind, ist es möglich, nach dem Prüfungstermin eine „Abschlagsverteilung" an die Gläubiger vorzunehmen. Während des weiteren Verfahrens kann die Konkursmasse durch spezielle Handlungen gemindert oder auch gemehrt werden. Minderungen entstehen durch Aussonderung, Absonderung und Aufrechnung. Ausgesondert werden alle Gegenstände, die dem Gemeinschuldner gar nicht gehören, wie Mietwagen oder unter Eigentumsvorbehalt gelieferte Waren. Abgesondert wird alles, worauf Gläubiger aus einer Grundschuld oder aus einem Pfandrecht Ansprüche ableiten können. Auch die Sicherungsübereignung hat ein Absonderungsrecht zur Folge. Eine Aufrechnung können solche Gläubiger vornehmen, die zum Zeitpunkt der Konkurseröffnung zugleich Gläubiger und Schuldner sind.

Auf der anderen Seite versucht der Konkursverwalter zusätzliche Mittel einzutreiben, um die Konkursmasse zu mehren. Hierzu steht ihm eine Reihe von Anfechtungsrechten zur Verfügung, die sich auf die Zeit vor Konkurseröffnung erstrecken. Dahinter steht die Absicht, solche Rechtsgeschäfte rückgängig zu machen, die schon in Kenntnis der Insolvenz oder gar zur reinen „Leichenfledderei" vorgenommen worden sind. Gegenüber Gläubigern gilt eine Frist von zehn Tagen vor Konkurseröffnung, bei Verfügungen ohne Gegenleistung von zwölf Monaten. Für entgeltliche Verträge sowie Schenkungen, die nahe Angehörige und Ehegatten betreffen, nennt die Konkursordnung eine Zeitspanne von einem Jahr beziehungsweise von zwei Jahren.

Die Abwicklung des Konkurses folgt einem genauen Schema. Zunächst werden die Masseschulden getilgt. Sie umfassen in erster Linie die Verbindlichkeiten aus Handlungen des Konkursverwalters sowie für sechs Monate vor Konkurseröffnung die Ansprüche aus Lohn und Gehalt der Beschäftigten, Provisionen, betrieblicher Altersversorgung und die Beiträge zur Sozialversicherung. Es folgen die Massekosten. Das sind die Verfahrenskosten, die Ausgaben für die Verwaltung einschließlich der Vergütung des Konkursverwalters sowie eventuelle Unterstützungsleistungen für den oder die Schuldner (in Personengesellschaften). Reicht das Vermögen des Unternehmens hierzu nicht aus, endet das Verfahren in einer Sackgasse: In diesem Fall wird der Konkurs „mangels Masse" nachträglich eingestellt.

Bevorrechtigte Konkursgläubiger

Klasse	I.	rückständige Löhne (Gehälter); Ansprüche auf Provisionen oder aus betrieblicher Altersversorgung sowie Sozialbeiträge für das letzte Jahr vor Konkurseröffnung, soweit nicht Masseschulden; Forderungen des Konkursverwalters;
Klasse	II.	rückständige öffentliche Abgaben für das letzte Jahr vor Konkurseröffnung (insbesondere Steuerforderungen);
Klasse	III.	rückständige Forderungen der Kirchen, Schulen und öffentlichen Verbände sowie gewisser Feuerversicherungsanstalten aus dem letzten Jahr vor Konkurseröffnung;
Klasse	IV.	Heil- und Pflegekosten aus dem letzten Jahr vor der Konkurseröffnung;
Klasse	V.	Mündelansprüche, d. h. Forderungen der Kinder und Pflegebefohlenen des Gemeinschuldners aus Anlaß der Vermögensverwaltung, falls sie binnen zwei Jahren nach deren Beendigung gerichtlich geltend gemacht und bis zur Konkurseröffnung verfolgt worden sind.

Im nächsten Schritt geht es um die Befriedigung der Ansprüche, die von den eigentlichen Konkursgläubigern erhoben werden. Zunächst kommen die bevorrechtigten Gläubiger zum Zuge, die in fünf Klassen eingeteilt sind (siehe Tabelle). Danach erst folgt der Rest der nicht bevorrechtigten Gläubiger. Für sie verbleibt in den meisten Fällen nur eine Konkursquote von deutlich unter zehn Prozent ihrer Forderungen. Arbeitnehmer genießen einen besonderen Schutz. Sie haben notfalls Anspruch auf Konkursausfallgeld vom Arbeitsamt für Lohn und Gehalt aus den letzten drei Monaten, können ihre Sozialpläne einfordern und für ihre Betriebsrenten auf den von der Versicherungswirtschaft sowie den Industrie- und Arbeitgeberverbänden getragenen Pensions-Sicherungs-Verein zurückgreifen. Am Ende steht wieder das Gericht. Es genehmigt die Schlußverteilung des liquidierten Vermögens, die der Konkursverwalter den Gläubigern vorgelegt hat, und schließt das Konkursverfahren ab.

Der Zwangsvergleich

Der Zwangsvergleich bietet einem insolventen Schuldner die Möglichkeit, „mit zwei blauen Augen" aus einem Konkurs zu kommen. Inhalt ist eine gerichtlich genehmigte Einigung des Unternehmens mit den nicht bevorrechtigten Gläubigern. Der Konkursverwalter prüft den Vorschlag. Voraussetzung ist die Abdeckung der Masseschulden und -kosten sowie die vollständige Befriedigung der bevorrechtigten Gläubiger. Der Zwangsvergleich setzt einen Vorschlag des Schuldners voraus. Dieser Vorschlag bleibt in der Regel unter der Quote von 35 Prozent, die als Mindestgröße für die Befriedigung der Gläubigerforderungen im gerichtlichen Vergleich geboten werden muß. Beim Abstimmungstermin muß die Mehrheit der anwesenden Gläubiger, die außerdem mindestens drei Viertel der Forderungen auf sich vereinigen, dem Vorschlag zustimmen. Die Vorteile des Zwangsvergleiches für den Schuldner sind beträchtlich: Am Ende des Konkursverfahrens steht das Wort „Vergleich", und vor allem können die Gläubiger keine weiteren Vollstreckungsmaßnahmen gegen den Schuldner in die Wege leiten, wie das beim Konkurs für die offengebliebenen Forderungen möglich ist.

Der gerichtliche Vergleich

Im Gegensatz zum Konkurs bezweckt der Vergleich die Fortführung eines zahlungsunfähigen Unternehmens. Zwar gibt es auch den „Liquidationsvergleich" mit Auflösung des Vermögens, doch grundsätzlich gilt ein Betrieb nur dann als vergleichswürdig, wenn er als sanierungsfähig erachtet wird. Der immer wieder auftauchende Begriff „Fortführungsvergleich" ist daher in den meisten Fällen so etwas wie ein „weißer Schimmel".
Den Antrag auf ein gerichtliches Vergleichsverfahren kann nur der Schuldner stellen. Sein Antrag geht zugleich dem Konkursantrag eines Gläubigers vor. Kommt der Vergleich nicht zustande, kann das Gericht den „Anschlußkonkurs" verfügen. Denn der Preis, den ein Unternehmen für seinen Fortbestand zahlen muß, ist unter dem Aspekt der eingetretenen Insolvenz erheblich. Andererseits erklären sich die Gläubiger zu bedeutenden Forderungsverzichten bereit. Konkret: Ein Vergleichsvorschlag muß den Gläubigern zur Befriedigung von mindestens 35 Prozent ihrer Forderungen verhelfen. Wird der Betrag länger als ein Jahr gestundet, steigt die Quote auf 40 Prozent. Darüber hinaus müssen die aus- und absonderungsberechtigten sowie die bevorrechtigten Gläubiger vorab zufriedengestellt oder zumindest deren Stillhalten erreicht werden. Kontrahenten des Vergleichsverfahrens sind nämlich nur die nicht bevorrechtig-

ten Gläubiger, die nach einem erfolgreichen Verfahren allerdings auch keine weiteren Forderungen geltend machen können. Mit den in einem Konkurs bevorrechtigten Gläubigern zu einer Übereinkunft zu gelangen, ist oft ein schwieriges Unterfangen und ein wesentlicher Grund, warum Vergleichsverfahren scheitern.
Das gerichtliche Vergleichsverfahren ähnelt in vielem dem Konkurs. Es beginnt mit dem Antrag auf Eröffnung bei dem zuständigen Amtsgericht. Dieses bestellt den vorläufigen Vergleichsverwalter, dessen Aufgabe vor allem in der Prüfung des bei Gericht eingereichten Vergleichsvorschlags und der wirtschaftlichen Lage des Schuldners besteht. Vor der Entscheidung holt das Gericht zudem ein Gutachten zumeist bei der Industrie- und Handelskammer über Geschäftsgebaren, Lage des Unternehmens und Einschätzung des Vergleichsvorschlages ein. Fallen die Auskünfte zufriedenstellend aus, eröffnet das Gericht das Verfahren und bestellt in aller Regel den vorläufigen zum endgültigen Vergleichsverwalter. Zwar verbleibt – anders als im Konkurs – das Verfügungs- und Verwaltungsrecht über das Vermögen beim Schuldner, doch darf das Gericht Verfügungsbeschränkungen anordnen. Sie führen im allgemeinen dazu, daß jede Verfügung des Schuldners die Zustimmung des Vergleichsverwalters erfordert und seine Rechte nur noch auf dem Papier stehen. Die Stellung und Verantwortung des Vergleichsverwalters für ein erfolgreiches Verfahren sind im Normalfall viel stärker, als die Vergleichsordnung ausweist. Von seinem Geschick als De-facto-Vorstand hängt es unter anderem ab, in welchem Maße die Kreditgeber „Verwalterdarlehen" als frische Mittel zur Verfügung stellen. Verständlicherweise zählen diese bei einem eventuellen Anschlußkonkurs zu den Masseschulden, die vorab und in voller Höhe zurückgezahlt werden.
Die Gläubiger spielen in der Begleitung des Vergleichsverfahrens eine geringere Rolle als im Konkurs. Am Ende ist allerdings ihre Zustimmung erforderlich. Sie müssen sich daher im wesentlichen darüber klar werden, ob sie die verlangten Forderungsverzichte billigen wollen. Die Stunde der Wahrheit kommt beim Vergleichstermin mit der Abstimmung über den Vergleichsantrag. Ihm muß wie beim Zwangsvergleich die Mehrheit der anwesenden Gläubiger zustimmen. Erforderlich ist außerdem, daß sie drei Viertel der Forderungen vertreten. Sollen mehr als 50 Prozent der Forderungen erlassen werden, steigt die Quote von drei Vierteln auf vier Fünftel. Zum Schluß muß wieder das Gericht dem Vergleich zustimmen, um ihn wirksam werden zu lassen.

Freiwillige Vereinbarungen

Im Grunde genommen bedarf der Vergleich als umfassende Sanierungsmaßnahme nicht der gerichtlichen Überwachung. Werden sich die Beteiligten einig, kann er auch auf außergerichtlichen Wege vereinbart werden. Auf diese Weise vermeiden die Parteien, daß die Insolvenz „an die große Glocke" gehängt wird, die Öffentlichkeit braucht nichts davon zu erfahren. Statt eines Vergleichsverwalters tritt ein Treuhänder auf, ein Schiedsgericht versucht, auftretende Streitigkeiten beizulegen. Das Verfahren läuft meist wie bei einem gerichtlichen Vergleich ab, doch setzt ein Erfolg ein viel größeres Vertrauensverhältnis aller Beteiligten voraus. Hieran und an einer zu großen Zahl von Gläubigern mit unterschiedlichen Interessen scheitert in vielen Fällen der außergerichtliche Vergleich. Abgesehen davon werden die großen Fälle trotz des privaten Charakters dieses Verfahrens heutzutage meist der Öffentlichkeit bekannt.
Zu den außergerichtlichen Formen der Insolvenzregelung gehört auch die Auffanggesellschaft. Sie ist häufig in Konkursverfahren und kommt zustande, wenn Gläubiger hierfür die Mittel in Gestalt des Gründungskapitals und neuer Kredite aufbringen.

Sie tun dies dann, wenn sie der Überzeugung sind, daß die Produktionsstruktur im Kern gesund ist, so daß sie am Schluß an einem florierenden Unternehmen beteiligt sind. Allerdings werden auch Länder und Gemeinden immer wieder gedrängt, in Konkursfällen Auffanggesellschaften zum Zweck der reinen Beschäftigungspolitik zu gründen. Die Auffanggesellschaft pachtet meist die Anlagen des alten Betriebs und erwirbt die Materialien und Vorräte. Sie tritt nach außen im eigenen Namen auf, handelt aber treuhänderisch auf Rechnung des in Konkurs gegangenen Unternehmens: Gewinne können erst vereinnahmt werden, wenn die Gläubiger des notleidenden Vorgängers befriedigt sind.

Die Reform des Insolvenzrechts

Fast 80 Prozent der gewerblichen Konkursanträge können heutzutage mangels Masse nicht eröffnet werden. Dieser Zustand ist unbefriedigend; manche sagen sogar, das bestehende Konkursrecht erfülle seinen Zweck nicht mehr. Weiterführende Forderungen heben darauf ab, in neuen Regelungen mehr den Fortbestand von Unternehmen zu ermöglichen, als die Zerschlagung zu ordnen, und der Gleichbehandlung aller Gläubiger zu Lasten der bevorrechtigten Gläubiger wieder mehr Geltung zu verschaffen.
Seit 1991 liegt ein Regierungsentwurf mit dem Titel „Entwurf einer Insolvenzordung" auf dem Tisch. Die Bundesregierung will das Vorhaben bis Mitte 1994 abschließen. Dazu bedarf es noch zahlreicher Kompromisse der Beteiligten. Um so mehr gilt es daher, sich die Eckpunkte der Reform vor Augen zu halten. Der Titel weist schon auf eine wesentliche Zielsetzung hin. Die immer wieder künstlich anmutende Trennung zwischen Konkurs und Vergleich soll aufgehoben werden. Statt dessen wird bei Zahlungsunfähigkeit oder Überschuldung erst im Verlauf des Verfahrens über den geeignetsten Weg für das Unternehmen entschieden. Die Entscheidung treffen die beteiligten Kapitalgeber. Sie haben die Wahl zwischen drei Verwertungsformen: Liquidation durch die Veräußerung des Vermögens in Teilen, Gesamtverkauf an Dritte und Fortführung des Unternehmens. Der Gesetzgeber nennt die dritte Möglichkeit eine Verwertung gemäß „Insolvenzplan". Sie greift deutlich auf internationale Vorbilder zurück, genauer gesagt auf das Vergleichsverfahren nach dem berühmten „Chapter 11" des amerikanischen Konkursrechts. Ihm liegt die Vorstellung zugrunde, daß viele Unternehmen gerettet werden können, sofern sie nur Zeit zur Erarbeitung eines Reorganisierungsplanes erhalten. Während der Reorganisierungsphase wird dem Betreffenden ein weitgehender Schutz vor den Forderungen der Gläubiger zugestanden.
Sowohl Schuldner als auch Gläubiger können dem Gesetzentwurf zufolge Insolvenzpläne vorlegen, mit denen ein Unternehmen aus dem Abgrund geführt werden soll. Der Gesetzgeber will also ein marktwirtschaftliches Element auch im reglementierten Verfahren der Insolvenzordnung erhalten, indem er die Vorlage konkurrierender Pläne zuläßt. Gleichzeitig ist ein starker Minderheitenschutz vorgesehen. Hat eine Minderheit zum Beispiel für Liquidation statt für Reorganisation gestimmt, muß sie zum anteiligen Liquidationserlös abgefunden werden oder einen Ausgleich erhalten. Vorausgesetzt wird natürlich, daß der geforderte Erlös glaubhaft belegt wird. Mit anderen Worten: Die Mehrheit setzt ihren Plan in die Tat um, die Minderheit wird ausbezahlt.
Zu den Besonderheiten des Insolvenzplanes gehört, daß die Abstimmungsberechtigten in Gruppen zusammengefaßt werden. Solche Gruppen bilden etwa die absonde-

rungsberechtigten und die bevorrechtigten Gläubiger, aber auch verschiedene Formationen der nachrangigen Gläubiger – also die Beteiligten mit gleicher Rechtsstellung und gleichartigen wirtschaftlichen Interessen. Praktiker bemängeln allerdings, daß die Gruppenstruktur Insolvenzverfahren bis hin zum Scheitern verzögern könnte. Daß auch die Arbeitnehmer eine eigene Gruppe bilden können und alle Gruppen dem Insolvenzplan zustimmen müssen, hat darüber hinaus zu herber Kritik seitens der Wirtschaftsverbände geführt. Sie befürchten eine „Schieflage" zugunsten der (von den Gewerkschaften meist straff geführten) Arbeitnehmervertreter gegenüber den anderen Gruppen. Dort könnten in den internen Abstimmungen zum Insolvenzplan die Interessen eher auseinanderstreben, heißt es. Die Wirtschaft bemängelt an dieser Stelle ferner, daß für Ansprüche aus Sozialplänen vorab ein Drittel der vorhandenen Masse bereitgestellt werden soll.

Ein weiterer Teil der Insolvenzrechtsreform zielt auf einen früheren Verfahrensbeginn. Daß die Stoppschilder so spät aufgestellt werden, gilt als eine wichtige Ursache dafür, daß am Ende des Insolvenzverfahrens oft auch das Ende der Gesellschaft steht. Der Gesetzentwurf fügt daher den Kriterien „Zahlungsunfähigkeit" und „Überschuldung" dasjenige der „künftigen Zahlungsunfähigkeit" hinzu. Stellen kann einen Antrag unter diesem Tatbestand nur der Schuldner. Organe der Gesellschaft oder Eigentümer können also früher handeln, um eine gerichtliche Rettungsaktion in die Wege zu leiten. Selbst gegen ihren eigenen Willen müssen sie tätig werden, da eine offensichtlich verzögerte Antragstellung, wie in den anderen Fällen, mit strafrechtlichen Sanktionen belegt werden soll.

Nicht in Frage gestellt wird bisher in der Insolvenzrechtsreform der umstrittene Paragraph 613a BGB. Diese Bestimmung führt dazu, daß der Käufer eines Konkursbetriebes die gesamten Verpflichtungen gegenüber den Arbeitnehmern übernehmen muß. Wenn ein Unternehmen durch einen starken Personalüberhang in die Insolvenz getrieben wurde, ist dies ein klares Sanierungshindernis. Jedoch kann es hier noch zu Änderungen kommen. Zudem soll der Paragraph 419 BGB aufgehoben werden, der eine Haftung des Vermögensübernehmers für alle Forderungen vorsieht. Einen anderen Punkt hat der Gesetzgeber aufgegriffen, wenngleich in sehr zurückhaltender Art. Er betrifft die Vorabverteilung von Vermögen durch Sicherungsrechte für einzelne Gläubiger. Im Grunde widersprechen Sicherungsvereinbarungen dem Grundsatz der Gleichheit aller Gläubiger. Allerdings hatte das Unternehmen den Vorteil, daß ihm eine Bank geringere Kreditkosten berechnete, wenn sie gesicherter Gläubiger war. Ungesicherte Gläubiger dagegen lassen sich dies gerne mit einer „Risikoprämie" bezahlen. Der Regierungsentwurf respektiert die Vorinsolvenzrechte. Er nimmt jedoch zwei Einschränkungen vor. Erstens geht das Verwertungsrecht für die Sicherheiten, etwa die Firmenautos, auf den Insolvenzverwalter über. Er wird auch hier Herr des Verfahrens, der Vorabanspruch der gesicherten Gläubiger wird praktisch aufgehoben. Zweitens müssen gesicherte Gläubiger Kostenbeiträge leisten, abgeleitet aus der Tatsache, daß deren Sicherungsanspruch zu besonderen Aufwendungen führt. Die Gläubiger dürfen die Kostenbürde allerdings durch Übersicherung ihrer Forderungen an einer anderen Stelle wieder abladen.

Obwohl nicht in einem unmittelbaren Zusammenhang, gehört zur Insolvenzrechtsreform eine erstmalige Regelung des Konkurses von Privathaushalten, die sogenannte Restschuldbefreiung. Die Dimensionen sind beachtlich; Schätzungen gehen dahin, daß 1990 rund 1,2 Millionen der 27,3 Millionen Haushalte in Westdeutschland überschuldet waren. Alle deutschen Haushalte hatten – ohne die Wohnungsbaufinanzierung – Ende 1992 ein Geldvermögen von rund 3600 Milliarden DM und Schulden von immerhin 1250 Milliarden DM. So mancher Privathaushalt hat kaum eine Chance, aus dem „modernen Schuldturm" herauszukommen, wenn etwa die Umschuldung aufgenommener Kredite immer teurer wird, die Miete kräftig steigt und womöglich in einer Familie die hinzuverdienende Frau ihren Arbeitsplatz verliert. Künftig ist auch für eine Privatperson ein Konkurs mit anschließendem Neuanfang möglich. Dies gibt es bislang nicht, Vollstreckungstitel sind 30 Jahre lang gültig. In der Zukunft kann der Schuldner „Befreiung aus seinen Schulden" beantragen. In Zusammenarbeit mit dem Insolvenzgericht und einem Treuhänder sowie den Gläubigern wird es möglich, ihn nach sieben Jahren (so der gegenwärtige Stand der Beratungen) von seiner restlichen Schuld zu befreien. Führt der Schuldner während dieser „Wohlverhaltensphase" seine Einkünfte jenseits einer bestimmten Grenze pünktlich an den Treuhänder ab, erhält er die Chance für einen wirklichen Neubeginn.

16. EXKURS: RECHT IN DER ZEITUNG

Die Themen nehmen zu

Im Wirtschaftsteil von Zeitungen nimmt die Erörterung von Rechtsfragen einen immer größeren Raum ein. Vier Ursachen sind dafür erkennbar:
Die Gesetzgebung in Deutschland ist in den letzten Jahren immer hektischer geworden, die Wirtschaft, aber auch die privaten Verbraucher müssen sich immer schneller auf neue Regelungen einstellen. Oft ist dabei die Zeit zwischen der Verabschiedung eines Gesetzes und seinem Inkrafttreten so kurz, daß auf Erörterungen und Kommentierungen in juristischen Fachzeitschriften nicht zurückgegriffen werden kann. Hier kann die Tageszeitung einen Überblick und erste Hinweise geben, die es dem Leser ermöglichen, sich weiter zu informieren. Ein Musterbeispiel dafür ist die Steuergesetzgebung, die auch Experten kaum mehr überschauen können. So haben in der ersten Hälfte der neunziger Jahre das Steueränderungsgesetz 1992, die Verhandlungen über das Föderale Konsolidierungsprogramm und neue Umsatzsteuergesetze dazu geführt, daß kaum noch jemand den genauen Wortlaut der gerade wirklich geltenden Vorschriften kennt. Daher gehört zu den Aufgaben einer Tageszeitung, aktuell über Gesetzgebungsvorhaben zu berichten, aber auch – meist zum 1. Juli und 1. Januar – Gesetze, die neu in Kraft treten, noch einmal zusammenfassend vorzustellen.
Die wirtschaftlichen und rechtlichen Zusammenhänge werden immer komplizierter. Der deutsche Gesetzgeber versucht, Regelungen, zum Beispiel im Umweltbereich, bis ins Detail zu schaffen. Auch die Europäische Gemeinschaft hat gerade in den Jahren vor dem angestrebten Binnenmarkt umfangreiche Richtlinien geschaffen, die in nationales Recht umzusetzen waren. So sind fast alle bedeutsamen deutschen Wirtschaftsgesetze der achtziger und neunziger Jahre zumindest teilweise auf europäisches Recht zurückzuführen. Beispiele sind:
– das Bilanzrichtliniengesetz
– Änderungen des Aktien- und GmbH-Rechts
– Änderungen der Bankgesetze
– das Haustürwiderrufsgesetz
– die Verdingungsordnung im Bauwesen
– Änderungen der Berufsordnungen, um ausländische Abschlüsse anzuerkennen.
Viele Änderungen stehen auch noch in den nächsten Jahren bevor, so 1994 Neuregelungen im Versicherungsrecht, um die EG-rechtlichen Liberalisierungen durchzu-

führen. Auch die Publikationsgrundsätze mittelständischer Unternehmen müssen anhand der EG-Mittelstandsrichtlinie neu gefaßt werden. Zudem müssen das deutsche Reiserecht, das Gesetz über die Allgemeinen Geschäftsbedingungen und vieles mehr auf Europakurs gebracht werden. Da es für viele Branchen bereits auf die Kenntnis der Vorgaben aus der EG-Kommission und dem Ministerrat ankommt, liegt auch hier eine wichtige Informationsaufgabe.

Besonders stark angewachsen ist das Interesse der Öffentlichkeit an der Information über Gerichtsentscheidungen. Immer öfter obliegt die Fortschreibung und Anpassung von Vorschriften an die gesellschaftsrechtliche Entwicklung den Gerichten. Der Gesetzgeber überläßt vieles bewußt der Rechtsprechung, weil ein politischer Konsens nicht erzielt werden kann. Ein Musterbeispiel dafür ist das Arbeitsrecht. Sowohl das Recht der Vertragsverhältnisse zwischen Arbeitnehmern und Arbeitgebern, aber auch das kollektive Arbeitsrecht des Betriebsverfassungsgesetzes und der Tarifverträge ist seit den fünfziger Jahren durch die Rechtsprechung geprägt. So kommt der Kenntnis der Gerichtsentscheidungen in der Praxis überragende Bedeutung zu. Da es oft lange dauert, bis die Entscheidungen in den einschlägigen Fachzeitschriften veröffentlicht sind, ist die Tageszeitung an Aktualität kaum zu schlagen.

Auch um unternehmerische Entscheidungen, wie Fusionen, Holding-Gründungen oder Ausgliederungen, zu verstehen, ist es oft ausschlaggebend, die juristischen Rahmenbedingungen zu kennen. Hier informiert die Zeitung durch Hintergründe, die die Gesetzeslage und ihre Auslegung beleuchten.

Gerichtsentscheidungen in der Zeitung

Mit der Verabschiedung eines Gesetzes sind oft aber Auseinandersetzungen um eine neue Vorschrift nicht zu Ende, es wird über Auslegungs- und Streitfragen gestritten, wobei hier die schlechte Formulierung vieler Gesetze eine große Rolle spielt. (Siehe dazu auch im zweiten Teil des Buches, wie ein Gesetz zustande kommt.) Immer häufiger wird das Bundesverfassungsgericht angerufen, um auch Normen von wirtschaftlicher Bedeutung anhand des Grundgesetzes zu überprüfen. Beispiele dafür, daß Gesetze mit wirtschaftlicher Bedeutung vor den Karlsruher Richtern nicht standgehalten haben, sind die Entscheidungen zur Zinsbesteuerung (Urteil vom 27. Juni 1991 – 2 BvR 1493/89) und zur Besteuerung des Existenzminimums (Beschluß vom 25. September 1992 – 2 BvL 5,8 und 14/91). Die Diskussion und die Auswirkungen dieser Entscheidungen halten bis heute an.

Den Schwerpunkt der Berichterstattung bestimmen die Entscheidungen der obersten Bundesgerichte. Dies sind:
– das Bundesverfassungsgericht in Karlsruhe (BVerfG)
– der Bundesgerichtshof in Karlsruhe (BGH)
– der Bundesfinanzhof in München (BFH)
– das Bundesarbeitsgericht in Kassel (BAG, demnächst in Erfurt)
– das Bundessozialgericht in Kassel (BSG)
– das Bundesverwaltungsgericht in Berlin (BVerwG).
Hinzu kommen die Europäischen Gerichte:
– der Europäische Gerichtshof in Luxemburg (EuGH)
– das Europäische Gericht erster Instanz in Luxemburg (EuG)
– der Europäische Gerichtshof für Menschenrechte in Straßburg (EGMR).
Der Europäische Gerichtshof in Luxemburg hat eine besondere Bedeutung gewonnen. Denn wenn ein nationales Gericht zu der Auffassung kommt, daß es für seine Ent-

scheidung entscheidend auf eine Auslegung des europäischen Rechts ankommt, oder aber der Meinung ist, daß nationales Recht gegen europäisches Recht verstößt, so können die unteren Instanzen und müssen die letztinstanzlichen Gerichte diese Fragen dem Europäischen Gerichtshof zur Vorabentscheidung vorlegen (Artikel 177 EWG-Vertrag). Bis dahin ruht dann das nationale Verfahren und wird erst nach Vorliegen einer Entscheidung aus Luxemburg fortgesetzt. Gerade Fragen des freien Warenverkehrs, der Niederlassungsfreiheit, des Wettbewerbs- und Kartellrechts sind in den letzten Jahren in Luxemburg entschieden worden. Man denke nur an das Reinheitsgebot für Bier, deutsche Wettbewerbsverbote, Straßenbenutzungsgebühren oder die Freizügigkeit von Arbeitnehmern.

Die obersten Gerichte informieren die Öffentlichkeit meist durch eigene Pressestellen. Bei einigen Gerichten werden die Medien über jedes Verfahren informiert, bei anderen Gerichten geschieht dies nur bei Entscheidungen, die die Richter von sich aus für bedeutsam halten. Dabei ist immer wieder festzustellen, daß es Gerichten oft schwerfällt, die Bedeutung ihrer Entscheidungen selber zu beurteilen. Hier muß sich die Redaktion selbst informieren und die Rechtsentwicklung beobachten. In vielen Fällen sind die Verfahren bereits in den unteren Instanzen bemerkt worden, und man wartet mit Spannung auf die letztinstanzliche Entscheidung.

Sehr unterschiedlich ist aber auch der Zeitpunkt der Veröffentlichung einer Entscheidung. Zu unterscheiden ist dabei zwischen
– Urteilen und
– Beschlüssen.

Geht einem Urteil in der Regel eine mündliche Verhandlung voraus, so ergeht ein Beschluß meist im schriftlichen Verfahren. Das Urteil wird in öffentlicher Sitzung – oft direkt im Anschluß an die mündliche Verhandlung – verkündet und dann mit den Urteilsgründen den Parteien zugestellt. Bei Interesse der Parteien begründet das Gericht seine Entscheidung, so daß auch ohne das Vorliegen der schriftlichen Urteilsgründe die Argumentation nachvollzogen werden kann. Dies gilt ganz besonders für Strafverfahren. Den genauen Inhalt eines Beschlusses erfahren die Betroffenen meist erst durch die Zustellung durch die Post oder den Gerichtsvollzieher. Dabei trägt der Beschluß aber das Datum der Entscheidung des oder der Richter. Eine Besonderheit gibt es beim Bundesfinanzhof in München. Hier kann das Gericht seine Rechtsauffassung auch durch einen «Vorbescheid» bekanntmachen. Wird nach der Zustellung dieses Vorbescheides von den Parteien ein Antrag auf die Durchführung der mündlichen Verhandlung gestellt, so ist der Vorbescheid unwirksam. Wird kein solcher Antrag gestellt, wird der Vorbescheid wirksam.

Oft vergehen aber auch einige Wochen oder Monate, bis die schriftlichen Gründe einer Entscheidung vorliegen. Nach einem neuen Beschluß des Gemeinsamen Senates der obersten Gerichtshöfe des Bundes vom 27. April 1993 (GmS-OGB 1/92) dürfen allerdings zwischen Verkündung der Entscheidung und dem Verfassen der Gründe jetzt nicht mehr als fünf Monate liegen. Oft wartet die Redaktion aber auch das Vorliegen der schriftlichen Gründe ab, um gerade bei komplizierten Sachverhalten richtig berichten zu können. So kann es sein, daß ein Urteil oder ein Beschluß ein Datum trägt, das schon einige Wochen zurückliegt. Zum Beispiel datiert der Beschluß des Bundesverfassungsgerichts zur Besteuerung des Existenzminimums vom 25. September 1992, er wurde aber erst am 14. Oktober durch die Zustellung und Veröffentlichung bekannt.

Trotzdem geben die meisten Agenturen und Tageszeitungen, wo immer dies möglich ist, Datum und auch Aktenzeichen der veröffentlichten Entscheidung an. Aus dem

Aktenzeichen kann der kundige Leser erkennen, welches Gericht und welche Richter in welchem Verfahren entschieden haben und wann das Verfahren begonnen hat. Die Systematik ist in den Grundzügen bei allen deutschen Gerichten gleich. So bedeutet das Aktenzeichen I ZR 71/91: Es handelt sich um eine Entscheidung des I. Zivilsenates des Bundesgerichtshofes (es geht meist um Wettbewerbssachen). Es war das 71. Verfahren bei diesem Senat, das im Jahr 1991 eingegangen ist. Das Gericht hat darüber im übrigen erst am 18. Februar 1993 entschieden. Diese Angaben ermöglichen es dem Leser, die Entscheidung entweder später in juristischen Fachzeitschriften (meist drei bis sechs Monate nach der Zeitungsveröffentlichung) im vollen Wortlaut nachzulesen oder aber auch bei dem betreffenden Gericht – gegen zum Teil nicht unerhebliche Kopierkosten – anzufordern.

Von Interesse in der Öffentlichkeit sind aber auch Entscheidungen der unteren Instanzen. Denn viele Rechtsfragen von praktischer Bedeutung für jeden Leser werden – gerade nach der letzten Erhöhung der Streitwertgrenzen zum 1. März 1993 – von den Amts- und Landgerichten sowie den Sozial-, Arbeits-, Verwaltungs- und Finanzgerichten entschieden. So sind die Amtsgerichte nunmehr für Streitigkeiten bis zu einem Streitwert von 10 000 DM in erster Instanz zuständig. Gegen diese Entscheidungen ist nur dann ein Rechtsmittel zulässig, wenn die Beschwer, also die Summe, mit der eine Partei des Verfahrens unterlegen ist, 1 500 DM übersteigt. Aber auch in solchen Fällen ist nach der Entscheidung des Urteils des Landgerichts Schluß. Höchstens die Verfassungsbeschwerde beim Bundesverfassungsgericht kann an diesen Entscheidungen noch etwas ändern. Da damit viele Lebenssachverhalte nie über die Landgerichtsebene hinauskommen können, wird auch über diese Entscheidungen berichtet. Wobei jedoch zu berücksichtigen ist, daß die Landgerichte untereinander nicht an ihre Entscheidungen gebunden sind. Die rund 120 deutschen Landgerichte können völlig unterschiedliche Rechtsmeinungen vertreten.

Allerdings gibt es hier eine wichtige Ausnahme für das Mietrecht. Um bei den für jeden Bürger wichtigen Fragen des Mietrechts über privaten Wohnraum keine zu großen Abweichungen unter den Gerichten zuzulassen, gibt es das Instrument des Rechtsentscheides. Will ein Landgericht als Berufungsgericht (2. Instanz) von einer Entscheidung eines Oberlandesgerichtes oder des Bundesgerichtshofes abweichen, so hat es vorab eine Entscheidung des Oberlandesgerichtes einzuholen. Das gleiche gilt für Fragen von grundsätzlicher Bedeutung, für die es bisher noch keinen Rechtsentscheid gibt. Will das Oberlandesgericht wiederum vom Bundesgerichtshof oder einem anderen Oberlandesgericht abweichen, entscheidet der Bundesgerichtshof. Die Rechtsentscheide sind für alle Gerichte bindend und bestimmten heute in weiten Bereichen das Mietrecht.

Bei ihrer aktuellen Berichterstattung, gerade bei Urteilen der unteren Instanzen, kann die Redaktion nicht immer auf die Rechtskraft von Entscheidungen eingehen. Denn ob die Parteien eines Rechtsstreites ein Rechtsmittel einlegen oder nicht, ist oft nicht bekannt. Die meisten Rechtsmittelfristen beginnen erst nach der Zustellung der Urteile mit Gründen zu laufen. Aber auch wenn ein Rechtsmittel eingelegt worden ist, kann es sein, daß die nächste Instanz die Annahme einer Revision wegen mangelhafter Erfolgsaussichten oder wegen fehlender Bedeutung nicht annimmt.

Die einstweilige Verfügung

Gerade im Wirtschaftsleben wird oft versucht, durch einstweilige Verfügungen bestimmte Verhaltensweisen zu unterbinden, zum Beispiel bei Verstößen gegen das Wettbewerbsrecht. Dabei ist es besonders wichtig zu wissen, daß es sich hier um vorläufige, sogenannte summarische Verfahren handelt. Meist wird hier von den zuständigen Landgerichten ohne mündliche Verhandlung und mittels vorgelegter Urkunden und eidesstattlicher Versicherungen entschieden. Dabei steht die schnelle Entscheidung im Vordergrund, um Rechtsnachteile für eine Partei möglichst rasch zu unterbinden. Bei einer erlassenen oder abgelehnten einstweiligen Verfügung steht nur eine weitere Instanz, das Oberlandesgericht, zur Verfügung. Im Anschluß daran kann dann das sogenannte Hauptsacheverfahren durchgeführt werden, in dem dann alle Beweismittel berücksichtigt und oft durch Gutachten und Sachverständige überprüft werden. Im übrigen wird bei einer einstweiligen Verfügung immer – so schreibt es die Zivilprozeßordnung vor – der Verurteilte mit einem Ordnungsgeld oder Ordnungshaft bedroht, wenn er gegen die einstweilige Verfügung verstößt. Die Formulierung lautet immer „Ordnungsgeld bis zu 500 000 DM oder im Falle der Nichtbeitreibung Ordnungshaft bis zu sechs Monaten". Eine derartige Formulierung ist also nichts Besonderes, auch wenn Parteien von Rechtsstreitigkeiten dies immer wieder herausstellen. Im Fall des Verstoßes entscheidet das Gericht immer separat über die genaue Höhe des Ordnungsgeldes. Die Höchstsumme wird nur in Ausnahmefällen verhängt.

Vierter Teil: Börsen, Märkte, Geldanlage

1. BEDEUTUNG UND FUNKTION DER BÖRSEN

Dostojewski hat sie als Hort der Freiheit gerühmt, Tolstoi als Instrument der Sklaverei verdammt: die Börse. Seitdem es sie gibt, entzweit sie die Gemüter. Faszination und Feindschaft, Leid und Leidenschaft liegen bei ihr dicht zusammen. Zwischen dem „Tempel des Mammon" und dem „Schwungrad der Wirtschaft" schwanken die Einschätzungen der Beobachter. Kaum eine Institution ist derart vorurteilsbeladen wie die Börse, kaum ein Wort so belastet mit Gefühlshypotheken. Das kommt nicht von ungefähr. Die Börse ist eine seltsame Mischung aus Form und Funktion: konkret und abstrakt, banal und kompliziert, profan und magisch zugleich. Nüchtern betrachtet, ist sie zunächst nichts weiter als ein regelmäßiger Markt. Von anderen Märkten unterscheidet sie sich in zwei Dingen: erstens sind auf dem Handelsplatz Börse die Werte und Waren, die dort den Eigentümer wechseln, nicht selbst vorhanden. Und zweitens ist die Börse ein stark organisierter, ritualisierter Markt. Anders ausgedrückt: Börsen haben eine Verfassung, strenge Regeln und Organe (Börsenvorstand, Zulassungsstelle, Kursmakler, Ehrenausschuß, Schiedsgericht). Je nach Handelsobjekt wird zwischen Wertpapier-, Waren-, Finanztermin- und Devisenbörsen unterschieden.

Der Treffpunkt in Brügge

Die Anfänge moderner Wertpapierbörsen liegen in der flämischen Stadt Brügge. Dort entstand im 14. Jahrhundert im Hause einer umtriebigen Patrizierfamilie am Marktplatz ein regelmäßiger Treffpunkt für Handels- und Geldgeschäfte, aber auch für Tratsch und Klatsch aus dem damaligen Wirtschaftsleben. Die Familie hieß van der Beurse, weil sie reich war und das niederländische Wort Beurs Geldbeutel heißt. So nannte man kurzerhand auch das Haus und den Kaufleute-Treff „Beurse". Das Beispiel machte Schule, und so entstanden bald auch an anderen großen Fernhandelsplätzen regelmäßige Börsenveranstaltungen: 1460 in Antwerpen, 1462 in Lyon, 1531 in Amsterdam, 1540 in Nürnberg und Augsburg.
Es war kein Zufall, daß sich die ersten Börsen just dort formierten, wo Händler und Unternehmer zusammentrafen. An religiösen Feiertagen enstanden hier und dort Jahr-Märkte nach der kirchlichen Messe. Diese „Messen", wie sie daraufhin in Deutschland genannt wurden, dienten nicht bloß dem Umschlag von Fernhandelswaren, sondern beförderten zunehmend auch die Entwicklung des Geldwesens. Hier wurden Kredit- und Wechselgeschäfte abgewickelt, Währungen getauscht, Buchtransaktionen erprobt, Finanzspekulationen gewagt, und hier entstanden auch die ersten Banken, so 1402 „Der Wessil" in Frankfurt – die erste Bank der deutschen Geschichte.
Die Börse fungiert als ein Bindeglied zwischen Sparern und Investoren, als eine zentrale Informations- und Koordinationsstelle für die Wirtschaft, aber auch als eine wichtige Bewertungsinstanz für Vermögensgegenstände und Unternehmen. Die Entwicklung eines Aktienkurses gibt Auskunft über den Wert des betreffenden Unternehmens. Über die Börse findet im kleinen wie im großen das statt, was Volkswirte die „Allokation (Verteilung) der Ressourcen" nennen. Als großes Geldsammelbecken lenkt die Börse anonymes Kapital dorthin, wo der größte Erfolg bei möglichst geringem Risiko winkt. Die Börse ist aber auch ein Seismograph für die wirtschaftliche Lage im Lande, sozusagen eine große Prüfungskommission der Volkswirtschaft.

Ein vorbildlicher Markt

Kapitalnachfragern wie etwa dem Staat oder Einzelunternehmen ermöglicht die Börse einen stetigen Geldfluß. Den Anlegern auf der anderen Seite bietet sie immer neue Formen der Vermögensanlage und garantiert die jederzeitige Liquidität ihres in Wertpapieren angelegten Kapitals. Die Börse als Markt garantiert also, daß jedes gekaufte Wertpapier auch wieder verkauft werden kann. Ohne diese Rückversicherung durch die Börse würden viele Sparer ihr Geld an Kapitalsucher kaum hergeben. Ohne die Börse wäre das Kapitalangebot also bescheidener, zumindest die Kapitalbeschaffung aber teurer. Indem die Börse Kapital vermittelt, bringt sie gleichzeitig die tausendfachen Kapitalquellen der Kleinanleger zum Sprudeln.

Da an der Börse Angebot und Nachfrage zentralisiert sind, niemand als Marktteilnehmer diskriminiert wird und alles ziemlich transparent und öffentlich geschieht, gilt sie vielfach als ein vorbildlicher Markt. Trotz Insidergeschäften, Kursmanipulationen, Reglementierungen, Gebühren und Preisunterschieden an verschiedenen Börsen stimmt das im Prinzip auch. Denn die atemberaubende Karriere der Börse vom lokalen Brügger Kaufmannsclub zur weltumspannenden, elektronischen Super-Institution hat letztlich nur einen einzigen Grund: die Börse ist ungeheuer praktisch. Sie erleichtert Tausch-, Handels- und Kreditgeschäfte immens, sie rationalisiert Transaktionen aller Art, sie ermöglicht verblüffende Transformationen über Zeiten und Räume hinweg, macht Dienstleistungen und Dinge genau vergleichbar, vereinfacht viele Formen der Akkumulation und mobilisiert Reserven, kurz: Sie macht eine komplexe, arbeitsteilige Volkswirtschaft überhaupt erst möglich.

2. WAS AN DEN BÖRSEN GEHANDELT WIRD

An Wertpapierbörsen werden vor allem zwei Kategorien von Wertpapieren gehandelt: Papiere, die ein Forderungsrecht beinhalten, und Papiere, die eine Mitgliedschaft, also eine Beteiligung verbriefen. Daneben gibt es noch eine Reihe von Sonderformen. Börsengehandelte Wertpapiere heißen auch Effekten. Wertpapiere, die ihrem Besitzer ein Forderungsrecht gegenüber einem Schuldner verleihen, werden in der Sprache der Kapitalmärkte – etwas mißverständlich – Renten genannt. Mit Pensionszahlungen haben diese Renten allerdings nichts zu tun. Andere gebräuchliche Worte für Renten sind Anleihen, Obligationen oder Schuldverschreibungen. Gelegentlich findet sich auch die Bezeichnung festverzinsliche Wertpapiere, die aber nicht präzise ist, da es heutzutage auch Renten ohne eine laufende Verzinsung ebenso gibt wie Wertpapiere, deren Verzinsung nicht fest ist, sondern während der Laufzeit schwankt. Der Erwerber einer Rente besitzt gegenüber dem Schuldner eine Forderung über eine Verzinsung des Wertpapieres sowie über die Rückzahlung des dem Schuldner für einen bestimmten Zeitraum überlassenen Betrages. Renten besitzen bei ihrer Ausgabe einen Nennwert, der für einen Pfandbrief zum Beispiel 1000 DM betragen kann. Der Börsenkurs einer Rente wird gewöhnlich in Prozent ausgedrückt, wobei der Nennwert mit 100 Prozent gleichgesetzt wird. Eine Rente wird meist zum Nennwert von 100 Prozent zurückgezahlt, aber nicht notwendig zum Kurs von 100 Prozent ausgegeben. Ebenso wie der Ausgabekurs können die an jedem Handelstag ermittelten Börsenkurse während der Laufzeit des Papieres je nach Marktlage von 100 Prozent abweichen. Wertpapiere, die ein Beteiligungs-, also ein Eigentumsrecht an einer Aktiengesellschaft oder Kommanditgesellschaft auf Aktien verbriefen, heißen Aktien. Als Miteigentümer trägt der Aktionär das wirtschaftliche Risiko des Unternehmens mit. Arbeitet ein Unternehmen sehr erfolgreich, kann es in Form einer hohen Ausschüttung und/oder mit Kursgewinnen an der Börse an dieser erfreulichen Entwicklung teilhaben. Geht es dem Unternehmen dagegen sehr schlecht, kann die Ausschüttung entfallen. Auch der Börsenkurs wird meist darunter leiden. Kommt es ganz schlimm und geht das Unternehmen in Konkurs, kann die Aktie völlig wertlos werden, weil das Aktienkapital zur Deckung der Schulden herangezogen wird. All dies macht die Aktie zu einer spekulativeren, wenngleich auf lange Sicht im Durchschnitt nicht ungünstigeren Anlage als eine Rente.

Die Vielfalt des Rentenmarktes

Renten sind die umsatzstärksten Wertpapiere an den deutschen Börsen. Ende 1992 wurden an den deutschen Börsen 18 171 Renten notiert, davon 16 809 Papiere inländischer Schuldner. Diese Zahl ist Beleg für eine beeindruckende Vielfalt an Wertpapieren, die sich einer vollständigen Wiedergabe im Kursblatt einer Tageszeitung längst entzieht. Nicht nur große institutionelle Großanleger wie Versicherungen und Investmentfonds schätzen deutsche Rentenwerte außerordentlich, sondern auch der normale Privatanleger: Von jeder D-Mark im Geldvermögen der deutschen Privathaushalte werden im Durchschnitt 15 Pfennig in heimischen Rentenwerten angelegt.

Die Papiere des Bundes

Die beliebtesten Wertpapiere des Bundes sind die Bundesanleihen. Dies hängt mit den sehr großen Emissionsbeträgen von manchmal mehr als 10 Milliarden DM für eine Anleihe zusammen. Dadurch ist garantiert, daß zu jeder Zeit auch umfangreiche Kauf- und Verkaufswünsche über die Börse erfüllt werden können. Gleichzeitig sind Bundesanleihen mit einem Mindestanlagebetrag von nur 1000 DM auch Papiere für den „kleinen Mann". Die Laufzeit von Bundesanleihen beträgt meist 10 Jahre. Die Ausstattung neuer Anleihen – Laufzeit, Höhe des Kupons sowie des Ausgabekurses – besprechen das Bundesfinanzministerium, die Deutsche Bundesbank als Hausbank des Bundes sowie Vertreter des Kreditgewerbes. Anschließend übernehmen die Banken die neue Anleihe und bieten sie ihren Kunden zum Kauf an. Seit 1990 können Teile einer Anleihe ergänzend versteigert werden, wobei die Interessenten Gebote über den von ihnen gewünschten Betrag und den Kurs der Anleihe angeben. Im Anschluß an den Verkauf erfolgt die Einführung der Anleihe in den Börsenhandel, in dem sie bis zu ihrer Rückzahlung notiert wird. Bundesanleihen existieren wie andere öffentliche Wertpapiere nur als Wertrechte, aber nicht mehr als physisch erwerbbare Papiere. Der Kauf von Bundespapieren über den Banktresen, das sogenannte Tafelgeschäft, ist also nicht möglich. Statt dessen werden erworbene Anteile dem Anleger auf seinem Depotkonto bei seiner Bank oder Sparkasse gutgeschrieben. Außerdem verwahrt auch die Bundesschuldenverwaltung in Bad Homburg auf Antrag von Privatanlegern Bundespapiere.

Für die Verzinsung von Bundesanleihen stehen zwei Modelle zur Auswahl. Die große Mehrzahl sind Festzinsanleihen, die mit einem über die gesamte Laufzeit unveränderlichen Zinsschein (Kupon) ausgestattet sind. Die Zinsen werden zumeist jährlich, bei wenigen älteren Anleihen auch halbjährlich gezahlt. Eine Festzinsanleihe bietet dem Anleger den Vorteil kalkulierbarer und sicherer Zinseinnahmen über einen längeren Zeitraum. Allerdings verlieren diese Anleihen in Form von Kursabschlägen an

Wert, wenn während der Laufzeit der Marktzins steigt. Die feste Rückzahlung zum Nennwert am Ende der Laufzeit wird von diesen Kursbewegungen allerdings nicht berührt. Als Alternative zur Festzinsanleihe hat der Bund in den vergangenen Jahren mehrfach Anleihen mit veränderlicher Verzinsung, an der Börse meist als „Floater" oder „Floating Rate Note" bezeichnet, ausgegeben. Die Verzinsung eines solchen Papiers wird alle paar Monate an einen kurzfristigen Marktzins angepaßt. Da sich die Verzinsung immer in der Nähe des jeweiligen Marktzinses bewegt, besitzen diese Anleihen nur ein geringes Kursrisiko. Dagegen trägt der Anleger ein Zinsänderungsrisiko, da sich der Marktzins während der Laufzeit beträchtlich ändern kann.

Sparer, die keine Bundesanleihen erwerben wollen, können auch auf andere börsennotierte Wertpapiere des Bundes zurückgreifen, zum Beispiel auf Bundesobligationen. Das sind Wertpapiere mit einer festen jährlichen Verzinsung und einer Laufzeit von fünf Jahren, die der Bund seit 1979 in Form von Daueremissionen anbietet. Die Ausgabe erfolgt in Serien, das heißt, der Bund verkauft Wertpapiere nach Eröffnung einer Serie an jeden Interessenten. Nach Erreichen des gewünschten Ausgabevolumens einer Serie, das heute bei rund 10 Milliarden DM liegt, stellt der Bund den Verkauf der Serie ein, läßt die Papiere in den amtlichen Handel an den deutschen Wertpapierbörsen einführen und beginnt anschließend mit dem Verkauf einer neuen Serie. Auf Veränderungen der Marktzinsen reagiert der Bund während der Ausgabe einer Serie mit kurzfristigen Anpassungen des Ausgabekurses. Bundesobligationen sind vor allem bei Großanlegern beliebt und zählen heute zu den wichtigsten Wertpapieren am deutschen Rentenmarkt.

Seit 1991 begibt der Bund zusätzlich mehrfach im Jahr börsennotierte Bundesschatzanweisungen. Dabei handelt es sich um Wertpapiere mit festem Zinssatz und Laufzeiten um vier Jahre, die auf dem Wege eines Versteigerungsverfahrens an interessierte Bieter abgegeben werden. Diese Papiere werden vor allem von Großanlegern erworben.

Andere öffentliche Wertpapiere

Gegenüber den marktbeherrschenden Anleihen und Obligationen des Bundes spielen Anleihen der staatlichen Sondervermögen Bundesbahn und Bundespost am deutschen Kapitalmarkt allenfalls die Rolle eines Mauerblümchens, während Anleihen der Bundesländer von den Anlegern noch weniger beachtet werden. In ihrer Konstruktion ähneln diese Anleihen denen des Bundes, allerdings liegen die Ausgabevolumina mit meist 2 Milliarden DM für Bahn- und Postanleihen und häufig nur wenigen hundert Millionen DM für Anleihen der Bundesländer deutlich niedriger. Damit sind diese Papiere für viele Großanleger, die oft in einem Geschäft Anleihepositionen über 50 Millionen DM und mehr handeln, uninteressant. Marktkenner berichten, daß es häufig schwer ist, eine Position Bahn- oder Postanleihen über 5 Millionen DM zu handeln; bei vielen Länderanleihen liegt der tägliche Börsenumsatz sogar bei weniger als 100 000 DM. Als Folge der deutschen Vereinigung treten seit wenigen Jahren auch der Fonds Deutsche Einheit, die Staatsbank Berlin und die Berliner Treuhandanstalt mit eigenen Papieren, die ebenso wie Bahn- und Postanleihen vom Bund verbürgt werden, an den Rentenmarkt.

Zu den traditionellen öffentlichen Schuldnern am deutschen Markt gehören ferner eine Reihe von Sonderinstituten, allen voran die Kreditanstalt für Wiederaufbau, die Deutsche Ausgleichsbank, die Deutsche Siedlungs- und Landesrentenbank sowie die Landwirtschaftliche Rentenbank.

Pfandbriefe und Kommunalobligationen

An der Zahl der Papiere und an ihrem Umlauf in D-Mark gemessen bilden Pfandbriefe und Kommunalobligationen immer noch die wichtigste Gattung am deutschen Rentenmarkt. Sie werden von Hypothekenbanken und öffentlich-rechtlichen Girozentralen auf dem Wege der Daueremission begeben. Das heißt, diese Banken geben je nach Bedarf und ohne Vorankündigung in kurzen Abständen neue Papiere aus. Daher gibt es heute weit mehr als 10 000 Börsennotierungen für Pfandbriefe und Kommunalobligationen. Die Ausgabe von Pfandbriefen, deren Gegenwert durch Eintragung von Hypotheken in die Grundbücher besichert ist, dient der Refinanzierung von Immobilienkrediten. Für Kommunalobligationen, die von den Banken zur Refinanzierung von Krediten an Gemeinden und Gemeindeverbände ausgegeben werden, haften die öffentlichen Schuldner. Der Begriff öffentlicher Pfandbrief, der das Wort Kommunalobligation ersetzen soll, hat sich bislang im Sprachgebrauch noch nicht durchgesetzt. Pfandbriefe und Kommunalobligationen, wegen ihrer guten Besicherung früher auch als „Witwen- und Waisenpapiere" bezeichnet, werden heute hauptsächlich von institutionellen Anlegern wie Versicherungen erworben und über die gesamte Laufzeit behalten. Die Börsenumsätze in diesen Papieren sind daher meist sehr gering.

D-Mark-Auslandsanleihen

Seit rund dreißig Jahren legen ausländische Staaten, Städte, Wirtschaftsunternehmen und supranationale Institutionen wie die Weltbank oder die Europäische Investitionsbank am deutschen Kapitalmarkt auf D-Mark lautende Anleihen auf. Weil die Schuldner aus dem Ausland stammen, heißt dieser Teilbereich des Rentenmarktes der Markt für D-Mark-Auslandsanleihen. In den vergangenen Jahren nutzten auch viele deutsche Unternehmen diesen Markt, indem sie, meist aus steuerlichen Gründen, Anleihen auf den Namen ausländischer Tochtergesellschaften begeben haben, die oft nicht viel mehr sind als Briefkastenfirmen. Diese Anleihen sind gewöhnlich mit einer Garantie der deutschen Muttergesellschaft ausgestattet.

Eine DM-Auslandsanleihe der Weltbank, Washington

Industrieanleihen

Im Unterschied zur Situation in Großbritannien oder den Vereinigten Staaten von Amerika gibt es in Deutschland praktisch keinen Markt für Anleihen heimischer Industrie- und Handelsunternehmen. Ein Grund hierfür ist, daß es bis vor kurzem ein die Auflegung solcher Anleihen hinderndes staatliches Zulassungsverfahren gab. Außerdem nutzen deutsche Unternehmen, wie oben beschrieben, aus steuerlichen Gründen den Markt für D-Mark-Auslandsanleihen, wenn sie einmal eine Anleihe begeben wollen. Hinzu kommt, daß sich deutsche Unternehmen langfristige Mittel traditionell eher über Bankkredite als über die Ausgabe von Anleihen beschaffen.

Von der Optionsanleihe bis zu Zerobonds

Der deutsche Rentenmarkt kennt eine Reihe von speziellen Anleihetypen, denen im Vergleich zum gesamten umlaufenden Volumen an Papieren allerdings keine große Bedeutung zukommt.

Optionsanleihen sind Anleihen, denen Optionsscheine beigefügt sind, die zum Bezug eines anderen Finanzproduktes, meistens Aktien, zu einem festgelegten Kurs berechtigen. Weil der Optionsschein von der Anleihe getrennt und separat gehandelt werden kann, sind drei verschiedene Börsennotierungen möglich: die Optionsanleihe einschließlich Optionsschein, die Optionsanleihe ohne Optionsschein und der Optionsschein selbst. Weil der Wert eines Optionsscheines stark schwanken kann, ist der Kurs einer Optionsanleihe mit Optionsschein für Veränderungen anfälliger als der normaler Anleihen.

Wandelanleihen kommen noch seltener vor als Optionsanleihen. Man könnte sie als eine Art Zwitter zwischen Aktie und Anleihe bezeichnen. Ausgegeben werden sie als Anleihe mit einem festen oder variablen Zins sowie eindeutig geklärten Rückzahlungsbedingungen. Das Besondere der Wandelanleihe besteht darin, daß sie während ihrer Laufzeit zu vorab festgelegten Bedingungen in Aktien der ausgebenden Gesellschaft getauscht werden kann.

Nullkupon-Anleihen (englisch: Zerobonds) sind Anleihen ohne einen Zinsschein. Der Anleger erhält keine laufende Zinszahlung, sondern seinen gesamten Ertrag am Ende der Laufzeit auf einmal mit der Tilgung gezahlt. Daher werden Nullkupon-Anleihen, die zu 100 Prozent ihres Nennwertes getilgt werden, häufig mit niedrigen Kursen um 30 oder 40 Prozent ausgegeben.

Fremdwährungsanleihen, also Anleihen, die nicht auf D-Mark lauten, führen am deutschen Rentenmarkt ebenfalls ein Schattendasein. Wer sein Geld in fremder Währung anlegt, muß sich stets bewußt sein, daß er durch Veränderungen der Wechselkurse sowohl Gewinne machen wie auch Verluste erleiden kann.

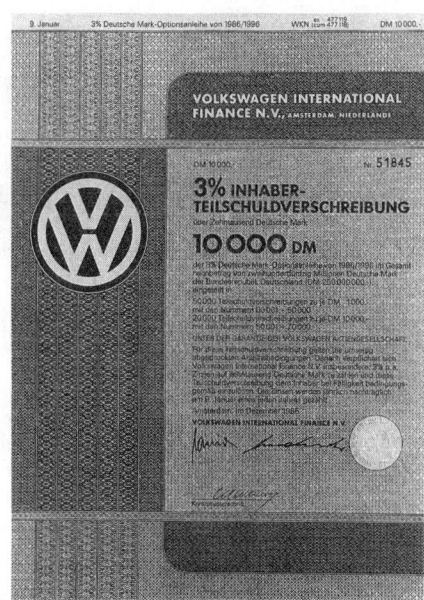

Eine DM-Optionsanleihe der Volkswagen Int. Finance

Aktien, Aktionäre, Börsenwerte

Aktien verbriefen eine Beteiligung an einer Aktiengesellschaft oder – seltener – an einer Kommanditgesellschaft auf Aktien. Der Aktionär wird damit wirtschaftlich zum

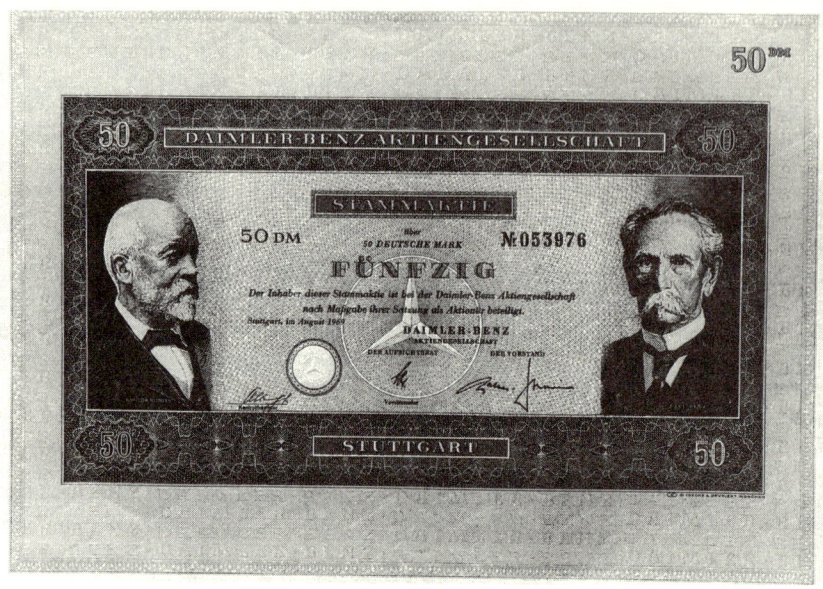

Jetzt auch in New York eingeführt: Die Daimler-Benz-Aktie

Miteigentümer des Unternehmens, von dem er Aktien besitzt. Daraus entstehen ihm eine Reihe von Rechten: Er darf an der Hauptversammlung des Unternehmens teilnehmen und dort vom Vorstand Auskunft über Angelegenheiten der Gesellschaft verlangen sowie sich mit Stimmrecht an den Abstimmungen beteiligen. Der Aktionär hat zudem Anspruch auf Auszahlung der in der Hauptversammlung beschlossenen Dividende; außerdem besitzt er ein Bezugsrecht bei der Ausgabe neuer Aktien. Schließlich hat er Anspruch auf einen Anteil am Liquidationserlös, sofern eine Auflösung des Unternehmens beschlossen wird.
Aktien besitzen im Unterschied zu Anleihen keine im vorhinein festgelegte Laufzeit und keine feste Verzinsung. Sie sind gültig, solange das Unternehmen besteht. Ein Aktionär kann seine Aktien auch nicht der Gesellschaft zurückgeben. Will er sich von seinen Papieren trennen, so kann er sie über die Börse verkaufen. Dort wird an jedem Handelstag der Kurs der Aktien gemäß dem vorliegenden Angebot und der Nachfrage neu gebildet. Multipliziert man den Kurs einer Aktie mit der Zahl der vom Unternehmen insgesamt ausgegebenen Aktien, erhält man den sogenannten Börsenwert des Unternehmens, auch Marktwert genannt. An den acht deutschen Wertpapierbörsen wurden Ende 1992 Aktien von 1259 Unternehmen notiert. Darunter befanden sich 665 inländische und 594 ausländische Gesellschaften.

Nennwert- und Quotenaktien

In Deutschland besitzen Aktien wie Anleihen neben einem Kurswert einen Nennwert. Er gibt den Betrag an, der auf eine einzelne Aktie am gesamten Grundkapital entfällt. Der Nennwert einer Aktie muß nach dem Aktiengesetz wenigstens 50 DM betragen. Fast alle Aktien besitzen heute diesen Mindestnennwert. Höhere Nennwerte wie 100 DM, 500 DM oder noch mehr kommen nur noch selten vor und werden im Kursteil der Zeitung besonders erwähnt. Den losen Zusammenhang zwischen Kurswert und Nennwert mag ein Beispiel beschreiben: Eine Aktiengesellschaft wird mit einem Grundkapital von zehn Millionen DM ausgestattet und anschließend in den Börsenhandel aufgenommen. Das einzuzahlende Kapital wird in 200 000 Aktien mit einem Nennwert von jeweils 50 DM aufgeteilt und von den Gründungsaktionären entsprechend eingezahlt. Aktionäre, die sich von ihrer Beteiligung trennen wollen, können ihre Papiere an der Börse verkaufen. Der sich dort bildende Marktkurs bestimmt sich jedoch frei nach Angebot und Nachfrage und kann damit erheblich vom Nennwert abweichen. Üblicherweise liegt er sogar deutlich darüber, wenn die Aktionäre meinen, daß der Marktwert eines Unternehmens deutlich über dem Wert des eingezahlten Kapitals liegt, etwa wegen der Bildung umfangreicher Rücklagen als Folge einbehaltener Gewinne. Sinkt der Marktkurs unter den Nennwert, weil die Aktionäre eine Aufzehrung des Grundkapitals befürchten, so ist dies ein Zeichen für ernsthafte wirtschaftliche Schwierigkeiten.

Anders als in Deutschland sind die amerikanischen Aktien nennwertlos. Sie heißen Quotenaktien, weil sie über einen bestimmten Anteil am Unternehmen begeben werden. Hat ein Unternehmen eine Million Aktien ausgegeben, so lautet eine Aktie auf ein Millionstel des Vermögens der Gesellschaft. Da der Nennwert einer Aktie für ihre Marktbewertung ohne Belang ist, gibt es auch in Deutschland seit langem eine Diskussion über einen Übergang zur Quotenaktie.

Inhaber- und Namensaktien

Aktien, die in Anlehnung an die Form der Gewinnausschüttung auch als Dividendenpapiere bezeichnet werden, lassen sich außerdem nach Inhaber- und Namensaktien unterscheiden. Die in Deutschland überwiegend gebräuchlichen Inhaberaktien können ohne Formalitäten an der Börse gehandelt werden. Insbesondere muß dem Unternehmen nicht mitgeteilt werden, wer seine Aktien besitzt. Die Aktionäre bleiben also anonym.

Ein Unternehmen, das statt dessen Namensaktien begibt, führt ein Aktienbuch, in das die jeweiligen Besitzer der Aktien eingetragen werden. Als Aktionär gilt nur, wer im Aktienbuch eingetragen ist. Vor allem bei großen Gesellschaften, deren Papiere rege gehandelt werden, erweist sich die Führung eines Aktienbuches als umständlich, da jeder Wechsel im Aktionärskreis vermerkt wird. In Deutschland müssen Namensaktien von Gesellschaften begeben werden, deren Aktienkapital nicht völlig eingezahlt ist. Dazu gehören hauptsächlich Versicherungsgesellschaften. Anders als in Deutschland sind Namensaktien in den Vereinigten Staaten von Amerika üblich. Eine spezielle und sehr seltene Form ist die vinkulierte Namensaktie, deren Übertragung von der Zustimmung durch das Unternehmen abhängt. Damit können Unternehmensleitungen ihnen unliebsame Interessenten am Aktienerwerb hindern.

Stamm- und Vorzugsaktien

Eine andere wichtige Unterscheidung zwischen verschiedenen Gattungen von Aktien betrifft Stamm- und Vorzugsaktien. Die sehr viel populäreren Stammaktien, an der Börse kurz „Stämme" genannt, verbriefen alle eingangs geschilderten Rechte des Aktionärs. Dagegen besitzen die Inhaber von Vorzugsaktien üblicherweise kein Stimmrecht in der Hauptversammlung. Vorzugsaktien, in der Sprache der Börsianer „Vorzüge", werden daher häufig von Unternehmen begeben, die ihnen erwünschte Mehrheiten in der Hauptversammlung festschreiben und gleichzeitig nicht auf die Aufnahme zusätzlichen Kapitals durch die Ausgabe neuer Aktien verzichten wollen. Für den Verzicht auf das Stimmrecht werden die Inhaber von Vorzugsaktien anderweitig entschädigt, indem sie gewöhnlich eine höhere Dividende als die Stammaktionäre erhalten. Daneben sagen einige Gesellschaften ihren Vorzugsaktionären eine Mindestdividende oder eine Nachzahlung nach dividendenlosen Jahren zu.

Genußscheine

Genußscheine sind Mischformen zwischen Anleihen und Aktien. Wie eine Anleihe verbriefen sie ein Gläubigerrecht; der Erwerber eines Genußscheines wird also nicht wie ein Aktionär Eigentümer. Mit Blick auf die Laufzeit und die Form der Ausschüttung lassen sich die in Deutschland begebenen Genußscheine in zwei Kategorien unterteilen: anleiheähnliche Genußscheine und aktienähnliche Genußscheine.

Die meisten der an deutschen Börsen gehandelten Genußscheine ähneln Anleihen mehr als Aktien. Sie besitzen eine begrenzte Laufzeit, an deren Ende sie zum Nennwert zurückgezahlt werden, und sind wie eine Anleihe mit einem festen Zinssatz ausgestattet. Allerdings enthält die Ausschüttung auch der anleiheähnlichen Genußscheine insofern eine ertragsabhängige Komponente, als in vielen Fällen eine Verzinsung in den Jahren entfällt, für die von der Gesellschaft ein Verlust ausgewiesen wird. Da die Inhaber eines solchen Genußscheines gegenüber Besitzern von Anleihen schlechter gestellt sind, werden Genußscheine meist mit einem etwas höheren Zinssatz als vergleichbare Anleihen ausgegeben.

Bei aktienähnlichen Genußscheinen orientiert sich die Ausschüttung – wie bei der Aktiendividende – stärker an der Ertragskraft des die Scheine ausgebenden Unternehmens.

In der Praxis finden sich mehrere Möglichkeiten der Ausgestaltung. Einige Genußscheine sind mit einer festen Verzinsung ausgestattet, die um einen ertragsabhängigen Bonus aufgestockt wird. Bei anderen Scheinen steht die Ausschüttung in einem festen Verhältnis zur Dividende. Fällt diese sehr niedrig oder ganz aus, erhalten die Inhaber der Genußscheine eine Mindestverzinsung. Wie bei Aktien ist die Laufzeit einiger Genußscheine unbegrenzt. Eine Sonderform des aktienähnlichen Genußscheines ist der Optionsgenußschein. Sein Erwerber erhält zusätzlich Optionsscheine zum Bezug von Aktien der ausgebenden Gesellschaft.

Nachdem Genußscheine lange Zeit eine Art Mauerblümchendasein an der Börse gefristet hatten, sind sie seit wenigen Jahren sehr viel beliebter geworden. Heute werden an den deutschen Börsen mehr als 100 Genußscheine im Gesamtvolumen von rund 15 Milliarden DM gehandelt. Die Volumina einer Emission bewegen sich dabei zwischen wenigen Millionen DM und mehr als einer Milliarde DM. Daneben gibt es mehrere hundert nichtbörsennotierte Genußscheine im Wert von wenigen Milliarden DM. Dem Schuldner bietet die Ausgabe von Genußscheinen mehrere Vorteile: Da es keine gesetzliche Standardisierung gibt, kann der Emittent eine ihm genehme Ausgestaltung wählen. Außerdem verschafft er Unternehmen, die nicht die Rechtsform einer Aktiengesellschaft besitzen, über den Zugang zur Börse die Möglichkeit, einem großen Anlegerpublikum Wertpapiere anzubieten. Schließlich weist der Genußschein für Emittenten gegenüber der Aktie eine Reihe von steuerlichen Vorteilen auf. Eine besondere Bedeutung besitzt er für Banken und Sparkassen, die seit wenigen Jahren Genußscheine innerhalb festgelegter Grenzen als Eigenkapital ausweisen dürfen. Von dieser Möglichkeit haben eine Vielzahl von Kreditinstituten Gebrauch gemacht, so daß heute etwa 90 Prozent des Volumens der an deutschen Börsen gehandelten Genußscheine auf Papiere der Kreditwirtschaft entfällt.

Aus der Sicht des Anlegers können Genußscheine wegen ihrer Renditen – vor allem im Vergleich zu denen von Anleihen – durchaus interessant sein. Allerdings sind mit dem Kauf von Genußscheinen auch Nachteile verbunden. Vor allem bei den kleineren Emissionen sind die Börsenumsätze sehr gering, so daß der Kauf oder Verkauf auch kleinerer Beträge größere Kursschwankungen bewirken kann. Als nachteilig mag gerade bei den aktienähnlichen Scheinen die Tatsache empfunden werden, daß ihr Inhaber im Unterschied zum Aktionär kein Auskunfts- und Mitspracherecht in der Hauptversammlung besitzt. Schließlich sollte ein Anleger berücksichtigen, daß zahlreiche Genußscheine mit Kündigungsklauseln versehen sind, die es dem ausgebenden Unternehmen ermöglichen, im Falle einer Änderung der steuerlichen Rahmenbedingungen die Genußscheine vor Ende der vereinbarten Laufzeit zurückzuzahlen.

Das neue Finanzprodukt: Optionen

Optionen zählen neben Terminkontrakten zu den sogenannten abgeleiteten Finanzprodukten, die in der Sprache der Märkte auch als Derivate oder derivative Finanzprodukte bezeichnet werden. Der Name abgeleitetes Finanzprodukt verdeutlicht, daß ihm ein anderes Finanzprodukt, zum Beispiel eine Aktie oder eine Anleihe, zugrunde liegt (Basistitel).

Optionen beinhalten das Recht, ein Finanzprodukt innerhalb einer festgelegten Zeitspanne oder zu einem festgelegten Termin zu einem vorab festgelegten Kurs (Basispreis) zu kaufen oder zu verkaufen. Wichtig ist, daß aus dem Recht keine Pflicht folgt. Übt ein Erwerber seine Option nicht aus, verfällt sie am Ende der Laufzeit. An der Deutschen Terminbörse werden Optionen auf Aktien und einen Aktienindex in standardisierter Form angeboten. Die Aufgabe der Börse besteht darin, zwischen Käufer und Verkäufer einer Option zu vermitteln. Daneben werden zwischen Banken und Freimaklern eine Vielzahl von Optionsgeschäften auf Aktien, Renten und Währungen betrieben.

Optionen lassen sich einmal danach unterscheiden, ob sie jederzeit während der Laufzeit ausgeübt werden können (amerikanische Option) oder ob eine Ausübung nur am letzten Tag der Laufzeit, dem Verfallstag möglich ist (europäische Option). In Deutschland dominieren eindeutig Optionen, die während der gesamten Laufzeit ausgeübt werden können.

Wichtig ist ferner die Unterscheidung zwischen einer Kaufoption, oft mit dem englischen Wort Call bezeichnet, und einer Verkaufsoption, auch Put genannt. Bei einer Kaufoption erwirbt ihr Käufer das Recht, ein Finanzprodukt innerhalb eines bestimmten Zeitraumes zu einem festgelegten Kurs zu kaufen. Beispielsweise mag er das Recht erhalten, innerhalb der nächsten sechs Monate 100 Aktien der Deutschen Bank zum Kurs von 750 DM je Aktie zu erwerben. Sein Gegenpart ist der Verkäufer der Kaufoption, auch Stillhalter genannt. Er erklärt sich bereit, innerhalb des vereinbarten Zeitraumes die Aktien zum vereinbarten Preis zu liefern. Für das Recht, die Aktien jederzeit zu den vereinbarten Konditionen erwerben zu können, zahlt der Käufer der Option dem Verkäufer eine Vergütung, Optionsprämie genannt, deren Höhe sich aus Angebot und Nachfrage nach Optionen täglich neu am Markt bestimmt. Aus der Natur dieses Geschäfts läßt sich erkennen, daß der Käufer einer Kaufoption steigende Kurse erhofft, um die Aktien später mit Gewinn verkaufen zu können, während der Stillhalter weniger optimistisch bezüglich der Kursentwicklung sein dürfte. Für ihn hat dieses Geschäft den Vorteil, daß sich der Einstandspreis seiner Aktien um die Optionsprämie verringert. Bei einer Verkaufsoption erwirbt der Verkäufer gegen Zahlung einer Optionsprämie das Recht, ein Finanzprodukt innerhalb eines bestimmten Zeitraumes zu einem festgelegten Kurs an den Verkäufer der Option (Stillhalter) zu verkaufen. Der Optionskäufer wird dieses Geschäft nur tätigen, wenn er sinkende Kurse erwartet. Der Stillhalter vereinnahmt wiederum die Optionsprämie.

Optionsscheine

Optionsscheine (warrants) entstehen oft durch die Ausgabe von Optionsanleihen oder Optionsgenußscheinen. In den vergangenen Jahren haben viele Banken auch Scheine ohne Verbindung mit einer Anleihe oder Genußscheinen ausgegeben; bei Börsenprofis heißen sie deshalb „nackte Scheine" (naked warrants). Optionsscheine verbriefen das Recht, Aktien, Anleihen oder andere Finanzprodukte zu festgelegten Bedingungen zu beziehen. Der Markt für Optionsscheine ist in Deutschland seit Ende der achtziger Jahre stark gewachsen. Ende April 1993 waren 1176 verschiedene Scheine im Umlauf, darunter 131 auf Aktien, 313 auf Indizes, 183 auf Zinsprodukte wie Anleihen und 549 auf Devisen.

Optionsscheine besitzen oft eine Laufzeit von mehreren Jahren. Für risikobereite Privatanleger sind sie ein Spekulationsobjekt par excellence, weil sich mit einem relativ geringen Kapitaleinsatz sehr hohe Gewinnchancen verbinden können. Umgekehrt ist allerdings auch das Verlustrisiko erheblich. Der spekulationsfreudige Anleger beabsichtigt gewöhnlich nicht, die Optionen auszuüben, sondern er will seine Scheine innerhalb kurzer Zeit mit einem Kursgewinn an der Börse wieder verkaufen.

Der Reiz für den Spekulanten besteht bei diesen Geschäften nicht nur darin, daß die Scheine in aller Regel deutlich billiger sind als die ihnen zugrundeliegenden Produkte, also zum Beispiel eine Aktie. Der Kurs eines Optionsscheines auf eine Aktie reagiert zudem überdurchschnittlich stark auf Kursveränderungen der Aktie. Im Falle eines steigenden Aktienkurses winkt dem Scheininhaber daher ein besonders hoher Gewinn, im entgegengesetzten Fall allerdings auch ein überdurchschnittlich hoher Verlust.

Allerdings muß der Käufer bei Erwerb der Scheine für die im Vergleich zur direkten Aktienanlage großen Kurschance einen Preis zahlen, die sogenannte Prämie, auch Aufgeld genannt. Sie wird in Prozent vom Aktienkurs errechnet und bei der Ankündigung neuer Optionsscheine im Wirtschaftsteil der Zeitung erwähnt. Das Aufgeld ist die Differenz zwischen dem Marktpreis eines Optionsscheins und seinem theoretisch richtigen Preis, der sich aus einer Formel errechnen läßt. In diese Formel gehen, im Falle eines Optionsscheins auf Aktien der Optionspreis (das ist der Bezugspreis der Aktie), der Börsenkurs des Optionsscheins, der Börsenkurs der Aktie, das Bezugsverhältnis zwischen Optionsschein und Aktie ein. Für Profis spielt die Höhe dieses Aufgeldes bei der Wahl der ihrer Ansicht nach vielversprechendsten Scheine eine wesentliche Rolle.

Daneben interessiert den Anleger, wie stark der Kurs eines Scheins auf Änderungen des Preises des Basistitels, beispielsweise eines Aktienkurses, reagiert. Dieses Verhältnis wird als Hebel bezeichnet. Ein Hebel von 5 für einen Optionsschein auf eine Aktie bedeutet, daß sich bei einer Veränderung des Aktienkurses um ein Prozent der Kurs des Optionsscheins – zumindest theoretisch – um 5 Prozent verändern müßte. Ob dieser Zusammenhang in der Praxis immer genau gilt, hängt allerdings von der jeweiligen Marktlage ab. Ebenso wie die Prämie wird der Hebel bei der Ankündigung neuer Scheine in der Zeitung erwähnt. Aus Sicht des Anlegers ist neben dem mit dem

Erwerb von Optionsscheinen erheblichen Risiko auch zu bedenken, daß die Börsenumsätze in vielen Scheinen nur sehr gering sind. Dies kann sich vor allem dann ungünstig auswirken, wenn der Anleger seine Scheine rasch verkaufen will.

Terminkontrakte

Neben den Optionen bilden die Terminkontrakte (Futures) die wichtigste Spielart der abgeleiteten Finanzprodukte. Bei einem Terminkontrakt schließen Käufer und Verkäufer eine verbindliche Vereinbarung, eine bestimmte Menge eines bestimmten Produktes zu einem festgelegten Preis an einem vereinbarten Termin in der Zukunft zu liefern beziehungsweise abzunehmen. Ein Beispiel: Beim Abschluß eines Terminkontraktes auf eine Bundesanleihe verpflichtet sich der Käufer, zu einem festgelegten Termin, etwa in drei Monaten, vom Verkäufer eine bestimmte Menge, zum Beispiel Anleihen für 10 Millionen DM, zu einem vorab vereinbarten Kurs zu kaufen. Im Unterschied zur Option ist die Ausführung des Geschäftes also für beide Parteien verbindlich. Ein Wahlrecht gibt es nicht und daher auch keine der Optionsprämie ähnliche Vergütung einer Partei durch die andere. In der Finanzwelt haben in den vergangenen zwanzig Jahren vor allem Terminkontrakte auf Staatsanleihen und Aktienindizes eine große Bedeutung erlangt.

Das Geschäft mit Terminkontrakten wie Termingeschäfte überhaupt werden häufig als destabilisierende Spekulation betrachtet. In Wahrheit lassen sich mit Terminkontrakten sehr unterschiedliche Zwecke erfüllen. Entstanden sind sie nicht, um Spekulationen zu ermöglichen, sondern um einen Absicherungsbedarf zu befriedigen. Mit dem Abschluß eines Termingeschäfts etwa über die Lieferung von Bundesanleihen in drei Monaten erhalten Käufer und Verkäufer eine sichere Kalkulationsgrundlage und machen sich damit unabhängig von den künftigen Veränderungen der Marktpreise. Daneben werden Terminkontrakte auch von Spekulanten genutzt, die beispielsweise bei Erwartung eines steigenden Terminkurses zunächst Kontrakte kaufen, um sie später, sofern die Spekulation aufgeht, mit Kursgewinnen zu verkaufen.

3. Die Börsenmärkte

Die Kassamärkte

Am Kassamarkt gibt es Ware gegen Bares – und zwar auf der Stelle. „Auf Sicht" drückt sich in der englischen Bezeichnung „on the spot" aus. Der Kassamarkt wird im Börsenjargon auch Spot-Markt oder Cash-Markt genannt. Dort sind, direkt nach Vertragsabschluß, wenn sich Käufer und Verkäufer über Ware, Güteklasse, Stückzahl und Preis geeinigt haben, die Verpflichtungen aus dem Geschäft zu erfüllen: 1. Lieferung (und Abnahmeverpflichtung) der Ware, heute, und 2. Zahlung des Geldbetrages dafür, ebenfalls heute.
Der Amtliche Handel.
Bundesliga, Regionalliga und Kreisklasse, scherzhaft benennen Börsianer die Segmente der deutschen Wertpapiermärkte in Anlehnung an sportliche Ranglisten. Doch der Vergleich hinkt: Die Titel mit der besten Kursentwicklung steigen nämlich keinesfalls in das nächsthöhere Marktsegment auf. Die Unterschiede zwischen den einzelnen Marktsegmenten sind festgelegt durch bestimmte Regeln und Vorschriften für die Zulassung der Wertpapiere. Die Strenge der Zulassungsbestimmungen (siehe auch den

Abschnitt „Zulassung zum Börsenhandel") nimmt in der Reihenfolge Amtlicher Handel, Geregelter Markt und Freiverkehr ab. Die drei Marktsegmente gelten für Aktien, Optionsscheine und festverzinsliche Wertpapiere – unterteilt in jeweils in- und ausländische Titel. Bevor ein Wertpapier zum Amtlichen Handel zugelassen wird, ist das förmliche Zulassungsverfahren zu durchlaufen. Die rechtlichen Grundlagen für das Verfahren sind im Börsengesetz und der Börsenzulassungsverordnung festgelegt.

An den deutschen Präsenzbörsen ist der Amtliche Handel der größte Markt. Zuständig für diesen Markt sind der Börsenvorstand und die amtlichen Kursmakler, die in Frankfurt zum Beispiel hinter den weinroten Maklerschranken Angebote und Nachfrage der Marktteilnehmer entgegennehmen und die amtlichen Kurse nach festgelegtem Regelwerk berechnen. Alle amtlichen Kurse sind am folgenden Tag im amtlichen Kursblatt zu finden. Im Kursteil von Tageszeitungen ist der Teil des Amtlichen Marktes in der Regel der ausführlichste. Für den privaten Anleger hat der Amtliche Börsenhandel den Vorteil, daß die Kurse relativ leicht in Erfahrung zu bringen sind. Außerdem helfen dem Anleger die Informationspflichten, die den Unternehmen auferlegt sind: Der Emittent muß einen Zwischenbericht veröffentlichen und den Prospekt in einer „ausreichend verbreiteten" Zeitung bekanntgeben.

Eine wesentliche Voraussetzung für die Zulassung eines Wertpapiers zum Amtlichen Handel ist „genügend Material zum Handeln". Bei Aktien müssen mindestens 2,5 Millionen DM voraussichtlicher Kurswert vorhanden sein. Bei anderen Wertpapieren muß das Gesamtvolumen der zuzulassenden Aktien mindestens 500 000 DM (Nennwert) betragen. Das Unternehmen, das seine Titel amtlich handeln lassen will, muß mindestens eine „Geschichte" von drei Jahren haben. Außerdem müssen die Aktien ausreichend gestreut sein, denn wenn die Anteilsscheine einer Aktiengesellschaft als „feste" Beteiligungen in den Depots anderer Unternehmen schlummern, kann kein größerer Handel in diesen Aktien in Aussicht gestellt werden. Deshalb lautet eine Bedingung des Amtlichen Handels: Mindestens 25 Prozent des gesamten Nennbetrages müssen in Händen des breiten Publikums sein.

Der Geregelte Markt.
Den Geregelten Markt gibt es erst seit dem 1. Mai 1987. Gedacht ist er, als eine Art „Treppe" zwischen dem Amtlichen Handel und dem Freiverkehr. Unternehmen können sich „über den Geregelten Markt" Eigenkapial beschaffen (mit ihren Aktien an die Börse gehen), ohne die härteren Anforderungen des Amtlichen Handels erfüllen zu müssen. Immerhin werden die Titel in einem gesetzlich geregelten Markt gehandel, der unter Aufsicht des Börsenvorstandes steht. Ganz bewußt ist der Geregelte Markt als Vorstufe zum Amtlichen Handel geschaffen worden; entsprechend niedriger sind die Zulassungsbedingungen formuliert. So müssen dem Geregelten Markt nur Aktien im Nennwert von mindestens 500 000 DM zur Verfügung stehen. Der Börsenprospekt, der für den Geregelten Markt gefordert wird, ist weniger umfangreich als der für den Amtlichen Handel. Der Prospekt muß mindestens in einem Börsenpflichtblatt bekannt emacht werden. Ein Mindestalter für ein Unternehmen ist nicht gesetzt, ein Zwischenbericht des Emittenten nicht zwingend erforderlich. Allerdings braucht das Unternehmen beim Gang an die Börse eine Bank oder „ein geeignetes Institut" als Partner bei der Antragstellung. Für den Handel selbst gelten die gleichen Vorschriften wie im Amtlichen Handel. Statt von Kursen wird jedoch von Preisen geredet, da bestimmte Freimakler diese Preise feststellen – dies gilt auch für den Freiverkehr.

Freier Zugang zum Freiverkehr.
Der Freiverkehr ist frei von den harten Zugangsbedingungen des Amtlichen und Geregelten Marktes. Oft gelten nur formale Zulassungsbedingungen. Richtlinien für den

Freiverkehr hat am Platz Frankfurt die Vereinigung Frankfurter Effektenhändler beschlossen. Der Börsenvorstand der Frankfurter Wertpapierbörse übt in diesem Marktsegment lediglich „eine Mißbrauchsaufsicht" aus. Ein Zwang zu einem Börsenprospekt oder einem Unternehmensbericht, bevor neue Aktien im Freiverkehr gehandelt werden können, besteht nicht. Allerdings fordert die Emission an sich, die den Charakter eines öffentlichen Verkaufsangebots trägt, eine Mindestpublizität durch einen Verkaufsprospekt. Und nach dem geltenden Aktiengesetz ist eine laufende Berichterstattung nötig. Über die Aufnahme des Handels neuer Aktien im Freiverkehr entscheidet ein Ausschuß der Vereinigung Frankfurter Effektenhändler. Dabei ist eine Zustimmung des Unternehmens nicht unbedingt nötig. So können Banken oder Maklergesellschaften beantragen, eine für sie wichtige ausländische Aktie in den Freiverkehr aufzunehmen. Ein ausdrücklicher Widerspruch des Unternehmens wird jedoch gehört, die Aufnahme in den Freiverkehrshandel dann abgelehnt. Besonders stark ist der Freiverkehr bei Optionsscheinen: Von den insgesamt 669 in Frankfurt Ende 1991 gehandelten in- und ausländischen Optionsscheinen wurden 353 Scheine allein im Freiverkehr gehandelt, 78 im Geregelten Markt und 238 im Amtlichen Handel. Titel im Freiverkehr müssen keineswegs von minderer Qualität sein; gehandelt werden auch renommierte Titel, die nur einen geringen Streubesitz haben. Auch die VW-Aktie ist früher einmal eine Zeitlang im Freiverkehr gehandelt worden.

Die Terminmärkte

Am Terminmarkt werden Geschäfte mit der Zukunft gemacht – zumindest teilweise. Der Handel findet heute statt, aber die Verpflichtungen daraus können zeitlich variieren: 1. Lieferung (und Abnahmeverpflichtung) der Ware in der Zukunft und 2. Zahlung eines zuvor vereinbarten Preises.
Optionen auf Aktien.
Der Markt für Optionen auf Aktien hat sich seit Gründung der Deutschen Terminbörse verändert. So werden heute zum Beispiel an der Frankfurter Wertpapierbörse „nur noch" die Aktienoptionen von sogenannten Nebenwerten gehandelt. Die Optionen auf die bekannten deutschen Standardwerte, die zumeist zu den dreißig Titeln gehören, die in den Deutschen Aktienindex (Dax) einfließen, werden inzwischen an der vollelektronischen Deutschen Terminbörse (DTB) gehandelt. Vor allem in diesem Geschäft hat sich die DTB gegenüber den anderen – und zum Teil älteren – Terminbörsen in Europa etabliert: Gemessen an den Umsätzen in Aktienoptionen ist die DTB die führende Terminbörse in Europa. Daß das Optionsgeschäft an der DTB auch bei den Kunden gut ankommt, hat sich schon früh nach der Gründung der neuen Börse gezeigt: Gegen Ende 1990 war das Kundengeschäft in Optionen mit deutlich mehr als 30 Prozent am stärksten ausgeprägt, gegenüber fast 20 Prozent Eigenhandel der Institute und rund 50 Prozent, die auf die „Marktmacher" entfallen waren; im Geschäft mit Dax-Terminkontrakten war das Kundengeschäft mit unter 30 Prozent und in Terminkontrakten auf Bundesanleihen mit unter 20 Prozent weniger stark als bei den Optionen. Im Frühjahr 1993 entwickelte sich an der DTB ein „neues Produkt" zum Umsatzspitzenreiter an der DTB: die Optionen auf den Index Dax. Für noch jüngere Optionen auf den Terminkontrakt auf Bundesobligationen (Bobl-Future) wurden 1993 Quartalsumsätze von nahe einer Million Kontrakten registriert. Mit den Währungsunruhen innerhalb des Europäischen Währungssystems (EWS) haben in Europa auch Devisenoptionen an Popularität gewonnen; teilweise geschieht der Handel in solchen Scheinen amtlich oder im Freiverkehr. Als das britische Pfund aus dem EWS „ausscherte",

kamen Kauf- und Verkaufsoptionen auf das Pfund auf den Markt. Einen größeren Marktanteil haben jedoch die Optionen auf den Dollar oder den Yen. In der Theorie werden Optionen auch als „bedingte Termingeschäfte" bezeichnet.
Der junge Markt Terminkontrakte (Futures).
In Deutschland ist der Markt für Terminkontrakte, sogenannte Futures, noch relativ jung. Bevor eine Terminbörse gegründet werden konnte, mußten Gesetze geändert werden; denn zuvor galten solche Termingeschäfte als „unerlaubte Wettspiele". Da sich der Finanzplatz Deutschland den internationalen Entwicklungen nicht verschließen konnte, waren entsprechende Anpassungen notwendig. Inzwischen kann die Deutsche Terminbörse (DTB) eine positive Bilanz ziehen: 1992 war ein Rekordjahr. Der Umsatz betrug 34,8 Millionen Kontrakte, gegen 15,4 Millionen Kontrakte im Jahr 1991 und 6,8 Millionen Kontrakte im Anfangsjahr der DTB. Den Löwenanteil machten in allen drei Jahren die Optionen aus: 1990 standen 29 Millionen Optionskontrakte rund 5 Millionen gehandelter Terminkontrakte gegenüber, im Jahr 1991 war das Verhältnis 62 zu 18 und im Jahr 1992 etwa 98 zu 41 zugunsten der Optionen. Im Handel mit dem wichtigsten Kontrakt der DTB steht die Börse in starker Konkurrenz zu London. Dort werden „Bund-Futures" schon länger als in Deutschland gehandelt. Oft sind die Marktteilnehmer in London deutsche Institute. Daher hofft die DTB, daß auf längere Sicht der Handel mit Terminkontrakten auf deutsche Bundesanleihen stärker nach Frankfurt gezogen werden kann; immerhin sind die Eigentümer der Deutsche Börse AG – die DTB ist eine hundertprozentige Tochtergesellschaft – zu 80 Prozent die Banken. Wie in anderen Ländern mit Terminbörsen ist inzwischen auch in Deutschland eine Diskussion unter Händlern und Wissenschaftlern entbrannt, welcher Markt den anderen stärker beeinflusse. Der Terminmarkt den Kassamarkt oder umgekehrt. Denn zugrunde liegt dem Terminhandel immer noch das „Basisinstrument", und das wird an der Kasse gehandelt. Das Terminprodukt ist „abgeleitet". Daher werden Terminkontrakte und auch andere Produkte auch mit dem englischen Begriff „Derivate" bezeichnet.

Die Zulassung zum Börsenhandel (Börsenprospekt)

Wenn Aktien ausgegeben (emittiert) werden, stehen Eigentumsrechte an Unternehmen zum Verkauf. Die Aktiengesellschaft beschafft sich Eigenkapital, genauer gesagt Grundkapital in kleinen Stucken von 50 DM. Wie sieht ein solches Angebot aus? Welcher Kleinanleger kann schon bei den vielen alten und erst recht den noch weniger bekannten neuen Aktiengesellschaften die Spreu vom Weizen trennen? Wichtig ist für den Anleger, wie das Unternehmen einzuschätzen ist: die Geschäftsentwicklung der vergangenen Jahre, die Chancen für die Zukunft und der aktuelle Zustand der Gesellschaft zur Zeit der Aktien-Emission. Um „wilden Plazierungen" von Aktien wie in den turbulenten Gründerzeiten des 19. Jahrhunderts vorzubeugen, hatte schon das Börsengesetz von 1896 Vorschriften für Verkaufsankündigungen von Aktien, den Prospekt, definiert. Damit soll eine Übervorteilung des Publikums verhindert werden, etwa, indem wichtige Informationen verschwiegen oder Perspektiven der künftigen Geschäftsentwicklung allzu rosig dargestellt werden. Der Börsenzulassungsprospekt soll umfassende Informationen über das Aktien emittierende Unternehmen bieten, bevor die neuen Wertpapiere zum Börsenhandel zugelassen werden. Der Prospekt muß als Anzeige in einem der Börsenpflichtblätter, zum Beispiel der Frankfurter Allgemeinen Zeitung, angekündigt und veröffentlicht werden. Als „Pflichtinformationen" muß der Börsenprospekt die vergangene Geschäftsentwicklung, die Unternehmens-

tätigkeit, Bericht über die Zukunftsaussichten des Unternehmens, die jüngste Bilanz, Gewinn-und-Verlust-Rechnung sowie die Namen der Vorstands- und der Aufsichtratsmitglieder enthalten.
Die Zulassungsstelle der Börse wird nach Veröffentlichung des Börsenprospekts darüber entscheiden, ob die Informationen des Unternehmens ausreichend sind, um einen Handel der Aktien an der Börse zu genehmigen. Vorgelegte Urkunden werden geprüft. Eine Genehmigung fällt dann durch Beschluß; ein Aushang an der Börse und die Veröffentlichung im amtlichen Kursblatt tut den Beschluß kund. An der Frankfurter Wertpapierbörse besteht die Zulassungsstelle, die über die Zulassung von Wertpapieren zur Amtlichen Notierung entscheidet, aus mindestens 20 und höchstens 24 Mitgliedern. Sie werden vom Börsenvorstand gewählt. Mindestens die Hälfte der Mitglieder müssen Personen sein, die nicht „berufsmäßig am Börsenhandel mit Wertpapieren beteiligt sind". Die Zulassung zur Amtlichen Notierung oder zum Geregelten Markt ist vom Emittenten zusammen mit mindestens einem – an einer deutschen Börse handelsberechtigten – Kreditinstitut zu stellen. Der Emittent und das Kreditinstitut, das die Emission begleitet und den Zulassungsantrag mit unterschrieben hat, unterliegen in bezug auf den Inhalt des Prospekts und dessen Richtigkeit einer Haftung: der Prospekthaftung.
Auch in der Börsenordnung wird schon der Europäische Binnenmarkt in Ansätzen deutlich: Stellt ein Emittent mit Sitz in einem anderen Mitgliedsstaat der Europäischen Wirtschaftsgemeinschaft einen Zulassungsantrag für dieselben Wertpapiere bei einer Börse im Mitgliedstaat als auch bei einer inländischen Börse, so wird die Billigung des Prospekts im Mitgliedstaat auch hier in Deutschland unter Vorbehalten anerkannt. Diese Vorbehalte sind zum Beispiel eine Übersetzung des Prospektes in die deutsche Sprache. Mit der Zulassung ihrer Aktien zum Handel geht das Unternehmen Verpflichtungen ein: zum Beispiel die Publizitätspflicht. Die Öffentlichkeit ist über wesentliche (börsen- und kursrelevante) Tatsachen zu unterrichten. Kommt das Unternehmen den übernommenen Verpflichtungen nicht nach, kann die Zulassung jederzeit widerrufen werden. Zum Beispiel wenn das Vermögen eines Unternehmens auf Null gesunken ist, es also an der Börse auch nichts mehr zu handeln gibt. Dieses Schicksal traf im Frühjahr 1993 die Aktien der Norsk Data A.S. an den Börsen in Oslo und Frankfurt. Ebenfalls einzustellen ist die Notierung von Auslandsaktien, deren Börsenumsatz im Heimatland zwar noch beachtlich, in Deutschland aber so gering geworden ist, daß ein ordnungsgemäßer Handel nicht gewährleistet werden kann. Über eine Aussetzung oder Einstellung einer amtlichen Notierung kann der Börsenvorstand entscheiden. Der Börsenvorstand kann handeln, falls dies „zum Schutz des Publikums" geboten erscheint.

4. WIE DER BÖRSENHANDEL ABLÄUFT

In Deutschland führt beim Aktien- oder Anleihekauf kein Weg an der Bank vorbei. Dort und nirgends sonst muß man als Anleger die Aufträge persönlich und schriftlich erteilen. Jeder Börsenauftrag muß folgende Angaben enthalten: 1. Genaue Bezeichnung des Wertpapieres (am besten mit Wertpapiernummer); 2. Stückzahl oder Nennbetrag der zu kaufenden oder zu verkaufenden Papiere; 3. Preis, zu dem gekauft oder verkauft werden soll. Hier kann der Anleger entweder zu Festpreisen (limitiert) oder freibleibend (unlimitiert) ordern. Limitieren heißt einen Preis nennen, der beim Kauf nicht überschritten, beim Verkauf nicht unterschritten werden darf. Unlimitierte Auf-

träge werden „entsprechend der Marktlage" ausgeführt. Beim Kauf werden solche Aufträge „billigst" und beim Verkauf „bestens" abgewickelt. 4. Zeitraum, für den der jeweilige Auftrag gelten soll. 5. Angabe des Börsenplatzes, an dem der Auftrag ausgeführt werden soll.
Bis 10.30 Uhr werden in allen Bankfilialen in Deutschland die so ausgefüllten Kauf- und Verkaufswünsche gesammelt und der Börsenabteilung des Kreditinstitutes übergeben. Dort sortiert man dann die Aufträge (Order) nach Märkten und Papieren und übergibt sie den Börsenhändlern.

Die klassische Börsensitzung

Schlag 10.30 Uhr läutet im Börsensaal eine Glocke traditionell die Börsensitzung ein. Von diesem Augenblick an darf für drei Stunden, bis 13.30 Uhr, „amtlich gehandelt" werden. Rings um den Börsensaal stehen Kabinen für Telefone, Fernschreiber und Faxgeräte. Manche Banken haben eigene Börsenbüros. In der Saalmitte oder an einer der Seitenwände sind „Schranken" errichtet; Barrieren in Kopfhöhe, hinter denen die Kursmakler amtieren, die Angebot und Nachfrage ausgleichen müssen. Die Börsenhändler der Kreditinstitute drängen sofort nach Sitzungsbeginn an die Schranken und versuchen, Aufträge zu erteilen. Der amtliche Makler trägt die Aufträge in eine Kladde – das Orderbuch – ein. An großen Börsenplätzen betreut jeder Makler eine bestimmte Zahl von Papieren, für die er verantwortlich ist. Eine Konkurrenz zwischen den amtlichen Maklern gibt es nicht.
Die Kursmakler sind die Nahtstelle, wo sich alle Händler immer wieder treffen, hier werden die Gebote ausgetauscht, hier entstehen an hektischen Tagen kleine Tumulte. Immer wieder melden die Händler dem Makler an, welche Wertpapiere sie an-

Börsenalltag: Auf dem Parkett der Frankfurter Börse

400

oder verkaufen wollen und zu welchem Preis. Der Handel untereinander erfolgt blitzschnell und ohne viel Worte. Will ein Händler kaufen, ruft er „Geld". Will er verkaufen, heißt es „Brief". Die Zahlen, die sie sich hastig zurufen, bezeichnen nur noch die letzte Stelle des betreffenden Kurses, Zehner- und Hunderterstellen werden kurzerhand weggelassen. Auch die Firmennamen werden verkürzt und verstümmelt. Sind sich Käufer und Verkäufer in diesem Börsen-Chinesisch einig, dann wird das Geschäft keineswegs sogleich besiegelt. Auf dem Parkett gilt allein das Wort. Ein kurzer Wortwechsel: „Fünfzig Daimler an dich"; „Fünfzig von dir", jeder kritzelt etwas in sein Notizbuch und das Geschäft ist gemacht. Niemand wird anschließend sein Wort in Frage stellen.

Die Makler vermitteln als selbständige Kaufleute die Geschäfte zwischen den Händlern. Auf sie stürzt eine Flut von Aufträgen herein. Seit November 1992 hilft ihnen dabei das „Börsen-Order-Service-System", kurz „Boss" genannt. Damit können die Banken ihre Aufträge direkt in das elektronische Orderbuch des Maklers überspielen. Der Makler vereinigt die Aufträge auf dem Parkett mit den elektronisch übermittelten Wünschen. Die Kursfindung wird mit Computern unterstützt und beschleunigt. Passen zwei Aufträge genau zusammen, werden sie automatisch verknüpft, und der Kurs wird sofort über das „Kurs-Informations-Service-System", kurz „Kiss" genannt, veröffentlicht. Die abgeschlossenen Geschäfte werden dann – ebenfalls automatisch – in das Abwicklungssystem des Kassenvereins überspielt. Es liegt in der Entscheidung jedes Kreditinstituts, ob ein Auftrag elektronisch zur Börse gebracht oder von einem Händler auf dem Parkett gehandelt wird.

Die Kursfeststellung

Mit Hilfe des Boss-Computersystems tragen die Makler täglich ihre Aufträge – links die Käufe und rechts die Verkäufe – nach einer bestimmten Ordnung ins Orderbuch ein. Die am leichtesten auszuführenden Aufträge (das sind die ohne Kursvorgaben) kommen obenan auf die Liste. Die schwerer zu erledigenden, mit genauen Preiswünschen (Limits) versehenen Aufträge folgen. Auf der Käuferseite stehen die hohen Limits obenan, auf der Verkäuferseite die niedrigen. Wenn die Tagestabelle erstellt ist, beginnt die Suche nach dem richtigen Kurs. Dabei gilt das Prinzip des größtmöglichen Umsatzes.

Der Einheitskurs

Etwa gegen 12 Uhr beginnen die Kursmakler bei den Aktien mit der Feststellung des sogenannten „Einheitskurses", früher auch Kassakurs genannt. Bei Optionsscheinen werden um 11.30 Uhr und bei den Anleihen um 11 Uhr schon Einheitskurse festgestellt. Für rund die Hälfte der amtlich gehandelten Aktien (das sind solche mit geringen Umsätzen) ist dies überhaupt der einzige Kurs, der an einem Tag ermittelt wird. Dafür hat der Kursmakler alle Verkaufs- und Kaufaufträge in seinem Orderbuch gesammelt und sortiert. Danach könnte sich folgende Situation ergeben:

Nachfrage (Käufe)
36 Stück Aktien billigst
  6 Stück Aktien zu 276 DM
30 Stück Aktien zu 275 DM
18 Stück Aktien zu 274 DM
30 Stück Aktien zu 273 DM

20 Stück Aktien zu 272 DM
12 Stück Aktien zu 270 DM

Angebot (Verkäufe)
48 Stück bestens
16 Stück zu 272 DM
66 Stück zu 273 DM
14 Stück zu 274 DM
12 Stück zu 275 DM
2 Stück zu 277 DM

Der Kursmakler wird bei einem ersten Vergleich von Angebot und Nachfrage in seinem Orderbuch jenen Kurs zunächst abschätzen, zu dem sich Angebot und Nachfrage am besten ausgleichen lassen. In diesem Fall wird er feststellen, daß ein Ausgleich wohl am besten bei einem Kurs von 273 DM möglich ist. Dazu freilich müßten noch einige Restaufträge zusätzlich eingehen. Also ruft er laut in den Börsensaal hinein, unterrichtet die Händler von seinem Schätzergebnis und bittet um entsprechende Zusatzaufträge.
Gelingt es ihm, noch zehn Aktien zu 273 DM von einem Händler zu übernehmen, dann können insgesamt 130 Stück Aktien auf jeder Seite des Orderbuches – und damit die Mehrzahl der vorhandenen Aufträge – abgewickelt werden. Auf der Nachfrageseite kommen alle Aufträge einschließlich der „Billigstorders" zum Zuge, mit Ausnahme jener, die zwischen 270 und 272 fest limitiert waren – das sind nur 32 Stück. Auf der Angebotsseite werden alle Orders zwischen 270 und 273 bedient einschließlich der „Bestens-Verkaufsorder". Unter den Tisch fielen nur 28 Stück, die zwischen 274 und 277 limitiert waren. Ein optimaler Ausgleich zwischen Angebot und Nachfrage ist in unserem Fall also zum Kassakurs von 273 DM zustande gekommen. Er ist der wichtigste Kurs während einer Börsensitzung, weil ihm regelmäßig die meisten Abrechnungen von Kundenaufträgen zugrunde liegen – vor allem auch die unlimitierten Aufträge der vielen Kleinanleger. Jede Börsensitzung produziert für ein bestimmtes Papier nur einen einzigen „Einheitskurs".

Variable Kurse

Die umsatzstärksten Aktien und einige wichtige Anleihen werden „fortlaufend" während der gesamten Börsenzeit gehandelt. Man spricht auch von einem „variablen Verkehr", von „fortlaufenden" oder „variablen" Kursen. Beim Handel ist jeweils ein Mindestbetrag notwendig, der in der Regel 50 Stück (bei Aktien) oder 1 Million Nennwert (bei Renten) betragen muß. Im variablen Handel können Kursschwankungen, die während der Börsenzeit auftreten, ausgenutzt werden. An diesem Geschäft beteiligen sich in erster Linie die Börsenhändler. Aber auch das Publikum kann von außen (telefonisch) jederzeit Aufträge erteilen.
Der erste fortlaufende Kurs, der Eröffnungskurs, wird nach der gleichen Methode festgestellt wie der Einheitskurs. Die Aufträge mit zu hohen oder zu niedrigen Limits bleiben zunächst unerledigt. Wenn nun später im Verlauf des Handels zusätzliche Aufträge hereinkommen, muß der Kursmakler prüfen, ob eine neue Kursfeststellung (und damit eine neue Vermittlung von Geschäften) möglich ist. Es gilt weiterhin das Meistausführungsprinzip, also kein Vorrang einzelner Aufträge nach der Höhe der Limits oder dem Zeitpunkt des Eingangs. Bei den variabel gehandelten Aktien ist der eigent-

liche Einheitskurs dadurch definiert, daß ein einziges Mal am Tag zusätzlich zu den Großaufträgen auch alle Kleinaufträge in die Kursfeststellung einfließen. Der Einheitskurs hat daher eine breitere Basis als die fortlaufenden Kurse und wird deshalb häufig in den Zeitungen genannt.
Von Fall zu Fall ergibt sich eine Marktsituation, bei der kein Ausgleich von Angebot und Nachfrage während einer Börsensitzung möglich ist. Dann kann der Kursmakler auf eigene Rechnung in den Markt eingreifen und für höchstens zwei Tage die Papiere selbst und auf eigenes Risiko übernehmen. Oder aber er läßt den Kurs „taxen"; das heißt, er schätzt ab, welches der „richtige Kurs" wäre, und fügt hinter den Preis ein „T" (Taxe) hinzu. Wenn auch ein Schätzkurs nicht möglich sein sollte, kann der Kurs „gestrichen" werden. Dann erscheint an Stelle einer Zahl ein Strich hinter dem Namen des Papiers im Kurszettel. Das kann geschehen, wenn der Börsenvorstand aus zwingenden Gründen ein „Aussetzen der Notiz" anordnet. Das kann zum Beispiel der Fall sein, wenn die Öffentlichkeit über besondere aktuelle Ereignisse, die zur Börsenzeit auf dem Parkett über eine Gesellschaft bekannt wurden, noch nicht hinreichend unterrichtet war. Mit dem Streichen des Kurses soll verhindert werden, daß sich im Börsensaal tätige Kreise Preisvorteile gegenüber Außenstehenden verschaffen.
Ertönt um 13.30 Uhr die Schlußglocke an der Börse, darf nicht mehr amtlich gehandelt werden. Die Kursmakler wickeln nur noch Orders ab und ermitteln die Schlußkurse. Die Kurse wurden früher mit Kreide an eine Kurstafel geschrieben. Heute werden an allen deutschen Börsen die Notierungen mit einem Computer auf einer elektronischen Kursanzeigeanlage projiziert. Einmal festgestellte Kurse dürfen nachträglich nicht verändert werden. Die Maklerkammer veröffentlicht die amtlichen Kurse nach Börsenschluß am gleichen Tage in einem „Amtlichen Kursblatt", das von jeder Börse herausgegeben wird.

Computerbörse

Die Tage der Präsenzbörse mit den schreienden, gestikulierenden Händlerscharen, mit vollgekritzelten Orderbüchern und flüsternden Spekulanten scheinen gezählt. Unaufhaltsam erobern die Computer die altehrwürdigen Hallen des Handels. Sie sind nicht nur schnell, bequem und erleichtern die Weiterverarbeitung der Unmengen von Börsendaten erheblich. Vor allem ermöglichen sie einen ganztägigen, ortsunabhängigen Handel mit der Möglichkeit, Geschäfte auch ohne Maklervermittlung direkt zwischen zwei Partnern abzuschließen und sich das tägliche Treffen im Börsensaal zu sparen. Ein großer Schritt in diese Richtung ist längst getan. Das „Integrierte Börsenhandels- und Informations-System (Ibis)" wurde 1989 installiert und macht zusehends der klassischen Parkettbörse den Garaus. Mittlerweile wird fast jede zweite der 30 größten deutschen Aktien über Ibis umgesetzt. Die Attraktivität des Ibis-Handels hat viele Ursachen. Vor allem schätzen die Marktteilnehmer die Möglichkeit zum ganztägigen Handel. Ibis bietet allen Börsenteilnehmern wochentäglich von 8.30 Uhr bis 17.00 Uhr in den 30 umsatzstärksten Aktien und 30 Anleihen der öffentlichen Hand Geschäfte abzuschließen. Die Mindestabschlußgröße beträgt für aktiv gehandelte Aktien in der Regel 500, sonst 100 Stück, und für die Renten 1 Million DM Nennwert. Damit wird Ibis in erster Linie von großen, institutionellen Anlegern genutzt.
Über Handelsbildschirme in ganz Deutschland haben alle Marktteilnehmer standortunabhängig den zeitgleichen Zugang zum System und können so kaufen und verkaufen, ohne auch nur in telefonischen Kontakt mit dem Geschäftspartner zu kommen. Jeder Teilnehmer kann über Ibis Kauf- und Verkaufsangebote eingeben oder auf

derartige Angebote im System eingehen. Alle in Ibis eingegebe Aktionen sind verbindlich, werden sofort bestätigt und an den Kassenverein zur Abwicklung weitergeleitet. Durch ein hohes Maß an Transparenz bei den Preisen, den Umsätzen und der jeweiligen Marktsituation hat Ibis sich binnen kurzer Zeit erhebliches Vertrauen geschaffen. Eine vollständige Dokumentation aller Vorgänge und eine laufende Handelsüberwachung sichern den Marktteilnehmern, die untereinander anonym bleiben, eine ordnungsgemäße Ausführung ihrer Aufträge zu.

Das ganztägige Computersystem Ibis hat auch die sogenannte „Vor- und Nachbörse" kräftig belebt. Der Zeitabschnitt vor Beginn einer Börsensitzung wird im Wertpapierhandel als „Vorbörse" bezeichnet, der nach Börsenschluß als „Nachbörse". Zu diesen Zeiten geht es besonders hoch her, wenn sich eine bestimmte Tendenz vor oder nach einer Börsensitzung nachhaltig abzuzeichnen beginnt. Auf ein schwerwiegendes politisches Ereignis hin erwartet der Berufshandel für die nächste Börsensitzung oft starke Kursveränderungen. Schon vor Börsenbeginn wird deshalb versucht, darauf zu reagieren. Die Nachbörse kommt in Schwung, wenn wichtige Ereignisse, etwa eine Leitzinsveränderung, erst nach amtlichem Börsenschluß bekanntwerden.

Freiverkehr

Wertpapiere, vor allem Aktien und Renten, die nicht zum amtlichen Handel an einer Börse zugelassen sind, können im sogenannten „Freiverkehr" umgesetzt werden. Der geregelte Freiverkehr wird während der Börsenzeit im Börsensaal abgewickelt. Das Publikum kann Aufträge für Freiverkehrspapiere ebenso wie für amtlich gehandelte Werte über die Kreditinstitute erteilen. Zur Unterrichtung der Öffentlichkeit werden die im Freiverkehr festgestellten Preise auch veröffentlicht. Dies geschieht in Frankfurt außerhalb des amtlichen Kursblattes. Freiverkehrspapiere können erstklassige Werte sein, von denen aber zum Beispiel nur noch kleine Restbeträge in freien Händen sind, so daß keine amtliche Notierung mehr zu verantworten wäre. Für Freiverkehrsaktien gibt es ein vereinfachtes Zulassungsverfahren, das vom Freiverkehrsausschuß der Börsen praktiziert wird. Im Freiverkehr werden auch noch Optionsgeschäfte abgeschlossen.

Die Geschäftsabwicklung

Das Erfüllungssystem der deutschen Börsen (Lieferung der Wertpapiere und Zahlung des Kaufpreises) basiert seit Jahrzehnten auf der sogenannten Girosammelverwahrung und wird schon seit 1970 vollständig über den Computer abgewickelt. Bei der Girosammelverwahrung verzichtet der Eigentümer auf die Verwahrung der Wertpapiere im eigenen Depot. Die allermeisten an der Frankfurter Börse gehandelten Wertpapiere liegen statt dessen in einem Sammeldepot beim Frankfurter Kassenverein (der Wertpapiersammelbank). Dieses Depot dient als Deckung für die von den Banken beim Kassenverein unterhaltenen Wertpapierkonten. Die Lieferung der Wertpapiere erfolgt durch einfache Umbuchung von einem Wertpapierkonto auf das andere. Gleichzeitig wird der Kaufpreis im Lastschriftverfahren über Girokonten bei der Landeszentralbank eingezogen. Die Buchungen – und damit die Erfüllung der Geschäfte – erfolgen schon am zweiten Börsentag nach Geschäftsschluß. Sofern dies gewünscht wird, werden Geschäfte, die außerhalb der Börse und vor 10 Uhr morgens abgeschlossen sind, bereits am Tage des Geschäftsabschlusses abgewickelt. Im Durchschnitt werden in dieser Vormittagsbuchung rund 1500 Posten mit einem Gegenwert von 8 Milliarden

DM abgewickelt. Insgesamt verrechnet der Deutsche Kassenverein mit seinen 450 Mitarbeitern im Jahr fast 5000 Milliarden DM bei 30 000 verschiedenen Wertpapiergattungen.
Die für die Abwicklung notwendigen Daten werden bei maklervermittelten Geschäften vom Makler, sonst vom Verkäufer, in die Computer eingegeben. Die Datenverarbeitung wird von der DWZ – Deutsche Wertpapierdatenzentrale durchgeführt, die auch die notwendigen Belege und Buchungsunterlagen erstellt.

Die Arbitrage

Zahlreiche Wertpapiere werden nicht nur an einem, sondern an mehreren deutschen Plätzen gehandelt, vielfach auch an Auslandsbörsen, so wie umgekehrt Auslandsaktien an deutschen Börsenplätzen gehandelt werden. Da jede Börse in ihrer Preisbildung autonom ist, entstehen in der Regel Preisdifferenzen zwischen Börsenplatz A und Börsenplatz B in einer bestimmten Aktie, da das Verhältnis von Angebot und Nachfrage nicht überall gleich sein kann. Freie Makler oder Angestellte der Banken nutzen solche Differenzen zwischen zwei Plätzen durch gleichzeitigen Kauf an der einen und Verkauf an der anderen Börse („Arbitrage"). Durch die Wirkung solcher Geschäfte auf die Kurse wird der Preisunterschied tendenziell verringert oder aufgehoben. Die Arbitrage wirkt also kursausgleichend. Darin liegt eine wichtige Funktion. Die Glanzzeit für Arbitrage-Geschäfte war im 18. und 19. Jahrhundert, als die Nachrichtenverbindungen noch unzulänglich waren. Viele wohlhabende Privatbankiers aus dieser Zeit hatten ihr Vermögen durch Arbitrage-Geschäfte gemacht. Die moderne Nachrichtentechnik hat heute das Arbitrage-Geschäft eingeengt und weniger attraktiv gemacht. Es spielt an den Börsen kaum noch eine nennenswerte Rolle. Arbitrage in Wertpapieren von Inlandsplatz zu Inlandsplatz wird nur noch „nebenbei" betrieben. Lediglich im Handel zwischen Europa und Amerika oder zwischen Europa, Japan und Australien – wo erhebliche Zeitdifferenzen bestehen – lohnen sie Arbitrage-Geschäfte zuweilen noch. Größtenteils wird bei der Arbitrage mit winzigen Margen gearbeitet, mit Bruchteilen von Prozenten. (Siehe auch die folgenden Abschnitte.)

Terminbörse – Kursfeststellung ohne Parkett

An der Deutschen Terminbörse (DTB) sind keine herumlaufenden und schreienden Börsenhändler mehr zu sehen – nur Computer, die unter dem leisen Rauschen der Klimaanlage ihre Dienste verrichten. „Die Deutsche Terminbörse ist eine vollelektronische Börse, bei der die Börsenteilnehmer ihre Aufträge und Quotes (Angebots- und/oder Nachfragepreise) von ihren jeweiligen Eingabestellen durch elektronische Datenübertragung in das EDV-System der Terminbörse eingeben." So lautet Paragraph 4 der Börsenordnung der DTB. Die Marktteilnehmer sitzen vor Bildschirmen in ihren Bankbüros, erst die EDV bringt sie zusammen, der Marktplatz ist der Computer.
Die Aufträge und Quotes werden im EDV-System automatisch zugeordnet und zusammengeführt (Matching). Wie bei der Kursfeststellung im Kassamarkt ist zunächst auch an der Terminbörse die Preisfindung an den größtmöglichsten Umsatz gebunden. Das gilt zumindest für den Eröffnungspreis, der zum Handels-Eröffnungszeitpunkt mit den im EDV-System der DTB „vorhandenen Aufträge sowie Quotes als derjenige Preis ermittelt wird, zu welchem die größtmögliche Anzahl diese Aufträge und Quotes ausgeführt werden kann". Während der Handelsperiode werden Kauf- und Verkaufaufträge zusammengeführt (Matching). Als Priorität für das Zusammenführen der Aufträ-

ge gilt zuerst der Preis, dann der Zeitpunkt der Auftragserteilung. Das DTB-System prüft erst den Preis der Aufträge und führt die mit besseren Preisen mit Vorrang aus. Außerdem erhalten Aufträge ohne ein Preislimit die höchste Priorität für ein Zusammenführen. Konkurrieren mehrere unlimitierte Aufträge miteinander, wird die Eingabezeit der Aufträge als zweites Prioritätskriterium herangezogen.

Quotes können im Optionshandel der DTB ausschließlich von den dafür bestimmten Marktmachern in das System eingegeben werden. Sie reagieren auf Quote-Anforderungen der Marktteilnehmer, das heißt, die Marktteilnehmer fragen aktuelle Preise (als Information) nach. Die Marktmacher sind gehalten, bei einer Quote-Anforderung unverzüglich einen Geld- und einen Briefkurs für eine Optionsserie zu stellen. Interessant an diesem System ist, daß der Marktteilnehmer, der nur anfragt (quote request), nicht offenlegen muß, auf welcher Seite er steht. Das bedeutet, er gibt zunächst nicht zu erkennen, ob er kaufen oder verkaufen will – und auch die Stückzahl des angestrebten Geschäfts kann vorerst ungenannt bleiben. Im Handel mit Terminkontrakten dagegen können alle Börsenteilnehmer Quotes stellen.

Wie Termingeschäfte abgewickelt werden

Die Deutsche Terminbörse GmbH führt die Abwicklung, Besicherung und Regulierung (von Wertpapierstücken und Geld) der Geschäfte aus, die an dieser Börse abgeschlossen worden sind. Heute heißt das wohl auch in Deutschland „Clearing". Dabei werden mit Hilfe einer zentralen Institution unter Marktteilnehmern Forderungen und Verbindlichkeiten gegenseitig verrechnet. Ein gewolltes Ergebnis ist, daß nach einem Handelstag nur die zustande gekommenen Salden berechnet werden müssen. Eine zweite wichtige Funktion der Clearing-Stelle ist, daß bei einem Handel nur Verpflichtungen gegenüber einem Handelspartner und dem Clearing-Haus entstehen; das gilt für die Liefer- und Abnahmeverpflichtungen, die aus einem Terminmarktgeschäft heraus entstehen, und für die gegenläufigen Zahlungsströme. Für eine funktionierende Terminbörse ist dies extrem wichtig; denn die Handelspartner müssen sich während des Geschäfts – ganz gleich, mit wem sie handeln – keinerlei Gedanken darüber machen, ob ihr „Geschäftspartner auf der anderen Seite" auch zahlungs- oder lieferfähig ist. Das übernimmt die Clearing-Stelle, die so als Mittler zwischen Käufer und Verkäufer auftritt. Zugelassene Mitglieder des Clearing-Hauses müssen in der Regel zugleich auch Mitglieder der Terminbörse sein. Clearing-Lizenzen werden vergeben. Die DTB hat, wie andere Terminbörsen auch, ein Regelwerk erarbeitet, das die Mitglieder zu erfüllen haben. Von Bedeutung sind dabei vor allem die Sicherheitstellung und die Sicherheitenberechnung. Denn jedes Clearing-Mitglied hat zur Besicherung seiner gesamten Kontraktverpflichtungen (aus Termingeschäften oder Optionen) Wertpapiere oder Geld zu hinterlegen. Die Höhe der Sicherheit wird von der Börse festgelegt. Über Geschäftsabschlüsse, Positionsverwaltungen, Tagesendwerte, tägliche Gewinn- und Verlustausgleiche wird akkurat vom Clearing-Haus Buch geführt. Über ein standardisiertes Verfahren wird von Börsenteilnehmern die Bildung von Rückstellungen verlangt – und kontrolliert. Die Höhe dieser Rückstellungen hängt von den Risiken ab, die ein Marktteilnehmer durch seine offenen Positionen eingeht. Überzieht ein Mitglied seine Limits, bekommt er von der Clearing-Stelle unfreundlichen Besuch und wird zum Nachschuß von Sicherheiten aufgefordert; gerät er mit seine Verpflichtungen sogar in Verzug, kann die Clearing-Stelle ihn sogar zwingen, Verluste zu realisieren. Das Clearing-Haus der ältesten Warenterminbörse, der im Jahr 1848 gegründeten Chicago Board of Trade, gilt in aller Welt, für so junge Terminbörsen wie die DTB, als Vorbild.

Die Eierfahrt als Arbitrage-Beispiel

Man stelle sich vor, in Bonn würden zehn Eier für drei DM verkauft. Ein paar Kilometer entfernt, in Köln, sind zehn Eier derselben Güteklasse für vier DM zu haben. Entdecken nun die schlauen Studenten in beiden Städten diesen Preisunterschied, könnten sie in Bonn Eier kaufen und sie in Köln wieder verkaufen. Nahezu risikolos ist so eine DM Bruttogewinn für jeden Zehnerkarton Eier zu erzielen. Ein Nettogewinn ist erst dann zu erreichen, wenn die Transportkosten der Eier von Bonn nach Köln in die Rechnung einbezogen werden und die „Opportunitätskosten" der Studenten für ihre Zeit: Bleibt bei hohen Transportkosten für die Studenten nur ein geringer Stundenlohn übrig, werden sie ihre Eierfahrt gar nicht beginnen. Der Preisunterschied für Eier würde in beiden Städten bestehenbleiben, bis er vielleicht eines Tages so groß wird, daß sich die Fahrt lohnt. Im Börsenjargon sind diese cleveren Studenten „Arbitrageure". Das einzige Risiko, dem sie sich bei dem Eier-Geschäft aussetzen, ist vom Faktor Zeit bestimmt. Falls nämlich der Kölner Eierpreis sinkt, nahe an den Bonner Preis von drei DM, während die Studenten sich auf der Straße zwischen Köln und Bonn befinden, müssen die Studenten mit Verlusten rechnen. Eine solche Angleichung der Preise kann folgende Ursachen haben: Die Bauern in der Gegend haben die Preisunterschiede ebenfalls erkannt und fahren nun in der Mehrzahl nach Köln, um ihre Eier für vier DM verkaufen zu können. Mit dem erhöhten Angebot und dem damit einhergehenden stärkeren Wettbewerb in Köln ist jedoch damit zu rechnen, daß dort die Preise sinken. Oder aber: Viele clevere kleine Unternehmer haben auch erkannt, daß mit dem Preisunterschied in den beiden Städten ein Gewinn zu machen ist, und handeln wie die Studenten. Der Preiseffekt ist entsprechend: mehr Angebot und Wettbewerb in Köln, die Eierpreise zwischen Köln und Bonn werden sich angleichen. Dieses einfache Beispiel für Arbitrage zeigt, daß das Risiko in dem Geschäft um so niedriger ist, je geringer die Zeit zwischen Kauf und Verkauf ist.

Arbitrage als Geschäft für Profis

In computerunterstützten Finanzmärkten, wo inzwischen die Aufträge (Orders) elektronisch von Banken und Vermögensmaklern an die Börse geleitet werden, dort beim Kursmakler erfaßt und je nach Nachfrage und Angebot gehandelt werden, hat die Zeit für Arbitrageure kaum noch Relevanz. Der Nachrichtenfluß ist schnell, Orders werden in Sekunden gegeben und ausgeführt. Das war früher anders, als es noch keine Elektronik gab. Aus diesem Grund wird die Arbitrage in der Theorie auch als risikolos beschrieben und klar von risikobehafteten Spekulationen abgegrenzt. Definiert wird Arbitrage als Geschäft, bei dem Preis- oder Kursunterschiede für ein und dasselbe Produkt auf verschiedenen Märkten ausgenutzt wird, um Gewinne zu erzielen. Die Arbitrage hat in der Regel zur Folge, daß sich Kursunterschiede an verschiedenen Börsenplätzen angleichen. Damit trägt Arbitrage zu effizienten Märkten bei. Eine Angleichung geschieht jedoch nur so weit, wie die Transaktionskosten (Datenübermittlung, Provisionen, Courtagen) den erzielten Gewinn aus der Kursdifferenz nicht aufzehren. So wie am Kassamarkt die Aktien von einem Unternehmen, zum Beispiel Daimler-Benz, an mehreren der acht deutschen Präsenzbörsen gehandelt werden und durch die Kursunterschiede an diesen Plätzen schon Arbitrage-Geschäfte möglich sind, sind Arbitrageure auch am Terminmarkt tätig. Am Terminmarkt jedoch gilt noch stärker als am Kassamarkt, Arbitrage wird fast nur von Profis betrieben. Denn: Welcher Kleinanleger verfügt schon über so große Beträge, um aus kleinen Kursdifferenzen, erkleck-

liche Gewinne zu erzielen? Und wer, wenn nicht der professionelle Anleger, verfügt über die Computeranschlüsse direkt zu den Börsen?
Die Gegenstände des Terminhandels erlauben zwei Arten von Arbitrage. Erstens können Kursunterschiede in ein und demselben Produkt, zum Beispiel einem Terminkontrakt auf deutsche Bundesanleihen mit übereinstimmendem Fälligkeitsdatum, zwischen den zwei Handelsplätzen London und Frankfurt genutzt werden. Da dem Terminkontrakt ein am Kassamarkt gehandeltes Produkt zugrunde liegt, können zweitens auch Ungleichgewichte in dieser Beziehung für Arbitrage genutzt werden: Arbitrage ist also nicht nur zwischen zwei verschiedenen Handelsplätzen, sondern auch zwischen Termin- und Kassamärkten möglich.
Der Kurs für einen Terminkontrakt auf Bundesanleihen steht selbstverständlich in einer engen Beziehung zum Kurs des „Basisprodukts" – in diesem Fall der Bundesanleihen am Kassamarkt – und umgekehrt. Per Definition hat der Verkäufer eines Bund-Terminkontraktes die Wahl, aus einem Bündel von Bundesanleihen, in der Regel Titel mit achteinhalb bis zehnjähriger Laufzeit, die für ihn billigste dem Käufer zu liefern: „cheapest to deliver". Ist der günstigste Kurs einer lieferbaren Anleihe ausgemacht, kann ein angemessener Preis („fair value") für den Terminkontrakt berechnet werden. Wichtig für die Bestimmung dieses angemessenen Preises sind der Kassakurs der lieferfähigen Anleihe und der gegenwärtig geltende Zins am Geldmarkt bis zur Fälligkeit des Terminkontraktes. Mit Hilfe des aktuellen Kurses und dem Geldmarktzins kann berechnet werden, welchen Preis zum Datum der Fälligkeit die günstigste lieferbare Anleihe haben sollte, falls die Anleihe heute gekauft und das Kapital für den Kauf bis zur Fälligkeit des Terminkontrakts am Geldmarkt aufgenommen wird. Ist der Verkaufserlös des Terminkontraktes groß genug, kann ein Arbitrageur die Bundesanleihe jetzt kaufen und zum gleichen Zeitpunkt Terminkontrakte auf Bundesanleihen verkaufen. Wird der Terminkontrakt später fällig, liefert der Arbitrageur dem Käufer des Kontraktes die zuvor am Kassamarkt gekaufte lieferbare Anleihe. Unter den Börsianeren an den Terminbörsen der Welt wird dies als „cash and carry arbitrage" bezeichnet.
Da die Beziehungen zwischen dem Kassa- und Terminmarkt nicht ein-, sondern wechselseitig sind, läßt sich das zuvor beschriebene Beispiel auch umgekehrt darstellen: In diesem Fall läge der Kurs des Terminkontraktes unter seinem angemessenen Preis. Diese „reverse cash and carry arbitrage" hat aber zwei kleine Haken: Der Verkäufer eines Terminkontrakts bestimmt, welches Papier er später aus dem definierten Bündel der Möglichkeiten liefert – der Arbitrageur, der sich in diesem Fall auf der Käuferseite befindet, kann also bei Fälligkeit des Terminkontraktes eine andere Anleihe erhalten, als er zuvor am Kassamarkt verkauft hat; er setzt sich damit einem Risiko aus, das sich in möglichen unterschiedlichen Renditen ausdrückt; der zweite Haken in dieser Variante ist, daß der Arbitrageur am Kassamarkt ein Papier verkaufen muß. Was ist, wenn er den Titel zu diesem Zeitpunkt gar nicht besitzt? Nur die Profis am Markt haben in diesem Fall die Möglichkeit „leer zu verkaufen" (short position) oder den Titel von anderen Marktteilnehmern – gegen Entgelt natürlich – für die entsprechende Zeit zu leihen. Hier zeigt sich die Relevanz der Transaktionskosten: Aufwendungen durch den Verkauf am Kassamarkt, der eventuell nötigen Wertpapierleihe und den Kauf am Terminmarkt dürfen den Gewinn aus den Kursdifferenzen nicht aufzehren.

Börsen- und Marktaufsicht

Mit der Vollendung des Europäischen Binnenmarktes und damit auch mit der erreichten Freiheit in Finanzdienstleistungen verstärken sich die Bemühungen, die Rahmenbedingungen für das Bank- und Börsengeschäft international zu harmonisieren. Für den Finanzplatz Deutschland mit seinen traditionell freizügigen Regelungen etwa im Bereich Kapitalverkehr und Kreditvergabe stellt vor allem die Beaufsichtigung des Wertpapierhandels sowie der an diesem Geschäft beteiligten Institute an den verschiedenen Börsen durch eine zentrale Behörde eine Herausforderung dar. Hinzu kommen verstärkte Anforderungen an die Transparenz des Wertpapierhandels.

Deutschland ist innerhalb Europas seit langem eines der ganz wenigen Länder mit einem liberalen Kapitalmarkt mit freien Zugangs- und Abwanderungsmöglichkeiten. Auslandskapital, das – aus welchem Grund auch immer – auf der Suche nach einem sicheren Aufenthaltsort war, sah sich in Deutschland gut aufgehoben. Zudem verfügt der Finanzplatz Deutschland mit der D-Mark über eine der international attraktivsten Währungen. Doch die Wettbewerbssituation unter den Finanzplätzen hat sich verschärft. So hat die zunehmende Liberalisierung in der Europäischen Gemeinschaft zur völligen Abschaffung von Kapitalverkehrs- und Devisenkontrollen in den wichtigsten Nachbarländern geführt. Deutschland hat damit einen Teil seiner natürlichen Anziehungskraft auf Auslandskapital eingebüßt. Hinzu kommt, daß mit der Liberalisierung der Märkte auch andere Faktoren ins Gewicht fallen, zum Beispiel die Börsen- und Marktaufsicht.

Während andere Länder seit Jahrzehnten mit zentralen staatlichen Stellen den Effektenhandel beaufsichtigen und damit Anlegerschutz betreiben, hat man sich in Deutschland bisher auf das Prinzip der Selbstverwaltung unter staatlicher Regionalaufsicht sowie der Kontrolle wichtiger Bereiche beschränkt. Bis in die jüngste Zeit galten als Rahmen für den gesamten Handel – börslich wie außerbörslich – lediglich die Anforderungen des Bundesaufsichtsamtes für das Kreditwesen an das Wertpapierhandelsgeschäft der Kreditinstitute, die zum Beispiel die Trennung von Handel, Verwaltung und Kontrolle vorschreiben. Daraus abgeleitet, hatten die Institute für den internen Gebrauch weitere Kontrollmechanismen entwickelt. Auch ist Deutschland in der EG eines der Länder (neben Italien) gewesen, das bis in die jüngste Vergangenheit sogenannte Insider-Geschäfte durch freiwillige Selbstkontrolle statt durch Gesetz und staatliche Aufsicht zu verhindern suchte. Es gibt seit 1970 auf der Basis dieser freiwilligen Selbstkontrolle ein Verbot von Insider-Geschäften, dessen Bestimmungen 1988 novelliert wurden.

Allerdings reichen Regeln zum Schutz der Beteiligten nicht aus, wenn sie manipuliert, vorsätzlich umgangen oder grobfahrlässig nicht beachtet werden. Eine effiziente und schlagkräftige Wertpapieraufsicht wie zum Beispiel die Securities and Exchange Commission (SEC) in den Vereinigten Staaten von Amerika gibt es in Deutschland bisher nicht. Seit Anfang der neunziger Jahre ist es dem deutschen Gesetzgeber sowohl wegen der internationalen Harmonisierungsbestrebungen im Bereich der Aufsicht als auch wegen der größeren Standortunabhängigkeit der Handelsteilnehmer leichter gefallen, nicht nur die Landesregierungen, sondern auch das deutsche Finanzgewerbe für tiefgreifende Änderungen zu gewinnen. Der Bundesfinanzminister hatte Anfang 1992 ein erstes Konzept für eine umfassende Novellierung der deutschen Kapitalmarktgesetzgebung vorgestellt. Die anschließende Arbeit des Arbeitskreises der Börsenfachminister der Länder und des Bundesfinanzministers hat den Beteiligten gezeigt, daß die Harmonisierung der Aufsichtsregeln nicht nur in der Europäischen Gemeinschaft, sondern auch im Rahmen der Bemühungen der internationalen Organisation für Wertpapieraufsichtsbehörden IOSCO (International Organisation of Securities Commissions) zunehmend die Kompetenz der nationalen Gesetzgeber beschränkt.

Das 2. Finanzmarktförderungsgesetz

Grundlegende Neuerungen bringt das 2. Finanzmarktförderungsgesetz, das als Artikel-Gesetz konzipiert ist. Dieses sogenannte Wertpapierhandels-Gesetz bildet die Grundlage für die künftige Tätigkeit einer Bundesoberbehörde auf dem Gebiet der Überwachung des Wertpapierhandels. Das neue Amt soll im Rahmen seiner durch das Wertpapierhandels-Gesetz zugewiesenen Aufgaben Mißständen im Effektenhandel entgegenwirken, die die ordnungsgemäße Abwicklung des Wertpapierhandels beeinträchtigen oder erhebliche Nachteile für den Kapitalmarkt bewirken können. Dabei sind alle Beteiligten bestrebt, Überschneidungen mit der Mißstandsaufsicht der Börsenaufsichtsbehörden der Länder auf der Grundlage des neuen Börsenrechts zu vermeiden. Es ist vorgesehen, daß die Bundesländer einschließlich der Nicht-Börsenländer in die Aufsichtstätigkeit der Bundesaufsichtsbehörde einbezogen werden. Die Befugnisse der Börsenaufsichtsbehörden der Länder sollen durch die geplante Novellierung des Börsengesetzes, die voraussichtlich 1994 in Kraft treten wird, erweitert werden. Sie werden danach für einen ordnungsgemäßen Vollzug des Handels und der Geschäftsabwicklung an der Börse zu sorgen haben (Einhaltung der börsenrechtlichen Bestimmungen, ordnungsgemäße Preisbildung) und die Befugnis erhalten, Mißstände bereits im Vorfeld von Rechtsverletzungen entgegenzutreten.

Die Aufgabenfelder der Bundesaufsichtsbehörde, die im Wertpapierhandels-Gesetz geregelt werden sollen, lassen sich im wesentlichen wie folgt skizzieren:

1. Flächendeckende und effiziente Aufsicht in Insider-Angelegenheiten. Die bisher freiwilligen Insider-Regeln an der Börse werden durch ein gesetzliches Insider-Recht abgelöst, das den Anforderungen der EG-Insider-Richtlinie genügt. Dazu gehören insbesondere

– Meldepflichten (der gewerbsmäßigen Erbringer von Wertpapierdienstleistungen) hinsichtlich der börslichen und außerbörslichen Umsätze in börsennotierten Wertpapieren und derivativen Produkten. Dadurch soll eine systematische und laufende Überwachung des Wertpapiergeschäfts im Hinblick auf Insider-Verstöße ermöglicht werden (Vorfeldkontrolle),

– die Ausstattung der Aufsichtsbehörde mit ausreichenden Informations- und Kontrollkompetenzen zur Ermittlung und Aufdeckung von Insider-Vergehen aufgrund eigener Erkenntnisse oder sonstiger Hinweise; das Amt muß bei konkreten Anhaltspunkten für ein Insider-Vergehen die Möglichkeit haben, die Identität der Auftraggeber aufzudecken, die hinter einem Wertpapiergeschäft stehen,

– hinreichende Sanktionen bei festgestellten Insider-Vergehen; erwogen werden Geldstrafen beziehungsweise angemessene Freiheitsstrafen je nach Schwere des Falles. Diese Bestimmungen sollen voraussichtlich in der ersten Jahreshälfte 1994 in Kraft treten.

2. Überwachung der Publizität bei Transaktionen über bedeutende Beteiligungen an börsennotierten Unternehmen. Die vorgesehene gesetzliche Regelung, welche die EG-Informations-Richtlinie umsetzt, sieht Meldepflichten für die Käufer oder die Verkäufer wesentlicher Beteiligungen an Aktiengesellschaften vor, die in Deutschland ihren Sitz haben und deren Aktien an einer Börse innerhalb der EG amtlich notiert werden. Dadurch soll die Transparenz der Beteiligungsverhältnisse an börsennotierten Unternehmen für die Anleger verbessert werden. Eine Meldepflicht soll bei Erreichen, Über- oder Unterschreiten eines Aktienbestandes von 10, 25, 50 und 75 Prozent der Stimmrechte festgesetzt werden. Manche Fachleute treten hier sogar für eine „Meldeschwelle" – wie in anderen großen Industriestaaten – von lediglich 5 Prozent ein.

Gleichzeitig werden entsprechende Informationspflichten gegenüber der betroffenen Aktiengesellschaft eingeführt, die wiederum für die Veröffentlichung der gemeldeten wesentlichen Beteiligungen zu sorgen hat. Die Einhaltung der Pflichten der Großaktionäre und der börsennotierten Gesellschaft soll durch entsprechende Ermittlungs- und Sanktionsbefugnisse (Bußgeld) gewährleistet werden. Ferner wird erwogen, bei Verstößen gegen die Informationspflichten des Großaktionärs, dessen Stimmrecht aus den gehaltenen Aktien in Anlehnung an die Regelung des Paragraphen 20 Absatz 7 Aktiengesetz zu suspendieren.

3. Aufstellung und Überwachung einheitlicher Verhaltensregeln für die Marktteilnehmer. Die in der Wertpapierdienstleistungs-Richtlinie der Europäischen Gemeinschaft verankerten Grundsätze für die Aufstellung von Verhaltensregeln für professionelle Wertpapierhändler gegenüber ihren Kunden sollen im Vorgriff auf die bis Ende 1995 umzusetzende Richtlinie bereits 1993 in deutsches Recht übernommen werden. Ziel dieser Regelung ist es vor allem, Interessenkonflikte bei Erbringern von Wertpapierdienstleistungen zu vermeiden, um auf diese Weise deren Kunden zu schützen und das Vertrauen in die Funktionsfähigkeit der Wertpapiermärkte zu festigen. Das Wertpapierhandels-Gesetz soll einige konkrete Verhaltensregeln enthalten (Stichworte: Verbot des „Front running", Trennung von Eigen- und Kundengeschäft). Damit die Aufsichtsbehörde angesichts ständig neuer Entwicklungen an den Wertpapiermärkten über die erforderliche Flexibilität verfügt, sollen weitere Verhaltensregeln durch Rechtsverordnungen oder durch allgemeine Richtlinien festgelegt werden können. Als Vorbilder sind die Regelungen im Kreditwesengesetz oder im Bausparkassengesetz zum Erlaß von Rechtsverordnungen zu nennen. Verstöße gegen konkrete Verhaltensregeln sollen mit Geldbußen geahndet werden können.

4. Internationale Zusammenarbeit auf dem Gebiet der Wertpapierhandels-Aufsicht. Bei der internationalen Zusammenarbeit geht es einerseits um die grenzüberschreitende Aufsicht im europäischen Binnenmarkt und zum anderen um die Einschaltung und Unterstützung von Aufsichtsbehörden aus Drittländern auf der Basis der Gegenseitigkeit. Das Gesetz soll gesicherte rechtliche Grundlagen für eine effiziente internationale Zusammenarbeit der Aufsichtsbehörden schaffen. Dazu gehört in erster Linie der Abschluß von Kooperationsabkommen. Die Bundesbehörde soll als Ansprechpartner im grenzüberschreitenden Wertpapierhandel fungieren.

Börsenrecht

Ein weiterer wichtiger Teil des Finanzmarktförderungsgesetzes wird die notwendigen Änderungen und Ergänzungen des Börsenrechts enthalten. Dabei geht es neben der Erweiterung der Aufgaben und Befugnisse der Börsenaufsichtsbehörde vor allem um wettbewerbs- und börsenstrukturrelevante Gesichtspunkte. Als wichtige Elemente sind zu nennen:

– Festschreibung der Grundsätze für einen fairen Wettbewerb an der Börse einschließlich einer engen Zusammenarbeit zwischen Börsenaufsicht und Kartellbehörde.
– Die Entscheidungsfreiheit des Anlegers, Ausführungsplatz und Handelssystem zu bestimmen, soll gesetzlich abgesichert werden.
– Neuorganisation der Leitungsstruktur der Börse in Anlehnung an das aktienrechtliche Organisationsmodell.
– Schaffung der rechtlichen Voraussetzungen für die Gründung von Kursmaklergesellschaften.

– Änderung der Vorschrift über die Prospekthaftung zu Gunsten eines wirksameren Anlegerschutzes.

Das Wertpapier-Verkaufsprospektgesetz

Die künftige Bundesaufsichtsbehörde soll auch als Hinterlegungsstelle (Evidenzzentrale) für die Verkaufsprospekte für Wertpapiere benannt werden, für die keine amtliche Notierung an einer Börse beantragt wird und damit kein Börsenzulassungsprospekt zu erstellen ist. Bisher mußte jedes einzelne Bundesland einschließlich der Nicht-Börsenländer eine Hinterlegungsstelle benennen. Angesichts dieser Zersplittung ist es für das Publikum schwer, sich über die hinterlegten Verkaufsprospekte zu informieren. Nach Ansicht der Börsen wäre es zweckmäßig, wenn das Wertpapieraufsichtsamt auch Registrierungspflichten oder Aufsichtsbefugnisse hinsichtlich der Tätigkeit von Anlageberatern erhalten würden. Ferner haben diejenigen, die einen umfassenden Aufgabenkatalog für das Wertpapieraufsichtsamt befürworten, vorgeschlagen, daß ein weiterer Schwerpunkt der Tätigkeit der neuen Behörde eine gewisse Aufsicht über den sogenannten grauen Kapitalmarkt sein sollte.

Die Börsenspesen

An- und Verkäufe von Wertpapieren kosten Geld. Banken und Makler belasten Wertpapieraufträge mit Spesen und Gebühren, die auf den Kaufpreis aufgeschlagen oder vom Verkaufspreis abgezogen werden. Beim Kauf oder Verkauf deutscher Wertpapiere entstehen (1993) jedesmal folgende Kosten (Normal-Konditionen):
Deutsche Aktien: Provision bis zu 1 Prozent vom Kurswert
Makler-Courtage bis zu 0,8 Promille vom Kurswert
Deutsche Renten: Provision bis zu zu 0,5 Prozent vom Kurswert
Makler-Courtage 0,075 bis 0,75 Promille vom Nennwert
Limitierte Aufträge/Limitänderungen:
sofern die Aufträge nicht am gleichen Tag ausgeführt werden, 10 DM oder mehr
Zahlreiche Kreditinstitute stellen ihren Kunden bei kleineren Wertpapieraufträgen Mindestgebühren in Rechnung. Bei Aktien können dies zum Beispiel mindestens 50 DM oder bei Renten mindestens 25 DM sein. Investmentanteile, die von Tochter- und Beteiligungsunternehmen der Kreditinstitute angeboten werden, werden in der Regel zum Ausgabe- beziehungsweise Rücknahmepreis abgerechnet.

5. DIE WICHTIGSTEN BÖRSENPLÄTZE

Die Wiegen des Wertpapierhandels stehen in Oberitalien und Holland. In der Lombardei und in Flamen, wo sich Land- und Seehandel trafen, entstanden in der frühen Neuzeit die ersten Effektenbörsen. Eine Reihe von Börsenbegriffen (neben Agio und Disagio auch die Aktie – niederländisch action; Lombard – von den Lombarden; Bank – italienisch banco, Geldhändlertisch; Bilanz – von Balance; Rente – italienisch Zinszahlung) weist noch heute darauf hin. Der Einfluß Amsterdams, Antwerpens und der oberitalienischen Städte auf den Effektenhandel war lange Zeit dominierend. Im 18. Jahrhundert schoben sich Paris und London mehr und mehr als internationale Börsenplätze in den Vordergrund. Im 19. Jahrhundert bis 1914 hatten auch die deutschen Börsen – zuerst Frankfurt, später Berlin – eine übernationale Bedeutung als Kapital-

sammelbecken. Deutsche Sparer finanzierten den Eisenbahnbau und Teile der Industrie in Rußland, auf dem Balkan und selbst in Amerika. Nach dem Ersten Weltkrieg wandelte sich das Bild. Der amerikanische Kapitalmarkt gewann im Weltmaßstab das Übergewicht. Der Zusammenbruch des amerikanischen Aktienmarktes 1929 zeigte aber auch die Schattenseiten der stürmischen Expansion in der Neuen Welt. Die Weltwirtschaftskrise in den dreißiger Jahren warf alle Börsen zurück.
Nach dem Zweiten Weltkrieg hat sich die dominierende Stellung der amerikanischen Börsen noch verstärkt. Im Kriege wurde die europäische Wirtschaft besonders betroffen, während die amerikanische erheblich expandieren konnte. Zahlreiche Kriegsverordnungen hatte die Aktie als Finanzierungsinstrument in Europa diskriminiert. Viele dieser Notmaßnahmen wurden in der Nachkriegszeit erst langsam wieder rückgängig gemacht. Dafür betraten plötzlich Ostasiaten die Weltbühne der Börse. In den sechziger Jahren nahmen vor allem die japanischen Börsen einen atemberaubenden Aufstieg. Danach folgten Singapur und Hongkong. Auch Australien und Kanada, beides große Rohstofflieferanten, haben ihre Effektenbörsen in den siebziger Jahren erheblich entwickelt. Dagegen vollzog sich die stürmische Expansion der Wirtschaft in einigen südamerikanischen Ländern ohne große Anteilnahme des internationalen Kapitalmarkts und der dortigen Börsen. Die gewaltigen Mittel wurden und werden überwiegend an der Börse vorbei von amerikanischen und europäischen Banken in Form von Krediten und Anleihen oder durch Gründung von Tochterunternehmen zur Verfügung gestellt. Auch in Afrika sind bisher nur schwache Ansätze für den Aufbau eines organisierten Kapitalmarkts zu beobachten.
Die europäischen Börsen feierten in den achtziger Jahren ein achtbares Comeback. Begleitet von einem jahrelangen Wirtschaftsaufschwung, fielen allenthalben Handelsrestriktionen, Devisenvorschriften und Finanzverkehrsklauseln. Von Lissabon bis Helsinki wehte ein liberaler Wind durch die Börsensäle. Überall entfalteten sich daraufhin neue Kräfte in den boomenden Geschäften rund um das Geld – Internationalisierung, Verbriefung und die Geschwindigkeit der Prozesse nahmen drastisch zu. Markantestes Ereignis dieser liberalen Ära war der sogenannte „Big Bang" an der Londoner Börse. Auf einen Schlag wurden 1986 die Provisionen im Wertpapiergeschäft freigegeben, ein umfassendes Computersystem eingeführt und die Trennung zwischen Eigenhändlern und Brokern aufgegeben. Dieser Paukenschlag machte Schule und wurde zum Modell für die anderen Börsenplätze Europas.
Am 19. Oktober 1987 freilich erlebten die Weltbörsen einen argen Dämpfer – den größten Kurskrach seit sechs Jahrzehnten. Schlagartig zeigte sich, wie eng nationale Kapitalmärkte inzwischen international verflochten waren. Zugleich wurden aber auch Spekulationsexzesse, Kursmanipulationen und Insiderprobleme offenbar, die vor allem in Japan und Amerika zu einer vorübergehenden Vertrauenskrise in die Börsen führten. In den neunziger Jahren freilich ist dieses Vertrauen zurückgewonnen worden. Nun erfreuen sich vor allem die Terminbörsen großer Beliebtheit. Mit ihnen eröffnen sich für Anleger völlig neue Möglichkeiten der Kurssicherung und Spekulation.

Die Deutsche Börse AG

Im Jahr 1992 sind Deutschlands Börsianer enger zusammengerückt. Unter dem Dach einer neuen Holding namens „Deutsche Börse AG" haben sich Kassenverein, Wertpapierdatenzentrale, Terminbörse und die Frankfurter Wertpapierbörse zum führenden Anbieter von Börsen-Dienstleistungen auf dem Kontinent vereinigt. Die Aktionäre der neuen Gesellschaft sind zu 70 Prozent deutsche Banken, zu 10 Prozent ausländische Banken und zu 10 Prozent Kurs- und Freimakler. Die sieben Regionalbörsen halten über die Deutsche Börsen Beteiligungs GmbH ebenfalls 10 Prozent an der Deutsche Börse AG. Insgesamt zählt die neue Gesellschaft 234 Banken und 146 Makler

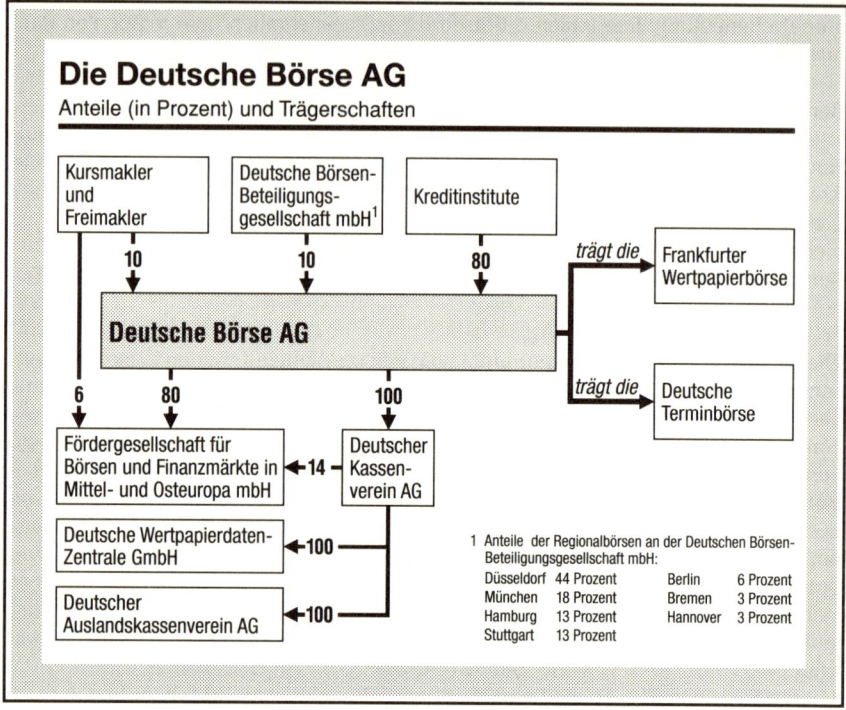

zu ihren Aktionären. Die Gründung der Deutsche Börse AG hat drei Vorteile. Erstens erfährt das zersplitterte deutsche Börsenwesen einen Anfangsimpuls zur Konzentration. Das ist mit Blick auf die internationale Konkurrenz der Finanzplätze dringend notwendig. Zweitens gewinnt das Fernziel Computerbörse mit dem neuen Börsenbund langsam Konturen. Die Vereinheitlichung der Datenverarbeitungssysteme, die Stärkung des Handelssystems Ibis und die organisatorische Vernetzung von Termin- und Kassamarkt sind wichtige Voraussetzungen für den vollelektronischen Markt der Zukunft. Und drittens sorgt das neue Börsenkonzept für erhebliche Kosteneinsparungen, da seitdem alle Dienstleistungen aus einer Hand angeboten werden können. Das kommt nicht zuletzt dem Anleger zugute. Trotz alledem ist das Tun der Deutsche Börse AG von heftiger Kritik begleitet. Neben den Freimaklern blicken vor allem die Regionalbörsen ängstlich auf die Frankfurter Machtzusammenballung, auch wenn sie mit jeweils 10 Prozent beteiligt sind. Sie fürchten, daß die Börsen AG der Anfang vom Ende des deutschen Regionalbörsentums sein könnte.

Die deutschen Börsenplätze

Der Wertpapierhandel in der Bundesrepublik Deutschland wird dezentral über acht Börsenplätze abgewickelt: Berlin, Bremen, Düsseldorf, Frankfurt, Hamburg, Hanno-

ver, München und Stuttgart. Die Frankfurter Börse hat sich als der mit Abstand größte und wichtigste Markt herausgebildet.
Daneben spielt nur Düsseldorf noch einen gewichtigen Part im deutschen Börsenkonzert. Zwei weitere Plätze – Hamburg und München – besitzen immerhin überregionale Bedeutung. Die anderen Börsen dienen vornehmlich dem regionalen Kapitalverkehr.

Berlin

Kursmakler: 7
Kreditinstitute: 38
Gehandelte Aktien: 416 (davon 79 ausländische)
Gehandelte Renten: 1953 (davon 83 internationale)
Jahresgesamtumsatz: 70 Milliarden DM

Die Berliner Effektenbörse (gegründet 1685) war im Wilhelminischen Kaiserreich zwischen 1870 und 1914 Hauptbörsenplatz Deutschlands. In den Wirren der deutschen Geschichte des 20. Jahrhunderts hat sie diesen Platz an Frankfurt abtreten müssen. Nach dem Zweiten Weltkrieg wurde die Hauptstadtbörse von der sowjetischen Besatzungsmacht gänzlich geschlossen und erst am 10. März 1952 wieder geöffnet. Der Berliner Börsenplatz litt fast vier Jahrzehnte unter der deutschen Teilung und der Trennung vom Bundesgebiet. Banken, Geschäft und Personal wanderten in den Westen ab. Gerade wegen der Teilung kam der „zugemauerten" Börse aber eine hohe symbolische Bedeutung als zentrale Institution einer freien Wirtschaftsordnung zu. Mit der Wiedervereinigung hat die Berliner Börse einen neuen Aufschwung erlebt. Für kräftige Umsatzsteigerungen sorgten so die Neuemissionen der Berliner Hypothekenbanken.
Mit der Sachsenmilch AG hatte am 7. Januar 1992 ein erster Börsenneuling aus Ostdeutschland sein Debüt am Aktienmarkt. Eine neue Zukunft als die zentrale Regional- und Spezialbörse für Ostdeutschland scheint sich abzuzeichnen. Enge Kontakte sind auch zu den neuen Börsenplätzen in Osteuropa entstanden.

Bremen

Kursmakler: 3
Kreditinstitute: 30
Gehandelte Aktien: 119 (davon 7 ausländische)
Gehandelte Renten: 891 (davon 26 internationale)
Jahresgesamtumsatz: 40 Milliarden DM

Die Bremer Wertpapierbörse ist die kleinste in ganz Deutschland und eine typische Regionalbörse.
Sie hat nur 3 Kursmakler und einen einzigen freien Makler. Schon 1682 wurde in der Hansestadt die erste Börsenordnung formuliert. Die Stärke der Minibörse liegt heute vor allem bei den vielen lokalen Wertpapieren von Aktiengesellschaften, die örtliche oder regionale Bedeutung haben. Eine Spezialität der Bremer Börse ist auch der Handel mit Werft- und Schiffahrts-Aktien.

Finanzplatz Deutschland: Die City von Frankfurt

Frankfurt

Kursmakler:	40
Kreditinstitute:	137
Gehandelte Aktien:	875 (davon 379 ausländische)
Gehandelte Renten:	7177 (davon 1259 internationale)
Jahresgesamtumsatz:	3162 Milliarden DM

Die Frankfurter Wertpapierbörse (gegründet 1585) ist der alles überragende Börsenplatz in Deutschland. Vor dem Ersten Weltkrieg durch Berlin auf den zweiten Platz verdrängt, hat sich Frankfurt nach der Teilung Deutschlands wieder als unumstrittener Finanzplatz etabliert. Hier sitzt die Deutsche Bundesbank, hier haben die Zentralen der Großbanken ihren Sitz, hier tummeln sich mehr Kreditinstitute und Brokerhäuser als in irgendeiner anderen Stadt des europäischen Kontinents. Rund 90 Prozent aller Finanztransaktionen in Deutschland werden hier gesteuert und abgewickelt. Außerdem haben sich in Frankfurt mehr Auslandsbanken niedergelassen als sonstwo in Europa.
Viele davon unterhalten Börsenbüros. Obendrein sitzen hier auch die Terminbörse, der Kassenverein, die Deutsche Wertpapierdatenzentrale und alle wichtigen Institute und Verbände rund um das Börsengeschäft. Kein Wunder also, daß mehr als zwei Drittel aller Börsengeschäfte in Deutschland über „Bankfurt" vonstatten gehen. Es ist die zentrale Schnittstelle der deutschen Finanzverflechtungen mit dem Ausland. Nach Tokio, New York und nur knapp hinter London kommt Frankfurt der vierte Platz in der Rangliste der weltgrößten Börsen zu.

Düsseldorf

Kursmakler: 20
Kreditinstitute: 111
Gehandelte Aktien: 518 (davon 164 ausländische)
Gehandelte Renten: 4113 (davon 315 internationale)
Jahresgesamtumsatz: 635 Milliarden DM

Die Düsseldorfer Börse nennt sich offiziell „Rheinisch-Westfälische Börse zu Düsseldorf". Sie ist die Heimatbörse für das bevölkerungsreichste deutsche Bundesland, Nordrhein-Westfalen. Im Gegensatz zu den meisten anderen deutschen Börsenplätzen ist die Düsseldorfer Börse jung an Jahren. Sie entstand in der heutigen Form 1935 durch Vereinigung der alten Börse in Düsseldorf (Gründungsjahr 1875), der Börse von Essen (Gründungsjahr 1855) und der Kölner Börse (Gründungsjahr 1553). Nach dem Zweiten Weltkrieg hat Düsseldorf schnell an Bedeutung gewonnen. Heute ist die Börse – neben Frankfurt – deutscher Hauptbörsenplatz. Das große Potential an Geld und Kapital im Ruhrgebiet wird hier sichtbar. Hier haben die deutschen Stahl-Aktien und Aktien der Kohlennachfolgegesellschaften sowie viele Energie-Aktien ihren Hauptmarkt. Auch der Umsatz mit Titeln der Großchemie und in zahlreichen Papieren des Landes Nordrhein-Westfalen ist beachtlich. Die am Platz vertretenen Großbanken und Privatbanken bemühen sich auch um internationale Kontakte, insbesondere in Richtung Holland, England und Japan.

Hamburg

Kursmakler: 16
Kreditinstitute: 83
Gehandelte Aktien: 482 (davon 186 ausländische)
Gehandelte Renten: 3199 (davon 153 internationale)
Jahresgesamtumsatz: 150 Milliarden DM

Die Hamburger Börse (gegründet 1558) heißt offiziell „Hanseatische Wertpapierbörse". Hamburg ist bis heute der Börsenplatz mit den meisten Privatbankiers. Eine Folge alter hanseatischer Traditionen sind auch intensive Kontakte ins Ausland. So werden an der Elbe mehr Auslandsaktien gehandelt als in der wesentlich größeren Düsseldorfer Börse. Hamburg versteht sich als „die Börse Norddeutschlands" und ist Haupthandelsplatz für deutsche Schiffahrts-Aktien. Die Umsätze werden durch das Zusammenfließen von Kapital vieler Versicherungsgesellschaften und Kapitalsammelstellen begünstigt, die in Hamburg ihren Sitz haben. Seit der Wiedervereinigung müht sich die Hamburger Börse, neue Wirkungsfelder in Ostdeutschland aufzutun. Dabei ist ihr eine Premiere gelungen: Mit der Sparkasse Wismar wurde 1992 erstmals ein Kreditinstitut aus den neuen Bundesländern Mitglied einer deutschen Wertpapierbörse.

Hannover

Kursmakler: 4
Kreditinstitute: 26
Gehandelte Aktien: 167 (davon 11 ausländische)
Gehandelte Renten: 1318 (davon 51 internationale)
Jahresgesamtumsatz: 80 Milliarden DM

Die Börse in Hannover (gegründet 1787) tituliert sich „Niedersächsische Börse zu Hannover". Sie ist vor Bremen die zweitkleinste aller deutschen Regionalbörsen. Ein ganz kleiner Kreis von nur 26 Kreditinstituten macht das Geschäft unter sich – freie Makler gibt es in Hannover nicht. Die Bedeutung dieses Börsenplatzes liegt im Handel mit Regionalpapieren aus dem niedersächsischen Raum, nicht zuletzt in jenen Werten, die im geregelten Freiverkehr umgesetzt werden. Die Pflege des Handels in Nebenwerten ist eine Spezialität des Platzes. Einige Hoffnung richtet sich in Hannover auf ostdeutsche Unternehmen, deren Aktien demnächst in Hannover gehandelt werden sollen. Quotierungszuwachs erhielt die Börse schon 1992 durch Emissionen der neuen Bundesländer Sachsen-Anhalt, Mecklenburg-Vorpommern und Sachsen.

München

Kursmakler: 12
Kreditinstitute: 55
Gehandelte Aktien: 544 (davon 226 ausländische)
Gehandelte Renten: 4009 (davon 142 internationale)
Jahresgesamtumsatz: 261 Milliarden DM

Die Münchner Börse heißt amtlich „Bayerische Börse". Sie hat in der Nachkriegszeit, dem stürmischen Wachstum der bayerischen Landeshauptstadt folgend, eine zunehmende Bedeutung gewonnen; sie rangiert heute an dritter Stelle unter den deutschen Börsenplätzen. Auch die Tatsache, daß nach dem Zweiten Weltkrieg Unternehmen und Kapital in großem Umfange in den süddeutschen Raum übergesiedelt sind, kommt der Münchner Börse zugute. Eine Reihe von süddeutschen Regionalwerten wird als Spezialität gehandelt. Besonders rege ist der Handel mit Brauerei-Aktien und süddeutschen Textilpapieren sowie mit Werten der Nahrungsmittelindustrie. Die Münchner Börse pflegt aber auch besonderen Kontakt ins Ausland, und zwar nicht nur nach Österreich, in die Schweiz und nach Italien. Deshalb findet sich auf dem Münchner Kurszettel so manche exotische Notiz, die andernorts in Deutschland nicht zu finden ist.

Stuttgart

Kursmakler: 6
Kreditinstitute: 38
Gehandelte Aktien: 275 (davon 84 ausländische)
Gehandelte Renten: 2156 (davon 43 internationale)
Jahresgesamtumsatz: 192 Milliarden DM

Die Stuttgarter Börse ist die Heimatbörse für das Bundesland Baden-Württemberg. Entsprechend der starken Industrialisierung des südwestdeutschen Raumes betreut sie traditionell eine Vielzahl von Nebenwerten des Wertpapiermarktes, die an anderen Plätzen nicht oder nur vereinzelt zu finden sind. Der Markt für Freiverkehrswerte ist besonders stark entwickelt. Obwohl Stuttgarts Banken zum Teil nach Frankfurt und München tendieren, hat sich die eigenständige Börse in der Nachkriegszeit gut behaupten können.

Die Deutsche Terminbörse (DTB)

Die Deutsche Terminbörse (DTB) hat 1990 den Handel mit Optionen und Terminkontrakten aufgenommen. Im Gegensatz zu den herkömmlichen deutschen Börsen war die DTB von Anfang an als anonymer, vollelektronischer Markt organisiert. Die Börsenteilnehmer treffen sich also in keinem Saal mehr, sondern geben ihre Aufträge, Geld- und Briefkurse (Quotes) von ihren Eingabestellen in ganz Deutschland in das Computersystem der DTB ein, wo sie automatisch zugeordnet und zusammengeführt werden. Die Optionen lauten auf die 30 größten deutschen Standardaktien, das sind all jene, die den Deutschen Aktienindex (Dax) repräsentieren. Seit 1991 werden auch Optionen auf ebendiesen Dax gehandelt. Dazu kommen Dax-Terminkontrakt und Bund-Terminkontrakt verschiedener Laufzeiten. Ein mittelfristiger Bund-Terminkontrakt auf Bundesobligationen (Bobl-Terminkontrakt) wird seit Oktober 1991 gehandelt. Optionen auf den Dax-Terminkontrakt und den Bund-Terminkontrakt runden die Produktpalette ab. Seit ihrer Gründung verbucht die DTB Quartal für Quartal sprunghaft steigende Umsätze. Mittlerweile ist sie die führende Optionsbörse in Europa, freilich wesentlich kleiner noch als ihre amerikanischen und japanischen Vorbilder.

Die Auslandsbörsen von Amsterdam bis Zürich

Amsterdam
Die Amsterdamer Börse wird vielfach als die älteste Effektenbörse der Welt bezeichnet – schon 1602 handelten Holländer mit Wertpapieren. Seit Schließung der Regionalbörsen in Rotterdam und Den Haag wuchs der Platz Amsterdam zum zentralen Markt der Niederlande heran. Die Börse am Damrak bietet neben den großen hollän-

dischen Aktien von internationalem Rang (Royal Dutch, Philips, Unilever, Robeco, Hoogovens, Akzo) einen sehr breiten Markt mit Regionalwerten – insgesamt fast 400 Einzelwerte. Die Börsenkapitalisierung in Amsterdam macht mehr als 50 Prozent des holländischen Bruttoinlandsproduktes aus – im internationalen Vergleich ein sehr hoher Wert. Dazu kommen 310 ausländische Aktien. Die internationale Verflechtung ist traditionell groß und hat in den vergangenen Jahren weiter zugenommen. Inzwischen zeichnen ausländische Marktteilnehmer für fast 60 Prozent des Aktienumsatzes verantwortlich. Zugleich steigt aber auch das Risiko, daß Geschäft an die Konkurrenzbörsen in Frankfurt und London abwandert. Gleichwohl kann „der Damrak" seine Position unter den zehn größten Börsenplätzen der Welt bislang halten. Seit Gründung der „Vereniging voor de Effectenhandel" 1876 ist die Börse als privater Verein von registrierten Wertpapierhändlern straff organisiert. Der Verein hat rund 150 Mitglieder (62 Kreditinstitute, 47 Kommissionshäuser und 36 Maklergesellschaften) und wacht über die Einhaltung relativ strenger Börsenregeln (Publizitätsvorschriften, Zulassungsbedingungen, Insiderregeln, Limitbegrenzungen bei Kursausschlägen).

Die australische Börse
Die Australian Stock Exchange Limited (ASX) entstand 1987 durch einen Zusammenschluß der Börsen in Adelaide, Brisbane, Hobart, Melbourne, Perth und Sydney. Drei Jahre später wurden die Präsenzbörsen abgeschafft und das vollelektronische Handelssystem „Seats" (Stock Exchange Automated Trading System) eingeführt. Über Seats wird dezentral in allen größeren Städten Australiens zwischen 10 und 16 Uhr gehandelt. Ähnlich wie in Großbritannien bestehen strenge Börsenbestimmungen. Australien kennt keinen Freiverkehr in Aktien; der sogenannte „Zweitmarkt" mit nicht offiziell börsengelisteten Unternehmen ist 1992 abgeschafft worden. Es werden fast nur Namensaktien, und zwar mit einem niedrigen Nennwert, gehandelt. Von besonderer Bedeutung sind die Aktien von Rohstoffproduzenten und Goldminen.

Brüssel
Die Brüsseler Börse, 1801 im Auftrag Napoleons gegründet, ist heute nur noch wenig mehr als ein Markt für belgische Wertpapiere. Die frühere Bedeutung als Handelsplatz für Kolonial-Titel ist völlig verblaßt. Auf der Rangliste der weltgrößten Börse erreicht Brüssel somit gerade noch Rang 15. Obwohl fast 30 Prozent des Gesamtumsatzes auf internationale Wertpapiere entfallen, profitiert die Brüsseler Börse nur sehr wenig von dem Bonus, in der „Hauptstadt Europas" zu liegen. Dabei zeichnet sich der Markt durch eine sehr liberale Ordnung, besonders für ausländische Anleger, aus.

Hongkong
Die Börse in Hongkong hat in den letzten 30 Jahren einen atemberaubenden Aufstieg vollzogen – von einer Wettbudenansammlung für chinesische Spieler zu einem der weltgrößten Finanzplätze. Noch in den siebziger Jahren herrschten in der unreglementierten Finanzwelt der britischen Kronkolonie chaotische Zustände mit mehreren konkurrierenden Privatbörsen. Erst ein Bankengesetz und eine Börsenordnung schufen Minimalregeln für das Wertpapiergeschäft. Der völlig freie Geld- und Kapitalverkehr und das extrem einfache Steuersystem blieben freilich erhalten – zusammen mit dem Wirtschaftsboom und einer modernen Infrastruktur beste Voraussetzungen für den Aufschwung. Bis heute ist der Finanzplatz Hongkong ein Schulbeispiel für den kräfteentfesselnden Erfolg liberaler Wirtschaftspolitik. Nach Tokio fungiert die Börse der Kronkolonie als wichtigster Kapitalumschlagplatz ganz Asiens. Das Geschäft ist dennoch bis heute von extremen Kursschwankungen geprägt. Dies hängt auch mit der eigenartigen Zwitterstellung Hongkongs als britische Kronkolonie und künftiger Teil

des kommunistischen China zusammen. Das Ende der britischen Kolonialherrschaft 1997 wird daher mit gemischten Gefühlen erwartet.
London
In London werden schon seit dem 16. Jahrhundert Wertpapiere gehandelt, 1773 nannten die Händler ihren regelmäßigen Treff in Jonathan's Coffee House erstmals „Stock Exchange"; ordentlich gegründet wird die Londoner Börse erst 1802. Seitdem aber zählt sie zu den ganz Großen des Geschäfts. Noch heute ist London nach Tokio und New York die drittgrößte Börse der Welt. Die „Stock Exchange" – wie die Börse nach dem im März 1973 vollzogenen Zusammenschluß der Londoner Börse mit insgesamt 21 britischen Regionalbörsen heißt – hat ihr Geschäft in den letzten Jahren stark internationalisiert. Rund die Hälfte des Gesamtgeschäfts entfällt auf Auslandsaktien. Beim grenzüberschreitenden Wertpapierhandel rangiert die britische Börse in der Welt an der Spitze. Mehr als zwei Drittel des globalen Aktienhandels werden über ihr Computersystem Seaq International abgewickelt. Eine besondere Spezialität Londons ist das Geschäft mit Gold- und Diamanten-Aktien. Auch die Terminbörse „London Financial Futures Exchange" (Liffe) hat sich als größter Markt für derivate Finanzprodukte in Europa etabliert. Im Gegensatz zu den meisten anderen Weltbörsen ist die Londoner Börse keine öffentlich-rechtliche Institution, sondern ein privates Dienstleistungsunternehmen, das nicht der Staatsaufsicht unterliegt. Dies hat dazu beigetragen, daß 1986 eine rasche und tiefgreifende Börsenreform („Big Bang") den Markt stark liberalisiert und damit beflügelt hat. In den letzten Jahren ist London freilich mit der in Frankfurt zusammengeführten Deutschen Börse ein ernsthafter Konkurrent erwachsen.
Luxemburg
Der Finanzplatz Luxemburg hat in den vergangenen Jahren stark an Attraktivität gewonnen. Eine liberale Banken- und Börsengesetzgebung, anlegerfreundliche Steuerregeln, ein striktes Bankgeheimnis und professionelles Finanzmanagement haben dafür gesorgt, daß das kleine Großherzogtum ein großer Tummelplatz des Geldes geworden ist. Rund 220 Banken aus aller Welt betreiben hier vor allem Euromarktgeschäfte. Cedel – eine zentrale Clearingstelle des Euromarktes – hat ihren Sitz in Luxemburg. Aber auch das Vermögensverwaltungsgeschäft expandiert – vor allem wegen der Steuerfreiheit für Ausländer – kräftig. So beläuft sich das gesamte Vermögen der in Luxemburg ansässigen 1100 Fonds auf mittlerweile 380 Milliarden DM geschätzt. Die 1929 gegründete Luxemburger Börse profitiert von dieser Entwicklung, wenngleich die Gesamtumsätze im internationalen Vergleich sehr bescheiden sind. Wie kaum eine andere Börse auf der Welt hat sie sich internationalisiert. So werden Wertpapiere von mehr als 2500 Emittenten aus 70 Ländern und fünf Kontinenten gehandelt. Aktien werden in 20 verschiedenen Währungen notiert. Insgesamt stehen an der Luxemburger Börse etwa 10 000 verschiedene Wertpapiere auf der Liste. Darunter dominieren mit knapp 8000 Notierungen die festverzinslichen Wertpapiere. Unter ihnen wiederum sind hunderte Anleihen, die auf die Kunstwährung Ecu lauten.
Madrid
Madrid zählt zu den jungen, aufstrebenden Börsenplätzen in Europa. Mit überdurchschnittlichen Wachstumsraten in den achtziger und frühen neunziger Jahren hat sich der Markt zum fünftgrößten in Europa etabliert. Seit 1989 ist der tägliche Handel (sechs Stunden ohne Unterbrechung) vollelektronisch im „mercado continuo" organisiert. Auf dem Kurszettel stehen rund 400 Aktien.
Mailand
Dem Bedeutungsgewinn der Madrider Börse steht der Abstieg der Mailänder Börse in den vergangenen Jahren gegenüber. Ein zähes Ringen um die überfällige Börsenre-

form (Terminbörse, Clearing, Computergeschäft, Maklerrechte), Abschottung des Marktes vor ausländischer Konkurrenz, mühsame Schritte zur Liberalisierung des Kapitalverkehrs, verkrustete Strukturen im Bankgewerbe, dazu eine Reihe von Skandalen, Insideraffären und innenpolitische Probleme in Italien haben der Börse erheblichen Schaden zugefügt. Auf dem Kurszettel in Mailand stehen nur etwa 250 Aktien und 1500 Anleihen. Mailand hat als größter italienischer Börsenplatz infolge dieser Entwicklung auch an internationaler Bedeutung verloren. Die Börse wird von der Handelskammer verwaltet und ist ähnlich organisiert wie die deutsche.

New York
Die New York Stock Exchange (Nyse, gegründet 1792) gilt nach wie vor als „die Leitbörse" der Weltfinanzmärkte. Täglich wechseln hier 180 bis 200 Millionen Aktien in einem Gesamtvolumen von 6 bis 7 Milliarden Dollar den Besitzer. Rund um die Börse ist eine riesige Finanzindustrie entstanden, mit rund 250 000 Mitarbeitern das größte Finanzzentrum der Welt. Besonderes Kriterium der „Wall Street" sind scharfe Zulassungsbestimmungen. Die Geschäfte werden von Brokern und Maklern in einem streng reglementierten und überwachten Verfahren abgewickelt, einer Art „permanenter Auktion". Das sorgt auch im Computerzeitalter auf dem fußballfeldgroßen Parkett, auf dem annähernd 3000 Menschen arbeiten, für ein permanentes Menschengewimmel. Die New York Stock Exchange ist ein Privatunternehmen. Die Börsensitze für die zugelassenen, zum Handel ermächtigten Mitglieder werden zu freien Preisen gehandelt. Die Börse wird aber von der Securities and Exchange Commission (SEC) kontrolliert, der amerikanischen Börsenaufsichtsbehörde, die nach dem großen Börsenkrach Ende der zwanziger Jahre gegründet wurde. Alle an der New York Stock Exchange zugelassenen Wertpapiere müssen sich besonderen Publizitätsvorschriften unterwerfen (zum Beispiel Quartalsberichte). Infolge der strengen Bestimmungen ist es schwer möglich, Aktien von ausländischen Unternehmen an der New York Stock Exchange einzuführen. Die Börse ist über moderne Kursübertragungsgeräte laufend mit allen Finanzplätzen der westlichen Welt verbunden. Alle Abschlüsse werden einem Ticker (Kursanzeigegerät) gemeldet, der die Kurse weltweit weitergibt. Jedes Papier besitzt zur Vereinfachung der Übertragung ein Ticker-Symbol (das sind Abkürzungen des Börsennamens durch zwei bis drei Buchstaben). Seit einigen Jahren leidet „Wall Street" freilich an einer schleichenden Auszehrung. Erstens, weil Amerikas Gewicht in der Weltwirtschaft abgenommen hat. Zweitens, weil neuartige Finanzprodukte wie Terminkontrakte und Swaps an Bedeutung gewonnen haben. Und drittens, weil computergestützte Handelsformen, allen voran die Computerbörse Nasdaq, dem traditionellen Parketthandel Konkurrenz machen.
Die Umsätze auf der Computerbörse Nasdaq sind inzwischen genauso hoch wie bei der Nyse. Nasdaq-Teilnehmer verfolgen das Marktgeschehen auf Computer-Monitoren, auf denen fortlaufend aktuelle Kurse und Transaktionen eingeblendet werden. Für jede Nasdaq-Aktie gibt es einen oder mehrere Marktmacher – anders als an der Nyse, wo es für jede Aktie jeweils nur einen Marktmacher-Monopolisten gibt, den „specialist". Die Nasdaq-Börse war ursprünglich eine wenig reglementierte Freiverkehrsbörse, die vor allem von kleinen und weniger bekannten Unternehmen genutzt wurde. An der Nasdaq sind heute rund 5000 Unternehmenstitel im Handel – mehr als an allen übrigen amerikanischen Börsen zusammengenommen.

Paris
Die Pariser Börse ist nach London und Frankfurt die drittgrößte Europas. Sie steht unter Aufsicht der Regierung. Die Bedeutung des Pariser Wertpapierplatzes ist nach dem Zweiten Weltkrieg wegen der Devisenbewirtschaftung und anderer staatlicher Ein-

griffe stark zurückgegangen. Erst mit den Liberalisierungen in den achtziger Jahren gewann die Börse internationale Reputation zurück. Frühzeitig (1986) entschied sich Paris auch für die Computer- und gegen die Präsenzbörse sowie für die Einführung eines Terminmarktes (Matif). Gleichwohl hat man den großen Abstand zu den beiden führenden Nachbarbörsen in London und Frankfurt in den vergangenen Jahren nicht verringern können. Das liegt zum einen an der stark nationalen Ausrichtung des Marktes – der Umsatz in Auslandsaktien ist in London etwa 200mal größer als in Paris. Andererseits hemmt der Staat die Expansion der Börsengeschäfte dadurch, daß er immer noch sehr viele Mehrheitsbeteiligungen an Aktiengesellschaften hält.

Tokio
Seit 1988 ist die Tokioter Börse (gegründet 1878, wiedereröffnet und reformiert 1949) die größte der Welt. Parallel zum wirtschaftlichen Aufstieg Japans erlebte auch die Tokioter Börse seit den sechziger Jahren einen phänomenalen Boom, der die Entwicklungen aller anderen Börsenplätze in der Welt weit in den Schatten stellte. In den späten achtziger Jahren lag das Marktvolumen zeitweise um mehr als die Hälfte über dem an der Wall Street. Die Börsenkapitalisierung lag zeitweise sogar beim Anderthalbfachen des japanischen Sozialproduktes, die Kapitalisierung des 1987 privatisierten Telekommunikationsunternehmens NTT überstieg die des gesamten deutschen Aktienmarktes. Japanische Aktien waren für Jahre die teuersten der ganzen Welt. Die Überspekulationsblase platzte dann Anfang der neunziger Jahre mit monatelangen Kursverlusten, einer Welle von Konkursen und einer tiefen Verunsicherung der Anleger. Inzwischen haben sich die Verhältnisse wieder normalisiert. Das Bewertungsniveau japanischer Aktien übersteigt jedoch weiterhin westliche Vergleichswerte deutlich. Die Handelszeiten sind von 9 bis 11 Uhr (Vormittagssitzung) und von 13 bis 15 Uhr (Nachmittagssitzung), unterbrochen von einer Mittagspause. Auf dem Handelsparkett werden nur noch die 150 aktivsten Werte in Präsenzauktion gehandelt, während die Aktien der restlichen 1500 notierten Unternehmen geräuschlos über die Computer ihre Besitzer wechseln. Obwohl Tokio nach dem Ende des Zweiten Weltkrieges viele amerikanische Börsengepflogenheiten übernommen hat, kennt man keine „market maker". Statt dessen läuft jede Transaktion über private Kursmaklerfirmen. Alle Transaktionen und offenstehenden Aufträge werden laufend veröffentlicht und sind von allen Marktteilnehmern einzusehen. Zum Aktienhandel an der Börse sind nur die regulären 124 Mitglieder (Effektenfirmen) zugelassen. Wie in Amerika wird der Aktienhandel von einigen großen Wertpapier-Handelsgesellschaften kontrolliert.

Toronto
Die „Toronto Stock Exchange" (gegründet 1852) ist die führende kanadische Börse, auf die etwa drei Viertel aller Umsätze der sechs kanadischen Wertpapierbörsen entfallen. Neben Toronto sind Montreal und Vancouver Hauptbörsenplätze Kanadas. Nur gewählte Mitglieder sind zur Börse zugelassen. Börsensitze werden, wie in den Vereinigten Staaten, frei gehandelt. Kanadische Aktien haben nach dem Zweiten Weltkrieg eine zunehmende Bedeutung sowohl in den Vereinigten Staaten als auch in Westeuropa gefunden. Toronto genießt den Ruf eines spekulativen Marktes für Entwicklungsgesellschaften (Rohstoffe, Minen). Insgesamt werden rund 1200 Unternehmen mit etwa 1600 Wertpapieren notiert. Der durchschnittliche Tagesumsatz beläuft sich auf 25 Millionen Aktien. 1993 ist der Präsenzhandel abgeschafft und ein vollelektronisches Handelssystem eingeführt worden.

Wien
Die Wiener Börse (gegründet 1771) gehörte vor dem Ersten Weltkrieg zu den führenden Finanzzentren des Kontinents. Zur Zeit des Kalten Krieges fristete sie dann aber

nur noch ein Schattendasein als Randbörse mit sehr kleinen Umsätzen. Heute ist das Geschäft am Schottenring erheblich wiederbelebt. Insgesamt werden wieder 110 inländische Aktien notiert, von denen mehr als die Hälfte seit 1986 neu dazukamen. Die Wiener Börse macht sich Hoffnungen, künftig als Kapitaldrehscheibe zwischen Ost und West fungieren zu können. Erste ungarische Aktien werden bereits gehandelt. Die Börse hat seit 1875 eine Selbstverwaltung. Die Leitung liegt in Händen einer Börsenkammer.

Zürich
Die Zürcher Börse hat in der Nachkriegszeit ihre Bedeutung als internationaler Kapitalumschlagplatz erheblich steigern können. Die Freizügigkeit des Schweizer Devisenhandels und der Schutz des Bankgeheimnisses haben Zürich zu einem zentralen Anlageplatz für internationales Privatkapital werden lassen. In der Umsatzrangliste liegt Zürich seit vielen Jahren unter den zehn größten Börsen der Welt. An der Zürcher Börse werden nicht nur die führenden Schweizer Aktien gehandelt, sondern es wird auch ein breites Bukett von amerikanischen, englischen, französischen, holländischen und deutschen Wertpapieren angeboten. Im Handel mit ausländischen Titeln ist Zürich sogar drittgrößter Markt der Welt. Gesteigert wird die Wettbewerbsfähigkeit des Platzes auch durch die vollelektronische Terminbörse (Soffex). Neben Zürich behaupten sich Genf und Basel in der Schweiz mit einen Börsen und achtbaren Umsätzen. Eine Fusion der drei Plätze bahnt sich an.

6. Wie liest man den Börsenteil einer Zeitung?

Der Wertpapierkurszettel

Obwohl Kurse heute mit dem Computer unmittelbar abgerufen werden, besteht nach wie vor ein weitverbreitetes Bedürfnis nach mehr oder minder umfangreichen „Kurszetteln" in den Tageszeitungen. Selbst kleine Zeitungen veröffentlichen heute Tabellen mit wichtigen Kursen. In den großen Zeitungen mußten die Kursteile immer wieder ausgeweitet werden, obwohl sie damit noch immer weit entfernt sind von der Dokumentation der amtlichen Kursblätter. In den Kurszetteln der Tageszeitungen wird versucht, den Lesern einen für sie wesentlichen Ausschnitt des Börsengeschehens zu liefern. Zeitungen wie die Frankfurter Allgemeine Zeitung oder das Handelsblatt wollen dabei sowohl den Bedürfnissen der Profis wie denen des privaten Anlegers Rechnung tragen. Für den privaten Leser des Kurszettels sind nicht nur „seine" Papiere interessant, sondern auch der schnelle Überblick über die Tendenzen der Märkte. Auf der ersten Seite des Wirtschaftsteils der Frankfurter Allgemeinen Zeitung wird täglich ein solches „Marktbild" skizziert: die Börsentendenzen in Kürze, die wichtigsten Veränderungen der Aktienindizes, lang- und kurzfristige Zinsen, der Goldpreis und die wichtigsten Devisenkurse.

Im Kursteil werden in abgekürzter Form, oft neben dem Kurs oder neben dem Namen des Papiers, Zusatzinformationen wiedergegeben. Sind die Kursangaben ohne weitere Hinweise, so handelt es sich um „Bezahltkurse"; das bedeutet, daß zu dem angegebenen Kurs Umsätze stattgefunden haben, Angebot und Nachfrage konnten ausgeglichen werden. Die Zusätze bedeuten:

G: Geld. Ein „Geldkurs" bedeutet, zu diesem Kurs bestand an der Börse Nachfrage.
bG: bezahlt Geld. Dieser Kurs wurde „bezahlt", Umsätze fanden statt, ein Teil der Nachfrage ging leer aus.

B: Brief. Ein „Briefkurs" bedeutet, zu diesem Kurs lag an der Börse Angebot vor.
bB: bezahlt Brief. Dieser Kurs wurde „bezahlt", Umsätze fanden statt, aber ein Teil des Angebots fand keinen Käufer.
r: rationiert oder repartiert. Wenn eine Seite (Angebot oder Nachfrage) nur begrenzt befriedigt werden kann, kann zugeteilt, das heißt rationiert oder repartiert werden. Nicht alle Börsen in Deutschland kennzeichnen eine Repartierung. Unter denen, die eine begrenzte Zuteilung kenntlich machen, ist die Frankfurter Wertpapierbörse. Bei einer beschränkten Abnahme heißt der Kurs „bezahlt Brief repartiert", kurz: „bBr". Der zuständige Makler berechnet Quoten der Repartierung.
T: Taxkurs, geschätzter Kurs. Kommen an einem Börsentag weder „Bezahltkurse" noch „Geld-" oder „Briefkurse" zustande, so hat niemand ein Verkauf-Angebot und niemand eine Kauf -Order abgegeben. In diesem Fall schätzt der Makler entsprechend der Markttendenz einen Preis.
ex: ausschließlich. Ein Hinweis, daß gegenüber dem Kurs des vorgenannten Tages ein Abschlag vorgenommen worden ist. Steht die Bezeichnung „ex" allein hinter dem Kurs einer Aktie, so bedeutet dies „ex Dividende", also abzüglich der Dividendenzahlung. Am folgenden Tag erscheint der Kurs im Blatt wieder ohne das „ex-Zeichen". Die Kennung „ex B" steht bei Aktienkursen für den Abschlag eines Bezugrechtes oder Berichtigungsaktien. Bei Rentenkursen macht der Zusatz „ex" eine Ziehung kenntlich; zu bestimmten Terminen können manche Anleihen ausgelost und teilweise zurückbezahlt werden.

Was die Aktienkurse besagen

Die Kurse von Aktien werden schon seit längerer Zeit in Deutschland je Stück und in D-Mark genannt. In früheren Jahren waren Prozente des Nennwerts angegeben worden. Der übliche Nennwert einer Aktie ist seit der Reform des Aktienrechts 50 DM. Sind im Kursteil von Tageszeitungen keine besonderen Kennzeichen oder Verweise vorhanden, so sind die Kursangaben für Aktien im Nennwert von 50 DM. Der Nennwert hat nichts mit dem aktuellen Marktpreis (Kurs) der Aktie zu tun. Neue Aktien werden in der Regel auch nicht zum Nennwert eingeführt, sondern zu einem, für den Emittenten möglichst günstigen Preis. Allerdings ist ein Kursrückgang unter den Nennwert ein Hinweis auf eine besonders schlechte Lage des Unternehmens.
Gewöhnlich werden im Aktien-Kursteil die Namen der Aktien genannt, gefolgt von der Angabe der zuletzt bezahlten Dividende, dann folgt bei den Einheitsnotierungen die Vortagesangabe und der aktuelle Kurs. Gelegentlich ist eine Dividendenangabe in der Art von 12+5 möglich; damit wird ausgedrückt, daß für diesen Titel eine Dividende von 12 DM plus ein Bonus von 5 DM ausgeschüttet worden war. Bei den fortlaufend gehandelten Aktien genügen der Schlußkurs des Vortages und vier Angaben für die aktuelle Tagesberichterstattung: der Eröffnungskurs, das Tageshoch, das Tagestief und der Schlußkurs. In einer solchen Zahlenfolge nennen Börsianer jedoch nur die Zahlen, die sich verändern. So bedeutet die Zahlenfolge 316/3,70/5,40 hinter dem Wert VW am 25. Mai 1993, daß der Handel mit VW-Stammaktien mit einem Kurs von 316 DM eröffnet hatte, dies war zugleich auch der Höchstkurs an diesem Tag, das Tagestief lag bei 313,70 DM (in der Zahlenfolge standen dazu nur die Veränderungen /3,70/) und der Schlußkurs belief sich auf 315,50 DM. In den Kurszetteln werden die häufig genannten Stammaktien nicht besonders kenntlich gemacht, dagegen erhalten die Vorzugsaktien den Zusatz „VA". Die Abkürzungen „NA" und „IA" stehen für Namensaktien und Inhaberaktien.

Werden zusätzlich noch die Höchst- und Tiefstwerte der vergangenen 52 Wochen genannt, kann der Leser den aktuellen Kurs in den Jahresverlauf einordnen. Angaben über ein Kurs-Gewinn-Verhältnis (KGV) spiegeln Zukunftserwartungen wider; denn der aktuelle Kurs wird mit dem zukünftig geschätzten Jahresgewinn je Aktie dividiert: Die daraus gewonnene Relation gibt an, wie oft der Reingewinn im Aktienkurs enthalten ist.

Ausländische Aktienkurse können mehrfach in einem Kursteil zu finden sein. So gibt es seit den fünfziger Jahren in Deutschland amtlich gehandelte Auslandsaktien; ihre Kurse lauten auf D-Mark je Stück. Außerdem gibt es die Aktienkurse aus dem Ausland. Die Kurse der New York Stock Exchange (Wall Street) lauten auf Dollar je Aktie. Allgemein verstehen sich alle Kurse aus dem Ausland in der betreffenden Landeswährung. In größeren Kursteilen von Tageszeitungen ist dann zum Beispiel der Kurs von IBM-Aktien zweimal zu finden: einmal in Frankfurt im amtlichen Handel und einmal mit einer Notiz aus der Wall Street. Noch mehr Kursnennungen wären möglich; denn IBM wird in Nordamerika nicht nur in New York gehandelt, sondern auch in Boston, Cincinnati, Philadelphia, an der Midwest Stock Exchange, der Pacific Stock Exchange und im kanadischen Montreal.

Die Rentenkurse

Im Rentenkurszettel werden längst nicht mehr allein die Notierungen festverzinslicher Wertpapiere veröffentlicht. Inzwischen haben variabel verzinsliche Anleihen Einzug gehalten. Im Jahr 1990 hat der Bund erstmals eine variabel verzinsliche Anleihe mit zehnjähriger Laufzeit begeben. Unter den fortlaufenden Notierungen sind diese „Floater" besonders gekennzeichnet, meist durch einen Stern oder eine Klammer bei der ersten Angabe zur Anleihe: der Höhe des Zinskupons. Unter den ausländischen Anleihen sind oft eigene Rubriken für Anleihen „mit variablem Zinssatz" in die Kursteile eingefügt worden. Nach dem Zinssatz für eine Anleihe wird der Emittent genannt, darauf folgt die Laufzeit, Vortageskurs und aktueller Kurs. Die Laufzeit wird zuerst mit den letzten zwei Zahlen des Emissionsjahres und für öffentliche Anleihen in Klammern das Jahr der festgelegten Endfälligkeit genannt. Bei den fortlaufenden Notierungen sind wie im Aktienhandel mehrere Kursnennungen möglich, jedoch nicht zwingend. Vom 25. Mai 1993 stammt folgende Datenkette der fortlaufenden Notierungen im Frankfurter Rentenhandel: 9 Post 90 (00) 111,35 111,40bG
Das heißt: Die neunprozentige Anleihe der Deutschen Bundespost, ausgegeben im Jahr 1990, endfällig im Jahr 2000, schloß am 24. Mai mit einem Kurs von 111,35 Prozent und am 25. Mai mit 111,40 Prozent bezahlt Geld; im fortlaufenden Handel kam nur ein Kurs zustande, damit ist dieser eine Kurs identisch mit Eröffnung, Tageshoch, Tagestief, Schlußkurs und Kassakurs. In den Kursspalten der Rentenseite stehen „Prozente", keine D-Mark-Angaben. Diese Prozente verstehen sich gegenüber dem Nennwert als Basis. Da der Nennwert und die Stückelung von Rentenpapieren oft 100 DM sind, kann die Prozentangabe in (nur) diesen Fällen gleich D-Mark gesetzt werden. Rentenpapiere werden an mehreren Börsen in Deutschland gehandelt und nachbörslich über das Computersystem Ibis unter den Banken.

Die Preise der Investmentanteile

Investment-Zertifikate werden in Deutschland meist nicht an Börsen gehandelt. Sie haben damit keinen „Kurs", sondern einen Preis. Dieser Preis für den Anteilschein an einem Investmentfonds wird täglich von der Investmentfonds-Gesellschaft selbst errechnet. Die Investmentpreise sind eingeteilt in die der inländischen Fonds und der ausländischen Fonds, unter den ausländischen wird weiter gegliedert, in welcher Währung die Preise der Zertifikate genannt werden: D-Mark, Dollar, Ecu, britisches Pfund, Yen, oder Schweizer Franken. Auf den Namen des betreffenden Fonds folgt der Rücknahmepreis des Vortages und darauf die beiden aktuellen Preis-Angaben für Ausgabe und Rücknahme. Die Nennung von Ausgabe- und Rücknahmepreis ist für den Anleger wichtig. Die Ausgabekosten, die in den Ausgabepreis eingerechnet werden, zeigen in Gegenüberstellung mit dem Rücknahmepreis, welchen Preis die Investmentfonds-Gesellschaft für die Ausgabe verlangt. Liegt ein Ausgabepreis bei 100 DM und ein Rücknahmepreis bei 95 DM, sieht der Anleger, daß er erst einmal fünf DM Wertzuwachs erzielen oder eine entsprechende Ausschüttung erhalten muß, um den Einstandspreis zu erreichen. Angenommen, der Unterschied zwischen Ausgabe- und Rücknahmepreis beträgt fünf DM, dann wird der Betrag in der persönlichen Gewinnrechnung um so bedeutungsloser, je länger das Zertifikat gehalten wird. Der Rücknahmepreis spiegelt den Wert des Nettoanteils am Fondsvermögen wider, der durch das Zertifikat verbrieft ist. (Siehe auch das Kapital „Der Investmentmarkt").

Die Optionspreise

Für den deutschen Markt von Aktien-Optionen bietet sich heutzutage eine Aufspaltung im Kursteil einer Tageszeitung an. Ein Grund dafür ist in den gewandelten Börsenstrukturen zu suchen. So werden Aktien-Optionen zwar noch an der Frankfurter Wertpapierbörse gehandelt, doch sie sind vornehmlich auf Nebenwerte bezogen. Dieser Präsenzhandel umfaßt Optionen auf inländische und ausländische Aktien, in der Regel werden drei Laufzeiten bis zu höchstens neun Monaten angeboten. Die Optionsscheine auf die wichtigen deutschen Standardwerte werden inzwischen an der vollelektronischen Deutschen Terminbörse (DTB) gehandelt. Als Beispiel für den „herkömmlichen Handel" nehmen wir den Kurszettel der Frankfurter Wertpapierbörse, Handelstag ist der 25. Mai 1993:

VW Vorzüge K 240-21G/27B/3G,
260-7G/14G/20B,
280-2G/7G/12G,
300-0,8G/3G/6G
320-0/1G/2,5G.

V 220-0/3G/4G,
240-2G/6G/7G,
260-12G/14G/15G,
280-26G/27G/28G,
300-44G/45G/46G.

Hinter dieser Zahlenkette im Kursteil einer Tageszeitung verbergen sich die Kurse von zwei Optionstypen auf Vorzugsaktien von Volkswagen: Auf das „K" folgen die Preise von Kaufoptionen, auf „V" die von Verkaufsoptionen. In den folgenden Daten gehören immer vier Werte zusammen: a-b/c/d. Die erste Zahl a vor dem Bindestrich, gibt den Basispreis der Option an, dann folgen nach dem Bindestrich die Optionspreise b,c und d. Diese Dreierfolge der Optionspreise ist die Gliederung in die drei möglichen

Verfallstermine der Optionen: Da wir den 25. Mai als Beispiel gewählt haben, gelten in diesem Fall die standardisierten Verfallstermine 15. Juli für b, 15. Oktober für c und der 15. Januar des folgenden Jahres für d. Ist der nächste dieser Verfallstermine vorüber (in diesem Fall der 15. Juli), rücken die folgenden Termine vor und „am langen Ende" kommt ein neuer Verfallstermin hinzu (hier wäre das der 15. April 1994). Aus der Tagestabelle ist nun abzulesen, daß mit einem Basispreis von 240 DM für eine VW-Vorzugsaktie keine Optionsgeschäfte abgeschlossen worden waren. Denn für alle drei Laufzeiten sind nur Geld- oder Briefkurse genannt worden, das heißt, es lag jeweils nur Angebot oder Nachfrage vor, ein Handel fand nicht statt. Wer die Tabelle weiter durchforstet, erkennt, daß der Handel in VW-Vorzugs-Optionen an diesem Tag ohnehin flau war, in keinem einzigen Optionstyp und keiner Laufzeit ist für diesen Tag ein „Bezahltkurs" zustande gekommen. Dies deutet auf den Charakter eines „Nebenwert-Marktes" hin, der an diesem 25. Mai offenbar nicht sehr liquide war: Handel hat nicht stattgefunden, weil sich Angebot und Nachfrage nicht „getroffen" haben. Die genannten Optionspreise sind in D-Mark je Option (je Stück) zu verstehen. Falls für eine Option weder Angebot noch Nachfrage bestanden hat, wird im Optionsmarkt nicht eine Taxe (Schätzkurs) genannt, sondern der Wert Null angegeben. Für Optionspreise, die sich auf einen gleichen Basispreis beziehen, gilt die Regel, je länger die Laufzeit, desto höher die Optionsprämie. Denn eine Option hat einen Zeitwert, der sich zunehmend verringert, je näher der Verfallstermin rückt – falls alle anderen Faktoren konstant bleiben.

Die Notierungen an der Terminbörse

Die wichtigsten deutschen Aktien-Optionen werden an der Deutschen Terminbörse (DTB) gehandelt. An der DTB werden keine Wertpapiere, sondern Kontrakte gehandelt. Der Kontrakt umfaßt in der Regel 50 Optionen (Stück). Die Optionen sind „amerikanische Optionen", die jederzeit während der Laufzeit ausgeübt werden können. Auch an der DTB sind Laufzeiten bis zu neun Monaten üblich. Bei Aktien-Optionen sind die Aktien normalerweise physisch zu liefern, bei anderen Optionen, zum Beispiel der noch relativ neuen Option auf den Deutschen Aktienindex (Dax), wird die Erfüllung der Option allerdings durch „Barausgleich" vorgenommen. Für den DTB-Handel am 25. Mai 1993 in Optionen auf Volkswagen-Stammaktien finden wir im Kurszettel unter anderem folgende Zeilen:

```
Volkswagen ST (313,90) K1 300-18,2/16,1/17,1/294
                        320-5,4/3,8/5,1/852
                        340-0,9/0,6/0,7/879
                     K2 .....
```

Nach dem Titel, auf den sich die Optionen beziehen, steht in Klammern der Kassakurs dieser Aktie an der Frankfurter Wertpapierbörse. K steht für Kaufoption (Call), V für Verkaufoption (Put). Die Ziffern 1 bis 5 sind Terminangaben, die in den Fußnoten der Kurstabelle genau genannt werden. Die Termine rücken laufend nach; in diesem Beispiel vom 25. Mai; steht die 1 für Juni, die 2 für Juli und so fort. In den einzelnen Zeilen a-b/c/d/e wird zuerst der Basispreis a genannt, nach dem Bindestrich folgen Tageshöchst b, Tagestiefst c, Settlementpreis d und das Umsatzvolumen e. Der Settlementpreis ist wichtig, denn zu diesem Preis wird die Abwicklungsstelle (Clearing-Stelle) alle Positionen der Handelspartner bewerten und eventuell Sicherheitsleistungen fordern (Siehe dazu den Abschnitt über die Geschäftsabwicklung am Terminmarkt). Der Settlementpreis wird von der Börse ermittelt. Das Umsatzvolumen wird mit der „Zahl der gehandelten Kontrakte" angegeben. Bei den drei angegebenen Zeilen von K1 steht die erste für «im Geld», die zweite für „am Geld" und die dritte für „aus dem Geld". Diese Kennzeichnungen, die im Börsenjargon auch „in the money", „at the money" und „out of the money" heißen, drücken ein Größenverhältnis zwischen Basispreis und dem Kurs des Basispapiers aus. Den leichtesten Fall beschreibt eine Option „am Geld": Ganz gleich, ob es sich dabei um eine Kauf- oder Verkaufsoption handelt, der innere Wert dieser Option ist null, da der Basispreis gleich dem Kurs des Basiswertes ist. Im Beispiel der obigen Preistabelle für Kaufoptionen auf VW-Stämme ist der Kontrakt mit Basispreis von 320 DM für nahe „am Geld" genannt. Die dritte Zeile mit Basispreis 340 DM für VW-Stämme ist „aus dem Geld", denn der Basispreis 340 DM ist weit größer als der Kurs des Basiswertes (313,90 DM). Der Besitzer eine Kaufoption kann einen Gewinn erzielen, wenn der Kurs des Basiswertes über dem Basispreis ist – dabei sind in diese Rechnung freilich die Optionsprämie – der Preis für die Option – als auch Spesen einzubeziehen. Dies ist der Fall für den Kontrakt in der ersten Zeile: Der Basispreis von 300 DM liegt unter dem aktuellen Kurs der VW-Stämme von 313,90 DM, der Kaufoptionskontrakt ist „im Geld".

Sonstige Notierungen und Angaben

Die Kurse junger Aktien sind neben dem Börsenbericht des Aktienmarktes zu finden. Die dort veröffentlichte Tabelle kann stark variieren, je nachdem wie viele junge Aktien emittiert werden. Falls nicht Frankfurt der Börsenplatz ist, wird der Ort des genannten Kurses in Klammern angegeben. Direkt unter den Kursen junger Aktien werden die gehandelten Bezugsrechte veröffentlicht. Auch diese Kursliste kann stark variieren; aufgelistet wird das Bezugsverhältnis, der Kurs der Altaktie und der Kurs des Bezugsrechts. Eine gesonderte Tabelle auf der „Aktienseite" gibt die Umsätze in wichtigen Titeln an allen deutschen Wertpapierbörsen wieder.

Der Börsenbericht

Die Börse ist eine „geschlossene Gesellschaft". In den Börsensälen, „auf dem Parkett", stehen ausschließlich zugelassene Händler. Soweit es sich nicht um Repräsentanten von Banken handelt, müssen sie eine Kaution stellen, um zugelassen zu werden. Die Kaution soll die Abwicklung der abgeschlossenen Geschäfte gewährleisten. Publikum darf allenfalls auf den Emporen oder Galerien der Börsensäle das Geschehen verfolgen. Dort, wo die Präsenzbörse zugunsten elektronischer Handelssysteme ganz aufgegeben wurde, hat das Publikum ohnehin keinen Platz mehr.
Millionen von Wertpapieranlegern haben jedoch ein berechtigtes Interesse daran, zu erfahren, was sich an der Börse tut. Eine Informationsquelle bilden die Börsenberichterstatter, also jene Journalisten, die für diese Aufgabe nach dem Börsengesetz zugelassen sind. Das Ergebnis des täglichen Börsengangs ist der Börsenbericht.
Während der Börsenkurszettel die Preise und Geschäftsabschlüsse eines Tages registriert, gibt der Börsenbericht die Tendenz einer Börsensitzung sowie eines Teils des elektronischen Wertpapierhandels wieder. Er soll dem Leser Aufschluß darüber geben, warum der Kurs von Wertpapieren gestiegen oder gefallen ist und warum bestimmte Aktien oder Renten große oder kleine Umsätze hatten. Auch das, was an der Börse an Meinungen ausgetauscht wird, findet sich in den Börsenberichten. Die Kursbewe-

gungen und die Umsätze der einzelnen Titel vermitteln auch einen Einblick in die Kräfteverhältnisse am Markt, in die Intensität von Angebot und Nachfrage. Kurzum: Der Bericht läßt die Atmosphäre auf dem Parkett sowie in den Handelsabteilungen der Banken und Makler spüren.
Der Berichterstatter einer Zeitung kennt die Händler, ihre Meinungen, Gewohnheiten und Launen. Er beobachtet, wie sie ihre Geschäfte abschließen. Oft wendet sich der Markt von Minute zu Minute. Im Nu bilden sich Trauben in einer Ecke der Börse. Es wird diskutiert, eine bestimmte Aktie gesucht oder angeboten. Eine Aktie kann Kapriolen schlagen, wenn kursbeeinflussende Gerüchte laut werden. Dann muß recherchiert werden. Oft werden auch Stimmungen „gemacht". Wer nicht aufpaßt, fällt darauf herein. Die Börsenstunden ähneln einem spannenden Fußballspiel. Bevor nicht der Schlußpfiff ertönt, ist alles offen: Gewinne können noch zuallerletzt zerrinnen, Verluste aufgeholt werden.
Einem Börsenjournalisten geht es wie dem Sportberichterstatter. Er muß das Geschehen schildern, Nachrichten sammeln, die Ursachen der Kursveränderungen ergründen. Die Börse ist immer noch eine ergiebige Quelle für Nachrichten, die nicht mit dem Börsenhandel zusammenhängen, denn die Banken erfahren aufgrund ihrer Kontakte viel über die Wirtschaftslage. Drohen Insolvenzen oder stehen Zusammenschlüsse bevor, wird dies in der Regel zuerst bei den Börsenhändlern bekannt. Munkelt man über wichtige Personalveränderungen, ist es die Börse, die häufig zuerst davon hört. Manches, was als exklusive Wirtschaftsinformation in der Zeitung steht, stammt aus scheinbar nebensächlichen Bemerkungen von Marktteilnehmern an der Börse.
Die Frankfurter Allgemeine Zeitung verfügt über einen ausführlichen Börsenteil. Er enthält außer den Kursen diejenigen Informationen, die einen allgemeinen Überblick über die Lage an den wichtigsten Börsen der Welt ermöglichen. Die Vorgänge an den Wertpapiermärkten sollen möglichst durchsichtig gemacht werden. Das Bild wird durch einen eigenen Börsenindex der Frankfurter Allgemeinen Zeitung abgerundet. Die Übersicht über die Entwicklung des F.A.Z.-Aktienindex umfaßt ausgewählte Daten aus mehreren Jahren. Der Leser erfährt hier auch den höchsten sowie den niedrigsten Stand der amtlichen notierten Aktien gemessen am F.A.Z.-Aktienindex. Außerdem wird noch der Deutsche Aktienindex Dax genannt.
Am Anfang des täglichen Börsenberichts wird der Gesamteindruck und die Stimmung an den Märkten vermittelt. Danach wird über die verschiedenen Märkte berichtet, und es werden besonders auffällige Kursbewegungen einzelner Papiere erwähnt. Wer den Börsenbericht gelesen hat, soll informiert sein. Meist studiert ein Aktionär zuerst den Börsenbericht, erst danach sucht er sich „seine" Papiere im Kurszettel heraus. Die umfangreiche Börsenberichterstattung der Frankfurter Allgemeinen trägt der Globalisierung der Finanzgeschäfte ebenso Rechnung wie der wachsenden Neigung von Unternehmen und Staaten, ihren Finanzbedarf verstärkt auf den Wertpapiermärkten zu decken.
Besondere Aufmerksamkeit wird auf der Seite Aktienmärkte sowie im Börsenbericht der Wertung der Börsenumsätze gewidmet. Täglich werden die von der Arbeitsgemeinschaft Deutscher Wertpapierbörsen an allen deutschen Börsenplätzen ermittelten Aktienumsätze einer repräsentativen Auswahl wichtiger deutscher Titel nach der Zahl der umgesetzten Aktien (Stück) und der Zahl der Geschäfte (Abschlüsse) genannt, jeweils mit Vergleichszahlen zum Vortag.
Viele Leser wollen auch wissen, was nach dem Ende der zeitlich festgelegten Börsensitzung von Bank zu Bank gesprochen wurde, welche Meinungen sich unter den Marktteilnehmern bilden und welche Papiere noch im Laufe des Nachmittags gehan-

delt wurden. All dies kann schon wieder erste Aufschlüsse über die Börsenstimmung von morgen geben. Deshalb wird der Börsenbericht durch die „Nachbörse" ergänzt, einen Tendenzbericht zusammen mit einer Auswahl von Kursen, die nachmittags zustande kamen.

Kurse junger Aktien

Junge Aktien werden separat an der Börse gehandelt, größtenteils im Freiverkehr, weil die Zulassung zum amtlichen Handel aus technischen Gründen Zeit erfordert. Gewöhnlich sind neue Aktien später als die alten dividendenberechtigt. So entsteht zwischen dem Kurs der alten und der jungen Aktien vorübergehend eine Bewertungsdifferenz zugunsten der alten Stücke. In der Rubrik „Kurse junger Aktien" werden nur die jeweiligen Kurse aller separat gehandelten jungen Papiere zusammengefaßt. Der Umfang der Notierungen schwankt je nach der Intensität von Kapitalerhöhungen an der Börse. Werden Kurse junger Aktien von anderen Börsenplätzen genannt, wird dies durch einen erklärenden Zusatz in Klammern hinter dem Aktiennamen kenntlich gemacht.

Der Rentenmarktbericht

Deutsche Rentenpapiere finden traditionell sowohl bei deutschen als auch bei internationalen Anlegern großes Interesses. Der Rentenumsatz ist weitaus höher als der Aktienumsatz. Da die öffentlichen Titel, insbesondere die Emissionen des Bundes, die größte Rolle am deutschen Kapitalmarkt spielen, steht sie im Mittelpunkt des Rentenmarktberichts. Neben der allgemeinen Lage und der Stimmung werden auch die Kursveränderungen einzelner Anleihen und Obligationen aufgezeigt. Außerdem wird der Saldo der Kurspflege-Transaktionen der Deutschen Bundesbank und der Deutschen Verkehrs-Bank genannt. Der Bericht informiert auch über die Tendenz und die Kurse einzelner Bankschuldverschreibungen der Daueremittenten, wie zum Beispiel von Pfandbriefen und Kommunalobligationen. Zu den ergänzenden Kennziffern gehört die Umlaufrendite öffentlicher Titel von Bund, Bahn und Post, die von der Deutschen Bundesbank börsentäglich ermittelt wird.

7. BÖRSENBAROMETER UND BÖRSENSTATISTIK

Der F.A.Z.-Aktienindex

An den Wertpapierbörsen werden Hunderte von Aktien notiert. Die Kurse verändern sich unterschiedlich stark und auch nicht in gleicher Richtung. Ein Aktienindex faßt die Börsenentwicklung in einer einzigen handlichen Zahl zusammen. Die Veränderung eines solchen Index zeigt die Börsententenz an, so wie das Barometer den Luftdruck mißt. Der F.A.Z.-Aktienindex ist seit mehr als drei Jahrzehnten ein weithin anerkannter und beliebter Maßstab für die Kursentwicklung an den deutschen Aktienmärkten. Er wird seit September 1961 einmal an jedem Börsentag errechnet und nicht nur in der Frankfurter Allgemeinen Zeitung, sondern auch in anderen Zeitungen und Zeitschriften veröffentlicht sowie über Nachrichtenagenturen in der ganzen Welt verbreitet.

Der Index bezieht sich auf den Kursstand vom 31. Dezember 1958. Dieser Tag ist gleich 100 gesetzt (Basis). Wenn der Index auf 600 Punkte lautet, bedeutet dies, daß sich das Kursniveau seit Ende 1958 um 500 Prozent erhöht hat. Da für wichtige Stichtage seit dem Jahresende 1950 Indexzahlen ermittelt worden sind, spiegelt der F.A.Z.-Aktienindex die Kursentwicklung deutscher Aktien in der Nachkriegszeit eindrucksvoll wider.

Der Index wird unverändert nach der Indexformel von Paasche berechnet. Die Bedeutung eines Aktienkurses für den Index – in der Fachsprache „Gewicht" genannt – ergibt sich dabei aus der Höhe des börsennotierten Kapitals am Tage der Berechnung. In die Indexformel gehen also nicht nur täglich die aktuellen Börsenkurse ein, sondern auch das jeweils börsennotierte Kapital. Ein Index nach der Formel von Paasche ist deshalb ein „lebhafter" Index. In ihm schlagen sich sowohl Kurs- als auch Kapitalveränderungen nieder. Das ist Absicht, denn auch in den Portefeuilles der Anleger wirken sich Kurs- und Kapitalveränderungen aus.

Die Formel für die Index-Berechnung lautet:

$$\text{FAZ-Index} = \frac{\sum_{i=1}^{100} N_i K_i}{\sum_{i=1}^{100} N_i C_i A_i} \cdot 100$$

mit N_i = Grundkapital der Aktie am Berechnungstag
K_i = Kurs der Aktie am Berechnungstag
C_i = Kurs der Aktie i am Basistag
$A_i = \prod_j a_{ij}$, wobei a_{ij} = Ausgleichsfaktor j der Aktie i

Ausgedrückt in Worten, wird die Summe der Tageskurswerte durch die Summe der Kurswerte am 31. Dezember 1958 geteilt und mit 100 multipliziert. Dabei ergibt sich die Summe der Tageskurswerte aus den aktuellen Börsenkursen mal dem zum Börsenhandel zugelassenen Grundkapital am Berechnungstag. Der Kurswert zum 31. Dezember 1958 wird mit bereinigten historischen Kursen berechnet. Deren Bedeutung ergibt sich ebenfalls aus dem börsennotierten Kapital am Berechnungstag. Die Bereinigung der Kurse erfolgt durch Ausgleichsfaktoren. Sie neutralisieren tendenzunabhängige Kursveränderungen, wie sie etwa durch die Gewährung eines Bezugsrechtes zustande kommen. Dividendenabschläge werden jedoch nicht bereinigt, sondern wie Kursverluste behandelt.

Betrachten wir eine Aktiengesellschaft, die eine Million Aktien ausgegeben hat, die jeweils mit 600 DM notieren. Der Kurs am Basistag des Index soll 100 DM betragen haben. Für die Aktie ergibt sich damit ein Indexwert von 600. Jetzt sollen Zusatzaktien im Verhältnis 1 zu 1 ausgegeben werden. Die Zahl der Aktien steigt auf zwei Millionen Stück. Der Gesamtwert des Unternehmens, bisher 600 Millionen DM, hat sich durch diese Transaktion aber nicht verändert. Der Wert verteilt sich lediglich auf mehr Aktien. Folglich sinkt der Aktienkurs, im Beispiel auf 300 DM. Der historische Aktienkurs (100 DM) muß bereinigt werden, damit sich künftig bei Verwendung des neuen Kurses von 300 DM nach wie vor ein Indexwert für die Aktie von 600 Punkten ergibt.

Der Ausgleichsfaktor wird errechnet, indem der Kurs nach dem Abgang des Bezugsrechts (300 DM) durch den Kurs vor dem Abgang des Bezugsrechts (600 DM) geteilt wird. Es ergibt sich der Ausgleichsfaktor 0,5. Durch ihn wird der historische Kurs auf

50 DM bereinigt. 300 DM neuer Kurs bezogen auf den bereinigten Kurs von 50 DM ergibt wie vor dem Bezugsrecht einen Index von 600.
Wird es später erforderlich, weitere Ausgleichsfaktoren zu errechnen, geschieht dies auf die gleiche Weise. Der bisher verwendete Ausgleichsfaktor wird mit dem neuen Ausgleichsfaktor multipliziert. Das ergibt den neuen Faktor.
Die Zusammensetzung des Index wurde seit 1961 bisher dreimal veränderten Marktgegebenheiten angepaßt. Es kommen immer wieder neue Aktien an die Börse. Durch Fusionen oder Wechsel der Rechtsform verschwinden Titel, die zuvor in den Index aufgenommen worden waren. Auch Titel, bei denen sich ein erheblicher Teil des Kapitals in festen Händen angesammelt hat, müssen durch andere, marktbreitere Papiere ersetzt werden.
Die Anpassungen, bei denen auch darauf geachtet wurde, daß die Untergliederung des Gesamtindex in einzelne Branchenindizes möglich blieb, wurden zu den Stichtagen 20. Juli 1970, 31. Dezember 1981 und 31. Dezember 1988 vorgenommen. Für die bei dieser Gelegenheit in den Index neu aufgenommenen Aktien wurden zum 31. Dezember 1958 theoretische Basiskurse ermittelt. Herangezogen wurde dazu der jeweils zutreffende Branchenindex beziehungsweise der Unterindex.
Die Aussagekraft eines Index ist um so größer, je länger er in unveränderter Zusammensetzung ermittelt wird. Andererseits entfernt sich ein solcher Index aber zwangsläufig auch von aktuellen Gegebenheiten der Börse. Deshalb bedeuten die Zeiträume, die bis zu einer Anpassung verstreichen sollen, immer einen Kompromiß zwischen Kontinuität und Aktualität.
In Zukunft wird eine Aktie, die aus dem Index ausscheidet, möglichst schnell durch eine andere ersetzt werden. Der Index wird bewußt marktnäher werden. Bisher wurde der F.A.Z.-Aktienindex aus den Einheitskursen von 100 Aktien berechnet, die in Frankfurt amtlich notiert werden. Die Beschränkung auf die Börse Frankfurt wird aber aufgegeben, weil wichtige Aktien auch an anderen deutschen Börsenplätzen gehandelt werden. Die Auswahl der Aktien, die dann auch über 100 hinausgehen wird, erfolgt so, daß alle berücksichtigten Titel auch variabel notiert werden. Zwar soll vorerst die Berechnung einmal am Tag zu Einheitskursen beibehalten werden; aber die Auswahl der Titel soll später eine mehrmalige Berechnung am Tag nicht ausschließen. Schließlich wird der Index künftig auch als Performance-Index veröffentlicht werden. Bei einem Performance-Index werden Dividenden als sogleich wiederangelegt behandelt. Bei einem reinen Kursindex werden Dividendenabschläge als Kursverluste behandelt.
Der große Zuspruch, den Investmentfonds bei privaten Anlegern finden, legt die Berechnung eines Index nahe, bei dem Erträge eingeschlossen sind, so wie dies auch bei den Fonds der Fall ist. Denn nur dann ist eine direkter Vergleich zwischen einem Index und einem Fonds möglich. Außerdem benötigen institutionelle Anleger, die den F.A.Z.-Aktienindex als den für den deutschen Markt repräsentativen und deshalb maßgeblichen Index ansehen, ebenfalls eine „Benchmark", einen Maßstab mit wiederangelegten Erträgen. Die Vorbereitungen für entsprechende Berechnungen sind eingeleitet.

Der Deutsche Aktienindex (Dax)

Der Deutsche Aktienindex (Dax) mißt die Wertentwicklung der dreißig gewichtigsten Aktien in Deutschland. Das ist auch sein Manko: Der Dax ist keine Maßzahl für den breiten deutschen Aktienmarkt, sondern eben nur für die Standardwerte. Den Fondsmanagern kommt dieser Index jedoch entgegen, weil er auf Wertentwicklung ausgerichtet ist. Bei Dividenden und Erlösen aus Bezugsrechten wird angenommen, daß sie sofort wieder investiert werden – und die großen Fonds, darunter vor allem die ausländischen, konzentrieren sich gern auf die deutschen Standardwerte. Der Dax ist ein gewichteter Index. Jedes Jahr werden fällige Anpassungen der Gewichte vorgenommen. Zunächst werden die Aktien im Dax mit ihrem zum Handel an der Frankfurter Wertpapierbörse zugelassenen Grundkapital gewichtet. Die tagesaktuelle Gewichtung ergibt sich aus der Multiplikation des Grundkapitals mit den täglichen Kursen unter Berücksichtigung der bis zu diesem Tag angelaufenen Dividenden und Bezugsrechte. Bei den Verschiebungen der Gewichte in den vergangenen Jahren zeigt sich, daß unter den „schweren Titeln" Siemens fast zu Allianz aufgeschlossen hat. Beide Titel sind gegen Ende 1992 mit mehr als zehn Prozent im Dax gewichtet gewesen. Das gibt ebenfalls Anlaß zu Kritik am Dax. Da Terminkontrakte auf den Dax und Optionen auf diese Terminkontrakte inzwischen auch an der Deutschen Terminbörse (DTB) gehandelt werden, wurde an der Präsenzbörse schon oft versucht, über kräftige Aufträge für einen Titel gleich den ganzen Dax in die gewünschte Richtung zu bewegen. Zwei dieser Titel sind Siemens und Allianz. Daimler-Benz und Deutsche Bank sind ebenfalls Schwergewichte im Dax. Und zählt man die Gewichte der großen Konzerne BASF, Bayer, Hoechst und Schering zusammen, so ist auch die deutsche Chemie kräftig im Dax vertreten. Zu den „kleineren Werten" zählen Metallgesellschaft, Continental, Degussa, Deutsche Babcock und Lufthansa. Der Dax wird während der Börsenzeit laufend berechnet. Dies ist nach der Konstruktion des Index gut möglich, da sämtliche dreißig Titel des Dax fortlaufend notiert werden. Der Einzug der Computer in die Börse hat die Schaffung eines fortlaufenden Index unterstützt.

Im Januar 1992 schuf das erste Finanzhaus in Deutschland einen „Dax-Fonds". Die Fondsmanager des Bankhauses Oppenheim reagierten damit auf die zunehmende Popularität des Dax wie auch auf die Kritik an Fondsgesellschaften in den zurückliegenden Jahren. Damals hatten nur wenige auf deutsche Aktien konzentrierte Fonds den Dax, gemessen an der Wertentwicklung (Performance), „schlagen" können. Im Jahr 1991 hatte kein einziger „Deutschland-Aktienfonds" besser als der Dax abgeschnitten. Im Jahr 1992 waren es gerade fünf dieser Fonds, die den Dax „schlagen" konnten. Kritiker der Fonds fragten, warum teure Fondsmanager bezahlt werden müßten, wenn man es offenbar einfacher haben konnte: mit einem Dax-Fonds. Dazu ist kein großer Managementaufwand nötig; denn die Zusammensetzung des Fonds bleibt immer gleich dem Dax. Die Fondsgesellschaften verweisen dagegen auf Statistiken, die zeigen, daß die Fonds in längeren Zeiträumen, zum Beispiel fünf Jahren, durchaus besser als der Dax abgeschnitten haben. Diese Diskussionen zeigen, daß der Dax als ein Performance-Index zur Meßlatte von Fonds- und Vermögensverwaltern geworden ist. Die Macht der Indizes heißt Leistungsdruck.

Seit dem 22. April 1993 veröffentlicht die Deutsche Börse AG in Frankfurt auch einen Composite Dax (kurz: CDax) als „marktbreiten" Aktienindex. Der CDax wird minütlich während des Präsenzhandels von 10.30 bis 13.30 Uhr berechnet. Der CDax umfaßt alle Titel im Amtlichen Handel der Frankfurter Wertpapierbörse; dies waren Ende April 1993 genau 320 Papiere. Wie der Deutsche Aktienindex ist der CDax ein sogenannter Performance-Index. Das heißt, daß für Dividendenzahlungen und Erlöse aus Bezugsrechten eine Reinvestion in die berücksichtigten Aktien angenommen wird. Damit eignet sich der CDax ebenfalls als Meßlatte für Fonds und Fondsmanager, jedoch weniger für kleinere Privatanleger, die nicht unbedingt ihre Dividenden in neuen Aktien mit der alten Streuung anlegen.

Gegenüber dem Dax, der stark von Finanzwerten und Chemietiteln geprägt ist, erweist sich der CDax als marktbreiter. Ungefähr in der Mitte der beiden Indizes liegt der F.A.Z.-Aktienindex, der nicht alle amtlich notierten Aktien in seine Formel einbezieht, sondern bisher eine Auswahl von 100 Kassanotierungen trifft; dies sind die Kurse, zu denen kleinere private Anleger in der Regel ihre Aktien beziehen. Außerdem wird der F.A.Z.-Aktienindex bereinigt, Dividendenzahlungen werden nicht als Reinvestitionen angenommen (siehe dazu auch den Abschnitt über den F.A.Z.-Index). Der CDax ist Ende 1987 auf 100 Punkte gesetzt worden, da der Dax zu diesem Zeitpunkt auf 1000 Punkte festgelegt worden ist. Im Rahmen des CDax werden 16 Branchenindizes veröffentlicht, allerdings nur auf Basis der Schluß- oder einmaligen Kassakurse.

Dow Jones und andere

Der Dow oder Dow Jones ist das meistbeachtete Marktbarometer der Welt. Hinter diesen Namen verbirgt sich ein Aktienindex, der Kursentwicklungen in der Wall Street mißt: Der dreißig Aktien umfassende Dow Jones Industrial-Index. Früher handelte es sich dabei um reine Industriewerte. Heute sind in dem Index auch die Aktien der Hamburger-Kette McDonald's, des Getränkeherstellers Coca-Cola oder des Freizeitunternehmens Disney mit enthalten. Der Dow Jones spiegelt die Kursentwicklung der großen und bedeutenden Standardwerte an der New York Stock Exchange wider. Zu diesen wichtigen Aktien zählen die Titel der Bank J.P. Morgan, von American Express, General Motors, Alcoa, Minnesota Mining, International Paper, Procter & Gamble und dem Reifenhersteller Goodyear. Auch die Kurse des Flugzeugherstellers Boeing, des Computerunternehmens IBM und der Ölmultis Exxon, Chevron und Texaco gehen in den Dow ein. Zu den Konsumwerten gehören im Dow die Titel von Sears Roebuck, von Woolworth und von Philip Morris. Zu den High-Tech-Werten zählt der Telefonriese AT&T. Weitere Technologiepapiere sind Allied-Signal, United Technologies, Westinghouse Electric, General Electric und Eastman Kodak. Caterpillar, der Baumaschinenhersteller, Bethlehem Steel und die großen amerikanischen Chemie- und Pharmaunternehmen Du Pont, Union Carbide und Merck sind ebenfalls im Dow enthalten. Neben dem Industrie-Index werden auch der Dow-Transport- und der Dow-Versorgungs-Index (Utilities) verbreitet.

Der Aktienindex hat eine lange Geschichte: Charles Henry Dow, der Chefredakteur des Wirtschaftsblattes „The Wall Street Journal" entwickelte 1897 die erste – noch recht einfache – Form des Index. Damals zählte er die Kurse von zwölf Aktien zusammen und teilte sie durch zwölf. 1928 ist der Index durchgreifend modernisiert worden. Das Ziel war, dreißig repräsentative Aktien – gemessen am gesamten Börsenumsatz – aus den wichtigen Branchen zu benennen und mit ihren Kursen einen Index zu entwickeln, der schon während der Börsenzeit ein Ausdruck der Kurstendenz am Markt ist. Er sollte Instrument für die Analyse der Vergangenheit und die Prognose der Zukunft sein. Darauf basierte auch die Theorie des „Indexvaters" Dow. Er glaubte an die alte Börsenerkenntnis, daß die Kurse von heute eher die Zukunft als die Gegenwart widerspiegeln. Das galt für alle Faktoren, die in die Kurse einfließen könnten: Politik, Wirtschaft, Zinsen und was immer die Marktteilnehmer auch für wichtig erachteten. Nach Dows Theorie verfolgten die Kurse drei Trendrichtungen: den langfristigen Haupttrend über ein bis eineinhalb Jahre, den untergeordneten mittelfristigen Trend, der zeitweilig auch dem Haupttrend entgegenlaufen kann, und als drittes die täglichen Kursschwankungen, die eher auf Zufälligkeiten und die Markttechnik während der Kursfindung des Tages zurückzuführen sind. Mit Hilfe der Computer hat diese Markttechnik (technische Analyse) auch kurzfristig immer mehr an Bedeutung gewonnen. Auch der Dow ist ein laufender Index, der mit Hilfe der modernen Telekommunikation in Sekundenbruchteilen in alle Welt gemeldet wird. Sein Verlauf wird heute in Millionen elektronischer Rechner analysiert. Danach werden auch kurzfristige Kaufentscheidungen getroffen. Kein Wertpapiermakler (Broker) auf dem Globus kann heute noch ohne den Dow disponieren: Er ist der Pulsschlag der Weltleitbörse. Außer dem Dow Jones ist in Amerika der marktbreite Composite-Index der New York Stock Exchange (Nyse) ein angesehenes Marktbarometer. Etwas mehr Auswahl hat Standard & Poor's (S&P) getroffen. Die Rating-Agentur bietet mehrere Aktienindizes an: einer umfaßt 100 Aktienkurse, ein anderer 500. Außerdem hat S&P seine Aktienindizes untergliedert: in den 400 Industrials-Index, den Versorgungs-, Transport- und Finanz-Index. Aber auch die Nyse und ihre Indizes sind in Amerika nicht alles: Eine weitere wichtige Börse ist die Nasdaq. An der Nasdaq werden überwiegend „Nebenwerte" gehandelt, aber auch Aktien von weltbekannten Unternehmen wie Apple Computer oder Microsoft. Auch sie bietet einen Composite-Index an. Neben der in Amerika üblichen Index-Unterteilung in Transport, Versorgung und Industrie wird von der Nasdaq ein Finanz-, ein Bank- und ein Versicherungs-Aktien-Index berechnet.

Der Nikkei zum Frühstück

Den Nikkei zum Frühstück, das gilt für alle europäischen und amerikanischen Börsianer. Keiner in den westlichen Teilen der Welt will seinen erste Dispositionen für den neuen Handelstag planen, ohne zu wissen, wie die Aktien in Tokio geschlossen haben, einem der inzwischen wichtigsten Börsenplätze. Der Nikkei-Index ist ein Durchschnittskurs, der auf Basis von 225 Aktienkursen berechnet wird. In Hongkong blicken die Börsianer vornehmlich auf den Hang-Seng-Index, den Index der Hang-Seng-Bank. In Singapur ist der Strait-Time-Index von Bedeutung. Meistens gibt es für die wichtigen Aktienindizes sogenannte Unterindizes nach Branchen oder gar nach Marktbreite. In Europa liegt die wichtigste Aktienbörse auf einer Insel. In der britischen Hauptstadt London mißt der Index der Finanzzeitung Financial Times (FT) die Kursentwicklung an der Börse. Der vielbeachtete Index heißt genau Financial Times Stock Exchange Index 100; kurz FTSE-100; die Briten nennen ihn wegen dieser Abkürzung auch gern „Futsie". In Deutschland wird dieser Londoner Index auch als FT-100 abgekürzt. Er ist ein gewichteter Index, in den die Kurse von hundert Aktien eingehen, darunter sind British Telecom, Shell, Glaxo, British Petroleum, British Gas und B.A.T. Industries am stärksten gewichtet. Die Financial Times hat zusammen mit Goldman Sachs und Wood Mackenzie einen FT-Weltindex und verschiedene Länder-Indizes entwickelt. Ebenfalls für mehrere Länder hat die Bank J.P. Morgan Indizes für Staatsanleihen entwickelt. Jeden Montag sind diese Indizes und der Gesamtindex in der Frankfurter Allgemeinen Zeitung nachzulesen; für den deutschen Investor wird der Anlageerfolg in dieser wöchentlichen Tabelle nicht nur in lokaler Währung der betreffenden Staaten, sondern auch in D-Mark ausgedrückt.

Was Renditen besagen

Die Rendite soll dem Anleger Auskunft über die tatsächliche jährliche Verzinsung (effektive Verzinsung) geben. Damit sind Renditen auch „Wertmaßstäbe", die den Investoren bei Anlageentscheidungen eine Richtschnur bieten. Rein theoretisch gilt für den Anleger die Regel, je höher die Rendite, desto besser. Mehrere Formeln und Verfahren konkurrieren bei der Suche nach einer möglichst realisiischen Renditeberechnung. Wesentliche Einflußfaktoren für die Rendite einer Anleihe sind die Nominalverzinsung, die Laufzeit, die Tilgung, die Höhe des Kaufkurses und die Höhe der Rückzahlung (normalerweise werden Anleihen zur Fälligkeit mit 100 Prozent ihres Nominalbetrages fällig). Zu den Feinheiten der Berechnungen zählt, ob die Zinszahlungen einer Anleihe jährlich oder halbjährlich erfolgen; die halbjährliche Zahlung stellt einen Liquiditätsvorteil für den Anleiheinhaber gegenüber der jährlichen Zahlung dar.

In Zukunft wird eine weitere Feinheit der Rendite-Berechnung in der Behandlung der Stückzinsen liegen; dies ist eine Folge der vom deutschen Gesetzgeber geplanten Zinsabschlagssteuer auf Stückzinsen. Die Steuern sind jedoch ein so individueller Faktor, daß keine allgemein formulierte Rendite diesen Rechnung tragen kann. Weiterhin ist bei einer Renditeberechnung zu entscheiden, was mit den erhaltenen Zinsen während der Laufzeit geschehen soll. Ohne Zweifel müssen sie in die Rendite einbezogen werden. Doch die Anschlußfrage ist, werden diese Zinsen sofort wieder – in dieselben Papiere – reinvestiert, oder legt sie der Anleger für den Rest der Laufzeit zinslos in den „Sparstrumpf"? Entscheidend ist auch, ob eine Rendite für professionelle Fondsmanager oder für private Anleger errechnet wird.

Für private und institutionelle Anleger sind freilich auch noch die Kosten einer Anleiheinvestition zu berücksichtigen, bevor eine „Nettorendite" festgestellt werden kann. Was kostet Kauf und Verkauf der ins Auge gefaßten Anleihe, wie hoch sind die Kosten der Depotverwahrung? Eine Besonderheit in diesen Kosten bietet die Bundesschuldenverwaltung in Bad Homburg im Taunus: Dort können sich private Anleger kostengünstig ins Schuldenregister eintragen lassen. Damit ist zum Beispiel beim Erwerb von Bundesanleihen kein Depot bei Banken nötig. Auf diesen Kostenvorteil machen Banken in der Praxis aber kaum aufmerksam.

Die F.A.Z.-Renten-Rendite

Nach jedem Börsentag kann der private Anleger anhand der F.A.Z.-Renten-Rendite die Entwicklung der Zinsen am deutschen Rentenmarkt nachvollziehen. Die Rendite macht deutlich, welchen Ertrag ein festverzinsliches Wertpapier dem Erwerber bringt. Dabei hilft die Aufteilung der F.A.Z.-Renten-Rendite durch ihre Gliederung in öffentliche Anleihen, Pfandbriefe und Kommunalobligationen als auch durch die Gliederung in Restlaufzeiten von vier bis zehn Jahren. Die klare Trennung in jährliche Restlaufzeiten und die über das Kalenderjahr eher willkürlich – je nach Finanzierungsbedarf der öffentlichen Hände – gestreuten Emissionen machen eine Abgrenzung nötig: Die in die Berechnung einbezogenen Papiere haben Restlaufzeiten bis zu einem halben Jahr weniger und bis zu fünf Monaten mehr als die in der täglich erscheinenden Tabelle angegebenen vollen Jahre der Restlaufzeiten. Das bedeutet, daß das Bündel von einbezogenen festverzinslichen Wertpapieren in Laufzeitgruppen eingeteilt ist. Ein Beispiel: Anleihen, die noch drei Jahre und sechs Monate Laufzeit haben, und Titel, die bis zu ihrer Fälligkeit noch vier Jahre und fünf Monate haben, sind in der Restlaufzeitengruppe von vier Jahren zusammengefaßt. In die Berechnung aufgenommen werden nur Anleihen, die zum Fälligkeitszeitpunkt in einer Summe rückzahlbar sind. Anleiheschuldner können aus der Tabelle der F.A.Z.-Renten-Rendite ablesen, wie teuer mittel- bis langfristiges Kapital ist. Außerdem ist durch die Angabe von Vergangenheitswerten – in der Regel reicht die Tabelle neben dem täglichen Rentenmarktbericht bis zu drei Jahre zurück – eine steigende oder fallende Tendenz der deutschen Zinsen abzulesen.

Die Renten-Rendite hat zwei wichtige Bestandteile: die laufende Verzinsung, die sich durch die Kuponhöhe ausdrückt, und den Tilgungsgewinn oder -verlust, je nachdem, ob eine Anleihe unter Pari (unterhalb eines Börsenkurses von 100 Prozent) oder über Pari erworben wird. Nehmen wir eine Anleihe (Nominalwert 100 DM) mit einem Kupon von 6 Prozent (Nominalzins), die zu 98 Prozent an der Börse gekauft wird. Zusammengenommen ergibt dies eine laufende Verzinsung von 6,12 Prozent. Die „sichere" jährliche Verzinsung von 6 Prozent ist nicht durch Einsatz des vollen Nominalwertes (100 DM) erzielt worden, sondern mit nur 98 DM. Dazu kommt noch ein Tilgungsgewinn von zwei Prozentpunkten, da Anleihen üblicherweise zu 100 Prozent zurückgezahlt werden. Die Anleihe, die den Käufer 98 DM gekostet hat, ist bei der Rückzahlung 100 DM wert. Das ergibt einen Tilgungsgewinn von 2 DM, der nebenbei, falls der Anleger die Anleihe länger als sechs Monate hält, steuerfrei ist. Dieser Tilgungsgewinn muß in eine Renditebetrachtung einbezogen werden. In der F.A.Z.-Renten-Rendite ist der Tilgungsgewinn enthalten, und zwar laufzeitenabhängig; denn 2 DM Tilgungsgewinn innerhalb eines Jahres sind mehr wert als 2 DM Tilgungsgewinn innerhalb von zehn Jahren. Im übrigen setzt die F.A.Z. die Restlaufzeit in Tagen an und rundet nicht wie die Banken alle Monate auf 30 Tage, so daß ein Kalenderjahr am Ende 360 Tage hat. Für den privaten Anleger, und danach richtet sich die F.A.Z.-Renten-Rendite, ist die tatsächliche Restlaufzeit maßgebend.

$$C = p \cdot \frac{\left(1+\frac{p'}{100}\right)^n - 1}{\left(1+\frac{p'}{100}\right)^n \cdot \frac{p'}{100}} + \frac{V}{\left(1+\frac{p'}{100}\right)^n}$$

In der Formel steht C für mathematischer Kurs, p für Nominalverzinsung (Kupon), p' für effektive Verzinsung, V für den Rückzahlungspreis und n für die Restlaufzeit. Erkennbar sind die zwei Komponenten der Formel: der Barwert der Anleihezinsen und der Barwert des Betrages, der später zurückbezahlt wird. Für die wichtige Bestimmung von p' läuft über den Computer ein mathematisches Näherungsverfahren: Zunächst schätzt der Rechner p' und setzt den Wert in die Formel ein; dann wird p' so lange geändert, bis der mathematische Kurs C der Anleihe mit dem aktuellen Tageskurs der Anleihe übereinstimmt – zuvor ist ein gewünschter Grad der Übereinstimmung (die Genauigkeit) festgelegt worden.
Am Ende eines Monats werden durch den Rechner die Eingruppierungen der Rentenpapiere in Laufzeiten neu bestimmt. Anleihen, die jetzt unter das Limit von drei Jahren und sechs Monaten Restlaufzeit fallen, scheiden aus. Innerhalb der Kette der Laufzeiten rücken die entsprechenden Anleihen nach. Damit die Kette der zugrundeliegenden Rentenpapiere nicht abreißt, werden neue Emissionen mit einer Rest- oder Gesamtlaufzeit von zehn Jahren in die Berechnung aufgenommen. Die so neu aufgenommene Emission durchwandert Schritt für Schritt sämtliche Laufzeitengruppen der F.A.Z.-Renten-Rendite, bis sie am Ende mit einer Restlaufzeit von drei Jahren und fünf Monaten aus der Berechnung ausscheidet.

Die Umlaufrendite

Kurz vor Handelsschluß in Frankfurt treffen sich in einer Ecke des Rentensaals täglich Händler mit mobilen Telefonen und warten vor dem Büro der Deutschen Bundesbank.

Sie warten auf einen Zettel. Darauf wird täglich der neue Wert der Umlaufrendite bekanntgegeben und der Tagessaldo von öffentlichen Wertpapieren, die die Bundesbank und die anderen marktpflegenden Institute am Platz Frankfurt ver- oder gekauft haben. Die Angestellten aus den Bankbüros geben Rendite und Saldo an ihre Chefhändler, Kollegen und Analyseabteilungen weiter. Die Leser der Frankfurter Allgemeinen Zeitung finden die Umlaufrendite mit Vortagesangabe am Ende des Rentenmarkt-Berichts.

In die täglich von der Deutschen Bundesbank berechnete Umlaufrendite fließen seit 1977 alle Bundespapiere mit einer Laufzeit von mehr als drei Jahren ein. Wenn in Börsenberichten von der Umlaufrendite die Rede ist, wird die „Gesamtrendite" betrachtet; einzelne Anleihen, die darin einfließen, werden nach ihrem Emissionsvolumen gewichtet. Außerdem gibt es noch drei „Teilrenditen" für kurze, mittlere und lange Laufzeiten.

Die einbezogenen Bundespapiere sind Anleihen und Obligationen der Bundesrepublik Deutschland, Anleihen der Deutschen Bundespost, der Deutschen Bundesbahn, des Fonds Deutsche Einheit, Anleihen der Treuhandanstalt und auch ERP-Anleihen. Die Benennung als eine „Umlauf"-Rendite macht kenntlich, daß die Renditen von im Markt im Umlauf befindlichen Papieren in die Gesamtrendite eingehen. Im Gegensatz dazu stehen Emissionsrenditen von Papieren, die erst noch auf den Markt kommen. Jeden Monat gewichtet die Bundesbank bei der Berechnung der Umlaufrendite die Anzahl der im Umlauf befindlichen Anleihen neu. Kritiker der Umlaufrendite beklagen, daß die von der Bundesbank berechnete Durchschnittsrendite stark von der Länge der Laufzeiten bei den Neuemissionen des Bundes abhänge.

Deutscher Rentenindex (Rex und RexP)

Der Deutsche Rentenindex „Rex" ist eine der neuen Kennziffern der Frankfurter Börse, die Anfang der neunziger Jahre vorgestellt wurden. Der Rex soll den Kursverlauf deutscher Rentenwerte widerspiegeln. Er ist nach den Definitionen der Statistik kein Index, sondern ein Durchschnittskurs. Der neue Rex ist als Ergänzung zu den herkömmlichen Kennziffern wie der Umlaufrendite der Bundesbank oder der F.A.Z.-Renten-Rendite gedacht und konzipiert worden. Beim Rex wird mit „dreißig idealtypischen Anleihen mit ganzzahligen Laufzeiten von ein bis zehn Jahren und je drei Kupontypen (6 Prozent, 7,5 Prozent und 9 Prozent)" ein repräsentativer Ausschnitt aus dem deutschen Rentenmarkt definiert. Das Konzept: Ein gewichteter Durchschnittskurs aus Anleihen, die es so nicht gibt, mit konstanter Laufzeit.

Auf den Rex sind inzwischen auch schon Optionen begeben worden: zum Beispiel von der Bayerischen Hypotheken- und Wechsel-Bank AG, München. Im Frühjahr 1992 stellte die Börse in Frankfurt den Rex-Performance-Index (kurz RexP) als Weiterentwicklung des Rex vor.

Der Performance-Index, der so gerechnet wird, als ob Erträge aus den Papieren täglich wieder angelegt würden, soll vor allem den professionellen Fondsmanagern eine Kennziffer an die Hand geben, die das Ergebnis einer Geldanlage in D-Mark-Rentenwerten überprüfbar macht. Als Basisdatum für den RexP wurde der Ultimo 1987 gewählt; zu diesem Zeitpunkt lautet der Performance-Index auf 100 Punkte. Neben den Reinvestitionen sind die Kursveränderungen des Rex die Performance-Komponenten des RexP. Rex und RexP, die beide täglich zum Börsenschluß berechnet werden, veröffentlicht die Frankfurter Allgemeine Zeitung am Ende des Rentenmarktberichts.

Die Börsenstatistik

Die Statistik an den Börsen stammt heute aus Großrechnern. Die Frankfurter Allgemeine Zeitung druckt die Statistik der Frankfurter Börse ab sowie die Deutsche Börsenstatistik. Wichtig für Börsianer und Leser sind die Angaben über das Geschäftsvolumen. Dahinter steckt immer die Frage, ob die Kursentwicklung am betreffenden Tag auch von einem kräftigen Handel getragen wurde. Haben viele die genannten Kurse „bezahlt"? Von der Frankfurter Wertpapierbörse wird täglich ein Umsatzindex (Basis 1968 = 100) veröffentlicht, der ähnlich wie gewichtete Aktienindizes berechnet wird.

Ergänzende Angaben

Die Aktien- und Rentenmärkte sind keine abgeschotteten und isolierten Märkte. Sie stehen zum einen in einer gegenseitigen Wechselbeziehung. Die alte Börsenregel „Fallende Zinsen sind gut für steigende Aktienkurse" ist Ausdruck dafür. Und sie stehen zum anderen auch mit den Geld-, Devisen- und Terminmärkten in enger Verbindung. Deshalb werden in den Börsenberichten und Kurszetteln die Angaben über den Diskont- und Lombardsatz der Deutschen Bundesbank veröffentlicht, die wichtigsten Geldmarktsätze werden zitiert und weitere Börsenfaktoren und Indizes benannt. In rezessiven Zeiten finden auch die Bewertungen – sogenannte Ratings – von Schulden und Schuldnern stärkeres Interesse. Zwei der wichtigsten Agenturen, die solche Ratings erstellen, sind Moody's und Standard & Poor's. Vor allem für Anleger im Markt von D-Mark-Auslandsanleihen oder Euro-Anleihen können diese Bewertungen hilfreich sein.

8. DER GELDMARKT

Der Geldmarkt ist, was man am Geldmarkt dafür hält, lautet ein Bonmot. Es ist in der Tat schwer, genau zu definieren, was zum Geldmarkt zählt. Nach dem traditionellen Verständnis werden die kurzfristigen Geschäfte mit Krediten und Wertpapieren zwischen Bundesbank und Geschäftsbanken sowie den Geschäftsbanken untereinander als der Geldmarkt verstanden. Dabei ist der Begriff kurzfristig ebenfalls nicht genau definiert. Üblicherweise werden darunter Geschäfte mit Laufzeiten bis einem Jahr, höchstens zwei Jahren erfaßt. Mittlerweile gibt es allerdings auch kurzfristige Wertpapiere, die auch von Unternehmen, Kapitalsammelstellen wie Fonds und Versicherungen sowie in Einzelfällen auch von vermögenden Privatanlegern erworben werden können. Diese Geschäfte bilden mit dem traditionellen Geldmarkt den sogenannten erweiterten Geldmarkt. Schließlich findet der Geldhandel auch außerhalb des Gültigkeitsbereiches einer nationalen Währung statt. An den Finanzmärkten spricht man in diesem Fall vom Euro-Geldmarkt.
Nach traditionellem Verständnis zählen zum Geldmarkt der Handel mit Zentralbankgeld (das sind Guthaben auf einem Konto bei der Deutschen Bundesbank und das Bargeld) sowie Geschäfte mit kurz laufenden Wertpapieren, die von der Deutschen Bundesbank zur Steuerung des Geldumlaufes begeben werden. Die wichtigsten Teilnehmer an diesem Markt sind die Bundesbank sowie die bei ihr Konten unterhaltenden Geschäftsbanken. Die Motive dieser beiden Gruppen sind allerdings sehr unterschiedlich: Während die Bundesbank den Geldmarkt zur Umsetzung ihrer gesamtwirtschaftlich ausgerichteten Geldpolitik nutzt, orientiert sich das Verhalten der

Geschäftsbanken an der Erzielung eines möglichst hohen Gewinns aus ihren Geldhandelsgeschäften.

Banken und Sparkassen betreiben nicht nur Geschäfte mit Privat- und Firmenkunden, sondern auch mit anderen Kreditinstituten. Der aus diesen Geschäften entstehende Zahlungsverkehr zwischen den Instituten wird in Deutschland über fünf Zahlungs- und Verrechnungssysteme, Gironetze genannt, abgewickelt. Dies sind
– das Gironetz der Sparkassen und Girozentralen
– der Genossenschaftsring
– die Gironetze der privaten Banken, vor allem der Großbanken
– das Gironetz der Postgiroämter sowie
– das Gironetz der Deutschen Bundesbank, das über die Landeszentralbanken abgewickelt wird.

Der Genossenschaftsring beispielsweise wickelt Zahlungen zwischen den Volksbanken und Raiffeisenbanken ab, das Gironetz einer Großbank alle Zahlungen, die zwischen den Niederlassungen der jeweiligen Großbank anfallen. Dennoch ist das von

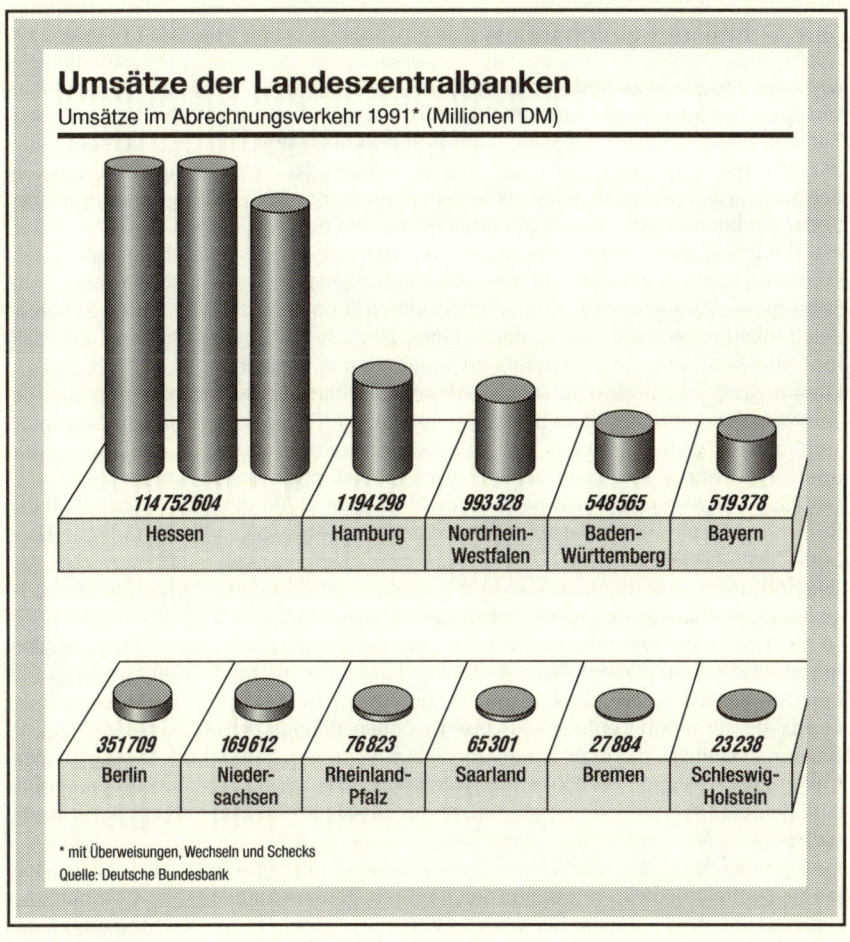

der Bundesbank zur Verfügung gestellte Zahlungs- und Abwicklungssystem das bedeutendste, weil es alle Zahlungen abwickelt, die nicht innerhalb der übrigen Gironetze abgewickelt werden können. Eine Zahlung von der Commerzbank Köln zur Sparkasse Köln bedarf der Einschaltung des Bundesbanknetzes ebenso wie die Abwicklung einer Zahlung von einer Volksbank zur Postbank. Dazu unterhalten die Banken und Sparkassen Konten bei den Hauptverwaltungen der Bundesbank, den Landeszentralbanken. Dort liefern sie täglich ihre Zahlungsaufträge ein – traditionell in Form von Papier (vor allem Scheck- und Überweisungsformulare), seit neuestem auch auf elektronischen Datenträgern. Nach Verrechnung aller Zahlungen informiert die Landeszentralbank die Banken und Sparkassen über ihren neuen Kontostand. Die Grafik verdeutlicht die enormen Beträge, die von den Landeszentralbanken heute abgewickelt werden. Die herausgehobene Stellung Frankfurts bei den Umsätzen belegt die Position dieses Finanzplatzes als Drehscheibe des deutschen Geld- und Kapitalverkehrs, wobei zu berücksichtigen ist, daß ein erheblicher Teil des Zahlungsverkehrs mit dem Ausland über die in Frankfurt ansässige Landeszentralbank abgewickelt wird.

Die Technik des Geldhandels

Die Zahlungseingänge und -ausgänge eines Tages werden sich bei den meisten Banken nicht ausgleichen. Da die Guthaben bei der Bundesbank unverzinslich sind, haben Banken mit überschüssigen Mitteln auf ihrem Bundesbank-Konto ein verständliches Interesse daran, diese Gelder verzinslich anzulegen. So bietet es sich an, diese Gelder an jene Banken auszuleihen, die als Folge übergroßer Zahlungsausgänge einen Bedarf an kurzfristigen Mitteln auf ihrem Konto bei der Bundesbank besitzen. Solche Handelsgeschäfte werden in der Regel mit sehr kurzen Fristen abgeschlossen, da sich bei Banken, die heute einen Überschuß an Guthaben aufweisen, schon morgen als Folge großer Abflüsse ein Kreditbedarf einstellen kann. Eine der wichtigsten Aufgaben des Bankmanagements besteht darin, einen Überblick über diese kurzfristigen Zahlungsströme zu erhalten, sie richtig zu planen und zu steuern.
Die kürzeste Frist für ein solches Geldmarktgeschäft beträgt derzeit einen Tag; der Teilmarkt für diese Geschäfte heißt Tagesgeldmarkt. Etwas längerfristigere Geschäfte, Termingelder genannt, laufen über standardisierte Fristen von ein, zwei, drei, sechs und zwölf Monaten. Die Geschäfte werden telefonisch vereinbart und schriftlich bestätigt. Die Mindestsumme beträgt gewöhnlich eine Million DM. Einen offiziellen Börsenhandel gibt es für diese Geldmarktgeschäfte ebensowenig wie amtliche Kurs- oder Zinsfeststellungen.
Die Rolle der Bundesbank am Geldmarkt erwächst aus der Tatsache, daß sie die Menge des Zentralbankgeldes, also Höhe der gesamten Guthaben der Banken bei ihr, ebenso festlegen kann wie den Zinssatz, zu dem sie diese Mittel bereitstellt. Außerdem bestimmt sie die Höhe der von den Banken bei ihr zu unterhaltenden Mindestguthaben (Mindestreservepolitik). Banken, die sich in der Gefahr befinden, ein zu geringes Guthaben auf ihrem Konto auszuweisen, können sich auf dem Geldmarkt Mittel bei Banken ausleihen, die über einen Überschuß verfügen. Sowohl die Menge an Zentralbankgeld als auch die Höhe der Notenbankzinsen wie die Mindestreservepolitik sind geldpolitische Handlungsgrößen, deren Einsatz im Abschnitt über die Geldpolitik beschrieben werden.
Gelegentlich bietet die Bundesbank, wenn sie aus geldpolitischen Gründen die Menge an Zentralbankgeld verringern möchte, den Banken kurzlaufende Geldmarktpapiere an, die mit Guthaben bei der Bundesbank bezahlt werden. Zu diesen Papieren

zählen die Unverzinslichen Schatzanweisungen (kurz U-Schätze genannt), die je nach Bedarf ab einem Betrag von 100 000 DM mit Laufzeiten bis zu zwei Jahren ausgegeben werden. Sie werden fast ausschließlich von Banken, darunter auch ausländischen Notenbanken, erworben. Daneben gibt es Schatzwechsel mit Laufzeiten zwischen 30 und 90 Tagen. Seit kurzer Zeit bietet die Bundesbank zusätzlich sogenannte Bundesbank-Liquiditäts-U-Schätze (Bulis) mit Laufzeiten von drei, sechs und neun Monaten an, die auch von Unternehmen und Privatpersonen erworben werden können. Zur Geldmarktregulierung gehört auch die Diskontpolitik, also der Ankauf von Wechseln (siehe Kapitel Geldpolitik).

Für die Zinsbildung am Geldmarkt besitzen die Zinssätze, die von der Bundesbank für die Bereitstellung von Zentralbankgeld verlangt werden, eine überragende Bedeutung. Allerdings ist der Zinssatz für Geldhandelsgeschäfte nicht immer einheitlich: Manche kleinen Häuser zahlen häufig einen etwas höheren Zins als große Banken mit bester Reputation. Einen Überblick über die durchschnittlichen Zinssätze für Termingelder im Handel unter Banken geben die arbeitstäglich für mehrere Laufzeiten veröffentlichten Fibor-Sätze, denen Umfragen bei 19 am deutschen Geldmarkt tätigen Banken zugrunde liegen. Fibor steht als Abkürzung für „Frankfurt interbank offered rate".

Geldmarktpapiere

Mit der raschen Weiterentwicklung der Finanzmärkte in den vergangenen Jahren haben sich im Geschäft der Banken und Sparkassen mit ihren Kunden Geschäftsformen herausgebildet, die mittlerweile oft auch als Geldmarktgeschäft bezeichnet werden, obwohl sie nicht über Konten der Banken bei der Deutschen Bundesbank, sondern über die Konten von Kunden bei den Banken und Sparkassen abgewickelt werden. Die größte Bedeutung kommt hierbei von Banken und anderen Unternehmen begebenen kurzfristigen Wertpapieren zu, die eine attraktive Alternative zur Termingeldanlage bei einer Bank sein können. Ein mittlerweile auch in Deutschland verbreitetes Geldmarktpapier ist das Commercial Paper (CP). Dabei handelt es sich um Wertpapiere mit Laufzeiten meist zwischen wenigen Tagen und zwei Jahren. Sie werden nicht an Börsen gehandelt, sondern angesichts der kurzen Laufzeiten von ihren Erwerbern meist bis zur Fälligkeit behalten. Wegen des hohen Mindestanlagebetrages von 500 000 DM und mehr sind Commercial Papers vor allem für anlagesuchende Unternehmen und Kapitalanlagegesellschaften geeignet. Commercial Papers werden gewöhnlich von Unternehmen mit erstrangiger Bonität begeben. Die Verzinsung dieser Papiere orientiert sich ebenfalls stark an den Notenbankzinsen. Das Volumen der in Deutschland begebenen Commercial Papers lag im Frühjahr 1993 bei annähernd 40 Milliarden DM.

Andere im Ausland übliche Geldmarktpapiere wie die in Wertpapierform gehandelten Termineinlagen bei Banken, Certificates of Deposits beziehungsweise Depositenzertifikat genannte spielen in Deutschland nur eine geringe Rolle. Ebenfalls noch nicht recht durchgesetzt haben sich in Deutschland die für Bedürfnisse des privaten Anlegers zugeschnittenen Geldmarktfonds. Das sind Investmentfonds, die einen relativ großen Teil ihrer Mittel in kurz laufende Wertpapiere und Termingeldanlagen investieren. Als geldmarktähnliche Papiere können ferner Anleihen und Obligationen mit Restlaufzeiten von weniger als zwei Jahren bezeichnet werden sowie variabel verzinsliche Anleihen (Floater). Floater besitzen zwar zumeist lange Laufzeiten von fünf Jahren und mehr, doch orientiert sich ihre Verzinsung wegen der häufigen Zinsanpassungen an den Konditionen des Geldmarktes.

Der Euro-Geldmarkt

Ein am Umsatz gemessen großer Teil des Handels in D-Mark sowie in Geldmarktpapieren findet nicht in Deutschland, sondern am sogenannten Euromarkt in London und Luxemburg statt. An diesem Geschäft beteiligen sich vor allem Geschäftsbanken, aber auch Notenbanken und Großunternehmen. Die Rolle der Bundesbank als Abwicklungs- und Kontoführungsbank übernehmen dort große Geschäftsbanken. Dennoch findet der gut organisierte Handel an den Euromärkten nicht losgelöst vom deutschen Handel statt, weil die großen Euro-Banken, darunter Filialen und Tochtergesellschaften der großen deutschen Institute, bei Liquiditätsengpässen im Zweifel auf die Mittelbeschaffung bei der Bundesbank angewiesen sind. Insofern besteht zwischen dem nationalen Geldmarkt und dem Euromarkt ein enger Zinsverbund.

Der Grund für das Wachstum der Euromärkte, die es nicht nur für Geld, sondern auch für Devisen und Kapital gibt, sind die Handlungsfreiheit der Geschäftsbanken einschränkende Regelungen in den Heimatländern der Banken. So gilt die Erhebung von Mindestreserven durch die Deutsche Bundesbank als eine wichtige Ursache für die Entstehung des Euro-Geldmarktes für D-Mark. Da Banken an den Euromärkten nicht verpflichtet sind, unverzinsliche Mindestreserven bei der Bundesbank zu unterhalten, können sie kurzfristige Gelder zu einem etwas günstigeren Zinssatz ausleihen als ihre in Deutschland ansässigen Konkurrenten. Die Bundesbank sieht in der Verlagerung umfangreicher Beträge an die nichtregulierten Euromärkte ein Erschwernis für die Durchführung ihrer Geldpolitik.

Ebenso wie in Frankfurt werden in London täglich repräsentative Zinssätze für den Handel mit D-Mark-Termineinlagen mit unterschiedlichen Laufzeiten veröffentlicht. Diese Sätze werden als Libor („London interbank offered rate") bezeichnet.

9. DEVISENMARKT UND EURO-KAPITALMARKT

Der Devisenmarkt

In einer international verflochtenen Wirtschaft kommt Fremdwährungen eine große Bedeutung zu. Fremde Währungen können ebenso wie die eigene Währung in Form von Bankguthaben, Wertpapieren oder als Bargeld gehalten werden. Bankguthaben in ausländischer Währung heißen Devisen. Ausländisches Bargeld, das auch häufig mit dem Wort Devisen bezeichnet wird, heißt im Fachjargon der Banken Sorten. Den Handel mit Bankguthaben, die auf fremde Währung lauten, nennt man Devisenhandel. Dort, wo Devisen ge- und verkauft werden, ist der Devisenmarkt. Der moderne Devisenmarkt funktioniert weitgehend losgelöst von der amtlichen Börse. Zwar gibt es in einzelnen Ländern wie in Deutschland noch einen amtlichen Börsenhandel mit Devisen.

Der weitaus größte Teil des Handels wird jedoch über Telefon, Computer, Telex oder Telefax in den Büros von Banken und Maklern abgewickelt; an vielen Orten gleichzeitig und rund um die Uhr. Wenn ein Devisenhändler in Europa morgens sein Büro betritt, haben in den Stunden zuvor seine Kollegen in Asien ihre Geschäfte abgeschlossen. An den europäischen Handel schließt sich nachmittags übergangslos der Handel in Amerika an. Der Devisenhandel in Amerika wird – nach europäischer Zeit etwa gegen Mitternacht – wiederum vom Handel in Asien abgelöst; und so beginnt der Handelskreislauf von neuem.

An den führenden Devisenhandelsplätzen werden alle bedeutenden Währungen der Welt gehandelt, vor allem im Austausch gegen amerikanische Dollar. Der Dollar dient als „Vehikelwährung". Das heißt, erst durch Einschaltung der Dollarmärkte lassen sich zwei Drittwährungen gegeneinander tauschen. Eine Bank, die beispielsweise italienische Lire gegen Hergabe von mexikanischen Pesos kaufen will, wird wegen der geringen Nachfrage nach diesen Währungen kaum einen Markt finden, in dem sie Lire gegen Pesos direkt tauschen kann. Dagegen läßt sich das Geschäft unter Einschaltung der umsatzstarken Dollarmärkte leicht abwickeln. Die Bank verkauft ihre Pesos gegen Dollar und erwirbt anschließend mit dem Verkauf der Dollar die gewünschten Lire. In Europa hat die D-Mark in den vergangenen Jahren den Status einer zweiten Vehikelwährung erlangt.

Die internationalen Devisenmärkte sind in den vergangenen Jahren eng zusammengewachsen. Heutzutage lassen sich in Tokio genau so einfach große Beträge an D-Mark gegen Dollar kaufen wie in Frankfurt, London oder New York. Gleichzeitig sind die Umsätze sprunghaft gestiegen. Fachleute schätzen, daß gegenwärtig an jedem Geschäftstag Devisen im Wert von rund 1000 Milliarden Dollar gehandelt werden. Vor zehn Jahren war es nicht einmal die Hälfte. Für diesen kräftigen Zuwachs lassen sich vor allem zwei Gründe ausmachen:
- die Entwicklung leistungsfähiger Techniken für Handel und Geschäftsabwicklung, die der Beschleunigung sowie der weltweiten Vernetzung des Handels Vorschub geleistet haben, sowie
- die Liberalisierung vieler Finanzmärkte in den achtziger und frühen neunziger Jahren, als deren Folge auch viele Hemmnisse für den Devisenhandel, etwa Beschränkungen der Ein- und Ausfuhr von Fremdwährungen in vielen Ländern, entfallen sind. Hinzu kommt, daß die Banken in ihren Devisengeschäften kaum durch Regelungen der Aufsichtsbehörden behindert werden.

In der Rangliste der führenden Devisenhandelszentren liegt London an der Spitze vor New York. Frankfurt als mit Abstand größter deutscher Handelsplatz nimmt im internationalen Vergleich nur eine mittlere Rolle ein.

Teilnehmer am Devisenmarkt

Die wichtigste Rolle im Devisenhandel spielen die Geschäftsbanken. Sie tätigen Devisengeschäfte sowohl für ihre Kunden – seien es Privatleute, Unternehmen oder andere Finanzinstitute wie Versicherungen oder Fondsgesellschaften – wie auch auf eigene Rechnung. Hierzu unterhalten die Banken im Ausland Fremdwährungskonten, über die sie ihre Devisengeschafte abwickeln.

In den vergangenen Jahren hat außerdem die Bedeutung der Devisenmakler zugenommen. Die Maklerfirmen sind personell und technisch meist sehr gut ausgestattete Devisen-Handelsunternehmen. Sie vermitteln Geschäfte, indem sie von Banken oder anderen Maklern Devisen ankaufen, um sie – wenn möglich, mit einem Kursaufschlag – an andere Banken oder Makler zu verkaufen. Makler unterhalten, wie große Banken auch, zahlreiche Telefon-Standleitungen zu Banken und anderen Maklerhäusern, um jederzeit Ansprechpartner für ihre Geschäfte zu finden. Der Anteil der gut ein Dutzend deutschen Maklerfirmen am hiesigen Devisenhandel wird von Branchenkennern auf rund 50 Prozent geschätzt. Makler verlangen für ihre Geschäfte von den Banken Gebühren.

Die dritte bedeutende Teilnehmergruppe am Devisenhandel sind die Notenbanken, darunter die Deutsche Bundesbank. Notenbanken beteiligen sich gewöhnlich aus zwei

Gründen am Devisenhandel. Wie Geschäftsbanken betreiben sie kommerzielle Geschäfte, indem sie beispielsweise Zinserträge aus ihren Fremdwährungsanlagen in heimische Währung tauschen oder für ihre Regierungen Überweisungen in das Ausland vornehmen. Daneben greifen Notenbanken gelegentlich aus währungspolitischen Gründen am Devisenmarkt ein, um über Käufe oder Verkäufe von Devisen Wechselkurse zu beeinflussen. Solche Geschäfte werden im Sinne einer möglichst großen Wirksamkeit häufig zur gleichen Zeit von mehreren Notenbanken vorgenommen. In der Sprache der Wirtschaft heißen diese Geschäfte Interventionen.

Die Welt am Telefon: Devisenmakler in Frankfurt

Wechselkurs und Devisenbörse

Der Preis, zu dem Währungen am Devisenmarkt getauscht werden, ist der Wechselkurs, gelegentlich auch Devisenkurs genannt. Der Wechselkurs drückt in Deutschland gewöhnlich aus, wieviel 100 Einheiten einer Fremdwährung in D-Mark kosten. Ein Wechselkurs des Französischen Franc von 29,70 DM bedeutet, daß 100 Franc 29,70 DM kosten. In seltenen Fällen, etwa bei den Dollarwährungen oder beim britischen Pfund Sterling, beschreibt der Wechselkurs, wieviel eine Einheit Fremdwährung in D-Mark kostet. Beim Wechselkurs der italienischen Lira werden 1000 Einheiten in das Verhältnis zur D-Mark gesetzt.
Im Devisenhandel zwischen Banken und Maklern werden zur gleichen Zeit stets zwei Kurse für eine Währung genannt: der Ankaufskurs (auch Geldkurs oder einfach nur Geld genannt) und der Verkaufskurs (Briefkurs oder Brief). Der rege Wettbewerb zwi-

schen den Banken sorgt dafür, daß diese Spannen klein bleiben und oft nur ein zehntel oder ein zwanzigstel Pfennig je gehandelten Dollar im Kassahandel ausmachen. Wenn eine Bank über ein Bildschirmsystem oder Telefon mitteilt, bei ihr werde der Dollar gerade mit 1,5780/90 DM bezahlt, dann bedeutet dies, daß die Bank bereit ist, Dollar zu einem Kurs von 1,5780 DM zu kaufen und zu 1,5790 DM zu verkaufen. Die Spanne, ein zehntel Pfennig je Dollar, verbleibt der Bank als Erlös.

Eine Besonderheit der amtlichen Devisenbörse besteht darin, daß dort zunächst ein Mittelkurs berechnet wird, zu dem sich Angebot und Nachfrage nach der jeweiligen Währung ausgleichen. Durch Abzug vom beziehungsweise Aufschlag auf den Mittelkurs errechnet der Makler daraufhin einen amtlichen Ankaufs- (Geld) und Verkaufskurs (Brief). Die Abstände zwischen Mittelkurs sowie Geld- und Briefkurs sind für jede Währung festgelegt. An den deutschen Devisenbörsen beträgt diese Spanne beispielsweise für den Dollarkurs 0,0040 DM je Dollar. Bei einem Mittelkurs von 1,6000 DM für den Dollar errechnet sich also ein Geldkurs von 1,5960 DM und ein Briefkurs von 1,6040 DM. Bankkunden haben in Deutschland ein Anrecht darauf, ihre Devisengeschäfte zu den amtlichen Geld- und Briefkursen abgerechnet zu bekommen; es sei denn, sie hätten mit ihrer Bank etwas anderes vereinbart. Die Bestimmung dieser amtlichen Kurse ist im Grunde die einzige Aufgabe, die der Börse verblieben ist. In Deutschland gibt es zwar fünf Devisenbörsen – Frankfurt, Düsseldorf, München, Berlin und Hamburg –, aber nur einen amtlichen Mittelkurs für jede Währung. Diese Kurse werden börsentäglich gegen 13 Uhr unter Führung des Frankfurter Devisenmaklers festgestellt. Er ist mit vielen Telefonen ausgestattet, um jederzeit mit seinen Kollegen an den anderen Börsen über die Marktlage sprechen zu können. Die von ihm festgestellten Mittelkurse sowie die Geld- und Briefkurse werden anschließend von den übrigen deutschen Börsen übernommen.

Die größten Devisenhandelsplätze

Land	Tagesumsatz in Milliarden Dollar	Anteil in Prozent
Großbritannien	300	27
Vereinigte Staaten	192	17
Japan	126	11
Singapur	76	7
Schweiz	68	6
Hongkong	61	5
Deutschland	57	5
Frankreich	36	3
Australien	30	3
Sonstige	185	16

Stand: April 1992
Quelle: Bank für Internationalen Zahlungsausgleich, Basel

Der Devisen-Kassamarkt

Geschäfte am Devisenmarkt lassen sich danach unterscheiden, ob sie kurzfristig erfüllt werden müssen oder erst nach einer im vorhinein festgelegten Zeit. Die sogenannten Devisen-Kassageschäfte sind zumeist innerhalb von zwei Geschäftstagen nach

Abschluß zu erfüllen. Die Banken haben sich international auf diese Erfüllungsfrist geeinigt, weil die Abrechnung und Verbuchung der zahlreichen Devisengeschäfte Zeit erfordert. Kauft die Dresdner Bank am Kassamarkt beispielsweise 10 Millionen Dollar gegen D-Mark von der Commerzbank, so muß sie innerhalb von zwei Geschäftstagen den D-Mark-Gegenwert der 10 Millionen Dollar auf ein D-Mark-Konto der Commerzbank überweisen. Umgekehrt ist die Commerzbank verpflichtet, innerhalb von zwei Geschäftstagen 10 Millionen Dollar auf ein Dollar-Konto der Dresdner Bank zu überweisen.

Kassageschäfte besitzen nach neueren Untersuchungen einen Anteil von etwa 60 Prozent an allen Devisengeschäften. Der moderne Kassahandel ist sehr leistungsfähig, da der Umsatz je Geschäft meist zwischen 3 und 20 Millionen Dollar beträgt; Standardumsätze sind 5 und 10 Millionen Dollar. Die Wechselkurse am Kassamarkt werden auch als Kassakurse bezeichnet. Der weitaus größte Teil der Kassageschäfte sind heute Eigengeschäfte der Banken und anderen Finanzunternehmen ohne jeden Bezug zu sonstigen Kunden. Man schätzt, daß der Anteil des Devisenhandels, dem internationale Gütergeschäfte sowie andere Geschäfte von Bankkunden zugrunde liegen, am gesamten Devisenhandel nur noch rund 5 Prozent beträgt. Das heißt, der weit überwiegende Teil des Devisenhandels hat nichts mit Exporten von Gütern und Dienstleistungen zu tun.

Der umsatzstarke Eigenhandel der Banken läßt sich in Spekulationsgeschäfte und Arbitragegeschäfte unterscheiden, von denen eine Reihe die gleichzeitige Nutzung von Kassa- und Terminmärkten voraussetzt. Diese Geschäfte werden im Abschnitt über den Devisen-Terminhandel beschrieben. Das typische Spekulationsgeschäft am Kassamarkt ist der Kauf beziehungsweise Verkauf von Devisen in Erwartung einer Änderung des Wechselkurses. In Anbetracht der großen Handelsbeträge versuchen viele Banken, auch dann erwartete Kursänderungen auszunutzen, wenn sie sehr klein sind. Eine Bank mag an einem Vormittag erwarten, daß die Deutsche Bundesbank am frühen Nachmittag ihre Leitzinsen senken und daraufhin der Kurs des Dollar gegenüber der D-Mark um einen halben bis einen Pfennig steigen wird. In diesem Fall kauft die Bank vormittags Dollar. Behält die Bank mit ihrer Erwartung recht, verkauft sie die Dollar nachmittags zu einem höheren Kurs mit Gewinn. Erweist sich die Spekulation als falsch, kann es sein, daß die Bank ihre Dollar nachmittags nur zu einem niedrigeren Kurs als am Vormittag, also mit Verlust, verkaufen kann. In diesem Fall muß sie entscheiden, ob sie den Verlust in Kauf nehmen oder ob sie ihren Dollarbetrag weiter halten und damit auf Kursgewinne in der Zukunft spekulieren will. Kassamärkte eignen sich indessen nicht nur für Spekulationen auf Aufwertungen bestimmter Währungen. Ebenso läßt sich mit einer richtig eingeschätzten Abwertung Geld verdienen, indem die spekulierende Bank zunächst die abwertungsverdächtige Fremdwährung verkauft, um sie erst später zum erwartet niedrigen Kurs zurückzukaufen.

Spekulationsgeschäfte beinhalten also Chancen und Risiken. Trotz aller Versuche von Banken, einigermaßen zuverlässige Prognosen über die Entwicklung der Wechselkurse zu erstellen, erweisen sich zahlreiche Voraussagen im nachhinein als falsch. Daher stehen Gewinnen im Devisenhandel immer wieder auch Verluste gegenüber, die in Anbetracht der enormen Umsätze erhebliche Beträge ausmachen können.

Ein wichtiger Bestandteil des Eigenhandels der Banken bilden neben den Kursspekulationen noch die Arbitragegeschäfte, wobei das französische Wort Arbitrage für Kurs- oder Zinsdifferenz steht. Währungen werden an zahlreichen Handelsplätzen zur gleichen Zeit gehandelt, allerdings nicht immer zu identischen Kursen. Wenn der Kurs des Dollar gegenüber der D-Mark in Tokio als Folge eines plötzlichen Dollarangebotes unter das Kursniveau an anderen Handelsplätzen fällt, kaufen international tätige Banken oder Makler in Tokio Dollar, um sie gleich anschließend an einem anderen Platz, etwa in London, mit einem Gewinn zum höheren Kurs verkaufen. Diese Arbitragegeschäfte finden so lange statt, bis sich die Kurse an allen Märkten wieder aneinander angeglichen haben.

Eine spezielle, gleichwohl häufig angewandte Form des Kursausgleichs ist die sogenannte Dreiecksarbitrage. Sie entsteht dadurch, daß aus zwei Wechselkursen zwischen drei Währungen ein sogenannter Kreuzwechselkurs, in der Fachsprache mit dem englischen Begriff cross-rate bezeichnet, errechnet werden kann. So kann man aus den aktuellen Wechselkursen zwischen Dollar und D-Mark sowie Dollar und Franken einen Kreuzwechselkurs zwischen D-Mark und Franken errechnen. Zeigt sich, daß dieser Kurs vom tatsächlichen D-Mark/Franken-Marktkurs abweicht, bieten sich Möglichkeiten zu gewinnbringenden Arbitragegeschäften zwischen den drei Währungen.

Der Devisen-Terminmarkt

An den Devisen-Terminmärkten werden Devisengeschäfte abgeschlossen, die im Unterschied zu Kassageschäften nicht in zwei Geschäftstagen, sondern erst weiter in der Zukunft erfüllt werden müssen. Die Fristen, nach deren Ablauf die Geschäfte erfüllt werden, sind aus Gründen der Vereinfachung standardisiert und werden meist in Monaten gemessen. Am Frankfurter Markt für „Monatsdollar" werden beispielsweise D-Mark/Dollar-Geschäfte getätigt, die in einem Monat erfüllt werden müssen. Entsprechendes gilt für „Dreimonatsdollar" oder „Sechsmonatsdollar". Die längsten Fristen, zu denen sich noch ein umsatzreicher Markt organisieren läßt, liegen gegenwärtig bei einem Jahr. Die Bedeutung der Terminmärkte ist in der jüngsten Zeit erheblich gewachsen. Nach Schätzungen dürften heute etwa 40 Prozent aller Devisengeschäfte über Terminmärkte abgewickelt werden.

Devisenumsätze nach Währungen

Währungspaar	Anteil in Prozent
Dollar/D-Mark	25,4
Dollar/Yen	20,2
Dollar/Pfund Sterling	9,5
Dollar/Schweizer Franken	6,1
Dollar/Kanada-Dollar	3,2
D-Mark/Pfund Sterling	3,1
D-Mark/Yen	2,5
Dollar/Austral-Dollar	2,3
Dollar/Französischer Franc	2,3
D-Mark/Schweizer Franken	1,7
EWS-Währungen untereinander[1]	4,1
Sonstige	19,6

1 außer D-Mark/Pfund Sterling
Dollar-Amerikanischer Dollar
Stand: April 1992
Quelle: Bank für Internationalen Zahlungsausgleich, Basel

Die wichtigste Triebkraft zur Entwicklung von Terminmärkten ist der Absicherungsbedarf. Ein deutscher Exporteur, der Waren nach Amerika liefert und seinem Abnehmer eine Zahlungsfrist von drei Monaten einräumt, nach deren Ende der Rechnungsbetrag in Dollar zu entrichten ist, geht ein Wechselkursrisiko ein. Der Kurs des Dollar gegenüber der D-Mark kann in drei Monaten ebenso über wie unter dem Kurs vom Tage der Warenlieferung liegen. Will der Exporteur dieses Risiko ausschalten, kann er versuchen, seine Dollarforderung an jemanden zu verkaufen, der in drei Monaten Dollar liefern muß. Das kann ein deutscher Importeur sein, der aus Amerika Waren bezieht, die er in einem Vierteljahr in Dollar bezahlen soll. Auch dieser Importeur trägt ein Kursrisiko, weil er nicht weiß, wie der Dollarkurs in drei Monaten sein wird. Kommen der Exporteur und der Importeur – durch Vermittlung von Banken – an einem Terminmarkt zusammen, kann der Exporteur dem Importeur die in drei Monaten fälligen Dollar zu einem beiden genehmen Kurs im voraus verkaufen. Durch dieses Termingeschäft haben beide Parteien ihr Wechselkursrisiko beseitigt.

Neben Teilnehmern, die Risiken absichern wollen, treten am Terminmarkt auch Spekulanten auf. Ausgangspunkt der Spekulationen sind erwartete Unterschiede zwischen dem für die Zukunft erwarteten Wechselkurs am Kassamarkt und dem gegenwärtigen Terminkurs. Ein Beispiel: Nehmen wir an, der gegenwärtige Wechselkurs für Dreimonatsdollar ist 1,80 DM. Das heißt, die Teilnehmer an den Terminmärkten erwarten in einem Vierteljahr einen Dollar-Kassakurs von 1,80 DM. Nun gibt es einen Spekulanten, der in Abweichung von dieser Meinung in drei Monaten einen Kassakurs von 1,90 DM erwartet. Der Spekulant kauft am Terminmarkt Dreimonatsdollar zum Terminkurs von 1,80 DM, um sie nach einem Vierteljahr am Kassamarkt zum erwartet höheren Kurs von 1,90 DM gewinnbringend zu verkaufen. Auch in diesem Fall liegen Gewinnchance und Verlustrisiko nahe beieinander. Beträgt der Kasskakurs in einem Vierteljahr nicht, wie erwartet, 1,90 DM, sondern nur 1,50 DM, erleidet der Spekulant einen hohen Kursverlust.

Ein Kennzeichen moderner Märkte ist die enge Verbindung zwischen Kassa- und Terminhandel, die sich im Devisengeschäft in einer Reihe häufig verwendeter Strategien zeigt. Die wichtigste dürften die Swapgeschäfte – das englische Wort Swap steht für Tausch – sein, bei denen ein Kassa- mit einem Termingeschäft kombiniert wird. Swapgeschäfte verdeutlichen sehr gut die engen Beziehungen zwischen Devisen- und Geldmärkten. Wenn der Zins für Dreimonatsanlagen in D-Mark bei 6 Prozent liegt, der Zinssatz für vergleichbare Anlagen in Dollar aber bei 10 Prozent, dann ist es für einen deutschen Investor mit Blick auf den Zinsunterschied attraktiv, sein Geld für drei Monate in Amerika anzulegen. Allerdings geht er dabei ein Wechselkursrisiko ein, wenn er heute Dollar kauft, da er nicht weiß, zu welchem D-Mark-Kassakurs die Dollar in drei Monaten zurückgezahlt werden. Verliert der Dollar während der Anlagedauer deutlich an Wert, kann der Wechselkursverlust sogar größer sein als der Zinsbonus der Anlage in Amerika. Diesem Wechselkursrisiko kann der Anleger ausweichen, indem er zeitgleich mit dem Kauf der Dollar am Kassamarkt sie gleichzeitig am Terminmarkt für Dreimonatsdollar wieder verkauft. Dieses Geschäft ist natürlich nur vorteilhaft, wenn der Unterschied zwischen Kassa- und Terminkurs, die sogenannten Kurssicherungskosten, nicht so groß ist, daß dadurch der Zinsvorteil der Anlage in Dollar ausgeglichen wird.

Eine anderes beliebtes Verfahren wird englisch Hedging genannt. Es wird vor allem zur Absicherung von Währungsrisiken mit langen Fristen benutzt, für die es keine leistungsfähigen Terminmärkte mehr gibt. Beispiel: Ein deutscher Exporteur hat eine in zwei Jahren fällige Forderung über 100 Millionen Dollar und ist nicht bereit, das mit dieser Forderung verbundene Kursrisiko zu tragen. Dieses Risiko kann er beseitigen, indem er zum Zeitpunkt des Entstehens der Forderung einen zweijährigen Kredit über 100 Millionen Dollar aufnimmt und diesen Betrag sofort zum aktuellen Kassakurs gegen D-Mark verkauft. Den D-Mark-Erlös legt der Exporteur am Geldmarkt für zwei Jahre an. Mit dem in zwei Jahren eingehenden Dollarerlös tilgt er seinen Dollarkredit. In diesem Fall hat der Exporteur sein Währungsrisiko eliminiert, in dem er seiner Dollarforderung eine gleich hohe Dollarschuld entgegengesetzt hat. Allerdings sind mit dieser Strategie Kosten verbunden; neben den Bankgebühren ist dies vor allem der Unterschied zwischen den zweijährigen Zinsen für Dollar (in denen sich der Exporteur verschuldet) und für D-Mark (in denen der Exporteur den Gegenwert des Dollarkredits anlegt), sofern die Dollarzinsen höher sind.

Eine ebenfalls sehr populäre Form des Termingeschäfts mit Bezug zum Kassamarkt ist die Devisenoption. Ein Käufer einer Option erhält das Recht, in einer festgelegten Zeit einen bestimmten Währungsbetrag zu einem im voraus vereinbarten Kurs (Basispreis genannt) entweder zu kaufen (Kaufoption) oder zu verkaufen (Verkaufsoption). Die Besonderheit der Option besteht darin, daß ihr Inhaber sie ausüben kann, aber nicht muß. Als Ausgleich für dieses Wahlrecht zahlt der Inhaber an den Verkäufer der Option eine Prämie, den Optionspreis. Ein Inhaber, der eine Option zum Preis von 5 Pfennig je Dollar erworben hat, die ihn dazu berechtigt, einen bestimmten Dollarbetrag zum Kurs von 1,60 DM je Dollar zu kaufen, wird diese Option nur bei einem Marktkurs von über 1,65 DM ausüben. Beträgt der Marktkurs beispielsweise 1,75 DM, bezieht der Inhaber, wie im Optionsgeschäft vereinbart, Dollar zum Kurs von 1,60 DM und verkauft sie am Markt für 1,75 DM. Sein Gewinn beträgt, da er als Prämie 5 Pfennige für die Option bezahlt hat, 10 Pfennige je Dollar. Devisenoptionen lassen sich sowohl für Kursspekulationen als auch für Absicherungsgeschäfte einsetzen.

Angesichts der engen Verbindungen zwischen Kassa- und Terminmarkt werden an den Terminmärkten Wechselkurse ausschließlich als Aufschlag (in der Fachsprache Report genannt) oder Abschlag (Deport) auf den jeweiligen Kassakurs notiert. Wie am Kassamarkt lassen sich Ankaufs- und Verkaufskurse unterscheiden. Nennt eine Bank ihre Terminkurse für Einmonatsdollar mit 0,0150-0,0140, dann bedeutet dies, daß die Bank den Terminkurs des Dollar mit einem Abschlag von 0,0150 DM vom jeweiligen Kassakurs ankauft und mit einem Abschlag von 0,0140 DM vom Kassakurs verkauft. Diese Notierungen werden in Anlehnung an ihre Verwendung für Swapgeschäfte auch als Swapsätze bezeichnet. Größere Veränderungen der Terminkurse geben manchmal Hinweise auf baldige Veränderungen der Kassakurse.

Der Sortenhandel

Sorten sind ausländisches Bargeld, also Banknoten und Münzen. Obgleich die Umsätze im Handel mit Sorten nur einen Bruchteil der im Devisenhandel bewegten Beträge ausmachen, tätigen viele Menschen irgendwann einmal ein Sortengeschäft, üblicherweise im Zusammenhang mit einer Urlaubs- oder Geschäftsreise ins Ausland. Die Kurse von Sorten bilden sich zwar prinzipiell frei am Markt, hängen in der Regel aber doch von den Wechselkursen am Devisenmarkt ab. Verliert der Dollar am Devisenmarkt gegenüber der D-Mark deutlich an Wert, so wird der Kurs einer Dollarnote im Sortenhandel gegenüber der D-Mark früher oder später auch fallen. Sortengeschäfte werden nicht nur von Banken betrieben, sondern auch von Wechselstuben, Hotels und Taxigesellschaften. Wegen der hohen Kosten, die mit der Bewegung und Haltung von Bargeldbeständen anfällt – Transportkosten, Kosten für die sichere Verwahrung der Noten und Münzen –, sind die Spannen für An- und Verkauf von Sorten meist deutlich größer als die Spannen im Devisenhandel. Wer Sortengeschäfte tätigt, muß die jeweiligen nationalen Regelungen zur Ein- und Ausfuhr von Bargeld beachten. Nicht alle Länder gestatten die Mitführung fremder Währungen in unbegrenzter Höhe. Eine weitere Eigenart von Sortengeschäften ist die beschränkte Annahme ausländischer Münzen durch Geldinstitute. Viele Banken und Sparkassen kaufen aus Kostengründen nur ausländische Banknoten an.

Der Devisenbericht in der Zeitung

Die Bedeutung der Devisenmärkte findet ihren Niederschlag in einer breiten Berichterstattung in der Tageszeitung. Ihren Kern bildet der täglich im Kursteil veröffentlichte „Devisenmarktbericht", der die Ereignisse des Handelstages in knapper Form beschreibt. Der Bericht enthält kurze Kommentare von Devisenhändlern zur Marktlage. Zum Devisenmarktbericht gehört die Tabelle „Devisen und Noten". Sie gibt die Kurse der an der Frankfurter Devisenbörse amtlich gehandelten Währungen wieder. Neben den Geld- und Briefkursen enthält diese Tabelle den in den jeweiligen Ländern gültigen Diskontsatz, der eine Orientierung über das im Ausland herrschende Zinsniveau vermitteln soll. Die Spalte Wechselankaufskurs gibt jene Notierungen wider, zu denen Banken auf ausländische Währung ausgestellte Wechsel ankaufen. Schließlich enthält die Tabelle noch die Kurse, zu denen Banken in Frankfurt und Zürich Banknoten in fremder Währung verkaufen. Zur regelmäßigen Berichterstattung über den Devisenmarkt gehören ferner Notierungen von Swapsätzen, die Aufschluß über die Kurse an den wichtigsten Devisenterminmärkten geben, sowie der Kurs für die Europäische Währungseinheit Ecu. Dieser Ecu-Kurs ist kein Marktkurs, sondern er wird aus dem D-Mark-Gegenwert der nationale Währungen errechnet, aus denen der Ecu-Währungskorb besteht. Wichtige Ereignisse am Devisenmarkt finden sich nicht nur im Devisenmarktbericht. Bedeutende Kursveränderungen wichtiger Währungen werden nicht selten auf der ersten Wirtschaftsseite gemeldet, vor allem, wenn sie im Zusammenhang mit währungspolitischen Entscheidungen stehen.

Der Euro-Kapitalmarkt ist überall

Im Gegensatz zu anderen Finanzmärkten ist der Euro-Kapitalmarkt der größte und einzige wirklich internationale Kapitalmarkt der Welt. Den Euro-Kapitalmarkt kann man nicht aufsuchen wie eine Börse. Landläufig heißt es zwar, der Euro-Kapitalmarkt finde in London statt. Doch zutreffend ist daran nur, daß die meisten Teilnehmer am Euro-Kapitalmarkt in London ansässig sind und die meisten der gehandelten Wertpapiere an den Börsen in London und vor allem Luxemburg notiert sind. Im übrigen läßt sich der Euro-Markt keiner Stadt und keinem Land zuordnen. „Euro" bedeutet lediglich, daß die Wertpapiere, die am Euro-Kapitalmarkt gehandelt werden, außerhalb desjenigen Landes begeben und umgesetzt werden, in dessen Währung sie ausgestellt wurden. Folgender Unterschied besteht zwischen Inlandsanleihen, Auslandsanleihen und Euro-Anleihen:
Inlandsanleihen sind Schuldpapiere, die von einem inländischen Emittenten in der nationalen Währung über ein nationales Bankenkonsortium begeben werden und an nationale und internationale Anleger verkauft werden. Klassisches Beispiel ist eine D-Mark-Anleihe, die von einem deutschen Unternehmen über ein Konsortium von deutschen Banken an den Markt gebracht wird und an deutsche Anleger verkauft wird.

Bei einer Auslandsanleihe handelt es sich um eine „Inlandsanleihe", die aber von einem ausländischen Emittenten begeben wird, also zum Beispiel eine D-Mark-Anleihe eines ausländischen Unternehmens.

Eine Euro-Anleihe ist dagegen eine Anleihe, die außerhalb des Geltungsbereiches der Emissionswährung von einem internationalen Konsortium an den Markt gebracht wird. Sowohl der Emittent wie auch der Großteil der Anleger kommen dabei nicht aus dem Land der Emissionswährung. Beispiel wäre also eine Lira-Anleihe, die von einem skandinavischem Unternehmen über ein internationales Bankenkonsortium in London begeben wird und die von Anlegern aus der ganzen Welt gekauft wird.

Weitere Merkmale des Euro-Marktes sind, daß er keiner gesetzlichen Aufsicht eines Landes unterliegt. Lediglich die Verbände der Marktteilnehmer, also die „International Primary Market Association" und die „International Securities Market Association", haben gewisse Regeln aufgestellt, die von den Marktteilnehmern befolgt werden sollen. Emissionen müssen nicht genehmigt werden. Infolge dieser Freiheit bei der Ausgestaltung der Finanzprodukte ist der Euro-Markt zu einem der innovativsten Finanzmärkte der Welt herangewachsen.

Zudem handelt sich bei Euro-Anleihen immer um Inhaberpapiere und nie um Namenspapiere. Eine weitere Unterscheidung zu Inlandsanleihen ist, daß Euro-Anleihen nicht der Besteuerung von nationalen Finanzbehörden unterliegen, also zum Beispiel nicht mit einer Quellensteuer belegt werden.

Wie der Euro-Markt entstand

Die Idee, an einem internationalen Kapitalmarkt Geld aufzunehmen, ist alt. Bereits im 19. Jahrhundert begaben ausländische Regierungen oder Eisenbahngesellschaften Anleihen in London, um an diesem von strengen Regulierungen freien Finanzplatz Kapital aufzunehmen. Die eigentliche Entstehung des Euro-Kapitalmarktes fällt jedoch in die sechziger Jahre dieses Jahrhunderts. Am 16. Juli 1963 begab der italienische Emittent Autostrada über eine britische Bank in London eine Anleihe über 15 Millionen Dollar. Diese Anleihe gilt als erste Euro-Anleihe und markiert den Beginn des rasant wachsenden Euro-Kapitalmarktes.

Der Markt entstand aus dem Bemühen von Emittenten, Anfang der sechziger Jahre gesetzliche Beschränkungen in den Vereinigten Staaten zu umgehen. Angefangen hatte es mit einem kräftigen Zahlungsbilanzdefizit der Vereinigten Staaten und einem künstlich gedrosselten Zinsniveau in Amerika. Schnell nutzten ausländische Emittenten die niedrigen Finanzierungskosten und legten Dollar-Anleihen in New York auf – sogenannte „Yankee"-Anleihen.

Doch im Juli 1963 verhängte die amerikanische Regierung eine Zinsausgleichssteuer (Interest Equalisation Tax), die amerikanische Anleger an dem Kauf dieser „Yankee"-Anleihen hindern sollten. Schließlich wollte die amerikanische Regierung den Kapitalfluß außer Landes unterbinden. In der Tat brach der Markt für „Yankee"-Anleihen zusammen, da die Finanzierungskosten für die Emittenten keinen Anreiz mehr boten, Anleihen am amerikanischen Markt aufzulegen. Die Emittenten verlagerten ihr Geschäft nach London und begaben dort Dollar-Anleihen, ohne dem Einfluß der amerikanischen Regierung und ihrer Zinsausgleichsteuer zu unterliegen. Die amerikanische Regierung unterstützte den Euro-Kapitalmarkt 1965 sogar indirekt, als sie amerikanische Direktinvestitionen im Ausland einschränkte und die Unternehmen damit indirekt zwang, ihre ausländischen Investitionen über den Euro-Kapitalmarkt zu finanzieren.

Volumen, Währungen, Emittenten

In den vergangenen dreißig Jahren hat sich der Euro-Kapitalmarkt ungeheuer stark ausgeweitet. Während 1963 mit sechs Euro-Anleihen insgesamt 75 Millionen Dollar aufgenommen wurden, waren es 1992 bereits 1309 Emissionen in fünfzehn unterschiedlichen Währungen über zusammen 267 Milliarden Dollar. Jede einzelne Emission hatte ein durchschnittliches Volumen von 204 Millionen Dollar. Rechnet man die Emissionen in Euro-Aktien und Euro-Medium Term Notes hinzu, belief sich das Emissionsvolumen am Euro-Kapitalmarkt 1992 auf mehr als 300 Milliarden Dollar.
Zu der rasanten Entwicklung haben zahlreiche Faktoren beigetragen. So boten die Kapitalverkehrskontrollen und Regulierungen in zahlreichen Ländern den Emittenten viele Jahre den Anreiz, diese Einschränkungen durch die Begebung von Anleihen am Euro-Kapitalmarkt zu umgehen. Auch ließ das große Volumen an Petro-Dollar nach der Ölkrise die Nachfrage nach Euro-Anleihen in den siebziger Jahren kräftig anschwellen. Gleichzeitig weitete sich das Angebot supranationaler Emittenten erheblich aus. Die Aufgabe der Kapitalverkehrskontrollen ermöglichte es dann in den achtziger Jahren immer mehr Anlegern, Euro-Anleihen zu kaufen. Zuletzt hat die Entstehung der Swapmärkte und der Märkte für derivative Produkte, also zum Beispiel Optionen und Futures (Terminkontrakte), Emissionen am Euro-Kapitalmarkt stark gefördert. Nicht unterschätzt werden darf auch der technische Fortschritt, der es den Finanzhäusern rund um den Globus ermöglicht, grenzüberschreitende Finanztransaktionen zu tätigen.
Während der Euro-Kapitalmarkt viele Jahre von Dollar-Emissionen geprägt war, haben sich in den vergangenen Jahren zahlreiche andere Emissionswährungen am Euro-Kapitalmarkt etabliert. Vor allem die Swapmärkte ermöglichen es den Emittenten, die günstigsten Finanzierungsbedingungen auf der Welt auszunutzen und die Emissionswährung anschließend in die Währung zu tauschen, in der der Emittent das Kapital benötigt. Neben dem Dollar gehöhren der Australische und Kanadische Dollar, die D-Mark, der Gulden, die europäische Korbwährung Ecu, der französische Franc, die Lira, der Yen und das Pfund zu den gängigen Emissionswährungen am Euro-Kapitalmarkt. Dabei hat der Dollar im Verhältnis zu den anderen Währungen an Bedeutung als Emissionswährung verloren. 1992 wurden 38 Prozent der Emissionen am Euro-Kapitalmarkt in Dollar, jweils 12 Prozent in Yen und D-Mark, jeweils 8 Prozent in Pfund, Franc und Ecu, 6 Prozent in kanadischem Dollar, jeweils drei Prozent in Lira und Gulden, 1 Prozent in Australischem Dollar und 1 Prozent in Restwährungen an den Euro-Kapitalmarkt gebracht. Selbst Emissionen in Kuweitischem Dinar, Singapur-Dollar, Hong Kong-Dollar, Isländischer Krone und dem Irischen Punt wurden in den vergangenen Jahren am Euro-Kapitalmarkt begeben.
Bei den Emittenten handelt es sich in der Regel um namhafte internationale Konzerne, Regierungen, internationale und supranationale Organisationen und Institute wie zum Beispiel die Weltbank oder die Europäische Investitionsbank (EIB). Seit den achtziger Jahren hat sich die Emissionstätigkeit amerikanischer Unternehmen am Euro-Kapitalmarkt nahezu halbiert, da zahlreiche Restriktionen am amerikanischen nationalen Kapitalmarkt aufgehoben wurden. Dagegen bilden immer noch japanische Unternehmen die stärkste Emittentengruppe am Euro-Kapitalmarkt. In den vergangenen zehn Jahren wurden zwei Drittel aller Emissionen am Euro-Kapitalmarkt von privaten Adressen begeben und der Rest von Regierungen, öffentlichen Stellen und internationalen Organisationen. Insgesamt haben in den vergangenen zehn Jahren Emittenten aus 55 Ländern Kapital am Euro-Kapitalmarkt aufgenommen. In der Regel stammen die Emittenten allerdings aus den Industrieländern.

Die Zins-Konditionen der Emissionen von großen supranationalen Organisationen und Staaten am Euro-Kapitalmarkt gelten am Markt als Richtgrößen, sogenannte Benchmarks. Damit die internationalen Anleger die Qualität der Euro-Anleihen einschätzen können, hat es sich eingebürgert, daß ein Großteil der Emittenten seine Anleihen von unabhängigen Bewertungsagenturen, meist Moody's und Standard & Poor's, bewerten läßt. 1992 waren 60 Prozent aller Emissionen am Euro-Kapitalmarkt und 80 Prozent des Emissionsvolumens von diesen Agenturen mit Bonitätsbewertungen versehen.

In den Anfangsjahren des Euro-Kapitalmarktes waren es meist Privatanleger, die in Euro-Anleihen investierten. Noch heute legen viele Privatinvestoren ihr Geld in Euro-Anleihen an, meist sogar in vergleichsweise hochrentierlichen, kleineren und weniger liquiden Anleihen, als dies institutionelle Investoren tun. Letztere dominieren vor allem in den Hauptwährungsanleihen, also Dollar, Yen, Pfund und D-Mark-Anleihen. Meist handelt es sich bei ihnen um große Pensionsfonds, Versicherungen, Banken, Zentralbanken oder Großunternehmen, die einen Teil ihrer Portefeuilles in Euro-Anleihen anlegen. Schätzungen der International Securities Market Association besagen, daß nur zwanzig Prozent des Handels in Euro-Anleihen zu Anlagezwecken getätigt werden und der Rest für Arbitrage, Wechselkurs- und Zinsabsicherungen, sogenanntes „financial engineering", und Spekulationszwecke abgeschlossen wird. Insgesamt ist der Anteil der institutionellen Investoren am Euro-Kapitalmarkt gegenüber den Privatanlegern stetig gestiegen, und Privatanleger verlieren an dem Markt zunehmend an Bedeutung.

Der Handel in Euro-Anleihen

Der Handel in Euro-Anleihen läuft täglich überall in der Welt ab. So kann eine Londoner Bank im Auftrag eines asiatischen Kunden von einer amerikanischen Bank eine italienische Euro-Anleihe kaufen und sie an einen deutschen Kunden weiterverkaufen. Dabei können die Geschäfte zwischen den Anlegern direkt abgeschlossen werden oder über Banken, Investmenthäuser, Broker oder sogenannte Marktmacher (market maker) geleitet werden. Alle Transaktionen werden in wenigen Sekunden von den Händlern über Telefon besprochen. Dabei sehen die Händler die Preise der Anleihen auf Bildschirmen vor sich und handeln den exakten Kurs mit ihrem Geschäftspartner aus. Anschließend wird das Geschäft über Telex bestätigt. Erst langsam halten elektronische Handels- und Bestätigungssysteme Einzug in die Finanzmärkte. Abgewickelt wird die Transaktion später über die internationalen Clearing-Zentren Euroclear und Cedel in Luxemburg und Brüssel. Dabei werden nur bei fünf Prozent der Transaktionen Wertpapiere tatsächlich bewegt. Bei den restlichen Geschäften werden lediglich die Geldströme zwischen den Vertragsparteien verrechnet.

In den vergangenen Jahren hat sich der Handel am Euro-Kapitalmarkt kräftig gewandelt. Immer wieder sind neue Produkte geschaffen worden, die auf die Bedürfnisse der Emittenten und Investoren zugeschnitten und an den nationalen Kapitalmärkten nicht zu erhalten sind. Neben umfangreich geschnürten Finanzpaketen, die eine Emission von Euro-Anleihen mit derivativen Produkten wie Optionen und Futures oder auch Swaps kombinieren, fällt auf, daß die Nachfrage nach kürzerlaufenden Produkten am Euro-Markt deutlich gestiegen ist. Euro-Anleihen haben in der Regel eine Laufzeit von fünf bis fünfzehn Jahren. In den vergangenen Jahren entwickelten sich daher ein Markt für Euro-Medium-Term-Notes (EMTN) mit einer Laufzeit von etwa vier Jahren und ein Markt für Eurocommercial Papers (CP) mit einer Laufzeit von 90 bis 180

Tagen. Gegenüber dem Markt für Euro-Anleihen sind diese Marktsegmente jedoch noch klein.

Veränderungen haben sich auch beim Emissionsverfahren der Konsortialbanken ergeben. Nachdem ein scharfer Preiswettbewerb unter den konkurrierenden Finanzhäusern zu herben Verlusten bei zahlreichen Konsortialabteilungen und starken Kursschwankungen der gerade emittierten Anleihen geführt hatte, wurde 1989 das sogenannte „Fixed price re-offer" System eingeführt. Dieses System soll Konsortialführern, Konsortiumsmitgliedern und Investoren Verluste aus den Emissionen vermeiden helfen. In den vergangenen zehn Jahren waren es immer zwanzig hochprofessionelle Emissionshäuser, die gemeinsam 75 Prozent sämtlicher Emissionen im Jahr am Euro-Kapitalmarkt abwickelten. 65 Prozent der Anleihen am Euro-Kapitalmarkt wurden in den vergangenen Jahren in London syndiziert, darunter fast alle Euro-Anleihen in Dollar und Yen.

In den vergangenen Jahren hat sich die Unterscheidung zwischen dem Euro-Kapitalmarkt und den nationalen Kapitalmärkten verwischt, und die einstigen Merkmale der Euro-Anleihen treffen zunehmend auch für Inlandsanleihen der nationalen Märkte zu. So schafften immer mehr Länder ihre Kapitalverkehrskontrollen und Quellensteuern auf Kapitaleinkünfte ab. Die wesentliche Veränderung in den vergangenen Jahren jedoch war, daß immer mehr ausländische Anleger Inlandspapiere nationaler Märkte kaufen. Dies geschieht, weil immer mehr Portefeuilles international diversifiziert werden und die Anlagevorschriften für Versicherungen und Pensionsfonds immer mehr gelockert werden. Schließlich können die Investoren ihre Risiken über Optionen, Futures und Swaps absichern. Eine neue Entwicklung ist zudem die zunehmende Emission von globalen Wertpapieren, die von mehreren Konsortien gleichzeitig an allen großen Finanzmärkten in der Welt begeben werden. So verschmelzen die Inlandsmärkte und der Euro-Kapitalmarkt langfristig zu einem großen internationalen Kapitalmarkt.

10. DER GOLDMARKT

Gold weist eine einzigartige Kombination besonderer Eigenschaften auf, die es schon im Altertum begehrt machten: Es oxydiert nicht, es läßt sich leicht formen, es mischt sich relativ schwer mit anderen Metallen, und es ist damit relativ fälschungssicher. Im Altertum waren Babylonier und Ägypter die ersten Völker, die Goldbarren gossen (Ziegel genannt) und Gold gegen Ware tauschten. Staatsschätze in Gold wurden angelegt, Goldschmuck war lange vor unserer Zeitrechnung beliebt. Schon im 7. Jahrhundert vor Christus wurden die ersten Goldmünzen in den Verkehr gebracht. Die Römer hatten bereits eine Goldwährung, die im Mittelmeerraum das gängige Zahlungsmittel der damaligen Welt war. Spanien und Gallien wurden von den Römern nicht zuletzt wegen der dort vermuteten Goldvorkommen erobert. Karl der Große machte wegen Goldmangels den Versuch, in einer ersten „europäischen Währungsreform" Silber zum Währungsmetall im damaligen Reich zu deklarieren. Jahrhundertelang hat Silber dann das Gold als Münzmetall in Europa ersetzt. Das Mittelalter war eine goldarme Zeit. Nach der Entdeckung Amerikas führte das große, aus den Beutezügen stammende Goldangebot zu inflationären Erscheinungen in Europa.

In der Neuzeit, nach den Napoleonischen Kriegen, trat Gold ein Jahrhundert lang seinen Siegeszug in der Welt an. England führte 1816 die Goldwährung ein. 1848 wurde Gold in Kalifornien gefunden. Die Zeit der legendären Goldgräber in Amerika

begann. Kurze Zeit später wurde Gold auch in Alaska und Sibirien und dann auch in Australien entdeckt. Schließlich fand man 1885 die ersten Goldfelder in Südafrika. Mit der Eröffnung der Mine von Witwatersrand begann die moderne Geschichte der Goldproduktion in der heutigen Südafrikanischen Union.
Nach dem Krieg mit Frankreich wurde 1871 in dem neugegründeten Deutschen Reich die Goldwährung eingeführt. Bis zum 4. August 1914 wurden in Deutschland insgesamt 5,2 Milliarden Goldmark in Münzen von der Deutschen Reichsbank geschlagen und in den Verkehr gebracht. Das Gold war mit Goldmünzen der Nachbarländer jederzeit austauschbar. Der Wechselkurs wurde einfach nach dem Gewicht errechnet. Stieg der Kurs einer Währung über einen bestimmten Preis hinaus, so lohnte es sich, statt Geld Gold in Form von Münzen zu liefern (oberer Goldpunkt). Hatte der Devisenkurs einer Währung dagegen einen bestimmten Preis unterschritten, konnte der Gläubiger statt Bankschecks die Lieferung in Gold verlangen (unterer Goldpunkt). Die uneingeschränkte Pflicht zum Zahlungsbilanzausgleich in Gold verlieh im 19. Jahrhundert den Währungen ein optimales Maß an Stabilität, trug aber auch ein Element der Unruhe in die Konjunktur der am Goldstandard beteiligten Länder.
Diese Zeit ging mit dem Ersten Weltkrieg zu Ende. Die Regierungen zogen die Goldmünzen ein. Papiergeld ohne Golddeckung wurde alleiniges Zahlungsmittel. Alle Versuche, wieder zum Goldstandard zurückzukehren, scheiterten in der großen Krise der dreißiger Jahre. Im Abkommen von Bretton Woods 1944 wurde ein neuer Anlauf unternommen, das Gold zur Sicherung der Währungsstabilität in der Welt wieder ins Spiel zu bringen. Die Vereinigten Staaten verpflichteten sich, Gold – das sie in den beiden Kriegen für die Lieferung von Waffen und Lebensmitteln angekauft hatten – gegen Dollar zu einem festen Preis von 35 Dollar je Unze Feingold „zurückzuwechseln". Alle Notenbanken in Ländern, die Mitglied des Internationalen Währungsfonds (IWF) wurden, erhielten das Recht, Dollarguthaben gegen Gold in Amerika zu tauschen (Gold-Devisen-Standard). Bis Ende der sechziger Jahre tauschte auch die Bundesbank eine große Summe in Gold, das heute Bestandteil der offiziellen Währungsreserven der Bundesrepublik ist. Die Notenbank „tauschte" das Gold also nur in dem Sinne, daß sie es in ihre Währungsreserven nahm.
Von 1968 an bildeten sich freie Goldmärkte, an denen das gelbe Metall allmählich über dem Festpreis der Notenbanken von 35 Dollar je Unze Feingold gehandelt wurde. Als das Goldumtausch-Versprechen für Dollar durch die Vereinigten Staaten am 15. August 1971 aufgegeben wurde, übernahmen die freien Goldmärkte die alleinige Preisbildung.
Die Goldproduktionsländer, hauptsächlich Südafrika und die Sowjetunion, beliefern seitdem, vorwiegend über London und Zürich, die Goldmärkte mit Material aus der laufenden Goldförderung (mehr als 1000 Tonnen jährlich). In der Zeit hoher Inflationsraten in den siebziger Jahren kam es zu einer stürmischen Goldhausse am freien Markt aus Angst vor einer Entwertung des Papiergeldes. Am 21. Januar 1980 wurde der bisher höchste Goldpreis aller Zeiten mit 850 Dollar für die Unze Feingold bezahlt. Inzwischen ist der Preis für das gelbe Metall mit der Wiedergewinnung größerer Geldwertstabilität erheblich zurückgegangen. Gold wurde weniger interessant, da es keine Zinsen bringt.
Offiziell hat der IWF 1976 den „amtlichen Goldpreis" außer Kraft gesetzt. Seitdem sind auch die Zentralbanken frei, Gold zu Marktpreisen zu verkaufen oder anzukaufen; sie haben dies aber bisher nur in sehr beschränktem Maße getan. Ein Drittel des Goldes des IWF wurde nach 1976 am freien Markt zugunsten der Entwicklungsländer veräußert (über regelmäßige Versteigerungen). Diese Verkäufe wurden in der dama-

ligen Inflationsära von den freien Märkten begierig aufgenommen. In den achtziger Jahren hat der Währungsfonds kein Gold mehr verkauft. Im Währungshandel spielt das gelbe Metall so gut wie keine Rolle mehr. Ob eines Tages Gold wieder als Währung eine Rolle spielt, ist offen. Die Vereinigten Staaten haben sich eine solche Möglichkeit zwar vorbehalten, aber auf absehbare Zeit ist mit einem neuen „Gold-Dollar" nicht zu rechnen, schon deshalb nicht, weil das den Handlungsspielraum der amerikanischen Geldpolitik einengen würde.

Die Gold-Währungsbestände

Der Wert der Goldbestände, die von den Zentralbanken gehalten werden, ist heute wegen der freien Preisbildung schwer zu definieren. Einige Zentralbanken bewerten ihr Gold in ihren Bilanzen unverändert zum letzten amtlichen Goldpreis von 42,20 Dollar je Unze Feingold. So hält es auch die Deutsche Bundesbank, deren Goldreserven in der Notenbankbilanz mit 14 Milliarden DM zu Buche stehen. Da der freie Goldpreis wesentlich höher ist, hat die Bundesbank hier erhebliche stille Reserven. Auch die Amerikanische Notenbank besitzt zum alten Preis von rund 42 Dollar Gold im Wert von etwa 11 Milliarden Dollar. Andere Notenbanken – darunter die französische und italienische – passen den Wert ihrer Goldbestände den Marktpreisen an. Das gleiche gilt für jenes Gold, das jetzt als Reserve für das Europäische Währungs-System (EWS) gehalten wird. Die Goldbestände der Nachfolgestaaten der ehemaligen Sowjetunion sind nicht genau bekannt. Die gesamten amtlichen Welt-Goldreserven (ohne die Staaten des ehemaligen Ostblocks) betragen – zum alten Festpreis von 42,20 Dollar pro Unze bewertet – etwa 39 Milliarden Dollar.

Goldproduktion und Goldverbrauch

1992 sind international, einschließlich des früheren Ostblocks, rund 2220 Tonnen Feingold gefördert worden. Die westliche Förderung erreichte 1992 mehr als 1840 Tonnen, die Fördermenge in den GUS-Staaten soll zwischen 200 und 300 Tonnen gelegen haben. Während die westliche Produktion den größten Teil des laufenden Goldangebots am freien Markt stellt, weil sich die Produktionsländer eine Hortung nicht leisten können, ist unbekannt, wieviel die ehemaligen Ostblockstaaten von ihrer Förderung in den Markt geben.
Der größte Goldproduzent der Welt, Südafrika, hat den Markt viele Jahre lang sehr kontinuierlich beliefert, 1992 mit knapp 615 Tonnen. Auch Australien und Kanada zählen zum Kreis der wichtigen Goldproduzenten der westlichen Welt. In den kommenden Jahren ist voraussichtlich nur dann mit einer weiteren Expansion des Goldangebots zu rechnen, wenn der Goldpreis weiter steigen sollte. Geschätzt wird, daß die Goldförderung in den Nachfolgestaaten der Sowjetunion eher leicht rückläufig sein wird.
Wohin wandert das Gold aus der Neuproduktion und den Verkäufen aus Beständen zum Beispiel von Notenbanken und Regierungen? Die bei weitem größte Goldmenge – knapp 3110 Tonnen – wurde 1992 von der Industrie aufgenommen, davon hat die Schmuckindustrie allein 2660 Tonnen verarbeitet. Der steigende Lebensstandard – auch in Ostasien – und eine beträchtliche Goldnachfrage aus den ölproduzierenden Ländern des Mittleren und Nahen Ostens haben zu einer steigenden Nachfrage nach Schmuckgold geführt. Der Goldverbrauch für Münzen und Metallgeld ist dagegen relativ bescheiden. Er betrug 1992 nahezu 120 Tonnen.

Der Goldhandel

Bis 1968 war London der zentrale Goldhandelsplatz. Von 1960 bis 1968 regulierte der „Goldpool" – ein Zusammenschluß der wichtigsten Zentralbanken der Welt einschließlich der Deutschen Bundesbank – den Londoner Goldmarkt. Der Pool stellt Gold aus den Reserven der Notenbanken zum Ausgleich von Angebot und Nachfrage, falls erforderlich, zur Verfügung. Er kaufte Gold an, wenn der Preis am freien Markt unter den damaligen amtlichen Goldpreis zwischen 34,76 und 35,24 Dollar zu sinken drohte. Diese Marktregulierung wurde im Frühjahr 1968 von den Notenbanken aufgegeben. Seitdem kann sich der Goldpreis am freien Markt ohne Beeinflussung der Zentralbanken nach Angebot und Nachfrage bilden. Erst seit 1975 dürfen die Amerikaner wieder privat Gold kaufen. In den achtziger Jahren hat sich auch in Japan ein allmählich größer werdender Markt für Barren- und Münzgold entwickelt.

Die Preisbildung für Gold wird heute nachhaltig von der industriellen Nachfrage bestimmt, zuweilen spricht der Goldpreis aber auch auf politische Ereignisse, auf Wirtschafts- und Währungskrisen an. Der Platz London hat in Europa noch heute eine zentrale Bedeutung für den Goldhandel. Daneben wird vor allem in Zürich und nach dem Wegfall der Mehrwertsteuer auf Gold auch zunehmend in Frankfurt Gold in Barren- und Münzform umgesetzt. In London findet zweimal am Tag ein sogenanntes Fixing statt. Die dort ermittelten Preise stellen eine Momentaufnahme dar. Sie dienen allerdings auch der Orientierung für das Kleingeschäft mit der privaten Kundschaft am Schalter. Anschließend wird Gold im Freiverkehr gehandelt. Während im Großhandel Standardbarren mit etwa 12,5 Kilogramm gehandelt werden, können Private über Banken auch kleinere Barren kaufen und verkaufen.

Die Goldbörsen

Die Frankfurter Goldbörse wurde 1968 eröffnet. Börsentäglich werden hier Goldbarren international anerkannter Hersteller gehandelt: zu etwa 12,5 Kilogramm und zu 1 Kilogramm. Die Börse hat eine Liste der zum Handel zugelassenen Barren-Produzenten vorliegen. Die Goldgeschäfte müssen an der Frankfurter Börse innerhalb von zwei Tagen nach Abschluß abgewickelt werden. Liefert der Verkäufer nicht pünktlich, ist der Käufer berechtigt, vom Geschäft zurückzutreten oder sich anderweitig – auf Rechnung des Verkäufers – einzudecken. Der Kilobarren muß einen Goldfeingehalt von 999,9 und der 12,5-Kilogramm-Barren einen Feingehalt von 995 haben. Kauf- und Verkaufs-Aufträge werden in den Vormittagsstunden von den Banken gesammelt und vor zwölf Uhr an die Börse gebracht. Analog dem Handel mit Wertpapieren und Devisen, versucht ein Goldmakler, Angebot und Nachfrage zu günstigsten Bedingungen für die Partner auszugleichen. Die Preise, zu denen schließlich Umsätze zustande kommen, werden registriert und im Börsensaal ausgehängt. Im Gegensatz zum Wertpapier- und Devisenhandel gibt es für Gold keine Parallelbörsen an anderen deutschen Bankplätzen. Der Goldmarkt ist auf Frankfurt konzentriert. Die Börsenpreise verstehen sich stets loco Frankfurt.

Der kleine Barren ist in der Regel im Verhältnis teurer als der Standardbarren zu 12,5 Kilogramm. An den Bankschaltern werden auch Barren zu 500, 250, 100, 50, 20, 10 und 1 Gramm verkauft. Je geringer das Gewicht, desto höher der Aufpreis gegenüber dem Standard-Barren von 12,5 Kilogramm. Basis für die Schalterpreise der Goldbarren im Bankenhandel sind jeweils die Frankfurter Goldnotiz beziehungsweise im Tagesverlauf die aktuellen Preise. Die Bedeutung der Notiz liegt darin, daß sowohl private

Goldkäufer als auch Goldverkäufer sowie die verarbeitende Industrie einen Orientierungsmaßstab erhalten. Die Goldnotiz dient deshalb in erster Linie der Ordnung des Goldhandels. Goldmünzen und Goldmedaillen werden dagegen an der Frankfurter Goldbörse nicht umgesetzt. Eine tägliche Goldnotiz gibt es auch in Luxemburg. Sowohl in Luxemburg als auch in Frankfurt und in Zürich ist es möglich, Gold bei Banken auf „Metallkonten" zu kaufen und wieder zu verkaufen. Rechtlich gesehen, ist der Besitzer eines Metallkontos aber Gläubiger der Bank, was im Falle eines Konkurses einer Bank nachteilig sein kann.

In den achtziger Jahren ist der Kassamarkt für Goldbarren, dessen Schwerpunkt in Europa liegt, vom Goldterminmarkt mit dem Haupthandelsplatz New York mehr und mehr überflügelt worden. Heute wird der Goldpreis entscheidend von der New Yorker Metallbörse, der Comex (Commodity Exchange), „gemacht", die ihren Sitz im Gebäude des Welthandelszentrums in der Nähe der Wall Street hat. An der Comex-Börse werden an jedem Handelstag im Durchschnitt 30 000 Goldkontrakte je 100 Unzen Feingold umgesetzt. Das entspräche bei einem Preis von 375 Dollar je Unze einem Handelsvolumen von täglich weit mehr als 1 Milliarde Dollar. Oft setzt die Comex aber in einer Sitzung mehrere Milliarden Dollar Termingold um. Im Gegensatz zum Kassamarkt für Gold müssen die Terminkäufer zunächst nur einen Einschuß von etwa 3,5 bis 7 Prozent der erworbenen Goldmenge bei Kontraktabschluß einzahlen. Fällt der Goldpreis während des Kontraktzeitraums, kann der Einschuß verlorengehen. Die Käufer müssen dann entweder nachschießen, oder aber die Kontrakte werden mit Verlust verkauft. Umgekehrt lassen sich bei Kurssteigerungen mit geringen Einschüssen entsprechend hohe Gewinne mit kleinem Einsatz erzielen.

Die Terminkontrakte an der Comex laufen von 1 bis 24 Monaten. In den Terminkursen spiegeln sich die jeweiligen Dollar-Zinssätze für die Laufzeit der Kontrakte wider. Je länger ein Termin läuft, desto höher wird der Kontraktpreis – gegenüber dem Kassapreis – liegen. Die spätabends Mitteleuropäischer Zeit notierten Schlußkurse für Termingold an der Comex-Börse werden in der Regel vom zeitlich nachfolgenden Goldmarkt in Ostasien (Hongkong und Singapur) übernommen und meist auch noch am nächsten Tag am europäischen Goldmarkt als Richtschnur für die Preisgestaltung betrachtet.

Münzen und Medaillen

Goldmünzen waren – vor allem in Notzeiten – beliebter als die ehemals großen Goldbarren. Münzen lassen sich leichter transportieren, eignen sich vorzüglich für private Hortungszwecke, wenn Papiergeld seinen Wert verliert. Goldmünzen sind aber auch ein Teil eines Sammler-Marktes. Der Münzenmarkt ist – genau wie der für Barrengold – international. In allen Ländern mit frei austauschbaren Währungen kann man Münzen aus aller Herren Länder kaufen und verkaufen. Manche Banken unterhalten Münzhandels-Abteilungen; Sammlermünzen werden auch in speziellen Münzhandlungen angeboten. Seltene Münzen werden auf nationalen und internationalen Auktionen angeboten. Eines der Haupthandelszentren für Goldmünzen in Europa ist die Schweiz. In Deutschland kann man Goldmünzen über Kreditinstitute kaufen und verkaufen. Münzen werden an den Goldmärkten und Goldbörsen nicht notiert. Die Preisbildung unterliegt damit nicht den Mechanismen der gut funktionierenden und transparenten Märkte; die Spannen zwischen Geld- und Briefkursen sind etwas breiter als im Handel mit Barrengold. Von Ausnahmen abgesehen, haben Goldmünzen – einschließlich der modernen Nachprägungen – ein Aufgeld gegenüber dem reinen Feingold-Gewicht.

Das Agio kann von etwa 3 Prozent und mehr als 100 Prozent (bei wertvollen Sammlermünzen) schwanken. Das alte deutsche 20-Mark-Stück mit einem Feingewicht von 7,17 Gramm Gold (vor dem Ersten Weltkrieg die gängigste Münze im Zahlungsverkehr) wurde nach dem Ersten Weltkrieg eine typische Hortungsmünze. Die 20-Mark-Stücke mußten zeitweilig im Untergrund gehandelt werden, weil der Kauf und Verkauf von Gold in Deutschland in den dreißiger und vierziger Jahren verboten war. Nach dem Zweiten Weltkrieg haben zahlreiche illegale Nachprägungen den Markt verunsichert, in den achtziger Jahren hat das Interesse an den 20-Mark-Stücken erheblich abgenommen. Nur noch außergewöhnlich schöne Stücke sind ohne Schwierigkeiten mit einem Aufgeld handelbar (siehe die Edelmetall- und Münztabelle). Das Nachprägen alter Münzen ist von deutschen Gerichten wegen der möglichen Täuschungsgefahr als illegal erklärt worden. Fälschungen sind oft nur von Fachleuten erkennbar.

Die international bekanntesten Neuprägungen sind die südafrikanischen Krügerrands. Ein Krügerrand hat das Feingoldgewicht einer Goldunze. Die Spanne zwischen An- und Verkaufspreis vom Krügerrand ist gering. Das gleiche gilt für die kanadische Prägung „Maple Leaf". Diese Münze ist der wichtigste Konkurrent des Krügerrand. Beliebte Goldmünzen sind neben dem 20-Mark-Stück in Deutschland die englischen Souvereigns, der französische Napoleon, das schweizerische Vreneli und der seltene amerikanische Double Eagle. Unter den offiziellen Nachprägungen in Europa spielen mittlerweile auch die österreichischen Münzen eine vielbeachtete Rolle. Bedeutsam ist, ob eine Münze gesetzliches Zahlungsmittel ist. Denn der Handel mit solchen Münzen ist in Deutschland seit Anfang 1993 mehrwertsteuerfrei.

Seit 1956 – nach der Freigabe des Goldhandels – werden in Deutschland von Vereinen, Unternehmen, Kommunen oder anderen Institutionen zu Gedenk- und Sammler-Zwecken auch Goldmedaillen geprägt. Die Aufträge werden von staatlichen Münzstätten ausgeführt. Medaillen können ebenfalls von Banken und Münzhandlungen gekauft und verkauft werden. Die Medaillen haben – im Gegensatz zu den Nachprägungen von Münzen – überwiegend ein hohes Aufgeld gegenüber dem Barrengold (im Durchschnitt 100 bis 150 Prozent). Sie werden von Banken in der Regel nicht als Anlageobjekte empfohlen. Der Markt für Medaillen ist außerordentlich eng. Medaillen sind schwer verkäuflich und oft nur zum niedrigen Gold-Schmelzwert. Medaillen eignen sich deshalb auch weniger für die Hortung, mehr dagegen für langfristige Sammlerzwecke.

Edelmetalle und Münzen

Schalterpreise	Ankauf 2.7.93	Verkauf 2.7.93	Ankauf 5.7.93	Verkauf 5.7.93
Barrengold 1 kg	20960,00	21610,00	20870,00	21520,00
Barrengold 10 g	209,10	233,10	208,20	232,20
Britannia bzw. Eagle	665,50	702,50	662,50	699,50
Maple Leaf bzw. Nugget	665,50	702,50	662,50	699,50
Britannia 1/10	69,00	80,00	68,75	79,75
Maple Leaf ¼	171,75	188,75	171,00	188,00
Nugget ½	341,25	363,25	339,75	361,75
Krüger-Rand	649,25	686,25	646,00	683,00
20-Mark-Stück	142,75	194,06	141,75	192,91¹
Vreneli	111,25	157,84	110,50	156,98
Philharmoniker	665,50	702,50	662,50	699,50
Sovereign (neu)	144,75	170,75	144,00	170,00
Barrenplatin 100 g	2165,00	2582,90	2146,00	2561,05
Platin Koala	650,00	805,00	664,00	821,68
Platin Maple Leaf 1/10	—	95,16	—	94,30
Barrensilber 1 kg	257,00	357,65	260,00	361,10
Silber Eagle	—	17,12	—	17,23¹
Silber Maple Leaf	—	17,12	—	17,23

Stand 11 Uhr, Quelle: Deutsche Bank

Für industrielle Verbraucher (ohne MwSt.)				
Gold* p. kg	21140,00	22170,00	21050.00	22080.00
dgl. verarb.* p. kg	—	23230.00	—	23140.00
Feinsilber* p. kg	261.80	275.60	265.40	279.30
dgl. verarb.* p. kg	—	287.40	—	367.25
Platin p. g	—	23.05	—	22.80
Palladium p. g	—	8.40	—	8.45

* = Basis London Fixing. Quelle: Degussa

Goldbörsen und Silber Zürich

Gold	Einheit	Währung	2.7.93	5.7.93
Frankfurt	1-kg-Barren	DM p. kg	21200,00	21180,00
Frankfurt	12½-kg-B.	DM p. kg	21180,00	21160,00
Luxemburg	Unze	US-Dollar	388,95	388,00
London	Unze 10.30	US-Dollar	390,00	387,25
London	Unze 15.00	US-Dollar	388,10	387,60
Zürich	Unze 15.00	US-Dollar	389,35	387,35
Paris	1 kg	Franc	71500,00	71550,00
Silber Zürich	Unze 10.00	US-Dollar	4,8300	4,8835

Der Goldmarktbericht

Über die täglichen Preise für Goldbarren und Goldmünzen wird auf der Börsenseite der Frankfurter Allgemeinen Zeitung regelmäßig in zwei Tabellen berichtet: Goldbörsen sowie Edelmetalle und Münzen. Die Tabelle Goldbörsen enthält die offiziellen Goldbarren-Notierungen einschließlich der Vortagsnotiz der wichtigsten europäischen Goldhandelsplätze London, Zürich, Luxemburg, Paris und von der deutschen Goldbörse Frankfurt. Die Frankfurter Notiz lautet auf D-Mark pro Kilo je Kilobarren und 12,5-Kilo-Barren. Die Preisangaben in der Goldbörsen-Tabelle sind jeweils Mittelpreise. Am Bankschalter werden vom Mittelpreis abweichende Geldpreise (Ankauf) und Briefpreise (Verkauf-)Preise genannt, die auf der Basis des Börsen-Fixing berechnet werden. So lautet die Frankfurter Goldnotiz zum Beispiel für einen 1-Kilogramm-Barren: 20 040 DM. Die – in der zweiten Tabelle – angegebenen Schalterpreise (Tabelle Edelmetalle und Münzen) lauten 19 740 DM für den Ankauf und 20 390 DM für den Verkauf. Die Tabelle Edelmetalle und Münzen bringt eine Reihe zusätzlicher Kursnotierungen: den An- und Verkaufspreis für Goldbarren für industrielle Zwecke. Ferner werden die bereits erwähnten Schalterpreise für Goldbarren veröffentlicht, und schließlich wird ein Überblick über die wichtigsten Preise am Goldmünzenmarkt vermittelt. Schließlich wird auch der in D-Mark ausgedrückte Tagespreis für Platin und Palladium sowie für Feinsilber angegeben. Da der New Yorker Goldpreis (Comex) sehr bedeutsam ist, veröffentlicht die Zeitung auch die New Yorker Goldnotiz pro Unze Feingold in Dollar. Der Leser findet diese Notiz unter der Rubrik Internationale Warenmärkte im Kursteil.

11. Börsenspekulation und private Geldanlage

Die Börse sagt von sich, sie sei „das Gehirn der Volkswirtschaften". In der Tat: Kaum eine andere Institution verarbeitet in jedem Augenblick so viele Daten, Meinungen, Hoffnungen und Befürchtungen wie die professionellen Teilnehmer am Börsenhandel. Da die Preisbildung, vor allem für Aktien, auch von der Beurteilung der Zukunft abhängt, versuchen Börsianer, die Zukunft zu deuten. Daher kommt es, daß man sie oft abschätzig als „Spekulanten" bezeichnet. Sie nehmen die Erwartungen für morgen und übermorgen vorweg.

Das Wesen der Börsenspekulation liegt in der latenten Überprüfung von Meinungen. Der „Spekulant" vermag im Bruchteil einer Minute seine Ansicht zu ändern. Er kann von einem enthusiastischen Haussier, also von einem Mann, der optimistisch gestimmt ist und höhere Kurse erwartet, jäh zum Baissier werden, zu einem Pessimisten, der Kursrückgänge fürchtet, wenn er Nachrichten erhält, die seinen bisherigen Erwägungen widersprechen. Freilich ist zu differenzieren: Der Kreis der aktiv denkenden Spekulanten ist an allen Börsen klein. Die Mehrzahl derjenigen, die kurzfristige Kursschwankungen auszunutzen suchen, sind „Mitläufer", die im allgemeinen das tun, was andere gerade auch tun. Das verstärkt die Wirkung der Spekulation zeitweilig, hebt sie aber auch wieder bei Veränderung der Lage auf.

Früher besaßen vor allem Privatbankiers die berühmte „Nase" für gewinnbringende Börsengeschäfte. Sie waren besonders gut unterrichtet und hörten das Gras wachsen. Das ermöglichte es ihnen, Vorteile der verschiedensten Art aus dem Börsenhandel zu ziehen, weil früher die Börse selbst einer der wichtigsten „Nachrichten-Produktionsplätze" für Wirtschafts- und Finanzinformationen war. Heutzutage wird die Mehrzahl der Wirtschaftsnachrichten in die Börse hineingetragen, eine Folge moderner Nachrichtenmittel, der Verbreitung von Zeitungen, Funk und Fernsehen. Mehr als früher muß sich die Börse selber überraschen lassen, wenngleich hier nach wie vor noch manche Unternehmensnachrichten, Gerüchte und Spekulationen den Weg in die

Öffentlichkeit finden. Der Spekulant von heute hat es schwerer. Er kann weniger an einem zeitlichen Informationsvorsprung verdienen als daran, schneller als andere vorhandene Nachrichten richtig zu deuten und auf ihre Auswirkungen hin abzuwägen. Blitzschnelles Reagieren auf Nachrichten ist das A und O moderner Börsenspekulation.

Wer spekuliert eigentlich?

1. Der Berufshandel. Das sind die Repräsentanten der Banken und freie Makler, die unmittelbaren Zutritt zum Börsensaal haben. Sie sind bestrebt, alles, was sie hören, an der Börse finanziell zu verwerten.
Beispiel: Eine Standardaktie an der deutschen Börse liegt wochenlang „ruhig" zwischen 200 und 205 DM. Plötzlich tauchen im Börsensaal Gerüchte auf: die Gesellschaft werde Zusatzaktien in einem ansehnlichen Verhältnis zu den alten Aktien verteilen. Ein solches, vorerst noch unbestätigtes Gerücht genügt, um die Nachfrage nach der Aktie bei der „Kulisse", also den im Börsensaal anwesenden Börsenhändlern, zu steigern. Der Aktienkurs steigt noch während der Börsensitzung auf 215 oder 220 DM. Am nächsten Tag wird das Gerücht in den Zeitungen publiziert, in der Regel bereits mit einer Erklärung der Verwaltung, die das Gerücht entweder bestätigt oder dementiert. Stellt sich heraus, daß die Informationen richtig waren, wird am nächsten Tag das Publikum mit Käufen folgen. Die Aktie steigt dann vielleicht auf 230 oder gar 240 DM. Stellt sich heraus, daß das Gerücht falsch war, wird das Publikum den Gewinn der vorausgegangenen Kurssteigerungen mitnehmen und verkaufen. Die Spekulation erleidet einen Verlust. Auch eine dritte Konstellation ist möglich: Die Verwaltung schweigt zu den Gerüchten, weil noch keine offiziellen Beschlüsse im Aufsichtsrat über die Zusatzaktien gefaßt worden sind. Dann werden sich in den folgenden Tagen die Meinungen im Börsensaal gegenüberstehen: solche, die auf die Zusatzaktien setzen, und andere, die skeptisch sind. Je nachdem, wie stark die beiden Marktparteien sind, wird sich „die Spekulation" in der Aktie entwickeln.
2. Insider, die man früher auf deutsch als „eingeweihte Kreise" bezeichnete. Sie brauchen nicht an der Börse anwesend zu sein und sind es in der Regel auch nicht.
Beispiel: Eine Gesellschaft befindet sich in Schwierigkeiten. In einer Vorstandssitzung wird erwogen, den Gläubigern einen Vergleichsvorschlag zu unterbreiten. Der Aufsichtsrat, der zustimmen muß, kann aber wegen Auslandsreisen einiger Mitglieder erst in drei Tagen zusammentreten. Eine Büroangestellte informiert abends ihren Freund, der seinerseits Bekannte hat, die Aktien der betreffenden Gesellschaft besitzen. Diese Vorausinformation ist für den Bekannten Geld wert. Er gibt am nächsten Tag sofort Verkaufsauftrag für die Aktie und bittet die Bank, „vorsichtig interessewahrend" vorzugehen, damit der Kurs nicht gedrückt und kein Verdacht ausgelöst wird. Der Bankangestellte, der diese „Insider-Order" abwickelt, verkauft selbst spekulativ noch einige hundert Stück Aktien der Gesellschaft dazu, ohne sie zu besitzen. Er setzt darauf, daß die Aktie am nächsten und übernächsten Tag fallen wird.
Insider ist jeder am Börsenhandel Interessierte, der auf irgendeine Weise in den Besitz vorrangiger Informationen kommt, die den Kurs eines Wertpapiers nach der einen oder anderen Seite hin beeinflussen können. In Amerika sind Insider-Geschäfte strafbar, in Deutschland haben die deutschen Börsen 1970 freiwillige Maßnahmen gegen das Ausnutzen von Insider-Informationen getroffen. Alle Personen, die in der Lage sind, an Insider-Informationen heranzukommen (Banken, Vorstände, Angestellte von Unternehmen) sollen sich danach verpflichten, nicht zum Zweck des persönlichen Vorteils

Insider-Informationen auszunutzen. Die entsprechenden Regeln sind 1988 neugefaßt worden. Doch mittlerweile sind in Deutschland die Tage der freiwilligen Selbstkontrolle gezählt. Zum einen war die Aufdeckungsrate von Verstößen gegen die Insider-Regeln gering. Zum anderen haben sich in den letzten Jahren auf dem Gebiet der internationalen Harmonisierung insbesondere innerhalb der Europäischen Gemeinschaft beachtliche Fortschritte ergeben, so daß es voraussichtlich von 1994 an eine gesetzliche Regelung mit einem Insider-Handelsverbot sowie entsprechenden Strafbestimmungen auch in Deutschland geben wird.

3. Private Wertpapierinteressenten. Auch wer nicht von Berufs wegen im Börsensaal anwesend sein kann und keine eigenen Insider-Informationen besitzt, kann doch „Börsenspekulation" betreiben.

Beispiel: Nach einer langen lustlosen Geschäftsperiode an der Börse ist über Nacht steigendes Kaufinteresse zu beobachten. Interessierte Privatpersonen suchen sich nun auf dem Kurszettel Werte aus, die noch nicht oder nur mäßig von der Aufwärtsbewegung mitgerissen worden sind; in der Hoffnung, daß die vernachlässigten Werte später ebenfalls „entdeckt" und steigen werden. Nach dem spekulativen Kauf solcher Papiere haben die Beteiligten ein Interesse daran, das Papier „hochzuloben". Sie geben Bekannten und Freunden auf der Straße oder am Stammtisch „Tips", daß man diese Aktie haben müsse, denn sie werde steigen. Daraufhin können sich Käufe in der Aktie verstärken. Die Kurse steigen tatsächlich. Die spekulativen „Meinungsmacher" passen auf und verkaufen bei anziehenden Kursen ihre Papiere wieder. Oft stellt sich heraus, daß kein Grund zu Kurssteigerungen bestand. Dann gehen die Kurse der betreffenden Aktie wieder zurück. Wer auf „Tips" hereingefallen ist und dies zu spät merkt, verliert Geld.

Die Börsenspekulation hat für den „Spekulanten" positive oder negative Seiten, je nachdem, wie sie ausgeht. Darüber hinaus ist sie das eigentlich belebende Element für den Kapitalmarkt. Entzündet sich die Phantasie der Spekulation an neuen Aktien, wird die Nachfrage steigen, und der Absatz von Kapital für unternehmerische Zwecke wird gefördert. Ohne jede Spekulation wäre das Aufbringen neuen Wagniskapitals für die Wirtschaft schwierig. Der „normale" Anleger mag auf Sicherheit bedacht sein und dementsprechend allen neuen, unbekannten Anlagen gegenüber skeptisch bleiben. Der Spekulant wagt etwas. Unternehmen, die Aktien ausgeben wollen, um zum Beispiel die Entwicklung von Innovationen zu finanzieren, müßten, wenn es keine Spekulation gäbe, eine viel höhere Risikoprämie zahlen. Die technische Entwicklung der Neuzeit, die vor allem in den Gründerjahren durch Aktiengesellschaften vorangetrieben wurde, wäre ohne eine spekulative Börse kaum so rasch, kaum so umfassend möglich gewesen. Es ist auch kein Zufall, daß die Börsen in den industriellen Schwellenländern mit starker wirtschaftlicher Expansion wie in Südostasien besonders spekulativ sind.

Bei der Geldanlage ist guter Rat wichtig

Die Zeiten abgeschotteter Binnenmärkte sind vorbei. Dies gilt auch für das Finanzgeschäft und damit die Geldanlage. Vorbei sind zudem die Zeiten, in denen die Geldanlage nach starren Regeln zum Beispiel der Aufteilung nach dem Muster ein Drittel Immobilien, ein Drittel Gold und das restliche Drittel Geldvermögen erfolgen sollte. Heute ist es aufgrund sowohl der Freizügigkeit von Kapital als auch der modernen Datentechnik möglich, zu vertretbaren Kosten bei der Vermögensanlage individuelle Lösungen zu verfolgen. Doch so verlockend solche maßgeschneiderten Modelle für

Anlagezwecke auch sein mögen, fest steht, wer heutzutage sein Geld erfolgreich anlegen will, braucht andere Voraussetzungen als in der Vergangenheit. Zwar sind die Grundlage einer erfolgreichen Geldanlage nach wie vor Informationen, wie sie zum Beispiel die Wirtschaftsteile großer Tageszeitungen bieten, doch sind die Märkte komplizierter geworden, so daß es zusätzlich sachkundigen Rats bedarf. Außerdem ist es für Anleger an den Wertpapiermärkten wichtig, schnell reagieren zu können; denn an der Börse entscheiden oft Sekunden über Gewinn oder Verlust. Wer die Zeitung richtig liest, wird darin aber frühzeitig Hinweise auf künftige Entwicklungen entdecken (Siehe auch Abschnitt 14: Ratschläge für den Umgang mit der Zeitung).
Selbst für Finanzinvestoren mit langjährigen internationalen Erfahrungen ist es kaum noch möglich, sich ohne Hilfe von Fachleuten bei der Geldanlage zurechtzufinden. Während es früher in vielen Fällen lediglich um die Auswahl zwischen Aktie, Rente oder Spareinlage ging; gibt es mittlerweile eine so umfassende Palette von Anlageprodukten, daß aus der Auswahl der geeigneten Geldanlagen leicht eine „Qual der Wahl" werden kann. Mit dem Wandel der Märkte hat sich auch das Profil der Anlageberater gewandelt. Es sind keine Allround-Berater mehr. Es sind Spezialisten, die in der Lage sind, die wirtschaftlichen, politischen, rechtlichen und steuerlichen Rahmenbedingungen zu analysieren und Anlagevorschläge mit unterschiedlichem Zeithorizont zu unterbreiten. Erfreulich ist, daß sich die deutschen Banken und Sparkassen im Anlagegeschäft mittlerweile durch eine größere Flexibilität auszeichnen. Sie bieten ihre Anlageprodukte sowohl durch ihre Mitarbeiter in den Filialen als zunehmend auch durch ihre Außendienstmannschaften an. Der Kunde kann also seine Anlageentscheidung in der eigenen Wohnung treffen. Der in früheren Zeiten übliche Gang zur Bankfiliale um die Ecke ist nun entbehrlich.
Bei der Geldanlage gibt es wichtige Faktoren, deren Beachtung sich als vorteilhaft für den Vermögensaufbau und die Vermögenssicherung erwiesen haben. An erster Stelle ist hier die Bestimmung der persönlichen Situation des Anlegers zu nennen. Hinzu kommen die Ziele, die er mit der Geldanlage verbindet sowie seine Erfahrungen, die er schon mit Finanzprodukten gemacht hat. So wäre einem Anleger nicht zu raten, seine Mittel in eine „unsichere" Anlage zu investieren, wenn er beispielsweise Altersvorsorge und Liquiditätssicherung noch nicht vollständig abgedeckt hat. Denn bei solchen Anlagen, die in erster Linie diesen Zielen dienen, ist Sicherheit entscheidend, nicht Gewinnaussichten verbunden mit einem hohen Risikopotential.
Der Anleger sollte bei der Disposition seiner Mittel grundsätzlich die drei Kriterien Rendite, Sicherheit und Verfügbarkeit beachten. Bei der Geldanlage sollte man sich in keinem Fall ausschließlich vom Motiv des Steuersparens leiten lassen. Der Anleger sollte bei jeder Verfügung über sein Geld bedenken, daß es bisher noch kein Anlageprodukt gibt, das in allen drei Kategorien gleichzeitig Bestwerte erzielen kann. Er sollte zu seinem Anlageberater Vertrauen haben und sich zusätzliche Informationsquellen für die Finanz- und Immobilienmärkte erschließen. Empfehlenswert ist eine möglichst regelmäßige und falls möglich, auch aktuelle Auswertung der Informationen.
Die Anlageberater setzen bei ihrer Arbeit verstärkt die elektronische Datenverarbeitung ein und beginnen allmählich auch Kosten für die Beratung in Rechnung zu stellen. In der Vergangenheit war es meist üblich, den Anlagekunden Beratungsgebühren nicht in Rechnung zu stellen. Sie mußten vielmehr einen festgelegten Preis für die Geldtransaktion, zum Beispiel den Kauf eines Wertpapiers sowie zusätzlich für die Verwahrung der Aktien oder Rentenpapiere bezahlen.
Das geänderte Verhalten der Finanzberater wird sowohl mit den eng miteinander verknüpften Finanzmärkten, den zum Teil komplizierten Geldanlageprodukten – die nur

noch mit Hilfe von Simulationsrechnungen bewertet und gegebenenfalls empfohlen werden können – als auch mit den gestiegenen Beratungswünschen der Kunden begründet. Auffallend ist, daß das Verhalten der Anleger zunehmend von drei Faktoren bestimmt wird:
– der steigenden Lebenserwartung
– der Abnahme der Haushaltsgröße
– dem Einkommensanstieg der privaten Haushalte und dem damit verbundenen Aufstieg in höhere Steuerklassen.

Diese drei Entwicklungslinien deuten in unterschiedliche Richtungen: Zum einen verstärkt sich der Wunsch nach finanzieller Absicherung, etwa durch Vorsorgesparen. Zum anderen nimmt die Bereitschaft zu, herkömmliche Sparformen in Frage zu stellen, Alternativen zu erproben und damit auch veränderte Risiken zu akzeptieren. Ferner werden immer weitere Kreise der Bevölkerung unter dem Druck der zunehmenden Abgabenlast für Steuerfragen sensibilisiert. Das bekannte Spannungsfeld der Ziele eines Anlegers verschiebt sich demnach von bisher eher ungenauen Vorstellungen in Richtung Vermögensaufbau und finanzielle Selbstbestimmung.

Die Vermögensverwaltung

Geldanlage ist nicht nur eine Frage der Kompetenz und der Kreativität. Sie ist auch und vor allem Vertrauenssache. Das gilt um so mehr, wenn es um viel Geld geht. Dann kommt die „Vermögensverwaltung" als Dienstleistung ins Spiel.

Ein Vermögensverwalter übernimmt das gesamte Vermögensmanagement für Kunden, die sich nicht selbst um die Einzelheiten ihrer Geldanlagen kümmern können oder wollen. Er wird treuhänderisch für den Anleger tätig. Am Anfang einer Zusammenarbeit zwischen Kunden und Vermögensverwalter sollte eine gründliche Analyse des Kundenvermögens stehen. Manche Vermögensverwalter stellen ihren Kunden für eine Vermögensanalyse Kosten in Höhe von etwa einem Promille des untersuchten Vermögens, mindestens 5000 DM in Rechnung.

Die Dienstleistung Vermögensverwaltung selbst wird je nach Umfang von 5000 DM im Jahr an aufwärts angeboten. Häufig richtet sich die Verwaltungsvergütung an der Höhe des Kundenvermögens aus. Dabei sind Sätze von einem halben oder einem Prozent keine Seltenheit. Den Vertrag über das Management können die Kunden in der Regel ohne die Einhaltung von langen Fristen kündigen.

Je umfassender die Recherche und damit die Grundlage für die Analyse ist, um so aussagekräftiger ist das Ergebnis, das dem Kunden sowohl schriftlich als auch in einem persönlichen Gespräch mitgeteilt wird. Es empfiehlt sich zudem, in einem Gespräch zu klären, ob sich der Kunde eher ertrags-, wachstums- oder spekulationsorientiert engagieren will, welche Risiken ausgeschlossen oder bewußt eingegangen werden sollen. Dabei stellen die Zielvorstellungen und Prämissen des Kunden die Leitlinie für den Vermögensverwalter dar. Hat der Kunde die strategische Ausrichtung vorgegeben, überläßt er dem Verwalter und seinen Anlagefachleuten Taktik und Umsetzung des beschlossenen Finanzmanagements. Der Kunde ist dann von der Tagesarbeit der Geldanlage weitgehend entlastet; er erhält allerdings weiter regelmäßig Depot- und Kontoauszüge. Er wird dann nur noch bei außerordentlichen Ereignissen gesondert unterrichtet.

Die meisten Vermögensverwalter informieren ihre Kunden mit recht umfassenden Unterlagen über die Entwicklung und die einzelnen Vermögenstransaktionen in regelmäßigen Abständen, etwa am Quartalsende oder in einem halbjährlichen Turnus.

Dann wird detailliert Rechenschaft über die Entwicklung des Portefeuilles abgelegt. Bei solchen Betrachtungen, auch Vermögensbilanzen genannt, werden selbstverständlich Renditeberechnungen, Wechselkursaufstellungen und Hinweise über die steuerliche Situation des Vermögensverwaltungskunden oder einzelner Teile seines Wertpapiervermögens mitgeliefert. Anhand dieser Aufstellungen kann der Kunde die Leistung seines Vermögensverwalters messen. Dabei helfen ihm verschiedene Indizes oder aber eine Meßzahl, die eine wachsende Zahl von Verwaltern eigens, in Abstimmung mit ihren Kunden festlegt.

12. DER INVESTMENTMARKT

Die meisten Anleger halten sich an die Regel, daß es besser sei, sein Geld zu verteilen. Sie „streuen" ihre Anlagen, das heißt: Sie kaufen Aktien von unterschiedlichen Gesellschaften. Ein Kursverlust bei der einen Aktie kann dann vielleicht durch einen Gewinn bei einer anderen ausgeglichen werden. Ein Wertpapierdepot, in dem verschiedene Aktien enthalten sind, erfordert eine nicht unbeträchtliche Anlagesumme. Wer sich die hundert Aktien kaufen möchte, aus deren Kursen der F.A.Z.-Aktienindex errechnet wird, muß rund 47 000 DM aufbringen. Für die 30 Aktien, die den Deutschen Aktienindex Dax bilden, müssen immerhin noch knapp 14 000 DM bezahlt werden. Nicht jedermann verfügt für eine Geldanlage in Aktien über solche Beträge. Denn Aktien sollten getreu dem Grundsatz, das Vermögen gestreut anzulegen, auch immer nur einen Teil des gesamten Vermögens ausmachen. Für Anleger, die mit vergleichsweise niedrigen Beträgen am Aktienmarkt engagiert sein wollen, ist daher eine Geldanlage in einem Investmentfonds wie geschaffen. Ein Fondsanteil kostet in der Regel weniger als 100 DM, also nur den Bruchteil dessen, was sonst für eine Aktie ausgegeben werden muß. Gleichwohl ist der Käufer eines Anteils an einem breit gestreut angelegten Vermögen beteiligt.

Was sind Investmentfonds?

In Paragraph 1 des Gesetzes über Kapitalanlagegesellschaften wird definiert: „Kapitalanlagegesellschaften sind Unternehmen, deren Geschäftsbereich darauf gerichtet ist, bei ihnen eingelegtes Geld im eigenen Namen für gemeinschaftliche Rechnung der Einleger (Anteilinhaber) nach dem Grundsatz der Risikomischung in den nach diesem Gesetz zugelassenen Vermögensgegenständen gesondert vom eigenen Vermögen in Form von Wertpapier-, Beteiligungs- oder Grundstücks-Sondervermögen anzulegen und über die hieraus sich ergebenen Rechte der Anteilinhaber Urkunden (Anteilscheine) auszustellen." In einem Fonds werden viele kleine Beträge zu einem größeren Vermögen zusammengefaßt. Das bietet Vorteile hinsichtlich der Streuung des Risikos und vermindert die Kosten der Verwaltung. Allerdings werden gegenüber der Direktanlage auch die Gewinnchancen begrenzt. Der Preis für eine Eingrenzung des Kursrisikos ist die Beschneidung der Kurschancen.

Das „Gesetz über Kapitalanlagegesellschaften" stammt aus dem Jahr 1957. Es wurde schon einige Male geändert und ergänzt, zuletzt im Zusammenhang mit der Schaffung des gemeinsamen europäischen Binnenmarktes und der Vereinigung der beiden deutschen Staaten. In dem Gesetz werden vor allem die Rechte und Pflichten der Fondsverwalter und das Verhältnis des Anlegers zum Fonds und das Verhältnis der Anleger untereinander geregelt. Ergänzende Bestimmungen finden sich in einer ganzen

Reihe anderer Gesetze, darunter im Vermögensbildungsgesetz, im Gesetz über das Kreditwesen und in einigen Steuergesetzen.

In Deutschland ist die Geldanlage in Investmentfonds gesetzlich besonders streng geregelt. Der Anleger wird durch eindeutige Bestimmungen geschützt. Verschiedene Personen in verschiedenen Unternehmen mit unterschiedlichen Verantwortungen müssen bei der Verwaltung eines Investmentfonds zusammenwirken. Beteiligt sind die Kapitalanlagegesellschaft als Verwalter, die Depotbank als Verwahrer und die Institutionen der Börse als Markt für Wertpapiere.

Eines jedoch muß sich der Käufer von Fondsanteilen klarmachen: Gesetzliche Vorschriften können Fehlentscheidungen in der Anlagepolitik nicht verhindern. Durch Gesetz kann nur ein allgemeiner Rahmen für die Tätigkeit der Fonds geschaffen werden. Wie dann ein Fonds geführt wird und welche Ergebnisse vorgelegt werden, ist eine andere Sache.

Der Investmentmarkt – ein Wachstumsmarkt

Die Investmentfonds gehören zu den Teilmärkten der Finanzbranche, die in den neunziger Jahren besonders stark gewachsen sind. Im Jahr 1992 sind die in Publikumsfonds angelegten Mittel in der Welt um etwa 20 Prozent auf mehr als 4700 Milliarden DM gestiegen. Der Bundesverband Deutscher Investment-Gesellschaften, Frankfurt, legt in seiner Broschüre „Investment 93" (sie erscheint übrigens fortgeschrieben jedes Jahr neu) dar, daß die höchsten Fondsvermögen mit 2587 (Vorjahr 2044) Milliarden DM in den Vereinigten Staaten von Amerika verwaltet werden; diese Angaben beziehen sich auf den Stand von Ende 1992. In Frankreich sind es 725 (651) Milliarden DM, in Japan 561 (505), in Luxemburg 329 (242), in Großbritannien 147 (157) und in Deutschland 143 (144) Milliarden DM.

Die größten deutschen Kapitalanlagegesellschaften

Gesellschaft	verwaltetes Fondsvermögen Ende 1992, Millionen DM	Marktanteil Prozent[1]
DWS Deutsche Gesellschaft für Wertpapiersparen	28 335	24,9
DIT Deutscher Investment-Trust Gesellschaft für Wertpapieranlagen	20 150	17,7
Adig Allgemeine Deutsche Investment-Gesellschaft	17 800	15,7
Union-Investment-Gesellschaft	13 018	11,5
Deka Deutsche Kapitalanlagegesellschaft	11 273	9,9

[1] Anteil an dem Fondsvermögen, das die Mitglieder des Bundesverbandes Deutscher Investment-Gesellschaften insgesamt verwalteten.
Quelle: Investment 93

In Deutschland hat sich der Fondsgedanke nur mühsam Bahn gebrochen. Von Fonds im heutigen Sinne kann man erst seit 1949 sprechen, als die Adig Allgemeine Deutsche Investment-Gesellschaft von einer Reihe von Kreditinstituten gegründet wurde und ein Jahr später die ersten Fonds auf den Markt brachte. Aber die Zeit war damals für das Investmentsparen noch nicht reif. Die Fonds setzten sich erst in den Jahren

1959/69 richtig durch, genauer gesagt mit jenem Börsenaufschwung, der 1959 einsetzte. Ende März 1993 gab es nach Angaben des Bundesverbandes 435 deutsche Publikumsfonds mit 149 Milliarden DM Vermögen. Auf 14 offene Immobilienfonds entfielen 32 Milliarden DM, so daß es die 421 Wertpapierfonds auf 117 Milliarden DM Vermögen brachten.

Deutsche und ausländische Investmentfonds

Eine Besonderheit des deutschen Investmentrechts ist, daß es nicht nur Wertpapierfonds erfaßt, sondern auch Beteiligungs- und Grundstückssondervermögen. Beteiligungs-Sondervermögen sind Fonds, die nicht nur Wertpapiere erwerben dürfen, sondern darüber hinaus auch bis zu dreißig Prozent ihres Vermögens in stillen Beteiligungen an Unternehmen anlegen. Bis Ende März 1993 war allerdings noch kein Fonds dieser Art gegründet worden.

Grundstücks-Sondervermögen fallen dann unter das Gesetz über Kapitalanlagegesellschaften, wenn es sich um „offene" Fonds handelt. Ein Fonds ist offen, wenn das Fondsvermögen jederzeit durch die Ausgabe neuer Anteilscheine ausgeweitet werden kann. Zugleich sind die Fonds aber auch verpflichtet, grundsätzlich jederzeit Anteilscheine zu Lasten des Fondsvermögens zurückzunehmen. Die Zahl der umlaufenden Anteile kann sich also jederzeit durch neu hinzutretende oder ausscheidende Anleger verändern. Immobilien-Fonds, die ein feststehendes Kapital haben (und deshalb in der Rechtsform der Kommanditgesellschaft oder einer Bruchteilsgemeinschaft betrieben werden), haben andere gesetzliche Grundlagen.

Deutsche Investmentfonds

Die Wertpapierfonds werden in Deutschland unterschieden in „Publikumsfonds" und „Spezialfonds". Spezialfonds sind „Sondervermögen, deren Anteilscheine auf Grund schriftlicher Vereinbarungen mit der Kapitalanlagegesellschaft jeweils von nicht mehr als zehn Anteilinhabern, die nicht natürliche Personen sind, gehalten werden. Die Kapitalanlagegesellschaft hat in der Vereinbarung mit den Anteilinhabern sicherzustellen, daß die Anteilscheine nur mit Zustimmung der Kapitalanlagegesellschaft von den Anteilinhabern übertragen werden dürfen." Das bestimmt Paragraph 1 Absatz 2 des Gesetzes über Kapitalanlagegesellschaften.

Spezialfonds sind Fonds, die von Versicherungen für die Versicherten oder von betrieblichen Pensionskassen für die Berechtigten eingerichtet werden. Auf die Spezialfonds, deren Anteile ein Sparer nur indirekt erwerben kann, soll daher im weiteren nicht näher eingegangen werden. Es handelt sich aber um einen großen und rasch wachsenden Markt. Ende Februar 1993 gab es 2030 Spezialfonds mit 181 Milliarden DM Vermögen; Ende 1982 waren es erst 553 Fonds mit 22 Milliarden DM Vermögen gewesen.

Publikumsfonds sind Fonds, deren Anteile von jedermann erworben werden können. Manchmal ist allerdings eine Mindestanlage vorgeschrieben. Der erste Publikumsfonds in Deutschland nach dem Zweiten Weltkrieg entstand 1950. Es war ein „gemischter" Fonds, der in Aktien und festverzinsliche Wertpapiere investieren konnte. Anbieter war die Adig Allgemeine Deutsche Investmentgesellschaft, an der die Commerzbank und die Bayerische Vereinsbank maßgeblich beteiligt sind. Der zweite deutsche Publikumsfonds, ebenfalls von der Adig 1950 aufgelegt, war ein reiner Aktienfonds. Erst 1966 entstanden die ersten Rentenfonds, die heute eine dominierende Stellung einnehmen.

Heute werden die Publikums-Wertpapierfonds üblicherweise eingeteilt in die folgenden Gruppen: Aktienfonds mit dem Anlageschwerpunkt Deutschland, Aktienfonds mit dem Anlageschwerpunkt Ausland, Aktienfonds mit dem Anlageschwerpunkt Ausland als Spezialitäten-, Regional- und Hemisphärenfonds, Rentenfonds mit dem Anlageschwerpunkt Deutschland, Rentenfonds mit dem Anlageschwerpunkt Ausland und Gemischte Fonds (Aktien und Renten).
Für die Fonds gelten Anlagegrenzen. Sie müssen bei Wertpapierfonds sechs Monate nach der Auflegung erreicht sein; bis dahin darf es beim Aufbau eines Portefeuilles Abweichungen von den Regeln geben. Fonds können alle Wertpapiere erwerben, die an einer Börse in einem Land der Europäischen Gemeinschaft notiert werden oder die in einem dieser Länder an einem sonstigen organisierten Markt gehandelt werden. Ein Fonds darf sich auch an neuen Emissionen beteiligen, sofern sie innerhalb Jahresfrist die eben genannten Voraussetzungen erfüllen. Will ein Fonds Wertpapiere erwerben, die außerhalb der Börsen der Gemeinschaft gehandelt werden, muß dies in den Vertragsbedingungen des Fonds vorgesehen sein.
Zu den Wertpapieren zählen auch Bezugsrechte auf Wertpapiere, die in einem Fonds enthalten sein dürfen. Für einen Wertpapierfonds dürfen jedoch keine Edelmetalle oder Edelmetallzertifikate erworben werden. Bis zu 49 Prozent des Fondsvermögens dürfen als Bankguthaben oder in bestimmten kurzfristigen Geldmarktpapieren angelegt sein. „Reine" Geldmarktfonds sind nach deutschem Recht nicht möglich; wer sein Geld auf diese Weise „parken" möchte, ist auf ausländische Fonds angewiesen.
Grundsätzlich darf ein Fonds nicht mehr als fünf Prozent seines Vermögens in Wertpapieren eines Ausstellers anlegen. Es gibt aber eine Reihe von Bestimmungen, die ein höheres Engagement zulassen. Die erste Ausnahme betrifft Geldmarktpapiere. Schuldverschreibungen eines Ausstellers dürfen nicht mehr als zehn Prozent des Fondsvermögens ausmachen. Davon ausgenommen sind allerdings Staatsanleihen. Ohne Zweifel hat der Gesetzgeber mit diesen Bestimmungen besondere Rücksicht auf die Finanzierungsbedürfnisse der öffentlichen Hand nicht nur in Deutschland, sondern in der gesamten Europäischen Gemeinschaft genommen.
Aktien einer Gesellschaft dürfen zum Zeitpunkt des Erwerbs bis zu zehn Prozent des Fondsvermögens ausmachen, wenn diese Abweichung von der gesetzlichen Regel in den Vertragsbedingungen des Fonds ausdrücklich vorgesehen ist und wenn die großen Engagements zusammengenommen 40 Prozent des Fondsvermögens nicht überschreiten.
Anlagegrenzen sind aber nicht nur mit Blick auf das jeweilige Fondsvermögen festgelegt. Eine Rolle spielt auch das jeweilige Volumen des Wertpapiers. So darf ein Fonds von einer Gesellschaft nicht mehr als zehn Prozent ihrer Aktien ohne Stimmrecht erwerben. Ferner darf eine Kapitalanlagegesellschaft nicht mehr als zehn Prozent der Stimmrechte einer Gesellschaft auf sich vereinigen. Berücksichtigt wird dabei der Aktienbesitz in allen Fonds einer Kapitalanlagegesellschaft.
Anteile an anderen Fonds dürfen bis zu fünf Prozent des Fondsvermögens, insgesamt aber für nicht mehr als zehn Prozent des Vermögens, erworben werden. Dabei dürfen gegebenenfalls auch Fondsanteile von „eigenen" Fonds, sofern das die Fondsbedingungen vorsehen, mit spezieller Genehmigung durch das Bundesaufsichtsamt für das Kreditwesen in Berlin berücksichtigt werden. In Deutschland sind folglich „Dachfonds" verboten, das heißt Fonds, die ihr Geld ausschließlich in Fondsanteilen anlegen.
In beschränktem Umfang dürfen sich Fonds in Wertpapier-Optionsgeschäften engagieren. Erste Voraussetzung dafür ist, daß die Wertpapiere, auf die oder für die eine Option eingeräumt wird, sich im Fondsvermögen befinden. Der Bestand der noch zu

erfüllenden, das heißt nicht durch ein Gegengeschäft bereits neutralisierten Optionsgeschäfte darf, nach Basispreisen der betroffenen Wertpapiere gerechnet, insgesamt nicht 20 Prozent und im Einzelfall nicht 2 Prozent des Fondsvermögens überschreiten. Die Depotbank ist über Optionsgeschäfte laufend zu informieren.
Für einen Fonds dürfen Devisen-Termingeschäfte abgeschlossen werden, sofern sich in ihm Vermögen in entsprechendem Umfang in der betreffenden Währung befindet. Finanz-Terminkontrakte dürfen, sofern das an einer Börse möglich ist, zur Absicherung des Fondsvermögens abgeschlossen werden. Spekulative Kontrakte sind beim Abschluß, nach Kontraktwert gerechnet, auf 20 Prozent des Vermögens begrenzt.
Schließlich darf ein Fonds keine Darlehen gewähren und keine Bürgschaften übernehmen. Er darf aber, wenn es in den Vertragsbedingungen vorgesehen ist, kurzfristig bis zu 10 Prozent des Vermögens Kredit aufnehmen, wenn die Depotbank zustimmt und die Bedingungen marktüblich sind.
Fonds müssen auch danach unterschieden werden, ob sie Erträge ausschütten oder nicht. Früher waren ausschüttende Fonds die Regel; heute gibt es zunehmend Fonds, die alle Erträge einbehalten. Sie werden „thesaurierende" Fonds genannt.
Wenn ein Fonds eine Ausschüttung vornimmt, sinkt am Tag der Ausschüttung der Anteilwert um ebenden Betrag der Ausschüttung. Denn das Fondsvermögen hat sich vermindert. Die Höhe der Ausschüttung – absolut gesehen oder gemessen am Ausgabewert – ist entgegen der landläufigen Meinung kein Merkmal für den Erfolg eines Fonds. Deshalb kann im Kursteil auf die Angabe der Höhe der Ausschüttung noch am ehesten verzichtet werden.
Die Höhe der Ausschüttung kann von der Fondsverwaltung zumindest in gewissen Grenzen festgelegt und beeinflußt werden. Es können nicht nur erwirtschaftete laufende Erträge ausgeschüttet werden, sondern auch – in unterschiedlicher Höhe – realisierte Kursgewinne oder Erlöse aus dem Verkauf von Bezugsrechten. Fachleute sprechen von einer „Substanzausschüttung", die von Fonds zu Fonds unterschiedlich hoch ausfallen und damit das Urteil über den Erfolg eines Fonds verwischen kann. Da die Ausschüttung den Anteilwert mindert, kann ein wiederkehrend hoher Anteil ausgeschütteter Kursgewinne den Anteilwert auszehren. Deshalb werden heute in der Regel nicht mehr so viele Kursgewinne wie früher ausgeschüttet. Die Branche und ihre Kunden haben aus alten Sünden gelernt.
Der Erfolg der Geldanlage in einem Fonds kann nur an der Wertentwicklung der Anteile gemessen werden. Bei ihrer Berechnung wird so vorgegangen, daß die Höhe etwaiger Substanzausschüttungen keine Rolle mehr spielt. Es ist jedenfalls verkehrt, den Kauf von Fondsanteilen an der Höhe der Ausschüttung auszurichten.
Fonds ohne Ausschüttungen können ungestört von Ausschüttungsterminen und den Vorbereitungen darauf eine zielgerichtete Anlagepolitik verfolgen und liegen in der Wertentwicklung meist etwas besser als andere Fonds. Das hat früher ihren Absatz nicht angeregt, was vielleicht damit zusammenhing, daß die Erträge aus der Anlage in solchen Fonds laufend versteuert werden mußten, obwohl dafür aus Ausschüttungen keine Liquidität zur Verfügung stand. Das ist mittlerweile geändert; die Erträge thesaurierender Fonds müssen erst dann versteuert werden, wenn die Anteile verkauft beziehungsweise eingelöst werden.
Bis 1990 hatten deutsche Fonds allesamt eine unbegrenzte Laufzeit. Seither gibt es auch Fonds, die zu einem vorher festgelegten Zeitpunkt aufgelöst werden (Laufzeitfonds). Bei diesen Fonds werden die Erträge thesauriert und erst am Ende der Anlagezeit zusammen mit dem Kapital ausgezahlt. Die Anlagemöglichkeit für eine vorher bestimmte Dauer hat den Reiz der Fondsanlage noch erhöht. Man kann den zu erwar-

tenden Anlageerfolg besser abschätzen als bei einem Fonds, der auf unbestimmte Dauer angelegt ist. Ein Fonds mit unbegrenzter Laufzeit muß in seiner Anlagepolitik immer einen Kompromiß schließen: Er muß einerseits das Vermögen der bereits an dem Fonds Beteiligten sichern, andererseits soll er einem neu hinzukommenden Anleger nicht Chancen auf künftige Wertsteigerungen nehmen. Für den Anteilbesitzer sollen also bei fallenden Aktienkursen etwa durch den Aufbau eines Barbestandes Kursverluste vermieden werden, während der Käufer einen möglichst niedrigen Anteilwert zum „Einsteigen" sucht – und ihn nicht vorfindet, wenn der Fonds einen hohen Barbestand hat. Bei einem Laufzeitfonds tritt dieses Dilemma nicht auf: In der Regel wird die Ausgabe von Anteilen nach der Anlaufphase eingestellt, so daß sich die Anlagepolitik voll auf die Interessen der „alten" Anteilseigner konzentrieren kann.

Ausländische Fonds

Ende der sechziger Jahre spielten Auslandsfonds in Deutschland eine große Rolle. Doch ein großer Anbieter, die Investors Overseas Services, besser bekannt unter der Abkürzung IOS, brach 1969/70 zusammen. Dieses Debakel hat damals vielen Anlegern herbe Verluste beschert und die Auslandsfonds nahezu zwei Jahrzehnte lang zu Randerscheinungen auf dem deutschen Markt gemacht. Ausgerechnet die europäische Gesetzgebung, die zu besonders liberalen Bestimmungen für Luxemburger Fonds führte, und der deutsche Fiskus mit dem Beschluß, eine Quellensteuer einzuführen, haben dann Anfang der neunziger Jahre ausländische Fonds in Deutschland wieder hoffähig gemacht. Ende März 1993 bestanden nach Angaben des Bundesverbandes Deutscher Investment-Gesellschaften 140 „deutsche" Wertpapierfonds in Luxemburg mit 129 Milliarden DM Vermögen. Diese Luxemburger Fonds „deutscher Provenienz" sind Fonds, die in Luxemburg von Gesellschaften gegründet worden sind, deren Gesellschafter ganz oder überwiegend deutsche Institute sind.
Diese Fonds machen sich den Umstand zunutze, daß ein Fonds, der in einem Land der Gemeinschaft nach den dortigen Regeln ordnungsgemäß gegründet wurde, auch in allen anderen Ländern verkauft werden darf. Denn für die Fonds der Gemeinschaft gilt das sogenannte Sitzlandprinzip. In anderen Ländern der Gemeinschaft müssen lediglich einige Meldepflichten – in Deutschland an das Bundesaufsichtsamt für das Kreditwesen in Berlin – erfüllt werden. Man spricht von einem „europäischen Paß".
Der Absatz von Fonds über die nationalen Grenzen hinaus stößt heute nicht mehr auf rechtliche Hindernisse, sondern auf praktische Schranken. Ein ausländischer Anbieter hat es gewöhnlich sehr schwer, einen einzelnen Anleger in einem fremden Land zu erreichen. Die Vertriebskanäle sind meist in fester Hand, neue Absatzwege zu erschließen ist teuer. Die deutschen Kreditinstitute vertreiben ihre eigenen Fondsprodukte. Sie haben in Luxemburg auch ihre eigenen Fonds-Tochtergesellschaften gegründet. Wer „nur so" Fondsanteile erwerben möchte, erhält im Zweifel Anteile einer Gesellschaft, die dem Kreditinstitut nahesteht, das der Käufer gefragt hat. Allerdings verkaufen Kreditinstitute auf ausdrücklichen Wunsch des Kunden ihm auch Fondsanteile fremder Kapitalanlagegesellschaften.
Anteile an Auslandsfonds, die nicht aus der Gemeinschaft stammen, dürfen in Deutschland nur dann vertrieben werden, wenn sie den Vorschriften des Auslandsinvestmentgesetzes genügen. Das bedeutet: Die ausländische Gesellschaft muß die Absicht zum Vertrieb bestimmter Fondsanteile dem Bundesaufsichtsamt für das Kreditwesen angezeigt haben. Das Amt kann der Aufnahme des Vertriebs innerhalb von zwei Monaten widersprechen. Der Anbieter muß in Deutschland einen Repräsentanten benen-

nen, und es müssen für Zwecke der Besteuerung gewisse Angaben – in deutscher Sprache – gemacht werden. Werden die Bestimmungen nicht eingehalten, werden pauschal mindestens zehn Prozent des letzten Rücknahme- oder Börsenpreises als steuerpflichtiger Ertrag des Jahres angesehen – und zwar unabhängig davon, wie sich die Anlage tatsächlich entwickelt hat. Wer also ausländische Fondsanteile erwerben will, sollte sich zuvor Klarheit darüber verschaffen, wie die Rechtslage ist.

Wie der Anteilwert berechnet wird

Das Fondsvermögen wird in Anteilen (Zertifikaten) verbrieft. Bei der Auflegung eines Fonds (Erstausgabe) darf der Wert nicht mehr als 100 DM betragen. Später darf der Anteilwert darüberliegen. Der Wert eines Anteils ergibt sich, wenn das Fondsvermögen durch die Zahl der in den Verkehr gelangten Anteile geteilt wird. Das Fondsvermögen ist börsentäglich durch die Depotbank unter Mitwirkung der Kapitalanlagegesellschaft zu ermitteln. Die Bewertung ist genau vorgeschrieben. Anzusetzen ist der jeweilige Kurswert der zum Fonds gehörenden Wertpapiere, Bezugsrechte und Wertpapier-Optionsrechte. Hinzuzurechnen sind die sonstigen Vermögensgegenstände des Fonds. Kredite und Verbindlichkeiten sind abzuziehen. Nicht realisierte Verluste aus Optionsgeschäften müssen berücksichtigt werden. Außerdem müssen Bewertungsgewinne beziehungsweise Bewertungsverluste aus Termingeschäften auf einen Aktienindex eingerechnet werden.
Die absolute Höhe eines Anteilwertes sagt nichts über die Qualität eines Fonds aus. Vor allem sind Fonds, deren Anteilpreise über 100 DM liegen, nicht besser als Fonds, deren Anteile weniger kosten. Der Anteilwert ist lediglich eine Rechengröße. Für die künftig mögliche Wertentwicklung ist es belanglos, ob ein Anteil 130 DM oder 65 DM kostet. Vielleicht jedoch entschließt sich ein Anleger eher zur Geldanlage in einem Fonds, wenn der Anteilpreis absolut niedrig ist. Für eine bestimmte Anlagesumme erhält der Anleger dann eine höhere Zahl von Anteilen. Damit ein Interessent nicht durch hohe Anteilpreise abgeschreckt wird, wurden in der Vergangenheit auch schon Fondsanteile aufgeteilt („gesplittet"), das heißt, das Fondsvermögen wurde einfach in eine höhere Zahl von Anteilen als bisher aufgeteilt. Wenn die Zahl der Anteile verdoppelt wird, sinkt der Wert eines Anteils auf die Hälfte, denn das Fondsvermögen verändert sich durch einen „Split" nicht. Zu Splits ist es in den Pionierzeiten des Investmentsparens Ende der fünfziger/Anfang der sechziger Jahre häufiger gekommen. Die starken Kurssteigerungen am deutschen Aktienmarkt hatten die Anteilpreise auf weit über 100 DM steigen lassen. Sie wurden durch Splits „leichter" gemacht. Splits müssen bei einem Vergleich von Anteilpreisen berücksichtigt werden.

Erwerb und Rückgabe von Anteilen

Auf Geldanlagemöglichkeiten in Fondsanteilen haben die Kreditinstitute ihre Kunden zwar immer wieder aufmerksam gemacht. Aber erst in jüngerer Zeit haben einige Institute die Direktanlage in Wertpapieren durch die Einführung von happigen Mindestgebühren für Börsentransaktionen verteuert. Demgegenüber sind die Kosten für den Erwerb von Anteilscheinen an Fonds bewußt günstiger gehalten. Das wird längerfristig den Absatz von Fondsanteilen besonders begünstigen.
Lange Zeit haben Kreditinstitute die Geldanlage in Fonds selbst mit Zurückhaltung betrachtet und vor allem die Befürchtung gehabt, es würden ihnen bilanzwirksame Einlagen entgehen. Von dieser Betrachtung hat man sich heute weitgehend gelöst. Die

Kundschaft ist sehr renditebewußt geworden und bringt ihr Geld nicht mehr unbesehen als Einlage zu Kreditinstituten. Wer auf dem Finanzmarkt kein Fondsangebot machen kann, verliert Geschäft.

Das Mittelaufkommen der Kapitalanlagegesellschaften in Deutschland – der Gegenwert der an das Publikum verkauften Fondsanteile – erreichte im Jahr 1992 insgesamt 78 (Vorjahr 50) Milliarden DM. Die inländischen Publikumfonds, die 1991 noch neue Mittel in Höhe von 14 Milliarden DM an sich ziehen konnten, mußten 1992 aber 3 Milliarden DM Abflüsse hinnehmen. Von Anteilrückgaben waren die deutschen Rentenfonds betroffen, die 11 Milliarden DM Rückflüsse hatten (1991: Zufluß 8 Milliarden DM); der Absatz von Aktienfondsanteilen – 2 (3) Milliarden DM – und von Anteilen an offenen Immobilienfonds – 6 (2) Milliarden DM – konnte das Minus der Rentenfonds nicht ausgleichen. Die inländischen Spezialfonds konnten wie im Vorjahr 24 Milliarden DM Aufkommen verbuchen. „Renner" am Fondsmarkt waren die ausländischen – sprich Luxemburger – Fonds. Ihre Mittelzuflüsse haben sich auf 58 (12) Milliarden DM vervielfacht. Das hat wohl direkt mit der Einführung des Zinsabschlages ab 1993 in Deutschland zu tun, obwohl über die Motive der Sparer, die Luxemburger Fondsanteile erwerben, nur Spekulationen möglich sind.

Fondszertifikate gehören zu jenen Wertpapieren, von denen heute noch Urkunden gedruckt werden. Deshalb können Fondsanteile tatsächlich in Empfang genommen und selbst verwahrt werden. Aus Sicherheitsgründen sollte dies aber nur in einem Bankschließfach geschehen; Wertpapiere zu Hause aufzuheben ist nicht ratsam. Wenn Ertragsscheine fällig werden, müssen sie einer Zahlstelle vorgelegt werden. Deshalb eignen sich Fondsanteile, für die keine Ertragsausschüttungen vorgenommen werden (thesaurierende Fonds) am besten für die Eigenverwahrung.

Kreditinstitute haben in der Regel Fondszertifikate nicht vorrätig, sondern müssen sie erst beschaffen. Das kann besondere Kosten verursachen. Zu beachten ist, daß der Erwerb von Wertpapierurkunden bei dem verkaufenden Kreditinstitut aktenkundig wird. Außerdem werden größere Bargeld-Transaktionen ohnehin registriert; damit soll die „Wäsche" kriminell erworbener Gelder erschwert werden.

In der Regel werden auch Fondsanteile heute nur als Buchforderung erworben. Auf Wunsch kann aber später jederzeit die – freilich nicht kostenlose – Auslieferung der Wertpapierurkunden, der „Stücke", verlangt werden. Das Depotkonto kann bei in- oder ausländischen Kreditinstituten geführt werden, aber auch bei der Kapitalanlagegesellschaft selbst beziehungsweise bei einer im Ausland – etwa in Luxemburg – ansässigen Kapitalanlagegesellschaft.

Wertpapierkonten, die direkt bei Kapitalanlagegesellschaften geführt werden, haben unterschiedliche Bezeichnungen. Sie heißen zum Beispiel „Anlagekonten". Gemeinsam ist ihnen, daß ihre Führung bei den Fondsgesellschaften vergleichsweise preiswert ist. Dort ein Wertpapierdepot zu unterhalten, hat aber auch einen großen Nachteil: Die Hausbank kann auf die Wertpapiere nicht automatisch als Kreditsicherheit zugreifen.

Gewöhnlich können Fondsanteile, die auf Wertpapierkonten gehalten werden, auch in Bruchteilen erworben werden. Das ist bedeutsam, wenn eine Ausschüttung „ohne Rest" beziehungsweise ohne Zuzahlung wiederangelegt werden soll. Die regelmäßige Anlage eines bestimmten Betrages in Fondsanteilen – Cost-Average-Methode oder Durchschnittskosten-Methode genannt – ist nur dann möglich, wenn Bruchteile von Fondsanteilen erworben werden können.

Die Anteile offener Fonds können grundsätzlich jederzeit zum Tageswert – das ist der Anteilwert – wieder in Bargeld verwandelt werden. Ausnahmen von dieser Regel dürfen nur bei Marktstörungen gemacht werden. Bis jetzt hat es solche Marktstörungen – zum Beispiel die Schließung von Börsen – entweder noch nicht gegeben oder sie waren so kurz, daß sie sich nicht auf die Fondsbranche ausgewirkt haben. Wer es mit dem Urteil über die mögliche Liquidität von Wertpapier-Fondsanteilen erst meint, muß aber einen kleinen theoretischen Vorbehalt anbringen.

Wenn der Anteil nicht direkt an den Fonds zurückgeht, sondern von einem Kreditinstitut angekauft wird, könnte dieses auch einen höheren Preis als den Anteilwert zahlen (freihändiger Rücknahmepreis). In der Regel zahlen aber auch Kreditinstitute, wenn sie die Anteile auf eigene Rechnung mit dem Ziel der Weiterplazierung in ihrem Kundenkreis übernehmen, heute nur noch den „offiziellen" Rücknahmepreis.

Bei der Auflegung eines neuen Fonds kann es sein, daß befreundete Kreditinstitute durch die Zeichnung einer ausreichend hohen Zahl von Anteilen den Start leicht machen. Werden die Fondsmittel erfolgreich angelegt und erhöht sich der Ausgabepreis deshalb gleich nach der Auflegung, nehmen die Geburtshelfer nicht nur ihre normale Verkaufsprovision ein, sondern sie realisieren auch einen Kursgewinn. Zunehmende Bedeutung erhält der Verkauf von Fondsanteilen außerhalb der Schalterhalle von Kreditinstituten. Einmal beginnen die Kreditinstitute selbst, einen Außendienst aufzubauen. Zum anderen kümmern sich auch Versicherungsvertreter und Versicherungsmakler immer stärker um den Vertrieb von Fondsanteilen. Außerdem spielen Fonds innerhalb des sogenannten „Strukturvertriebs" eine große Rolle. Strukturvertrieb werden Organisationen genannt, die Finanzprodukte an der Haustür verkaufen.

Die Veröffentlichungen der Fonds

Nach Ablauf eines Geschäftsjahres muß für jeden Fonds ein Rechenschaftsbericht erstellt werden. Der Bericht wird von einem Wirtschaftsprüfer geprüft. Der Rechenschaftsbericht muß eine ins einzelne gehende Vermögensaufstellung enthalten mit Angabe der Art, des Nennbetrages oder der Zahl des Vermögensgegenstandes sowie seines Kurses und des Kurswertes. Anzugeben ist jeweils auch der Anteil eines jeden Postens am Gesamtwert des Fonds. Für Wertpapiere und Schuldscheindarlehen sind die während des Berichtszeitraumes vorgenommenen Käufe und Verkäufe nach Nennbetrag oder Zahl zu nennen. Ferner muß über Options-, Devisentermin- und Finanztermingeschäfte berichtet werden. Außerdem ist eine aufgegliederte Ertrags- und Aufwandsrechnung vorzulegen. Zur Mitte des Geschäftsjahres ist ein nicht ganz so ausführlicher Halbjahresbericht zu veröffentlichen.

Vor Vertragsschluß ist dem Erwerber eines Anteilscheins ein datierter Verkaufsprospekt auszuhändigen. Der Prospekt „muß alle Angaben enthalten, die im Zeitpunkt des Erwerbs für die Beurteilung der Anteilscheine von wesentlicher Bedeutung sind", heißt es in Paragraph 19 des Gesetzes über Kapitalanlagegesellschaften. Für die Angaben muß gehaftet werden. Im Gesetz ist ausdrücklich festgehalten, daß für den Prospekt kein Entgeld verlangt werden darf. Dem Verkaufsprospekt sind die Vertragsbedingungen, der zuletzt veröffentlichte Rechenschaftsbericht und der anschließende Halbjahresbericht – falls veröffentlicht – beizufügen. Dem Erwerber müssen Hinweise auf die Höhe des Ausgabekostenaufschlages und auf die jährlich zu zahlende Vergütung gegeben werden.

Ausgabe- und Rücknahmepreis eines Fondsanteils müssen immer zusammen bekanntgegeben werden. Die Preise müssen bei jeder Ausgabe oder Rücknahme von Anteilscheinen, mindestens aber zweimal im Monat „in einer hinreichend verbreiteten Wirtschafts- oder Tageszeitung" veröffentlicht werden (Paragraph 21 Absatz 6). Es hat sich eingebürgert, die Preise täglich zu ermitteln und zu veröffentlichen.

Kosten des Investmentsparens

Die Kosten für den Vertrieb der Anteile werden durch einen Aufschlag auf den Anteilwert gedeckt. Auf diese Weise entsteht der Ausgabepreis. Die Ausgabekosten sind unterschiedlich hoch; meist betragen sie fünf Prozent, können aber auch darunter liegen oder darüber hinausgehen. Wer größere Summen anlegt, kann über die Höhe der Ausgabekosten sicher auch verhandeln. Die Ausgabekosten fallen nur einmal an, beim Erwerb der Anteile.

Laufend wiederkehrende Kosten entstehen für die Verwaltung des Vermögens. Höhe und Berechnungsbasis sind unterschiedlich. Einzelheiten müssen in den Vertragsbedingungen für den Fonds geregelt sein. In den Vertragsbedingungen für den Aktienfonds Concentra (Verwalter: Dit Deutscher Investment-Trust Gesellschaft für Wertpapieranlagen mbH, Frankfurt, eine Tochtergesellschaft der Dresdner Bank) heißt es, daß die vierteljährliche Vergütung für die Verwaltung des Sondervermögens 1,25 Promille des Wertes des Sondervermögens, errechnet aus dem Durchschnitt der Monatsendwerte des Quartals, beträgt. Die vierteljährliche Vergütung für die Depotbank beträgt 0,1 Promille des ebenso ermittelten Wertes.

Weitere laufende Kosten wie die Aufwendungen für den Erwerb und die Veräußerung von Vermögensgegenständen des Sondervermögens, für Depotgebühren, für den Druck und den Versand von Rechenschafts- und Halbjahresberichten, für die Veröffentlichung der Berichte, der Preise und der Ausschüttungen sowie ähnliche Posten werden direkt dem Sondervermögen belastet. Im Geschäftsjahr 1992 erreichten die gesamten Verwaltungskosten bei den großen deutschen Aktienfonds zwischen 0,51 und 0,64 Prozent des Fondsvermögens.

Fonds haben das Börsenglück nicht abonniert

Die meisten Anleger legen ihr Geld in einem Fonds an, weil sie sich eine vergleichsweise günstige Wertentwicklung erhoffen. Solche Erwartungen sind durch die allgemeine Werbung für Fonds und sicher auch in vielen Verkaufsgesprächen geweckt worden. Wahrscheinlich wäre es der gesamten Branche heute jedoch lieber, wenn die Kurschancen weniger stark herausgestellt worden wären. Es gibt natürlich auch Kursrisiken, denen sich auch geschickt arbeitende Fondsverwaltungen nicht vollständig entziehen können. Deshalb ist eine Zusammenstellung der Wertentwicklung von Fondsanteilen oft auch eine enttäuschende Lektüre. Die wichtigste Dienstleistung eines Fonds ist eben nicht die Wertentwicklung, sondern die fachgerechte, vergleichsweise kostengünstige Verwaltung eines Wertpapiervermögens. Wenn dies zusammenfällt mit einer guten Wertentwicklung – um so besser. Aber auch Fondsverwalter haben das Börsenglück nicht abonniert.

Der Bundesverband Deutscher Investment-Gesellschaften in Frankfurt, der fast die gesamte Branche repräsentiert, veröffentlicht regelmäßig Angaben über die Wertentwicklung von Fondsanteilen. Diese Angaben machen die Fonds untereinander vergleichbar, und es gibt Bemühungen, entsprechende Berechnungen auch für Fonds aus der Europäischen Gemeinschaft anzustellen.

Was bedeutet es, wenn der Verband ermittelt hat, daß ein Anteil an einem deutschen Aktienfonds in einer Anlagezeit von fünf Jahren eine Wertsteigerung von 43,6 Prozent aufgewiesen hat? Die Berechnung beruht auf folgenden Annahmen: Einmalige Anlage zu Beginn der Anlagedauer zum Anteilwert, sofortige Wiederanlage etwaiger Ausschüttungen zum Anteilwert, Liquidation am Ende der Anlagezeit zum Anteilwert. Die Wertsteigerung sagt etwas aus über die Leistung der Fondsverwalter. Sie ist aber nicht gleichzusetzen mit dem Erfolg, den der Käufer eines Anteils erzielt hat. Zunächst müssen die Ausgabekosten berücksichtigt werden. Denn die Anteile können nicht zum Anteilwert erworben werden, sondern nur zum Ausgabepreis.

Der Bundesverband schlägt vor, die Wertentwicklung unter Berücksichtigung des individuell gezahlten Ausgabeaufschlags wie folgt zu ermitteln: Die vom Verband ausgewiesene Prozentzahl der Wertentwicklung wird um 100 erhöht. Diese Summe wird geteilt durch die Summe aus 1 zuzüglich einem Hundertstel des individuell gezahlten Ausgabeaufschlages in Prozent. Vom Ergebnis müssen 100 abgezogen werden. In Zahlen: Wertentwicklung 43,6 Prozent, Ausgabeaufschlag 5 Prozent. 143,6 muß durch 1,05 geteilt werden, macht 136,8. Folglich beträgt der Anlageerfolg mit Berücksichtigung der Ausgabekosten 36,8 Prozent.

Der persönliche Anlageerfolg fällt noch geringer aus, wenn die Wiederanlage von Ausschüttungen nicht zum Anteilwert erfolgen konnte. Außerdem fallen weitere Kosten etwa für die Verwaltung der Anteile (Depotkosten) an.

Schließlich ist zu beachten, daß Einkünfte aus Kapitalvermögen in Deutschland grundsätzlich steuerpflichtig sind. Eine prozentual gleich hohe Wertsteigerung zweier Fondsanteile kann daher mit Berücksichtigung der gegebenenfalls fälligen Steuerzahlungen eine ganz andere Qualität aufweisen. Jedenfalls darf der Faktor Steuer nicht übersehen werden. Grundsätzlich sind Aktienfonds, bei denen der Anteil steuerfreier Kursgewinne vergleichsweise hoch ist, unter steuerlichen Gesichtspunkten attraktiver als Fonds, bei denen Zinseinnahmen eine große Rolle spielen.

Wertentwicklungsangaben für verschieden lange Zeiträume können vergleichbar gemacht werden durch die Umrechnung auf eine jährliche Rendite. Eine Wertsteigerung von 43,6 Prozent in fünf Jahren ist genausogut wie eine Wertsteigerung von 106,1 Prozent in zehn Jahren. In beiden Fällen stellt sich die Rendite auf effektiv 7,5 Prozent jährlich. Etwa mit diesem Ergebnis kann auf längere Sicht bei der Geldanlage in Fonds gerechnet werden.

Diese Erwartung stützt sich auf Ergebnisse, die in der Vergangenheit erzielt worden sind. Ob sich in der Zukunft ähnliche Renditen einstellen, muß offenbleiben.

13. DIE WARENBÖRSEN

Was man aus den Rohstoffberichten erfährt

Rohstoffe sind Wirtschaftsgüter und Spekulationsobjekte zugleich. Die Entwicklung ihrer Preise gibt zum einen Aufschluß über den Zustand der Wirtschaft eines Landes, zum anderen spiegelt sie die Risikobereitschaft finanziellen Engagements wider. Die Rohstoffberichterstattung in einer Tageszeitung versucht, beides transparent zu machen. Viele Länder und Volkswirtschaften leben davon, daß sie Rohstoffe erzeugen, andere davon, sie zu verarbeiten. Beides bietet zahlreiche Chancen und Risiken. Für jene Länder, die hauptsächlich Rohstoffe produzieren und unverarbeitet exportieren, hängt alles davon ab, daß Wuchs, Ernte, Produktion oder Förderung ungestört verlaufen; das erzeugte Gut also in der gewünschten Menge und Qualität zur Verfügung steht. In der Regel handelt es sich dabei überwiegend um Entwicklungsländer. Der Erlös aus diesen Ausfuhren ist für sie häufig die wichtigste Einnahmequelle. Kommt es zu Störungen, sind vor allem jene Länder besonders hart betroffen, deren Wirtschafts- und Finanzlage von einem einzigen Rohstoff abhängt. Deshalb versucht ein Teil der traditionellen Monokulturländer inzwischen, zusätzliche Einnahmequellen zu erschließen. Einige forcieren den Tourismus, andere locken Industriebetriebe, wieder andere wollen durch den Anbau oder die Erschließung anderer Rohstoffe diversifizieren. So will Brasilien die Abhängigkeit vom Kaffee durch den Aufbau einer Stahlindustrie mindern, Kolumbiens Kaffeepflanzer züchten jetzt auch Blumen für den Export. Das Teeland Indien hat in den vergangenen zehn Jahren eine blühende Software-Industrie aufgebaut. Außerdem bemühen sich viele Länder mittlerweile in zunehmendem Maße, die im Inland erzeugten Rohstoffe auch dort zu verarbeiten und dann die Halb- und Fertigfabrikate zu exportieren. So bleibt ein Teil der Wertschöpfung, die sonst im Exportland entstünde, im eigenen Land.

Der größte Teil der Rohstoffverarbeitung findet jedoch nach wie vor in den Industrieländern statt. Viele von ihnen verfügen nicht über ausreichende heimische Vorkommen an bestimmten Rohstoffen. Oder es fehlen ihnen nutzbare Flächen beziehungsweise die klimatischen Voraussetzungen, andere Rohstoffe zu erzeugen. Sie sind darauf angewiesen, ihren Bedarf durch Importe zu decken. Davon leben auch der Handel und die Spediteure.

Mit Hilfe von Rohstoffen werden sowohl in Industrie- als auch in Entwicklungsländern Beschäftigung und Wohlstand geschaffen. Beide haben daher einen gemeinsamen Wunsch: daß die Rohstoffversorgung ungestört klappt. Im Gegensatz zu dem Monokultur-Rohstofflieferanten haben die Verarbeiter allerdings bei Lieferstörungen häufig die Möglichkeit, auf andere Produktionsländer oder andere Erzeugnisse auszuweichen. Denn auch einzelne Rohstoffe stehen in bestimmten Anwendungsgebieten miteinander im Wettbewerb: zum Beispiel Aluminium und Zinn (Dosen), Aluminium und Stahl (Automobilkarosserien), Wolle und Baumwolle (Textilien) oder Natur- und Synthesekautschuk (technische Gummiwaren).

Preisbewegungen als Konjunkturhinweise

Für die Preisveränderungen an den Rohstoffmärkten, deren wichtigste ihren Niederschlag in der täglichen Zeitungsberichterstattung finden, gibt es im wesentlichen zwei Arten von Gründen: die technischen und die fundamentalen.

Technisch bedingte Preisschwankungen sind meist kurzlebig. Auslöser können Nachrichten über Mißernten durch Dürre- oder Flutkatastrophen, Frostschäden, Pflanzenkrankheiten oder Schädlinge sein. Auch politische Unruhen können die Produktion von Rohstoffen bedrohen, wie im Kupfergürtel Sambias oder im Edelmetallbergbau Südafrikas. Grubenunglücke verursachen Produktionsausfälle, Hafenarbeiterstreiks behindern den Transport.

Zum Beispiel hat 1970 eine Blattkrankheit die amerikanische Maisernte dezimiert. In den siebziger Jahren blieben vor Peru die Anchovisschwärme aus, und die Viehzüchter mußten auf Sojabohnen als Futtermittel ausweichen. In beiden Fällen war die erhältliche Ware heiß begehrt, und die Preise stiegen ins uferlose. Im vergangenen Jahr haben die Auflösungserscheinungen des kommunistischen Regimes in Kuba dazu geführt, daß die Zuckerrohrernte um ein Drittel unter dem „Normalstand" lag. Wäre der Zuckermarkt nicht durch vorausgegangene Jahre mit Produktionsüberschüssen überversorgt, hätte auch hier eine nach oben gerichtete Preisspirale einsetzen müssen.

Solche Entwicklungen, beziehungsweise Nachrichten darüber oder Gerüchte, sind geeignet, die Preise für den betroffenen Rohstoff nach oben zu treiben. Die Freude der Anbieter, die jetzt plötzlich unerwartet höhere Erträge erzielen können, ist aber oft nur kurz. Ist nämlich die gemeldete „Krise" vorbei oder stellt sich gar heraus, daß es gar keine ist, weil Halbwahrheiten, Mißverständnisse und gezielte Falschinformationen für Wirrwarr gesorgt haben, schwingt das Preispendel wieder zurück. Häufig wird dabei sogar das vor der „Krise" registrierte Preisniveau eine Zeitlang unterschritten. Fundamentale oder langfristige Preisbewegungen geben Hinweise auf grundsätzliche Veränderungen in Wirtschaft und Industrie. In ihnen spiegelt sich das strukturelle Verhältnis von Angebot und Nachfrage wider. Während die kurzfristigen Preisausschläge an den Rohstoffmärkten als „Krisenbarometer" gelten können, geben die langfristigen Preistendenzen Auskunft darüber, in welche grundsätzliche Richtung die Entwicklung eines Industriezweiges – zuweilen sogar die gesamte Volkswirtschaft – tendiert. Wenn die Preise für einen Rohstoff über einen längeren Zeitraum ständig sinken, bedeutet das, daß entweder der Bedarf daran rückläufig ist (beispielsweise durch technische Neuerungen und Substitution) oder das Angebot übermäßig ausgeweitet wurde (beispielsweise, wenn eine Preishausse vorausging und immer mehr Erzeuger sich eine Scheibe von diesem „Gewinnkuchen" abschneiden wollten). Steigen die Rohstoffpreise über einen längeren Zeitraum tendenziell, zeugt das davon, daß das Angebot den wachsenden Bedarf nicht deckt. Versuche, das Angebot künstlich zu verknappen und damit die Preise nach oben zu treiben – wie etwa im Rahmen der Internationalen Abkommen für Kaffee, Kakao, Zinn und Kautschuk – sind jedoch in der Vergangenheit meist gescheitert.

Langfristige Preisveränderungen für einen Rohstoff oder eine Gruppe von Rohstoffen sind ein Signal für diesen besonderen Markt. Fundamentale Preisbewegungen aller wichtigen Rohstoffe sind ein Frühwarnsignal für die konjunkturelle Entwicklung in einem Land oder einer Ländergruppe. Das hängt damit zusammen, daß man aus den Deckungskäufen (Vorratskäufen) der verarbeitenden Industrie auf deren Erwartungen hinsichtlich ihres künftigen Geschäftsverlaufes schließen kann. Gehen die Verarbeiter von einer Absatzflaute aus, werden sie ihre Vorräte niedrig halten, um Kapital- und Lagerkosten zu sparen. Rechnen sie mit einem Konjunkturaufschwung, wächst ihre Rohstoffnachfrage und bewirkt einen fundamental begründeten Preisauftrieb. Insofern können die Preisveränderungen an den internationalen Rohstoffmärkten früher Hinweise auf den Konjunkturverlauf in den Volkswirtschaften der Industrieländer geben, als Produktions- oder Beschäftigungsstatistiken. Sie sind daher ein „Konjunktur-Barometer". Problematisch ist hierbei nur, daß das fundamentale Preisbild häufig von kurzfristigen Einflüssen überlagert wird und daher falsche Schlüsse gezogen werden können. So kommen auch die Widersprüche zustande, die gelegentlich in den Marktanalysen von Brokern, Händlern und Forschungsinstituten auftauchen.

Preisbildung und Handelsgewohnheiten

Für die Erzeuger von Rohstoffen hängt alljährlich die Existenz davon ab, ob sie einen angemessenen Preis für ihr Produkt erzielen. Die Höhe des erzielbaren Preises wird im wesentlichen von Angebot und Nachfrage bestimmt. Beides kann durch außerordentliche Ereignisse empfindlich beeinflußt werden. Auch dem Verarbeiter ist daran gelegen, das von ihm benötigte Rohmaterial zu einem kalkulierbaren und angemessenen Preis einkaufen zu können. Beide möchten nicht erleben, daß wilde Preisausschläge – entstanden durch Unvorhersehbares – ihnen die Arbeit und die Rendite eines

Jahres zunichte machen. Um sich dagegen – zumindest zu einem Teil – abzusichern, nutzen sie die Warenterminbörsen in Amerika, Europa und Asien. Auch große Endverbraucher wichtiger Roh- und/oder Betriebsstoffe sind hier als Marktteilnehmer anzutreffen und natürlich der Handel.

Wie funktioniert das? Vor der Gründung des Chicago Board of Trade, der ältesten und bedeutendsten Warenbörse der Welt, sahen sich die Getreidefarmer in Amerika in einer höchst unsicheren Lage. Die Preise schwankten von Ernte zu Ernte dramatisch. Das hatte verheerende Auswirkungen für die Erzeuger, aber auch für die Verarbeiter und die Verbraucher. Niemand wußte, was Brot übermorgen kosten würde: 50 Cent oder 2 Dollar? Durch die erstmals in den sechziger Jahren des vergangenen Jahrhunderts in Chicago eingeführten standardisierten Terminkontrakte kann dieses Risiko gemindert werden. Ein Terminkontrakt ist die verbindliche Zusage, eine bestimmte Menge einer Ware mit einer genormten Güte (Qualität) zu einem vorher vereinbarten Termin in der Zukunft zu liefern (vom Produzenten) oder abzunehmen (vom Händler oder Verarbeiter). Die einzig variable Größe dabei ist der Preis, und dieser wird bei Abschluß des Geschäftes in der Regel durch offenen Zuruf („open outcry") oder durch Handzeichen zwischen zwei autorisierten Händlern vereinbart. Zu diesem Zweck befinden sich die beiden, gemeinsam mit ihren Kollegen, in einem nicht für andere zugänglichen Teil des Börsensaals.

Auf welchem Preisniveau die Transaktion abgeschlossen wird, hängt davon ab, wie die Broker das voraussichtliche Verhältnis von Angebot und Nachfrage zum Zeitpunkt des Liefertermins beurteilen. Die Grundlage für ihre Entscheidungen bieten Produktions- und Verbrauchsstatistiken, Wetterberichte, politische Nachrichten, Konjunkturprognosen und Strukturanalysen für einzelne Industriezweige. Manchmal gehört auch ein wenig Kaffeesatzlesen und eine „In/Out"-Liste dazu. Ob der Preis, den Händler A heute für beispielsweise Kupfer in drei Monaten vorhersagt, dann auch tatsächlich erreicht wird, er also ein gutes Geschäft gemacht hat, hängt nicht unwesentlich von seiner Erfahrung und dem berühmten Quentchen Glück ab.

Um sicherzustellen, daß die Vertragspartner ihren Verpflichtungen auch wirklich nachkommen, erheben die Warenbörsen sogenannte „Einschußforderungen". In der Regel müssen rund 10 Prozent eines Kontraktwertes auf ein Sperrkonto bei der Börse hinterlegt werden. Die Börse beteiligt sich nicht selbst an Kauf oder Verkauf von Terminkontrakten. Sie bietet lediglich Erzeugern und Verarbeitern die Möglichkeit, ihr Preisrisiko oder einen Teil davon auf andere zu übertragen. Damit schlägt die Stunde der Spekulanten. Rohstoff-Terminbörsen funktionieren erfahrungsgemäß nur dann gut, wenn sich neben den auf Sicherung ihrer Preisrisiken bedachten „Hedgern" auch eine entsprechende Anzahl von spekulativen Investoren beteiligt. Sie bringen dem Markt die erforderliche Liquidität und damit auch Flexibilität.

Spekulanten werden viel gescholten. Machen sie gute Gewinne, heißt es, sie bereicherten sich auf Kosten anderer. Ihre Gewinne seien unverdient, weil sie keine Leistung dafür erbrächten. „Ordentliche Bürger" sehen Spekulanten als Glücksritter und Hasardeure an, die zur Abwechslung nicht im Kasino, sondern an den Warenbörsen spielen. Indirekt hat auch das Oberlandesgericht Düsseldorf diese Haltung bestätigt, wenn es in einem Urteil über die Aufklärungspflicht der Vermittler von Warentermingeschäften schreibt: „Wer Geld ins Warentermingeschäft einsetzt, trägt keine Kapitalanlage im herkömmlichen Sinne, sondern macht ein Wettgeschäft, spielt Roulette oder Lotto und sollte es abschreiben. Die Wahrscheinlichkeit, daß er verliert, ist sehr groß, da die meisten Spekulanten verlieren". (Urteil vom 6. 6. 1990 - 17 U237/89). Verliert ein Spekulant, ist die Häme „geschieht ihm recht . . ." meist nicht weit.

Tatsächlich übernehmen und tragen Spekulanten das Risiko, das anderen zu hoch ist. Damit erfüllen sie für die Märkte und auch für die Weltwirtschaft eine ungemein wichtige Aufgabe. Kauft ein Spekulant einen Warenterminkontrakt, dann hat er zwar damit das Recht erworben, die darin beschriebene Ware in der bestimmten Menge und zum bestimmten Termin zu erhalten, zum vereinbarten Preis. Meist hat er aber gar kein Interesse daran, den Kaffee oder die tiefgefrorenen Orangensaftkonzentrate wirklich entgegenzunehmen. Er verkauft den Kontrakt vor dem Fälligkeitstermin wieder, und zwar zu dem dann geltenden Preis. Dieser kann höher oder niedriger sein als der ursprüngliche Kaufpreis. Ist er höher, dann hat der Spekulant einen Gewinn gemacht, den er durch den Verkauf realisiert (Gewinnmitnahme). Liegt der Verkaufspreis unter dem Kaufpreis, wird der Spekulant sich nur zum Verkauf entschließen, wenn er befürchtet, daß der Preis für die Ware bis zum Fälligkeitstermin des Kontraktes noch weiter sinkt. Mit dem Verkauf begrenzt er also seine Verluste. Käufer kann in beiden Fällen ein anderer Spekulant sein, dessen Meinung hinsichtlich der künftigen Preisentwicklung von jener des ersten abweicht, oder aber ein Händler beziehungsweise Verarbeiter, der die Ware tatsächlich haben will und glaubt, sie später nicht mehr günstiger bekommen zu können. Spekulanten nehmen also Produzenten wie Verarbeitern für einen gewissen Zeitraum das Preisrisiko ab. Ihr Engagement sorgt durch einen ständigen Fluß von Aufträgen für das hohe Umsatzvolumen an den Warenbörsen, das die „Hedger" benötigen, damit das Verhältnis von Angebot und Nachfrage ausgeglichen ist. Ihre Gewinne erzielen die Spekulanten dabei in den meisten Fällen auf Kosten anderer Spekulanten, weniger zu Lasten der Erzeuger oder der Verarbeiter. Sie wissen genau, daß sie schon morgen zu den Verlierern zählen können.

Die großen Warenbörsen der Welt

Chicago
In der Stadt am Ufer des Michigan-Sees residiert die älteste und zugleich bedeutendste Warenterminbörse der Welt: der Chicago Board of Trade (CBOT). Er wurde schon 1848 von 82 Geschäftsleuten gegründet. Ziel war seinerzeit, den Getreidefarmern, -händlern und -verarbeitern in und um Chicago einen Platz zu bieten, wo sie sich treffen und Informationen austauschen konnten. In den sechziger Jahren des 19. Jahrhunderts wurde dort der erste Getreideterminkontrakt eingeführt. Später, 1877, kamen Kontrakte für Mais, Weizen und Hafer hinzu. Der Handel mit Sojabohnen begann 1936, der mit Sojaöl 1950, jener mit Sojaschrot 1951. Seit 1975 hat der CBOT auch den Handel mit Finanztiteln und Edelmetallen eingeführt und inzwischen beträchtlich ausgeweitet. Auf traditionelle Agrarrohstoffe entfallen heute nur noch knapp 20 Prozent des Gesamtumsatzes, der 1992 etwas mehr als 150 Millionen Kontrakte umfaßte. Neu geplant sind Terminkontrakte für Katastrophen-Versicherungen, für die Gesundheits- und Gebäudeversicherungen. Sie sollen es Versicherern und Rückversicherern ermöglichen, spezielle Risiken wie zum Beispiel Sturm, Erdbeben, Überflutung und soziale Unruhen – was bisher als „höhere Gewalt" galt – abzusichern. Außerdem will die Börsenleitung einen Kontrakt für den Handel mit Emissionsrechten für Schwefeldioxid einführen. Die Angebotspalette im Rohstoffbereich soll um Kontrakte auf Diammonium-Phosphat (DAP) ergänzt werden. Seit 1991 wird bereits ein Terminkontrakt für Kunstdünger gehandelt. Angeschlossen sind dem CBOT die MidAmerica Commodity Exchange (seit 1986), an der Sojabohnen, Mais und Weizen, aber auch Treasury Bonds gehandelt werden, sowie die Chicago Rice and Cotton Exchange (Rohreis und Baumwolle).

Gehandelt wird am CBOT – wie an den meisten Warenbörsen der Welt – überwiegend nach dem Prinzip der „Präsenzbörse". Das bedeutet, daß die Händler während der Geschäftszeiten die in zwei großen Handelsräumen installierten achteckigen Mini-Arenen („pits") aufsuchen, in denen das eigentliche Geschäft stattfindet. Die „pits" sind umgeben von langen Tischreihen, auf denen Telefone und Computer stehen. Über sie werden den Akteuren im Ring die Kundenaufträge übermittelt. Zwischenträger zwischen Telefon oder Computer und dem Händler, der den „pit" nicht verlassen darf, sind die „Runner". Um den Überblick zu erleichtern, wenn 400 oder mehr Händler durcheinanderschreien, tragen alle ein und demselben Unternehmen Zugehörigen das gleiche bunte Jacket. Außerdem begleiten sie ihre Rufe mit Handzeichen: eine nach außen gekehrte Handfläche signalisiert „ich verkaufe", nach oben gerichtete Finger nennen die Anzahl der abzugebenden Kontrakte, waagrecht gehaltene Finger symbolisieren den Preis. Die Bestätigung erfolgt durch Kopfnicken, verbunden mit dem Ruf „an dich". Die so vereinbarten Preise werden sofort von den Börsenangestellten in ein elektronisches Anzeigensystem eingetippt. Damit erscheinen die Preisänderungen nicht nur im Börsensaal, sondern werden über Satelliten an interessierte Empfänger in alle Welt übertragen.

Im Juni vergangenen Jahres hat „Globex" den Betrieb aufgenommen. Dabei handelt es sich um eine vom CBOT, der Nachrichtenagentur Reuters Limited und der Chicago Mercantile Exchange entwickelte und getragene Computerbörse für den Handel mit Terminkontrakten außerhalb der regulären Börsenzeiten. Damit soll auch die Verbindung zu ausländischen Märkten hergestellt werden. Ob sie später einmal den „open outcry" ablösen wird, darüber sind die Börsenfachleute allerdings sehr geteilter Meinung. Die Befürworter verweisen darauf, daß damit jede Transaktion sofort dokumentiert wird und dadurch – wie in der Vergangenheit gelegentlich zu beobachten – nachträgliche Manipulationen zu Lasten des Kunden nicht mehr möglich sind. Die Skeptiker halten die Präsenzbörse nach wie vor für „unschlagbar", um liquide Märkte zu sichern. Schließlich sei auch im Warenhandel vieles Vertrauenssache.

Die Chicago Mercantile Exchange entstand am 26. September 1919 aus der Umwandlung des 1874 gegründeten „Butter and Egg Board" in eine Warenbörse. Sie nahm im Dezember 1919 den Handel mit Eier-Terminkontrakten auf. Heute sind die wichtigsten dort gehandelten Agrar-Produkte Mastvieh, Schweinebäuche und seit 1984 Holz. Den Hauptumsatz macht auch diese Börse allerdings heute mit Finanztiteln, lautend etwa auf den Eurodollar, das Pfund Sterling und den Schweizer Franken.

Unter der Ägide der CME, aber in Zusammenarbeit mit dem CBOT wird gegenwärtig ein in der Hand zu haltender, mit Infrarot arbeitender Kleinstcomputer entwickelt, in den unmittelbar nach Abschluß eines Geschäftes alle damit zusammenhängenden Daten einzugeben sind.

Damit wollen die Börsenleitungen verhindern, daß es zu Manipulationen kommt. Außerdem sollen auf den Kleincomputern auch Informationen abrufbar sein, die jetzt nur auf den Bildschirmen rund um den Handelsraum zugänglich sind. Vor allem in den Jahren 1989 und 1990 waren die Terminbörsen in Amerika mehrfach in Verruf geraten: Mehr als 40 Händler wurden angeklagt, ihre Kunden systematisch betrogen zu haben. „Audit" soll hier Abhilfe schaffen, denn die meisten Vorwürfe richteten sich gegen nachträgliche Veränderungen der Handelskarten. Die Befürworter der elektronischen Festschreibung von Transaktionen sagen, dadurch seien auch Irrtümer schneller feststell- und korrigierbar. Mit dem alten System wäre dies erst am folgenden Handelstag möglich. Die Skeptiker vertreten die Ansicht, die Nutzung von „Audit" würde den Geschäftsabschluß beträchtlich verlangsamen.

New York

Im World Trade Center am Südzipfel von Manhattan sind insgesamt vier Warenterminbörsen untergebracht: Die New York Mercantile Exchange (Nymex), die Coffee Sugar & Cocoa Exchange, die New York Cotton & Citrus Exchange und die Commodity Exchange, auch bekannt als „Comex". Die Nymex, an der früher hauptsächlich Agrarerzeugnisse gehandelt wurden, hat sich in den rund 120 Jahren ihrer Geschichte am meisten gewandelt. 1872 wurde sie von bedeutenden Händlern in Molkereiprodukten als „Butter, Egg & Cheese Exchange" gegründet. Heute gilt sie als wichtigster Terminmarkt der Welt für Rohöl, Benzin und Heizöl. Auch der im Januar 1967 eingeführte Kontrakt für Palladium und der seit 1957 bestehende Platinkontrakt werden lebhaft gehandelt. Der Kartoffelkontrakt, der 1983 in das Börsenprogramm aufgenommen wurde und auf 50.000 Pound – entsprechend einer Wagenladung Erdäpfel – lautete, ist inzwischen mangels Nachfrage wieder eingestellt worden. Die Terminkontrakte für Erdgas und Propangas stoßen zuweilen auf technische Schwierigkeiten. Pläne einer Fusion mit der benachbarten Commodity Exchange (Comex), die seit mehr als zwanzig Jahren immer wieder aufgelegt werden (zuletzt 1991), sind bisher an den Rivalitäten der Händler gescheitert.

Auf den Widerstand der eigenen Händler gestoßen sind zu Beginn 1993 auch Vorschläge eines Zusammenschlusses der Comex mit dem Chicago Board of Trade. Vorgesehen war eine „freundliche Übernahme" der seit fünf Jahren mit Umsatzeinbußen kämpfenden Comex durch den liquiden Kollegen aus Chicago. Nennenswerte Kontraktüberlappungen hätte es dabei nicht gegeben, mit Ausnahme der Edelmetalle. Die traditionellen Platin- und Palladiumkontrakte der Comex weisen allerdings heute nur noch ein bescheidenes Umsatzvolumen auf und sind mittlerweile von denen an der Commodity Exchange in Tokio in den Schatten gestellt worden. Der Comex-Kupferkontrakt hat seinen Charakter als mehr oder minder inneramerikanische Veranstaltung nie ablegen können. Auch der Handel mit Aluminium gilt im internationalen Vergleich als vernachlässigbar. Lediglich der Futures- und der Optionskontrakt für Gold der Comex können Anspruch auf internationale Bedeutung anmelden, wohlwollend betrachtet auch die Silberkontrakte. Der Comex, die 1933 als Markt für Sackleinen, Seide, Leder und Gummi ins Leben gerufen wurde, scheint seit dem Debakel der Hunt-Silberkrise zu Beginn der achtziger Jahre ein klares Konzept zu fehlen. Versuche, mit innovativen Produkten in die Finanzterminmärkte einzudringen, haben bisher wegen Planungsschwächen und unzureichendem Marketing wenig Erfolg gezeigt. Abzuwarten bleibt, was aus den Plänen wird, Platin- und Palladium-Optionskontrake sowie einen Terminkontrakt für Kerosin (Flugzeugtreibstoff) in die Angebotspalette aufzunehmen.

Verhältnismäßig erfolgreich hingegen operieren die Kaffee-, Zucker- und Kakao-Börse in New York (gegründet 1882) sowie der Markt für Baumwolle und Zitrusfrüchte, an dem neben dem Textilrohstoff vor allem tiefgefrorenes Orangensaftkonzentrat gehandelt wird.

London

Mittelpunkt des internationalen Handels mit Basismetallen – das sind Kupfer, Zinn, Zink, Blei, Nickel und Aluminium – ist nach wie vor die Londoner Metallbörse (LME). Sie wurde im Dezember 1876 gegründet, der Handel wurde im Januar 1877 aufgenommen. Erste Handelsobjekte waren Kupfer und Zinn. Der erste Terminkontrakt lautete auf drei Monate, da diese Periode in etwa dem Zeitraum entsprach, den damals der Transport des Metalls von Valparaiso in Chile (Kupfer) oder Singapur (Zinn) nach

Großbritannien benötigte. Bereits 1899 wurden die beiden Metalle wie heute noch zweimal täglich gehandelt. Für den Handel mit Blei, Zink und damals auch noch Roheisen hingegen gab es bis 1920 keine festgelegten Handelszeiten oder Standardkontrakte. Terminkontrakte für Aluminium und Nickel wurden erst 1978 beziehungsweise 1979 eingeführt. Seit Juni 1987 gibt es auch Vertragslaufzeiten über 15 Monate. Gehandelt wird jedes Metall in zwei Vormittagssitzungen von jeweils fünf Minuten pro Metall. Am Ende der zweiten Vormittagssitzung werden die „offiziellen" Preise ermittelt, die bis zum selben Zeitpunkt des folgenden Tages die Grundlage vieler Geschäfte in der Metallwelt darstellen. Die Preise, die während der beiden Nachmittagssitzungen zustande kommen, gelten als „inoffiziell". Da jeder Händler im „Ring" – einer rotgepolsterten Anordnung von Sitzgelegenheiten, die nur für autorisierte Börsenmitglieder zugänglich ist – in der letzten Handelsminute des Vormittags „seinen" Preis durchbringen möchte, herrscht dann ein für den beobachtenden Laien undurchschaubares Chaos von Geschrei und Gefuchtel. Daraus zu entziffern, wer mit wem welches Geschäft abgeschlossen hat, erfordert langjähriges Training. Die „Clerks", deren Aufgabe es ist, den Händler ihres Unternehmens mit Informationen und Aufträgen zu versorgen und außerdem dessen Abschlüsse an die Börsenleitung, das eigene Unternehmen und gegebenenfalls auch die Auftraggeber weiterzuleiten, achten hauptsächlich auf Lippenbewegungen und Handzeichen. Buntgemusterte Jacken, wie in Chicago, sind in London nicht nötig. Es gibt nur 17 Vollmitglieder der Londoner Metallbörse, und die Gesichter ihrer Vertreter sind schnell vertraut.

Bei den für den Ringhandel zugelassenen Mitgliedern handelt es sich ausschließlich um Unternehmen beziehungsweise deren Vertreter, nicht aber um Einzelpersonen, die auf eigene Rechnung handeln. Jedem Geschäft muß tatsächlich verfügbare Ware in den von der Börse im Detail festgelegten Spezifikationen und Standards zugrunde liegen. Für dieses Material hat die Börse zahlreiche lizenzierte Lagerhäuser in Westeuropa, Asien und Amerika eingerichtet. Sie berichtet zweimal wöchentlich (montags und donnerstags) über die Bestandsveränderungen. Diese geben Aufschluß über die jeweilige Versorgungslage. Zu Zeiten abnehmender Wirtschaftstätigkeit oder bei Überproduktion bestimmter Metalle finden diese Überschüsse zumeist ihren Weg in die LME-Lagerhäuser. Auf diese Weise kann der Produzent oder Besitzer des Metalls die Kosten für die Lagerung, Finanzierung und Versicherung abwälzen. Investoren und Institutionen nutzen die Gelegenheit, aus den Lagerbeständen zu kaufen und gleichzeitig einen Terminkontrakt zu einem entsprechend höheren Preis zu verkaufen. Der Gewinn daraus wirft häufig eine höhere Rendite ab, als die marktüblichen Zinsen. Dadurch trägt die Metallbörse dazu bei, die Finanzkraft für einen Teil der überschüssigen Bestände zu erhalten, und hilft indirekt den Metallproduzenten und Verbrauchern, ihre Anlagen über eine gewisse Zeit hinweg weiter arbeiten zu lassen und einen Personalabbau zu umgehen.

Abgewickelt werden die Transaktionen an der Londoner Metallbörse über ein Clearing-System. Dabei garantiert die Institution – nicht der einzelne Händler –, daß die Verträge erfüllt werden. Es deckt sowohl das Geschäft im Ring als auch die Abschlüsse in den einzelnen Büros der Mitgliedsunternehmen ab. Falls ein Mitglied vorübergehend seinen Verpflichtungen nicht nachkommen kann, übernimmt das Clearing-Haus eine Garantie dafür. Das Ende Mai 1987 an der Londoner Metallbörse eingeführte Clearing-System wird von der International Commodities Clearing House Limited betrieben. Diese Gesellschaft, die im Besitz der größten britischen Banken ist, verlangt von den angeschlossenen Mitgliedern allerdings Sicherheiten in Form von Einschüssen und gegebenenfalls auch von Nachschüssen. Der Vorteil eines solchen

Systems besteht darin, daß bei einem Zusammenbruch eines an der Börse zugelassenen Maklers die Gefahr eines Kartenhauseffektes eingeschränkt wird. Da die Zahl der an der Börse zugelassenen Mitglieder begrenzt ist und untereinander sehr enge Geschäftsbeziehungen bestehen, könnte andernfalls der Kollaps eines Mitglieds durchaus andere mit in den Strudel ziehen und für die Metallmärkte verheerende Folgen haben.

Weit weniger internationale Bedeutung hat die London Commodity Exchange, an der Zucker, Kaffee, Kakao und Optionen auf ihre Kontrakte gehandelt werden. Verbunden ist sie mit der International Petroleum Exchange, dem Terminmarkt für Mineralölprodukte. Ihren Sitz haben beide in einem imposanten Neubau am Commodity Quay im Londoner Stadtteil St. Katharine Docks. Der 1987 eingeführte Weißzucker-Kontrakt der London Commodity Exchange ist verhältnismäßig erfolgreich – wenn man berücksichtigt, daß mehr als 90 Prozent des internationalen Weißzuckerterminhandels über die Warenbörse in Paris laufen. Später eingeführt, jedoch bald wieder eingestellt, wurden Kontrakte für Kautschuk, Reis und Immobilien. Nicht zur Ausführung kamen Pläne, Terminkontrakte für elektrischen Strom einzuführen. Der Kontrakt für Arabica-Kaffee dümpelt vor sich hin. Noch offen ist die Zukunft des Rohzucker-Handels, in dem gegenwärtig New York die wesentliche Rolle spielt. Geplant wird unter anderem die Aufnahme neuer Terminkontrakte für Weizen und Gerste.

Die wichtigsten Rohstoffe

Kupfer

Die Nutzung dieses Buntmetalls durch den Menschen hat eine lange Geschichte. Im südlichen Anatolien wurde das rötliche Metall, das in der Natur – in metallischem Zustand – vorkommt, bereits vor 9000 Jahren verwendet. Sein Name leitet sich vom lateinischen „cubrum" ab. Dies ist entstanden aus der römischen Bezeichnung „aes cyprium" – Erz von Zypern. Auf dieser Insel befand sich in der Antike ein wichtiges Kupfervorkommen.

Kupfererze (vor allem Kupferkies und Kupferglanz) werden heute sowohl im Untertagebau als auch im Tagebau gewonnen. Die wichtigsten Gebiete für den Kupferabbau sind in Afrika Sambia und Zaire sowie der Süden des Kontinents, die Westküste Südamerikas (insbesondere Nordchile und Peru), ferner Mexiko, das Seengebiet in Nordamerika, Kanada und der Südwesten der Vereinigten Staaten sowie in der Sowjetunion die Kupferreviere von Kasachstan und Usbekistan. Über nennenswerte Lagerstätten verfügen auch China, die Philippinen, Papua-Neuguinea und Australien. Größter Kupferproduzent der Welt ist der Anden-Staat Chile, gefolgt von den Vereinigten Staaten, der Sowjetunion, Kanada, Sambia und Zaire.

Gehandelt wird Kupfer im wesentlichen in Form von Blöcken, Kathoden und Drahtbarren. Die Preisbildung orientiert sich zum überwiegenden Teil direkt oder indirekt an den seit mehr als hundert Jahren ermittelten Preisen der Londoner Metallbörse. In Deutschland werden Preisnotierungen als DEL-Notiz (Deutsches Elektrolytkupfer für Leitzwecke) veröffentlicht. Diese Notiz entspricht dem in DM umgerechneten Börsenpreis sowie einem kleinen Aufpreis.

Zink und Zinn

Zink ist ein Schwermetall mit einer langen Geschichte. Geochemisch besteht eine nahe Verwandtschaft mit Blei. Daher treten beide Metalle häufig in gemeinsamen Lagerstätten auf – und in vielen Ländern der Erde. Gefördert wird Zinkerz in Nordamerika, Peru, Bolivien, Chile, Mexico, Thailand, Japan, Südkorea, Australien, Tasmanien und Grönland – aber auch in Europa. Im Altertum wurde Zink als Legierungsbestandteil für die Herstellung von Messing genutzt. Frühe Funde in Palästina werden auf 1800 vor Christus datiert.

Industriell genutzt wird Zink erst seit rund 200 Jahren. Heute werden zwischen 34 und 40 Prozent des Zinkverbrauchs für den Oberflächenschutz in der Stahlverarbeitung eingesetzt. Ein Fünftel des Verbrauchs entfällt immer noch auf die Herstellung von Messing: für Armaturen, Lampen, Autokühler, Gebrauchs- und Ziergegenstände und anderes mehr. In Form von Zinkoxid wird das Metall zum einen für die Verbesserung von Glas-, Emaille- und Keramikprodukten, zum anderen für Pasten und Salben verwendet, durch die Hautwunden besser und schneller heilen. Der größte Teil der Produktion von Zinkkonzentrat oder Zinkmetall wird im Rahmen langfristiger Lieferverträge verkauft. Nur ein verhältnismäßig kleiner Anteil – Experten sprechen von 15 bis 20 Prozent – findet den Weg an die Londoner Metallbörse, wo Zink seit dem 1. Dezember 1953 auf Termin gehandelt wird.

Zinn ist besonders korrosionsbeständig und wird auch von schwachen Säuren nicht angegriffen. Es ist sehr geschmeidig und dehnbar. Besonders gebräuchlich ist die Herstellung von Weißblech, in dem Stahlbleche mit Zinn überzogen werden. Deshalb gehört es in Form von Dosen praktisch überall zum Alltag. Eine ebenfalls weit verbreitete Nutzung besteht in dem berühmten „Stanniolpapier". Zinnüberzüge machen auch Zylinderblöcke und Kolbenringe für Automobile haltbarer. Schon im Altertum wurden Bronzen aus Zinn und Kupfer hergestellt. Wichtige Förderländer sind Bolivien, Malaysia, Thailand, Indonesien, Brasilien und die Volksrepublik China. Der Zinnmarkt hat sich noch nicht völlig von dem Zusammenbruch des Internationalen Zinnabkommens im Oktober 1985 erholt. Seit damals bestehen hohe Angebotsüberschüsse, die auf die Preise drücken. Der Zinnhandel an der Londoner Metallbörse, der am 24. Oktober 1985 ausgesetzt werden mußte, ist per 1. Juni 1989 wiederaufgenommen worden.

Blei

Den Höhepunkt seiner Anwendungskarriere, zumindest was die Vielfalt der Einsatzgebiete betrifft, hat Blei längst überschritten. Das hauptsächlich in Verbindung mit Zink und Silber anfallende Material wurde schon seit 5000 vor Christus in Ägypten, Persien für Lote und Gewichte, Bleiglasuren und statt des damals noch nicht bekannten Mörtels als Füllung für Mauerwerksfugen verwendet. In der Antike wurde es zu Äxten, Keulen, Hämmern und Statuen gegossen, gehämmertes Bleiblech wurde zu Platten und Dosen. Auch als Wasserrohr sowie in Form von Schiffs- und Takelagebeschlägen kam es schon damals zum Einsatz. Im Mittelalter war Blei vor allem gefragt für die Gestaltung der Buntglas-Fenster von Domen und Kirchen sowie als Dachabdeckung und Dichtung für Gebäude. In der Waffentechnik nach Erfindung des Schießpulvers war Blei ebenso wichtig wie in der Drucktechnik nach der Erfindung der beweglichen Lettern durch Gutenberg.

Das graustumpfe Metall, das seit Oktober 1952 an der Börse in London gehandelt wird, hat eine niedrige Schmelztemperatur, läßt sich gut gießen und leicht verformen. Darüber hinaus ist es sehr dicht und widerstandsfähig gegen Säuren, Chlor und Wasser. Außerdem sind die Bleierzvorkommen weit verbreitet. Außer in Vorderasien wurde auf Sardinien, in Spanien, in Griechenland und Zypern, in Gallien, Britannien und auch im Siegerland, der Eifel und dem Harz Blei gefördert und verhüttet. Heute stammt die Förderung im wesentlichen aus den Vereinigten Staaten, Australien, Kanada, Mexico, Peru, Irland, Südafrika, Namibia, Marokko und der Sowjetunion.

Aluminium
Streng genommen ist es kein Rohstoff, weil es rein weder in fester, gasförmiger oder flüssiger Form irgendwo in der Welt im Boden vorkommt. Andererseits ist es für viele Industriezweige ein kaum ersetzbares Ausgangsmaterial ihrer Fertigung und verdient deshalb die Bezeichnung Rohstoff. In Form von Oxid ist es Bestandteil von Silikat-Verbindungen. Gewonnen werden kann es aus vielen Mineralien: Kaolin, Nephelin, Anorthosit, Alumit, Labradorit, Kryolith und anderen. Hauptlieferant ist allerdings das Bauxit, ein Mineral, das 1821 von dem Franzosen Pierre Berthier in Südfrankreich entdeckt wurde. 1827 hat der Deutsche Friedrich Wöhler daraus das erste metallische Aluminium gewonnen. Als „Geburtsjahr" des Aluminiums gilt allerdings 1886, das Jahr, in dem der Franzose Heroult und der Amerikaner Hall gleichzeitig und unabhängig voneinander ein Verfahren zur Aluminiumherstellung durch die Elektrolyse von Tonerde entwickelten und zum Patent anmeldeten.
Bis dahin war das Metall für normale Sterbliche praktisch unerschwinglich. Teurer als Gold, wurden die wenigen vorhandenen Mengen hauptsächlich für die Herstellung von Schmuckstücken verwendet. Am Hof von Napoleon III. konnte man die Bedeutung der Gäste an dem für sie gedeckten Besteck ablesen: Nur die nobelsten der Noblen speisten mit Gabeln und Messern aus Aluminium, die restliche Aristrokratie mußte mit Gold vorliebnehmen. Als das Material durch das neue Herstellungsverfahren, das im übrigen bis heute Grundlage der Aluminiumindustrie ist, billiger und in größeren Mengen verfügbar gemacht werden konnte, vervielfältigte sich auch die Zahl der Einsatzgebiete. Haushaltsgeschirr, Schiffe, Fahrradrahmen, Baufassaden, Freileitungen und Blitzableiter wurden bereits um die Jahrhundertwende aus Aluminium gefertigt. Heute werden zukunftsträchtige Einsatzmöglichkeiten vor allem in der Automobilindustrie gesehen.

Nickel
Sächsische Bergleute, die das rötliche Erz vor rund 300 Jahren fanden, hielten es für Kupfer. Als sie einsehen mußten, daß sie sich geirrt hatten, hielten sie das Material für „wertloses Zeug". Sie glaubten an einen Schabernack von Berggeistern, die sie „Nickel" nannten – so kam das Erz zu seinem Namen. Die Entdeckung, daß es sich dabei keineswegs um „wertloses Zeug", sondern um ein bisher unbekanntes Metall handelte, blieb dem schwedischen Metallurgen Axel Frederick Cronstedt vorbehalten. Er hat um 1750 das neue, weißglänzende Metall erstmals gewonnen. Völlig reines Nickel wurde allerdings erst weitere 50 Jahre später hergestellt. Von diesem Zeitpunkt an bis Mitte des 19. Jahrhunderts waren Deutschland und Österreich der Hauptsitz der sich entwickelnden Nickelindustrie. Um 1860 kamen Amerika und 1880 Kanada als wichtigste Produzentenländer hinzu.
Der Durchbruch zur industriellen Verwendung von Nickel kam 1878, als erstmals ein Verfahren entwickelt wurde, mit dem das Metall warmgewalzt werden konnte. Den ersten Aufschwung nahm die Nickelindustrie, als man begann, daraus in großen Mengen Münzen zu prägen.
Eine der wichtigsten Eigenschaften des Metalls besteht in seiner Rostbeständigkeit. Durch die galvanische Vernickelung können auch Gebrauchsgegenstände wie Kochtöpfe und Besteck zuverlässig vor Rost geschützt werden. Hauptabnehmer und wichtigster Nutzer der Korrosionsbeständigkeit von Nickel ist die Edelstahlindustrie. Noch häufiger als reines Nickel werden seine Legierungen eingesetzt. Nickel-Kupferlegierungen zum Beispiel finden Verwendung in der chemischen Technik. Nickel-Chrom-Legierungen werden als Heizleiter und zum Auskleiden von Öfen genutzt.

Legiert mit Wolfram und Molybdän, kann Nickel im chemischen Apparatebau sowie in der Turbinen- und Triebwerkstechnik eingesetzt werden.
Die wichtigsten Nickelvorkommen lagern im Nordwesten Sibiriens, auf der Kola-Halbinsel und im Ural, in Kanada und Neukaledonien. Dort begann die Förderung bereits 1875. In Australien wurde 1967 mit der Nickelproduktion begonnen. Kleinere Vorkommen sind auch in Südafrika, Simbabwe, Botswana, Guatemala und Indonesien bekannt.

Kautschuk
Zumeist wird der Begriff gleichgesetzt mit „Gummi". Das ist ein Trugschluß. Das Rohmaterial, dessen Name aus der Maya-Sprache abgeleitet wird, ist zwar bereits von Haus aus elastisch. Zum allseits bekannten und beliebten Einsatzwerkstoff „Gummi" wird es jedoch erst durch eine besondere Bearbeitung, die vor mehr als 150 Jahren erfunden wurde. Der amerikanische Chemiker Charles Goodyear stellte 1839 fest, daß sich mit Schwefel vermischter Kautschuk bei Hitzeeinwirkung in einen neuen Stoff verwandelt: Gummi.
Dieses Verfahren, für das Goodyear 1844 das Patent zugesprochen wurde, wird heute als „heiße Vulkanisation" bezeichnet. Die nächsten wichtigen Stationen waren die Erfindung des Fahrrad-Luftreifens durch den irischen Tierarzt John Boyd Dunlop (1888) und die erste brauchbare Konzeption eines Luftreifens für Automobile, die 1894 von den Gebrüdern Michelin vorgelegt wurde. Damit wurden dem neuen Stoff die bis heute wesentlichsten Absatzgebiete eröffnet. Jedoch haben bereits die Mayas, ein hochkultiviertes Indianervolk, das vor vielen hundert Jahren im heutigen Südmexiko, Guatemala und Honduras lebte, den Stoff genutzt, um damit Kleidungsstücke und Schuhe wasserdicht zu machen. Der Engländer Charles Macintosh verbesserte das Verfahren und stellte 1823 den ersten regendichten Mantel her. Als Dichtmaterial ist Kautschuk/Gummi heute aus dem industriellen wie häuslichen Alltag nicht mehr wegzudenken. Aber auch als Transportmittel (Schläuche und Förderbänder), zur Kraftübertragung (Keilriemen, Hydraulik), zur Geräuschdämpfung, als Korrosionsschutz, für die Lagerung von Brücken und Eisenbahnschwellen findet das Material Verwendung. In der Medizin bestehen nicht nur die Operationshandschuhe der Chirurgen aus Gummi. Und in der Druckindustrie nicht nur die Drucktücher und Walzen der Druckmaschinen.
Für all das werden heute jährlich in der Welt etwa 13 Millionen Tonnen Kautschuk gewonnen, produziert und verarbeitet. Wo stammt das Material her? Ein Drittel davon ist Naturkautschuk. Dabei handelt es sich um den milchigen Saft von Bäumen. Als um 1820 die ersten Kautschukstücke von einem Engländer in feine Fäden zerschnitten und daraus Strumpfbänder und Hosenträger hergestellt wurden, war einziger Lieferant des Ausgangsmaterials Brasilien. Heute ist Brasilien als Kautschukproduzent zur Bedeutungslosigkeit herabgesunken. Die wichtigsten Lieferanten von Plantagenkautschuk sind Malaysia und Indonesien. Kleinere Mengen werden auch in Afrika erzeugt.

Baumwolle
Die Baumwollfaser ist das Samenhaar der Baumwollpflanze. Sie gehört zur Familie der Malvengewächse. Den Preis der Baumwolle im Handel bestimmt ihre Qualität bei der Verarbeitung, also Faserlänge, Faserfeinheit, Reinheit, Festigkeit, Farbe und Glanz. Die Pflanze benötigt bei der Aussaat Feuchtigkeit und im Reifestadium viel Wärme, weshalb sich die Anbaugebiete überwiegend in der tropischen und subtropischen Zone befinden.

Seit Jahrtausenden verwenden die Menschen Textilien aus Baumwolle. Die ältesten Funde von Baumwollkapseln und Baumwolltextilien stammen aus einer Höhle bei Tehuacán in Mexiko. Sie werden auf das Jahr 5800 vor Christus datiert. Anfang des 18. Jahrhunderts begann Nordamerika aus indischem Saatgut Baumwolle systematisch anzupflanzen, 1753 wurde erstmals an der Londoner Warenbörse Baumwolle aus Carolina angeboten. 1781 entstand in New Orleans eine eigene Baumwollbörse, ihr folgten in schneller Folge die Baumwollbörsen von New York, Liverpool und Bremen.

Haupterzeugerländer sind China, die Vereinigten Staaten, die ehemalige Sowjetunion, Indien, Pakistan, Brasilien, die Türkei und Ägypten. Rund 60 Prozent der Welternte entfallen ziemlich gleichmäßig verteilt auf die „Big Three", sieben Länder teilen sich in 27 Prozent auf. Die drei wichtigsten Exporteure sind die Vereinigten Staaten, die Sowjetunion und Pakistan.

Sojabohnen

Die Sojabohne ist eine der ältesten Kulturpflanzen der Erde. Schon vor 5000 Jahren diente sie den Menschen als Nahrungsmittel. Ihre Heimat war ursprünglich Ost- und Südostasien. 1712 brachte sie der deutsche Botaniker Engelbert Kaempfer mit nach Europa. Erst Anfang des 19. Jahrhunderts gelangte die Pflanze nach Amerika, in das Land, das heute unangefochten an erster Stelle der Sojabohnenerzeuger in der Welt steht.

Die Vielzahl der Einsatzmöglichkeiten des hocheiweißhaltigen Agrarerzeugnisses haben ihm die Bezeichnung „Wunderbohne" eingetragen: als Futtermittel – vor allem für Schweine und Geflügel –, als Rohstoff für die Margarineerzeugung, als Schmierfett, als Salatöl, als Antibiotikum, als Klebemittel, in Form von Keimlingen und Tofu direkt als Nahrungsmittel für die Menschen und vieles andere mehr. Außer der Erdnuß bringt es keine andere Kulturpflanze fertig, innerhalb einer Vegetationszeit von nur 100 Tagen so beträchtliche Mengen an Nährstoffen zu produzieren, vor allem Eiweiß (38 bis 40 Prozent) und Fett (18 bis 20 Prozent), insbesondere die für die menschliche Ernährung wichtige Linolsäure. Ernährungswissenschaftler nennen die Sojabohne deshalb eine „pflanzliche Proteinbombe".

Angebaut werden Sojabohnen heute in erster Linie in den Vereinigten Staaten. Seit einigen Jahren steigt allerdings auch die Produktion in Brasilien und Argentinien in erheblichem Ausmaß. Selbst in der Bundesrepublik, genauer gesagt in Baden, gibt es mittlerweile kleine Sojabohnenfelder.

Kaffee, Kakao und Zucker

Der Sage nach stammt der Kaffee aus dem abessinischen Hochland, genauer gesagt der Provinz Kaffa. Dort wachsen zumindest noch heute ganze Urwälder wilder Kaffeebäume. Der Kaffee, der jedoch an den Warenterminbörsen in London, Bahia und New York gehandelt wird, stammt überwiegend aus Brasilien (Sorte Robusta) und Kolumbien (Sorte Arabica). Diese beiden Länder sind die größten Kaffee-Erzeuger der Welt. Robusta-Kaffees gelten als besonders widerstandsfähig gegen Krankheiten und sind in jenen Ländern sehr beliebt, in denen man den Kaffee am liebsten schwarz und bitter trinkt. Die meiste Nachfrage nach den milderen Arabica-Sorten kommt aus Westeuropa. Wichtige Kaffeeanbauländer sind auch Mittelamerika, Costa Rica, die Elfenbeinküste und Angola, Hauptverbraucherländer die Vereinigten Staaten von Amerika und Westeuropa. Die Preise für Kaffee schwanken immer wieder recht heftig, vor allem wenn Frostgefahr für die brasilianische Ernte besteht.

Auch Kakao gehört grundsätzlich zu den Lieblingskindern der Spekulation. Wie bei Kaffee führen Perioden steigender Preise aber immer wieder zu einer beträchtlichen Ausweitung der Produktion. Es entstehen Angebotsüberschüsse, die dann ihrerseits wieder eine nach unten gerichtete Preisspirale in Gang setzen, bis der Anbau für viele Produzenten nicht mehr rentabel ist. Vernachlässigen sie dann ihre Plantagen, sinken die Ernteerträge, und mittelfristig entsteht ein Angebotsdefizit, das das Preispendel wieder umschlagen läßt. Die Versuche, diese Preisschwankungen durch internationale Abkommen zwischen Verbraucher- und Produzentenländern in Grenzen zu halten, sind immer wieder gescheitert. Der Kakaoanbau wurde schon bei den Azteken nachgewiesen, die die Bohnen sowohl als Nahrungs- als auch als Zahlungsmittel nutzten. Heute wird Kakao als Getränk und für die Herstellung von Schokolade und Pralinés, die Kakaobutter als Zusatz für die Produktion von Salben, Seifen und Pomaden verwendet. Mit Abstand wichtigstes Erzeugerland ist die Elfenbeinküste, bedeutende Mengen kommen auch aus Brasilien, Indonesien, Malaysia, Nigeria und Ghana. Der Terminhandel mit Kakaokontrakten konzentriert sich auf New York und London.

Zucker hat im Laufe der Jahrhunderte eine Metamorphose durchgemacht. Die Zuckerrohrpflanze, deren Name sich aus dem altindischen Sakkara ableitet, war in Indien und China bereits um 1100 vor Christus bekannt. Araber, Römer und Griechen schätzten sie: als Arzneimittel! Ihr vorrangiger Süßstoff blieb Honig. Die Insel Madeira rühmt sich, Zucker als Süßstoff in Europa durchgesetzt zu haben. Bereits 1425 wurden dort die ersten Zuckerrohrstecklinge gepflanzt. Um 1530 allerdings entstanden in Brasilien und den westindischen Inseln die ersten Zuckerplantagen, die bald das europäische Zuckerrohr verdrängten. Den Anlaß, die Herstellung von Zucker aus der Runkelrübe in Europa aufzunehmen, gab der Sklavenaufstand von 1791 in San Domingo, der zu scharfen Preissteigerungen für Rohrzucker geführt hatte. Heute entfallen von der Zuckerproduktion in der Welt etwa zwei Drittel auf Rohrzucker, knapp ein Drittel auf Rübenzucker. Wichtige Anbauländer sind Kuba, Brasilien, Thailand, Indien, Mexiko, Südafrika, die Vereinigten Staaten und die Europäische Gemeinschaft. Gehandelt wird Zucker vor allem an der Warenterminbörse in Paris (Weißzucker), Rohzuckerkontrakte gibt es auch in New York und London.

Erdöl
Erdöl gilt heute als unverzichtbarer Motor der Industriegesellschaft. Die daraus gewonnenen Treib- und Brennstoffe sorgen für Wärme, Licht und Kraft. Die im Raffinerieprozeß abgespaltenen besonders leichten Ölbestandteile wie Naphtha sind wichtige Ausgangsmaterialien für die Chemie-, Kunststoff- und die Pharmazeutische Industrie. 1859 wurde in Pennsylvania die erste zielgerichtete Bohrung nach Öl niedergebracht und prompt fündig. Seit dieser Zeit bis in die sechziger Jahre dieses Jahrhunderts spielten die Vereinigten Staaten zunächst als Öllieferant, später als Importeur die Hauptrolle am internationalen Ölmarkt. Um ihrer Marktmacht zu begegnen, haben Venezuela, Iran, der Irak, Kuwait und Saudi-Arabien am 17. September 1960 die Organisation Erdöl exportierender Länder (Opec) gegründet. Seit Beginn der siebziger Jahre hat diese Organisation, der sich später Katar, Libyen, Indonesien, Nigeria, Algerien, die Vereinigten Arabischen Emirate, Ecuador und Gabun anschlossen, den Spieß – zumindest vorübergehend – umgedreht. Der Ölpreis wurde schrittweise verzehnfacht, die Ölversorgung der westlichen Welt wurde zuweilen aus politischen Gründen eingeschränkt.

Mit der Erschließung der Erdöl- und Erdgasvorkommen in der Nordsee konnte Europa die Abhängigkeit vom Opec-Öl deutlich reduzieren. Die Preise sanken deshalb wieder beträchtlich. Gegenwärtig versucht die Opec, durch freiwillige Beschränkung der Förderung das bestehende Überangebot am Markt einzugrenzen. Das gelingt aber nur sehr begrenzt, weil einzelne Mitglieder der Organisation sich nicht an die Absprachen halten. Rückläufig ist hingegen die Förderung in den Vereinigten Staaten, wo zahlreiche kleinere Förderbohrungen wegen hoher Produktionskosten und der unter Druck geratenen Preise stillgelegt und neue Erschließungsprojekte aus den gleichen Gründen verschoben oder eingestellt wurden. Die ehemalige Sowjetunion war lange Zeit bedeutendstes Ölförderland der Welt. Dort geht die Produktion jedoch wegen Überalterung der Förderanlagen, Ersatzteilmangel und Logistikproblemen seit einigen Jahren ebenfalls beträchtlich zurück.

Über die Höhe der nachgewiesenen Ölvorräte in der Welt beziehungsweise deren Reichweite zur Deckung des (wachsenden) Verbrauchs kursieren unterschiedliche Schätzungen. Dabei muß man berücksichtigen, daß vieles vom Preis abhängt. Ist Rohöl teuer, dann kann es sich lohnen, bekannte, aber schwierig abbaubare Lagerstätten in Angriff zu nehmen oder aber intensiver dort zu suchen, wo man neue Vorkommen vermutet. Auch die Nutzung der Teersandvorkommen in Ontario oder der Ölschiefergürtel am Orinoco hängt in erster Linie vom Preis ab. Das gleiche gilt für den Einsatz von Sekundär- oder Tertiär-Entölungsverfahren, bei denen durch Nutzung von Heißdampf oder Chemikalien der Entölungsgrad einer Lagerstätte von normal im Durchschnitt 30 Prozent auf 70 Prozent und mehr gesteigert werden kann. Daran, daß rund drei Viertel der bekannten Ölvorräte der Welt in den Opec-Ländern lagern, können aber auch solche technischen Fortschritte nichts ändern. Mittelfristig wird ihre Marktmacht daher wohl wieder größer werden.

Der größte Teil des alljährlich geförderten Erdöls wird noch immer im Rahmen langfristiger Lieferverträge abgesetzt. In den vergangenen zehn Jahren haben aber die Spotmärkte in London, Rotterdam und Hongkong/Singapur sowie die Warenterminbörsen in New York und in London (International Petroleum Exchange) beträchtlich an Bedeutung gewonnen. Dort werden sowohl Rohöl der jeweils als Richtqualität geltenden Sorten Arabian Light (Saudi-Arabien), Brent (Nordsee) und West Texas Intermediate (Vereinigte Staaten) als auch Heizöl und Benzin gehandelt. Die Preisdifferenzen zwischen den genannten Rohölsorten hängen auch mit ihrer unterschiedlichen Qualität zusammen. Je nachdem, welche Raffinerie für welchen Verarbeitungsprozeß Rohöl benötigt, ist Material mit höherem oder niedrigerem Schwefelgehalt beziehungsweise einem höheren Kohlenwasserstoff-Anteil gefragt.

Die Rohstoffindizes

Um die allgemeine Tendenz der Rohstoffpreise erkennen und Eigenbewegungen relativieren zu können, werden aus den Notierungen der wichtigen Rohstoffe täglich Indizes errechnet. Am bekanntesten sind der Moodys Index und der Reuters Index. Im Index des amerikanischen Privatunternehmens Moodys Investores Service werden die an amerikanischen Börsen ermittelten Preise von 15 Rohstoffen berücksichtigt. Berechnungsbasis ist der 31. Dezember 1931. Die Nachrichtenagentur Reuters Limited errechnet ihren Index aus den britischen Börsenpreisen von 17 Rohstoffen mit der Grundlage 18. September 1931. Ein noch älterer Index ist der Dow-Jones-Index, dem heute die Preisbasis des Jahresbeginns 1982 zugrunde liegt. Der von der britischen Tageszeitung „Financial Times" veröffentlichte Financial-Times-Index arbeitet mit dem 1. Juli 1952 als Preisbasis und erfaßt die Preise von zwölf Waren. Seit 1978 gibt die deutsche Nachrichtenagentur VWD Vereinigte Wirtschaftsdienste GmbH (Eschborn) einen eigenen Index heraus: den VWD-Index. In Deutschland viel beachtet wird daneben der wöchentlich erstellte Index des HWWA Institut für Weltwirtschaft in Hamburg. Als seine Berechnungsgrundlage wurde das Jahr 1973 gewählt. Er ist unterteilt in den Gesamtindex, den Index ohne Energierohstoffe, den Index für Nahrungs- und Genußmittel und den Index für Industrierohstoffe.

In der amerikanischen Fachwelt von Bedeutung ist der seit 1957 ermittelte Rohstoffpreis-Index der Commodity Research Bureau Inc. (CRB-Index), dem ein Korb von 21 Rohstoffen (Mastrinder, Kakao, Kaffee, Kupfer, Baumwolle, Rohöl, Gold, Heizöl, Mastschweine, Bauholz, Mais, Hafer, Orangensaft, Platin, Schweinebäuche, Silber, Sojaschrot, Sojaöl, Sojabohnen, Zucker und Weizen) zugrunde liegt. Alle diese Produkte werden heute gleichwertig gewichtet, während früher die Gewichtung der Agrarrohstoffe zu Lasten von Rohöl und Heizöl überwog. Die Weltbank errechnet ihren internationalen Warenpreisindex aus 33 einzelnen Rohstoffen. Berechnungsbasis sind seit kurzem die Durchschnittspreise des Jahres 1990. Sehr erfolgreich hat die bekannte Wall-Street-Investment Bank Goldman Sachs im Mai 1991 einen eigenen Index eingeführt: den GSCI-Index. Berücksichtigt werden hier 18 Rohstoffe: Weizen, Mais, Sojabohnen, Baumwolle, Zucker, Kaffee, Kakao, Rohöl, bleifreies Benzin, Heizöl, Mastrinder, Mastschweine, Aluminium, Kupfer, Gold, Zink, Platin, Palladium und Silber, gewichtet nach den Fünfjahres-Durchschnittswerten ihrer Produktion. Grundlage ist das Jahr 1970.

Noch in Arbeit befindet sich ein internationaler Rohstoff-Preisindex, den das Chicago Board of Trade künftig veröffentlichen will. Er wird in Zusammenarbeit mit dem Commodity Research Bureau konzipiert und soll dem Vernehmen nach aus den Preisen von 18 Rohstoffen, die an sieben amerikanischen und ausländischen Börsen gehandelt werden, errechnet werden. Dafür will der CBOT auch einen Terminkontrakt einführen. Seit Januar 1989 wird von der Metallgesellschaft (Frankfurt) börsentäglich der MG-Basismetallindex veröffentlicht. Ihm liegen die Preise der sechs an der Londoner Metallbörse notierten Nichteisen-Metalle zugrunde. Seit dem 1. August 1989 gibt es auch einen Terminkontrakt auf diesen Index, der an der London Futures and Options Exchange (London Fox) gehandelt wird. Stichtag ist der 1. November 1989.

Der Warenkurszettel

Die Börsenpreise wichtiger Rohstoffe werden in den Wirtschaftsteilen bedeutender Tageszeitungen zumeist im Rahmen eines besonderen „Warenkurszettels" veröffentlicht. Kassapreise werden dabei durch den Zusatz „Kasse" oder „loco" gekennzeichnet, Terminpreise durch den Zusatz „30 Tage" oder „3 Monate" oder Monatsbenennungen. Die Abkürzungen NY, Pen, Rdm oder Chic bedeuten, daß der entsprechende Preis in New York, Penang, Rotterdam oder Chicago ermittelt wurde. Abkürzungen wie ct/lb, $/t, $/fl bedeuten, daß der Preis in Cent je Pound, Dollar je Tonne, Dollar je Flasche (76 Pound) ausgedrückt wird, also Währung und Maßeinheit.

So notieren zum Beispiel die Preise für Silber in New York in Cent je Feinunze, in London in Pence je Feinunze.

Aluminium wird in New York in Cent je Pound, in London in Dollar je Tonne gehandelt. Quecksilber wird in Dollar je Flasche zu 76 Pound gehandelt.

Platin und Palladium in Pfund Sterling je Feinunze (London) und Dollar je Unze (New York).

Der Preis für Kupfer wird in New York in Cent je Pound, in London in Dollar je Tonne genannt.

Der Preis für Aluminium in New York lautet auf Cent je Pound, in London auf Dollar je Tonne. Das gleiche gilt für Zink.
Nickel wird in New York in Dollar je Pound, in London in Dollar je Tonne gehandelt.
Lediglich der Preis für Blei soll in London bis auf weiteres noch in Pfund Sterling und in Dollar je Tonne ausgedrückt werden.
Zinn wird in London in Dollar je Tonne, in Penang/Kuala Lumpur in Ringgit oder malaysischen Dollar je Kilogramm gehandelt.
Wolframerz in Dollar je Einheit (London), wobei eine Einheit einer Tonne Erz entspricht, Wolfram in London in Dollar je Tonne.
Baumwolle wird in New York, Bremen und Liverpool in Cent je Pound notiert, Wolle in Sydney in australischen Cent je Kilogramm und in Bradford in Pence je Kilogramm.
Seide wird in Yokohama in Yen je Kilogramm notiert, Jute und Sisal in London in Dollar je Tonne.
Für Kautschuk gibt es Preise in Kuala Lumpur, die auf Ringgit oder malaysische Dollar je Kilogramm lauten, während das Material in Singapur in Singapur-Cent und in London in Pence je Kilogramm gehandelt wird.
Kaffee wird in Cent je Pound (New York) und in Dollar je Tonne (London) gehandelt, hingegen Kakao in Dollar je Tonne (New York) und Pfund Sterling je Tonne (London).
Die Preisfeststellungen für Zucker variieren zwischen Cent je Pound (New York), Dollar je Tonne (London) und Französische Franc je Tonne (Paris).
Weizen, Mais, Gerste, Roggen, Sojabohnen und Hafer werden in Cents je Bushel (Warenbörsen in den Vereinigten Staaten) oder kanadischen Dollar je Tonne (Winnipeg) notiert.
Für Raps und Leinsaat gelten Preise in kanadischen Dollar je Tonne (Winnipeg).
Leinöl, Kokosöl, Palmöl, Rizinusöl und Sonnenblumenöl werden in Rotterdam in Dollar je Pound beziehungsweise Tonne gehandelt.
Sojaschrot in Chicago wird in Dollar je Shortton notiert, hingegen in London in Pfund Sterling je Tonne.
Die Preise für Häute, Mastvieh (Lebendrinder) und Mastschweine sowie Schweinebäuche in Chicago beziehen sich auf Cents je Pound.
Hingegen wird Bauholz in Chicago in Dollar je Board Feet gehandelt.
Kartoffeln in London in Pfund Sterling je Tonne.
Dagegen lautet die Notiz für Pfeffer in Singapur auf Singapur-Dollar je 100 Kilogramm.

14. Ratschläge für den Umgang mit der Zeitung

Das Gerücht von der deutschen Teilung

Als das Ende des Zweiten Weltkriegs näher rückte und Millionen von Deutschen aus den Ostprovinzen vor den Russen flüchteten, enthüllte Reichspropagandaminister Joseph Goebbels im März 1945 in einer seiner Kolumnen in der Wochenzeitung „Das Reich" den von ausländischen Nachrichtenquellen abgeschnittenen Deutschen ein Geheimnis. Er schrieb: „Unsere Gegner wollen Deutschland in vier Teile zerstückeln." Das war natürlich als ein Appell zum Durchhalten gedacht. Aber wer damals aufmerksam Zeitung las, für den konnte die Goebbelssche Bemerkung ein Vermögen wert sein oder ihm sogar das Leben retten. Des Ministers Hinweis auf die Teilung Deutschlands war nur so zu interpretieren, daß die Russen nicht im Rheinland und die Amerikaner nicht zwischen Oder und Elbe herrschen würden. Die drei Westalliierten würden, so vermutete man, den westlichen Teil Deutschlands bekommen.

Später berichteten Berliner Börsianer von ihrer Flucht kurz vor Kriegsende nach Frankfurt. Sie wären nach Erscheinen des Goebbels-Artikels wie elektrisiert gewesen und hätten Konsequenzen gezogen. Schweren Herzens ließen sie Hab und Gut in Berlin zurück, räumten alle ihre Effekten aus den Tresoren und machten sich Hals über Kopf, mit dem Rucksack voller Wertpapiere, noch vor Kriegsende auf den Weg in den Westen. Am 8. Mai 1945 hieß dann einer der ersten Befehle der Russen in Groß-Berlin (also auch für die späteren Westsektoren): „Sämtliche Konten sind gesperrt, Wertpapiere nicht mehr handelsfähig." Die Geldkonten in den westlichen Besatzungszonen blieben dagegen im wesentlichen erhalten. Hier öffneten Banken und Sparkassen bald wieder die Schalter. Erst am 21. Juni 1948 wurde das alte Geld in neue D-Mark im Verhältnis 10 zu 1 im Westen getauscht. Die Berliner Börse, im sowjetischen Sektor gelegen, blieb geschlossen. In Frankfurt am Main dagegen konnten Aktien mit amerikanischer Genehmigung schon 1947 wieder gehandelt werden, während die Russen mit dem Inhalt der geplünderten Reichsbanktresore ihre Gulaschkanonen heizten. Die Berliner „Wertpapierflüchtlinge" konnten sich schon vor der Währungsreform über die Frankfurter Börse wieder Bargeld beschaffen. Wer Geld und Wertpapiere aus dem Osten in den Westen zu retten vermochte, hatte sofort nach Kriegsende das vergleichsweise bessere Los gezogen und sich günstigere materielle Voraussetzungen für die Nachkriegszeit verschaffen können. Aufmerksame Zeitungsleser hatten selbst aus einer bis Kriegsende streng zensierten Zeitung einen lebenswichtigen Tip erhalten.

Die Ölpreiskrise kam nicht überraschend

Ein anderes Beispiel vom Wert des Zeitungslesens: Die Ölpreiskrise der siebziger Jahre mit der zeitweiligen Ölverknappung und dem gewaltigen Preissprung für Rohöl konnte den aufmerksamen Zeitungsleser keineswegs überraschen. Die Spalten der Politik- und Wirtschaftsseiten der Zeitungen waren schon seit Mitte der sechziger Jahre mit Berichten über eine Schwächung Amerikas wegen des Vietnamkriegs gefüllt. Die Vereinigten Staaten hatten einen empfindlichen Prestigeverlust erlitten. Er trug mit dazu bei, daß sich der Nahe und Mittlere Osten in ein Pulverfaß verwandelte. Nach dem Sechstagekrieg von 1967 konnte man es schwarz auf weiß lesen: „Die Ölscheichs planen ein großes Ölkartell zur Kontrolle der Produktion und zum Durchsetzen wesentlich höherer Preise." Im Oktober 1973 war es soweit. Ägypter und Syrer griffen Israel im Jom-Kippur-Krieg an. Für den Zeitungsleser kam das nicht aus heiterem Himmel. Der Preis für das Faß Öl kletterte von 1,80 auf über 20 Dollar. Ende der siebziger Jahre versuchte das inzwischen gegründete Ölkartell Opec den Faßpreis sogar auf 36 Dollar hinaufzutreiben. Alle Verbraucherländer gerieten in Schwierigkeiten, die Weltwirtschaft aus den Fugen. Die Jagd auf Öl begann, ebenso auf andere Rohstoffe und auf den Transportraum. Ende 1974 folgte eine weltweite Rezession. Das Vertrauen in den Dollar fiel auf einen Tiefpunkt. In Frankfurt wurden Ende der siebziger Jahre nicht einmal mehr 1,50 DM gezahlt.

Auf diese Entwicklung versuchten Märkte und Börsen eine Antwort zu finden. Wer damals zwischen den Zeilen der politischen Berichterstattung und des Wirtschaftsteils der Zeitungen zu lesen verstand, begriff bald, was die Stunde geschlagen hatte: „Am besten raus aus dem Dollar, am besten Geld in Sachwerte tauschen." Zu den Sachwerten gehörte aus der Sicht der Kapitalanlagen damals vor allem Gold. Eine Unze Feingold, die Anfang der siebziger Jahre etwa 40 Dollar gekostet hatte, kletterte bis zum 21. Januar 1980 auf 850 Dollar. Dies war zugleich der Höchstpreis aller Zeiten. Dann beschloß der damalige amerikanische Präsident Jimmy Carter eine Kehrtwende. Um die Wahl im November 1980 zu gewinnen, trat er für knappes Geld und steigende Dollarzinsen ein. Auch das stand im Januar 1980 in der Zeitung. Aber das Vertrauen zu Washington war derart angeschlagen, daß zunächst niemand an die Wende glaubte. Erst mit der Wahl des Carter-Rivalen, Ronald Reagan, wendete sich das Blatt. Langsam kam das Vertrauen zu Amerika wieder zurück. Der Dollar begann zu steigen und der Ölpreis zu fallen. Geld begann wieder das Gold zu schlagen. Der Unzenpreis für Barrengold fiel in den achtziger Jahren zeitweilig unter 300 Dollar zurück. Dafür gab es weltweit die größte Börsenhausse der Nachkriegszeit. Der F.A.Z.-Aktienindex konnte sich von August 1982 bis Sommer 1986 fast verdreifachen. Wer als Kaufmann und Kapitalanleger frühzeitig Schlüsse aus den dramatischen Ereignissen der Ölkrise, der Dollarkrise und später der Börsenhausse zog, wurde reichlich belohnt. Es stand alles in der Zeitung.

Zyklisch denken

Die richtigen Schlüsse zum richtigen Zeitpunkt aus der Fülle allgemein zugänglicher Information zu ziehen ist schlechthin das Geheimnis des erfolgreichen Umgangs mit der Zeitung. Wer optimalen Nutzen aus dem Zeitunglesen ziehen will, muß vor allem das ständige Ein- und Ausatmen der Konjunkturen erkennen und daraus Konsequenzen für sein Geschäft und für seine Vermögensdispositionen ziehen. Die Hauptursache für alle Preis- und Kursveränderungen ist „im Zyklischen" zu suchen. Die Konjunkturzyklen, die in der Regel bis zu sechs Jahren dauern, beeinflussen die Konjunktur, die Zinsen und die Börsen. Meist geht es drei bis vier Jahre aufwärts und dann zwei bis drei Jahre abwärts, wobei sich Phasenverschiebungen durchaus ergeben können. Dies erschwert die Treffsicherheit der Prognosen. So dauerte der Aufschwung der achtziger Jahre in Deutschland gut acht Jahre. Von entscheidender Bedeutung für die Beurteilung zyklischer Veränderungen aber sind die jeweiligen Wendepunkte, wenn es – vereinfacht ausgedrückt – plötzlich von der Baisse in die Hausse und von der Hausse in die Baisse geht. Diese „Sternstunden" in einem Zyklus frühzeitig zu erahnen gehört zur hohen Schule der Prognostik. Der F.A.Z.-Konjunktur-Frühindikator kann dabei hilfreich sein.
In einer Zeitung finden sich viele Hinweise auf einen Wandel. Da lassen Unternehmer plötzlich Bemerkungen in der Rezession fallen, daß in dieser oder jener Branche ein Silberstreifen sichtbar geworden sei. Auf Hauptversammlungen von Aktiengesellschaften werden vielleicht einige positive Andeutungen über den Export gemacht, während die Unternehmen bisher nur schwarz in schwarz gemalt hatten. Schließlich läßt sich aus Mitteilungen von Verbänden manches Neue heraushören. Manchmal geraten eine schlechte und eine gute Nachricht direkt nebeneinander in die Zeitungsspalten. Anzeichen für die große Wende findet der Leser gewöhnlich zuallererst im Kleingedruckten des Wirtschaftsteils. Wer in diesem Stadium für sich persönlich im Geschäft oder an der Börse die Weichen neu stellt, geht freilich zunächst noch ein Risiko ein.
Die Entwicklung kann falsch eingeschätzt werden. Eine Schwalbe macht noch keinen Sommer, und wer an der Börse zu früh recht hat, kann später leicht unrecht haben. Wenn ein Umschwung zum Besseren erst einmal „amtlich" gemeldet wird, ist in der Regel aber schon alles passiert. Die Märkte haben sich längst auf die veränderten Verhältnisse eingestellt.

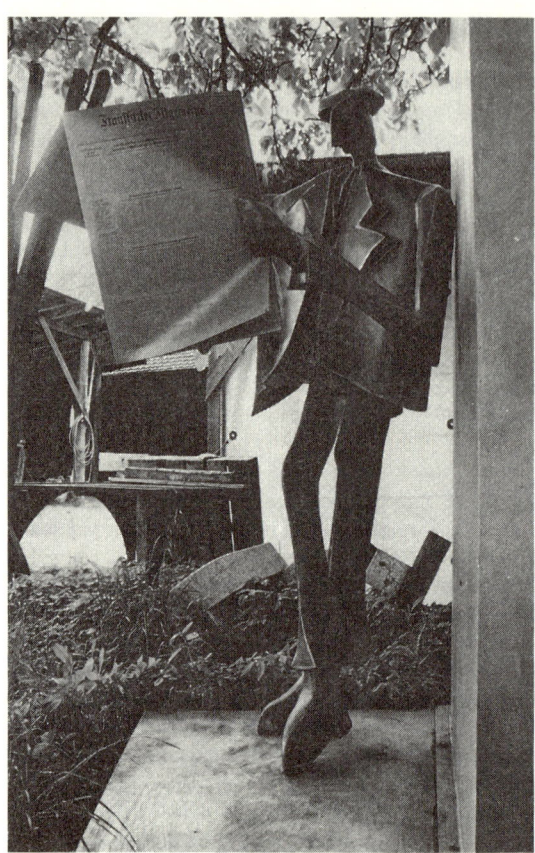

Der Zeitungsleser:
Eine Bronze des Bildhauers K. L. Metzler

Was der Leser der Zeitung entnehmen kann, ist die alte Erfahrung, daß jede Konjunkturwende – sei sie nun zum Besseren oder zum Schlechteren – zuallererst an den Börsenkursen sichtbar wird. Der organisierte Kapitalmarkt ist nach wie vor ein Barometer, auf das Unternehmen und Sparer schauen sollten. Es gibt viele Möglichkeiten, sich über das Sammeln von Informationen über Aufzeichnungen von Kurs- und Indexreihen ein umfassendes Bild der Lage zu verschaffen. Aber all die Daten, die der Zeitung entnommen werden können, sind immer nur Vergangenheit. Der Kaufmann und der Anleger müssen Kurse, Preise und statistische Daten auch zu deuten verstehen. In der Zeitung gibt es keine Prophetenspalte. Die Zeitungen veröffentlichen allerdings gern die Prognosen bekannter Börsianer, Unternehmer oder Banker. Aus deren Prognosen muß sich der Leser sein eigenes Urteil bilden. Es gibt aber viele falsche Propheten.

Die Börse als Barometer

Die Aktienkurse pflegen der jeweiligen wirtschaftlichen Entwicklung bis zu einem Dreivierteljahr vorauszugehen. Wenn die Wirtschaft zum Beispiel noch tief in der Rezession steckt, wird die Börse plötzlich lebendig. Sie antwortet auf schlechte Unternehmensnachrichten mit steigenden Kursen. Die vielen Einzelbeurteilungen am Aktienmarkt bündeln sich plötzlich zu einer Meinung. Hinzu kommt, daß in der Rezession die Notenbank häufig mit niedrigen Geldzinsen die Wirtschaft zu stimulieren hilft. Auch die Kapitalmarktrendite ist dann niedrig und reizt, Kredite aufzunehmen. Es gehört freilich Mut dazu, in einem Augenblick, in dem es in der Wirtschaft noch ziemlich trostlos aussieht, Aktien zu kaufen, deren Dividendenaussichten für das laufende Jahr vielleicht ausgesprochen schlecht sein mögen. Ein solcher Mut macht sich aber in der Regel bezahlt.
Umgekehrt läßt sich die Börse von der Hochkonjunktur nicht allzulange blenden. Die Unternehmen mögen noch so gute Nachrichten über Gewinnsteigerungen publizieren, sie mögen im Überschwang ungestüm steigender Nachfrage ihre Preise weiter

erhöhen und überbeschäftigt sein. Es kommt der Tag, an dem mitten in der heißen Börsenphase die ersten Akteure auf dem Börsenparkett – möglichst geräuschlos – den Markt verlassen. In den Börsenberichten wird das dann nebenbei vermerkt, vielleicht nur mit einem Satz. Das breite Publikum wird in dieser Phase der Hochstimmung noch immer zum Kaufen animiert.

Die Banken beteuern, Aktien seien noch lange nicht teuer, was in den Zeitungen weiter ein Echo findet. Kluge Unternehmer beginnen – ähnlich wie die Börsianer – aber ihre Meinung schon zu ändern, schränken die Kreditaufnahme ein und bauen die Lager vorsichtig ab. Die Hochkonjunktur hat das Kapital verteuert. Es dauert dann nicht mehr lange, bis es schließlich dick in der Zeitung steht: „Die Notenbank hat den Diskontsatz erhöht." In den Kommentaren wird dies nun als „Schuß vor den Bug der überschäumenden Konjunktur" interpretiert. Spätestens dann tun Unternehmer und Anleger gut daran, aus der nun unvermeidlichen zyklischen Wende die Konsequenzen für ihr Geschäft und für ihre Anlagen zu ziehen. Viele Mosaiksteinchen finden sich früh in der Zeitung. Es gilt, sie zu einem geschlossenen Bild zusammenzusetzen. Dann kann sich der Zeitungsleser einen nicht unerheblichen Dispositionsvorsprung verschaffen.

Aus Nachrichten Schlüsse ziehen

Der richtige Zeitpunkt für eine Weichenstellung in einem Konjunktur- und Börsenzyklus kann Geld wert sein. Zu leicht nimmt man gewöhnlich kleine Meldungen und Hinweise im Wirtschaftsteil. Vieles, was man heute flüchtig liest, ist morgen schon wieder aus dem Sinn und geht im Trubel des Neuen unter. Erst die nächste Nachricht zum gleichen Thema erinnert vielleicht wieder an das, was man eigentlich schon gelesen hatte und vor allem, welche Konsequenzen man aus dem Gelesenen eigentlich schon hätte ziehen wollen oder sollen.

Der Timing-Kalender

Es gibt ein einfaches Hilfsmittel, das in der Zeitung Gelesene nicht aus dem Gedächtnis zu verlieren: einen „Timing-Kalender" anlegen. Er braucht nur (vergleiche unseren Tabellen-Vorschlag) knappe Stichworte zu enthalten, etwa über erwartete Ereignisse, die wir der Zeitung entnehmen, Fragen der Konjunktur, vielleicht auch wichtige Konferenzen oder Notenbanksitzungen und ähnliches. Wir notieren auch den möglichen Termin des Eintretens eines Ereignisses (entweder steht auch das in der Zeitung, oder wir machen uns eine eigene Vorstellung davon). Schließlich ist zu überlegen, welche Folgen das Eintreten des registrierten Ereignisses etwa für unser Geschäft oder für unsere Anlagedispositionen haben könnte. In der letzten Spalte werden dann die eigenen Entscheidungen aufgrund der zu erwartenden Veränderungen eingetragen.

Solche Aufzeichnungen wirken disziplinierend. Sie zwingen frühzeitig zum Handeln. Setzt man die Aufzeichnung konsequent fort, so läßt sich im Laufe der Zeit erkennen, ob in der Vergangenheit zur rechten Zeit auf „Kommendes" reagiert und die richtigen Entschlüsse gefaßt wurden oder ob man zu lange gezögert hat. Wenn ja, so sagt uns der Timing-Kalender auch, warum. Vielleicht hatten Banken, Freunde und Bekannte eine andere Meinung. Warum ließen wir uns von wem beeinflussen? Im Laufe der Zeit kann man mit Hilfe des Timing-Kalenders seine eigenen Fehler schwarz auf weiß erkennen.

Der Timing-Kalender kann zum Börsentagebuch des Privatanlegers werden. Fremde Meinungen, die man so leicht wieder vergißt, können registriert werden. Später läßt sich feststellen, wer richtig und wer falsch geraten oder prognostiziert hatte. Dies kann sehr vorteilhaft für den Verkehr mit der Bank sein. Zu leicht wird vergessen, was einem der Bankberater beim letzten Besuch riet. Schreibt man sich alles auf, schafft man sich gleichsam einen „stummen Zeugen". Häufen sich Fehler der Berater, lassen sich daraus Konsequenzen ziehen.

Timing-Kalender *)

Datum	Erwartetes Ereignis	Erwarteter Termin	Erwartete Folgen	Anlage-Konsequenzen
1. 9.	Zinswende der Bundesbank, Diskonterhöhung.	1. 10. oder 15. 10. Plus 0,5 oder 1 Prozent.	Steigende Geldmarktzinsen, fallende Anleihekurse.	Anleihen verkaufen, Neuanlage am Geldmarkt auf 30 Tage, weil mit weiteren Zinserhöhungen zu rechnen ist.
30. 9.	Geldmarktversorgungssatz der Bundesbank um 0,5 Prozent heraufgesetzt.	Diskontsenkung im Oktober kommt bestimmt, vermutlich zunächst um 0,75 Prozent.	Steigende Geldmarktzinsen bis zu 1 Prozent, Kurse am Rentenmarkt fallen bereits. Aktien werden schwächer.	Der Anleihe-Verkauf war richtig. Geldanlage bringt zwar nur 5 Prozent bis Oktober, aber dann wahrscheinlich schon 6 Prozent und Weihnachten werden es wohl 7 sein.

*) = Beispiel

Schlüsselzahlen für Kapitalanleger

Wer optimalen Nutzen aus dem ziehen will, was er in der Zeitung liest, muß mitdenken. Es nutzt nicht viel, zum Beispiel interessante Meldungen und Berichte auszuschneiden und in irgendeine Sammelmappe zu stecken. Soweit es sich um Wirtschaftsnachrichten handelt, wird der Sammler feststellen, daß nach drei Monaten fast drei Viertel der aufgehobenen Ausschnitte schon überholt sind. Vom Rest wird nach weiteren drei Monaten kaum mehr ein Zehntel aufbewahrungswürdig bleiben. Die Zeitung ist nun mal ganz auf den Tag zugeschnitten. Sie beschreibt in aller Ausführlichkeit die Entwicklung etwa der letzten Börsensitzung oder die Vorgänge am Devisenmarkt. Aber am nächsten Tag ist eine neue Börsensitzung, und am Tag darauf wird diese wieder im Mittelpunkt der Berichterstattung stehen. In kürzeren oder längeren Abständen wird zwar von den Redaktionen das Geschehen an den Märkten zusammengefaßt und gewürdigt, aber auch diese Beiträge verlieren schnell ihren aktuellen Wert.

Dennoch bleibt die Tageszeitung als Dokument eines jeden Handelstages von originärem Wert. Sie ist unersetzlich. Unzählige Personen und Institutionen sind darauf angewiesen, die täglichen Daten etwa von den Aktien- und Rentenmärkten zu erfassen, ebenfalls die schnell wechselnden Geld- und Kapitalmarkt-Renditen mit den verschiedenen Laufzeiten und den Zinsen fremder Währungen. Gewiß, es gibt heute

Datenbanken, die alles speichern können. Wenn sich aber jemand nachträglich ein Bild von einem x-beliebigen Börsentag in der Vergangenheit machen will, so bleibt ihm nichts weiter übrig, als auf die – vielleicht schon vergilbte – Zeitung jenes Tages zurückzugreifen, in der alles zusammengefaßt ist, was die Märkte damals bewegte: nicht nur das Geschehen in der Wirtschaft, sondern auch die Stimmung im In- und Ausland.

Aus den lückenlosen Notierungen in der Zeitung können sich auch Laien Kursreihen der Vergangenheit zusammenstellen, aus denen zum Beispiel die Jahreshöchst- und -tiefstkurse ermittelt werden können. Für die Statistiker darf es keine Lücken bei der Registrierung von Daten geben. Denn erst hinterher weiß man genau, welche Tage an welchen Märkten die wichtigsten des Jahres, vielleicht des Jahrzehnts waren. Nach dem Börsen-Crash im Oktober 1987 konnte man erst mit Abstand von vielen Monaten sagen, wann wirklich die tiefsten Kurse 1987 registriert worden waren. In den ersten Wochen nach dem großen Kurseinbruch mußte immer noch befürchtet werden, daß es weitere – vielleicht noch stärkere – Rückschläge geben könnte. In St. Moritz war im Rahmen einer Ausstellung einmal eine Skulptur zu sehen: „Der Zeitungsleser". Die Figur hatte – fein säuberlich in eine Folie eingeschweißt – die erste Seite des Wirtschaftsteils der Frankfurter Allgemeinen Zeitung vom 20. Oktober 1987 in der Hand, mit den Berichten und Kommentaren vom 19. Oktober, dem „Crash-Tag", der damals die Gemüter erregte.

Der geldwerte Umgang mit der Zeitung setzt dreierlei voraus: Die Fähigkeit zur Selektion der Nachrichtenflut, die Fähigkeit zur Kombination der Details, die wir zur Kenntnis nehmen, und schließlich die Fähigkeit, auf Gelesenes zu reagieren. Dazu kommen die Nachrichten aus Rundfunk und Fernsehen. Wir können aber nur einen kleinen Teil von dem, was angeboten wird, aufnehmen und verarbeiten. Der ökonomische Umgang mit der Informationsflut wird daher zwingend. Jeder Zeitungsleser kennt die Qual der Wahl. Eine Möglichkeit, die Spreu vom Weizen zu trennen und das Wesentliche vom Unwesentlichen zu unterscheiden, ist das Ausschneiden und Aufbewahren von Gedrucktem, das uns über den Tag hinaus interessiert. Man kann zum Beispiel als Kapitalanleger ganz einfach den täglichen Kurszettel aus der Zeitung herauslösen und in eine Sammelmappe stecken, desgleichen die Devisen- und Geldmarkt-Notierungen, die in jeder guten Zeitung zu finden sind. Mit der Zeit wird der Sammler feststellen, daß es durchaus genügt, die gewünschten Daten nur jeweils zum Monatsende aufzubewahren. Eine Ausnahme würde sich lediglich anbieten, wenn es in einem Kalendermonat eine Zäsur an der Börse gäbe, die sich für die Zukunft festzuhalten lohnte. Wer Aktien besitzt, wird sich vielleicht Nachrichten, Berichte und Analysen über „seine" Gesellschaft aufheben, was im nachhinein interessante Vergleiche ermöglicht.

Wie der Sammler von Nachrichten vernünftigerweise selektieren sollte, kann nur individuell entschieden werden, je nach Interessenlage und je nach Gewicht, das man einzelnen Informationen zu geben wünscht. Gewarnt werden muß allerdings vor einer zu großen Sammelwut. Wer die ganze Zeitung aufhebt, wird bald in Papier ersticken. Wer nur jene Beiträge und Kursreihen sammelt, die ihn unmittelbar angehen, wird es am praktischsten in Form von Sammelmappen tun, in welchen die Zeitungsabschnitte provisorisch aufbewahrt werden. Wer sich als Kapitalanleger eine eigene Kursdokumentation schaffen will, um etwa die Dollarkursentwicklung oder das Auf und Ab der Zinsen zu verfolgen, kann dies auf einfache Weise tun. Es genügt, sich ein Schema für die gewünschten Schlüsseldaten anzulegen (vergleiche die Tabelle „Schlüsseldaten für Kapitalanleger"). Auf Papier oder am PC lassen sich viele Daten speichern, die zusammengenommen ein exaktes Bild der Kurs- und Preisentwicklung über eine längere Zeit hinweg vermitteln können. Solche Listen können ganz nach den jeweiligen Bedürfnissen des Lesers konzipiert werden. Wer zum Beispiel ein besonderes Interesse an kurzfristigen Geldzinsen hat, wird die Zinsveränderungen von einem halben Dutzend Währungen laufend verfolgen. Wer nur „in D-Mark denkt", wird es sich dagegen ersparen, unnötigerweise Kursreihen etwa des Dollar oder des Ecu zu registrieren. Die Erfahrung zeigt, daß auch beim Sammeln und Selektieren der Appetit beim Essen kommt. Man wird immer wieder aufs neue bemüht sein müssen, das Wesentliche vom Unwesentlichen zu trennen.

Kombinieren und reagieren

Es wird uns in der Regel wenig nützen, wenn Kurse, Preise und Nachrichten nur registriert werden. Einen Sinn bekommt das Sammeln von Informationen erst dann, wenn man auch versteht, das Gesammelte in einem größeren Zusammenhang zu bewerten. Ein Beispiel: Wir erleben eines Tages einen plötzlichen Umschwung am Edelmetallmarkt. Mit einemmal steigen die Kurse, weil eine massive Nachfrage großer internationaler Fonds vorliegt. „Die Leute haben Angst vor der Inflation", heißt es in den Marktberichten. Soll man sich nun an eine solche Entwicklung anhängen? Entscheidend wird sein, etwas mehr von den Motiven der Käufer zu wissen. Ist die Goldhausse vielleicht gar der Vorläufer einer Wende an den Rohstoffmärkten? Was hat sich etwa beim Kupfer, beim Rohöl oder bei Aluminium an den Märkten getan? Von sofort an beginnen wir vielleicht die Preisentwicklung anderer Schlüsselrohstoffe zu registrieren. So ist bald festzustellen, ob die Goldhausse nur eine „Eintagsfliege", oder der Beginn einer Wende an den Rohstoffmärkten gewesen ist.

Wer frühzeitig Zahlen und Kurse zu kombinieren versteht, kann sich einen Vorsprung an den Märkten verschaffen. Neben dem F.A.Z.-Gesamtindex veröffentlicht zum Beispiel die Frankfurter Allgemeine Zeitung laufend Branchenindizes. Sie sind ein wertvolles Hilfsmittel, Konjunktur- und Börsenkursveränderungen frühzeitig zu erkennen. Gewöhnlich heben sich nicht alle Aktien gleichzeitig von der Talsohle eines Börsenzyklus ab. Zuerst werden es die Bank- und Versicherungsaktien sein, die vom billigen Geld profitieren. Später werden etwa die Maschinenbauaktien wieder von der Börse entdeckt. Exportabhängige Unternehmen kommen erst dann wieder richtig in Schwung, wenn die Weltwirtschaft auf breiter Front Boden gewinnt. Ein ständiger Vergleich der Branchenindizes ermöglicht es, den Fortgang der Konjunkturerholung ziemlich genau vorzuzeichnen und daraus Konsequenzen für die eigene Vermögensanlage zu ziehen.

Auch Personalveränderungen bieten vielseitige Kombinationsmöglichkeiten. In einem bestens geführten Modeunternehmen stirbt plötzlich der Chef, der als besonders kreativ galt. In diesem Falle könnte kombiniert werden, ob die Nachfolger wohl von gleicher Führungsqualität sein werden. Die Kursentwicklung nach dem Tod des Chefs sollte – wenn man an dem Papier interessiert ist – nun ganz genau verfolgt werden, weil anzunehmen ist, daß Eingeweihte, die dem Unternehmen nahestehen, als erste reagieren. Umgekehrt kann ein lange Zeit schlecht geführtes Unternehmen durch den Eintritt eines neuen, tatkräftigen Managers über Nacht sein Börsenimage verbessern. Eines der großen Beispiele dafür gab Wall Street mit dem Comeback des Chrysler-Konzerns, nachdem das Management dort ausgewechselt worden war.

Auch in der Politik gibt es mannigfache Kombinationsmöglichkeiten, etwa bei einer zu erwartenden Veränderung des Parteienspektrums im Parlament. Beispiele dafür gab es in Deutschland Ende der sechziger Jahre vor dem Scheitern der bürgerlichen Koalition. Das hat mit zu der langen Durststrecke an der deutschen Börse beigetragen.

Kommt nicht Wichtiges, was die Märkte schlagartig verändern kann, für den Zeitungsleser zu spät? Im globalen Finanzgeschäft, in dem rund um die Uhr und rund um die Welt Devisen, Kredite, Aktien, Obligationen, Zinsoptionen und Terminkontrakte elektronisch gehandelt werden, kann doch die Zeitung nicht mehr recht mithalten, heißt es zuweilen. Gibt es etwa im Fernen Osten in den Abendstunden der dortigen Zeitzone politische oder wirtschaftliche Ereignisse, die die Welt bewegen könnten, so geschähe dies zu einer Stunde, in der die Europäer gerade schlafen und ihre Banken geschlossen sind. Am nächsten Morgen ist dann im Radio zu hören, daß die Märkte im Osten längst reagiert hätten. Ein europäischer Anleger hat dann das Gefühl, zu spät zu kommen.

Die großen Banken und Finanzhäuser verfügen dagegen über eigene Stützpunkte in Ostasien, die mit Europa verbunden bleiben. So kommt es, daß an hektischen Tagen manchmal um vier Uhr morgens europäischer Zeit Geschäfte zwischen Europa auf der einen Seite und Tokio, Hongkong und Singapur auf der anderen Seite gemacht werden. Wenn die Londoner City und die anderen europäischen Finanzplätze dann am nächsten Morgen ihren Handel beginnen, können die Gewinne oder Verluste aus den „Nachtgeschäften" schon wieder glattgestellt werden. Zeitzonenüberwindende Finanzgeschäfte sind daher nur etwas für „Großhändler", die Millionen- und Milliardenbeträge durchhandeln. Wer nur gerade 10 Daimler-Aktien oder 20 000 Dollar gegen D-Mark handeln will, hat an den Großmärkten nichts zu suchen. Das private Bankgeschäft in Deutschland ist durch die europäische Zeitzone begrenzt. Aber das braucht keineswegs – wie die Erfahrungen zeigen – immer ein Nachteil zu sein. Erste spontane Reaktionen auf kursrelevante Nachrichten fallen fast immer übertrieben aus. Wer Hals über Kopf auf eine Nachricht reagiert, liegt vielleicht schon nach wenigen Stunden auf der falschen Seite. In Ausnahmesituationen ist es durchaus vernünftig, genau zu überlegen, bevor gehandelt wird. Erst muß sich an den Märkten eine Meinung bilden, und die wird ganz erheblich davon abhängig sein, was am nächsten Tag in der Zeitung steht. Die Informationen und Kommentare, die 24 Stunden nach einem Szenenwechsel an den Finanzmärkten zu lesen sind, beeinflussen die Märkte. Die Zeitung wirkt mit ihrem Hintergrundmaterial erfahrungsgemäß marktstabilisierend. Wenn es in der Zeitung steht, wird der private Anleger sicherer beim Reagieren auf veränderte Marktverhältnisse. Die Zeitung bietet in Ausnahmesituationen eine nicht zu überschätzende Orientierungshilfe. Auch Bankberater würden „schwimmen", wenn sie sich nicht bei ihrer Meinungsbildung für ihre Kunden auf das Gelesene stützen könnten.

Der Umgang mit der Zeitung will gelernt sein. Fast alles steht in der Zeitung. Wer sie geschickt nützt, für den kann die Zeitung im wahrsten Sinne des Wortes Geld wert sein. Geldwissen, das die Tageszeitung vermittelt, ist in unserer Zeit fast soviel wert wie Geld selber.

KLEINES WÖRTERBUCH DER WIRTSCHAFT

A **ABS-Gesellschaften** – Gesellschaften zur Arbeitsbeschaffung, Beschäftigung und Strukturförderung. Von den Ost-Unternehmen oder anderen Trägern (zum Beispiel Landkreis) gegründet; organisatorisch meist Kombination aus Arbeitsbeschaffungsmaßnahmen, Kurzarbeit und Qualifizierung. Die ABS-Gesellschaften sollen die Entlassenen vor Arbeitslosigkeit bewahren und bieten ihnen Beschäftigung, zum Beispiel bei der Umweltsanierung.

Abschöpfungen – Abgaben, die bei der Einfuhr landwirtschaftlicher Erzeugnisse in den Binnenmarkt erhoben werden. Sie dienen dazu, den Unterschied zwischen dem niedrigeren Einfuhrpreis (häufig der Weltmarktpreis) und dem höheren Preis in der Europäischen Gemeinschaft abzuschöpfen.

Abschreibungen – Aufwendungen eines Unternehmens, die der Tatsache Rechnung tragen, daß Teile des Anlagevermögens (Maschinen, Fahrzeuge, Büroeinrichtungen) durch Gebrauch an Wert verlieren. Man unterscheidet zwischen der linearen und der degressiven Abschreibungsmethode. Im ersten Fall wird jedes Jahr ein bestimmter Prozentsatz des Anschaffungswertes abgeschrieben; die Teilbeträge sind daher immer gleich. Im zweiten Fall bezieht sich der gleichbleibende Prozentsatz auf den Restwert. Daher sind die Abschreibungsbeträge am Anfang höher als gegen Ende der Abschreibungsperiode. Vermögensgegenstände wie etwa Grundstücke und Unternehmensbeteiligungen unterliegen keiner Abnutzung. Verlieren sie dennoch an Wert, Grundstücke zum Beispiel durch eine schlechtere Verkehrsanbindung, werden Sonderabschreibungen erforderlich. Für Unternehmen, die mit Gewinn arbeiten, zählen die Abschreibungen zu den wichtigsten Quellen der Selbstfinanzierung neuer Anlagen.

Absetzung für Abnutzung (AfA) – steuerrechtlicher Begriff für Abschreibungen. Der Steuerpflichtige kann diese Abschreibungen, bezogen auf die Zeit der „betriebsgewöhnlichen Nutzungsdauer", als Betriebsausgaben oder Werbungskosten geltend machen.

Afrikanische Entwicklungsbank (African Development Bank, AFDB) – 1963 als Gemeinschaftsunternehmen von 48 afrikanischen Staaten in Abidjan (Elfenbeinküste) gegründet. Nichtafrikanische Mitglieder, darunter auch Deutschland, sind 1982 beigetreten. Die Bank, die im September 1964 ihre Arbeit aufgenommen hat, soll die wirtschaftliche Entwicklung und den sozialen Fortschritt der Mitgliedsstaaten in Afrika fördern.

Agrarmarktordnung – staatliche Regulierung der Märkte für landwirtschaftliche Erzeugnisse mit unterschiedlichen Schutz- und Interventionsmitteln. Wichtigster Eingriff sind die jährlich neu festgesetzten Agrarpreise, die vom Ministerrat beschlossen werden und für alle Länder der Europäischen Gemeinschaft Gültigkeit besitzen.

Agrarpreisstützung – eine Art Subventionssystem, das den Bauern in der Europäischen Gemeinschaft ein bestimmtes Mindesteinkommen sichern soll. Der Ministerrat legt wesentlich höhere Preise für landwirtschaftliche Erzeugnisse fest, als sie auf den Märkten erzielt werden könnten. Fallen die Preise, müssen staatliche Ankaufsstellen die Erzeugnisse zu den festgesetzen Preisen aus dem Markt nehmen (Intervention).

Aktie – Wertpapier, das ein Eigentumsrecht an einer Aktiengesellschaft oder einer Kommanditgesellschaft auf Aktien verbrieft.

Aktienindex – eine zusammenfassende, nach bestimmten Regeln errechnete Meßzahl für die Entwicklung der Aktienkurse.

Aktiva – die linke Seite der Bilanz. Die Aktiva umfassen das Anlage- und das Umlaufvermögen sowie die Rechnungsabgrenzungsposten und die Bilanzierungshilfen. Die Gegenposten auf der rechten Seite sind die Passiva.

Allgemeine Kreditvereinbarung (AKV) – siehe Zehnergruppe

Allgemeines Zoll- und Handelsabkommen/General Agreement on Tariffs and Trade (Gatt) – ist das wichtigste Regelwerk des Welthandels, mit dem schrittweise Zölle gesenkt und ein möglichst liberaler Gütertausch gefördert werden soll. Es ist Anfang 1948 in Kraft getreten. Dem Gatt gehören gegenwärtig (Mitte 1993) 111 Vertragsparteien an, auf die rund 90 Prozent des Welthandels entfallen. Das Sekretariat ist in Genf.

Allgemeinverbindlichkeit – Erklärung des Arbeitsministers, wodurch Tarifverträge auf Antrag einer Tarifvertragspartei allgemeinverbindlich werden. Das heißt, sie gelten dann auch für Beschäftigte in Unternehmen, die nicht als Verbandsmitglied an den Vertrag gebunden sind. Die Allgemeinverbindlichkeit wird häufig als Hemmnis einer flexiblen Tarifpolitik kritisiert.

Altkredite – Kredite, die volkseigene Betriebe bis zum 30. Juni 1990 bei der DDR-Staatsbank aufgenommen haben oder die ihnen im Rahmen der Umschichtung des DDR-Haushalts zugeordnet worden sind.

Amtlicher Handel – Kursfeststellung an der Börse nach strengen Regeln und Gesetzen. Zur Einführung eines Wertpapiers in den amtlichen Handel müssen besondere Zulassungsvorschriften erfüllt werden. Die ermittelten Börsenkurse haben offiziellen Charakter.

Amtssprachen – 1993 gab es neun Amtssprachen in der Europäischen Gemeinschaft. Grundsätzlich hat jedes Mitgliedsland das Recht, seine Sprache als Amtssprache anerkennen zu lassen. Das bedeutet, daß jeder Text und jede Konferenz in alle Amtssprachen übersetzt werden müssen. Demgegenüber gibt es die Arbeitssprachen: Von Sitzung zu Sitzung kann man sich, je nach Teilnehmern, auf eine Auswahl von Amtssprachen beschränken.

Anlagevermögen – alle Gegenstände, die zum dauernden Gebrauch im Unternehmen bestimmt sind. Hierzu gehören Grundstücke, Gebäude, Maschinen, Werkzeuge, Einrichtungsgegenstände, Patente und Lizenzen, aber auch langfristig gehaltene Finanzanlagen. Das Anlagevermögen sollte durch Eigenkapital und langfristige Fremdmittel finanziert werden.

Anleihen – Wertpapiere, mit denen ein Schuldverhältnis zwischen dem Ausgebenden (Schuldner oder Emittent genannt) und dem Erwerber entsteht. Der Erwerber besitzt vor allem das Recht auf die Rückzahlung des Anleihebetrages sowie auf eine vertraglich geregelte Verzinsung. Andere Worte für Anleihe sind Rente, Schuldverschreibung und Obligation.

Anschaffungs- oder Herstellungskosten – Kosten, die durch die Anschaffung oder Herstellung eines Gutes entstanden sind. Sie bilden die Grundlage für die Bewertung des Anlage- und des Umlaufvermögens in der Bilanz. Bei der Anschaffung umfassen sie neben dem Kaufpreis alle Neben- und Bezugskosten wie zum Beispiel Transport- und Einbaukosten sowie Versicherungen und Provisionen. Bei der Herstellung treten zu den direkten Kosten die anteiligen Gemeinkosten hinzu, nicht jedoch die Vertriebsaufwendungen.

Anschlußkonkurs – ein Konkursverfahren, das nach dem Scheitern eines gerichtlichen Vergleichs eröffnet wird. Wie im normalen Konkursverfahren bildet die Konkursordnung den rechtlichen Rahmen für den Anschlußkonkurs.

Anteile im Fremdbesitz – Posten auf der Passivseite von Konzernbilanzen. Sie entstehen dann, wenn die Muttergesellschaft an einer Tochtergesellschaft zu weniger als 100 Prozent beteiligt ist; sie spiegeln den Anteilsbesitz der außenstehenden Gesellschafter wider.

Arbeiterbewegung – Organisation der Arbeiter in der Industriegesellschaft mit dem Ziel der Ausweitung von Anrechten am Arbeitsmarkt und in der Gesellschaft. Nach 1890 hat sich die Arbeiterbewegung in die Sozialdemokratische Partei und die Gewerkschaftsbewegung aufgespalten.

Arbeitgeberverbände – Organisationen der Unternehmer, als Antwort auf die Selbstorganisation der Arbeitnehmer (seit dem ausgehenden neunzehnten Jahrhundert). Sie schließen mit den Gewerkschaften Tarifverträge ab und wirken als sozialpolitische Lobby gegenüber Politik und Öffentlichkeit.

Arbeitsdirektor – Mitglied im Vorstand eines montanmitbestimmten Unternehmens (Stahl, Eisen und Kohle produzierende Industrie). Er ist in der Regel für Personalfragen verantwortlich. Er kann nicht gegen die Mehrheit der Arbeitnehmervertreter im Aufsichtsrat be- oder abberufen werden. Auch in Aktiengesellschaften gibt es einen Arbeitsdirektor, der aber wie jedes andere Vorstandsmitglied berufen wird; hier besteht keine Sperrminorität der Arbeitnehmervertreter.

Arbeitskampf – letztes Mittel (ultima ratio), wenn Tarifverhandlungen gescheitert sind: Gewerkschaften streiken; Arbeitgeber sperren aus. Rechtlich besteht kein Zwang zur Einigung. Faktisch entscheidet häufig ein Schlichter, wenn die Kassen der Gewerkschaft zu sehr belastet werden oder wenn die Auftragslage der Unternehmen zur Beendigung eines Streiks nötigt.

Arbeitslosenquote – Arbeitslose in Prozent aller zivilen Erwerbspersonen oder in Prozent der abhängig Beschäftigten.

Arbitrage – Geschäft, mit dem Preisunterschiede für dasselbe Objekt an verschiedenen Märkten ausgenutzt werden. Eine Aktie, eine Rente oder auch Devisen werden dort gekauft, wo sie im Augenblick am billigsten sind, und sofort wieder – zum höheren Kurs – an einer anderen Börse verkauft. Kursunterschiede und Kursschwankungen werden durch Arbitrage-Geschäfte in Grenzen gehalten. Arbitrage ist auch der gleichzeitige Kauf und Verkauf von Terminkontrakten an verschiedenen Waren-Terminbörsen.

Asiatische Entwicklungsbank (Asian Development Bank, ADB) – 1966 in Manila gegründet. Die Bank vergibt Darlehen zur Finanzierung von Entwicklungsprojekten im asiatischen und pazifischen Raum.

assoziierte Unternehmen – Unternehmen, auf die eine Obergesellschaft zwar keinen beherrschenden Einfluß ausübt, wie das bei Mehrheitsbeteiligungen angenommen wird. Doch ist der Einfluß so groß, daß er als „maßgeblich" bezeichnet werden kann. Er wird dann vermutet, wenn die Obergesellschaft über mindestens 20 Prozent der Stimmrechte verfügt. Bei Vorliegen einer maßgeblichen Beteiligung ist das Beteiligungsunternehmen im Konzernabschluß nach der sogenannten Equity-Methode zu berücksichtigen.

Assoziierung – ermöglicht Drittländern vertraglich eine enge Form der Zusammenarbeit mit der Europäischen Gemeinschaft. Unterschieden wird zwischen der Entwicklungshilfe-Assoziierung und der Beitritts-Assoziierung. Die erste Form soll zahlreichen Ländern der Dritten Welt vor allem den Zugang zum Binnenmarkt ermöglichen, die zweite soll zur späteren Vollmitgliedschaft in der Europäischen Gemeinschaft führen.

Auffanggesellschaft – eine meist von den Hauptgläubigern eines Unternehmens gegründete Gesellschaft. Sie soll die als gesund erachteten Betriebsteile retten. Aus den Gewinnen hoffen die Gläubiger, die Eigentümer der Neugründung sind, einen Großteil ihrer Forderungen zu befriedigen.

Aufpreis – wird verwandt in der Wortverbindung Kassa-Aufpreis und Termin-Aufpreis. Von Kassa-Aufpreis spricht man, wenn verfügbare (Kassa)ware teurer ist als Terminware (auch Backwardation oder Prämie genannt). Termin-Aufpreis bedeutet, daß die Ware zur Lieferung in drei oder mehr Monaten teurer ist als verfügbare Ware (auch Contango oder Diskont genannt).

Aufsichtsrat – ein vom Gesetz vorgeschriebenes Organ einer Aktiengesellschaft oder einer Genossenschaft. Auf freiwilliger Basis können auch GmbHs oder Kommanditgesellschaften einen Aufsichtsrat bestellen. Die Aufgaben des Gremiums erstrecken sich auf die Kontrolle des Vorstandes, die Prüfung von Jahresabschluß und Lagebericht der Gesellschaft sowie auf den Bericht darüber in der Hauptversammlung. Der Aufsichtsrat besteht aus Vertretern der Anteilseigner und der Arbeitnehmer; die Zusammensetzung der Arbeitnehmerseite regelt das Betriebsverfassungsgesetz, das Mitbestimmungsgesetz oder das Montan-Mitbestimmungsgesetz. Aufsichtsrat und Vorstand eines Unternehmens bilden zusammen „die Verwaltung".

Aufwendungen – alle Zahlungen und Wertminderungen in einem Zeitabschnitt. Sie werden von den Erlösen abgezogen. Was bleibt, ist der Gewinn (oder Verlust) in der Erfolgsrechnung. Die Palette der Aufwendungen umfaßt die Materialkosten, Löhne und Gehälter, Steuern sowie Abschreibungen.

Ausflaggen – Registrierung eines Seeschiffs in einem Land mit günstigeren steuerlichen oder arbeitsrechtlichen Bedingungen.

Ausnahmebereiche – Wirtschaftsbereiche, die von einzelnen oder allen Vorschriften des Gesetzes gegen Wettbewerbsbeschränkungen ausgenommen sind. Auch Bereichsausnahmen genannt.

Außenstände – buchhalterischer Ausdruck für Forderungen an die Kunden eines Unternehmens. Sie stammen aus Warenlieferungen oder aus Dienstleistungen.

Außenumsatz – jener Teil des Konzernumsatzes, der in Geschäften mit Dritten erzielt wird. Er muß von den konzerninternen Lieferungen und Leistungen (Innenumsatz) getrennt werden, die keine wahren Verkäufe darstellen.

außenwirtschaftliche Ungleichgewichte – auf Dauer relativ hohe Überschüsse oder Defizite einzelner Länder im Außenhandel oder in den Leistungsbilanzen (Warenhandel, Dienstleistungen, unentgeltliche Leistungen).

außerplanmäßige Ausgaben – Ausgaben, für die im Haushaltsplan kein Ausgabetitel vorgesehen ist. Der Bundesfinanzminister darf außerplanmäßige Ausgaben nur genehmigen, wenn sie unvorhergesehen und unabweisbar sind.

B **Baisse** – Börsentendenz, die durch anhaltend starke Kursrückgänge gekennzeichnet ist.

Bandbreiten – zulässige Abweichungen der am Markt sich ergebenden Wechselkurs.

barrel – internationale Erdöl-Maßeinheit. Ein barrel (Faß) Erdöl faßt 159 Liter.

Beherrschungsvertrag – eine besondere Form des Unternehmensvertrags. Mit diesem Vertrag unterstellt eine Gesellschaft die Leitung einem anderen Unternehmen. In vielen Fällen tritt neben den Beherrschungsvertrag ein Gewinnabführungsvertrag mit Garantiedividende und Abfindungsangebot für die außenstehenden Aktionäre.

Beistands- oder Bereitschaftskredit – Kreditzusagen des Internationalen Währungsfonds an die Mitglieder. Auf zwölf bis achtzehn Monate befristet. Es handelt sich um eine Art Vorfinanzierung späterer Ziehungen. Übersteigt der Ziehungsbetrag die Reservetranche, so sind wirtschaftspolitische Reformen Voraussetzung für die Kreditzusage.

Beitragsbemessungsgrenzen – Berechnungsgrenzen in der Renten-, Kranken- und Arbeitslosenversicherung. Durch sie wird festgelegt, bis zu welchem Höchstbetrag die Einkommen zur Beitragszahlung herangezogen werden. Bestimmend ist die Beitragsgrenze zur Rentenversicherung. Diese erhöht sich jeweils zum Jahresbeginn um den Prozentsatz, in dem die Bruttolohn- und -gehaltssumme je beschäftigtem Arbeitnehmer in dem vergangenen Jahr gegenüber der Bruttolohn- und -gehaltssumme des vorvergangenen Jahres gestiegen ist. Die Grenze wird jeweils auf das nächsthöhere Vielfache von 1 200 aufgerundet. Die Beitragsbemessungsgrenze in der Arbeitslosenversicherung entspricht jeweils der Grenze in der Rentenversicherung, die in der gesetzlichen Krankenversicherung 75 Prozent davon. In der Rentenversicherung lag die Grenze 1993 bei 7 200 DM und in der Krankenversicherung bei 5 400 DM.

Berufshandel – auch „Kulisse" genannt, umfaßt die Makler, die Vertreter der an der Börse zugelassenen Kreditinstitute und ihre Angestellten.

Bestätigungsvermerk (Testat) – Bestätigung des unabhängigen Abschlußprüfers der Gesellschaft, daß Jahresabschluß und Buchführung mit dem Gesetz übereinstimmen und der Lagebericht keine falsche Vorstellung erweckt. Mit dem Bestätigungsvermerk wird aber kein direktes Urteil über die wirtschaftliche Lage des Unternehmens abgegeben. Wird der Bestätigungsvermerk versagt, muß hierauf gesondert hingewiesen werden.

bestens – werden Wertpapiere verkauft, wenn kein Mindestkurs angegeben wird.

Betrieb – der organisatorisch eigenständige und räumlich abgegrenzte Teil eines Unternehmens.

Betriebsrat – repräsentatives, von den Beschäftigten eines Betriebes gewähltes Gremium zur Wahrnehmung der betrieblichen Mitbestimmung. Der Betriebsrat soll mit der Unternehmensleitung „vertrauensvoll" zusammenarbeiten. Er verwirklicht die Mitbestimmungs- und Mitwirkungsrechte der Beschäftigten im Rahmen des Betriebsverfassungsgesetzes. Für die Vertretung von Arbeitnehmern in Aufsichtsräten gilt darüber hinaus das Mitbestimmungsgesetz von 1976 und das Montan-Mitbestimmungsgesetz von 1951.

Betriebsvereinbarung – Vertrag zwischen Unternehmensleitung und Betriebsrat über Fragen der Arbeitsbedingungen. Sie wirkt unmittelbar und zwingend für die einzelnen Arbeitsverhältnisse und entfaltet normative Wirkung ähnlich einem Tarifvertrag, dem sie andererseits aber nachgeordnet ist.

Betriebsverfassungsgesetz – regelt die Arbeitsbeziehungen in Unternehmen. In Aufsichtsräten von Aktiengesellschaften reserviert es ein Drittel der Sitze für die Arbeitnehmer, sieht aber im Gegensatz zum Mitbestimmungsgesetz von 1976 und zur Montan-Mitbestimmung von 1951 keinen Arbeitsdirektor im Vorstand vor. Das Betriebsverfassungsgesetz stammt von 1972 (mit späteren Änderungen).

Bevorrechtigte Gläubiger – Forderungsberechtigte, die in einem Konkursverfahren den anderen Gläubigern vorgehen. Es gibt fünf verschiedene Klassen bevorrechtigter Gläubiger, unter ihnen die Beschäftigten (Lohn und Gehalt), aber auch das Finanzamt (rückständige Steuern und Abgaben). Diese Forderungen werden aus der Verwertung der Konkursmasse vorab erfüllt, wobei eine Rangklasse zu 100 Prozent zufriedengestellt sein muß, ehe auf die nächste übergegangen wird.

bezahlt – im Kurszettel mit „b" abgekürzt, bedeutet, daß Umsätze zu diesem Kurs abgewickelt worden sind. Wenn die Nachfrage bei diesem Kurs überwogen hat, erhält der Kurs den Zusatz „bG" (bezahlt Geld), wenn das Angebot stärker gewesen ist, den Zusatz „bB" (bezahlt Brief).

Bezugsgröße – zentraler Wert in der Sozialversicherung, aus dem viele andere Werte abgeleitet werden. Die Bezugsgröße entspricht dem Durchschnittsentgelt der Versicherten im vorvergangenen Jahr – 1993 also dem Durchschnittsentgelt von 1991. Sie folgt damit der Lohndynamik. Dabei wird zwischen den alten und den neuen Ländern unterschieden. 1993 hat die Bezugsgröße-West 3710 DM und die Bezugsgröße-Ost 2730 DM betragen.

Bezugsrecht – Recht eines Aktionärs, an der Erhöhung des Grundkapitals eines Unternehmens durch Ausgabe neuer Aktien teilzunehmen.

Big Bang – scherzhafte Umschreibung der einschneidenden Börsenliberalisierungen des Jahres 1986 in London. Dieser „Paukenschlag" ist zum internatinalen Vorbild und Inbegriff für Kapitalmarktöffnungen geworden.

Big Board – (inoffizieller) Name der New York Stock Exchange.

Bilanz – Aufstellung des Vermögens (Aktiva; linke Seite) und der Finanzierungsquellen, bestehend aus Eigen- und Fremdkapital (Passiva; rechte Seite). Die Bilanz gibt den Status eines Unternehmens zu einem bestimmten Zeitpunkt wider.

Bilanzrichtlinien-Gesetz (BiRiLiG) – deutsches Gesetz, mit dem Richtlinien der Europäischen Gemeinschaft zum Einzelabschluß (4. EG-Richtlinie), Konzernabschluß (7. EG-Richtlinie) und über die Bilanzprüfung (8. EG-Richtlinie) in innerstaatliches Recht umgesetzt worden ist. Das Bilanzrichtlinien-Gesetz ist ein „Artikelgesetz", mit dem andere Gesetze, vor allem das Handelsgesetzbuch (HGB), geändert worden sind. Für den Einzelabschluß gelten die neuen Vorschriften seit den Geschäftsjahren nach dem 31. Dezember 1986 und für den Konzernabschluß seit den Jahren nach dem 31. Dezember 1989.

billigst – werden Wertpapiere gekauft, wenn der Käufer keinen Höchstkurs angegeben hat.

Boss – Abküzung für Börsen-Order-Service-System. Seit 1992 können mit diesem Computersystem die Banken überall in Deutschland ihre Aufträge direkt in das elektronische Orderbuch des Maklers überspielen. Das persönliche Überbringen eines Auftragszettels an der Börse ist damit überflüssig geworden.

Bretton Woods – Stadt an der amerikanischen Ostküste. Hier hat 1944 eine Konferenz stattgefunden, auf der die Abkommen über den Internationalen Währungsfonds und die Weltbank in ihren Grundzügen entstanden sind. Das Festkurssystem von Bretton Woods hat trotz mehrfacher Erschütterungen fast dreißig Jahre lang gehalten. 1972 ist das Festkurssystem durch das „Smithonian Agreement" von Washington faktisch suspendiert worden. Die Verträge über den Währungsfonds und die Weltbank sind in Kraft geblieben.

Broker – Geschäftsleute oder Banken, die Warentermingeschäfte vermitteln.

Bruttoinlandsprodukt – inländische Wertschöpfung. Beiträge von Land- und Forstwirtschaft, produzierendes Gewerbe, Handel und Verkehr, Dienstleistungen, Staat, private Haushalte (ohne Erwerbscharakter).

Bruttoprinzip – Grundsatz, wonach alle Posten der Bilanz sowie der Gewinn- und Verlustrechnung ohne Abzüge und Verrechnungen ausgewiesen werden müssen. Das kann in Einzelfällen unbefriedigend sein; vor allem bei den Forderungen auf der Aktivseite der Bilanzen weisen Unternehmen daher oft auch erhaltene Anzahlungen aus.

Bruttosozialprodukt – gesamtwirtschaftliche Wertschöpfung. Summe aller Güter und Dienstleistungen, die in der Volkswirtschaft in einem Jahr hergestellt und erbracht werden werden.

Bruttosozialprodukt je Kopf der Bevölkerung – Meßlatte für den Lebensstandard (Wohlstand).

Buchführung (Buchhaltung) – die lückenlose und systematische Dokumentation aller Geschäftsvorgänge in einem Unternehmen. Sie soll einem sachverständigen Dritten einen Überblick über die Lage der Gesellschaft erlauben. Die Buchführung dient als Grundlage der Besteuerung. Die Pflicht zur ordnungsgemäßen Buchführung ergibt sich aus dem Handelsgesetzbuch und aus der Abgabenordnung.

Bufferstock – eine besondere Form der Lagerhaltung, die im Rahmen internationaler Rohstoff-Abkommen dazu dienen soll, übermäßige Preisschwankungen aufzufangen. Sinkt der Preis zu stark, versucht der Manager des Ausgleichslagers, durch Käufe das Überangebot vom Markt zu nehmen. Steigen die Preise zu rapide, bremst er durch Verkäufe aus den Beständen.

Bundesanleihe – Börsengehandeltes Wertpapier des Bundes, das üblicherweise mit Laufzeiten um zehn Jahre an den Markt gebracht wird. Die Volumen einer Anleihe betragen meist zwischen 10 und 16 Milliarden DM.

Bundesgerichte – die obersten Gerichte der verschiedenen Gerichtszweige in

Deutschland. Es sind das Bundesverfassungsgericht in Karlsruhe, der Bundesgerichtshof in Karlsruhe, der Bundesfinanzhof in München, das Bundesverwaltungsgericht in Berlin, das Bundessozialgericht in Kassel und das Bundesarbeitsgericht in Kassel (demnächst in Erfurt). Die Gerichte entscheiden nur Rechtsfragen, sie sind nicht mehr für die Tatsachenaufklärung zuständig. Ihre Entscheidungen haben weitgehend Bindungswirkung.

Bundesobligation – fünfjähriges börsennotiertes Wertpapier des Bundes, das auf dem Wege der Daueremission Anlegern angeboten wird.

Call – Kaufoption (siehe Option). Gegensatz zu put.

Cash-flow – Kennzahl für die Selbstfinanzierungskraft eines Unternehmens. Zu diesem Zweck werden im wesentlichen die einbehaltenen Gewinne, die Abschreibungen und die Zuführungen zu den langfristigen Rückstellungen zusammengerechnet. Die langfristigen Rückstellungen sind zwar Fremdmittel, stehen aber, so lautet die Annahme, dem Unternehmen auf längere Zeit zur Verfügung.

Chartist – Jemand, der aus Kursen oder Preisen der Vergangenheit auf die künftige Entwicklung schließt. Sein Gegenstück ist der Fundamentalist.

cif – Abkürzung für cost, insurance, freight (Kosten, Versicherung, Fracht). Diese Formel bedeutet, daß der mit diesem Zusatz genannte Preis einer Ware sämtliche Kosten, die bis zur Ankunft im Empfangshafen entstehen, einschließt. Die Regeln für diese und andere Vertragsklauseln, genannt Incoterms (International Commerical Terms), sind von der Internationalen Handelskammer aufgestellt worden und in der ganzen Welt verbindlich.

Commercial Paper – kurzlaufende Wertpapiere mit Laufzeiten zwischen wenigen und 360 Tagen. Sie werden zumeist von Unternehmen in großen Stückelungen ausgegeben und können nicht an der Börse gehandelt werden. Commercial Papier sind aus der Sicht institutioneller Anleger wie Versicherungen und Investmentfonds eine attraktive Alterative zu Festgeldanlagen bei Banken.

Contango – Aufpreis für Terminware (siehe Aufpreis).

Courtage – Provision, die Kursmakler und freie Makler für die Vermittlung von Wertpapiergeschäften erhalten.

Crash – extremer Kurssturz an der Börse.

Daueremittenten – Schuldner, die ständig Wertpapiere am Rentenmarkt verkaufen (Hypothekenbanken und öffentlich-rechtliche Realkreditinstitute; bei den Gebietskörperschaften beispielsweise die Bundesrepublik Deutschland).

Dax (Deutscher Aktienindex) – Fortlaufend errechneter Aktienindex der 30 wichtigsten deutschen Aktien.

Deckungsbeitrag – jener Erlös, der nach Abzug der Kosten für das einzelne Produkt zur Deckung der Gemeinkosten beiträgt. Beispiel: Eine Fluggesellschaft verkauft freie Sitzplätze kurz vor dem Flug zu Sonderpreisen.

deficit spending – besondere Form der staatlichen Ausgabenpolitik. Die Ausgaben werden über eine Verschuldung des Staates finanziert.

degressive Abschreibungen – Abschreibungen, deren absoluter Wert mit jedem Jahr abnimmt. Bezugsgröße ist meist ein fester Prozentsatz des jeweiligen Restbuchwerts. Vor allem gut verdienende

Unternehmen ziehen die degressive der linearen Abschreibungsmethode vor, bei der die Beträge in jedem Jahr der Abschreibungsperiode gleich hoch sind. Bei der degressiven Methode können nach den hohen Abschreibungen der ersten Jahre Maschinen und anderes Betriebsvermögen früher neu angeschafft werden.

Delkredere – handelsrechtliche Gewährleistung, zum Beispiel eines Handelsvertreters gegenüber seinem Geschäftsherrn, für die Erfüllung einer Forderung. Im Rechnungswesen sind mit diesem Begriff Wertberichtigungen auf voraussichtliche Forderungsausfälle gemeint.

Depotstimmrecht – ein Stimmrecht auf Hauptversammlungen, das Kreditinstitute für Aktien in Depots ihrer Kunden wahrnehmen. Vorraussetzung ist eine allgemeine Ermächtigung des Kunden oder eine besondere Weisung zum Abstimmungsverhalten.

Deregulation – dem amerikanischen Sprachgebrauch entnommen: Liberalisierung in der Verkehrswirtschaft.

Deutsche Börse AG – führender Anbieter von Börsendienstleistungen auf dem europäischen Kontinent. Der Kassenverein, die Wertpapierdatenzentrale, die Terminbörse und die Frankfurter Wertpapierbörse hatten sich 1992 unter diesem Dach zusammengeschlossen. Aktionäre der Deutschen Börse AG sind zu 70 Prozent deutsche Banken und zu jeweils 10 Prozent Auslandsbanken, Makler und Regionalbörsen.

Deutsche Bundesbank – Notenbank der Bundesrepublik Deutschland seit 1957 mit Sitz in Frankfurt am Main. Ihre wichtigste Aufgabe ist die Sicherung des Wertes der D-Mark. An ihrer Spitze steht der Zentralbankrat. Die Bundesbank ist in ihren geldpolitischen Entscheidungen von Weisungen der Bundesregierung unabhängig.

Deutsche Wertpapierdatenzentrale (DWZ) – technische Zentrale der deutschen Börse mit rund 400 Mitarbeitern. Die Deutsche Wertpapierzentrale kümmert sich um die automatische Durchleitung der Wertpapieraufträge vom Handel bis hin zur Abwicklung, von einer Institution zur anderen. Sie stellt außerdem das elektronische Börsenhandelssystem Ibis und deren Netzwerke zu Verfügung.

Devisen – Bankguthaben in fremder Währung.

direkte Steuern – staatliche Abgaben, die – wie die Einkommensteuer – an die Einkommensentstehung anknüpfen. Gelegentlich werden darunter auch die Abgaben verstanden, bei denen der Zahler auch tatsächlich die Steuerlast trägt.

Direktorium – Frankfurter Zentrale der Deutschen Bundesbank. Sie zeichnet für die Umsetzung der vom Zentralbankrat beschlossenen Geldpolitik verantwortlich. Die bis zu acht Mitglieder des Direktoriums gehören auch dem Zentralbankrat an.

Diskontsatz – Zinssatz, zu dem die Deutsche Bundesbank von den Kreditinstituten Wechsel gegen Bereitstellung von Zentralbankgeld ankauft. Der Diskontsatz zählt zu den sogenannten Leitzinsen.

Dividende – Gewinnanteil, der auf eine Aktie gezahlt wird. Die Dividende wird von der Hauptversammlung beschlossen.

Dividendenrendite – Verhältnis der Dividende (mit oder ohne Steuergutschrift) zum Börsenkurs. Beträgt die Dividende zum Beispiel 8 DM je Aktie und der Bör-

511

senkurs 200 DM, ergibt sich eine Dividendenrendite von 4 Prozent.

D-Mark-Eröffnungsbilanz – obligatorische Bestandsaufnahme und Neubewertung für alle DDR-Unternehmen zum 1. Juli 1990.

Dow Jones-Index – meistbeachteter Aktienindex Amerikas. Er bildet das Kursgeschehen der dreißig führenden Industriewerte an der New York Stock Exchange (Wall Street) ab.

Dumping – liegt vor, wenn ein Unternehmen seine Waren im Ausland zu deutlich niedrigeren Preisen als im Inland anbietet. In einem Gatt-Kodex ist festgelegt, daß in diesem Fall das betreffende Importland Gegenmaßnahmen (Anti-Dumping-Zölle) ergreifen kann.

DVFA/SG-Ergebnis – Gewinnkennzahl, die das von Sondereinflüsse bereinigte Jahresergebnis offenlegen soll. Es hat zum Ziel, den normalen Geschäftsverlauf widerzuspiegeln. Das DVFA/SG-Ergebnis – die beiden Kürzel stehen für die „Deutsche Vereinigung für Finanzanalyse und Anlageberatung" sowie die „Schmalenbach-Gesellschaft Deutsche Gesellschaft für Betriebswirtschaft" – wird in einem komplizierten Verfahren ermittelt und meist als „Ergebnis je Aktie" angegeben.

E

Effekten – an den Börsen gehandelte Wertpapiere.

EGKS-Vertrag – Abkommen über die Europäische Gemeinschaft für Kohle und Stahl (auch Montanunion oder, nach ihrem Schöpfer, Schumann-Plan genannt). Der Vertrag gilt als Vorläufer der Römischen Verträge; er ist am 18. April 1951 unterzeichnet worden und am 23. Juli 1952 in Kraft getreten.

Eigenkapital – in einem Unternehmen arbeitende Mittel, die dem Unternehmen oder den Eigentümern gehören. Das Eigenkapital bildet zusammen mit dem Fremdkapital die Passivseite einer Unternehmensbilanz. In einer Aktiengesellschaft besteht das Eigenkapital aus dem gezeichneten Kapital (Grundkapital) der Aktionäre, den Gewinnrücklagen aus Jahresüberschüssen sowie der Kapitalrücklage aus dem Aufgeld (Agio) bei Kapitalerhöhungen.

Einheitliche Europäische Akte – erste bedeutsame Forschreibung der Römischen Verträge (unterzeichnet am 17. Februar 1986, in Kraft getreten am 1. Juli 1987). Die Akte sieht im wesentlichen die Vollendung des Binnenmarktes und die engere Zusammenarbeit in der Wirtschafts-, Währungs- und Sozialpolitik vor. Sie bekräftigt die Europäische Union als Fernziel der Gemeinschaft.

Einkommen – Überschüsse und Vermögenswerte, die einer Person während einer bestimmten Zeit zufließen. Sie bilden die Grundlage für die Ermittlung der Steuerschuld. Es werden sieben Einkunftsarten unterschieden: aus Land- und Forstwirtschaft, aus Gewerbebetrieb, aus selbständiger Arbeit, aus nichtselbständiger Arbeit, aus Kapitalvermögen, aus Vermietung und Verpachtung sowie sonstige Einkünfte.

Einlagensicherung – Vereinbarungen, mit denen Verluste privater Kunden beim Zusammenbruch von Kreditinstituten verhindert werden sollen.

einstweilige Verfügung – Antrag an ein Zivilgericht. Das Gericht soll einen anderen zu einem bestimmten Verhalten oder zu einer Unterlassung verpflichten. Es handelt sich um ein Eilverfahren, das gerade in Wettbewerbssachen verwendet wird, um schnell zu handeln. Der einstweiligen Verfügung folgt in der Regel ein Hauptsacheverfahren.

Emissionskurs – der Preis, der für neu auszugebende Wertpapiere gefordert wird. Bei Aktien darf der Emissionskurs den Nennwert nicht unterschreiten.

Emittent – Unternehmen, Aktiengesellschaften oder öffentlich-rechtliche Körperschaften, die Wertpapiere ausgeben.

Energiewirtschaftsgesetz – regelt den Wettbewerb in der Energiewirtschaft. Die Preisgestaltung gegenüber Kleinverbrauchern unterliegt ebenso staatlicher Kontrolle wie die Führung von Strom- oder Gas-Leitungen. Investitionsvorhaben sind genehmigungspflichtig.

Entflechtung – Aufklärung eines Unternehmensverbundes. Aktuell: Ausgliederung betriebsfremder Einheiten (zum Beispiel Fuhrpark, Reparaturwerkstatt) aus den Ost-Unternehmen, um privatisierungsfähige Betriebsgrößen zu erreichen.

Equity-Methode – Form der Einbeziehung von assoziierten Unternehmen in den Konzernabschluß. Dabei wird der Buchwert dieser Beteiligung mit dem anteiligen Eigenkapital verglichen. Ein Unterschiedsbetrag auf der Aktivseite ist ein Firmenwert (Goodwill) über die registrierten Vermögensgegenstände hinaus. Der Beteiligungsbuchwert wird bei der Equity-Methode parallel zur Entwicklung des Eigenkapitals nach Gewinnen oder Verlusten fortgeschrieben. Das verhindert die Bildung stiller Reserven.

Eröffnungskurs – der erste während einer Börsensitzung festgestellte Kurs für Papiere, die in den fortlaufenden (variablen) Handel einbezogen sind.

Ergänzungshaushalt – eine Ergänzung des Haushaltsgesetzes und des Haushaltsplans, die noch während der parlamentarischen Beratung nachgeschoben und in den Haushalt eingearbeitet wird.

Ergänzungskapital – Kapital, das bei Kreditinstituten zum Kernkapital hinzutreten kann. Wesentliche Bestandteile sind (beschränkt) der Haftsummenzuschlag bei Genossenschaften; ferner nachrangige Verbindlichkeiten sowie Genußrechtskapital, bestimmte Vorsorgereserven und in Grenzen Neubewertungsreserven (stille Reserven).

Erneuerbare Energien – Wind und Wasser, Sonnen- und Bioenergie. Die erneuerbaren Energien spielen auf dem deutschen Markt bisher nur eine untergeordnete Rolle.

Erträge – die Einnahmen eines Unternehmens (im Gegensatz zu den Aufwendungen). Sie können aus der eigentlichen Betriebstätigkeit oder aus außerordentlichen Quellen stammen (Beispiele: Steuerrückerstattungen, Währungsgewinne oder Buchgewinne aus dem Verkauf von Aktiva). Die Ertragskraft ist ein Sammelbegriff für das Gewinnpotential.

Euro-Kapitalmarkt – internationaler Markt für mittel- und langfristige Kapitalaufnahmen und -anlagen in zahlreichen Währungen. Der wichtigste Handelsplatz ist London. Im Unterschied zu den meisten nationalen Kapitalmärkten wird der Euro-Kapitalmarkt nicht von einer öffentlichen Aufsicht überwacht.

European Recovery Program (ERP) – das amerikanische Wiederaufbauprogramm für Europa nach dem Zweiten Weltkrieg. In der Bundesrepublik wurde aus diesen Mitteln später das ERP-Sondervermögen geschaffen. Es dient heute zur Förderung der Wirtschaft, besonders über Darlehen und Zuschüsse.

Europäische Politische Zusammenarbeit (EPZ) – ist mit dem „Luxemburger Bericht" der Außenminister der Europäischen Gemeinschaft im Oktober

1970 aus der Taufe gehoben worden. Sie ist der erste Schritt auf dem langen Weg zur noch immer nicht vollendeten Politischen Union gewesen. Mit dem Vertrag von Maastricht soll die Europäische Politische Zusammenarbeit als lockere Zusammenarbeit der Regierungen Schritt für Schritt zu einer gemeinsamen Außen- und Sicherheitspolitik weiterentwickelt werden.

Europäischer Gerichtshof – zusammen mit dem Europäischen Gericht erster Instanz das Rechtsprechungsorgan der Europäischen Gemeinschaften. Wegen der Möglichkeit, daß nationale Gerichte Auslegungsfragen vorlegen, hat er in den letzten Jahren zunehmend an Bedeutung gewonnen, die auch in Deutschland erhebliche Auswirkungen haben.

europäischer Paß – siehe Sitzlandprinzip.

Europäisches Parlament – Abgeordnetenversammlung der Europäischen Gemeinschaft; tagt eine Woche im Monat in Straßburg. 1993 haben diesem Parlament 518 Abgeordnete angehört. Die Abgeordneten werden seit 1979 von den Bürgern der Europäischen Gemeinschaft alle fünf Jahre direkt gewählt. Das Europäische Parlament hat keine gesetzgeberischen Rechte. Es kann nur über den Haushalt der Europäischen Gemeinschaft miteintscheiden.

Europäisches Währungssystem (EWS) – System prinzipiell fester, bei Bedarf allerdings anpassungsfähiger Wechselkurse. Das Währungssystem ist am 13. März 1979 gegründet worden. Mitglieder sind alle Staaten der Europäischen Gemeinschaft. Allerdings nehmen nicht alle betroffenen Währungen am Mechanismus der festen Wechselkurse teil.

ex – wird im Kurszettel dem Kurs hinzugefügt, wenn vom Kurs die Dividende oder der Wert des Bezugsrechts abgezogen worden ist.

Exportquote – Anteil der Ausfuhr am Bruttosozialprodukt.

F

Factoring – ein Finanzinstrument, das Unternehmen (gegen einen Abschlag) schnell zur Befriedigung ihrer Forderungen verhilft. Zu diesem Zweck kauft ein Finanzierungsinstitut die Außenstände an und treibt sie auf eigenes Risiko ein.

Familienunternehmen – Unternehmen, deren Gesellschafter fast ausschließlich Personen sind, zwischen denen verwandtschaftliche Beziehungen im Sinne des Familienrechts bestehen. Finanzieren sie das Unternehmen über die Börse, greifen sie in vielen Fällen zum Instrument der stimmrechtslosen Vorzugsaktie.

Fazilitäten – Kreditmechanismen des Währungsfonds. 1. Erweiterte Fazilität (EFF): dreijähriger Beistandskredit für Länder im Strukturwandel. 2. Kompensatorische Fazilität (CCFF): Ausgleich für vorübergehende Exportausfälle. 3. Buffer-Stock Fazilität: Hilfe zur Teilnahme an Rohstoffabkommen. 4. Erweiterter Strukturanpassungsfazilität (ESAF): Strukturhilfen für die ärmsten Mitglieder in Zusammenarbeit mit der Weltbank. 5. System-Übergangs-Fazilität: Hilfen für Mitgliedsländer beim Übergang zur Marktwirtschaft.

Fibor – repräsentative Frankfurter Geldmarktzinssätze für kurzfristige D-Mark-Einlagen bei Banken.

Fifo-Methode (first in, first out) – ein Verfahren zur Vorratsbewertung von Schüttgütern oder Flüssigkeiten wie Getreide, Kohle und Öl. Angenommen wird dabei, daß die zuerst gelagerten Mengen auch als erste veräußert oder verbraucht werden. Die Bewertung des Vorratsvermögens richtet sich daher nach den Preisen der zuletzt bezogenen Mengen. Eine gewisse Geldentwertung unterstellt, ist die Bewertung daher höher als nach der Lifo-Methode.

Finanzausgleich – dient der Verminderung der Unterschiede in der Steuerkraft zwischen Gebietskörperschaften. Von einem horizontalen Finanzausgleich spricht man, wenn sich der Ausgleich auf derselben Ebene abspielt, wenn zum Beispiel finanzstarke Länder finanzschwache Länder unterstützen. Beim vertikalen Finanzausgleich helfen übergeordnete Gebietskörperschaften, also zum Beispiel der Bund, den finanzschwachen Ländern oder ein Land den Gemeinden.

Finanzplanungsrat – politisches Beratungsgremium, in dem der Bund, die Länder und die Gemeinden ihre Finanzpolitik aufeinander abstimmen. Der Finanzplanungsrat wird vom Bundesfinanzminister geleitet; beteiligt sind der Bundeswirtschaftsminister und die Bundesbank, was das Bemühen zeigt, auch Wirtschafts- und Kreditpolitik zu koordinieren.

Fiskalpolitik – Gestaltung der öffentlichen Einnahmen- und Ausgabenpolitik im Hinblick auf die jeweilige Konjunkturentwicklung: Zurückhaltung mit öffentlichen Ausgaben in der Hochkonjunktur, verstärkte Ausgabentätigkeit (oder Steuersenkungen) in der Rezession. Sie gilt nach der keynesianischen Theorie als besonders geeignetes Instrument, um Schwankungen im Konjunkturverlauf zu glätten.

fixe Kosten – jene Kosten, die unabhängig von der Produktion oder Dienstleistung eines Unternehmens verursacht werden. Beispiele sind Zinsen auf das gebundene Kapital und Mieten. Im Gegensatz zu den fixen stehen die variablen Kosten (zum Beispiel Kosten für den Materialbezug).

Floater – Abkürzung für Floating Rate Note. Wertpapier mit einer veränderlichen Verzinsung, die sich meist an Referenzzinssätzen wie Fibor oder Libor orientiert.

Force Majeure – die Erklärung eines Lieferanten an seine Vertragspartner, daß er wegen höherer Gewalt seine Lieferverpflichtungen nicht oder nur teilweise erfüllen kann.

Forfaitierung – Form der Außenhandelsfinanzierung. Ein Finanzierungsinstitut kauft mit einem Abschlag die Forderungen eines Exporteurs. Der Verkäufer wird vom wirtschaftlichen Risiko befreit und erhält sofort Geld. Er haftet nur noch für die Gültigkeit der Forderung.

fortlaufende Notierungen – Kurse, die bei besonders hierfür zugelassenen Wertpapieren immer dann während der Börsenzeit festgestellt werden, wenn ein Geschäft mindestens über die Mindestmenge (bei Aktien meist 50 Stück) abgeschlossen worden ist.

Franchising – spezielle Form der Vertriebsbindung. Händler und Unternehmer bieten Waren und Dienste mit eigenem Kapitaleinsatz an. Sie verpflichten sich zugleich zu einer Tätigkeit nach den Vorgaben des Franchise-Gebers. Diese können höchst unterschiedliche Formen annehmen. Sie betreffen meist die Nutzung bestimmter Marken; zu denken ist aber auch an die Gestaltung von Geschäften, an Preise und an Warenlieferungen.

freie Makler – selbständige Kaufleute, die an den Börsen Wertpapiergeschäfte zwischen den dort tätigen Kreditinstituten und anderen Maklern vermitteln, aber auch ohne Beschränkung auf bestimmte Papiere Geschäfte auf eigene Rechnung abschließen. Für das Publikum dürfen freie Makler nicht tätig werden.

Freihandelszone – regionaler Zusammenschluß mehrerer Länder zur Abschaffung der Zölle für bestimmte Güter (Beispiel: Europäische Freihandelsassoziation Efta). Freihandelszonen sind unter gewissen Bedingungen im Gatt zulässig, weil jeder Abbau von Handelshürden als vorteilhaft angesehen wird. Daher gilt die Meistbegünstigungsklausel nicht für den Drittstaaten-Handel solcher Gruppierungen.

Freiverkehr – Marktsegment an der Börse, das weniger strengen Zulassungsvoraussetzungen unterliegt. Es bezieht sich auf solche Papiere, die an der Börse nicht amtlich notiert werden.

Fremdkapital – in einem Unternehmen arbeitenden Mittel, die im Gegensatz zum Eigenkapital nicht von den Eigentümern stammen. Sie erscheinen, wie das Eigenkapital, auf der Passivseite einer Bilanz. Fremdkapital gehört den Kreditgläubigern, zumeist Banken, Anleihegläubigern oder Lieferanten. Zum Fremdkapital zählen darüber hinaus die Rückstellungen.

Friedenspflicht – Zeitspanne, in der die Gewerkschaften und die Arbeitgeber auf die Lösung eines Tarifkonflikts am Verhandlungstisch setzen oder in der ein Tarifvertrag gültig ist. Während der Friedenspflicht darf weder gestreikt noch ausgesperrt werden.

Fundamentalist – Jemand, der aus den grundlegenden Daten einer Volkswirtschaft auf bestimmte Preise oder Kurse der Zukunft schließt.

Fusion – Verschmelzung zweier Unternehmen zu einer neuen Einheit. Die staatliche Fusionskontrolle erstreckt sich allerdings auch auf andere Formen der Unternehmenskonzentration.

Fusionskontrolle – staatliche Aufsicht, die eingreift, wenn sich Unternehmen zusammenschließen (fusionieren). Zusammenschlüsse (Fusionen) können untersagt werden. Durch die staatliche Aufsicht soll sichergestellt werden, daß durch Fusion keine marktbeherrschenden Stellungen von Unternehmen entstehen oder verstärkt werden, daß ein Markt und genügend Wettbewerber erhalten bleiben.

G **Geldmarkt** – Markt für Guthaben bei der Deutschen Bundesbank sowie für von der Bundesbank ausgegebene kurzfristige Wertpapiere wie Schatzwechsel. Im weiteren Sinne umfaßt der Geldmarkt zusätzlich den Handel mit kurzfristigen Wertpapieren – beispielsweise von Commercial Paper – zwischen Banken und Unternehmen.

Geldmenge – Zwischenziel der Geldpolitik. Da die Geldpolitik die Verbraucherpreise nicht direkt beeinflussen kann, versucht sie das Preisniveau über Veränderungen der Geldmenge zu steuern. Dabei geht sie von einem längerfristig stabilen Zusammenhang zwischen Veränderungen der Geldmenge und des Preisniveaus aus. In Deutschland verwendet die Bundesbank die Geldmenge M 3 als Zwischenziel. Sie besteht aus dem Bargeldumlauf zuzüglich den von inländischen Nichtbanken bei inländischen Banken und Sparkassen unterhaltenen Sichteinlagen, Termineinlagen bis vier Jahre Laufzeit und Spareinlagen mit dreimonatiger Kündigungsfrist.

Gemeinkosten – jene Kosten, die nicht direkt den Erzeugnissen zugerechnet werden können. Sie sind vielmehr Teil des „Produktionsumfelds". Den größten Block bilden Verwaltungsausgaben; zu denken ist aber auch an Mieten und Zinsen. Die Gemeinkosten werden meist nach bestimmten Regeln auf die einzelnen Kostenträger oder „Profit Centres" umgelegt.

Gemeinschaftsaufgaben – staatliche Aufgaben, die gemeinsam von Bund und Ländern erfüllt und finanziert werden. Zu ihnen gehören der Aus- und Neubau der Hochschulen, die Verbesserung der regionalen Wirtschaftsstruktur und die Verbesserung der Agrarstruktur und des Küstenschutzes.

Gemeinschaftsunternehmen – Gründungen zweier oder mehrerer Unternehmen (auch Joint Ventures genannt). Auf diese Weise sollen die Stärken dieser Unternehmen (etwa in der Forschung) gebündelt und Risiken und Kosten geteilt werden, wie sie vor allem in neuen Märkten auftreten. Da die Partner in den meisten Fällen gleichberechtigt sind, bilden Gemeinschaftsunternehmen oft den Kern „stategischer Allianzen".

Generationenvertrag – Basiskonzept für die Alterssicherung. Die Renten werden aus dem Beitrags- und Steueraufkommen der jeweils erwerbstätigen Generation finanziert. Wer heute Beiträge zahlt, verläßt sich darauf, daß die folgende Generation in gleicher Weise den Lebensabend der Menschen sichert, die dann Rente beziehen.

Genossenschaften – Gesellschaften von nicht geschlossener Mitgliederzahl, die den Erwerb oder die Wirtschaft ihrer Mitglieder mit gemeinschaftlichem Geschäftsbetrieb fördern wollen. Genossenschaften sind am häufigsten in der Landwirtschaft, im Handwerk und im Handel anzutreffen. Es gibt darüber hinaus Einkaufs-, Absatz- und Kreditgenossenschaften. Die wirtschaftliche Tätigkeit gründet sich auf Selbstverwaltung. Entstanden sind die Genossenschaften Mitte des 19. Jahrhunderts als Solidargemeinschaften gegen wirtschaftliche Notlagen.

Genußschein – Wertpapier, das Elemente einer Anleihe mit denen einer Aktie verbindet.

geregelter Markt – Marktsegment an der Börse, das zwischen dem liberalen Freiverkehr und dem strengen amtlichen Handel einzuordnen ist.

Gerichtsentscheidungen – Oberbegriff für Urteile (aufgrund mündlicher Verhandlung) und Beschlüsse (ohne mündliche Verhandlung) deutscher Gerichte.

Geschäftsbericht – Bericht, der jährlich vom Vorstand einer Aktiengesellschaft herausgegeben werden muß. In diesem Bericht wird Rechenschaft über die Arbeit des vergangenen Jahres abgelegt und ein Eindruck über die gegenwärtige Lage sowie die Aussichten des Unternehmens vermittelt. Wichtige Bestandteile sind der Lagebericht, die Bilanz, die Gewinn- und Verlustrechnung einschließlich Anhang.

Gesellschaftsvertrag – Begriff aus der Verfassungstheorie. Er steht für die Vorstellung, die Menschen hätten sich in früher Zeit freiwillig zusammengetan, um einen Staat zu gründen. Einzige, aber umfassende Aufgabe des Staates ist es gewesen, die Beachtung der von den Menschen gesetzten Regeln des Zusammenlebens zu verlangen und notfalls mit Gewalt durchzusetzen. An die Stelle des individuellen Kampfes tritt demnach das Gewaltmonopol des Staates. Die der Idee des Gesellschaftsvertrages entgegengesetzte Staatsauffassung ist die Idee des naturrechtlichen Staates: Den Staat als Wert und Wesen hat es immer schon gegeben, ihm kommt daher unabhängig vom Wollen der Menschen eine eigene Würde zu. Die Theorie des Liberalismus' bedient sich der demokratischen Fiktion des Gesellschaftsvertrages.

Gesellschaftsblätter – Veröffentlichungsorgane einer Kapitalgesellschaft. Pflichtblatt für den Jahresabschluß und andere Bekanntmachungen ist der Bundesanzeiger. Daneben können in der Satzung eines Unternehmens andere Zeitungen als Gesellschaftsblätter bestimmt werden.

Gesetzgebungsverfahren – der lange Weg von ersten Entwürfen für ein Gesetz oder eine Verordnung bis zur Verabschiedung durch den Bundestag und den Bundesrat. Bei unterschiedlichen Mehrheiten von Bundestag und Bundesrat fällt die endgültige Entscheidung oft auch erst durch einem Kompromiß im Vermittlungsausschuß von Bundestag und Bundesrat. Das parlamentarische Verfahren beginnt in den meisten Fällen mit der Verabschiedung eines Regierungsentwurfs durch das Kabinett. Gesetzentwürfe werden aber auch aus der Mitte des Bundestages oder von der Mehrheit des Bundesrates eingebracht.

Gewerkschaften – Koalitionen zur Vertretung von Arbeitnehmerinteressen; Partner beim Abschluß von Tarifverträgen. Gewerkschaften wirken in der Betriebsverfasung nach dem Betriebsverfassungsgesetz und in der Unternehmensverfassung nach dem Mitbestimmungsgesetz mit. Sie sind an der Arbeitsgerichtsbarkeit und in den Medienräten der öffentlich-rechtlichen Rundfunkanstalten beteiligt. Sie sind in den Organen der Selbstverwaltung der Sozialversicherungen vertreten. Darüber hinaus erheben sie häufig auch allgemeinpolitischen Anspruch.

Gewinn – Kerngröße der Unternehmenstätigkeit. Er ergibt sich nach dem Abzug der Aufwendungen von den Erträgen. Wichtige Gewinnzahlen sind das Ergebnis der gewöhnlichen Geschäftstätigkeit (Gewinn vor Steuern und außerordentlichen Posten) und der Jahresüberschuß (Gewinn nach Steuern und außerordentlichen Posten).

Gewinn- und Verlustrechnung – Erfolgsrechnung eines Unternehmens. Sie bildet zusammen mit der Bilanz und (bei Kapitalgesellschaften) dem erläuternden Anhang den Jahresabschluß. Die Gegenüberstellung von Erträgen und Aufwendungen zeigt, ob und in welcher Höhe ein Gewinn oder ein Verlust während der Berichtsperiode erwirtschaftet worden ist.

Gewinnmitnahmen – Kursgewinne durch Verkäufe: Wenn Anleger ihre Wertpapiere verkaufen, um ihre bisherigen Kursgewinne zu sichern.

Gewinnquote – Anteil des Einkommens aus Unternehmertätigkeit und Vermögen am Volkseinkommen.

Girosammelverwahrung – zentrale Aufbewahrung von Wertpapieren. In Deutschland werden Wertpapiere überwiegend zentral aufbewahrt und verwaltet. Damit kann man die Papiere alleine über Buchungen handeln, ohne sie physisch bewegen zu müssen.

Glattstellungen – Verkäufe von Wertpapieren durch den Berufshandel. Der Berufshandel baut auf diese Weise seine Bestände ab.

goldene Bilanzregel – Idealform der Unternehmensfinanzierung. Danach soll das Anlagevermögen vollständig durch Eigenkapital abgedeckt sein. In abgeschwächter Form wird auch die Finanzierung durch langfristige Fremdmittel als akzeptabel erachtet.

Goodwill – „Geschäfts"- oder „Firmenwert", der über den Wert der einzelnen

Vermögensgegenstände (Substanzwert) hinausgeht. Der Käufer eines Unternehmens honoriert damit künftige Ertragserwartungen, die auf immateriellen Faktoren wie tüchtige Belegschaft, gutes Management, eingeführte Marken und dichtes Vertriebsnetz beruhen. In der Konzernbilanz darf der Goodwill sofort mit dem Eigenkapital verrechnet oder zunächst ausgewiesen (aktiviert) und dann über bestimmte Zeitspannen hinweg abgeschrieben werden.

Großunternehmen – nach der Definition des Handelsgesetzbuches all jene Unternehmen, die an zwei aufeinanderfolgenden Stichtagen zwei von drei bestimmten Größenmerkmalen überschreiten. Für Kapitalgesellschaften sind dies 15,5 Millionen DM Bilanzsumme, 32,0 Millionen DM Umsatz oder 250 Beschäftigte. Für Nichtkapitalgesellschaften setzt das Publizitätsgesetz folgende Einordnungskriterien, die eine ausführlichere Rechnungslegung zur Folge haben: 125 Millionen DM Bilanzsumme, 250 Millionen DM Umsatz oder 5000 Arbeitnehmer. Im normalen Sprachgebrauch gelten heutzutage allerdings erst Gesellschaften mit Milliarden-Umsätzen als Großunternehmen.

G-7-Länder – Kurzbezeichnung für die sieben führenden demokratisch regierten Industrienationen: Vereinigte Staaten von Amerika, Kanada, Japan, Großbritannien, Frankreich, Italien und die Bundesrepublik Deutschland. In unregelmäßigen Abständen treffen sich die Finanzminister und Notenbankchefs der G-7-Länder, um über Fragen der Finanz-, Geld- und Währungspolitik zu beraten. Die jährlich einmal stattfindende Weltwirtschafts-Gipfelkonferenz ist ebenfalls eine Veranstaltung der G-7-Länder.

H **Handel „per Erscheinen"** – wenn Geschäfte über neue Effekten abgeschlossen werden, bevor diese tatsächlich ausgegeben (emittiert) worden sind.

Handel unter Banken – Wertpapiergeschäfte außerhalb der Börse, bei denen die Kurse frei vereinbart werden.

Handelsbilanz – 1. Gegenüberstellung der Ein- und Ausfuhren eines Landes. 2. die nach dem Handelsrecht aufgestellte Bilanz eines Unternehmens. Daneben gibt es die Steuerbilanz nach den Vorschriften des Einkommensteuerrechts. Allerdings ist die Handelsbilanz für die Steuerbilanz maßgeblich.

Hauptversammlung – die Zusammenkunft der Aktionäre einer Aktiengesellschaft. Sie findet in der Regel einmal im Jahr statt. Wichtigste Aufgaben: Beschluß über die Gewinnverwendung einschließlich Dividende, Entlastung von Vorstand und Aufsichtsrat, Wahlen zum Aufsichtsrat.

Hausse – anhaltend starke Kurssteigerungen.

Haussier – Wertpapierkäufer, der auf Kurssteigerungen spekuliert.

Hedging – Absichern eines Kurs- oder Preisrisikos durch den Abschluß eines Gegengeschäfts.

Holdinggesellschaft – ein Unternehmen, dessen Zweck darin besteht, Beteiligung an anderen Unternehmen zu halten. In großen Konzernen gewinnt eine Organisationsform immer größere Bedeutung, bei der die strategische Planung und das Finanzmanagement in der Holding, das eigentliche Geschäft dagegen in den darunter angesiedelten Tochtergesellschaften placiert ist.

Humankapital: das durch eine Ausbildung vermittelte Wissen. Das Humankapital spielt eine bedeutende Rolle in der Erklärung von Wachstumsraten, die nicht allein auf Arbeits- und Maschinenstunden zurückgeführt werden können. Inzwischen ist es üblich, den Ausbildungsaufwand und die Bildungseinrichtungen eines Landes zu seinen Produktionsfaktoren zu rechnen.

Ibis – Abkürzung für Integriertes Börsenhandels- und Informations-System. Diese vollelektronische Computerbörse besteht seit 1989 als dezentrales Handelssystem in ganz Deutschland. Sie erspart den Banken den Gang an die Börse und ermöglicht einen ganztägigen Handel in den wichtigsten Aktien und Renten.

Importquote – Anteil der Einfuhr am Sozialprodukt.

Indirekte Steuern – staatliche Abgaben, die an die Einkommensverwendung anknüpfen. Das gilt zum Beispiel für die Verbrauchs- und Umsatzsteuern. Von indirekten Steuern wird gelegentlich auch gesprochen, wenn der Steuerzahler nicht zugleich auch die Steuerlast trägt, sondern diese weiterwälzt.

Individualverkehr – im Gegensatz zum öffentlichen Verkehr Personentransport ohne gesetzlichen Beförderungsanspruch für jedermann.

Industriepolitik – eine Politik der gezielten Förderung von Unternehmen oder Branchen durch den Staat. Sie hat meist zwei Ziele: Den Abbau von Kapazitäten sozial verträglich zu verlangsamen oder sogenannten Zukunftsindustrien – Chips, Fluggerät – eine gute Startchance im internationalen Wettbewerb zu geben. Unter beiden Zielen verzerrt die Industriepolitik den Wettbewerb; bei der Zukunftsvorsorge kommt die unbeantwortbare Frage nach den Quellen des überlegenen Wissens der Bürokratie hinzu.

Inflationsrate – Rate der Geldentwertung, gewöhnlich gemessen an der Veränderung des Index der Verbraucherpreise.

Infrastruktur – alle öffentlichen, der Allgemeinheit dienenden Einrichtungen einer Volkswirtschaft, zum Beispiel das Verkehrswegenetz.

Innenumsatz – jener Teil des Konzernumsatzes, der zwischen einzelnen Konzernunternehmen getätigt. Für den Konzerngewinn entscheidend ist dagegen der Außenumsatz mit Dritten. Der Innenumsatz muß daher im Konzernabschluß getrennt angegeben werden.

Insolvenz – die (voraussichtlich dauerhafte) Zahlungsunfähigkeit eines Unternehmens. Sie führt in den gerichtlichen oder in den freiwilligen Vergleich oder, das ist der häufigste Fall, in den Konkurs. Umgangssprachlich wird bei einer Insolvenz auch von Pleite oder Bankrott gesprochen. Bankrott ist ein strafrechtlicher Tatbestand, bei dem ein Schuldner seine Gläubiger mit Absicht benachteiligt, indem er die Bücher manipuliert oder Vermögensgegenstände beiseite schafft.

Insolvenzordnung – die geplante Neuordnung des Konkurs- und Vergleichrechts. Wesentliche Neuerung: Über Konkurs oder Vergleich soll erst im Laufe des Verfahrens entschieden werden. Bei einer Entscheidung für die Fortführung des Unternehmens soll auf der Grundlage eines „Insolvenzplanes" saniert werden. Während dieser Zeit erhält das Unternehmen eine Schonfrist gegenüber den Forderungen der Gläubiger.

institutionelle Anleger – verwalten (meist fremdes) Vermögen. Versicherungen, Pensionskassen, Stiftungen, Kreditinstitute, Investmentfonds gehören deshalb zu den wichtigsten Börsenkunden.

Integration – Streben nach immer engerer Zusammenarbeit und Zusammenfügung der Mitgliedsländer der Europäischen Gemeinschaft unter Preisgabe der Souveränität auf zahlreichen Gebieten. In letzter Zeit wird häufig von „abgestufter Integration" gesprochen; danach sind unterschiedliche Formen der „Integrationsdichte" je nach den Fortschritten der einzelnen Mitgliedsländer und ihrer wachsenden Zahl denkbar.

Interamerikanische Entwicklungsbank (Inter-American Development Bank, IDB) – seit 1959 in Washington tätig. Die Bank, der die Vereinigten Staaten und die lateinamerikanischen Länder angehören, soll die wirtschaftliche und soziale Entwicklung der Entwicklungsländer Mittel- und Südamerikas fördern. Bisher hat die Bank fast 2000 Projekte mit Darlehen von 56,8 Milliarden Dollar finanziert.

International Bank for Reconstruction and Development (IBRD) – siehe Weltbank.

Internationale Entwicklungsorganisation (International Development Association, IDA) – Tochtergesellschaft der Weltbank, 1960 als Kreditgeber für die schwachen Mitgliedsländer gegründet. Sie gewährt langfristige, zinslose Kredite. Ihr Kapital wird alle drei Jahre von den finanzstärkeren Mitgliedsländern aufgefüllt. Bis Mitte 1992 hatte die IDA Kredite von insgesamt 71,1 Milliarden Dollar zugesagt.

Internationale Finanz-Corporation (International Finance-Corporation, IFC) – rechtlich selbständige Sonderorganisation der Vereinten Nationen und Schwestergesellschaft der Weltbank. 1956 gegründet. Sie soll produktive private Unternehmen in den Mitgliedsstaaten, vor allem in den Entwicklungsländern, durch in- und ausländisches Kapital sowie durch eigene Beteiligung am Aktienkapital fördern.

Internationale Liquidität – die Währungsreserven aller Länder zusammengerechnet.

Internationaler Währungsfonds (International Monetary Fund, IWF) – Institution der 1944 auf der „Internationalen Währungs- und Finanzkonferenz der Vereinten und Assoziierten Nationen" in Bretton Woods beschlossenen Währungsordnung. Der Währungsfonds in Washington soll zur Schaffung geordneter Währungsbeziehungen zwischen den nunmehr 175 Mitgliedstaaten beitragen – durch Beseitigung von Devisenkontrollen, durch ein stabiles Wechselkurssystem, durch Hilfeleistungen bei Zahlungsbilanzstörungen und durch währungspolitische Zusammenarbeit.

Internationale Energieagentur (IEA) – 1974 als Antwort auf den Lieferboykott der Opec-Staaten im Rahmen der Organisation für wirtschaftliche Zusammenarbeit und Entwicklung (OECD) gegründet. Die Agentur soll dazu beitragen, die starke Abhängigkeit der Mitgliedsländer vom Rohöl durch die Entwicklung anderer Energiequellen zu mäßigen. Sie bemüht sich, regelmäßig den Energiebedarf und die vorhandenen Ressourcen zuschätzen.

Interventionen – Bezeichnung für staatliche Eingriffe in die Märkte. In der Währungspolitik werden Stützungskäufe der Notenbanken an den Devisenmärkten Interventionen genannt. In die Märkte kann sowohl freiwillig eingegriffen werden, als auch – wie im Europäischen Währungssystem – entsprechend der vertraglichen Verpflichtungen.

Inventur – körperliche Bestandsaufnahme aller in einem Unternehmen vorhandenen Vermögensteile. Die Inventur ist die Grundlage für die Aufstellung des Inventars, das im Handelsgesetzbuch für jedes Geschäftsjahr vorgeschrieben ist.

Investitionsquote – Anteil von Bruttoanlageinvestitionen (Ausrüstungen und Bauten) am Sozialprodukt.

Investivlohn – jener Teil des Lohns, der nicht bar ausgezahlt, sondern dem Unternehmen als Kredit für Investitionen zur Verfügung gestellt wird. Der Beschäftigte wird am Gewinn des Unternehmens beteiligt. Die Gewerkschaften betrachten den Investivlohn wegen der damit verbundenen Risiken (was passiert, wenn das Unternehmen in Konkurs geht?) skeptisch.

Investmentfonds – Sondervermögen, zerlegt in Anteilscheine. Verwaltung für gemeinschaftliche Rechnung und angelegt nach dem Grundsatz der Riskomischung.

IWF – siehe Internationaler Währungsfonds.

J

Jahresabschluß – die zum Ende des Geschäftsjahres aufgestellte Bilanz mit der Gewinn- und Verlustrechnung sowie (bei Kapitalgesellschaften) mit dem erläuternden Anhang. Er wird von unabhängigen Wirtschaftsprüfern geprüft und in Aktiengesellschaften danach vom Aufsichtsrat „festgestellt". Damit ist der Jahresabschluß verabschiedet; er kann dann der Öffentlichkeit vorgelegt werden.

Jahresüberschuß – der Gewinn eines Unternehmens nach Steuern und allen anderen Aufwandspositionen. Zuweisungen sowie Entnahmen bei den Rücklagen und die Berücksichtigung eines eventuellen Gewinnvortrags führen zum „Bilanzgewinn". Dieser bildet die Grundlage für die Gewinnverwendungsbeschlüsse der Hauptversammlung. Vorstand und Aufsichtsrat dürfen vorweg bis zur Hälfte eines Jahresüberschusses den Gewinnrücklagen zuführen.

K

Kapazität – das maximale Produktionsvermögen von Maschinen und Anlagen. Die Wirtschaftlichkeit eines Betriebes hängt nicht zuletzt von seiner Kapazitätsauslastung ab, da bei einem hohen Nutzungsgrad die fixen Kosten je Einheit sinken.

Kapitalgesellschaften – Unternehmen, bei denen die Haftung der Eigentümer auf deren Kapitaleinlage beschränkt ist. Hauptformen sind die Aktiengesellschaft (AG) und die Gesellschaften mit beschränkter Haftung (GmbH).

Kapitalschnitt – Form der Kapitalherabsetzung. Mit einem Kapitalschnitt soll dem Verlust von Grundkapital Rechnung getragen werden. Meist folgt diesem Schritt eine Kapitalerhöhung, mit der Aktionäre das geschrumpfte Aktienkapital wieder auffüllen. Die Sanierungsmaßnahme soll eine Insolvenz verhindern.

Kartellbehörde – soll den Wettbewerb in der Wirtschaft sichern. Die Behörde müßte eigentlich Wettbewerbsbehörde heißen, da nicht nur Kartelle den Wettbewerb gefährden. In Deutschland zählen zur Kartellbehörde das Bundeswirtschaftsministerium, das Bundeskartellamt und die Landeskartellämter.

Kartelle – Absprachen von Unternehmen zu dem gemeinsamen Zweck, den Wettbewerb untereinander zu entschärfen oder auszuschalten, zum Beispiel durch Preisabsprachen oder Aufteilungen von Absatzgebieten. Kartelle sind entsprechend dem Gesetz gegen Wettbewerbsbeschränkungen in Deutschland verboten.

Kartellgesetz – Kurzbezeichnung für das Gesetz gegen Wettbewerbsbeschränkungen (GWB), das seit 1958 in Kraft ist.

Kartellnovelle – Ergänzungsgesetz zum Gesetz gegen Wettbewerbsbeschränkungen. Bisher sind fünf Novellen verabschiedet worden: 1965, 1973, 1976, 1980 und 1990.

Kassakurse – ungefähr zur Mitte der Börsenzeit speziell festgestellte Notierungen (auch Einheitskurse genannt). Zu Kassakursen werden alle Aufträge in nicht zum variablen Handel zugelassenen Wertpapieren abgewickelt, aber auch jene, die nicht die Voraussetzungen für ein fortlaufendes Geschäft (Mindestabschluß 50 Stück oder ein Mehrfaches davon) erfüllen.

Kassenverein – Institution, die Wertpapiere verwahrt und die Abwicklung der Börsengeschäfte übernimmt. Insgesamt verrechnet der Deutsche Kassenverein mit seinen 450 Mitarbeitern jährlich rund 5000 Milliarden DM bei 30 000 verschiedenen Wertpapieren.

Kaufkraft (der Währung) – Binnenkaufkraft: Reziprok des Preisniveaus. Spiegelt den realen Wert der Einkommen gegenüber den am Markt angebotenen Gütern. Außenkaufkraft: Kaufkraft einer inländischen Währungseinheit, ausgedrückt über den Wechselkurs.

Kaufoption – das Recht, eine Ware oder ein Finanzprodukt innerhalb einer vereinbarten Laufzeit (amerikanische Option) oder zu einem vereinbarten Zeitpunkt (europäische Option) zu einem vorab vereinbarten Preis zu kaufen. Englisch: call.

Kernkapital – bei Kreditinstituten zusammen mit dem Ergänzungskapital Bezugsgröße für die Geschäftstätigkeit. Hauptbestandteile sind das voll eingezahlte Kapital, die offenen Rücklagen, die Vermögenseinlagen stiller Gesellschafter und beschlossene Rücklagendotierungen.

Keynesianismus – einflußreiche ökonomische Lehrmeinung, benannt nach dem britischen Wirtschaftswissenschaftler John Maynard Keynes (1883 bis 1946). Im Mittelpunkt steht die gesamtwirtschaftlichen Nachfrage; sie gilt als Ansatzpunkt für die Steuerung der Wirtschaft. Ist die Nachfrage zu schwach, um Vollbeschäftigung zu gewährleisten, soll der Staat zum Ausgleich mehr Güter und Dienste nachfragen und dazu notfalls ein Haushaltsdefizit, über Kredite finanziert, in Kauf nehmen (deficit spending). Der Staat trägt durch seine Ausgabenpolitik die Verantwortung für Vollbeschäftigung und Wirtschaftswachstum. In den sechziger Jahren haben fast alle Industrienationen versucht, ihre Wirtschaft mit Hilfe staatlicher Ausgabenpolitik keynesianischer Art zu steuern.

Kiss – Abkürzung für Kurs-Informations-Service-System. Kiss verbreitet alle Kurse aller amtlich gehandelten Aktien und Optionsscheine sowie der variabel gehandelten Bundesanleihen.

Klein- und Mittelbetriebe – in der Regel kleine und mittlere Unternehmen. Im Handelsgesetzbuch werden sie als Betriebe mit bis zu 15,5 Millionen DM Bilanzsumme, 32,0 Millionen DM Umsatz oder 250 Beschäftigten definiert. In einem umfassenderen Sinn spricht man bei Klein- und Mittelbetrieben mit selbständigen Inhabern vom „Mittelstand".

Kohlepfennig – dient der Finanzierung des subventionierten Einsatzes deutscher Steinkohle zur Stromerzeugung. Er wird als (politisch festgelegter) Prozentsatz auf die Stromrechnung der Verbraucher aufgeschlagen. 1993 hat der Kohlepfennig 7,5 Prozent betragen. Er soll durch ein anderes Finanzierungssystem ersetzt werden.

Kohäsion – Zusammenhalt oder Solidarität zwischen den reicheren und den ärmeren Ländern der Europäischen Gemeinschaft. Wichtigstes finanzielles Ausgleichsinstrument ist der Regionalfonds, der den ärmeren Ländern für zahlreiche Vorhaben Mittel aus der Kasse der Gemeinschaft zuweist. Mit dem Maastrichter Vertrag ist außerdem ein „Kohäsionsfonds" geschaffen worden; er stellt den vier ärmsten Mitgliedsländern – Griechenland, Portugal, Spanien und Irland – zusätzliche Mittel zur Verfügung.

Kompensationen – eine Flexibilisierung der starren Auflagenpolitik im Umweltschutz. Verursacher von Umweltschäden können von der Erfüllung neuer Anforderungen zum Nutzen der Umwelt freigestellt werden, wenn sie nachweisen, daß die von ihnen selbst nicht erbrachten Leistungen zur Verbesserung der Umwelt von anderen Verursachern übernommen werden. Kompensationen können sowohl innerhalb eines Unternehmens mit mehreren Werken als auch zwischen unterschiedlichen Betrieben vereinbart werden.

Konjunkturzyklus – zyklische Schwankungen der gesamtwirtschaftlichen Produktion mit einer Gesamtdauer von mindestens drei Jahren. Konjunktur ist Abweichung vom Trend: mittelfristige Schwingungen um den langfristigen Wachstumspfad.

Konkurs – die häufigste Folge einer Insolvenz. Ziel eines gerichtlichen Konkursverfahrens ist es, das Vermögen eines zahlungsunfähigen Schuldners zur gemeinschaftlichen und gleichmäßigen Befriedung der Gläubiger zu verwerten. Dies führt nach geltendem Recht in den meisten Fällen zur Zerschlagung von Unternehmen.

Konkursausfallgeld – Zahlungen des Arbeitsamtes an Arbeitnehmer in Unternehmen, die in Konkurs geraten sind. Ersetzt werden die Löhne und Gehälter für die vorangegangenen drei Monate. Diese Regelung gilt auch für solche Verfahren, die mangels Masse nicht eröffnet werden.

konsolidierte Bilanz – Zusammenfassung der Einzelbilanzen und Gewinn- und Verlustrechnungen von Unternehmen, die zu einem Konzern gehören. Dabei werden die Unternehmen, die mehrheitlich zu einer Obergesellschaft gehören, dabei so zusammengefaßt, als handele es sich um eine Einheit.

Kontoform – Gegenüberstellung betrieblicher Werte auf den zwei Seiten eines Kontos. Ein Beispiel sind die Aktiva und Passiva in Bilanzen. Für die Gewinn- und Verlustrechnung gilt dagegen die von oben nach unten zu lesende Staffelform, bei der „unter dem Strich" der Jahresgewinn steht.

Kontrakt – vereinheitlichtes, an der Warenterminbörse handelbares Vertragsdokument über Kauf und Lieferung einer genau festgelegten Warenmenge (Kontraktmenge) in einer bestimmten Standardqualität.

Kontrakteinkommen – Vertraglich fortgelegte Einkommen. Beispiele: Löhne und Gehälter, Mieten und Zinsen.

Konvergenz – Gleichlauf der wichtigsten volkswirtschaftlichen Eckdaten. Die Konvergenz hat in der Europäischen Gemeinschaft mit Blick auf die Wirtschafts- und Währungsunion eine zentrale Bedeutung: Nur jene Länder sollen in die Endstufe kommen, die den strengen Konvergenzkriterien für Preisstabilität, Staatsschuld, Netto-Neuverschuldung und Höhe des langfristigen Zinssatzes genügen.

Konvertibilität – freier Umtausch der Währungen untereinander in unbegrenzter Menge zum Marktkurs.

Konzentration – Sammelbegriff für das Zusammengehen zweier oder mehrerer Unternehmen. Die Formen sind vielfältig; sie reichen von personellen Verflechtungen und Gemeinschaftsunternehmen über Mehrheitsbeteiligungen bis zur Eingliederung und Fusion, das heißt zur Verschmelzung in ein einziges neues Unternehmen. Die „Fusionskontrolle" des Bundeskartellamtes hat die Konzentrationsbewegungen in der Wirtschaft zum Gegenstand.

Konzern – Zusammenfassung mehrerer rechtlich selbständiger Unternehmen. Das Kriterium für die Einbeziehung in den Konzernkreis ist die „Kontrolle" durch die Obergesellschaft. In die Konzernabschlüsse müssen nicht nur die inländischen, sondern auch die ausländischen Beteiligungsgesellschaften einbezogen werden.

Konzertierte Aktion – eine Einrichtung, die auf dem Stabilitätsgesetz beruht. Der Wirtschaftsminister lädt Vertreter der Wirtschaft, der Gewerkschaften, der öffentlichen Hände und Wirtschaftsexperten ein, wenn Gefahr für die großen Ziele der Wirtschaftspolitik – Geldwertstabilität, Beschäftigung, Wachstum, außenwirtschaftliches Gleichgewicht – besteht. Die Konzertierte Aktion hat als Modell für eine moderne Wirtschaftspolitik gegolten. Seit der Mitte der siebziger Jahre ist sie jedoch nicht mehr einberufen worden.

Konzertierte Aktion im Gesundheitswesen – Forum, in dem sich unter der Leitung des Bundesarbeitsministers die Vertreter der Ärzte, Krankenkassen, Pharma-Industrie, Krankenhäuser, Sozialpartner und anderer Gruppen sowie der Bundesländer versammeln. Die konzertierte Aktion soll dazu beitragen, den Ausgabenanstieg in der gesetzlichen Krankenversicherung zu bremsen – zum Beispiel durch Empfehlungen für die Erhöhung der ärztlichen Honorare oder durch die Festlegung eines Höchstbetrages für die Arzneimittelausgaben.

Kooperation – Zusammenarbeit mehrerer Gesellschaften unter Wahrung der rechtlichen Selbständigkeit. Sie steht oft am Beginn engerer Formen von Unternehmensverbindungen wie zum Beispiel Kapitalverflechtungen.

Kooperationsprinzip – ist ein politisches Verfahrensprinzip, das auf eine möglichst einvernehmliche Verwirklichung umweltpolitischer Ziele gerichtet ist.

Kostendegression – Kostenverlauf bei zunehmender Ausbringung: Bei höherer Produktion können die fixen Kosten eines Unternehmens auf mehr Erzeugnisse umgelegt werden. Auf diese Weise sinken die Kosten je produzierter Einheit.

Kotierung – Aufnahme eines neuen Wertpapiers in den amtlichen Börsenhandel.

Kulisse – Börsenteilnehmer, die als Beauftragte von Kreditinstituten oder auf eigene Rechnung Börsengeschäfte abschließen (auch Berufshandel genannt).

Kupon – Zinsschein von Rentenpapieren und Dividendenschein bei Aktien.

Kurs-/Gewinn-Verhältnis – Börsenkurs einer Aktie (zum Beispiel 540 DM), dividiert durch den Gewinn je Aktie (zum Beispiel 36 DM). Das Kurs-/Gewinn-Verhältnis wäre in diesem Falle das Fünfzehnfache oder kurz: 15. Ein niedrigeres Kurs-/Gewinn-Verhältnis bedeutet eine niedrigere Börsenbewertung und umgekehrt.

Kurspflege – Kauf oder Verkauf von Wertpapieren an der Börse mit dem Ziel, zufällige Kursschwankungen auszugleichen. Kurspflege (besser Marktpflege) betreiben meist die Emittenten des Wertpapiers oder deren Beauftragte.

Kurstaxe – spiegelt die Marktverfassung ohne Abschluß eines Börsengeschäftes wider.

L Ladenschlußgesetz – schreibt in Deutschland dem Einzelhandel die Öffnungszeiten der Läden vor. Das Gesetz steht im Widerspruch zum Grundsatz der Wettbewerbsfreiheit und wirkt wettbewerbsbeschränkend. Daher wird gefordert, auch von der Monopolkommission, das Gesetz zu streichen.

Lagebericht – Teil des Geschäftsberichts von Kapitalgesellschaften. Im Lagebericht soll der Verlauf des Geschäftsjahres geschildert, Forschung und Entwicklung im Unternehmen beleuchtet, Vorgänge besonderer Bedeutung nach Schluß des Geschäftsjahres genannt und auf die voraussichtliche Zukunftsentwicklung eingegangen werden. Der Lagebericht ist aber nicht Teil des Jahresabschlusses.

Laissez faire – die häufig abfällig gemeinte Bezeichnung für eine Gesellschaftsordnung, in der sich der „Nachtwächterstaat" angeblich nicht um die Schwachen und Armen kümmert. Der Begriff stammt aus dem 18. Jahrhundert. Im Frankreich Colberts sind Kaufleute gefragt worden, was der Staat tun müsse, damit es wieder Wohlstand im Land gebe. Die Kaufleute haben geantwortet: Laissezfaire, laissezpasser – lassen Sie uns unser Gewerbe treiben, versperren Sie uns nicht mit Zollschranken den Weg. Die Idee des Laissezfaire ist ein Element der Theorie des Liberalismus.

Landeszentralbank – Hauptniederlassung der Deutschen Bundesbank. In Deutschland arbeiten neun Landeszentralbanken. Ihre Präsidenten sind Mitglieder des Zentralbankrates. Sie werden auf Vorschlag des Bundesrates vom Bundespräsidenten ernannt.

Leasing – langfristiges Vermieten von Investitionsgütern. Es bietet sich vor allem für solche Teile des Betriebs an, die schnell veralten, wie zum Beispiel Computer. Im Konkursfall gibt es böse Überraschungen, wenn vermeintliche Vermögensteile, wie etwa der Fuhrpark, nicht der Gesellschaft gehören, sondern gemietet worden sind.

Lebenshaltung – Summe der privaten Ausgaben zur Bestreitung des Lebensunterhalts (zum Beispiel Nahrungsmittel, Mieten, Elektrizität, Gas, Brenstoffe, Verkehr und Nachrichtenübermittlung, für Reisen und Freizeit. Maßstab ist häufig der Preisindex für die Lebenshaltung oder des privaten Verbrauchs.

Lebensstandard – Wohlstand oder Armut in einer Volkswirtschaft. Gemessen zum Beispiel am realen Bruttosozialprodukt je Kopf der Bevölkerung oder am realen Verbrauch je Kopf.

Leerverkauf – die Verpflichtung gegenüber einem Käufer, eine bestimmte Menge Ware in einer bestimmten Qualität zu einem bestimmten Termin in der Zukunft zu liefern, ohne sie zum Zeitpunkt des Kaufabschlusses zu besitzen. Der Verkäufer geht dabei von der Erwartung aus, daß der Preis für die Ware in der Zwischenzeit sinkt und er sie daher billiger einkaufen kann, als er sie zuvor „leer" verkauft hat. Leerverkauf ist gleichbedeutend mit short, short-Engagement oder Baisseposition. Zwischen dem Leerverkäufer und dem Verkäufer ist streng zu unterscheiden. Der Verkäufer stellt seine Position durch ein Gegengeschäft glatt und löst sich dadurch von seiner Verpflichtung. Der Leerverkäufer hingegen begründet erst eine Verpflichtung, die in Zukunft noch durch ein Gegengeschäft glattzustellen oder aber durch Andienung der Waren zu erfüllen ist.

Leitkurse – offizielle Kurse der am Wechselkursmechanismus des Europäischen Währungssystem teilnehmenden Währungen. Die Marktkurse dürfen nur innerhalb einer bestimmten Bandbreite von den Leitkursen abweichen. Lassen sich die Marktkurse nicht innerhalb des vorgegebenen Kursbandes halten, können von den Mitgliedsländern Veränderungen der Leitkurse (Realignment) beschlossen werden.

Leitungsmonopol – das alleinige hoheitliche Recht der Deutschen Bundespost Telekom, Telekommunikationsleitungen einzurichten und zu betreiben.

Libor – repräsentative Londoner Geldmarktzinssätze für kurzfristige Bankeinlagen in verschiedenen Währungen, darunter auch für D-Mark.

Lifo-Methode (last in, first out) – Verfahren zur Bewertung von Schüttgütern wie Kohle oder Flüssigkeiten wie Öl. Unterstellt wird dabei (im Gegensatz zur Fifo-Methode; first in, first out), daß die zuletzt bezogenen Güter als erste verwendet oder veräußert werden. Die Lifo-Methode führt im Normalfall, das heißt bei steigenden Preisen, zu einer relativ niedrigen Bewertung der noch vorhandenen Vorräte in der Bilanz.

Limit – ein vom Käufer oder Verkäufer eines Wertpapiers angegebener Kurs, der beim Verkauf mindestens erreicht, beim Kauf nicht überschritten werden darf.

lineare Abschreibungen – Aufwendungen für Wertminderungen mit gleichbleibenden Teilbeträgen während der Nutzungsdauer eines Gegenstandes. Eine Maschine zum Beispiel, die vier Jahre in Betrieb ist, wird in jedem Jahr mit 25 Prozent ihres Anschaffungswertes abgeschrieben. Eine andere Form der Abschreibung ist die degressive Abschreibung.

Liquidität – die Fähigkeit eines Unternehmens, seinen Zahlungsverpflichtungen wie vereinbart nachzukommen. Zahlungsunfähigkeit führt zur Insolvenz und dann meist zum Konkurs. Als Liquidität wird oft auch der Bestand an liquiden oder flüssigen Mitteln (Bargeld, Bankguthaben) in einem Unternehmen bezeichnet.

local content – der gebräuchliche Ausdruck für den aus dem jeweiligen Land bezogenen Produktionsanteil einer Auslandsgesellschaft. Er kann sowohl von Unternehmen, etwa bei niedrigen Lohnkosten, als auch von Behörden und Regierung gewünscht werden. In diesem Fall steht meist die Schaffung und Sicherung von Arbeitsplätzen im Vordergrund. Beispiel: Ein deutsches Unternehmen betreibt eine Chemiefabrik in Indien. Bestimmte Rohstoffe liefern indische Partner.

Lockvogelangebote – liegen vor, wenn ein Handelsunternehmen eine oder mehrere seiner Leistungen deutlich billiger anbietet als sein übriges Sortiment und/oder als seine Konkurrenten, oder sie sogar unter seinem eigenen Einstandspreis anbietet.

Lohn-Preis-Spirale – stabilitätswidrige Entwicklung, die von über dem Produktivitätsfortschritt liegenden Lohnsteigerungen ausgeht: Die höheren Einkommen treiben die Nachfrage stärker, als die Produktion ausgedehnt werden kann. die Preise steigen. Die Gewerkschaften versuchen dann, in der nächsten Lohnrunde – zum Ausgleich für die Preissteigerungen – noch höhere Lohn-

527

steigerungen auszuhandeln, die noch stärkere Preissteigerungen zur Folge haben.

Lohnquote – Anteil von Löhnen und Gehältern am Volkseinkommen.

Lohnstückkosten – Löhne und Gehälter je produzierte Einheit.

loko (loco) – Bezeichnung für Warengeschäfte, bei denen die Ware sofort bezahlt und sofort geliefert wird. Auch Kassa oder Spot – im Gegensatz zu Termin.

Lokomotiv-Theorie – die Vorstellung mancher Politiker, ein Land könne mit einem größeren Konjunkturprogramm die Weltwirtschaft in einen neuen Aufschwung ziehen. Am Ende der siebziger Jahre – vor allem nach der Ölpreis-Rezession – sollte die Bundesrepublik Deutschland diese Rolle spielen; sie war unter starken außenpolitischen Druck geraten.

Lombardsatz – Zinssatz, zu dem die Deutsche Bundesbank den Kreditinstituten Zentralbankgeld gegen die Verpfändung von Wertpapieren zur Verfügung stellt. Der Lombardsatz, der zusammen mit dem Diskontsatz zu den sogenannten Leitzinsen zählt, sollte von den Kreditinstituten nur bei dringenden Liquiditätsengpässen in Anspruch genommen werden.

long – Bezeichnung für einen Geschäftsmann am Warenterminmarkt, der mehr Terminkontrakte von einer Ware gekauft als verkauft hat (Gegensatz zu short). Er geht damit ein Hausse-Engagement ein.

M

mafiose Marktwirtschaft – ein Begriff aus dem Transformationsprozeß der Reformländer. Da es in einigen Reformländern noch keine der Marktwirtschaft angemessene Rechtsordnung gibt, machen sich Schieber- und Erpresserbanden den Zustand des Umbruchs zunutze. Von mafiosen Zügen der neuen marktwirtschaftlichen Ordnung sprechen in den Reformländern aber auch manche, die den erfolgreichen Händler und Spekulanten für eine quasi-kriminelle Erscheinung halten. Der Begriff erklärt eher die Hilflosigkeit im Umgang mit der neuen Ordnung als die Zustände am Beginn des Entstehens einer Marktwirtschaft.

Makler – Vermittler von Effektengeschäften, entweder Kursmakler oder freier Makler.

Manager – angestellte Führungskräfte. Im Gegensatz zu geschäftsführenden Gesellschaftern sind sie an der Gesellschaft nicht wesentlich beteiligt. Das gilt für fast alle Vorstandsmitglieder großer Aktiengesellschaften.

Marktbeherrschung – liegt vor (entsprechend dem Gesetz gegen Wettbewerbsbeschränkung), wenn ein Unternehmen entweder keinen Konkurrenten hat oder wenn es zumindest keinem wesentlichen Wettbewerb ausgesetzt ist. Einzelne Merkmale dafür werden in Paragraph 22 des Gesetzes geannnt.

Masse – das in ein Konkursverfahren einbezogene Vermögen eines Schuldners. Es gilt der Zeitpunkt der Konkurseröffnung. Es ist möglich, daß ein Konkurs „mangels Masse" überhaupt nicht erst eröffnet oder nach der Eröffnung eingestellt wird. Das geschieht dann, wenn die Massekosten, also die Verfahrenskosten, nicht aus dem vorhandenen Vermögen bezahlt werden können. Masseschulden sind Ansprüche aus Geschäften und Handlungen des Konkursverwalters sowie aus Verbindlichkeiten gegenüber Beschäftigten bis sechs Monate vor Konkurseröffnung.

Meistbegünstigungsklausel – die wichtigste Bestimmung des 38 Artikel umfassenden Gatt-Abkommens (most-favoured-nations-clause). Die Klausel besagt, daß der günstigste Zolltarif, der einem Land eingeräumt wird, auch allen anderen Gatt-Parteien zugebilligt werden muß. Auf diese Weise soll eine Diskriminierung unter Handelspartnern ausgeschlossen werden.

Mißbrauchsaufsicht – Aufsicht der Kartellbehörde über erlaubte Kartelle und marktbeherrschende Unternehmen, damit diese ihre Marktstellung nicht mißbräuchlich ausnutzen.

Mitbestimmung – Recht der Arbeitnehmer oder ihrer Vertreter zur Beteiligung an den Entscheidungen im Unternehmen und am Arbeitsplatz. Unterschieden werden Rechte der Mitwirkung, bei welchen die betroffenen Beschäftigten informiert, unterrichtet oder angehört werden müssen, von einer Mitbestimmung im engeren Sinne, bei der der Arbeitgeber Maßnahmen nur dann treffen darf, wenn die Arbeitnehmer ihre Zustimmung erteilt haben (bei Einstellungen, Versetzungen, Umgruppierungen und Kündigungen). Die Unternehmensmitbestimmung regelt den Einfluß der Arbeitnehmer im Aufsichtsrat als Kontrollgremium.

mittelfristige Finanzplanung – mit dem Stabilitätsgesetz von 1967 vorgeschriebene Ergänzung zum jährlichen Haushaltsplan. Die Bundesregierung hat jährlich mit dem Haushaltsentwurf einen Überblick über die zu erwartenden Einnahmen und die vorgesehenen Ausgaben in den nächsten vier Jahren vorzulegen. Die Planungsansätze sind nicht verbindlich, die werden jährlich aktualisiert und korrigiert.

Mittelkurs – bei Aktien im Freiverkehr und im Devisenhandel das arithmetische Mittel zwischen Geld- und Briefkurs.

Mittelstand – die Klein- und Mittelbetriebe von Landwirtschaft, Industrie, Handwerk, Handel und Dienstleistungen. Im weiteren Sinn zählen dazu auch die freien Berufe.

Monetarismus – Lehrmeinung, die eine enge Beziehung zwischen Veränderungen der Geldmenge und der Inflationsrate sieht. Ihre Vertreter empfehlen daher, Geldpolitik ausschließlich über eine Steuerung der Geldmenge zu betreiben. Die meisten Monetaristen befürworten in der Währungspolitik flexible Wechselkurse; sie sind konsequente Anhänger einer möglichst wenig regulierten Marktwirtschaft.

Monopolkommission – in Deutschland ein von der Bundesregierung ernanntes Gremium von fünf Fachleuten, das den Stand der Unternehmenskonzentration in Deutschland darstellen und beurteilen sowie die Wettbewerbspolitik kritisch würdigend begleiten soll. Die Monopolkommission besteht seit 1974.

Montan-Mitbestimmung – Gesetz von 1951, mit dem die Mitbestimmung der Arbeitnehmer in den Betrieben des Bergbaus und der Eisen und Stahl erzeugenden Industrie geregelt ist. Das Gesetz hat den Gewerkschaften in diesen Branchen fast die Gleichstellung mit der Kapitalseite im Aufsichtsrat gebracht: gleiche Zahl von Arbeitnehmer- und Anteilseignervertretern, zusätzlich eine „neutrale" Person an der Spitze. Außerdem wird ein Arbeitsdirektor als Vorstandsmitglied bestellt.

Motorisierungsgrad – die Zahl der Kraftfahrzeuge je 1000 Einwohner.

Multilaterale Versicherungsagentur (MIGA) – Tochtergesellschaft der Weltbank, 1988 mit dem Ziel gegründet, ausländische Investitionen in den Entwicklungsländern gegen politische Risiken zu versichern.

N **Nachbörse** – Wertpapierhandel nach Schluß der offiziellen Börsensitzung.

nachhaltige Entwicklung (sustainable development) – Entwicklungsfortschritte ohne Beeinträchtigung der natürlichen Grundlagen.

Nachtragshaushalt – ein Haushalt, mit dem ein vom Parlament beschlossener Haushaltsplan geändert werden kann. Der Nachtrag durchläuft das für den normalen Haushalt vorgeschriebene Gesetzgebungsverfahren.

Nebenwerte – Aktien, mit denen gewöhnlich keine größeren Umsätze abgewickelt werden.

Nettokreditaufnahme – zeigt an, um wieviel die Einnahmen aus neuen Krediten die Ausgaben für Tilgung übersteigen, um wieviel die Verschuldung zunimmt.

Nettosozialprodukt zu Faktorkosten – siehe Volkseinkommen.

Niederstwertprinzip – Bewertungsprinzip des Handelsrechts. Es spiegelt das Bemühen um konservative Bilanzierung wider. Von zwei Werten für einen Vermögensgegenstand (Beispiel: Aktien), nämlich dem Anschaffungs- oder Herstellungspreis und dem Börsenkurs oder Marktpreis, wird in der Bilanz stets der niedrigere eingesetzt.

Nikkei-Index – wichtigster Aktienindex an der Tokioter Börse.

Nullkupon-Anleihe – Anleihe ohne Zinsschein. Der Ertrag des Anlegers besteht in der Differenz zwischen dem Kaufpreis und dem Rückzahlungspreis. Englisch: Zerobond.

O **Öffnungsklausel** – ein Passus im Tarifvertrag, wonach Unternehmen unter bestimmten Bedingungen niedrigere als die vereinbarten Tariflöhne bezahlen dürfen. Öffnungsklauseln können sich aber auch auf das Unterschreiten anderer Arbeitsbedingungen (zum Beispiel Arbeitszeit) beziehen.

Option – siehe Kaufoption, Verkaufsoption.

Optionsanleihe – Anleihe, die zusammen mit Optionsscheinen ausgegeben wird.

Optionsschein – handelbares Wertpapier, daß ein Recht verbrieft, ein bestimmtes Angebot – etwa den Bezug von Aktien zu einem festgelegten Preis – wahrzunehmen.

Organgesellschaft – ein Unternehmen, das einem anderen völlig untergeordnet ist. Äußeres Zeichen ist meist ein Beherrschungs- oder Organvertrag. Solche Verträge werden häufig aus steuerlichen Überlegungen abschlossen.

P **pari** – der Börsenkurs entspricht dem Nennbetrag des Wertpapers.

paritätische Mitbestimmung – Gleichberechtigung von Kapital und Arbeit in Fragen der betrieblichen Arbeitsabläufe. In den Unternehmen kommt die Montan-Mitbestimmung der Parität am nächsten. Das Mitbestimmungsgesetz von 1976, das für Kapitalgesellschaften mit in der Regel mehr als 2000 Beschäftigten gilt, sieht – wie das Gesetz für die Montanindustrie – die gleiche Zahl von Vertretern der Anteilseigner und der Arbeitnehmer im Aufsichtsrat vor. Die Anteilseigner stellen jedoch den Aufsichtsratsvorsitzenden, der in Konfliktsituationen von seiner Zweitstimme Gebrauch machen kann, mithin ein doppeltes Stimmrecht hat.

Parkett – jener Teil der Räume in der Börse, der nur von Börsenmitgliedern und besonders zugelassenen Börsenbesuchern betreten werden darf.

Passiva – Positionen auf der rechten Seite einer Bilanz. Bestehend aus Eigen- und Fremdkapital sind dort das Aktienkapital (gezeichnetes Kapital oder Grundkapital), die Rücklagen, die Rückstellungen und die Verbindlichkeiten aufgeführt.

Patentgesetz – sichert Erfindern zu, daß sie ihre Erfindungen zwanzig Jahre lang allein verwerten dürfen, ohne befürchten zu müssen, daß andere ihre Erfindung gegen den Willen des Erfinders ebenfalls zu Geld machen.

Pensionsrückstellungen – vorsorglich zurückgelegte Mittel für Betriebsrenten und andere betriebliche Leistungen für Beschäftigte jenseits der Altersgrenze und deren Hinterbliebene. Direkte Pensionszusagen von 1987 an müssen die Unternehmen in die Bilanz aufnehmen, für frühere Zusagen haben sie ein Wahlrecht. Pensionsrückstellungen sind Fremdmittel. Da sie den Unternehmen aber langfristig zur Verfügung stehen, können sie zu einem wichtigen Bestandteil der Selbstfinanzierung werden. Sie werden deshalb auch in die Berechnung des Cash Flow einbezogen.

Pensions-Sicherungs-Verein – Träger der Insolvenzsicherung nach dem Betriebsrentengesetz. Er übernimmt bis zu einer gewissen Grenze die Zahlung von Betriebsrenten im Insolvenzfall. Der Verein ist eine Selbsthilfeeinrichtung der Wirtschaft. Getragen wird er vom Bundesverband der Deutschen Industrie (BDI), der Bundesvereinigung der Deutschen Arbeitgeberverbände (BDA) und vom Verband der Lebensversicherungsunternehmen.

Personalrat – Mitbestimmungsorgan im öffentlichen Dienst. In den Unternehmen der Privatwirtschaft heißt das entsprechende Gremium Betriebsrat.

Personengesellschaften – Gesellschaften, die meist in der Rechtsform der Kommanditgesellschaft (KG) und der Offenen Handelsgesellschaft (OHG) betrieben werden. Anders als in der Kapitalgesellschaft haften die Gesellschafter hier mit ihrem gesamten Vermögen. Sie arbeiten auch meist persönlich im Unternehmen mit. Eine Zwischenform ist die GmbH & Co KG, bei der eine Kapitalgesellschaft (die GmbH) die Rolle des persönlich haftenden Gesellschafters übernimmt. Auf diese Weise kann in einer Personengesellschaft die Haftung begrenzt werden.

Phillipskurve – statistische Beziehung zwischen dem Anstieg der Nominallöhne (und damit dem Preisniveau) und dem Wachstum der Arbeitslosenrate (1958 von dem britischen Ökonom Alban W. Phillips für Großbritannien beschrieben). Entsprechend der Phillipskurve gehen hohe Arbeitslosenraten mit sinkenden Inflationsraten einher und umgekehrt. Daraus wird gefolgert, daß Politiker in einem Dilemma stünden – daß sie also nur zwischen weniger Arbeitslosigkeit und mehr Inflation oder mehr Arbeitslosen und weniger Inflation wählen könnten. Hohe Arbeitslosigkeit und hohe Inflation in den siebziger Jahren haben an der Aussagekraft der Phillips-Kurve Zweifel aufkommen lassen.

Pluszeichen – Hinweise an der Kurstafel für stark steigende Kurse (Gegenstück zu den Minuszeichen).

Preisbindung der zweiten Hand – liegt vor, wenn ein Hersteller alle Händler, die seine Produkt weiterverkaufen, dazu verpflichtet, nur zu dem von ihm festgesetzten Preis anzubieten. Die Preisbindung der zweiten Hand ist in Deutschland verboten (Ausnahme: Zeitungen, Zeitschriften, Bücher).

Primärenergie – Rohenergie wie Holz, Kohle, Wasser, Kernenergie, Erdöl oder Erdgas. Primärenergie wird zur Erzeugung weiterer Energien wie Strom oder Benzin benötigt.

privater Verbrauch – Meßlatte für die Versorgung der Bevölkerung mit Gütern und Dienstleistungen. Der private Verbrauch wird bestimmt vor allem von der Höhe des Einkommens, von den Güterpreisen auf den Märkten sowie von der Höhe der Ersparnis.

Produktivität – Kennzahl für die Leistung der Produktionsfaktoren. Die Arbeitsproduktivität sind die je Zeiteinheit hergestellten Güter und Dienstleistungen (in Menge oder Wert). Ein ähnliches Maß läßt sich für die Leistung von Maschinen konstruieren (Kapitalproduktivität). Spricht man von einem Anstieg der Produktivität, dann bedeutet das, daß mit der gleichen Menge Arbeit wie bisher (und in der selben Zeit) mehr Güter oder Dienste produziert worden sind.

Produktivität, gesamtwirtschaftliche – Sozialprodukt je Erwerbstätigen oder je Erwerbstätigenstunde.

Put – Verkaufsoption (siehe Option). Gegensatz zu Call.

Quote – Kapitalanteil der Mitgliedsländer beim Internationalen Währungsfonds. Die Quote bestimmt den Kreditspielraum der einzelnen Mitgliedsländer beim Fonds.

Ratings – Bewertung der Kreditwürdigkeit eines Schuldners durch spezielle Unternehmen (Rating-Agenturen wie Standard & Poor's oder Moody's). Sie dient den Anlegern als Orientierungshilfe.

Rücklagen – Teil der Eigenmittel eines Unternehmens. Sie entstehen aus dem Jahresüberschuß, also durch das Einbehalten von Gewinnen (Gewinnrücklagen), sowie durch ein Aufgeld (Agio) bei Kapitalerhöhungen (Kapitalrücklage). Daneben existiert das gezeichnete Kapital; das ist das Aktienkapital zu Nominalwerten.

Rückstellungen – wesentlicher Bestandteil der Risikovorsorge in einem Unternehmen. Die Risiken können der Sache nach bestehen (Garantien, Prozeßrisiken bei neuen Produkten, Zahlungsunsicherheiten eines Schuldners) oder der Höhe nach (zum Beispiel bei Steuerschulden). Vorsorgecharakter haben auch die Pensionsrückstellungen. Rückstellungen bieten für gutgehende Unternehmen zugleich eine Möglichkeit zur Bildung stiller Reserven.

Realeinkommen – Nominaleinkommen abzüglich Preissteigerungen.

Realignment – Neuordnung der offiziellen Wechselkurse (Leitkurse) im Europäischen Währungssystem. Eine Realignment bedarf der Zustimmung aller teilnehmenden Regierungen.

Rechnungslegung – die gesamte Berichterstattung über die Einnahmen und Ausgaben eines Unternehmens. Den wichtigsten Teil bildet der Jahresabschluß.

Reformländer – die Länder, die bis Ende 1989 zum Staatsverband der Sowjetunion oder zu deren Satellitenkranz gehört und die sich seit Beginn der neunziger Jahre eine demokratische Verfassung und eine marktwirtschaftliche Ordnung geben haben.

residualbestimmte Einkommen – Einkommen aus Unternehmertätigkeit und Vermögen.

Rezession – Rückgang des Bruttosozialproduktes über mindestens drei Quartale in Folge. Dabei muß der langfristige Durschschnitt der Kapazitätsauslastung fühlbar unterschritten werden.

Risikoaktiva – nach bestimmten Regeln bewertete („gewichtete") Bilanzposten der Kreditinstitute. Das Mindesteigenkapital der Institute muß acht Prozent der Risikoaktiva betragen.

Römische Verträge – Kurzbezeichnung für den EWG- und Euratomvertrag einschließlich der Zusatzprotokolle. Die Verträge, am 25. März 1957 in Rom unterzeichnet und am 1. Januar 1958 in Kraft getreten, sind und bleiben die wichtigste Grundlage der Europäischen Gemeinschaften.

Rohergebnis (Rohertrag) – Zwischensaldo in der Gewinn- und Verlustrechnung. Kleine und mittelgroße Kapitalgesellschaften können auf diese Weise bestimmte Leistungspositionen und Aufwandsgrößen zusammenfassen, die dann nur als Gesamtbetrag veröffentlicht werden müssen.

S **Sachleistungssystem** – Leistungssystem in der gesetzlichen Krankenversicherung. Dem Versicherten werden nicht die Ausgaben für ärztliche Behandlung und Medikamente erstattet, sondern ihm wird die kostenfreie Behandlung gegen Vorlage eines Krankenscheines gewährleistet. Die private Krankenversicherung erstattet dem Versicherten dagegen die Ausgaben ganz oder zum Teil (Kostenerstattungssystem).

Sachverständigenrat – Institution zur Begutachtung der gesamtwirtschaftlichen Entwicklung. Der Sachverständigenrat ist ein aus fünf Mitgliedern gebildeter unabhängiger Rat (auch bekannt als die Fünf Weisen), gegründet 1963. Sie schreiben jährlich ein Gutachten, in dem die Wirtschaft und die Wirtschaftspolitik auf Schwachstellen hin analysiert werden.

Saldenabstimmung – Vergleich der Forderungen und Verbindlichkeiten mit den entsprechenden Positionen der Schuldner und Gläubiger eines Unternehmens. Es wird am Ende des Geschäftsjahres festgestellt, ob die bestehenden Forderungen und Verbindlichkeiten mit den Forderungen und Verbindlichkeiten der Schuldner und Gläubiger eines Unternehmens übereinstimmen.

Schachtelprivileg – steuerliche Begünstigung zur Vermeidung von ertrag- oder substanzsteuerlicher Mehrfach- oder Doppelbelastungen, die sich bei Unternehmensbeteiligungen ergeben. Voraussetzung ist, daß die Beteiligung mindestens zehn Prozent beträgt und seit mindestens zwölf Monaten besteht. In diesem Fall wird die Obergesellschaft von der Vermögen- und Gewerbekapitalsteuer befreit. Das körperschaftsteuerliche Schachtelprivileg dagegen ist mit der Einführung des körperschaftsteuerlichen Anrechnungsverfahrens abgeschafft worden.

Schengener Abkommen – der Versuch, zwischen Frankreich, Deutschland und den drei Benelux-Staaten Schritt für Schritt die Personen- und Warenverkehrskontrollen an den Binnengrenzen abzuschaffen. Bis Mitte 1993 sind dem Vertrag (unterzeichnet am 14. Juni 1985) auch Italien, Spanien und Portugal beigetreten. Benannt worden ist das Abkommen nach dem kleinen Winzerort Schengen am Luxemburger Ufer der Mosel. Vor allem wegen der Asyldebatte in Deutschland war das Abkommen bis zum Sommer 1993 noch nicht in Kraft getreten. Der Begriff Schengen umfaßt noch ein zweites Abkommen: „Schengen II" oder „Durchführungsübereinkommen (vom 19. Juni 1990). Dieses Abkommen, das schon am Tag der Unterzeichnung in Kraft getreten ist, regelt Fragen der inneren Sicherheit und der Verbrechensbekämpfung nach dem Wegfall der Grenzkontrollen.

Schlußkurse – die zum Schluß der Börse festgesetzten letzten Notierungen im variablen Handel.

Schutzklausel – Gatt-Regel, die es einem Land erlaubt, gewisse Zoll-Zusagen (etwa bei einer ungewöhnlich starken Zunahme des Imports) zurückzunehmen. Diese Notmaßnahme muß bestimmten Verfahrensregeln folgen; sie ist befristet. Die von Importkürzungen betroffenen Länder können Kompensationen vom Handelspartner verlangen. Die Schutzklausel ist umstritten.

Schwedisches Modell – galt in den sechziger und siebziger Jahren als Vorbild für einen modernen Wohlfahrtsstaat. Die Leistungen, die der Staat auf allen Stationen des Lebens bereitgestellt hat, haben mit hohen Steuern und Abgaben, aber auch mit Geldentwertung, Kronen-Abwertung, steigenden Staatsdefiziten und am Ende mit sinkenden Realeinkommen bezahlt werden müssen. Heute gilt das Schwedische Modell als gescheitert.

Selbstfinanzierung – Finanzierung von Investitionen aus selbst erwirtschafteten Mitteln. Als wichtigster Gradmesser hierzu dient der Cash Flow.

Settlement-Preis – der an einer Terminbörse für dort gehandelte Kontrakte ermittelte offizielle Schlußkurs eines Tages.

Sherpa – im politischen Jargon die Bezeichnung für die Sonderbeauftragten der Staats-und Regierungschefs der G-7-Länder. Sie bereiten die Tagesordnung und das Communiqué der Weltwirtschafts-Gipfelkonferenz vor.

short – Gegensatz zu long. Siehe auch Leerverkauf.

Sitzlandprinzip – ein Investmentfonds, ein Kreditinstitut oder eine Versicherung, die in einem Land der Europäischen Gemeinschaft ordungsgemäß zugelassen worden ist, darf in allen anderen Ländern der Gemeinschaft tätig werden („europäischer Paß").

Solidarpakt – Neuauflage der Konzertierten Aktion unter anderem Namen. Über den Solidarpakt, 1992 von der Regierungskoalition aus CDU und FDP initiiert, soll mit Zustimmung aller wichtigen Gruppen im Staat ein Finanzierungsmodus für die Kosten der Wiedervereinigung gefunden und Einsicht in die Notwendigkeit für Verzicht geweckt werden.

Sonderabschreibungen – Abschreibungen außerhalb der normalen Wertminderungen. Sie haben einen zwiespältigen Charakter. Einerseits begegnet ein Unternehmen auf diese Weise besonderen Rückschlägen, zum Beispiel der Zerstörung einer Anlage oder der Enteignung von Grundstücken im Ausland. Andererseits wird sie von der Politik als Investitionsanreiz (zum Beispiel für die neuen Bundesländer) eingesetzt. Die Sonderabschreibungen können sich dann vor allem gut verdienende Unternehmen zunutze machen.

Sonderposten mit Rücklagenanteil – steuerrechtlich bedingte Mischform aus Eigen- und Fremdkapital. Bilanzleser schlagen den Sonderposten in aller Regel je zur Hälfte diesen beiden Positionen zu.

Sonderziehungsrechte (special drawing rights) – Währungsreserven aus der Retorte, 1967 durch vertragliche Vereinbarung von den Mitgliedsländern des Währungsfonds geschaffen. Die Sonderziehungsrechte (SZR) sind Guthaben beim Währungsfonds, die den einzelnen Mitgliedern entsprechend ihrer Quote zugeteilt worden sind. Sie berechtigen dazu, von anderen Notenbanken nach bestimmten Regeln Währungen zu ziehen. Ihrem Wesen nach sind sie ein internationales Zahlungsmittel; sie stellen einen Anspruch auf konvertible Währung dar und werden daher zu den Währungsreserven gerechnet. Der Wert der Sonderziehungsrechte wird täglich auf der Basis von Dollar, Yen, D-Mark, Pfund und Franc berechnet.

Sorten – auf ausländische Währungen lautendes Bargeld.

Sozialbudget – Zusammenstellung der Ausgaben für die soziale Sicherheit. Das Sozialbudget gibt Hinweise auf die Belastung der Volkswirtschaft sowie der Beitrags- und Steuerzahler. Die Sozialleistungen werden sowohl nach den Institutionen (Rentenversicherung, Krankenversicherung) als auch nach den Funktionen (Alter, Krankheit) gegliedert. Zugleich mittelfristige Vorausschätzung der Ausgaben und Einnahmen auf vier Jahre.

Soziale Marktwirtschaft – ein politisches Markenzeichen zunächst der CDU, später der Wirtschaftsordnung der Bundesrepublik. Es ist die von Ordo-Liberalen entwickelte Form der Marktwirtschaft, in der die Sozialpolitik mit eigenständigen Einrichtungen eine wichtige Rolle spielt. Es gehört zu den Leistungen Ludwig Erhards, mit diesem Schlagwort erfolgreich für die Einführung der Marktwirtschaft nach dem Ende der Kriegswirtschaft des Nationalsozialismus geworben zu haben.

Sozialleistungsquote (Soziallastquote) – Anteil aller direkten und indirekten Sozialleistungen am Sozialprodukt. Diese Quote, die 1993 bei rund 33 Prozent gelegen hat, ist in der Nachkriegszeit fast ständig gestiegen – was den Ausbau des Sozialstaates belegt. In Zeiten der Hochkonjunktur sinkt diese Quote meist, in Zeiten der Rezession stiegt sie. Das liegt daran, daß das Sozialprodukt nominal entweder stark oder nur wenig steigt, die Sozialleistungen wegen der Leistungen an Arbeitslose in der Hochkonjunktur sinken, in der Rezession jedoch steigen.

Sozialplan – Vereinbarung zwischen der Unternehmensleitung und dem Betriebsrat zur sozialen Abfederung von Personalkürzungen. In der Regel geht mit dem Sozialplan ein „Interessenausgleich" für die geplante Betriebsänderung oder Betriebsstillegung einher: Beide Parteien einigen sich darüber, wann und in welcher Form die Maßnahme verwirklicht werden soll. Auch ein Konkursverwalter kann einen Sozialplan vereinbaren. Diesem muß aber die Gläubigerversammlung zustimmen.

Spekulant – Jemand, der in der Erwartung eines Kursgewinnes Aktien, Waren oder Währungen ohne Gegengeschäft Kauft oder per Termin verkauft.

Spezialfonds – Investmentfonds, deren Anteilscheine jeweils von nicht mehr als zehn Anteilinhabern, die nicht natürliche Personen sind, gehalten werden.

Split – Aufteilung; bedeutet bei Wertpapieren, daß das gleiche Vermögen durch eine größere Zahl von Titeln repräsentiert wird.

Sprecherausschüsse – Vertretungsorgan zur betrieblichen Mitbestimmung der leitenden Angestellten. Als leitend gelten Angestellte, wenn sie ihre Entscheidungen überwiegend selbständig treffen, vor allem bei Einstellungen und Entlassungen, und wenn sie über Generalvollmacht oder Prokura verfügen.

Staatsquote – Indikator, der den Anteil aller Ausgaben von Bund, Ländern, Gemeinden und der Sozialversicherung in Prozent des Bruttosozialprodukts angibt. Auch Staatsausgabenquote oder Staatsanteil genannt.

Staatsverbrauch – Anteil des Staates am Sozialprodukt. Bei der Verwendung des Bruttsozialproduktes sind das Löhne und Gehälter der öffentlich Bediensteten sowie die Materialaufwendungen. Die Summe der Aufwandsposten wird wegen fehlender Marktpreise als „Wertschöpfung" des Staates unterstellt.

Stabilitätsgesetz – Gesetz zur Förderung der Stabilität und des Wachstums der Wirtschaft vom 8. Juni 1967. In diesem Gesetz werden die Ziele der deutschen Wirtschaftspolitik definiert: Stabiliät des Preisniveaus, hoher Beschäftigungsstand, außenwirtschaftliches Gleichgewicht, stetiges und angemessenes Wirtschaftswachstum. Das Gesetz enthält auch wirtschaftspolitische Instrumente, die bei der Verwirklichung der Ziele helfen sollen (zum Beispiel Konzertierte Aktion).

Stabilitätspolitik – Politik, die auf eine Sicherung des Geldwertes zielt. Im weiteren Sinne wird mit Stabilitätspolitik eine Politik bezeichnet, die sich darauf konzentriert, langfristig feste Rahmenbedingungen für die Wirtschaft zu schaffen.

Staffelform – Verzeichnis wirtschaftlicher Daten in fortlaufender Form, zum Beispiel in der Gewinn- und Verlustrechnung. Die Bilanz erfordert dagegen die Kontoform, das heißt die Gegenüberstellung der Beträge.

Standardwerte – Aktien, die an der Börse einen großen Markt haben. Es sind meist die Aktien führender Gesellschaften einer Branche.

Steuerlastquote – Anteil der Steuereinnahmen des Staates am Sozialprodukt. Die Quote bietet einen Anhaltspunkt für die durchschnittliche Steuerbelastung, sagt aber nichts über die Steuerbelastung des einzelnen Bürgers aus. Die Steuerquote liegt bei 25 Prozent (1993). In den Jahren zuvor hatte sie unter 23 Prozent gedrückt werden können.

Steuerprogression – Steuertariftyp, der dazu führt, daß bei der Einkommensteuer die Steuerschuld stärker wächst als das Einkommen. Nach dem seit 1990 geltenden Steuertarif steigen die Grenzsteuersätze oberhalb des Grundfreibetrages gleichmäßig von 19 Prozent bis 53 Prozent. Daher spricht man von einem linear-progressiven Tarif. Der Spitzensatz wird bei einem zu versteuernden Einkommen von 120 042/240 084 DM (Alleinstehende/Verheiratete) erreicht.

stille Reserven – Teile des Eigenkapitals eines Unternehmens, die nicht in der Bilanz sichtbar werden. Das Aktiengesetz nennt die Möglichkeiten und Grenzen für Aktiengesellschaften. Stille Reserven können zu Steuerstundungen oder sogar zu Steuerentlastungen führen. Vor allem erlauben sie ein Glätten starker Gewinnschwankungen und damit eine stetige Dividendenpolitik. Fragwürdig werden stille Reserven dann, wenn sie die Lage des Unternehmens nachhaltig verzeichnen und zum Beispiel Dividendenerhöhungen verhindern. Auch Fehler der Unternehmensführung können durch die Auflösung stiller Reserven vertuscht werden. Möglichkeiten zur Bildung stiller Reserven entstehen auf der Aktivseite zum Beispiel durch hohe Abschreibungen auf das Anlagevermögen, auf der

Passivseite durch besonders großzügige Rückstellungen.

Stop-Loss-Order – die Anweisung an einen Broker, nach dem Kauf eines Terminkontraktes eine Verkaufsorder unter den Einstandspreis zu setzen. Dient zur Ausschaltung oder Begrenzung von Verlusten bei einem möglichen Preisrückschlag.

strategische Reserve – die Vorratshaltung an Rohstoffen, die von der Regierung eines Landes betrieben wird, um sich gegen Versorgungsschwierigkeiten in Notzeiten abzusichern. Käufe oder Verkäufe aus diesen Vorräten finden an den Rohstoffmärkten besondere Beachtung.

Strukturdarlehen – schnell abfließende Zahlungsbilanzkredite der Weltbank, die an gesamtwirtschaftliche Auflagen gebunden sind.

Subsidiarität – Organisationsprinzip, das auf die katholische Soziallehre zurückgeht: Was die einzelnen Mitgliedsländer, Regionen und Gruppen selbst regeln können, sollen die zentralen Organe nicht in die Hand nehmen. Der Grundsatz ist im Maastrichter Vertrag (Artikel 3b) ausdrücklich vorgeschrieben worden.

Subventionen – aus den öffentlichen Haushalten gewährte Finanzhilfen und Zuwendungen sowie Vergünstigungen des Steuerrechts für Unternehmen.

Summations- und Distanzschäden – werden durch eine Vielzahl von Verantwortlichen, Quellen und Schadstoffen verursacht. Sie können wegen der Verbreitung der Schadstoffe im Wasser oder in der Luft auch in großer Entfernung von den Emissions-Quellen auftreten. Die Gesamtheit der für die einzelnen Schäden jeweils mitverantwortlichen Verursacher läßt sich nicht bestimmen. Ein Beispiel sind die Waldschäden, die von Industrie, Haushalten und Verkehr gemeinsam verursacht werden.

Surveillance – Überwachungsmandat des Internationalen Währungsfonds; seit 1978 in der Satzung verankert. Der Währungsfonds soll frühzeitig auf Wechselkurs- und Zahlungsbilanzschwierigkeiten aufmerksam machen und Korrekturen empfehlen.

T **Tarifautonomie** – in Deutschland in der Verfassung als Grundrecht verankert. Die Koalitionsfreiheit für Gewerkschaften und Arbeitgeberverbände schließt das Recht ein, zur Förderung der Arbeits- und Wirtschaftsbedingungen eigenständig Verträge abzuschließen. Ein Eingriff der Politik in die Preisgestaltung am Arbeitsmarkt ist ausgeschlossen.

Tarifvertrag – Abmachung zwischen Gewerkschaften und Arbeitgeberverbänden (oder einzelnen Unternehmen), die als Kollektivvertrag die Arbeits-, Entlohnungs-, und Beschäftigungsbedingungen für eine Vielzahl von Beschäftigten regelt. Im Vordergrund der Tarifverhandlungen stehen in der Regel Fragen von Lohn, Gehalt und Arbeitszeit.

Taxkurse – im Kursblatt durch ein „T" gekennzeichnet. Taxkurse werden von den amtlichen Maklern geschätzt, wenn in einer Aktie keine Umsätze stattgefunden haben.

technische Reaktion – Reaktion an den Märkten, bei der eine Preistendenz vorübergehend dadurch gebremst wird, daß bei sinkender Tendenz Käufer oder bei steigender Tendenz Verkäufer auftreten, die Gewinne „mitnehmen" wollen.

Telefonhandel – Wertpapiergeschäfte, die vor oder nach der Börse zwischen Kreditinstituten und Maklern – vorwiegend über das Telefon – abgeschlossen werden.

Termin – die Bezeichnung für Warengeschäfte, bei denen die Ware erst später bezahlt und geliefert werden muß. Gegensatz: Loko oder Kassa.

Terminkontrakt – standardisiertes Geschäft, bei dem sich der Verkäufer zur Lieferung einer Ware oder eines Finanzproduktes zu einem vorab vereinbarten Preis und zu einem festgelegten Termin verpflichtet. Der Käufer verpflichtet sich, die Ware oder das Finanzprodukt abzunehmen.

Testat – siehe Bestätigungsvermerk.

Trader – angelsächsische Bezeichnung für Spekulant.

Transferleistungen – öffentliche Subventionen, aber auch Sozialleistungen.

Transformation – die Überführung einer Planwirtschaft in eine Marktwirtschaft. Seit dem Umbruch des Jahres 1989 bildet sich eine Theorie der Transformation heraus: Sie geht der Frage nach, welche rechtlichen und institutionellen Elemente für die Einführung der Marktwirtschaft unabdingbar sind, ob die Überführung in einem Schritt vollzogen werden muß oder in mehreren Stufen erfolgen kann.

Treuhandanstalt – Anstalt des öffentlichen Rechts, 1990 gegründet. Wichtigste Aufgabe ist die Umgestaltung der volkseigenen Wirtschaft der DDR in eine Marktwirtschaft durch Privatisierung, Sanierung und Stillegung der mehr als 12 000 ostdeutschen Unternehmen.

Treuhandprivatisierung – Veräußerung der Geschäftsanteile der einst volkseigenen Betriebe und Kombinate an private Investoren.

Treuhandsanierung – Maßnahmen zur Herstellung der Wettbewerbsfähigkeit der Ost-Unternehmen vor der Privatisierung. Die Treuhandanstalt zählt dazu neben der Umstellung der Produktpalette, Verringerung der Fertigungstiefe und Förderung von Innovationen auch Personalabbau und finanzielle Hilfen wie Eigenkapitalausstattung, Darlehen, Bürgschaften sowie Entschuldung von Altkrediten.

true and fair view – der wichtigste Grundsatz des heute geltenden Bilanzrechts. Die Bilanzierung in einem Unternehmen soll danach nicht nur die Forderungen der Gläubiger absichern, sondern auch den Anlegern und der Öffentlichkeit ein wahrheitsgetreues Bild über die Lage der Gesellschaft ermöglichen.

U **Überkreuzbeteiligung (Kreuzbeteiligung)** – wechselseitiger Besitz von Anteilen zweier Unternehmen.

überplanmäßige Ausgaben – Ausgaben, die den Ansatz im Haushaltsplan überschreiten. Sie dürfen vom Bundesfinanzminister nur genehmigt werden, wenn sie unvorhergesehen und unabweisbar sind.

Ultimo – letzter Börsentag eines Monats.

Umlaufvermögen – alle Vermögensgegenstände eines Unternehmens, die nur vorübergehend dem Gesellschaftszweck dienen (im Gegensatz zum Anlagevermögen). Zum Umlaufvermögen zählen die Vorräte und die flüssigen Mittel einschließlich der für eine begrenzte Zeit erworbenen Wertpapiere. Auch die Forderungen gehören wegen ihres vorübergehenden Charakters zum Umlaufvermögen.

Umsatz – Summe der im Rahmen des Geschäftszwecks verkauften Güter und Dienstleistungen je Wirtschaftsperiode.

Gemeint ist in den meisten Fällen der Außenumsatz, der die Geschäfte mit Dritten widerspiegelt. Geschäfte eines Industrieunternehmens mit Wertpapieren oder Zinseinkünfte aus der Anlage flüssiger Mittel sind dagegen nicht Teil des Umsatzes.

Umsatzrendite – Kennzahl für die Rentabilität. Berechnet wird sie als Gewinn in Prozent vom Umsatz. Nimmt man den Gewinn vor Steuern als Ausgangsgröße, erhält man die Bruttoumsatzrendite, nimmt man den Gewinn nach Steuern, erhält man die Nettoumsatzrendite.

Umweltschutz – Sammelbegriff für alle Maßnahmen, die dem Schutz der Natur gelten. Einen allgemein anerkannten Umweltbegriff gibt es noch nicht. So bestehen Meinungsverschiedenheiten darüber, ob die Natur um ihrer selbst Willen geschützt werden müsse – ohne Rücksicht auf menschliche Bedürfnisse – oder ob der Mensch stets im Mittelpunkt allen umweltpolitischen Handelns stehen sollte (anthropozentrischer Ansatz).

Umweltschutz-Zertifikate – vom Staat ausgegebene, handelbare Lizenzen, die ihren Besitzern die Verschmutzung in festgelegter Höhe erlauben.

Umweltverträglichkeitsprüfung – in der Bundesrepublik vorgeschrieben. Vor einer Baumaßnahme müssen die Auswirkungen des Vorhabens auf die Umwelt geprüft werden. Der Nutzen des Vorhabens muß größer sein als die zu erwartenden Beeinträchtigungen der Umwelt.

unlimitierte Aufträge – Kauf- oder Verkaufaufträge, die ohne Angabe eines Mindest- oder Höchstkurses an die Börse kommen.

Unternehmen – organisatorischer und rechtlicher Rahmen zur Produktion wirtschaftlicher Leistungen. Stehen mehrere Unternehmen unter einer einheitlichen Leitung, spricht man von einem Konzern. Unternehmen können für die Herstellung von Gütern, für den Handel mit Gütern oder für Dienstleistungen gegründet werden (auch Banken sind Unternehmen). Unternehmen können mehrere Betriebe als organisatorische Einheiten haben und verschiedene wirtschaftliche Tätigkeiten ausüben, zum Beispiel die Herstellung und das Leasing. Eine Extremform sind „Mischkonzerne", die auf unterschiedlichen Feldern tätig sind.

Unternehmergewinn – Entgelt für das Risiko des Unternehmers. Er ist zu unterscheiden vom Unternehmerlohn als Entgelt für Aufsicht und Leitung (wie es auch angestellten Managern zukommt) und der notwendigen Verzinsung für das eigene oder fremde Kapital, das im Unternehmen arbeitet.

Uruguay-Runde – achte Handelsrunde des Gatt; sie hat 1986 in Punta del Este (Uruguay) begonnen. Die Zölle sollen weiter abgebaut und der Agrar- und Textilhandel liberalisier werden. Ferner will man erstmals auch Gatt-Regeln für Dienstleistungen schaffen. Wegen des Agrarstreits zwischen den Vereinigten Staaten und der Europäischen Gemeinschaft hat die Handelsrunde nicht wie geplant 1990 beendet werden können.

V **variable Kosten** – Aufwendungen, die im Gegensatz zu den fixen Kosten in Abhängigkeit von der Auslastung der Kapazitäten entstehen. Beispiele sind der Materialaufwand und ein Teil der Energiekosten. Im Fall einer extrem hohen Kapazitätsauslastung können die variablen Kosten stark steigen, beispielsweise durch die Bezahlung von Überstunden.

variabler Handel – Börsenhandel in Papieren mit breitem Markt; nicht nur auf

Aktien beschränkt. Der Börsenvorstand spricht für diese Art des Handels auf Antrag eines Kreditinstituts und nach Zustimmung des Ausstellers der Wertpapiere eine besondere Zulassung aus.

Verbandsflucht – seit Ende der achtziger Jahre: einzelne Unternehmen treten aus den Arbeitgeberverbänden aus. Sie kritisieren die etwas unflexible Tarifpolitik ihrer Verbände.

verbundene Unternehmen – Unternehmen, die durch Unternehmensverträge, gegenseitige Kapitalbeteiligungen, Abhängigkeitsverhältnisse (Beispiel: Assozierte Unternehmen), Mehrheitsübernahmen, Konzernbildung entstehen können. Das Aktiengesetz stellt für verbundene Unternehmen eine Vielzahl von Sondervorschriften auf.

Vergleich – Verfahren zur Abwendung des Konkurses. Mit dem Vergleich wird – über Forderungsverzichte der Gläubiger – die Sanierung einer insolventen Gesellschaft angestrebt. Man unterscheidet den freiwilligen Vergleich, den gerichtlichen Vergleich und den Zwangsvergleich. Der freiwillige Vergleich stellt eine privatrechtliche Vereinbarung mit Gestaltungsfreiheit dar. Im gerichtlichen Vergleich müssen die Gläubiger wenigstens 35 Prozent ihrer Forderungen erhalten (Vergleichsquote). Der Zwangsvergleich kann im Verlauf eines Konkursverfahrens zustande kommen. Hier beträgt die Mindestquote 20 Prozent.

Verkaufsoption – das Recht, eine Ware oder ein Finanzprodukt innerhalb einer vereinbarten Laufzeit (amerikanische Option) oder zu einem vereinbarten Zeitpunkt (europäische Option) zu einem vorab vereinbarten Preis zu verkaufen. Englisch: Put.

Verkehrsträger – die großen Gruppen der Verkehrswirtschaft nach dem Kriterium des verwendeten Verkehrsmittels (Eisenbahn, Straßengüterverkehr, Schiffahrt, Luftfahrt).

Vermögen – Summe der geldwerten Güter, Rechte und Forderungen. In einem Unternehmen umfaßt das Vermögen das Anlagevermögen (Grundstücke, Gebäude, Maschinen, Anlagen) und das Umlaufvermögen (Vorräte, Forderungen, flüssige Mittel). Werden die Schulden abgezogen, erhält man das Reinvermögen.

Verpflichtungsermächtigung – in den Haushaltsplan aufgenommene Ermächtigungen für Zahlungsverpflichtungen, die erst in künftigen Haushaltsjahren zu Ausgaben führen.

Verursacherprinzip – sieht vor, daß jener die Kosten der Belastung der Umwelt trägt, der auch für ihre Entstehung verantwortlich ist. Dieses Prinzip gilt auch als ökonomisches Effizienzkriterium.

Verwalterdarlehen – Darlehen und Kredite, die der Vergleichsverwalter für den Schuldner im Rahmen eines gerichtlichen Vergleichsverfahrens aufnimmt. Sie sollen Liquiditätsengpässe im Rahmen der angestrebten Sanierung überbrücken.

Volkseinkommen – Summe aller individuellen, im Produktionsprozeß erworbenen Geldeinkommen. Bruttoeinkommen aus unselbständiger Arbeit und Einkommen aus Unternehmertätigkeit und Vermögen.

volkswirtschaftliche Gesamtrechnung – Rechenwerk zur Erfassung der gesamtwirtschftlichen Leistungsströme: Entstehung, Verwendung und Verteilung des Sozialproduktes.

Vorbörse – Geschäfte oder Kontakte vor Beginn der offiziellen Börsenzeit.

Vorsorgeprinzip – verlangt über die Gefahrenabwehr und Schadensbeseitigung hinaus eine dauerhafte Risiko-Minderung und eine vorausschauende Gestaltung menschlicher Lebensformen. Es sollen die natürlichen Lebensgrundlagen auch im Hinblick auf zukünftige Generationen geschützt werden.

Vorstand – Geschäftsführungsorgan einer Aktiengesellschaft. Der Vorstand arbeitet in eigener Verantwortung. Der Aufsichtsrat muß sich auf die beiden Funktionen (allgemeine) Aufsicht und Rat beschränken. Im Falle eines mehrköpfigen Vorstandes gelten das Kollegialprinzip (die gemeischtliche Geschäftsführung). Zum Vorstand gehören auch die stellvertretenden Vorstandsmitglieder. Berufen werden die Vorstände durch den Aufsichtsrat.

W **Wall Street** – Name der Straße, in der sich die New York Stock Exchange befindet. Der Name hat sich als Bezeichnung für diese Börse eingebürgert.

Wandelanleihe – Anleihe, die zu vorab vereinbarten Bedingungen in Aktien umgetauscht werden kann.

Warenkorb (der Lebenshaltung) – siehe Lebenshaltung.

Wechselkurs – Tauschverhältnis zweier Währungen.

Weltbank (International Bank for Reconstruktion and Development, IBRD) – 1944 auf der Konferenz von Bretton Woods zusammen mit dem Internationalen Währungsfonds gegründet. Rechtlich selbständige Sonderorganisation der Vereinten Nationen mit Sitz in Washington (seit 1946 tätig). Aufgaben: Förderung der Entwicklung der Mitgliedsländer durch Finanzierung produktiver internationaler Investitionsprojekte (Darlehen, Garantien, Beratung). Die Darlehen werden nach bankmäßigen Konditionen vergeben. Die Mittel für die Darlehensgewährung stammen aus dem von den 175 Mitgliedern gezeichneten Grundkapital, aus der Begebung von Obligationen, den Darlehensrückzahlungen und dem Reingewinn. Bis Mitte 1992 hatte die Weltbank 218,2 Milliarden Dollar Darlehen gewährt.

Weltwirtschaftsgipfel – jährliches formelles Treffen der Staats- und Regierungschefs der sieben führenden demokratisch regierten Industrienationen (G-7-Länder). Seit 1975 werden auf diesen Gipfeltreffen die Fehlentwicklungen der Weltwirtschaft und die Möglichkeiten einer abgestimmten Wirtschaftspolitik erörtert. Das Treffen hat im Laufe der Zeit zunehmend einen politischen Charakter angenommen. An den Konferenzen nimmt regelmäßig der Präsident der Europäischen Kommission teil; seit 1989 wird ein Vertreter der Sowjetunion, jetzt Rußlands eingeladen.

Werkverkehr – Güter- und Personenverkehr für eigene Zwecke von Unternehmen, die nicht der Verkehrswirtschaft angehören (im Gegensatz zum gewerblichen Güterverkehr).

Wertberichtigungen – Korrekturposten auf der Passivseite der Bilanz, mit denen zu hoch angesetzte Vermögensgegenstände berichtigt werden sollen. Sie erfolgen in der Regel über entsprechende Abschreibungen in der Gewinn- und Verlustrechnung. Beispiel: Wertberichtigung für ein Grundstück, dessen Autobahnanschluß ungünstig geworden ist.

Wertpapier-Kenn-Nummern – sechsstellige Zahlen, die zur Erleichterung des Wertpapierhandels eingeführt worden sind. Die Kenn-Nummern werden nach bestimmten Gesichtspunkten festverzinslichen Wertpapieren und Aktien zugeteilt werden.

Wertpapierpensionsgeschäft – Wichtigstes Instrument der Deutschen Bundesbank zur Steuerung des Geldmarktes. Bei einem Wertpapierpensionsgeschäft kauft sie von den Kreditinstituten für einen vorab vereinbarten Zeitraum Wertpapiere gegen die Bereitstellung von Zentralbankgeld an. Wertpapierpensionsgeschäfte haben in Deutschland überlicherweise Laufzeiten zwischen wenigen Tagen und vier Wochen. Sie können in Form eines Mengentenders, bei dem die Bundesbank den Zinssatz vorgibt, angeboten werden oder als Zinstender, bei dem der Zinssatz von den Banken und Sparkassen mitbestimmt wird. Der Zinssatz für Wertpapierpensionsgeschäfte, auch Tenderzins genannt, ist heute der wichtigste Zinssatz am Geldmarkt.

Wettbewerbsfreiheit – Freiheit zu Wettbewerb auf den Märkten. Zu ihr gehören Gewerbefreiheit, freie Konsumwahl, freie Preisbildung, offene Märkte.

Wettbewerbspolitik – soll Freiheit zu Wettbewerb ermöglichen und sichern sowie Beschränkungen des Wettbewerbs verhindern.

window dressing – das bewußte Verschönern einer Bilanz im Rahmen der gesetzlichen Möglichkeiten. Beispiele sind Sondergewinne aus dem Verkauf von Grundstücken oder die Umgliederung von Rückstellungen in Rücklagen.

Wirtschaftsdemokratie – planwirtschaftliche oder rätedemokratische Forderungen. Die Arbeiterbewegung hat lange am Ziel einer überbetrieblichen Mitbestimmung der Gewerkschaften über wirtschaftspolitische Entscheidungen festgehalten. Seit dem Zusammenbruch des Sozialismus werden solche Forderungen nur noch vereinzelt laut.

working capital – jener Teil des Eigenkapitals und der langfristigen Verbindlichkeiten, der das Anlagevermögen übertrifft. Er ist dort nicht gebunden, sondern kann im Umlaufvermögen „arbeiten".

Z

Zahlungsbilanz – zusammengefaßte Darstellung aller Geldströme zwischen dem In- und dem Ausland.

Zehnergruppe – Die zehn wichtigsten Industrieländer der Welt (Belgien, Bundesrepublik Deutschland, Frankreich, Großbritannien, Holland, Italien, Japan, Kanada, Schweden und die Vereinigten Staaten). In der „Allgemeinen Kreditvereinbarung" von 1961 haben sich die Länder mit der höchsten Mitgliedsquote beim Internationalen Währungsfonds (sowie die Schweiz) bereit erklärt, dem Währungsfonds im Notfall Kredite bis zu 6 Milliarden Dollar einzuräumen. 1983 ist dieser Kreditspielraum auf 23,6 Milliarden Dollar erhöht worden. Zugleich ist Saudi-Arabien assoziiert worden; das Land hat 1,5 Milliarden Dollar zugesagt. Die Zehnergruppe stützt zudem durch gemeinsame Aktionen und Reformvorschläge das internationale Währungssystem bei schweren Währungskrisen.

Zentralbankrat – oberstes Beschlußorgan der Deutschen Bundesbank, das auf seinen in der Regel alle zwei Wochen stattfindenden Sitzungen die Grundzüge der Geldpolitik bespricht und festlegt. Der Zentralbank kann aus höchstens 17 Mitgliedern – 9 Präsidenten der Landeszentralbanken und 8 Mitglieder des Direktoriums – bestehen. An seiner Spitze steht der Präsident der Bundesbank.

Ziehungsrechte – Anspruch auf Devisenkredite, den jedes Mitgliedsland beim Internationalen Währungsfonds im Falle von Zahlungsbilanzschwierigkeiten geltend machen kann. Das Kreditvolumen richtet sich nach der Mitgliedsquote. Bis 25 Prozent der Mitgliedsquote (Reservetranche) können ohne wirtschaftspolitische Auflagen gezogen werden.

Ziel-Mittel-Schema – es ordnet jedem Ziel der Wirtschaftspolitik (Beispiel: Stabilität des Geldwertes) ein bestimmtes Instrument (Geldpolitik) oder einen bestimmten Träger der Wirtschaftspolitik (Notenbank) zu. Nach dem Schema kann es nur dann zu einer konfliktfreien Ziel-Mittel-Zuordnung kommen, wenn die Zahl der Ziele gleich der Zahl der Mittel ist.

Zollunion – ein Zusammenschluß mehrerer Länder zu einer Gemeinschaft, in der – anders als bei einer Freihandelszone – nicht nur intern Zölle und Kontingente ermäßigt oder abgeschafft, sondern auch die Tarife gegenüber Drittstaaaten einheitlich festgelegt werden (Beispiel: Europäische Gemeinschaft). Die gemeinsame Handelspolitik der Europäischen Gemeinschaft geht sogar so weit, daß im Gatt nicht die Einzelstaaten der Gemeinschaft die Verhandlungen führen, sondern die Brüsseler Kommission.

Zwischengewinne – Gewinne aus Lieferungen oder Leistungen, die bei Geschäften zwischen Konzernunternehmen entstehen. Sie stellen noch keinen Gewinn für den Konzern dar. Daher müssen sie bei der Aufstellung des Konzernabschlusses ausgeschaltet werden.

Verzeichnis der Abbildungen, Grafiken und Tabellen

Wirtschaftsseiten einer Tageszeitung in Beispielen	19-33
Der F.A.Z.-Konjunkturindikator	37-38
Große Nationalökonomen (Foto Keystone, Ullstein, Seuss, Geiges)	48
Ludwig Erhard (Foto Sven Simon)	68
Reales Bruttosozialprodukt Westdeutschland je Kopf	70
Bruttoinlandsprodukt nach Wirtschaftsbereichen	71
Verteilung des Volkseinkommens	72
Verwendung des Sozialprodukts	73
Deutscher Außenhandel seit 1950	75
Bundeshaushalt 1993	112
Bundesausgaben nach Aufgabenbereichen 1952-1992	116
Staatsquote im internationalen Vergleich	118
Abgabenbelastung im internationalen Vergleich	122
Steuereinnahmen 1993 und 1995	127
Sozialbudget 1992	134
Umweltpolitische Instrumente	149
Smog-Sperre (Foto Vollmer)	151
Primärenergieverbrauch Deutschland 1992	155
Stromerzeugung Deutschland 1992	158
Energieprognose Deutschland 2010	160
DGB-Organisationsschema	164
Spitzenverbände der Wirtschaft	170
Stahlarbeiterprotest (Foto Fricke)	175
Tarifauseinandersetzungen, Ablauf	176
Inflation in Deutschland 1948-1992	187
Die Geldmengenziele der Bundesbank	189
Bundesbankpräsident Hans Tietmeyer (Foto Eilmes)	191
Bilanz der Bundesbank 1992	193
Die Treuhandanstalt (Foto Glaser)	199
Werdegang der EG – Zeittafel	209
Das Berlaymont-Gebäude in Brüssel (Foto dpa)	212
Die EG im Welthandel	219
EG-Haushalt 1992	220
Grundschema der Zahlungsbilanz	226
Wechselkurssysteme	228
Dollarkurs 1948 bis 1992	230
Die Weltbank (Foto Archiv)	239
Zollabbau-Zeittafel	243
Wachstum von Handel und Produktion in der Welt	244
Die größten Exportnationen	248
Wachstum, Preise, Arbeitslosigkeit	252
Inflationswerte der Gipfelzeit	253
Klein-, Mittel- und Großbetriebe, Größenklassen	264
Klein-, Mittel- und Großbetriebe, Marktanteile	265
Die größten deutschen Unternehmen	268-272
Die 50 größten Unternehmen der Welt	273-274
„Die Verwaltung" in Aktiengesellschaften	296

Der Aufsichtsrat in einem Großunternehmen	304
Mitbestimmung in einem Großunternehmen	305
Größenkategorien nach Paragraph 267 HGB	314
Ertragsrechnung der BASF-Gruppe 1992	317
Ertragsrechnung Daimler-Konzern 1992	319
Daimler-Benz-Konzernabschluß 1992	320
Daimler-Benz-Bilanz 1992	321-322
Wertschöpfung im Bayer-Konzern 1992	328
Kennzahlen zur MAN-Aktie 1991/92	329
Wert eines Hoechst-Depots	330
Ausnahmen im Weltabschluß	332
Bilanz-Analyse im Schema	339
Commerzbank-Hauptversammlung (Foto Kleinhans)	343
Die größten deutschen Kreditinstitute	349
Die größten deutschen Lebensversicherer	369
Die größten deutschen Sachversicherer	370
Bevorrechtigte Konkursgläubiger	374
DM-Auslandsanleihe (Foto Eilmes)	388
DM-Optionsanleihe (Foto Eilmes)	389
Daimler-Benz-Aktie (Foto Eilmes)	390
Börsensitzung in Frankfurt (Foto Ausserhofer)	400
Die Deutsche Börse AG	414
Finanzplatz Frankfurt (Foto Kleinhans)	416
Umsätze der Landeszentralbanken	441
Devisenmakler in Frankfurt (Foto Kleinhans)	446
Die größten Devisenhandelsplätze	447
Devisenumsätze nach Währungen	449
Edelmetalle und Münzen	461
Die größten deutschen Kapitalanlagegesellschaften	468
Der F.A.Z.-Zeitungsleser (Foto Archiv)	496
Timing-Kalender	498

Die Autoren und ihre Beiträge

Hans D. Barbier:
Die Ordnung der Wirtschaft; In einer offenen Welt; Die Weltwirtschaftsgipfel

Gerald Braunberger:
Die Geldpolitik; Die Währungspolitik; Was an den Börsen gehandelt wird; Der Geldmarkt; Internationale Finanzmärkte (Der Devisenmarkt; Der Sortenhandel; Der Devisenbericht in der Zeitung)

Heinz Brestel:
Ratschläge für den Umgang mit der Zeitung

Klaus Broichhausen:
Die Rolle der Verbände

Jürgen Dunsch:
Die Führung des Unternehmens; Die Publizität der Unternehmen; Die Rechnungslegung der Unternehmen; Der Geschäftsbericht; Wie gut ist ein Unternehmen?; Die Hauptversammlung; Vom Sterben der Unternehmen

Erich Erlenbach:
Banken und Versicherungen; Börsenbarometer und Börsenstatistik (Der F.A.Z.-Aktienindex); Der Investmentmarkt

Heike Göbel:
Die Berater und ihr Rat; Die Lohnpolitik (Auf der Suche nach der Lohnzahl)

Rainer Hank:
Die Lohnpolitik (Akteure und Verträge); Die Mitbestimmung

Ingrid Hielle:
Die Warenbörsen

Carl Graf Hohenthal:
Die Energiepolitik; Die Umweltpolitik

Peter Hort:
Die Europäische Gemeinschaft

Martin Huff:
Exkurs über das Recht in der Zeitung

Jürgen Jeske:
Einführung; Der Wirtschaftsteil einer Tageszeitung; Unternehmensberichterstattung; Unternehmer; Die Unternehmen; Der Mittelstand – eine deutsche Besonderheit; Personalien – Menschen im Unternehmen

Lothar Julitz:
Die deutsche Volkswirtschaft

Carola Kaps:
Die Weltbank und der Währungsfonds

Walter Kannengießer:
Die Steuerpolitik; Die Sozialpolitik

Klaus Peter Krause:
Die Wettbewerbspolitik

Gerold Lingnau:
Die Verkehrspolitik

Konrad Mrusek:
Die Handelspolitik

Bettina Schulz:
Internationale Finanzmärkte (Der Euro-Kapitalmarkt ist überall; Volumen, Währungen, Emittenten am Euromarkt; Der Handel mit Euro-Anleihen)

Kerstin Schwenn:
Umbau in Ostdeutschland

Heinz Stüwe:
Die Finanzpolitik

Fernando Wassner:
Die Rechtsform der Unternehmen

Bernd Weiler:
Wo und wie gehandelt wird; Wie der Börsenhandel abläuft (Der Handel am Terminmarkt); Wie liest man den Börsenteil einer Zeitung? (Der Wertpapierkurszettel); Börsenbarometer und Börsenstatistik (Der Dax und seine Variationen; Der Dow Jones-Index; Nikkei, Hang Seng und andere; Die F.A.Z.-Renten-Rendite; Umlaufrendite von Bundesanleihen; Der Rex; Was die Umsatzstatistik sagt)

Wolfram Weimer:
Bedeutung und Funktion der Börsen; Die wichtigsten Börsenplätze; Wie der Börsenhandel abläuft (Kursfeststellung am Kassamarkt; Präsenz- und Computerbörse; Der Freiverkehr; Geschäftsabwicklung am Kassamarkt; Arbitrage)

Klaus Wiborg:
Die Publizität der Unternehmen

Fred Zeyer:
: Wie der Börsenhandel abläuft (Börsen- und Marktaufsicht; Die Börsenspesen); Wie liest man den Börsenteil einer Zeitung? (Aktienmarktberichte; Rentenmarktbericht; Nachbörse); Der Goldmarkt; Börsenspekulation und private Geldanlage

Grafik und Reproduktionen
: Thomas Heumann und Johannes Janssen

REGISTER

(Kursive Zahlen verweisen auf ein Stichwort im Kleinen Wörterbuch der Wirtschaft.)

A

Abgaben 150ff.
Abgabenordnung 128, 361
Abhängigkeitsbericht 335
Abrüstung 255
Abschlußprüfer 344
Abschöpfungen *503*
Abschreibung 327, 340, *503*
Absetzung für Abnutzung (AfA) *503*
ABS-Gesellschaften *503*
Absicherung 450f.
Abwägungsklausel 100
Abwertung 448
Abwertungswettläufe 236
Afrikanische Entwicklungsbank AFDB 240, *503*
Agio 461
Agrarmarktordnung *503*
Agrarpreisstützung *503*
Agrarsubventionen 256
Aktenzeichen 381
Aktie 290, 389ff., *504*
Aktien, junge 429
Aktiendemokratie 291
Aktienfonds 474
Aktiengesellschaft 289ff., 295
– europäische 306
Aktiengesetz 295, 309f.
Aktienindex *504*
Aktienkurs 425
– ausländischer 426
Aktienkursentwicklung 431ff.
Aktienoptionen 397, 427
Aktienrecht 291
Aktionär 298
Aktiva *504*
Allgemeine Kreditvereinbarung (AKV) *504*
Allgemeines Zoll- und Handelsabkommen (Gatt) 242ff., *504*
Allgemeinverbindlichkeit 163, *504*
Allianzen, strategische 53, 335
All-Risk-Police 366
Alteigentümer 202
Altersrente, vorgezogene 140
Altersversicherung 132
Altersvorsorge 465
Altkredite *504*
Altschulden 202f.
amerikanische Option 393
amtlicher Devisenkurs 447
– Handel 395, 434, *504*

– Kurs 396
– Kursmakler 396
amtliches Kursblatt 396
Amtssprachen *504*
Angebotspolitik 60, 92
Angestellte, leitende 302
Anhang in Bilanzen 330, 334
Anlageberater 465
Anlagedauer 477
Anlageerfolg 468, 476, 477
Anlagegrenzen 470f.
Anlagepolitik 468, 471
Anlagespiegel 325
Anlagestruktur 368, 467
Anlagevermögen 323, *504*
Anlagevorschriften 456
Anleger, institutionelle 347
Anlegerschutz 357, 468
Anleihen *504*
– öffentliche 437
Anschaffungs- oder Herstellungskosten *504*
Anschlußkonkurs 373, *505*
Anteile im Fremdbesitz *505*
Anteilumlauf 469
Anteilwert 473f.
Antidumpingverfahren 107
Anwartschaften 133, 139
Anzeigen 35
Arbeit 50, 177
Arbeiterbewegung 163, *505*
Arbeitgeber 169f., 299
Arbeitgeberverbände *505*
Arbeitsbeschaffungsmaßnahme 200
Arbeitsdirektor 303, 304, *505*
Arbeitsförderungsgesetz 141
Arbeitsförderungs-Maßnahmen (ABM) 141
Arbeitsgemeinschaft (Arge) 293
Arbeitskampf 162, 174, *505*
Arbeitslose 68, 70, 71
Arbeitslosengeld 141
Arbeitslosenhilfe 142
Arbeitslosenversicherung 122, 133, 141
Arbeitslosenquote *505*
Arbeitslosigkeit 90, 180, 200, 251
Arbeitsmarktpolitik 141
Arbeitsunfälle 364
Arbeitszeit 162, 180
Arbitrage 407, 448, *505*
Asiatische Entwicklungsbank / Asian Development Bank ADB 240, *505*
assoziierte Unternehmen *505*
Assoziierung *506*
Assoziierungsabkommen 224
Atomkraftwerke 159
Außenhandel 68, 75ff.
Außenstände *506*

551

Außenumsatz *506*
außenwirtschaftliches Ungleichgewicht 77, *506*
außerplanmäßige Ausgaben *507*
Auffanggesellschaft 376f., *506*
Aufgeld (Agio) 321
Aufpreis *506*
Aufsichtsrat 295ff., 303f., 315, 328, 344, 346, *506*
Aufsichtsratsvorsitzender 295f.
Aufwendungen *506*
Aufwertung 77
Ausbeutung 51
Ausbeutungsmißbrauch 98, 106
Ausflaggen *506*
Ausführungsplatz 411
Ausgaben, über- und außerplanmäßige 115
Ausgabepreis 412
Auslandsanleihe 453
Auslandsinvestmentgesetz 472
Ausnahmebereiche 100, *506*
Ausschüttung 386, 471, 474
Aussperrung 176
Austeritätspolitik 236

B

bad will 334
Bagatellklausel 100
Baisse *507*
Baissier 462
Bandbreiten 229, 231, 233, *507*
Banken 348ff.
– Aufsicht 351, 357
– Bilanz 352f.
Bankenerlaß 361
Bankfiliale 465
Bankgeheimnis 361f.
Bankstellen 348
Bargeld 188, 193, 350, 361
Barrel *507*
Barren 459
Barrengold 459
Basispreis 428, 471
Bausparkassen 358, 360
Bauxit 487
Beherrschungsvertrag *507*
Behinderungsmißbrauch 98, 105
Beirat, wissenschaftlicher 86f.
Beistands- oder Bereitschaftskredit *507*
Beitragsbelastung 135
Beitragsbemessungsgrenze 140, *507*
Beitragsrückerstattung 371
Belastbarkeit 120
Bemessungsgrundlage, steuerliche 123

Benchmark 433, 455
Beratungsgebühren 465
Berichtigungsaktien 321
Berufshandel 463, *507*
Berufsverkehr 144
Beschäftigungsgesellschaft 200
Beschäftigungsgarantie 62
Beschluß 381
Bestätigungsvermerk (Testat) *507*
bestens *507*
Besteuerung 362, 392, 473, 477
Betrieb 263, *507*
Betriebsergebnis 318
Betriebsrat 301, 306, *507*
Betriebsrente 375
Betriebsvereinbarung 302, *508*
Betriebsverfassungsgesetz 295, 299, *508*
Betriebsversammlung 301
bevorrechtigte Gläubiger *508*
Bewertung 354, 356
Bewertungsagenturen 455
Bewertungsgesetz 128
bezahlt 424, *508*
Bezugsgröße *508*
Bezugsrecht 429, 470, 473, *508*
Big Bang *508*
Big Board *508*
Bilanz 320, 323, 325, 333, 338, 341, *508*
Bilanzanalyse 259
Bilanzgewinn 316, 318, 344
Bilanzgliederung 352f., 355
Bilanzposten 324
Bilanzrichtliniengesetz 307, 312, 314, *508*
Bilateralismus 53
billigst *509*
Binnenkaufkraft 74
Binnenmarkt 210, 217f., 220, 222, 352, 359, 365, 467, 476
Binnenschiffahrt 146
Börse 384ff
– Amsterdam 419
– Australien 420
– Berlin 415
– Bremen 415
– Brüssel 420
– Chicago 480ff.
– Düsseldorf 416
– Frankfurt 397, 399, 416, 427
– Hamburg 417
– Hannover 418
– Hongkong 420
– London 421
– – Metallbörse (LME) 483f.
– – Commodity Exchange 485
– Luxemburg 421
– Madrid 421

– Mailand 421
– München 418
– New York 422, 435, *541*
– – Comex 460, 483
– – Nymex 483
– Paris 422
– Stuttgart 419
– Tokio 423
– Toronto 423
– Wien 423
– Zürich 424
Börsenabwicklung 404
Börsenaufsicht 408
Börsenaufträge 399
Börsenbericht 429
Börsenentwicklung 431
Börsengeschichte 384, 412, 413
Börsengesetz 396
Börsenhändler 430
Börsenhandel 385, 399ff.
Börsenkrach 256
Börsenkurs 385
Börsenkurszettel 429
Börsenmakler 400f.
Börsenpflichtblatt 396, 398
Börsenpreise 459
Börsenprospekt 396f., 399
Börsenrecht 411
Börsenschließung 475
Börsensitzung 400
Börsenspekulation 462f.
Börsenspesen 412
Börsenstatistik 440
Börsenumsatz 387
Börsenwert 390
Börsenzulassungsverordnung 396
Boss (Börsen-Order-Service-System) 401, *509*
Branchenindex 435
Braunkohle 159f.
Bretton Woods 236, *509*
Briefkurs 425, 447
Broker *509*
Bruchteilsgemeinschaft 469
Bruttoanlageinvestitionen 75
Bruttoinlandsprodukt 69, 71, *509*
Bruttoprinzip *509*
Bruttosozialprodukt 68, 70, 73, *509*
Buchführung (Buchhaltung) *509*
Buchgeld 350
Buchwert 354
Bürokratie 57
Bufferstock *509*
Bundesanleihe 115, 386ff., *509*
Bundesanstalt für Arbeit 141
Bundesanzeiger 309f., 312, 315

Bundesaufsichtsamt
   für das Kreditwesen 351, 470, 472
   – für das Wertpapierwesen 362
   – für das Versicherungswesen 365f.
Bundesausbildungsförderungsgesetz 134
Bundesbank siehe Deutsche Bundesbank
Bundesbankgesetz 56
Bundesgerichte 380, *509*
Bundesobligation 115, *510*
Bundespost 144
Bundesrechnungshof 115
Bundesschatzbriefe 115
Bundesschatzanweisungen 387
Bundesverband deutscher Investment-
   Gesellschaften 468, 472, 476f.
Bundeszuschuß zur Rentenversicherung 139

C

Call *510*
Cash-flow 325, 341, *510*
Cash-Markt (Kassamarkt) 395
Chartist *510*
cif *510*
Clearing (Clearingstelle) 406, 484
Clearingzentren 455
Commercial Paper 443, *510*
Composite Dax (CDax) 434
Computerbörse 403
Contango *510*
Cost-Average-Methode 474
Courtage *510*
Crash *510*
CRB-Index 492
Cross-Rate 449

D

Dachfonds 470
Daseinsvorsorge 143
Daueremissionen 387
Daueremittenten *510*
Dax (Deutscher Aktienindex) 330, 397, 430, 433, 467, *510*
DDR-Handelsorganisation HO 200
   – Vermögen 203
   – Volkskammer 198
   – Wirtschaft 198
Deckungsbeitrag *510*
Deckungsrückstellung 370f.
Deckungsstock 371
deficit spending 90, *510*
Deflation 187

degressive Abschreibungen *510*
DEL-Notiz 485
Delkredere *511*
Demarkations- und Konzessionsverträge 159
Demokratie 51, 58
Deport 451
Depotauszüge 466
Depotbank 468, 471, 473, 476
Depotkonto 474
Depotstimmrecht 345f., *511*
Deregulierung 60, 143, 146f., 172, *511*
Derivate (Derivative) 393ff., 398
Deutsche Bahn AG 143, 145
Deutsche Börse AG 398, 413f., 434, *511*
Deutsche Bundesbank 56, 89, 143, 145f., 188, 190ff., 224, 231ff., 348, 354, 357, 439ff., 448, *511*
Deutsche Reichsbahn 143, 146
Deutsche Schutzvereinigung für Wertpapierbesitz 347
Deutsche Terminbörse (DTB) 397, 405f., 419, 427f.
Deutsche Wertpapierdatenzentrale (DWZ) *511*
Deutscher Aktienindex siehe Dax
Deutscher Gewerkschaftsbund 165ff.
Deutscher Rentenindex (Rex, RexP) 439
Devisen 194, *511*
Devisenbilanz 225
Devisenbörse 452
Devisenkontrollen 409
Devisenmakler 444
Devisenmarkt 224, 444ff.,
Devisenoption 451
Devisenpensionsgeschäfte
Devisenreserven 192
Devisenterminmarkt 449ff., 471, 475
Devisenumsätze 444
Dienstleistungsgesellschaft 165
Dienstleistungsbilanz 225
Diktatur 58
Direktanlage 467, 473
direkte Steuern *511*
Direktorium 191f., *511*
Direktversicherung 367
Diskontkredit 194.f
Diskontsatz 195, *511*
Diskriminierung 98, 106
Diskriminierungsverbot 106
Distanzschutz 243
Dividende 310, 340, 342, 390, 392, *511*
Dividendenabschläge 432f.
Dividendenrendite *511*
D-Mark 77
D-Mark-Auslandsanleihen 388
D-Mark-Eröffnungsbilanz 200, *512*

Dollar 225
Dow-Jones-Index 435, *512*
Dow-Jones-Commodity-Index 491
Duales System 154
Dumping 246, *512*
DVFA/SG-Ergebnis *512*

E

Ecu 231
Edelmetalle 470
Effekten *512*
Effizienz 58
EG-Informations-Richtlinie 410
EGKS-Vertrag *512*
EG-Richtlinien 379
Eigenhandel 448
Eigenkapital 312f., 321, 323, 338, 356, 392, 398, *512*
Eigentum 47
Eigentumsfragen, ungeklärte 202
Eigenverwahrung 474
Eignungsprüfung 351
Einflußnahme auf politische Entscheidungen 78
Einfuhrumsatzsteuer 130
Eingliederung 336
Einheitliche Europäische Akte 212, 217, 219, *512*
Einheitskurs 401
Einigungsstelle 301
Einkommen *512*
Einkommensteuer 125
Einkünfte aus Kapitalvermögen 362, 477
Einlagensicherung 357f., *512*
Einschußforderungen 480
Einstweilige Verfügung 382, *512*
Einwanderungspolitik 138
Einzelkaufmann 282
Einzelunternehmen 263
Eisenbahn 143
Elastizität 151
Elektrizität 159
Elektronische Handelssysteme 429
Emissionskurs 513
Emissionsrendite 439
Emissionsvolumen 454
Emittent 513
Energie 154ff.
Energiebedarf 156f.
Energiepolitik 155
Energieträger 154
Energieversorgung 251
Energiewirtschaftsgesetz 513
Entdeckungsverfahren 50

Entflechtung 199, 200, *513*
Entlastung 344
Entschädigung 202
Entwicklung 253
Entwicklungsaufgaben 238
Entwicklungsbanken, regionale 240
Entwicklungshilfe 251
Entwicklungskredite 238
Entwicklungsländer 238, 256
Equity-Methode 333f., *513*
Erblastenfonds 119
Erbschaftsteuer 128
Erdgas 157ff.
Erdöl 157
Ergänzungsabgabe 121
Ergänzungshaushalt *513*
Ergänzungskapital 356, *513*
Ergänzungszuweisungen 126
Ergebnis der gewöhnlichen Geschäftstätigkeit 318
Ergebnis je Aktie 318, 336, 341, *512*
Erneuerbare Energien 156, *513*
Eröffnungskurs *513*
ERP-Sondervermögen 119
Erstausgabe 473
Erträge *513*
Ertragsausgleich 359
Ertragsausschüttungen 471, 474
Ertragsbesteuerung 471
Erweiterung der Europäischen Gemeinschaft 210, 223
Erwerbstätigkeit 68
Erziehungszoll 241
Ethik 58
Euroanleihe 453
Eurogeldmarkt 444
Euro-Kapitalmarkt 452ff., *513*
Europäische Freihandelsassoziation (Efta) 248
Europäische Gerichte 380
Europäische Kommission 211, 216, 219, 223
europäische Option 393
Europäische Politische Zusammenarbeit (EPZ) 222, *513*
Europäische Union 54
Europäische Währungsunion 55, 233ff.
Europäische Zentralbank 234
Europäischer Binnenmarkt 399
Europäischer Gerichtshof 214, *514*
Europäischer Ministerrat 212f., 215ff., 222f.
Europäischer Paß 472, *514*
Europäisches Parlament *514*
Europäisches Währungsinstitut 233
Europäisches Währungssystem (EWS) 224, 231ff., *514*
Europa-Parlament 213, 222

European Recovery Program (ERP) 13
Evolution 51
ex *514*
ex Bezugsrecht 425
ex Dividende 425
Export 76
Exportquote 248, *514*
Exportsubventionen 246

F

Factoring *514*
Familienlastenausgleich 123, 134
Familienunternehmen 276, 311, *514*
F.A.Z.-Aktienindex 330, 430ff., 467
Fazilitäten 238, *514*
F.A.Z.-Renten-Rendite 437
Feingold 457
Feinsilber 462
Festung Europa 208
Festzinsanleihe 386
Feuerversicherung 363f.
Feuerwehrfonds 357
Fibor 443, *514*
Fifo-Methode (first in, first out) 324, *514*
Financial Times Stock Exchange-Index 436
Finanzausgleich 125, *515*
Finanzbedarf 120
Finanzberater 465
Finanzhilfen 110
Finanzinvestoren 465
Finanzkraft 126
Finanzplanung, mittelfristige 113
Finanzplanungsrat 113, *515*
Finanz-Terminkontrakte 471, 475
Firma 263, 283
Fiskalillusion 60
Fiskalpolitik 90, *515*
– antizyklische 109
fixe Kosten *515*
Fixed-price re-offer System 456
Fixkurssystem 237
Floater 387, *515*
Floating 229
Fonds „Deutsche Einheit" 119
Force Majeure *515*
Forfaitierung *515*
Fortbildung, berufliche 134
fortlaufende Notierungen *515*
Franchising *515*
Frankfurter Goldnotiz 459
Frankfurter Wertpapierbörse siehe Börsen
Freiburger Imperativ 59
Freiburger Schule 58
freie Berufe 275

555

freie Makler *515*
Freihändler 206
Freihandel 241f.
Freihandelszone *516*
Freiheit 47
Freiverkehr 396, 404, *516*
freiwillige Selbstbeschränkung 246
freizügiger Sparverkehr 359
Fremdkapital 321, 323, *516*
Friede, sozialer 54
Friedenspflicht 172, *516*
Frühstückskartell 97
Führungsnachwuchs 279ff.
Fundamentalist *516*
Fusion 335f., 347, *516*
Fusionskontrolle 96, 99, *516*
– der EG 104

G

G-7-Länder *519*
G-7-Treffen 251
Gatt siehe auch Allgemeines Zoll- und Handelsabkommen
Gatt-Abkommen 245
– Runde 247, 256
– Sekretariat 244
– Vertragspartei 245
Gegendarstellung 18
Geldangebot 91
Geldanlage 462, 465
Geldautomat 359
Geldentwertung 55, 187
Geldkurs 424, 447
Geldmarkt 440ff., 516
Geldmarktfonds 196, 443, 470
Geldmenge 91, 188, 194, 196f., 355, *516*
Geldordnung 47
Geldpolitik 91, 186, 188f., 191, 194, 196
Geldschöpfung 188f., 193
Geldwäsche 351, 361, 474
Geldwert 186ff.
Geldwertschwund 40
Gemeinkosten *516*
Gemeinschaftsaufgaben 110, 126, *517*
Gemeinschaftsunternehmen 333f., *517*
Gemeinschuldner 373
gemischte Fonds 469
General Agreement on Tariffs and Trade (Gatt) siehe auch Gatt und Allgemeines Zoll- und Handelsabkommen 242ff.
Generationenvertrag *517*
Genossenschaft 293, 309, 314
Genossenschaften *517*

Genossenschaftswesen 278
Genußrechte 356
Genußschein 392f., *517*
geregelter Markt 396, *517*
Gerichtsentscheidungen 380, *517*
Gesamtleistung 318
Gesamtrendite 439
Gesamtverband der Deutschen Versicherungswirtschaft 363
Geschäftsbanken 188, 193f.
Geschäftsbericht 307, 312, 327, *517*
Geschäftsführer 287, 295
Gesellschaft mit beschränkter Haftung (GmbH) 285ff., 295
Gesellschaft, stille 285
– offene 65
– pluralistische 51
Gesellschafter 295, 308
Gesellschafterversammlung 295
Gesellschaftsordnung 56
Gesellschaftsvertrag 66, *517*
Gesellschaftsblätter *518*
Gesetz der großen Zahl 365
Gesetz der Geschichte 50
Gesetz gegen den unlauteren Wettbewerb (UWG) 94, 96, 102
Gesetz über das Kreditwesen 352, 468
Gesetz über Kapitalanlagegesellschaften 467, 469, 475
Gesetz zur Regelung der Allgemeinen Geschäftsbedingungen 103
Gesetzgebung, konkurrierende 125
Gesetzgebungsverfahren 78, 83, *518*
Gesundheitsreformgesetz 141
Gesundheitsstrukturgesetz 141
Gewerbesteuer 125, 130
Gewerkschaften 163ff., 299, *518*
Gewinn *518*
Gewinn- und Verlustrechnung 312, 316, 318, 337, 341, 352, *518*
Gewinnmitnahmen *518*
Gewinnquote *518*
Gipfelländer 253
Gironetze 441
Girosammelverwahrung 404, *518*
Gläubiger 373, 375f.
Gläubigerrecht 392
Gläubigerschutz 309, 357
Glattstellungen *518*
Gleichgewicht, außenwirtschaftliches 87, 92
globale Wertpapiere 456
Globalsteuerung 109
Globex 482
GmbH 285ff., 295
GmbH & Co. 313f.
GmbH-Mantel 289

Goldbörsen 459
Gold-Dollar 458
Goldene Bilanzregel *518*
Goldhandel 459ff.
Goldmarkt 456ff.
Goldmünzen 456f.
Goldnotiz 460
Goldreserven 192
Goldstandard 228, 457
Goldverbrauch 458
Gold-Währungsbestände 458
Goodwill 334, *518*
Große Koalition 93
Großkredit 354
Großunternehmen 264, 519
„Grüne" Umwelthürden 250
Grundkapital siehe auch Eigenkapital 321, 373, 434
Grundsicherung 136, 141
Grundsteuer 128, 130
Gruppenarbeit 300
Güterverkehr 145ff.

H

Haftpflichtversicherung 364, 368, 371
Haftsummenzuschlag 356
Haftung 58, 288
Haftungsrecht 153
Handel 251
Handel „per Erscheinen" *519*
Handel unter Banken *519*
Handelsbestand 355
Handelsbilanz 225, *519*
Handelsblöcke 248
Handelsdiskriminierung 245
Handelsgesetzbuch 308, 313f.
Handelskrieg 257
Handelsliberalisierung 242, 245, 251
Handelsmacht 218f.
Handelspolitik, strategische 52
Handelsregister 308, 312, 314, 333, 344
Handelssanktionen
Handelsteil 259
Handelswechsel 195
Hang Seng-Index 436
Harmonisierung 210f.
Hauptversammlung 291, 295, 298f., 303, 315, 342, 373, 390, *519*
Hausbank 474
Haushalt 216, 220
Haushaltsausschuß 114
Haushaltsgrundsätze 111
Haushaltsplan 111, 114
Haushaltspolitik 108
Haushaltsvollzug 115

Hausratversicherung 364, 368
Hausse *519*
Haussier 462, 519
Havanna-Charta 245
Hebel 394
Hedging 450, 519
Hinterbliebenenrente 139
Hinterlegungsstelle 412
Höchststimmrecht 298
Holding 315f
Holdinggesellschaft *519*
Hortungsmünze 461
Humankapital 63, *519*
HWWA-Index 492
Hyperinflation 55

I

Ibis (Integriertes Börsenhandels- und Informations-System) 403, *520*
*I*CE 145
IDA (International Development Association) 236
Import 76
Importquote *520*
Impressum 18
Index 39f., 330, 397, 431ff., 467, 491f.
indirekte Steuern *520*
Individualverkehr 144f., *520*
Individualversicherng 364
Industrieanleihen 388
Industriepolitik 52f., 105, *520*
Industrieproduktion 72
Industriestandort 149
Inflation 55, 187, 251, 354
inflationäres Gleichgewicht 56
Inflationsrate 187, *520*
Infrastruktur 142, 145, *520*
Inhaberaktien 391
Inlandsanleihe 452, 456
Inlandsprinzip 245
Innenumsatz *520*
Insider 359, 362
Insider-Geschäfte 409, 463f.
Insider-Verstöße 410
Insolvenz *520*
Insolvenzordnung *520*
Insolvenzplan 377
institutionelle Anleger *520*
Institutionen-Ökonomik 63
Integration *521*
Intellektuelle Eigentumsrechte 247
Interamerikanische Entwicklungsbank (Inter-American Development Bank - IDB) *521*

557

Interessenvertreter, Interessenvertretung 78, 80ff.
International Bank for Reconstruction and Development (IBRD) *521*
Internationale Entwicklungsorganisation (International Development Association, IDA) *521*
Internationale Finanz-Corporation (International Finance Corporation, IFC) 240, *521*
Internationale Liquidität *521*
Internationaler Währungsfonds (International Monetary Fund, IWF) 235, *521*
Internationale Energieagentur (IEA) 155ff., *521*
Interventionen 231, 446, *521*
Invalidenversicherung 132
Inventur 313, *521*
Investition 197, 202, 325
Investitionsquote 75, *522*
Investitionszulage 124
Investivlohn 185, *522*
Investmentanteile 426
Investmentfonds 362, 427, 464ff., *522*
 – ausländische 469, 472, 474
 – Gruppen 470f.
 – Mittelaufkommen 474
 – Preise 475f.
 – Vermögen 468, 471, 473
 – Verwaltungskosten 476
IOSCO (International Organisation of Securities Commissions) 409
IWF siehe auch Internationaler Währungsfonds *522*

J

Jahresabschluß 307, 313, 315, 340, 343, *522*
Jahresrechnung 115
Jahresüberschuß 316, 318, *522*
Jahrhundertvertrag 206
Journalismus, investigativer 17
junge Aktien 431

K

Kann-Verbot 98
Kapazität *522*
Kapital 50
 – gezeichnetes (Grundkapital) siehe auch Eigenkapital 321, 373

Kapitalanlagegesellschaft 361, 468, 473
Kapitalaufnahmen 454
Kapitalbilanz 225
Kapitalerhöhung 309, 342, 432
Kapitalerträge 369, 371
Kapitalertragsteuer 128
Kapitalgesellschaft 263, 314, 327, 332, 373, *522*
Kapitalismus 166
Kapitalschnitt 309, 344, 372, *522*
Kapitalverkehrskontrollen 409, 454, 456
Kartellamt, europäisches 105
Kartellbehörde 100, *522*
Kartelle *522*
Kartellgesetz 94, 96, *523*
Kartellnovelle *523*
Kartellverbot 59, 97
Kassakurse 448, *523*
Kassamarkt 395, 398, 407
Kassenärztliche Vereinigung 140
Kassenrezept 140
Kassenverein 404, *523*
Kaufkraft (der Währung) *523*
Kaufkraftparitätentheorie 227
Kaufoption 393, 451, *523*
Kern, industrieller 204
Kernenergie 159
Kernkapital 356, *523*
Kernwaffen 256
Keynesianismus 89f., *523*
Kiss (Kurs-Informations-Service-System) 401, *523*
Klein- und Mittelbetriebe 264f., 275, *523*
Kölner Schule 58
Körperschaftsteuer 125, 129
Kohäsion *524*
Kohlepfennig 160, *523*
Kohlerunde 161
Kollektivismus 58
Kommanditgesellschaft 284
 – auf Aktien (KGaA) 293, 343
Kommanditist 284
Kommentar 44f.
Kommunalobligationen 388, 437
Kompensation 152f., *524*
Komplementär 284
Konditionalität 238
Konjunkturausgleichsrücklage 93
Konjunkturbericht 36
Konjunkturindikator 37f., 495
Konjunkturzyklus 71, *524*
Konkurrenz, potentielle 99
 – vollkommene 94
Konkurs 372, *524*
Konkursausfallgeld *524*
Konkursverwalter 373

konsolidierte Bilanz *524*
Konsolidierung 315, 331
Kontoauszüge 466
Kontoform *524*
Kontrakt 428, *524*
Kontrakteinkommen *524*
Kontrollmitteilung 361
Konvergenz *524*
Konvertibilität 224, *525*
Konzentration *525*
Konzern 316, 331f., 335, *525*
Konzertierte Aktion 60, 92f., *525*
– im Gesundheitswesen *525*
Kooperation *525*
Kooperationsprinzip 148, *525*
Koordination 252
Kopplungszwang 98
Kostendämpfungsgesetz 141
Kotierung *525*
Kraftfahrtversicherung 364, 367, 371
Kraftwagenspediteure 146
Krankenschein 140
Krankenversicherung
  132f., 138, 140, 364, 368
Kredit 188
Kreditabwicklungsfonds 119
Kreditfinanzierungsquote 120
Kreditgewährung 188
Krügerrand 461
Küstenschiffahrt 146
Kulisse 463, *525*
Kupon *525*
Kursangaben 424
Kursblatt 424
Kurse 424
Kursfeststellung an der Börse 401
Kursgewinne 471, 476f.
Kurs/Gewinn-Verhältnis 426, *525*
Kursmaklergesellschaften 411
Kurspflege *526*
Kurspflege-Transaktionen 431
Kursrisiko 450
Kursschwankungen 393f.
Kurssicherungskosten 450
Kurstaxe *526*
Kurswert 391, 473
Kurszusätze 424

L

Ladenschlußgesetz 103, *526*
Lagebericht 328, 344, 353
Laissez faire *526*
Laissez-faire-Gesellschaft 58
Landeszentralbank 191f., 351, 442, *526*

Lange-Lerner-Sozialismus 50
Lateinamerikanische Entwicklungsbank 240
Laufzeit 386, 390, 455, 471
Laufzeitfonds 471
Leasing *526*
Lebenserwartung 138
Lebenshaltung *526*
Lebenshaltungspreise 74
– Index der 39f.
Lebensstandard 70, 73, *526*
Lebensversicherung 362, 364, 367, 369, 371
Leerverkauf *526*
Leistungsbilanz 225
Leistungsethos 67
Leitkurs 231, 233, *527*
Leitungsmonopol 144, *527*
Leitzinsen 194, 196, 448
Leserinteresse 13
Liberalismus 58
Libor *527*
Liefer- und Bezugssperren 98
Lifo-Methode (last in, first out) 57, 324
Limit *527*
lineare Abschreibungen *527*
Liquidation 309, 338
Liquidität 355, 357, 440ff., 471, 474, *527*
– internationale 237
Liquiditätskonsortialbank 357f.
Listungsgebühr 105
Lizenzen 153f.
Lobby 78f.
Lobby-Liste 79
local content *527*
Lockvogelangebote 106, *527*
Löhne und Gehälter 70, 74
Lohn 177ff.
Lohnfortzahlung 121, 137
Lohnkorridor 185
Lohn-Preis-Spirale *527*
Lohnquote 73, 182, *528*
Lohnsteuer 128
Lohnstückkosten 68, *528*
Loko (loco) *528*
Lokomotiv-Theorie 254, *528*
Lombardkredit 194f.,
Lombardsatz 195, *528*
long *528*
Luftverkehr 143, 145, 147

M

Maastrichter Vertrag
  206, 213, 219, 221, 223, 233
Macht 52

559

Märkte, osteuropäische 203
mafiose Marktwirtschaft *528*
Makler *528*
Makler-Courtage 412
Management KG 204
Management-Buy-Out 202
Manager 260f., *528*
Managerherrschaft 261
Maple Leaf 461
Markt, relevanter 99
Marktabgrenzung 99
Marktaufsicht 408
Marktbeherrschung 99, *528*
Marktergebnis 96, 107
Marktergebnis-Test 95
Marktmacher 455
Marktmachtvermutung 100
Marktnische 51
Marktordnung 47, 217
Marktransparenz 366
Marktstruktur 95f.
Markttransparenz 39
Marktverhalten 96
Marktwert 391
Masse *528*
Matching 405
Medaillen 460
Mehrheit, qualifizierte 344
Mehrheitsaktionär 298, 310, 331
Mehrwertsteuer 121, 130
Meistbegünstigungsklausel 245, 249, *528*
Meldeschwelle 410
Mengenbeschränkung 245, 246
Mengentender 195
Metallbörse 460
Metallgeld 458
Mißbrauch der marktbeherrschenden Stellung 96
Mißbrauchsaufsicht 96, 98, *529*
Minderheitenschutz 58, 291
Mindestanlage 469
Mindesteigenkapital 356
Mindestreserven 195f., 442, 444
Mineralölsteuer 121, 125, 143
Ministererlaubnis 100f.
Mitarbeiterkapitalbeteiligung 202
Mitbestimmung 59, 299ff., *529*
– paritätische 299, 306
Mitbestimmungsgesetz 295
Mitglieds-Quoten 238
mittelfristige Finanzplanung *529*
Mittelkurs 447, *529*
Mittelstand 274ff., *529*
Mittelstandsförderung 52
Mittelstandspolitik 277
Mobilfunk 147

Mobilität 144
Monetarismus 60, 65, 89, 91, 188, 197, *529*
Monopol 49
– natürliches 101
Monopolkommission 101, 266, *529*
Montan-Mitbestimmung 299, 303, *529*
Montanunion 209, 216
Moody's 440, 491
Moral 66
Motorisierungsgrad *529*
Münzen 350, 460
Münzgold 459
Multilaterale Versicherungsagentur (MIGA) 240, *529*
Multilaterale Handelsabkommen 242
Multilateral Investment Guarantee Agency (MIGA) 240 *529*

N

Nachbörse 431, *530*
Nachfolge 276
nachhaltige Entwicklung (sustainable development) *530*
Nachricht 43
Nachrichtenagenturen 41
Nachtragshaushalt 115, *530*
Nachtwächterstaat 57
Namensaktien 391
Nationalismus 206
Nationalsozialismus 52
Nationalstaaten 206
Nebenwerte *530*
Nennwert 390f., 425f.
– Aktien 290
Nettokreditaufnahme *530*
Nettoneuverschuldung 112
Nettosozialprodukt zu Faktorkosten *530*
neuer Protektionismus 246
nichttarifäres Handelshemmnis 241
Niederstwertprinzip 324, *530*
Nikkei-Index 436, *530*
Nordamerikanische Freihandelszone (Nafta) 207, 244
Notenbank 190, 445
Nullkupon-Anleihe *530*
Nutzen (der Umweltpolitik) 149

O

OECD – Organisation für wirtschaftliche Zusammenarbeit und Entwicklung 253
öffentlich-rechtliche Grundkreditanstalten 360

Öffnungsklausel 184, *530*
Öko-Bilanzen 144
Öko-Dumping 250
Ölpreisexplosion 60, 252
offene Handelsgesellschaft (oHG) 283f.
offene Immobilienfonds 469, 474
Offenmarktgeschäft 195
Oligopol 99
Oligopole, weite 95
open outcry 480
Option 393ff., 451, 456, *530*
Optionsanleihe 389
Optionsgenußschein 392
Optionsgeschäfte 470ff.
Optionshandel 406
Optionspreise 427
Optionsschein 394f., *530*
Ordnung 58
Ordnungsrecht 150
Ordo-Liberalismus 58
Organgesellschaft *530*
Ostdeutschland 69
Osteuropabank 240
Ost-West-Konflikt 255

P

Palladium 462
Papiergold 237
pari *530*
Paritätische Mitbestimmung *530*
Parkett *531*
Passiva *531*
Patentgesetz 94, 103, *531*
Pensionsgeschäfte 195
Pensionsrückstellung 340, *531*
Pensions-Sicherungs-Verein *531*
Performance-Index 434
Per-se-Verbot 96, 98
Personalien 278f.
Personalrat *531*
Personalvertretungsgesetz 299, 302
Personalzusatzkosten 180
Personengesellschaft 372, *531*
Personenverkehr 145
Personenversicherung 364
Pfandbrief 360, 388, 437
Pflegeversicherung 122, 133ff., 364
Pflichtveröffentlichung 35
Phillipskurve *531*
pits 482
Planwirtschaft 49, 58, 197
Platin 462
Pluszeichen *531*

Postbank 358f.
Präferenzzoll 246
Prämienaufkommen 362
Präsenzbörse 396
Preisangabenverordnung 94, 103
Preisbindung der zweiten Hand 97, *531*
Preismechanismus 51
Preismißbrauch 105
Preisniveau 187f., 225
– stabiles 87
Pressefreiheit 18
Pressekonferenz 42
Presserat 18
Presserecht 18
Primärenergie *532*
Privatanleger 455
Privatbankiers 462, 350
private Hypothekenbank 360
privater Verbrauch 73, *532*
Privatisierung 60, 198, 200, 201, 203
Privatrechtsordnung 58
Privatversicherung 133, 364
Produktionsfunktionen 63
Produktionsprozeß 50
Produktivität 68, 177, 182, *532*
– gesamtwirtschaftliche *532*
Produzierendes Gewerbe 72
Prognose 88
Prospekthaftung 399, 475
Protektion 206
Protektionismus 241f.
Public Relations 307
Publikumsfonds 468f., 474
Publikumsgesellschaft 336
Publizität 307ff., 353
Publizitätsgesetz 312
Publizitätspflicht 399
Put *532*

Q

Quadriga-Gruppe 257
Quellenabzugsverfahren 128
Quellensteuer 453, 456, 472
Quote *532*
Quotenaktien 390f.
Quotes 405

R

Rabattgesetz 94, 102
Rahmenbedingungen 64
Ratings *532*

Rationierung 425
Reaganomics 91
Realeinkommen *532*
Realignment *532*
Realkreditinstitute 360
Realsteuer 130
Rechenschaftsbericht 475
Rechnungsabgrenzungsposten 323
Rechnungslegung *532*
Rechnungszins 371
Recht der Geschäftsbedingungen 94
Rechtsberichterstattung 379
Rechtsentscheid 381
Rechtsordnung 64
Rechtsverhältnisse 64
Refinanzierungspolitik 194f.
Reformländer *532*
Regalpflege 106
Registergericht 315
regulierter Handel („managed trade") 249
Rehabilitation 134, 139
Reichsbahn siehe Deutsche Reichsbahn
Rendite 393, 436
Renditeberechnung 437
Rentenanpassung 139
Rentenfonds 474
Rentenformel 139
Rentenkurse 426
Rentenmarkt 386ff.
Rentenmarktbericht 431
Rentenniveau 139
Rentenversicherung 136, 138
Repartierung 425
Report 451
Reprivatisierung 202
Residualbestimmte Einkommen *533*
Restlaufzeit 355, 437
Restschuldbefreiung 378
Reuters Index 491
Rezession 70, 71, *533*
Risiko 356, 363f., 371, 386, 456, 467
Risikoaktiva *533*
Risikoprämie 464
Römische Verträge 210f., 216, *533*
Rohergebnis 320, *533*
Rohrfernleitungen 146
Rücklagen 321, 532
Rücknahmepreis 412, 473, 475
Rückstellungen 532
– versicherungstechnische 370f.
Rückstellung für Beitragsrückerstattung 371
Rückversicherung 371

S

Sachleistung 140
Sachleistungssystem *533*
Sachversicherungsunternehmen 370
Sachverständigenrat 87, *533*
Saldenabstimmung *533*
Sammlermünzen 460
Sanierung 200, 203f.
Satzung (von Unternehmen) 295
Schachtelbeteiligung 310, 335
Schachtelprivileg *533*
Schadenersatz 18
Schadenregulierung 366
Schadenversicherung 364
Schatzwechsel 196, 443
Schengener Abkommen *533*
Schlichtung 165, 173
Schlüsselzahlen 498ff.
Schlußkurse *534*
Schuldenkrise 238
Schuldenmanagement 115
Schutzgemeinschaft der Kleinaktionäre 347
Schutzklausel 246, *534*
Schwedisches Modell *534*
Securities and Exchange Commission (SEC) 341, 409
Seeschiffahrt 146
Selbstbeschränkungsabkommen 107
Selbstbeteiligung 137f., 140, 366
Selbstfinanzierung *534*
Selbstkontrolle 409, 464
Selbstversorgung 241
Selbstverwaltung der Sozialversicherung 84
Settlementpreis 428, *534*
Shareholder Value 347
Sherpas 251
short *534*
Sicherungsrechte 378
Sichteinlage 188
Simulationsrechnungen 466
Sitzlandprinzip 356, 366, 472, *534*
Sklerose 62
Solidaritätszuschlag 121
Solidarpakt 93, *534*
Sonderabschreibungen 326, *534*
Sonderposten mit Rücklageanteil 323, *534*
Sonderprüfer 344
Sondervermögen 467, 469, 476
Sonderziehungsrechte (special drawing rights) 237, *535*
Sorten 444, 451ff., *535*
Souveränitätstransfers 206
Souveränitätsverzicht 206
Souvereign 461
Sowjetunion 255

Sozialbeiträge 136
Sozialbudget *535*
Soziale Marktwirtschaft 59, 68, 162, *535*
Sozialhilfe 136
Sozialleistungen 133, 136
Sozialleistungsquote (Soziallastquote) *535*
Sozialpartnerschaft 168, 299
Sozialplan 302, 375, 378, *535*
Sozialsystem 59, 135
Sozialversicherung 84, 132f., 364
Spätkeynesianismus 60
Sparbrief 188
Sparbuch 358f.
Spareinlage 188
Sparerfreibetrag 124
Sparkassen 188
Spekulant 480f., *535*
Spekulation 394, 448, 451, 462, 464, 480ff.
Sperrminorität 344
Spezialbanken 360
Spezialfonds 469, 474, *535*
Split 473, *535*
Splittingverfahren 129
Spot-Markt (Kassamarkt) 395
Sprecherausschüsse 302, *535*
Staatsanleihen 470
Staatsanteil 120
Staatsauffassung 57
Staatsausgaben 251
Staatsquote 117, 120, *536*
Staatsverbrauch 74, *536*
Stabilität 47, 60, 181
Stabilitätsdisziplin 253
Stabilitätsgesetz 60, 92, 109, *536*
Stabilitätspolitik *536*
Staffelform *536*
Stammaktien 391f.
Standardbarren 459
Standardwerte 397, 433, 435, *536*
Statistisches Bundesamt 74
Steinkohle 159ff.
Sterbetafel 363
Steuererklärung 128
Steuerlastquote *536*
Steuern, direkte 124
– indirekte 124
Steuerprogression *536*
Steuerquote 120f.
Steuersparen 465
Steuersystem 120, 123f.
Steuervereinfachung 124
Steuervergünstigung 123f.
Steuerverteilung 126
stille Reserven 340f., 353f., *536*
Stillegung 200
Stillhalter 393

Stimmrecht 470
Stimmrechtsbeschränkungen 343
Stop-Loss-Order *537*
Stornoquote 367f.
Straßengüterverkehr 143ff.
Straits-Time-Index 436
Strategische Reserve *537*
Streik 174
Streitwertgrenzen 381
Stromvertrag 200
Strukturdarlehen *537*
Strukturpolitik 142
Strukturvertrieb 367, 475
Strukturwandel 71
Stückwerks-Technik 66
Subsidiarität 162, 211, 221, *537*
Substanzausschüttung 471
Substitutionskonkurrenz 99
Subvention 196, *537**
– des Steinkohle-Bergbaus 160f.
Summations- und Distanzschäden 153, *537*
Surveillance *537*
Swapgeschäft 450ff.

T

Tagesgeld 442
Tarifautonomie 54, 162ff., *537*
Tarifkartell 54
Tarifverhandlungen 173, 179
Tarifvertrag 163, *537*
Tarifvertragsgesetz 300
Taxkurs (Taxe) 425, *537*
technische Reaktion *537*
Technologiewettbewerb 77
Telefon 147
Telefonhandel *537*
Telekom 144, 147
Telekommunikation 143f., 147
Termin *538*
Terminbörse 397, 405f., 419, 427f.
Termineinlage 188
Terminkontrakt 395, 406, *538*
– auf Bundesanleihen (Bund-Futures) 398
Terminmarkt (Termingeschäfte)
 397f., 406f., 480ff.
Terrorismus 255
Testat 317, 329, *538*
Thatcherismus 91
thesaurierende Fonds 471, 474
Thunfisch-Urteil 250
Timing-Kalender 497f.
Tinbergen-Schema 61
Tochtergesellschaft 333

563

Trader *538*
Transaktionskosten 66
Transferleistungen *538*
Transformation 57, 197, *538*
Transformationsprozeß 49
Transportmanagement 146
Trennbank 359
Treu und Glauben 64
Treuhandanstalt 197ff., *538*
Treuhandgesetz 198, 199
Treuhandkriminalität 205
Treuhandniederlassung 199, 205
Treuhandprivatisierung *538*
Treuhandsanierung *538*
true and fair view *538*
Tschernobyl 256

U

Überforderungsklausel 140
Überkreuzbeteiligung (Kreuzbeteiligung) 335, *538*
Übernahme (von Unternehmen) 296
überplanmäßige Ausgaben *538*
Überschußbeteiligung 371
Übertragungsbilanz 225
Überwachungsmandat 237
Ultimo *538*
Umlaufrendite 438
Umlaufvermögen 323, *538*
Umsatz 316ff., 320, 337f., *538*
Umsatzrendite *539*
Umsatzsteuer 130
Umschulung 134
Umverteilung 123, 133
Umwelt 251
Umweltaltlasten 203
Umweltbörse 153
Umweltpolitik 148
Umweltprogramm 148
Umweltschutz 58, 144, 219ff., *539*
Umweltschutz-Zertifikate *539*
Umweltverträglichkeitsprüfung *539*
Unfallversicherung 132, 364, 367, 371
Universalbank 359
unlimitierte Aufträge *539*
Unternehmen 258, 263ff., *539*
 – assoziiertes 333f.
 – Deutschlands größte 266 bis 273
 – Rechtsform 281ff.
 – verbundenes 333
Unternehmensberichterstattung 258f.
Unternehmenskonzentration 266
Unternehmensübertragung 294
Unternehmensumwandlung 294
Unternehmensvertrag 335
Unternehmer 259ff.
 – Selbsteinschätzung 262
Unternehmergewinn *539*
Unternehmerlücke 261
Unverzinsliche Schatzanweisung 196, 443
Urabstimmung 174
Ursprungslaufzeit 355
Urteil 381
Uruguay-Runde 243, 247, *539*

V

variable Börsenkurse 402f.
variable Kosten *539*
variabler Handel *539*
Veranlagungsverfahren 128
Verbände 78
Verbandsflucht *540*
Verbandsfreiheit 81
Verbotsprinzip 96
Verbraucherpreise 38
Verbrauchsteuern 125, 130
verbundene Unternehmen *540*
Vereinigung Frankfurter Effektenhändler 397
Verfallstermine 428
Verfassung 47
Vergleich 375f., *540*
Vergleichsverwalter 376
Verhaltenskontrolle 96
Verhaltensweise, abgestimmte 97
Verkäufe unter Einstandspreis 106
Verkaufsoption 393, 451, *540*
Verkaufsprospekt 475
Verkaufsprospektgesetz 412
Verkaufsprovision 475
Verkehr, kombinierter 146
 – öffentlicher 144f.
Verkehrsflughäfen 147
Verkehrspolitik 142ff.
Verkehrsträger 144, *540*
Verkehrswege 142
Vermögen *540*
Vermögensanlage 366, 368, 467
Vermögensbildung 134
Vermögensbildungsgesetz 468
Vermögensteuer 128
Vermögensverwaltung 466, 476
Vermögensverteilung 58
Verpackungsverordnung 154
Verpflichtungsermächtigung 111, *540*
Versicherungsmärkte 153
Versicherungen 362ff.

Versicherungen, Auslandsgeschäft 370
– Kapitalanlagen 368
Versicherungsabgabe 121
Versicherungsbeitrag 365f., 368
Versicherungsbilanz 370
Versicherungsmakler 367
Versicherungspflicht 132
Versicherungsvertrag 365f.
Vertragsfreiheit 58
Vertragslaufzeit 366
Vertragsmanagement 205
Vertragsversicherung 364
Verursacherprinzip 148, *540*
Verwahrung 350
Verwalterdarlehen *540*
Verwaltung bei Aktiengesellschaften 295f., 342, 346
Verzinsung 385, 392
Vinkulierung 346
Volkseinkommen 71, *540*
Volksversicherung 138
Volkswirtschaftliche Gesamtrechnung 71, *540*
Vollbeschäftigung 90
Vorbörse *540*
Vorsorgeprinzip 148, *541*
Vorsorgereserven 353
Vorstand 291, 295, 297f., 328, 342, 344, *541*
Vorstandsmitglied 296
Vorzugsaktie 343, 391f.
Vreneli 461
VWD-Index 492

W

Wachstum 251
Wachstumspolitik 254
Währung 188, 224
Währungsbeistand 255
Währungskorb 232
Währungspolitik 194, 224
Währungsreform 70
Währungsreserven 193
Währungsrisiko 353, 451
Währungssystem 224
– von Bretton Woods 228, 233
Währungsumrechnung 334
Wagniskapitalgesellschaften 276
Wahrscheinlichkeitsrechnung 363
Waisenrente 139
Wall Street *541*
Wandelanleihe *541*
Warenkorb 187

– (der Lebenshaltung) *541*
Warenterminbörsen 460, 480ff.
Warenzeichengesetz 94
Wechsel 443
Wechselkurs 188, 224, 226ff., 251., 444ff., *541*
Wechselkurse, System fester... 228ff.
– System flexibler...228ff.
Wechselkursrisiko 450
Weimarer Republik 52
Weltbank (International Bank for Reconstruction and Development IBRD) 235, *541*
Weltentwicklungsbericht 241
Weltgesellschaft 206
Welthandel 207, 249
Welt-Textil-Abkommen 206
Weltwährungsreserven 237
Weltwirtschaftsgipfel 251, *541*
Werbung 308
Werkverkehr 146, *541*
Wertberichtigungen *541*
Wertentwicklung 471, 473, 476f.
Wertpapierbörse siehe auch Börse 310
Wertpapierdepot 474
Wertpapierdienstleistungs-Richtlinie 411
Wertpapiere 360
Wertpapierfonds 469f.
Wertpapierhandel 362
Wertpapierhandels-Gesetz 410
Wertpapier-Kenn-Nummern *541*
Wertpapierkonto 474
Wertpapierkurszettel 424
Wertpapierpensionsgeschäft 195, *542*
Wertpapiersammelbanken 361
Wertpapierurkunden 474
Wertrecht 474
Wertschöpfung 329
Wettbewerb 47, 158
Wettbewerb, funktionsfähiger 95
– potentieller 107
– unlauterer 102
Wettbewerbsbehörde der EG 104
Wettbewerbsbeschränkung 96
Wettbewerbsbeschränkungen, staatliche 107
Wettbewerbsfreiheit 94f., *542*
Wettbewerbsintensität, Konzept der optimalen... 95
Wettbewerbspolitik *542*
Wettbewerbsrecht der EG 103
Wiedervereinigung 197
window dressing *542*
Wirtschafts- und Währungsunion 199, 203, 222
Wirtschaftsdemokratie 166, 300, *542*
Wirtschaftsforschungsinstitute 88
Wirtschaftsordnung 45, 56

Wirtschaftsprüfer 328
Wirtschaftsreform 49
Wirtschaftsteil 13ff., 19 bis 33, 34f.
Wohlstand 58
Wohngeld 134
working capital 338, *542*

Z

Zahlstelle 474
Zahlungsbereitschaft 351
Zahlungsbilanz 225f., 237, 251, *542*
Zahlungsbilanzungleichgewichte 237
Zahlungsverkehr 350, 441f.
Zehnergruppe *542*
Zeitungen, Geschichte 16f.
Zeitungsnutzung 493ff
Zentralbank 190, 234
Zentralbankgeld 193ff., 440
Zentralbankrat 191f., *542*
Zero-Bond 389
Zertifikate 153f.
Ziehungsrechte *542*

Ziel-Mittel-Schema 61, *543*
Zins 194
Zinsabschlag 474
Zinsabschlagsteuer 128
Zinsänderungsrisiko 387
Zinsausgleichsteuer 453
Zinsbindung 359
Zinsen 251
Zinserträge 477
Zinsniveau 371, 453
Zinspolitik 189
Zinssatz 360
Zinstender 195
Zinsunterschied 450ff.
Zoll-Listen 245
Zolltarife 241
Zollunion 249, *543*
Zugabeverordnung 94, 102
Zukunftstechnologie 52
Zuteilung 425
Zwangsversicherung 364
Zweigstellen 359
Zwischenbericht 310, 311
Zwischengewinne *543*

Die Deutsche Bibliothek – CIP-Einheitsaufnahme

So nutzt man den Wirtschaftsteil einer Tageszeitung/hrsg. von Jürgen Jeske und Hans D. Barbier. Begr. von Jürgen Eick.
Geschrieben von Hans D. Barbier... – Frankfurt [Main] : Societäts-Verl., 1993
IBSN 3-7973-0543-5
NE: Jeske, Jürgen [Hrsg.]; Barbier, Hans D. [Hrsg.]; Eick, Jürgen [Begr.]